国家社科基金
GUOJIA SHEKE JIJIN HOUQI ZIZHU XIANGMU
后 期 资 助 项 目

论语还原

Genesis of Confucius's Analects

上 册

杨 义 著

中華書局
ZHONGHUA BOOK COMPANY

图书在版编目（CIP）数据

论语还原/杨义著. —北京:中华书局,2015.3(2016.5重印)
（国家社科基金后期资助项目）
ISBN 978 – 7 – 101 – 10680 – 0

Ⅰ.论… Ⅱ.杨… Ⅲ.《论语》– 研究 Ⅳ.B222.25

中国版本图书馆 CIP 数据核字(2015)第 010320 号

书　　名　论语还原(全二册)
著　　者　杨　义
丛 书 名　国家社科基金后期资助项目
责任编辑　吴爱兰
出版发行　中华书局
　　　　　(北京市丰台区太平桥西里38号　100073)
　　　　　http://www.zhbc.com.cn
　　　　　E-mail:zhbc@zhbc.com.cn
印　　刷　北京天来印务有限公司
版　　次　2015 年 3 月北京第 1 版
　　　　　2016 年 5 月北京第 2 次印刷
规　　格　开本/700×1000 毫米　1/16
　　　　　印张 65½　插页 4　字数 1050 千字
印　　数　2001-4000 册
国际书号　ISBN 978 – 7 – 101 – 10680 – 0
定　　价　198.00 元

国家社科基金后期资助项目
出版说明

  后期资助项目是国家社科基金设立的一类重要项目，旨在鼓励广大社科研究者潜心治学，支持基础研究多出优秀成果。它是经过严格评审，从接近完成的科研成果中遴选立项的。为扩大后期资助项目的影响，更好地推动学术发展，促进成果转化，全国哲学社会科学规划办公室按照"统一设计、统一标识、统一版式、形成系列"的总体要求，组织出版国家社科基金后期资助项目成果。

全国哲学社会科学规划办公室

目 录

外　编

年谱编　孔子暨《论语》年谱

导　言

一　发现"活的《论语》"

　　《论语》是中国文化根子上真正值得大写的书,属于民族必读书的首选之列。自《论语》诞生二千余年来,其不少嘉言警语被国人作为立身之本,许多名章妙句化作近乎本能或本色的人生哲学,蕴含之精,采纳之广,甚至渗入国人之血肉灵魂,在远古群书中莫有出其右者。可以说,《论语》之立身名言,《史记》之"中国故事",四大古典小说奇书之智勇戏剧、天人情愫,都在中国文明精神建构上,发挥着刻骨铭心的久远效应。中国文明精神的基本要素当然远不止来自此三种,其丰富多彩在世界上当属首屈一指,如《易经》,如老庄,如《孙子兵法》,如唐诗宋词,以及许多在民间流传的史诗、戏剧,如少数民族史诗《格萨尔》、《江格尔》、《玛纳斯》之类,其精神渗透效应都甚是可观。《论语》诸书精神渗透效应,遍及社会各层,模塑着社会众生的文化姿态、思想情趣及日常生活仪式。研究要形成大国气象,就需要谛视大书,考察这些书、这些现象何以发生,如何被反复解释后接受,千百年来它们始而被模塑,继而模塑国人。因而任何现代大国,尤其是兼是文明古国者,文化还原是其必修的基础课题。通过还原,认证思想文化发生的根脉,激活其原本的生命意义,阐发其泽润现代的源泉价值,使整个文明千古流通、根基深厚而充满活力。

　　巍巍乎,由此可知《论语》之为大矣!《论语》本是儒家传道的核心经典。自汉代《论语》作为朝野的道德教材,与"五经"、"孝经"并为"七经";至宋代与《大学》、《中庸》、《孟子》合为"四书",进入科举体制;千百年来研究成果丰厚,研究材料和论述篇章之积累,都处在群书之高位,颇有精到可取资者。但又因王朝政治的介入而长期被作为"圣物"装进宝匣供奉,本有的生命体温受到冷冻,不同朝代、不同学派层层叠叠附加上的多重意义,不一定属于它本有。迨至近年借助着所谓"国学热"的浪潮,《论语》价值再度重估,卓见时出;然"滔滔者天下皆是也",都热议着《论语》,在五花八门的新解和心得中进行商业消费,一些浮面之论,甚尔荒腔走板之论,也不乏有人追捧。于是乎在二千年来注疏、解读《论语》的汗牛充栋的累积上,又增添了新一轮的充栋汗牛。自学术史考察,唯有穿透芜杂,祛除遮蔽,回归原本,以典重切实的古典学方法,发现荦荦大端的历史真相、激活蓬蓬勃勃的生命潜力,方有可能在深度清理大国文化之根上有尺短寸长之功。这就是孟子所言"取之左右逢其原"①,焦循正义曰:"原,本也,……洞达其本原。"②需要切实着手的是返本还原,以居安思危的文化关切,筑牢精神文化的安身立命之基。有如花木的本性来自原土,在返本还原中应抱持现代性的"文化原土"意识,使文化根株在通风透气的"原土培封"③中,根系接通地气,老垅接通新泉,滋润那生生不息久矣,却能历劫弥坚的生命之花,在适性怡心的良性生态之中,吐除暮气,升华元气,舒筋活络,欢天喜地地绽放出人类精神的明丽的春天。

因此,"还原"意味着思想方法的根本性革新。首先,"还原"是一种现代大国文化的基本立场,或基本的文化态度。必须意识到,返本还原的思路,是一个文明久远的现代大国,清理自身文化根基的带有根本价值的思路。原本所在,乃是学术原创的根基所在。返本还原是对历史的尊重,对历史遗存的珍惜,对自身文化的自觉。唯有还原做到家了,方能滋育现代大国学术气象。大国气象并非依凭着妄自尊大或徒作大言吹出来的"气泡",而是依托对自身文明的自重、自信、自觉,扎扎实实地拿出证据,以内在的浩然正气和丰沛的学术元气,支撑起对自身文化的原创性解释能力。因而真正的学术气象,深刻地联系着一种观察文明的态度,对于曾经推动文明的延续和发展的文化遗产,不管它是丰厚而明晰的,还是残缺而凌乱的,都应该抱着精思明辨以求真的态度,提高对文明根脉的尊重心和解释力。态度往往决定行为,态度端正了,就力争做到如梁启超所云:"穷原竟委以求真是。"④或借用鸠摩罗什译《佛说华手经》卷六所言:"以求真智慧,

---

① 焦循撰,沈文倬校点:《孟子正义》(全2册),北京:中华书局,1987年版,第559页。
② 焦循撰,沈文倬校点:《孟子正义》(全2册),北京:中华书局,1987年版,第560页。
③ [清]陈淏子辑:《花镜》,清康熙善成堂刻本,卷2"课花十八法"。
④ 梁启超:《梁启超全集》,北京:北京出版社,1999年版,第2605页。

能断灭诸漏。"① 态度上的敬与诚,指向真实,如古人将"敬"视为"身之基"②,将"诚"视为"真实无妄"③,唯有提高尊重敬肃之心,才能积极探求"学务本根,事惟求真"的治学方式,对传统经典进行深度的还原研究。

其次,"还原"体现了意义追问和文化创造的能力。若要破除千古疑惑,追问我从何来,为何若此,没有对文化根本的坚实而深刻还原,就不可能找到安身立命的文化立足点。还原离不开追问,从发生学、知识来源、生命遗痕上,通过追问步步进逼地返回原本。返回原本途中,需要我们读二千年前的书要有感觉,感觉到文本是人之所写、人之所编,是人之精神活动的痕迹,从而因迹求心,对文本进行深度的生命分析。但二千余年毕竟隔了百十代的历史烟尘和精神雾障,材料缺失,成见重叠,要从迷乱的众说中发现历史现场、本真模样、心灵真实和生命体温,进行《论语》重论及活论,实在是超难度的命题。面对如此超难度命题,须"如临深渊,如履薄冰",须精思明辨,但期跬步千里,略有寸进。自本质而言,如此还原和诠释经典,实际上是今人对经典生命的一种对话性参与,需要奋乎百世之下,以追千古之绪。这就需要对古人的生存形态、行事方式,及其物质、制度和精神状况,了如指掌。同时又要具有穿透记录这种生存形态、行事方式,及其物质、制度和精神状况的芜杂却又往往残缺的文献,直抵古人心坎而发出追问的能力。追问力,是研究者原发性的能力。如《礼记·学记》所云:"善问者,如攻坚木。……善待问者,如撞钟,叩之以小者则小鸣,叩之以大者则大鸣,待其从容,然后尽其声。"④追问又需要具有文化含量和思想质量,以追问打开新的发现空间和思想空间,不可陷入"以管窥天,以蠡测海,以莛撞钟"⑤的尴尬而不"通其条贯"⑥。《论语》是一尊巨钟,小叩则小鸣,大叩则大鸣。因而应拓展文化空间,扬榷经籍,折衷注疏,推究隐显,复活经典中隐秘的生命,触及古今学术的神经。所有这些都在考验着研究者的功力、直觉和智慧。追问力,是以新鲜智慧开启经典之原本生命的钥匙。

其三,"还原"不仅是立场态度,而且是一种方法,一种具有根本性的方

①　鸠摩罗什译:《佛说华手经》卷6,《求法品》第20。
②　杨伯峻编著:《春秋左传注》(全4册),北京:中华书局,1990年版,第860页。
③　[宋]朱熹撰:《四书章句集注》,北京:中华书局,1983年版,第31页。
④　[清]阮元校刻:《十三经注疏》(全2册),北京:中华书局,1980年版,第1524页。
⑤　[梁]萧统编,[唐]李善注:《文选》(全3册),北京:中华书局,1977年版,第629页。
⑥　[梁]萧统编,[唐]李善注:《文选》(全3册),北京:中华书局,1977年版,第629页。

法。这里需要不满足于挦撦字面意义,不热衷于拘守前人和外人的成见,不沾沾自喜于兜售自家聪明,而是将硬功夫下足,搜求材料务求穷尽,把握材料务入化境。从而推求原始,折中百家,潜入《论语》深层的生命脉络,潜入《论语》与东周秦汉儒家经传、七十子后学文献、诸子、史籍之关系的生命脉络,并以出土简帛文献与之校证比勘,使这些生命脉络激活得更真确,更坚实,更深广。因而,探索还原思路,推求原始,凿开混沌,走近历史现场,进入文本脉络,考论原创之原委,注入新的活力,从而发现一部"活着的《论语》",乃是新世纪之《论语》学的基本着力处。对于《论语》,此必修功课之义就是力求恢复《论语》本来之"活",以彼之"活"与现代活人之此"活"之间,发生洋溢着生命认知、智慧取用及精神体验之联系,为民族精神立根基,通血脉。因而研究的要旨,在于复活历史现场,考察原创思想的发生,探究成书的体制,疏通学派形成的流脉,建立东方本色的古典学,重绘孔子文化地图。这就是我们所说的"还原"要义,它是一种具有本体意义的方法。

尽管要对历史原样复制,并不可能完全做到,但不应妨碍探索者走近发生之源、生命之真,搜集尽可能丰富坚实的文本、材料、实物、甚至它们的碎片,深入其内在的联系,穷原竟委,还原其有价值的本源、脉络、人物生命和事件现场。尽可能还原那些可以还原者,而对尚不可还原者暂付阙如。怀抱着尊重心和务本求真意识,启动追问力,以追问经典文本存在的疑难和内蕴的生命时,必须启动人文地理学、历史编年学、史源学,以及文献学、简帛学、考据学等等方法,实行以史解经、以礼解经、以生命解经。而将种种方法各得所宜、协调为用之时,有三种"方法综合"对于返回原本,相当有效:一是对本有生命原件,细读深思而明其本义,作出复原性缀合;二是对战国秦汉书籍的文化地层叠压,究其原委而辨其脉络,作出过程性辨析;三是对大量散落或新近出土的材料碎片,旁征博引而把握命脉,作全息性的比对、深化和整合,排除疑似,聚焦症结,在去伪存真过程中求证出一个有机的生命整体。这三种"方法综合",可以简称为"缀学"、"叠学"、"整学"。

第一种"方法综合",是"缀学"。在面对着原始材料零散残缺之时,首先需要做的,不是将之更深地"碎片化",而是抱着一种尊重心,对之精思明辨,穷原竟委,进行认真、审慎、科学的复原性缀合。这就有若考古学上将出土的陶罐残片按其出土的位置、形状、纹饰、弧度、断口诸要素,进行缜密的粘接，残缺部位补配以石膏等材料，复原出古陶罐的全型。这其中蕴涵着一种文化态度，不是将已经碎片化的历史残片再捣成粉末，而是进行以碎求全的"逆向工程"，尽可能地还原古老的全罐。这里需要戒绝凭主观臆造来改变文物的原貌的做法，严格地从"还原"忠于原物的原则出发，进而测定其发生的年代，透视其中所蕴含的古代生活习俗，解读隐藏于其深层的古老生命，聆听那些湮灭在历史烟尘中而被前人忽视了、或尚未透彻解读的真实故事。西方文化往往根据一部神话书或宗教书的片段记载，将自己历史上推二三千年，中国有些宣称获得西方文化新潮的学人，却挑剔上古大量文献的异同，从而将许多古书斥责"作伪"，将自己的历史缩短二三千年。面对这种学术悖谬，令人感慨于大国文化心态与弱国文化心态的差距，竟然何止十万八千里。

　　缀合材料碎片是为了恢复原本的生命存在，如果反复缀合而不能激活生命，就不能说缀合已经达到了生命还原的效果。生命感、准确性、完整性，是生命还原的三项指标。这是需要磨锐研究者的洞察力，运用学力、眼光、智慧，透视已经散为残片的复杂事象的生命要素及其相互关系，然后运用准确的定位系统加以缀合，逐渐接近事物本真面目，将生命碎片弥合成生命整体。《论语·季氏篇》首章云："季氏将伐颛臾。冉有、季路见于孔子曰：'季氏将有事于颛臾。'孔子曰：'求！无乃尔是过与？夫颛臾，昔者先王以为东蒙主，且在邦域之中矣，是社稷之臣也。何以伐为？'"①云云。孔子是以历史纵深度来透视现实政治的，这是他的过人之处。颛臾，本为东夷小国，春秋时为鲁国附庸，故地在今山东平邑县东。《左传·僖公二十一年》载："任、宿、须句、颛臾，风姓也。实司大皞与有济之祀，以服事诸夏。"②颛臾是大皞氏之后，祭祀大皞氏及济水。孔子重礼，并且从礼制的角度发出警告和批评，直指季氏欲伐颛臾，既违背先王礼制，又挑战鲁国现实政治秩序。这里运用的缀合方法，是史与礼的定位系统。

　　若要还原历史现场，就须追问此事发生在哪一年，这就需要动用精确的编年学定位系统。编年是定位系统精确化的一个关键。但二千年的《论语》注疏，并未对之进行编年学的认定。只是郑玄注"吾恐季孙之忧，不在

---

① ［清］阮元校刻：《十三经注疏》（全2册），北京：中华书局，1980年版，第2520页。

② 杨伯峻编著：《春秋左传注》（全4册），北京：中华书局，1990年版，第391－392页。

颛臾,而在萧墙之内也",曰:"后季氏家臣阳虎,果囚季桓子。"①阳虎囚禁季桓子是在鲁定公五年(公元前505年),似乎这番谈话发生在此年以前。郑注误,鲁定公五年孔子四十七岁,冉有十八岁,尚未为季氏宰,不可能以"季氏将伐颛臾"禀告孔子。而朱熹注此句云:"其后哀公果欲以越伐鲁而去季氏。"②此乃鲁哀公晚年的行为,即《左传·哀公二十七年》记载,"公患三桓之侈也,欲以诸侯去之。三桓亦患公之妄也,故君臣多间。……公欲以越伐鲁,而去三桓"③。此时离孔子卒已经十一年,朱氏将此语视为孔子晚年对季氏的警告性预言。还有学者认为,子路任季氏宰在孔子周游列国前的季桓子时期,冉有任季氏宰在周游列国之中及之后的季康子时期,孔子归鲁离子路任季氏宰已十余年。二人不可能同时向孔子禀告季氏之事,因而是综合多次禀告而写成的材料。排比这些材料是容易的,而追问力、洞察力的价值不在于只作排比、不作识断,而是要穿透芜杂的材料,直击历史真相,还原孔子、冉有、子路的生命存在。

　　从此番对话中孔子一再直呼冉有之名"求"来看,这次禀告的主角是在任的季氏宰冉有。由于鲁哀公十一年(公元前484年)季氏宰冉有和樊迟,击败入侵的齐师,就向季氏说,自己学军旅于孔子,建言高规格迎接孔子自卫归鲁。初归之时,鲁哀公和季康子频繁向孔子咨询政事,此类材料在《论语》、大小戴《礼记》、战国诸子、《说苑》、《孔子家语》中,多有记载。如《论语·为政篇》所述:"哀公问曰:'何为则民服?'孔子对曰:'举直错诸枉,则民服;举枉错诸直,则民不服。'"又:"季康子问:'使民敬忠以劝,如之何?'子曰:'临之以庄,则敬;孝慈,则忠;举善而教不能,则劝。'"④《颜渊篇》又记述:"季康子问政于孔子,孔子对曰:'政者,正也,子帅以正,孰敢不正?'"又:"季康子问政于孔子曰:'如杀无道,以就有道,何如?'孔子对曰:'子为政,焉用杀? 子欲善而民善矣。君子之德风,小人之德草,草上之风,必偃。'"⑤鲁哀公、季康子频繁问政于孔子,均发生在鲁哀公十一年(公元前484年)孔子周游列国返鲁的初期。《礼记·儒行》记鲁哀公问孔子儒服、

　　①　[清]阮元校刻:《十三经注疏》(全2册),北京:中华书局,1980年版,第2520页。

　　②　[宋]朱熹撰:《四书章句集注》,北京:中华书局,1983年版,第170-171页。

　　③　杨伯峻编著:《春秋左传注》(全4册),北京:中华书局,1990年版,第1735页。

　　④　[清]阮元校刻:《十三经注疏》(全2册),北京:中华书局,1980年版,第2462-2463页。

　　⑤　[清]阮元校刻:《十三经注疏》(全2册),北京:中华书局,1980年版,第2504页。

儒行后,还交代:"孔子至舍,哀公馆之,闻此言也,言加信,行加义,'终没吾世,不敢以儒为戏'。"①此事当然发生在鲁哀公十一年孔子初返鲁,还落脚于馆舍之时,证实了鲁哀公此时对孔子的高度热情和尊重。但《论语》往往将同年发生的事情,安排在不同篇章中,至于大小戴《礼记》对于同一时期的事件,更是散落各处而不连属。这就有必要将这些散落的材料碎片,厘定其历史编年而加以缀合。

　　一旦接触生命的原本,就会发现,孔子与鲁哀公、季康子道不同不相为谋,经过一年半载的殷勤咨询后,哀公和季氏逐渐冷落孔子。鲁哀公把孔子当成礼学专家,而非政治家,因而发生了《礼记·杂记下》所载:"恤由之丧,哀公使孺悲之孔子,学士丧礼。《士丧礼》于是乎书。"②人们往往对《论语·阳货篇》所述"孺悲欲见孔子,孔子辞以疾。将命者出户,取瑟而歌,使之闻之"③,有点大惑不解,其不知从哀公亲自问政,到派遣孺悲问礼,折射了对孔子参政的冷落。孔子以让孺悲吃闭门羹的方式,使孺悲把自己的不满传达给鲁哀公。此事当发生在两三年以后,即鲁哀公十三年(公元前482年)前后。

　　季康子对孔子的冷落更甚,并且逐渐趋于对抗。《左传·哀公十一年》记载:"季孙欲以田赋,使冉有访诸仲尼。仲尼曰:'丘不识也。'三发,卒曰:'子为国老,待子而行,若之何子之不言也?'仲尼不对,而私于冉有曰:'君子之行也,度于礼,施取其厚,事举其中,敛从其薄。如是,则以丘亦足矣。若不度于礼,而贪冒无厌,则虽以田赋,将又不足。且子季孙若欲行而法,则周公之典在;若欲苟而行,又何访焉?'弗听。"④孔子是反对季氏提高田赋,聚敛财富的。冉有不能阻止季氏,遂有《左传》次年继而记载:"十二年春王正月,用田赋。"⑤由于政见相左,季康子遂对孔子心存芥蒂,不久发生了《论语·子路篇》所载:"冉子退朝。子曰:'何晏也?'对曰:'有政。'子曰:'其事也。如有政,虽不吾以,吾其与闻之。'"⑥孔子身为国老,应该与闻朝政,季氏却绕过孔子议政,使孔子感到冷落的悲哀,始有此语。孔子发现季

①　[清]阮元校刻:《十三经注疏》(全2册),北京:中华书局,1980年版,第1671页。
②　[清]阮元校刻:《十三经注疏》(全2册),北京:中华书局,1980年版,第1567页。
③　[清]阮元校刻:《十三经注疏》(全2册),北京:中华书局,1980年版,第2526页。
④　杨伯峻编著:《春秋左传注》(全4册),北京:中华书局,1990年版,第1667－1668页。
⑤　杨伯峻编著:《春秋左传注》(全4册),北京:中华书局,1990年版,第1670页。
⑥　[清]阮元校刻:《十三经注疏》(全2册),北京:中华书局,1980年版,第2507页。

氏富于周公,而冉有弗听孔子"私于冉有"的儆诫,为季氏聚敛,也就大为光火:"非吾徒也,小子鸣鼓而攻之可也。"①此事见于《论语·先进篇》,应是鲁哀公十二年(公元前483年)的事。此时或不久,又发生季氏采用诸侯的规格祭祀泰山的僭越行为,如《论语·八佾篇》所云:"季氏旅于泰山。子谓冉有曰:'女弗能救与?'对曰:'不能。'子曰:'呜呼!曾谓泰山,不如林放乎?'"②

　　在如此情境中,孔子只能与先后当过季氏宰的子路、冉有谈话,去批评季氏欲兼并颛臾的行为,他已经无法与季康子直接对话了。大概冉有觉得此事严重,自己不能阻止,不敢单独向老师面陈,又不能不面陈,只好拉上老资格的子路作陪。冉有虽然"好学博艺",长于政事,"千室之邑,百乘之家,可使为之宰也"③,但是禀性比较拘谨柔弱,这就是孔子批评他"求也退"的原因,因此他邀请直率刚勇的子路作陪,无非是为给自己壮胆。孔子所谓"不患寡而患不均,不患贫而患不安"④,乃是农业经济资源有限条件下的一种政治公平和社会安定的原则,有利于社会发展的初步稳定,却没有进一步设计社会在持续发展中给人民日益增长的实惠。但从历史现场来看,显然是针对季氏富于鲁君,而冉有还为之聚敛而发的。

　　以上的历史编年学梳理,逐渐走近了孔子周游列国十四年而返鲁之后,与鲁哀公、季康子之间由热趋冷的关系变化,以及蕴含于其中的孔子生命感觉和精神历程。由此可以证得,"季氏将伐颛臾"章所记之事,当发生在鲁哀公十三年(公元前482年),孔子七十一岁。孔子死后,到了鲁悼公时期,季氏衰落到只有费邑作为立足点,甚至被称为"费君"。顾炎武《日知录》卷七引仁山金氏曰:"费本鲁季氏之私邑,而《孟子》称小国之君,《曾子》书亦有费君、费子之称。盖季氏专鲁,而自春秋以后,计必自据其邑,如附庸之国矣。大夫之为诸侯,不待三晋而始然,其来亦渐矣。"⑤这里虽然没有追踪季氏到战国时期的衰落,但揭示了季氏以费邑为最后的立足点。而本来作为鲁之附庸的东夷小国颛臾,在今山东平邑县东南三十里之故城,

　　① [清]阮元校刻:《十三经注疏》(全2册),北京:中华书局,1980年版,第2499页。
　　② [宋]朱熹撰:《四书章句集注》,北京:中华书局,1983年版,第62页。
　　③ [宋]朱熹撰:《四书章句集注》,北京:中华书局,1983年版,第77页。
　　④ [宋]朱熹撰:《四书章句集注》,北京:中华书局,1983年版,第170页。
　　⑤ [清]顾炎武著,[清]黄汝成集释,秦克诚点校:《日知录集释》,长沙:岳麓书社,1994年版,第258页。标点略有调整。

地邻于费。看来季氏欲伐颛臾，是一种未雨绸缪的流产了的策划。如此对《论语》《左传》《礼记》及其他经典文本中零散分布的材料碎片，辨析缀合，运用精确的纵横坐标以祛除模糊言其大概的习惯作法，进行深入的生命分析和编年解读，就可以返回鲜活的历史现场。如此缀合生命碎片，其方法颇似考古学中古陶修复术，一种将出土陶片按其形状、部位、纹饰、弧度、断口，加以拼装、对接、弥合、复原为原本陶罐样式的"逆向工程"，一种以迹逆心、缀碎为整的还原工程。

　　第二种"方法综合"，是"叠学"。即对战国秦汉书籍制度，作过程性辨析，透视其文化地层叠压。过程性与固定性，是东周秦汉抄本与宋以后刊本的根本性形态差异。版本目录学家应该具备两套本领，既精通宋元以后刊本的辨析，又对上古口授与传抄交错的写本形态的聚散流变明其原委。近百年、尤其是近半个世纪以来，大量出土的简帛资料与存世文献的参照，已经使当今学人对战国秦汉书籍的发生、传播、整理制度，获得愈益真切而深刻的认识，明白了那种以宋后版本的固定性，贸然硬套上古简帛书的过程性的做法，已经成了被大量出土简帛反复证明其误的"辨伪"陷阱。

　　由于简书制作成本不菲，书籍往往是以一组竹简或多片竹简，在不同的地域、群体中口述和转录，本是互相连贯的材料，也可能聚散异处。在经过长期口述转录，出现愈来愈多的传闻异辞之后，再汇辑、整理成书，就难免有不同时期的文化遗留、甚至有后起思潮的某种程度的渗入，随着时间慢慢沉积，出现许多异文。这些异文、讹变、离散和渗入的出现，与书籍生成方式相关，不必大惊小怪地定要将之贬为存心"作伪"，而应该以明敏审慎的态度对之进行不同年代文化类型、历史背景、流传脉络的辨析。甚至还存在着某些特殊情形，由于传承群体、地域、文化层面的差异，不一定后出之书就抄袭早出之书，很可能由于它们所据是不同群体传承的竹简，导致有些后出之书所据竹简也许比早出者更具有原初特征。如若不深入地追寻原委，考析异同，鉴察真虚，疏通流脉，就可能想当然地以宋以后的书籍版本形态，强套战国秦汉的抄本形态，陷入不断受到出土简帛一再嘲弄的认知误区。版本目录学，本来是做学问的重要根基，如若于此陷入认知误区，就会铸成致命失误，是不可不做诚的。

　　于此，反而用得上考古学田野发掘中强调的历史地层学，将口授和传抄交织、简组和汇辑整理并行的简书，作为一种特殊的"历史文化地层叠压",辨析其在不同时段和不同群体间发生、传播、变异之始末原委,考察其详略异同,及转录、整理中后起文化成分渗入的成因。在逐层剥离其原始的和后发的文化成分的交叉叠压中,既阐明后世思潮对原初写本的干扰,又不因为某些干扰的枝枝节节的出现而全盘否定原初版本的存在。这就需要综合各种学科知识和学术方法,考察百家异同,考察同一流派承续中如何发生变异,考察不同时代的文化转型如何影响写本的取舍增删,才能对已经沉积的文化生命整体性作出合情合理的发生学考定。比如《论语》既非孔子亲自著述,而是弟子后学在半个世纪的长时段中多次编纂而成,这就存在着每次编纂的"文化地层叠压"的问题。

经过对《论语》篇章学和大量早期文献的细密考证,尤其是以殷礼考察七十子处理孔子丧事的仪式,返本穷原,进行以史解经、以礼解经、以生命解经的深入辨析,就可以发现,《论语》起码发生过三次重大的早期编纂,留下了三个历史文化地层叠压:

最初编纂在"夫子既卒",众弟子按殷礼庐墓守心孝之时(鲁哀公十六年,公元前479年),突出郑玄所指认的主持者仲弓诸人,《古论语》篇章顺序上,《雍也》紧跟《学而》《里仁》排在第三;在开列"四科十哲"名单中德行科唯一在世的只有仲弓,名单中遗落了曾子、有子。切不可轻忽这个名单,从汉至唐的千百年间,孔庙配祀的四科十哲均封侯(孔子封文宣王后,颜回晋升为公),曾子、有子、子张以下只能封伯。

《论语》第二次编纂在庐墓守心孝三年期满(实际为二十五月,鲁哀公十八年,公元前477年),子张、子游、子夏按殷礼推举有若出来主事,因人事变动而修纂《论语》,于是称有若为"有子",后面还增加了篇章逻辑上非常突兀的《子张篇》。不可忽视,《论语》首篇《学而》三称"有子",而且占居"子曰"后的第二章,也是《论语》五百章的第二章,其位置价值极其显著,不应属于仲弓主持编纂的遗留。这次编纂由于主持者群体变动,文化地层叠压的痕迹相当明显。

《论语》最后一次编纂,是曾子卒(鲁悼公三十五年,公元前432年)后曾门重修,强化曾子传道的当然性。虽然保留了第一次编纂时《先进篇》的"参也鲁",但也增加了"曾子曰"在《学而篇》者二、在《里仁篇》者一、《泰伯篇》者三、《颜渊篇》者一、《宪问篇》者一、《子张篇》者四。其中《泰伯篇》的"曾子有疾"二章,年代最晚,为曾门弟子忆述无疑。所增篇幅仅占全书的百分之三,却最终形成传承孔子之道的颜回、曾子路线。尤其是所增的"吾日三省吾身"、"慎终追远,民德归厚矣"、"吾道一以贯之"、"士不可以不弘毅,……仁以为己任"诸章,使曾子路线得以形成。这三次编纂,潜伏着某种地层叠压和交错的序列,各个地层序列之间却往往边界模糊,后来的编纂还可能对早先的编纂进行扰动,因而辨析之难度,考验着研究者的知识储备和智慧水平。

　　然而,只要审慎认真地对《论语》文本进行深入的生命分析,其间文化地层叠压的痕迹还是依稀可见,甚至历历在目的。编纂主持者并非零价值观的,"取舍相反不同,而皆自谓真孔(子)"①,自以为最能继承孔子道统。这些编纂选择,都在《论语》篇章上留下依稀可辨的生命痕迹。除了上述的三次编纂留下的痕迹(还有更多的痕迹,请看本书内编)之外,即以同样记述二三子侍坐而言,《先进篇》"子路、曾皙、冉有、公西华侍坐"章,对于四子"各言其志",夫子喟然叹曰:"吾与点也!"②此章三次当面称"夫子",乃是战国称谓习惯,因而属于曾门在战国初期修纂所产生的地层叠压。对比《公冶长篇》"颜渊、季路侍"章,其中两次称孔子为"子"③,乃是春秋时的称谓方式,属于孔子既卒时最初编纂的地层叠压。二者文风之简约与酣畅,也显示了春秋与战国文风之变迁。

　　《论语》从"十哲无曾"到曾子路线形成的半个世纪,也是曾子学派逐渐发展成为鲁地最具实力的儒门学派的半个世纪。为何曾门能够收获如此丰沛的学派发展?学者当然可以根据经过曾门最后编定的《论语》,从中挑出曾子言论,认为是由于曾子本人能够把握孔子"一以贯之"的思想脉络,无支离浮杂之病;曾子事亲至孝,多有记述;曾子以仁义为生命价值:"晋楚之富,不可及也。彼以其富,我以吾仁;彼以其爵,我以吾义。吾何慊乎哉!"④这也就是"曾参、闵子不以其仁易晋、楚之富"⑤。而且"曾子传圣人道,只是一个诚笃。《语》曰:'参也鲁。'如圣人之门,子游、子夏之言语,子贡、子张之才辨,聪明者甚多;卒传圣人之道者,乃质鲁之人。人只要一个

①　[清]王先慎撰,钟哲校点:《韩非子集解》,北京:中华书局,1998年版,第457页。
②　[宋]朱熹撰:《四书章句集注》,北京:中华书局,1983年版,第129—131页。
③　[宋]朱熹撰:《四书章句集注》,北京:中华书局,1983年版,第82页。
④　[宋]朱熹撰:《四书章句集注》,北京:中华书局,1983年版,第242页。
⑤　[汉]桓宽撰,王利器校注:《盐铁论校注》(全2册),北京:中华书局,1992年版,第209页。

诚实"①。以真诚踏实的努力,解释曾子的成功,也是一个有关主体性的原因。

　　然而"文化地层叠压"之辨析,并非如此简单,而应该关注到造成这种叠压的历史条件、地域文化、家族基因,关注叠压中的学派生成和知识变迁。这才是方法论上的穷原竟委,剥蕉见心。也许是我孤陋寡闻,罕见有几人关注到,曾氏家族是在鲁地经过数代经营的殷实家族,为曾子学派的生成提供了坚实的经济实力和人际资源的基础。《世本·氏姓篇》记载曾氏族源:"夏少康封少子曲烈于鄫,春秋时为莒所灭。鄫太子巫仕鲁,去邑为曾氏。"②鄫国末代之君原配生世子巫,又续弦于莒,生女返嫁于莒,并将君位传给莒国外孙,使鄫国面临世系中断的亡国危机。许多《论语》研究者都读过《春秋》、《左传》,但罕见从中考证曾子家族状况,回到曾子学派发展的现场,并对《论语》中曾子之言注入生命体验者。《春秋》鲁襄公五年(公元前568年)记载:"叔孙豹、鄫世子巫如晋。"③杜预注:巫世子"比鲁大夫。故书巫如晋"④。他们想借助晋国的压力,挽救鄫国传位危机。但是大势不可挽回,《春秋》鲁襄公六年(公元前567年)记载:"莒人灭鄫。"同年《左传》载:"莒人灭鄫,……晋人以鄫故来讨,曰:'何故亡鄫?'"⑤鄫国这位巫世子,就是曾子的高祖父。莒灭鄫,离曾子出生还有六十一年。

　　失国后的巫世子在鲁国任职,为曾氏始祖。二十余年后,鲁国叔孙豹与晋、楚、齐、宋诸国会盟于虢,重申弭兵之盟,而鲁国季孙氏却发动伐莒的战争,致使叔孙豹因鲁国背盟而几乎被戮。《左传·昭公元年》记载:"叔孙(豹)归,曾夭御季孙以劳之。且及日中不出。曾夭谓曾阜曰:'且及日中,吾知罪矣。鲁以相忍为国也。忍其外不忍其内,焉用之?'阜曰:'数月于外,一旦于是,庸何伤?贾而欲赢,而恶嚣乎?'阜谓叔孙曰:'可以出矣。'叔孙指楹曰:'虽恶是,其可去乎?'乃出见之。"⑥这里的季氏宰曾夭,是曾子的曾祖;叔孙氏家臣曾阜,是曾子的祖父。宋代邓名世《古今姓氏书辨证》卷十七记述:"曾(氏),出自姒姓,夏少康封其少子曲烈于鄫。鲁襄公六年,

　　①　[宋]程颢、程颐撰,潘富恩导读:《二程遗书》,上海:上海古籍出版社,第261页。
　　②　[清]马骕纂,刘晓东等点校:《二十五别史》,济南:齐鲁书社,2000年版,第38页。
　　③　[清]阮元校刻:《十三经注疏》(全2册),北京:中华书局,1980年版,第1936页。
　　④　[清]阮元校刻:《十三经注疏》(全2册),北京:中华书局,1980年版,第1936页。
　　⑤　[清]阮元校刻:《十三经注疏》(全2册),北京:中华书局,1980年版,第1936—1937页。
　　⑥　杨伯峻编著:《春秋左传注》(全4册),北京:中华书局,1990年版,第1211页。

莒灭鄫。鄫太子巫仕鲁，去邑为曾氏，居南武城。巫生夭，为季氏宰；夭生阜，为叔孙氏家臣。阜生点，字皙，点一作蒇。生参，字子舆。参生元、申。"①明初宋濂《查林曾氏家牒序》所列谱系与此相同："曾氏出自姒姓，夏少康封其少子曲烈于鄫。鲁襄公六年，莒人灭鄫，太子巫仕鲁，去邑为曾氏，居南武城。巫生夭，为季氏宰。夭生阜，为叔孙氏家臣。阜生点，字子皙。皙生参，字子舆。参生元。"②因此，曾氏谱系是：夏少康—曲烈……—巫—夭—阜—点—参—元、申。

由于鄫国、莒国与鲁国存在着复杂的转折婚姻，鄫亡国之后，鄫字去邑为曾的这个家族子孙为鲁国三桓家臣，也许不算显赫，却属于在鲁国经营数代的殷实家族，亲朋故旧定然不少，具有一定实力。因而曾点一次游春，就可以动员"冠者五六人，童子六七人"，如此多的衣冠之士结伴出游，非殷实家族子弟不能如此。

《论语·泰伯篇》曾子曰："可以托六尺之孤，可以寄百里之命，临大节而不可夺也。君子人与？君子人也。"③此处提及"托孤"，未免有点突兀，曾子并没有明言谁人托孤。这在孔子弟子中是不须明言的，大家都明白，是孔子将其孙孔伋（子思）托孤。因为孔鲤死后，孔子垂垂老矣，自然会想到年仅十岁左右的孔伋的托孤问题。七十子可托之人不少，比如托给子贡，衣食无忧，但可能带着子思到处经商从政，此非孔子所愿；子游、子夏、子张也可托付，但他们在鲁地缺乏家族根基，很可能将子思带到南国、魏、陈，难免飘泊不定。唯有曾子对孔学理解纯正，家族久居于鲁，曾祖、祖父曾是三桓臣宰，根基殷实，是托孤的最佳选择。可见曾子云"可以托六尺之孤，可以寄百里之命"④，并非空泛之论，是有所指，有所担当的。这当然也是曾门第三次修纂《论语》时所增加的文化地层叠压，从中可以窥见曾子及其学派、家族的生命形态。依此推断，曾子在鲁地设帐授徒，可以依凭其家族数代经营的人脉资源和经济实力，逐渐发展成为一个实力深厚的学派，就在情理之中了。

---

①　［宋］邓名世撰，王力平点校：《古今姓氏书辨证》，南昌：江西人民出版社，2006年版，第247页。

②　［明］宋濂撰，罗月霞主编：《宋濂全集》（全4册），杭州：浙江古籍出版社，1999年版，第1142页。

③　［宋］朱熹撰：《四书章句集注》，北京：中华书局，1983年版，第104页。

④　［宋］朱熹撰：《四书章句集注》，北京：中华书局，1983年版，第104页。

　　以上概括出来的学术方法,可以表述为:一是"碎片缀合",以类乎粘合陶片而复原古陶罐的方法,对本有的历史生命形态进行缀合性复原;二是"年代叠压分析",以类乎考察文化遗址地层叠压的方法,对战国秦汉书籍制度中形成的经典进行年代层面剖析。二者的运思方向是相对而行,一者缀碎为整,一者剖整析层,都属于多种方法的综合。学术方法之运用,因材料状况而异,不可胶柱鼓瑟,应以适宜为上。针对不同的文献资源及其存在形态,入手之时可以着重采用史源学、历史编年学、人文地理学、天文历法学、文献学、考据学或简帛学的方法,或者兼用二三种方法之长,其要旨在于将文本当作古人生命痕迹来对待,剥离和缀合兼施,组合成行之有效的文本生命分析法。在研究中,尊重文本生命存在,既是尊重古人的创造活力,也是尊重研究者自己的感觉能力、追问能力和洞察能力。

　　第三种"方法综合",是"整学",即对大量散落的文献碎片或新近出土的材料碎片,作全息性的比对、深化和整合,排除疑似,聚焦症结,在去伪存真过程中求证出一个有机的生命整体。强调全息性,就是扩大材料碎片之间的相关性研究,一些表层上看来似真的材料,揭示其致误的原由,一些乍看缺乏关系的材料,在综合辨析中,发现其间埋藏很深的生命联系。在追问《论语》生命奥秘中,前面触及孔子与鲁国政治、孔子与弟子、弟子与家族的生命联系,这里进一步追问孔子与春秋学术的生命联系。

　　孔子适周问礼于老子,是先秦诸子百家争鸣拉开帷幕的一个历史性事件。然而,《论语》不载此事,"不载",也是一种值得追问的编纂价值选择。由于老聃职位不显,孔子尚未为大夫,没有达到官方文献同步记载的政治级别,就如孔子为中都宰,《春秋》、《左传》均无记载,唯有当上鲁司寇才够级别一样。这就给没有考虑官方文献内含价值选择的疑古者,留下了质疑孔子是否确实见过老子的文献裂缝。但是不受汉代已经抬头的"世之学老子者则绌儒学,儒学亦绌老子"①的门派之见束缚的太史公,通过"绌史记石室金匮之书"及实地调查所得,在《史记·孔子世家》及《老子韩非列传》中以相当篇幅记述了此番文化盛事。如此独具只眼地为一些不见于先秦官方文献记载的文化巨人立传,太史公由此成为中国思想文化史上不可替代的功臣。

---

① 　[汉]司马迁撰:《史记》(全10册),北京:中华书局,1959年版,第2143页。

　　其实，源自战国简帛的《礼记·曾子问》、《庄子》、《吕氏春秋·当染》、《孔丛子·记义》、《韩诗外传》，也记有孔子问礼于老子之事。太史公之后的《新序》、《说苑·反质》、《潜夫论》、《论衡·龙虚》及《知实》、边韶《老子铭》、《孔子家语·观周》，多次提及"孔子师老聃"、"孔子观周"或孔子曰"吾闻诸老聃"。这些材料虽然芜杂，但多是录自战国秦汉简帛，河北定州汉墓出土的取题《儒家者言》的竹简中，也有《孔子之周》①，汉代祠堂墓穴画像石、画像砖更不乏对此事的展示。如山东嘉祥武氏祠建于东汉桓帝时，其画像石孔子见老子，驾的是二马轺车，或称"轺传"，为使者所乘之车②。《史记·孔子世家》谓"鲁君与之（孔子）一乘车，两马，一竖子俱，适周问礼，盖见老子云"③，孔子是请准国君作为鲁国使者、而不是作为一介布衣到洛阳的，以便扩大与周室大夫的交往。汉刘熙《释名》卷七云："轺车，轺，遥也，远也。四向远望之车也。"④画像石的刻画符合周朝礼制。尤其是孔子自言"闻诸老聃"，《礼记·曾子问》四见，《孔子家语》四见，《白虎通义》一见，从不同角度泄露了孔子适周问礼、问《易》、问五帝与五行于老子。其中当然存在着传闻异辞，或流派偏见，但老、孔会面是言之凿凿，并不因后来的圣人之徒为保护"道统之纯粹"，就可以一笔勾销。这就有必要深度缀合文献材料碎片，辨别扑朔迷离的材料的内在关系，沟通其或隐或现的生命脉络，从历史编年学上确定孔子适周问礼于老子的年份，以便去妄存真地走近历史现场。

　　启用史源学，于此有正本清源的功能。《史记·孔子世家》以正史方式郑重记载，孔子派南宫敬叔向鲁君请准适周，"鲁君与之一乘车，两马，一竖子俱，适周问礼，盖见老子云"⑤。但是行文将此事置于孔子年十七，孟僖子病且死，诫其嗣孟懿子及南宫敬叔向孔子学礼之后，而居于"孔子盖年三十"⑥之前。其实南宫敬叔少孔子二十一岁，即便孔子三十岁，也不可能派一个九岁孩子向鲁君请示。从史源学上考索，这是太史公误用《左传》鲁昭

　　①　河北省文物研究所、定州汉墓竹简整理小组：《定州西汉中山怀王墓竹简〈论语〉介绍》，《文物》，1997年第5期。

　　②　鲁迅：《鲁迅藏汉画象》（第2册），上海：上海人民美术出版社，1991年版，图73、74。

　　③　[汉]司马迁撰：《史记》（全10册），北京：中华书局，1959年版，第1909页。

　　④　[汉]刘熙撰：《释名》（《丛书集成初编》），北京：中华书局，1985年版，第117—118页。

　　⑤　[汉]司马迁撰：《史记》（全10册），北京：中华书局，1959年版，第1909页。

　　⑥　[汉]司马迁撰：《史记》（全10册），北京：中华书局，1959年版，第1910页。

公七年(公元前535年,孔子十七岁)的记载:"(鲁昭)公至自楚。孟僖子病不能相礼,乃讲学之,苟能礼者从之。及其将死也,召其大夫。"①遗嘱送"孟懿子与南宫敬叔师事仲尼"②。其实,"病不能相礼"的"病"字,作担忧解,指孟僖子因鲁昭公参加楚灵王章华台落成典礼归国,担忧不知使用何等礼仪;而孟僖子死,是十七年后(鲁昭公二十四年,公元前518年)的事情,这在《春秋》有明确记载。孟懿子、南宫敬叔是四年后,孟僖子与泉丘女子私奔而生。太史公一人著成如此大书,对此记载不够清晰的历史细节未及深究,未能将两个相距十七年的事件明晰分疏,造成了孔子见老子年份的混乱。这一混乱被东汉桓帝时边韶作《老子铭》坐实为大错:"孔子以周灵王二十年生,到景王十年,年十有七,学礼于老聃。"③郦道元《水经注》卷十七沿袭此说:"至周景王十年,孔子年十七,遂适周见老聃。"④尽管这些都是周秦汉晋的古老材料,但其史源采用中已经出现以讹传讹的错误。近世学者或以为唐以前碑刻和地理名著值得珍视,力主"孔子年十七问礼于老子"⑤。

又添混乱的是《庄子》外篇、杂篇有六处记老、孔会面问学,其《天运篇》称:"孔子行年五十有一而不闻道,乃南之沛,见老聃。"⑥孔子自称"五十以学《易》","五十知天命",《庄子》偏偏说"孔子行年五十有一而不闻道",显然是对儒学的揶揄嘲讽,是以"重言"方式贬孔扬老,因而不可将其所讲年岁当真,不然就可能陷入《庄子》所设的陷阱。更何况鲁定公九年(公元前501年),孔子五十一岁出任中都宰,在很短的时间就连升为司空、司寇。到了五十岁还是一介布衣的孔子,岂会放下公务,而南之沛问玄虚之道于老聃?后人无法弥合孔子见老聃之年份裂缝,只好说孔子多次见老聃,其实是并没有绕开《庄子》布下的迷魂阵。

孔子见老子,必须满足两个条件,一是孔子有时间,二是孟僖子卒后,南宫敬叔拜孔子为师,得以随行。这些条件清人阎若璩都看到了,而且还

①　杨伯峻编著:《春秋左传注》(全4册),北京:中华书局,1990年版,第1294—1295页。
②　杨伯峻编著:《春秋左传注》(全4册),北京:中华书局,1990年版,第1296页。
③　[清]严可均辑:《全后汉文》,北京:商务印书馆,1999年版,第633页。
④　王国维校、袁英光、刘寅生整理标点:《水经注校》,上海:上海人民出版社,1984年版,第578页。
⑤　高亨:《关于老子的几个问题》,《社会科学战线》,1979年第1期。
⑥　[清]郭庆藩撰、王孝鱼点校:《庄子集解》(全4册),北京:中华书局,1961年版,第516页。

看到了第三个条件，孔子随老子参加一次出殡，遇上日食。《尚书古文疏证》卷八云："有以孔子适周之年来问者，曰：《孔子世家》载适周问礼，在昭公之二十年，而孔子年三十。《庄子》：孔子年五十一南见老聃，是为定公九年。《水经注》：孔子年十七适周，是为昭公七年。《索隐》谓僖子卒，南宫敬叔始事孔子，实敬叔言于鲁君而得适周，则又为昭公二十四年。是四说者，宜何从？余曰：其昭公二十四年乎！案《曾子问》，孔子曰：'昔者，吾从老聃助葬于巷党，及堩，日有食之。'惟昭公二十四年夏五月乙未朔日有食之……见《春秋》。此即孔子从老聃问礼时也。"①

　　应该承认，阎若璩比庄子、边韶向孔子见老子的历史现场走近一步，但孟僖子卒年即鲁昭公二十四年（公元前518年），南宫敬叔才十三岁，孔子不可能指派如此年龄的少年去疏通鲁君，而且父丧于二月，南宫敬叔不可能随孔子适周，五月见日食。《礼记·杂记下》云："大夫三月而葬，五月而卒哭。"②其时孟僖子尚未下葬，南宫敬叔岂能未尽孝就千里迢迢地随孔子赴周？而且鲁昭公二十四年，东周王室发生王子朝之乱，周敬王出奔狄泉，成周洛邑动荡不宁，孔子不可能乘乱适周。

　　当代学人有关注鲁昭公二十四年周室不宁者，遂以日食发生年份为着眼点，将孔子适周见老子，提前到周乱之前的昭公二十一年（公元前525年），这一年也有日食，如《春秋》鲁昭公二十一年记载："秋七月壬午朔，日有食之。"③但这种意见忽视了南宫敬叔此时仅九岁，尚未师事孔子，也就谈不上其他与孔子适周的行为了。而且这一年的日食发生在下午五点半左右，与周人出殡在上午的礼制不合。为何不将年份后推？因为他们考虑到此后"鲁国无君"，似乎又关照到孔子让南宫敬叔沟通鲁君。《左传》鲁昭公二十五年（公元前517年）记载：鲁昭公因季氏和郈氏斗鸡结怨，遂与郈氏发兵围季氏，被三桓击败，流亡到齐、晋边境，直至鲁昭公三十二年，客死于乾侯。确实在这八年中，鲁国存在着无君状态。

　　关键是对于被季氏驱逐到国外的鲁昭公，孔子还认不认他是鲁君。尽管鲁国形势风云变幻，孔子却始终认可鲁昭公是鲁君：一是鲁昭公被季氏

　　①　［清］阎若璩撰：《尚书古文疏证》（全2册），上海：上海古籍出版社，1987年版，第1185—1186页。

　　②　［清］阮元校刻：《十三经注疏》（全2册），北京：中华书局，1980年版，第1566页。

　　③　杨伯峻编著：《春秋左传注》（全4册），北京：中华书局，1990年版，第1423页。

驱逐之前,《论语·述而篇》记载:"陈司败问:'昭公知礼乎?'孔子曰:'知礼。'孔子退,揖巫马期而进之,曰:'吾闻君子不党,君子亦党乎?君取于吴,为同姓,谓之吴孟子。君而知礼,孰不知礼?'巫马期以告。子曰:'丘也幸,苟有过,人必知之。'"①孔子为君讳,维护鲁昭公名誉,竟至于被人疑为是鲁君之党。二是鲁昭公初被季氏驱逐,《春秋公羊传》鲁昭公二十五年(公元前517年)记载,鲁昭公与郈氏、臧氏谋去季氏。三家攻公,昭公出奔,次于阳州。齐侯唁公于野井,公以丧国者自居,应对有仪礼。孔子评曰:"其礼与!其辞足观矣!"②三是鲁昭公归葬,《左传》鲁定公元年(公元前509年)记载:"秋七月癸巳,葬昭公于墓道南。孔子之为司寇也,沟而合诸墓。"③孔子为鲁司寇是在九年后,即鲁定公十年(公元前500年),《孔子家语·相鲁》云:"先时,季氏葬昭公于墓道之南,孔子沟而合诸墓焉。谓季桓子曰:'贬君以彰己罪,非礼也。今合之,所以掩夫子之不臣。'"④可见孔子坚持周礼标准,对于被季氏驱逐的鲁昭公,依然认为国君,并指责季氏逐君贬君的行为,为"非礼"。

　　进而言之,在对各家之说进行深入的史源学和文献学辨析的基础上,就可以确认孔子适周问礼于老子,是在鲁昭公三十一年(公元前511年),孔子四十一岁,南宫敬叔二十岁。《春秋》该年记载:"三十有一年春王正月,(鲁昭)公在乾侯。……十有二月辛亥朔,日有食之。"⑤这一年,晋定公拟出兵纳鲁昭公归国,季氏也相当卑恭地到乾侯迎接昭公,即是说,鲁昭公获得国君礼节上的尊重,只因"众从者胁公,不得归"⑥。孔子应是此时派南宫敬叔向鲁昭公请准适周,由于鲁昭公终不得归,依然是国君不君的状态,所以不以鲁昭公、鲁定公这样的明确名词记载,泛称为"鲁君",此乃"春秋笔法"。又由于鲁昭公流亡在外,靠晋、齐周济渡日,只能赠予"一乘车,两马,一竖子俱,适周问礼"⑦。这是相当寒碜的赠予,对于名人孔子和三桓子嗣南宫敬叔,正常国君起码要赠予五辆、十辆车,甚至派武士护卫。参

①　《论语·述而篇》,《十三经注疏》(全2册),北京:中华书局,1980年版,第2481页。
②　《春秋公羊传》,《十三经注疏》(全2册),北京:中华书局,1980年版,第2329页。
③　杨伯峻著:《春秋左传注》(全4册),北京:中华书局,1990年版,第1527页。
④　王国轩、王秀梅译注:《孔子家语》,北京:中华书局,2011年版,第6页。
⑤　杨伯峻编著:《春秋左传注》(全4册),北京:中华书局,1990年版,第1509—1510页。
⑥　杨伯峻编著:《春秋左传注》(全4册),北京:中华书局,1990年版,第1511页。
⑦　[汉]司马迁撰:《史记》(全10册),北京:中华书局,1959年版,第1909页。

看《史记·孔子世家》孔子告辞,老子赠言:"吾闻富贵者送人以财,仁人者送人以言。吾不能富贵,窃仁人之号,送子以言,曰:聪明深察而近于死者,好议人者也。博辨广大危其身者,发人之恶者也。为人子者毋以有己,为人臣者毋以有己。"①孔子以一车、二马、一竖子,风尘仆仆见老子,可能对国君有怨言,老子才会有如此赠言。

　　至为关键者,孔子随老子参加出殡时,遭遇日食。《礼记·曾子问》记载孔子曰:"昔者,吾从老聃,助葬于巷党,及堩,日有食之,老聃曰:'丘。止柩,就道右,止哭以听变。'既明,反而后行。曰:'礼也。'反葬,而丘问之曰:'夫柩不可以反者也,日有食之,不知其已之迟数,则岂如行哉!'老聃曰:'诸侯朝天子,见日而行,逮日而舍奠。大夫使,见日而行,逮日而舍。夫柩不蚤出,不暮宿。见星而行者,唯罪人与奔父母之丧者乎?日有食之,安知其不见星也!且君子行礼,不以人之亲痁患。'吾闻诸老聃云。"②从这则记载"柩不蚤出,不暮宿",可知周人出殡是在上午。《仪礼·既夕礼》记述入葬之日,"厥明,陈鼎五于门外",举行郑重而简单的祭奠哭踊礼仪之后,"主人拜送,复位,杖,乃行"③,可知按照周制,葬礼是在上午举行。因为葬礼之后还有虞祭,《礼记·檀弓下》云:"日中而虞。葬日虞,弗忍一日离也。"④疏曰:"虞者,葬日还殡宫安神之祭名。"⑤《释名·释丧制》又云:"既葬,还祭于殡宫曰虞。谓虞乐安神,使还此也。"⑥《礼记·檀弓上》还记载孔子与子贡在卫观丧礼,议论其"速反而虞",也就是匆忙赶时间回去中午行虞祭⑦。因此孔子从老聃助葬所遇到的日食,应发生在上午10时左右,才能符合周朝礼制。于此,不妨以现代天文学验之,查《夏商周三代中国十三城可见日食表(食分食甚)》及 Five Millennium Canon of Solar Eclipses:－1999 to ＋3000(2000 BCE to 3000 CE),可知在洛阳可见的日食的准确时间是,鲁昭公三十一年(公元前511年)在公历11月14日上午9点56分前后,按周制上午出殡,适遇日食;而鲁定公五年(公元前505年)公历2月16日

①　[汉]司马迁撰:《史记》(全10册),北京:中华书局,1959年版,第1909页。

②　[清]阮元校刻:《十三经注疏》(全2册),北京:中华书局,1980年版,第1400－1401页。

③　[清]阮元校刻:《十三经注疏》(全2册),北京:中华书局,1980年版,第1153－1155页。

④　[清]阮元校刻:《十三经注疏》(全2册),北京:中华书局,1980年版,第1302页。

⑤　[清]阮元校刻:《十三经注疏》(全2册),北京:中华书局,1980年版,第1302页。

⑥　[汉]刘熙撰:《释名》(《丛书集成初编》),北京:中华书局,1985年版,第135页。

⑦　[清]阮元校刻:《十三经注疏》(全2册),北京:中华书局,1980年版,第1283页。

下午 15 点 15 分前后也有日食,但按周制出殡,不能遭遇日食①。

必须补充说明,之所以于此顺带提及鲁定公五年(公元前 505 年),是为了在前面的分析排除鲁昭公三十一年(公元前 511 年)以前的种种可能性之后,还要进而排除鲁昭公三十一年以后的种种可能性,确认孔子适周问礼于老子,只能发生在鲁昭公三十一年。南宫敬叔此年二十岁,在孟僖子卒后,他十三岁拜孔子为师,三年孝满,鲁昭公已被季氏驱逐出境,他不可能如期继承为大夫,到鲁定公继位后,才得以为大夫。一任大夫,他就迅速露富。《孔子家语·曲礼子贡问》云:"南宫敬叔以富得罪于定公,奔卫。卫侯请复之,载其宝以朝。夫子闻之曰:'若是其货也,丧不如速贫之愈。'……敬叔闻之,骤如孔子,而后循礼施散焉。"②此记载得到《礼记·檀弓上》的印证:"南宫敬叔反,必载宝而朝。夫子曰:'若是其货也,丧不如速贫之愈也。'丧之欲速贫,为敬叔言之也。"③以上言其富,至于车马,《孔子家语·致思篇》记载孔子曰:"季孙之赐我粟千钟也,而交益亲。自南宫敬叔之乘我车,而道加行。故道有时而后重,有势而后行。微夫二子之贶财,则丘之道殆将废矣。"④可见南宫敬叔为大夫之后,车马甚多,如果此时鲁君只赠予"一车二马一竖子",他是否领受就很难说。由此可知,孔子派南宫敬叔向鲁君请准适周而发生的许多事情,不可能发生在南宫敬叔在鲁定公初年为大夫之后。只能发生在鲁昭公三十一年,南宫敬叔未为大夫,尚无车马之资之时。

尚须注意者,鲁昭公三十一年,东周洛邑政局略为安定。从鲁昭公二十二年(公元前 520 年),周景王崩,周王室内乱,晋立敬王,居于狄泉,尹氏立王子朝,把持成周。直到鲁昭公二十六年(公元前 516 年),周敬王才在晋师的帮助下入主成周,王子朝奔楚。因而孔子不可能在鲁昭公二十三年至二十六年之间适周,而鲁昭公三十一年孔子进入成周,则具有相对稳定的政治环境。孔子说:"危邦不入,乱邦不居。"⑤他不可能带着一个二十岁的贵族弟子和一个"竖子",驾着二马拉车,闯进战火纷飞的险地,必然等到

---

① 此则天文学验证为徐建伟博士提供的材料,本人作了一些校理。
② 王国轩、王秀梅译注:《孔子家语》,北京:中华书局,2011 年版,第 495－496 页。
③ [清]阮元校刻:《十三经注疏》(全 2 册),北京:中华书局,1980 年版,第 1290 页。
④ 王国轩、王秀梅译注:《孔子家语》,北京:中华书局,2011 年版,第 78 页。
⑤ [宋]朱熹撰:《四书章句集注》,北京:中华书局,1983 年版,第 106 页。

战祸远去之后才到成周访学。

　　然而,孔子适周问礼于老子之事,为何在《论语》中是缺席的?《论语》在庐墓守心孝的最初编纂中,是遵循严格的价值标准,对众弟子忆述的材料作了论衡、取舍、润色的处理,而留下编纂者认为最符合他们所理解的"真孔子"的条目。因而并非《论语》不载者,历史上就不存在,比如《史记·仲尼弟子列传》所载"子贡一出,存鲁,乱齐,破吴,强晋而霸越。子贡一使,使势相破,十年之中,五国各有变"①这桩儒门大事,《论语》就只字不提。至于孔子适周问礼于老子,众弟子中只有南宫敬叔随行,而南宫敬叔的材料,《论语》并无采纳。尽管《公冶长篇》记述:"子谓南容,'邦有道,不废。邦无道,免于刑戮'。以其兄之子妻之。"②朱熹注:"南容,孔子弟子,居南宫。名绦,又名适。字子容,谥敬叔。孟懿子之兄也。"③但从孔子对南容品行的嘉许,及对三桓子弟南宫敬叔的称扬和贬责来看,二者与孔子的关系不可同日而语,并非同一人。南宫敬叔在《论语》编纂中并无话语权,《论语》也言不及老子,这都是编纂者遵循颜回、曾子路线理解"真孔子"所致,并非《论语》不载者,历史上就不存在,大量的战国秦汉文献及出土简帛已经证明这一点。对于文献记述与历史存在的关系,我们应该心存几分辨证思维,切不可落入清人毛奇龄所嘲讽的:"六经无髭髯字,将谓汉后人始生髭髯,此笑话矣。"④只有进行如此全息性的研究,包括孔子及南宫敬叔的生命信息、鲁国政治中之鲁君流亡和周室动乱平息的信息、古代天文学信息,及周人丧礼信息,在学术方法高度综合中严密地进行排除和聚焦,最终加以编年学定位,才可能廓清先秦诸子开幕期的老、孔会面这个千古之谜。

　　这些返本还原研究,都是在方法综合,在前述的"缀学"、"叠学"、"整学"三法的综合为用中取得进展的。三种方法的综合,推进了以史解经、以礼解经、以生命解经的深广度,对于发现一部"活的《论语》",破解诸多千古之谜,具有实质的有效性。如此方法论既有世界观的贯通,又须有结构体制的设计,才能充分展开,这就使得我们需要在发凡起例方面,下一番功夫了。

---

① [汉]司马迁撰:《史记》(全10册),北京:中华书局,1959年版,第2201页。
② [宋]朱熹撰:《四书章句集注》,北京:中华书局,1983年版,第75页。
③ [宋]朱熹撰:《四书章句集注》,北京:中华书局,1983年版,第75页。
④ [清]毛奇龄:《经问》,文渊阁《四库全书》本,卷9。

二　发凡起例之三板块

《论语还原》应该采取何种结构体制,这对于研究材料的组织、研究方法的选择、研究模样的确立,关系密切,有必要认真规划。还原研究所启用的学术方法,以及这些方法交互为用、综合创新的多式多样,要求我们将之纳入一种开阔、谨严而明快的结构体制之中,以便尽量充分地展开研究主体的思维空间。思维需要有空间,不仅是政治社会的空间,而且是运思的结构层次的空间。有空间,思维就可以舒张,变得从容而大气;空间狭隘,就可能导致思想猥琐,难以进入原创性的思想深层。

因此,古人对于著述的发凡起例极为重视,《四库全书总目提要》每从这个角度,评论某书的优劣。杜预《春秋左氏传序》说:"其发凡以言例,皆经国之常制,周公之垂法,史书之旧章,仲尼从而修之,以成一经之通体。"[①]它以周公、孔子的权威,推崇《春秋左传》在体制章法上的创造。清赵翼《廿二史劄记》卷一说:"司马迁参酌古今,发凡起例,创为全史。'本纪'以序帝王,'世家'以记侯国,'十表'以系时事,'八书'以详制度,'列传'以志人物,然后一代君臣政事,贤否得失,总汇于一编之中。"[②]这里高度评价司马迁《史记》以发凡起例把握古今、抑扬人物的宏观价值。可见以发凡起例规划和拓展思维空间,有助于以思想的逻辑形成结构的逻辑,展现一种有思想的结构,有结构的思想,从而使思想深化,出现充满活力的新鲜而大气。

原创性的研究当然要依托材料的丰厚,但丰厚的材料不能叠床架屋地无序堆积,阻塞思想的流程。必须以思想的逻辑对材料进行分门别类,发凡起例,固其根本,深其渊源,通其脉络,穷其枝叶,形成外大方而内绵密的结构体制。从而摆开摊子,规划纲目,统理篇章,推进材料与思想深度结合,以达至洞察本末、开启玄奥、探究精微的效果。总之,结构体制规划得好,就可以充分地发挥方法综合的功能,使材料发酵,超越成规,激发活力,形成新见,从而穿透重重成见的迷障,直抵事物内蕴的生命之本源。这就

---

① ［清］阮元校刻:《十三经注疏》(全2册),北京:中华书局,1980年版,第1705页。

② ［清］赵翼著,王树民校证:《廿二史劄记校证》,北京:中华书局,1984年版,第3页。

是运行于结构空间之中的思想逻辑的力量。因此《论语还原》书稿写完后，有意将之放置多时，然后进行反复修改，目的无非就是力图以思想为灵魂，以方法为手足，对繁复散乱的材料，配置以适宜的结构空间和方法组合，考究原委，疏通脉络，从中化解出深层的生命和本真的意义。

表面看来，结构在研究成果的形式上，似乎是一种"硬件"，但它是一种"会思想的硬件"。思想可以通过结构，进行模式化的放大；结构可以通过思想，进行生命化的演绎。比如《史记》的结构，十二本纪、十表、八书、三十世家、七十列传，既是一种影响深远的史学模式，又是一种眼光巨大的思想结晶。明人陈于陛云："司马迁文字，真是千古绝伦。今二千年，文字家极力模拟，仅得其一字一句，便以为工。至其结构变化之神巧处，瞠乎不能及也，岂但文字？"①清人李光地也认为："司马子长笔力，周衰诸子不及也。其文浑浑噩噩，结构处大，人莫知所措置。昌黎较周密，论笔气，到底史公高。班孟坚得刘向、扬雄、班彪诸人讲贯议论，意理自较完备，笔力却不及史公。"②可知结构的创始，是与思想、笔力互为因果的。

有感于思想与结构的辨证关系，本人尝试着为《论语还原》设置了三大板块：内编、外编、年谱编。三大板块旨在分门别类而使注意力逐级递进地深入《论语》篇章学的价值取向和生命秘密、七十子后学的学术脉络及由此构成的孔学文化地图，以及孔子和《论语》两个文化生命体的编年运行轨迹。如此规划出来的堂庑廊阶之格局力求宽敞、宏伟而舒展，期以激发原创思维和新进方法，全面系统地深入《论语》和孔子文化地图的历史现场、内在脉络及生命信息之细节。此三编互相呼应和映照，却是处在由内及外、由根本及枝叶、由初创到演变、由学派到编年的不同维度、不同层面之上，处在逻辑思路的逐级拓展和深化之上。三编中各有侧重地进行材料配置和方法组合，各司其职、各得其宜地提出和解决自身的问题，相互间形成互动互补和相互支撑，有若一个巨大的三角形，力求做到底部坚实牢靠，前锋指向《论语》篇章意义的得以发生和生命得以内蕴的过程：

（一）《论语还原·内编》19章。

内编面对着学人耳熟能详、甚至朗朗上口的《论语》文本，因而研究成

---

① ［明］陈于陛撰：《意见》，宝颜堂秘笈本，《太史公》篇。

② ［清］李光地著，陈祖武点校：《榕村语录榕村续语录》（全2册），北京：中华书局，1995年版，第370页。

果是否陈陈相因,或故为标新立异,有多少实质性的货色,一看便知。要在这个领域进行返本还原研究,最能看清是否已经透入新的思想智慧层面,最能考验研究者具有多少发现问题、激活生命、阐释根本的能力。简直是众目睽睽,物无遁形。因而真诚、惕厉而审慎的态度,是必不可缺的。按照传统看法,《论语》是圣经贤传,如《诗·小雅》所云"高山仰止,景行行止"①即可,还有什么值得生疑之处? 照着去办,理解的要执行,不理解的也执行就是。或者采取激进态度,将过时(或背时)的"圣贤"押上审判台,痛快淋漓地批判一顿就是,还要反过头来追问甚么? 其实就在我们熟悉的名言警句的缝隙中,还残存着某些两千年来知其然而不知其所以然的问题,总以为古人已经给出种种说法,理当如此,一方面受到启发,一方面也把"迷惑"当"明白"了。好像经常见面的老友,还要问您贵姓,您为什么长成这个样子,这有必要么?

必要性来源于文化生命的血脉延续,认证原始,是为了转化原始,涵养现代,开拓未来。对自己的文化根子或"文化自我",必须追问清楚,追问其如何发生,如何构成,如何适应现代,如何生气勃勃地陪伴我们走向未来。不然身边时或晃动着若干模模糊糊、恍恍惚惚、来无踪、去无影,不能从其面目窥其内心的幽灵,走起路来就会底气昏塞,理性浑浊。学术的现代大国气象,是需要理性清明、心底踏实的。

其实,真理往往联系着直接和单纯。追问应该始于单纯和直接。一问:《论语》为什么叫《论语》? 这就要考察《论语》得名,与同时出现的《老子》《孙子》《墨子》不同的原因和证据。它为何不叫《孔子》? 对于《论语》得名,古人已有种种说法,主要是以音韵训诂的方法,将"论"字与伦、纶、轮沟通,却脱离其本义和原初的编纂过程,争来争去,没有了局。

以何种方法判断梦乱如麻的种种意见之是非对错? 在生命认证上,必须确立"内证高于外证"的原则,从内证中发现孔子及其弟子使用"论"字、"语"字的习惯。"语"在《论语》中十五见,指的是对话,但也是早已存在的一种文体。晋国假道于虞灭虢,宫之奇谏虞君就引《语》曰:"唇亡则齿寒。"②楚大夫申叔时论傅太子之道,就有"教之《语》,使明其德,而知先王

---

① 〔清〕阮元校刻:《十三经注疏》(全2册),北京:中华书局,1980年版,第842页。
② 〔清〕阮元校刻:《十三经注疏》(全2册),北京:中华书局,1980年版,第2392页。

之务用明德于民也"①的说法。由此可知,"语"是孔子出生前百年、或五十年就存在的文体。就连《国语》之《周语》、《鲁语》、《齐语》、《晋语》、《郑语》、《楚语》、《吴语》、《越语》,也是按照"内中国外夷狄、贵王贱伯"的"春秋大旨"②次序,汇辑春秋各国之《语》。

"论"字的解释,最是关键。内证见于《论语·宪问篇》孔子之言:"为命:裨谌草创之,世叔讨论之,行人子羽修饰之,东里子产润色之。"③以往读到这句话,总以为孔子在夸子产,也就不太在意,似乎其中并没有多少治国平天下的微言大义。读过一些谈论《论语》得名的文章与著作,似乎少见有几人关注过这段话。但它是《论语》总共两个"论"字中最有意味的一条。孔子在这里谈论他所尊敬的郑国贤臣子产如何制作文件,提出了组成一个有智慧的小组,分头草创、讨论、修饰、润色的编纂模式。孔子确定模式,弟子记录模式,《论语》编撰模式以及得名就是遵循夫子遗训,从而也就使得经讨论而裁定取舍,成为编纂过程的关键环节。《论语》也就是经过"论"的一种《语》。

由于《论语》经过"辑而论纂"的程序,尽管其材料是众弟子各有回忆和记录,一旦成为公共产品,就必然将弟子自称名,换作弟子都称字。原宪字子思,易与孔子之孙孔伋重,遂改回称名,但《史记》所见是《古论语》,因而还是"子思问耻"④。这种改动,可能出现在孔伋参与曾门第三次编纂《论语》的时候。因为弟子称字,乃是一种公共称呼,不如此者,属于异变。异变就要探求异变的原因,从而展开对《论语》成书过程的探索。由内证所揭示的孔子及七十子使用"论"字的习惯入手,可以破解《论语》篇章行文的许多谜团。那种离开《论语》而从各种辞书中搜集语义多种解释的做法,节外生枝,是离开了《论语》书名本义,也离开了《论语》实际的编纂过程和命名过程的。

二问:《论语》开宗明义的首篇《学而》,为何除了"子曰"之外,还插入"有子曰"、"曾子曰"?《论语》二十篇为何有六个弟子:公冶长、冉雍(仲弓)、颜渊、子路、原宪、子张的名字见于篇题? 对于前者,从唐人柳宗元开

---

①　上海师范大学古籍整理研究所校点:《国语》,上海:上海古籍出版社,1988年版,第528页。

②　[宋]黎靖德编,王星贤点校:《朱子语类》,北京:中华书局,1986年版,第2144页。

③　[宋]朱熹撰:《四书章句集注》,北京:中华书局,1983年版,第150页。

④　[汉]司马迁撰:《史记》(全10册),北京:中华书局,1959年版,第2207页。

始,就知道从称谓异变入手,"是书载弟子必以字,独曾子、有子不然","是书记曾子之死,则去孔子也远矣"①,以解释曾子、有子弟子参与《论语》论纂,却并没有考定他们何时参与论纂。至于篇题出现六弟子名字,论者可能简单地认为,《论语》篇名按例是取每篇首章开头二字命名,因为这些弟子条目在首章,也就随手拈来成为篇名,并无深义。然而,谁将他们系于首章?学人并不习惯于这种提问的方式。其实按照编辑学的常识,谁居首章,也是一种价值观的体现。篇名设置,尤其是设置发生异变之处,隐藏着是哪些弟子参与《论语》编纂过程的生命痕迹。

从这些切口进入《论语》文本的生命分析和篇章政治学考量,再参以多维度的材料互证互释,尤其是以殷人礼制参证七十子在孔子丧礼中的行事方式,或者说"以礼证《论》",就可以揭示《论语》在春秋战国之际的五十年间存在过三次编纂的秘密。孔子临终,自称"殷人",王夫之《读通鉴论》卷七说:"夫云'古不墓祭',所谓古者,自周而言之,盖殷礼也。孔子于防墓之崩,泫然流涕曰:'古不修墓。'其云古者,亦殷礼也。孔子殷人也,而用殷礼,示不忘故也。"②孔子生前对丧事如此遵循殷礼,因此众弟子必然按照殷礼、兼及夏周之礼办理夫子丧事。因此,以殷礼透视《论语》编纂之启动,乃是返回历史现场的极好方法。由此发现《论语》编纂是一个过程,五十年间三次编纂为之输入多维的文化价值密码:

一是在孔子"既卒",众弟子按照殷礼而庐墓守心孝的三年间(公元前479—前477年,二十五个月),借祭祀斋戒产生"祭如在"之心理效应的契机,分头进行回忆记述。郑玄《论语序》云:"(《论语》乃)仲弓、子游、子夏等撰。"③指的就是第一次编纂,将众弟子回忆记述的材料,经过讨论、取舍、润色、编排,初步奠定《论语》的体例和规模。

二是守心孝三年,即二十五月后(公元前477年),弟子陆续分散,按照殷人规制"高宗三年不言,言乃欢"④,或如《礼记·杂记下》所云"三年之丧,祥而从政"⑤,二十五月而后祭曰"大祥",孔门就要重新开启理事。于

---

① [唐]柳宗元:《柳河东集》,上海:上海人民出版社,1974年版,第68—69页。
② [清]王夫之撰:《读通鉴论》(上中下),北京:中华书局,1975年版,第183页。
③ [清]阮元校刻:《十三经注疏》(全2册),北京:中华书局,1980年版,第2454页。
④ [清]阮元校刻:《十三经注疏》(全2册),北京:中华书局,1980年版,第1305页。
⑤ [清]阮元校刻:《十三经注疏》(全2册),北京:中华书局,1980年版,第1563页。

是子夏、子张、子游"以有若似圣人，欲以所事孔子事之"①，推举有若主事。此举并非在丧礼完后还要推有若当尸，因为按照《礼记·祭统》所云"夫祭之道，孙为王父尸"②，最合适当"尸"者是子思，不必为推举有若而招惹争论。以礼制说经，是清学精深的方法，应在典章制度上加深对《论语》成书过程的考察。由于这番人事调整及话语权之转移，势必又对《论语》进行修纂及篇章调整增补，形成了《论语》比较整齐的篇章结构。

三是曾子逝世（公元前436年）之后，已成鲁地儒门重镇的曾门，由子思及乐正子春等曾门弟子，对《论语》进行进一步的修纂，增添的章节只占全书的百分之三，却使曾子路线与颜回路线，成为《论语》的基本价值维度。《论语》在半个多世纪中，由极具实力的弟子后学群体，延续旧制而再三编纂，可见孔门是将此书视为传道统的标志所在。先后参与编纂者都是孔门弟子后学之秀，这也就使《论语》融汇了去圣不远的孔门群体智慧，篇章略显紊乱，却在反复锤炼中变得浑厚而富有张力。

三问：《论语·先进篇》开列"四科十哲"名单，为何没有曾子？四科十哲是历代孔庙从祀的重要名单，宋代理学建立道统，曾子作为道统中关键人物，竟然名不见十哲，引起正统儒者大惑不解。程朱或斥其为"俗论"，或因十哲称字，谓非夫子之言。此千古谜案，成为将《论语》定位为曾门一家所编的最大障碍。读《论语》者，对此轻易放过，就等于迷失了进入《论语》编纂的真实过程的重要通道。既然这个名单不是曾门最后修纂时所拟定，同时也不可能是子夏、子游、子张推举有若主事之时所定，他们推举有若还征求曾子意见，可见曾子学派的分量已非最初仲弓主持编纂时所能比拟。因此四科十哲无曾子、也无有子这个成为千古公案名单，应是仲弓主持第一次编纂时所开列，因曾子辈未及而立之年，尚未成为气候，故未及将之列入。《先进篇》录有孔子言"参也鲁，师也辟"③，也不能认为是第二、第三次编纂时所为，而是第一次编纂时留下的痕迹。宋儒对此尽可如此解说："'参也鲁'，鲁，是鲁钝。曾子只缘鲁钝，被他不肯放过，所以做得透。"④因此仲弓牵头的最初编纂，经过荀子，通向汉儒。而曾门主持的第三次编纂，

①　[宋]朱熹撰：《四书章句集注》，北京：中华书局，1983年版，第260—261页。

②　[清]阮元校刻：《十三经注疏》（全2册），北京：中华书局，1980年版，第1605页。

③　[清]阮元校刻：《十三经注疏》（全2册），北京：中华书局，1980年版，第2499页。

④　[宋]黎靖德编，王星贤点校：《朱子语类》，北京：中华书局，1986年版，第1018页。

由子思经过孟子,通向宋儒。儒学两大学派,都在《论语》早期编纂中留下原初的文化基因。子贡在组织孔子丧事中是带头人,但在《论语》编纂中却被边缘化,他忆述的大量材料留给孔府庋藏,后来相当集中地出现在《孔子家语》中,计有五十八章之多,而且篇幅颇长。

四问:河北定州汉墓竹书《论语》残卷,对于研究《论语》早期传本有何价值? 它可以归入汉代《论语》古、齐、鲁三家的哪一家? 对此谜团的破解,需从残卷的语言方式入手。战国简书多经口授和转录,传闻异辞现象多见,而此残卷的文字异用,有与《荀子》相通之处,也有与《左传》、《史记》记赵国事、赵人语相通之处。因而当为在赵地流传所致。而且它似乎有意避秦王政之讳,却避得不规范;孔子及其弟子的名字也多有同音异写,似乎有意遮掩什么。因而可能在秦王政灭赵之后,曾在赵地民间传抄所致①。通过战国秦汉书籍制度和地方用语习惯等多种维度的考证,发现此残卷不属于当时存入秘府的古、齐、鲁《论语》三家。存在与否,与存入王朝秘府与否,并不能等同。《论衡》提及的《河间论语》②,就没有存入秘府。王充八岁入书馆,习《论语》、《尚书》,但他所引《论语》文颇异于汉石经或今本。清人曾有这样的疑问:“王充有曰:《论语》有古文二十一篇,又有齐、鲁,及河间九篇,凡三十篇。《河间论语》,《汉·艺文志》所不载,今不可晓,意必河间献王所得而充曾见之者也。今《说文》所引有《逸论语》,或者其遗文乎?”③可见,《论语》除了《汉志》所述三家之外,并非世间就无他本。定州竹书残卷应是在赵地传播的《赵论语》或《中山论语》,与《论衡》提及的《河间论语》也不尽相同。

(二)《论语还原·外编》20 章。

孔子之学是以孔子为宗师的儒家群体共同建构的。其核心部分当然是孔子之言及孔子整理传授的“六艺”。而孔子之言多是七十子忆述,六艺也由七十子后学分头阐释和传述,因而带有七十子对夫子与孔学的理解,染上七十子的身世、学养、智慧和气质,甚至也不可避免地携带着他们的部族、家族、职业所处的文化空间所特有的某些文化基因,从而使传经或传道绁绎出多种分支。这就使得孔门、孔学、孔子文化地图成了一个既有登堂

① 《定州汉墓竹简论语介绍》,见《定州汉墓竹简论语》,北京:文物出版社,1997 年版。

② [汉]王充:《论衡》,《诸子集成》(七),北京:中华书局,1954 年版,第 272 页。

③ [清]阮葵生:《茶馀客话》(全 2 册),北京:中华书局,1959 年版,第 274-275 页。

入室之二三子，又有"受业身通者七十有七人"①，以及他们的后学的学术共同体，其结构特征既是前浪后浪逐层推涌的历史过程，又若一石激起千层浪的逐层拓展的波纹结构。

在《论语》启动编纂时，就如《汉书·艺文志》沿用刘歆《六艺略》所云："当时弟子各有所记②。"宋代程颢（伊川）又云："仲尼圣人，其道大，……后弟子各以其所学行，异端遂起。"③这恰如郦道元《水经注》卷二十五引《孔丛子》曰："夫子墓茔方一里，在鲁城北六里泗水上。"④又引《皇览》曰："弟子各以四方奇木来植，故多诸异树，不生棘木刺草。"⑤朱《笺》曰："《圣贤家墓记》云：孔子冢茔中树以百数，皆异种，世世无能名其树者。其树皆弟子持其方树来种之，有柞、枌、雒离、女贞、五味、毚檀之属。"⑥树犹如此，人何以堪？尽管汲取的是孔子之泉的水分，但四方奇木，种子互异，众木成林，也是多姿多态。

孔子之学经过七十子承传，光大了，也纷杂了。《韩非子·显学篇》有"八儒三墨"之说，加上其师荀子之《非十二子篇》多出的子夏氏之儒、子游氏之儒，战国儒学内部派别不下十家，"乃知孔子之后，其门弟子各得圣人之一体，自立门户，则吾道亦自枝分派别矣"⑦。研究者有必要以强大的会通能力，综合把握这种"纷杂的光大"。外编着力打通经传，打通孔子与七十子及其后学，打通孔、孟、荀，打通孔府之学与孔门之学，分层次考察散见于东周秦汉经籍、诸子及出土文献中的数量为《论语》一二十倍的"孔子曰"的文字，其中旨趣就是力图真实而全面地描绘更丰满的孔子，更完整的孔子文化地图。

孔学传承，有传道、传经、传事各种路径。孔门传道，曾子、子思最是关键。曾子虽然认为孔子之学"一以贯之"者是"忠恕"，《论语·学而篇》突出

① ［汉］司马迁撰：《史记》（全10册），北京：中华书局，1959年版，第2185页。
② ［汉］班固撰：《汉书》（全12册），北京：中华书局，1962年版，第1717页。
③ ［宋］程颢、程颐：《二程外书》，明弘治陈宣刻本，卷8。
④ 王国维校，袁英光、刘寅生整理标点：《水经注校》，上海：上海人民出版社，1984年版，第804页。
⑤ 王国维校，袁英光、刘寅生整理标点：《水经注校》，上海：上海人民出版社，1984年版，第804页。
⑥ 王国维校，袁英光、刘寅生整理标点：《水经注校》，上海：上海人民出版社，1984年版，第804页。
⑦ ［明］何良俊撰：《四友斋丛说》（元明史料笔记丛刊），北京：中华书局，1959年版，第175页。

其"吾日三省吾身"的修养方式,但他大力传承之道,则一是孝,二是学。《孝经》《学记》《大学》及《大戴礼记》"曾子十篇",是其传道的生命痕迹。这些篇什或成于曾子本人之手,或本人留有手泽而为弟子辑成,或径出诸后学之手,都需从篇章脉络和行文用语辨其原委,作出历史编年学的定位。以学为道,曾子有其独得的领会,《大学》三纲八目,为中国传统政治伦理学提供了影响深远的思想逻辑模式。

　　以孝为道,出自曾子本性,太史公形容曾子:"孔子以为能通孝道,故授之业。作《孝经》。"①似乎《孝经》为曾子撰成。《孝经纬钩命诀》却曰:"孔子曰:吾志在《春秋》,行在《孝经》。"②又《孝经说》曰:"《春秋》属商,《孝经》属参。"③大概与类似的暗流有关,《汉书·艺文志》则云:"《孝经》者,孔子为曾子陈孝道也。"④似乎《孝经》著作权在孔子。其实,追踪曾子生命历程,就可发现,《孝经》成书,与《礼记·檀弓上》记载"子夏丧其子而丧其明,曾子吊之"⑤这次西河之行有关。

　　《汉书·艺文志》"儒家类"著录有"魏文侯六篇"。所谓"儒家类",就是"游文于六经之中,留意于仁义之际,祖述尧、舜,宪章文、武,宗师仲尼"⑥的著述取向。蔡邕《明堂论》以明堂、清庙、太庙、太室、太学、辟雍为一事,其中引及魏文侯《孝经传》,引文说:"魏文侯《孝经传》曰:'太学者,中学明堂之位也。'"⑦那么,魏文侯何以写成"儒家类"的"魏文侯六篇",著有《孝经传》呢?后者显然不是传自子夏,而是传自到过魏国西河看望子夏的曾子。河北定州汉墓简书《论语》残卷之外,尚有《儒家者言》⑧,其中与孝相关的简文,曾子之外,还关联着乐正子春,即参与《论语》第三次编纂的曾门弟子。从《孝经》使用的称谓"子曰""曾子曰",及某些虚词与《论语》相同,可知《孝经》可能有曾子遗稿,但成书在曾门弟子包括乐正子春之手。

　　子思传道,主要体现在《中庸》,以及出土简帛中的《五行》。子思著述,

---

① [汉]司马迁撰:《史记》(全10册),北京:中华书局,1959年版,第2205页。
② [清]阮元校刻:《十三经注疏》(全2册),北京:中华书局,1980年版,第2190页。
③ [清]阮元校刻:《十三经注疏》(全2册),北京:中华书局,1980年版,第2195页。
④ [汉]班固撰:《汉书》(全12册),北京:中华书局,1962年版,第1719页。
⑤ [清]阮元校刻:《十三经注疏》(全2册),北京:中华书局,1980年版,第1282页。
⑥ [汉]班固撰:《汉书》(全12册),北京:中华书局,1962年版,第1728页。
⑦ [清]严可均辑:《全后汉文》,北京:商务印书馆,1999年版,第800页。
⑧ 《〈儒家者言〉释文》,国家文物局古文献研究室、河北省博物馆、河北省文物研究所定县汉墓竹简整理组《文物》,1981年第8期。

可考信者有《礼记》之《表记》、《坊记》、《中庸》、《缁衣》，以及出土简帛中的《鲁穆公问子思》、《五行》。子思是孔鲤之幼子，孔子卒时其年龄在十岁左右，唯此在他八十二岁（非《史记》所云六十二岁）时才可能来得及为鲁穆公师，关于子思的一系列材料也因此贯通无碍。十岁圣裔，自然是孔门弟子守心孝三年及其后一段时间的掌上明珠，二三子均可为其师，但均非其专师。其后曾门在鲁地做大，子思也就与曾子关系最多，甚至如前所述，曾家是其托孤所属。唯有看清这一点，宋儒所谓"子思学于曾子，而孟子受业子思之门人"[①]的道统脉络，才能落到实处；考论子思之学承前启后的源流，及其推进春秋学术进入战国学术的基本特征，才有可靠的立足点。

子思的著述，言仁、言礼、言贤人政治，其中的"子曰"是其幼时对圣祖之耳濡目染，当然包含着不少"爱孙述爷"的可能性想象。子思最重要的著作，自然是《中庸》。全书有一个"仲尼曰"，二十一个"子曰"。基本宗旨是将"中庸"作为儒学的关键性范畴或思想方法突出来，并将之置于"诚"的本体论之上。其"天命之谓性，率性之谓道，修道之谓教"[②]的论断，无疑是中国思想史上一次超越性的迈进。它推动了儒学的内在化，成为从春秋儒学到战国儒学，从孔子到孟子的一个思想转掠点。子思五行是：仁、义、礼、智、圣[③]。这在"洪范五行"水、火、木、金、土之外，开拓了另外一个精神宇宙要素模式，引发了孟子将仁、义、礼、智进一步内在化，提出"心之四端说"[④]的学术脉络。可见子思在《五行》中体验到的道德本体论，川流不息地通向孟子为代表的战国儒学。

与传道相关，却只是传承"道之一端"者，值得重视者还有子游、子张。子游之学除了《论语·阳货篇》之"弦歌治世"，《礼记·檀弓》上下记其掌握礼仪之精切外，尤以《礼记·礼运篇》极其独特地拓展了儒学，也开拓了中国士人的历史总体把握和未来社会理想的"欲以观其妙"的精神空间。子游是吴人，他将南国才情和江左风流俊逸之气，带到典重严正的儒学肌理之中。风气所及，即欧阳修所云："四方风俗异宜，而人性各有利钝，东南之

---

① 〔宋〕朱熹撰：《四书章句集注》，北京：中华书局，1983年版，第43页。
② 〔清〕阮元校刻：《十三经注疏》（全2册），北京：中华书局，1980年版，第1625页。
③ 参看庞朴：《竹帛〈五行〉篇与思孟"五行"说》，收入《竹帛〈五行〉篇校注及研究》，台北：万卷楼图书有限公司，2000年版，第100页。
④ 〔宋〕朱熹撰：《四书章句集注》，北京：中华书局，1983年版，第237-238页。

俗好文。"①

　　然而《礼记·礼运篇》并没有标明事件发生的年代,只是说:"昔者仲尼与于蜡宾,事毕,出游于观之上,喟然而叹。仲尼之叹,盖叹鲁也。"②《孔子家语·礼运篇》却特地加上事件年代:"孔子为鲁司寇,与于蜡。既宾事毕,乃出游于观之上,喟然而叹。"③这一增加就加出了问题,因为孔子为鲁司寇,在齐鲁夹谷之盟中摄行相事,是在鲁定公十年(公元前 500 年),孔子五十二岁。子游少孔子四十五岁,其时才七岁,尚未为孔门弟子。这可能是孔府子弟在整理孔府档案时,觉得孔子未为大夫时,无资格参加鲁国蜡祭,周游列国时不可能参与蜡祭,而孔子为鲁司寇,又是其圣祖的最高荣耀,遂系于此年,造成大错。其实此事当发生在孔子晚年学《易》,写成《春秋》之时,那时只是国老,并不纠缠具体政务,所以才发出这种参透大道而彻悟历史的超级智者的感慨,阐述了"大道之行也,天下为公"的历史理想通则。这与西狩获麟之年,孔子赋"唐虞世兮麟凤游,今非其时来何求? 麟兮麟兮我心忧"④的《麟兮歌》,其心理状态相通的。故应系于鲁哀公十四年(公元前 481 年),孔子七十一岁,子游二十六岁。

　　"子张之儒",被《韩非子·显学》列于"儒分为八"之首,可见其在儒门推动派中有派的能量不可小觑。子张曾向孔子问仁、问明、问行、问崇德辨惑、问政、问干禄,对于《书》中疑难也多有发问。既然我们论证《论语·子张篇》,是子张参与第二次编纂时所增,那么它的首章,就蕴含着子张的核心思想。首章是:"子张曰:士见危致命,见得思义,祭思敬,丧思哀,其可已矣。"⑤这与《宪问篇》孔子论"成人",应该"见利思义,见危授命",有其相通之处。朱熹说:"致命,如《论语》'见危授命'与'士见危致命'之义一般,是送这命与他,自家但遂志循义,都不管生死,不顾身命,犹言致死生于度外也。"⑥可见堂堂乎子张,是非常豪爽,甚至颇有侠肝义胆的。

　　《尸子·劝学篇》载:"颜涿聚,盗也;颛孙师,驵也。孔子教之,皆为显

①　曾枣庄、刘琳主编:《全宋文》(第 32 册),上海:上海辞书出版社,2006 年版,第 292 页。
②　[清]阮元校刻:《十三经注疏》(全 2 册),北京:中华书局,1980 年版,第 1413 页。
③　王国轩、王秀梅译注:《孔子家语》,北京:中华书局,2011 年版,第 361 页。
④　傅亚庶撰:《孔丛子校释》(《新编诸子集成续编》),北京:中华书局,2011 年版,第 97 页。
⑤　[清]阮元校刻:《十三经注疏》(全 2 册),北京:中华书局,1980 年版,第 2531 页。
⑥　[宋]黎靖德编,王星贤点校:《朱子语类》,北京:中华书局,1986 年版,第 1842 页。

士。"①所谓"驵",就是马市经纪人,这种职业经历,使其行为作风和学理言说,难免带有几分江湖气。《大戴礼记·千乘》本属《孔子三朝记》,乃是子张氏之儒的文献。清人陈澧对之如此评论:"下无用者,贵俭也;立有神者,明鬼也,以为无命者,非命也;兼爱则尤显然者也。不知墨氏之说何以窜入?"②节用、明鬼、非命、兼爱,都名列"墨子十论"之中,但章太炎并不认同这是"墨氏之说"窜入孔子之言的"窜入说",认为:"墨家本出尹佚,佚之说可施于政事者,孔子亦有取焉。《三朝记·千乘篇》云:'下无用(原注:谓无奢侈之费)则国家富,……此国家之所以茂也。'……'下无用',即墨之'节用';'上有义',即墨之'尚同';'立有神',即墨之'明鬼';'兼而爱之',即墨之'兼爱';'以为无命',即墨之'非命',盖施政之术不尽与修己同也。……若夫短丧、非乐则儒者必不取之,而尹佚亦未必言是也。"③这就是说,子张氏之儒与后来墨家有其相近之处,对于儒学,属于传道之"师也过","过犹不及"④的旁出者。

孔门传经,贡献之巨,无出于子夏之右者。清末陈玉澍《卜子年谱》云:"无曾子则无宋儒之道学,无卜子(卜商,字子夏)则无汉儒之经学。宋儒之言道学者,必由子思、孟子而溯源于曾子;汉儒之言经学者,必由荀、毛、公、穀而溯源于卜子。是孔子为宋学、汉学之始祖,而曾子、卜子为宋学、汉学之大宗也。"⑤子夏以"博学而笃志,切问而近思,仁在其中矣"为宗旨,传经而讲究博学、切问,自然可以切实而传远,引领汉学的风气。子夏是被孔子称为"始可与言诗已矣"的,子夏传诗的谱系,一说传授给高行子,四传而至小毛公(赵人毛苌);一说传授给曾申(曾子之子),五传而至大毛公(鲁人毛亨)⑥。《上海博物馆藏战国楚竹书》第一册有《孔子诗论》,共有完整或残缺之简 29 支,约 1006 字。内容涵盖诗序、诗篇解读,以及对"邦风"(国风)、"大夏"(大雅)、"小夏"(小雅)的阐释⑦。其内涵之丰富,《毛诗序》之

---

①　[周]尸佼:《尸子》,清平津馆丛书本,卷上。

②　[清]陈澧撰,杨志刚编校:《东塾读书记》上海:中西书局,2012 年版,第 159 页。

③　章太炎著:《章太炎:在苏州国学讲习会的讲稿》,北京:中国画报出版社,2010 年版,第 216 页。

④　[宋]朱熹撰:《四书章句集注》,北京:中华书局,1983 年版,第 126 页。

⑤　[清]陈玉澍撰:《卜子年谱》,民国四年(1915 年)上虞罗氏"雪堂丛刻"本,卷首《自叙》。

⑥　[清]皮锡瑞:《经学历史》,北京:中华书局,1959 年版,第 48 页。

⑦　《孔子诗论》,见《上海博物馆藏战国楚竹书》(第 1 册),上海:上海古籍出版社,2001 年版。

外罕见如此原始文献。《毛诗序》言诗往往功夫在诗外之旨,附会政治历史背景以张扬诗之政治功能,少及诗中感情体验和审美把握。而竹书《孔子诗论》却方向略异,时而深入情志民性,体验诗之本义,由情感体验而及于礼乐之阐发。

《汉书·艺文志》描述春秋到战国诗学之衰变云:"传曰:'不歌而诵谓之赋,登高能赋可以为大夫。'言感物造耑,材知深美,可与图事,故可以为列大夫也。古者诸侯卿大夫交接邻国,以微言相感,当揖让之时,必称《诗》以谕其志,盖以别贤不肖而观盛衰焉。故孔子曰'不学《诗》,无以言'也。春秋之后,周道浸坏,聘问歌咏不行于列国,学《诗》之士逸在布衣,而贤人失志之赋作矣。大儒孙卿及楚臣屈原离谗忧国,皆作赋以风,咸有恻隐古诗之义。"①即是说,进入战国,诗学的历程已经从卿大夫在政治外交场合赋诗言志,变换成学诗之士逸在布衣,言诗的方式也就由断章取义的政治工具向"恻隐古诗之义",向心性体验的情感形式过渡。《孔子诗论》言诗每及情志、民性,反映着由春秋入战国的诗学思潮。对比一下《孔丛子·记义》"孔子读《诗》及《小雅》,喟然而叹曰:吾于《周南》、《召南》,见周道之所以盛也。于《柏舟》,见匹夫执志之不可易也。于《淇澳》,见学之可以为君子也"②云云,就更加清楚,这里涉及《诗经·国风》及《小雅》中二十首诗,不及《大雅》和《颂》。其中言诗用语虽然简短,但较少穿凿附会具体历史枝节,较多体验诗之情意和本义。换言之,竹书《孔子诗论》与《孔丛子·记义》中孔子言诗的距离,比起《毛诗序》更为接近,因而属于与子夏传诗存在着差异的另一个传诗系统。

考察《大戴礼记·夏小正》就可发现,此文的构成独特而复杂:经文四百余字,就是《礼记·礼运》所云:"孔子曰:我欲观夏道,是故之杞,而不足征也;吾得夏时焉。"③郑玄笺:"得夏四时之书也,其书存者有《小正》。"④孔子重历法,可谓把握住农业社会的根本。传文二千八百字,是经文的近七倍,则是子夏传经系统留下的文字,其语句方式与《春秋》之公羊、穀梁二传

---

① ［汉］班固撰:《汉书》(全12册),北京:中华书局,1962年版,第1755—1756页。
② 傅亚庶撰:《孔丛子校释》(《新编诸子集成续编》),北京:中华书局,2011年版,第54页。
③ ［清］阮元校刻:《十三经注疏》(全2册),北京:中华书局,1980年版,第1415页。
④ ［清］阮元校刻:《十三经注疏》(全2册),北京:中华书局,1980年版,第1415页。

类似。有些天象记忆可能来自夏初的口传,到了"惟殷先人,有册有典"①,方得记录,也就掺入殷周之际的某些天象。又,《史记·夏本纪》云:"太史公曰:孔子正'夏时',学者多传《夏小正》云。"②孔子曾对原文进行校正、考正。其后才是学者,包括子夏传经系统的学者"多传《夏小正》"。由此形成了《夏小正》经传合体、呈现出"历史文化地层叠压"的文体形态。

子夏传经,包括《春秋》、《易》、《诗》。《通志·氏族志略》说:"以技为氏……巫者之后为巫氏,屠者之后为屠氏,卜人之后为卜氏,匠人之后为匠氏。"③"卜氏,《周礼》卜人氏也。鲁有卜楚邱,晋有卜偃,楚有卜徒父,皆以卜命之。其后遂以为氏,如仲尼弟子卜商之徒是也。"④"卜"的本义是以龟甲占卜,从姓氏源流上看,子夏姓卜氏,祖先曾是卜人,家族与《易》学存在渊源。《大戴礼记·易本命》可能就是子夏学派留下的文献。《孔子家语·执辔篇》同一记载较为完整,其中有孔子言"吾昔闻老聃亦如汝之言"⑤,透露了孔子适周,不仅曾经向老子问礼,而且向老子问《易》之道,那是原始《易》道,老子言道德之意五千言以前作为史官所习的《易》道,侧重象数之学。

至于子夏传《春秋》,何休《春秋公羊传解诂》昭公十二年(公元前530年)徐彦疏引《春秋说》云:"孔子作《春秋》,一万八千字,九月而书成。以授游、夏之徒,游、夏之徒不能改一字。"⑥这段话较之《史记·孔子世家》同一记载,已在子夏之前加了一个子游,意味着孔子传授《春秋》不限于子夏一人,"游、夏之徒"乃通称,指博学多文的后期弟子。后人为了突出子夏传《春秋》之重要性,又造出一个传说:"昔周之衰,下陵上替,臣弑其君,子弑其父,上无天了,下无方伯;善者谁赏,恶者谁罚,纲纪乱矣。孔子惧而作《春秋》,诸侯讳妒,惧犯时禁,是以微辞妙旨,义不显明,故曰'知我者其唯《春秋》,罪我者其唯《春秋》'。时左丘明、子夏造膝亲受,无不精究。孔子既没,微言将绝,于是丘明退撰所闻而为之《传》。其书善礼,多膏腴美辞;张本继末,以发明经意,信多奇伟,学者好之。儒者称公羊高亲受子夏,立

---

① [清]阮元校刻:《十三经注疏》(全2册),北京:中华书局,1980年版,第220页。
② [汉]司马迁撰:《史记》(全10册),北京:中华书局,1959年版,第89页。
③ [宋]郑樵撰:《通志》,杭州:浙江古籍出版社,1988年版,第440页。
④ [宋]郑樵撰:《通志》,杭州:浙江古籍出版社,1988年版,第470页。
⑤ 王国轩、王秀梅译注:《孔子家语》,北京:中华书局,2011年版,第312页。
⑥ [清]阮元校刻:《十三经注疏》(全2册),北京:中华书局,1980年版,第2320页。

于汉朝,辞义清俊,断决明审,多可采用,董仲舒之所善也。穀梁赤师徒相传,暂立于汉,时刘向父子,汉之名儒,犹执一家,莫肯相从。其书文清义约,诸所发明,或是《左氏》《公羊》所不载,亦足有所订正,是以'三传'并行于先代,通才未能孤废。"①子夏还要陪同一个左丘明,在孔子面前"造膝亲受,无不精究"。此传说主要是为了说明《春秋》三传的来由,《左传》传自左丘明,《公羊》《穀梁》二传则由子夏门人承传。

孔门传经、传道之外,还有一条传承脉络,就是传事。这就要考察孔府之学《孔丛子》,尤其是《孔子家语》的材料来源。孔府之学的基本特征,一是保守原本,崇尚古文经学,这在西汉今文经捷足先登、占据主流位置之时,埋下了一条东汉古文经复兴的伏线;二是不偏不倚地包容众弟子,包括众弟子未被收入《论语》的忆述材料;三是在孔府档案逐代增容、整理之中,收入不少晚出材料,这就形成了有若考古学中"地层叠压"的文本特征。对于这种情形,只需深入分析定州出土竹书《儒家者言》,分析安徽阜阳市近郊双古堆出土西汉第二代汝阴侯夏侯灶墓之木牍,其中一枚记录与《孔子家语》可参证的四十六篇题,就可发现战国秦汉书籍形成的规律,从而辨明前人抓住一两条材料就简单地斥《孔丛子》《孔子家语》为"伪书"的书籍制度之认知误区。

关键在于,子贡在孔子丧礼上是重要的牵头人,而在《论语》论纂中却被某种程度地边缘化而没有掌握取舍之权。众多弟子守心丧三年,"治任将归,入揖于子贡,相向而哭,皆失声,然后归"②,当有一些没有收入《论语》的忆述材料,自应交由子贡保管;子贡前后守心孝六年,以他与孔子生前频繁交往,忆述材料必然甚多。这两种材料到他离鲁而去卫、齐诸地从政经商时,必然交由孔府保管,存入孔府档案。正如孔鲋退居于陈,编纂《孔丛子》,由于战乱时期手中材料有限,而又掉入了子张氏之儒在陈国的"数据库",因而较多采用子张及其后学记录的材料一样;种种迹象表明,子贡未被《论语》录入的大量材料,终于找到一个归宿之处,保存在《孔子家语》中。《孔子家语》记录子贡之处,有五十八章,是七十子中出现次数最多,所占篇幅最长者。

---

① ［梁］沈约撰:《宋书》(全8册),北京:中华书局,1974年版,第361—362页。
② ［宋］朱熹撰:《四书章句集注》,北京:中华书局,1983年版,第260页。

其中有《问玉篇》："子贡问于孔子曰：'敢问君子贵玉而贱珉，何也？为玉之寡而珉多欤？'"①孔子回答，以玉的多种特性比喻天地道德，比喻仁、智、义、礼、乐、忠、信，将自然物人化为道德象征，形成了中国玉文化的精神内核。这些文字几乎一字不易地录入《礼记·聘义》，表明这条材料之原始记录，出现甚早。值得注意的是何晏《论语集解叙》引刘向《别录》云："汉中垒校尉刘向言：《鲁论语》二十篇，皆孔子弟子记诸善言也。……《齐论语》二十二篇，其二十篇中章句颇多于《鲁论》，……《齐论》有《问王》、《知道》，多于《鲁论》二篇，《古论》亦无此二篇。"②《齐论语》多出的《问王》、《知道》二篇，为汉代经师张禹所删。如《隋书·经籍志》所言："张禹本授《鲁论》，晚讲《齐论》，后遂合而考之，删其烦惑。除去《齐论·问王》、《知道》二篇，从《鲁论》二十篇为定，号《张侯论》，当世重之。"③

所谓《齐论语》之《问王》，经考证，即是《问玉》，清人为此作了一些复原的尝试。李慈铭《越缦堂读书记》如此评述清代马国翰《玉函山房辑佚书》："其《齐论语》一卷，据王厚斋语以《问王》为《问玉》，遂取《聘义》子贡问'君子贵玉而贱珉'一节，及《说文》、《初学记》、《御览》所引逸《论语》言玉事尽入之。"④顾实《汉志讲疏》曰："《问王》者，《问玉》也。……许慎《说文》玉部有孔子论玉语，正出《齐论》，故为今存《鲁论》所无。"⑤既然《问玉》为子贡所忆述，子贡又从政经商而终于齐，那么"齐人所学谓之《齐论》"的这个传本，就与子贡门人有着扯不断的关系。《问玉》篇，当然是以《问玉》为首章，按照《论语》的编纂体例，在某种意义上可以说，就是"子贡问"篇。子贡问玉对于齐国稷下学术也产生影响，以致《荀子·法行篇》也有"问玉"："子贡问于孔子曰：'君子之所以贵玉而贱珉者，何也？为夫玉之少而珉之多邪？'"⑥云云。对于子贡忆述、后学所传之"问玉"简书，由于荀子在齐襄王时期三为稷下祭酒，得见此简书而采录焉。因此孔府文献与子贡，对于孔门传事，作出了不容低估的贡献。

————————

①　王国轩、王秀梅译注：《孔子家语》，北京：中华书局，2011年版，第403页。
②　[清]严可均辑：《全三国文》，北京：商务印书馆，1999年版，第411页。
③　[唐]魏征、令狐德棻撰：《隋书》（全6册），北京：中华书局，1973年版，第939页。
④　[清]李慈铭：《越缦堂读书记》，上海：上海书店，2000年版，第829页。
⑤　[汉]班固著，顾实讲疏：《汉书艺文志讲疏》，上海：商务印书馆，1924年版，第73页。
⑥　[清]王先谦撰，沈啸寰、王星贤点校：《荀子校释》（全2册），北京：中华书局，1988年版，第535页。

孔门传道、传经、传事三者,旨趣与功能各异,但不可或缺,一鼎三足,支撑着孔学殿堂。子贡传事与孔府庋藏,功不可没,其所体现的材料的丰富性,以多棱镜特征,为还原孔子形象、孔学源流和诸弟子优劣,提供维度丰富的早期材料,可以重现由于《论语》材料的简略而残缺了的许多历史文化现场。

(三)《论语还原·年谱编》。

年谱是联结编年与史料的人物传,既要疏通其家族血脉,又要疏通其学派血脉,在人物的生命历程上展示历史现场。也就是以坚实而精确的史料,逐年谱写一个人及其时代的生命形态。汉刘熙《释名》卷六云:"谱,布也,布列见其事也。"①为孔子修年谱,由来久矣。宋人胡仔撰《孔子编年》,"其不曰'年谱'而曰'编年',尊圣人也"②。《四库全书总目提要》卷五十七著录浙江范氏天一阁藏本五卷,称其"独依据经传,考寻事实,大旨以《论语》为主,而附以他书,其采掇颇为审慎。惟诸书纪录圣言,不能尽载其岁月,仔既限以编年,不免时有牵合",即便如此,依然"录冠'传记'之首,以见滥觞所自焉"③。北京图书馆出版社所编《先秦诸子年谱》(全五册),收录有孔子年谱十四种,其中元人程復心之书名为《孔子论语年谱》,乃清钞本一卷,用力称勤,失考之处不少。本书此编将孔子、《论语》置于春秋战国之际宏大的历史进程和缜密的资料定位体系之中,合孔子编年、《论语》编年为综合之谱,以期在资料赅博、考证精审、认识透彻上能有所创获,还原儒学早期开宗创始过程之生命形态。年谱由正文、文献记载、考证、时事考异、杂录、杂录辨证五种体例组成,每年谱文除正文外,其他四种形式,取舍详略存废,视需要而定。对《论语》及《左传》诸书所载孔子之言,均作认真考辨,才敢系年,尽量排除旧谱牵强附会之处。而且采取宏观、中观、微观相结合,重现当时政局、思潮、人事之动态趋势,聚焦孔子及《论语》之生命过程。

年谱采取两条腿走路,第一步,是以孔子的历史人生考察《论语》材料发生的现场和背景,深入考定孔子从公元前552年至公元前479年的一生行状及社会文化现场,并增加了鲁、齐、晋、宋、楚的政治势力变动及其对孔

① [汉]刘熙撰:《释名》(《丛书集成初编》),北京:中华书局,1985年版,第101页。
② [清]纪昀等撰:《四库全书总目提要》,石家庄:河北人民出版社,2000年版,第1562页。
③ [清]纪昀等撰:《四库全书总目提要》,石家庄:河北人民出版社,2000年版,第1562页。

子人生和文化选择造成的影响。这就可以通过一部年谱,展示一个人与一个时代的命运纠葛。对于孔子出生的鲁国及周边国家大事,如臧武仲不容于鲁国而奔齐;宋向戌、晋赵武弭兵之盟;郑子产不毁乡校所隐含的政治动向。鲁国其他重大事件,如三桓驱逐鲁昭公;阳虎囚季桓子,陪臣执国政;公山弗扰以费畔;阳虎叛变被挫败后,奔齐,又奔宋、晋,也有具体叙述,可见孔子所谓"礼乐征伐自大夫出"及"陪臣执国命"之政治危机,这都是对孔子思想、人格和生命的考验。

　　存在于这种丧乱政局中的孔子家世,自然应该追踪其由宋国贵族流亡到鲁国的世系,但着重关注更为切身的由武士衍化为儒宗的家族近事。《史记》本纪、世家、列传所记人物甚众,而里籍记载最详,即及于乡里者,仅三人:本纪中的汉高祖,世家中的孔子,列传中的老子,均是司马迁二十壮游过其故里之所得。陬邑,乃孔子父叔梁纥所治邑,叔梁纥为鄹邑大夫。《左传》记载叔梁纥事迹有两次,一是《左传》襄公十年(公元前563年):"晋荀偃、士匄请伐偪阳,而封宋向戌焉。荀罃曰:'城小而固,胜之不武,弗胜为笑。'固请。丙寅,围之,弗克。孟氏之臣秦堇父辇重如役。偪阳人启门,诸侯之士门焉。县门发,鄹人纥(孔子父)抉之,以出门者。狄虒弥建大车之轮,而蒙之以甲,以为橹。左执之,右拔戟,以成一队。孟献子曰:'《诗》所谓有力如虎者也。'主人县布,堇父登之,及堞而绝之。队,则又县之,苏而复上者三。主人辞焉,乃退,带其断以徇于军三日。"[①]偪阳是西周春秋东夷小国,地在今山东枣庄市旧峄县南五十里侯孟。在诸侯攻打偪阳城的紧急关头,叔梁纥双手托住守军放下的城门,放攻城的诸侯之师出城,令人联想到《说唐》中托起城门放出十八路反王的洪阔海,尽显一个武士"有力如虎"的风采。此时离孔子出生还有十一年。

　　二是《左传》襄公十七年(公元前556年):"齐人以其未得志于我故(去年围成,回避鲁国孟孺子之师),秋,齐侯伐我北鄙,围桃。高厚围臧纥于防。(臧纥,即臧武仲。防,在今泗水县西南,是臧纥封邑。)师自阳关逆臧孙,至于旅松。鄹叔纥(孔子父叔梁纥)、臧畴、臧贾帅甲三百,宵犯齐师,送之而复。(孔子父与臧纥之二弟在防,夜送臧纥于旅松,而复还守防。)齐师

---

①　杨伯峻编著:《春秋左传注》(全4册),北京:中华书局,1990年版,第974—975页。

去之。"①此乃孔子父重要战功,发生在孔子出生前四年;与此役相关的臧
氏,尤其臧武仲,《史记》列为孔子"数称"者之第一人②,见于《论语》二次。
如《宪问篇》子曰:"臧武仲之知。"子曰:"臧武仲以防求为后于鲁,虽曰不要
君,吾不信也。"③胡应麟《史书佔毕》卷六云:先仲尼称圣于鲁者臧纥,后仲
尼称圣于鲁者展禽④。臧武仲以"圣人"自居,算得上当时一个多有智谋的
风云人物。再考察《论语·八佾篇》:"子入大庙,每事问。或曰:'孰谓鄹人
之子知礼乎? 入大庙,每事问。'子闻之曰:'是礼也。'"⑤鄹邑大夫叔梁纥
是以武士战功闻名,而其子孔丘却入周公庙助祭而频繁问礼,非其家学家
风也,故有人质疑。

　　思想家的年谱,应该有思想的现场、思想的对话、思想的脉络,用以求
索其思想的发生和行程。甚至应展示其弟子的家族、职业、性格对其思想
承传的影响,还包括周围学派之发生、论难、互渗、推移的生态。因而对于
吴季札来聘于鲁,请观于周乐而评议《诗三百》,就值得深入剖析。按,《左
传》成公十五年(公元前576年)记载:"十一月,会吴于钟离,始通吴也。"⑥
季札观乐是在鲁襄公二十九年(公元前544年),假若此时季札四十岁左
右,那么吴与鲁"始通"之时,他只八岁左右。很可能身处蛮夷之地的季札,
在少年时代就对来自鲁地的诗乐文明耳濡目染。这次聘于中原诸国的首
站选择鲁,当有圣地观光之慨。数年后,晋韩起聘于鲁,观书于大史氏,见
《易》《象》与《鲁春秋》,感慨"周礼尽在鲁矣"⑦,从这些孔子少年时代(八
岁、十三岁)发生的历史事件中,铺垫着孔子构建儒学,以诗书礼乐教,以及
整理六经之得天独厚的资源。

　　又比如,鲁定公四年(公元前506年),吴楚柏举之战,三万吴师从十一
月庚午(十八日)到庚辰(二十八日)短短十一日,就以少胜多,奔袭千里之
外,攻破一流大国楚国郢都。这是孙武兵法的经典战例。《左传》却只记阖
闾、夫概、伍子胥,不记孙武,可见官方记载的官级价值本位取向。而战国

---

①　杨伯峻编著:《春秋左传注》(全4册),北京:中华书局,1990年版,第1030—1031页。

②　[汉]司马迁撰:《史记》(全10册),北京:中华书局,1959年版,第2186页。

③　[宋]朱熹撰:《四书章句集注》,北京:中华书局,1983年版,第152页。

④　[明]胡应麟撰:《史书佔毕》卷六,《少室山房集》,广雅书局重刊本。

⑤　[宋]朱熹撰:《四书章句集注》,北京:中华书局,1983年版,第65页。

⑥　杨伯峻编著:《春秋左传注》(全4册),北京:中华书局,1990年版,第876—877页。

⑦　杨伯峻编著:《春秋左传注》(全4册),北京:中华书局,1990年版,第1227页。

《尉缭子·制谈》说:"有提十万之众而天下莫当者,谁?曰:桓公也。有提七万之众而天下莫当者,谁?曰:吴起也。有提三万之众而天下莫当者,谁?曰:(孙)武子也。"①孔子此时四十六岁,尚未为大夫;辨析此事,可知春秋晚期诸子思潮之状况及其在列国竞存上的现实有效性。

《史记·仲尼弟子列传》云:"孔子之所严事:于周则老子。于卫,蘧伯玉。于齐,晏平仲。于楚,老莱子。于郑,子产。于鲁,孟公绰。数称臧文仲、柳下惠、铜鞮伯华、介山子然,孔子皆后之,不并世。"②作为思想家年谱,必须注意孔子此类精神维系。因而对老子、蘧伯玉、晏平仲、子产、孟公绰、臧文仲诸人的相关材料,予以足够的重视和辨析,是必要的。年谱中揭示鲁昭公十七年(公元前525年),孔子二十七岁向郯子问东夷部族职官古礼,感慨"天子失官,官学在四夷"③。在三十多岁鲁昭公被逐而鲁乱,孔子遂"之齐",学舜乐《韶》,如曾巩所云:"《孟子》又谓舜东夷之人,则陶、渔在济阴,作什器在鲁东门,就时在卫,耕历山在齐,皆东方之地,合于《孟子》。"④则在齐国与闻舜乐,可见孔子每到一地都关注其文化遗存。孔子又"之杞"、"之宋",考察夏商古文献和礼制。这就是《礼记·礼运篇》孔子曰:"我欲观夏道,是故之杞,而不足征也,吾得《夏时》焉。我欲观殷道,是故之宋,而不足征也,吾得《坤乾》焉。《坤乾》之义,《夏时》之等,吾以是观之。"⑤孔子又曰:"呜呼哀哉!我观周道,幽、厉伤之,吾舍鲁何适矣?鲁之郊禘,非礼也,周公其衰矣。杞之郊也,禹也;宋之郊也,契也。是天子之事守也。"⑥从这些思想脉络中可知,孔子是把夏、商、周三代礼制作为互有损益的系统来对待的,在问郯子而探黄帝、炎帝、共工、太皞、少皞之秘后,"之齐"、"之杞"、"之宋",及于舜与夏、商之礼乐。尽管此时没有、或甚少弟子从行,或者从行弟子在《论语》最初编纂时已不在人世,因而对此"三之"少有忆述,但孔子已经产生顺朝代而行、适周问礼的强烈欲望。于是在41岁,即鲁昭公三十一年(公元前511年)适周问礼于老聃。这是对古史中大量材料进行史源学、编年学的辨析得出的,又以现代天文学重现二千多年

---

① [战国]尉缭原著,刘春生译注:《尉缭子全译》,贵阳:贵州人民出版社,1993年版,第16页。
② [汉]司马迁撰:《史记》(全10册),北京:中华书局,1959年版,第2186页。
③ 杨伯峻编著:《春秋左传注》(全4册),北京:中华书局,1990年版,第1389页。
④ 曾枣庄、刘琳主编:《全宋文》(第58册),上海:上海辞书出版社,2006年版,第170页。
⑤ [清]阮元校刻:《十三经注疏》(全2册),北京:中华书局,1980年版,第1415页。
⑥ [清]阮元校刻:《十三经注疏》(全2册),北京:中华书局,1980年版,第1417页。

前的日食天象，证明本人考证老、孔参加出殡遇到的日食，发生在公元前511 年 11 月 14 日上午 9 点 56 分前后。这是符合周人上午出殡的礼制的，因为周人葬礼之后当日行虞礼，"既葬，送形而往，迎魂而反，日中而虞"①。

　　编一部年谱，重中之重是历史编年学的衡定。每一衡定，都应落地生根，甚至可以窥见人物肺腑。孔子的一些言论，限于《论语》体例，编录时往往删节背景；未入《论语》的材料，也颇有未明编年的条目，前儒在致力诠释圣言圣迹时，将之普遍化的兴趣大于顾及历史现场的还原。因此本年谱把孔子言行的系年，作为重点着力处。比如，考证出孔子观于鲁桓公庙之欹器，应发生于鲁定公十一年（公元前 499 年），此时鲁桓公庙犹存，子路在身边，身为鲁司寇的孔子才有"恶有满而不覆者哉"的感慨。他已经预感到政治危机的到来。孔子曰："唯女子与小人为难养也，近之则不孙，远之则怨。"②应是鲁定公十五年（公元前 495 年）讲的话，孔子因弥子瑕而见南子，却依然为卫灵公所冷落，曾发出"已矣乎！吾未见好德如好色者也"③的感慨，这种感慨是针对国君理政亲近女色与小人的。孔子曰："岁寒，然后知松柏之后凋也。"④应是孔子一行厄于陈蔡，绝粮七日，弟子心神浮动时对气节的推崇。孔子一生，唯此时最要讲气节，《庄子·让王》、《吕氏春秋·孝行览·慎人》均可提供旁证材料，当是取自七十子忆述材料，编入《论语》已作了删节和润色。这些编年认证，都是缀合多种材料碎片，将孔子及其弟子当作生命存在对待，反复斟酌，对历史现场进行还原的结果。

　　对于孔子之言的系年，必须采取慎之又慎的态度。精确的编年认定，才可以发现思想发生的真实契机。如鲁襄公二十五年（公元前 548 年），郑伐陈，子产献捷于晋，言入陈之功。孔子评曰："《志》有之：'言以足志，文以足言。'不言，谁知其志？言之无文，行而不远。晋为伯，郑入陈，非文辞不为功，慎辞也。"⑤孔子于此引用古《志》评论政治人物，可见其不少思想存在着古老的文献渊源。但此时孔子才五岁，其评议当是多年以后与二三子议论近世列国史及自己追慕的前贤之所发。鲁昭公十二年（公元前 530

　　①　［清］阮元校刻：《十三经注疏》（全 2 册），北京：中华书局，1980 年版，第 768 页。
　　②　［宋］朱熹撰：《四书章句集注》，北京：中华书局，1983 年版，第 182 页。
　　③　［宋］朱熹撰：《四书章句集注》，北京：中华书局，1983 年版，第 164 页。
　　④　［宋］朱熹撰：《四书章句集注》，北京：中华书局，1983 年版，第 115 页。
　　⑤　杨伯峻编著：《春秋左传注》（全 4 册），北京：中华书局，1990 年版，第 1106 页。

年)楚灵王自杀于乾谿,孔子评曰:"古也有志:'克己复礼,仁也。'信善哉!
楚灵王若能如是,岂其辱于乾谿?"①这也是引古《志》言事,可见仁学思想
也有古老的文献渊源。其时孔子二十二岁,当然可以即时发表意见,但从
其引古《志》、述仁学的郑重口吻看,恐怕也是后来与二三子的评论,才得以
被记录下来。

　　孔子去鲁而周游列国,穿梭往返,年代极其纷杂。《史记·孔子世家》
记鲁定公十三年(公元前 497 年)堕三都,十四年摄相事,年底离开鲁国适
卫,十五年居卫,十月去卫,月余反。居卫月余,又去卫,过曹,适宋,适郑,
至陈。"岁余",哀公二年(公元前 492 年),吴王夫差伐陈,赵鞅伐朝歌,蔡
迁于吴,吴败越。"居陈三岁"。哀公三年,卫灵公卒,蔡迁州来。四年夏,
鲁桓、僖庙灾。秋,季桓子卒,季康子即位,召冉求。五年,孔子自陈迁于
蔡,蔡昭公被杀,齐景公卒。六年,孔子如叶,吴伐陈,楚救陈军于城父,孔
子困于陈蔡之间,由楚返卫②。这一段记事,除了哀公六年所记事之外,定
公十三年至哀公五年的大多数事件都向后推了一年,如据《左传》,堕三都
在定公十二年,夫差败越在哀公元年,卫灵公卒在哀公二年,桓、僖庙灾在
哀公三年,蔡昭公被杀在哀公四年。

　　这种一年的年代差也是《史记》中常见的现象,尤其是在诸侯《世家》和
《十二诸侯年表》之间颇为常见。何以会出现此类编年错动?此所谓"孔子
居陈三岁",即陈愍公六年(公元前 496 年)冬,孔子适陈,为一岁;陈愍公七
年居陈,为二岁;陈愍公八年秋八月,吴侵陈,孔子离开陈国,此为三岁。所
谓"居陈三岁"是按虚岁计算;若按实际岁月,就是在陈"岁余"。这与《礼
记·三年问》"三年之丧,二十五月而毕"③的算法相似。实际岁月长度是
一样的,只是虚算、实算的说法不同而已。因而可以确定,孔子离陈返卫,
是在吴侵陈的陈愍公八年秋八月,即鲁哀公元年(公元前 494 年)。卫灵公
卒于半年后的鲁哀公二年四月,因此,"卫灵公闻孔子来,喜,郊迎",是在他
的有生之年。由于吴师入陈自东来,西面有楚师,故孔子返卫就不可能走
西线,而是经由东线进入卫国。此时,公叔氏自鲁反蒲以畔,孔子正逢此事
变。鲁哀公八年(公元前 487 年),孔子六十六岁,在卫。以实算、虚算相

　　①　杨伯峻编著:《春秋左传注》(全 4 册),北京:中华书局,1990 年版,第 1341 页。
　　②　[汉]司马迁撰:《史记》(全 10 册),北京:中华书局,1959 年版,第 1917—1928 页。
　　③　[清]阮元校刻:《十三经注疏》(全 2 册),北京:中华书局,1980 年版,第 1663 页。

参，即可将孔子列国穿梭之年份加以理顺。

　　对于孔门重要弟子的生平行状的考证，也是年谱必须做实做细的一个关键。尤其是仲弓、有若、曾参这些与《论语》三次编纂有深刻渊源者。比如有若的生年，《史记》谓有若"少孔子四十三岁"，《孔子家语》谓有若"少孔子三十六岁"（《史记索隐》引《家语》，则谓"少孔子三十三岁"①），二者相差七年（或十年），似乎并无大碍，但这涉及子游、子张、子夏是推举同龄人、还是略长者出来主持儒门的微妙差异，不可不察。《左传》记有若，唯有哀公八年（公元前 487 年）："三月吴伐我，……（鲁大夫）微虎欲宵攻（吴）王舍，私属徒七百人，三踊于幕庭，卒三百人，有若与焉。及稷门之内。"②此年孔子六十五岁，若从《史记》，有若为二十二岁；若从《孔子家语》，有若为二十九岁（或三十二岁）。《左传·哀公十一年》对二十二岁的樊迟，专门交待"须（樊迟之名）也弱"③，对有若却无如此交待，因而以少孔子三十六岁（或三十三岁）为宜。若如此，在鲁哀公十八年（公元前 477 年）有若被推举出来主事，重修《论语》之时，为三十九岁（或四十二岁），正当盛年。主持偌大儒门，年资岂可忽视？仲弓"少孔子二十九岁"④，在孔子既卒时主持《论语》最初编纂，时年四十四，在众多弟子中应在这个年龄段，方能把握全局。对于关键人物的生卒年，需要动用纵横坐标轴进行准确定位，力戒那种习以为常而心无定见的模糊作法。

　　第二步，是跟踪《论语》产生、传布、定型过程，考察孔子及七十子的历史人生，以及孔子殁后，道统、学统的多维流动和交织融合。年谱对《论语》在公元前 479 年、前 477 年，及前 436 年后的三处编纂，及主要弟子的活动、去向进行编年考察；对战国秦汉《论语》引用情况，进行统计学分析；对汉代《论语》三家的传承和思潮、学风的转移；对《论语》在张禹、郑玄手中形成定本的历史脉络，都进行了编年学的描述。一个伟大思想家的生命，不仅存在于其生前，而且存在于其言行著述在身后被经典化的过程之中。

　　《汉书·儒林传》赞曰："自武帝立五经博士，开弟子员，设科射策，劝以官禄。讫于元始，百有余年，传业者寖盛，支叶蕃滋，一经说至百余万言，大

---

①　［汉］司马迁撰：《史记》（全 10 册），北京：中华书局，1959 年版，第 2216 页。

②　杨伯峻编著：《春秋左传注》（全 4 册），北京：中华书局，1990 年版，第 1648—1649 页。

③　杨伯峻编著：《春秋左传注》（全 4 册），北京：中华书局，1990 年版，第 1659 页。

④　［汉］司马迁撰：《史记》（全 10 册），北京：中华书局，1959 年版，第 2190 页。

师众至千余人,盖禄利之路然也。"①五经博士制度,至此成为官方意识形态建设的定制。因而有必要梳理一下中国早期博士的文献:(1)文献记载,最早的博士见于鲁国。《史记·循吏列传》载:"公仪休者,鲁博士也,以高弟为鲁相。奉法循理,无所变更,百官自正。使食禄者不得与下民争利,受大者不得取小。"②此公仪休乃是鲁穆公(公元前 407—前 377 年在位)时人。《盐铁论·相刺》云:"鲁穆公之时,公仪为相,子思、子原为之卿。"③子思在鲁穆公即位初年,年岁已逾八十,因而公仪休为博士也就只能在鲁元公末年或鲁穆公初年,即公元前 407 年前后。

(2)中国博士记载,最早见于鲁,其次见于齐,再次见于魏。《说苑·尊贤篇》记载:"十三年,诸侯举兵以伐齐。齐王闻之,惕然而恐,召其群臣大夫,告曰:'有智为寡人用之。'于是博士淳于髡仰天大笑而不应。王复问之,又大笑不应。三问,三笑不应。王艴然作色不悦曰:'先生以寡人语为戏乎?'对曰:'臣非敢以大王语为戏也。臣笑臣邻之祠田也,以一奁饭,一壶酒,三鲋鱼,祝曰:蟹堁者宜禾,洿邪者百车,传之后世,洋洋有余。臣笑其赐鬼薄而请之厚也。'于是王乃立淳于髡为上卿,赐之千金,革车百乘,与平诸侯之事。诸侯闻之,立罢其兵,休其士卒,遂不敢攻齐。此非淳于髡之力乎?"④这条材料带有小说叙事语气,却也符合淳于髡的滑稽口吻。"博士淳于髡"五字是不作雕饰而说出的,淳于髡是齐威王时的稷下先生。这则记载可以与《史记·滑稽列传》相参:"威王八年(公元前 349 年),楚大发兵加齐。齐王使淳于髡之赵请救兵,赍金百斤,车马十驷。淳于髡仰天大笑,冠缨索绝。王曰:'先生少之乎?'髡曰:'何敢!'王曰:'笑岂有说乎?'髡曰:'今者臣从东方来,见道傍有禳田者,操一豚蹄,酒一盂,而祝曰:瓯窭满篝,汙邪满车,五谷蕃熟,穰穰满家。臣见其所持者狭而所欲者奢,故笑之。'于是齐威王乃益赍黄金千镒,白璧十双,车马百驷。髡辞而行,至赵。赵王与之精兵十万,革车千乘。楚闻之,夜引兵而去。"⑤齐威王在位时间是公元前 356 年至公元前 321 年。因此淳于髡为博士,起码比公仪休晚半

①　[汉]班固撰:《汉书》(全 12 册),北京:中华书局,1962 年版,第 3620—3621 页。
②　[汉]司马迁撰:《史记》(全 10 册),北京:中华书局,1959 年版,第 3101 页。
③　[汉]桓宽撰,王利器校注:《盐铁论校注》(全 2 册),北京:中华书局,1992 年版,第 254 页。
④　[汉]刘向撰,向宗鲁校证:《说苑校证》,北京:中华书局,1987 年版,第 201—202 页。
⑤　[汉]司马迁撰:《史记》(全 10 册),北京:中华书局,1959 年版,第 3198 页。

个世纪。

（3）《汉书·贾邹枚路传》记载："贾山，颍川人也。祖父祛，故魏王时博士弟子也。山受学祛，所言涉猎书记，不能为醇儒。尝给事颍阴侯为骑。孝文时，言治乱之道，借秦为谕，名曰《至言》。"①康有为《孔子改制考》卷二十云："《汉书》：贾山之祖为魏文侯博士。"②这种解释大谬不然。贾山是汉文帝（公元前179—前157年在位）时人，而魏文侯在位时间为公元前445年至公元前396年。贾山祖父贾祛根本不可能与之相隔二百几十年，而且还能指教贾山。《汉书》明明说，贾祛是"魏王时博士"，魏文侯根本没有称王。那么只能是亡国国王魏景湣王（公元前242—前225年在位），距离汉文帝时，已经五十年，正是祖孙相差的岁数。这距离淳于髡时代已是百年。孔子七世孙孔斌（子慎）尝为魏相，八世孙孔鲋（子鱼）也是在魏亡之后，为陈涉博士。从文献提供的线索可知，战国时期的博士，始见于鲁，再见于齐稷下，然后见于承传西河授经遗风的魏，除了稷下文风较杂之外，都是儒风盛行之地。虽然只留下三位博士的记载，那是因为他们本人在政治生活上有作为，或其后人受到关注，因而被记录下来了，实际出现过的博士数量应远不止此数。

（4）秦始皇二十六年（公元前221年）统一天下，其后《史记·秦始皇本纪》载：（三十四年，公元前213年）"始皇置酒咸阳宫，博士七十人前为寿。……博士齐人淳于越进曰：'臣闻殷周之王千余岁，封子弟功臣，自为枝辅。今陛下有海内，而子弟为匹夫，卒有田常、六卿之臣，无辅拂，何以相救哉？事不师古而能长久者，非所闻也。今青臣又面谀以重陛下之过，非忠臣。'始皇下其议。"③这就引发了焚书灾难。博士淳于越是齐人，是稷下学风之遗。当然，秦博士还有伏胜、叔孙通一类儒生。此时离鲁国有博士，已经近二百年。

可见，"《诗》、《书》、百家之言"博士作为"诸侯并争，厚招游学"的产物，至少已在战国时期绵延近二百年。秦灭六国，不久秦亡，博士儒生流落于民间。因而在西汉时还能看到秦博士伏胜、叔孙通等。西汉儒学文化主要

---

① ［汉］班固撰：《汉书》（全12册），北京：中华书局，1962年版，第2327页。
② 康有为撰，姜义华、张荣华编校：《康有为全集》（第3集），北京：中国人民大学出版社，2007年版，第230页。
③ ［汉］司马迁撰：《史记》（全10册），北京：中华书局，1959年版，第254页。

从这批人开始重建。如《史记·儒林列传》所云:秦博士济南伏生治《尚书》,"秦时焚书,伏生壁藏之。其后兵大起,流亡"①,汉文帝时年九十余而授晁错,"独得二十九篇,即以教于齐鲁之间。学者由是颇能言《尚书》,诸山东大师无不涉《尚书》以教矣"②。

其次,汉承秦制,博士官制度依然存在,文帝时博士官员额据史书记载为七十多人。但博士官除了进行一些私学性质的教授外,主要还是履行议政咨询的职责,国家尚未形成以博士官为主导的意识形态体制。东方朔《答客难》云:"今子大夫修先王之术,慕圣人之义,讽诵《诗》、《书》、百家之言,不可胜数,著于竹帛,唇腐齿落,服膺而不释,……以事圣帝。"③可见"《诗》、《书》、百家之言"到汉武帝时仍是士人心目中的知识主体,与前代的承袭关系较为明显。直到汉武帝时期,国家意识形态体制才发生了根本性变化,《史记·儒林列传》记载公孙弘向武帝建议:"古者政教未洽,不备其礼,请因旧官而兴焉。为博士官置弟子五十人,复其身。"④从此政府设五经博士及博士弟子员,并免除其徭役。在博士弟子之外,还有乡里推荐的"好文学,敬长上,肃政教,顺乡里,出入不悖所闻"⑤的人才,"得受业如弟子","自此以来,则公卿大夫士吏斌斌多文学之士矣"⑥。真正的全国性的经学建制始于此时,即汉武帝元朔五年(公元前124年)。

汉代博士制度虽以传习"五经"为主,但也涉及《论语》、《孝经》。于此不妨以统计法,考察一下记述黄帝到西汉前期的《史记》与记述西汉一代的《汉书》,比较《论语》书名在二者的使用情形。《史记》中,《论语》书名只有二见:(1)《仲尼弟子列传》太史公曰:"学者多称七十子之徒,誉者或过其实,毁者或损其真,钧之未睹厥容貌,则论言弟子籍,出孔氏古文近是。余以弟子名姓文字悉取《论语》弟子问并次为篇,疑者阙焉。"⑦(2)《张丞相列传》:"韦丞相玄成者,即前韦丞相子也。代父,后失列侯。其人少时好读

①　[汉]司马迁撰:《史记》(全10册),北京:中华书局,1959年版,第3124页。
②　[汉]司马迁撰:《史记》(全10册),北京:中华书局,1959年版,第3124—3125页。
③　[汉]班固撰:《汉书》(全12册),北京:中华书局,1962年版,第2864页。
④　[汉]司马迁撰:《史记》(全10册),北京:中华书局,1959年版,第3119页。
⑤　[汉]司马迁撰:《史记》(全10册),北京:中华书局,1959年版,第3119页。
⑥　[汉]司马迁撰:《史记》(全10册),北京:中华书局,1959年版,第3119—3120页。
⑦　[汉]司马迁撰:《史记》(全10册),北京:中华书局,1959年版,第2226页。

书,明于《诗》、《论语》。为吏至卫尉,徙为太子太傅。"①

《汉书》情形发生本质性变化,可见《论语》书名者,有二十一卷三十五处,为《史记》的十余倍。除了《昭帝纪》、《宣帝纪》、《平帝纪》之外,《律历志》、《食货志》、《郊祀志》、《艺文志》均有记述。人物传中,《隽疏于薛平彭传》记载,疏广及其兄之子疏受,同时为太子太傅、少傅,"皇太子年十二,通《论语》、《孝经》"②。《王贡两龚鲍传》记载:"(王)吉兼通《五经》,能为驺氏《春秋》,以《诗》、《论语》教授,好梁丘贺说《易》,令子骏受焉。"③《匡张孔马传》匡衡上疏曰:"臣闻《六经》者,圣人所以统天地之心,著善恶之归,明吉凶之分,通人道之正,使不悖于其本性者也。……及《论语》、《孝经》,圣人言行之要,宜究其意。"④《扬雄传》记载:扬雄"撰(书)以为十三卷,象《论语》,号曰《法言》";"以为经莫大于《易》,故作《太玄》;传莫大于《论语》,作《法言》"⑤。连班固本人也在《叙传》中讲述伯祖父"(班)伯少受《诗》于师丹。大将军王凤荐伯宜劝学,召见晏昵殿,容貌甚丽,诵说有法,拜为中常侍。时,上(成帝)方乡学,郑宽中、张禹朝夕入说《尚书》、《论语》于金华殿中,诏伯受焉"⑥。这里且不述作为《论语》名师重镇的夏侯胜、萧望之、张禹,即已可以看出,汉武以降,宫廷、官僚、儒林均将《论语》作为儒学的至为重要的入门书或敲门砖。

清人皮锡瑞《经学历史》云:"孔子所定谓之经,弟子所释谓之传,或谓之记;弟子展转相授谓之说。……《论语》记孔子言而非孔子所作,出于弟子撰定,故亦但名为传;汉人引《论语》多称传。《孝经》虽名为经,而汉人引之亦称传,以不在六艺之中也。汉人以《乐经》亡,但立《诗》、《书》、《易》、《礼》、《春秋》五经博士,后增《论语》为六,又增《孝经》为七。"⑦可见《论语》已有以传入经之势。值得注意的是,清代复兴汉学的一些学者也在"十三经"流行之后,格外推崇"七经",也在"五经"基础上增加《论语》,只是将汉人"七经"中的《孝经》换作《孟子》。比如戴震打算作《七经小记》,段玉裁

① [汉]司马迁撰:《史记》(全10册),北京:中华书局,1959年版,第2688页。
② [汉]班固撰:《汉书》(全12册),北京:中华书局,1962年版,第3039页。
③ [汉]班固撰:《汉书》(全12册),北京:中华书局,1962年版,第3066页。
④ [汉]班固撰:《汉书》(全12册),北京:中华书局,1962年版,第3343页。
⑤ [汉]班固撰:《汉书》(全12册),北京:中华书局,1962年版,第3580-3583页。
⑥ [汉]班固撰:《汉书》(全12册),北京:中华书局,1962年版,第4198页。
⑦ [清]皮锡瑞撰:《经学历史》,北京:中华书局,1959年版,第67-68页。

说：“《七经小记》者，先生朝夕常言之，欲为此以治经也。所谓《七经》者，先生云‘《诗》、《书》、《礼》、《易》、《春秋》、《论语》、《孟子》也’。”①

虽然有“《乐经》亡”之说，但在礼乐文明的体制中，乐却找到了另一发展途径，这就是乐府的出现。1976 年，秦始皇陵附近出土乐府钟一枚，可知秦时已设有音乐机构乐府②。《汉书·礼乐志》云：“孝惠二年，使乐府令夏侯宽备其箫管，更名曰《安世乐》。”③至汉武帝“乃立乐府，采诗夜诵，有赵、代、秦、楚之讴”④。《艺文志》又云：“自孝武立乐府而采歌谣，于是有代赵之讴，秦楚之风，皆感于哀乐，缘事而发，亦可以观风俗，知薄厚云。”⑤这些说法来自刘歆《七略》，与刘歆、扬雄切磋学术的桓谭，著《新论》云：“昔余在孝成帝时为乐府令，凡所典领倡优伎乐，盖有千人之多。”⑥杜佑《通典·职官典》对此作了概述云：“秦、汉奉常属官有太乐令及丞，又少府属官并有乐府令、丞。”⑦可见《论语·泰伯篇》孔子曰“兴于诗，立于礼，成于乐”⑧，成为朝廷制度，但“采歌谣，被声乐”⑨则意味着雅俗互动的诗乐行程。

《论语》从最初启动编纂到终在张禹、郑玄手中成定本，跨越春秋战国秦汉 669 年，深刻地影响了中国士人的价值观及立身修养方式；又从郑玄到朱熹历时千年，再以朱熹集注形式而列入“四书”，在元仁宗皇庆二年（公元 1313 年）列为科举必读必遵之典籍，左右了中国士人思想、知识和命运六百年。它先是被模塑，尔后又长期模塑中国人，成为民族必读之经典，这都可以看作人类精神史上的奇迹。

三　激活义本生命之五十二个命题

《论语·季氏篇》有“君子九思”，虽然“疑思问”居于第七，却是学问之

---

① 段玉裁：《戴东原先生年谱》。见戴震撰，赵玉新点校：《戴震文集》，北京：中华书局，1980年版，第 243 页。

② 袁仲一：《秦代金文、陶文杂考三则》，《考古与文物》，1982 年第 4 期。

③ 〔汉〕班固撰：《汉书》（全 12 册），北京：中华书局，1962 年版，第 1043 页。

④ 〔汉〕班固撰：《汉书》（全 12 册），北京：中华书局，1962 年版，第 1045 页。

⑤ 〔汉〕班固撰：《汉书》（全 12 册），北京：中华书局，1962 年版，第 1756 页。

⑥ 〔清〕严可均辑：《全后汉文》，北京：商务印书馆，1999 年版，第 136 页。

⑦ 〔唐〕杜佑撰，王文锦、谢方等点校：《通典》（全 5 册），北京：中华书局，1988 年版，第 695 页。

⑧ 〔宋〕朱熹撰：《四书章句集注》，北京：中华书局，1983 年版，第 104－105 页。

⑨ 〔宋〕郭茂倩编：《乐府诗集》（全 4 册），北京：中华书局，1979 年版，第 1262 页。

道的一个关键。困知而学，疑信相战，搎以悟性、理性和大量掌握材料的知性，在提出问题和解决问题中求得深刻的创造力，是返本还原的基本的思维状态。对于源远流长的中华文化典籍，应该抱有一份敬重之心、敬畏之情，但敬不是止于"仰"，而是要启动深刻的"问"，以质疑和考信而掌握其精神实质，这就是以现代智慧和科学方法，推求原始，在杂乱和隐蔽处，还原其知识发生、生命贯注、原创开启的历史现场。

当然，"敬"是必要的，有敬才能找到返本还原和文化创造的立足点，有所谓"治生于敬畏，乱起于骄淫"①。试想：在二千多年前，有哪个民族拥有如此丰富的关注自身历史根脉、关注国族困境和民生命运、关注思想自由原创的文献？难道这不应令人肃然起敬？先秦诸子之学，不是书斋中顾影自怜之学，在很大程度上是一种血与火时代深度思考治乱生死之学。朱熹云："学者须敬守此心。"②"须培壅根本，令丰壮。……三代以下书，古今世变治乱存亡，皆当理会。"③作为一个具有深厚历史文化根基的现代大国，只要有一份自尊自重之心，学术研究不应为某些缺乏深厚学养支撑的奇谈怪论所诱惑，致使自身的文化根基"碎片化"、"空心化"，流为破碎支离之学。古语云：根本不美，枝叶茂者，未之闻也④。戚继光练兵，强调志向乃人心的种子，"种子初出，见其难长，遂纵牛羊践害之，生意一尽，根种永绝。若爱之护之，不计岁月，待其根脉坚固、发荣舒长，尽其种子所有之力而后已"⑤。培育原创精神的种子，以原创精神提高对本民族文化根基的深度解释能力，重振现代大国的学术文化气象，点醒古老智慧的生命，阐扬传统经典的现代价值，从而为人类贡献具有中国智慧特征的现代学理体系，是中国学人能够俯仰无愧的历史担当。

既然强调以原创精神提高对本民族文化根基的深度解释能力，就要敢于以现代意识、大国魄力，在旧说或成见中发现问题，从本原上提出前人未曾深究、甚尔遮蔽了的问题。没有这种发现和深究，是不足以开拓一代学术的新局面的。当然质疑是学问的真正起点，却不是创获的全部过程。进

---

①　[清]毕沅撰：《续资治通鉴》，清嘉庆六年（1801年）递刻本，卷142。

②　[宋]黎靖德编，王星贤点校：《朱子语类》，北京：中华书局，1986年版，第2739页。

③　[宋]黎靖德编，王星贤点校：《朱子语类》，北京：中华书局，1986年版，第2740页。

④　[汉]刘安等编：《淮南子》，《诸子集成》（七），北京：中华书局，1954年版，第162页。

⑤　[明]戚继光撰：《练兵实纪》，文渊阁《四库全书》本，卷9"练将"篇。

一步要做的功夫更为艰苦,应该力求以积学深功,对多少已经破碎的文化遗产进行"古陶复原"式的还原,创造一种"流源千里,渊深百仞"的刚健日新之学,这乃是现代中国学人责无旁贷的历史责任。于东周秦汉书籍制度中揭示"文化地层叠压说",似乎与以往的"层累说"有相似之处,实质上它不是以"群书多伪"的眼光审视民族文化根子,而是以真切诚实的尊重,还原原始经典的发生发展和演变的过程,为中国文化的根基注入生命活力,力图建立一种既渊深又刚健的学术体制。以此作为思想逻辑起点,还原历史现场,点醒原始创造的生命,就会在《论语》、七十子之学、孔府之学的文献中,腾跃出一系列问题,期待研究者来回答。

近年以来,本人孜孜矻矻,翻阅和梳爬了大量传世文献和出土文献的材料,对古人的知识发生和生命活动揆情度理,锐意追问,每发现问题,就默识于心,或记录在册,不断比对材料,调整思路,力求在破解文化疑难和谜团上有所创获。这些问题是:

(1)《论语》何以称《论语》,而不是按照《老子》、《孙子》、《墨子》、《孟子》、《荀子》、《韩非子》的义例称《孔子》? 书名的"论"字、"语"字存在着何种发生学的奥秘? 书名选定,与原始编纂程序关系若何?

(2)《论语》开宗明义的《学而篇》为何"子曰"后接着"有子曰",再一个"子曰"后接着"曾子曰"? 这种与弟子称字的"公共称谓"不同的体例变异,与《论语》多次编纂过程有何关系?

(3)《论语》二十篇何以有公冶长、仲弓(冉雍)、颜渊、子路、原宪、子张六个弟子名字上篇题? 既然每篇首章头二字为篇题,那么排列在首章,按照编辑学的惯例,是否存在着价值选择?

(4)柳宗元《论语辨》以后,大多认同曾子门人编成《论语》,那么"参也鲁"也是其弟了编入的吗? 为何《论语·先进篇》中最重要的"四科十哲"的名单没有曾子?

(5)"孔门四科"能传道统者是德行科,德行科四人:颜回、闵子骞、冉伯牛、仲弓,《论语》编纂时唯有仲弓尚在世;而且十哲都称字,朱熹已发现"非孔子之言",又是谁在何时确定的名单?

(6)《论语》最初启动编纂于何时? 孔子临终时自称"殷人",弟子必按殷礼为之治丧。殷人礼制包括庐墓守孝、斋戒祭祀等等,对于启动《论语》编纂,提供了何种心理契机? 对应于儒门提倡"生,事之以礼。死,葬之以礼,祭之以礼"(《论语·为政篇》记孔子言,《孟子·滕文公上》以为曾子曰)为孝,是否有必要启动"以礼解经"的机制?

(7)如何解释《汉书·艺文志》说"夫子既卒"[①],《经典释文》"夫子既终",微言已绝,弟子恐离居已后各生异见,遂编《论语》? 过了众弟子庐墓守心孝三年,还能说是"既卒"、"既终"吗? 如何理解众弟子事师如父,"三年不改父之道"的居孝心境?

(8)《孟子》说:众弟子守心孝三年,泣别之后,"他日,子夏、子张、子游以有若似圣人,欲以所事孔子事之"[②]。这是按儒门所阐述的殷人规制"高宗(武丁)谅阴,三年不言","三年不言,言乃讙",推举有若主事;还是迟到丧礼结束之后,才推他出来当丧礼祭祀的"尸"? 曾子以为"不可,江、汉以濯之,秋阳以暴之,皜皜乎不可尚已"[③],讲了如此重的话,仅仅是反对推选一个"尸"吗? 曾子出来反对,就可以使此举不了了之吗?

(9)有若主事的人事变动,对《论语》编纂带来何种影响? 子夏、子张、子游在其中发挥何种作用?《论语·学而篇》的"有子曰"及《子张篇》的发生,是否与此有关? 曾子反对有若主事,二人的门人能够同时主持《论语》编纂吗?

(10)《论语》在春秋战国之际的三次编纂,与儒学发展的汉学、宋学存在何种关系? 或者说,汉学、宋学如何在《论语》原始编纂过程中埋下其最初的学术脉络?《论语》是否蕴含着内在的路线认同或分歧,由此潜在地影响了儒学的道统选择和多元发展?

(11)《论语》中的孔子之言,有哪些可以进行历史编年上的定位? 如何改变以往年谱"惟不免时有牵合,尤失于穿凿"的状况? 如何设定纵横坐标,以增加其编年定位的准确性和可靠性?

(12)《论语》各篇章存在着何种"意义逻辑"关系? 这种意义逻辑如何契合中国人的思维逻辑,而与西方形式逻辑属于不同的系统? 由这种逻辑出发,如何解读孔子教学内容及核心思想,与周公之学、春秋之学存在渊源? 二三子的思想、性格之差异,与其乡邦、家族、职业又存在着何种发生学上关联?

---

① [汉]班固撰:《汉书》(全12册),北京:中华书局,1962年版,第1717页。
② [宋]朱熹撰:《四书章句集注》,北京:中华书局,1983年版,第260—261页。
③ [宋]朱熹撰:《四书章句集注》,北京:中华书局,1983年版,第261页。

（13）《论语》成书后，如何在七十子后学中传播？河北定州汉墓出土的竹书《论语》残卷，与汉代流行的《论语》古、鲁、齐三家存在何种关系？如何从地域用语之差异上，考证竹书《论语》是《赵论语》或《中山论语》，它与《论衡》提到的《河间论语》有无关系？

（14）定州汉墓竹书《论语》残卷的归属辨析，对认识东周秦汉书籍制度，提供何种启示？对东周秦汉书籍发生、传布、成型的过程，是否可以揭示出"历史文化地层叠压"的规律？

（15）《孟子》、《史记》采用了不少《论语》和似《论语》材料，它们是如何折射出《论语》传本的差异，以及《论语》内和《论语》外"子曰"材料的价值？

（16）对于东周秦汉文献及出土简帛中，存在着十几二十倍于《论语》的"子曰"材料，是把主要关注点放在对之进行真伪评判，还是对之推求原始，对比异同，辨析原委，考察它们在不同地域、不同学术群体中流布时的传闻异辞，增删改动，以及不同学派的聚散离合？对于传闻异辞的材料，是否可以从其发生的多种可能性中，寻找生命痕迹，从而超越只作真伪之辨的简单框架？

（17）如何打通《论语》与《春秋》及左氏、公羊、穀梁三传，大小戴《礼记》、诸子、西汉文献汇辑之书（《韩诗外传》、《新序》、《说苑》等），孔府之学文献（《孔丛子》、《孔子家语》），以及陆续出土的战国秦汉简帛中所记录的孔子之言，透过如此丰富、深厚、具有多棱镜特征的学术资源，绘制完整而充满生机的孔子文化地图？

（18）《孝经》编纂与《论语》编纂，存在着何种历史编年和编纂者群体之间的错综联系？应该如何从语言特征和人事纠结上，破解此间的秘密？

（19）属于曾子传道系统的《礼记·学记》、《大学》及《曾子问》、《大戴礼记》之"曾子十篇"，与《论语》思想有何关联？以何种内证与外证相参，考定其成篇年代？

（20）曾子学派在鲁地壮盛，与曾氏家族在鲁地积累数代的根基有无关系？曾子曰"可以托六尺之孤，可以寄百里之命"[①]，与孔门托孤，即子思托孤，关系若何？子思与曾子及其他二三子的关系，应如何理解和解释？

（21）可归入子思所作的《表记》、《坊记》、《缁衣》、《中庸》，多有"子曰"，

---

① ［宋］朱熹撰：《四书章句集注》，北京：中华书局，1983 年版，第 104 页。

是"孔子曰",还是"子思曰",抑或是子思"宠孙述爷"形态的"孔子曰"？湖北荆州郭店楚墓竹简和上海博物馆藏战国楚竹书《缁衣》二种，以及《孔丛子·公仪篇》对此提供何种佐证？

（22）《中庸》在承传孔子血脉中，有何本体论建构和内在化转型的意义？其思想、文风如何反映春秋学术向战国学术的转型和推进，从而下启孟子？《中庸》文体异于《表记》、《坊记》、《缁衣》，是反映子思学术的进展，抑是反映《中庸》成篇有个过程，或是与此二者都有关？

（23）郭店楚简《鲁穆公问子思》，对于考订子思生平及生卒年有何价值？它与《孟子·公孙丑下》、《告子下》、《万章下》及《孔丛子·公仪篇》、《汉书·艺文志》记载鲁穆公与子思事，有何可资参证的关系？《资治通鉴》卷一在周安王二十五年甲辰（公元前 377 年）"鲁穆公薨"之后，记述"子思言苟变于卫侯"①，是否乃历史编年学上疏于考证造成的错误？

（24）出土简帛《五行》对于破解《荀子·非十二子》所谓"子思唱之，孟轲和之"②的"五行"，从而通解孔子之学向战国之学的转型，以及通解思孟学派的内在脉络上，发挥了何种关键作用？《洪范》五行与思孟五行之间，反映了何种文化转借的原则？

（25）《礼运》对于孔学精神空间的拓展，价值若何？其发生年代存在着何种疑惑，应如何编年才切合孔子的精神状态及子游的南国风采？儒家推崇禹、汤、文、武，而《礼运》称三代礼治为"小康"，为"大道之隐"，是否乃道、墨之言的渗入？

（26）《夏小正》成篇的"文化地层叠压"状态若何？它的经传两部分之差异，出自何种原因？为何"传"的语言方式，与子夏传经系统的《春秋》公羊、穀梁二传相似？太史公曰："孔子正夏时，学者多传《夏小正》"③，应该从哪些层面上分析此言所关涉的《夏小正》成篇过程？

（27）《五帝德》反映了孔学与"大一统"观念何种内在的联系？《大戴礼记》此文结尾处述及宰予"以语人"④，《孔子家语》则为"宰我以语子贡，子

---

① ［宋］司马光编著，［元］胡三省音注：《资治通鉴》（全 20 册），北京：中华书局，1956 年版，第33 页。

② ［清］王先谦撰，沈啸寰、王星贤点校：《荀子校释》（全 2 册），北京：中华书局，1988 年版，第94 页。

③ ［汉］司马迁撰：《史记》（全 10 册），北京：中华书局，1959 年版，第 89 页。

④ ［清］王聘珍撰，王文锦点校：《大戴礼记解诂》，北京：中华书局，1983 年版，第 125 页。

贡以复孔子"①，招致宰予受到孔子的严厉批评，这反映同在孔门言语科的子贡与宰予关系若何？其他文献中有披露二人关系的材料吗？《史记·仲尼弟子列传》云："宰予，字子我，利口辩辞。……宰我为临菑大夫，与田常作乱，以夷其族，孔子耻之。"②对宰予如此下场的记载，足以凭信乎？

（28）子夏传经与卜氏家族有何渊源？他所传之《易》学，与孔子向老子问礼时所闻老聃言，存在何种关系？

（29）子夏传诗系统的《毛诗序》，与竹书《孔子诗论》存在哪些差异？《孔子诗论》的言诗倾向有着与《孔丛子·记义篇》孔子言诗相近之处，意味着什么？

（30）《韩非子·显学》称"儒分为八"，为何以"子张之儒"居其首？子张曾是"驵者"③（马市经纪人）的职场经历，对其学派品格有何模塑作用？"师也过，商也不及"，折射着子张、子夏何种学术品格和趋向上的差异？

（31）《孔丛子》多有子张材料，与孔鲋退居于陈著书，接触子张氏之儒的资料积累有何关系？子张氏之儒的文献《大戴礼记·千乘》存在着与后来墨学相似的观念，是否与"驵者"的江湖气有关？

（32）包括《孔丛子》、《孔子家语》在内的孔府之学，在保存孔学原本（古文经）和兼容众弟子上，存在着何种基本特征？出土简书能否证明此类著作并非"伪书"？又如何辨析《孔子家语》文本的"文化地层叠压"现象？

（33）《孔子家语》中子贡材料最多最长，是否与子贡与孔子关系甚深，庐墓守心孝时间最长，忆述材料必多，离开时又将材料交孔府庋藏有关？

（34）《齐论语》二十二篇，多出《问王》、《知道》二篇，《问王》即《问玉》，为子贡问孔子者，是否与子贡"常相鲁卫，家累千金，卒终于齐"有关？《荀子》也载《问玉》，是否因为荀子三为稷下祭酒，得见《齐论语》？

（35）《史记·仲尼弟子列传》以大篇幅叙述"子贡一出，存鲁，乱齐，破吴，强晋而霸越。子贡一使，使势相破，十年之中，五国各有变"④，此乃儒门政治活动的重大事件。为何《论语》没有一字述及？《孔子家语》详述此事，结尾处却写上孔子曰："夫其乱齐存鲁，吾之始愿。若能强晋以弊吴，使

---

①　王国轩、王秀梅译注：《孔子家语》，北京：中华书局，2011 年版，第 297 页。

②　[汉]司马迁撰：《史记》(全 10 册)，北京：中华书局，1959 年版，第 2194—2195 页。

③　[周]尸佼：《尸子·劝学篇》云："颜涿聚，盗也；颛孙师，驵也。"清平津馆丛书本，卷上。

④　[汉]司马迁撰：《史记》(全 10 册)，北京：中华书局，1959 年版，第 2201 页。

吴亡而越霸者,赐之说之也。美言伤信,慎言哉!"①越灭吴,在鲁哀公二十二年(公元前473年),孔子已死六年,显然此非孔子言,缘何添加此语?

(36)清人崔述《洙泗考信录》云:"《家语·贤君篇》有孔子见宋君相问答之事,称宋公曰'主君'。余按:此文本出《说苑》,以属梁君;春秋待未有梁也,故《家语》改之属宋。……'主君'之称,自韩、魏、赵分晋之后始有之,以其故大夫也,故主之;孔子时尚无是称,亦不得以之称宋公也。……然则是《家语》录《说苑》,而非《说苑》之录《家语》也彰彰明矣。"②其驳难的理由是否站得住脚? 以此全盘指责《家语》为"伪造",能否凭信?

(37)《孔子家语》与《韩诗外传》、《新序》、《说苑》有许多材料互见而略异,此种情形反映了战国秦汉简书流传的何种规律? 这些书的材料少有与《论语》重复者,是否说明在《论语》外存在着孔子与七十子对话的原始忆述材料的另一个传播系统?

(38)《孔子家语》由于材料相对丰富而完整,展现了不少为《论语》的语录或对话体难得一见的历史现场,比如其《三恕篇》记载的"孔子观于鲁桓公之庙,有欹器焉"③一事,也载于《荀子·宥坐篇》、《文子·十守篇》、《韩诗外传》卷三、《淮南子·道应训》、《说苑·敬慎篇》,是否可以考证出此事发生在孔子生涯之何时?

(39)孔子学琴于师襄,《礼记·曲礼下》云:"士无故不彻(去)琴瑟。"④琴瑟之艺与孔子诗书礼乐之学,关系若何? 对儒门风气和情趣起到何种模塑作用?

(40)《孔子家语》是如何记述孔子论《易》、用《诗》的? 这对于理解孔子整理六艺,提供何种启示? 断章取义,在孔子用《诗》上有何功能?

(41)孔子评述史事,引用古《志》,比如《左传·昭公十二年》仲尼曰:"古也有志:克己复礼,仁也。"⑤《志》在东周列国存在着何种形态? 这对于考察孔子思想发生学,有何价值?

(42)孔子出生于武士家庭,作为儒学创立者,他经历了何种心路历程?

---

①　王国轩、王秀梅译注:《孔子家语》,北京:中华书局,2011年版,第413页。

②　[清]崔述撰:《崔东壁遗书》,上海:上海古籍出版社,1983年版,第297页。

③　王国轩、王秀梅译注:《孔子家语》,北京:中华书局,2011年版,第100页。

④　[清]阮元校刻:《十三经注疏》(全2册),北京:中华书局,1980年版,第1259页。

⑤　杨伯峻编著:《春秋左传注》(全4册),北京:中华书局,1990年版,第1341页。

问黄帝到少皞氏之古礼职官于郯子，其后"适齐"、"之杞"、"之宋"、"适周"，考察虞舜及夏商周三代的文献与礼乐，在口传犹盛、文献匮乏时代采取如此治学方式，意义何在？此对于其思想方式的建构，有何价值？

（43）《论语·季氏篇》孔子曰："天下有道，则礼乐征伐自天子出；天下无道，则礼乐征伐自诸侯出。自诸侯出，盖十世希不失矣；自大夫出，五世希不失矣；陪臣执国命，三世希不失矣。天下有道，则政不在大夫。天下有道，则庶人不议。"①这对于他为鲁司寇采取的政治举措，以及他的政治学思想建构，起到何种作用？

（44）孔子周游列国，奔波劳碌而不能行其志，汉代的经师儒生形容他"儡儡如丧家之狗"②，直到清代的小说书还说他"半道儿会断儿顿了，拿着升儿籴不出升米来"，这对于"孔子厄陈蔡，作《春秋》"③，从而形成他刻骨铭心的"春秋思维"产生何种精神刺激和深化的助力？

（45）孔子曰："唯女子与小人为难养也。"④此感慨发生于何种现场？与孔子通过卫灵公之男宠弥子瑕而见南子有何关系？与其叹息"已矣乎！吾未见好德如好色者也"，存在着何种可以互相阐释之处？

（46）《述而篇》首章是阐明孔子学说方式的，孔子曰"述而不作，信而好古，窃比于我老彭"，老彭的前面还加上一个"我"字，他是何人哉？孔子采取"述而不作，信而好古"的治学传道方式，将儒家历史价值观和伦理价值观，通过整理"六艺"，注入远古民族典籍之中，即所谓"古之儒者，博学虖'六艺'之文。'六艺'者，王教之典籍，先圣所以明天道，正人伦，致至治之成法也"⑤。然后七十子后学又将其重要言论撰成《论语》，如此传经、传道的方式，在使儒学博大而久远，经得住反复阐释上发挥了何种功能？

（47）孔子晚年赞《易》、修《春秋》，有所谓"孔子作六经而归于《易》、《春秋》"⑥，又有所谓"仲尼之于六艺也，《易》、《春秋》最严。司马迁曰：'《易》本隐而之显，《春秋》推见至隐'，此天下至精之言也"⑦。也就是"《易》理从

---

①　[宋]朱熹撰：《四书章句集注》，北京：中华书局，1983 年版，第 171 页。
②　[汉]班固撰：《白虎通义》，上海：商务印书馆 1936 年"国学基本丛书"本，卷 8。
③　[汉]司马迁撰：《史记》（全 10 册），北京：中华书局，1959 年版，第 3300 页。
④　[宋]朱熹撰：《四书章句集注》，北京：中华书局，1983 年版，第 182 页。
⑤　[汉]班固撰：《汉书》（全 12 册），北京：中华书局，1962 年版，第 3589 页。
⑥　郑振铎编选：《晚清文选》（卷下），北京：中国社会科学出版社，2002 年版，第 33 页。
⑦　郑振铎编选：《晚清文选》（卷下），北京：中国社会科学出版社，2002 年版，第 291 页。

内向外说,《春秋》是从外向内说",这对于其原初以诗书礼乐教的学术体系,起到何种深化和提升的作用?孔子论六艺,曰:"六艺于治一也。《礼》以节人,《乐》以发和,《书》以道事,《诗》以达意,《易》以神化,《春秋》以义。"[①]如此六艺一贯,是否意味着对精神境界综合性的递进和拓展?

(48)郑玄《论语序》云:(《论语》乃)仲弓、子游、子夏等撰[②]。晋傅玄《傅子》云:"昔仲尼既殁,仲弓之徒,追论夫子之言,谓之《论语》。其后邹之君子孟子舆,拟其体著七篇,谓之《孟子》。"[③]两汉之际《论语崇爵谶》云:"子夏等六十四人,共撰仲尼微言。"[④]为何汉儒强调"仲尼既殁,仲弓之徒"撰《论语》,又有突出"子夏等六十四人共撰"者?

(49)为何宋儒朱熹《论语序说》引程子曰:"《论语》之书,成于有子、曾子之门人,故其书独二子以'子'称。"[⑤]强调的是另一批编纂《论语》的人物?有子出来主事,曾子表示反对,他们的门人能够在同一次编纂中合作共事吗?

(50)汉文帝时有《论语》博士,武帝设立五经博士而制度化,但两汉三国治《论语》三家之学而姓名可考者五十四人,其中不少达官贵人,尤其是太子太傅、少傅,何以至此?是否说明《论语》已经成为传道授经的入门书?

(51)西汉元帝时张禹以《鲁论语》为底本而以《齐论语》参校成《张侯论》,东汉献帝时郑玄又着重以《古论语》校注《张侯论》,权衡三家,终成《论语》定本。这种经典化过程的利弊得失何在?

(52)有所谓"以经学论,郑学、朱学皆可谓小统一时代"[⑥],朱熹倾四十余年之精力集注《论语》,完成《四书》,是如何体现所谓"小统一时代"的?如此"小统一"在中国士人精神建构中的经验教训若何?

当然能够提出的问题远不止五十二项,前面概述《论语》内、外、年谱三编所涉及的问题,也颇有为这五十二项所不能囊括者。就本人孜孜矻矻、磕磕碰碰的所谓"经验"而言,五十二项问题,似乎就是五十二把形状功能或异或同的"起子",用以撬开《论语》橱柜中形形色色的瓶子,倾出其中的

---

① ［汉］司马迁撰:《史记》(全10册),北京:中华书局,1959年版,第3197页。
② ［清］阮元校刻:《十三经注疏》(全2册),北京:中华书局,1980年版,第2454页。
③ ［梁］萧统编,［唐］李善注:《文选》(全3册),北京:中华书局,1977年版,第748页。
④ ［梁］萧统编,［唐］李善注:《文选》(全3册),北京:中华书局,1977年版,第611页。
⑤ ［宋］朱熹撰:《四书章句集注》,北京:中华书局,1983年版,第43页。
⑥ ［清］皮锡瑞撰:《经学历史》,北京:中华书局,1959年版,第281页。

玉液琼浆或其他清醪浊糟,对其原料来源、浓度配比、香味类型、刺激强度等等进行定时、定性、定量,及生命要素分析。"问题起子"成为撬开瓶盖、开通闭塞、振发神思、探究精微的尚属有效的工具。无"问题起子"就只能望瓶兴叹,或自我封闭,陈陈相因。应该指出,陈陈相因,是废置创新精神的一种痼疾。清人刘大櫆《论文偶记》云:"大约文字是日新之物,若陈陈相因,安得不目为臭腐?"①翁方纲《石洲诗话》卷三也以一个"腐"字指斥陈陈相因:"日袭成调,陈陈相因耳。此乃所谓腐也。"②尤其到了 20 世纪初,社会变革和文化转型加剧,梁启超有感于"吾中国历史陈陈相因,而终不能放一异彩以震耀世界"③,愤而倡导"史界革命",痛言"陈陈相因,一丘之貉,未闻有能为史界辟一新天地,而令兹学之功德普及于国民者,何也?……呜呼! 史界革命不起,则吾国遂不可救。悠悠万事,惟此为大"④。

　　创新所在,乃学术生命所在。破除陈陈相因,开辟学术"新天地",要紧的是反躬自省研究主体的大脑神经,尝试着能否启动真知卓识,接纳创新风气,戒绝"大脑霉变"和"神经板结"。脑袋发霉,可能将霉菌传染给需要重新阐释的对象物;神经板结,必然阻碍思想种子发芽。必须培育和提升头脑感觉的新鲜感、灵敏度和发现欲,培育和提升思想神经的创造力、穿透力和识断力。若能拥有如此头脑神经,如此"问题起子",将有助于敏锐而高效地追问、穷究《论语》文本及其左右、上下、前后之关系,发明考证,各溯所由,缀合群书零散文字而归于原本,以达至发现一部"活的《论语》"之旨。倘若本根培植深固,自可枝繁叶茂,从而开创新世纪《论语》学,破解原始创造过程中的千古之谜,追踪文本缝隙所蕴含的古代智者的足迹身影、血脉灵魂,激活其本有的生命,阐发其现代价值,展现一个现代大国的经典解释和文化原创的能力。余虽不能至,然心向往之。

---

① [清]刘大櫆、吴德旋、林纾著,范先渊校点:《论文偶记/初月楼古文绪论/春觉斋论文》(中国古典文学理论批评专著选辑),北京:人民文学出版社,1959 年版,第 11 页。

② [清]赵执信、翁方纲:《谈龙录/石洲诗话》,北京:人民文学出版社,1981 年版,第 115 页。

③ 梁启超:《梁启超全集》,北京:北京出版社,1999 年版,第 511—512 页。

④ 梁启超:《梁启超全集》,北京:北京出版社,1999 年版,第 737—739 页。

内　编

一章 《论语》成书及得名

大凡人类历史上真正伟大的书,总是蕴含着值得后人反复阅读、探究和反思的文化启示录。阅读、探究、反思的根本点,是要深入到此书发生时期所沉积下来的生命期许、血脉涵润和智慧结晶,从而对其文本进行深度的生命分析。生命,存在于一部书的原本。《论语》作为中华民族伟大的文化启示录,蕴含着延续百世的文化根基的思想原创,蕴含着一批坚强活泼的生命是如何创造古老中国最重要的儒学宗脉,如何启动一种文化方式或一个学派的生成史,如何以特殊的编纂方式和价值取舍,建构了话外有话的深层意义,以及派内有派的发展可能性。所有这些,就是《论语》的生命原本之所在,就是中国古典学的研究重心。研究《论语》赋予我们的不是某种要原样模仿的模型,而是一种久传不衰的内在文明纽带和精神启示,从而避免那种只知道自己时代某些浮面现象与时髦习尚的浮泛、空疏和狭隘,使得对自己文化根的认知,变得更加丰富深入,坚实而充满活力。

儒学是以孔子为代表的一种集体智慧,一旦经过整理六艺,以及编成《论语》,儒学在述学与传道上就有了经典依据,从而脱离它的原始形态,开始了有所遵循的传道济世的学派历程。所谓集体智慧,就不仅仅是孔子及七十子后学的智慧,而且包括了孔子与七十子后学将中国原始典籍《诗》、《书》、《礼》、《乐》、《易》、《春秋》,纳入自己道统的智慧。儒学实际上存在着"传经"与"传道"两个系统,二者本应相得益彰,传经离开传道,就缺乏精神;传道离开传经,就流失了血肉。儒学讲究"一以贯之",《论语》作为儒学传道原发点之记录,也就顺理成章地成为对"传道"、"传经"两个系统一以贯之的原发点。

可以说,不从古典学深度解读《论语》的生命发生过程,就难以潜入内在精神的深处,触摸儒学道统的核心理念,及其反求诸己、推己及人的传道方式之体温,触摸其以信而好古的智慧改造中国原始典籍,将之纳入自身价值系统之奥秘。只有对《论语》进行深度的生命解读和发生学解读,才可期如宋儒所云"观圣人所以作经之意,与圣人所以用心"①,进而以现代性的阐释洞悉本原,直揭三昧。否则就是一般的文献学或思想史的阅读,而非深入儒学血脉的叩问生命的阅读。鉴于《论语》对传统中国的政治思想、伦理原则、心性修养和思维方式的影响之深刻,现代人有必要直指本源,考察它发生的原因、成书的方式和内在的脉络。不是给它的发生蒙上神话式的迷雾,而是以人间情怀揭示其生命的发生和智慧的创造,在深透解读《论语》的基础上,加深把握儒学,也加深理解我们的自身文明。由此而发现一部"活的《论语》",发现蕴含其间的生命悦动或躁动,发现其原本意义与现代价值。还原的要义,乃在于生命的还原。

　　若要直指《论语》生命本源,首先接触者,是《论语》由何得名之缘由。《论语·子路篇》子曰:"必也正名乎?……名不正,则言不顺。言不顺,则事不成。事不成,则礼乐不兴。"②《论语》如此郑重说"名",反证《论语》对自身书名论定,绝不会掉以轻心。《荀子·正名篇》云:"故王者之制名,名定而实辨,道行而志通,则慎率民而一焉。故析辞擅作名以乱正名,使民疑惑,人多辨讼,则谓之大奸。"③杨倞为此篇解题,引《尹文子》曰:"形以定名,名以定事,事以验名。察其所以然,则形名之与事物无所隐其理矣。名有三科:一曰命物之名,方圆白黑是也;二曰毁誉之名,善恶贵贱是也;三曰况谓之名,贤愚爱憎是也。"④循名责实,方能解开事物之奥秘。由此可知,《论语》作为儒门宗祧承袭的神圣之物,编纂之始必然将正名作为郑重面对的要务。这就必然导致书名对于《论语》生命还原,具有至关重要的原点价值。因而必须以此作为逻辑起点,参合众多文献,包括出土文献,运用历史编年学、人文地理学、史源学、简帛学、篇章政治学等角度,对《论语》得名的秘密,及由此导致的成书过程、篇章结构,及其深藏的生命信息进行深度考察、叩问和解读。生命信息,是一个文本原本存在的基本信息。确立有效的逻辑起点,方能把握开启《论语》生命秘密的钥匙。

　　问题如此显然,惜乎往往习焉不察。先秦诸子书,在宗师始创而后学

　　① ［宋］朱熹撰:《四书章句集注》,北京:中华书局,1983 年版,第 44 页。

　　② ［宋］朱熹撰:《四书章句集注》,北京:中华书局,1983 年版,第 142 页。

　　③ ［清］王先谦撰,沈啸寰、王星贤点校:《荀子校释》(全 2 册),北京:中华书局,1988 年版,第 414 页。

　　④ ［清］王先谦撰,沈啸寰、王星贤点校:《荀子校释》(全 2 册),北京:中华书局,1988 年版,第 411 页。

编纂成书时,通常都是以开创学派的思想家的姓氏名号进行命名,如《老子》、《墨子》、《庄子》,甚至儒家后起的大家,也因此冠名《孟子》、《荀子》。唯独《论语》是突出的特例,没有称"孔子",没有采用孔子冠名仪式。这一独特点,与《论语》的编纂启动和成书过程息息相关,其间有编纂者的生命信息存焉。这就需要我们深刻地进入"古中国的语法",或《论语》编纂时代的语言用法,而加以解读。

《论语》的得名与成书,很早就见于文献,考定这一点,才能为确认此书得名出自何时、何因、何人之手,提供实证性前提。《论语》得名当在春秋战国之际,于此起码可以考索到《论语》成书于春秋晚期到战国早期的"五证"。一证是《礼记·坊记》说:"子云:君子弛其亲之过而敬其美。《论语》曰:'三年无改父之道,可谓孝矣。'高宗云:三年其惟不言,言乃讙。"①《论语》中这则"子曰",在《学而篇》、《里仁篇》中重出,行文全同。南朝梁代沈约说:《坊记》乃孔子之孙子思所作②。此言若可信,则在战国初期就有《论语》之名了。

二证是《汉书·艺文志》记载:"武帝末,鲁共王坏孔子宅,欲以广其宫。而得《古文尚书》及《礼记》、《论语》、《孝经》凡数十篇,皆古字也。"③古文《论语》,乃是以战国文字记录。有学人根据东汉王充《论衡·正说篇》的一句话"初孔子孙孔安国以教鲁人扶卿,官至荆州刺史,始曰《论语》"④,怀疑《论语》得名于汉代。其不知这个"曰",也可以释为"言",如《广雅·释诂四》云:"曰,言也。"⑤指的是言说、传述《论语》。在《论衡》这段话前面还说:"夫《论语》者,弟子共纪孔子之言行,……至武帝发取孔子壁中古文,得二十一篇,齐、鲁二,河间九篇:三十篇。"⑥《论衡·佚文篇》又说:"孝武皇帝封弟为鲁恭王。恭王坏孔子宅以为宫,得佚《尚书》百篇,《礼》三百,《春秋》三十篇,《论语》二十一篇,闻弦歌之声,惧复封涂,上言武帝。武帝遣吏

---

① [清]阮元校刻:《十三经注疏》(全2册),北京:中华书局,1980年版,第1620页。
② 《隋书》卷13《音乐志》上引沈约语作《防记》。见[唐]魏征、令狐德棻撰:《隋书》(全6册)北京:中华书局版,1973年版,第288页。
③ [汉]班固撰:《汉书》(全12册),北京:中华书局,1962年版,第1706页。
④ 黄晖撰:《论衡校释》(全4册),北京:中华书局,1990年版,第1138页。
⑤ 徐复主编:《广雅诂林》,南京:江苏古籍出版社,1992年版,第329页。
⑥ 黄晖撰:《论衡校释》(全4册),北京:中华书局,1990年版,第1136页。

发取,古经《论语》,此时皆出。"①古经《论语》与《汉书·艺文志》所说的古字《论语》同,是战国文字记录,所记也是同一事。问题在于鲁恭王不可能活到武帝末,据《汉书·景十三王传》记载,鲁恭王刘馀于景帝前元二年(公元前155年)立为淮阳王,吴楚反破后,于前元三年徙王鲁,二十八年薨。卒于汉武帝元朔元年(公元前128年)②。汉武帝在位时间是公元前140年至公元前87年,即是说鲁恭王逝世于汉武帝即位才十三年,不到他在位五十四年的一半,因此坏孔子宅而发现古文《论语》,不应是"武帝末"而是"景帝末",年代属于误记。这可能是将《汉书·儒林传》"孔氏有古文《尚书》,孔安国以今文字读之,因以起其家逸《书》,得十余篇,盖《尚书》兹多于是矣。遭巫蛊,未立于学官"③;与《汉书·外戚列传》"武帝末,巫蛊事起,卫太子及良娣、史皇孙皆遭害"④的年代,与孔壁发现古文经籍混在一起了。但是孔壁出土古文《论语》及其他典籍,是汉代文献发现史上确凿无疑的大事,其意义不逊于汲冢简书的发现。苏轼《文勋篆铭》称誉所谓"汲冢鲁壁,周鼓秦山",明人胡应麟认为:"经史具存,与孔壁、汲冢之复出,见于刘向父子之所辑略者为书凡三万三千九十卷,孔氏之旧盖未尝亡也。"⑤王国维更是推崇备至:"自汉以来,中国学问上之最大发现有三:一为孔子壁中书;二为汲冢书;三则今之殷虚甲骨文字,敦煌塞上及西域各处之汉晋木简,敦煌千佛洞之六朝及唐人写本书卷,内阁大库之元明以来书籍档册。"⑥这些先贤都为人类多处蒙昧之世而中土文献独放光芒而感到自豪,怀抱敬重之意从中寻找文明之脉络。显而易见,所谓孔壁古文是没有经过汉人隶写的文献,就是战国古籍。应该从战国成书这个基本点上寻找《论语》脉络,才称得上回到根本。

三证是《史记·孔子世家》引《论语》资料四十五则,《仲尼弟子列传》所引也达四十则之多,即苏洵所谓:"《五帝》、《三代纪》,多《尚书》之文;齐、鲁、晋、楚、宋、卫、陈、郑、吴、越《世家》,多《左传》、《国语》之文;《孔子世

---

① 黄晖撰:《论衡校释》(全4册),北京:中华书局,1990年版,第860—861页。

② 据《汉书·诸侯王表》,其子鲁安王刘光于汉武帝元朔元年(公元前128年)嗣位,这是刘馀卒后嗣位。

③ [汉]班固撰:《汉书》(全12册),北京:中华书局,1962年版,第3607页。

④ [汉]班固撰:《汉书》(全12册),北京:中华书局,1962年版,第3961页。

⑤ [明]胡应麟撰:《少室山房笔丛》,北京:中华书局,1958年版,第6页。

⑥ 姚淦铭、王燕编:《王国维文集》(第4卷),北京:中国文史出版社,1997年版,第33页。

家》、《仲尼弟子传》多《论语》之文。"①从《仲尼弟子列传》首列"四科十哲"
来看，司马迁是得见《论语》；而"四科"之"政事科"在"言语科"之前，异于今
本，其采用的乃是《古论语》。《仲尼弟子列传》结尾也证实这一点："太史公
曰：学者多称七十子之徒，誉者或过其实，毁者或损其真，钧之未睹厥容貌，
则论言弟子籍，出孔氏古文近是。余以弟子名姓文字悉取《论语》弟子问并
次为篇，疑者阙焉。"②既然司马迁从整理孔壁古文的孔安国问学，得见古
文《论语》，则《论语》于战国已经成书，当属无可怀疑。

四证是汉人赵岐《孟子题辞》说："七十子之畴会集夫子所言以为《论
语》。《论语》者，五经之錧鎋，六艺之喉衿也。……至孝惠乃除挟书之律，
然公卿皆武力功臣，莫以为意。至孝文始使掌故晁错从伏生受《尚书》。
《尚书》出于屋壁，《诗》始萌芽，天下众书往往颇出，犹广立于学官，为置博
士。由是《论语》、《孟子》、《孝经》、《尔雅》皆置博士。及后罢传记博士，以
至于后汉，惟有五经博士。"③《论语》虽然尚未列为经，但在汉惠帝搜集图
书以后，已有国家收藏，并在汉文帝时设置"传记博士"，这在孔壁发现《古
论语》之前，因而无论是收集旧书，或是口耳相传的笔录，它成书于战国，也
是可以相信的。

五证是既然刘向、刘歆父子得见三种《论语》传本，此书存在和流传必
然已久，所谓古文《论语》，当是战国文字的传本。与刘歆交游论学的桓谭
在《新论》中说："《古论语》二十一卷，与《齐》、《鲁》文异六百四十余字。"④
既然文字有所出入，而出入又有限度；既然个别传本篇章略多，而篇次又大
体相同，那么他们只能源自战国时期的编定本，而在长期的口授、传抄中出
现某些差异。这是周秦两汉书籍制度，与宋以后刻板印刷的书籍制度不同
的缘故。西汉成、哀之世，刘向父子负有"校经传、诸子、诗赋"、"条其篇目，
撮其指意，录而奏之"⑤的责任，但他们只是按照《论语》流通的年代、地域，
分出古、齐、鲁三家，并未另外起书名，可见他们对此书最初编纂就确定的
《论语》书名，是认同的。

---

① 曾枣庄、刘琳主编：《全宋文》（第43册），上海：上海辞书出版社，2006年，第146页。
② ［汉］司马迁撰：《史记》（全10册），北京：中华书局，1959年版，2226页。
③ ［清］阮元校刻：《十三经注疏》（全2册），北京：中华书局，1980年版，第2662—2663页。
④ ［清］严可均辑：《全后汉文》，北京：商务印书馆，1999年版，第131页。
⑤ ［汉］班固撰：《汉书》（全12册），北京：中华书局，1962年版，第1701页。

　　总而言之,对于多种文献的共同指向,在没有过硬的反证材料之时,后人应以平常心体验其间的生命存在,大可不必疑神疑鬼,使自身的文化根子"碎片化"、"空心化"。由此"五证"和更多的旁证,我们可以进一步考察,《论语》成书方式与先秦诸子他书存在着明显的区别,这是七十子之徒的一次非常郑重的集体行为,与汉人编书,搜集散简,以类相从,系以诸子名字的方式迥异其趣。集体编纂必然采取"子将奚先,必也正名"的原则,在开始编纂时就应论定书名和体例。

　　以礼解经,首先碰到的是"礼莫大于正名"①。如董仲舒《春秋繁露》云:"欲审曲直,莫如引绳;欲审是非,莫如引名;名之审于是非也,犹绳之审于曲直也。诘其名实,观其离合,则是非之情不可以相谰已。"②依照儒学思想行为的准则,对儒学核心经典《论语》进行还原研究,首先要认证书名何以为"正"。读《论语》,第一道门槛就是要认证"何为《论语》"。返本还原,不能绕过《论语》命名方式的还原。但是七十子并没有对此做出直接交待,因此走近《论语》命名的第一道槛,变成了检讨汉代文献学家在目录学史上,是如何对《论语》进行第一次正式界定。这道门槛就在于东汉班固《汉书·艺文志》所说:

　　　　《论语》者,孔子应答弟子、时人及弟子相与言而接闻于夫子之语也。当时弟子各有所记,夫子既卒,门人相与辑而论纂,故谓之《论语》。③

　　这段话言简意赅,似乎并不费解,无非前面一句讲书的内容,是"孔子应答弟子、时人及弟子相与言而接闻于夫子之语",当然也有少数记录,如曾子临终遗言,是不能"接闻于夫子";后面一句讲此书编纂的方式,包括"当时弟子各有所记",尤其是"门人相与辑而论纂",其间存在着记、辑、论纂的程序。前一句解释"语"字,后一句交待"论"字,《论语》取名于此表述得条理清楚,似乎不须绕什么弯子了。

　　令人惋惜的是,"夫子既卒"四个字的极其要紧性,往往被人忽略了。

---

　　①　[清]朱彝尊撰:《曝书亭集》卷59亦云:"《春秋》之义,莫大乎正名。"
　　②　[西汉]董仲舒撰:《春秋繁露》卷10《深察名号篇》,清乾隆卢文弨校本。
　　③　[汉]班固撰:《汉书》(全12册),北京:中华书局,1962年版,第1717页。

其实，这是说《论语》编纂在孔子卒后不久，也就是众弟子为夫子庐墓守心孝期间。不然，就不会以"既卒"来作时间计程的表述了。如此论定，是刘向、刘歆父子，或者尚可包括扬雄、桓谭在内的博学者群体的意见，他们都是亲炙《论语》三家者。班固只不过是"删其浮冗，取其指要"①，载入正史。

《汉书·艺文志》的表述，从史源学上说，来自刘歆的《七略》。既然对《论语》书名的追踪，应该回到刘向、刘歆，然后再往深处探求，那就应该连同考察刘向《别录》的说法："《鲁论语》二十篇，皆孔子弟子记诸善言也。太子太傅夏侯胜、前将军萧望之、丞相韦贤及子玄成等传之。《齐论语》二十二篇，其二十篇中章句颇多于《鲁论》，琅琊王卿及胶东庸生、昌邑中尉王吉，皆以教之，故有《鲁论》，有《齐论》。鲁恭王时，尝欲以孔子宅为宫，坏，得古文《论语》。《齐论》有《问玉》、《知道》，多于《鲁论》二篇。《古论》亦无此二篇，分《尧曰》下章'子张问'以为一篇，有两《子张》，凡二十一篇，篇次与《鲁论》同。"②刘向奉旨领校中秘群书二十年，条其篇目，撮其旨意，辨其讹谬，即所谓"辨章学术，考镜源流"③，撰成《别录》二十卷，对于书籍是必须目验，才能说话的。既然他已目见三种《论语》传本，必然是国家秘府收藏的简书④，流传已久。所谓古文《论语》，刘向所见古文字甚多，当知是战国著录传本的遗存。既然与另有流传地域和传承次序的《论语》传本文字有所出入，而出入又有限度；既然个别传本篇章略多，而篇次又大体相同，那么也知它们必是源自战国时期的编定本，而在不同流脉的分头口授、传抄中出现"传闻异辞"的某些差异。因而他并不采取勘异归同、整理为统一版本的常规作法。正如刘向所称，《论语》"皆孔子弟子记诸善言也"⑤，既有善不善之分，也就是说编纂之时，存在为夫子和儒门塑造崇高形象的价值取向，并非零价值观而不作取舍。

《汉书·艺文志》交待：成帝时，"诏光禄大夫刘向校经传、诸子、诗赋"⑥。他是有责任编校《论语》的，但他并不自居为"孔子弟子"，厕身于整

---

① [汉]班固撰：《汉书》（全12册），北京：中华书局，1962年版，第1702页。

② [清]阮元校刻：《十三经注疏》（全2册），北京：中华书局，1980年版，第2454—2455页。

③ [清]章学诚著，王重民通解：《校雠通义通解》，上海：上海古籍出版社，2009年版，《自序》第1页。

④ [汉]刘歆《七略》曰："外则有太常太史、博士之藏，内则有延阁、广内、秘室之府。"

⑤ [清]阮元校刻：《十三经注疏》（全2册），北京：中华书局，1980年版，第2454页。

⑥ [汉]班固撰：《汉书》（全12册），北京：中华书局，1962年版，第1701页。

理编纂者之间。略作对比便知，颇有一些先秦著述采取散简、简组、单篇的形式流布和庋藏，都被刘向按其始创者和学派划分，汇总校勘，依类取名，名为先秦某子之书或某家之书。但对于《论语》本名与流传各家，他采取另一种"认可——并存"的工作方式，认可《论语》在七十子编纂之时就论定的题名，并不觉得各地传本不同，就有另起书名的必要。他只能以传播地域不同来区别传本，"故刘向《别录》云：鲁人所学谓之《鲁论》，齐人所学谓之《齐论》，古壁所传谓之《古论》"①。刘向以《论语》三家进行分疏，蕴含着他将《论语》书名当作原本书名。这就是说，刘向、刘歆对《论语》书名的探讨各有千秋，展开了不同的维度：刘歆《七略》和《汉书·艺文志》讲的是《论语》编纂的原始得名方式；刘向《别录》讲的是《论语》传播中派生出地域性名称的过程。父子二人都承认《论语》本名就是《论语》，是"夫子既卒"的春秋晚期就确定的书名，对此存有怀疑，全是多余。

　　然而，问题并没有因此成了利刃断麻的终结，反而变作治丝益棼的开头。对于《论语》命名方式和编纂方式，二千年来，学者们引用种种东藤西蔓的材料，做出种种振振有辞的论证和猜测，注疏愈多，绕弯愈大，甚至各持一见，莫衷一是。相当多的《论语》书名训诂，不是深入发掘刘向、刘歆、班固界定的深层意义；而是离开向、歆、固，而在辞书中搜罗各种文字释义，脱离《论语》本义及编纂实际，随意推衍，节外生枝。

　　问题就出在中国文字本来就存在着多义性，多义性蕴含着本义，但并不等于本义。如若以多义性迷乱本义，由此滋生某种脱离典籍形成和得名之实际，而旁生枝节的所谓"偏离训诂"或"训诂游离"，就可能遮蔽《论语》书名的本义和编纂过程。说句老实话，非常遗憾，这种倾向在《汉书·艺文志》百年后的东汉末年刘熙《释名·释典艺》中，就开始露出端倪，他认为："《论语》，纪孔子与诸弟子所语之言也。……论，伦也，有伦理也。"②前一句解释"语"字，已经省略了是谁所记之"语"；后一句已经依据"论"、"伦"同音相通的语义学，未究典籍编纂过程，而抽象谈论文本的条理次序。其穿凿附会之弊，诚如《四库全书总目提要》所言："熙字成国，北海人（按：或称徵士，或称安南太守，郑玄弟子，史载于交州授徒多年），其书二十篇。以同

①　［清］严可均辑：《全梁文》，北京：商务印书馆，1999年版，第724页。

②　［汉］刘熙撰：《释名》（《丛书集成初编》），北京：中华书局，1985年版，第100—101页。

声相谐,推论称名辨物之意,中间颇伤于穿凿,然可因以考见古音。又去古未远,所释器物,亦可因以推求古人制度之遗。"①《释名》如此释《论语》名,也留下了《论语》之"论"属于阳平,而非去声的发音习惯,是否符合原始发音,或者原始发音就是今日之义,需要另外考证。

这种脱离发生学之具体过程的训诂兴趣,在一些颇具影响的注本中愈演愈烈,枝蔓横生,难得要领。以至南朝梁代皇侃在《论语义疏叙》中如此描述:"《论语通》曰:《论语》者,是孔子没后七十弟子之门徒,共所撰录也。……但先儒后学,解释不同,凡通此'论'字,大判有三途:第一,舍字制音,呼之为伦。一舍音依字,而号曰论。一云伦、论二称,义无异也。第一舍字从音为伦说者,乃众的可见者,不出四家。一云,伦者次也,言此书事义相生,首末相次也。二云,伦者理也,言此书之中,蕴含万理也。三云,伦者纶也,言此书经纶今古也。四云,伦者轮也,言此书义旨周备,圆转无穷,如车之轮也。第二,舍音依字为论者,言此书出自门徒,必先详论,人人金允,然后乃记,记必已论,故曰论也。第三,云伦、论无异者,盖是楚夏音殊,南北语异耳。南人呼伦事为论事,北士呼论事为伦事,音字虽不同,而义趣犹一也。侃案三途之说,皆有道理,但南北语异如何,似未详师说,不取,今亦舍之,而从音依字。"②

中国传统学人不同程度上少了一点以纵横二轴给事物进行准确定位的意识,往往擅长于圆转无穷的思维方式,使事物圆融化,也边界模糊化。所谓"从音依字",就是将论、伦、纶、轮等同音字贯通起来,混同起来。然而并不着力探寻和精研一套瞄准本义的纵横坐标,以致未能回归编纂实际而迷失本义。而判为三途之第二项,"舍音依字为论者,言此书出自门徒,必先详论,人人金允,然后乃记,记必已论,故曰论也",反而多少照顾到发生学的过程。至于"论"字读为阳平或去声,也与"楚夏音殊,南北语异"有关。是否如此,尚需架设科学有效的坐标,拿出有说服力的证据。

从皇侃到宋人邢昺,岁月蹉跎四百年,研究材料自然积累丰厚,但思维方式依然滞后,没有实现对《论语》书名本义的认知,在由简入繁基础上的由繁归简,从而直击本原。材料之丰厚,得力于宋代崇文,印刷技术又有长

---

① [清]纪昀等撰:《四库全书总目提要》,石家庄:河北人民出版社,2000年版,第1064—1065页。

② [清]严可均辑:《全梁文》,北京:商务印书馆,1999年版,第722—723页。

足发展,如晚清王先谦《天禄琳琅跋》云:"唐末始镂版,逮宋而盛。太平兴国间,三馆六库书籍正副本八万卷,……史称帝幸国子监阅库书,问经版几何。邢昺对以国初不及四千,今十余万,版本大备。"①

问题在于,邢昺疏解《论语注疏解经序》时,面对郑玄、何晏、皇侃以来的注疏训诂材料,缺乏新的思想方法,包括更新举证方式以设置纵横坐标作出准确定位的方法,因而在《论语》如何得名上对盘根错节的多样性,依然纠缠莫解:"论者,纶也,轮也,理也,次也,撰也。以此书可以经纶世务,故曰纶也;圆转无穷,故曰轮也;蕴含万理,故曰理也;篇章有序,故曰次也;群贤集定,故曰撰也。郑玄《周礼》注云'答述曰语',以此书所载皆仲尼应答弟子及时人之辞,故曰语。而在论下者,必经论撰,然后载之,以示非妄谬也。"②真所谓"经师易求,人师难得"③。邢昺作为北宋奉旨校定群经义疏的经师,他这段话的前半,解释"论",生出许多藤藤蔓蔓,似乎将语义阐释得更周全了,实际并没有明白地揭示何者为本义。本义的衡定较之漫无边际的引申义的罗列,更具有实质价值。后半段话解释"语"字,随之又补充说:"对文则直言曰言,答述曰语,散则言、语可通。故此论夫子之语而谓之善言也。"④这倒是对言语二字之辨析,补充了新说法。

中国古代学术讲究传承有序,又在逐代的意义增添中拓展资源积累,从而出现"文化地层叠压"式的学术传承模式。如朱熹《论语要义目录序》所云:"魏何晏等集汉魏诸儒之说,就鲁《论》篇章考之齐、古,为之注。本朝至道、咸平间又命翰林学士邢昺等,取皇侃疏约而修之,以为《正义》,其于章句训诂、名器事物之际详矣。"⑤这个"详"字,即是知识叠压。在这种"文化地层叠压"中,邢昺删节了何晏、皇侃以老庄之旨发明经义之处,却叠压上唐人注疏。如清人李慈铭《越缦堂读书记》所云:"宋初士夫学者,谨守汉唐诸儒传注之学,如杜镐、聂崇义、邢昺、孙奭,以至丁度、贾昌朝、宋祁兄弟皆然。"⑥

————————

① 郑振铎编选:《晚清文选》(卷上卷中),北京:中国社会科学出版社,2002年版,第473页。
② [清]阮元校刻:《十三经注疏》(全2册),北京:中华书局,1980年版,第2454页。
③ [唐]令狐德棻等撰:《周书》(全3册),北京:中华书局,1971年版,第807页。
④ [清]阮元校刻:《十三经注疏》(全2册),北京:中华书局,1980年版,第2454页。
⑤ [宋]朱熹撰,朱杰人等主编:《朱子全书》(第24册)之《晦庵先生朱文公文集》(五),上海:上海古籍出版社;合肥:安徽教育出版社,2002年版,第3613页。
⑥ [清]李慈铭:《越缦堂读书记》,上海:上海书店,2000年版,第357页。

在由汉至宋一千年间《论语》书名释义的长时段追踪中,可以发现,中国文字的多义性和经义注疏的繁琐性,常常使博学的儒者迷失直指本源的定力,恪守着"注不违经,疏不破注"的家法,只能非常渊博、又非常可怜地排比历代对《论语》书名训诂的种种说法,却不能以新的思想方法,创造出直指本源的科学有效的坐标定位系统,以致《论语》书名本义,依然存在着千古之谜有待破解。

二章 "内证高于外证"的原则

在第一步以史解经,论证《论语》成书于春秋战国之际;第二步以礼解经,论证依据儒者"必也正名乎"的原则,《论语》书名出自启动编纂的初期;进一步的问题是以生命解经,从孔子与七十子生命痕迹上,解读《论语》书名的本义。要走出千年迷雾,还原《论语》书名原义及其编纂的本来方式,面对《论语》书名释义各持一见、头绪纷繁的说法,有必要调整我们审视的姿态和识力,以新的思想方法架构出定位分析的坐标系。研究的姿态须入乎其里,出乎其表;研究的识断,须透过由简至繁的资料搜集,达至由繁至简的直指本源。将材料搜集罗列得极其丰繁,这只是研究的初阶,关键还在于不被繁琐芜杂、枝节横生的材料挡住了眼光,以一种具有历史文化穿透力的眼光,穿透繁芜,超越"鬼打墙",直击事物的本真和本质。这要求我们进行切切实实的古典学的语言、语法解码。

那么《论语》编纂、命名的本质和本真何在?这是应该凝聚眼光、集中心力、直击本原的核心问题。于此,必须有两条坐标轴:一条是时间横轴,从刘向、刘歆和《汉书·艺文志》对《论语》的最初界定,到何晏、皇侃、邢昺对《论语》书名的演绎;另一条是意义纵轴,从《论语》本文,揭示孔子及其弟子使用"论"、"语"二字的习惯。二轴交叉点,就是《论语》书名本义的定位。

为此,在论证《论语》生命存在的过程中,必须确立一个工作原则,就是"内证高于外证"的原则。文本内证是最大限度地接近原始性的证据、现身说法的证据,比起旁人评头品足、猜测揣摩、说三道四的所谓"证据"更具有可靠性。佛学有所谓"自身内证诸胜法相",即"建立内证法,及说法相名"①。考据学的内证证心灵,外证证形迹,各有其特殊的价值功能。那么,内证存在于何处呢?存在于《论语》本身,那里蕴含着孔子及其弟子的思维习惯、行为习惯和用语习惯。按照孔子及其弟子的思维、行为、用语习惯,以解释《论语》为何在书名中使用"论"字和"语"字,是能够起到直击本

---

① [元魏]菩提留支译:《入楞伽经》,清康熙九年(1670年)刻本,卷5。

原,避免舍近求远之弊的学术效应的。然后再参照叠压着历代《论语》书名释义的横坐标,于纵横交汇处,确定《论语》书名本义。

在确立"内证高于外证"的原则之后,再来检阅整部《论语》的"语"字和"论"字的分布,当能发现一些在外证上绕圈子难以看见的秘密。今本《论语》全文使用"语"字,有十三章十五字:

> 子语鲁大师乐,曰:"乐其可知也:始作,翕如也;从之,纯如也,缴如也,绎如也,以成。"①(《八佾》篇)

> 子曰:"中人以上,可以语上也;中人以下,不可以语上也。"②(《雍也》篇)

> 子不语怪,力,乱,神。③(《述而》篇)

> 子曰:"语之而不惰者,其回也与?"④(《子罕》篇)

> 子曰:"法语之言,能无从乎?改之为贵!巽与之言,能无说乎?绎之为贵!说而不绎,从而不改,吾末如之何也已矣!"⑤(《子罕》篇)

> 食不语,寝不言。⑥(《乡党》篇)

> 言语:宰我、子贡。⑦(《先进》篇)

> 颜渊问"仁"。子曰:"克己复礼,为仁。一日克己复礼,天下归仁焉。为仁由己,而由仁乎哉?"……颜渊曰:"回虽不敏,请事斯语矣!"⑧(《颜渊》篇)

> 仲弓问"仁"。子曰:"出门如见大宾;使民如承大祭;己所不欲,勿施于人;在邦无怨,在家无怨。"仲弓曰:"雍虽不敏,请事斯语矣!"⑨(《颜渊》篇)

> 叶公语孔子曰:"吾党有直躬者:其父攘羊而子证之。"孔子曰:"吾

① [宋]朱熹撰:《四书章句集注》,北京:中华书局,1983年版,第68页。
② [宋]朱熹撰:《四书章句集注》,北京:中华书局,1983年版,第89页。
③ [宋]朱熹撰:《四书章句集注》,北京:中华书局,1983年版,第98页。
④ [宋]朱熹撰:《四书章句集注》,北京:中华书局,1983年版,第114页。
⑤ [宋]朱熹撰:《四书章句集注》,北京:中华书局,1983年版,第114—115页。
⑥ [宋]朱熹撰:《四书章句集注》,北京:中华书局,1983年版,第120页。
⑦ [宋]朱熹撰:《四书章句集注》,北京:中华书局,1983年版,第123页。
⑧ [宋]朱熹撰:《四书章句集注》,北京:中华书局,1983年版,第131—132页。
⑨ [宋]朱熹撰:《四书章句集注》,北京:中华书局,1983年版,第132—133页。

党之直者异于是：父为子隐，子为父隐，直在其中矣。"①（《子路》篇）

孔子曰："'见善如不及，见不善而探汤'，吾见其人矣，吾闻其语矣！'隐居以求其志，行义以达其道'，吾闻其语矣，未见其人也！"②（《季氏》篇）

子曰："由也，女闻六言六蔽矣乎？"对曰："未也。""居！吾语女：好'仁'不好学，其蔽也'愚'……"③（《阳货》篇）

叔孙武叔语大夫于朝曰："子贡贤于仲尼。"子服景伯以告子贡。子贡曰："譬之宫墙……"④（《子张》篇）

"语"字的意义比较单纯，在这十五个"语"字中，只有《子罕》篇的"法语之言"、《先进》篇的"言语"，与其他文字组合成词，前者如宋人邢昺《论语注疏·子罕篇》疏所说："谓人有过，以礼法正道之言告语之，当时口无不顺从之者。口虽服从，未足可贵，能必自改之，乃为贵耳。"⑤后者如邢昺《论语注疏·先进篇》所说："若用其言语辨说，以为行人，使适四方，则有宰我、子贡二人。"⑥至于其余十三个"语"字，都是应答、对谈、言说的意思，自言为言，与人谈论为语，适与《汉书·艺文志》所谓"孔子应答弟子、时人及弟子相与言而接闻于夫子之语也"⑦，若合符契。只不过最后一条"叔孙武叔语大夫于朝"，应是孔子身后的对话，不能再是"接闻于夫子之语"了。对于《汉书·艺文志》的这种解说，后世也没有多少异议，也就是说，内证证明《汉书·艺文志》的这些解说，是可信的。

进而论之，内证还需外证相配合，以生命解经不能游离以史解经。揆之古史，"语"本是非常古老的一种文体，多记谚语、嘉言。古人训诂多言"论难曰语"、"问难曰语"、"答难曰语"、"相答曰语"，而语体则摘取论难对答之精华。《春秋穀梁传》僖公二年（公元前658年），晋国假道于虞灭虢，

①　[宋]朱熹撰：《四书章句集注》，北京：中华书局，1983年版，第146页。
②　[宋]朱熹撰：《四书章句集注》，北京：中华书局，1983年版，第173页。
③　[宋]朱熹撰：《四书章句集注》，北京：中华书局，1983年版，第178页。
④　[宋]朱熹撰：《四书章句集注》，北京：中华书局，1983年版，第192页。
⑤　[清]阮元校刻：《十三经注疏》（全2册），北京：中华书局，1980年版，第2491页。
⑥　[清]阮元校刻：《十三经注疏》（全2册），北京：中华书局，1980年版，第2498页。
⑦　[汉]班固撰：《汉书》（全12册），北京：中华书局，1962年版，第1717页。

宫之奇谏曰:"语曰:唇亡则齿寒。其斯之谓与。"①这里引述的属于谚语。《礼记·文王世子》说:"语曰'乐正司业,父师司成,一有元良,万国以贞',世子之谓也。"②这里勾勒了王朝世子教育的制度。《荀子·哀公篇》记孔子对鲁哀公问:"语曰:'桓公用其贼,文公用其盗。'故明主任计不信怒,暗主信怒不任计。"③这里总结了用人标准及其历史教训,乃孔子所得见的古《语》。《荀子·尧问篇》记述《语》曰:"缯丘之封人见楚相孙叔敖曰:'吾闻之也:处官久者士妒之,禄厚者民怨之,位尊者君恨之。为相国有此三者而不得罪楚之士民,何也?'孙叔敖曰:'吾三相楚而心愈卑,每益禄而施愈博,位滋尊而礼愈恭,是以不得罪于楚之士民也。'"④这里的《语》记录了楚国名臣政事,并且以精粹的语言对处理政事的姿态及其因果进行评议。显然,楚国已经存在以《语》命名的、记录国事善政的对答性语言之书,荀子晚年任楚兰陵令时得见此类书。

这就印证了《国语·楚语上》记申叔时论傅太子之道时所说:"教之《春秋》,而为之耸善而抑恶焉,以戒劝其心。教之《世》,而为之昭明德而废幽昏焉,以休惧其动。教之《诗》,而为之导广显德,以耀明其志。教之《礼》,使知上下之则。教之《乐》,以疏其秽而镇其浮。教之《令》,使访物官。教之《语》,使明其德,而知先王之务用明德于民也。教之《故志》,使知废兴者而戒惧焉。教之《训典》,使知族类,行比义焉。"⑤这里的太子名审,即楚庄王之子楚共王。在这段对话中,《语》已经与《春秋》、《诗》、《礼》、《乐》等古老典籍一道,被推荐为太子学习的教科书了。申叔时是楚庄王(公元前613—前591年在位)时的大夫,《左传》宣公十一年、十五年,成公二年、十五年、十六年(从公元前598—前575年),都有他的记载;《史记·陈杞世家》及《楚世家》,也有记述。申叔时论傅太子之道,大约在公元前598年至公元前591年,即楚庄王十六年至二十三年之间。以历史编年学推算,在《论语》开始编纂以前一百多年,楚国已经存在着以《语》命名的书了。后来

① [清]阮元校刻:《十三经注疏》(全2册),北京:中华书局,1980年版,第2392页。

② [清]阮元校刻:《十三经注疏》(全2册),北京:中华书局,1980年版,第1407页。

③ [清]王先谦撰,沈啸寰、王星贤点校:《荀子校释》(全2册),北京:中华书局,1988年版,第545页。

④ [清]王先谦撰,沈啸寰、王星贤点校:《荀子校释》(全2册),北京:中华书局,1988年版,第551—552页。

⑤ 上海师范大学古籍整理研究所校点:《国语》,上海:上海古籍出版社,1988年版,第528页。

出现的《国语》,内分《周语》,及《鲁语》、《齐语》、《晋语》、《郑语》、《楚语》、《吴语》、《越语》七国之"语",也可能是以列国之《语》为原始材料的汇编,不必如王充《论衡·案书篇》所云:"《国语》,《左氏》之外传也。左氏传经,辞语尚略,故复选录《国语》之辞以实。然则《左氏》、《国语》,世儒之实书也。"①其余如《管子·短语》、陆贾《新语》及后世的《世说新语》,都是以"语"为文体形式。孔门七十子及后学借用了这种"语"的文体,只不过那是经过"论"的一种新形态的"语"而已。

既然"论"是在"语"的文体形式上新增的文体标志,那么关键点就在"论"字上。然而千百年来,问题就出在"论"字的解释上。关键点出了问题,问题就大了,因此必须启用定位坐标系,返回内证。检阅今本《论语》全文,其中共有两次使用"论"字。一是《先进》篇说:"论笃是与。"朱熹集注解释为"言论笃实"②,如果按照这个解释,就和"语"字的解释有所重叠。二是《宪问》篇记述孔子的话时使用的"论"字:"为命:裨谌草创之,世叔讨论之,行人子羽修饰之,东里子产润色之。"③这里的"论"字,与"讨"字组合成词,很值得注意。郑国的子产,是孔子推崇的一位先贤,他处理郑国政务的方式,可以参看《左传》襄公三十一年(公元前542年)的这段话:"子产之从政也,择能而使之,冯简子能断大事,子太叔美秀而文,公孙挥能知四国之为,而辨于大夫之族姓、班位、贵贱、能否,而又善为辞令。裨谌能谋,谋于野则获,谋于邑则否。郑国将有诸侯之事,子产乃问四国之为于子羽,且使多为辞令,与裨谌乘以适野,使谋可否,而告冯简子使断之。事成,乃授子太叔行之,以应对宾客,是以鲜有败事。北宫文子所谓有礼也。"④加上子产的其他言行,"仲尼闻是语也,曰'以是观之,人谓子产不仁,吾不信也'"⑤。然而《左传》这则记载,侧重于子产处理政事、外交,能够集思广益;与《论语》孔子言,侧重子产制作外交文件,有一条集中群体智慧的程序,反映着不同的关注点。

子产是比孔子年长三十岁左右的郑国贤臣。我们虽然不必尽信《史

①　黄晖撰:《论衡校释》(全4册),北京:中华书局,1990年版,第1165—1166页。
②　[宋]朱熹撰:《四书章句集注》,北京:中华书局,1983年版,第128页。
③　[宋]朱熹撰:《四书章句集注》,北京:中华书局,1983年版,第150页。
④　杨伯峻编著:《春秋左传注》(全4册),北京:中华书局,1990年版,第1191页。
⑤　杨伯峻编著:《春秋左传注》(全4册),北京:中华书局,1990年版,第1192页。

记·郑世家》之所谓"孔子尝过郑,与子产如兄弟云"①,太史公加了一个
"云"字,亦未尽信。又云"及闻子产死,孔子为泣曰:'古之遗爱也。'兄事子
产"②,则是可信的。这则记载也见于《左传·鲁昭公二十年》:"及子产卒,
仲尼闻之,出涕曰:'古之遗爱也。'"③这一年孔子三十岁,他神交子产,视
之若师长。《论语》没有记录此事,也没有叙述子产为政任用贤能的一般情
形,而是专门以孔子之口,推许在子产的统筹下,几位有才能的郑国大夫合
作撰写外交盟会辞令的程序,分别对辞令进行草创、讨论、修饰、润色。这
种命题的选择和转移,实在意味深长,不应轻易略过。这是孔子赞许的著
述编纂的理想形态,是他特别推许的"论纂模式"。既然其弟子记录在案,
在编纂《论语》时,岂可不遵从这种以"论"为中心的草创、讨论、修饰、润色
的工作程序? 孔子交待了如此编纂模式,弟子如此记录这个模式,这就使
《论语》的编纂程序有了师门传承的依据。《论语》书名之"论"字之本义,当
以此为准,这与《汉书·艺文志》所谓"辑而论纂"相契合,纵横坐标交汇于
此。"辑而论纂"的工作方式,乃是弟子遵从夫子遗训的编纂行为。对此内
证熟视无睹,轻易放过二千年,不能不令人诧异。

　　进而言之,《论语》内证所呈现的孔门用语习惯,在"六经"及七十子后
学的用语中也不乏旁证。"论"在许多情形中,均有讨论、议论、论撰、论说
和决断之义。《尚书·周官》:"论道经邦,燮理阴阳。"④宋蔡沈集传云:"论
者,讲明之谓。"⑤《礼记·祭统》:"铭者,论撰其先祖之有德善,功烈、勋劳、
庆赏、声名,列于天下,而酌之祭器,自成其名焉,以祀其先祖者也。"⑥孔颖
达疏曰:"论,谓论说;撰,则譔录。言子孙为铭论说、撰录其先祖道德善
事。"⑦《礼记·王制》:"凡官民材,必先论之。论辨,然后使之。"⑧郑玄注:
"论,谓考其德行道艺。辨,谓考问得其定也。《易》曰:'问以辨之。'"⑨孔

①　[汉]司马迁撰:《史记》(全10册),北京:中华书局,1959年版,第1775页。
②　[汉]司马迁撰:《史记》(全10册),北京:中华书局,1959年版,第1775页。
③　杨伯峻编著:《春秋左传注》(全4册),北京:中华书局,1990年版,第1422页。
④　[汉]孔安国:《尚书注疏》,清嘉庆二十年(1815年)南昌府学重刊宋本十三经注疏本,卷
18。
⑤　[宋]蔡沈:《书经集传》,文渊阁《四库全书》本,卷6。
⑥　[清]阮元校刻:《十三经注疏》(全2册),北京:中华书局,1980年版,第1606页。
⑦　[清]阮元校刻:《十三经注疏》(全2册),北京:中华书局,1980年版,第1607页。
⑧　[清]阮元校刻:《十三经注疏》(全2册),北京:中华书局,1980年版,第1327页。
⑨　[清]阮元校刻:《十三经注疏》(全2册),北京:中华书局,1980年版,第1327页。

颖达疏曰:"谓官其人,必先论量德行道艺。今论量考问,事已分辨,得其定实。"①这里的"论",是论辨考量之义。《大戴礼记·保傅》"天子不论先圣王之德,不知国君畜民之道"②云云,王聘珍解诂曰:"论,谓讨论。"③即便到了战国晚期,《荀子·儒效》也使用此本义:"人有师有法,而知则速通,勇则速威,云能则速成,察则速尽,辨则速论。"④王念孙《读书杂志》云:"论,决也,言辨事则速决也。《后汉书·陈宠传》'季秋论囚',注云:'论,决也。'"⑤此处文义,是论辨裁决。《说文·言部》如此解释"论"之本义:"论,议也。从言,仑声。"⑥段玉裁注尤其从声调上做文章:"凡言语循其理、得其宜,谓之论,故孔门师弟子之言谓之《论语》。皇侃依俗分去声、平声异其解,不知古无异义,亦无平去之别也。"⑦即是说,在上古之世,"论"的平声、去声,并没有因意义差异而发生分别,这也是值得注意的。

　　经过系统的古典学之语义、语法上的搜索和解码,再回过头来看《汉志》所谓"辑而论纂",就可以细读出其间包含着三个程序:一是"辑",搜集众弟子忆述材料。《尚书·舜典》"辑五瑞",孔颖达疏:"《释言》云:辑,合也。辑是合聚之义,故为敛也。"⑧《汉书·艺文志》"故有辑略",颜师古注:"辑与集同,谓诸书之总要。"⑨以此,辑就是收集汇总的意思。二是"论",讨论搜集来的庞杂材料的价值,以资取舍。不难设想,孔门弟子人数众多,回忆材料五花八门,记录水平参差不齐,不加讨论而汇编成书,会成乱草一堆。《荀子·法行篇》云:"南郭惠子问于子贡曰:'夫子之门,何其杂也?'子贡曰:'君子正身以俟,欲来者不距,欲去者不止。且夫良医之门多病人,隐栝之侧多枉木,是以杂也。'"⑩夫子生前对于门人之"枉木",常以"隐栝"加

　　① [清]阮元校刻:《十三经注疏》(全2册),北京:中华书局,1980年版,第1327页。
　　② [清]王聘珍撰,王文锦点校:《大戴礼记解诂》,北京:中华书局,1983年版,第56页。
　　③ [清]王聘珍撰,王文锦点校:《大戴礼记解诂》,北京:中华书局,1983年版,第56页。
　　④ [清]王先谦撰,沈啸寰、王星贤点校:《荀子校释》(全2册),北京:中华书局,1988年版,第143页。
　　⑤ [清]王念孙:《读书杂志》(中)之第10册《荀子第二》,北京:中国书店,1985年版,第106页。
　　⑥ [汉]许慎撰:《说文解字(附检字)》,北京:中华书局,1963年版,第52页。
　　⑦ [汉]许慎撰,[清]段玉裁注:《说文解字注》,上海:上海古籍出版社,1981年版,第184页。
　　⑧ [清]阮元校刻:《十三经注疏》(全2册),北京:中华书局,1980年版,第127页。
　　⑨ [汉]班固撰:《汉书》(全12册),北京:中华书局,1962年版,第1702页。
　　⑩ [清]王先谦撰,沈啸寰、王星贤点校:《荀子校释》(全2册),北京:中华书局,1988年版,第536—537页。

以矫直;弟子在夫子卒后编《论语》,岂能对众弟子汇总的曲直间杂的忆述材料不作讨论矫直? 因此,"论"的程序,是《论语》成书的关键。所要讨论者,在于搜集上来的回忆材料是否符合孔子的原意,是否有助于模塑圣贤的形象,是否有助于孔学道统的建立。三是"纂",此字本是红色带子,如《说文》云"纂,似组而赤"①。又有纂集言论、有所述作的意思,如韩愈《进学解》:"记事者必提其要,纂言者必钩其玄。"②还有纂论一词,意思是集议,《荀子·君道》云:"尚贤使能则民知方,纂论公察则民不疑。"③后世又把编纂书籍的主编者称为纂修。既然已经搜集、已经讨论,为何还有以"纂"字把搜集、讨论再强调一次呢? 因为讨论取舍之后,成书之前,还要确定体例,论明宗旨,构造框架,润色文字,然后才可能出现醇厚多味的著述,才能用红带子把竹简编起来。这乃是从内证材料的纵轴与外证材料的横轴,重现中国古典学的语义、语法形态,交叉衡定的《论语》编纂方式。

综合以上以史解经的长时段追踪,尤其是返回内证的以生命解经就可明白,《论语》不直接用孔子命名,而是专门择取"论"、"语"二字组合命名,隐括着其编纂内容和形式形成的程序,在发生学上的文化内涵甚是深刻。《论语》命名,意味着集合与孔子言论行为相关的弟子的回忆和记录,然后讨论其价值上的轻重、正偏、是非、信否,而加以条理化和润色编纂,这就是《汉书·艺文志》所说的"辑而论纂"的全部真实的含义。其中最要紧的是讨论辨析之环节,忽视这个环节,难以解释《论语》为何编纂成如此模样,及其内在的逻辑和体例。这种编纂方式的原创性,附带催生了一种名为"论"的文体,以致《文心雕龙·论说篇》也看到了《论语》的文体是"语"中有"论",推之为论说体之祖:"论者伦也,伦理无爽,则圣意不坠。昔仲尼微言,门人追忆,故仰其经目,称为《论语》。盖群论立名,始于兹矣。自《论语》已前,经无'论'字;《六韬》二论,后人追题乎!"④尽管开头的"论者伦也,伦理无爽",还留有游离《论语》编纂之实际的痕迹,但它在文体史上标示《论语》为"盖群论立名,始于兹矣",却是触及"论"体文章的枢要,揭示了

① [汉]许慎撰:《说文解字(附检字)》,北京:中华书局,1963年版,274页。

② [唐]韩愈撰,马其昶校注、马茂元整理:《韩昌黎文集校注》,上海:上海古籍出版社,1986年版,第45页。

③ [清]王先谦撰,沈啸寰、王星贤点校:《荀子校释》(全2册),北京:中华书局,1988年版,第238页。

④ [梁]刘勰著,范文澜注:《文心雕龙注》,北京:人民文学出版社,1958年版,第326页。

孔门弟子用了一个"论"字,标示夫子言行录,独辟新境,为中国文化敞开了一片具有理论光彩的文体空间。章学诚《文史通义》云:"论说之文,其原出于《论语》。"①谭嗣同《报章文体说》疏别天下文章体例为十种,更从论说类型及功能上作发挥:"论说者,阐扬纪志之奥赜,而精其理,指其事者也。谟训诰命之书,《公羊》、《穀梁》之传,《周易》、《论语》、《孟子》、《孝经》与《礼记》之言礼意者,及《诗》、《书》之序,及诸子、佛经、道书,西人论学、论政、论教之书,及奏议、檄移、书札、序述、驳辨、考解、释议、铭赞、箴颂咸隶焉。"②这实际上是将编纂过程的讨论环节,引申转化为论说文体了。但其论辨之义依然一脉相承。只不过《论语》本身的意义远大于文体创造,对于中国人,它是思想方式、社会行为方式、精神修养方式的创造。编纂本身蕴含着深刻的哲学问题。

---

① 〔清〕章学诚著,叶瑛校注:《文史通义校注》(全 2 册),北京:中华书局,1985 年版,第 791 页。
② 蔡尚思、方行编:《谭嗣同全集》(全 2 册),北京:中华书局,1981 年版,第 376 页。

三章　以礼解经及《论语》编纂的
最初启动

　　既然《论语》编纂方式，秉承孔子遗教，书名经由七十子选定，那么《论语》最初的编纂，应该始于孔子初卒、众弟子在墓前筑庐守心孝的鲁哀公十六年（公元前479年）乎？应该看到，几近一万六千字规模的《论语》，在春秋战国之际，已是一个巨大的非官方的著述编纂工程。几乎同时而略早的《老子》、《孙子兵法》，只是五六千字，《论语》的篇幅超过了与之形成鼎足三立的另两部书的总和。编纂如此一部大书，存在着它必然会编纂的历史契机和心理契机，这是我们以史解经、以礼解经、以生命解经的极好典型。

　　对这种历史契机、心理契机进行把握，至有现场感的方法，就是透过礼制来考察七十子的行为方式。有如孔子所云"夫礼，先王以承天之道，以治人之情，故失之者死、得之者生"①，在孔子时代，礼是贯通天道、人情而渗透于人的思想行为方式的具有制约性的规范，不知礼，不足以称"彬彬君子之儒"。维护礼，就是在文化平民化的过程中，维护一种文明的贵族的气质，回归古典教养，以别于野蛮人。孔子是殷商苗裔，又是鲁人，晚年曾谓门弟子曰"夫鲁，坟墓所处，父母之国"②，但他临终还是自称"殷人也"，如此作出国族身份的确认。《礼记·檀弓上》记下孔子的临终交待，夫子曰："赐，尔来何迟也？夏后氏殡于东阶之上，则犹在阼也。殷人殡于两楹之间，则与宾主夹之也。周人殡于西阶之上，则犹宾之也。而丘也，殷人也。予畴昔之夜，梦坐奠于两楹之间。夫明王不兴，而天下其孰能宗予，予殆将死也。"③既然孔子有此明确的交待，那么众弟子必须按照殷礼处理其丧事，方能达到孔子所云"生，事之以礼；死，葬之以礼，祭之以礼"④的为孝标准。而且孔子生前，就向弟子演示过殷人的丧礼。《孔子家语·曲礼子贡

---

① [清]阮元校刻：《十三经注疏》（全2册），北京：中华书局，1980年版，第1414页。
② [汉]司马迁撰：《史记》（全10册），北京：中华书局，1959年版，第2197页。
③ [清]阮元校刻：《十三经注疏》（全2册），北京：中华书局，1980年版，第1283页。
④ [清]阮元校刻：《十三经注疏》（全2册），北京：中华书局，1980年版，第2462页。

问》记载:"孔子在卫,司徒敬子卒,夫子吊焉。主人不哀,夫子哭不尽声而退。璩伯玉请曰:'卫鄙俗,不习丧礼。烦吾子辱相焉。'孔子许之。掘中霤而浴,毁灶而缀足,袭于床。及葬,毁宗而躐行,出于大门。及墓,男子西面,妇人东面,既封而归。殷道也,孔子行之。"①孔子对殷人丧礼的示范,还被弟子作为通则记述,后录入《礼记·檀弓上》:"幼名,冠字,五十以伯仲,死谥,周道也。经也者,实也。掘中霤而浴,毁灶以缀足,及葬,毁宗躐行,出于大门,殷道也。学者行之(郑玄注:学于孔子者行之,傚殷礼。)""孔子之丧,二三子皆经而出。群居则经,出则否。"②所遵行的,就是殷人治丧礼仪。

尽管其时有"经礼三百,曲礼三千"之说,公西赤又受过孔子"二三子之欲学宾客之礼者,其于赤也"③的称赞,而且《礼记·檀弓上》记载"孔子之丧,公西赤为志焉,饰棺墙、置翣、设披,周也;设崇,殷也;绸练、设旐,夏也"④,兼用夏、商、周三代之礼。但"孔子善殷"⑤,《孟子》引古《志》有云"丧祭从先祖"⑥,在其丧礼上众弟子必须遵循殷人先祖之礼制。返本还原的研究,也须按照"以礼解经"的原则,从众弟子以殷礼安排夫子丧事的角度,方能把握《论语》启动最初编纂的历史契机和心理契机。

就历史契机而言,孔子初丧,众弟子庐墓守心孝三年,如此大规模聚首可能是最后一次,时间不短,机会难逢。他们的庐墓守心孝,就是遵循孔子为殷人的古制。顾炎武《日知录》卷十五云:"太甲之书曰:'王徂桐宫居忧',此古人庐墓之始。《曾子问》:'宗子去在他国,他国庶子无爵而居者,可以祭乎?'孔子曰:'祭哉!'请问其祭如之何,孔子曰:'向墓而为坛,以时祭。若宗子死,告于墓而后祭于家。'此古人祭墓之始。"⑦《孔丛子·论书篇》又记述:"《书》曰:'其在祖甲,不义惟王。'公西赤曰:'闻诸晏子:汤及太甲、武丁、祖乙,天下之大君。夫太甲为王,居丧行不义,同称大君,何也?'

---

① 王国轩、王秀梅译注:《孔子家语·曲礼子贡问》,中华书局 2011 年版,第 504 页。

② [清]阮元校刻:《礼记·檀弓上》,《十三经注疏》,第 1285—1286 页。

③ 王国轩、王秀梅译注:《孔子家语》,北京:中华书局,2011 年版,第 142 页。

④ [清]阮元校刻:《十三经注疏》(全 2 册),北京:中华书局,1980 年版,第 1284 页。

⑤ [清]阮元校刻:《十三经注疏》(全 2 册),北京:中华书局,1980 年版,第 1302 页。

⑥ [宋]朱熹撰:《四书章句集注》,北京:中华书局,1983 年版,第 252—253 页。

⑦ [清]顾炎武著,[清]黄汝成集释,秦克诚点校:《日知录集释》,长沙:岳麓书社,1994 年版,第 541—542 页。

孔子曰：'君子之于人，计功而除过。太甲即位，不明居丧之礼，而干冢宰之政，伊尹放之于桐，忧思三年，追悔前愆，起而复位，谓之明王。以此观之，虽四于三王，不亦可乎？'"①虽然《竹书纪年》记载："（大甲）七年，王潜出自桐，杀伊尹，天大雾三日，乃立其子伊陟、伊奋，命复其父之田宅而中分之。"②但这是三晋史官的记述，与儒家记述的上古史大相径庭。儒者宁可相信，"如舜囚尧，伊尹自立，太甲杀伊尹等，最为害理。沈约谓后人窜入，非汲冢本文"③。从而认为如此解释，才是正解："汤孙大甲骄蹇乱德，诸侯有叛志，伊尹放之桐宫，令自思过，三年而复成汤之道。"④在儒家历史观下，桐宫乃是殷人先祖庐墓守孝地。《太平御览》卷八十三引《帝王（世）纪》曰："桐宫，盖殷之墓地，有离宫可居，在邺西南。"⑤桐宫（今河南偃师市西）既是殷之墓地，乃汤墓所在，太甲之父太丁也应葬于此墓地。明人陈宏绪《寒夜录》就认为："太甲，王徂桐宫居忧者，居仲壬之忧也。桐宫，成汤陵墓之地，必仲壬附葬于桐，故伊尹有营宫之谋。序云：太甲既立，不明，伊尹放诸桐三年，复归于亳。"⑥太甲于桐宫居丧，即庐墓守丧也。从孔子与精通礼仪的弟子公西赤谈论伊尹放太甲于桐，忧思三年来看，可知孔子生前就关注过、并为弟子解释过殷人丧礼的庐墓方式。因而孔子丧后，众弟子必然遵循此殷礼，为夫子庐墓守心孝。以庐墓的方式为孔子集体守心孝，或者就出于子贡、公西赤的提议。

依礼守孝，既是夫子的遗训，又是众弟子习礼的极好场合。庐墓守心孝期间，众弟子难免隐隐地感觉到，同门之间已经潜伏着思想上和行藏上分道扬镳的若干因素，因而合力编辑一部夫子追思录或言行录，诚可作为维系孔子与众弟子作为一个文化共同体的精神纽带。任何一个设身处地、感受到当时孔门情态的人，恐怕都会明白此事之重大而必要。陆德明《经典释文》是体察到这种历史契机的，他认为："夫子既终，微言已绝，弟子恐

---

①　傅亚庶撰：《孔丛子校释》（《新编诸子集成续编》），北京：中华书局，2011年版，第21页。

②　王国维：《古本竹书纪年辑校今本竹书纪年疏证》，沈阳：辽宁教育出版社，1997年版，第64页。

③　[清]李慈铭：《越缦堂读书记》，上海：上海书店，2000年版，第379页。

④　[清]阮元校刻：《十三经注疏》（全2册），北京：中华书局，1980年版，第2220页。

⑤　[宋]李昉等编：《太平御览》，《四部丛刊》三编影宋本，卷83皇王部8。

⑥　[明]陈宏绪撰：《寒灯录》卷下，[清]曹溶辑、[清]陶越增订《学海类编》第90册，上海涵芬楼据六安晁氏本活字本，1920年。

离居已后各生异见,而圣言永灭,故相与论撰,因时贤及古明王之语,合成一法,谓之《论语》。"①既然《汉书·艺文志》说"夫子既卒,门人相与辑而论纂"②,此处又说"夫子既终,……相与论撰",那么《论语》编纂之启动,就不会离孔子逝世时日太远,甚至只能是为夫子庐墓守心孝三年之时启动。不然,岂能用"既卒"、"既终"这种措辞?而且其书之编集和命名,很可能被孔门弟子视为庄重的典礼,绝非随意为之之举。

其次,是浓得几乎化不开的心理契机。不难推想,大批弟子在孔子墓前筑庐守心孝三年,在这不是三月、或三日的不算短的时间里,会形成一种群体守孝、情绪互相感染凝聚的肃穆而悲痛的心理场域。弟子中不乏礼仪高手,安排众人于丧葬、斋戒、祭祀等礼仪的程序,也许有"先撞钟,是金声之也。乐终击磬,是玉振之也"③之类的仪式,营造着一种何等庄严肃穆的场面。众人每日每时追怀夫子音容笑貌,心情沉重,内心深处总在呼唤着什么。据文献记载,他们办理丧礼,常言"吾闻诸夫子"、"尚行夫子之志",痛感"泰山其颓,则吾将安仰?梁木其坏,则吾将安杖?哲人其萎,吾将安放?"④此时若有人倡言忆述夫子,留下对夫子永恒的记忆,当会深获众心。因而不难设想,他们不时举行一些追思活动,推动众人回忆、记录夫子言行的共识形成,回忆、记录渐丰,就可能产生编纂纪念集的动议。

于此启动以礼制规范,解释《论语》编纂的精神契机的学术方法,是相当必要、合适而有效的。比如孔子留下一个重视祭祀的规矩,祭祀可能成为七十子追思先师的肃穆庄重的仪式。《论语·尧曰篇》孔子曰:"所重民、食、丧、祭。"⑤《礼记·祭统》说:"凡治人之道,莫急于礼,礼有五经,莫重于祭。夫祭者,非物自外至者也,自中出生于心也。心怵而奉之以礼,是故唯贤者能尽祭之义。……祭者教之本也。"⑥既是"莫重于祭",将祭祀置于首重的地位;又要使祭祀"自中出生于心",出自诚敬的内心深处。《礼记·祭义》又述及祭祀之前的斋戒及祭祀中的心理情态,认为:"斋之日,思其居

---

① ［唐］陆德明撰,黄焯断句:《经典释文》,北京:中华书局,1983 年版,第 15 页。
② ［汉］班固撰:《汉书》(全 12 册),北京:中华书局,1962 年版,第 1717 页。
③ ［宋］黎靖德编,王星贤点校:《朱子语类》(全 8 册),北京:中华书局,1986 年版,第 1368—1369 页。
④ 王国轩、王秀梅译注:《孔子家语》,北京:中华书局,2011 年版,第 449—454 页。
⑤ ［宋］朱熹撰:《四书章句集注》,北京:中华书局,1983 年版,第 194 页。
⑥ ［清］阮元校刻:《十三经注疏》(全 2 册),北京:中华书局,1980 年版,第 1602—1604 页。

处,思其笑语,思其志意,思其所乐,思其所嗜。斋三日,乃见其所为斋者。祭之日,入室,僾然必有见乎其位。周旋出户,肃然必有闻乎其容声。出户而听,忾然必有闻乎其叹息之声。"①《礼记·玉藻》又说:"凡祭,容貌颜色,如见所祭者。"②这就是说,通过礼仪程序,不断地追思亡人的音容笑貌、志趣言行,达到了《论语·八佾篇》所说的"祭如在,祭神如神在"③的精神效应。这是孔门独具的超越生死阻隔的精神对话方式。这正是形成了众弟子如闻其声、如睹其人地回忆孔子生前言行的极好心理契机,也就是《论语》大量忆述材料涌现的心理契机。从心理发生学的意义上说,《论语》编纂的启动,是七十子庐墓守心孝而祭祀的精神结晶。

那种认为众弟子似一盘散沙,庐墓守心孝时只是随意记录回忆片段,并无汇总编集,以致在不知多少年后由某门某派几位后学搜集编撰的说法,很难说对于众弟子视师如父,"三年无改于父之道,可谓孝矣"④的心理状态,具有"同情的理解"。既然讲求"三年无改于父之道"⑤,岂能任凭"三年无忆述师之道"? 若此,岂配称孔子之徒? 子思作《坊记》,专门援引《论语》曰:"三年无改父之道,可谓孝矣。"⑥就是由于孔子此言触及了庐墓守心孝诸弟子启动《论语》编纂的精神契机。

《论语》二十篇,记述孔子之言以周游列国及晚年居鲁时最多,就是因为此段时间弟子随行和在身边论学最频繁。居丧追思,忆述最是真切。他们发起编撰追思孔子之语的手册时,当然也不会忘记孔子倡导过的著名的"正名说",郑重讨论追思集的命名。兹事体大,按照孔门"公事不私议"⑦的要求,以及"事师无犯无隐"⑧的规矩,七十子之徒在守心丧三年期间,不排除在孔子灵堂或坟墓前祭祀之时,启动某种命名仪式,告明撰修大书对夫子于义"无犯",于事"无隐"。《论语》之所以称"论语",而不称"孔子",就是由于书名在启动编纂时,就选择了"经过论定的夫子之《语》"之义,而不

---

① 〔清〕阮元校刻:《十三经注疏》(全2册),北京:中华书局,1980年版,第1592页。
② 〔清〕阮元校刻:《十三经注疏》(全2册),北京:中华书局,1980年版,第1485页。
③ 〔宋〕朱熹撰:《四书章句集注》,北京:中华书局,1983年版,第64页。
④ 〔宋〕朱熹撰:《四书章句集注》,北京:中华书局,1983年版,第51页。
⑤ 〔宋〕朱熹撰:《四书章句集注》,北京:中华书局,1983年版,第73页。
⑥ 〔清〕阮元校刻:《十三经注疏》(全2册),北京:中华书局,1980年版,第1620页。
⑦ 〔清〕阮元校刻:《十三经注疏》(全2册),北京:中华书局,1980年版,第1258页。
⑧ 〔清〕阮元校刻:《十三经注疏》(全2册),北京:中华书局,1980年版,第1274页。

像其他某些子书那样,是战国略晚或两汉时期,将某个学者或某个学派的竹简汇总编集,而以学者或宗师的姓氏进行命名。

考虑到当时回忆不可能不踊跃,记录材料也就日见丰厚,七十子中一些有识之士就会发现,将出诸众手的大量回忆材料,变成对得起尸骨未寒的先师的万言以上的言行录,没有一个论辨裁汰、修改润色的程序,是难以保证质量、弘扬儒学之道的。起码有四个原因促使他们作如此想:

其一是材料过多。虽然所谓孔门"弟子三千、贤人七十"不可能聚合齐全,但是众多弟子回忆记录的材料定然不少,而且还有源源不绝汇来的趋势。有所谓"著于简策,可配祀典",却由于当时出书材料(简帛)价值昂贵,字数必须有个限定,加以论衡辨析而取舍选择,也就势在必行。今存《论语》涉及有姓名的弟子,只有近三十人,与论定取舍不无关系。如南朝梁皇侃《论语义疏叙》所云:"《论语》之书,包于五代二帝三王,自尧至周,凡一百四十人,而孔子弟子不在其数;孔子弟子有二十七人,见于《论语》也;而《古史考》则云三十人,谓林放、澹台灭明、阳虎亦是弟子数也。"[①]《论语·崇爵谶》提到"六十四人",当是庐墓守心孝的弟子人数,而姓名见于《论语》者不足三十人,可见编纂时取舍选择之严。

其二是书写过杂。弟子"各有所记",素质不同,水平不齐,观点难免殊异,甚至抵牾,虽然可以有无互补,相得益彰,但也可能同事异记,传闻异词。因而必须采取当年夫子面对各种版本的所谓"古者《诗》三千余篇"[②],"去其重,取其可施于礼义"[③]者,删定为《诗三百》的方法,设定标准,严加取舍审改,才可以成为一部宗旨和文体统一的灿然可观的书。孔子整理六艺的传统,必须遵循沿用。不然,就是可能是乱草一堆,难以避免吞下"言之无文,行而不远"的苦果。

比如,以史源学追溯孔子以"松柏后凋"比喻和激励节操的言论之源头,就可以发现,《庄子·让王篇》记载:"孔子穷于陈蔡之间,七日不火食,藜羹不糁,颜色甚惫,而弦歌于室。颜回择菜,子路、子贡相与言曰:'夫子再逐于鲁,削迹于卫,伐树于宋,穷于商周,围于陈蔡,杀夫子者无罪,藉夫子者无禁。弦歌鼓琴,未尝绝音,君子之无耻也若此乎?'颜回无以应,入告

①　[清]严可均辑:《全梁文》,北京:商务印书馆,1999年版,第725页。
②　[汉]司马迁撰:《史记》(全10册),北京:中华书局,1959年版,第1936页。
③　[汉]司马迁撰:《史记》(全10册),北京:中华书局,1959年版,第1936页。

孔子。孔子推琴，喟然而叹曰：'由与赐，细人也。召而来，吾语之。'子路、子贡入。子路曰：'如此者，可谓穷矣。'孔子曰：'是何言也！君子通于道谓之通，穷于道谓之穷。今丘抱仁义之道以遭乱世之患，其何穷之为？故内省而不穷于道，临难而不失其德。天寒既至，霜雪既降，吾是以知松柏之茂也。陈蔡之隘，于丘其幸乎！'"①这则记载应是源自跟从孔子周游列国的弟子的忆述，而为《庄子》进行有限度的采录，并加上"君子之无耻也若此乎"一类嘲讽语。此事发生在鲁哀公六年（公元前489年），孔子六十四岁。《吕氏春秋·孝行览》得见此材料，因而也记载为"孔子穷于陈、蔡之间，七日不尝食，藜羹不糁"②。而孔子也对子路、子贡说："临难而不失其德，大寒既至，霜雪既降，吾是以知松柏之茂也。"③《淮南子·俶真训》又摘取同类材料，另行立说："夫大寒至，霜雪降，然后知松柏之茂也。据难履危，利害陈于前，然后知圣人之不失道也。"④但是，原始忆述在编入《论语·子罕篇》时，作了删节、改动和润色，成为："子曰：岁寒然后知松柏之后凋也。"⑤孔子精通于《诗》，他说话时，也许以断章取义的方式，摘取《诗·小雅·天保》"如松柏之茂，无不尔或承"⑥中语，因为孔子一行厄于陈蔡，大概在夏秋之际。但《论语》编纂时将孔子之言润色得更加精粹警拔了。可见编纂者秉承《左传》中的"仲尼曰：言以足志，文以足言。不言，谁知其志？言之无文，行而不远"⑦的告诫，在编纂忆述仲尼之书时，严格恪守了。

其三是须统一标准。在众弟子可能"各生异见"的情形下，选择取舍必须拟议出一个众所认可、切实可行的共同标准，比如必须展现"真孔子"之类，以便门人弟子回忆采录之时，不至于随意敷衍，五花八门。而且在材料渐丰的时候，又须根据具体问题，对原有的标准进行适当的调整和完善。《论语》未载孔子"之杞"、"之宋"探访古国文献，未载孔子适周问礼于老子，未载子贡受孔子派遣，进行存鲁乱齐，并导致吴亡、越霸、晋强的穿梭游说，并非这些言行不存在，而是由于一者没有随行弟子的忆述，二者有所忆述

---

① ［清］王先谦撰，沈啸寰点校：《庄子集解》，北京：中华书局，1987年版，第257页。
② 许维遹撰，梁运华整理：《吕氏春秋集释》（全2册），北京：中华书局，2009年版，第338页。
③ 许维遹撰，梁运华整理：《吕氏春秋集释》（全2册），北京：中华书局，2009年版，第339页。
④ ［西汉］刘安等编：《淮南子》（《诸子集成》七），北京：中华书局，1954年版，第22页。
⑤ ［清］阮元校刻：《十三经注疏》（全2册），北京：中华书局，1980年版，第2491页。
⑥ ［清］阮元校刻：《十三经注疏》（全2册），北京：中华书局，1980年版，第412页。
⑦ 杨伯峻编著：《春秋左传注》（全4册），北京：中华书局，1990年版，第1106页。

而未被编纂主持者采用。这种取舍有利于突出颜回、仲弓、有子、曾子,有利于道统的纯正。不难理解,有一个统一的标准很关键,唯此方能从各个角度进行聚光,既充分显示夫子的圣人智慧,又兼顾相关弟子的贤人形象。

其四是须遵循统一的体例。开始著述编纂时,应该有一个众所遵循的条例。比如,《论语》更像语录体、对话体,对于言谈背景少有交待,因而不像《尚书》、《春秋》那样的历史记言记事体裁,就是受到了统一体例规整的缘故。当然体例也要有所变通,不能过分刻板。孔子于鲁哀公十一年(公元前484年)由卫返鲁之初,哀公、季康子频繁向他问政。上海博物馆所藏战国楚竹书中,有季康子问孔子:"君子之从事于民,以何为大务?"孔子曰:"仁之以德,此君子之大务也。"并引用齐管仲、晋赵衰、鲁臧文仲之言,证明"贤人大于邦,而有劬心"的政治原则①。在竹书今存的669字中,季康子与孔子之间的七问七答,交谈是相当热络和坦诚的。但《论语》按自身的体例,录入孔子、季康子对话,就省去了背景和交谈的过程,压缩成精练的寥寥数语,如《为政篇》:"季康子问:'使民敬、忠以勤,如之何?'子曰:'临之以庄,则敬;孝慈,则忠;举善而教不能,则劝。'"②原有的编纂体例在历次修订中,要不断修改、增添、整合,使每个篇章各有所宜,各得其所,在综合成为全书的总体例时,又能达到浑然一体、呼应互动、甚至有内在的一以贯之的意义脉络的高水准。而所有这些精心编纂《论语》的体例,都是遵从夫子整理经籍之范式,以一片真诚加以实施。

---

① 马承源主编:《上海博物馆藏战国楚竹书》(五),上海:上海古籍出版社,2005年版,第200—235页。
② [宋]朱熹撰:《四书章句集注》,北京:中华书局,1983年版,第58页。

四章　篇章政治学及有若时期的编纂

把握住《论语》成书过程中"论"这个关键,把握住《论语》编纂过程中并非零价值的"语论互动"的工作方式,我们就可以进入《论语》篇章学的内在脉络,并从篇章脉络隐含的生命痕迹中,进行以生命解经,透视《论语》在春秋战国之交的五十年间多次编纂、增益、改动的秘密了。探寻《论语》蕴含的生命密码,相对可靠的方法是从《论语》篇章结构出发进行深入细致的"以意逆志"的回溯。因为《论语》在春秋战国之际编成,经四百年传承后在汉代形成定本,其传承方式是在不同地域群体中虽然难免传闻异辞,却总是对篇章字句尽量恪守所闻,这是尊重道统承传使然。如《四库全书总目提要》经部总叙云:"自汉京以后,垂二千年。儒者沿波,学凡六变。其初专门授受,递禀师承。非惟训诂相传,莫敢同异。即篇章字句,亦恪守所闻。其学笃实谨严,及其弊也拘。"①可见深入篇、章、字、句四法,乃是经学启动之基。《论语》篇章在恪守所闻、笃实谨严的传承中,保留着许多原初信息,唯有进行文本研究或篇章研究,才能找到直抵《论语》本源的依据。

在对《论语》进行篇章解密之前,需要补充说明,篇章成"学",虽然为时甚晚,但著述讲求篇章体制,则是自有著述,就不能绕过的理路及门槛。儒者重秩序,也重篇章秩序,与道家的海阔天空、思入玄妙迥异其趣,这一点在孔子身上体现得非常充分。在整理修定六艺(六经)过程中,孔子为篇章范式的苦心经营,作了历史里程碑式的示范,泽及后世。如杜预谈论《春秋》体例所云:"其发凡以言例,皆经国之常制,周公之垂法,史书之旧章。仲尼从而脩之,以成一经之通体。……故发传之体有三,而为例之情有五。……若夫制作之文,所以章往考来,情见乎辞;言高则旨远,辞约则义微。"②虽然这是杜氏的发见或发挥,但孔子晚年修《春秋》,是孔学大事,其于鲁史材料中注入仁的理念和礼的价值批判,得力于篇章筹划和文字经

---

① 〔清〕纪昀等撰:《四库全书总目提要》,石家庄:河北人民出版社,2000年版,第49页。
② 〔清〕阮元校刻:《十三经注疏》(全2册),北京:中华书局,1980年版,第1703—1709页。

营，自不待言。宋人张载《横渠易说·系辞上》正是有鉴于此，提示学人从孔子注入儒家核心理念与礼学价值之处，作为读经的切入口："不知系辞而求《易》，正犹不知礼而考《春秋》也。"①也就是说，经过孔子整理修定的《易》，已不是原始的《易》，而是孔子的《易》；《春秋》已不是原始的《春秋》，而是孔子的《春秋》。因为它们的篇章字句中，已渗透着孔子的宇宙观、历史观、伦理观，尤其是礼学观。

对于孔子修《春秋》，孟子云："昔者禹抑洪水而天下平，周公兼夷狄驱猛兽而百姓宁，孔子成《春秋》而乱臣贼子惧。"②他把孔子成《春秋》列为与大禹、周公二圣相承的儒门盛事。《史记·孔子世家》述及此书制作，又云："至于(孔子)为《春秋》，笔则笔，削则削，子夏之徒不能赞一辞。弟子受《春秋》，孔子曰：'后世知丘者以春秋，而罪丘者亦以春秋！'"③孔子时代以竹简著书，遇有讹误，或需要发挥之处，则以刀削去并用笔改正增补。对这种整理修改，孟子称为"成《春秋》"，司马迁称为"为《春秋》"，是深入到篇章字句的。唐玄宗注《孝经·序》宋邢昺疏也是沿着这个方向对《春秋》成书予以解说："夫子刊缉前史而修《春秋》，犹云笔则笔，削则削，四科十哲，莫敢措辞。"④所谓四科十哲，所谓子夏之徒，是最初参与《论语》策划的编纂者。他们对于"不能赞一辞"或"莫敢措辞"的《春秋》及孔子编修的其他经籍的篇章范式，是耳濡目染，极其崇尚的。因而在"语论互动"的《论语》编纂的群体行为中，也会虔诚领会，有得于心，尽力汲取，调适化用，尽量做到所谓"大匠运斤，无斧凿痕"⑤。那种认为《论语》编纂是将一堆存简随意分篇的说法，是与儒门规范格格不入的。

应该说，《论语》编纂中的"语论互动"，是以篇章传达孔子音容教诲，进而建立学理道术的一种有效的工作方式。这种方式在吸收群体智慧，展示孔门多侧面论学方式的同时，也使由此形成的《论语》添加了许多附加的意义。《论语》之"子曰"，并非"孔子自述之子曰"，而是"弟子忆述之子曰"。忆述，有忆述之意义认定和添加的心理机制。为了深入追究其多侧面的选

①　丁原明：《〈横渠易说〉导读》，济南：齐鲁书社，2004 年版，第 145 页。

②　[宋]朱熹撰：《四书章句集注》，北京：中华书局，1983 年版，第 273 页。

③　[汉]司马迁撰：《史记》(全 10 册)，北京：中华书局，1959 年版，第 1944 页。

④　[清]阮元校刻：《十三经注疏》(全 2 册)，北京：中华书局，1980 年版，第 2539 页。

⑤　苏轼评陶渊明诗语。见[宋]魏庆之：《诗人玉屑》，文渊阁《四库全书》本，卷 10。

择和附加意义,起码应从三个方面展开思路:

首先,《论语》既然不是孔子亲自著述,而是由七十子或再传弟子回忆、口授、记录、整理而成,面对这种著述的间接性,就必须考虑到,记忆蕴含着遗忘,是将不值得保存的现象加以删除,而将有价值的现象加以储存的心理选择过程。根据记忆心理学的偏差与校正原理,这些记录整理出来的材料必然包含着七十子及再传弟子对夫子言行的选择性理解,折射着记录者的文化取向、价值选择、知识结构、情感权衡。清人皮锡瑞《经学历史》说:"《论语》记孔子言而非孔子所作,出于弟子撰定,故亦但名为'传'。汉人引《论语》多称'传'。"①也多少透露了此中消息。明初宋濂《诸子辨》更是说得直截了当:"《论语》出于群弟子之所记,岂孔子自为哉!"②间接性,是忆述文字的基本特征。即便有共同的历史依据,也不能排除七十个弟子有七十个弟子的记忆选择。如若不信,只需将众多学生对同一次课题讲授的各自记录加以比较,见其五花八门,就可不言而喻。

其次,谁负有编辑的主要责任,谁在论衡辨析中拥有话语权,这很重要,很关键。不应无视编纂自身是一种有价值的行为,它不是一种机械操演,而是在一定的价值观下的评判、选择、组合和润色。不同的人处于编纂者的位置,就可能产生不同的文本形态,包括入选的条目和入选后的排序,这是编辑学和篇章学反复证明了的实情,甚至屡试不爽。《韩非子·显学篇》云:"孔、墨之后,儒分为八,墨离为三,取舍相反不同,而皆自谓真孔、墨。孔、墨不可复生,将谁使定后世之学乎?孔子、墨子俱道尧、舜,而取舍不同,皆自谓真尧、舜。尧、舜不复生,将谁使定儒、墨之诚乎?"③韩非是从反对派的角度提出质疑的,所指认的八派儒者,是韩非在战国晚期的感受,不可硬套于春秋晚期到战国前期《论语》编纂过程。但"风起于青蘋之末",编纂之时就潜伏着其后"儒分为八"的因素和萌芽,则是不应回避的。正因为如此,研究者也就可以把《论语》的文本作为原始材料,透过其篇章结构的深层逻辑,追踪其原始编纂过程的若隐若现的生命痕迹,窥见早期儒家既有共同认可的学理、道术主张,又开始出现派中有派的某些端倪。后来出现的所谓"儒分为八",说明儒学博大,可以演变出多元发展的可能,而这种多元可能性,最初的基因就蕴

①　[清]皮锡瑞撰:《经学历史》,北京:中华书局,1959年版,第67页。
②　[明]宋濂撰:《潜溪集》,明嘉靖间刻本,卷7。
③　[清]王先慎撰:《韩非子集解》(《诸子集成》五),北京:中华书局,1954年版,第351页。

含在七十子后学共同编纂的《论语》文本之中。

其三，既然论衡取舍时不能排除七十子后学的主观因素，也不能排除儒学派中有派的价值选择偏向，那么，就不能对没有入选《论语》的其他大概有二十余万字的"子曰"材料，包括先秦经传、诸子的记录，汉代韩婴的《韩诗外传》，刘向编辑的《新序》、《说苑》，以及《孔丛子》、魏晋王肃注解公布的《孔子家语》，一味地斥之为"伪书"。选择意味着淘汰，一种有选择的淘汰；看不到淘汰，就看不清选择。有所谓"洙、泗微言，多出《论语》之外"①，这些古籍可能多有早期材料，属于战国遗简，经过口传、转录、整理，其中有某些后世材料的渗入，也有不同学派的增删，存在着不同层面、不同角度上各有原委的真实，包括在论纂中被《论语》录入或刊落的真实。"编纂过"的真实，并不等同于原本存在的全部真实，而是一种经过人为选择和提升了的真实。这种真实具有相对性。至于儒家以外的学派，如墨家的非儒，道家如庄子借孔子及其弟子作"寓言"或"重言"，法家如韩非援儒济法，则另当别论。总之，对于《论语》内、《论语》外的"子曰"材料，必须进行具体的分析，一从书籍制度上，探究简帛抄本时代材料聚散及出现异文之原委，不能简单地一见异文就遽然判断此真彼伪。二从思潮演变上，考虑到儒家的"派内派"，以及超出儒家的"派外派"取舍选择的多元性，在对其学术价值和真伪价值进行认定时，进行深层的有理有据的辨析。倘若粗枝大叶，不究原委，就笼而统之贴上"伪书"标签就宣告万事大吉，这似乎可图一时直截痛快，却要提防有陷入沿袭二千年的"经传中心主义"迷雾之虞。

对于今存《论语》二十篇，约五百章节的资料来源，可以从文字表述上确切地知道来自哪位弟子的回忆和记录的，只有三章。儒者极重名讳，《春秋》及"三传"，常以名氏作褒贬文章。在《论语》中，有两章是弟子直书己名，当是弟子忆述时直接的材料。一是《宪问篇》的首章："宪问耻。子曰：'邦有道，谷；邦无道，谷，耻也。''克、伐、怨、欲不行焉，可以为仁矣？'子曰：'可以为难矣，仁则吾不知也。'"②二是《子罕篇》第七章："牢曰：子云，'吾不试，故艺'。"③这两章都是孔子的弟子原宪（字子思）、琴牢（字子开）自报

---

① ［清］魏源：《魏源全集》（第12册），长沙：岳麓书社，2004年版，第186页。
② ［清］阮元校刻：《十三经注疏》（全2册），北京：中华书局，1980年版，第2510页
③ ［清］阮元校刻：《十三经注疏》（全2册），北京：中华书局，1980年版，第2490页。

家门,称名不称字,是其他门人弟子无法代替的。原宪称名而不称字,或许是由于他与孔子的孙子孔伋同字"子思",若称字,容易导致混淆,故选择保持原样。《史记·仲尼弟子列传》就作"子思问耻"①,而非"宪问耻",可见太史公接触的《古论语》并未考虑原宪、孔伋同字,而以名加以区分的问题。原宪、琴牢此两章的内容涉及孔学的核心观念(仁、耻),以及孔子自叹身世:"我不见用于时,故多能技艺。"这两方面的内容涵盖了《论语》的诸多章节,透露出它们背后隐藏着应是共同认可的记录标准和选择标准。

第三条材料是《卫灵公篇》所载:"子张问行,子曰:'言忠信,行笃敬,虽蛮貊之邦,行矣。言不忠信,行不笃敬,虽州里,行乎哉？立则见其参于前也,在舆则见其倚于衡也,夫然后行。'子张书诸绅。"②这里展示的也是儒家忠信笃敬的言论行为原则,既交代了"子张书于绅"的可信性,又没有直书子张之名颛孙师,当是编纂转录时加以修订的原因。而《论语》中大量转录的材料,没有保留原始记录者自我称名的口吻,意味着这些材料已经经过公议通过和润色修订。这说明在七十子原初的忆述与《论语》编定的篇章之间,又存在着另一种形态的直接性和间接性。

不过,就以上三章材料透露的消息,也足以推而认定,《论语》原始素材的记录,主要出自孔门七十子及其后学。而《论语》大多数章节尽管出自弟子的回忆记录,但其叙述文字中弟子称字而不称名,乃是编纂过程中经过修订而将"私称"转录为"公称"的结果。同辈称字,表达尊敬,"孔子作《春秋》,记人之行事,或名之,或字之,皆因其行事之善恶而贵贱。二百四十二年之间,字而不名者,十二人而已"③,这是孔子所定的原则。顾炎武《日知录》卷二十三云:"古人敬其名,则无有不称字者。《颜氏家训》曰:'古者名以正体,字以表德。名终则讳之,字乃可以为孙氏。孔子弟子记事者皆称仲尼。'"④即是说,《春秋》确定的原则,已为孔子弟子所遵循。以"公称"表达同门弟子间相互尊重,当是编纂原则中集合众议而确定好的一种具有"君子风度"的体例。在"私称"转"公称"的体例上,出现三级台阶:"宪问"、

① ［汉］司马迁撰:《史记》(全10册),北京:中华书局,1959年版,第2207页。
② ［清］阮元校刻:《十三经注疏》(全2册),北京:中华书局,1980年版,第2517页。
③ ［宋］王安石撰:《王安石集》,《四部丛刊》影明嘉靖本,卷84《石仲卿字序》。
④ ［清］顾炎武著,［清］黄汝成集释,秦克诚点校:《日知录集释》,长沙:岳麓书社,1994年版,第826页。

"牢曰"由于某种原因,保留原始状态;"子张书诸绅",由于子张事先有所声明,属于已经修改转录的过渡状态;其余绝大部分,属于完全修改转录的状态。唯有如此,才能解释清楚《论语》为何弟子多称字的问题。公共产品,使用的是公共称呼,这是顺理成章的应有之义。

在人致明白了《论语》材料的来源和编纂论衡可能增添附加意义之后,我们就可以进入这个经典文本的篇章学的内在脉络了。清人钱大昕说:"读古人书,先须寻其义例,乃能辨其句读。"①篇章学最重要的意义,首先存在于书名;其次存在于开宗明义第一篇,尤其是首篇的开头数章。正是因其重要,其间简直存在着篇章政治学的价值纠结。所谓篇章政治学,就是篇章结构中突出什么、强调什么、隐含着什么行为政治学的密码;而曾经不止一次发生变更的编纂主持者,无不以为自己最知"真孔子",最得孔子真传,因而通过篇章安排、组合、调配,以宣示或隐含自己所理解的儒学之道。由于孔门弟子已经隐含着如《韩非子·显学篇》所说的"取舍相反不同"的派别萌芽,这种篇章安排在寻找共识的同时,难免存在着博弈、竞争和妥协,存在着话语权的迎拒和协商。这不是谁在"塞私货"的道德问题,而是谁最能掌握和传承"真孔子"的价值认定的问题。

于此,先来考察《论语》首篇《学而》的开头六章,这是整部《论语》的开宗明义。对于开宗明义的重要性,皮锡瑞《经学通论》以孔子编《尚书》为例云:"夫《尧典》为二千年前之古籍,开宗明义之第一篇。"②这是孔子整理"六艺"留下的一个篇章原则。在与《论语》先后编成的儒家典籍中,《孝经》遵循这个原则而有"开宗明义章第一",邢昺疏曰:"开,张也。宗,本也。明,显也。义,理也。言此章开张一经之宗本。"③康有为谈及开宗明义,谓"开宗明义,特揭徽号,此为孔门微言。知其本原,乃可通大道"④。与此相类似,《学而》开头六章,就是《论语》的开宗明义,所以梁启超说:"(孔子)他们常把精神放在安乐的地方。所以一部《论语》,开宗明义便说'不亦乐

---

①　[清]钱大昕撰,吕友仁标校:《潜研堂集》,上海:上海古籍出版社,1989年版,第179页。

②　[清]皮锡瑞撰:《经学通论》,北京:中华书局,1954年版,第81页。

③　[清]阮元校刻:《十三经注疏》(全2册),北京:中华书局,1980年版,第2545页。

④　康有为撰,姜义华、张荣华编校:《康有为全集》(第3集),北京:中国人民大学出版社,2007年版,第153页。

乎'、'不亦悦乎'。"①以下就是《论语》首篇之开头六章：

第一章　子曰："学而时习之，不亦说乎？有朋自远方来，不亦乐乎？人不知，而不愠，不亦君子乎？"

第二章　有子曰："其为人也孝弟，而好犯上者，鲜矣；不好犯上，而好作乱者，未之有也。君子务本，本立而道生。孝弟也者，其为仁之本与！"

第三章　子曰："巧言令色，鲜矣仁！"

第四章　曾子曰："吾日三省吾身：为人谋而不忠乎？与朋友交而不信乎？传不习乎？"

第五章　子曰："道千乘之国，敬事而信，节用而爱人，使民以时。"

第六章　子曰："弟子入则孝，出则悌，谨而信，泛爱众，而亲仁。行有余力，则以学文。"②

在此居于经典之首的六章中，可以得到何种启示，发现若何问题？它们涉及儒学的基本命题与早期传承脉络的变化，前者关系到儒学之核心，后者关系到儒学之未来。当然，重中之重是第一章，"学习"是孔学的出发点，是孔子留给中国人的"第一遗训"，他希望国人通过坚持不懈、世代相传的学习、学习、再学习，以延续、提升和发展自身的文明。从语源学上考察，学习一词始见于《逸周书·诗训解》："鹰乃学习。"③《礼记·月令》、《吕氏春秋·季夏纪》也有"鹰乃学习"之说。《说文解字》云："习，数飞也，从羽。"④就是苍鹰通过学习，反复扇动双翼，最后搏击长空。孔子将鹰击长空的姿态，比拟学习之海阔天空的乐趣，因而程颐（伊川）说："'学而时习之'，'鹰乃学习'之义。"⑤

---

① 梁启超著，吴松等点校：《梁启超文集（点校）》，昆明：云南教育出版社，2001 年版，第 3310 页。

② ［清］阮元校刻：《十三经注疏》（全 2 册），北京：中华书局，1980 年版，第 2457 页。

③ 黄怀信、张懋镕、田旭东撰：《逸周书汇校集注》，上海：上海古籍出版社，2007 年版，第 595 页。

④ ［汉］许慎撰：《说文解字（附检字）》，北京：中华书局，1963 年版，第 74 页。

⑤ ［宋］程颢撰：《二程外书》，明弘治陈宣刻本，外书第 6。

　　孔子说过:"十室之邑,必有忠信如丘者焉,不如丘之好学也。"①他把"好学"看得比忠信还重要,作为自己的行为标志和本质特征来对待。孔子这个思想,为曾子所承传和强化,通常认为曾子著有《学记》,强调"君子如欲化民成俗,其必由学乎? 玉不琢,不成器;人不学,不知道。是故古之王者,建国君民,教学为先。"②又称"独学而无友,则孤陋而寡闻"③。都把学作为治理国家、改造风俗、提升自身文明素质的先端法门。如果按照清人毛奇龄的说法,"学者,道术之总名"④,"学"字是名词,那就可以将"学而时习之",解释成对儒门学术定时见习了。这就首揭承传道统的命题。

　　为何孔子以"有朋自远方来"为乐呢?《周礼·大司徒》郑玄注曰:"同师曰朋,同志曰友。"⑤清人刘宝楠说:"孔子不仕,退而修诗、书、礼、乐,弟子弥众,至自远方,莫不受业焉。弟子至自远方,即有朋自远方来也。'朋'即指弟子。"⑥这又涉及有教无类,及弘扬道统的命题。《史记·孔子世家》云:"孔子以诗书礼乐教,弟子盖三千焉,身通六艺者七十有二人。"⑦对于政治上历尽坎坷的孔子而言,弟子云集实在是其人生之一大乐事。悦学乐教,《论语》开宗明义就展示了孔子终生最得意之处。对于孔子这种教学相长、切磋为乐的思想,后人引申为乐见天下朋友,张扬着一种坦荡、开阔、好客的处世胸襟。乐观对于孔子而言,是一种雍容不迫的情怀,是一种端正温雅的精神境界。因此自己学有所成,因世俗浅陋而不为人知,因当局无道而不为所用,也不会愠怒,不言放弃,因为他学以为己,心系任重道远,旨在提升这个文明。朱熹对此章评价极高,说它是"入道之门,积德之基"⑧。从篇章学的角度来看,《论语》首篇首章,就在高处自立地步,它讲了一个平常得再也不能更平常,却根本到再也不能更根本的道理。这就是《论语》以平常话,嵌入人生根本的说理特征。

　　从《论语》首篇首章的崇高学理,就不难看出编纂此书的宏大抱负,编

　①　[清]阮元校刻:《十三经注疏》(全2册),北京:中华书局,1980年版,第2475页。
　②　[清]阮元校刻:《十三经注疏》(全2册),北京:中华书局,1980年版,第1521页。
　③　[清]阮元校刻:《十三经注疏》(全2册),北京:中华书局,1980年版,第1523页。
　④　[清]毛奇龄:《四书改错》。转引自:程树德:《论语集释》,北京:中华书局,1990年版,第3页。
　⑤　[清]阮元校刻:《十三经注疏》(全2册),北京:中华书局,1980年版,第706页。
　⑥　[清]刘宝楠撰:《论语正义》(《诸子集成》一),北京:中华书局,1954年版,第2页。
　⑦　[汉]司马迁撰:《史记》(全10册),北京:中华书局,1959年版,第1938页。
　⑧　[宋]朱熹撰:《四书章句集注》,北京:中华书局,1983年版,第47页。

纂者的初衷是想在全书的开头就阐明先师明训,推举儒学思想大纲,作为众弟子分散后的思想根据和精神维系。因此它按理应该在最初几章排比孔子一些最重要的言论,除了第一章讲为学之道,比如第五章"敬事而信,节用而爱人,使民以时"①,讲政治纲领;第六章孝悌谨信,"泛爱众而亲仁",讲道德纲领,而且多少有点将儒学的核心理念"仁",推到开宗明义之位置倾向。这是开宗明义的篇章逻辑的内在需求,若能如此编排章节,就可形成儒学的道术——政治——道德的完整体系。

　　然而《论语》篇章安排,一开头就不是那么顺理成章,似乎不能排除各种力量相较量的扭结,这是需要以明快的理智深入其行文肌理,才能感受到的。篇章顺序有常有变,常可以窥见编纂的大旨,变可以窥见编纂者的价值介入。本来,"仁"是《论语》甚至整个儒学的核心理念,《论语》开宗明义之六章,三次使用"仁"字,"仁之本"、"鲜矣仁"、"泛爱众而亲仁",但遗憾的是都没有正面深入地展开仁的基本内涵。对此朱熹似乎也有疑惑,他引程先生《易传》说:"四德之元,犹五常之仁,专言则包四者,偏言之则主一事。如仁者必有勇,便义也在里面。知觉谓之仁,便智也在里面。如孝弟为仁之本,便只是主一事,主爱而言。如巧言令色,鲜矣仁;汎爱众,而亲仁,皆偏言也。如克己复礼为仁,却是专言。"②也就是说,开宗明义处对"仁"只作"偏言",要寻找"专言",就得到《颜渊篇》第十二了。何其"路漫漫其修远兮",以篇章结构彰显夫子之道,岂可采取如此方式?

　　应该说,"泛爱众而亲仁"是与仁之核心理念相联系的,若能于此将文章做足,当能彰显儒学的圣人情怀,人类关怀。但行文却将之嵌镶于"弟子入则孝,出则弟,谨而信。……行有余力,则以学文"③之间,分散了聚焦的专注程度。设若能于此聚焦,便可以呼应着、牵引着《礼记·表记》之子曰"仁者人也,道者义也"④;《中庸》之子曰"仁者人也,亲亲为大。义者宜也,尊贤为大"⑤;以及《荀子·子道》引"子贡曰:知者知人,仁者爱人"⑥,从而

---

① ［宋］朱熹撰:《四书章句集注》,北京:中华书局,1983 年版,第 49 页。

② ［宋］黎靖德编,王星贤点校:《朱子语类》(全 8 册),北京:中华书局,1986 年版,第 470 页。

③ ［清］阮元校刻:《十三经注疏》(全 2 册),北京:中华书局,1980 年版,第 2458 页。

④ ［清］阮元校刻:《十三经注疏》(全 2 册),北京:中华书局,1980 年版,第 1639 页。

⑤ ［清］阮元校刻:《十三经注疏》(全 2 册),北京:中华书局,1980 年版,第 1629 页。

⑥ ［清］王先谦撰,沈啸寰、王星贤点校:《荀子校释》(全 2 册),北京:中华书局,1988 年版,第 533 页。

众流并涌,意蕴蒸腾。也可以灌注于《孟子·离娄下》之所谓:"君子以仁存心,以礼存心。仁者爱人,有礼者敬人"①;《荀子·议兵》之所谓"陈嚣问孙卿子曰:先生议兵,常以仁义为本。仁者爱人,义者循理"②。聚焦于仁者将人当作人来对待的圣人情怀,《论语》篇章逻辑就可以在开宗明义处,形成孔子仁学相对完整体系;也能与《论语》外的儒学典籍的同类论述,形成一种超篇章的逻辑体系。

但是日后的传世版本,并没有完全遵循这个从篇章学上看来最为合理的原则。本有的合理性,相当微妙地被改造成为"衍生的合理性"。这就露出了《论语》篇章结构上的一个裂缝,裂缝既是疑问所在,也有意义隐藏,撬瓶盖应该从缝隙处下手的。《论语》还原,也应该关注这个"问题裂缝",采取这种以裂缝为切入口的"撬瓶盖"的方法,在这些裂缝处多问几个"为什么":孔子的弟子门人为什么将《论语》首篇的开头几章,排列成这么一个顺序? 顺序所在,就是意义所在。

首篇"子曰"系列的第一次中断,就发生在第二章"有子曰"。值得深思的是,《史记·仲尼弟子列传》介绍有若时,引述了《论语·学而篇》居于今本十二章的"有若曰:礼之用,和为贵"③云云,及十三章的"有若曰:信近于义"④云云,并将"有子"改为"有若",唯独刊落了第二章的这则"有子曰"。这是否意味着司马迁所见《古论语》版本极为原始,未载第二章的"有子曰"? 而此章是在《论语》另一次编纂时添加的? 有若何许人也,他竟然拥有如此大的编纂话语权,得以显目地介入《论语》篇章序列?

有若以"有子"的称谓第一次出现,就推崇孝弟的伦理认知对政治秩序的维护功能,是一个典型的儒学以伦理维系政教方式和政治结构的"补天派",随之又将孝弟与儒家的核心观念"仁"联系起来,给人以他在《论语》第一个论"仁"的印象。以家常日用、人伦情感作为儒学至大至要之概念"仁"的入手处和根本点,有子的思维逻辑应该说也是近乎"孔子式"的。但是,对于何为"孔子式",各派儒者理解不尽相同。孟子说:"尧舜之道,孝弟而

---

① ［宋］朱熹撰:《四书章句集注》,北京:中华书局,1983 年版,第 298 页。
② ［清］王先谦撰,沈啸寰、王星贤点校《荀子校释》(全 2 册),北京:中华书局,1988 年版,第279 页。
③ ［汉］司马迁撰:《史记》(全 10 册),北京:中华书局,1959 年版,第 2215 页。
④ ［汉］司马迁撰:《史记》(全 10 册),北京:中华书局,1959 年版,第 2215 页。

已矣。"①这与有若之言,一脉相通。顾炎武也赞同此说,谓:"尧舜之道,孝弟而已矣。是故'克明俊德,以亲九族。九族既睦,平章百姓。百姓昭明,协和万邦。黎民于变时雍'。此之谓孝弟为仁之本。"②然而,宋儒程子就认为此言有偏,承认孝弟是入手处,而非根本点:"行仁自孝弟始,孝弟,仁之事也。仁,性也;孝弟,用也。谓孝弟为行仁之本则可,直曰仁之本,则不可。"③二程以敏锐的悟性,在这里批评居于《论语·学而篇》第二章的"有子曰",是对孔子仁学思想的似合而实离。朱熹又引申了二程的说法:"仁如水之源,孝弟是水流底第一坎,仁民是第二坎,爱物则三坎也。"④这就把有子视为一个特殊的存在,他讲义理,与汉学异趣;虽然有孟子的呼应,依然未能顺畅地通向宋学。有子沿着这种特殊的方向,进一步引申出一个纲领性的原则:"君子务本,本立而道生。"如此几度转身,有子的登场也称得上相当有自身的文化内涵,而且又相当排场光鲜了。

兼且在《学而》首篇上,有子陆陆续续地三次亮相,与偏后出现的子贡亮相次数持平,而多于只出现两次的曾子和子夏。其居于第十二章的"有子曰:礼之用,和为贵"⑤,以其简明扼要,在引导社会人心上趋于和谐的功能,甚至超过了占据要津的第二章"有子曰"。有子言"和为贵",导源于孔子。《周易·系辞下》云:"《履》,和而至。《谦》,尊而光。……《履》以和行,《谦》以制礼。"⑥已经触及礼所具有的"和"的功能。《礼记·儒行》孔子回答鲁哀公之问,谓:"儒有博学而不穷,笃行而不倦,幽居而不淫,上通而不困。礼之以和为贵,忠信之美,优游之法,慕贤而容众,毁方而瓦合,其宽裕有如此者。"⑦从内质而言,礼主敬,乐主和。如《礼记·乐记》云:"乐者为同,礼者为异,同则相亲,异则相敬。……礼义立,则贵贱等矣;乐文同,则上下和矣。"⑧但是,礼与乐在运行中,难免会发生功能的变异,"乐胜则流,

①　[宋]朱熹撰:《四书章句集注》,北京:中华书局,1983 年版,第 339 页。
②　[清]顾炎武:《日知录》卷七,长沙:岳麓书社 1994 年版。
③　[宋]杨时编辑:《二程粹言》(《丛书集成初编》),上海:商务印书馆,1936 年版,第 4—5 页。
④　[宋]黎靖德编,王星贤点校:《朱子语类》(全 8 册),北京:中华书局,1986 年版,第 463 页。
⑤　[宋]朱熹撰:《四书章句集注》,北京:中华书局,1983 年版,第 51 页。
⑥　[清]阮元校刻:《十三经注疏》(全 2 册),北京:中华书局,1980 年版,第 89 页。
⑦　[清]阮元校刻:《十三经注疏》(全 2 册),北京:中华书局,1980 年版,第 1670 页。
⑧　[清]阮元校刻:《十三经注疏》(全 2 册),北京:中华书局,1980 年版,第 1529 页。

礼胜则离"①,乐在流动无定中,会产生放荡;礼在分别贵贱亲疏中,会产生离心离德。因此需要"仁以爱之,义以正之"②,贵在礼乐和合,以乐之和,补救礼可能导致的疏离。因此"礼之用,和为贵"的思想脉络深处,是贯穿着伦理精神的辩证法的。

由此可知,有若在众弟子中虽然未必是杰出的,但也并非等闲之辈,是有一定的思想能力、智勇品质,而能刻苦自励的人。《荀子·解蔽篇》说:"有子恶卧而焠掌,可谓能自忍矣。"杨倞注:"有子,盖有若也。焠,灼也。恶其寝卧而焠其掌,若刺股然也。"③可见有若有一种悬梁刺股、刻苦向学的"行忍性情,然后能修"的狠劲头。有若见于《左传》,在哀公八年(前487年)三月,吴国入侵鲁国,次于泗上,"微虎欲宵攻(吴)王舍,私属徒七百人,三踊于幕庭,卒三百人,有若与焉。……或谓季孙曰:'不足以害吴,而多杀国士,不如已也。'乃止之。吴子闻之,一夕三迁"④。可见有若是忠义勇武的敢死队成员,人以"国士"称之。孟子谓"宰我、子贡、有若智足以知圣人……有若曰:岂惟民哉。麒麟之于走兽,凤凰之于飞鸟,太山之于丘垤,河海之于行潦,类也。圣人之于民,亦类也。出于其类,拔乎其萃,自生民以来,未有盛于孔子也"⑤,此言不虚。可见有若又以智慧、知识驰名。《论语·学而篇》如此安排"有子曰",也意味着有若在《论语》编纂过程中,曾一度具有举足轻重的话语权。只谈论《论语》中有子、曾子均称子还不够,还应该注意到有若继孔子后,在开宗明义的"榜眼"处称子,其位置彰显着特殊的意义。原因的破解,只能求助于《孟子·滕文公上》的这一段话:

> 昔者,孔子没,三年之外,门人治任将归,入揖于子贡,相向而哭,皆失声,然后归。子贡反,筑室于场,独居三年,然后归。他日,子夏、子张、子游以有若似圣人,欲以所事孔子事之,强曾子。曾子曰:"不可。江、汉以濯之,秋阳以暴之,皓皓乎不可尚已!"⑥

① [清]阮元校刻:《十三经注疏》(全2册),北京:中华书局,1980年版,第1529页。
② [清]阮元校刻:《十三经注疏》(全2册),北京:中华书局,1980年版,第1529页。
③ [清]王先谦撰:《荀子集解》(《诸子集成》二),北京:中华书局,1954年版,第268页。
④ 杨伯峻编著:《春秋左传注》(全4册),北京:中华书局,1990年版,第1648—1649页。
⑤ [宋]朱熹撰:《四书章句集注》,北京:中华书局,1983年版,第234页。
⑥ [宋]朱熹撰:《四书章句集注》,北京:中华书局,1983年版,第260—261页。

　　孟子离七十子活动的历史现场不远，他对七十子为孔子守心孝前后的人事变动和学派初萌，是了然于心的。而且这是孟子辨论时举例说出来的话，为了加强辨论的说服力，孟子大概不会虚构故事。饶有意味的是，门人揖别的是子贡，在颜回、子路谢世之后，子贡在孔门已经最是举足轻重的弟子。他是孔子丧事的牵头人，甚至六十四人庐墓守孝的经费支撑，也由他来操持，所以三年孝期满后，众弟子向子贡泣别。但子贡的道性的纯粹程度，在最重要的二三子中，是不甚认可的，因而"他日"被推举主持门庭的，却是当时权威并不显著的有若。这段话的次序是：一、讲述守心孝三年后弟子分散，泣别子贡；二、"他日"有若才被推举。有若显然是推举来主持儒门，而非把他当成祭祀时的"尸"。因为无论《孟子·滕文公上》还是《史记·仲尼弟子列传》都说推举有若"欲以所事孔子事之"，"弟子相与共立为师，师之如夫子时也"，这是明白无误地推他主持儒门。守心孝三年尽礼之后，孔门事务从新走上正常轨道运行，将此时推举出来主持儒门事务的有若，贬抑为"尸"，乃是不辨早期儒门礼制的离谱之论。如果仅仅是当"尸"，曾子也不会端出"江汉"、"秋阳"这样的大题目，来加以阻止。

　　我们还是回到以礼解经。按照《礼记·祭统》所述的祭礼仪轨"夫祭之道，孙为王父尸"[1]，郑玄注："祭祖则用孙列，皆取于同姓之嫡孙也。天子诸侯之祭，朝事延尸于户外，是以有北面事尸之礼。"[2]孔子本人交待得更清楚："祭成丧者必有尸，尸必以孙，孙幼则使人抱之。无孙，则取于同姓可也。"[3]因而在孔子祭礼上充当"尸"者，以子思最是合适。于此不应为了贬抑有若，就无视当时丧祭仪轨，以礼解经也是要排除偏见的。

　　文献记载历历在目，儒者对丧礼制度论述甚详。《礼记·坊记》在上古文献中第一次提到《论语》书名，援引《论语》中孔子之言"三年无改于父之道，可谓孝矣"[4]之后，又引述："高宗云：三年其惟不言，言乃讙。"[5]这里的"高宗"即殷王武丁，由于有父小乙之丧，因而三年不言；其既言，天下皆欢喜，乐其政教也。殷高宗的这段话，出自《尚书·无逸》周公的口："呜呼！

　　① ［清］阮元校刻：《十三经注疏》（全2册），北京：中华书局，1980年版，第1605页。
　　② ［清］阮元校刻：《十三经注疏》（全2册），北京：中华书局，1980年版，第1605页。
　　③ ［清］阮元校刻：《十三经注疏》（全2册），北京：中华书局，1980年版，第1399页。
　　④ ［清］阮元校刻：《十三经注疏》（全2册），北京：中华书局，1980年版，第1620页。
　　⑤ ［清］阮元校刻：《十三经注疏》（全2册），北京：中华书局，1980年版，第1620页。

我闻曰：昔在殷王中宗，严恭寅畏，天命自度，治民祗惧，不敢荒宁。肆中宗之享国七十有五年。其在高宗，时旧劳于外，爰暨小人。作其即位，乃或亮阴，三年不言。其惟不言，言乃雍。不敢荒宁，嘉靖殷邦。至于小大，无时或怨。肆高宗之享国五十有九年。"①为何殷高宗三年不言？《史记·殷本纪》作了这样的解释："帝小乙崩，子帝武丁立。帝武丁即位，思复兴殷，而未得其佐。三年不言，政事决定于冢宰，以观国风。"②《吕氏春秋·审应览》也有记述："高宗，天子也。即位，谅暗，三年不言。卿大夫恐惧，患之。高宗乃言曰：'以余一人正四方，余唯恐言之不类也，兹故不言。'古之天子，其重言如此，故言无遗者。"③西汉伏生《尚书大传》卷二，则从殷人服丧制度上作出解说："《书》曰：高宗谅暗，三年不言。何谓谅暗也？传曰：高宗居倚庐，三年不言，百官总己，以听于冢宰，而莫之违，此之谓谅暗。子张曰：'何谓也？'孔子曰：'古者，君薨，王世子听于冢宰，三年不敢服先王之服，履先王之位，而听焉。'以民臣之义则不可一日无君矣。不可一日无君，犹不可一日无天也。以孝子之隐乎？则孝子三年弗居矣。故曰：义者，彼也。隐者，此也。远彼而近此，则孝子之道备矣。"④从西汉伏生解释《尚书》的"亮阴"（谅暗）为"居倚庐"，也就是殷礼之庐墓守孝。所引孔子话中，可以看到孔子强调丧礼守制方式，殷高宗守父丧三年而不言，将日常政务委托给冢宰。三年孝期满后，就要出来主持政务了。二三子推举有若出来主事，遵循的是《礼记·杂记》孔子曰："三年之丧，祥而从政。"⑤祥即大祥，守孝二十五月后的祭礼，大祥祭后，即可以从政了。郑玄注曰："以王制言之，此为庶人也。"⑥

　　对孔子所强调的这种始于殷代的丧期后礼制，作出回忆记述的是子张。《礼记·檀弓下》记载："子张问曰：'《书》云：高宗三年不言，言乃讙。有诸？'仲尼曰：'胡为其不然也？古者天子崩，王世子听于冢宰三年。'"⑦《论语·宪问篇》也记载此言，略有变动："子张曰：'《书》云：高宗谅阴，三年

---

① ［清］阮元校刻：《十三经注疏》（全2册），北京：中华书局，1980年版，第221页。
② ［汉］司马迁撰：《史记》（全10册），北京：中华书局，1959年版，第102页。
③ 许维遹撰，梁运华整理：《吕氏春秋集释》（全2册），北京：中华书局，2009年版，第477页。
④ ［西汉］伏生撰：《尚书大传》，《四部丛刊》影清刻左海文集本，卷4。
⑤ ［清］阮元校刻：《十三经注疏》（全2册），北京：中华书局，1980年版，第1563页。
⑥ ［清］阮元校刻：《十三经注疏》（全2册），北京：中华书局，1980年版，第1563页。
⑦ ［清］阮元校刻：《十三经注疏》（全2册），北京：中华书局，1980年版，第1305页。

不言。何谓也?'子曰:'何必高宗? 古之人皆然。君薨,百官总己以听于冢宰,三年。'"①《檀弓下》的材料,可能比较原始,《论语》同一条记载出现的差异,大约是编纂时讨论修订的结果。由此可见《论语》对七十子记录材料进行处理的体例。《孔子家语·正论解》则是经过孔府后人直至注家王肃的处理,因而变成:"子张问曰:'《书》云:高宗三年不言,言乃雍。有诸?'孔子曰:'胡为其不然也? 古者天子崩,则世子委政于冢宰三年。成汤既没,太甲听于伊尹。武王既丧,成王听于周公。其义一也。'"②对比上述三条记载,可知《家语》所载较为丰富,并非采摘《檀弓下》和《论语》而成,孔子所举例证乃是殷周帝王所实行的丧礼制度。而《论语》则以"古之人皆然"的说法,将这种丧礼制度普遍化。

　　既然《论语》记载孔子对殷人三年丧期满后的礼制,也应有众弟子将之用在孔子丧礼上。我们已经说过,孔子自认是殷人,如《礼记·檀弓上》记孔子"殆将死"所说:"丘也,殷人也。"③众弟子既然按照殷人礼仪,为之实行三年庐墓守孝的礼仪;那么,三年孝满之后,众弟子也应该遵照殷礼,使儒门事务重新开张运行。实行这一礼仪最力者中,应是曾向孔子专门请教过殷高宗"三年不言,言乃雍"之丧礼的子张其人。子游、子夏是《论语》早期编纂的参与者,又将孔子之言普遍化,自然也会竭力履行。总而言之,子张、子游、子夏是遵照殷人丧礼制度和孔子遗训,在三年守心孝之后,商议推举贤者出来主持儒门。

　　三年守心孝期满,主张重开儒家门庭,既然是曾向孔子请教过此项制度的子张;而推举有若其人作为人选,出来主事,则是子游的动议。《礼记·檀弓上》记载:"有子问于曾子曰:'问丧于夫子乎?'曰:'闻之矣,丧欲速贫,死欲速朽。'有子曰:'是非君子之言也。'曾子曰:'参也闻诸夫子也。'有子又曰:'是非君子之言也。'曾子曰:'参也与子游闻之。'有子曰:'然,然则夫子有为言之也。'曾子以斯言告于子游。子游曰:'甚哉,有子之言似夫子也! 昔者夫子居于宋,见桓司马自为石椁,三年而不成。夫子曰:若是其靡也,死不如速朽之愈也。死之欲速朽,为桓司马言之也。南宫敬叔反,必载宝而朝。夫子曰:若是其货也,丧不如速贫之愈也。丧之欲速贫,为敬叔

---

①　[清]阮元校刻:《十三经注疏》(全2册),北京:中华书局,1980年版,第2513页。
②　王国轩、王秀梅译注:《孔子家语》,北京:中华书局,2011年版,第481—482页。
③　[清]阮元校刻:《十三经注疏》(全2册),北京:中华书局,1980年版,第1283页。

言之也。'曾子以子游之言告于有子,有子曰:'然,吾固曰,非夫子之言也。'曾子曰:'子何以知之?'有子曰:'夫子制于中都,四寸之棺,五寸之椁,以斯知不欲速朽也。昔者夫子失鲁司寇,将之荆,盖先之以子夏,又申之以冉有,以斯知不欲速贫也。'"①此处子游曰:"甚哉,有子之言似夫子也。"与《孟子·滕文公上》之"子夏、子张、子游以有若似圣人,欲以所事孔子事之"②,用语相似,而且更具体,并非相貌相似,而是言论相似。因而是子游推举有若,虽然曾子发对,但从这则记载的全文来看,曾子与有若也有所沟通。有若与曾子的差异,是有若坚持孔子之言的具体针对性,而曾子则将孔子之言游离具体环境,而趋于普泛性。

《礼记·三年问》云:"三年之丧,二十五月而毕。"③孔子卒于鲁哀公十六年(公元前479年)夏四月,二十五月后即鲁哀公十八年(公元前477年)夏五月。子夏、子张、子游此时已是极有实力的少壮派弟子,他们联手硬挺有若,应该说足以左右孔门的局面于一时。曾子当时不足三十岁,他的门庭还没有发达到凭着他一句反对的话,就足以左右整个孔门。人们切不可由于曾子日后门庭广大,就以为曾子一反对,就足以使有若主事成为泡影。也就是说,在为孔子守心孝三年期满之后,孔门重新启动办事,有若在少壮派同门的推举下,以其言论"似圣人"的身份主持孔门事务,因而对于守心孝三年间编辑论纂成的《论语》初稿,具有重新审定的权力可能性。

这一点从有若去世时,鲁悼公曾经前往吊唁,也可见他为孔门和鲁国看重。顾炎武《日知录》卷十四说:"愚按:《论语》首篇即录有子之言者三,而与曾子并称曰'子',门人实欲以二子接孔子之传者。《传》、《记》言孔子之卒,哀公诔之。有若之丧,悼公吊焉。其为鲁人所重,又可知矣。十哲之祀,允宜厘正。"④顾氏所据的材料,来自《礼记·檀弓下》的记载:"有若之丧,悼公吊焉;子游摈,由左。"⑤又载:"有子与子游立,见孺子慕者,有子谓子游曰"⑥云云,可见子游与有若的关系非同一般,七十子同门中唯有子游

---

①　[清]阮元校刻:《十三经注疏》(全2册),北京:中华书局,1980年版,第1290页。

②　[宋]朱熹撰:《四书章句集注》,北京:中华书局,1983年版,第260—261页。

③　[清]阮元校刻:《十三经注疏》(全2册),北京:中华书局,1980年版,第1663页。

④　[清]顾炎武著,[清]黄汝成集释,秦克诚点校:《日知录集释》,长沙:岳麓书社,1994年版,第530—531页。

⑤　[清]阮元校刻:《十三经注疏》(全2册),北京:中华书局,1980年版,第1300页。

⑥　[清]阮元校刻:《十三经注疏》(全2册),北京:中华书局,1980年版,第1304页。

为有若的丧礼当傧相。至于《礼记·檀弓下》记载："悼公之母死,哀公为之齐衰。有若曰:'为妾齐衰,礼与?'公曰:'吾得已乎哉? 鲁人以妻我。'"①这当是有若主持儒门时发生的事,他才可能如此直接而无顾忌地以礼制质疑国君的行为,而哀公的回答采取的是一种无可奈何的推托口吻。

　　鲁哀公十八年(公元前 477 年),有若被推举出来主事儒门事务。据《孔子家语》,有若少孔子三十六岁(一说三十三岁),主事时三十九岁(或四十二岁),正当盛年。《史记·仲尼弟子列传》也佐证了这一点:

> 　　有若,少孔子四十三岁(《索隐》引《家语》云:鲁人,字子有,少孔子三十三岁。古代是"四"字四横,"三"字三横,易误写)。有若曰:"礼之用,和为贵,先王之道斯为美。小大由之,有所不行;知和而和,不以礼节之,亦不可行也。""信近于义,言可复也;恭近于礼,远耻辱也;因不失其亲,亦可宗也。"
>
> 　　孔子既没,弟子思慕,有若状似孔子,弟子相与共立为师,师之如夫子时也。他日,弟子进问曰:"昔夫子当行,使弟子持雨具,已而果雨。弟子问曰:'夫子何以知之?'夫子曰:'诗不云乎?"月离于毕,俾滂沱矣。"昨暮月不宿毕乎?'他日,月宿毕,竟不雨。商瞿年长无子,其母为取室。孔子使之齐,瞿母请之。孔子曰:'无忧,瞿年四十后当有五丈夫子。'已而果然。问夫子何以知此?"有若默然无以应。弟子起曰:"有子避之,此非子之座也!"②

　　前面说过,这里所引的两条"有若曰",乃是《论语·学而篇》今本第十二、第十三章的"有子曰",但《史记》并没有录下《学而篇》第二章"有子曰",是否说明司马迁所见古文《论语》没有这一章,这就无从考证了。《史记》叙事,讲究实据,虽偶或失误,并非有意作伪。接下来讲"孔子既没,弟子思慕,有若状似孔子,弟子相与共立为师,师之如夫子时也",虽与《孟子·滕文公上》所述有所出入,但可以兼容。孟子突出子夏、子张、子游提议过程,太史公则揭示曾经出现的"弟子相与共立为师"的结果。孟子突出曾子对

① [清]阮元校刻:《十三经注疏》(全 2 册),北京:中华书局,1980 年版,第 1312 页。
② [汉]司马迁撰:《史记》(全 10 册),北京:中华书局,1959 年版,第 2215－2216 页。

有若主事的持异,太史公则描述有若不称此位的轶闻。《史记》记录有若不如孔子之上知天文、下测人事,当是战国中后期、即孟子以后儒门神化祖师的传闻。只要消除孔门神圣的情结,那么《孟子》、《史记》的这两段话,恰好构成有若曾经短期主持儒门的前后相承的历史插曲。

　　然而有若虽如《史记·仲尼弟子列传》所述,不能上知天文、遥测祸福,但他在《论语》里留下的几段话说明,他并非等闲之辈。甚至可以说,有若是孔子身后划过儒门上空的一颗有光亮的彗星。不过,他也只是彗星而已。《论语·颜渊篇》记载:"哀公问于有若曰:'年饥,用不足,如之何?'有若对曰:'盍彻乎?'曰:'二,吾犹不足,如之何其彻也?'对曰:'百姓足,君孰与不足? 百姓不足,君孰与足?'"①郑玄注:"周法什一而税,谓之彻。彻,通也,为天下之通法。"②此章所述的经济税收思想,颇有点卓见,有若主张恢复周法,减轻田税。这与孔子反对季康子"用田赋"增加百姓的负担,主张"度于礼:施取其厚,事举其中,敛从其薄"③,有着一致之处。但行文署用"有若"之名而不作"有子",可能是《论语》原始编纂时留下的痕迹,说明有若在守心孝期间的原始编纂中尚未主事;而在为夫子守心孝三年期满后主事的时间还不够长,虽然对《论语》首篇做了一些至关要紧的插入,却来不及对中间的全部篇章进行细密的处理。从不同篇章中"有子"与"有若"不同称谓的参差,可以印证,鲁哀公十八年(公元前477年)有子主事之前,主持《论语》编纂的并非有子,而是另有其人。

　①　[清]阮元校刻:《十三经注疏》(全2册),北京:中华书局,1980年版,第2503页。

　②　[清]阮元校刻:《十三经注疏》(全2册),北京:中华书局,1980年版,第2503页。

　③　杨伯峻编著:《春秋左传注》(全4册),北京:中华书局,1990年版,第1668页。

五章　曾子门人编纂的篇章学依据

既然《论语》最初编纂,即"夫子既卒",庐墓守心孝三年期间的编纂不是有若主持,有若主持的是庐墓守心孝期满后的第二次编纂,那么《论语》最初的动议者和主持人,又是谁呢? 这些都应该让事实说话,不能盲从,也不能臆断。

对于编纂《论语》的最初动议者和主持者的探究,我们不妨从今人信从者甚多的一种说法入手,以破解这个千古之谜。这种说法是聪明透顶的唐人柳宗元首先发现的,他在《论语辨》中说:

> 或问曰:"儒者称《论语》孔子弟子所记,信乎?"曰:未然也。孔子弟子,曾参最少,少孔子四十六岁。曾子老而死。是书记曾子之死,则去孔子也远矣。曾子之死,孔子弟子略无存者矣。吾意曾子弟子之为之也。何哉? 且是书载弟子必以字,独曾子、有子不然。由是言之,弟子之号之也。
>
> 然则,有子何以称子? 曰:孔子之殁也,诸弟子以有子为似夫子,立而师之。其后不能对诸子之问,乃叱避而退,则固尝有师之号矣。今所记独曾子最后死,余是以知之,盖乐正子春、子思之徒,与为之尔。或曰:孔子弟子尝杂记其言,然而卒成其书者,曾氏之徒也。[①]

这一发现,是具有篇章学的文本依据的,对于拓展有关《论语》原始编纂情形的考察,具有重要价值。显而易见,《论语》所记史事,时间最晚的两条是曾子临终遗言。两章均见于《泰伯篇》,今本列为第三章、第四章:

> 曾子有疾,召门弟子曰:"启予足! 启予手!《诗》云:战战兢兢,如临深渊,如履薄冰。而今而后,吾知免夫! 小子!"

---

① ［唐］柳宗元:《柳河东集》(上、下册),上海:上海人民出版社,1974 年版,第 68—69 页。

　　曾子有疾，孟敬子问之。曾子言曰："鸟之将死，其鸣也哀；人之将死，其言也善。君子所贵乎道者三：动容貌，斯远暴慢矣；正颜色，斯近信矣；出辞气，斯远鄙倍矣。笾豆之事，则有司存。"①

　　这两条材料对于《论语》文本编成的历史编年学定位，是很关键的。文中的孟敬子乃鲁国大夫仲孙捷，用了他的谥号，当是《论语》成书流布过程中，后学所改订。曾子（公元前505—前432年）少孔子四十六岁，是七十子中年纪最小者之一。曾子卒年七十三岁，于鲁悼公三十五年（公元前432年）去世②。曾子临终之时，离孔子去世已近五十年，孔子弟子几乎不可能存世了，即柳宗元所谓"曾子之死，孔子弟子略无存者矣"。因此将这些条目录入《论语》，只能是曾门弟子独自进行的一次修纂，时间在公元前432年以后不久，这次修纂在有若短期主事以后四十余年，已经进入战国初期了。

　　值得深思者，众弟子在为孔子庐墓守心孝期间启动《论语》最初编纂；守心孝结束重启儒门时，主事的有若之徒就紧接着开始第二轮修纂；过了近五十年曾子卒之后，又念念不忘地启动最后的编纂，可见孔门弟子及后学，是将《论语》当作传承孔子道统的关键证物，致以崇高之礼遇。如此反复编纂，不是采取推倒重来的方式，而是大体承袭、又有所增补和变动，却潜在地改写了贯穿全书的道术路线。回到曾子临终遗言，强调人生行事"如临深渊，如履薄冰"的忠敬谨慎；强调礼之所贵在于主体容貌、颜色、辞气，要讲求礼之本，至于某些礼仪，留给相关吏员处理即可。这些临终遗言透出曾子的品格，未达时谓之"鲁"，既达后谓之典重。

　　那么，为何柳宗元又说是"乐正子春、子思之徒"所编呢？柳宗元看来对《礼记》烂熟于心，《礼记·檀弓上》记载："曾子寝疾，病。乐正子春坐于床下，曾元、曾申坐于足，童子隅坐而执烛。童子曰：'华而睆，大夫之箦与？'子春曰：'止！'曾子闻之，瞿然曰：'呼！'曰：'华而睆，大夫之箦与？'曾子曰：'然，斯季孙之赐也，我未之能易也。元，起易箦。'曾元曰：'夫子之病革矣，不可以变，幸而至于旦，请敬易之。'曾子曰：'尔之爱我也不如彼。君

<hr />

①　［清］阮元校刻：《十三经注疏》（全2册），北京：中华书局，1980年版，第2486页。

②　对曾子卒年，存在不同的记载，此据［清］冯云：《曾子书》，《圣门十六子书》本。

子之爱人也以德,细人之爱人也以姑息。吾何求哉？吾得正而毙焉斯已矣。'举扶而易之。反席未安而没。"①

曾子临终更换华美光泽的竹席,以为这是大夫级别才能享用的器物,如此守持礼制,未免有些迂执,但也是恪守孔子教诲。由此可知曾子终身布衣,未为大夫,战国晚年一些传述曾子受厚聘的材料,乃是后学的虚饰之词。《论语·为政篇》记孔子言孝曰："生,事之以礼。死,葬之以礼,祭之以礼。"②《孟子·滕文公上》却把这句孔子之言移到曾子口中："曾子曰:生,事之以礼。死,葬之以礼,祭之以礼,可谓孝矣。"③可见曾子对孔子之言亦步亦趋,"鲁"得可爱。《檀弓上》曾子批评曾元"君子之爱人也以德,细人之爱人也以姑息。吾何求哉？吾得正而毙焉斯已矣",表明他恪守师训已经到了一丝不苟的地步。在曾子看来,非大夫身份,即便垂危也不能卧于华美光鲜的只有大夫才够资格使用的竹席上,否则就是逾分越礼。因而曾子易箦而亡,堪与子路结缨而死,视为孔门弟子以身殉礼的两个典型事例。这两个典型引得后儒满口称赞。宋儒张九成谓："敬在心,虽死不可变,易箦、结缨是矣。"④朱熹《答连嵩卿》云："易箦、结缨未须论优劣,但看古人谨于礼法,不以死生之变易其所守如此,便使人有'行一不义,杀一不辜,而得天下不为'之心。此是紧要处。"⑤明人归有光《曹节妇碑阴》铭文,明清之际钱谦益《明都察院左都御史赠特进光禄大夫柱国太保吏部尚书谥忠文李公神道碑》铭文,也将"易箦"、"结缨"并提,看作人之生命完善之结束。孔门二三子不惜以最后一丝生命力,为自己战战兢兢地遵守礼仪划上一个句号。

在曾子弥留之际,身边除了曾子的两个儿子曾元、曾申之外,侍疾的唯有忠诚的弟子乐正子春,因此他是可以记录《论语》中曾子临终遗言的不二人选,被柳宗元列入《论语》编纂者名单,实在是事出有因。乐正子春是以孝、信驰名的。《礼记·檀弓下》记述："乐正子春之母死,五日而不食,曰:

　①　[清]阮元校刻:《十三经注疏》(全2册),北京:中华书局,1980年版,第1277页。

　②　[宋]朱熹撰:《四书章句集注》,北京:中华书局,1983年版,第55页。

　③　[宋]朱熹撰:《四书章句集注》,北京:中华书局,1983年版,第252页。

　④　[清]黄宗羲原著、全祖望补修,陈金声、梁运华点校:《宋元学案》(全4册),北京:中华书局,1986年版,第1304页。

　⑤　[宋]朱熹:《朱熹文集》,明嘉靖十一年(1532年)福州府学本,卷41。

'吾悔之,自毋而不得吾情,吾恶乎用吾情?'"①《礼记·祭义》又记述:"乐正子春下堂而伤其足,数月不出,犹有忧色。门弟子曰:'夫子之足瘳矣,数月不出,犹有忧色,何也?'乐正子春曰:'善如尔之问也,善如尔之问也。吾闻诸曾子,曾子闻诸夫子曰:天之所生,地之所养,无人为大。父母全而生之,子全而归之,可谓孝矣。不亏其体,不辱其身,可谓全矣。故君子顷步而弗敢忘孝也。今予忘孝之道,予是以有忧色也。一举足而不敢忘父母,一出言而不敢忘父母。一举足而不敢忘父母,是故道而不径,舟而不游,不敢以先父母之遗体行殆。一出言而不敢忘父母,是故恶言不出于口,忿言不反于身,不辱其身,不羞其亲,可谓孝矣。'"②这条材料也为《吕氏春秋·孝行览》、《大戴礼记·曾子大孝》所记述,尽管文字略有出入。从这些记述可以知道,乐正子春是恪守孔、曾孝道,并且以之为行为准则,深自反省的。

关于乐正子春之诚信,《韩非子·说林下》录有这么一则故事:"齐伐鲁,索谗鼎,鲁以其赝往。齐人曰:'赝也。'鲁人曰:'真也。'齐曰:'使乐正子春来,吾将听子。'鲁君请乐正子春,乐正子春曰:'胡不以其真往也?'君曰:'我爱之。'答曰:'臣亦爱臣之信。'"③(《吕氏春秋》、《新序》记为柳下惠或柳下季的材料,谗鼎皆作"岑鼎",二字音相近,谗鼎,鲁鼎也。)乐正子春面对国君的请求,也不愿付出诚信的代价。柳宗元所以说乐正子春参与《论语》修纂,就是唯有他有可能记录下曾子的临终遗言。而且以他对孔、曾遗训恪守不二,从不廉价出卖诚信而言,也给《论语》记述,增添几分可靠性。

至于子思参与编纂,则是必须提及,因为子思作为孔子之孙,具有修纂《论语》的责任、权利和能力。今本《论语》中,也可以发现子思参与的某些痕迹。只不过这次修纂并非孔府家事,因而将之置于乐正子春之次。柳宗元的判断得到二程、朱熹的赞同,比如程伊川认为:"《论语》之书,成于有子、曾子之门人,故其书独二子以'子'称。"④只不过如《孟子》所说,曾子是坚决反对由有若来主持儒门事务的,按诸情理,二子之门人编纂《论语》,只能是发生在不同时段的行为,不可能在同一次编纂中联合完成。

───────────────

① [清]阮元校刻:《十三经注疏》(全2册),北京:中华书局,1980年版,第1317页。
② [清]阮元校刻:《十三经注疏》(全2册),北京:中华书局,1980年版,第1599页。
③ [清]王先慎撰:《韩非子集解》(《诸子集成》五),北京:中华书局,1954年版,第144页。
④ [宋]朱熹撰:《四书章句集注》,北京:中华书局,1983年版,第43页。

由于宋明理学在后世学术上拥有巨大的话语权,他们所作出的《论语》成于曾子、有子之门人的判断,逐渐成了最具势力的一种共识。而且这也得到《论语》篇章学的支持。除了前述属于曾子临终遗言的二章之外,更具有篇章政治学意义的《论语·学而篇》的头六章,第四章就是"曾子曰"的显目的插入:"曾子曰:'吾日三省吾身:为人谋而不忠乎? 与朋友交而不信乎? 传不习乎?'"①曾子提倡每日坚持"反省内求"的修养功夫,作为立身处世的基石。前两则自我反问,讲究的是人际交往的忠诚信义的原则,后面一则反思,讲究的是传习师学的勤勉诚切,呼应着孔子开宗明义的以"学而时习之"为乐,孔子三问之始与曾子三问之末的两个"习"字一气贯穿。从篇章学上说,曾门于此处插入此章时,既没有挤掉第二章"有子曰"的张扬,又有着呼应第一章孔子以学习为乐的连贯,其思虑确实是严密深细的。

曾子"吾日三省吾身"修养模式,遵循着孔子倡导的"君子求诸己,小人求诸人"②思想路线。因而王阳明认为:"子夏笃信圣人,曾子反求诸己。笃信固亦是,然不如反求之切。"③顾炎武则由此看到曾子将孔学引向心性修养的趋向:"慈溪黄氏《日钞》曰:'心者,吾身之主宰,所以治事而非治于事,惟随事谨省则心自存,不待治之而后齐一也。孔子之教人曰:居处恭,执事敬,与人忠。曾子曰:吾日三省吾身,为人谋而不忠乎? 与朋友交而不信乎? 传不习乎? 不待言心而自贯通于动静之间者也。孟子不幸当人欲横流之时,始单出而为求为之说,然其言曰:君子以仁存心,以礼存心。则心有所主,非虚空以治之也。至于斋心服形之老、庄,一变而为坐脱立忘之禅学,乃始瞑目静坐,日夜仇视其心而禁治之。及治之愈急而心愈乱,则曰:易伏猛兽,难降寸心。呜呼! 人之有心,犹家之有主也。反禁切之,使不得有为,其不能无扰者,势也,而患心之难降欤?'又曰:'夫心之说有二,古人之所谓存心者,存此心于当用之地也。后世之所谓存心者,摄此心于空寂之境也。造化流行,无一息不运,人得之以为心,亦不容一息不运,心岂空寂无用之物哉! 世乃有游手浮食之徒,株坐摄念,亦曰存心。而士大夫溺于其言,亦将遗落世事,以独求其所谓心。追其心迹冰炭,物我参商,所谓老子之弊流为申、韩者。一人之身已兼备之,而欲尤人之不我应,得

---

① 〔清〕阮元校刻:《十三经注疏》(全 2 册),北京:中华书局,1980 年版,第 2457 页。
② 〔清〕阮元校刻:《十三经注疏》(全 2 册),北京:中华书局,1980 年版,第 2518 页。
③ 〔明〕王阳明撰:《王文成公全书》,明隆庆六年(1572 年)刊本,《传习录》卷上。

乎!'此皆足以发明'厉熏心'之义,乃周公已先系之于《易》矣。"①

也就是说,曾子"吾日三省吾身",乃是一种"正心"之学。这种"不待言心而自贯通于动静之间"的反求诸己的自省方式,与据称为曾子著《大学》中的格物、致知、诚意、正心、修身、齐家、治国、平天下的思想行为方法相衔接,并为之提供了身心兼修方式的原点。而且曾子"正心之学"的路线,经由子思,被孟子吸纳而推进。《孟子·离娄上》云:"爱人不亲,反其仁。治人不治,反其智。礼人不答,反其敬。行有不得者皆反求诸己,其身正而天下归之。"②无论从《论语》篇章学,或是从儒学演变趋势而言,曾子"吾日三省吾身"章的设立,实际上是《论语》中曾子路线的确立。在七十子及其后学编纂《论语》的过程中,他们继承孔子之道术的门径,一是颜回路线,二是曾参路线。颜回之"复",曾子之"省",成为《论语》仁学思想的两条达至的途径。

---

① [清]顾炎武著,[清]黄汝成集释,秦克诚点校:《日知录集释》,长沙:岳麓书社,1994年版,第17页。

② [宋]朱熹撰:《四书章句集注》,北京:中华书局,1983年版,第278页。

六章　统计学视野中的材料取舍

　　然而从柳宗元到二程、朱熹对《论语》编纂者的判断，虽有根据，却也受到了《论语》篇章学的挑战。这意味着《论语》编纂过程的复杂程度，远超出他们依据十余处的"称谓变异"所作的指认。比如清人唐晏《两汉三国学案》卷十就作了如此猜测："七十子学孔子而各得其性之所近，孔子既殁，乃各征集所闻以志弗谖（忘）。故二十篇不必出诸一人也，如《宪问》之出于原氏，《子张》之出于颛孙氏，尚可意会而知。及传至汉初，顿有三本，曰《古》、曰《鲁》、曰《齐》。孰从而分之，正难索解。殆及其后有张禹者出，遂合三本为一，而淄、渑莫辨矣。"①这种说法也是印象式的推测。但它触及《论语》篇章是多棱镜，而非平面镜，称谓问题只是多棱镜的一面。这里就提及《宪问》、《子张》等篇题问题，"篇题变异"与"称谓变异"一样，也属于辨析《论语》编纂的生命痕迹的关节点，而曾子、有子是没有上篇题的。

　　犹有一点值得思考，司马迁是得见《古论语》的，《史记·仲尼弟子列传》引述数十则《论语》文字介绍众弟子。但引《论语》中二则文字介绍有若，却没有居于今本首篇《学而》第二章之"有子曰：其为人也孝弟"；介绍曾子，也不引首篇第四章之"曾子曰：吾日三省吾身"，以及其他"曾子曰"。仅以三十四字述曾子："曾参，南武城人，字子舆。少孔子四十六岁。孔子以为能通孝道，故授之业。作《孝经》。死于鲁。"②《史记》引文与今本《论语》篇章的错位，难免令人产生疑惑：太史公所见《古论语》究竟若何，为何刊落首篇中非常关键的"有子曰"、"曾子曰"？

　　即便对今本《论语》，略作篇章统计学的分析，也会发现，来自《论语》篇章多棱镜的挑战之一，是诸弟子的篇章占有之数量。有子、曾子条目数量偏低。在《论语》中，条目最多的弟子，依次是子路 42 次，子贡 38 次，颜回、子夏 21 次，子张 18 次，冉有 16 次，然后才轮到曾子 15 次，仲弓 11 次。这

---

①　［清］唐晏著，吴东民点校：《两汉三国学案》，北京：中华书局，1986 年版，第 495 页。

②　［汉］司马迁撰：《史记》（全 10 册），北京：中华书局，1959 年版，第 2205 页。

八位,是全部出现 10 次以上的人,曾子居第七,有子只有 4 次,排位更低许多。这是否说明,在有子、曾子弟子接手编纂《论语》时,不是只面对自己搜集的回忆材料,而是面对已经成形的《论语》初编本?

　　挑战之二,是著名弟子的篇章占有之质地。质地体现在理性和情感两个方面,价值理性体现在某弟子受尊崇的程度,情感亲密度体现在其音容笑貌的鲜活程度上。在《论语》出现次数最多的弟子行列中,颜回最受尊崇,子路言行不仅最多,而且最富于鲜活的现场感。二人名字都赫然上了篇题。子路本是东夷“野人”,直率剽悍,勇武刚毅,故《史记》及《孔子家语》录有孔子之言:“自吾得由,恶言不闻于耳。”①子路成了孔子驱逐恶言、捍卫尊严的卫士。《孔丛子·论书》记载孔子将子路与颜回、子贡、子张并列为“吾有四友”②,称“自吾得仲由也,恶言不至于门,是非御侮乎!”③孔子、仲由之友谊洵为亦师亦友,甚至有点以生死相许,这才有孔子云:“道不行,乘桴浮于海。从我者,其由与?”④孔子之感叹,说明他以为子路的信义和勇武,是可以护卫远行,可以托付余生。《左传》对子路的记载有二处,一是在鲁哀公十四年(公元前 481 年),子路死前一年:“小邾射以句绎来奔,曰:‘使季路要我,吾无盟矣。’使子路,子路辞。季康子使冉有谓之曰:‘千乘之国,不信其盟,而信子之言,子何辱焉?’对曰:‘鲁有事于小邾,不敢问故,死其城下可也。彼不臣而济其言,是义之也。由弗能。’”⑤小邾国大夫以城邑来投靠鲁国,他不信鲁国的盟约,而相信子路一言之诺。子路因其对本国不臣,不愿见他,可见子路的信义影响广远。二是《左传》鲁哀公十五年,记子路之死,卫国动乱,“季子(子路)将入,遇子羔(高柴)将出,曰:‘门已闭矣。’季子曰:‘吾姑至焉。’子羔曰:‘弗及,不践其难!’季子曰:‘食焉,不辟其难。’子羔遂出,子路入。及门,公孙敢门焉,曰:‘无入为也。’季子曰:‘是公孙也,求利焉而逃其难。由不然,利其禄,必救其患。’有使者出,乃入。……大子闻之,惧,下石乞、盂黡敌子路。以戈击之,断缨。子路曰:

　　① [汉]司马迁撰:《史记》(全 10 册),北京:中华书局,1959 年版,第 2194 页。另见,王国轩、王秀梅译注:《孔子家语》,北京:中华书局,2011 年版,第 427 页。

　　② 傅亚庶撰:《孔丛子校释》(《新编诸子集成续编》),北京:中华书局,2011 年版,第 20 页。

　　③ 傅亚庶撰:《孔丛子校释》(《新编诸子集成续编》),北京:中华书局,2011 年版,第 21 页。

　　④ [清]阮元校刻:《十三经注疏》(全 2 册),北京:中华书局,1980 年版,第 2473 页。

　　⑤ 杨伯峻编著:《春秋左传注》(全 4 册),北京:中华书局,1990 年版,第 1682 页。

'君子死,冠不免。'结缨而死。孔子闻卫乱,曰:'柴也其来,由也死矣。'"①
在生死关头,子路抱着"利其禄,必救其患"的担当为其主上讨说法,又忠于
礼义结缨而死。孔子是深知子路刚毅担当、舍生取义的精神的。

由于彼此肝胆相照,子路对他以为的孔子错误,敢于毫无遮拦地批评,
这在二三子中最是突出。比如鲁国季氏的家臣公山弗扰在费邑反叛,孔子
想应招前往,受到子路的反对而作罢。晋国佛肸占据中牟,反叛赵简子,孔
子想应招去治理政务,子路直言不讳地说:"昔者由也闻诸夫子曰:'亲于其
身为不善者,君子不入也。'佛肸以中牟畔,子之往也,如之何?"②子路此种
言行,耿直坦率,胸无芥蒂,简直有点孔子诤友的意味。

尤其著名者,是孔子在鲁国失势之后,到鲁的兄弟之国寻找发展机会,
通过卫灵公的男宠弥子瑕去见名声不太好的南子(淫于宋公子朝,持卫灵
公之宠干政),惹得子路满肚子不高兴,孔子只好对天发誓:"予所否者,天
厌之! 天厌之!"③在孔门弟子中敢于如此当面扫夫子之兴者,唯子路一人
而已。对于此事缘由,《吕氏春秋·慎大览》记载:"孔子道弥子瑕见釐夫
人。"④《淮南子·泰族训》述说:"孔子欲行王道,东西南北七十说而无所
偶,故因卫夫人、弥子瑕而欲通其道。此皆欲平险除秽,由冥冥至炤炤,动
于权而统于善者也。"⑤刘向《列女传》卷七"孽嬖传",进一步记述南子乱
政:"南子者,宋女,卫灵公之夫人,通于宋子朝。太子蒯聩知而恶之,南子
谗太子于灵公。"⑥即所谓"南子惑淫,宋朝是亲,谮彼蒯聩,使之出奔"⑦。
桓宽《盐铁论·论儒第十一》又转过头来,借御史之口作出批评:"《礼》:男
女不授,不交爵。孔子适卫,因嬖臣弥子瑕以见卫夫人,子路不说。子瑕,
佞臣也,夫子因之,非正也。男女不交,孔子见南子,非礼也。礼义由孔氏,
且贬道以求容,恶在其释事而退也?"⑧《论语》"子见南子"此章语焉不详,
但与战国秦汉诸多文献形成互文关系,即掀开了孔子政治行为灵活性的一

---

① 杨伯峻编著:《春秋左传注》(全4册),北京:中华书局,1990年版,第1695—1696页。
② [清]阮元校刻:《十三经注疏》(全2册),北京:中华书局,1980年版,第2525页。
③ [清]阮元校刻:《十三经注疏》(全2册),北京:中华书局,1980年版,第2479页。
④ 许维遹撰,梁运华整理:《吕氏春秋集释》(全2册),北京:中华书局,2009年版,第389页。
⑤ [西汉]刘安等编:《淮南子》(《诸子集成》七),北京:中华书局,1954年版,第359页。
⑥ 张涛撰:《列女传译注》,济南:山东大学出版社,1990年版,第288页。
⑦ 张涛撰:《列女传译注》,济南:山东大学出版社,1990年版,第288页。
⑧ [汉]桓宽撰,王利器校注:《盐铁论校注》(全2册),北京:中华书局,1992年版,第151页。

面。连朱熹也只好如此辨解："盖子路性直,见子去见南子,心中以为不当
见,便不说(悦)。夫子似乎发咒模样。夫子大故激得来躁,然夫子却不当
如此。古书如此等晓不得处甚多。"①其实不要以为圣人就不食人间烟火,
子路的出现,使得《论语》中的孔子,不仅是满嘴高论的老师,而且是有说有
笑、甚至是有悔有恨,因而可亲可近的朋友。

更有甚者,孔门师徒风尘仆仆从周游列国途中回到卫国,卫国却因为
南子恃宠乱政,驱逐太子蒯聩,留下卫灵公之子蒯聩与卫灵公之孙卫出公
辄争位的后遗症。当时卫国形势如朱熹所分析:"若就卫论之,辄,子也,蒯
聩是父。今也,以兵拒父,是以父为贼,多少不顺,其何以为国,何以临民?
事既不成,则颠沛乖乱,礼乐如何会兴,刑罚如何会中? 明道所谓一事苟,
其余皆苟,正谓此也。"②此时占据国君大位的卫出公辄可能聘请孔子从
政,子路就问孔子:"卫君待子而为政,子将奚先?"孔子回答:"必也正名
乎!"谁想子路竟然顶撞孔子迂腐:"有是哉,子之迂也! 奚其正?"孔子也毫
不客气地斥责子路野蛮:"野哉,由也! 君子于其所不知,盖阙如也。名不
正,则言不顺;言不顺,则事不成;事不成,则礼乐不兴;礼乐不兴,则刑罚不
中;刑罚不中,则民无所措手足。故君子名之必可言也,言之必可行也。君
子于其言,无所苟而已矣。"③在这场争辨中,孔子显示了不苟且从政,坚持
正名的原则性的一面。此事的后话是六年后,晋赵简子与阳虎用武力纳蒯
聩入卫,子路在抵抗蒯聩势力中战死,"君子死不免冠"。如果我们不是用
一味崇圣的眼光,辨解孔子一贯正确的话,孔子与子路的交往中直率的信
任,显示的正是一种难得的气度与胸怀。七十子将这些言论记录传世,也
是一种气度与胸怀。在篇章学多棱镜的折射中,《论语》蕴含着多重阐释和
深度解读的可能。

只要采取以生命解经的法则,从《论语》采用众多章节,生气勃勃地记
录子路性格化的言论来看,其原始材料只能是在众弟子为孔子筑庐守心孝
的三年间,回忆记录的结果。颜回、子路先孔子一二年而死,斯人虽逝,音
容宛然,此时将这两位大师兄与夫子一同追思和祭奠,能说的话尤多,能叙
的情尤切,用语措词也无所顾忌。就《左传》记述子路的二处,也是源自七

①　[宋]黎靖德编,王星贤点校:《朱子语类》(全 8 册),北京:中华书局,1986 年版,第 838 页。
②　[宋]黎靖德编,王星贤点校:《朱子语类》(全 8 册),北京:中华书局,1986 年版,第 1100 页。
③　[清]阮元校刻:《十三经注疏》(全 2 册),北京:中华书局,1980 年版,第 2506 页。

十子的忆述，折射了七十子对子路刚直信义人格的钦佩。这就使得《论语》文字，于子路、颜回处，别具情感和辞彩，或者别具生命气息。由于颜回、子路先孔子而死，并无多少私家弟子，若在五十年后曾子逝世时，采用别人弟子隔代回忆，时过境迁，人事邈远，难免音影隔膜，情感褪色。那时再由别人的弟子编录，也难以保证收录如此多的条目，进行如此栩栩如生的渲染。篇章也是有体温和色彩的，这些篇章的体温和色彩，见证了《论语》原初的编纂现场，离颜回、子路之死不会太远，也只能是"夫子既卒"之时。

从篇章占有量而言，子贡条目之多，仅次于子路，那么最初主持《论语》编纂事务，会不会是条目众多的孔门名人子贡呢？前面引用过《孟子·滕文公上》这段话："昔者，孔子没，三年之外，门人治任将归，入揖于子贡，相向而哭，皆失声，然后归。子贡反，筑室于场，独居三年，然后归。"①可见子贡对孔子感情极深，在众同门中声望颇著，在颜回、子路等大师兄业已亡故的情形下，子贡以其资历和位置，成为孔子丧事的主要操持者。《左传·鲁哀公十六年》（公元前 479 年）记载："夏四月己丑，孔丘卒。公诔之曰：'旻天不吊，不憗遗一老。俾屏余一人以在位，茕茕余在疚。呜呼哀哉，尼父！无自律。'子赣曰：'君其不没于鲁乎！夫子之言曰：礼失则昏，名失则愆。失志为昏，失所为愆。生不能用，死而诔之，非礼也；称一人，非名也。君两失之。'"②子贡能在丧礼仪式上指责鲁哀公，表明他是丧礼的主持者。正由于子贡是主要主持者，在众同门离散之后，他才有必要静下心来，再独居守心孝三年。因而，他并非没有可能承担《论语》编纂之资格和责任。然而，这又遇上了篇章多棱镜发出的挑战之三：篇章占有数量与篇章占有质地的反差和矛盾。子贡的条目虽多，但褒贬参半。

卫人子贡在孔子弟子中，智商第一，审时度势，能言善辨，政商兼长，被称为"瑚琏之器"，孔子以宗庙中盛黍稷的木制玉饰的礼器来形容他，实则他是难得之干才。他对孔门立有大功，当孔子一行厄于陈蔡，被困绝粮七日的危急关头，"于是使子贡至楚。楚昭王兴师迎孔子，然后得免"③。子贡的外交才能与颜回的安贫乐道形成鲜明对照，当孔子一行被困于匡时，走散了的颜回赶回匡，孔子担心地责怪："吾以女为死矣。"颜回毕恭毕敬地回答：

<hr />

① ［宋］朱熹撰：《四书章句集注》，北京：中华书局，1983 年版，第 260 页。
② 杨伯峻编著：《春秋左传注》（全 4 册），北京：中华书局，1990 年版，第 1698－1699 页。
③ ［汉］司马迁撰：《史记》（全 10 册），北京：中华书局，1959 年版，第 1932 页。

"子在,回何敢死?"①这类话表达诚敬之情则可,对于解除困厄无济于事。

然而,儒门规矩并没有将子贡的外交才能纳入仁学和政治学的原则之中,只是将之归入"言语"科。政治而被当作言语技巧,那就有政客之嫌了。子贡的外交才能,《左传》起码有五次记载,时在鲁哀公七年(公元前488年)至十五年,他代表鲁、卫二国,与吴、齐等强国周旋。直到鲁哀公二十七年(公元前468年),越王勾践灭吴五年后,遣使与鲁国要盟划界,季康子相当狼狈,想起子贡,说:"若在此,吾不及此夫!"②可见子贡外交能力之深入人心。子贡最有声色的外交行为,见于《史记·仲尼弟子列传》记载:"田常欲作乱于齐,惮高、国、鲍、晏,故移其兵欲以伐鲁。孔子闻之,谓门弟子曰:'夫鲁,坟墓所处,父母之国,国危如此,二三子何为莫出?'子路请出,孔子止之。子张、子石请行,孔子弗许。子贡请行,孔子许之。"③此事发生在鲁哀公十一年(公元前484年),孔子结束先后凡十四年的周游列国,自卫归鲁前后。《春秋经》同年记载:"十有一年,春,齐国书帅师伐我。……五月,公会吴伐齐。"④齐国书帅师伐鲁,就是田常"移其兵欲以伐鲁";鲁"会吴伐齐",是子贡外交的效果。只不过《春秋》、《左传》材料来自官方文献,不记子贡向孔子请行后的活动。

但《史记·仲尼弟子列传》却以超出其他弟子许多的篇幅,记述子贡在齐、吴、越、晋、鲁诸国展开灵活多变、利用矛盾、往往是"四两拨千斤"的穿梭外交,从而达到了"子贡一出,存鲁,乱齐,破吴,强晋而霸越。子贡一使,使势相破,十年之中,五国各有变"⑤的效果,超额完成了孔子交给的任务。以致后来叙写吴越争霸的《越绝书》也托为子贡所撰,似乎他在这个重大历史事件中拥有某种专利权⑥。章太炎《诸子学略说》引述《越绝书·内传·

---

① 〔清〕阮元校刻:《十三经注疏》(全2册),北京:中华书局,1980年版,第2500页。
② 杨伯峻编著:《春秋左传注》(全4册),北京:中华书局,1990年版,第1733页。
③ 〔汉〕司马迁撰:《史记》(全10册),北京:中华书局,1959年版,第2197页。
④ 杨伯峻编著:《春秋左传注》(全4册),北京:中华书局,1990年版,第1657页。
⑤ 〔汉〕司马迁撰:《史记》(全10册),北京:中华书局,1959年版,第2201页。
⑥ 《越绝书》卷15《越绝篇叙外传记》云:"故圣人没而微言绝,赐见《春秋》改文尚质,讥二名,兴素王,亦发愤吴越,章句其篇,以喻后贤。赐之说也,鲁安,吴败,晋强,越霸,世春秋二百余年,垂象后王。赐传吴越,□指于秦。圣人发一隅,辨士宣其辞,圣文绝于彼,辨士绝于此。故题其文,谓之《越绝》。"《崇文总目》卷2:"《越绝书》十五卷。原释子贡撰,或曰子胥。"《隋书》、新旧《唐书》的"经籍志"或"艺文志",均作"子贡撰"。《四库全书总目》才破解其中隐其作者姓名的廋词,指认为"汉会稽袁康撰,同郡吴平所定"。

陈成恒篇》所云"子贡一出，存鲁、乱齐、破吴、强晋、霸越"之后，作出判断："儒家不兼纵横，则不能取富贵。"①

　　然而对于倾动列国大局的这场杰出的遵师命的出使活动，《论语》未置一词，其编纂过程并没有为"纵横"和"富贵"所动。尽管这桩影响列国大局的穿梭外交，在《史记·仲尼弟子列传》占了最大的篇幅，但那是史家的眼光，而《论语》的眼光与之迥然有别。究其缘由，源自孔府文献的《孔子家语》在删除上述肯定"子贡一出"云云的话之后，却加上另一句话："孔子曰：'夫其乱齐、存鲁，吾之始愿，若能强晋以弊吴，使吴亡而越霸者，赐之说之也。美言伤信，慎言哉！'"②按照儒家的中庸哲学，"过犹不及"，这种"美言伤信"，岂可无保留地肯定？但是所加的这句"孔子曰"是不可信的，越国灭吴，在鲁哀公二十二年（公元前473年），孔子亡故已六年，岂能说出这样的话？

　　即便是子贡的经商致富行为，也受到儒门规矩的排斥，甚至受到一些安贫乐道弟子的歧视。子贡在孔子身后，政商皆达，曾任鲁、卫两国之相，经商于曹、鲁两国之间，家累千金，成为孔子弟子中首富。有所谓"子贡既学于仲尼，退而仕于卫，废著鬻财于曹、鲁之间，七十子之徒，赐最为饶益。原宪不厌糟糠，匿于穷巷。子贡结驷连骑，束帛之币以聘享诸侯。所至，国君无不分庭与之抗礼。夫使孔子名布扬于天下者，子贡先后之也。此所谓得势而益彰者乎？"③子贡以其丰厚财富和外交天才，对早期儒学的发展、传播及影响，起到无以代替的作用。

　　但是，在孔子身后，子贡肥马轻裘，拜访原宪，却受到这位恪守儒门宗风的同门的嘲弄。原宪本是孔子为鲁司寇时的家臣，孔子给他几百斛的俸禄，也推辞不受。孔子死后，原宪隐居卫国，茅屋瓦牖，上漏下湿，还弦歌不息。他衣衫褴褛，"振襟则肘见，纳履则踵决"④，出来迎接老同门。子贡说："嘻！先生何病也！"⑤原宪高傲地仰头回答："宪闻之：无财之谓贫，学而不能行之谓病。宪，贫也，非病也。若夫希世而行，比周而友，学以为人，

　　①　郑振铎编选：《晚清文选》（卷下），北京：中国社会科学出版社，2002年版，第400页。
　　②　王国轩、王秀梅译注：《孔子家语》，北京：中华书局，2011年版，第413页。
　　③　[汉]司马迁撰：《史记》（全10册），北京：中华书局，1959年版，第3258页。
　　④　[汉]韩婴撰，许维遹校释：《韩诗外传集释》，北京：中华书局，1980年版，第11页。
　　⑤　[汉]韩婴撰，许维遹校释：《韩诗外传集释》，北京：中华书局，1980年版，第11页。

教以为己，仁义之匿，车马之饰，衣裘之丽，宪不忍为之也。"①子贡低头徘徊，面有惭色，不辞而去。原宪却徐步曳杖，歌《商颂》而回，声音如出金石，弥漫于天地之间。这种人"天子不得而臣也，诸侯不得而友"②，做到了"养身者忘家，养志者忘身"③的地步。

《史记·宋微子世家》太史公曰："襄公之时，修行仁义，欲为盟主。其大夫正考父美之，故追道契、汤、高宗，殷所以兴，作《商颂》。"④毛、郑以为，正考父得《商颂》于周太师。正考父是孔子七世祖，因而在某种意义上，《商颂》是孔子的"家学"血脉所在。原宪歌《商颂》而回，乃是在子贡面前显示，他这位孔氏家宰才是得孔子真传之人。对于这番遭遇，子贡的态度是忍气吞声、有口莫辨的："子贡惭，终身耻其言之过。"⑤《孔子家语·七十二弟子解》和《史记·仲尼弟子列传》都有相似的记载。

人们可以设想，如果儒学及其核心经典《论语》强化了子贡路线，那么日后中国的思想文化和政治运作，可能会增加颇为可观的政治的和商业的灵活度。如果那样，社会发展有了新的活力，而儒家集团却可能成为某种政治集团的附庸，儒门的庭院变得热闹了，却失去纯粹了。儒门有一个信条"君子喻于义，小人喻于利"⑥，这就使得子贡在政治上趋利避害、经商时逐利致富的行为，得不到同门二三子的认可及合适评价。

至此就可以返回《论语》首篇《学而》的首六章，看其开宗明义之旨了。第三章是"子曰：巧言令色，鲜矣仁！"⑦这是针对谁呢，需要请出孔子在如此关键处郑重发言？孔子此言在《阳货篇》中重见，也许那里才是其合适的位置，将之提前到《学而篇》第三章，性质和分量就发生了根本的变化，对于阅读心理具有令人愕然而砰然的冲击力：这第三章难道不是针对子贡，至少是针对子贡式的作风？子贡式的聪明并非孔门孜孜以求的品德，太史公早就看出这一点："子贡利口巧辞，孔子常黜其辨。"⑧可以说，子贡虽智，他

---

① ［汉］韩婴撰，许维遹校释：《韩诗外传集释》，北京：中华书局，1980 年版，第 11 页。
② ［汉］韩婴撰，许维遹校释：《韩诗外传集释》，北京：中华书局，1980 年版，第 12 页。
③ ［汉］韩婴撰，许维遹校释：《韩诗外传集释》，北京：中华书局，1980 年版，第 12 页。
④ ［汉］司马迁撰：《史记》（全 10 册），北京：中华书局，1959 年版，第 1633 页。
⑤ 王国轩、王秀梅译注：《孔子家语》，北京：中华书局，2011 年版，第 426 页。
⑥ ［清］阮元校刻：《十三经注疏》（全 2 册），北京：中华书局，1980 年版，第 2471 页。
⑦ ［清］阮元校刻：《十三经注疏》（全 2 册），北京：中华书局，1980 年版，第 2457 页。
⑧ ［汉］司马迁撰：《史记》（全 10 册），北京：中华书局，1959 年版，第 2195 页。

在儒学中却走偏了门。他的那一套只能看作儒学发展的动力，不能代表儒学发展的方向。其实，"鲜矣仁"是孔子一个带普遍性的判断。《论语·公冶长》记载："孟武伯问：'子路仁乎？'子曰：'不知也。'又问。子曰：'由也，千乘之国，可使治其赋也，不知其仁也。''求也何如？'子曰：'求也，千室之邑，百乘之家，可使为之宰也，不知其仁也。''赤也何如？'子曰：'赤也，束带立于朝，可使与宾客言也，不知其仁也。'"①可见孔子不曾轻易以"仁"许人，连子路、冉有、公西赤这些大弟子都没有轻许，唯一称许的也许只有一个颜回。《论语·雍也篇》："子曰：回也，其心三月不违仁，其余则日月至焉而已矣。"②《淮南子·人间训》记载："人或问孔子曰：'颜回何如人也？'曰：'仁人也。丘弗如也。''子贡何如人也？'曰：'辨人也。丘弗如也。''子路何如人也？'曰：'勇人也。丘弗如也。'宾曰：'三人皆贤夫子，而为夫子役。何也？'孔子曰：'丘能仁且忍，辨且讷，勇且怯。以三子之能，易丘一道，丘弗为也。'"③孔子以"仁人"许颜回的如此富有戏剧性的对话，只能在《论语》之外的杂家子书中发现。

　　明代有儒者读《论语》，生出如此感受："《论语》中颜子不曾有甚言语，却称他是德行第一。闵子、伯牛、仲弓言语亦少，只是德行，都列在前。子贡、子游、子夏也不知说了多少，却列在后。……《易》曰：默而成之，不言而信，存乎德行。人只是重厚笃实，人便信他是有德行的。若徒高谈阔论，其为害亦不细，虽谓之邪说可也。"④这种说法隐约透露了《论语》编纂时值得注意的某种价值取向。

　　就从未轻易以"仁"许人这一点，可以领略到，孔子对儒学道术传统设立何种标准，由谁传承衣钵，是心存焦虑，而未雨绸缪的。孔子是道统的奠基者，又是道统传承的设计师。孔子每每将子贡与颜回相比较："回也其庶乎，屡空。赐不受命，而货殖焉。亿则屡中。"⑤营商获利，岂非天经地义？如太史公所言："用贫求富，农不如工，工不如商。"⑥这算得上通达之语。然而孔子觉得，颜回更像自己的模子里倒出来的："贤哉回也！一箪食，一

---

① ［清］阮元校刻：《十三经注疏》（全2册），北京：中华书局，1980年版，第2473页。
② ［清］阮元校刻：《十三经注疏》（全2册），北京：中华书局，1980年版，第2478页。
③ ［西汉］刘安等编：《淮南子》（《诸子集成》七），北京：中华书局，1954年版，第321页。
④ ［明］吕柟撰、赵瑞民点校：《泾野子内篇》，北京：中华书局，1992年版，第283页。
⑤ ［清］阮元校刻：《十三经注疏》（全2册），北京：中华书局，1980年版，第2499页。
⑥ ［汉］司马迁撰：《史记》（全10册），北京：中华书局，1959年版，第3274页。

瓢饮,在陋巷。人不堪其忧,回也不改其乐。贤哉回也!"①孔子出此言,是深有感触的。《庄子·让王篇》记述颜回回答孔子"家贫居卑,胡不仕乎?"如此说:"不愿仕。回有郭外之田五十亩,足以给饘粥。郭内之田十亩,足以为丝麻。鼓琴足以自娱,所学夫子之道者足以自乐也。回不愿仕。"②上海博物馆藏战国楚竹书中,记述颜回向孔子请教何为君子之"内事"、"内教"、"至明"之后,也表达了"贫而安乐"的心志③。孔子与颜回共同创造了一种快乐的人生境界,所谓安贫乐道,即是"孔颜乐处"。孔子这样体验人生意义:"饭疏食饮水,曲肱而枕之,乐亦在其中矣。不义而富且贵,于我如浮云。"④直到他周游列国,吃尽苦头的时候,还高扬着这种境界:"叶公问孔子于子路,子路不对。子曰:'女奚不曰,其为人也,发愤忘食,乐以忘忧,不知老之将至云尔!'"⑤

这些属于《论语》最有诗意的文字,也可以称得上是古老中国的一种"诗意栖居"。其中蕴含的人生哲学启示着世人,不应将人的本质沉溺于金钱、权利和人欲横流之中,以至于驱逐正义,扭曲了灵魂;而应该让心灵深处诗意的阳光洒满人生的行程,摒弃鄙俗和猥琐,追求天地间的大澄明、大智慧、大喜悦、大安详、大纯美。这对于那种争权夺利、物欲横流、贪污腐化、钻营权势、唯利是图的恶浊风气而言,是一股沐浴灵魂的清泉,是一片安置心灵的绿野,是一块抗拒腐蚀的精金。

应该说,在动乱时世和糜烂风气中,维护仁义和礼乐于不坠,甚至公然宣称"知其不可而为之",这也是中国士人君子守卫文化价值和文化命脉的可贵的坚毅的意志力。有人如此坚持和无人如此坚持大不一样,它证明天地间一点良知并未泯灭,一种意志不可摧折,而且这种良知和意志在孔门已成了一种根深蒂固的门庭风气,已成了乱世风暴中的一片绿洲。至于子贡本人,对这种风气也唯有勉力认同,不思抗拒。比如孔子问子贡:"女与回也孰愈?"子贡回答:"赐也何敢望回? 回也闻一以知十,赐也闻一以知

①　[清]阮元校刻:《十三经注疏》(全2册),北京:中华书局,1980年版,第2478页。
②　[清]王先谦撰,沈啸寰点校:《庄子集解》,北京:中华书局,1987年版,第256页。
③　马承源主编:《上海博物馆藏战国楚竹书》(八),上海:上海古籍出版社,2011年版,第142—157页。
④　[清]阮元校刻:《十三经注疏》(全2册),北京:中华书局,1980年版,第2482页。
⑤　[清]阮元校刻:《十三经注疏》(全2册),北京:中华书局,1980年版,第2483页。

二。"①孔子对这种回答是满意的，而且还将自己加进去："弗如也；吾与子弗如也。"②对于孔子、子贡这段对话，王充《论衡·问孔篇》感到奇怪而发问："使孔子徒欲表善颜渊，称颜渊贤，门人莫及，于名多矣，何须问于子贡？子曰：'贤哉，回也。'又曰：'吾与回言终日，不违如愚。'又曰：'回也，其心三月不违仁。'三章皆直称，不以他人激。至是一章，独以子贡激之，何哉？或曰：欲抑子贡也。当此之时，子贡之名凌颜渊之上，孔子恐子贡志骄意溢，故抑之也。"③可以设想，子贡以其辩才和干练，确实存在着"子贡之名凌颜渊之上"的势头，为道统传承计，孔子有必要扬颜回而抑子贡，而且要使子贡领会到他这番苦心。

　　然而由于孔子对儒门风气和传道、传经的宗脉怀有自信，晚年又作如此预言："丘死之后，商（子夏）也日益，赐（子贡）也日损。商也好与贤己者处，赐也好悦不如己者。"④这些话与《论语·学而篇》及《子罕篇》重复出现的"子曰：主忠信，无友不如己者，过则勿惮改"，是可以作为互文而参证的。区别只不过在于《论语》文字，并没有点子贡的名，可能是被《论语》编纂时删落；而那些收入《说苑》的遗简，则点了子贡的名。它们的区别不是真与伪的问题，而是《论语》编纂者实施的篇章政治学之原则所致。

　　有趣的是，子贡在孔门的尴尬，并没有降低他在列国的影响，这折射了孔门的处世原则与当时社会的处世原则，存在着明显的差异。《论语·子张篇》有两条很特别的材料，一条是鲁国大夫叔孙武叔在朝廷上对其他大夫说："子贡贤于仲尼。"⑤当鲁大夫子服景伯传话给子贡时，子贡说："譬之宫墙。赐之墙也及肩，窥见室家之好。夫子之墙数仞，不得其门而入，不见宗庙之美，百官之富。得其门者或寡矣。夫子之云，不亦宜乎？"⑥后来子贡听到叔孙武叔毁谤孔子，就挺身而出，驳斥道："无以为也。仲尼，不可毁也。他人之贤者，丘陵也，犹可逾也。仲尼，日月也，无得而逾焉。人虽欲自绝，其何伤于日月乎？多见其不知量也。"⑦另一条材料，是陈子禽对子

①　[清]阮元校刻：《十三经注疏》(全2册)，北京：中华书局，1980年版，第2473页。
②　[清]阮元校刻：《十三经注疏》(全2册)，北京：中华书局，1980年版，第2473页。
③　黄晖撰：《论衡校释》(全4册)，北京：中华书局，1990年版，第404—405页。
④　[汉]刘向撰，向宗鲁校证：《说苑校证》，北京：中华书局，1987年版，第430页。
⑤　[清]阮元校刻：《十三经注疏》(全2册)，北京：中华书局，1980年版，第2532页。
⑥　[清]阮元校刻：《十三经注疏》(全2册)，北京：中华书局，1980年版，第2532—2533页。
⑦　[清]阮元校刻：《十三经注疏》(全2册)，北京：中华书局，1980年版，第2533页。

贡说:"子为恭也,仲尼岂贤于子乎?"①子贡明确地回答:"君子一言以为知,一言以为不知,言不可不慎也。夫子之不可及也,犹天之不可阶而升也。夫子之得邦家者,所谓立之斯立,道之斯行,绥之斯来,动之斯和。其生也荣,其死也哀。如之何其可及也?"②由此可知,子贡虽然在孔门不时遇到尴尬,但他始终没有减少对孔子的尊崇,甚至有点让人觉得,他愈遭遇尴尬,愈要以其辩口利舌,表现出尊崇孔子的姿态,以使自己得到精神上的补偿。这就造成子贡在儒门的处境之微妙,儒门因他而拓展影响,但儒门并无意于让他左右方向。可以设想,处境如此复杂的子贡,即便付出一番煞费苦心的协调和经营,似乎也难以获得坚持儒门道统标准的重要同门的普遍认同,更不用说,获得编纂《论语》时对材料论衡取舍的话语权了。

从《论语》篇章政治学的角度考察,也可以发现子贡处境的这种吊诡。虽然《论语·学而篇》第三章"子曰:'巧言令色,鲜矣仁!'"③带有遏制子贡倾向的意味;但是《学而篇》第十五章:"子贡曰:'贫而无谄,富而无骄,何如?'子曰:'可也。未若贫而乐,富而好礼者也。'子贡曰:'《诗》云:如切如磋,如琢如磨,其斯之谓与?'子曰:'赐也,始可与言《诗》已矣,告诸往而知来者。'"④子贡辨解贫富主要是态度问题,孔子提倡"贫而乐"而同时告诫"富而好礼",都是看透子贡的心理的。子贡思路敏捷,转换话题,顺手拈出《诗经·卫风·淇奥》"瞻彼淇奥,绿竹猗猗。有匪君子,如切如磋,如琢如磨"⑤的诗句,进行断章取义的发挥,这也是他"使于四方,不辱君命"的拿手好戏。孔子对子贡这种捷才是欣赏的,肯定了他断章取义,赞扬他"告诸往而知来者"。直至战国晚期的荀况,对此还留有深刻的印象,《荀子·大略篇》说:"人之于文学也,犹玉之于琢磨也。《诗》曰'如切如磋,如琢如磨',谓学问也。和之璧,井里之厥也,玉人琢之,为天子宝。子赣、季路,故鄙人也,被文学,服礼义,为天下列士。"⑥但是对于利口善辨的子贡,孔子引导他慎言或无言,而沉潜于天道,如《论语·阳货篇》载:"子曰:'予欲无

①　[清]阮元校刻:《十三经注疏》(全2册),北京:中华书局,1980年版,第2533页。
②　[清]阮元校刻:《十三经注疏》(全2册),北京:中华书局,1980年版,第2533页。
③　[清]阮元校刻:《十三经注疏》(全2册),北京:中华书局,1980年版,第2457页。
④　[清]阮元校刻:《十三经注疏》(全2册),北京:中华书局,1980年版,第2458页。
⑤　[清]阮元校刻:《十三经注疏》(全2册),北京:中华书局,1980年版,第321页。
⑥　[清]王先谦撰,沈啸寰、王星贤点校:《荀子校释》(全2册),北京:中华书局,1988年版,第508页。

言。'子贡曰:'子如不言,则小子何述焉?'子曰:'天何言哉? 四时行焉,百物生焉,天何言哉?'"①孔子这些启发性言论,都是令子贡心折,觉得"夫子之墙数仞",甚至"犹天之不可阶而升"。子贡不是儒门的舵手,而是儒学的风帆。可以设想,《论语》编纂中,如果容纳子贡路线,儒学会更加博大;如果剔除子贡路线,儒学会变得更为纯粹。

细究起来,《论语》在启动编纂,确定路线时,面对子贡的威望,可能有过深刻的选择和复杂的博弈。子贡也许把身心全部投入孔子丧事和对同门庐墓守孝的安置中,"赐倦于学矣"②,对《论语》编纂,最初似乎不太上心,无意于过多的争执和博弈。在颜回、子路先孔子谢世之后,他原本可能占居重要的编纂话语权,但从他后来入相出商,热心于荣华场面来看,他似乎更愿意做一点组织筹措上的事。想不到一本《论语》所代表的文化典籍传承,竟然比他当官、经商的过眼荣华具有更长久的历史寿命。李白《江上吟》诗云:"屈平词赋悬日月,楚王台榭空山丘。"③诗人已经感受到文化杰作,比现世荣华,更经得起历史时间的试炼,这是令人感慨有加的。回到《论语》首篇《学而》,开头六章的篇章学后面有政治学行为,其中隐隐约约地透露了在启动编纂时刻,存在着七十子之间特别的文化选择,即所谓"孔、墨之后,儒分为八,墨离为三,取舍相反不同,而皆自谓真孔、墨"④。平心而论,编纂主持者并不是要塞进什么"私货",他们往往将自己的理性选择和情感倾向,设计为客观的存在。但是谁主持编纂,谁都会自认为最知"真孔子",最能传承孔子道统,而不同程度地排斥其他人指认的"真孔子"及其道统,并由此作出篇章安排和材料取舍。这本是编辑学,更不用说篇章政治学的常识。任何编纂选择,都不会是"零价值"的,"零价值"只是不食人间烟火的说法。可惜二千年来,圣贤崇拜的浓雾不时将人们的眼光遮蔽了。

---

① [清]阮元校刻:《十三经注疏》(全2册),北京:中华书局,1980年版,第2526页。
② [清]王先谦撰,沈啸寰、王星贤点校:《荀子校释》(全2册),北京:中华书局,1988年版,第509页。
③ 詹锳主编:《李白全集校注汇释集评》(全8册),天津:百花文艺出版社,1996年版,第990页。
④ [清]王先慎撰:《韩非子集解》(《诸子集成》五),北京:中华书局,1954年版,第351页。

七章　"十哲无曾"的千古公案

那么,揭开《论语》编纂成书过程并非"零价值"的关键何在?《论语》编纂,前面已从篇章学上揭示有子、曾子弟子的第二、第三次编纂,由此反溯,能否发现某一个关键处,使第一次编纂的主持者浮出水面?这就需要我们纵览全书,进行跨越式的阅读,将眼光从《论语》的第一篇,迈入总论诸弟子的第十一篇,即《先进篇》。从篇章学上说,《先进篇》是《论语》全书的腰,腰者要也,要者枢纽也。《韩非子·扬权》曰:"事在四方,要在中央;圣人执要,四方来效。"①拦腰研究,是以把握要枢的方式,考察《论语》最初启动编纂的生命痕迹的关键。

朱熹集注《先进篇》云:"此篇多评弟子贤否。"②此篇第一章是孔子之言:"先进于礼乐,野人也;后进于礼乐,君子也。如用之,则吾从先进。"③前人多以为"先进、后进"指的是"仕进",指从政的先后,"此章孔子评其弟子之中仕进先后之辈"④;或者一般地认为"先进、后进,犹言前辈后辈"⑤,均难得的解。其实,先后所指,乃是孔子前期弟子和后期弟子。孔子早期弟子如颜无繇、曾点、子路、冉伯牛之辈,不少出身卑贱、甚至是野人;而晚期弟子,如有子、子夏、子游、曾子、子张、公西华之辈,则更多君子气质。而孔子与他们的情感关系,更倾于早期弟子。第一章作为笼罩全篇的首章,唯有如此解释,才能贯通全篇"多评弟子贤否"的议题。

更值得深思的是,随之第二章被编纂者设计为孔子的一句无头无尾的短语:"子曰:从我于陈蔡者,皆不及门也。"⑥此语意思,是孔子感慨厄于陈蔡之时,犹有许多追随者尚未拜师入门,却纷纷慕道相随,实在是"吾道不孤","天之未丧斯文也"。而并非说,四科十哲均未为及门弟子。"皆不及

①　[清]王先慎撰:《韩非子集解》(《诸子集成》五),北京:中华书局,1954年版,第30页。
②　[宋]朱熹撰:《四书章句集注》,北京:中华书局,1983年版,第123页。
③　[宋]朱熹撰:《四书章句集注》,北京:中华书局,1983年版,第123页。
④　[清]阮元校刻:《十三经注疏》(全2册),北京:中华书局,1980年版,第2498页。
⑤　[宋]朱熹撰:《四书章句集注》,北京:中华书局,1983年版,第123页。
⑥　[宋]朱熹撰:《四书章句集注》,北京:中华书局,1983年版,第123页。

门"与四科十哲是两回事,这是不可混同而言的。但由于这则短语的设置,以下本属第三章的"孔门四科十哲"却长期被误认为是孔子开列的名单:

德行:颜渊、闵子骞、冉伯牛、仲弓。
言语:宰我、子贡。
政事:冉有、季路。
文学:子游、子夏。①

四科十哲,乃是编纂者从所谓"弟子三千,贤人七十"中甄选胪列的孔门最优秀的弟子。在《论语》中,唯此名单最是重要。《史记》著录孔门弟子"受业身通者"七十七人,首列"四科十哲";太史公甚至为编纂者所迷惑,认为"子曰:从我于陈蔡者"第二章,及四科十哲的第三章,均属于"子曰",而写下"冉耕字伯牛,孔子以为有德行","孔子以仲弓有德行"②。后世孔庙祭典,有十哲配祀孔子的仪轨,可见这个名单的要紧程度。比如,《唐语林》记载:"(唐玄宗)开元二十七年(739年)八月,诏策夫子为文宣王,改修殿宇。封夫子后为文宣公,……十哲东西侍立。又封颜子为兖公,闵子为费侯,伯牛为郓侯,仲弓为薛侯,冉有为徐侯,子路为卫侯,宰我为齐侯,子贡为黎侯,子游为吴侯,子夏为魏侯,曾参以下并为伯。"③所谓唐玄宗诏书,乃是《追谥孔子十哲并升曾子四科诏》,其中有云:"且门人三千,见称十哲,包夫众美,实越等夷。畅元圣之风规,发人伦之耳目,并宜褒赠,以宠贤明。颜子既云亚圣,须优其秩,可赠兖公。闵子骞可赠费侯,冉伯牛可赠郓侯,冉仲弓可赠薛侯,冉子有可赠徐侯,仲子路可赠卫侯,宰子我可赠齐侯,端木子贡可赠黎侯,言子游可赠吴侯,卜子夏可赠魏侯。又夫子格言,参也称鲁,虽居七十之数,不载四科之目。顷虽参于十哲,终未殊于等伦,允稽先旨,俾循旧位,庶乎礼得其序,人焉式瞻。宗洙泗之丕烈,重校庠之雅范,布告中外,咸使知闻。"④这些爵位,以及皇帝诏书中婉曲其辞都表明,缺席四科十哲名单,使曾子在孔庙配祀中被边缘化了。

---

① [宋]朱熹撰:《四书章句集注》,北京:中华书局,1983年版,第123页。
② [汉]司马迁撰:《史记》(全10册),北京:中华书局,1959年版,第2189—2190页。
③ [宋]王谠撰,周勋初校证:《唐语林校证》(全2册),北京:中华书局,1987年版,第458页。
④ [清]董诰等编:《全唐文》(全11册),北京:中华书局,1983年版,第348页。

　　由此可知,"十哲无曾",是文化史上不可回避的千古公案。因为如今谈论儒门,拆不开的四圣是"孔、孟、颜、曾",在孔子弟子中首列颜回,数下来就是曾子,曾子排在第二。如果说《论语》只是曾子弟子所编,那么他们犯糊涂而忘了自己老师吗? 这诚然是千古之谜。这个谜团的破解,应从十哲都称字而不称名,显然不是孔子的口吻入手。如此称呼方式,是同门弟子间相互称呼的口吻,属于《论语》编纂体例中的"公共称呼"。如果以篇章政治学,或以生命解经的法则予以深入考察,也可能成为解开《论语》编纂成书过程并非"零价值"、而是以深刻价值取向加以权衡轩轾的关键。

　　宋儒已经觉察到"四科十哲"名单的缺陷,甚至有违于他们对儒学道统的指认,但是如何解释这个问题,未免有些左支右绌,未能直指本源。朱熹《论语集注》卷六在注释"四科十哲"名单时,引程子曰:"四科乃从夫子于陈、蔡者尔,门人之贤者固不止此。曾子传道而不与焉,故知十哲世俗论也。"[①]这里从"曾子传道而不与焉",指责"四科十哲"名单是"世俗论也",只作出价值判断,却未对材料来源进行发生学的清理,依然混淆了《先进篇》第二、第三章,以"四科乃从夫子于陈、蔡者尔"回避难题。朱熹本人在一封答疑的书信中也说:"四科乃述《论语》者记孔氏门人之盛如此,非孔子之言,故皆字而不名,与上文不当相属。或曰:《论语》之书出于曾子、有子之门人。然则二子不在品题之列者,岂非门人尊师之意欤? 四科皆从于陈蔡者,故记者因夫子不及门之叹而列之。"[②]这里从篇章学的断句分章,以及十哲称字而不称名上,将名单从"孔子之言"中剥离开来;又提到"四科"的出现,"乃述《论语》者记孔氏门人之盛如此",向问题的症结走近一步。但仅此为止,并没有透过篇章学而揭示《论语》编纂过程的政治性行为,并没有追问述《论语》而胪列四科十哲者是谁。

　　因此疑窦尚存,人们不禁会问:如果说"四科皆从于陈蔡者",那么子游、子夏与曾子年岁相当,比孔子少四十四到四十六岁,又有什么材料能证明吴人子游、魏人子夏"从于陈蔡",而鲁人曾子不"从于陈蔡"呢? 又如何证明患了恶疾的冉伯牛,也"从于陈蔡"呢? 这种全凭臆测、不得要领的解释,可能使"十哲无曾"的千古之谜,成为无头案。

---

　　①　[宋]朱熹撰:《四书章句集注》,北京:中华书局,1983年版,第123页。
　　②　[宋]朱熹撰,朱杰人等主编:《朱子全书》(第22册)之《晦庵先生朱文公文集》(三),上海:上海古籍出版社;合肥:安徽教育出版社,2002年版,第1883页。

　　细心缀合各种材料碎片,隐约可以发现,曾子、子游、子夏三人,都从孔子于陈蔡。孔子一行厄于陈蔡,在鲁哀公六年(公元前 489 年),孔子六十三岁,曾子、子游、子夏分别少孔子四十六、四十五、四十四岁,因而依次为十七、十八、十九岁。关于子夏,《礼记·檀弓上》云:"昔者夫子失鲁司寇,将之荆,盖先之以子夏,又申之以冉有,以斯知不欲速贫也。"①荆楚与陈蔡相邻,孔子厄于陈蔡前后都与楚之叶公,或楚君与直接、间接的联系,因而存在着"先之以子夏"的可能。关于子游,上海博物馆藏战国楚竹书,有"子道饿"一组简,述及孔子周游列国而绝粮陈蔡事,其中出现言偃(子游)的言行②。这是出土简帛证明子游从于陈蔡,为先儒所未及见。关于曾子,《孔丛子·居卫篇》记述曾子谓子思曰"昔者吾从夫子巡守于诸侯,夫子未尝失人臣之礼,而犹圣道不行"③云云。所谓"从夫子巡守于诸侯",乃是从孔子周游列国的另一种说法。其所据乃是孔子因鲁史作《春秋》,"践土之会实(晋文公)召周天子,而《春秋》讳之,曰'天王狩于河阳'"④。既然是曾子对子思所言,他也不会无端编造从于陈蔡的履历。因此,尽管关于孔子厄于陈蔡的记述材料,多聚焦于孔子及子路、子贡、颜回等资深弟子,但在一些材料碎片上,依然可以发现尚属后进的子夏、子游、曾子的若干踪影。"十哲无曾",是不可以谁"从于陈蔡",来进行模糊处理的。那种在《礼记·檀弓上》、《孔丛子·居卫篇》、上海博物馆藏战国楚竹书中,强行分别真伪,而不明战国秦汉简书流传原委的做法,也是无助于认识历史真相的。

　　余留下来的问题在于,既然宋儒认为,《论语》是曾子、有子的弟子编纂的,那么"十哲无曾",也无有子,显然不是《论语》第二、第三次编纂时存留的生命痕迹。"然则二子不在品题之列者,岂非门人尊师之意欤?"朱熹这种疑惑,成了宋儒难以逾越的障碍。唯有对《论语》的第一次编纂的生命痕迹进行深入的清理和解读,才可能逾越障碍,直抵本原。

　　其实"十哲无曾"的问题,宋儒以外,历代产生疑惑者不乏其人。明人胡应麟《诗薮》外编三说:"孔门十哲,曾氏无闻;邺下七才,祢生不录。盖曾

　　①　[清]阮元校刻:《十三经注疏》(全 2 册),北京:中华书局,1980 年版,第 1290 页。
　　②　马承源主编:《上海博物馆藏战国楚竹书》(八),上海:上海古籍出版社,2011 年版,第121—129 页。
　　③　傅亚庶撰:《孔丛子校释》(《新编诸子集成续编》),北京:中华书局,2011 年版,第 130 页。
　　④　[汉]司马迁撰:《史记》(全 10 册),北京:中华书局,1959 年版,第 1943 页。

晚传道,祢早殒身,或以从非陈、蔡,迹限荆、衡,不可一端,必后世论始公也。"①他提出"曾晚传道"的问题,但没有追究又是谁"传道"抢先,而在十哲中留下大名,因而遵从的还是朱熹的解释。唐人李观《辨曾参不为孔门十哲论》,采取了主客问答方式,对这桩疑案进行讨论:"客有言曰:'仲尼圣人也,曾参孝子也,十哲皆仲尼门人也。察其能孝于家,能忠于君,能友于兄弟,能信于友朋,可以临事,可以成章,故加其美目也。而曾参虽不闻兼此数者,乃其近者小者,而仲尼区别四科,前后十哲,曾参不与者何也?'主人对之曰:'噫!非仲尼于此异也。四科十哲之名,乃一时之言也,非燕居之时,门人尽在而言也。于时仲尼围于陈,畏于匡,曾参不在从行之中,故仲尼言在左右者,扬其德行、言语、政事、文学,皆可邀时之遇,行己之材不得者。是以美而类之,伤而叹之,非曾参不当此数子也。使曾子于时得与数子从行,则仲尼之圣,不遗参之孝,不后冉伯牛、仲弓之目也必矣。'"②这里依然认可四科十哲是孔子之言,只不过是"一时之言",并非全面论定。而且设想把曾子置于德行科,名列颜回、闵子骞之后,冉伯牛、仲弓之前;其中辨解曾子未能入选的理由,是把上章孔子的话与十哲名单相联系,认定孔子困于陈蔡时,曾子并未从行,开了宋儒同类说法的先河。

但无论唐人李观,还是明人胡应麟,都没有点明"四科十哲"的名单,并非孔子亲拟。既非孔子亲拟,又因十哲也无有子,就非有子主事时所拟,亦非曾门修纂时所拟,这就剩下一种解释,只能是众弟子为孔子庐墓守心孝,最初启动编纂《论语》时所拟。五十年后曾子弟子编修《论语》之前,甚至三年孝期满后,有若主事之前,已经存在这份"四科十哲"的名单了。那么,这又是由谁主持拟议论定的呢?

对于《论语》最初启动编纂的秘密,有必要回到离此书编纂尚不算太遥远的汉儒,看他们提供了何种信息。也许汉、宋兼参,能够为千古之谜的破解,提供新的思路。宋人从字里行间寻找证据,汉人从文字之外的零碎史料中打捞证据,汉、宋兼参,就是文内、文外相参。后汉郑玄在《论语序》中说:"(《论语》乃)仲弓、子游、子夏等撰。"③晋代傅玄承袭郑玄的说法而突出仲弓,在《傅子》中说:"昔仲尼既殁,仲弓之徒,追论夫子之言,谓之《论语》。其后邹之君子孟子舆,拟其体著七篇,谓之《孟子》。"①汉儒留下的这些材料碎片,清儒已经作了钩沉。清人刘宝楠《论语正义》附录《郑玄论语序逸文》,也引录"(《论语》)仲弓、子游、子夏等撰"②。可惜的是,清儒推重郑玄,搜集到这条材料,却没有顺着这条材料的方向进一步追问,错失了破解《论语》最初启动编纂的生命秘密。清儒注重材料,但材料在某些人手中,缺乏深刻的识断。唐晏《两汉三国学案》卷十如此讨论《论语》:"《论语》之为经,乃群经之锁钥,百代之权衡也。七十子学孔子而各得其性之所近,孔子既殁,乃各征集所闻以志弗谖(忘)。故二十篇不必出诸一人也,如《宪问》之出于原氏,《子张》之出于颛孙氏,尚可意会而知。"③这里提出"七十子学孔子而各得其性之所近"的问题,意味着相互间对孔子的认知存在差异,谁来掌握《论语》编纂的话语权,就成了一个不容忽视的关键所在;而且唐晏的行文中也引录:"郑玄《论语序》:《论语》,仲弓、子游、子夏等所撰定。"④但也只是罗列而已。值得高度关注的是,这些汉代、或源于汉代的文献,都突出了仲弓在《论语》最初编辑论纂中的作用,以他作为牵头人或第一责任者。仲弓名冉雍,少孔子二十九岁⑤,如果由他牵头主持此事,在孔子初丧之时是四十四岁,正值盛年。

也属汉代材料的,还有《论语崇爵谶》,这部两汉之际的谶纬书透露:"子夏等六十四人,共撰仲尼微言。"⑥所谓弟子六十四人共撰,只能发生于众弟子在孔子墓前结庐守心孝的三年间,其后弟子分散,不再有如此大规模的聚集。但它突出子夏而不及仲弓、子游,是值得商量的。子夏少孔子四十四岁,比仲弓小十五岁,孔子逝世时还不满三十岁,是否能够在六十四个弟子中单独承担起领头编辑论纂的大任,不能不令人起疑。或许子夏作为少年才俊参与编辑论纂事宜,由于后来子夏系统在战国秦汉传经有成,其后学将其作用加以夸大也未可知。这就是说,在孔子逝世的鲁哀公十六年(公元前479年),由盛年的仲弓牵头,有少年才俊子游、子夏参与,发动庐墓守心孝的六十四个弟子在祭祀、斋戒的肃穆气氛中,甚至出现"凡祭,

① [梁]萧统编,[唐]李善注:《文选》(全3册),北京:中华书局,1977年版,第748页。
② [清]刘宝楠撰:《论语正义》(《诸子集成》一),北京:中华书局,1954年版,第431页。
③ [清]唐晏撰,吴东民点校:《两汉三国学案》,北京:中华书局,1986年版,第495页。
④ [清]唐晏撰,吴东民点校:《两汉三国学案》,北京:中华书局,1986年版,第511页。
⑤ 《史记·仲尼弟子列传索隐》引《家语》云:(仲弓)"伯牛之宗族,少孔子二十九岁"。
⑥ [梁]萧统编,[唐]李善注:《文选》(全3册),北京:中华书局,1977年版,第611页。

容貌颜色,如见所祭者"①的精神状态时,分头回忆记录孔子的言论,开始了《论语》最初的编纂工程。以仲弓在七十子中的地位,搭配以长于诸经文献的子夏、长于礼及文章的子游,适可成为当时儒门编纂典籍的"黄金组合"。这个编纂组合,可以看作是庐墓守心孝时七十子群体的选择。由此形成的学脉是通向汉儒,因而为汉儒所强调,唐宋以后反而为讲究道统的后儒遮蔽了。

全面检阅《论语》文本,可以发现,仲弓地位崇高而不过分张扬,却有沉甸甸的分量,这是很值得寻味的。篇章学研究的紧要处,第一是书名,第二是首篇开章明义,第三就是各篇的篇名了。章太炎《国故论衡》说:"《史记·田儋列传》曰:'蒯通论战国之权变,为八十一首。'首或言头。……此篇章之基也(原注:首犹言题)。"②章氏对于篇章,首先关注标题,认为此乃"篇章之基",这是从大处着眼,把握要害。《论语》二十篇,篇名涉及人物名字者有十三篇,除孔子外,泰伯、微子、尧是历史人物;卫灵公、季氏、阳货是当时的政治角色;孔门弟子用以名篇者,有公冶长、仲弓(冉雍)、颜渊、子路、原宪、子张六人。仲弓以系名第六篇的位置,居于系名第五篇的公冶长之后,而居于系名第十二、十三篇的颜回、子路之前。人们也许觉得,《论语》篇名不就是取自每篇的首章头两个字,这又有何等讲究呢?但是,谁把这些条目置于每篇的头条呢?编辑学表明,置于头条,就是一种身份位置,是一种以结构的方式确立的重要性。

根据皇侃《论语义疏叙》的描述:"又此书遭焚烬,至汉时合壁所得,及口以传授,遂有三本,一曰《古论》,二曰《齐论》,三曰《鲁论》。既有三本,而篇章亦异,《古论》分《尧曰》下章'子张问'更为一篇,合二十一篇,篇次以《乡党》为第二篇,《雍也》为第三篇,内倒错不可具说。《齐论》题目,与《鲁论》大体不殊,而长有《问王》、《知道》二篇,合二十二篇,篇内亦微有异。"③皇侃比较了《论语》在汉代流传的三种版本的异同,其中透露了《古论语》的篇章顺序是《学而》第一、《乡党》第二、《雍也》第三。在回忆了孔子言行之后,接着就是冉雍(仲弓)的篇章,意味着仲弓在《论语》的最初编纂中,拥有举足轻重的话语权,而将自己回忆记录的材料置于第三篇首章。《雍也篇》

①　[清]阮元校刻:《十三经注疏》(全2册),北京:中华书局,1980年版,第1485页。

②　章太炎撰:《国故论衡》,北京:商务印书馆,2010年版,第55页。文字与初版本略异。

③　[清]严可均辑:《全梁文》,北京:商务印书馆,1999年版,第724页。

由第三移到第六,居于《公冶长》篇之后,如果是仲弓主持《论语》编纂时所为,那就显得他相当老到,将孔子的女婿公冶长放在自己的前面,冲淡了他编纂时篇章政治学的主观色彩,能够获得同门之间更广泛的认同。不过,这应是后来的编纂者所作的调整。可见《论语》最初编纂形成的篇章结构,在后来两次编纂中,存在着适应新的价值取向的调整和变动。由此可以反证篇题署用弟子名字,并非与编纂者的价值观没有关系。那种零价值观编纂的说法,是不足凭信的。

仲弓自然认为,自己是最知"真孔子",最能继承孔子的真精神。他编纂《论语》时,在《雍也篇》安置了这样的头条:"子曰:'雍也可使南面。'"此言在《论语》中比较特别,颇有点舍我其谁的气概,而且贯注着一种敢于担当的责任感。何为"南面"?《说苑·修文篇》说:"当孔子之时,上无明天子,故言'雍也可使南面',南面者,天子也。"①清人王引之《经义述闻》对此给出一点弹性:"南面,有谓天子及诸侯者,有谓卿大夫者。雍之可使南面,谓可使为卿大夫也。《大戴礼·子张问入官篇》:君子南面临官。"②另外一条根据,是汉代的纬书,即《文选》卷十五张衡《思元赋》李善注引《论语·摘辅像》曰:"仲弓淑明清理,可以为卿。"③

对于讲究"正名说"的孔子而言,此类解释未免有含糊之嫌。向来重礼的孔子,会向自己的某个弟子说出如此带点僭越意味的话吗?仲弓的回忆,是否包含有对孔子之言的个人理解成分呢?谁又同仲弓一道听到孔子此话呢?上海博物馆所藏战国楚简第三册《中弓》第三支简说:"子有臣万人道。"④仲弓称"子",当是其弟子所记述,准于《论语》有若、曾参称"子"之例。如果认为,所谓"万人",是形容大邑,"臣万人"是说仲弓可以当主君,或有做一个大邑之宰的本领方法,与王引之解释的"雍也可使南面"有相通之处;但又说有"臣万人"之"道",似乎在说仲弓有治理邦国的道术,则又属于辅助君主治理万人的政见或学理了。

---

① [汉]刘向撰,向宗鲁校证:《说苑校证》,北京:中华书局,1987年版,第499页。

② 程树德撰,程俊英、蒋见元点校:《论语集释》(全4册),北京:中华书局,1990年版,第361页。

③ [梁]萧统编,[唐]李善注:《文选》(全3册)卷15张衡《思元赋》,北京:中华书局,1977年版,第220页。

④ 马承源主编:《上海博物馆藏战国楚竹书》(三),上海:上海古籍出版社,2003年版,第265页。

　　《论语》篇章学,既考虑到同篇之内的断续、衔接和呼应,又考虑到异篇之间的断续、衔接和呼应,疏散错落之处讲求一以贯之。如果通观《论语》各篇对"雍也可使南面"的可能性的折射,其独特的分量就更为了然可见。《卫灵公篇》以"南面"形容舜帝政治:"子曰:无为而治者,其舜也与?夫何为哉,恭己正南面而已矣。"①因而"南面"一词联系着儒家治理天下的政治理想。这就是朱熹为何注《雍也篇》首章曰:"南面者,人君听治之位。言仲弓宽洪简重,有人君之度也。"②早期儒家使用"南面",多与圣王治世相关,孔、孟、荀皆如此。比如《礼记·仲尼燕居》孔子曰:"言而履之,礼也;行而乐之,乐也。君子力此二者以南面而立,夫是以天下太平也。"③《荀子·成相篇》所云"大人哉舜,南面而立万物备"④,则与《论语·卫灵公篇》所言,颇有应合之处。因此,如果不作特别的解释,"雍也可使南面",是与儒家圣王政治相联系的。

　　值得注意的是,子路、仲弓、冉有,是依次当过季氏宰的,但冉有、子路,名列政事科,唯独仲弓列入德行科。再看《先进篇》对子路、冉有的评议:"季子然问:'仲由、冉求,可谓大臣与?'子曰:'吾以子为异之问,曾由与求之问。所谓大臣者,以道事君,不可则止。今由与求也,可谓具臣矣。'曰:'然则从之者与?'子曰:'弑君与父,亦不从也。'"⑤所谓"具臣",就是备位充数、略有才具之臣,子路、冉有的政事,只算聊以充数而已。他们缺乏"以道事君"的"道",即"子有臣万人道"的"道"。兼且《论语》诸篇,不乏孔子责备冉有、子路跟从季氏而不能改变其一意孤行的记载。仲弓与子路、冉有虽然先后担任过季氏宰,如上博简《中弓》所说"季桓子使仲弓为宰,中弓以告孔子"。但可以"使南面"的仲弓,自然高出只不过是"具臣"的子路、冉有很大的档次。

　　上博简接下来的内容,与《雍也篇》今本第二章相似,《雍也篇》说:"仲弓问子桑伯子,子曰:'可也,简。'仲弓曰:'居敬而行简,以临其民,不亦可

<hr>

①　[清]阮元校刻:《十三经注疏》(全2册),北京:中华书局,1980年版,第2517页。

②　[宋]朱熹撰:《四书章句集注》,北京:中华书局,1983年版,第83页。

③　[清]阮元校刻:《十三经注疏》(全2册),北京:中华书局,1980年版,第1615页。

④　[清]王先谦撰,沈啸寰、王星贤点校:《荀子校释》(全2册),北京:中华书局,1988年版,第462页。

⑤　[清]阮元校刻:《十三经注疏》(全2册),北京:中华书局,1980年版,第2500页。

乎？居简而行简,无乃大简乎？'子曰:'雍之言然。'"①仲弓之言深化了孔子之言,由此仲弓就靠这种口头表达,获得了"居敬行简"的经过道德升级了的政治美名。"居敬行简"也近乎"无为而治"的"南面而已"之象。

值得注意的是仲弓之儒,开始成为一股力量。冉氏是鲁地宗族,清人朱彝尊《曝书亭集》卷五十六《孔子弟子考》云:"七十子颜氏居其八,冉氏居其五,秦氏居其四,公西氏、漆雕氏居其三,商氏、县氏、原氏居其二。"②冉雍述学竹简出土于战国楚墓,隐隐然存在着一个传承仲弓学术的学派影子。《上海博物馆藏战国楚竹书》(三)中收有一篇《中弓》③,在28支竹简中,只有3支简完整,其余都是残简,共剩520字。第十六支简背书"中弓"二字,专家确认"中弓"就是孔门以德行著称的"仲弓",以宗师命名书籍,已在战国形成惯例。这组竹简中,意思相对完整者如第一简"季桓子使仲弓为宰,仲弓以告孔子,孔子曰:季氏";第三简"子有臣万人";第五简"仲弓曰:'敢问为政何先？'"第六简"孔子曰:'夫祭,至敬之。'"第七简"老老慈幼,先有司,举贤才,赦过与罪";第八简"仲弓曰:'若夫老老慈幼,既闻命矣。夫先有司为之如何？'仲尼曰:'夫民安旧而重举⋯⋯'"第九简:"⋯⋯有成,是故有司不可不先也。仲弓曰:'雍也不敏,虽有贤才,弗知举也。敢问举贤才。'"第十简"如之何？仲尼曰:'夫贤才不可弇也。举尔所知,而所不知,人其舍之者?'仲弓曰:'赦过与罪,则民可要?'"第十一简"者,既闻命矣,敢问道民兴德如何？孔子曰:'举之⋯⋯'"第十五简"闻民懋。孔子曰:'善哉,闻乎足以教矣,君⋯⋯'"第十七简"刑政不缓,德教不倦。仲弓对曰:'若出三⋯⋯'"第十九简"山有崩,川有竭,日月星辰犹左民,亡不有过,贤者⋯⋯"第二十简"其咎。中弓曰:'今之君子,孚过□析,难以纳谏。'孔子曰:'今之君子所竭其情、尽其慎者。三害近与矣。'"第二十一简"曰:'雍,古之事君者,以忠与敬,唯其难也,汝惟以⋯⋯'"第二十三简"至爱之卒也,所以成死也,不可不慎也;夫行,巽华学本也,所以立生也,不可不慎也;夫死,⋯⋯"第二十四简"之。一日以善立,所学皆终;一日以不善立";第二十五简"所学皆恶,可不慎乎？仲弓曰:今之君子使人,不尽其兑"。

---

① [清]阮元校刻:《十三经注疏》(全2册),北京:中华书局,1980年版,第2477页。

② [清]朱彝尊撰:《曝书亭集》,文渊阁《四库全书》本,卷56《孔子弟子考》。

③ 马承源主编:《上海博物馆藏战国楚竹书》(三),上海:上海古籍出版社,2003年版,第264—283页。

从这些简书中，可以窥见《论语·子路篇》今本第二章的面影："仲弓为季氏宰，问政。子曰：'先有司，赦小过，举贤才。'曰：'焉知贤才而举之？'子曰：'举尔所知，尔所不知，人其舍诸？'"①但是，不仅竹简文字与传世典籍颇有异文；而且不少竹简在传世典籍中找不到对应的篇章，说明连仲弓其人也有相当一些回忆记录文字，并未编入《论语》，而在其门人后学手中流传。仲弓尚且如此，其他在《论语》最初论纂中没有取舍权的七十子之徒流散的文字，就更为可观。诸多流散竹简，成为"儒分为八"中某些学派的学理依据，被战国诸子、大小戴《礼记》、《韩诗外传》、《新序》、《说苑》收录者，可能只是其中相当有限的部分。

应该说，仲弓编纂《论语》，追随的还是"颜回路线"。他的自我想象，也许是"颜回第二"，要在颜回早逝之后，担当起传承孔门道脉。篇章政治学呈现了这种价值取向。在特设的《颜渊篇》中，第一章是："颜渊问仁。子曰：'克己复礼为仁。一日克己复礼，天下归仁焉。为仁由己，而由人乎哉？'颜渊曰：'请问其目。'子曰：'非礼勿视，非礼勿听，非礼勿言，非礼勿动。'颜渊曰：'回虽不敏，请事斯语矣。'"②这是孔子"仁学"的第一答问，它以礼为标准，以仁为旨归，以克己作为将礼与仁沟通起来的心理行为桥梁；它着重揭示，仁乃是一种自己的、内在的功夫，是对人性人欲克制的功夫，其影响是非常深远的。《论语》的最初编纂，对于孔、颜承传的仁学道脉的确立，是有贡献的。仁学思想，以泛爱众、把人当人为思想内核，体现了一种圣人情怀。

接下来第二章，却是："仲弓问仁。子曰：'出门如见大宾，使民如承大祭；己所不欲，勿施于人；在邦无怨，在家无怨。'仲弓曰：'雍虽不敏，请事斯语矣。'"③这里沟通了仁与敬、与恕，将孔子对"恕道"的经典解释"己所不欲，勿施于人"囊括进仁学系统中来，从而使之成为孔子师徒论仁的最重要、最完整的章节之一。犹可注意的，是结尾处"仲弓曰"与第一章结尾处"颜渊曰"，除了切换名字之外，其余八个字"虽不敏，请事斯语矣"一字不爽。这可以看作编纂者仲弓把阅了第一章之后，衔接以第二章时，精心而为的明证。这多少可以窥见其"颜回第二"情结，其宗旨，都在于表达颜回、

①　［清］阮元校刻：《十三经注疏》（全 2 册），北京：中华书局，1980 年版，第 2506 页。

②　［清］阮元校刻：《十三经注疏》（全 2 册），北京：中华书局，1980 年版，第 2502 页。

③　［清］阮元校刻：《十三经注疏》（全 2 册），北京：中华书局，1980 年版，第 2502 页。

仲弓同样在推拥孔子的"仁"的核心思想。朱熹称此为孔子告"颜渊、仲弓问仁规模"①,高出其他同门问仁很大的档次。朱子论学讲究"规模",宣称"某要人先读《大学》,以定其规模。次读《论语》,以立其根本。次读《孟子》,以观其发越。次读《中庸》,以求古人之微妙处"②;认为"博学是个大规模,近思是渐进工夫。如明明德于天下是大规模,其中格物、致知、诚意、正心、修身、齐家等便是次序"③。"规模"也者,有气概、气象之义,又有规制、格局之义,如白居易《题周皓大夫新亭子》诗云:"规模何日创,景致一时新。"创规模,是可以新景致的。

对于颜回、仲弓问仁的规模、气象,有悟性的读者自可理会。南宋有一位状元为皇帝讲《论语》之"仲弓问仁"云:"臣观夫子答仲弓问仁,与答颜子之意,一也。说者但知夫子告颜子以'克己复礼',而不知告仲弓者,亦'克己复礼',而初无异旨也。……然则,勿施不欲,即克之谓;大祭大宾,即复礼之谓;而邦家无怨,即所谓天下归仁。夫子之告仲弓,即其告颜子之旨也。回、雍皆在德行之科,足以传夫子之道,故雍也请事斯语,亦奋然承当,与颜渊一同。"④这意味着《论语》篇章学中蕴含着一条脉络:仲弓传夫子之道,隐隐然有与颜回比肩的重要性。

返回《先进篇》"四科十哲"名单,只要深入地以生命解经,问题的症结就会豁然敞开。四科中最重要的,无疑是德行科,它是儒学传道统的首科。德行科第一人是颜渊,这为儒门共识,毫无问题。《论语·子罕篇》记颜渊喟然叹曰:"仰之弥高,钻之弥坚。瞻之在前,忽焉在后。夫子循循然善诱人,博我以文,约我以礼,欲罢不能。既竭吾才,如有所立卓尔,虽欲从之,末由也已。"⑤颜渊对孔子之道知之甚深,又追随不舍。孔子本来是培养他在自己身后主持儒门的,可惜他早逝。孔子说:"自吾有回,门人益亲。"⑥可见颜回的统摄、亲和的能力,是相当强的。

德行科第二人是闵子骞,纯孝高洁,孔子称赞他"夫人不言,言必有

① [宋]黎靖德编,王星贤点校:《朱子语类》(全8册),北京:中华书局,1986年版,第1070页。
② [宋]黎靖德编,王星贤点校:《朱子语类》(全8册),北京:中华书局,1986年版,第249页。
③ [宋]黎靖德编,王星贤点校:《朱子语类》(全8册),北京:中华书局,1986年版,第1204页。
④ [清]黄宗羲原著、全祖望补修,陈金生、梁运华点校:《宋元学案》(全4册),北京:中华书局,1986年版,第2533页。
⑤ [宋]朱熹撰:《四书章句集注》,北京:中华书局,1983年版,第111—112页。
⑥ [汉]司马迁撰:《史记》(全10册),北京:中华书局,1959年版,第2188页。

中"，这是对稳重有识的赞赏。宋人洪迈《容斋随笔》已从篇章学所应顾及的称谓上，考察了闵子骞的地位："《论语》所记孔子与人语及门弟子，并对其人问答，皆斥其名，未有称字者。虽颜、冉高弟，亦曰回、曰雍，唯至闵子，独云子骞，终此书无指名。昔贤谓《论语》出于曾子、有子之门人，予意亦出于闵氏。观所言闵子侍侧之辞，与冉有、子贡、子路不同，则可见矣。"①

确实，《论语》中，五称"闵子骞"，一称"闵子"，从不称"闵损"之名，连孔子也对之称字，如《先进篇》"子曰：孝哉，闵子骞！人不间于其父母昆弟之言。"②为此，甚至朱熹《论语集注》为《先进篇》作题注，引胡氏曰："此篇记闵子骞言行者四，而其一直称闵子，疑闵氏门人所记也。"③但这里只讲"闵氏门人所记"，由此就遽尔判断《论语》"亦出于闵氏"，意指闵氏门人参与论纂，就未免过于草率。闵子骞年长德高，受到同门尊崇，这无需置辨。但他在《论语》只留下五条简短的材料，很可能是孔子初丧，众弟子守心孝编纂《论语》，收集忆述材料时，闵氏已亡故。权且由闵氏门人就便回忆记述，出于尊崇心理，遂采取如此仰视性的称谓；而入编时同门也出于尊崇心理，未予改动，此种可能性更大。

再从《论语》篇章学的次序来看，"四科十哲"名单接下来的两章，一是关于颜渊："子曰：'回也非助我者也，于吾言无所不说。'"④二是关于闵子骞："子曰：'孝哉，闵子骞！人不间于其父母昆弟之言。'"⑤这种章节安排，与前面的名单，是衔接紧密的。闵子骞是进入"二十四孝"的著名孝子，《艺文类聚》卷二十引《说苑》佚文云："闵子骞兄弟二人，母死，其父更娶，复有二子。子骞为其父御车，失辔，父持其手，衣甚单。父则归，呼其后母儿，持其手，衣甚厚温。即谓其妇曰：'吾所以娶汝，乃为吾子。今汝欺我，去无留！'子骞前曰：'母在一子单，母去四子寒。'其父默然。故曰：孝哉，闵子骞！一言其母还，再言三子温。"⑥大概这就是孔子称许"人不间于其父母昆弟之言"了。由孝子闵子骞"单衣顺亲"的故事，又演变出"鞭打芦花"的

---

① ［宋］洪迈：《容斋随笔》（全2册），上海：上海古籍出版社，1978年版，第553页。
② ［宋］朱熹撰：《四书章句集注》，北京：中华书局，1983年版，第124页。
③ ［宋］朱熹撰：《四书章句集注》，北京：中华书局，1983年版，第123页。
④ ［宋］朱熹撰：《四书章句集注》，北京：中华书局，1983年版，第124页。
⑤ ［宋］朱熹撰：《四书章句集注》，北京：中华书局，1983年版，第124页。
⑥ ［唐］欧阳询撰，汪绍楹校：《艺文类聚》（上、下），上海：上海古籍出版社，1965年版，第369页。

故事。如明人徐渭《南词叙录》所录"宋元旧篇",有《闵子骞单衣记》。闵子骞又有安贫乐道的淡泊情怀,《论语·雍也篇》记载:"季氏使闵子骞为费宰。闵子骞曰:'善为我辞焉。如有复我者,则吾必在汶上矣。'"①清人桂馥《札朴》卷二云:"《玉海》引曹氏曰:'汶在齐南鲁北,言欲北如齐也。'馥案:水以北为阳,凡言某水上者,皆谓水北。"②朱熹注《论语》云:"闵子不欲臣季氏,令使者善为己辞。言若再来召我,则当去之齐。程子曰:'仲尼之门,能不仕大夫之家者,闵子、曾子数人而已。'"③兼且闵子骞是孔子早期弟子,少孔子十五岁,他继颜回之次,列入"德行"科,有接踵而来的章节加以映衬,得到篇章学的及时呼应与支持。

德行科的第三人冉伯牛,就令人颇生疑窦。他少于孔子七岁,是孔子早期的弟子。《白虎通》说他"危言正行"④,山东微山县曾出土"先贤冉子伯牛之墓"的墓碑,为清同治年间所立。《论语》中对他的具体记载,只有《雍也篇》所说:"伯牛有疾,子问之,自牖执其手,曰:'亡之,命矣乎!斯人也而有斯疾也,斯人也而有斯疾也!'"⑤反复叹息,可见悲伤之至。

应该承认,冉伯牛在孔门地位颇著,甚受尊敬。《孟子·公孙丑上》云:"子夏、子游、子张皆有圣人之一体,冉牛、闵子、颜渊则具体而微。"⑥战国《尸子》卷下云:"仲尼志意不立,子路侍;仪服不修,公西华侍;礼不习,子贡侍;辞不辨,宰我侍;亡忽古今,颜回侍;节小物,冉伯牛侍。曰:'吾以夫六子自厉也。'(集《圣贤群辅录》上,《广博物志》廿。《晏子内篇·问上》云:仲尼居处惰倦,廉隅不正,则季次、原宪侍。气郁而疾,志意不通,则仲由、卜商侍。德不盛,行不厚,则颜回、骞、雍侍。与此异。)"⑦不难看出,《孟子》的排名,《尸子》言侍,都把冉伯牛置十大弟子之列。至于清人顾祖禹《读史方舆纪要》卷三十三说:"汶上县○中都城(在县西。春秋时鲁邑。夫子为中都宰,入为司寇,以冉伯牛摄宰事。是也)。"⑧冉伯牛是否与原宪先后为

① [宋]朱熹撰:《四书章句集注》,北京:中华书局,1983年版,第86页。
② [清]桂馥著,赵智海点校:《札朴》,北京:中华书局,1992年版,第87页。
③ [宋]朱熹撰:《四书章句集注》,北京:中华书局,1983年版,第86页。
④ [汉]班固撰:《白虎通德论》,《四部丛刊》影元大德覆宋监本,卷8之"寿命"。
⑤ [宋]朱熹撰:《四书章句集注》,北京:中华书局,1983年版,第87页。
⑥ [宋]朱熹撰:《四书章句集注》,北京:中华书局,1983年版,第233页。
⑦ [战国]尸佼撰:《尸子》,汪继培辑本,卷下。
⑧ [清]顾祖禹撰,贺次君、施和金点校:《读史方舆纪要》(全12册),北京:中华书局,2005年版,第1558页。

夫子之宰,根据若何,不可确信。东汉王充《论衡·自纪篇》云:"鲧恶禹圣,叟顽舜神。伯牛寝疾,仲弓洁全。颜路庸固,回杰超伦。孔、墨祖愚,丘、翟圣贤。"①寻绎其上下文,似乎将冉伯牛当成仲弓之父,更不足信。考诸《史记·仲尼弟子列传索隐》引《家语》,称仲弓乃"伯牛之宗族,少孔子二十九岁"②,就会明白,冉伯牛是仲弓(冉雍)同族父辈。

准是考论,冉伯牛是孔门重要弟子没有问题,至于其德行若何,就具体可靠的记载难以明白呈现。四科十哲之中,若加上《孔子家语·七十二弟子解》所说"冉求,字子有,仲弓之宗族"③,那么就有仲弓所在家族之"三冉"。冉氏家族人才济济,是可以钦佩的。但人才济济,也需有特别的关注,才能使济济人才跻身于名额有限的十哲之列。

《论语·先进篇》的篇章逻辑,于此处似乎存在裂缝,在"四科十哲"的名单后面,接着的两章分别属于颜回、闵子骞,以后虽然频频回首颜回之死,但不时地插入南容、子路、子贡,却不见关于冉伯牛、仲弓的记述。仿佛令人感到孔门四科的其余三科,均是二人,唯德行科为四人,而后面多出的冉伯牛、仲弓二人,却没有相应的篇章紧随其后,未免有点仓促上阵的缺陷。篇章学上的缺失,是一种空白,但空白之"无"蕴含着复杂的"有",蕴含着人物序列建构的价值观选择。进一步审视,德行科前面的三位在孔子之前就去世了,德行科唯一存世而能传道统者,唯有仲弓。这与仲弓负有主要的编纂责任,自信最得孔子真传,以孔学之传道者自居,不能说不存在着密切关系。

如果《论语》最初编纂的主要责任者不是仲弓,换成"学孔子而各得其性之所近"的另外同门,德行科的序列是否如此,就很难说。比如孟子曰:"宰我、子贡善为说辞,冉牛、闵子、颜渊善言德行,孔子兼之。……昔者窃闻之:子夏、子游、子张皆有圣人之一体,冉牛、闵子、颜渊则具体而微。"④孟子是得见古本《论语》的,却在"善言德行"的行列中,只提冉伯牛、闵子骞、颜渊,可能是以齿入座,按年龄重排次序,却唯独刊落仲弓。大概在孟子的潜意识中,仲弓通向荀子及汉儒,与自己属于不同的儒门道统系列;原

①　黄晖撰:《论衡校释》(全4册),北京:中华书局,1990年版,第1206—1207页。

②　[汉]司马迁撰:《史记》(全10册),北京:中华书局,1959年版,第2190页。

③　王国轩、王秀梅译注:《孔子家语》,北京:中华书局,2011年版,第427页。

④　[宋]朱熹撰:《四书章句集注》,北京:中华书局,1983年版,第233—234页。

因正与《荀子·非十二子篇》抨击"子思、孟轲之罪"①相似。学人不要天真到了以为《论语》编纂者采取的是"零价值"的编纂原则,不存在篇章政治学为了谁最能传道统而产生的竞争、卡位和博弈,这只要对于儒学长期存在着今文与古文、汉学与宋学之争,争辨中每每指责对方的书是"伪书",孔子非"真孔子"等等,对于儒学学术史这些公案没有健忘,就会默然有会于心了。"零价值"的想象,是把真实性和真理性绝对化,从而游离真实的历史现场而制造圣人的想象。

---

① 〔清〕王先谦撰,沈啸寰、王星贤点校:《荀子校释》(全2册),北京:中华书局,1988年版,第95页。

八章　仲弓编纂与通向汉儒宋儒的文化基因

应该看到,历史存在与历史记载之间有着大小不等的距离,介入这个距离的,是书写者、编纂者的知识来源、环境制约和价值选择。贤愚虽有事实依据,尺度却由人裁定。虽然有所谓"圣人财(裁)制物也,犹工匠之斫削凿枘也,宰庖之切割分别也,曲得其宜而不折伤"①,但不同的工匠、宰庖很难说斧凿、切割都一致。由于孔子身后儒学隐藏着派系分别的萌芽,对于孔子重要弟子贤否的评价,由谁来掌握价值尺度,会导致相当巨大的差别。编纂者往往将自己的价值评判和情感倾向,设计为客观存在,令人相信他们不偏不倚,然而技术性的篇章学背后,潜伏着微妙的价值性的政治学,这是不容回避和不应遮蔽的。还原之旨,在于破蔽求真。

不妨考察一下在《论语》编纂中多少被边缘化的子贡,看他如何评价同门诸贤。《孔子家语·弟子行》记载:

卫将军文子问于子贡曰:"吾闻孔子之施教也,先之以《诗》《书》,导之以孝悌,说之以仁义,观之以礼乐,然后成之以文德。盖入室升堂者七十有余人,其孰为贤?"子贡对以不知。

文子曰:"以吾子常与学,贤者也,何为不知?"子贡对曰:"贤人无妄,知贤即难。故君子之言曰:智莫难于知人。是以难对也。"文子曰:"若夫知贤莫不难,今吾子亲游焉,是以敢问。"子贡曰:"夫子之门人,盖有三千就焉。赐有逮及焉、未逮及焉,故不得遍知以告也。"文子曰:"吾子所及者,请闻其行。"

子贡对曰:

夫能夙兴夜寐,讽诵崇礼,行不贰过,称言不苟,是颜回之行也。孔子说之以《诗》曰:"媚兹一人,应侯慎德。""永言孝思,孝思惟则。"若

①　[西汉]刘安等编:《淮南子》(《诸子集成》七),北京:中华书局,1954年版,第177页。

逢有德之君,世受显命,不失厥名,以御于天子,则王者之相也。

在贫如客,使其臣如借,不迁怒,不深怨,不录旧罪,是冉雍之行也。孔子论其材曰:"有土之君子也,有众使也,有刑用也,然后称怒焉。匹夫之怒,唯以亡其身。"孔子告之以《诗》曰:"靡不有初,鲜克有终。"

不畏强御,不侮矜寡,其言循性,其都以富,材任治戎,是仲由之行也。孔子和之以文,说之以《诗》曰:"受小共大共,而为下国骏厖,荷天子之龙,不戁不悚,敷奏其勇。"强乎武哉! 文不胜其质。

恭老恤幼,不忘宾旅,好学博艺,省物而勤也,是冉求之行也。孔子因而语之曰:"好学则智,恤孤则惠,恭则近礼,勤则有继。尧舜笃恭,以王天下。"其称之也,曰:"宜为国老。"

斋庄而能肃,志通而好礼,傧相两君之事,笃雅有节,是公西赤之行也。子曰:"礼经三百,可勉能也;威仪三千,则难也。"公西赤问曰:"何谓也?"子曰:"貌以傧礼,礼以傧辞,是谓难焉。"众人闻之,以为成也。孔子语人曰:"当宾客之事,则达矣。"谓门人曰:"二三子之欲学宾客之礼者,其于赤也。"

满而不盈,实而如虚,过之如不及,先王难之。博无不学,其貌恭,其德敦;其言于人也,无所不信;其骄大人也,常以浩浩,是以眉寿,是曾参之行也。孔子曰:"孝,德之始也;悌,德之序也;信,德之厚也;忠,德之正也。参中夫四德者也。"以此称之。

美功不伐,贵位不善,不侮不佚,不傲无告,是颛孙师之行也。孔子言之曰:"其不伐,则犹可能也;其不弊百姓,则仁也。"《诗》云:"恺悌君子,民之父母。"夫子以其仁为大学之深。

送迎必敬,上交下接若截焉,是卜商之行也。孔子说之以《诗》曰:"式夷式已,无小人殆。"若商也,其可谓不险矣。

贵之不喜,贱之不怒;苟利于民矣,廉于行己;其事上也,以佑其下,是澹台灭明之行也。孔子曰:"独贵独富,君子耻之,夫也中之矣。"

先成其虑,及事而用之,故动则不妄,是言偃之行也。孔子曰:"欲能则学,欲知则问,欲善则详,欲给则豫。当是而行,偃也得之矣。"

独居思仁,公言言义,其于《诗》也,则一日三复"白圭之玷",是宫绍之行也。孔子信其能仁,以为异士。

　　自见孔子，出入于户，未尝越礼；往来过之，足不履影；启蛰不杀，方长不折；执亲之丧，未尝见齿，是高柴之行也。孔子曰："柴于亲丧，则难能也；启蛰不杀，则顺人道；方长不折，则恕仁也。成汤恭而以恕，是以日跻。"

　　凡此诸了，赐之所亲睹者也。吾子有命而讯赐，赐固不足以知贤。

　　文子曰："吾闻之也，国有道，则贤人兴焉，中人用焉，乃百姓归之。若吾子之论，既富茂矣，壹诸侯之相也。抑世未有明君，所以不遇也。"

　　子贡既与卫将军文子言，适鲁，见孔子曰："卫将军文子问二三子之于赐，不壹而三焉。赐也辞不获命，以所见者对矣。未知中否，请以告。"孔子曰："言之乎。"子贡以其辞状告孔子。子闻而笑曰："赐！汝次为人矣。"子贡对曰："赐也何敢知人，此以赐之所睹也。"……子贡跪曰："请退而记之。"①

　　这则记载，也见于《大戴礼记·卫将军文子》。郦道元《水经注》卷二十一云："《汲冢古文》，谓卫将军文子为子南弥牟，其后有子南劲。"②《孔丛子·刑论篇》述及孔子适卫，曾与卫将军文子"听狱"问题；《韩非子·说林下》记有"卫将军文子见曾子"；《礼记·檀弓上》记载"将军文子之丧"，子游对其丧礼作了评议；可见卫将军文子与孔门关系非同一般，他向子贡问同门弟子之贤否，以及子贡返鲁后向孔子汇报，都是深有因缘的。子贡这番孔门论贤，是一份足以同《先进篇》"四科十哲"相媲美的重要名单，既排列名单，又品评人物，还说明材料来源及孔子的态度。但是由于没有录入《论语》，后世出诸崇圣尊经的情结，对之真伪莫辨，就长期被历史烟尘遮蔽了。

　　子贡列举了"十二贤"，加上他本人就是"十三贤"。从全文语气，尤其是孔子乐见子贡善于为人排座次，文子评议子贡"若吾子之论，既富茂矣，壹诸侯之相也"③来看，子贡当居于"十三贤"前列，或居于颜回之次。"十三贤"的顺序是：颜回，子贡，冉雍（仲弓），仲由（子路），冉求（有），公西赤，曾参，颛孙师（子张），卜商（子夏），澹台灭明（子羽），言偃（子游），宫绍（南

---

　　①　王国轩、王秀梅译注：《孔子家语》，北京：中华书局，2011 年版，第 137－153 页。

　　②　王国维校，袁英光、刘寅生整理标点：《水经注校》，上海：上海人民出版社，1984 年版，第 668 页。

　　③　王国轩、王秀梅译注：《孔子家语》，北京：中华书局，2011 年版，第 149 页。

宫括），高柴（子羔）。这个名单较之"四科十哲"，少了闵子骞、冉伯牛，或者这些早期子弟已不在世，或者子贡与之缺少交往；至于少了宰予，或是子贡对之有成见，看不上眼。尚可补充的是，十三贤中也没有有若，可知子贡对其一度主持孔门事务的态度。

　　然而，如此论贤，足以证明子贡胸襟，大体是平正宽阔的。他于颜回之后，紧接着列举仲弓，可见仲弓在孔门位置甚高，子贡也予认可。对仲弓的称赞，"在贫如客，使其臣如借"①，讲的是"敬"；"不迁怒，不深怨，不录旧罪"，讲的是"恕"。敬与恕，是仲弓思想的特征。但引《诗》曰："靡不有初，鲜克有终。"似乎对仲弓能否善始善终，有期待，也有隐忧。名单排序虽有参差，但就其德行受推崇者，颜回、曾参、冉求三人值得注意。颜回"夙兴夜寐，讽诵崇礼，行不贰过，称言不苟"②，若逢有德之君，"则王者之相也"。曾参"满而不盈，实而如虚"，"博无不学，其貌恭，其德敦；其言于人也，无所不信"③，并借孔子之口称赞他有孝、悌、信、忠"四德"。冉求"恭老恤幼，不忘宾旅，好学博艺，省物而勤"④，孔子称之"好学则智，恤孤则惠，恭则近礼，勤则有继。尧舜笃恭，以王天下"⑤，是"宜为国老"，即旧注所谓"国老助宣德教"。尽管颜回居第一，冉有居第四，曾参居第六，但从评议之语看，三者足以位居德行之列。

　　子贡名单的重要特点，是少壮派同门较多，他看到了儒学发展的后劲和潜力。更带点权威意味的是，这个名单向孔子汇报过，得到孔子首肯，并且以子贡"退而记之"，表白其真实可靠性，与《论语·卫灵公篇》"子张问行，……子张书诸绅"⑥有异曲同工之妙。

　　对比产生鉴别：《论语》最初编纂，似乎并没有征集子贡论贤的意见，而是编纂者独立标准，编排了一份非常值得寻味的"四科十哲"名单。"四科十哲"不仅人数最多的德行科，在篇章承接上存在缺口；而且语言科的顺序，是宰我、子贡，若按子贡在孔门和列国的影响，无可争辨应在宰我之前。政事科的顺序，是冉有、季路，但是准之情理，子路的资格、与孔子的亲近程

　　①　王国轩、王秀梅译注：《孔子家语》，北京：中华书局，2011年版，第140页。
　　②　王国轩、王秀梅译注：《孔子家语》，北京：中华书局，2011年版，第139页。
　　③　王国轩、王秀梅译注：《孔子家语》，北京：中华书局，2011年版，第143页。
　　④　王国轩、王秀梅译注：《孔子家语》，北京：中华书局，2011年版，第142页。
　　⑤　王国轩、王秀梅译注：《孔子家语》，北京：中华书局，2011年版，第142页。
　　⑥　［宋］朱熹撰：《四书章句集注》，北京：中华书局，1983年版，第162页。

度以及在孔门的位置,应居于冉有之前。由于年少二十岁的冉有置于子路之前,连带着文学科的顺序,是年少一岁的子游也居于子夏的前面了。若说"参也鲁",并非早慧,少孔子四十六岁的曾子当时地位不显,未能列入"四科十哲",那么子夏、子游也少孔子四十四、四十五岁,也并非没有缺点,为何列入"四科十哲"?这只能证实仲弓最初主持《论语》编纂时,子游、子夏参与其事,而曾子却处于论纂体制之外。恢复历史现场,并非要与古人算账,柏拉图的《理想国》宣称要把荷马史诗逐出,并未能埋没史诗的价值;史诗为举世传颂,也不必把《理想国》踩在脚下。后人应该兼容人类智慧的丰富多彩,正因智慧丰富多彩,人类才充满活力。

　　不妨进而追问:仲弓在孔子以后的儒学发展中起了何种作用?长期以来,由于宋儒"道统说"的强势,仲弓的作用似乎有些隐没不彰。人在制作着"历史",在凸显自己倡导的线索之时,甚至将其不喜欢的历史存在,置之于隐,或斥之为"伪"。不过在战国晚期,荀子曾将仲弓捧抬到极致。清人汪中《荀卿子通论》说:"《史记》载孟子受业于子思之门人,于荀卿则未详焉。今考其书始于《劝学》,终于《尧问》,篇次实仿《论语》。《六艺论》云:《论语》,子夏、仲弓合撰。《风俗通》云:穀梁为子夏门人。而《非相》、《非十二子》、《儒效》三篇,每以仲尼、子弓并称。子弓之为仲弓,犹子路之为季路。知荀卿之学,实出于子夏、仲弓也。"①钱穆《先秦诸子系年》在汪中之外,又提供了一些考辨:"荀子书屡称仲尼、子弓,杨倞注(见《非相》)子弓盖仲弓也。元吴莱亦主其说。俞樾曰:'仲弓称子弓,犹季路称子路。子路、子弓,其字也。曰季曰仲,至五十而加以伯仲也。'今按,后世常兼称孔、颜,荀卿独举仲尼、子弓,盖子弓之于颜回,其德业在伯仲之间,其年辈亦略相当,孔门前辈有颜回、子弓,犹后辈之有游、夏。子曰:'雍也可使南面。'则孔子之称许仲弓,故其至也。"②

　　汪中、俞樾、钱穆指认《荀子》称仲弓为"子弓",其三篇之文字如下:

　　①　[清]王先谦撰,沈啸寰、王星贤点校:《荀子校释》(全2册),北京:中华书局,1988年版,第22页。

　　②　钱穆撰:《先秦诸子系年》,北京:九州岛出版社,2011年版,第71页。

一、《非相篇》：帝尧长，帝舜短；文王长，周公短；仲尼长，子弓短。[①]

二、《非十二子篇》：案饰其辞而祗敬之，曰此真先君子之言也，子思唱之，孟轲和之，世俗之沟犹瞀儒嚾嚾然不知其所非也，遂受而传之，以为仲尼、子游为兹厚于后世，是则子思、孟轲之罪也。……圣人之不得势者也，仲尼、子弓是也。……上则法禹、舜之制，下则法仲尼、子弓之义。[②]

三、《儒效篇》：通则一天下，穷则独立贵名，天不能死，地不能埋，桀、跖之世不能污，非大儒莫之能立，仲尼、子弓是也。[③]

若此子弓，受到这么充分而至于过分的推崇，细加考量，在孔子弟子中唯有指认为仲弓，较为可信。因为仲弓首倡和带头编纂《论语》，对儒学之成立功不可没。而且孔子在世时，其名位已相当高，德行和能力受到关注。至于有学人根据《史记》、《汉书》某些记述，将孔子再传弟子馯臂子弓，指为《荀子》书中与仲尼并列的子弓，洵不足为信。《史记·仲尼弟子列传》云："孔子传《易》于（商）瞿，瞿传楚人馯臂子弘，弘传江东人矫子庸疵，疵传燕人周子家竖，竖传淳于人光子乘羽，羽传齐人田子庄何，何传东武人王子中同，同传菑川人杨何。何元朔中以治《易》为汉中大夫。"[④]《汉书·儒林传》又云："自鲁商瞿子木受《易》孔子，以授鲁桥庇子庸。子庸授江东馯臂子弓。子弓授燕周醜子家。子家授东武孙虞子乘。子乘授齐田何子装。及秦禁学，《易》为筮卜之书，独不禁，故传受者不绝也。"[⑤]《汉书》之馯臂子弓，较之《史记》，倒错了一代，国族也出现差异。

馯臂子弓当然也是子弓，但是人间同名者几许，不能只看名字，还要看其德行功业是否有可能与仲尼匹配。《孔子家语》云："商瞿，鲁人，字子木，

①　[清]王先谦撰，沈啸寰、王星贤点校：《荀子校释》（全2册），北京：中华书局，1988年版，第73页。

②　[清]王先谦撰，沈啸寰、王星贤点校：《荀子校释》（全2册），北京：中华书局，1988年版，第94—97页。

③　[清]王先谦撰，沈啸寰、王星贤点校：《荀子校释》（全2册），北京：中华书局，1988年版，第138页。

④　[汉]司马迁撰：《史记》（全10册），北京：中华书局，1959年版，第2211页。

⑤　[汉]班固撰：《汉书》（全12册），北京：中华书局，1962年版，第3597页。

少孔子二十九岁,特好《易》,孔子传之,志焉。"①这位商瞿在孔门位置,恐怕还在仲弓、子夏之下,更何况属于他的二传、三传弟子,又不见有其他突出表现的驲臂子弓。尽管《史记索隐》说过:"荀卿子及《汉书》皆云驲臂字子弓,今此独作弘,盖误耳。应劭云,子弓是子夏门人。"②但这种说法用以校订《史记》的驲臂子弘则可,用以混同《荀子》和《汉书》的子弓及驲臂子弓,则找不到任何确证。值得深思的是,《荀子》抬出仲尼、子弓与子思、孟子相抗衡,其《非十二子篇》中不仅非议儒外学派,而且非议儒内他派,体现了荀子后期所处的稷下狂放作风。而《孟子》涉及孔门德行科人物的时候,恰好剔除了仲弓,孟子于《公孙丑上》尝言:"冉牛、闵子、颜渊,善言德行。"③这种留其三、去其一的剔除方式,是否隐含着孟子将仲弓当作不愿明言的对手? 孟子好辩,他用独特的剔除方式,是否在实施着某种不辩之辩? 这种心照不宣之处,只能在文献的缝隙处求其人情物理了。

如果上述考论可以成立,《论语》的原始编纂发生在春秋战国之际,具体而言,在孔子死(公元前479年)到曾子死(公元前432年)之后不久的五十年间,曾经有过三次规模大小有异的编纂:

第一次编纂在孔子初卒(鲁哀公十六年,公元前479年),六十四位弟子庐墓守心孝三年,因祭祀、追思触发编纂夫子言行录的心理契机。由仲弓牵头,子游、子夏协助,将众弟子回忆记录的大量简书,予以讨论、选择、润色、汇总,奠定了《论语》最初的格局。

第二次编纂,在三年守心孝结束后(鲁哀公十八年,公元前477年)众子弟开始分散,留在鲁国的弟子重启孔门,子夏、子张、子游等少壮派弟子,推举有若主持事务,并且对已经初步成稿的《论语》作了调整、修饰和增补。而且子游、子夏于这两次编纂都参与其中,维护了《论语》文本的连续性,这一点也很重要。二十篇左右的框架,于这一两年间,已见模样。

第三次编纂,在曾子死(鲁悼公三十五年,公元前432年)后不久。此时七十子已经凋零殆尽,曾门在鲁地成为最有实力的儒门学派,由孔子之孙子思,及乐正子春等曾门弟子,对《论语》进行实质性的增补重修,最终形成孔学以颜、曾为圣徒的道统脉络和篇章模样。

---

①　王国轩、王秀梅译注:《孔子家语》,北京:中华书局,2011年版,第435页。

②　[汉]司马迁撰:《史记》(全10册),北京:中华书局,1959年版,第2211页。

③　[宋]朱熹撰:《四书章句集注》,北京:中华书局,1983年版,第233页。

　　《论语》在五十年间多轮编纂,均由孔门中位居枢要、发言极占地位的弟子或再传门派,来主持其事,可见在孔门中存在着一种共识:《论语》是孔子真传,衣钵唯此为正,最是要紧。从篇章政治学的角度考察,三次编纂的主持者在维护儒学道脉、光大孔子形象的旗帜下,都各自采取独具匠心的篇章排序、材料取舍,及篇题设计等方式,蕴藏着主持者最知真孔子、最能传道统的价值取向。三次编纂之间虽然有所扞格,有所博弈,但也有所调适,有所妥协,最终形成的结果,却是长短互补,在有矛盾、有张力中形成阐释多种可能性,形成遍照政治、伦理、人心、学术的篇章多棱镜效应。

　　至此,早期儒学的基本格局已经确立:一是经学,二是道学,二者互为表里。孔子穷其毕生精力修订和传授六经,其自身言论行为则通过《论语》得以展现,尤其是其精微之言、核心理念、一以贯之的思想脉络。如果考虑到东周秦汉之际六经的传授源流,如顾实《汉志讲疏》所说,孔子"传其文学于子夏,传《易》商瞿。子夏传《诗》,五传而及荀子。商瞿传《易》,再传而及荀子。孔子作《春秋》,左丘明为作《传》,丘明又六传而及荀子。故荀子于学最邃,于孔子之传最真"①。如果将此传经源流与《论语》三次大编纂相对接,那么第一次编纂便由仲弓、子夏,中经荀子一干人等,通向汉儒;第三次编纂却由曾门及子思,中经孟子,通向宋儒。从某种意义上说,汉、宋之争,是放大了的《论语》篇章政治学的博弈。中国儒学千古传承的两大学派——汉学与宋学,都在儒家核心经典《论语》编纂成书的早期行程中,留下了最初的种子和根脉,这实在是中国思想史上值得深入探究的千古因缘。

---

　　①　[汉]班固撰,顾实讲疏:《汉书艺文志讲疏》,上海:商务印书馆,1924年版,第3页。

九章　篇章学的"意义逻辑"

《论语》的编纂模式，在采录孔门众弟子忆述上得其真切，又在讨论、取舍、润色上达至精审，从而形成真实性和质量都甚是可观的经典文本。其最初由仲弓、子游、子夏总其成，是相当合适的一种历史性选择。仲弓之威望，子游之辞采，子夏之文献功夫，互补性极强。如此三子的品格、能力和才华，堪与责任相副。第一次编纂既留下一个好底子，又留下一个好示范，以后两次编纂在保持延续性的基础上精益求精，在存真与弘道上都不乏高明的举措。《论语》编纂上的杰出之处，不仅在于记录孔子言论的文字温润精湛，足以传世不衰，对此我们只须想一想鸠摩罗什的译经文字对于改变佛教经典的传播处境的贡献，就可以明白；而且在于与三届编纂者关系更为精密的篇章设置、再设置，以及篇章内部的组合、再组合上，虽然留下一些裂缝，也留下许多想象空间，终究使儒学的核心理念和论道脉络在材料纷杂的组织编排中互相呼应、深化和贯通。

对于《论语》化零散为整体的统摄功能，朱熹领略得相当真切，他认为："夫子教人，零零星星，说来说去，合来合去，合成一个大物事。"①又说："孔门问答，曾子闻得底话，颜子未必与闻。颜子闻得底话，子贡未必与闻。今却合在《论语》一书，后世学者岂不幸事？但患自家不去用心。"②也就是说，《论语》对孔子的言行没有进行过度的文饰与渲染，尽量保存其本真滋味。着力于文饰、渲染，可以使人读起来流畅痛快；降低文饰、渲染的人工痕迹，则可以在零零星星、断断续续处，令人获得真实感后激发出放射性思维。零星生放射，这就是"篇章的多棱镜效应"。因而"《论语》，愈看愈见滋味出。若欲草草去看，尽说得通，恐未能有益。凡看文字，须看古人下字意思是如何。且如前辈作文，一篇中，须看它用意在那里。举杜子美诗云：'更觉良工用心苦。'一般人看画，只见得是画一般；识底人看，便见得它精

---

① ［宋］黎靖德编，王星贤点校：《朱子语类》（全8册），北京：中华书局，1986年版，第429页。

② ［宋］黎靖德编，王星贤点校：《朱子语类》（全8册），北京：中华书局，1986年版，第433页。

神妙处,知得它用心苦也"①。由于采取融汇零碎的编纂原则,筑高台、集众卉而遥祭夫子,即便历经反复编修,已有经典的框架规模可以遵循,许多新材料的加入,也只在增减挪移之间,得多识而趋一贯了。

略作比较就不难发现,在篇章设置上,《论语》已比《老子》有所进步。《老子》上下篇八十一章,篇的设置较为简单,只是众简时断时续作成,略作分类汇集。以荆州郭店楚简《老子》三种来看,它是以数简为组传抄流行的。《论语》则几乎同时汇集众简,分篇归总,撷取每篇首章开头二字为篇名,简朴中隐含深意。因为篇名涉及每篇首章的安排,首章往往是每篇的纲。篇与篇之间形成逻辑推移,使二十篇可以区分为以《学而》为首的"上论"十篇,及以《先进》领头的"下论"十篇。"上论"多述孔子言论,"下论"多述弟子言行和其他历史场合。

每篇的首章既有为其篇题冠名的权利,就显得极为要紧。比如第一篇《学而》,就使首章"子曰学而"三问,变得几乎家喻户晓,并使学习成为孔子第一遗训,甚至成为开启整部《论语》的钥匙。为学的宗旨在于养德,而不在于一般地求知识,这是孔学的特点。由此放射出培养道德的种种内涵和方式,内涵上有仁之本在孝悌,在敬信爱人,在尊礼贵和;方式上则讲究自省反思、敏事慎言,以及贫而乐、富而礼。关于内涵和方式的章节交相出现,学与行互相渗透。首章有"人不知而不愠,不亦君子乎?"②末章就有"子曰:不患人之不己知,患不知人也"③加以呼应,原始究终,疏散处有所贯通。

由此可知,《论语》并非杂乱无章、没有内在逻辑的,但须后人不要以西方形式逻辑律之,因而有必要避丌这种先入为主的思想陷阱和情绪障碍,回到儒门编书讲究道统、道脉的"意义逻辑"。何为意义逻辑?其要点,是写"意"而明"义",集"义"以成"意"。这是一种超形式逻辑,从一种相对任意的篇章组织开始,意义在多篇章集合中出现原义的发散,歧义的嵌入,本义的回复,隔章或隔篇的意义呼应,互动互补,血脉贯通。从而导致这种超逻辑,在篇章结构中呈现意义的跳跃感、错落感与连贯性,其形式关系呈现为直觉、自由和非线性的动态关联,形成不拘一格的"意义逻辑模型"。

---

① ［宋］黎靖德编,王星贤点校:《朱子语类》(全8册),北京:中华书局,1986年版,第434页。
② ［宋］朱熹撰:《四书章句集注》,北京:中华书局,1983年版,第47页。
③ ［宋］朱熹撰:《四书章句集注》,北京:中华书局,1983年版,第53页。

明人黄道周以其读书经历,印证了这一点:"某少时初读《论语》,问先生云'头一叶书,孔子只教人读书,有子如何教人孝弟。孔子只教人老实,曾子如何教人省事',闻者大笑。某今老来所见,第一件犹是读书,第二件犹是老实。凡人人自是圣贤,自有意思,只要致思。学者如凿井,美泉难遇。见人读书,长年唟十,若不致思,泉脉何来。"①"意义逻辑"所召唤的,不是在字面上指指点点,而要在内心中致思深究,凿井得泉。意义逻辑在表层的看似无序中,指向深层的一以贯之,这是需要启动悟性层层深入地进行体验的。补充一句,由于古代文献存佚的状况,我们只能相信张禹、郑玄、何晏择善而从的定本,以今本《论语》作为进一步讨论的主要依据。

那么,《论语》二十篇之间,是如何进行"意义逻辑"的推移和勾连呢?推移和勾连,存在于有与无之间,似有若无,非有非无,往往是一种深在的思想勾连。因此,发掘《论语》篇与篇之间的深在勾连,对于理解儒学的思想实质和思维方式,具有返回原本的价值。第一篇《学而》之后,为何接着第二篇《为政》:"子曰:为政以德,譬如北辰,居其所而众星共之"②。以学养德,以德为政,这是儒学的基本思路。其由内及外、由己及人的思维方向,与《大学》中的修齐治平相一致。

为政不忘其学,而且以政治伦理标准反观其所学,从中可见其"意义逻辑"是折叠延伸,而非直线延伸。于是接下来的第二章,反观于《诗》:"子曰:诗三百,一言以蔽之,曰:思无邪。"③《论语》有隔章呼应的惯例,到了第三章,就呼应着首章的为政以德:"子曰:道之以政,齐之以刑,民免而无耻。道之以德,齐之以礼,民免且格。"④再一个隔章呼应,就是第四章呼应第二章的为学:"子曰:吾十有五而志于学,三十而立,四十而不惑,五十而知天命,六十而耳顺,七十而从心所欲不逾矩。"⑤这种一章与三章、二章与四章的隔章交叉呼应,使用的是一种"折叠—弹跳"的思维方式,比起单纯的直线型的思维方式更有柔韧性,耐人寻味,并由此形成了一条以学养政、以政弘学的思想方法。

① 沈善洪主编《黄宗羲全集》(第 8 册),杭州:浙江古籍出版社,1992 年版,第 690 页。
② [清]阮元校刻:《十三经注疏》(全 2 册),北京:中华书局,1980 年版,第 2461 页。
③ [清]阮元校刻:《十三经注疏》(全 2 册),北京:中华书局,1980 年版,第 2461 页。
④ [清]阮元校刻:《十三经注疏》(全 2 册),北京:中华书局,1980 年版,第 2461 页。
⑤ [清]阮元校刻:《十三经注疏》(全 2 册),北京:中华书局,1980 年版,第 2461 页。

　　这种思想方法就是《论语·子张篇》中子夏所云:“仕而优则学,学而优则仕。”[①]难道是子夏学得还不甚到家,将之倒转为“学而优则仕,仕而优则学”,不就更加贴切耶? 定州汉墓出土的《论语》简书的顺序与流行本不同,果然是颠倒言之:“子夏曰:学而优则仕,仕而优则学。”[②]这就应了朱熹《答程允夫》一函的疑惑和辨解:“‘子夏曰:仕而优则学,学而优则仕。’洵窃谓仕优而不学,则无以进德;学优而不仕,则无以及物。仕优而不学,固无足议者,学优而不仕,亦非圣人之中道也。故二者皆非也。仕优而不学,如原伯鲁之不说学是也。学优而不仕,如荷丈人之流是也。子夏之言,似为时而发,其言虽反覆相因,而各有所指。或以为仕而有余则又学,学而有余则又仕。如此,则其序当云‘学而优则仕,仕而优则学’。今反之,则知非相因之辞也。不知此说是否? 此说亦佳。旧亦尝疑两句次序颠倒,今云各有所指,甚佳。”[③]儒学极其重视从政者的学养,“不学无术”乃公卿之耻。学与政互济互补,相得益彰,也可以说是“软实力”与“硬实力”的结合,增加政治行为的文化质量,对于改良政治社会生态不无益处。

　　《论语》篇章结构中另一个值得注意的问题,是篇章内部的单元组合。孔子的教学方式,讲求“因材施教”,对问题的对答多有情景的具体性和针对性。单元组合将孔子对同一个基本命题,在不同场合、对不同的弟子和人物的各种回答集中在一起,彰显了问题的重要性及其展示的多种侧面。这涉及意义逻辑的聚与散的问题。

　　比如《为政篇》,在上述的学与政的间隔呼应之后,集中用了四章记述孔子对“孝”这个基本命题的回答。这个单元的头两章,是鲁国大夫孟懿子和孟武伯父子两代问孝,对于孟懿子,孔子的回答是“无违”,即无违于礼,“生事之以礼,死葬之以礼,祭之以礼”[④]。这是由于鲁国三桓把持国政,日常礼仪和葬祭礼仪上,常有僭越之处。而孟武伯因其父母已老染疾,就回答说:“父母,唯其疾之忧。”[⑤]后两章分别是子游、子夏问孝,是布衣士子的问孝,孔子的回答各有侧重。回答子游是:“今之孝者,是谓能养;至于犬

　　① ［清］阮元校刻:《十三经注疏》(全2册),北京:中华书局,1980年版,第2532页。
　　② 《定州汉墓竹简论语介绍》,见《定州汉墓竹简论语》,北京:文物出版社,1997年版,第3页。
　　③ ［宋］朱熹撰,朱杰人等主编:《朱子全书》(第22册)之《晦庵先生朱文公文集》(三),上海:上海古籍出版社;合肥:安徽教育出版社,2002年版,第1875-1876页。
　　④ ［宋］朱熹撰:《四书章句集注》,北京:中华书局,1983年版,第55页。
　　⑤ ［宋］朱熹撰:《四书章句集注》,北京:中华书局,1983年版,第55页。

马,皆能有养,不敬,何以别乎?"①对子夏的回答,则是:"色难。有事弟子
服其劳,有酒食,先生馔,曾是以为孝乎?"②布衣之孝,先要解决衣食温饱
问题,在此基础上以尽心、敬重提升孝的道德情感等次。连续开列"四问
孝",当然是《论语》"辑而论纂"时的选择。四章互异,却以单元组合的方式
在突出孝的重要性的同时,展示了孝是一个多面体,涉及孝与礼的关系,孝
自身的敬的态度与奉养行为的关系,都因人、因场合呈现不同的面孔。

在《论语》结构中,单元组合往往尚非自足体,它或隐或显、或近或远地
存在着与其他篇章的呼应,甚至视问题的重要性实行多重呼应。《为政篇》
的"四问孝"单元,既回应了《学而篇》第二章有子曰"孝弟也者,其为仁之
本",为人孝弟就不会犯上作乱,将孝的自然情感与道德的根本、政治的根
本联系起来。而且《为政》篇的"四问孝"单元,就在同篇间隔了七章后也得
到引申和回应:"或谓孔子曰,子奚不为政? 子曰:'《书》云:孝乎,唯孝友于
兄弟,施于有政。是亦为政,奚其为为政?'"③这一呼应非常要紧,因为整
个《为政篇》的中心,应该是"为政",为何竟大谈其孝? 这一呼应说明孝乃
是为政的准备和基础,儒学以宗法伦理贯注政治事务、以自然情感润滑政
治操作的思维方式,在篇章结构中获得了逻辑性的意义表达。

儒家的政治学并非现代意义上独立的政治学,而是牵系着"学——
德——政——孝"等社会伦理链条的"生态型的政治学"。既然将社会伦理
链条贯穿于为政,那么《为政》篇再记录"子张学干禄"、"哀公问何为则民
服"、"季康子问使民敬忠以劝"、"子张问十世可知",也就在其统系之中。
即便记录孔子之言"温故而知新,可以为师矣","学而不思则罔,思而不学
则殆","知之为知之,不知为不知,是知也",就只能看作是对政治生态诸环
节中"学"的增厚和深化。这种篇章呼应关系,就筑就了一个巨大的回音
壁,信息交叉传递,在互动互补、延伸深化中产生思想的共振合鸣。意义逻
辑,是讲究意义共鸣的逻辑。孔子的"生态政治学",以《论语》的"意义逻
辑"组建了其存在的生态。

由此可以领会到,要通解《论语》篇章学的内在逻辑,只能根据儒学的
思维方式,而不能牵强附会地套用现代西方的逻辑推衍。后世学人时或叹

---

① 　[宋]朱熹撰:《四书章句集注》,北京:中华书局,1983 年版,第 56 页。
② 　[宋]朱熹撰:《四书章句集注》,北京:中华书局,1983 年版,第 56 页。
③ 　[宋]朱熹撰:《四书章句集注》,北京:中华书局,1983 年版,第 56 页。

息《论语》编排杂乱无章,就是他们错位使用了现代西方逻辑习惯,而没有自觉地返回早期儒学的原本,返回它本有的意义逻辑,把握其非线性的参差跳跃的动态关联。如果自觉地返回《论语》最初编纂前后,即孔子与七十子时期的儒学思维定式和惯例,我们就会发现,不仅《论语》每篇的内部有其独特的思维逻辑可寻,而且篇与篇之间也有独特的意义逻辑勾连方式。深入领略这种勾连,有助于我们深入地理解儒学的精神脉络。

在这里,篇章勾连不是机械性的勾连,而是牵涉着血肉灵魂的生命化的勾连。前面已经分析了第一篇和第二篇的意义勾连方式,我们再往下分析其他诸篇在相互勾连中,意义逐步递进和延伸的原则。儒学是讲究以礼乐治世的,既然在第一篇、第二篇讲了"以学养政,以政弘学",那么接下来的第三篇《八佾》,讲述为政的基本内容——礼乐,也就顺理成章了。

只不过春秋战国之交,已开始加剧了礼崩乐坏的趋势。即如《史记》所云:"孔子之时,周室微而礼乐废。"[①]到了春秋后期,礼乐废弛已成列国顽症。《左传》襄公十一年(公元前562年),鲁国季孙、叔孙、孟孙"作三军,三分公室而各有其一"[②],"三桓擅权"的局面确立,礼乐崩坏、僭越频现的趋势失去了有效的制衡机制。最典型的案例就如《春秋公羊传》昭公二十五年(公元前517年)所载:"齐侯唁公于野井。唁公者何? 昭公将弑季氏,告子家驹曰:'季氏为无道,僭于公室久矣,吾欲弑之何如?'子家驹曰:'诸侯僭于天子,大夫僭于诸侯久矣。'昭公曰:'吾何僭矣哉?'子家驹曰:'设两观,乘大路,朱干、玉戚以舞《大夏》,八佾以舞《大武》,此皆天子之礼也。且夫牛马维娄,委己者也,而柔焉。季氏得民众久矣,君无多辱焉!'昭公不从其言,终弑而败焉。走之齐,齐侯唁公于野井,曰:'奈何君去鲁国之社稷?'"[③]季氏既僭用天子八佾舞乐,又将鲁君逐出鲁国,此事发生在鲁昭公二十五年,孔子三十五岁。范宁《春秋穀梁传序》,引用子家驹之语,说明:"昔周道衰陵,乾纲绝纽,礼坏乐崩,彝伦攸斁,弑逆篡盗者国有,淫纵破义者比肩。……征伐不由天子之命,号令出自权臣之门,……下陵上替,僭逼理极,天下荡荡,王道尽矣。孔子睹沧海之横流,乃喟然而叹曰:'文王既

---

①　[汉]司马迁撰:《史记》(全10册),北京:中华书局,1959年版,第1935页。

②　杨伯峻编著:《春秋左传注》(全4册),北京:中华书局,1990年版,第987页。

③　[清]阮元校刻:《十三经注疏》(全2册),北京:中华书局,1980年版,第2328—2329页。

没,文不在兹乎?'"①"三桓擅权",以及阳货一度以家臣执国命,由此引发礼乐崩坏而局面糜烂,成为孔子一生都要面对的文化悬崖。

面对这种政治乱局和文化悬崖,《论语》言礼乐,多从反面着墨。《八佾》开篇就是:"孔子谓季氏:八佾舞于庭,是可忍也,孰不可忍也?"②以此作为首章,可见卿大夫僭用天子舞乐,意味着礼乐崩坏已是时代性痼疾;孔子语气严峻痛切,表达了其为政先正礼乐的刚毅意志。季平子(何晏注引马融:鲁以周公故受王者礼乐,有八佾之舞,季桓子僭于其家庙。但据《左传》记载,当是驱逐鲁昭公者是季平子,十二年后季平子卒,才有季桓子袭位)使用了优待周公的王者礼乐"八佾"于自己的家庙,大夫祭祖用了王者的规格,在孔子心目中,当然是不可容忍的僭越行为。

孔子发这番愤慨时,大概已经预感到季氏逐君的政治危机。这也是见微知著、防患于未然的意思,如朱熹《答程允夫》函云:"小人之陵上,其初盖微僭其礼之末节而已。及充其僭礼之心,遂至于弑父弑君,此皆生于忍也。故孔子谓季氏八佾舞于庭,'是可忍也,孰不可忍也!'敢僭其礼,便是有无君父之心。"③《八佾篇》以此章为坐标,引领其下诸章,或批评鲁国三桓(孟孙、叔孙、季孙三家)在家庙僭用天子宗庙的乐歌,或批评季氏"旅"祭泰山,或批评子贡撤掉名存实亡的祭祀中的羊,或批评宰予胡乱解释社神所用木料的不同等等,都是要守持周公礼制,反对礼制的废弛、曲解或僭越。其他如讨论《诗三百》中的《周南·关雎》、《卫风·硕人》,以及舜帝《韶》乐、周武王《武》乐等等,都是维护以礼仪节制诗乐的。如《礼记·乐记》所云:"乐至则无怨,礼至则不争。揖让而治天下者,礼乐之谓也。"④礼乐都是指向和回应"为政"的。

在篇与篇相互勾连中,非常值得寻味的是编纂结构中,早就远远地埋下了伏线。伏线早埋的功能,在于它既勾连后篇,又联络前篇,体现的是孔子"吾道一以贯之"的思想。《八佾》的第三章讲礼乐和仁的关系:"子曰:人而不仁,如礼何? 人而不仁,如乐何?"⑤居于此篇偏前的此章,竟然成了后

---

①　[清]阮元校刻:《十三经注疏》(全 2 册),北京:中华书局,1980 年版,第 2358—2359 页。

②　[清]阮元校刻:《十三经注疏》(全 2 册),北京:中华书局,1980 年版,第 2465 页。

③　[宋]朱熹撰,朱杰人等主编:《朱子全书》(第 22 册)之《晦庵先生朱文公文集》(三),上海:上海古籍出版社;合肥:安徽教育出版社,2002 年版,第 1878 页。

④　[清]阮元校刻:《十三经注疏》(全 2 册),北京:中华书局,1980 年版,第 1529 页。

⑤　[清]阮元校刻:《十三经注疏》(全 2 册),北京:中华书局,1980 年版,第 2466 页。

篇《里仁》的超前的伏线。由此《里仁篇》一口气排列了孔子论仁七章为一个单元,从"子曰:里仁为美。择不处仁,焉得知"①,到"子曰:人之过也,各于其党。观过斯知仁矣"②。这七章涉及择居、安心、处世、端行、安贫、好恶、改过,都是修养仁心的行为方式。仁之所在,即道之所在,"朝闻道,夕死可矣"。也就顺理成章地由"仁"及于"道",及于"礼",及于"君子",及于"孝"。于是又专门安排了"孔子再论孝四章"为一个单元:"事父母几(微)谏","父母在,不远游,游必有方","三年无改父之道","父母之年不可不知也"。这个单元和《为政篇》的孔子论孝四章单元,遥相呼应,令人寻思着孝在儒学中分量沉重,它既是为政的伦理支柱,又是履行仁学的根本。为政也讲孝,行仁也讲孝,孝成为儒学体系中推己及人式的宗法性伦理情感的原发点。

清理了《里仁篇》的思想脉络和篇章结构之后,再来仔细分析夹在中间的第十五章:"子曰:'参乎,吾道一以贯之。'曾子曰:'唯。'子出,门人问曰:'何谓也?'曾子曰:'夫子之道,忠恕而已矣。'"③孤立地看,这一章体现了曾子领会夫子之道,深于众门人,有其独出群伦之处。进而思之,曾子以"忠恕"作为贯通孔学之脉络,对于思孟学派影响极深。《中庸》引述子曰:"道不远人,人之为道而远人,不可以为道。……忠恕违道不远,施诸己而不愿,亦勿施于人。"④

学术的精到处,往往能够得到血脉承传。顾炎武《日知录》卷七述"忠恕"云:"延平先生(按:朱熹之师李侗)《答问》曰:'夫子之道,不离乎日用之间。自其尽己而言,则谓之忠。自其及物而言,则谓之恕,莫非大道之全体。虽变化万殊,于事为之末,而所以贯之者,未尝不一也。曾子答门人之问,正是发其心尔,岂有二邪?若以为夫子一以贯之之旨甚精微,非门人所可告,姑以忠恕答之,恐圣贤之心不若是之支也。如孟子言尧舜之道,孝弟而已矣。人皆足以知之,但合内外之道,使之体用一原,显微无间,则非圣人不能尔。'朱子又尝作《忠恕说》,其大指与此略同。按此说甚明,而《集注》乃谓借尝得尽己推己之目以著明之,是疑忠恕为下学之事,不足以言圣

① [清]阮元校刻:《十三经注疏》(全2册),北京:中华书局,1980年版,第2471页。
② [清]阮元校刻:《十三经注疏》(全2册),北京:中华书局,1980年版,第2471页。
③ [清]阮元校刻:《十三经注疏》(全2册),北京:中华书局,1980年版,第2471页。
④ [清]阮元校刻:《十三经注疏》(全2册),北京:中华书局,1980年版,第1627页。

人之道也。然则是二之，非一之也。慈溪黄氏（南宋黄震）曰：'天下之理无所不在，而人之未能以贯通者，己私间之也。尽己之谓忠，推己及人之谓恕。忠恕既尽，己私乃克，此理所在，斯能贯通。故忠恕者，所以能一以贯之者也。'（按：可参看黄宗羲《宋元学案》卷八十六《东发学案》）元载侗作《六书故》，其训'忠'曰：'尽己致至之谓忠。'《语》曰：'为人谋而不忠乎？'又曰：'言思忠。'《记》曰：'丧礼，忠之至也。'又曰：'祀之忠也，如见亲之所爱，如欲色然。'又曰：'瑕不掩瑜，瑜不掩瑕，忠也。'《传》曰：'上思利民，忠也。'又曰：'小大之狱，虽不能察，必以情，忠之属也。'《孟子》曰：'自反而仁矣，自反而有礼矣，其横逆由是也，君子必自反也，我必不忠。'观于此数者，可以知忠之义也。反身而诚，然后能忠。能忠矣，然后由己推而达之家国天下，其道一也。其训恕曰：'推己及物之谓恕。'己欲立而立人，己欲达而达人，施诸己而不愿，亦勿施于人，恕之道也。充是心以往，达乎四海矣。故曰：'夫子之道，忠恕而已矣。'忠也者，天下之大本也。恕也者，天下之达道也。子贡问曰：'有一言而可以终身行之者乎？'子曰：'其恕乎。'夫圣人者，何以异于人哉，知终身可行，则知一以贯之之义矣。《中庸》记夫子言，君子之道四，无非忠恕之事。而《乾》九二之龙德，亦惟曰'庸言之信，庸行之谨'。然则忠恕，君子之道也。何以言'违道不远'，曰：此犹之云'巧言令色，鲜矣仁'也。岂可以此而疑忠恕之有二乎？或曰：孟子言'强恕而行，求仁莫近焉'，何也？曰：此为未至首道者言之也。孟子曰：'由仁义行，非行仁义也。'仁义岂有二乎？"[①]可知曾子之所谓忠恕，尽己而及物，体用一原，显微无间，作为人伦日用中通向"仁"、通向道的根本途径和精神脉络。此途径、此脉络连着《中庸》和《孟子·离娄下》《尽心上》，经由子思、孟子传至宋儒，对中国思想文化影响极其深远。

对于曾子的回答"唯"字，苏轼解释得颇有趣："师弟子答问，未尝不'唯'，而曾子之'唯'，独记于《论语》。一唯之外，口耳俱丧，而门人方欲问其所谓，此系风捕影之流，何足实告哉！"[②]朱熹则解释曾子的功夫："圣人恐曾子以为许多般样，故告之曰：吾道一以贯之。曾子真积力久，工夫至

① ［清］顾炎武著，［清］黄汝成集释，秦克诚点校：《日知录集释》，长沙：岳麓书社，1994 年版，第 237—238 页。

② ［宋］苏轼：《苏轼集》，明成化海虞程宗刻本，卷 92《评史四十六首》。

到,遂能契之深而应之速。"①但是从《里仁篇》如上述的篇章结构来看,它与"仁"、"道"、"礼"、"君子",尤其是"孝"的思想链条,有所游离或脱节。因此,这一章是曾子的弟子从新编纂《论语》时添加的。

以篇章学分析《论语》,既可以使我们深入儒学的思维方式,领略其中的意义逻辑,又有一个也许是意料之外、也许是意料之中的收获,就是从篇章结构的裂痕、缝隙和脱节之处,可以发现《论语》编纂成书过程中的一些隐藏很深的秘密。参与编纂的弟子门人利用篇章逻辑的跳跃性和自由度,在建筑儒学道术交响共鸣的回音壁的同时,将自己的声音作为主旋律中的关键音符,宣示了自己或自己的学派,对传承儒学道统的担当。

进而言之,对用以贯通血脉的"一"的追问,也是对道之本根的追问。清人戴震如此解释和发挥:"曰'一以贯之',非言'以一贯之'也。道有下学上达之殊致,学有识其迹与精于道之异趋。'吾道一以贯之',言上达之道即下学之道也。……《孟子》曰:'君子深造之以道,欲其自得之也。自得之,则居之安。居之安,则资之深。资之深,则取之左右逢其源。'凡此,皆精于道之谓也。心精于道,全乎圣智,自无弗贯通,非多学而识所能尽。苟徒识其迹,将日逐于多,适见不足。《易》又曰:'天下同归而殊涂,一致而百虑。'天下何思何虑?'同归',如归于仁至义尽是也。'殊涂',如事情之各区以别是也。'一致',如心知之明,尽乎圣智是也。'百虑',如因物而通其则是也。《孟子》曰:'博学而详说之,将以反说约也。''约'谓得其至当。又曰:'守约而施博者,善道也。君子之守,修其身而天下平。'约谓修其身。六经、孔、孟之书,语行之约,务在修身而已,语知之约,致其心之明而已。未有空指一而使人知之求之者。致其心之明,自能权度事情,无几微差失,又焉用知一求一哉!"②戴氏之说,沟通《论》、《孟》、《易》,来谈论"一以贯之"。如何一以贯之?他借用孔子的话"下学而上达",从殊涂、百虑之处下手学习,最终上升达到同归、一致的境界。一不排除多,而是深入多,在深入中提升为一,叩问事物之本质。

有意思的是,学术的深刻性联系着普泛性。"一以贯之"既是学理根脉,又是一种方法论,可以超越《论语》、超越儒学,成为一种普遍性的思维

---

① 〔宋〕黎靖德编,王星贤点校:《朱子语类》(全8册),北京:中华书局,1986年版,第686页。
② 〔清〕戴震撰:《孟子字义疏证》,北京:中华书局,1982年版,第55—56页。

方式。作为万物本源之"一",《素问·移精变气论》中黄帝、岐伯以之讨论医学道理,后世进而贯通儒、道、佛:"岐伯曰:'治之极于一。'帝曰:'何谓一?'岐伯曰:'一者因得之。一之为道大矣,万事万物之原也。《易》曰:'天一生水。'尧曰:'惟精惟一,允执厥中。'老子曰:'道生一,一生二,二生三,二生万物。'又曰:'天得一以清,地得一以宁,神得一以灵,谷得一以盈,万物得一以生,侯王得一以为天下贞。'孔子曰:'吾道一以贯之。'释氏曰:'万法归一。'庄子曰:'通于一而万事毕。'……故人能得一,则宇宙在乎手;人能知一,则万化归乎心。一者本也,因者所因也,得其所因,又何所而不得哉?"①在这里,一乃道原,万事万物万法都以一为终极,带有本体论的意味。一若朱熹所言:"千条万绪,贯通来只是一个道理。夫子所以说吾道一以贯之,曾子曰忠恕而已矣,是也。盖为道理出来处,只是一源。散见事物,都是一个物事做出底。一草一木,与他夏葛冬裘,渴饮饥食,君臣父子,礼乐器数,都是天理流行,活泼泼地。那一件不是天理中出来。"②也就是说,曾子一个"唯"字应诺孔子,本来只说"一"无非是约己以"忠",待人以"恕",踏踏实实。但回答处又留下不尽言说的空白,令好学深思者留下了指向事物本源的巨大空间。这就是《论语》意义逻辑所依托的言说方式。意义逻辑不是以顺溜的叙说,让你徒作"雨过地皮湿"式的阅读,而是在逻辑延续而中断处,让你止步沉思,思及学理的精髓。

---

① ［明］张介宾撰:《类经》,金阊童涌泉刊本,卷12。
② ［宋］黎靖德编,王星贤点校:《朱子语类》(全8册),北京:中华书局,1986年版,第1049页。

十章　价值取舍与篇题排列

篇章学一旦触及生命痕迹，就会发现主持编纂的弟子们的主动性，他们已经按捺不住，跃跃欲试，要自登坛站了。因为孔学的核心命题——学、政、礼、乐、仁，都讲了一遍，该是二三子开始对这些核心命题所构成的儒门血脉，表达担当意识的时候了。既然仲弓（冉雍）在《论语》最初编纂中，负有主要责任，在当时七十子各有取舍、分歧已有所萌生的情形下，他当然会表达自己最得孔子的真传，对担当道统传承有义不容辞的责任。他要通过篇题和首章告知后人，应该由谁来传承孔门道脉，如何传承孔门道脉？于是就出现了《公冶长篇》第五，《雍也篇》第六，直接承接前面四篇的学、政、礼、乐、仁的道术脉络。

儒门编书，极重视首章。比如孔子整理《诗三百》就以"《关雎》之乱以为风始，《鹿鸣》为小雅始，《文王》为大雅始，《清庙》为颂始"[1]，因而有"诗之四始"说[2]。至于以居于一篇首章的弟子命名篇题，影响就不局限于儒门和经学。小说书是更能窥见社会心理的，小说书《平山冷燕》第五回，就将《孟子》七篇篇名编成对句的一联："梁惠王命公孙丑，请滕文在离娄上，尽心告子读万章。"[3]另一联则是取自《论语》篇名："卫灵公遣公冶长，祭泰伯于乡党中，先进里仁舞八佾。"[4]这自然是以才学作为游戏笔墨，但把《论语》中的《公冶长》、《泰伯》、《卫灵公》等篇名，与《孟子》中的《梁惠王》、《滕文公》、《离娄》、《万章》诸篇名配为对仗，也可见《论语》首开以人名为篇题的风气，影响颇是深广。

可以说，以每篇首章开头二字作标题，是《论语》编纂上一个未见前例的创造。这项创造适于篇章零散时，随手拈来地以首章率领全篇在内容、形式都存在着不少差异的二三十章；同时这种篇题得名法，也为编者表达

① ［汉］司马迁撰：《史记》（全10册），北京：中华书局，1959年版，第1936页。
② ［汉］司马迁撰：《史记》（全10册），北京：中华书局，1959年版，第1936页。
③ ［明］天花藏主人著，王根林标点：《平山冷燕》，上海：上海古籍出版社，1994年版，第31页。
④ ［明］天花藏主人著，王根林标点：《平山冷燕》，上海：上海古籍出版社，1994年版，第31页。

潜在的价值观,留下巧妙的空间。编书总是带有价值观的,编《论语》的价值观,一是要阐明孔子之道,二是要附带阐明谁的路线最能承传孔子之道。那么在标题上,为何仲弓不占居一块头牌呢?在《古论语》中,篇序在《学而》《里仁》后,《雍也》居第三,自然算得上仲弓在众弟子中占了头牌。但可能是因为仲弓虽在儒门威望甚著,但尚不能独大于儒门,公冶长是孔子的女婿:"子谓公冶长:'可妻也,虽在缧绁之中,非其罪也。'以其子妻之。"①因而《公冶长篇》居于《雍也篇》之前,大概更能获得众弟子的共同认可。

关于公冶长的身世,《史记·仲尼弟子列传》说:"公冶长,齐人,字子长。"②《孔子家语》则以为鲁人。《左传·鲁襄公二十九年》记载:"(鲁襄)公还,及方城。季武子取卞,使公冶问,玺书追而与之,曰:'闻守卞者将叛,臣帅徒以讨之,既得之矣。敢告。'公冶致使而退,及舍而后闻取卞。公曰:'欲之而言叛,只见疏也。'公谓公冶曰:'吾可以入乎?'对曰:'君实有国,谁敢违君?'公与公冶冕服。固辞,强之而后受。……公冶致其邑于季氏,而终不入焉。曰:'欺其君,何必使余?'季孙见之,则言季氏如他日。不见,则终不言季氏。及疾,聚其臣,曰:'我死,必无以冕服敛,非德赏也。且无使季氏葬我。'"③公冶原是季氏属官,此事发生时孔子仅八岁,而最后又言及公冶死,那么他比孔子高一至二辈;如果公冶长是以他的名字为氏,他就是这位公冶的孙辈或曾孙辈。至于《国语·鲁语下》记述"襄公在楚,季武子取卞,使季冶逆,追而予之玺书"④,公冶记作季冶,韦昭注:"季冶,鲁大夫,季氏之族子冶也。"⑤则似是公冶出于季氏之族,但从他的年龄,及他由于季武子擅权欺君而几乎与之绝交来看,他大概并非如韦昭所注乃"季氏之族子"。不过从上述蛛丝马迹中,公冶长以是鲁人为近。

至于公冶长的德才,罕有记述。清人徐鼒《读书杂释》卷十云:"邢昺《论语》疏云:'旧说公冶长解禽语,故系之缧绁。以其不经,今不取。'鼒谓声音之理,通乎人、物。胡、越人闻声而还相笑者,耳之不习闻也。审其轻

---

① ［清］阮元校刻:《十三经注疏》(全2册),北京:中华书局,1980年版,第2473页。

② ［汉］司马迁撰:《史记》(全10册),北京:中华书局,1959年版,第2208页。

③ 杨伯峻编著:《春秋左传注》(全4册),北京:中华书局,1990年版,第1155—1156页。

④ 邬国义、胡果文、李晓路撰:《国语译注》,上海:上海古籍出版社,1994年版,第154页。

⑤ ［清］董增龄:《国语正义》,清光绪章氏训堂刻本,卷5。

重、疾徐之所变而通者，则相效不难也。由此以通之鸟兽亦然。《周礼》：夷隶通鸟言；《左氏》：介葛卢闻牛鸣，此皆七经所有也。又郑康成《诗谱》云：‘伯翳能知禽兽之言；《左氏》葛卢闻牛鸣。’贾逵注云：‘伯益晓是术。’蔡邕云：‘伯翳综声于语鸟，葛卢辨音于鸣牛。’此皆笺、注所有也。又《论衡》载杨翁仲听马骂塞眇事，此诸子书所有也。盖古人精于格物之学，其类聚群分，极之纤悉，皆有不可易之理。后世人才不如古儒生，格物之学既不精，朝廷理物之官亦废，目论之儒少见多怪，至宋而益甚，相率逞臆断之说，废弃传、注。昺，宋初人，已有此气习矣。”①此处以“古人精于格物之学”，“后世人才不如古儒生”，来证实公冶长解禽语，属于“可笑的博学”。

清人周亮工《书影》卷十又云：“喈喈喷喷，勺莲水边，有车覆粟。车脚沦泥，牯牛折角。收之不尽，相呼共啄。此公冶长辨雀语，见《论语》疏。唐沈佺期诗云：‘不如黄雀语，能免冶长灾。’后人注沈诗者单引此数语，如此则是能致冶长灾矣，何云免？按俗传冶长知鸟语，鲁君不信，逮之狱，未几雀复飞鸣曰：‘齐人出师侵我疆。’如其言往迹，果然，方释之，赐爵为大夫。此不根之谈，佺期正指此。诗人好异，不论事之有无耳。前数语未必真，然见《论语》疏。而今之辑韵语者皆未收。”②公冶长辨雀语，作为民间传说，可见初民心中的人鸟关系，但与儒家的德才观毫无关系。

既然公冶长给人印象最深者，是“辨雀语”，这可能蕴含着两重意义，一是公冶长与某种原始的自然信仰有联系；二是他亲近自然，乐闻天籁；另外，三是他具有“忍耻”之品德。后者见于出自孔府档案的《孔子家语》：“公冶长，鲁人，字子长。为人能忍耻。孔子以女妻之。”③如此品性虽然与儒学主流存在着距离，但在天下无道的乱世，却有助于保全身家性命。但编纂者显然不是从公冶长在儒门的位置，而是考虑到公冶长和孔子有翁婿关系，推他居于弟子上篇题的第一位，从而将本来居于《古论语》第三篇的《雍也》推举第六。可见早期《论语》的三次编纂中，存在着相当微妙的篇章政治学博弈和妥协。

《公冶长篇》虽然将公冶长的名字上了篇目，但全篇、甚至整部《论语》，他也只出现这么一次。出名自然是出名了，但没有更多的实质性文化内

①　［清］徐鼒著，阎振益、钟夏点校：《读书杂释》，北京：中华书局，1997年版，第159—160页。
②　［清］周亮工：《书影》，上海：上海古籍出版社，1981年版，第276页。
③　王国轩、王秀梅译注：《孔子家语》，北京：中华书局，2011年版，第433页。

涵。接下来第二章似乎遵循以同类相从的原则，讲了孔子的侄女婿："子谓南容：邦有道，不废；邦无道，免于刑戮。以其兄之子妻之。"①在《论语》中，公冶长比南容有名，南容比公冶长丰富，他不仅能消极地忍耻，而且能积极地应对生存环境，把握穷达进退之道。与《公冶长篇》首章形成隔章呼应的，是《先进篇》也记述了孔子为其侄女把握择偶标准："南容三复白圭，孔子以其兄之子妻之。"②《大戴礼记·卫将军文子》说："独居思仁，公言言义。其闻之《诗》也，一日三复白圭之玷，是南宫绍之行也。"③南宫绍、南宫适，即是南容。《诗经·大雅·抑》："白圭之玷，尚可磨也。斯言之玷，不可为也。"④白玉上的斑点缺陷，还可以磨去，说话出现斑点缺陷，就无法补救了。他反复诵读如此诗篇，实在是谨言慎行的君子。不仅如此，南容对于《诗》、《书》、古史，有独到的领会。《宪问篇》记载："南宫适问于孔子曰：'羿善射，奡荡舟，俱不得其死然。禹、稷躬稼而有天下。'夫子不答。南宫适出，子曰：'君子哉若人！尚德哉若人！'"因此朱熹注《论语》云："或曰：'公冶长之贤不及南容，故圣人以其子妻长，而以兄子妻容，盖厚于兄而薄于己也。'程子曰：'此以己之私心窥圣人也。凡人避嫌者，皆内不足也，圣人自至公，何避嫌之有？况嫁女必量其才而求配，尤不当有所避也。若孔子之事，则其年之长幼、时之先后皆不可知，惟以为避嫌则大不可。避嫌之事，贤者且不为，况圣人乎？"⑤

《公冶长篇》第三章记述宓子贱，他的条目在《论语》中也和公冶长一样，只有一章，而且是短短的一章："子谓子贱：君子哉若人！鲁无君子者，斯焉取斯？"⑥从语气来看，孔子似乎非常赞赏此人，但孔子是在什么情境中缘何讲此话，实在是无头无尾，摸不着头脑。

好在《说苑·政理篇》保存了一条比较完整的材料，使我们得以约略窥见主持《论语》编纂者的价值取舍和删繁就简的笔法：

> 孔子兄子有孔蔑者，与宓子贱皆仕。孔子往过孔蔑，问之曰："自

① ［宋］朱熹撰：《四书章句集注》，北京：中华书局，1983 年版，第 75 页。
② ［宋］朱熹撰：《四书章句集注》，北京：中华书局，1983 年版，第 124 页。
③ ［清］王聘珍撰，王文锦点校：《大戴礼记解诂》，北京：中华书局，1983 年版，第 111 页。
④ ［清］阮元校刻：《十三经注疏》（全 2 册），北京：中华书局，1980 年版，第 555 页。
⑤ ［宋］朱熹撰：《四书章句集注》，北京：中华书局，1983 年版，第 75 页。
⑥ ［宋］朱熹撰：《四书章句集注》，北京：中华书局，1983 年版，第 75 页。

子之仕者，何得、何亡？"孔蔑曰："自吾仕者未有所得，而有所亡者三，曰：王事若袭，学焉得习，以是学不得明也，所亡者一也。奉禄少鬵，鬵不足及亲戚，亲戚益疏矣，所亡者二也。公事多急，不得吊死视病，是以朋友益疏矣，所亡者三也。"孔子不说，而复往见子贱曰："自子之仕，何得、何亡也？"子贱曰："自吾之仕，未有所亡而所得者三：始诵之文，今履而行之，是学日益明也，所得者一也。奉禄虽少鬵，鬵得及亲戚，是以亲戚益亲也，所得者二也。公事虽急，夜勤，吊死视病，是以朋友益亲也，所得者三也。"孔子谓子贱曰："君子哉若人！君子哉若人！鲁无君子也，斯焉取斯？"①

《孔子家语·子路初见篇》也载有这条材料，开头称"孔子兄子有孔篾者，与宓子贱偕仕"②。如果这条材料的开头不是泛泛地称"孔子弟子有孔蔑者"，而是明确地称孔篾是孔子之兄孟皮之子，那么就恰好与《论语·公冶长篇》的第一章孔子"以其子"妻公冶长，第二章孔子"以其兄之子（女）"妻南容，形成以类相从的涉及孔子姻亲关系的组合单元。可以推知，宓子贱这份材料最初提供给《论语》编纂者时，很可能是如同《说苑》、《孔子家语》这种样子，因而安排于此，以类相从，构成"孔子亲族"三章的单元组合，而一旦删去"孔子兄子有孔篾者"及大部分文字之后，就令人对章节间的内在逻辑无从索解了。

这段记载，以孔子反复咏叹的口气，将宓子贱推为鲁君子之选，而且高度称许他的为政之道。如果全文著录，是很有分量的。但《论语》鉴于竹简材料价格不菲，刀笔刻写难度颇高，因而在编纂体例上，自然强调重点记录孔子之言，少于背景现场，也就只保留孔子称赞宓子贱的话。进一步检视《说苑·政理篇》，在此章的前面，还有三章较长的文字记述宓子贱，其第二章云：

孔子谓宓子贱曰："子治单父而众说，语丘所以为之者。"曰："不齐父其父，子其子，恤诸孤而哀丧纪。"孔子曰："善小节也，小民附矣，犹

---

①　[汉]刘向撰，向宗鲁校证：《说苑校证》，北京：中华书局，1987年版，第161—162页。
②　王国轩、王秀梅译注：《孔子家语》，北京：中华书局，2011年版，第246页。

未足也。"曰："不齐也,所父事者三人,所兄事者五人,所友者十一人。"
孔子曰："父事三人,可以教孝矣;兄事五人,可以教弟矣;友十一人,可
以教学矣。中节也,中民附矣,犹未足也。"曰："此地民有贤于不齐者
五人,不齐事之,皆教不齐所以治之术。"孔子曰："欲其大者,乃于此在
矣。昔者尧、舜清微其身,以听观天下,务来贤人,夫举贤者,百福之宗
也,而神明之主也,不齐之所治者小也,不齐所治者大,其与尧、舜
继矣。"①

　　这条材料也见于《韩诗外传》卷八、《孔子家语·辨政篇》。这些章节可
能是宓子贱及其弟子的回忆记述,不排除在为孔子庐墓守孝三年期间编
《论语》收集材料时,曾经献上,可能在论纂选择的过程中被刊落或删节了。
不然,其中孔子称宓子贱为鲁国罕见的君子,甚至认为他"所治者大,其与
尧、舜继矣",简直就可以跟孔子称赞仲弓的"雍也可使南面"相媲美。
　　《说苑·政理篇》还记载："宓子贱治单父,弹鸣琴,身不下堂而单父治。
巫马期亦治单父,以星出,以星入,日夜不处,以身亲之,而单父亦治。巫马
期问其故于宓子贱,宓子贱曰:'我之谓任人,子之谓任力,任力者固劳,任
人者固佚。'人曰:'宓子贱则君子矣,佚四枝,全耳目,平心气,而百官治,任
其数而已矣。巫马期则不然,弊性事情,劳烦教诏,虽治,犹未至也。'"②这
一条与《论语·阳货篇》中记载的子游弦歌治武城,亦堪媲美,但是没有"孔
子曰",也就为《论语》不予收录。
　　此类材料当然出自宓子贱之门,如《汉书·艺文志》著录的《宓子》十六
篇之类,其间蕴含宓子贱对孔子之言的理解,也不是没有记录者的价值观。
《孔子家语·七十二弟子解》云："宓不齐,鲁人,字子贱,少孔子四十九岁。
仕为单父宰,有才智,仁爱百姓,不忍欺之,故孔子大(亦作'美')之。"③如
此评述,大概是综合宓子贱之门的记录而述之。至于此类材料少有被录入
《论语》,当与编辑论纂的话语权在材料的取舍存废的作用,存在着不言而
喻的关系。
　　对于宓子贱的身世行迹,犹有可补充者,《颜氏家训·书证篇》云："孔

---

①　[汉]刘向撰,向宗鲁校证:《说苑校证》,北京:中华书局,1987 年版,第 159—160 页。
②　[汉]刘向撰,向宗鲁校证:《说苑校证》,北京:中华书局,1987 年版,第 158—159 页。
③　王国轩、王秀梅译注:《孔子家语》,北京:中华书局,2011 年版,第 432 页。

子弟子虑子贱为单父宰,即虑羲之后,俗字亦为宓,或复加山。今兖州永昌郡城,旧单父地也,东门有《子贱碑》,汉世所立,乃曰'济南伏生,即子贱之后'。是虑之与伏,古来通字,误以为宓,较可知矣。"①可知宓、虑、伏相通,宓子贱的后世子孙有汉代传《尚书》的伏生。《后汉书》卷二十六说,伏湛的"九世祖(伏)胜,字子贱,所谓济南伏生者也"②,这就成了伏生与其远祖宓子贱同字了。

从宓子贱材料为《论语》刊落,却在其他战国秦汉文献中出现,可知七十子回忆材料,存在着另一个资料系统,往往被《说苑》、《新序》、《韩诗外传》、《吕氏春秋》,以及后来的类书重复采用。根据出土文献提供的信息,这些材料流布甚早,是不能简单地以是否编入《论语》,作为判别真伪的标准的。我们倒是应该采取兼容态度,使《论语》内与《论语》外的众多"子曰"材料互参互补,还原一个丰富多彩的孔子与儒门。

再看《公冶长篇》的第四章:"子贡问曰:赐也何如? 子曰:女(汝)器也。曰:何器也? 曰:瑚琏也。"③单独地看,瑚琏是宗庙礼器之贵者,似乎在肯定子贡的"廊庙之材"的。但是若与《为政篇》"子曰:君子不器"相呼应,就令人感到子贡有不得称君子之虞了。这大概就是儒者的"春秋笔法",在篇章设置上隔章呼应。朱熹解释:"'君子不器',是不拘于一,所谓'体无不具'。人心原有这许多道理充足,若惯熟时,自然看要如何,无不周遍。子贡瑚琏,只是庙中可用,移去别处便用不得。如原宪只是一个吃菜根底人,邦有道,出来也做一事不得。邦无道,也不能拨乱反正。"④这种解释说服力并不强,子贡外交、经商均是干才、甚至奇才,在七十子中智慧、能力堪称出众,如何能说他拘于、而别人不拘于一才一艺呢? 再隔上四章,即第九章说:"子谓子贡曰:'女与回也孰愈?'对曰:'赐也何敢望回? 回也闻一以知十,赐也闻一以知二。'子曰:'弗如也。吾与女弗如也。'"⑤尽管子贡于此谦称不如颜回,尚属得体;但孔子专门让他与颜回比比高低,也可见子贡的声望和能力不可小觑了。

---

① 檀作文译注:《颜氏家训》,北京:中华书局,2007 年版,第 255 页。

② 〔宋〕范晔撰,〔唐〕李贤等注:《后汉书》(全 12 册),北京:中华书局,1965 年版,第 893 页。

③ 〔宋〕朱熹撰:《四书章句集注》,北京:中华书局,1983 年版,第 76 页。

④ 〔宋〕黎靖德编,王星贤点校:《朱子语类》(全 8 册),北京:中华书局,1986 年版,第 578 页。

⑤ 〔宋〕朱熹撰:《四书章句集注》,北京:中华书局,1983 年版,第 77 页。

　　子贡是一个杰出的雄辩家,但其城府不深,好议论他人长短,即所谓"子贡方人(郑玄注《论语》作谤人)。子曰:'赐也,贤乎哉? 夫我则不暇。'"①(《宪问篇》)孔门的作风,是谨言慎行的,如孔子曰:"巧言乱德。""吾之于人也,谁毁谁誉? 如有所誉者,其有所试矣。"②(《卫灵公篇》)因而《公冶长篇》第五章就是批评子贡式的"方人"作风的。"或曰:雍也仁而不佞(没有口才)。子曰:'焉用佞? 御人以口给,屡憎于人。不知其仁,焉用佞?'"③"或曰",是谁说的呢,还要抬出孔子来为仲弓辩护,此人来头不小。只要回想一下《论语》首篇第三章"子曰:巧言令色,鲜矣仁",就不难明白为何在如此重要之处讨伐"巧言令色",可能与仲弓缺乏口才("不佞")的心理情结有关,也可能是子贡"御人以口给,屡憎于人",也未可知。谁不知仲弓之仁呢? 以往注家解释孔子"不知"而不轻易许之,从上下文看,应是针对说仲弓"仁而不佞"者,你既然不知仲弓之仁,为何责怪他没有口才呢? 若非如此,就似乎有违孔子对仲弓的辩护之意了。

　　孔子为仲弓的辩护很管用,他肯定了仲弓的"仁"。只要看一看《公冶长篇》再隔了两章的这段话,就不难明白:"孟武伯问:'子路仁乎?'子曰:'不知也。'又问,子曰:'由也,千乘之国,可使治其赋也,不知其仁也。''求也何如?'子曰:'求也,千室之邑,百乘之家,可使为之宰也,不知其仁也。''赤也何如?'子曰:'赤也,束带立于朝,可使与宾客言也,不知其仁也。'"④这种隔章呼应实在意味深长,它将孔门三个杰出的弟子:子路、冉有、公西华,都置于"不知其仁"的位置,用语虽然也是"不知其仁",但语气和意思与关于仲弓的那章存在着微妙的区别,令人感到此三位同门在德行上比仲弓输一个档次。《论语》的隔章呼应,于此出现多义性。这是否与《论语》编辑论纂的话语权的归属有关呢? 如果有关,那就是处理材料时某种价值观在起着潜在作用,这就是篇章政治学的效应。

　　不妨再来细读《雍也篇》,首章就非常引人注目:"子曰:雍也可使南面。"⑤如前所述,"南面"一词,在《论语》中只使用过两次,另一次是《卫灵

　　①　[宋]朱熹撰:《四书章句集注》,北京:中华书局,1983年版,第156页。
　　②　[宋]朱熹撰:《四书章句集注》,北京:中华书局,1983年版,第166页。
　　③　[宋]朱熹撰:《四书章句集注》,北京:中华书局,1983年版,第76页。
　　④　[宋]朱熹撰:《四书章句集注》,北京:中华书局,1983年版,第77页。
　　⑤　[清]阮元校刻:《十三经注疏》(全2册),北京:中华书局,1980年版,第2477页。

公篇》称赞"恭己正南面"的舜帝政治典范。能与舜帝共享"南面"一词,这《雍也篇》首章,分量之重是不言而喻的。《荀子》将仲弓与仲尼并列为"圣人",大概也是在《论语》此处露出萌芽的学派价值观在继续发酵。随之《雍也篇》第二章,又有孔子直接肯定的仲弓论政"居敬而行简,以临其民"的政治主张,也与"无为而治"的舜帝政治相呼应。既将篇名的相关文章做足,就可以开始讲颜回:"哀公问:'弟子孰好学?'孔子对曰:'有颜回者好学,不迁怒,不贰过,不幸短命死矣。今也则亡,未闻好学者也。'"①举出颜回短命而死,意味着孔门传承出现的真空,应该有其人来填补。

其后的篇章对上述仲弓、颜回的两条线索,实行隔章呼应的处理,呼应于仲弓者有:"子谓仲弓曰:犁牛之子,骍且角,虽欲勿用,山川其舍诸?"②据朱熹注解,"犁牛"是杂色纹路之牛,指"仲弓父贱而行恶,故夫子以此譬之";清人龚炜《巢林笔谈续编》卷上说:"仲弓父,《史记》但称贱人。《论语》注直书行恶,朱子必有所据。若但以犁牛二字按之,当是一蠢材,为世所鄙弃者。"③朱熹注"骍且角",则云"骍,赤色。周人尚赤,牲用骍。角,角周正,中牺牲也",因此不使用之供祭祀,连山川之神也舍不得④。在颜回早死之后填补传承道统的真空上,记述这种说法就有点蕴含着仲弓舍我其谁的意味了。

呼应于颜回者有:"贤哉回也!一箪食,一瓢饮,在陋巷,人不堪其忧,回也不改其乐。贤哉回也!"对短命而死的颜回之安贫乐道,可谓推崇备至。《孟子·离娄下》以跨越千余年的大视野,评述"禹、稷当平世,三过其门而不入,孔子贤之。颜子当乱世,居于陋巷,一箪食,一瓢饮,人不堪其忧,颜于不改其乐,孔子贤之"⑤,称许"禹、稷、颜回同道","禹、稷、颜子易地则皆然"。即朱熹之所谓"圣贤之道,进则救民,退则修己,其心一而已矣"⑥。即是说,颜回这种人生态度、人生哲学,可以进入贯通千古的儒学道统。

至于后面列入德行科的闵子骞、冉伯牛,《雍也篇》也预作铺垫性介绍,

---

① ［宋］朱熹撰:《四书章句集注》,北京:中华书局,1983年版,第84页。
② ［宋］朱熹撰:《四书章句集注》,北京:中华书局,1983年版,第85页。
③ ［清］龚炜撰:《巢林笔谈续编》,清乾隆三十四年(1769年)刻本,卷上。
④ ［宋］朱熹撰:《四书章句集注》,北京:中华书局,1983年版,第85页。
⑤ ［宋］朱熹撰:《四书章句集注》,北京:中华书局,1983年版,第299页。
⑥ ［宋］朱熹撰:《四书章句集注》,北京:中华书局,1983年版,第299页。

一是:"季氏使闵子骞为费宰。闵子骞曰:'善为我辞焉,如有复我者,则吾必汶上矣。'"①闵子在政治上表现得比较超脱,不愿纠缠于"三桓专权"的政治脱轨而失范的危机中。二是:"伯牛有疾,子问之,自牖执其手,曰:'亡之,命矣夫! 斯人也而有斯疾也! 斯人也而有斯疾也!'"②这条材料可以表达孔子的惋惜,却不足以说明冉伯牛的德行。《淮南子·精神训》议论云:"夫颜回、季路、子夏、冉伯牛,孔子之通学也。然颜渊夭死,季路菹于卫,子夏失明,冉伯牛为厉。此皆迫性拂情,而不得其和也。故子夏见曾子,一臞一肥。曾子问其故,曰:'出见富贵之乐而欲之,入见先王之道又说之。两者心战,故臞。先王之道胜,故肥。'推其志,非能贪富贵之位,不便侈靡之乐,直宜迫性闭欲,以义自防也。虽情心郁殪,形性屈竭,犹不得已自强也! 故莫能终其天年。"③其中提到"冉伯牛为厉",他与闵子骞二贤,在《论语》启动编纂时,大概已经谢世。

再看《雍也篇》如何结尾:"子贡曰:'如有博施于民而能济众,何如? 可谓仁乎?'子曰:'何事于仁,必也圣乎! 尧、舜其犹病诸! 夫仁者,己欲立而立人,己欲达而达人。能近取譬,可谓仁之方也矣。'"④子贡对于儒家的核心理念"仁"的标准,理解过高,为众多士君子难以企及。孔子回答"夫仁者,己欲立而立人,己欲达而达人",可以跟《颜渊篇》仲弓问仁得到的回答"己所不欲,勿施于人"合为双璧,互为表里,内外兼修。从此章还可以领略到,孔子认为"圣"是仁的极致,将仁与政相结合而发挥到极致,达到博施济众的程度,就是"圣"。如此开放性结尾,在隔篇呼应中使意义逻辑又返回仲弓问仁,深化了"一以贯之"的方法论。

仲弓编纂《论语》,突出"仁"的核心理念,功不可没。在文明脱离野蛮还不算太远的历史阶段,在那个动荡骚乱、杀伐频仍的时代,"知其不可而为之"地坚守"仁"的信念,乃是一种"圣人之学"。如明代儒者罗汝芳所云:"孔门宗旨,惟是一个'仁'字。孔门为仁,惟一个'恕'字。如云'己欲立而立人,己欲达而达人',分明说己欲立,不须在己上去立,只立人即所以立己

---

① [宋]朱熹撰:《四书章句集注》,北京:中华书局,1983年版,第86页。
② [宋]朱熹撰:《四书章句集注》,北京:中华书局,1983年版,第87页。
③ [西汉]刘安等编:《淮南子》(《诸子集成》七),北京:中华书局,1954年版,第110—111页。
④ [宋]朱熹撰:《四书章句集注》,北京:中华书局,1983年版,第91—92页。

也。己欲达，不须在己上去达，只达人即所以达己也。”[1]这就是说，“仁”的理念，主张按照人的标准、而非兽的标准，来要求人、对待人，这是人类脱离野兽界之后所追寻的文明标准。因此，仁是关乎文明与人的意识。

在对仁的价值阐释上，王国维《教育偶感》则以中西合璧的理论，作出解说：“《易传》曰：‘立人之道，曰仁与义。’仁之德尚矣，若夫义，则固社会所赖以成立者也。义之于社会也，犹规矩之于方圆，绳墨之于曲直也。社会无是，则为鱼烂之民；国家无是，则为无政府之国。凡社会上之道德，其有积极之作用者，皆可以一‘仁’字括之。其有消极之作用者，皆可以一‘义’字括之。而其于社会上之作用，则消极之道德尤要于积极之道德。前者，政治与法律之所维持，后者，宗教与教育之目的也。故《大学》言平天下，首言絜矩之道，而后言积极之道德。……‘己所不欲，勿施于人’，义也。‘己欲立而立人，己欲达而达人’，仁也。非义非道。一介不以与人，一介不以取诸人，义也。以斯道觉斯民，仁也。仁之事，非圣哲不能。若夫义，则苟栖息社会以上者，不可须臾离者也。人有生命，有财产，有名誉，有自由。此数者，皆神圣不可侵犯之权利也。苟有侵犯之者，岂特渎一人神圣之权利而已，社会之安宁，亦将岌岌不可终日。故有立法者以虑之，有司法者以行之。不然，彼窃盗者果安罪哉！彼迫于饥寒之苦，而图他人锱铢之利，固情之所可恕者也。然法律上所以不能恕之者，则以其危财产之权利也。人苟失其财产之权利，则无储蓄之心。无储蓄之心，则无操作之心。人人不思操作，则社会之根柢摇矣。故凡侵犯他人之生命、财产、自由者，皆社会所谥为不义，而为全社会之大戮者也。故曰：义之于社会，其用尤急于仁。仁之事，非圣哲不能。而义之事，则亦得由利己主义推演之，非特社会之保障，亦个人之金城也。今转而观我国之社会，则正义之思想之缺乏，实有可惊者。岂独平民而已，即素号开通之绅士，竟侗然不知正义之为何物。……余恶夫正义之德之坠于地也，故不得不辨。”[2]这面写着“仁”字的旗帜，乃圣哲之学，可以引导社会道德由底线提升到高线，可以经过现代意义的阐释而进入现代人之生活，因而一个“仁”字，为中华文明人伦品格增色不少。

---

① 沈善洪主编：《黄宗羲全集》（第8册），杭州：浙江古籍出版社，1992年版，第36页。

② 谢维扬、房鑫亮主编：《王国维全集》（第1卷），杭州：浙江教育出版社，2009年版，第135—137页。

十一章　孔子修经方式与晚年学《易》

从篇章学的逻辑顺序来分析,《公冶长》、《雍也》二篇,尤其后者,乃是关乎《论语》最初编纂者毅然挺身而出,担当传承孔子道术之责任而安排的篇目。从某种意义上说,这二篇的篇目对篇章的正常顺序依违两可,有所游离,使篇与篇之间的勾连衔接,发生某种脱节和跳跃。按诸常规,回忆和纪念先师,在展示他的基本核心思想之后,就应该交代其个人志行和思想渊源。就是说,在《学而》、《为政》、《八佾》、《里仁》诸篇之后,直接转向《述而篇》,由孔子亲自交代自己的志行:"述而不作,信而好古,窃比于我老彭。""默而识之,学而不厌,诲人不倦,何有于我哉?""德之不修,学之不讲,闻义不能徙,不善不能改,是吾忧也。""志于道,据于德,依于仁,游于艺。"①如此衔接,也许更加顺理成章,浑然天成。而由于编纂主持者价值观的加入,《论语》篇章顺序,呈现为曲折前行的形态。

"述而"作为篇题,置于首章,可见《论语》编纂者对此章极其推重。"述而不作"涉及孔子整理六经的方式,涉及孔子如何将古老中国的原始经典通过增删组构及措辞褒贬等类乎文献学、实际是"超文献学"的方式,纳入儒学价值系统,从而使中国人对自身文明道德的渊源的理解,不能不从儒学六经开始。这是儒学得以久传不衰的一大关键。章太炎如此谈论六经与原始经典的关系:"经不悉官书,官书亦不悉称经(《史籀篇》、《世本》之属)。《易》、《诗》、《书》、《礼》、《乐》、《春秋》者,本官书,又得经名。孔子曰:述而不作,信而好古,明其亡变改。其次《春秋》,以《鲁史记》为本,犹冯依左丘明。左丘明者,鲁太史(见《艺文志》)。然则圣不空作,因当官之文。《春秋》、《孝经》,名实固殊焉(《春秋》称经,从本名;《孝经》称经,从施易之名)。"②这里将"述而不作",释为"本官书","亡变改",是否符合孔子将原始典籍点化为经的本真,值得商兑。

---

① ［清］阮元校刻:《十三经注疏》(全2册),北京:中华书局,1980年版,第2481页。
② 章太炎撰:《国故论衡》,北京:商务印书馆,2010年版,第88页。

顾炎武《日知录》卷四如此为"述而不作"的修书方式,提供证据:"《广川书跋》载《晋姜鼎铭》曰:'惟王十月乙亥。'而论之曰:'圣人作《春秋》,于岁首则书'王',说者谓'谨始以正端'。今晋人作鼎而曰'王十月',是当时诸侯皆以尊王正为法,不独鲁也。'李梦阳言:'今人往往有得秦权者,亦有王正月字。'以是观之,《春秋》'王正月',必鲁史本文也。言'王'者,所以别于夏、殷,并无他义。刘原父以'王'之一字为圣人新意,非也。子曰:'述而不作,信而好古。'亦于此见之。"①以此说孔子凭借原始典籍,建立儒学的可信性则可;以此说孔子对原始典籍不作增删组构、措辞褒贬,则不可。个别的事例,只能说在全般的存在中,有这么一种现象,不能以偏概全,说这就是全部现象、全般存在。

《学而》首章全文是:"述而不作,信而好古,窃比于我老彭。"至于老彭是谁?汉代包咸认为是"商贤大夫"。但王弼注:"老,老聃;彭,彭祖也。"②将之离为二人。可能由于孔子曾问礼于老聃,而《论语》不述老聃,离为二人,聊补遗憾。但包咸之说是可以取信的。孔子是殷人,对商朝历史熟悉而别有一份感情。《大戴礼记·虞戴德》载孔子回答鲁哀公问"教人",子曰:"否,丘则不能。昔商老彭及仲傀,政之教大夫,官之教士,技之教庶人。扬则抑,抑则扬,缀以德行,不任以言,庶人以言,犹以夏后氏之裯怀袍褐也,行不越境。"③商朝初期的智慧人物老彭推行道德教化,其方法是所谓"扬则抑,抑则扬,缀以德行,不任以言",这既涉及述而不作("不任以言"),又涉及以述寓教,缀合德行以抑扬褒贬。这便是孔子整理六经之原则的滥觞,只是孔子加上更为高明的智慧形式,依托于民族发生期的原始典籍。

至于老彭是否是彭祖,清人作了如此考证:"彭祖之年,其见故书雅记者,盖历年八百有余,而说或多歧。《楚辞·天问》:'受寿永多,夫何久长?'注云:'彭祖至八百岁,犹自悔不寿,恨枕高而唾远。'《庄子·逍遥游》"彭祖",《释文》引《楚辞注》作七百,枕高作杖晚。又引李云:'尧臣,历虞夏至商,年七百岁。'《世本》云:'在商为守藏史,在周为柱下史,年八百岁。'崔

①　[清]顾炎武著,[清]黄汝成集释,秦克诚点校:《日知录集释》,长沙:岳麓书社,1994年版,第117页。

②　程树德撰,程俊英、蒋见元点校:《论语集释》(全4册),北京:中华书局,1990年版,第431页。

③　[清]王聘珍撰,王文锦点校:《大戴礼记解诂》,北京:中华书局,1983年版,第178页。

云：'尧臣。仕殷时，其人甫寿七百年。'《大宗师》'彭祖'，《释文》独引李云：
'七百岁，或以为仙去不死。'《吕氏春秋》、《淮南子》皆高诱注也，亦自为两
说。《吕氏·情欲篇》'虽有彭祖'，注云：'殷之贤臣，治性清静，不欲于物，
盖寿七百岁。'《执一篇》'彭祖以寿'，注云：'寿盖七百。'《为欲篇》'其视彭
祖也'，注云：'盖寿七百余岁。'《淮南子·说林训》'彭祖为夭'，注云：'彭祖
寿八百岁，不早归，故以为夭。'……《大戴礼·虞戴德》云：'子曰：昔商老彭
及仲虺，政之教大夫，官之教士，伎之教庶人。'《汉书·古今人表》'老彭仲
虺相接'，则商初之事。《史记·楚世家》云：'彭祖，殷之时尝为侯伯，殷之
末世灭之。'《正义》引《外传》云：'殷末灭彭祖国。'案《郑语》韦昭注云：'彭
祖后世失道，殷复兴而灭之，据彭祖国名，大彭。'《郑语》云：'彭姓，彭祖则
商灭之。'质言灭彭祖，非其后世矣。云灭者，彭祖逃去，国绝不嗣。时彭祖
为大夫，以外诸侯入为朝臣。"①材料叠床架屋，还有涉及神学家言者。值
得注意者，《汉书·古今人物表》在上上品帝汤殷商氏、上中品伊尹之下，列
有上下品之"仲虺（师古曰：汤左相也）；老彭，义伯，中伯（师古曰：义、中，汤
之二臣）"②。老彭是品位列于圣人、仁人之下的"智人"，仲虺、老彭相随，
是可与《大戴礼记》"商老彭及仲傀"相参证的。老彭位在左相、二臣之间，
说是"以外诸侯入为朝臣"，也算可以对位。孔子以如此一个文献少载的人
物自拟，谦逊之余，给人留下想象余地。

　　问题在于孔子自拟老彭，发生在何时。孔子屡称"修德"、"讲学"、"志
道、据德、依仁、游艺"，则其整理六经于材料取舍、褒贬扬讳、文字斟酌上，
贯注儒家道德价值，是一种生命的投入，因而对于作《春秋》发出"知我罪
我"之感叹。前述《大戴礼记·虞戴德》孔子对鲁哀公称述老彭，应在孔子
由卫返鲁，被奉为国老，鲁哀公、季康子频繁问政的鲁哀公十一年（公元前
484 年）。孔子被冷落后，致力修《春秋》。《春秋说》云："孔子作《春秋》，一
万八千字，九月而书成，以授游、夏之徒，游、夏之徒不能改一字。"③因而孔
子自称"述而不作"，并"窃比于我老彭"，应是成《春秋》，受到游、夏之徒的
极口赞扬，而作的解嘲之言。解嘲深处，蕴含着自信，"《春秋》，信史也"。

　　①　［清］俞正燮撰，涂小马等校点：《癸巳类稿》，沈阳：辽宁教育出版社，2001 年版，第 499—
501 页。
　　②　［汉］班固撰：《汉书》（全 12 册），北京：中华书局，1962 年版，第 884 页。
　　③　［清］阮元校刻：《十三经注疏》（全 2 册），北京：中华书局，1980 年版，第 2320 页。

因而孔子讲《述而篇》首章中语,时在鲁哀公十四年(公元前481年)。

　　《述而篇》开篇而随之的一连串"子曰",鲜明地模塑出孔子端是好学、乐道、修德之人。孔子述而不作,实际上将自己的好学、乐道、修德之所得,在"《春秋》,天子之事"①的大角度上,予以实施。因而本篇的第一章,与随之的一连串"子曰",是存在着内在的逻辑贯穿的。他从知识来源的本质上,谈论学习或探求的必要性:"我非生而知之者,好古,敏以求之者也。"②他从知识存在的广泛性和多重性上,谈论学习的不拘环境和重在选择:"三人行,必有我师焉。择其善者而从之,其不善者而改之。"③其余如"子不语:怪、力、乱、神"④、"子以四教:文、行、忠、信"⑤,都言简意赅地揭示孔子思想行为的特质,这些思想行为特质,也与他以"述而不作"的方式形成的"六经"(六艺)一脉贯通。孔子的这些话与《乡党篇》记述的一些行为方式,都被《史记·孔子世家》作为其思想行为的传记材料予以载录。

　　对于整个《述而篇》,朱熹作了这样的解题:"此篇多记圣人谦己诲人之辞及其容貌行事之实。"⑥孔子的学识可谓博大精深,即便对于音乐,造诣也属一流:"子在齐,闻《韶》(舜帝之乐),三月不知肉味。"⑦感觉的转移竟然到了如此地步,那是什么耳朵,把舌头的功能都剥除了,可知孔子音乐感觉之精微。不仅如此,他在齐地闻舜帝之乐,是明白此乐的传播源流轨迹的,如《汉书·礼乐志》云:"夫乐本情性,浃肌肤而臧骨髓,虽经乎千载,其遗风余烈尚犹不绝。至春秋时,陈公子完奔齐。陈,舜之后,《招》乐存焉。故孔子适齐闻《招》,三月不知肉味,曰'不图为乐之至于斯',美之甚也。"⑧《隋书·儒林列传》亦云:"当春秋时,陈公子完奔齐,陈是舜后,故齐有《韶》乐。孔子在齐闻《韶》,三月不知肉味是也。"⑨《史记·孔子世家》则说:"孔子年三十五,……鲁乱。孔子适齐,为高昭子家臣,欲以通乎景公。与齐太

　　① 〔宋〕朱熹撰:《四书章句集注》,北京:中华书局,1983年版,第272页。
　　② 〔宋〕朱熹撰:《四书章句集注》,北京:中华书局,1983年版,第98页。
　　③ 〔宋〕朱熹撰:《四书章句集注》,北京:中华书局,1983年版,第98页。
　　④ 〔宋〕朱熹撰:《四书章句集注》,北京:中华书局,1983年版,第98页。
　　⑤ 〔宋〕朱熹撰:《四书章句集注》,北京:中华书局,1983年版,第99页。
　　⑥ 〔宋〕朱熹撰:《四书章句集注》,北京:中华书局,1983年版,第93页。
　　⑦ 〔宋〕朱熹撰:《四书章句集注》,北京:中华书局,1983年版,第96页。
　　⑧ 〔汉〕班固撰:《汉书》(全12册),北京:中华书局,1962年版,第1039页。
　　⑨ 〔唐〕魏征、令狐德棻撰:《隋书》(全6册),北京:中华书局,1973年版,第1714页。

师语乐,闻《韶》音,学之,三月不知肉味,齐人称之。"①其中增加"学之"一语,彰显的是孔子的学习精神。孔子闻《韶》应在鲁三桓逐昭公之后一二年,即鲁昭公二十七年(公元前515年)前后。《说苑·修文篇》对此作了更完整的描述:"孔子至齐郭门之外,遇一婴儿,挈一壶相与俱行。其视精,其心正,其行端。孔子谓御曰:'趣驱之,趣驱之。'《韶》乐方作,孔子至彼闻《韶》,三月不知肉味。"②这段记载,增添了一点童趣和好奇心。

　　当然能在齐地闻《韶》,不一定是由于"陈公子完奔齐,陈是舜后,故齐有《韶》乐",齐地本来就有舜帝的文化遗存。曾巩《齐州二堂记》云:"盖《史记·五帝纪》谓:'舜耕历山,渔雷泽,陶河滨,作什器于寿丘,就时于负夏。'郑康成释:历山在河东,雷泽在济阴,负夏卫地。皇甫谧释:寿丘在鲁东门之北,河滨济阴,定陶西南陶丘亭是也。以予考之,耕稼陶渔,皆舜之初,宜同时,则其地不宜相远。二家所释雷泽、河滨、寿丘、负夏,皆在鲁卫之间,地相望,则历山不宜独在河东也。《孟子》又谓舜东夷之人,则陶、渔在济阴,作什器在鲁东门,就时在卫,耕历山在齐,皆东方之地,合于《孟子》。"③考诸人文地理学,可知《述而篇》的记"孔子在齐闻《韶》",不仅与《八佾篇》"子谓《韶》:'尽美矣,又尽善也。'谓《武》:'尽美矣,未尽善也。'"④形成隔章呼应,而且与《孟子》及其他文献记载,也存在着潜在的关联。

　　在《述而篇》参差出现的有关孔子学习的章节,可以感受到孔子精神世界的博大和深邃。闻《韶》之后,隔二章便是:"子曰:加我数年,五十以学《易》,可以无大过矣。"⑤这段文字,汉代尚流传的《鲁论语》中有异文,如清人王引之《经义述闻》卷二十四所云:"《论语·述而》篇'五十以学《易》,可以无大过矣。'《释文》云,《鲁》读'易'为'亦'。"⑥陆德明《经典释文·论语音义》原文是:"《鲁》读'易'为'亦',今从《古》。"即使是,《鲁论语》此章是:"子曰:加我数年,五十以学,亦可以无大过矣。"河北定州汉墓出土的《论

① [汉]司马迁撰:《史记》(全10册),北京:中华书局,1959年版,第1910—1911页。
② [汉]刘向撰,向宗鲁校证:《说苑校证》,北京:中华书局,1987年版,第499页。
③ 曾枣庄、刘琳主编:《全宋文》(第58册),上海:上海辞书出版社,2006年版,第169—170页。
④ [宋]朱熹撰:《四书章句集注》,北京:中华书局,1983年版,第68页。
⑤ [宋]朱熹撰:《四书章句集注》,北京:中华书局,1983年版,第97页。
⑥ [清]王引之撰:《经义述闻》,皇清经解本,卷24。

语》简书，"易"也作"亦"①。但是，汉代张禹、郑玄参照《论语》三家而确定为"易"，显然是符合原义的，因为空空泛泛说"五十以学"，与孔子所说的"吾十有五而志于学"，存在龃龉。《易》是专门名词，须专门关注，在口耳相传过程中，若只是记音，不究专门意义，容易讹变为常用之"亦"。这也许就是《鲁论》不同于《古论》、《齐论》的缘由。

据说孔子四十七岁开始学《易》②，加我数年方至五十，以五十知天命之年读一本知天命之书，给经他整理成的"六经"，增加了"究天人之际"的超越性思想深度。如清人章学诚《文史通义》所云："学《易》者，不可以不知天。"③儒学有了《易》学，增加了不少哲学的玄思。而孔子以"朝闻道，夕死可矣"的生命期许和求道精神学《易》，实在是"不知老之将至"。《汉书·儒林传》记载："(孔子)晚年而好《易》，读之韦编三绝，而为之《传》。"④这已经成了儒者景慕的传统，有所谓"儒者言学，率本乎孔子，孔子五十以学《易》，韦编三截，铁摘三折，漆书三灭，若是其勤也"⑤。

与此形成深度的篇章呼应的，是《论语》书中颇留下一些孔子学《易》的痕迹。《子路篇》说："子曰：'南人有言曰：人而无恒，不可以作巫医。善夫！不恒其德，或承之羞。'"⑥"善夫"以后的两句，乃是《易经·恒卦》九三爻的爻辞⑦。由此也可知，孔子思维方式是借《易经》谈哲学，谈性理的。《礼记·缁衣》对此有更详细的记述：

　　　子曰："南人有言曰：'人而无恒，不可以为卜筮。'古之遗言与？龟筮犹不能知也，而况于人乎？诗云：'我龟既厌，不我告犹。'兑命曰：'爵无及恶德，民立而正，事纯而祭祀，是为不敬。事烦则乱，事神则

---

①　《定州汉墓竹简论语介绍》，见《定州汉墓竹简论语》，北京：文物出版社，1997年版，第2页。

②　《论语注疏》卷2宋邢昺疏："孔子四十七学《易》，至五十穷理尽性知天命之终始也。"见[清]阮元校刻：《十三经注疏》(全2册)，北京：中华书局，1980年版，第2461页。

③　[清]章学诚著，叶瑛校注：《文史通义校注》(全2册)，北京：中华书局，1985年版，第12页。

④　[汉]班固撰：《汉书》(全12册)，北京：中华书局，1962年版，第3589页。

⑤　[清]朱彝尊撰：《愿学堂记》，《曝书亭集》，文渊阁《四库全书》本，卷66。其中"孔子读《易》韦编三截，铁摘三折，漆书三灭"之语，来自《论语谶》，见清赵在翰辑《七纬(附论语谶)》，北京：中华书局，2012年版，第768页。

⑥　[宋]朱熹撰：《四书章句集注》，北京：中华书局，1983年版，第147页。

⑦　[清]阮元校刻：《十三经注疏》(全2册)，北京：中华书局，1980年版，第47页。

难。'易曰:'不恒其德,或承之羞。恒其德侦,妇人吉,夫子凶。'"①

《礼记》、《论语》后来都进入儒家"十三经"的行列,它们记述的差异不能简单地说是一真一假。这里起码存在着两种可能:一是孔子弟子回忆记录的原文较长,《论语》选录时有所删改;二是不同弟子记录互异,传闻异词。它们二者皆真,只不过是在流布、编录过程中不同时段、不同群体、不同场合上的"真",更重要的不是研究谁真谁假,而是研究谁录谁编,为何如此录与编。这才是从当时书籍制度出发,进行返本还原的有效方法。

　　《论语·卫灵公篇》中,也可发现存《易经》卦象辞之意的章节,如"子曰:人无远虑,必有近忧"②。宋人邢昺《论语注疏》说:"此《周易·既济》象辞也。王弼云:存不忘亡,既济不忘未济也。"③《阳货篇》又有:"子曰:'予欲无言。'子贡曰:'子如不言,则小子何述焉!'子曰:'天何言哉? 四时行焉,百物生焉。天何言哉?'"④孔子谈论"无言"、谈论"天行",使人隐约窥见《老子》与《易》的影子在晃动。《论语》最后的《尧曰》篇之最后一章,也就是今传本《论语》的终篇是:"孔子曰:不知命,无以为君子也;不知礼,无以立也;不知言,无以知人也。"⑤这是孔子学《易》以后的了悟。三个"不知……无以……"句式,后两句是儒学的常识,头一句将"知命"作为修成"君子"的一个关键,则是孔子晚年学《易》后的觉悟。

　　需要进一步追问的是,《尧曰篇》之"不知命,无以为君子",与《易》之"乐天知命,故不忧"存在着内在联系。《周易·系辞上》云:"《易》与天地准,故能弥纶天地之道。……知周乎万物,而道济天下,故不过。旁行而不流,乐天知命,故不忧。"⑥再作追问,"乐天知命,故不忧",似乎与孔子有关联。《列子·仲尼篇》记述:"仲尼闲居,子贡入侍,而有忧色。子贡不敢问,出告颜回。颜回援琴而歌。孔子闻之,果召回入,问曰:'若奚独乐?'回曰:'夫子奚独忧?'孔子曰:'先言尔志。'曰:'吾昔闻之夫子曰:乐天知命故不忧。回所以乐也。'孔子愀然有间曰:'有是言哉? 汝之意失矣。此吾昔日

①　[清]阮元校刻:《十三经注疏》(全2册),北京:中华书局,1980年版,1651页。
②　[宋]朱熹撰:《四书章句集注》,北京:中华书局,1983年版,第164页。
③　[清]阮元校刻:《十三经注疏》(全2册),北京:中华书局,1980年版,第2517页。
④　[宋]朱熹撰:《四书章句集注》,北京:中华书局,1983年版,第180页。
⑤　[宋]朱熹撰:《四书章句集注》,北京:中华书局,1983年版,第195页。
⑥　[清]阮元校刻:《十三经注疏》(全2册),北京:中华书局,1980年版,第77页。

之言尔,请以今言为正也。汝徒知乐天知命之无忧,未知乐天知命有忧之大也。今告若其实:修一身,任穷达,知去来之非我,亡变乱于心虑,尔之所谓乐天知命之无忧也。曩吾修《诗》、《书》,正礼乐,将以治天下,遗来世。非但修一身,治鲁国而已。而鲁之君臣日失其序,仁义益衰,情性益薄。此道不行一国与当年,其如天下与来世矣。吾始知《诗》、《书》、《礼》、《乐》无救于治乱,而未知所以革之之方。此乐天知命者之所忧。……'颜回北面拜手曰:'回亦得之矣。'……颜回重往喻之,乃反丘门,弦歌诵书,终身不辍。"①

　　《列子》自然是借孔子、颜回之言,来发挥道家思想,但其材料来源也不能完全排除七十子后学的回忆记录。而且《周易·系辞上》之"乐天知命,故不忧",如果印证着来自孔子对颜回之语,那么《周易》之"十翼"与孔子之关系,又增加了一条材料。整部《论语》以《尧曰篇》"知命"之觉悟作结,那么《论语》就始于学之志,终于命之悟,给儒学创立期"知其不可而为之"的认知命运而坚持弘道的精神,做了一个无奈何而奈何的启示性解释。孔子整理六经,《诗》、《书》、《礼》、《乐》,为教育弟子时就整理过的课本;而《易》、《春秋》则是晚年专门用力之处,一者"究天人之际",一者"通古今之变",从天人学和历史学上增加了儒学的厚度和深度。

　　对于孔子晚年学《易》,出土文献有更详细的记述。马王堆帛书《要》记载了孔子和子贡讨论《易》学:"夫子老而好《易》,居则在席,行则在囊。子赣曰:'夫子它日教此弟子曰:"德行亡者,神灵之趋;知谋远者,卜筮之繁。"赐以此为然矣。以此言取之,赐缗行之为也。夫子何以老而好之乎?'夫子曰:'君子言以矩方也。前(剪)羊(祥)而至者,弗羊(祥)而巧也,察其要者,不(诡)其德。《尚书》多于(阙)矣,《周易》未失也,且又(有)古之遗言焉。予非安其用也。'……'赐闻诸夫子曰:孙(逊)正而行义,则人不惑矣。夫子今不安其用而乐其辞,则是用倚(奇)于人也,而可乎?'子曰:'校(谬)哉,赐!吾告女(汝),《易》之道……故《易》刚者使知瞿(惧),柔者使知刚,愚人为而不忘(妄),(渐)人为而去诈。文王仁,不得其志以成其虑。纣乃无道,文王作,讳而辟(避)咎,然后《易》始兴也。予乐其知……'子赣曰:'夫子亦信其筮乎?'子曰:'吾百占而七十当,唯周粱(梁)山之占也,亦必从其多者

　　①　杨伯峻撰:《列子集释》,北京:中华书局,1979 年版,第 114—117 页。

而已矣.'子曰:'《易》,我后其祝卜矣,我观德义耳也。幽赞而达乎数,明数而达乎德,又仁[守]者而义行之耳。赞而不达于数,则其为巫,数而不达于德,则其为史。史巫之筮,乡之而未也,好之而非也。后世之士疑丘者,或以《易》乎?吾求其德而已,吾与史巫同涂而殊归者也。君子德行焉求福,故祭祀而寡也;仁义焉求吉,故卜筮而希也。祝巫卜筮其后乎。"① 其中"居则在席,行则在囊"八字,可见孔子将《易》当作生命的伴侣,当作生命的一部分。

孔子推进了对《易》的诠释方向和深度,在卜筮书中发现了超越而绵远的哲思,这是思想史上划时代的进展。这种进展集中体现在子贡忆述的"子曰"之语:"《易》,我后其祝卜矣,我观德义耳也。幽赞而达乎数,明数而达乎德,又仁(守)者而义行之耳。"孔子钻研《易》的宗旨是"观德义",而在"幽赞达数,明数达德"的基础上,守持和履行仁义。他所推重的是德行和仁义,而非祝卜。《史记·孔子世家》记载:"孔子晚而喜《易》,序《彖》、《系》、《象》、《说卦》、《文言》。读《易》,韦编三绝。曰:'假我数年,若是,我于《易》则彬彬矣。'"② 《史记·田敬仲完世家》又说:"太史公曰:盖孔子晚而喜《易》。《易》之为术,幽明远矣,非通人达才孰能注意焉。"③ 孔子以通人达才探究《易》的"幽明远矣"之术,他的思维方式和一些见地,与《易》之"十翼"一脉相通。不妨说,孔子论《易》、传《易》,留下了不少"十翼"一类的意见,后经七十子及其后学,尤其商瞿系统或子夏系统,整理形成《易传》。应该承认,《易传》的"子曰",源自孔子心得的整理和发挥。

只要考察一下《易》源流,就会景仰孔子开拓的方向之思想史价值。虽然《四库全书总目提要》认为《易》学有"两派六宗,已互相攻驳"④,实际上舍其末节,《易》学大体分为义理、象数两派,以及融会义理、象数之主流派,痴迷占卜的世俗派。如宋人王应麟《困学纪闻》卷一所云:"程子言《易》,谓得其义,则象数在其中。朱子以为先见象数,方说得理。……李泰发亦谓:一行明数而不知其义,管辂明象而不通其理。盖自辅嗣之学行,而象数之

---

① 张政烺:《马王堆帛书〈周易〉经传校读》,北京:中华书局,2008 年版,第 159 页。又见,裘锡圭:《帛书〈要〉篇释文校记》,《道家文化研究》第 18 辑,北京:三联书店,2000 年版,第 297 页。

② [汉]司马迁撰:《史记》(全 10 册),北京:中华书局,1959 年版,第 1937 页。

③ [汉]司马迁撰:《史记》(全 10 册),北京:中华书局,1959 年版,第 1903 页。

④ [清]纪昀等撰:《四库全书总目提要》,石家庄:河北人民出版社,2000 年版,第 50 页。

说隐。然义理、象数一以贯之,乃为尽善。"①可以说,孔子在巫风甚浓的时代,将《易》拯救至哲学义理的高地。这一点与《楚辞·卜居》巫师詹尹在屈原的质疑卜释策而谢曰"夫尺有所短,寸有所长,物有所不足,智有所不明,数有所不逮,神有所不通。用君之心,行君之意。龟策诚不能知事"②是有异曲同工之妙的。但两汉魏晋以降,这个方向发生曲变,不同程度地返回巫风。如宋人陈振孙《直斋书录解题》卷一所云:"自汉以来,言《易》者多溺于象占之学,至弼始一切扫去,畅以义理。于是天下后世宗之,余家尽废。然王弼好老氏,魏、晋谈玄,自弼辈倡之。"③宋儒虽然以儒理取代玄理,但并未能完全沿着孔子开拓的方向继续前行,或在孔子走出的脚印上原地踏步。倒是明儒黄道周力主"吾门以数明理,以理明数,除却理数,性地自明,不干管、郭之事"④,更多一点早期孔学的气味。如果二千年来能够如孔子那样以"通人达才"远察幽明、洞达义理的姿态大步前行,那么中国思想史将会是何等辉煌的景观?

由于学《易》而有了对生命与道的觉悟和明见,《述而篇》给人留下最深刻的印象,是孔子的安贫乐道,这是用以认知天命和坚持弘道所必需,尤其在那个衰乱之世。子谓颜渊曰:"用之则行,舍之则藏,惟我与尔有是夫!"⑤在舍与藏之时,他们建构了自己的精神家园——"孔颜乐处"。孔子说:"饭疏食,饮水,曲肱而枕之,乐亦在其中矣。不义而富且贵,于我如浮云。"⑥所谓"曲肱而枕"并非典型的周公礼俗,倒是带有一点皈依自然的名士风貌。孔子人生,是一种"有境界的人生",他以快乐的态度出入于史前、史后的广阔空间,在立足当今之时,还不失一份孔子式的"逍遥"。不要以为只有庄子才有"逍遥",孔子也有孔子的"逍遥",如欧阳修《乐语七首·南方老人》云:"鼓腹而歌,治世之音安以乐。曲肱而枕,化国之日舒以长。斯

---

① [宋]王应麟、[清]翁元圻等注,乐保群、田松青、吕宗力校点:《困学纪闻》(全3册),上海:上海古籍出版社,2008年版,第87—88页。

② 金开诚等校注:《屈原集校注》(全2册),北京:中华书局,1996年版,第756页。

③ [宋]陈振孙撰,徐小蛮、顾美华点校:《直斋书录解题》,上海:上海古籍出版社,1987年版,第1页。

④ 沈善洪主编:《黄宗羲全集》(第8册),杭州:浙江古籍出版社,1992年版,第689页。

⑤ [宋]朱熹撰:《四书章句集注》,北京:中华书局,1983年版,第95页。

⑥ [宋]朱熹撰:《四书章句集注》,北京:中华书局,1983年版,第97页。

可谓唐、虞之民，又岂止成、康之俗。"①可见孔子胸襟之坦荡，这种人生形态可以上溯唐、虞的原始之风，不能为周公以降的成、康之俗所局限。孔子并非无意追求富贵，曾说过："富而可求也，虽执鞭之士，吾亦为之。如不可求，从吾所好。"②手执皮鞭为高官显贵出入时开路的差事，也不拒绝，可见所谓圣人也有俗人的一面。只不过他还是珍惜羽毛，对于出任差事还要做一番义与不义的考究。

《述而篇》还记载："叶公问孔子于子路，子路不对。子曰：'女奚不曰，其为人也，发愤忘食，乐以忘忧，不知老之将至云尔。'"③孔子在鲁哀公五年(公元前 490 年)六十二岁自蔡到叶，叶公与他讨论政治、道德问题。他以花甲高龄，忍饥历难，风尘仆仆，带领诸弟子周游列国，并非不想找一个"执鞭"之处。他回答叶公问政"近者说，远者来"，虽然有为政以义的意思，又何尝不是示意叶公招来他们这群"远者"，采取"有朋自远方来，不亦乐乎"的态度呢？他周游列国，颇有"累累若丧家之狗"的遭遇，但他还是乐意别人将他看成"发愤忘食，乐以忘忧，不知老之将至"。他是坚毅而达观的，他已经把孔颜乐处，由颜回陋巷搬到了苦旅长途。

①　[宋]欧阳修撰：《欧阳修集》，四部备要本，卷 133"诗余卷三·乐语附"。
②　[宋]朱熹撰：《四书章句集注》，北京：中华书局，1983 年版，第 96 页。
③　[宋]朱熹撰：《四书章句集注》，北京：中华书局，1983 年版，第 97—98 页。

十二章　从孔学渊源到日常礼仪

按照宏观篇章学的逻辑，《论语》在《述而篇》展示孔子志行之后，接着的《泰伯篇》理应交代孔子志行渊源有自。果然，首章就是："子曰：'泰伯，其可谓至德也已矣。三以天下让，民无得而称焉。'"①本来孔学之渊源，与周公最深。所谓"周公孔子之道"，在于六经；"孔孟之道"，在于四书，其间隐括着儒学发展的阶段性。尽管《述而篇》已述及周公："子曰：甚矣吾衰也！久矣吾不复梦见周公！"②周公梦是政治梦、道统梦、礼乐文明梦，如此叹息是深入骨髓的。《吕氏春秋·不苟论》云："盖闻孔丘、墨翟，昼日讽诵习业，夜亲见文王、周公旦而问焉。用志如此其精也，何事而不达？何为而不成？故曰：'精而熟之，鬼将告之。'非鬼告之也，精而熟之也。"③说墨子如此，有点离谱；说孔子如此，颇为深切。

然而《泰伯》开篇却没有从周公入手，而是从周公的伯祖父泰伯入手，《论语》篇章以这种意义逻辑，这种中断日常逻辑的"超逻辑"，引发人们的深思。春秋时期频繁发生的弑君弑父事件，使礼乐崩坏的颓垣断壁溅满血迹，孔子有感于此而作《春秋》，也有感于此而高扬泰伯之"让德"。所谓"《春秋》之中，弑君三十六，亡国五十二"④，就是贬斥弑君弑父的反让德行径的。唯有泰伯的"让德"，才让出了日后的文、武、周公的发展空间。

整部《论语》四言周公，除了《述而篇》的梦周公外，《泰伯篇》的中间有"子曰：如有周公之才之美，使骄且吝，其余不足观也已。"⑤这条迟到的记载，其实也是呼应"让德"，如朱熹所言："若骄吝，便不是周公。惟圣罔念作狂。若使尧舜为桀纣之行，便狂去，便是桀纣。"⑥而且从句式而言，不是从

---

①　[清]阮元校刻：《十三经注疏》(全2册)，北京：中华书局，1980年版，第2486页。
②　[宋]朱熹撰：《四书章句集注》，北京：中华书局，1983年版，第94页。
③　许维通撰，梁运华整理：《吕氏春秋集释》(全2册)，北京：中华书局，2009年版，第653页。
④　[汉]司马迁撰：《史记》(全10册)，北京：中华书局，1959年版，第3297页。
⑤　[宋]朱熹撰：《四书章句集注》，北京：中华书局，1983年版，第105页。
⑥　[宋]黎靖德编，王星贤点校：《朱子语类》(全8册)，北京：中华书局，1986年版，第1061—1062页。

正面高扬周公之德,而是从反面儆诫莫损周公之德。其余如《先进篇》"季氏富于周公,而求也为之聚敛而附益之。子曰:'非吾徒也,小子鸣鼓而攻之,可也。'"①也是反面儆诫,但此周公实为鲁君。较为正面的是《微子篇》:"周公谓鲁公曰:'君子不施其亲,不使大臣怨乎不以。故旧无大故,则不弃也。无求备于一人。'"②朱熹注引胡氏曰:"此伯禽受封之国,周公训戒之辞。鲁人传诵,久而不忘也。其或夫子尝与门弟子言之欤?"③这不是孔子言周公,并没有直接讲出孔子的看法。

《论语》四言周公,除了"梦周公"表达他与周公的精神联系之深外,并无如高扬泰伯"让德"那样的直接而正面的表述。这是由于并不离开孔子去谈论"六经"的精神脉络,而是从孔子日常言行中,体验儒门道统。因而,这里更多的是关切"前周公"的情结。《泰伯篇》的结尾,也就顺理成章地集中了称颂尧、舜、禹的连续四章,其中还涉及周文王的"至德"、武王的"乱(治)臣",共构成一个孔子志行道术之渊源的单元。

这四章如下:

（一）子曰:"巍巍乎,舜、禹之有天下也,而不与焉!"④

（二）子曰:"大哉尧之为君也! 巍巍乎,唯天为大,唯尧则之。荡荡乎,民无能名焉。巍巍乎其有成功也,焕乎其有文章!"⑤

（三）舜有臣五人而天下治。武王曰:"予有乱臣十人。"孔子曰:"才难,不其然乎? 唐虞之际,于斯为盛,有妇人焉,九人而已。三分天下有其二,以服事殷。周之德,其可谓至德也已矣。"⑥

（四）子曰:"禹,吾无间然矣。菲饮食而致孝乎鬼神,恶衣服而致美乎黻冕;卑宫室而尽力乎沟洫。禹,吾无间然矣。"⑦

如果将《泰伯篇》的头尾折叠起来,就可以发现《论语》所述孔子志行道

①　[宋]朱熹撰:《四书章句集注》,北京:中华书局,1983年版,第126页。
②　[宋]朱熹撰:《四书章句集注》,北京:中华书局,1983年版,第187页。
③　[宋]朱熹撰:《四书章句集注》,北京:中华书局,1983年版,第187页。
④　[宋]朱熹撰:《四书章句集注》,北京:中华书局,1983年版,第107页。
⑤　[宋]朱熹撰:《四书章句集注》,北京:中华书局,1983年版,第107页。
⑥　[宋]朱熹撰:《四书章句集注》,北京:中华书局,1983年版,第107页。
⑦　[宋]朱熹撰:《四书章句集注》,北京:中华书局,1983年版,第108页。

术之源,由周文王的伯父泰伯,上溯舜、禹,以及于尧。这与《尚书》截断众流,从尧舜开篇,蕴含着一脉相承的道统意识。《泰伯篇》强调的是这些上古圣王贤君的"让德"、"至德",对天下不与求而得(禅让),能以群贤治天下,以及节俭、勤苦、致孝致美的德行。这些都蕴含着孔子的现实政治关切,以现实荒唐暴虐为反面镜子,投射出对理想政治行为的期待。从篇章学角度看,首尾折叠,在尧、舜、禹及泰伯、武王之间,切碎时空,纵横捭阖,不求系统,但求道术一贯。

　　然而《泰伯篇》的腹部,又有诸多插入,对篇章理路造成了相当程度的干涉。这些插入或是最初的编纂就有,或是后来的编纂所增,可知《论语》最初编纂的文本,不如今本的繁复和丰满。这些插入,一是插入了一系列的"子曰",如"子曰:'兴于诗,立于礼,成于乐。'""子曰:'民可使由之,不可使知之。'""子曰:'笃信好学,守死善道,危邦不入,乱邦不居。天下有道则见,无道则隐。邦有道,贫且贱焉,耻也;邦无道,富且贵焉,耻也。'"①如此等等,都是孔子的嘉言警句,涉及诗、礼、乐的功能程序,邦国治理之有道、无道及士人的行藏出处等等。但其间的篇章逻辑颇为凌乱,应是汇辑众简,未作仔细分疏。二是插入"曾子五章"成一单元,逻辑严密,分量可观。但是这一单元与首尾对上古圣王贤君的称颂,不甚协调,当是曾子弟子重编时所加。这是《论语》篇章学上的一个大裂口,不可不认真关注,其中用意,容后文详细解释。

　　既然《述而》、《泰伯》二篇,已展示了孔子志行道术的方式及渊源,以下就轮到《子罕篇》对孔子做出历史评价,尤其是对孔子圣否进行辨析了。宋邢昺对此篇作了解题:"此篇皆论孔子之德行也,故以次泰伯、尧、禹之至德。"②《子罕篇》首章颇令千古注家感到困惑:"子罕言利,与命,与仁。"这里涉及利、命、仁三个命题,在孔子思想体系中处于不同位置,理应分别考察。

　　孔子罕言利,乃是一贯思想。如《里仁篇》所云:"子曰:君子喻于义,小人喻于利。"③《文选》卷三十九邹阳《狱中上书自明》李善注引《论语·撰考

---

① ［宋］朱熹撰:《四书章句集注》,北京:中华书局,1983年版,第104—106页。
② ［清］阮元校刻:《十三经注疏》(全2册),北京:中华书局,1980年版,第2489页。
③ ［宋］朱熹撰:《四书章句集注》,北京:中华书局,1983年版,第73页。

谶》曰："子罕言利,利伤行也。"①以后孟子说义利,如朱熹所言,就说得"斩钉截铁"②。《宋史·陆九渊传》谓陆九渊尝与朱熹会鹅湖论学,多不合。及朱熹至白鹿洞,听陆九渊为讲"君子小人喻义利"一章,听者至有泣下,朱熹以为切中学者隐微深痼之病。

至于命,孔子前期罕言,晚年读《易》以后,就不再罕言了。代表着前期的有《公冶长篇》所记述:"子贡曰:'夫子之文章,可得而闻也。夫子之言性与天道,不可得而闻也。'"又有《述而篇》:"子不语怪、力、乱、神。"均表现出睿智明辨的理性精神,这对于中国早期的主流思想脱离巫风的纠缠,发挥了重要的历史作用。因而《庄子·齐物论》说:"六合之外,圣人存而不论。六合之内,圣人论而不议。春秋经世,先王之志,圣人议而不辨。"③今人杨伯峻由此推论:"我认为只有庄子懂得孔子,……'天'、'命'、'鬼神'都是'六合之外,圣人存而不论'的东西。所谓'存而不论',用现代话说,就是保留它而不置可否,不论其有或无。实际上也就是不大相信有。"④

然而晚年孔子备受颠踬,习《易》悟道,就使"命"的命题,增加了哲学、意志混合着天命的复杂内涵。代表着后期的言论,就在此《子罕篇》,存在着隔章呼应的文字,只不过这并非完全的正向呼应,其呼应方式是正中有反:"子畏于匡,曰:'文王既没,文不在兹乎?天之将丧斯文也,后死者不得与于斯文也;天之未丧斯文也,匡人其如予何?'"⑤孔子五十五岁,离开卫国前往陈国。路经匡地,匡人误认孔子是曾经施暴于匡的阳虎(阳货),因此以兵围困孔子一行,情况非常危急。孔子发了这番天将丧、或未丧斯文的感慨,其中是隐藏着某种天命观和意志论的。正如《述而篇》记载:"子曰:'天生德于予,桓魋其如予何?'"⑥讲此话是孔子五十九岁,孔子一行离开卫国西行,取道曹国到宋国,与弟子习礼大树下。宋司马桓魋拔其树,扬言要加害孔子,孔子微服而行。弟子说:"可速矣。"故而孔子讲了这番话。孔子此类言论发于五十五、五十九岁,可见孔子五十学《易》后,逐渐形成天命、天德与生命哲学相渗透的思想维度,用以从精神上支撑对华夏历史文

① [梁]萧统编,[唐]李善注:《文选》(全3册),北京:中华书局,1977年版,第550页。
② [宋]黎靖德编,王星贤点校:《朱子语类》(全8册),北京:中华书局,1986年版,第1219页。
③ [清]王先谦撰,沈啸寰点校:《庄子集解》,北京:中华书局,1987年版,第20页。
④ 杨伯峻撰:《论语译注》,北京:中华书局,2009年版,第9页。
⑤ [宋]朱熹撰:《四书章句集注》,北京:中华书局,1983年版,第110页。
⑥ [宋]朱熹撰:《四书章句集注》,北京:中华书局,1983年版,第98页。

化的历史担当。

仁是孔学的核心概念，《左传》用"礼"字 469 次，用"仁"字 33 次，礼是仁的 14 倍，这是一般政治社会的情况；《论语》用"礼"字 75 次，用"仁"字 109 次，礼只是仁的七成左右。"仁"字与"礼"字的比例《论语》比《左传》上升了 20 倍，这可以窥见孔门尚仁，并以仁贯穿礼、改造礼、深化礼的风气了。基于此，要弄清何以说孔子"罕言仁"，这就要对"言"字的本义进行考察了。实际上，本人在前不久写的《孔子的力量》一文中，已经做了交代，兹引述如下：

> 一部《论语》20 篇中，有 16 篇用了 109 个仁字，怎么还将仁列入"罕言"之列呢？这主要要弄清楚"言"字的意义。言、语两个字意义相通，但对比着讲的时候，意义又存在着微妙的差别。《说文解字·言部》说："直言曰言，论难曰语。"《周·春官·大司乐》"兴道讽诵言语"，郑玄注曰："发端为言，答述为语。"这就是说，《论语》中孔子虽然反复谈论仁，但那多是回答弟子和他人的提问，以及进行论辩的话，自己作为一个命题首先发端，并且正面做出界定，就非常少见，因此只能说是"罕言"。这从哲学思辨的角度看来，难免会造成"仁"这个概念的边界模糊；但它也潜伏着一个好处，使仁的内涵和历史适应性留有不少弹性，以及可解释的余地。当仁解释为"把人当人来对待"，而且与"爱人"，与"泛爱众而亲仁"联系起来的时候，它就可以超越时代的阻隔，进入现代社会的道德价值体系之中。①

究明孔子"罕言三命题"之后，再来看《子罕篇》对孔子的多侧面的评价。它不是连续排比评价语的，而是采取隔章呼应的方式。先是紧接着的第二章："达巷党人曰：'大哉孔子！博学而无所成名。'子闻之，谓门弟子曰：'吾何执？执御乎？执射乎？吾执御矣。'"②孔子对于"五百家为一党"的达巷党人称赞他"大哉博学"，采取谦逊态度，说自己在"六艺"中的特长是赶车，这是颇具幽默感的。

---

① 杨义：《孔子的力量》，澳门大学，《南国人文学刊》，2011 年第 2 期。又见：杨义《回到本来的孔子》，《光明日报》，2011 年 9 月 26 日"光明论坛"。

② ［宋］朱熹撰：《四书章句集注》，北京：中华书局，1983 年版，第 109 页。

　　孔子的博学和才能不仅为乡党所盛赞,而且在国外也获誉甚高。隔了三章后,又出现这样的记载:"太宰问于子贡曰:'夫子圣者与? 何其多能也?'子贡曰:'固天纵之将圣,又多能也。'子闻之,曰:'太宰知我乎? 吾少也贱,故多能鄙事。君子多乎哉? 不多也。'"①这个"太宰",应是吴国太宰,他与曾经奔走列国外交的子贡,议论孔了的圣人素质。据《左传·鲁哀公七年》记载:"太宰嚭召季康子,康子使子贡辞。"②《左传·鲁哀公十二年》又载:"秋,卫侯会吴于郧。……大宰嚭曰:'寡君愿事卫君,卫君之来也缓,寡君惧,故将止之。'子贡曰:'卫君之来,必谋于其众。其众或欲或否,是以缓来。其欲来者,子之党也。其不欲来者,子之仇也。若执卫君,是堕党而崇仇也。夫堕子者得其志矣。且合诸侯而执卫君,谁敢不惧? 堕党崇仇,而惧诸侯,或者难以霸乎!'大宰嚭说,乃舍卫侯。"③

　　在子贡与太宰嚭的多次交往中,不可避免地谈到子贡之师孔子。《说苑·善说篇》云:"子贡见太宰嚭。太宰嚭问曰:'孔子何如?'对曰:'臣不足以知之。'太宰曰:'子不知,何以事之?'对曰:'惟不知,故事之。夫子其犹大山林也,百姓各足其材焉。'太宰嚭曰:'子增夫子乎?'对曰:'夫子不可增也。赐其犹一累壤也,以一累壤增大山,不益其高,且为不知。'太宰嚭曰:'然则子有所酌也。'对曰:'天下有大樽,而子独不酌焉,不识谁之罪也。'"④按照这种谈话逻辑,触及"夫子圣者"的命题,是顺理成章的。只是太宰嚭在历史上声名狼藉,弟子回忆时姑隐其名,采取"春秋笔法"。因而《子罕篇》"太宰问于子贡"章之孔子言,发生于鲁哀公七年(公元前488年)至十二年(公元前483年)之间,而哀公十一年冉有、子贡策划孔子自卫返鲁,孔子为子贡师的消息传播更远,"太宰问于子贡"此章之事发生在鲁哀公十二年的可能性更大。

　　孔子听到"天纵之将圣"的赞扬后,竭诚辞让,说"吾少也贱,故多能鄙事"。将卑贱与多能联系起来,实在是孔子人生经验的启示,这与他推崇的"让德"一脉相通,只不过泰伯在继位上拱让,孔子在"博学"、"圣者"的荣誉上拱让。由此再隔了四章,又有呼应:"颜渊喟然叹曰:'仰之弥高,钻之弥

　　①　[宋]朱熹撰:《四书章句集注》,北京:中华书局,1983年版,第110页。
　　②　杨伯峻编著:《春秋左传注》(全4册),北京:中华书局,1990年版,第1641页。
　　③　杨伯峻编著:《春秋左传注》(全4册),北京:中华书局,1990年版,第1672页。
　　④　[汉]刘向撰,向宗鲁校证:《说苑校证》,北京:中华书局,1987年版,第287页。

坚,瞻之在前,忽焉在后。夫子循循然善诱人,博我以文,约我以礼,欲罢不能。即竭吾才,如有所立卓尔。虽欲从之,末由也已。'"①不仅乡党和外国,连孔门最出色的弟子也觉得夫子有超常的智慧和才能,这对于以孔子为中心的儒学共同体的发生及凝聚力、辐射力、传承力,都是带有根本性的。

然则,为何不一口气将这三条赞颂之辞,接踵列述? 如此岂不更能突出孔子的圣人特质? 应该认识到,非堆叠罗列,而是错落编排,正是编纂者的高明之处。因为堆叠在一起,容易使人面对满纸谀辞而生厌,如此隔三差五,反而能够叠叠递进,令人感到孔子对圣人的光环辞让再三,胸怀坦荡,而实际上已将他逐渐推上圣人宝座。在这番层层推举中,逐一插入孔子的种种德行:"子绝四——毋意,毋必,毋固,毋我。"②荆州郭店楚简《语丛三》录有孔子此言:"亡(毋)啬(意),亡(毋)古(固),亡勿(物),不勿(物)。""亡(毋)乂(我),亡(毋)必,皆至安(焉)。"③"牢曰:'子云,吾不试,故艺。'"《子罕篇》错落出现的孔子之言,还有"子曰:吾自卫反鲁,然后乐正,雅颂各得其所。""子在川上曰:逝者如斯夫,不舍昼夜。""子曰:三军可夺帅也,匹夫不可夺志也。""子曰:岁寒,然后知松柏之后凋也。""子曰:知者不惑,仁者不忧,勇者不惧。"④这些章节从品德、志气、节操、学术和思想方法等丰富维度上,对孔子进行散点透视,将之嵌镶在对孔子的反复赞美之间。这种篇章设计上的意义逻辑,使得对孔子的赞颂辞与孔子对德行的表述和论说,相得益彰,相互掩映,内外互补,并不格外刺眼,却令人在层层深入中,受到感染和感动。

尽管这些"子曰",采取了独语式的表达方式,其实它们多发生在对话性的历史现场。庐墓守孝时,众弟子在祭祀、斋戒中,如闻其声、如见其人地忆述孔子材料,也不可避免地重现这些历史现场。只不过由于当时书籍材料价格昂贵,《论语》编纂体例也就只好规定,突出夫子之言,而删除背景,及其他人的对话。现代学者则应该穷搜资料,尽其可能,还原这些存在于历史现场上的生命。即以《子罕篇》二十八章为例:"子曰:岁寒,然后知

---

① 〔宋〕朱熹撰:《四书章句集注》,北京:中华书局,1983 年版,第 111—112 页。
② 〔宋〕朱熹撰:《四书章句集注》,北京:中华书局,1983 年版,第 109 页。
③ 荆门市博物馆:《郭店楚墓竹简·〈语丛三〉》,北京:文物出版社,1998 年版,简 15.64;15.65。
④ 〔宋〕朱熹撰:《四书章句集注》,北京:中华书局,1983 年版,第 113—116 页。

松柏之后凋也。"①这句话是孔子在何时、何地、向何人说的,似乎向无人考究。其实,它是鲁哀公六年(公元前489年),六十三岁的孔子率弟子周游列国而厄于陈、蔡时讲的。《庄子·让王篇》记载:"孔子穷于陈、蔡之间,七日不火食,藜羹不糁,颜色甚惫,而弦歌于室。颜回择菜,子路、子贡相与言曰:'夫子再逐于鲁,削迹于卫,伐树于宋,穷于商、周,围于陈、蔡,杀夫子者无罪,藉夫子者无禁。弦歌鼓琴,未尝绝音,君子之无耻也若此乎?'颜回无以应,入告孔子。孔子退琴喟然而叹曰:'由与赐,细人也。召而来,吾语之。'子路、子贡入。子路曰:'如此者可谓穷矣!'孔子曰:'是何言也? 君子通于道之谓通,穷于道之谓穷。今丘抱仁义之道以遭乱世之患,其何穷之为? 故内省而不穷于道,临难而不失其德。天寒既至,霜雪既降,吾是以知松柏之茂也。陈、蔡之隘,于丘其幸乎?'孔子削然反琴而弦歌,子路扢然执干而舞。子贡曰:'吾不知天之高也,地之下也。'古之得道者,穷亦乐,通亦乐。所乐非穷通也,道德于此,则穷通为寒暑风雨之序矣。"②这则材料又见于《吕氏春秋·孝行览·慎人》,厄于陈、蔡的孔子对子路、子贡的话是"大寒既至,霜雪既降,吾是以知松柏之茂也"③。应该说这则记述,来自七十子的忆述,只不过传播时出现了传闻异词。

《荀子·宥坐》篇也有一则记载:"孔子南适楚,阸于陈蔡之间,七日不火食,藜羹不糂,弟子皆有饥色。子路进问之曰:'由闻之:为善者天报之以福,为不善者天报之以祸,今夫子累德积义怀美,行之日久矣,奚居之隐也?'孔子曰:'由不识,吾语女。女以知者为必用邪? 王子比干不见剖心乎! 女以忠者为必用邪? 关龙逢不见刑乎! 女以谏者为必用邪? 吴子胥不磔姑苏东门外乎! 夫遇不遇者,时也;贤不肖者,材也;君子博学深谋不遇时者多矣! 由是观之,不遇世者众矣! 何独丘也哉? 且夫芷兰生于深林,非以无人而不芳。君子之学,非为通也。为穷而不困,忧而意不衰也,知祸福终始而心不惑也。'"④孔子此处以"芷兰生于深林"为喻,异于"岁寒松柏"之喻,应是出自七十子中不同人的手。最初的记述,本是孔子说"天

---

① [宋]朱熹撰:《四书章句集注》,北京:中华书局,1983年版,第115页。
② [清]王先谦撰,沈啸寰点校:《庄子集解》,北京:中华书局,1987年版,第257页。
③ 许维遹撰,梁运华整理:《吕氏春秋集释》(全2册),北京:中华书局,2009年版,第339页。
④ [清]王先谦撰,沈啸寰、王星贤点校:《荀子校释》(全2册),北京:中华书局,1988年版,第526—527页。

寒既至,霜雪既降,吾是以知松柏之茂也",如《淮南子·俶真训》:"夫道有经纪条贯,得一之道,连千枝万叶。……夫大寒至,霜雪降,然后知松柏之茂也。"①这是间接引述孔子之语。"松柏之茂"是《诗经·小雅·天保》的句子,孔子对其"如松柏之茂,无不尔或承"②的诗行,作了断章取义式的运用。其实孔子讲这句话,时在夏秋之间,并没有见到霜雪松柏,而是使用了当时流行的赋诗言志的风尚。《左传·哀公六年》记载:"秋七月,楚子在城父,将救陈。"③这里的"救陈",包含有解救孔子一行的陈、蔡困厄。孔子向弟子强调气节,最要紧者不在布衣授徒、任鲁司寇、晚年归鲁整理六经之岁月,而在周游列国,尤其厄于陈、蔡的艰危关头"孔子知弟子有愠心"之时。这则记载编入《论语》时,删除了背景,而且孔子引诗为证之言,也被作了润色,变得更加精警出彩。《论语》早年编纂的体例,由此也可见一斑。

　　返回《论语》文本,既然《子罕篇》在第二章就交代"达巷党人"对孔子的极口称赞,那么依据篇章伏线、呼应、勾连的意义逻辑原则,接续而来的《乡党篇》,就需描述孔子在乡党的日常表现了。儒家重礼,各种礼义、礼仪渗透到他们日常生活的枝枝节节之中。《乡党》首章说:"孔子于乡党,恂恂如也,似不能言者。其在宗庙、朝廷,便便言,唯谨尔。朝,与下大夫言,侃侃如也;与上大夫言,訚訚如也。君在,踧踖如也,与与如也。"④孔子在本乡与人相处,温和恭敬,似乎不善言辞的样子。但上了宗庙、朝廷,就能言善辩,只是出言谨慎而已。他在上朝后,同下大夫说话,温和快乐侃侃而谈;同上大夫说话,就比较严肃方正;面对国君,另有一番恭敬不安,但仪态还算适中。即陆贾《新语》所谓:"乡党以仁恂恂,朝廷以义便便。"⑤孔子为人,诚然浑身是礼,就如对待仁那样,君子无终食之间相违,"造次必于是,颠沛必于是",更何况日常?

　　礼仪因情境而异,关键在于做得到家,这在今人看来,未免有些刻板和繁琐。但东汉张湛却体验礼仪背后的精神:"孔子于乡党,恂恂如也。父母之国,所宜尽礼,何谓轻哉!"⑥柳宗元《说车——赠杨诲之》又有进一层的

①　[西汉]刘安等编:《淮南子》(《诸子集成》七),北京:中华书局,1954年版,第22页。
②　[清]阮元校刻:《十三经注疏》(全2册),北京:中华书局,1980年版,第41页。
③　杨伯峻编著:《春秋左传注》(全4册),北京:中华书局,1990年版,第1634页。
④　[清]阮元校刻:《十三经注疏》(全2册),北京:中华书局,1980年版,第2493页。
⑤　[汉]陆贾撰:《新语》,《四部丛刊》影明弘治本,卷上。
⑥　[宋]范晔撰,[唐]李贤等注:《后汉书》(全12册),北京:中华书局,1965年版,第929页。

发挥,谓:"孔子于乡党,恂恂如也;遇阳虎必曰'诺';而其在夹谷也,视叱齐侯类蓄狗(鲁定公十年,会齐侯于夹谷,孔丘相):不震乎其内。后之学孔子者,不志于是,则吾无望焉耳矣!"①柳宗元的意思似乎是:对于孔子执礼,应有全面看法;学孔子,应该对外敢于坚持国族利益,对内不热衷于"窝里斗"。这就是中国古代的"君子风度",讲究的是将礼仪实践作为身心兼顾的修炼方式,与日常生活融为一体。

《乡党》全篇,对此津津乐道,涉及迎宾和聘问的应对,各种场合的衣服材质和颜色,平日的斋戒、祭祀、饮食、居处、乘车、问丧。细致到了"食不厌精,脍不厌细","不撤姜食","割不正,不食;席不正,不坐","食不语,寝不言"。这些养生方法,相当讲究,堪称敬肃精细。个别章节展示了孔子重视人的生命的品德,有如"厩焚。子退朝,曰:'伤人乎?'不问马"②。有些章节涉及原始民俗,比如"乡人傩,朝服而立于阼阶"③。

傩,是商周时期就存在的古老礼俗。《后汉书·礼仪志》记载的是宫廷傩在汉代的遗存:"先腊一日,大傩,谓之逐疫。其仪:选中黄门子弟年十岁以上,十二以下,百二十人为侲子。皆赤帻皂制,执大鼗。方相氏黄金四目,蒙熊皮,玄衣朱裳,执戈扬盾。十二兽有衣毛角。中黄门行之,冗从仆射将之,以逐恶鬼于禁中。夜漏上水,朝臣会,侍中、尚书、御史、谒者、虎贲、羽林郎将执事,皆赤帻陛卫,乘舆御前殿。黄门令奏曰:'侲子备,请逐疫。'于是中黄门倡,侲子和,曰'甲作食凶,胇胃食虎,雄伯食魅,腾简食不祥,揽诸食咎,伯奇食梦,强梁、祖明共食磔死寄生,委随食观,错断食巨、穷奇、腾根共食蛊。凡使十二神追恶凶,赫女躯,拉女幹,节解女肉,抽女肺肠。女不急去,后者为粮。'因作方相与十二兽儛。嚾呼,周遍前后省三过,持炬火,送疫出端门。门外驺骑传炬出宫,司马阙门门外五营骑传火弃雒水中。百官官府各以木面兽能为傩人师讫,设桃梗、郁儡、苇茭毕,执事陛者罢。苇戟、桃杖以赐公、卿、将军、特侯、诸侯云。"④

当然,孔子所见的"乡人傩",是另一种傩的形式,没有宫廷傩那么繁缛

①　[唐]柳宗元:《柳河东集》(上、下册),上海:上海人民出版社,1974年版,第300页。
②　[宋]朱熹撰:《四书章句集注》,北京:中华书局,1983年版,第121页。
③　[宋]朱熹撰:《四书章句集注》,北京:中华书局,1983年版,第121页。
④　[宋]范晔撰,[唐]李贤等注:《后汉书》(全12册),北京:中华书局,1965年版,第3127—3128。

排场。朱熹对此章的注解,则强调孔子对乡党礼俗的诚敬态度:"傩,所以逐疫,《周礼》方相氏掌之。阼阶,东阶也。傩虽古礼而近于戏,亦必朝服而临之者,无所不用其诚敬也。或曰:'恐其惊先祖五祀之神,欲其依己而安也。'"①应该承认,《乡党篇》让人走近了孔子,不过是礼仪化了的端庄肃穆的孔子,如清人赵翼《陔余丛考》所云:"先儒谓《仪礼》文物彬彬,乃周公制作之仅存者。即如《聘礼》篇末'执圭如重'、'入门鞠躬'、'私觌愉如'等语,与《论语·乡党篇》相合。"②此篇纤细入微的描述,使得孔子日常礼仪的躬行,令人敬重有余,亲切不足。这可能是编纂者有意使礼仪在孔子身上标准化的缘故。

---

① ［宋］朱熹撰:《四书章句集注》,北京:中华书局,1983 年版,第 121 页。
② ［清］赵翼撰:《陔余丛考》(全 3 册),北京:中华书局,1963 年版,第 52 页。

十三章　弟子论与"上论"、"下论"

篇章的整体性分割，也是一个大学问。《老子》书，就分割为"道经"、"德经"，总为"言道德之意五千余言"。德经在前，道经在后者，为黄老道术的经典；道经在前，德经在后者，为老庄之道的经典。由于《论语》《孟子》在"四书"中篇幅较长，向有"上论""下论"、"上孟""下孟"之分。清人李光地《榕村语录》卷二、三、四，也将《论语》的前十篇、后十篇，分为"上论"、"下论"进行论列。又作评述云："朱子注《上论》，一字不可移易，《下论》虽道理不错，文理便有疏漏。……朱子对门人说：'某读《上论》，觉得比《下论》好些，《上孟》比《下孟》好些，《中庸》前半部好些。不知是古人之书，前后不同；不知是自己心血不足，看不到。'可见朱子既诚且明，光明磊落，千秋万世皆得见之。"①清康熙癸丑刊行，署名吕留良评、陈钺编《天盖楼偶评》就将科举试卷分为"上论"、"下论"、"大学"、"中庸"、"上孟"、"下孟"等类。而更能反映民俗心理的小说书《水浒传》、《金瓶梅》及"三言二拍"，都有"发昏章第十一"的口头禅，虽然这是世俗贬语，但也意味着某种群体潜意识往往驱使编纂者将第十一，作为篇章学上的转折点。在"上论"、"下论"这种看似后人权宜中，有意无意触动了《论语》早期编纂的篇章学之弦。于此，当须有会于心，切不可"知声不知音，弹弦不弹意"②。

如果将《论语》二十篇分为"上论"、"下论"，那么第十一篇《先进》，适为"下论"的开端。这不仅因为篇章数目的原因，而且在内容上，"上论"重点在展示孔子思想言行及其渊源，虽然插入了《公冶长》、《雍也》二篇；"下论"则多论弟子，以及弟子与夫子的对话，其余则及于当时朝野人物。为何叫《先进篇》？因为孔子将其前期弟子和后期弟子，分别称为"先进"、"后进"，这就是《先进篇》首章，前面已经有所交代。在"下论"谈论众弟子中，《先进

---

① ［清］李光地著，陈祖武点校：《榕村语录榕村续语录》（全 2 册），北京：中华书局，1995 年版，第 64 页。

② ［元］马端临撰：《文献通考》，清浙江书局本，卷 137"乐考"10。

篇》具有枢纽功能，如朱熹所云：“此篇多评弟子贤否。”①其随之开列的“四科十哲”名单，前面也已经揭示其中奥秘。

对于十哲中人，《先进篇》谈论较多的是开头二哲——颜回、闵子骞。尤其有四章关于“颜渊死”，构成一个结构单元，对先孔子两年死的具有“掌门弟子”资格的这位师兄，在《论语》书中致以还算体面的祭奠。而且几乎是由孔子主祭了：“颜渊死，子曰：‘噫！天丧予！天丧予！’”“颜渊死，子哭之恸。从者曰：‘子恸矣。’曰：‘有恸乎？非夫人之为恸而谁为？’”②从孔子的这份哀恸来看，他不只是为痛失高足而悲哀，更在于忧虑孔门的命运，那简直是“老天要我老命”的严重问题。因为高明如孔子，他是知道自己身后，儒门是会出现派别分歧的，唯有颜回能够将见解差异的同门，统合为一个学术共同体。这就是为何“孔子曰：‘自吾有回，门人日益亲。’回以德行著名，孔子称仁焉”③。

不过孔子对颜回之死，哀恸是哀恸，至于如何处理颜回后事，当然还是主张按照礼仪规格行事，治丧以礼，乃是尊重：“颜渊死，颜路请子之车以为之椁。子曰：‘才不才，亦各言其子也。鲤也死，有棺而无椁。吾不徒行以为之椁。以吾从大夫之后，不可徒行也。’”④然而弟子们出于对曾经可能的“掌门师兄”的高度尊敬，超越了孔子坚持的礼仪制度，对颜回举行厚葬：“颜渊死，门人欲厚葬之，子曰：‘不可。’门人厚葬之。子曰：‘回也视予犹父也，予不得视犹子也。非我也，夫二三子也。’”⑤应该说，《论语》最初的编纂，突出了颜回所遵循的孔子路线，颜回的第一高足即“复圣”地位，是在《论语》中奠定的。有学者说，能传道的三弟子中，“仲弓无颜子之精神，而曾子无颜子之才；盖弘道要有精神，行道要有才具，颜子兼之，此所以不可及也”⑥。颜回成为追踪孔子之道的路标。

作为枢纽性篇目，《先进篇》以颜回和闵子骞在篇章学上打了一个大纽结，然后展开对诸弟了的评议和对比：“子贡问：‘师（颛孙师，字子张）与商（卜商，字子夏）也孰贤？’子曰：‘师也过，商也不及。’曰：‘然则师愈与？’子

①　[宋]朱熹撰：《四书章句集注》，北京：中华书局，1983年版，第123页。
②　[清]阮元校刻：《十三经注疏》（全2册），北京：中华书局，1980年版，第2498－2499页。
③　王国轩、王秀梅译注：《孔子家语》，北京：中华书局，2011年版，第424页。
④　[宋]朱熹撰：《四书章句集注》，北京：中华书局，1983年版，第124页。
⑤　[宋]朱熹撰：《四书章句集注》，北京：中华书局，1983年版，第125页。
⑥　蔡仁厚：《孔子弟子志行考述》，台北：台湾商务印书馆，1969年版，第12页。

曰:'过犹不及。'"①有时孔子批评弟子,近乎怒斥:"季氏富于周公,而求(冉有)也为之聚敛而附益之。子曰:'非吾徒也。小子鸣鼓而攻之可也。'"②此章与《公冶长篇》的"宰予昼寝。子曰:'朽木不可雕也,粪土之墙,不可杇也。于予与何诛?'子曰:'始吾于人也,听其言而信其行。今吾于人也,听其言而观其行。于予与改是。'"③宰予、冉有皆为四科十哲中人,尚招致如此严厉的申斥,可见孔子门风之矩度严格不苟。《先进篇》对诸弟子的批评和对比,往往参差出之,错综关联,比如:"闵子侍侧,訚訚(和颜悦色)如也;子路,行行(刚强勇猛)如也;冉有、子贡,侃侃(理直气壮)如也。子乐。'若由也,不得其死然。'"④又如:"柴(高柴,字子羔)也愚,参也鲁,师也辟,由(仲由,字子路)也喭(鲁莽)。"⑤这段话讲到曾参鲁钝,可能由于孔子见少年曾参比较迟钝而言之,是《论语》原始编纂所留下的痕迹,绝非近五十年后曾子去世,已经壮盛的曾门最后重编《论语》时所辑入。

反而《先进篇》结尾,出现"子路、曾皙、冉有、公西华侍坐"章,是在曾子去世后,曾门弟子重编《论语》时加入的。这就使《论语》文本在早期三次编纂中,形成类乎考古学的"历史文化地层叠压",这是简帛抄本时代不为少见的版本现象。曾皙(点)言志,称"暮春者,春服既成",孔子喟然叹说:"吾与点也!"这乃是曾门用来给本学派宗师的家族血脉添码加分的。朱熹认为:"曾点见得事事物物上,皆是天理流行。良辰美景,与几个好朋友行乐。他看那几个说底功名事业,都不是了。他看见日用之间,莫非天理,在在处处,莫非可乐。他自见得那'春服既成,冠者五六人,童子六七人,浴乎沂,风乎舞雩,咏而归'处,此是可乐天理。"⑥从篇章学上而言,"吾与点"章,曲终奏雅,与"十哲无曾"、"参也鲁"形成的隔章呼应,却是反向呼应,意义逻辑上扭结着博弈,遂使具有枢纽功能的《先进》篇,成为《论语》中最富有文化密码的篇什之一。形式上是篇章学的隔章反向呼应,实质上是派中有派的弟子和再传弟子在博弈。他们在较量谁最能传道统上,进行了并不显山露水的质疑性对话。

① [宋]朱熹撰:《四书章句集注》,北京:中华书局,1983年版,第126页。
② [宋]朱熹撰:《四书章句集注》,北京:中华书局,1983年版,第126页。
③ [宋]朱熹撰:《四书章句集注》,北京:中华书局,1983年版,第78页。
④ [宋]朱熹撰:《四书章句集注》,北京:中华书局,1983年版,第125页。
⑤ [宋]朱熹撰:《四书章句集注》,北京:中华书局,1983年版,第127页。
⑥ [宋]黎靖德编,王星贤点校:《朱子语类》(全8册),北京:中华书局,1986年版,第1026页。

　　既然"下论"多论弟子,在与枢纽接榫处,就应是凸显首席弟子颜回的
《颜渊篇》了。《颜渊篇》的开篇结构非常特别,颇具匠心:先是"颜渊问仁"、
"仲弓问仁"、"司马牛问仁"构成一个"三问仁"结构单元;"司马牛问仁"之
后,是"司马牛问君子"、"司马牛忧曰",构成司马牛三章的另一个结构单
元。二者之间,采取一种"顶针格"的连接方式。材料显示,司马牛是宋国
那位粗暴拔树、想加害孔子一行的大夫桓魋的弟弟。这就是《论语·述而
篇》记录在案的"子曰:天生德于予,桓魋其如予何?"之事件。桓魋将在宋
国作乱,司马牛离宋赴鲁,拜孔子为师,因有桓魋这样的兄长而愧惧不安。
这就是《孔子家语》所说:"司马耕,宋人,字子牛。牛为性躁,好言语。见兄
桓魋行恶,牛常忧之。"①

　　桓魋又称向魋、司马魋,在宋景公时恃宠骄盈,其叛宋,是鲁哀公十四
年(公元前481年),其时孔子在鲁修《春秋》,因"西狩获麟"而绝笔。此年
《左传》记载:"宋桓魋之宠害于公,公使夫人骤请享焉,而将讨之。未及,魋
先谋公,请以鞍(桓魋之采邑)易薄,公曰'不可。薄,宗邑也。'乃益鞍七邑,
而请享公焉。以日中为期,家备尽往。公知之,告皇野曰:'余长魋也,今将
祸余,请即救。'……司马(即皇野)请瑞(发兵之符节)焉,以命其徒攻桓
氏。……子颀(桓魋之弟)骋而告桓司马。司马(此司马为桓魋)欲入,子车
(亦桓魋之弟)止之,曰:'不能事君,而又伐国,民不与也,只取死焉。'向魋
遂入于曹以叛。六月,使左师巢伐之。欲质大夫以入焉,不能。亦入于曹,
取质。魋曰:'不可。既不能事君,又得罪于民,将若之何?'乃舍之。民遂
叛之。向魋奔卫。……司马牛(亦桓魋之弟)致其邑与珪焉,而适齐。向魋
出于卫地,公文氏攻之,求夏后氏之璜焉。与之他玉,而奔齐,陈成子使为
次卿。司马牛又致其邑焉,而适吴。吴人恶之,而反。赵简子召之,陈成子
亦召之。卒于鲁郭门之外,阬氏葬诸丘舆。"②

　　这段记载写到桓魋之弟有三人,只有子颀胁从叛乱,子车出面劝阻,司
马牛(子牛)并没有追随叛乱,却交出向氏家族的采邑和守邑符信,走上流
亡齐、吴之途,卒于鲁。如果桓魋此弟司马牛乃孔子弟子,他从师时间,当
在鲁哀公十一年(公元前484年)孔子返鲁,到鲁哀公十四年(公元前481

---

　　①　王国轩、王秀梅译注:《孔子家语》,北京:中华书局,2011年版,第437页。
　　②　杨伯峻编著:《春秋左传注》(全4册),北京:中华书局,1990年版,第1686—1688页。

年)桓魋叛乱之间，为期不长。在桓魋叛乱前，他可能已回到宋国。因此，司马牛入孔门时，桓魋叛乱迹象已显露，《颜渊篇》记述司马牛这份忧思："司马牛忧曰：'人皆有兄弟，我独亡。'子夏曰：'商闻之矣：死生有命，富贵在天。君子敬而无失，与人恭而有礼，四海之内，皆兄弟也。君子何患乎无兄弟也？'"①从此章可以感受到，孔子晚年学《易》之后，子夏也受其影响，因而言及天命。其"死生有命，富贵在天"，影响世道人心甚深。由于这些话由"商闻之矣"引出，清人钱大昕(号辛楣)指认以下诸语，乃孔子之言。如袁枚《随园随笔》卷一云："钱辛楣少詹云，子夏所引夫子之言：'死生有命，富贵在天。君子敬而无失，与人恭而有礼。四海之内，皆兄弟也'，六句皆夫子之言。与告子张问行、樊迟问仁两节一样语气。惟'君子何患乎无兄弟也'，乃子夏足此一句，以晓司马牛耳。"②

孔子曾批评子夏："商也不及"，劝诫"汝为君子儒，无为小人儒"。但此章语气，超越"不及"而略过，所谓"四海之内，皆兄弟也"，视野就开阔得多少带点墨家"兼爱"色彩。明清时期的小说书《水浒传》、《隋唐演义》、《儿女英雄传》、《三侠五义》的好汉们的口头，就挂有这句名言。谭嗣同认为："子夏曰：'四海之内，皆兄弟也。'胡氏以为语滞，然于张子'民吾同胞'之言，何以不致疑耶？《孟子》曰：'大人者，言不必信，行不必果，惟义所在。'朱子以为使夺末句，岂不害事？然何解于《论语》'君子之于天下也，无适也，无莫也，义之与比'耶？执此论古，古于是蔽。"③谭嗣同是尚侠的，他的评议中多少带点侠肝义胆的气质。

颇有意味者，是《颜渊篇》末三章："樊迟问仁"，"子贡问友"，"曾子曰：君子以文会友，以友辅仁"。④"樊迟问仁"章，远远地呼应着篇首的颜渊、仲弓、司马牛"三问仁"单元；"子贡问友"章，则由仁推及友，呼应"四海之内，皆兄弟也"；"曾子曰"章，则将樊迟所问之仁、子贡所问之友归拢言之，从而使整个篇章远远近近地相互呼应、衔接、推衍、引申、回环，达致了结构完整而多滋味。郑玄将曾子此言与据说曾子所作《学记》中语相联系，以笺注《诗经·郑风·子衿》"一日不见，如三月兮"："言礼乐不可一日而废。笺

---

①　[宋]朱熹撰：《四书章句集注》，北京：中华书局，1983 年版，第 134 页。
②　王英志主编：《袁枚全集》(第 5 册)，南京：江苏古籍出版社，1993 年版，第 7—8 页。
③　蔡尚思、方行编：《谭嗣同全集》(全 2 册)，北京：中华书局，1981 年版，第 136 页。
④　[宋]朱熹撰：《四书章句集注》，北京：中华书局，1983 年版，第 139—140 页。

云:君子之学,'以文会友,以友辅仁';'独学而无友,则孤陋而寡闻',故思之甚。"①尽管可以说,"曾子曰"章可能是曾门后学所加,但增益之时,何尝不顾及篇章整体性的统筹?编纂者实在是文章学高手。

《颜渊篇》之后,顺理成章乃《子路篇》,子路后颜回一年、先孔子一年而死,又是孔子极其亲密的勇士和卫士。《史记·仲尼弟子列传》记载:"子路性鄙,好勇力,志伉直,冠雄鸡,佩豭豚,陵暴孔子。孔子设礼稍诱子路,子路后儒服委质,因门人请为弟子。"②《集解》引"《尸子》曰:子路,卞(今山东泗水县卞桥)之野人。"③戴公鸡式样帽子、佩野猪皮装饰的武器,要冒犯凌辱孔子的子路,本是东夷野人。孔子尝言:"先进于礼乐,野人也。"④子路是孔子早期录取的先进弟子,是"野人也"。孔子在周游列国末期,还说:"野哉,由也!"但是,经过孔子长期的调教、熏陶,子路在六十三岁高龄遇上卫国政局变乱,以"食其食者不避其难"的责任感,直闯危城,在与对手交战中被击断帽子的缨带,"子路曰:'君子死而冠不免。'遂结缨而死"⑤。最终成了为儒家信条和礼仪献身的儒君子。子路之死,在孔子心中引起类乎颜回死的悲痛,颜回死,孔子曰:"噫,天丧予!"子路死,孔子曰:"噫,天祝予!"何休《春秋公羊传解诂》哀公十四年(公元前481年)解诂:"祝,断也。天生颜渊、子路,为夫子辅佐,皆死者,天将亡夫子之证。"⑥就孔子对二人先后去世那番呼天哀恸,即可说明,《论语》为何在《颜渊篇》后,紧接着《子路篇》了。

子路先于仲弓、冉有出任季氏宰,孔子称赞他"千乘之国可使治其赋",因而"四科十哲"将其列入政事科,是适宜的。《子路篇》首章也以言政开篇:"子路问政。子曰:'先之劳之。'请益。曰:'无倦。'"⑦孔子教导子路以身作则,勤政不倦,就是要约束其野性。《史记·仲尼弟子列传》写子路"请为弟子"后,首录此章,可见太史公所见《古论语》也是以此章为《子路篇》首章。那么,这番相与答问,应如何系年?子路于鲁定公十二年(公元前498

①　[清]阮元校刻:《十三经注疏》(全2册),北京:中华书局,1980年版,第345页。
②　[汉]司马迁撰:《史记》(全10册),北京:中华书局,1959年版,第2191页。
③　[汉]司马迁撰:《史记》(全10册),北京:中华书局,1959年版,第2191页。
④　[汉]司马迁撰:《史记》(全10册),北京:中华书局,1959年版,
⑤　[汉]司马迁撰:《史记》(全10册),北京:中华书局,1959年版,第2193页。
⑥　[清]阮元校刻:《十三经注疏》(全2册),北京:中华书局,1980年版,第2353页。
⑦　[清]阮元校刻:《十三经注疏》(全2册),北京:中华书局,1980年版,第2506页。

年)为季氏宰,与任鲁司寇的孔子居处甚近,而且那时的重要政略是隳三都,孔子不会脱离政治环境而说"先之劳之"。因而只能发生在子路第二次从政,出任卫国蒲邑大夫辞行之时。子路随孔子周游列国十四年,鲁哀公十一年(公元前484年)秋冬之际,自卫返鲁。因而子路辞行,赴卫当蒲邑大夫,应是鲁哀公十二年(公元前483年)。《说苑·政理篇》记载:"子路治蒲,见于孔子曰:'由愿受教。'孔子曰:'蒲多壮士,又难治也。然吾语汝:恭以敬,可以摄勇;宽以正,可以容众;恭以洁,可以亲上。'"①这就是孔子"先之劳之"的具体内容,可与《子路篇》首章相衔接。《孔子家语·致思篇》也记载这则材料。其实早在刘向之前,这条材料已被司马迁写入《仲尼弟子列传》。

西汉文景时期的博士韩婴的《韩诗外传》卷六又载:"子路治蒲三年,孔子过之。入境而善之曰:'由,恭敬以信矣。'入邑曰:'善哉!由,忠信以宽矣。'至庭曰:'善哉!由,明察以断矣。'子贡执辔而问曰:'夫子未见由,而三称善。可得闻乎?'孔子曰:'入其境,田畴草莱甚辟,此恭敬以信,故民尽力。入其邑,墉屋甚尊,树木甚茂,此忠信以宽,其民不偷。入其庭甚闲,此明察以断,故民不扰也。'"②这也见于《说苑·政理篇》。孔子赞扬子路治蒲政绩所说的"恭敬以信"、"忠信以宽"、"明察以断",与孔子在子路辞行时所嘱咐的"恭以敬"、"宽以正"、"恭以洁",可以互相呼应,先后为因果的。子路如果在鲁哀公十二年(公元前483年)辞行赴任,治蒲三年,就是鲁哀公十四年(公元前481年)底,孔子以9个月完成《春秋》,本年因西狩获麟而绝笔。孔子此时去考察子路,携带着完成《春秋》的满足感,因能欣然夸奖交往四十年左右的老门生。子路于翌年殉难,再翌年孔子卒。因此,《子路篇》首重孔子答子路问政,只能系于鲁哀公十二年(公元前483年);第三年,鲁哀公十四年,孔子由子贡陪同,到卫国蒲邑看望子路。

《子路篇》跳过一章,即第三章,子路与孔子争论为政正名,互相指责为"野蛮"或"迂阔","骂是一种爱",在对骂中显得毫无芥蒂。此事发生在鲁哀公七年(卫出公七年,公元前488年),孔子自陈返卫不久。子路问孔子:"卫君待子为政,子将奚先?"③可能子路在卫国求职,从卫出公时掌国政的

---

①　[汉]刘向撰,向宗鲁校证:《说苑校证》,北京:中华书局,1987年版,第163页。

②　[汉]韩婴撰,许维遹校释:《韩诗外传集释》,北京:中华书局,1980年版,第205-206页。

③　[宋]朱熹撰:《四书章句集注》,北京:中华书局,1983年版,第141页。

孔悝处,获知卫君的意图。中间夹着的第二章,记述另一位季氏宰仲弓:
"仲弓为季氏宰,问政。子曰:'先有司,赦小过,举贤才。'曰:'焉知贤才而
举之?'曰:'举尔所知。尔所不知,人其舍诸?'"①仲弓问政,可以说与子路
问政,以类相从。但在两子路章中间加楔子、或叫"加塞"的篇章结构法,产
生了很有深意的功能。孔子敲打子路,敲打的是其为政态度;孔子指点仲
弓,指点的是如何完善为政制度。两种不同的回答方向,暗含两位问政者
或疏野、或深沉的为政素质。

还有一位季氏宰冉有,间隔六章,即第九章如此交代:"子适卫,冉有
仆。子曰:'庶矣哉!'冉有曰:'既庶矣,又何加焉?'曰:'富之。'曰:'既富
矣,又何加焉?'曰:'教之。'"②此乃鲁定公十三年(公元前497年)孔子离鲁
赴卫途中的事,为孔子驾车的冉有二十五岁,尚未是季氏宰。孔子称赞卫
国人口众庶,在此基础上的为政步骤,是先富民,再教民。在春秋晚期卫国
承受着周边大国政治军事压力,几乎喘不过气来之时,孔子如此阐释其政
治学,是以民为本,心情淡定的。再隔四章的冉有,已经是季氏宰了:"冉子
退朝。子曰:'何晏也?'对曰:'有政。'子曰:'其事也? 如有政,虽不吾以,
吾其与闻之。'"③孔子是将政与事分开来看的,"政"是国家政治大端,"事"
则是行政事务。在三位季氏宰中,仲弓较多地关注"政",子路、冉有较多地
关注"事"。本章称冉有为"冉子",可能是冉有弟子的记录,但言谈间,并没
有提升冉有的政治档次。因此,同是季氏宰,出诸《论语》编纂时的价值判
断,仲弓名列德行科,而子路、冉有依然留在政事科了。

接下来《宪问篇》出场的弟子,为原宪。孔子为鲁司寇时,原宪曾充孔
子家臣,大小也算一个"宰"。《孔子家语·七十二弟子解》云:"原宪,宋人,
字子思,少孔子三十六岁。清净守节,贫而乐道。孔子为鲁司寇,原宪尝为
孔子宰。孔子卒后,原宪退隐,居于卫。"④由季氏宰子路之篇而推衍到《宪
问篇》,也算顺理成章。《宪问篇》首章云:"宪问耻。子曰:'邦有道,谷;邦
无道,谷,耻也。''克、伐、怨、欲不行焉,可以为仁矣?'子曰:'可以为难矣,

---

① ［宋］朱熹撰《四书章句集注》,北京:中华书局,1983年版,第141页。
② ［宋］朱熹撰《四书章句集注》,北京:中华书局,1983年版,第143页。
③ ［宋］朱熹撰《四书章句集注》,北京:中华书局,1983年版,第144页。
④ 王国轩、王秀梅译注《孔子家语》,北京:中华书局,2011年版,第433页。

仁则吾不知也。'"①此章在《史记·仲尼弟子列传》，是如此记述的："子思问耻。孔子曰：'国有道，谷；国无道，谷，耻也。'子思曰：'克、伐、怨、欲不行焉，可以为仁乎？'孔子曰：'可以为难矣，仁则吾弗知也。'"②可见太史公所见《古论语》使用了原宪的字作"子思曰"，大概是孔伋（子思）参与曾门编纂《论语》时，为了避免与自己的字相混淆，改"子思问"为"宪问"。《雍也篇》又载："原思为之宰，与之粟九百，辞。子曰：'毋！以与尔邻里乡党乎！'"③这里的原思是孔子宰，并不谋求高俸禄，可见其高洁自律。包咸注《雍也篇》此章，谓"弟子原宪，思，字也；孔子为鲁司寇，以原宪为家邑宰"④。而将原宪的姓与字，搭配为"原思"，异于《论语》通常称字的体例，大概原本也写作子思为孔氏宰，在孔伋（子思）参与第三次编纂时，搭配以姓，免得造成二子思的混淆。

原宪有颜回式安贫乐道的作风，如前述他隐居卫国，子贡高车驷马拜访，他自陈"仁义之匿，车马之饰，衣裘之丽，宪不忍为之"的意志。因而《列子·杨朱篇》记载："杨朱曰：原宪窭于鲁，子贡殖于卫。原宪之窭损生，子贡之殖累身。"⑤对于原宪之高风亮节，《宪问篇》连续两章，与之呼应。第二章："子曰：士而怀居，不足以为士矣。"⑥讲的是，士不应贪图安逸。第三章又写道："子曰：邦有道，危言危行；邦无道，危行言孙。"⑦此乃对首章"宪问耻"中"邦有道"、"邦无道"一类思考的引申。又隔六章，记录"子曰：贫而无怨难，富而无骄易"，也可以看作对颜回、原宪思想行为的倡导。然而，尽管《史记·游侠列传》评述说："季次（孔子弟子公皙哀的字）、原宪，闾巷人也，读书怀独行君子之德，义不苟合当世，当世亦笑之。故季次、原宪终身空室蓬户，褐衣疏食不厌。死而已四百余年，而弟子志之不倦。"⑧但是原宪被记录传世的材料，终究过少，因此很难以他的言行贯穿全篇。这难免导致《宪问篇》的篇章结构流于杂乱。

① ［清］阮元校刻：《十三经注疏》（全 2 册），北京：中华书局，1980 年版，第 2510 页。
② ［汉］司马迁撰：《史记》（全 10 册），北京：中华书局，1959 年版，第 2207 页。
③ ［清］阮元校刻：《十三经注疏》（全 2 册），北京：中华书局，1980 年版，第 2478 页
④ ［清］阮元校刻：《十三经注疏》（全 2 册），北京：中华书局，1980 年版，第 2478 页。
⑤ 杨伯峻撰：《列子集释》，北京：中华书局，1979 年版，第 222 页。
⑥ ［清］阮元校刻：《十三经注疏》（全 2 册），北京：中华书局，1980 年版，第 2510 页。
⑦ ［清］阮元校刻：《十三经注疏》（全 2 册），北京：中华书局，1980 年版，第 2510 页。
⑧ ［汉］司马迁撰：《史记》（全 10 册），北京：中华书局，1959 年版，第 3181 页。

　　《宪问篇》虽说属于弟子论,但除了一章记述原宪外,其余涉及子路、子贡、曾子、子张者,排比杂乱而零碎,而且往往由弟子发问而牵连出各类人等,对于弟子论而言,未免略嫌节外生枝,令人困惑于《论语》他篇难以容纳的一些杂碎材料,多被《宪问篇》收容了。比如对于圣德不及尧、舜,邪恶不及桀、纣,上不到顶,下不触底的一干历史人物的评议。其中属于君子的,有子产、蘧伯玉、孟公绰、臧武仲,隐隐然构成一个君子系列;属于霸主的,有齐桓公、晋文公及名臣管仲;其余还有卫国大夫公叔文子一干人等,以及陈桓弑君事件,确实是诸色杂陈。不过,除了卫国大夫一类是孔子周游列国时,接触的身边人物,随机发表感想之外,孔子更多关心从夏初到战国的一批历史人物,折射了孔子由卫返鲁后,整理经籍、修订《春秋》时浓郁的历史意识。其中第五在表扬南宫适时,涉及夏朝前期社会动乱:"南宫适问于孔子曰:'羿善射,奡荡舟,俱不得其死然。禹、稷躬稼而有天下。'夫子不答。南宫适出,子曰:'君子哉若人! 尚德哉若人!'"①有穷国君羿是射箭高手,夺了夏朝的王位,却被臣子寒浞杀害;寒浞与羿之妻生奡,奡多力而能陆地行舟,却被夏少康诛灭。这些动乱祸主,比起"禹、稷躬稼而有天下",实在是天差地别。把弑君叛主的乱象,与农本兴邦的德政相对照,以透视古今之变,却又一种大眼光。孔子赞赏南宫适以德为标准评价大历史,是与他"作《春秋》而乱臣贼子惧"宗旨、标准有一脉相通之处。

　　隔了十五章,即二十章,又记述另一场当代政变:"陈成子弑简公。孔子沐浴而朝,告于哀公曰:'陈恒弑其君,请讨之。'公曰:'告夫三子(鲁国三桓:季孙、孟孙、叔孙)。'孔子曰:'以吾从大夫之后,不敢不告也。君曰"告夫三子"者。'之三子告,不可。孔子曰:'以吾从大夫之后,不敢不告也。'"②此事发生在鲁哀公十四年(公元前481年),孔子七十一岁,同年《左传》记载:"甲午(六月五日),齐陈恒弑其君壬于舒州。孔丘三日齐(斋),而请伐齐三。公曰:'鲁为齐弱久矣,子之伐之,将若之何?'对曰:'陈恒弑其君,民之不与者半。以鲁之众,加齐之半,可克也。'公曰:'子告季孙。'孔子辞,退而告人曰:'吾以从大夫之后也,故不敢不言。'"③《论语》、《左传》对同一事件孔子反应的记录,文字差异乃是弟子与闻,及史官取材之异。宋

　　①　[清]阮元校刻:《十三经注疏》(全2册),北京:中华书局,1980年版,第2510页。
　　②　[清]阮元校刻:《十三经注疏》(全2册),北京:中华书局,1980年版,第2512页。
　　③　杨伯峻编著:《春秋左传注》(全4册),北京:中华书局,1990年版,第1689页。

人王应麟《困学纪闻》卷六云："请讨陈恒之年，《春秋》终焉。"①孔子修《春秋》绝笔于此年，对乱臣贼子的弑君罪行，是痛心疾首的。同是抨击乱臣篡乱罪恶，其结构形态可与夏初变乱形成隔章呼应。

另一种类型的材料，是记述春秋时期名臣和霸主。《宪问篇》今本第八章云："子曰：'为命：裨谌草创之，世叔讨论之，行人子羽修饰之，东里子产润色之。'"②此章由子产牵引出他的团队，及他们创制外交辞令的方式，为《论语》编纂提供借鉴，在《论语》得名和编纂方式的讨论中，已作了较多的论述。接着第九章，由郑国子产牵引出楚公子斗宜申（子西）、齐国管仲："或问子产。子曰：'惠人也。'问子西。曰：'彼哉！彼哉！'问管仲。曰：'人也。夺伯氏骈邑三百，饭疏食，没齿无怨言。'"③跳到第十一章，又对鲁国大夫发议论："子曰：孟公绰为赵魏老则优，不可以为滕薛大夫。"④对于这位孟公绰，《左传》襄公二十五年（公元前 548 年，孔子时年四岁）记载："二十五年春，齐崔杼帅师伐我北鄙，以报孝伯之师也。公患之，使告于晋。孟公绰曰：'崔子将有大志，不在病我，必速归，何患焉？其来也不寇，使民不严，异于他日。'齐师徒归。"⑤孟公绰预见齐国崔杼之乱，他是比孔子长一辈的人。

《史记·仲尼弟子列传》将孟公绰列为孔子敬仰的长者之一："孔子之所严事：于周则老子。于卫，蘧伯玉。于齐，晏平仲。于楚，老莱子。于郑，子产。于鲁，孟公绰。"⑥然而曹操却引用孔子之言，在《求贤令》中发挥为不拘一格选拔人才，其中说："今天下尚未定，此特求贤之急时也。'孟公绰为赵、魏老则优，不可以为滕、薛大夫。'若必廉士而后可用，则齐桓其何以霸世？今天下得无有被褐怀玉而钓于渭滨者乎？又得无有盗嫂受金而未遇无知者乎？二三子其佐我明扬仄陋，唯才是举。吾得而用之。"⑦

《宪问篇》随之而来的第十二章，孔子又称许孟公绰之"不欲"，但并非

　　① ［宋］王应麟，［清］翁元圻等注，乐保群、田松青、吕宗力校点：《困学纪闻》（全 3 册），上海：上海古籍出版社，2008 年版，第 864 页。

　　② ［宋］朱熹撰：《四书章句集注》，北京：中华书局，1983 年版，第 150 页。

　　③ ［宋］朱熹撰：《四书章句集注》，北京：中华书局，1983 年版，第 150 页。

　　④ ［宋］朱熹撰：《四书章句集注》，北京：中华书局，1983 年版，第 151 页。

　　⑤ 杨伯峻编著：《春秋左传注》（全 4 册），北京：中华书局，1990 年版，第 1095 页。

　　⑥ ［汉］司马迁撰：《史记》（全 10 册），北京：中华书局，1959 年版，第 2185 页。

　　⑦ ［晋］陈寿撰：［宋］裴松之注：《三国志》，北京：中华书局，1999 年版，第 23 页。

"成人"、或"材全德备"的全人品格,须与他人组成复合的品格:"子路问成人。子曰:'若臧武仲之知,公绰之不欲,卞庄子之勇,冉求之艺,文之以礼乐,亦可以为成人矣。'曰:'今之成人者何必然? 见利思义,见危授命,久要不忘平生之言,亦可以为成人矣。'"①继之又是谈论卫国大夫公叔文子、鲁国大夫臧武仲二章,以及连续三章评述齐桓公、管仲、晋文公,今本第十五章是:"子曰:'晋文公谲而不正,齐桓公正而不谲。'"②第十六章是:"子路曰:'桓公杀公子纠,召忽死之,管仲不死。'曰:'未仁乎?'子曰:'桓公九合诸侯,不以兵车,管仲之力也。如其仁! 如其仁!'"③第十七章是:"子贡曰:'管仲非仁者与? 桓公杀公子纠,不能死,又相之。'子曰:'管仲相桓公,霸诸侯,一匡天下,民到于今受其赐。微管仲,吾其被发左衽矣。岂若匹夫匹妇之为谅也,自经于沟渎而莫之知也。'"④这些章节,可与《春秋公羊传》昭公十二年(公元前 530 年)所云"《春秋》之信史也。其序,则齐桓晋文;其会,则主会者为之也;其词,则(孔)丘有罪耳"⑤,互为参证。

《宪问篇》继而还有关于卫国君臣的二章,即今本第十八章:"公叔文子之臣大夫僎,与文子同升诸公。子闻之曰:'可以为文矣。'"⑥第十六章:"子言卫灵公之无道也,康子曰:'夫如是,奚而不丧?'孔子曰:'仲叔圉治宾客,祝鮀治宗庙,王孙贾治军旅。夫如是,奚其丧?'"⑦如此谈论卫国君昏而臣犹秀的独特情境,说明孔子在处理自己的进退行藏时,对卫国政治了然于心。后一则言谈若要系年,应考虑到孔子周游列国三过卫国,尤其是第二次至卫,"卫灵公闻孔子来,喜,郊迎"⑧;"灵公老,怠于政,不用孔子"⑨,不久,"夏四月丙子,卫侯元(灵公)卒"⑩。孔子当时就有如此观察。至于与季康子的对话,则是孔子在鲁哀公十一年(公元前 484 年)离卫归鲁之初,与季康子谈论卫国政治现状之所言,这时离卫灵公去世已经九年了。

---

① [宋]朱熹撰:《四书章句集注》,北京:中华书局,1983 年版,第 151 页。
② [宋]朱熹撰:《四书章句集注》,北京:中华书局,1983 年版,第 153 页。
③ [宋]朱熹撰:《四书章句集注》,北京:中华书局,1983 年版,第 153 页。
④ [宋]朱熹撰:《四书章句集注》,北京:中华书局,1983 年版,第 153 页。
⑤ [清]阮元校刻:《十三经注疏》(全 2 册),北京:中华书局,1980 年版,第 2320 页。
⑥ [宋]朱熹撰:《四书章句集注》,北京:中华书局,1983 年版,第 154 页。
⑦ [宋]朱熹撰:《四书章句集注》,北京:中华书局,1983 年版,第 154 页。
⑧ [汉]司马迁撰:《史记》(全 10 册),北京:中华书局,1959 年版,第 1923 页。
⑨ [汉]司马迁撰:《史记》(全 10 册),北京:中华书局,1959 年版,第 1924 页。
⑩ 杨伯峻编著:《春秋左传注》(全 4 册),北京:中华书局,1990 年版,第 1610 页。

因此,《宪问篇》"子言卫灵公之无道"章,应系于鲁哀公十一年(公元前 484 年)冬。

以上几乎连续的十一章,组合成一个庞大而芜杂的意义单元,涉及子产、管仲、齐桓公、晋文公,以及鲁、楚、卫三国的大夫、士人十一人,还有跳出单元之外的卫国贤大夫蘧伯玉等人。这些人物嵌镶在前有夏初的禹、稷及羿、奡,下至于孔子同时的陈恒弑君之间,再加上后面零零散散的司门者、荷蒉者之类的草根人物,展示了在历史邪邪正正笼罩下的春秋社会的形形色色,形成了一个政治史、社会史的马赛克。尽管这些单章和单元之间有所呼应和衔接,但是无论霸主名臣,还是夏初、当代弑君为乱的材料,除了它们都事关为政之外,很难说,它们与原宪言行有何可以相通之处。主要部分既然方枘圆凿,格格不入,再镶嵌着许多"子曰"高论杂论,因此《原宪篇》也就几乎成了一束少有修整的纷丝乱麻。当然,纷丝乱麻,治之而成布帛,也会给学者留下许多联想创造的空间。如朱熹所言:"孔门教人甚宽,今日理会些子,明日又理会些子,久则自贯通。如耕荒田,今日耕些子,明日又耕些子,久则自周匝。虽有不到处,亦不出这理。"①可知《论语》的意义逻辑,带有自由度,弹拨着联想之繁弦。

---

① [宋]黎靖德编,王星贤点校:《朱子语类》(全 8 册),北京:中华书局,1986 年版,第 429 页。

十四章　女子小人与君子之道

　　三篇"弟子论"之后,孔门弟子的名字就从《论语》篇题上退出。"你方唱罢我登场",取而代之的是一些国君、重臣、强奴、先贤,这就是《卫灵公》、《季氏》、《阳货》、《微子》诸篇。从某种意义上说,"孔子论"及"弟子论"诸篇,属于《论语》内篇之上、下,继之登场的这些篇目,殆可称为"外篇"。孔子是当时的"国际学者",即《礼记·檀弓上》所云:"今丘也,东西南北人也。"①除了生于鲁,游于齐,以及之杞、之宋、适周访求礼乐文献之外,孔子五十四岁离鲁进入卫国,见到卫灵公,前后在卫国三入三出,其间奔波于宋、陈、蔡、楚,六十八岁在卫灵公的孙子卫出公时,离卫返鲁。

　　《淮南子·泰族训》有所谓"孔子欲行王道,东西南北七十说而无所偶"②的说法。孔子周游列国,历尽艰辛,本是想寻找机会,推行儒家的政治伦理思想,却在逐渐对现实政治失望后,致力于以文化拯救政治,便回归故里,整理"六经",培养弟子,为未来的政治、思想、文化培植长久的根基。"《易》之兴也,其于中古乎?作《易》者,其有忧患乎?是故《履》,德之基也。《谦》,德之柄也。《复》,德之本也。《恒》,德之固也。"③没有孔子那样周游列国的经历者,很难对本是卜筮文献的原始《易》,产生如此充满忧患意识的感受,他由此更为真诚专注地走上恢复和履行德之基本的道路。

　　孔子去鲁,于卫灵公三十八年(公元前 497 年)入卫,开始周游列国,《史记·十二诸侯年表》系此事于卫灵公三十八年,谓"孔子来,禄之如鲁"④。这在《卫灵公篇》以前篇章中已经多有涉及。比如《子路篇》"子适卫,冉有仆"章,孔子发表庶而富之、富而教之的政治理论,就是在入卫途中说的。《子路篇》又载,孔子曰:"鲁、卫之政,兄弟也。"⑤应当也是初入卫,

---

　　① 〔清〕阮元校刻:《十三经注疏》(全 2 册),北京:中华书局,1980 年版,第 1275 页。
　　② 〔西汉〕刘安等编:《淮南子》(《诸子集成》七),北京:中华书局,1954 年版,第 359 页。
　　③ 〔清〕阮元校刻:《十三经注疏》(全 2 册),北京:中华书局,1980 年版,第 89 页。
　　④ 〔汉〕司马迁撰:《史记》(全 10 册),北京:中华书局,1959 年版,第 670 页。
　　⑤ 〔宋〕朱熹撰:《四书章句集注》,北京:中华书局,1983 年版,第 143 页。

寻找两国政治渊源,说此话时心间还是很明亮的。朱熹注:"鲁,周公之后;卫,康叔之后。本兄弟之国,政亦相似,故孔子叹之。"①其后发生的事情,就是《雍也篇》的"子见南子",此乃卫灵公四十年(公元前495年)。再下来就是现在要考察的《卫灵公篇》首章:"卫灵公问陈于孔子。孔子对曰:'俎豆之事,则尝闻之矣;军旅之事,未之学也。'明日遂行。"②此事发生于卫灵公四十二年(公元前493年)。卫灵公晚年,因在与晋会盟时遭侮,叛晋后又遭晋、鲁联军攻伐,遂对强军用兵之事耿耿于怀。这与孔子从基础做起,在初入卫时主张"庶而富之,富而教之"的方略大相径庭,因而落入《盐铁论》卷二所说的"孔子曰:不通于论者,难于言治;道不同者,不相与谋"③了。

其实,孔子离开卫国的心理契机,并非这次卫灵公问军阵才有。《卫灵公篇》隔两章,即今本第四章:"子曰:由(子路),知德者鲜矣。"④再隔八章,今本十三章又有:"子曰:'已矣乎! 吾未见好德如好色者也!'"⑤孔子为何对"好德"与"好色",屡发感慨颇深的言论? 而且又特地向子路发感慨? 这都牵涉到《雍也篇》的"子见南子"公案。《艺文类聚》卷六十七引鱼豢《典略》:"孔子返卫,卫夫人南子使人谓之曰:'四方之君子之来者,必见寡小君。'孔子不得已而见之。夫人在绨帷中。孔子北面稽首。夫人在帷中再拜,环佩之声璆然。"⑥南子所使的这位人士,就是卫灵公的男宠弥子瑕,如《吕氏春秋·慎大览》所云:"孔子道弥子瑕见釐夫人(南子)。"⑦《淮南子·泰族训》也说:"孔子欲行王道,东西南北七十说而无所偶,故因卫夫人、弥子瑕而欲通其道。"高诱注:"卫夫人,卫灵公夫人,南子也;弥子瑕,卫之嬖臣。"⑧

"子见南子"公案,起码涉及《论语》中五章文字,关注得不可谓少。至于《论语》外的文字,为数就更多。但是由于《论语》将同时或先后发生的事件分散处理,散布于《雍也》、《子罕》、《卫灵公》、《阳货》诸篇,而未见前人对

---

① [宋]朱熹撰:《四书章句集注》,北京:中华书局,1983年版,第143页。

② [宋]朱熹撰:《四书章句集注》,北京:中华书局,1983年版,第161页。

③ [汉]桓宽撰,王利器校注:《盐铁论校注》(全2册),北京:中华书局,1992年版,第162页。

④ [宋]朱熹撰:《四书章句集注》,北京:中华书局,1983年版,第162页。

⑤ [宋]朱熹撰:《四书章句集注》,北京:中华书局,1983年版,第164页。

⑥ [唐]欧阳询撰,汪绍楹校:《艺文类聚》(上、下),上海:上海古籍出版社,1965年版,第1186页。

⑦ 许维遹撰,梁运华整理:《吕氏春秋集释》(全2册),北京:中华书局,2009年版,第389页。

⑧ [西汉]刘安等编:《淮南子》(《诸子集成》七),北京:中华书局,1954年版,第359页。

这些材料碎片进行缀合贯穿,因此导致此公案如神龙见首不见尾,使其中的孔子之言难得确解,甚至发生严重的曲解或误解。为此,有必要花点笔墨予以清理。这五章是:

1.《论语·雍也》:子见南子,子路不说。夫子矢之曰:"予所否者,天厌之!天厌之!"①

2.《论语·子罕》:子曰:"吾未见好德如好色者也。"②

3.《论语·卫灵公》:子曰:"由(子路),知德者鲜矣。"③

4.《论语·卫灵公》:子曰:"已矣乎!吾未见好德如好色者也。"④

5.《论语·阳货》:子曰:"唯女子与小人为难养也,近之则不孙,远之则怨。"⑤

贯穿起来便可知,这些孔子之言,都应该从编年学上系于鲁定公十五年,即卫灵公四十年(公元前495年),孔子周游列国第二次进入卫国之时。《孟子·万章上》说:孔子离鲁初入卫,"于卫主(客居于)颜雠由。弥子(瑕)之妻与子路之妻,兄弟也。弥子谓子路曰:'孔子主我,卫卿可得也。'子路以告。孔子曰:'有命。'孔子进以礼,退以义,得之不得曰'有命'。"⑥即是说,孔子去鲁,于鲁定公十三年,即卫灵公三十八年(公元前497年)第一次来到卫国,婉拒了子路的连襟弥子瑕提议他居住在他家中,以便通过南子,以谋卿大夫之位。居卫期间,卫灵公按鲁国的薪俸把孔子养起来而不用,还有监视举措。十个月后,孔子想到陈国,途中被拘于匡地,经过蒲乡返卫,住在蘧伯玉家,发出"美玉待沽"之叹。这才通过弥子瑕的线索,晋见南子。子路看透了他这个连襟的卑下作风,颇是不悦,使得孔子只好对天发誓:"予所否者,天厌之!天厌之!"⑦直至汉代的《盐铁论》卷二还板起道貌岸然的面孔批评孔子:"《礼》:男女不授受,不交爵。孔子适卫,因嬖臣弥子

---

① [宋]朱熹撰:《四书章句集注》,北京:中华书局,1983年版,第91页。
② [宋]朱熹撰:《四书章句集注》,北京:中华书局,1983年版,第114页。
③ [宋]朱熹撰:《四书章句集注》,北京:中华书局,1983年版,第162页。
④ [宋]朱熹撰:《四书章句集注》,北京:中华书局,1983年版,第164页。
⑤ [宋]朱熹撰:《四书章句集注》,北京:中华书局,1983年版,第161页。
⑥ [宋]朱熹撰:《四书章句集注》,北京:中华书局,1983年版,第311页。
⑦ [宋]朱熹撰:《四书章句集注》,北京:中华书局,1983年版,第91页。

瑕以见卫夫人,子路不说。子瑕,佞臣也,夫子因之,非正也。男女不交,孔子见南子,非礼也。礼义由孔氏,且贬道以求容,恶在其释事而退也。"①孔子是因小人的中介,而见此女子的,四百年后还招致訾议。

　　然而,颇受訾议的这场戏,竟是竹篮打水,损伤了孔子的人格尊严,即所谓"丑之"。《史记·孔子世家》记载此事的结果云:"(孔子)居卫月余,灵公与夫人同车,宦者雍渠参乘,出,使孔子为次乘,招摇市过之。孔子曰:'吾未见好德如好色者也。'于是丑之,去卫,过曹。"②这里的"德",指孔子;色,指南子。由于此事是子路的连襟弥子瑕引起的,孔子又对子路说:"由(子路),知德者鲜矣。"如果在这种场合孔子因"丑之",而说出《论语·阳货篇》中那句"唯女子与小人为难养也,近之则不孙,远之则怨"③,岂非允情允理? 又何必由注疏家曲为之词,如邢昺辨解为"此言女子,举其大率耳。若其禀性贤明,若文母之类,则非所论也"④? 如朱熹把"女子"辨解限定"臣妾":"为此小人,亦谓仆隶下人也。君子之于臣妾,庄以莅之,慈以畜之,则无二者之患矣"⑤? 孔子三岁丧父,母亲含辛茹苦将他抚养成人,即便有男尊女卑思想,也不会泛泛地说"女子难养"的。人们不要忘记,孔子言孝,在"能养"上还要加一个"敬"字呢。唯有回到本真的历史现场,才会发现,《卫灵公篇》"子曰:吾未见好德如好色者也"章,与《阳货篇》的"子曰:唯女子与小人为难养也"章之间,存在着隔章呼应,相互阐发的关系。所谓女子对应于南子,指的是女色;小人对应于弥子瑕之类,孔子之言乃是为其在卫国遭遇的特殊情境而发,指责为政者不能沉迷于女色和小人。既然卫灵公好色压倒了好德,就不能任贤使能,这时候来谈论军阵,在春秋晚期的列国政治中岂非自取灭亡? 因此,要使这一系列的孔子之言落地生根,就必须返回发生于卫灵公四十年,即鲁定公十五年(公元前 495 年),孔子五十七岁时的那个历史现场。而不可为了论证孔子超凡入圣,就将其言行无端普泛化,使之失去发生学的根据。

　　在孔子的人格评价标准中,小人与君子,是一双相对立、相对比而言之

① [汉]桓宽撰,王利器校注:《盐铁论校注》(全 2 册),北京:中华书局,1992 年版,第 151 页。
② [汉]司马迁撰:《史记》(全 10 册),北京:中华书局,1959 年版,第 1921 页。
③ [宋]朱熹撰:《四书章句集注》,北京:中华书局,1983 年版,第 182 页。
④ [清]阮元校刻:《十三经注疏》(全 2 册),北京:中华书局,1980 年版,第 2526 页。
⑤ [宋]朱熹撰:《四书章句集注》,北京:中华书局,1983 年版,第 182 页。

的概念。君子论,或君子之道,是孔子为中国人设计的重要的做人标准,对于培养中国士人和国民知书达理、敬信雅惠的人格素质,具有不可代替的价值。因此有必要专门梳理和论述。第一,是君子的人格典型,这包括蘧伯玉、子产。《卫灵公篇》所呈现的卫国政治状况相当复杂,在篇章呼应上也呈现出正正反反的相互扭结的复杂形态。今本第七章,就记述了孔子评议卫国蘧伯玉等贤臣:"直哉史鱼! 邦有道,如矢;邦无道,如矢。君子哉蘧伯玉! 邦有道,则仕;邦无道,则可卷而怀之。"①对于孔子此言之本事,可参看《韩诗外传》卷七:"昔者卫大夫史鱼病且死,谓其子曰:'我数言蘧伯玉之贤,而不能进;弥子瑕不肖,而不能退。为人臣生不能进贤而退不肖,死不当治丧正堂,殡我于室足矣。'卫君问其故。子以父言闻君。造然召蘧伯玉而贵之,而退弥子瑕。徙殡于正堂,成礼而后去。生以身谏,死以尸谏,可谓直矣。"②刘向《新序》卷一也载此事,结尾处补述:"史鰌字子鱼,所谓'直哉史鱼'者也。"③此处已将其事与孔子之言联系起来。《孔子家语·困誓篇》记载此事后,则进一步发挥:"孔子闻之,曰:'古之列谏之者,死则已矣,未有若史鱼死而尸谏,忠感其君者也! 不可谓直乎!'"④此事广被录载,又见于贾谊《新书》、《大戴礼记·保傅篇》、《艺文类聚》卷二十四、《太平御览》卷四百五十六却说,出自《逸礼》,或《补逸礼传》。可见在孔子心目中,卫国是君子、小人混杂,成败在于能否进君子而远小人。

对于卫国贤臣的典型蘧伯玉,讲究师道尊严的孔子是将之归入"严事"之列。如《史记·仲尼弟子列传》说:"孔子之所严事:于周则老子;于卫,蘧伯玉;于齐,晏平仲。"⑤排列仅次于老子,居第二,这是很值得注意的。这里所谓"严",就是《礼记·学记》说的"凡学之道,严师为难",郑玄注:"严,尊敬也。"⑥上面引述《卫灵公篇》孔子尊敬评议"君子哉蘧伯玉"的话,与《宪问篇》孔子言"邦有道,谷;邦无道,谷,耻也","邦有道,危言危行;邦无道,危行言孙"的人生行为准则,是隔章呼应,一脉相通的。其实,《宪问篇》早就讲到孔子与蘧伯玉之交往:"蘧伯玉使人于孔子,孔子与之坐而问焉,

① [宋]朱熹撰:《四书章句集注》,北京:中华书局,1983年版,第162—163页。
② [汉]韩婴撰,许维遹校释:《韩诗外传集释》,北京:中华书局,1980年版,第264—265页。
③ [汉]刘向撰:《新序》,《四部丛刊》影明翻刻本,卷1"杂事"第一。
④ 王国轩、王秀梅译注:《孔子家语》,北京:中华书局,2011年版,第287页。
⑤ [汉]司马迁撰:《史记》(全10册),北京:中华书局,1959年版,第2186页。
⑥ [清]阮元校刻:《十三经注疏》(全2册),北京:中华书局,1980年版,第1524页。

曰：'夫子何为?'对曰：'夫子欲寡其过而未能也。'使者出，子曰：'使乎！使乎！'"①孔子夸奖这样的使者得其人哉，就是因为使者称述蘧伯玉夫子经常自省，欲寡其过，这一点是与曾子之"吾日三省吾身"相通的。由于有蘧伯玉等一批贤臣的存在，卫国不至于马上亡国；也正由于此，孔子十四年周游列国，在卫国三进三出。《宪问篇》还有这么一章："子言卫灵公之无道也，康子曰：'夫如是，奚而不丧?'孔子曰：'仲叔圉治宾客，祝鮀治宗庙，王孙贾治军旅。夫如是，奚其丧?'"②即便如朱熹所说"三人皆卫臣，虽未必贤，而其才可用。灵公用之，又各当其才"③，依然可与《卫灵公篇》"直哉史鱼""君子哉蘧伯玉"章对贤臣的赞叹，相互呼应，形成了《论语》或同篇异章、或隔篇类章之间，交叉错落呼应的富有弹性的篇章学形态。

　　第二，由君子典型，概括出"君子之道"。堪与蘧伯玉的君子行为媲美者，是《论语·公冶长篇》云："子谓子产：'有君子之道四焉：其行己也恭，其事上也敬，其养民也惠，其使民也义。'"④恭、敬、惠、义，是君子之道的四端，在修养程序上以"行己"为先，由此推及事上、养民、使民，是以自我为起点而处理上下左右关系的人格修养方式。对此孔子自谦曰："君子之道，费而隐。……君子之道，造端乎夫妇，及其至也，察乎天地。……道不远人，人之为道而远人，不可以为道。《诗》云：'伐柯伐柯，其则不远。'执柯以伐柯，睨而视之，犹以为远。故君子以人治人，改而止。忠恕违道不远，施诸己而不愿，亦勿施于人。君子之道四，丘未能一焉！所求乎子，以事父，未能也；所求乎臣，以事君，未能也；所求乎弟，以事兄，未能也；所求乎朋友先施之，未能也。庸德之行，庸言之谨，有所不足，不敢不勉，有余不敢尽。言顾行，行顾言，君子胡不慥慥尔！"⑤《中庸》中孔子的这番自省，与《公冶长篇》中子产的"君子之道"是相互参证的。其中强调的也是"执柯以伐柯"的自我修炼，然后以忠恕的态度原则推己及人，遍及夫妇、父子、君臣、兄弟、朋友各种人伦关系，浑融伦理政治人事于一体。而君子之道的表现形态，是隐曲蕴藉的。

---

① ［宋］朱熹撰：《四书章句集注》，北京：中华书局，1983年版，第155页。
② ［宋］朱熹撰：《四书章句集注》，北京：中华书局，1983年版，第154页。
③ ［宋］朱熹撰：《四书章句集注》，北京：中华书局，1983年版，第154页。
④ ［宋］朱熹撰：《四书章句集注》，北京：中华书局，1983年版，第79页。
⑤ ［清］阮元校刻：《十三经注疏》（全2册），北京：中华书局，1980年版，第1626－1627页。

　　第三,君子之道,在儒学典籍中是相互贯穿的。君子乃是儒家对人格评价的意义符号。《尚书·酒诰》:"庶伯君子。"[①]《诗经·卫风·伐檀》:"彼君子兮,不素餐兮。"[②]皆著于儒家五经。蘧伯玉在儒门推戴下,成了"君子之典型",在《论语》中唯有子产可以比拟。其余如颜回、宓子贱、南宫适作为孔门弟子,也时受称赞。对于蘧伯玉的宣扬,有《韩诗外传》卷二云:"外宽而内直,自设于隐括之中。直己不直人,善废而不悒悒:蘧伯玉之行也。故为人父者则愿以为子,为人子者则愿以为父,为人君者则愿以为臣,为人臣者则愿以为君,名昭诸侯,天下愿焉。《诗》曰:'彼己之子,邦之彦兮。'此君子之行也。"[③]其中后半截话,说明君子之行,涉及父子、君臣一类关系,其支撑点在于"直己不直人";前半截话,也见于《大戴礼记·卫将军文子》与《孔子家语·弟子行》,明示乃孔子之言:"外宽而内正,自极于隐括之中,直己而不直人,汲汲于仁,以善自终,盖蘧伯玉之行也。"[④]此为孔子对子贡的谈话,其中不仅提到蘧伯玉,而且提到铜鞮伯华、柳下惠、晏平仲、老子(《大戴礼记》作老莱子)、介子山等人,由此可知,《史记·仲尼弟子列传》所述孔子所"严事"、所"数称"的那些前辈,是参考了这份名单的。

　　第四,以君子之道反省儒门内外,尤重于内。由君子典型子产、蘧伯玉,转而寻求君子于孔门,孔子注意到三位弟子。颜回自不用说,《论语》中孔子多与之论仁,似乎是比君子之道更进一步的仁者。只有《说苑·杂言》中孔子与颜回讨论君子之道:"孔子曰:'回,若有君子之道四:强于行己,弱于受谏,怵于待禄,慎于持身。'仲尼曰:'史鳅有君子之道三:不仕而敬上,不祀而敬鬼,直能曲于人。'"[⑤]《孔子家语·六本》也有此记述,二者都将颜回、史鱼相提并论。至于孔门其他弟子,《论语·公冶长篇》有"子谓子贱:'君子哉若人! 鲁无君子者,斯焉取斯?'"[⑥]《宪问篇》有:"南宫适问于孔子曰:'羿善射,奡荡舟,俱不得其死然;禹、稷躬稼而有天下。'夫子不答。南

　　① 〔清〕阮元校刻:《十三经注疏》(全 2 册),北京:中华书局,1980 年版,第 206 页。

　　② 〔清〕阮元校刻:《十三经注疏》(全 2 册),北京:中华书局,1980 年版,第 359 页。

　　③ 〔汉〕韩婴撰,许维遹校释:《韩诗外传集释》,北京:中华书局,1980 年版,第 49—50 页。

　　④ 〔清〕王聘珍撰,王文锦点校:《大戴礼记解诂》,北京:中华书局,1983 年版,第 115 页;另,《孔子家语·弟子行》,北京:中华书局,2011 年版,第 150 页。二者文字略异,此处用《孔子家语》的记述。

　　⑤ 〔汉〕刘向撰,向宗鲁校证:《说苑校证》,北京:中华书局,1987 年版,第 430 页。

　　⑥ 〔宋〕朱熹撰:《四书章句集注》,北京:中华书局,1983 年版,第 75 页。

宫适出,子曰:'君子哉若人! 尚德哉若人!'"①其中赞赏之情,由衷而发,溢于言表。综而观之,蘧伯玉、子产,及颜回、宓子贱、南宫适五人,在《论语》内外形成了孔子论君子之道的人物典型之链。

　　第五,处处言君子,使之渗透于生活日用之际。由于有"君子哉蘧伯玉"等人物链作为一种人格之典型,《论语·卫灵公篇》和《宪问篇》相互呼应,遂使相邻的这两篇都多言君子。其实,《论语》二十篇,篇篇言君子,"君子"一词共出现107次。出现次数最多者是《卫灵公》(14次),其次是《颜渊》、《子张》(10次),以及《阳货》(8次)、《宪问》、《里仁》(6次)了。"君子论"是儒家的人格理想所在,它以提升人的思想品德质量,来提升文明的质量。而且君子人格,比圣贤人格更带社会通行性、人生日常性,有若英国之绅士风度,易于作为国民素质的标准。《宪问篇》云:"子曰:'君子道者三,我无能焉:仁者不忧,知者不惑,勇者不惧。'子贡曰:'夫子自道也。'"②这里贯通仁、知、勇,将君子论提高到"道"的高度。而子贡称这是"夫子自道",不是专门用来责人的,更重要的是用来律己的。《卫灵公篇》与之邻篇呼应者,颇可寻味:"子曰:'君子求诸己;小人求诸人。'""子曰:'君子矜而不争,群而不党。'""子曰:'君子不以言举人;不以人废言。'"③此三章,上承另三章:"子曰:'君子义以为质,礼以行之,孙以出之,信以成之。君子哉!'""子曰:'君子病无能焉,不病人之不己知也。'""子曰:'君子疾没世而名不称焉。'"④这些处于《卫灵公篇》今本第十八至第二十三章的六章相连,组合成一个"君子论"或"君子道"的单元。不与之相连的章节还有第三十二章:"子曰:'君子谋道不谋食。耕也,馁在其中矣;学也,禄在其中矣。君子忧道不忧贫。'"⑤第三十四章:"子曰:'君子不可小知而可大受也,小人不可大受而可小知也。'"⑥第三十七章:"子曰:'君子贞而不谅。'"⑦这三章相互之间并不连接,与前面六章相连的单元,构成相当可观的隔章呼应。链接的功能,在于增加分量;散落的功能,在于散布日用家常。

①　[宋]朱熹撰:《四书章句集注》,北京:中华书局,1983年版,第149页。
②　[宋]朱熹撰:《四书章句集注》,北京:中华书局,1983年版,第156页。
③　[宋]朱熹撰:《四书章句集注》,北京:中华书局,1983年版,第165-166页。
④　[宋]朱熹撰:《四书章句集注》,北京:中华书局,1983年版,第165页。
⑤　[宋]朱熹撰:《四书章句集注》,北京:中华书局,1983年版,第167页。
⑥　[宋]朱熹撰:《四书章句集注》,北京:中华书局,1983年版,第168页。
⑦　[宋]朱熹撰:《四书章句集注》,北京:中华书局,1983年版,第168页。

也许这些章节都不长，但通过多种形式的单元组合、隔章呼应、邻篇或隔篇映照，在整部《论语》中形成一个光泽熠熠"君子论"或"君子道"的大而不宏的命题。这个命题如果集中在《宪问篇》，既与原宪的身份相称，又可使篇章结构严整；但是可能考虑到孔子所见列国，唯卫国尚称得上不乏君子，就将之分割，形成篇章学的非逻辑之逻辑了。这就需要我们在纷杂零散的材料分布状态中，把握纲目，看其在众多经籍中的渊源，在典型链接上的鉴贤责己，在无处不讲中深入家常日用。如此孜孜矻矻地于乱世中求君子，求君子道与君子行，有若在污泥中采珍珠，可知孔子在"知其不可而为之"的时世中，注入了改造士人和国民素质的长远眼光和不懈追求。

十五章　政治学与思想数字模式

　　鲁国是孔子的故国热土,也是《论语》的发祥地,编纂所在地。因此孔子才有"吾舍鲁何适矣"的感慨。尽管孔子周游列国十四年,"从知三万六千日,半是东西南北人",最终还要落叶归根,返归故土。孔子曰:"齐一变,至于鲁;鲁一变,至于道。"①在孔子看来,虽然齐强鲁弱,然齐承霸者之余,尚功利而任权力,不如鲁地政教既衰,犹可考周公礼制及典籍,缙绅士庶习儒术而近乎道,乃是儒学得以生存发育的沃土。这就使得从《卫灵公篇》回过头来,《论语》还要审视故土风物,审视政治社会的各个层面,审视其间骄横跋扈而造成礼崩乐坏的头面人物。《公冶长篇》记述:"子在陈曰:'归与!归与! 吾党之小子狂简,斐然成章,(吾)不知所以裁之。'"②朱熹注:"此孔子周流四方,道不行而思归之叹也。吾党小子,指门人之在鲁者。狂简,志大而略于事也。……裁,割正也。夫子初心,欲行其道于天下,至是而知其终不用也。于是始欲成就后学,以传道于来世。"③于是继而便有《季氏篇》《阳货篇》,篇题可见孔子珍惜故邦的批判精神。唯有将此二篇,与孔子在陈的"归与归与"那份乡愁的焦灼联系起来,才可以深切理解,《论语》有此二篇,乃是参与编纂的弟子在领会和体贴孔子的原乡之情。

　　孔子原乡之情中,至为焦虑的是"三桓专政"的症结。他离鲁流浪列国,源于此;归鲁而离开政务,潜心整理经籍,也源于此。鲁国三桓中,季氏是最有势力的一家。鲁国卿大夫季孙氏、叔孙氏、孟孙氏三家,皆出自鲁桓公之后,史称"鲁三桓"。鲁昭公后期,想借助与三桓交恶的郈氏解除三桓权力,失败后鲁昭公流亡七年,死在齐、晋边境。三桓立昭公弟为鲁定公,孔子想用"堕三都"的方法削弱三桓,归于失败。三桓专政的局面一直延续到鲁哀公、鲁悼公、鲁元公时期。

　　因而《季氏篇》首章是就三桓之首,以透视鲁国政治。"季氏将伐颛

---

　　① ［清］阮元校刻:《十三经注疏》(全2册),北京:中华书局,1980年版,第2479页。
　　② ［宋］朱熹撰:《四书章句集注》,北京:中华书局,1983年版,第81页。
　　③ ［宋］朱熹撰:《四书章句集注》,北京:中华书局,1983年版,第81页。

臾”,孔子借与冉有、子路谈话,表达了政治见解:"丘也闻有国有家者,不患寡而患不均,不患贫而患不安。盖均无贫,和无寡,安无倾。夫如是,故远人不服,则修文德以来之。既来之,则安之。今由与求也,相夫子,远人不服而不能来也;邦分崩离析而不能守也,而谋动干戈于邦内。吾恐季孙之忧,不在颛臾,而在萧墙之内也。"①这是一种以均、和、安三原则为支柱的修文来远政治。

所谓"不患寡而患不均,不患贫而患不安",乃是农业经济资源有限条件下的一种政治公平和社会安定的原则,有利于社会发展的初步稳定,却没有进一步设计出社会在持续发展中,如何给予人民日益增长实惠的规制。面对季氏之咄咄逼人,孔子警告:"吾恐季孙之忧,不在颛臾,而在萧墙之内也。"颛臾,本为东夷小国,春秋时为鲁国附庸,故地在今山东平邑县东。《左传·僖公二十一年》载:"任、宿、须句、颛臾,风姓也。实司大皞与有济之祀,以服事诸夏。"②颛臾是大皞氏之后,祭祀大皞氏及济水。唐代李吉甫《元和郡县图志》卷十一说:"费县(在平邑县东南)……东蒙山,在县西北七十五里。《论语》曰:'夫颛臾,昔者先王以为东蒙主。(且在邦域之中矣,是社稷之臣也,何以伐为?)'"③孔子的警告和批评,直指季氏欲伐颛臾,属于礼乐征伐自大夫出的变态,既违背先王礼制,又挑战鲁国现实政治秩序。孔子政治学,端是注重政治秩序和礼制规范,由此也可窥一斑。

历史没有记载季氏伐颛臾之事,可能是孔子警告和弟子干预起了作用;但季氏究竟没有能够避免萧墙之祸,或如郑玄注指出的,"后季氏家臣阳虎,果囚季桓子。"④郑玄所言有误,阳虎囚禁季桓子是在鲁定公五年(公元前505年),其时孔子四十七岁,冉有十八岁,尚未为季氏宰。冉有为季氏宰是在季桓子之子季康子时期,鲁哀公三年(公元前492年)季康子继位以后欲召仲尼,后改为"使召冉求",即孔子曰"鲁人召求,非小用之,将大用之也"⑤。鲁哀公十一年(公元前484年),季康子以冉有建言召孔子,孔子

①　[清]阮元校刻:《十三经注疏》(全2册),北京:中华书局,1980年版,第2520页。
②　杨伯峻编著:《春秋左传注》(全4册),北京:中华书局,1990年版,第391—392页。
③　[唐]李吉甫撰:《元和郡县图志》,清武英殿聚珍版丛书本,卷11"河南道七"。
④　[清]阮元校刻:《十三经注疏》(全2册),北京:中华书局,1980年版,第2520页。
⑤　[汉]司马迁撰:《史记》(全10册),北京:中华书局,1959年版,第1927页。

结束周游列国,由卫归鲁。孔子时为国老,与闻朝政。至于孔子返鲁的确切时间,《左传》该年记载:"冬,卫大叔疾出奔宋。"①然后以两个"初"字倒叙此事的来龙去脉,于倒叙中云:"孔文子之将攻大叔也,访于仲尼。仲尼曰:'胡簋之事,则尝学之矣。甲兵之事,未之闻也。'退,命驾而行,曰:'鸟则择木,木岂能择鸟?'文子遽止之,曰:'圉岂敢度其私,访卫国之难也。'将止。鲁人以币召之,乃归。"②既然卫大叔疾出奔宋,是在冬日,那么孔文子之"将攻"大叔,就在秋日,或秋冬之际。因而孔子自卫返鲁的时间,是鲁哀公十一年(公元前484年)深秋。《左传》叙孔子,着重于二事:一是鲁定公十年(公元前498年)至十二年,孔子为鲁司寇,在齐鲁夹谷之会上为相,及堕三都;二是鲁哀公十年孔子自卫返鲁,与季康子矛盾渐深,其后发生西狩获麟,及请伐弑君之陈恒而不得。其中许多材料不见于《春秋》,而见于《左传》,可知《左传》作者在春秋战国之际著述之时,得见七十子回忆材料。

鲁哀公十一年深秋,孔子返鲁之初,哀公、季康子对之咨询甚勤,此中材料《论语》、大小戴《礼记》及战国秦汉其他文献颇多记载。比如《论语·为政篇》:"季康子问:'使民敬、忠以劝,如之何?'子曰:'临之以庄,则敬;孝慈,则忠;举善而教不能,则劝。'"又:"哀公问曰:'何为则民服?'孔子对曰:'举直错诸枉,则民服;举枉错诸直,则民不服。'"③《论语·颜渊篇》:"季康子患盗,问于孔子。孔子对曰:'苟子之不欲,虽赏之不窃。'"又:"季康子问政于孔子,孔子对曰:'政者,正也,子帅以正,孰敢不正?'"④再又:"季康子问政于孔子曰:'如杀无道,以就有道,何如?'孔子对曰:'子为政,焉用杀?子欲善而民善矣。君子之德风,小人之德草。草之上风,必偃。'"⑤庄、敬、忠、勤,注重执政主体;枉直之辨,注重政治结构和人才政策;又主张为政者能正能善,以改良社会政治风气。这些都是孔子政治学中值得仔细体味的方略原则。

尤其值得注意的是,上海博物馆所藏战国楚竹书中,有季康子问孔子:"君子之从事于民之(上,君子之大务何?"孔子曰:"仁之以)德,此君子之大

①　杨伯峻编著:《春秋左传注》(全4册),北京:中华书局,1990年版,第1665页。
②　杨伯峻编著:《春秋左传注》(全4册),北京:中华书局,1990年版,第1667页。
③　[宋]朱熹撰:《四书章句集注》,北京:中华书局,1983年版,第58页。
④　[宋]朱熹撰:《四书章句集注》,北京:中华书局,1983年版,第137-138页。
⑤　[宋]朱熹撰:《四书章句集注》,北京:中华书局,1983年版,第138页。

务也。……君子在民之上，执民之中，纠□百姓，而民不服焉，是君子之耻也。是故，君子玉其言而慎其行，敬成其德以临民，民望其道而服焉，此之谓仁之以为德。且管仲有言曰：'君子恭则遂，骄则侮……'丘也闻之孟子余（晋赵衰）曰：'夫书者以著君子之德也。夫诗者，以志君子之志。夫义者，以谨君子之行也……'丘闻之臧文仲有言曰：'君子强则遗，威则民不导，逾则失众，礴则无亲，好刑则不祥，好杀则乱。'……是故，贤人大于邦，而有劬心……"①这番对话的重点，在于为政的仁与德，这是孔子政治学的核心理念。在竹书今存的669字中，可见季康子与孔子之间的七问七答，透露了其请教之诚意和交谈之热络。从竹书的七问七答，到《论语》记述对话往往是一问一答来看，《论语》的编纂体例是删繁就简，以彰显核心话语的光芒。

然而，孔子归鲁才三四个月，与季康子之间的芥蒂就露出苗头。《左传·哀公十一年》岁抄："季孙欲以田赋，使冉有访诸仲尼。仲尼曰：'丘不识也。'三发，卒曰：'子为国老，待子而行，若之何子之不言也？'仲尼不对。而私于冉有曰：'君子之行也，度于礼：施取其厚，事举其中，敛从其薄。如是，则以丘亦足矣。若不度于礼，而贪冒无厌，则虽以田赋，将又不足。且子季孙若欲行而法，则周公之典在；若欲苟而行，又何访焉？'弗听。"②于是有次年"十二年春王正月，用田赋"③即是说，在鲁哀公十一年岁抄到十二年春，季康子就有绕过孔子施政的行为。《左传·哀公十二年》又记载："夏五月，昭夫人孟子卒。昭公娶于吴，故不书姓。死不赴，故不称夫人。不反哭，故言不葬小君。孔子与吊，适季氏。季氏不绖，放绖而拜。"④季康子对鲁昭公夫人丧礼不够尊重这些行为，也会加深孔子对季氏拿大失礼的印象。怠慢于君，属怠慢于礼，对于讲究礼制秩序的孔子而言，是不能容忍的。

由于道不同者，不相与谋，孔子就逐渐被冷落。这番冷落，见于《论语·子路篇》："冉子退朝。子曰：'何晏也？'对曰：'有政。'子曰：'其事也。

①　马承源主编：《上海博物馆藏战国楚竹书》（五），上海：上海古籍出版社，2005年版，第200—235页。
②　杨伯峻编著：《春秋左传注》（全4册），北京：中华书局，1990年版，第1667—1668页。
③　杨伯峻编著：《春秋左传注》（全4册），北京：中华书局，1990年版，第1670页。
④　杨伯峻编著：《春秋左传注》（全4册），北京：中华书局，1990年版，第1670页。

如有政，虽不吾以，吾其与闻之。'"①从孔子责怪中透露，季氏商议政事，开始回避这位国老。这种势态，应是出现在鲁哀公十二年(公元前483年)下半年。同时发生的事情，就是《论语·八佾篇》所载："季氏旅于泰山。子谓冉有曰：'女弗能救与？'对曰：'不能。'子曰：'呜呼！曾谓泰山不如林放乎？'"②因为同篇载："林放问礼之本。子曰：'大哉问！礼，与其奢也，宁俭。丧，与其易也，宁戚。'"③泰山不如林放，是由于季氏旅祭泰山，尽失"礼之本"，尽失《礼记·王制》所云"天子祭天地，诸侯祭社稷，大夫祭五祀。天子祭天下名山大川……诸侯祭名山大川之在其地者"④的规范。这种僭越礼制的行为，使季氏自为田赋制度，出现了季氏富于周公，而冉有不顾孔子曾"私于冉有"的特别交代而为季氏聚敛。《国语·鲁语下》对孔子特别叮嘱冉有，作了专门的记载："季康子欲以田赋，使冉有访诸仲尼。仲尼不对，私于冉有曰：'求来！女不闻乎？先王制土，籍田以力，而砥其远迩；赋里(市廛)以入，而量其有无；任力以夫，而议其老幼。于是乎有鳏、寡、孤、疾，有军旅之出则征之，无则已。其岁，收田一井，出稷禾、秉刍、缶米，不是过也。先王以为足。若子季孙欲其法也，则有周公之籍矣；若欲犯法，则苟而赋，又何访焉！'"⑤既然孔子专门对冉有作了交待，冉有却当成耳边风，孔子简直有点怒不可遏，怒斥曰："非吾徒也，小子鸣鼓而攻之可也。"⑥有言在先，而冉有未从，孔子焉能不加以怒斥？此事载于《论语·先进篇》，当发生在鲁哀公十二年(公元前483年)五月以后。

由于季氏绕过孔子与闻朝政的程序，导致孔子无法知闻季氏欲伐颛臾的决策。兹事体大，身为季氏宰的冉有大概觉得事态严重，自己不能阻止，又不敢单独向老师面陈，更又不可不向夫子面陈。他屡受夫子的斥责，"吃一堑长一智"，只好拉上老资格的子路作陪壮胆挡风。因此出现了两个并不同时为季氏宰的人，一同向孔子禀报季氏欲伐颛臾的场面。从谈话中一再指责"求"如何如何，可知冉有是负有直接责任的现职季氏宰。孔子曰："丘也闻有国有家者，不患寡而患不均，不患贫而患不安。盖均无贫，和无

①　[宋]朱熹撰：《四书章句集注》，北京：中华书局，1983年版，第144页。
②　[宋]朱熹撰：《四书章句集注》，北京：中华书局，1983年版，第62页。
③　[清]阮元校刻：《十三经注疏》(全2册)，北京：中华书局，1980年版，第2466页。
④　[清]阮元校刻：《十三经注疏》(全2册)，北京：中华书局，1980年版，第1336页。
⑤　邬国义、胡果文、李晓路撰：《国语译注》，上海：上海古籍出版社，1994年版，第180页。
⑥　[宋]朱熹撰：《四书章句集注》，北京：中华书局，1983年版，第126页。

寡,安无倾。"①针对的依然是季氏聚敛而富可倾国之事。鲁国政治的定势和孔门师弟的心理状态,以双曲线交叉的方式,证得"季氏将伐颛臾,冉有、季路见于孔子"此章,发生在鲁哀公十三年(公元前482年),孔子七十岁之时,冉有至此已当了十年季氏宰。还原研究,必须科学地缀合各种材料碎片,对历史现场进行准确的定位,方可感受到当事人物的神经颤动,激活他们带着体温的生命。

朱熹为"吾恐季孙之忧,不在颛臾,而在萧墙之内也"②作注云:"其后哀公果欲以越伐鲁而去季氏。"③这不足以为本章作出明确的编年认定,只能说是以十几年后的历史结果,印证孔子之言的预见性。朱氏所言,指的是鲁哀公晚年的行为,即《左传·哀公二十七年》记载:"公患三桓之侈也,欲以诸侯去之。三桓亦患公之妄也,故君臣多间。……公欲以越伐鲁,而去三桓。"④孔子对季氏的警告,由此成了富有洞察力的预言。而到了鲁悼公时期,季氏衰落到只有费作为立足点,甚至被称为"费君"。而本来作为鲁之附庸的东夷小国颛臾,在今山东平邑县东南三十里之故城,地邻于费。季氏如果能够把颛臾及早收入囊中,是可以增加其干预鲁国政治的地理支撑点的分量。如此说来,季氏将伐颛臾,是一种未雨绸缪的流产了的策划。

孔子思考政治的一个特点,是不拘于就事论事,而注重于就事究理。《礼记·大学》云:"物有本末,事有终始。"⑤事物不仅有本末终始,还有深层的理由。"事"字从上至下贯穿着一笔"倒须钩",它要钩出许多宇宙人间的秘密来。孔子手持的钩子,虽不是《庄子·外物》中"任公子为大钩巨缁,五十犗以为饵,蹲于会稽,投竿东海"⑥的那种超现实的大钩,却也能"探赜索隐,钩深致远"⑦,思考着天下失序的情态和原由,以及对失序中的得势者进行命运的推测和剖断。这就有了随之而来的《季氏篇》"天下有道"和"禄之去公室五世矣"二章。与前面的"季氏将伐颛臾"章共同构成一个单

① [宋]朱熹撰:《四书章句集注》,北京:中华书局,1983年版,第170页。
② [宋]朱熹撰:《四书章句集注》,北京:中华书局,1983年版,第170页。
③ [宋]朱熹撰:《四书章句集注》,北京:中华书局,1983年版,第170—171页。
④ 杨伯峻编著:《春秋左传注》(全4册),北京:中华书局,1990年版,第1735页。
⑤ [清]阮元校刻:《十三经注疏》(全2册),北京:中华书局,1980年版,第1673页。
⑥ [清]王先谦撰,沈啸寰点校:《庄子集解》,北京:中华书局,1987年版,第238页。
⑦ [清]阮元校刻:《十三经注疏》(全2册),北京:中华书局,1980年版,第82页。

元,讨论社会失范,权力下移,大夫、家臣秉政的"鲁国顽症",也是日益明显的"春秋顽症"。孔子曰:"天下有道,则礼乐征伐自天子出;天下无道,则礼乐征伐自诸侯出。自诸侯出,盖十世希不失矣;自大夫出,五世希不失矣;陪臣执国命,三世希不失矣。天下有道,则政不在大夫。天下有道,则庶人不议。"①下一章又曰:"禄之去公室五世矣,政逮于大夫四世矣,故夫三桓之子孙微矣。"②孔子极力维护的是"天下有道",天子、诸侯、大夫、陪臣等级有序,各安其分地行使权利和责任,就如周公制礼时期一样。但是到了春秋晚期,礼崩乐坏,周天子和鲁侯失势,大夫如季氏之流,陪臣如阳货之流,纷纷不按周公礼制出牌,玩起了争权夺利的赌博。孔子讨厌这种政治赌博,就用十世、五世、三世这类时间尺子,来预测政治赌徒的命运。孔子论政的标准是"道",但用充满历史感和命运感的方式论政以道,应是到了他晚年学《易》、修《春秋》时,才具备的语言方式。如果要系年,当离"季氏将伐颛臾"的首章不远,或者是受季氏这种悖礼行为的刺激而发,也未可知。

　　也许是材料出自众手,编纂不限于一次,《论语》的逻辑话语每常发生一些滑动,展示出另一番景观。从篇章学的角度考察,孔子以"道"论政的意义逻辑未能贯彻《季氏》全篇,但在以"道"论政的语言形式上"十、五、三"等数字系列中,却被挑选出一个"三"字加以贯彻。以下五章都是以"三"字贯彻,组合成一个结构上的数字单元:

　　　　(一)孔子曰:"益者三友,损者三友。友直,友谅,友多闻,益矣。友便辟,友善柔,友便佞,损矣。"③

　　　　(二)孔子曰:"益者三乐,损者三乐。乐节礼乐,乐道人之善,乐多贤友,益矣。乐骄乐,乐佚游,乐晏乐,损矣。"④

　　　　(三)孔子曰:"侍于君子有三愆:言未及之而言谓之躁,言及之而不言谓之隐,未见颜色而言谓之瞽。"⑤

---

　① [宋]朱熹撰:《四书章句集注》,北京:中华书局,1983年版,第171页。
　② [宋]朱熹撰:《四书章句集注》,北京:中华书局,1983年版,第171页。
　③ [宋]朱熹撰:《四书章句集注》,北京:中华书局,1983年版,第171页。
　④ [宋]朱熹撰:《四书章句集注》,北京:中华书局,1983年版,第172页。
　⑤ [宋]朱熹撰:《四书章句集注》,北京:中华书局,1983年版,第172页。

（四）孔子曰："君子有三戒：少之时，血气未定，戒之在色；及其壮也，血气方刚，戒之在斗；及其老也，血气既衰，戒之在得。"①

（五）孔子曰："君子有三畏：畏天命，畏大人，畏圣人之言。小人不知天命而不畏也，狎大人，侮圣人之言。"②

此五章为关于人生哲学的单元，值得注意的有两点：一是称谓上都是"孔子曰"；二是句式组合都用"三"字。《论语》称呼孔子，有"子"、"夫子"、"孔子"三种，而用以称孔子言者，计有"子曰"398个，"孔子曰"只有32个，其中《季氏篇》占了14个。《乡党篇》记孔子日常礼仪行为，无"子曰"与"孔子曰"，孔子的话，只用"曰"字标示。《子张篇》也无"子曰"、"孔子曰"。"孔子曰"多用于历史事件的叙述中，或孔门以外人士与孔子的对话，孔子弟子唯有"南宫适问于孔子曰"、"子张问于孔子曰"、"冉有、季路见于孔子曰"。其间奥妙何在？这些说明《论语》最初启动编纂时就定下一条体例，孔子与弟子接谈之言，皆用"子曰"。以后两次编纂也大体遵从。在师弟之间是"问于"、"见于"孔子曰，孔子是宾语，"曰"的是弟子，这属于语法上的需要。至于面对历史事件或社会人士，孔子算是局外人，以"孔子曰"、而不用"子曰"，以便推出一定的心理距离，潜入某种间离效应。

即是说，从语感微妙处着眼，"子曰"比"孔子曰"的心理距离更近，是庐墓守心孝时孔门内部的称谓。至于"孔子曰"，情形略为复杂，除了一些是语法需要之外，还存在着守孝期满孔门重新启动，开始面对社会而做出的称谓调整的可能。《尧曰篇》今本之后半，本是《古论语》的《子张问篇》，此"篇"仅二章，其得名之章为"子张问孔子曰：何如斯可以从政矣"③云云，最后一章也是"孔子曰：不知命，无以为君子也"④云云，均用"孔子曰"称谓。二者所同，是"孔子曰"，但其一是语法需要；其二是因称谓调整而变异。由此可见，子张参与的第二次编纂，对"子曰"和"孔子曰"的区分似乎存在着过渡状态所难以避免的含混。其时尚在春秋末年，在孔子与弟子对谈或独语时，应如何称孔子，似乎尚不十分明晰，就用了一些"孔子曰"。到了曾门

① ［宋］朱熹撰：《四书章句集注》，北京：中华书局，1983年版，第172页。
② ［宋］朱熹撰：《四书章句集注》，北京：中华书局，1983年版，第172页。
③ ［宋］朱熹撰：《四书章句集注》，北京：中华书局，1983年版，第194页。
④ ［宋］朱熹撰：《四书章句集注》，北京：中华书局，1983年版，第195页。

于战国初期第三次编《论语》时,比如《先进篇》"子路、曾皙、冉有、公西华侍坐"章,就晓得用"夫子哂之"、"夫子喟然叹曰"来处理了。因此,《论语》早期编纂,将孔子与弟子接谈,或孔子独自言说,写成"孔子曰",乃是一种过渡状态,一种开始面对社会的状态,主要出现在有若主事、子张参与的《论语》第二次编纂。

　　《论语》二十篇中,唯有二篇没有"子曰"和"孔子曰",理由也存在着差异。《乡党篇》为众人回忆,一人记录整理(或是精通礼仪之公西赤乎?),然后采编入书,只是涉及孔子一人的礼仪习惯,故只须用"曰"表示,就可以眉目清楚,不致混乱。《子张篇》未录孔子之言,只是采集第二次编纂时,尚在鲁国而未尝走散的子张、子夏、子游、曾子、子贡五人的材料,也就导致"子曰"、"孔子曰"的称呼,付诸阙如。

　　其次应该讨论的,是《季氏篇》这五章"孔子曰",它们都以"三"字组合句式,探究了有层次、有深度的人生哲学。这五章"孔子曰"作为一个结构单元,与本篇开头三章关于鲁国政治失范的单元间的联络,全在于一个"三"字。但是,即便同用"三"字,也有明显的差异,前一个单元的"三"字是"三世"词组,比较具体;后面这个单元的"三"字是单纯的数目字,比较抽象。这就导致其前其后的运作思路,是由具体到抽象,然后再由抽象返回另一个层面的具体,令人感觉到并非原地踏步。数字在二者之间的连缀关系,只不过是一座跨越此岸和彼岸的桥梁。

　　然而在古人心目中,数字还牵涉宇宙冥冥处的秘密信息。《周易》用数,这个特征就相当突出,三爻成卦,蕴含着中国人的原型思维。三是多的开始,是多与少的分界线。清人汪中《述学·内篇一·释三九》云:"一奇、二偶,一、二不可以为数,二乘(加)一则为三。故三者,数之成也。积而至十,则复归于一。十不可以为数,故九者,数之终也。……因而生人之措辞,凡一、二之所不能尽者,则约之三,以见其多;三之所不能尽者,则约之九,以见其极多。此言之虚数也。"[①]不仅如此也,"三"之为数,还是人类记忆、口头叙事和逻辑推理的关节点,人类在这些方面,往往遵循着三段式,因而有"常言道,事不过三"的口头禅。"三"字带有抽象性,衍化为神秘的心理结构,对人的思维程序进行潜在的结构性编码。如"三才"、"三元"、

────────────

① ［清］汪中撰:《述学》,《四部丛刊》影无锡孙氏藏本,"内篇"一之《释三九上》。

"三本"、"三界"、"三光"、"三军"、"三教"等等,以三字构词和以三字为思想编码,在原始经籍中相当普遍。

这些看似简单的数字,既蕴藏着神秘的能量,又展示出结构编码的丰富的可能性。就以《季氏篇》这五章的"三"字编码形态而言,就可以分为四类:一是"益者三友,损者三友"和"益者三乐,损者三乐"两章,在损益之间形成排斥性的思维。二是"侍于君子有三愆"章,以"言未及之而言"、"言及之而不言"、"未见颜色而言"三种不同言说时机的失误,组合成平展性的思维。三是"君子有三戒",以少年戒色、壮年戒斗、老年戒得,延展成递进型的思维。四是"君子有三畏"与小人对待同类问题的不同态度,形成对比性思维,却又不对对比性的用语作对偶化的处理,任其处于失衡状态。由此可知,即便同样以"三"字对思想进行编码,也可以在错综组合中,使思想方式演绎为五花八门的表现形态。这就是数字组合的出神入化,深不可测之处。

尚可进一步追问,这五章"孔子曰",谈交友,谈节制娱乐,谈畏天命,与《大戴礼记》所录的《孔子三朝记·千乘》谈兼爱、节用、天命,有其相似之处。《千乘》乃是子张氏之儒的文献,那么,这五章"孔子曰",也存在着子张氏之儒埋下的伏线吗?如果这种推断可以信从,那么《论语》称孔子之言的变化,"子曰"始于第一次编纂,"孔子曰"出现于第二次编纂,"夫子曰"终见于第三次编纂。这也属于《论语》在春秋战国之际五十年间三次编纂所留下的生命痕迹,所造成的历史文化地层叠压。

《论语》中以"三"字构词,进而以"三"字构成思维方式,除了《尧曰篇》之外,其余十九篇皆有踪迹可寻。比如《学而篇》,"一日三省吾身";《述而篇》,"三人行,必有我师焉";《泰伯篇》,"君子所贵乎道者三";《宪问篇》,"君子之道三:仁者不忧,知者不惑,勇者不惧";《微子篇》,"殷有三仁";以及其他诸篇的"三年之丧","三年无改于父之道","举一隅以三隅反",称赞泰伯"三以天下让",称赞颜回"其心三月不违仁",自己则"闻《韶》,三月不知肉味"等等。"三"字在《论语》中,共出现70个,在某些篇章中成了"一日三餐"的家常便饭。

这种思维方式或受孔子讲学的影响,或本来就是一种公共的思维方式,其弟子中也不乏借助"三"字进行思维者,如"子文三仕三已","南容三复白圭","三年有成","问一得三",子夏说"君子有三变"。尤其是曾子,

"吾日三省吾身",临终遗言还说"君子所贵乎道者三"。因而清人阮元认为:"古人简策繁重,以口耳相传者多,以目相传者少……且以数记言,使百官万民易诵易记。《洪范》、《周官》尤其最著者也。《论语》以数记文者,如一言、三省、三友、三乐、三戒、三畏、三愆、三疾、三变、四教、绝四、四恶、五美、六言、六蔽、九思之类,则亦皆口授耳受心记之古法也。"①"三"字思维,可以将某些散漫思想整合成比较简明易记的"思想套餐"。这种"思想套餐"不过于繁琐,便于记诵,适合口头传授;却能给思想在三维度展开时呈现相当的立体感,或逐层递进,深化思想层面。从《论语》多见"三"字思维而言,不应排除它是孔门教学中能以口耳相传的一种方便法门或秘诀,因能以叙说三维度打入记忆三门槛。

　　然而,如果到处都是"三"字,《论语》也就变成"蒙学三字经"了。任何思维方式,效能都在适当,表达也须适当。因而《季氏篇》组合了上述五章"三字经"之后,就转向或四、或九、或二而排比的"杂言"方式。随之的今本第九章:"孔子曰:生而知之者,上也;学而知之者,次也;困而学之,又其次也;困而不学,民斯为下矣。"②这里就不拘泥于三段式的思维,而是将人的知与学的关系分成"上、次、又其次、下"四个层次。继而第十章,用了"九"的数目来组合思维结果:"孔子曰:君子有九思:视思明,听思聪,色思温,貌思恭,言思忠,事思敬,疑思问,忿思难,见得思义。"③"九思"讲人生态度,思虑可谓周详,但流传不远,就是由于它比较繁琐。

　　有所谓"事不过三",三则易记,九则过繁,尤其在那个凭记忆传播思想的时代。《说文解字》说:"二人为从,反从为比。"④从和比,思维的出发点是二,顺方向是从,逆方向是比。《季氏篇》随之第十一章属于对比性思维:"孔子曰:见善如不及,见不善如探汤。吾见其人矣,吾闻其语矣。隐居以求其志,行义以达其道。吾闻其语矣,未见其人也。齐景公有马千驷,死之日,民无德而称焉。伯夷叔齐饿死于首阳之下,民到于今称之。其斯之谓与?"⑤善与不善、隐居与行义、齐景公与伯夷叔齐,都是二二对比的思维方

　　① [清]阮元撰,邓经元点校:《揅经室集》(全2册),北京:中华书局,1993年版,第606—607页。
　　② [宋]朱熹撰:《四书章句集注》,北京:中华书局,1983年版,第172—173页。
　　③ [宋]朱熹撰:《四书章句集注》,北京:中华书局,1983年版,第173页。
　　④ [汉]许慎撰:《说文解字(附检字)》,北京:中华书局,1963年版,第169页。
　　⑤ [宋]朱熹撰:《四书章句集注》,北京:中华书局,1983年版,第173页。

式,后来中国文学的骈俪对偶就是根据中国文字的特点,将这种二二对比的"双构思维方式"精致化了。

《季氏篇》继之而来的今本第十二章,又返回"三构思维"。但这不是简单的"三构",而是"似三非三"的三构思维:"陈亢问于伯鱼曰:'子亦有异闻乎?'"孔鲤的回答是:"未也。尝独立,鲤趋而过庭。曰:'学诗乎?'对曰:'未也。''不学诗,无以言。'鲤退而学诗。他日又独立,鲤趋而过庭。曰:'学礼乎?'对曰:'未也。''不学礼,无以立。'鲤退而学礼。闻斯二者。"陈亢退而喜曰:'问一得三。闻诗,闻礼,又闻君子之远其子也。'"①陈亢,字子禽,少孔子四十岁,陈国人②。《汉书·古今人表》将陈亢列于子服景伯、林放之前,居于九品的中中类,属于智人与愚人之间③。他与孔子之子孔鲤的这番对话,是《论语》中一个著名的故事。孔子在这里发表了"不学诗,无以言","不学礼,无以立"的重要见解。陈亢也够聪明的,他一次发问,不仅学到这两句名言,而且领略到"君子之远其子",只在庭趋之时加以点拨,并无"开小灶"的溺爱。其中的思维结构是"三",却是二加一的"三"。

这里似乎透露了孔门父子教学的回避制度,或所谓"易子而教"制度。如《孟子·离娄上》云:"公孙丑曰:'君子之不教子,何也?'孟子曰:'势不行也。教者必以正。以正不行,继之以怒。继之以怒,则反夷矣。……古者易子而教之,父子之间不责善。责善则离,离则不祥莫大焉。'"④《颜氏家训·教子篇》则直接将之与《论语》中语相联系:"父子之严,不可以狎;骨肉之爱,不可以简。简则慈孝不接,狎则怠慢生焉。由命士以上,父子异宫,此不狎之道也;抑搔痒痛,悬衾箧枕,此不简之教也。或问曰:'陈亢喜闻君子之远其子,何谓也?'对曰:'有是也。盖君子之不亲教其子也。《诗》有讽刺之辞,《礼》有嫌疑之诫,《书》有悖乱之事,《春秋》有邪僻之讥,《易》有备物之象:皆非父子之可通言,故不亲授耳。'"⑤如此说法,在对话中看见制度习俗,就进入"以礼解经"的层面了。

另一方面,此章又可以令人省悟到孔子面对"弟子三千,贤人七十"的

---

① [宋]朱熹撰:《四书章句集注》,北京:中华书局,1983 年版,第 173—174 页。
② 王国轩、王秀梅译注:《孔子家语》,北京:中华书局,2011 年版,第 439 页。
③ [汉]班固撰:《汉书》(全 12 册),北京:中华书局,1962 年版,第 934 页。
④ [宋]朱熹撰:《四书章句集注》,北京:中华书局,1983 年版,第 284 页。
⑤ 檀作文译注:《颜氏家训》,北京:中华书局,2007 年版,第 11 页。

多样性或阶梯式教育方法。在孔门,既有"二三子"侍坐论学,又有分头请教;既有尚未登堂入室的弟子,又有在庭前"问一得三"的间接性学习者,还有在马车上言政、在大树下习礼的随时性。至于"趋庭"一语,《尔雅·释宫》曰:"堂上谓之行,堂下谓之步,门外谓之趋。"[①]意谓有些弟子还处在"门外"。而《季氏篇》最后一章."邦君之妻,君称之曰夫人,夫人自称曰小童;邦人称之曰君夫人,称诸异邦曰寡小君;异邦人称之亦曰君夫人。"[②]大概也是弟子在孔子解答称呼的疑惑时,记录下来的材料。与上一章相连接,说不定还是陈亢之流的回忆记录,这是《论语》编纂时权宜用之的方法。这种权宜处置的方式,反而在呈现《论语》篇章方法多样性的同时,展示了材料的原生态。

---

① ［清］阮元校刻:《十三经注疏》(全2册),北京:中华书局,1980年版,第2598页。
② ［宋］朱熹撰:《四书章句集注》,北京:中华书局,1983年版,第174页。

十六章　原乡情结、祖源基因及旷野逸音

《阳货篇》上承《季氏篇》，由鲁国现实政令"自大夫出"转到"陪臣执国命"。陪臣执国命的典型，是季氏的家臣阳货（阳虎）。当孔子十六岁，季氏宴请鲁国士人，孔子赴宴，被阳货横加斥退。三十余年后，阳货趁季平子去世，其子季桓子继位（鲁定公五年，公元前505年）未稳，把持季氏政事，甚至囚禁季桓子，迫使季桓子与之达成协议后释放。《左传·鲁定公八年》载："阳虎欲去三桓，以季寤更季氏，以叔孙辄更叔孙氏，己更孟氏。……阳氏败，……阳虎入于讙、阳关以叛。"①阳货执国命之时，想借助孔子威望而扩张势力，于是发生了《阳货篇》首章所述："阳货欲见孔子，孔子不见，归孔子豚。孔子时其亡也，而往拜之，遇诸涂。谓孔子曰：'来！予与尔言。'曰：'怀其宝而迷其邦，可谓仁乎？'曰：'不可。''好从事而亟失时，可谓知乎？'曰：'不可。''日月逝矣，岁不我与。'孔子曰：'诺，吾将仕矣。'"②孔子与"执国命"之陪臣虚与委蛇，他并非不想及时从政以行道，但毕竟与阳货"道不同，不相为谋"，遂使首章描述颇具戏剧性，而孔子之进退颇具君子风范。

《孟子·滕文公下》说："阳货欲见孔子而恶无礼，大夫有赐于士，不得受于其家，则往拜其门。"③孟子将阳货定位为大夫，与孔子将之定位为陪臣，存在着实质性区别。考诸春秋晚期，列国对大夫之任命已开始松动随意，《史记·晋世家》载，晋顷公"十二年（公元前514年），晋之宗家祁傒孙，叔向子，相恶于君。六卿欲弱公室，乃遂以法尽灭其族。而分其邑为十县，各令其子为大夫。晋益弱，六卿皆大。"④九年后，阳货囚季氏，是否也逼迫季氏封他为大夫？从阳货再过三年，就阴谋以"己更孟氏"为卿来看，他可能此前已有大夫衔头了。若将"阳货欲见孔子，孔子不见，归孔子豚"章，系

---

①　杨伯峻编著：《春秋左传注》（全4册），北京：中华书局，1990年版，第1568—1570页。

②　[清]阮元校刻：《十三经注疏》（全2册），北京：中华书局，1980年版，第2524页。

③　[宋]朱熹撰：《四书章句集注》，北京：中华书局，1983年版，第270页。

④　[汉]司马迁撰：《史记》（全10册），北京：中华书局，1959年版，第1684页。

于他公开叛乱的前一年，即鲁定公七年（公元前 503 年），可能阳货已有大夫衔头，其时孔子四十九岁。这就使得"日月逝矣，岁不我与"，"诺，吾将仕矣"的对话，具有年龄上的根据。而《论语》始终不承认阳货为大夫，还斥责"陪臣执国命"，可见其对僭越礼制之行为的深恶痛绝。

《论语》惯用的隔章呼应的篇章结构方式，于此又见。首章后隔三章，即今本第五章云："公山弗扰以费畔，召，子欲往。子路不悦，曰：'末之也已，何必公山氏之之也。'子曰：'夫召我者，而岂徒哉？如有用我者，吾其为东周乎？'"①公山弗扰（又称公山不狃）是季氏的费邑宰，此次召请大概在孔子五十岁前后，《史记·孔子世家》："定公八年（公元前 502 年），公山不狃不得意于季氏，因阳虎为乱，欲废三桓之适，更立其庶孽阳虎素所善者，遂执季桓子。桓子诈之，得脱。定公九年，阳虎不胜，奔于齐。"②五十岁而尚未获得施展政治才能的孔子，能不着急吗？"君子疾没世而名不称焉"。他"应招欲往"，也在情理之中。记载凿凿，后人又何必为圣人讳？也许当时公山弗扰反叛的迹象不像阳货那么显露，因而孔子说"如有用我者，吾其为东周乎？"他认为还存在从政行道，使周公礼制在东方复活的可能性空间。

至于《阳货篇》直书"公山弗扰以费畔"，那是出自弟子的追述，因由以后来的反叛迹彰，反观以前的行迹，遂有如此记载。四年后，孔子为鲁国司寇而推行"堕三都"（季孙氏的费邑、叔孙氏的郈邑、孟孙氏的成邑），公山弗扰据守费邑反叛，如《左传·定公十二年》（公元前 498 年）所载："仲由为季氏宰，将堕三都，于是叔孙氏堕郈。季氏将堕费，公山不狃、叔孙辄帅费人以袭鲁。公与三子入于季氏之宫，登武子之台。费人攻之，弗克。入及公侧。仲尼命申句须、乐颀下，伐之，费人北。国人追之，败诸姑蔑。二子奔齐，遂堕费。"③从孔子"欲往费"到"堕费"，中间隔了四年，孔子身份发生了巨大变化，公山弗扰的反迹，也由比较隐蔽，变成充分暴露了。

清人赵翼《陔余丛考》卷四，对此四年间种种情景的变异，作了考证和梳理，兹录以备考：

---

①　［宋］朱熹撰：《四书章句集注》，北京：中华书局，1983 年版，第 176—177 页。

②　［汉］司马迁撰：《史记》（全 10 册），北京：中华书局，1959 年版，第 1914 页。

③　杨伯峻编著：《春秋左传注》（全 4 册），北京：中华书局，1990 年版，第 1586—1587 页。

　　《论语》之公山弗扰即《左传》之公山不狃也。《左传》定公五年：季桓子行野，公山不狃为费宰，出劳之，桓子敬之，而家臣仲梁怀弗敬，不狃乃嗛阳虎逐之。是时不狃但怒怀而未怨季氏也。定公八年：季寤、公钼极、公山不狃皆不得志于季氏，叔孙辄无宠于叔孙氏，叔仲志又不得志于鲁，故五人因阳虎欲去三桓，将享桓子于蒲圃而杀之。桓子以计入于孟氏，孟氏之宰公敛处父率兵败阳虎，阳虎遂逃于瓘阳关以叛，季寤亦逃而出。是时不狃虽有异志，然但阴构阳虎发难而已，实坐观成败于旁。故事发之后，阳虎、季寤皆逃，而不狃安然无恙，盖反形未露也，则不得谓之以费叛也。至其以费叛之岁，则在定公十二年，仲由为季氏宰，将堕三都，叔孙先堕郈，季孙将堕费，于是不狃及公孙辄帅费人以袭鲁，公与三子入于季氏，登武子之台。费人攻之，弗克。仲尼命申句须、乐颀下，伐之，费人北。国人追之，败诸姑蔑，不狃及辄奔齐，遂堕费。此则不狃之以费叛也，而是时孔子已为司寇，方助公使申句须等伐而遂之，岂有欲赴其召之理？《史记》徒以《论语》有"孔子欲往"之语，遂以其事附会在定公八年阳虎作乱之下，不知未叛以前召孔子容或有之，然不得谓之以费叛而召也。既叛以后则孔子方为司寇，断无召而欲往之事也。世人读《论语》，童而习之，遂深信不疑，而不复参考《左传》，其亦陋矣。王鏊《震泽长语》又谓：不狃以费叛，乃叛季氏，非叛鲁也。孔子欲往，安知不欲因之以张公室。因引不狃与叔孙辄奔吴，后辄劝吴伐鲁，不狃责其不宜以小故覆宗国，可见其心尚欲效忠者，以见孔子欲往之故。此亦曲为之说。子路之堕费，正欲张公室，而不狃即据城以抗，此尚可谓非叛鲁乎？盖徒以其在吴时有不忘故国之语而臆度之，实未尝核对《左传》年月而推此事之妄也。战国及汉初人书所载孔子遗言轶事甚多，《论语》所记本亦同此记载之类，齐、鲁诸儒讨论而定，始谓之《论语》。语者，圣人之遗语。论者，诸儒之讨论也。于杂记圣人言行真伪错杂中取其纯粹，以成此书，固见其有识，然安必无一二滥收者？固未可以其载在《论语》而遂一一信以为实事也。《庄子·盗跖篇》有云：田常弑君窃国，而孔子受其币。夫陈恒弑君，孔子方请讨，岂有受币之理，而记载尚有如此者。《论语》"公山不扰"章毋亦类是。①

　　这里采取"以史解经"的方式,对孔子的行藏和公山弗扰的叛迹隐显,进行双线平行编年的对比,钩沉索隐,突破了将《论语》真实性绝对化的陋习,是在相当程度上返回孔子之原本了。

　　按照篇章学上比物联类的意义逻辑,与鲁国邑宰反叛若有所似者,隔一章即今本第七章又记晋国邑宰之反叛:"佛肸召,子欲往。子路曰:'昔者由也闻诸夫子曰:亲于其身为不善者,君子不入也。佛肸以中牟畔,子之往也,如之何?'子曰:'然,有是言也。不曰坚乎,磨而不磷;不曰白乎,涅而不缁。吾岂匏瓜也哉?焉能系而不食?'"②孔子带着颠沛流离,不逢列国君子知遇启用的焦灼,依然抱有坚白品质不受磨损污染,敢于担当治理政乱的自信心。从这里,不难领略到孔子政治学,极其重视执政者的主体精神力量。

　　对于此事的经过,《史记·孔子世家》记载:"佛肸为中牟宰。赵简子攻范、中行,伐中牟。佛肸畔,使人召孔子。孔子欲往。"③这是晋国卿大夫相互兼并的乱象中,地方邑宰的造反行为。刘向《新序》卷八,及《说苑·立节篇》均载此中一个情节,文字略异。《说苑》云:"佛肸用中牟之县畔,设禄邑炊鼎,曰:'与我者受邑,不与我者其烹。'中牟之士皆与之。城北余子田基独后至,袪衣将入鼎,曰:'基闻之,义者轩冕在前,非义弗乘。斧钺于后,义死不避。'遂袪衣,将入鼎,佛肸播而止之。赵简子屠中牟,得而取之,论有功者,用田基为始。田基曰:'吾闻廉士不耻人。如此而受中牟之功,则中牟之士终身惭矣。'遂襁负其母,南徙于楚。楚王高其义,待以司马。"④这里的"义死不避",只不过是在乱局中坚持对原先的主人的忠贞,谈不上有多少历史正义感。

　　问题的关键,在于佛肸作为中牟县宰,究竟是谁的家臣,向来存在争议。或谓中牟属赵氏,或谓中牟属范氏。《史记集解》引孔安国语,认为佛

① [清]赵翼撰:《陔余丛考》(全3册),北京:中华书局,1963年版,第73—74页。
② [宋]朱熹撰:《四书章句集注》,北京:中华书局,1983年版,第177页。
③ [汉]司马迁撰:《史记》(全10册),北京:中华书局,1959年版,第1924页。
④ [汉]刘向撰,向宗鲁校证:《说苑校证》,北京:中华书局,1987年版,第88—89页。

肸为"晋大夫赵简子之邑宰"①。何晏注《论语注》也引孔曰"晋大夫赵简子之邑宰"②。但清人刘宝楠在《论语正义》中根据《左传·哀公五年》记载"夏，赵鞅伐卫，范氏之故也（杜预注：卫助范氏故也），遂围中牟"③，认为佛肸是范氏家臣，今人颇有从此说者。

考《韩非子·外储说左下》云："中牟无令，晋平公问赵武曰：'中牟，三国之股肱，邯郸之肩髀，寡人欲得其良令也，谁使而可？'武曰：'邢伯子可。'"④韩非是三晋人氏，记载中牟属于赵氏支配，是不会出错的。汉刘向《列女传》卷六称，"赵佛肸母者，赵之中牟宰佛肸之母也。……佛肸以中牟叛。赵之法，以城叛者，身死家收。"⑤行文屡称"赵佛肸"，没有确实的证据，是不会如此措辞的。若此，佛肸为晋大夫赵简子之邑宰，当为可信。清人顾祖禹《读史方舆纪要》卷四十九，如此记述"中牟城"："《齐语》：桓公筑中牟以卫诸夏。《春秋》定九年：齐伐晋夷仪，晋车千乘在中牟。卫侯将会齐侯于五氏，过中牟，中牟人欲伐之。哀五年（公元前 490 年），晋赵鞅伐卫，围中牟。又赵襄子时，佛肸以中牟叛。《汲冢周书》：齐师伐赵东鄙，围中牟。又赵献侯徙居中牟。《战国策》：赵楼缓以中牟反，入梁。所谓河北之中牟也。"⑥从历史地理的沿革考察，中牟属于赵氏。赵简子攻范氏、中行氏，因佛肸叛赵，并伐之。

孔子在鲁国失去司寇要职之后，周游列国，不为各国君主接纳起用。如《孔子世家》所云：孔子离鲁适卫（公元前 498 年），将适陈，过匡、过蒲受阻，反乎卫；又去卫过曹，是岁（公元前 495 年），鲁定公卒。去曹适宋、适郑、居陈三岁，会晋楚争强，更伐陈，及吴侵陈（公元前 489 年），过蒲遂适卫，不被用，孔子行。也就是说，孔子在外颠沛流离已是几近十年，"累累然如丧家之狗"之时，有人聘请，机会难遇。因此回答子路不满，说是不能做挂起来的葫芦，颇带着一肚子感慨。孔子在"邦无道"之时，一再有意于支持邑宰反叛"礼乐征伐"所从出的卿大夫，在不可为处发现可为，这种政治

①　[汉]司马迁撰：《史记》（全 10 册），北京：中华书局，1959 年版，第 1924 页。
②　[清]阮元校刻：《十三经注疏》（全 2 册），北京：中华书局，1980 年版，第 2525 页。
③　[清]刘宝楠撰：《论语正义》（《诸子集成》一），北京：中华书局，1954 年版，第 37 页。
④　[清]王先慎撰，钟哲点校：《韩非子集解》，北京：中华书局，1998 年版，第 306 页。
⑤　[清]王照圆撰：《列女传补注》，清嘉庆刻后印本，卷 6。
⑥　[清]顾祖禹撰，贺次君、施和金点校：《读史方舆纪要》（全 12 册），北京：中华书局，2005 年版，第 2329 页。

立场和事业意志,是值得注意的。从"公山弗扰以费畔"到"佛肸以中牟畔",地隔七百里,时经十三年,前后隔章的意义逻辑的勾连,呈现了孔子坎坷的政治生涯和独特的政治选择。

人在世间,其行为方式有正有变,有正无变,易于顽固,有变无正,就是投机。连诗歌演变史都是如此,《毛诗序》云:"上以风化下,下以风刺上,主文而谲谏。言之者无罪,闻之者足以戒,故曰风。至于王道衰,礼义废,政教失,国异政,家殊俗,而变风变雅作矣。"①更何况错综复杂的政治乎?《论语·颜渊篇》子曰:"政者,正也。"②这是孔子正面言政。而《阳货篇》"公山弗扰以费畔"章,"佛肸召,子欲往"章,则应该视为孔子政治学之变调。它在"王道衰,礼义废,政教失,国异政,家殊俗"的春秋晚期出现,有如《诗》之变风变雅,反映了孔子在政治原则的刚正性中,并不排除适应时势的灵活性,争取以灵活化变为正。

孔子年纪已在六旬左右,自然产生政治上及时作为的迫切感。正变相因相得的政治选择,与其年龄心理学不无关系。这与《子罕篇》此章隔数篇而遥遥呼应:"子贡曰:'有美玉于斯,韫匵而藏诸?求善贾而沽诸?'子曰:'沽之哉,沽之哉!我待贾者也。'"③美玉不能藏在柜子里不售,呼应着葫芦不能挂起来不吃。进而言之,鲁国季氏家臣阳货叛变后,又从齐国投靠晋国赵简子,使得赵简子的行为与孔子发生关联。《说苑·权谋》记载:"赵简子曰:'晋有泽鸣、犊犨,鲁有孔丘,吾杀此三人,则天下可图也。'于是乃召泽鸣、犊犨,任之以政而杀之。使人聘孔子于鲁。孔子至河,临水而观曰:'美哉水!洋洋乎!丘之不济于此,命也夫!'子路趋进曰:'敢问奚谓也?'孔子曰:'夫泽鸣、犊犨,晋国之贤大夫也。赵简子之未得志也,与之同闻见,及其得志也,杀之而后从政。故丘闻之:刳胎焚夭,则麒麟不至;干泽而渔,蛟龙不游;覆巢毁卵,则凤凰不翔。丘闻之:君子重伤其类者也。'"④《史记·孔子世家》也采用了这条材料,置于"佛肸叛使人召孔子"之后。为何赵简子要杀孔子,难道是阳货使赵简子如此顾忌孔子乎,为何列国君主皆无这种认识?这条材料甚是可疑。但孔子对赵简子颇持批评态度,他想

---

① ［清］阮元校刻:《十三经注疏》(全2册),北京:中华书局,1980年版,第271页。

② ［宋］朱熹撰:《四书章句集注》,北京:中华书局,1983年版,第137页。

③ ［宋］朱熹撰:《四书章句集注》,北京:中华书局,1983年版,第113页。

④ ［汉］刘向撰,向宗鲁校证:《说苑校证》,北京:中华书局,1987年版,第312—313页。

应召赴赵氏叛臣佛肸处任事，岂非事出有因？

孔子与晋国赵氏的关系，尚有两则相关记载，不妨略作辨析。《淮南子·道应训》云："赵简子死，未葬，中牟入齐。已葬五日，襄子起兵攻围之。未合而城自坏者十丈。襄子击金而退之。军吏谏曰：'君诛中牟之罪，而城自坏，是天助我，何故去之？'襄子曰：'吾闻之叔向曰：君子不乘人于利，不迫人于险。使之治城，城治而后攻之。'中牟闻其义，乃请降。故老子曰：'夫唯不争，故天下莫能与之争。'"①这则材料对赵襄子伐中牟加以道德化的粉饰，当是赵人对其先公得天下之合理性的想象结果，与儒家并无干系，《淮南子》只是借以解释老子思想。然而也许由于"佛肸以中牟畔"事件中孔子的表现，偏偏有好事者欲使孔子与赵襄子发生干系。《说苑·善说篇》云："赵襄子谓仲尼曰：'先生委质以见人主，七十君矣，而无所通。不识世无明君乎？意先生之道固不通乎？'仲尼不对。异日，襄子见子路，曰：'尝问先生以道，先生不对。知而不对，则隐也，隐则安得为仁？若信不知，安得为圣？'子路曰：'建天下之鸣钟而撞之以梃，岂能发其声乎哉！君问先生，无乃犹以梃撞乎？'"②这应该视为儒家之外的士人，编造的"问孔"篇章，孔子及其弟子与赵襄子并无接触的历史事实。赵襄子在赵简子死后继位，《史记·赵世家》云："赵襄子元年，越围吴。"③考之《左传》，"越围吴"，在鲁哀公二十年（公元前475年）。此时孔子已死四年，子路已死五年，不可能与赵襄子发生对话。但从这"问孔"篇章中，反而可以窥见，孔子游说列国君主而不以讨好国君为务，其"仁"与"圣"的原则，可谓坚定不移，并不为乱世之君用以为强邦之路与争霸之策。孔子的政治学，在春秋之世，并非时宜。

与《阳货篇》首章"阳货欲见孔子"似相呼应者，还有远相间隔的今本第二十章："孺悲欲见孔子，孔子辞以疾。将命者出户，取瑟而歌，使之闻之。"④鲁哀公曾派孺悲向孔子学礼，孔子是对鲁哀公心存芥蒂，还是对孺悲有所不屑？朱熹注曰："孺悲，鲁人，尝学《士丧礼》于孔子。当是时必有

① ［西汉］刘安等编：《淮南子》（《诸子集成》七），北京：中华书局，1954年版，第197—198页。
② ［汉］刘向撰，向宗鲁校证：《说苑校证》，北京：中华书局，1987年版，第288—289页。
③ ［汉］司马迁撰：《史记》（全10册），北京：中华书局，1959年版，第1793页。
④ ［宋］朱熹撰：《四书章句集注》，北京：中华书局，1983年版，第180页。

以得罪者。故辞以疾,而又使知其非疾,以警教之也。"①朱熹所据来自《礼记·杂记下》:"恤由之丧,哀公使孺悲之孔子,学士丧礼。《士丧礼》于是乎书。"②但朱熹并没有辨明孺悲"必有以得罪"孔子者,是何原因。其实,孔子冷落孺悲,反映了孔子一种心理情结。鲁哀公十一年(公元前484年),孔子结束十四年的列国之游返鲁,被尊为国老,始而鲁哀公、季康子经常向他咨询政务。由于治国理念悬殊,渐受冷落。哀公不再亲自问政,而是派遣孺悲问士丧礼,不是把孔子当政治家、而是礼仪专家对待;不是亲自请问,而是派使者请问。因此,孔子以取瑟而歌的方式奚落孺悲,作弄孺悲,实则对哀公以示不满。唯有如此观察,方能读出孔子心灵深处的情绪。此事发生时间,约在鲁哀公十三年(公元前482年),其间的戏剧性,与《阳货篇》"阳货欲见孔子"章,可谓异曲同工。

刘向《说苑·指武》又云:"孔子贤颜渊无以赏之,贱孺悲无以罚之,故天下不从。是故道非权不立,非势不行,是道尊然后行。"③这是从势与道之关系立论,将孺悲与颜回并列,并非指认他是孔门弟子。然而,清人朱彝尊却为孺悲辨解,谓"孔子之道,著乎六经。传其业者,自子夏兼通而外,……《士丧礼》于是乎书,则孺悲实传经之一人也。惟因《论语》纪悲欲见,而孔子以疾辞,疑孔子拒之门墙之外,不屑教诲。于焉孔氏《家语》,司马迁《史记》,皆摈而不书。……且既授之《礼》,则为弟子。《礼》,六艺之一,悲身通之,学者毋徒泥《论语》之文,谓悲不在弟子之列。"④这就未免有将孔子师弟关系宽泛化之嫌。综观《阳货篇》载有如此三章写二"叛臣",再加上这一小插曲,即便价值取向互异,外在形式却有其相类之处,这就以篇章参差错落、若正若反的隔章呼应、文脉勾连的方式,编织着意义逻辑的内在连贯性。

疑而思问之处,犹在于如此编织而成的意义逻辑之连贯性,有疏略存焉,其网眼不可谓不大。《阳货篇》又是以何种方法填充这些大大小小的网眼的?对于间隔性呼应,以及呼应之间隔的填补,及由此造成文本的复调性,是很值得深入考究的。在《阳货篇》首章"阳货欲见孔子"和第五章"公

---

① [宋]朱熹撰:《四书章句集注》,北京:中华书局,1983年版,第180页。

② [清]阮元校刻:《十三经注疏》(全2册),北京:中华书局,1980年版,第1567页。

③ [汉]刘向撰,向宗鲁校证:《说苑校证》,北京:中华书局,1987年版,第380页。

④ [清]朱彝尊撰:《曝书亭集》,文渊阁《四库全书》本,卷60。

山弗扰以费畔"之间，填补间隙者除了"子曰：性相近也，习相远也"，以及
"子曰：唯上知与下愚不移"二则言性与品之短章，也可令人联想到阳货和
公山弗扰的性与品之外；主要还是插入别具神韵的第四章："子之武城，闻
弦歌之声。夫子莞尔而笑，曰：'割鸡焉用牛刀？'子游对曰：'昔者偃也闻诸
夫子曰：君子学道则爱人，小人学道则易使也。'子曰：'二三子！偃之言是
也。前言戏之耳。'"①这一章当是子游的回忆记录，子游毕竟是《论语》仲
弓、子夏编纂时期的参与者，这章记录的文笔何其委婉而清妙。孔子本是
主张礼乐治国平天下的，奔走列国而不得一试，如今在鲁南鄙小邑，却闻少
壮派的子游"牛刀一试"，自嘲、调侃之余，也对吾道不坠，感到几分欣慰。
此事经寥寥几笔写出，把一个志趣高远的孔子，及其师弟之间的音容笑貌，
描绘得令人如沐春风。有此鹤立鸡群的一章，简直将前前后后的阳货、公
山弗扰的浊气一扫而清。子游的弦歌治世，已足以将阳货、公山弗扰的"陪
臣执国命"及叛乱一类闹剧角色，反衬成一堆蓬头垢面的土偶。

　　弦歌治世，是儒家政治的一种理想。《礼记·乐记》云"昔者，舜作五弦
之琴以歌《南风》"②，而天下治。《风俗通义·声音篇》又云："谨按《世本》：
神农作琴；《尚书》：舜弹五弦之琴，歌《南风》之诗，而天下治。"③西汉伏生
《尚书大传》卷一如此解释："舜弹五弦之琴，歌《南风》之诗，而天下治。
(《风俗通》卷六'琴'，称谨案《尚书》云云。○案曰：《尚书》无此文，盖出《书
传》)"④此种传说在《尸子》及汉初的《韩诗外传》、《淮南子》中均有记述，司
马迁也将之录入《史记·乐书》，流布甚广。儒家把弦歌治世的源头，上溯
到大舜，作为南面无为而治的政治境界的风采和方式。子游又将这种风采
作为一种象征，写入他治理武城的行为中，融合政统于道统之中，可见其文
章之清妙和用意之精微。

　　《论语》对于篇章间的裂缝进行补苴罅漏的方法，值得注意的，除了如
上述以弦歌治武城，填补阳货和公山弗扰二章之间的裂缝，造成强烈的情
调跌宕之外；还可以填补以孔门论学的精彩思想，烛照世间纷纷扰扰的丑

　　①　[宋]朱熹撰：《四书章句集注》，北京：中华书局，1983年版，第176页。
　　②　[清]阮元校刻：《十三经注疏》(全2册)，北京：中华书局，1980年版，第1534页。
　　③　[汉]应劭撰，王利器校注：《风俗通义校注》(全2册)：北京，中华书局，1981年版，第
293页。
　　④　[西汉]伏生撰：《尚书大传》，皇清经解续编本，卷1。

陋和失范,造成强烈的意义对撞。《阳货篇》接下来填补第五章"公山弗扰以费畔"和第七章"佛肸召,子欲往"之间的裂缝者,为"子张问仁于孔子。孔子曰:'能行五者于天下为仁矣。'请问之,曰:'恭、宽、信、敏、惠。恭则不侮,宽则得众,信则人任焉,敏则有功,惠则足以使人。'"①这番填补,意义之重大,不言自明,它强调了孔子以仁作为立身标准和行藏出处的基本准则,对不同形态的叛乱进行道德审判。在这种历史的善美与丑恶的比对之中,孔子成了高耸入云的道德巨人,俯视其身边政治浮沤与渣滓。如若不然,连续记录三叛臣之事,孔子周旋于其间,或虚与委蛇,或应召欲往,就成了频繁奔走的利禄之徒。因此,篇章填补,或者说,掺沙子、打楔子,对于隔章呼应具有相互映衬、相互阐释、稀释混浊、化解难堪、提升品质的函数功能。这在思考《论语》篇章学的严密和疏散的张力时,尤为值得注意。

这种篇章裂缝填补的函数功能,还具有进一步扩散和辐射的作用,召唤着高明的思想行为以类相从,波澜激荡。既然已填补了"子游弦歌治邑"和"子张问仁"二章,也就为延伸意义逻辑而再谈政治道德问题,提供了预设空间。于是就有对于好学,对于仁、知、信、直、勇、刚的价值的辨证思考,如今本第八章:"子曰:'由也,女闻六言六蔽矣乎?'对曰:'未也。''居,吾语女。好仁不好学,其蔽也愚;好知不好学,其蔽也荡;好信不好学,其蔽也贼;好直不好学,其蔽也绞;好勇不好学,其蔽也乱;好刚不好学,其蔽也狂。'"②由于子路具有"人告知以有过则喜"③的性格特征,孔子的话主要是针对子路刚勇轻学,"有何学为乎"的精神症状的。

由前面有了弦歌治邑、仁之五行的预设空间,于是也就不妨大幅度地推衍开来,谈诗,谈礼乐。如第九章:"子曰:小子何莫学夫诗?诗,可以兴,可以观,可以群,可以怨。迩之事父,远之事君;多识于鸟兽草木之名。"④这是孔子功能性诗教的经典概述,涉及诗学功能上情感、伦理、认知、政治诸方面。紧接着第十章再言诗,篇章间另换了一种粘接方式,组成一个小单元:"子谓伯鱼曰:'女为《周南》、《召南》矣乎? 人而不为《周南》、《召南》,

---

① 〔宋〕朱熹撰:《四书章句集注》,北京:中华书局,1983年版,第177页。
② 〔宋〕朱熹撰:《四书章句集注》,北京:中华书局,1983年版,第178页。
③ 〔宋〕朱熹撰:《四书章句集注》,北京:中华书局,1983年版,第239页。
④ 〔宋〕朱熹撰:《四书章句集注》,北京:中华书局,1983年版,第178页。

其犹正墙面而立也与？'"①孔子言诗，特地突出"二南"，别有深意。《毛诗序》云："《周南》、《召南》，正始之道，王化之基。"郑玄《诗谱序》云："《诗》，风有《周南》、《召南》，雅有《鹿鸣》、《文王》之属。……本之由此风、雅而来，故皆录之，谓之《诗》之正经。"②也就是说，位置蕴含着意义，居于全书之首，或各类之首的诗，是以篇章秩序的方式确立其特殊的引领意义的。

顾炎武由此提出"四诗"说，谓"周南、召南，南也，非风也。豳谓之豳诗，亦谓之雅，亦谓之颂，而非风也。南、豳、雅、颂为四诗，而列国之风附焉，此诗之本序也。"③其实，孔子修"六艺"，专门修了一部《诗》；修一部《诗》，又以周召二《南》开篇；教子弟学《诗》，特为以二《南》入手，这种教学程序，就是要人们在歌诗礼乐的怡情悦心中，打开那堵阻挡文明视野的厚墙，发挥诗以启迪心灵的作用。

由此，《阳货篇》就将篇章间的意义逻辑伸向茫茫天地间了。诗以明心，诗可启智，《诗》为经典，这是人类文明史上难以比拟的伟大构想。但篇章设置，也要知晓有所收束，一擒一纵，于是又收回到勇、义与礼的政治道德问题的辨证关系上。但相对于前述正面谈论"弦歌治邑"、"子张问仁"一类的政治道德问题，却参差出了一种正反相兼、互为对质的思想方式。如第二十三章："子路曰：'君子尚勇乎？'子曰：'君子义以为上。君子有勇而无义为乱，小人有勇而无义为盗。'"④第二十四章："子贡曰：'君子亦有恶乎？'子曰：'有恶。恶称人之恶者，恶居下流而讪上者，恶勇而无礼者，恶果敢而窒者。'曰：'赐也亦有恶乎？''恶徼以为知者，恶不孙以为勇者，恶讦以为直者。'"⑤这二章连成一个意义相近的小单元，也可以看作是对"六言六蔽"章的隔章呼应。由此可知，《论语》篇章学上颇有些大开大阖之处，在某个命题上立稳脚跟之后，不妨纵笔远驰，潇潇洒洒，知之者谓之奇峰飞来，不知者谓之杂乱。要理解《论语》的深意，就有必要做《论语》之知己。

遵循着大开大阖的意义逻辑之逻辑，于是乎《论语》告别了《季氏》、《阳货》二篇中焦虑的原乡情结，纵笔驰向《微子篇》的远祖源头和苍茫旷野。

---

①　［宋］朱熹撰：《四书章句集注》，北京：中华书局，1983 年版，第 178 页。

②　［清］阮元校刻：《十三经注疏》（全 2 册），北京：中华书局，1980 年版，第 262—273 页。

③　［清］顾炎武著，［清］黄汝成集释，秦克诚点校：《日知录集释》，长沙：岳麓书社，1994 年版，第 80 页。

④　［宋］朱熹撰：《四书章句集注》，北京：中华书局，1983 年版，第 182 页。

⑤　［宋］朱熹撰：《四书章句集注》，北京：中华书局，1983 年版，第 182 页。

思想空间于此由切身处，拓展到辽阔处。孔子生于鲁国，祖宗之邦乃宋国，属于移民家族，因而拥有殷、周两个互动性的精神空间。周武王伐纣灭殷，分封武庚延续殷人祭祀，但武庚与管叔、蔡叔叛乱，被周公平定之后，乃命纣之庶兄微子开（启）代为殷人后嗣，奉其先祀，分封在宋国。《微子篇》首章就直溯孔子祖宗源头："微子去之，箕子为之奴，比干谏而死。孔子曰：'殷有三仁焉。'"①仁，是孔学的核心观念，至高的理想人格，孔子罕有以仁许人，却以"三仁"许予殷、宋绝存之际，实在是殷后人对先祖的极高礼遇。从中可见孔子重仁的思想，具有殷文化基因，是一种来自祖源的"元思想"；也可见孔子以"兴灭国，继绝世，举逸民"，为仁人之事，由此而"天下之民归心焉"②。

　　虽然《论语》将至高荣誉归于孔子先祖，使微子成为"三仁"之首，并以之名篇，但是继之却不再涉及微子，睹其孤峰独立的篇章形式，此中意味耐人咀嚼。这是否隐藏着孔子对殷人源头的无限怀念，又对宋国现实政治的无比绝望呢？于此，不妨依据篇章学之意义逻辑，拓展地理和文化的视境，对《论语》全书涉及殷之祖、宋之宗者，作一番系统的检索：《为政篇》记孔子之言："殷因夏礼，所损益，可知也；周因于殷礼，所损益，可知也。其或继周者，虽百世，可知也。"③这里突出了殷礼在上古三代承前启后的关键价值。《八佾篇》又记孔子之言："夏礼吾能言之，杞不足征也；殷礼吾能言之，宋不足征也。文献不足故也。足，则吾能征之矣。"④虽然强调殷礼价值，却又难以挽回它的碎片化。《卫灵公篇》还记载："颜渊问为邦。子曰：'行夏之时，乘殷之辂。服周之冕，乐则韶舞。放郑声，远佞人；郑声淫，佞人殆。'"⑤在珍惜与无可挽回之间，孔子还是拾掇虞、夏、商、周的礼仪碎片，以抗衡礼坏乐崩的不堪现实。分散在各篇的这三章，都谈及殷礼，似断又续，续而复断，可知孔子对祖邦文物之难分难舍，却无可奈何地留下了"文献不足"的遗憾。到他的弟子编《论语》时，已是难以挽救这些祖邦踪迹散成碎片了。从宽泛的意义上说，这些章节是与《微子篇》首章隔篇相呼应，

① ［清］阮元校刻：《十三经注疏》（全2册），北京：中华书局，1980年版，第2528页。
② ［清］阮元校刻：《十三经注疏》（全2册），北京：中华书局，1980年版，第2535页。
③ ［宋］朱熹撰：《四书章句集注》，北京：中华书局，1983年版，第59页。
④ ［宋］朱熹撰：《四书章句集注》，北京：中华书局，1983年版，第63页。
⑤ ［宋］朱熹撰：《四书章句集注》，北京：中华书局，1983年版，第163-164页。

血脉相通,若隐若现地贯穿着一条寻找祖源遗泽之"元思想"的精神脉络。

如此熟悉殷礼的孔子,不只是周游列国时"微服过宋"而已,此前也专门到过祖宗之邦宋国,考察古老文献礼仪的遗存。《礼记·礼运篇》云:"孔子曰:我欲观夏道,是故之杞,而不足征也,吾得《夏时》焉。我欲观殷道,是故之宋,而不足征也,吾得《坤乾》焉。《坤乾》之义,《夏时》之等,吾以是观之。"①孔子之杞、之宋,当在鲁昭公二十五年(公元前517年),国君为三桓驱逐出奔,二年后孔子三十六岁避鲁乱,适齐为高昭子家臣,在齐闻韶,三月不知肉味,再过二年齐侯使高昭子慰问鲁昭公;至鲁昭公三十一年(公元前511年)孔子四十二岁,适周问礼于老子之间。《史记·孔子世家》云:"孔子自周反于鲁,弟子稍益进焉。"②即是说,孔子之杞、之宋,随从弟子不多,或个别随从的早期弟子在《论语》启动编纂时已谢世,因为没有留下多少忆述材料。

宋国既是孔子祖宗故土,《商颂》也为孔子先祖所传。《诗·商颂》"正义"引汉人宋衷注《世本》追溯孔子世系:"宋湣公生弗甫何,弗甫何生宋父,宋父生正考甫。正考甫生孔父嘉,为宋司马华督杀之而绝其世。其子木金父降为士,木金父生祁父。祁父生防叔,为华氏所逼,奔鲁为防大夫,故曰防叔。防叔生伯夏,伯夏生叔梁纥,叔梁纥生仲尼。"③孔子七世祖正考父乃是校订传承《商颂》的关键人物,在某种意义上说,《商颂》整理传承,是孔子家传之学。因而《史记·宋微子世家》"太史公曰:孔子称'微子去之,箕子为之奴,比干谏而死,殷有三仁焉'。《春秋》讥宋之乱自宣公废太子而立弟,国以不宁者十世。襄公之时,修行仁义,欲为盟主。其大夫正考父美之,故追道契、汤、高宗,殷所以兴,作《商颂》。"④

《国语·鲁语下》记载鲁大夫闵马父之言,说法与《史记》颇存歧义:"昔正考父校商之名颂十二篇于周太师,以《那》为首,其辑之乱曰:'自古在昔,先民有作;温恭朝夕,执事有恪。'先圣王之传恭,犹不敢专,称曰'自古',古曰'在昔',昔曰'先民'。"⑤注曰:说此话的时间为"齐使闾丘来盟,在鲁哀

---

① [清]阮元校刻:《十三经注疏》(全2册),北京:中华书局,1980年版,第1415页。
② [汉]司马迁撰:《史记》(全10册),北京:中华书局,1959年版,第1909页。
③ [清]阮元校刻:《十三经注疏》(全2册),北京:中华书局,1980年版,第620页。
④ [汉]司马迁撰:《史记》(全10册),北京:中华书局,1959年版,第1633页。
⑤ 上海师范大学古籍整理研究所校点:《国语》,上海:上海古籍出版社,1988年版,第216页。

公八年(公元前487年)",孔子六十五岁,尚未由卫返鲁。因此,闵马父谈及《商颂》首篇《那》,引文与今本《诗经》无异,那么,将《商颂》整理编入《诗三百》,当在孔子归鲁之前,已经存在了。因而《论语·子罕篇》记述:"子曰:吾自卫反鲁,然后乐正,《雅》、《颂》各得其所。"①鲁哀公十一年,孔子返鲁,主要注意力集中在使其"乐正",文献整理则在此前多种抄本基础上,加以校删厘定。

《商颂》发生学问题,比较复杂,聚讼纷纭,"商诗说"与"宋诗说"轮番辨驳不已。王国维《说〈商颂〉》指出:"《商颂》诸诗作于何时,毛、韩说异。《毛诗序》,谓微子至于戴公,其间礼乐废坏,有正考父者,得《商颂》十二篇于周之大师,以《那》为首。是毛以《商颂》为商诗也。《史记·宋世家》:襄公之时,修行仁义,欲为盟主,其大夫正考父美之,故追道契、汤、高宗,殷所以兴,作《商颂》。《集解·骃案》,《韩诗章句》亦美襄公。……是韩以《商颂》为宋诗也。"②他列举《殷武》之卒章"陟彼景山",此山离汤所都之北亳不远,商邱蒙亳以北,惟有此山。又自其文辞观之,则殷虚卜辞所纪祭礼与制度文物于《商颂》中无一可寻、其所见之人、地名,与殷时之称不类,而反与周时之称相类;所用之成语,并不与周初类,而与宗周中叶以后相类。卜辞称国都曰商不曰殷,而《颂》则殷商错出;卜辞称汤曰大乙不曰汤,而《颂》则曰汤、曰烈祖、曰武王,此称名之异也。以卜辞证史,得出的结论是:"《商颂》盖宗周中叶宋人所作以祀其先王,正考父献之于周太师,而太师次之于《周颂》之后,逮《鲁颂》既作,又次之于鲁后。"③实际上,"商诗说"与"宋诗说"并非油水不相溶,"正考父校商之名颂十二篇于周大师",可知(一)他获有宋人档案中的商颂遗简,此为商诗孑遗;(二)既然校之周大师,就难免归依周邦的音乐体系和话语体制;(三)既然是正考父去校,就可能掺入他那时宋国的一些地理文物,甚至不排除他为了"美"宋襄公而作。自正考父至孔子百余年之间,商颂颇有佚失,今存《诗经·商颂》仅有《那》、《烈祖》、《玄鸟》、《长发》、《殷武》五篇,其中《长发》可能是宋襄公祭祀商汤、配祀伊尹的乐歌;《殷武》可能是宋襄公建庙祭祀高宗(武丁)的乐歌。商颂是集合上述三条线索而发生的,其文本具有"历史文化地层叠压"的特征。无论正考父

---

①　[宋]朱熹撰:《四书章句集注》,北京:中华书局,1983年版,第113页。
②　王国维:《观堂集林(外二种)》,石家庄:河北教育出版社,2003年版,第53页。
③　王国维:《观堂集林(外二种)》,石家庄:河北教育出版社,2003年版,第53—54页。

对《商颂》是"校"是"作",涉及殷人祖源的这些乐歌,都渗入了孔子思想的文化基因。

然而《论语》编纂过程中,却没有将关于殷礼的那些章节移入《微子篇》,以组成结构上厚重的单元。也没有将孔子及其祖先与《商颂》之因缘,录入《论语》,以形成壮实的维度。孔子壮年"之宋"搜集旧邦文献,随行弟子甚少,或随行的早期弟子在《论语》编纂时已不复在人世,因而忆述材料罕见,令人隐隐然生出几分感慨。可以说,《论语》中除了《微子》篇名与首章之外,孔子的祖源是隐身的,或缺席的,似乎孔子及七十子虽然教人"慎终追远",但他们很大程度上是典型的"现在"主义者。

《微子篇》今本首章之后,是离开孔子祖源而紧随着的第二章"柳下惠为士师",第三章"齐景公待孔子",第四章"齐人归女乐",显得略为芜杂凌乱,即便朱熹云"此篇多记圣贤之出处"①,也不足以囊括。《大戴礼记·卫将军文子》中,孔子曰:"孝子慈幼,允德禀义,约货去怨,盖柳下惠之行也。"②"柳下惠为士师"章,议及柳下惠为典狱官,三次被黜退,依然对是否离开鲁国保持着道德理性的选择,因而是进一步评议"柳下惠之行"的。虽然"曰"字前面,没有冠以孔子之名,但也应是孔子答弟子问的话,孔子是"数称"柳下惠的,这里也是"数"中之一。由此可知,由于《论语》编纂体例,崇尚简约,删除许多背景材料,因而这三章显得松散零碎,不然,是可以呈现孔子生命的诸多轨迹的。

然则,篇章的杂乱也有杂乱的若干道理,杂乱中有潜话语和自由度存焉。编纂者趁乱将自由思绪投向一个苍茫无垠的空间。上面三章的视野还在鲁、齐之间晃动,到了第五章就将视野投向楚国了。晃动是为了把物体投得更远吗?第五章云:"楚狂接舆歌而过孔子曰:'凤兮凤兮!何德之衰?往者不可谏,来者犹可追。已而已而!今之从政者殆而!'孔子下,欲与之言。趋而辟之,不得与之言。"③孔子周游列国,备尝其道不受各国君主倚重之苦涩滋味,尤其在未能忘怀的祖邦宋国,受到宋司马桓魋的威胁,甚至搬出"天生德于予"来自我解嘲,可见对宋国已经失望;却在南蛮鴃舌之人的地方听到"楚狂接舆歌",意外地觉察到并非知音者的歌声中,若有

---

①　[宋]朱熹撰:《四书章句集注》,北京:中华书局,1983 年版,第 182 页。

②　[清]王聘珍撰,王文锦点校:《大戴礼记解诂》,北京:中华书局,1983 年版,第 115 页。

③　[宋]朱熹撰:《四书章句集注》,北京:中华书局,1983 年版,第 183—184 页。

某些说到心坎里去的知音的音符。借狂态写深刻,《论语》此章是跫然空谷足音乎？这是大地声音,孔子能不下车"欲与之言"乎？

楚狂接舆歌"凤兮",也见于《庄子·人间世》:"孔子适楚,楚狂接舆游其门,曰:'凤兮凤兮,何如德之衰也！来世不可待,往世不可追也。天下有道,圣人成焉;天下无道,圣人生焉。方今之时,仅免刑焉。福轻乎羽,莫之知载。祸重乎地,莫之知避。已乎已乎！临人以德。殆乎殆乎！画地而趋。迷阳迷阳,无伤吾行。吾行郤曲,无伤吾足。'"①其中以亦狂亦隐的方式表达了"道"的诉求,德之衰落已到了不可追忆、不可期待的绝境,如果要画地为牢而一意孤行,当是极其危险的。因而呼吁在天下无道时出现的圣人,不必临人以德,而须避祸全生。对同一个故事,儒者采取"知其不可而为之"的态度,道家却提倡在荆天棘地中曲折而行。他们的生存方式,具有入世与出世之差异。

由此有学者认为,此类野人隐士形迹,乃是道家者言潜入《论语》,并非《论语》所本有。这类论调过于拘泥儒学之纯粹了。过度讲求纯粹,实际上是对思想发生的原生态的阉割。《庄子》版楚狂接舆歌"凤兮",歌罢不见人间动作;《论语》版的相同故事,多出了"孔子下,欲与之言。趋而辟之,不得与之言"的尾声。二相对比,《庄子》版,歌罢天地默默,《论语》版,歌罢人间忐忑。精神忐忑,往往是思想的启动。异样狂歌刺激着孔子"欲与之言",他探讨社会人生的玄机开始发动,但思想发动后"如何",或在后面的章节加以呼应,不然就只好留待后人再发动思想了。可知有了十年周游列国经验的孔子思想空间,远比后世皓首穷经的儒者轩敞开阔。他寻找从政济世不可得,却极大地推进了思想的广度和深度。

孔子由此走向茫茫大地,寻找而不是拒绝文化对话的新空间,自然就会呼吸到旷野气息。这种气息端是清新诱人,甚至曾门弟子日后补修《论语》时,也情不自禁地补上"暮春时,春服初成"一章,并让孔子说出"吾与点"的赞叹话。正是受到周游列国艰难途中的清新土地气息之引诱,儒家启动了"旷野之思"。《微子篇》继"楚狂接舆"章后,又接续二事,组合成清新隐逸的结构单元:

---

① [清]王先谦撰,沈啸寰点校:《庄子集解》,北京:中华书局,1987年版,第44页。

　　（一）长沮、桀溺耦而耕。孔子过之，使子路问津焉。长沮曰："夫执舆者为谁？"子路曰："为孔丘。"曰："是鲁孔丘与？"曰："是也。"曰："是知津矣。"问于桀溺。桀溺曰："子为谁？"曰："为仲由。"曰："是孔丘之徒与？"对曰："然。"曰："滔滔者天下皆是也，而谁以易之？且而与其从辟人之士也，岂若从辟世之士哉？"耰而不辍。子路行以告。夫子怃然曰："鸟兽不可与同群，吾非斯人之徒与而谁与？天下有道，丘不与易也。"①

　　（二）子路从而后，遇丈人，以杖荷蓧。子路问曰："子见夫子乎？"丈人曰："四体不勤，五谷不分，孰为夫子？"植其杖而芸。子路拱而立。止子路宿，杀鸡为黍而食之。见其二子焉。明日，子路行以告。子曰："隐者也。"使子路反见之。至，则行矣。子路曰："不仕无义。长幼之节，不可废也；君臣之义，如之何其废之？欲洁其身，而乱大伦。君子之仕也，行其义也。道之不行，已知之矣。"②

　　两章都有子路，说子路成了孔子的贴身护卫，是可信的。他奔前走后，甚是勤快，简直把"生事尽力，死事尽思"③的事亲功夫，用到事师上了。从篇章学上说，今本第五章"楚狂接舆"之后，接续以第六章"长沮、桀溺耦而耕"、第七章"子路从而后，遇丈人，以杖荷蓧"，合构成一个光昌浏丽的单元，《微子篇》原本为孔子溯祖源的宗旨发生了巨大转折，由祖源问题的时间深邃性，转为大地异人的空间开阔性，展开了旷野之遇、旷野之思。其实，旷野上的另类人生，是返照孔子人生形态和价值的别开生面的镜子。辛弃疾《踏莎行·赋稼轩，集经句》词就借用过这面镜子，词云："进退存亡，行藏用舍，小人请学樊须稼。衡门之下可栖迟，日之夕矣牛羊下。/去卫灵公，遭桓司马。东西南北之人也。长沮桀溺耦而耕，丘何为是栖栖者？"④此时报国无门、赋闲于江西铅山的稼轩，展开《论语》中这面镜子反观自己，是充满着沧桑感的。

　　正是展开长沮、桀溺、荷蓧丈人的镜子时，既照出了"滔滔者天下皆是"

①　［宋］朱熹撰：《四书章句集注》，北京：中华书局，1983年版，第184页。
②　［宋］朱熹撰：《四书章句集注》，北京：中华书局，1983年版，第184—185页。
③　王国轩、王秀梅译注：《孔子家语》，北京：中华书局，2011年版，第87页。
④　唐圭璋编著，王仲闻参订，孔凡礼补辑：《全宋词》，北京：中华书局，1999版，第2478页。

的世道,又提示了"辟人之士"和"辟世之士"的人生形态分辨,孔子之徒因入世而避人,可能失去"人"之真;长沮、桀溺之辈借避世而回归人,可能得"人"之真而卸去历史责任。子路责备荷蓧丈人:"不仕无义。长幼之节,不可废也;君臣之义,如之何其废?欲洁其身,而乱大伦。君子之仕也,行其义也。道之不行,已知之矣。"①实际上是以出仕行义的儒家人生准则,去衡量荷蓧丈人的人生形态。儒家是一面镜子,对面是旷野人生的镜子,互相映照,拓展了、也深化了《论语》的社会人类学价值。子路讲出的话,有转述孔子的意味,能够如此转述,说明原本属于野人之列的子路,已经在相当深刻程度上儒家化了。

孔子周游列国,是中国思想文化史上一次伟大的长征,这个影响中国文化至深的思想文化共同体,在风尘仆仆、困厄频频的途中,所遇殊多。《论语》所记,有二十余章,都分散在各篇之中。而与《微子篇》上述旷野结构单元形成隔篇呼应者,还有《宪问篇》的三章。即今本第三十七章:"子曰:'贤者辟世,其次辟地,其次辟色,其次辟言。'子曰:'作者七人矣!'"②第三十八章:"子路宿于石门。晨门曰:'奚自?'子路曰:'自孔氏。'曰:'是知其不可而为之者与?'"③第三十九章:"子击磬于卫。有荷蒉而过孔氏之门者,曰:'有心哉,击磬乎!'既而曰:'鄙哉,硁硁乎!莫己知也,斯己而已矣。深则厉,浅则揭。'子曰:'果哉!末之难矣!'"④此三章,与《微子篇》旷野隐逸三章之间,形成了隔篇之间单元式的遥相呼应。人在途中,因所遇之杂而探讨各种人生形态;因所历之艰,而逼出"知其不可而为之"的生命意志;因所闻之涩,而品尝多种人生滋味。所有这些,显示了早期儒者既有担当道义的坚韧意志,又有拥抱大地而厚德载物的文化接纳力和包容力。

思想文化共同体只要走向世界,就不可避免地面对世界的多样性存在。如何处置这些多样性存在,也就是如何安放自己,如何选择自己,如何开拓自己。筚路蓝缕的早期儒学开辟者,坦然走进旷野而开展多样性对话,并不心怀恐惧,以致采取将自然情怀拱手让给道家的文化策略。对于《微子篇》隐逸三章,晚清刘鹗《老残游记》第九回虚构了一个玙姑谈论"儒、

---

① 〔宋〕朱熹撰:《四书章句集注》,北京:中华书局,1983年版,第185页。
② 〔宋〕朱熹撰:《四书章句集注》,北京:中华书局,1983年版,第158页。
③ 〔宋〕朱熹撰:《四书章句集注》,北京:中华书局,1983年版,第158页。
④ 〔宋〕朱熹撰:《四书章句集注》,北京:中华书局,1983年版,第158—159页。

释、道三教,譬如三个铺面挂了三个招牌,其实都是卖的杂货,柴米油盐都是有的"①,并且分别"道面子"、"道里子",称许"孔子一生遇了多少异端。如长沮、桀溺、荷蓧丈人等类,均不十分佩服孔子,而孔子反赞扬他们不置:是其公处,是其大处。所以说:攻乎异端,斯害也已"②。这就以三教归一的意识,重塑孔子,从中引导出自由的思想、通达的道理。

《微子篇》的最后四章,二二组合,思路则是从旷野重归历史。走出和重归中,《论语》提供了古代士人的人生标本。今本第八章、第九章,从旷野隐逸,退回到逸民,清新气息减弱,而没落贵族风调上升:"逸民:伯夷、叔齐、虞仲、夷逸、朱张、柳下惠、少连。子曰:'不降其志,不辱其身,伯夷、叔齐与?'谓柳下惠、少连,'降志辱身矣,言中伦,行中虑,其斯而已矣'。谓虞仲、夷逸,'隐居放言,身中清,废中权'。我则异于是,无可无不可。"③这些逸民被分出等级类别而加以评议,所有逸民,比起田间、巷中、车前的隐逸人物,身份略高,颇有从上流社会沉落者,依稀能够闻到一点贵族气息。进退、升沉、仕隐之类的人生母题,都浮升出来了,于是有了第九章记述的沉落方式:"大师挚适齐,亚饭干适楚,三饭缭适蔡,四饭缺适秦,鼓方叔入于河,播鼗武入于汉,少师阳、击磬襄入于海。"④所记载是鲁哀公时期礼坏乐崩,宫廷礼乐艺人纷纷流失,从中可以窥见从春秋到战国音乐向民间转移的东鳞西爪。

最后的第十、第十一章,属于重归历史的组合。《论语》的意义逻辑很值得注意,沉落民间,不是沉向隐逸,打了一个转身,它回归了历史。第十章回归到周公与儒学发源地的结合点:"周公谓鲁公(伯禽)曰:君子不施其亲,不使大臣怨乎不以。故旧无大故,则不弃也。无求备于一人。"⑤第十一章回归到周朝济济多士的人才状况:"周有八士:伯达、伯适、伯突、仲忽、叔夜、叔夏、季随、季骒。"⑥这些均是弟子随手记录的孔子论学材料,对于《论语》篇章而言,只作为附录,是不够符合正式篇章的规范的。由此观之,《论语》篇章,非常重视首章,也非常认真地处理其内在的衔接、呼应、单元

①　刘鹗撰:《老残游记》,北京:人民文学出版社,1957年版,第82页。
②　刘鹗撰:《老残游记》,北京:人民文学出版社,1957年版,第83页。
③　[宋]朱熹撰:《四书章句集注》,北京:中华书局,1983年版,第185—186页。
④　[宋]朱熹撰:《四书章句集注》,北京:中华书局,1983年版,第186页。
⑤　[宋]朱熹撰:《四书章句集注》,北京:中华书局,1983年版,第187页。
⑥　[宋]朱熹撰:《四书章句集注》,北京:中华书局,1983年版,第187页。

设置。至于结尾，虽然不乏精心设置之苦心，偶或也有只将相关材料聊做附录的粗率之处。不过见其粗率，还要透入不愿舍弃的深层理路：《微子篇》最终回归历史，并不是开头"殷有三仁焉"的那个历史关节点；而是略为下移到周人代殷后，制礼设藩，周公垂教的关节点。这就使得《微子篇》首尾之间的历史循环曲线，没有闭合，而是伸出两根线头，一根连着孔子仁学的祖源基因，一根连着孔子礼学的原始创制。

十七章　《论语》终篇与门派初萌

《论语》一书的整体性，属于复合的整体性、层积的整体性。其整体性不是光润无瑕的，参与材料忆述和篇章编纂的各种生命的表露、辨难、比对、博弈，使其整体性无法光润无瑕。这种非光润无瑕性，正是篇章语句之间依然在不停地释放生命信息的缘故。捕捉这些生命信息，可以发现，在《论语》编纂及承传流布过程中，篇章编目有过变动，产生震荡最大者，莫过于结尾数篇。这是由于在逐层积累成书和分头授受转抄的过程中，于原书稿中增添后来编纂者、传播者认为应增添的材料，是以结尾处最方便，也最易露出痕迹。对此，真正的研究，不应只浮面静止地知其篇目同异，满足于记录在案。这只是研究的出发点，真正的研究，应该深入地追问：缘何如此？其中蕴含着何种编纂过程的生命信息？既然震荡造成篇章序次的裂缝，就有必要从裂缝入手进行生命分析，这乃是透视文本发生及其生命秘密的有效途径。

《论语》编纂传播史上有一个常识，汉代有《论语》三家：鲁人所传为《鲁论》，齐人所传为《齐论》，孔壁所出为《古论》。何晏《论语集解叙》曰：《古论语》"分'尧曰'下章'子张问'以为一篇，有两《子张》，凡二十一篇，篇次不与齐、鲁《论》同。"[1]南朝梁人皇侃为何晏《论语集解叙》作"义疏"云："《古论》虽无《问王》《知道》二篇，而分《尧曰》后'子张问于孔子曰，如何斯可以从政矣'，又别题为一篇。一是'子张曰士见危致命'为一篇，又一是'子张问孔子从政'为一篇，故凡《论》中有两《子张》篇也。《古论》既分长一《子张》，故凡成二十一篇也。"[2]《子张篇》如此诡异的分拆别组，透露了其间蕴藏着不安稳的生命信息。寻找这种不安稳的生命信息的原因，必须关注其全部篇章的层积性、复合性，及由此达成的整体性，瞻前顾后，见微知著，因迹求心，对其篇章逻辑的顺理成章或依违两可的细微差别，作出能够感觉生命

---

① ［清］阮元校刻：《十三经注疏》（全2册），北京：中华书局，1980年版，第2455页。
② ［南朝梁］皇侃：《论语集解叙义疏》（丛书集成初编本），上海：商务印书馆，1937年版，第2页。

气息的精微辨析。再参合广为散布各类文献中的材料碎片,剔出材料碎片与篇章内蕴的生命信息之间,可能存在的蛛丝马迹的关联,复原《论语》篇章学早期设计的现场。

其中至为要紧的是,深入篇章脉络,考察篇章间的连接是否榫卯贴合,篇章位置和数目是否漂移损益;这些贴合与否、漂移损益与否,存在着何种可能性理由。从而考证这些理由的根据,在无理有由的裂缝中,发现编纂过程尚未消失的生命痕迹。对于《论语》押尾诸章,就应从二《子张篇》入手,考察孔门少壮派弟子子张在《论语》早期编纂中做了什么。首先,二《子张篇》分别居于《古论语》第十九,及第二十一的篇章位置,如此突兀的位置,折射着整体篇章序列变异。前面已经对《论语》篇章顺序进行追踪,发现其依次出现了孔子论、弟子论、政局论、渊源论的轨迹。如果这种轨迹是正常的,那么在展示孔学的原乡情结和祖源基因之后,又贸然出现属于弟子论的《子张篇》,已逸出《论语》篇章顺序的常态,变轨方式无先例可循。问题意识就是在这种篇序变异的挤压下,浮现出来的。前人对此,已有猜疑。清人唐晏《两汉三国学案》卷十云:"二十篇不必出诸一人也,……《子张》之出于颛孙氏,尚可意会而知。"①这已暗示了子张在介入编纂过程中,对原本的篇章顺序、位置、篇目作了变动,从而产生押尾数章的脱轨逸出现象。

从篇章学内在逻辑而言,《子张篇》出现于此,难免搅乱篇章整体性的逻辑秩序。《论语》篇章设置,依次展示孔子思想及其渊源,再述重要弟子,又返回孔子活动的外邦、本国及祖源,再以《尧曰篇》压阵,已是相当完整的总体篇章结构。由于前面弟子论中,将《公冶长》、《雍也》二篇前置,已留有仲弓主持编纂时的编序痕迹;末了又有《子张篇》从弟子论中后延,其游离疏阔之处,表明子张介入编纂时,原稿已基本定谳,难以插入,不如另作处置,以《子张篇》居于压轴位置。但究其效果,便使《子张》篇格外突兀,与前列篇章似续还断,给人一种篇章游离或脱节之感。

其次,若要进一步深入追踪篇章脱轨的秘密,有必要顺着人物线索,追踪其家族身世的文化基因。子张即颛孙师,少孔子四十八岁。《史记》说他是陈人,是指祖籍国。《左传·庄公二十二年》记载:"陈公子完与颛孙奔

---

① [清]唐晏撰:《两汉三国学案》,北京:中华书局,1986年版,第495页。

齐。颛孙自齐来奔(鲁)。"①陈完于齐桓公时奔齐,后裔于十世以后取姜氏齐而代之;与他一道出奔的颛孙,复奔鲁,为颛孙氏之祖。这一年离子张出生(公元前503年)已经一百七十年,按理应该有六代人了。这就难免家境衰落,因而《吕氏春秋·尊师篇》说:"子张,鲁之鄙家也。颜涿聚,梁父之大盗也。学于孔子。"②鄙家鄙到何种程度?战国《尸子》卷上说:"子路,卞之野人;子贡,卫之贾人;颜涿聚,盗也。颛孙师,驵也,孔子教之,皆为显士。"③何者为驵?清人赵翼《陔余丛考》卷三十八如此考释:"《辍耕录》云:今人谓'驵侩'曰'牙郎',其实乃互郎,主互市者也。按此说本刘贡父《诗话》:驵侩为牙,世不晓所谓,道原云:本谓之'互',即互市耳。唐人书'互'作'牙',牙、互相似,故讹也。"④即是说,子张出身贫贱,未入孔门时,也许跟随上辈当过牛马市场经纪人,难免沾染豪爽放达的江湖习气。因此《孔子家语》对之有如此评语:"为人有容貌资质,宽冲博接,从容自务,居不务立于仁义之行,孔子门人友之而弗敬。"⑤

其三,子张的身世行迹,凝结成他的性格中豪爽张扬的成分,即《先进篇》孔子所评价的:"师(子张)也过,商(子夏)也不及。"⑥这种"过犹不及"的性格,影响了他参与《论语》编纂的行为方式。子张在孔子逝世时只二十五岁,未及参与仲弓之辈最初的《论语》论纂。但其活动能力极强,后劲颇健,所谓"师也辟",志气高迈而流于一偏,逐渐成为儒门派中有派的始作俑者。这种偏至,到了战国晚期,《荀子·非十二子》批评"子张之儒"为"贱儒",说:"弟佗其冠,神禫其辞,禹行而舜趋,是子张氏之贱儒也。"⑦以"贱"称之,意味着他不够儒雅,缺乏贵族气派。《韩非子·显学》又说:"自孔子之死也,有子张之儒,有子思之儒,有颜氏之儒,有孟氏之儒,有漆雕氏之儒,有仲良氏之儒,有孙氏之儒,有乐正氏之儒。"⑧将子张学派置于儒家八

① 杨伯峻编著:《春秋左传注》(全4册),北京:中华书局,1990年版,第220页。
② 许维遹撰,梁运华整理:《吕氏春秋集释》(全2册),北京:中华书局,2009年版,第93页。
③ [战国]尸佼撰:《尸子》,汪继培辑本,卷上。
④ [清]赵翼撰:《陔余丛考》(全3册),北京:中华书局,1963年版,第836页。
⑤ 王国轩、王秀梅译注:《孔子家语》,北京:中华书局,2011年版,第429页。
⑥ [宋]朱熹撰:《四书章句集注》,北京:中华书局,1983年版,第126页。
⑦ [清]王先谦撰,沈啸寰、王星贤点校:《荀子校释》(全2册),北京:中华书局,1988年版,第104-105页。
⑧ [清]王先慎撰:《韩非子集解》(《诸子集成》五),北京:中华书局,1954年版,第351页。

派之首,颇有点侧目而视之概。子张认为,一个人要做到"达",就应该"在邦必闻,在家必闻"。因而他持有编纂话语权,把自己名字放在篇名上,是有性情原因的。

其四,子张果然获得了使其豪爽张扬性情得以发扬踔厉的历史契机。前面已有论述,在庐墓守心孝三年期满,子张遵循孔子遗教,力主按殷礼重启儒门,与子夏、子游以有若"似圣人",推拥有若出来主事。在有若主持儒门的短暂期间,子张得以加盟《论语》第二次编纂。从而将主要是自己提供和搜集的材料,附于骥尾。由于自己的材料较多,而《尧曰篇》篇幅过短,就将"子张问孔子从政"以下二章附于《尧曰篇》后,其后或则脱落,遂有二《子张篇》。在称谓上,依然遵从第一次编纂确立的弟子称字不称名的义例。

其五,子张名字上篇题,当时不会有人出面遏止。孔子丧期满后,依然留在鲁国的二三子中,曾子是反对以师事孔子的方式师事有若的,但他的门派在当时不足以阻止子张等人倡议的执行,反而因此未能置身于第二次编纂的核心成员中。"参也鲁",为人比较诚挚内敛,在其身后门人的第三次编纂中,并不在篇题上增加曾子名字,恐怕也是按曾子生前风格办事的。子夏性格既然是"不及",即便有点腹议,可能也藏在腹中。子游后来是子张的儿女亲家,那时虽然儿女尚幼,二人恐已是挚友。子张之子,名为申祥。《礼记·檀弓上》记载:"子张病,召申祥而语之曰:'君子曰终,小人曰死,吾今日其庶几乎?'"[1]郑玄注:"申祥,子张子,欲使执丧成己志也。"[2]《檀弓上》又载曾子谈及"申祥之哭言思",郑玄又注:"说者云,言思子游之子,申祥妻之昆弟。"[3]宋人王应麟《困学纪闻》卷五云:"曾子之子:元,申。子张之子:申祥。子游之子:言思。皆见《檀弓》。"[4]清人阎若璩按:"言思为申祥妻之昆弟,则子张与子游,儿女姻家也。"[5]宋代邓名世《古今姓氏书辨证》卷九云:"颛孙:《风俗通》陈公子颛孙,仕鲁,因氏焉。其孙颛孙师,字

---

① [清]阮元校刻:《十三经注疏》(全2册),北京:中华书局,1980年版,第1281页。
② [清]阮元校刻:《十三经注疏》(全2册),北京:中华书局,1980年版,第1281页。
③ [清]阮元校刻:《十三经注疏》(全2册),北京:中华书局,1980年版,第1282页。
④ [宋]王应麟,[清]翁元圻等注,乐保群、田松青、吕宗力校点:《困学纪闻》(全3册),上海:上海古籍出版社,2008年版,第606页。
⑤ [宋]王应麟,[清]翁元圻等注,乐保群、田松青、吕宗力校点:《困学纪闻》(全3册),上海:上海古籍出版社,2008年版,第606页。

子张,为孔子弟子,生申祥,娶子游之女。"①除了说子张是陈公子颛孙之孙,三代人难以填满一百七十年之外,子游之女嫁子张之子,则是众口一词。因此,有了子游、有若的支持,子张名字上篇题,已是大势所趋。

其六,还有一个关键人物子贡的态度。《孟子·公孙丑上》说:"子贡、子游、子张,皆得圣人之一体。"②把子张、子游和子贡与圣人相联系,应是第二次编纂《论语》时,给人留下的印象材料。其他时候,很难把他们三人并列而不涉及他人。《孔子家语·七十二弟子解》对子张"自务居,不务立于仁义之行,孔子门人友之而弗敬"③,颇有微词,可能暗指子张在第二次编纂中"自务居",自行其是。但是在《孔子家语·弟子行》子贡开列的"孔门十三贤"名单中,子张位于第七,列于子夏、子游之前,极称"夫子以其仁为大学之深"④。在不无相左的两种意见中,可见孔门内部存在着看法的裂痕,而子贡是为子张辩解或撑腰的。子贡作为三年丧礼的牵头人,悲痛加上为六十四人庐墓守孝的操劳筹措,已是筋疲力尽,此时只打算潜下心来,再守丧三年,把精力集中在个人忆述夫子上。因此,借助有若一时主事的势头,依凭子张、子游的挚友关系,以及庐墓守心孝六年的子贡的默许,子张在《论语》第二次编纂中,应是不难掌握调整、取舍、润色的话语权的。此举已将最初编纂的主持者仲弓排挤在外,出面与之略有较量者,唯有子夏矣。《古论语》最后有二篇《子张》,夹着一篇《尧曰》,原因非常复杂,主要是编纂话语权的认同和博弈的结果。

梳理至此,就可以进入《子张篇》的篇章细读了。首先值得注意的是,这里通篇无"子曰"或"孔子曰",与其他篇体例不一致,不会是第一次编纂面对大量弟子忆述孔子的材料而刻意而为的,自是后来面对另一种材料汇集状况所采取的变通作法。进一步考察,今本全篇二十五章,可以划分为五个结构单元,依次分别属于子张、子夏、子游、曾子、子贡。他们适好是庐墓守心孝三年后,在一段时间依然留在鲁国的五大弟子。由此可知,《子张篇》是第二次编纂时所增无疑。

---

① [宋]邓名世撰,王力平点校:《古今姓氏书辨证》,南昌:江西人民出版社,2006年版,第139页。

② [宋]朱熹撰:《四书章句集注》,北京:中华书局,1983年版,第233页。

③ 王国轩、王秀梅译注:《孔子家语》,北京:中华书局,2011年版,第429页。

④ 王国轩、王秀梅译注:《孔子家语》,北京:中华书局,2011年版,第144页。

　　其次,更带实质性的是,以子张名篇,在开头二章着意张扬了子张之思想。首章云:"子张曰:士见危致命,见得思义,祭思敬,丧思哀,其可已矣。"①马建忠《马氏文通》卷九云:"此'已矣'……决其不仅可为士也,且已足可为士矣。或谓'已矣'者,皆所以决言其事之已定而无或少疑也。"②《论语》一般强调"君了"人格类型,此章却特别推重"士"人格类型。春秋战国之际的"士",有著书立说的儒士,有为知己者死的勇士,有懂阴阳历算的方士,有为人出谋划策的策士。子张倡言"士见危致命,见得思义",强调"义"而不及于"仁",强调"见危授命"而未及以道节制勇,在过犹不及的极端,就可能导向"侠"。这里蕴含着子张氏之儒的某种特质。

　　第二章云:"子张曰:执德不弘,信道不笃,焉能为有? 焉能为亡?"③也未及于"仁",而是力主弘扬德义,敬信守道,敢于担当。拈出拿出"士见危致命"即见危授命、奋不顾身的命题,随之又以否定和质疑的语气阐述问题,可以感受到子张有一种撑持局面的敢作敢为的勇气。对"士见危致命,见得思义"加以引申发挥,可以散发出某种江湖豪侠气息,这刻有子张"驵者"身世的印记。

　　其三,子张略为偏激的思想,在与同门辨难中,进一步展开新的层面。《子张篇》以开头二章正面阐述子张思想之后,继之就是子张与子夏进行论辨与角力,初现儒门学派之萌芽。今本第三章云:"子夏之门人问交于子张。子张曰:'子夏云何?'对曰:'子夏曰:可者与之,其不可者拒之。'子张曰:'异乎吾所闻:君子尊贤而容众,嘉善而矜不能。我之大贤与,于人何所不容? 我之不贤与,人将拒我,如之何其拒人也?'"④这番论辨显然发生于孔子身后,为孔子所不及与闻。从子张说"异乎吾所闻"来看,他们都在托言师训,各是己所是之夫子,在不同方向上发挥对孔子之道的解释权。这种只存弟子间争论,而非向夫子问学,章句体式也与《论语》他章不同。从字面看,子张更宽容、尊贤而容众;子夏则比较守洁,坚持孔子之言"不友不如己者"。

　　这种学术姿态和趋向,其实与《先进篇》中孔子批评"师也过,商也不

　　①　[宋]朱熹撰:《四书章句集注》,北京:中华书局,1983年版,第188页。
　　②　马建忠撰:《马氏文通》,北京:商务印书馆,1988年版,第482页。
　　③　[宋]朱熹撰:《四书章句集注》,北京:中华书局,1983年版,第188页。
　　④　[宋]朱熹撰:《四书章句集注》,北京:中华书局,1983年版,第188页。

及",是可以应合的。程颐已经看出子张、子夏的不同思想倾向,认为:"大抵儒者潜心正道,不容有差,其始甚微,其终则不可救。如'师也过,商也不及',于圣人中道,师只是过于厚些,商只是不及些。然而厚则渐至于'兼爱',不及则便至于'为我',其过不及同出于儒者,其末遂至杨、墨。"①程颐之言看似委婉,却多少涉及儒门之子张,似乎出现了某些趋向墨家"兼爱"的苗头。朱熹却从其资质立论:"只二子合下资质是这模样。子张便常要将大话盖将去,子夏便规规谨守。"②但在篇幅有限的《论语》中如此叫阵角力,实际已埋下儒家派中分派的种子。韩非子讲"儒分为八",首列"子张之儒",不提子夏、仲弓,显然是从三晋学术的本位立场立论。

然而,子夏毕竟势力尚劲,于是本篇编纂便成了一种协商或妥协,随之就排列了九则"子夏曰",从"子夏曰:虽小道,必有可观者焉,致远恐泥,是以君子不为也。"到"子夏曰:仕而优则学,学而优则仕",组成了一个不算小的结构单元。

犹可注意者,乃是子贡与子张的精神,存在着某种依稀仿佛的联系。《韩诗外传》卷九云:"传曰:堂衣若扣孔子之门,曰:'丘在乎?丘在乎?'子贡应之曰:'君子尊贤而容众,嘉善而矜不能,亲内及外,己所不欲,勿施于人。子何言吾师之名为?'堂衣若曰:'子何年少言之绞?'子贡曰:'大车不绞则不成其任,琴瑟不绞则不成其音。子之言绞,是以绞之也?'堂衣若曰:'吾始以鸿之力,今徒翼耳!'子贡曰:'非鸿之力,安能举其翼?'《诗》曰:'如切如磋,如琢如磨。'"③此则材料传递一个信息:《论语》中子张所言"君子尊贤而容众,嘉善而矜不能",于此却出自子贡之口,意味着子张广交朋友的侠气,与子贡外交与经商的纵横风,有其相通之处。二人在有著土事而重启编纂《论语》时,不能不有所默契。

其四,孔子身后的儒门,派别初萌,辩论空气堪称浓郁。但是儒门相辨不相恶,属于君子风的辩论。《子张篇》今本第十二章,于"子夏九章"行将结束处,子游起而为子张帮腔,打断子夏的絮叨:"子游曰:'子夏之门人小子,当洒扫应对进退,则可矣,抑末也。本之则无,如之何?'子夏闻之,曰:'噫,言游过矣!君子之道,孰先传焉?孰后倦焉?譬诸草木,区以别矣。

① [宋]程颢、程颐撰,潘富恩导读:《二程遗书》,上海:上海古籍出版社,2000年版,第224页。
② [宋]黎靖德编,王星贤点校:《朱子语类》(全8册),北京:中华书局,1986年版,第1015页。
③ [汉]韩婴撰,许维遹校释:《韩诗外传集释》,北京:中华书局,1980年版,第314页。

君子之道，焉可诬也？有始有卒者，其惟圣人乎？'"①子张、子游与子夏之争辨，涉及交友原则和学道之本末，公诸文字，记录在案，不承认其间有派别裂痕之征兆初萌，恐难以服人。即便如此，但他们之间尚属君子之辨，尽量持理有故，并无恶口伤人之嫌。兼且子游对好友子张之批评，也不客气，似乎当时的儒者颇有点直率到了几无芥蒂的风气。今本第十五章，子游如此批评子张："吾友张也，为难能也，然而未仁。"②继之第十六章曾子附和这种批评，强化了批评的力度："曾子曰：'堂堂乎张也，难与并为仁矣。'"③

由此反观，尽管如前所述，子贡极口称许子张"夫子以其仁为大学之深"，但《孔子家语·七十二弟子解》出现了对子张"自务居，不务立于仁义之行，孔子门人友之而弗敬"的微词，这种微词并非空穴来风，与《子张篇》中曾子、子游的意见，存在着暗合之处。由此可知，七十子的精神差异，形成《论语》内的思想张力，及《论语》外的诸多文献的潜在的思想脉络。孔子批评弟子，谓"不知其仁"，语气比较温润含蓄，弟子间如此直斥"未仁"、"难与并为仁"，就语带锋芒了。只不过此类批评，似乎没有对同门感情造成多少损害和创伤，子张、子游毕竟后来成了儿女亲家。而批评好友还要顾及曾子，是否意味着曾子在曲阜已经开始逐渐形成势力？

最后，《子张篇》的落脚处，是子贡。全部《论语》，子路、子贡的条目最多，但这么多的条目，似乎也未能改变子贡在几位重量级的弟子中的落寞状况。通览《子张篇》，除了子张三章、子夏九章、子游三章之外，尚有曾子四章，子贡六章，共计组成五个单元。这事关《论语》第二次编纂的阵容，前三子为主力，兼顾后二子。在为夫子庐墓守心孝三年届满，弟子向子贡泣别，子贡再庐墓三年，此时子夏、子张、子游推举有若主持儒门事务，因而在有若主事的短时间中，留在鲁国的主要孔门弟子，加上曾子本是鲁人，共计就是以上五子及有若。这足以证验《论语》第二次编纂就发生在此期间，才会出现如此篇章单元现象。这五单元除了相互论辩的少量章节之外，其余并无多少联系，为何汇集于同篇？不应视若无睹的是，篇章政治学杠杆之下，存在着孔门人事升沉的微妙考量。子张、子游、子夏联合推举有若主持儒门事务，势必造成最初主持《论语》编纂的仲弓之话语权旁落或边缘化。

① ［宋］朱熹撰：《四书章句集注》，北京：中华书局，1983年版，第190页。
② ［宋］朱熹撰：《四书章句集注》，北京：中华书局，1983年版，第191页。
③ ［宋］朱熹撰：《四书章句集注》，北京：中华书局，1983年版，第191页。

因而有必要联合资格够老、在最初编纂中却被边缘化的子贡。子贡起初忙于丧礼事务,对《论语》最初论纂似不甚介意,实则很难说没有感到别扭或窝气。还原研究,不可忽视篇章中人物的心理感觉和精神波痕。

对此,应该将纸面上的话,体验为人说的话。比如《子张篇》第二十章云:"子贡曰:'纣之不善,不如是之甚也。是以君子恶居下流,天下之恶皆归焉。'"①此语针对何者,未免有些无头无脑。其中存在两种可能:一是评价殷纣王,如此说法在儒门似是异端。《易·革卦·彖辞》曰:"汤、武革命,顺乎天而应乎人。"②《礼记·明堂位》曰:"昔殷纣乱天下,脯鬼侯以飨诸侯,是以周公相武王以伐纣。"③其中对历史是非邪正的判断,界线分明,并无模糊地带。子贡聪明透顶而讲求现实,不甚可能标新立异,与师门作对。以下章节中,子贡还强调孔子学"文武之道",如果将"纣之不善,不如是之甚"解释为对殷纣王的正式评价,也难以排除相互间的龃龉不安之处。二是对有人将他推向"下流"发泄不满,用语难免出诸偏锋。这是从"听话听音,知人知心"而感觉到的精神深处的"潜话语"。是否若此,也只有子贡本人心里明白,无从考证。这是从子贡心灵深处流露出来,可供细心读《论语》者琢磨的一个小小的谜团。如果把随之第二十一章,与之作组合,这个小小谜团就会敞开:"子贡曰:君子之过也,如日月之食焉:过也,人皆见之;更也,人皆仰之。"④此章与上章"君子恶居下流"接续互释,令人感到子贡似乎意在自明心迹,表达自己胸怀坦坦荡荡,是知过必改的"君子"。

继之第二十二至第二十五章,属于又一个"意义结构"的组合。组合的基本内容,是子贡针对当时社会上把他与孔子谬相对比,陈明自己崇仰孔子的心迹。第二十二章从正面落墨:"卫公孙朝问于子贡曰:'仲尼焉学?'子贡曰:'文武之道,未坠于地,在人。贤者识其大者,不贤者识其小者,莫不有文武之道焉。夫子焉不学?而亦何常师之有?'"⑤这里所推崇的是孔子学无常师,得文武之道的大者。子贡揭示孔子以学弘道,宪章文武,对孔子精神也是有得于心的。

---

①　[宋]朱熹撰:《四书章句集注》,北京:中华书局,1983年版,第191页。

②　[清]阮元校刻:《十三经注疏》(全2册),北京:中华书局,1980年版,第60页。

③　[清]阮元校刻:《十三经注疏》(全2册),北京:中华书局,1980年版,第1488页。

④　[宋]朱熹撰:《四书章句集注》,北京:中华书局,1983年版,第192页。

⑤　[宋]朱熹撰:《四书章句集注》,北京:中华书局,1983年版,第192页。

然而，这股怀疑孔子的暗流，不仅在卫国有，在鲁国更甚。而且变成朝堂上的明流，直到把子贡也牵连进去。第二十三章云："叔孙武叔语大夫于朝，曰：'子贡贤于仲尼。'子服景伯以告子贡。子贡曰：'譬之宫墙，赐之墙也及肩，窥见室家之好。夫子之墙数仞，不得其门而入，不见宗庙之美，百官之富。得其门者或寡矣。夫子之云，不亦宜乎！'"①子贡捍卫孔子，也明白表明自己的心迹。一旦这股明暗之流发展为诋毁孔子时，子贡更是挺身而出，迎头痛击。第二十四章云："叔孙武叔毁仲尼。子贡曰：'无以为也！仲尼不可毁也。他人之贤者，丘陵也，犹可逾也；仲尼，日月也，无得而逾焉。人虽欲自绝，其何伤于日月乎？多见其不知量也。'"②

更不可思议的是，儒门之内也受到这股怀疑暗潮的侵蚀。陈子禽，据《孔子家语》即陈亢，陈人，少孔子四十岁③。《季氏篇》载有"陈亢问于伯鱼"章，属于孔门尚未登堂入室的外围弟子。第二十五章就涉及他对孔子信念的动摇："陈子禽谓子贡曰：'子为恭也，仲尼岂贤于子乎？'子贡曰：'君子一言以为知，一言以为不知，言不可不慎也。夫子之不可及也，犹天之不可阶而升也。夫子之得邦家者，所谓立之斯立，道之斯行，绥之斯来，动之斯和。其生也荣，其死也哀，如之何其可及也？'"④子贡以天、以日月比喻孔子，已是春秋末期推崇孔子的前所未见的尖端语言。这与《子罕篇》子贡推崇孔子"固天纵之将圣，又多能也"，其内在精神是一致的。

"子贡六章"后三章的语式相当特别，先是记述他人夸耀"子贡贤于孔子"，然后由子贡出面批驳，高扬孔子圣明之无人能及。对于"子贡贤于孔子"的闲话，后世可能愤愤然以为是不值一驳的谬论，但是从这些近距离的闲话中不难看出，子贡的政商才能一方面在儒门之内受到抑制，另一方面在那个角力逐利的季世风气中，浑浑噩噩而缺乏远大的历史眼光和深邃的文化关怀者，也不是没有可能高抬子贡、贬抑孔子的。问题在于子贡对此盛名，应取何种态度？是否也须以推崇孔子，以表明其不改以孔为师之心迹？其间的心态，不可谓不复杂矣。因而，推心置腹地理解子贡，成了读《子张篇》"子贡六章"必要的心理准备。只要推心置腹，即可体察到，子贡

---

① [宋]朱熹撰：《四书章句集注》，北京：中华书局，1983年版，第192页。
② [宋]朱熹撰：《四书章句集注》，北京：中华书局，1983年版，第192页。
③ 王国轩、王秀梅译注：《孔子家语》，北京：中华书局，2011年版，第439页。
④ [宋]朱熹撰：《四书章句集注》，北京：中华书局，1983年版，第192－193页。

其时心态不可谓不内存郁悒,唯有借助曲笔以排遣。因此所谓"仲尼,日月也,无得而逾焉","夫子之不可及也,犹天之不可阶而升也",也就喷薄而出了。

至于"子贡六章"之前的"曾子四章",若非四十余年后曾门编纂时所增补,就是有若、子张之辈编纂时,顾及曾子,以平衡还不甚稳固的错综复杂的儒门局面。子张、子夏、子游推拥有若时,还要征求曾子的意见,可见曾门实力已经可备咨询,不容小觑了。

今本《论语》的终篇,是《尧曰篇》。从篇章学上言,一部经籍的终篇,应是全书结穴归宿之处。终篇是底座,要能承接全书重量,宁可重而拙,不可轻而浮。应该看到,《论语》的结构整体性,是契合着"六经"的内在精神脉络的。《易》之道,讲究"原始要终",叩其二端,以推求事物发展的起源和归宿。《书》之道,讲究截断众流,以尧舜为发端,疏通道统之源头。有意味的是,《书》之发端,成了《论语》之归宿,二者头尾换位关联,成了《论语》以篇章整体性与"六经"相联络的关键点。

《论语》始于《学而》,终于《尧曰》,学是当下要务,尧牵引着道统的根源。因而首尾二章遥相呼应,贯穿着一条由当下通向古老的精神源头的意义逻辑。这一点向来牵引着历代解经者的眼光。邢昺《论语注疏》说:"此篇记二帝三王,及孔子之语。明天命政化之美,皆是圣人之道,可以垂训将来,故殿诸篇。"①

《尧曰》全篇,最为独特者,莫过于得名所自的第一章,解说清楚第一章,也就不难解说清楚全篇。第一章是:

> 尧曰:"咨!尔舜!天之历数在尔躬,允执其中。四海困穷,天禄永终。"
>
> 舜亦以命禹。
>
> 曰:"予小子履,敢用玄牡,敢昭告于皇皇后帝:有罪不敢赦。帝臣不蔽,简在帝心。朕躬有罪,无以万方;万方有罪,罪在朕躬。"
>
> 周有大赉,善人是富。"虽有周亲,不如仁人。百姓有过,在予一人。"

① [清]阮元校刻:《十三经注疏》(全2册),北京:中华书局,1980年版,第2535页。

谨权量,审法度,修废官,四方之政行焉。兴灭国,继绝世,举逸民,天下之民归心焉。所重:民、食、丧、祭。宽则得众,信则民任焉。敏则有功,公则说。①

《尧曰篇》得名的首章,与《泰伯篇》之"子曰:大哉,尧之为君也! 巍巍乎! 唯天为大,唯尧则之"②,是遥隔篇章而呼应的,其特点是唯天为大、唯天为则,将政治权力的运行与自然法则或天命规制联系起来。首章内容宏赡,上自尧舜禹汤,下逮周朝开国的文武周公,涉及上古千年之历史兴衰存亡的经验教训。其中有"允执其中"的政治哲学,"罪在朕躬"的历史担当,崇仁审法的政治行为,"民、食、丧、祭"的政事顺序,都是《论语》政治学的重要命题。究其要义,是在君权中注入民本的思想,在仁学中讲求中道。其中,"所重四事",使民本思想出现了内涵的重组和更新,尤其值得注意。综合而言,《尧曰》首章,是以上达天命、下察民本,复合而成纲纪的。

从发生学的角度看,《尧曰》所重四事,是以返本开新的思路创造出来的。《尚书·武成》记述周武王灭商之后,"归马于华山之阳,放牛于桃园之野"③,祭天宣示国策云:"重民五教,惟食、丧、祭。惇信明义,崇德报功。垂拱而天下治。"④然而,《武成》"重民五教"在《左传》记述的春秋之世,已经遗失了民与食,增加了戎,意味着战争摧毁了民众的生存条件。这就是《左传》成公十三年(公元前 578 年)所云:"国之大事,在祀与戎。"⑤而《尧曰篇》首章"所重四事",则对春秋之世以"祀与戎"二事为大的体制性思想,作出了根本性的扬弃和重构。四事中以"一民二食"居先,"三丧四祭"随之,而兵戎之事并未列入"国事所重"。何晏《论语集解》引包咸曰:"重民,国之本;重食,民之命;重丧所以尽哀;重祭所以致敬。"⑥经过重构的这个顺序,使思想特质发生了明显的变化,在突出民与食上,闪现出民本思想的新光芒。这种变化,也可以说是对反映周初建国气象的《武成》的回归,但回归

① [宋]朱熹撰:《四书章句集注》,北京:中华书局,1983 年版,第 193—194 页。
② [宋]朱熹撰:《四书章句集注》,北京:中华书局,1983 年版,第 107 页。
③ [清]阮元校刻:《十三经注疏》(全 2 册),北京:中华书局,1980 年版,第 183 页。
④ [清]阮元校刻:《十三经注疏》(全 2 册),北京:中华书局,1980 年版,第 185 页。
⑤ 杨伯峻编著:《春秋左传注》(全 4 册),北京:中华书局,1990 年版,第 861 页。
⑥ 程树德撰,程俊英、蒋见元点校:《论语集释》(全 4 册),北京:中华书局,1990 年版,第 1364 页。

中又有超越,它把"民"从"重民五教"一词中剥离出来,作为独立的首项,排在所重四事之首。它不是笼统地重民,在食、丧、祭中施行教化;而是将民作为独立的主体率先关怀。在常以兵戎相见的春秋之世,唯有超越具体政务,沉潜于人文之本质,思以民本文化为百代政治立根基,方能有如此思想表述方式。这种思想当出自孔子晚年,或是孔子贯通《书》与《春秋》之所言。

然而,首章的语句或断或续,句式或失主语,或缺少应有的过渡,似乎是听课的速记稿。尽管有学者认为:"《尧曰》一章是《论语》全书的后序,古人序文常在篇末,如《庄子》之有《天下篇》,《史记·自序》,不乏先例。"①与其如此云云,不如说,"尧曰"一章是弟子忆述孔子讲授诗书礼乐之《书》的大意时所作之速记,其中一些言语片段,或东鳞西爪地来自诸如《尚书·尧典》、《汤诰》、《泰誓》诸篇;或是弟子对孔子晚年修《春秋》所言及宗旨或导论,作断断续续的忆述和组拼。子张曾多次向孔子请教《尚书》,《论语》中有记载,《孔丛子》中记载更多,因此将这些与《尚书》多有联系的论学笔记,组拼成《尧曰》,或也出自子张参与编纂之时。另外,如《说苑·敬慎》所载:"孔子曰:'存亡祸福,皆在己而已。天灾地妖,亦不能杀也。……至殷王武丁之时,先王道缺,刑法弛,桑谷俱生于朝,七日而大拱。工人占之曰:桑谷者,野物也。野物生于朝,意朝亡乎?武丁恐骇,侧身修行,思昔先王之政,兴灭国,继绝世,举逸民,明养老之道。三年之后,远方之君,重译而朝者六国。……故太甲曰:天作孽,犹可违。自作孽,不可逭。'"②正是由于孔子教《书》、传《易》、修《春秋》,通古今而究天人,弟子追忆其讲述,才会出现此类史迹渺远、思想弘阔,而文章少有修饰的篇章缀合。因而其文体特征,确实于重而拙之处别具深义。大概是弟子的对夫子论学的记录稿,本来就紊乱零碎,编纂时只作拼合,不作过度润色,以便留下历史现场更多的遗痕,存入记忆。

历史上的生命遗痕,随着岁月的流转,残碎愈甚。有人想以编纂辑录、钩沉索隐的种种方式,多保留一些遗痕,结果常常发生的事情是,连他想保存遗痕的那点心意,也随遗痕一道消失得不留遗痕。苏东坡对于五年前的

---

① 程树德撰,程俊英、蒋见元点校:《论语集释》(全4册),北京:中华书局,1990年版,第1380页。

② [汉]刘向撰,向宗鲁校证:《说苑校证》,北京:中华书局,1987年版,第247—248页。

人生踪迹,都有"雪泥鸿爪"之叹;更何况二千年前《论语》中的生命痕迹乎?
但是,有一点需要确信:只要遗痕中微弱的生命信息犹存一二,后人都应如
获至宝,将之揭示出来,从中激活我们文化之根的生命。这就考验着研究
者是否眼光如炬,心细如发,从篇章语句的缝隙中搜索证据,证明曾经有过
的生命行为的前尘往迹。如前所述,皇侃为何晏《论语集解叙》作"义疏"
中,保留有第二次编纂的若干生命信息,其中云:"《古论》……分《尧曰》后
'子张问于孔子曰,如何斯可以从政矣',又别题为一篇也。一是'子张曰士
见危致命'为一篇,又一是'子张问孔子从政'为一篇,故凡《论》中有两《子
张》篇也。"①

　　即是说,今本《论语·尧曰篇》第二章,乃是《古论》第二个《子张篇》取
名之首章,其文曰:"子张问孔子曰:'何如斯可以从政矣?'子曰:'尊五美,
屏四恶,斯可以从政矣。'子张曰:'何谓五美?'子曰:'君子惠而不费,劳而
不怨,欲而不贪,泰而不骄,威而不猛。'子张曰:'何谓惠而不费?'子曰:'因
民之所利而利之,斯不亦惠而不费乎? 择可劳而劳之,又谁怨? 欲仁而得
仁,又焉贪? 君子无众寡,无大小,无敢慢,斯不亦泰而不骄乎? 君子正其
衣冠,尊其瞻视,俨然人望而畏之,斯不亦威而不猛乎?'子张曰:'何谓四
恶?'子曰:'不教而杀谓之虐;不戒视成谓之暴;慢令致期谓之贼;犹之与人
也,出纳之吝谓之有司。'"②

　　这章"子张问"长达 243 字,属于《论语》政治论中篇幅最长者。此章所
阐述的孔子"尊五美,屏四恶"政治伦理原则,如清人刘逢禄《论语述何》所
言:"五美四恶,皆《春秋》法戒也。"③由"尧曰"章 200 字,透视历史运行之
道;继以篇幅比它更长的"子张问何如斯可以从政",就疏导了意义逻辑从
历史运行之道,进入现实政治的行为规诫了。孔子、子张之间,四问四答,
而且每答都力求完整,在体制上也有异于一般的语录体和简单的对话体。
而且连续篇幅较长的两章,使章数甚少的本篇,显得还算厚重。

　　犹可注意者,此章写得如剥茧抽丝,层层深入,诚属精心结撰,其细密
程度远超过前面之"尧曰"章。不难推想,此章与上一个《子张篇》,本是一

---

　　①　[南朝梁]皇侃:《论语集解叙义疏》(《丛书集成初编》本),上海:商务印书馆,1937 年
版,第 2 页。
　　②　[宋]朱熹撰:《四书章句集注》,北京:中华书局,1983 年版,第 194 页。
　　③　[清]潘维城撰:《论语古注集笺》,清光绪七年(1884 年)江苏书局刻本,卷 10。

体,本无二《子张篇》。只不过《论语》的终篇,岂可设计为《子张篇》,若此岂不等于留下孔学由子张独传的话柄?因此有必要强化孔子与尧舜禹汤文武周公的道统联系,有必要以孔子传道的微言大义来营造《论语》终篇的结穴归宿处。但是,只有一章"尧曰",似乎篇幅过短,与各篇体例不合,因此将"尧曰"章附上《子张篇》后半,合为《尧曰篇》,庶几可以克服体例上的缺陷。这种组合毕竟不够紧凑,因此出现了《古论》中《子张篇》后半部分脱落,形成离合失衡的另一个《子张篇》。虽然其中特别出彩的话有限,但是"尊五美,屏四恶"的表述方式,日后衍化为中国政治套话的模式,在相当程度上规范着中国人的政治思维套路,这也是值得留意和反思的。

《尧曰篇》第三章为整部《论语》终章,最终又返回孔子与天命、君子这些重大而基本的命题:"孔子曰:不知命,无以为君子也;不知礼,无以立也;不知信,无以知人也。"①以孔子之言作为《论语》终章,历代儒者尚属满意。尤其是申明"知命",如清人所谓"知命,即《易传》乐天知命,夫子知天命之命"②。王阳明如此阐发:"夫尽心、知性、知天者,生知安行,圣人之事也。存心、养性、事天者,学知利行,贤人之事也。……故曰:所以立命。'立'者,创立之'立',如立德、立言、立功、立名之类。凡言'立'者,皆是昔未尝有而本始建立之谓,孔子所谓'不知命,无以为君子'者也,故曰:'此困知勉行,学者之事也。'"③阳明心学将知行与性命相联系,发挥了《中庸》思想,从而将孔子"知命说"推向"立命说",赋予更积极的行为学价值。然则究其篇章学之本意,这里出现了大小两个圆圈:小圆圈是《尧曰篇》以关联着《尚书》道脉开始,以关联着《易经》天命终竟,画出了一个《论语》与六经之血脉相连的圆圈;另一个大圆圈是整部《论语》,以《学而篇》"孔子三问"开始,以《尧曰篇》"孔子三知"终结,或者说,以尊学始,以知命终,完成了一个完整而带有期待性的篇章环形结构。

这种篇章环形结构,给予后儒"学以明道"深刻的启示,同样深刻地影响了儒学典籍的著述形态。如朱熹集注引杨时之言:"《论语》之书,皆圣人微言,而其徒传守之,以明斯道者也。故于终篇,具载尧舜咨命之言,汤武誓师之意,与夫施诸政事者。以明圣学之所传者,一于是而已。所以著明

①　[宋]朱熹撰:《四书章句集注》,北京:中华书局,1983年版,第195页。

②　[清]秦笃辉撰:《经学质疑录》,清道光墨缘馆刻本,卷14。

③　[明]王守仁撰:《传习录》,明隆庆六年(1572年)《王文成公全书》本,卷中《答顾东桥书》篇。

二十篇之大旨也。《孟子》于终篇,亦历叙尧、舜、汤、文、孔子相承之次,皆
此意也。"①北、南宋时期,对《论语》篇章结构持此见解者,不乏其人,如宋
人孙奕《示儿编》卷四云:"圣贤之书,岂苟作云乎哉! 尝观《论语》颠末,夫
岂无他说? 断断乎首以'学'名篇,以'学而时习之'冠于首,而必终之以'尧
曰'者,谓学者必以圣王为师,而圣王则莫圣若故也。是以荀卿之书,首标
以'劝学',首发端以'学不可以已',而以《尧问》之篇终之。扬雄之书,亦首
名以'学行',首发端以'学行之上'也,而必以'唐矣'一言终之。盖有望于
后之君子复古云。"②王应麟《困学纪闻》卷八又云:"《论语》终于《尧曰篇》,
《孟子》终于'尧舜汤文孔子',而《荀子》亦终于《尧问》,其意一也。"③这里
的"其意一也",就是将道的领悟,上溯本源,以建立道统一贯的系统性
思想。

---

① ［宋］朱熹撰:《四书章句集注》,北京:中华书局,1983 年版,第 194 页。

② ［宋］孙奕撰:《履斋示儿编》(《丛书集成初编》),上海:商务印书馆,1935 年版,第 41 页。

③ ［宋］王应麟,［清］翁元圻等注,乐保群、田松青、吕宗力校点:《困学纪闻》(全 3 册),上海:
上海古籍出版社,2008 年版,第 1017—1018 页。

十八章　曾门重修及编纂的年代、人数

在《论语》编纂成书上，余下的重大问题，尚有将近五十年后，已是战国初期，在鲁国形成举足轻重之势力的曾门弟子如何从事第三次补充编纂。因为这次编成的版本，应是《鲁论语》的祖本，确定了《论语》成书的体制规模。《汉书·艺文志》载录《论语》类，有"《鲁》二十篇，《传》十九篇"[①]，大概是这个学派的简书。

在孔子丧期满后这五十年间，孔门弟子风流云散，如《史记·儒林列传》所说："自孔子卒后，七十子之徒散游诸侯，大者为师傅卿相，小者友教士大夫，或隐而不见。故子路居卫（此处误，子路死在孔子前），子张居陈，澹台子羽居楚，子夏居西河，子贡终于齐。如田子方、段干木、吴起、禽滑釐之属，皆受业于子夏之伦，为王者师。是时独魏文侯好学。后陵迟以至于始皇，天下并争于战国，儒术既绌焉，然齐鲁之间，学者独不废也。于威、宣之际，孟子、荀卿之列，咸遵夫子之业而润色之，以学显于当世。……及高皇帝诛项籍，举兵围鲁，鲁中诸儒尚讲诵习礼乐，弦歌之音不绝，岂非圣人之遗化，好礼乐之国哉？"[②]

众弟子在孔子墓前结庐守孝三年，其后有若为子张、子游、子夏推举主持门庭，大概也只有二三年之谱，子张、子游大概还在鲁国发展其学派势力一段时间，这才有"子张居陈，澹台子羽居楚"云云的分头发展。子路居卫，是孔子生前之事，他先于孔子而卒，《史记》说"孔子卒后"，是"一锅烩"时错置了材料。至于"子夏居西河"而大有建树，则发生在他与子张、子游分歧渐大后不久。这里没有提及曾子，曾子与子夏关系较密，却属于没有"散游诸侯"而守持于鲁者，支撑着儒学于"齐鲁之间，学者独不废"，绵延二百余年后，终使鲁地儒学根基深厚，有"圣人之遗化，好礼乐之国"之誉。《史记》行文似乎对曾门作不写之写，其实成了更大之写，以普地风俗为之写。

---

① ［汉］班固撰：《汉书》（全 12 册），北京：中华书局，1962 年版，第 1716 页。

② ［汉］司马迁撰：《史记》（全 10 册），北京：中华书局，1959 年版，第 3116—3117 页。

前面已有论证,《论语》最初由仲弓主持论纂时,曾子地位不显;但是到了有若短期主事之时,已经不能不咨询曾子的意见了。曾子投了一张否决票,他用"江汉秋阳"、"皓皓乎不可尚已"推崇孔子,实际上也是为自己更适合继承孔子道统,准备话题。随着曾门力量的上升,曾子首先想到的不是重修《论语》,而是以独立的姿态撰述《孝经》、《学记》、《大学》,以及后来收入《礼记》中的《曾子问》,收入《大戴礼记》以曾子冠名的从《曾子立事》到《曾子天圆》十篇。这才有了《汉书·艺文志》著录《孝经》之外,还著录《曾子十八篇》[①]。

至于《论语》增修重编,已在曾子身后,由其门弟子去完成。班固《白虎通义》卷九"五经"一目,在解释了"孔子所以定《五经》者何?"之后,又曰:"已作《春秋》,后作《孝经》何?欲专制正。于《孝经》何?夫孝者,自天子下至庶人,上下通《孝经》者。夫制作礼乐,仁之本,圣人道德已备。弟子所以复记《论语》何?见夫子遭事异变,出之号令,足法。"[②]在刘歆《七略》及《汉书·艺文志》申述"夫子既卒"弟子编纂《论语》的同时,班固把《春秋》、《孝经》的撰述,系于孔子,却又说弟子"复记《论语》",似乎暗示《论语》存在着多次编纂,而且与《孝经》先后述之,不排除曾门第三次编纂《论语》。

《春秋》是孔子绝笔之作,《孝经》在其后,则可能孔子留下一些遗训,有待曾子及其门人完成。"复记《论语》"与《孝经》并举,则《孝经》与论语最终编纂的时间相前后。这就是《史记·仲尼弟子列传》所谓:"孔子以(曾参)为能通孝道,故授之业。作《孝经》。死于鲁。"[③]《孝经》不排除已有曾子遗稿,由弟子整理成书。犹有可疑者,《史记》记述诸弟子,常引《论语》中言,唯曾子除"参也鲁"外,不引"曾子曰"。是否太史公所见《古论语》,乃曾门第三次编纂之前的传本,因而未见"曾子曰"的大量补入乎?

既然《论语》已经过仲弓时期、有若时期的两度编纂,曾子弟子面对旧籍、重编《论语》时,会采取何种编纂原则?从今存《论语》的篇章学分析,曾子弟子对固有《论语》总体结构的"大盘子",没有进行根本性的改动。由仲弓、子游、子夏、有若、子张相继编成的《论语》原本,在儒门众弟子中已几乎

---

① [汉]班固撰:《汉书》(全12册),北京:中华书局,1962年版,第1724页。

② [清]陈立撰,吴则虞点校:《白虎通义疏证》(全2册),北京:中华书局,1994年版,第446页。

③ [汉]司马迁撰:《史记》(全10册),北京:中华书局,1959年版,第2205页。

人手一册，若做根本性改动，难免篡改之嫌。与仲弓期的"搭框架"、有若期的"改框架"不同，曾门编纂具有"因框架"的内在性，以至汉儒郑玄一流对这次编纂忽略不计，只在《论语》编纂者名单中，列举仲弓、子游、子夏。然而这番不动框架的内在性编纂不可小觑，它改变了《论语》道统的方向和特质。质言之，其内在性取向，无非就是输入曾门价值观，强化曾门最知真孔子，最能承传孔子道统的材料证明和价值认同。前两次编纂在庐墓守心孝，或孝期届满重新任事之时，最是讲究恪守殷礼；曾门第三次编纂，离孔子丧期已远，孔门主要弟子多已离散，罕有存世者，这就可以集中精力于道统传承上。这是最后一次编纂与前两次编纂的根本性差异。

因此，曾门弟子内在性编纂，必须实施一套别具一格的发凡起例，采取一些创造性的编纂原则。最后的这次编纂，自然也对文字作了润色，如清人袁枚就发现："《论语》称陈成子、鲁哀公，都是孔子亡后二人之谥法，可见《论语》之传述，亦去圣人亡后百十年后，追述其言。"①对于此，不如说这是战国初年，曾门重编《论语》留下的痕迹。除此之外，曾门重编《论语》发凡起例的原则，大体可以概括如下：

（一）不再另起炉灶，只在原本二十篇的框架内进行补充和调整。这就是为何二十篇篇目中，只有公冶长、仲弓（雍也）、颜渊、子路、原宪（宪问）、子张六个弟子的名字，而没有曾子的名字。朱熹说："'参也鲁。'其为人质实，心不大假在外，故虽所学之博，而所守依旧自约。"②其实，曾门弟子完全有条件把宗师名字冠于篇名，但他们没有这样做，葆有曾子"持敬守约"的精神和诚笃谨慎的作风，与仲弓、子张的作风很是不同。因此，以曾子冠名的一些篇什，如《礼记》中的"曾子问"，《大戴礼记》中的"曾子立事"、"曾子本孝"、"曾子立孝"、"曾子大孝"、"曾子事父母"、"曾子制言上、中、下"、"曾子疾病"、"曾子天圆"等篇章，都采取另外单篇别行的传播方式。曾门是把《论语》当作"公器"对待的。

也正因为如此，《论语·先进》篇中"四科十哲无曾"、"参也鲁"等公案和话头，也得以存此立照。以致宋儒张载认为："孔子殁，或言传之曾子，曾子传子思，子思传孟子。案：孔子自言德行颜渊而下十人，无曾子，曰'参也

---

① ［清］袁枚撰，顾学颉校点：《随园诗话补遗》（上、下），北京：人民文学出版，1960年版，第638页。

② ［宋］黎靖德编，王星贤点校：《朱子语类》（全8册），北京：中华书局，1986年版，第489页。

鲁'。若孔子晚岁独进曾子,或曾子于孔子殁后,德加尊,行加修,独任孔子之道,然无明据。又案曾子之学,以身为本,容色辞气之外不暇问,于大道多遗略,未可谓至。又案孔子尝言:'中庸之德,民鲜能。'而子思作《中庸》,若以为遗言,则颜、闵犹无足告,而独闳其家,非是。若所自作,则高者极高,深者极深,非上世所传也。然则言孔了传曾了,曾子传子思,必有谬误。孟子亟称尧、舜、禹、汤、伊尹、文王、周公,所愿则学孔子,圣贤统纪,既得之矣。养气知言,外明内实,文献礼乐,各审所从矣。夫谓之传者,岂必日授之亲而受之的哉!世以孟子传孔子,殆或庶几。然开德广,语治骤,处己过,涉世疏,学者趋新逐奇,忽亡本统,使道不完而有迹。"①这种在道统传承中,抓住片言只语而删除曾子的说法,引得程颐(伊川)只好站出来辨护,从一个"鲁"字引出一个"诚"字,认为曾子最能传道:"曾子传圣人道(一作学),只是一个诚笃。《语》曰:'参也鲁。'如圣人之门,子游、子夏之言语,子贡、子张之才辨,聪明者甚多,卒传圣人之道者,乃质鲁之人。人只要一个诚实。圣人说忠信处甚多。曾子,孔子在时甚少,后来所学不可测,且易箦之事,非大贤以上作不得。曾子之后有子思,便可见。"②程颢(明道)又把颜、曾并称,谓"颜子默识,曾子笃信,得圣人之道者,二人也"③。宋儒意见分歧,制造着《论语》公案之外的公案,也是曾门重编时始料所不及。

(二)曾门弟子只在关键处插入他们回忆记录的一些"曾子曰",以此强调,最能传道统者为曾子。比如开宗明义的《学而篇》第四章:"曾子曰:'吾日三省吾身。为人谋而不忠乎?与朋友交而不信乎?传不习乎?'"④曾子提出"反省内求"作为每日修身养性的功课,这是曾子化"鲁"为"诚",从而能传孔子之道的主体性关键。"省"内蕴着视与觉之义,或者说,曾子建立儒门的"反省学"、"反省法",在反省自我私密言行的功课中,突出内"忠"外"信"原则,并且最终将这些日常的修养功课和忠信原则,与孔子学说的"传习"联系起来,以培育完美的理想人格。这就使孔子道统带上曾门色彩,此章的加入,至为重要。

强调曾子最能传道统,言词是重要的,但篇章组织也是不能忽视的。

---

① [宋]张载撰,章锡琛点校:《张载集》,北京:中华书局,1978年版,第403页。

② [宋]程颢、程颐撰,潘富恩导读:《二程遗书》,上海:上海古籍出版社,2000年版,第261页。

③ [宋]程颢、程颐撰,潘富恩导读:《二程遗书》,上海:上海古籍出版社,2000年版,第166页。

④ [宋]朱熹撰:《四书章句集注》,北京:中华书局,1983年版,第48页。

《泰伯篇》本是探究孔子道统的来源,强调吴泰伯之"让德",实际上预示着周朝开国的文武周公事业的敞开;最后突出尧舜禹的"大哉巍巍乎",实际上是将之与文武周公连贯起来,显示孔子道统的深远博大。在由泰伯向尧舜禹上溯的中间位置,插入了"曾子五章"为一个单元,这就别有意味地将曾子置于从尧舜到孔子以下的道统人物之中了。除了"曾子有疾"二章,以及"鸟之将死,其鸣也哀;人之将死,其言也善"①等临终遗言,透露这些章节乃曾门弟子在曾子身后所加。也可能是曾门故意以此留下痕迹,以便日后聪明如柳宗元者,看出破绽,将《论语》编纂记在曾门的账上。

更重要的是《泰伯篇》接下来有两章,一是"曾子曰:'可以托六尺之孤,可以寄百里之命,临大节而不可夺也。君子人与?君子人也。'"②这里是否暗示着对孔子之孙孔伋(子思)的托孤抚育?因为孔鲤死后,孔子垂垂老矣,自然会想到十岁左右的孔伋托孤问题。邢昺疏引郑玄注"此云六尺之孤,年十五已下"③,就暗含着托子思之孤。应该说,七十子可托之人不少,比如子贡,衣食无忧,但可能带着子思到处经商从政,此非孔子所愿;子游、子夏、子张也可托付,但他们在鲁地缺乏家族根基,很可能将子思带到南国、魏、陈,难免飘泊不定;唯有曾子对孔学理解纯正,家族久居于鲁,曾祖、祖父曾是三桓臣宰,根基殷实,是托孤的最佳选择。可见曾子云"可以托六尺之孤,可以寄百里之命",并非空泛之论,是有所指,有所担当的。这则"曾子曰",可能是子思参与第三次编纂时,为感恩曾府,特意主张编入的。

二是"曾子曰:'士不可以不弘毅,任重而道远。仁以为己任,不亦重乎?死而后已,不亦远乎?'"④《论语》中未见曾子问仁,但他深知仁在儒学道术中的核心价值。"仁以为己任"就是对担当道统承传的郑重承诺,深知任重道远,不辞以弘大刚毅之意志、死而后已之决心,去践履此承诺。这二章既强调传道统者需具备的品质,又宣示了"非弘不能胜其重,非毅无以致其远"的道统担当,以及当仁不让的决心和意志。

(三)曾门弟子增补的条目,在各篇或中间插入,或篇末压阵,其高明之处在于既不落强行插入的痕迹,又能做到弦外有音,余味无穷,令人不能不

①　[清]阮元校刻:《十三经注疏》(全2册),北京:中华书局,1980年版,第2486页。
②　[清]阮元校刻:《十三经注疏》(全2册),北京:中华书局,1980年版,第2486—2487页。
③　[清]阮元校刻:《十三经注疏》(全2册),北京:中华书局,1980年版,第2487页。
④　[宋]朱熹撰:《四书章句集注》,北京:中华书局,1983年版,第104页。

佩服其为篇章学的高手。曾子材料在《论语》中,只见于《学而》、《里仁》、《泰伯》、《先进》、《颜渊》、《宪问》、《子张》等七篇。《先进》篇的"参也鲁",是仲弓等编纂时留下的痕迹。其余六篇十四章皆称"曾子",是其弟子回忆记录而补入无疑。而且其中有十二章"曾子曰"乃独语式表述,并非曾子与孔子或同门的对话,相当部分可能是曾门弟子与闻的曾子言论。

　　比如《颜渊篇》终篇,继"樊迟问仁",子夏解释,以及"子贡问友",最后是"曾子曰:君子以文会友,以友辅仁"①。如此篇终三章,就像开了一个小型讨论会,樊迟、子夏、子贡依次发言,而曾子对所谈之仁与友问题加以综合性总结。又如《宪问篇》,先是一句"子曰:不在其位,不谋其政",接着来一句"曾子曰:君子思不出其位"。二者之间形成了似对话、非对话的衔接呼应关系,令人感到孔、曾之间心心相印。

　　"曾子曰"既然众多矣,如何选择插入的篇目,似乎也颇有讲究,并非随意为之。插入,要选择好插入的文本生态环境。《学而》、《里仁》、《泰伯》三篇,讲孔子的基本思想和道统渊源,自然宜于插入;对于同门二三子命名的篇什,只插入《颜渊》、《宪问》篇,而不涉足《雍也篇》。至于《子张篇》,那是在仲弓以后编纂《论语》时增加的篇名,也就不妨插入一些相对芜杂的章节。如插入"曾子曰:吾闻诸夫子,孟庄子之孝也,其它可能也。其不改父之臣与父之政,是难能也"②。"吾闻诸夫子"的说法,既是表明曾子与孔子的精神联系,也意味着曾子的话不是孔子在世时所说,而是孔子身后转述孔子遗教。

　　这些虽说芜杂的章节,主要在谈孝,远远地呼应着《学而篇》中"曾子曰:慎终追远,民德归厚矣",又指向《论语》外的《孝经》"夫孝,德之本也,教之所由生也"③,使曾子成了孔门孝文化的象征。慎终是丧礼之情,致远是祭礼之义,孝文化通过丧礼、祭礼之情义,使民德、民性、民俗归于深厚。或如顾炎武所云:"昔者孔子既没,弟子录其遗言以为《论语》,而独取有子、曾子之言次于卷首,何哉?夫子所以教人者,无非以立天下之人伦,而孝弟,人伦之本也。慎终追远,孝弟之实也。甚哉!有子、曾子之言似夫子也。

---

①　[宋]朱熹撰:《四书章句集注》,北京:中华书局,1983 年版,第 140 页。
②　[宋]朱熹撰:《四书章句集注》,北京:中华书局,1983 年版,第 192 页。
③　[清]阮元校刻:《十三经注疏》(全 2 册),北京:中华书局,1980 年版,第 2545 页。

是故有人伦,然后有风俗;有风俗,然后有政事;有政事,然后有国家。"①这里以慎终追远,贯通人伦、风俗、政事、国家,贯通以敬慎的人生态度。既慎矣,又敬矣,如孔子所云:"敬慎者,仁之地也。"②仁是儒家道统之精髓,既然仁以敬慎为地(心地、本地),那么"地势坤,君子以厚德载物"③,也就有"民德归厚"之意蕴在其中焉。

(四)曾门弟子有意褒扬曾子家族渊源,在彰显曾子家族文化基因之优越的同时,也蕴含着慎终追远之义。这主要指载有"四科十哲"名单的《先进篇》之末章:

> 子路、曾皙、冉有、公西华侍坐。子曰:"以吾一日长乎尔,毋吾以也。居则曰:'不吾知也!'如或知尔,则何以哉?"子路率尔而对曰:"千乘之国,摄乎大国之间,加之以师旅,因之以饥馑;由也为之,比及三年,可使有勇,且知方也。"夫子哂之。"求,尔何如?"对曰:"方六七十,如五六十,求也为之,比及三年,可使足民。如其礼乐,以俟君子。""赤,尔何如?"对曰:"非曰能之,愿学焉。宗庙之事,如会同,端章甫,愿为小相焉。"
>
> "点,尔何如?"鼓瑟希,铿尔,舍瑟而作,对曰:"异乎三子者之撰。"子曰:"何伤乎? 亦各言其志也。"曰:"莫春者,春服既成,冠者五六人,童子六七人,浴乎沂,风乎舞雩,咏而归。"夫子喟然叹曰:"吾与点也!"
>
> 三子者出,曾皙后。曾皙曰:"夫三子者之言何如?"子曰:"亦各言其志也已矣。"曰:"夫子何哂由也?"曰:"为国以礼。其言不让,是故哂之。""唯求则非邦也与?""安见方六七十如五六十而非邦也者?""唯赤则非邦也与?""宗庙会同,非诸侯而何? 赤也为之小,孰能为之大?"④

此章 433 字,是《论语》近 500 章中最富有诗意的文字,渲染着孔子、曾点(皙)所思慕的诗意栖居而与春交融的人生境界。仔细给这段文字把脉,观其脉相,推知此事发生的时间,应在孔子周游列国、自卫返鲁的一二年

---

① 　[清]顾炎武著,华枕之点校:《顾亭林诗文集》,北京:中华书局,1959 年版,第 108 页。
② 　[清]阮元校刻:《十三经注疏》(全 2 册),北京:中华书局,1980 年版,第 1671 页。
③ 　[清]阮元校刻:《十三经注疏》(全 2 册),北京:中华书局,1980 年版,第 18 页。
④ 　[清]阮元校刻:《十三经注疏》(全 2 册),北京:中华书局,1980 年版,第 2500 页。

间。很可能是翌年（鲁哀公十二年，公元前 483 年）上半年。只有这个时期，孔子才可能自称老不堪用，却坦然启发诸弟子"各言其志"。子路到卫国当蒲邑大夫已经有点谱，但觉得蒲邑过小，急于有"千乘之国"施展抱负；曾点已过知天命之年，更愿意"上下与天地同流"①。至于孔子早期设帐，不可能有如此阔达的议论，也不能自称老；当鲁国司空、司寇时，进入政务操作，不会有海阔天空地言志的闲心；周游列国，风尘仆仆，不会有这份清闲；返鲁二三年后，季康子、鲁哀公冷落孔子，孔子怒斥冉有为季氏敛财，再来侍坐论道，气氛就可能多了几份焦虑，几份苍凉了。

此章是曾门第三次编纂时加入的根据，是行文中三次当面直称孔子为"夫子"，透露战国时期的称谓习惯，与春秋晚期最初编纂《论语》，当面只称"子"，背后方称"夫子"的惯例不合。当然，"夫子"一词，起源甚早。《尚书·泰誓中》记载周武王誓师伐纣，就鼓舞将士："勖哉夫子！罔或无畏，宁执非敌。"②后世沿用"夫子"称呼，不足为怪。清人赵翼《陔余丛考》云："'夫子'本春秋时先生长者之称，故孔门弟子称孔子皆曰'夫子'。颜渊曰：'夫子循循善诱。'曾子曰：'夫子之道忠恕。'子贡曰：'夫子之文章。'盖皆沿当时之称，非特创也。惟专称曰'子'，则自孔门弟子之称孔子始。如《论语》所记及《孟子》、《礼记》所引孔子之言，皆称'子曰'。《中庸》虽有'仲尼曰'，然系首引孔子之言，以后即皆称'子曰'，明乎'子'即仲尼也。此则孔门创例，孔子以前未有专称'子'者也。"③其实赵氏所引颜、曾、子贡三章称"夫子"，均非当面之言，而是背后的概括性赞美。当面直接对话，若非例外，均称"子"。

《先进篇》"子路、曾晳、冉有、公西华侍坐"章，显然采取了与《公冶长篇》"颜渊、季路侍"章相似的叙述方式，于此不妨作一对比。《公冶长篇》："颜渊、季路侍。子曰：'盍各言尔志。'子路曰：'愿车马，衣轻裘，与朋友共，敝之而无憾。'颜渊曰：'愿无伐善，无施劳。'子路曰：'愿闻子之志。'子曰：'老者安之，朋友信之，少者怀之。'"④这里两次称孔子为"子"，乃是春秋晚

---

①　宋儒借用《孟子·尽心上》中语，评论曾点。参看：程树德《论语集释》，北京：中华书局，1990 版，第 813 页。

②　[清]阮元校刻：《十三经注疏》（全 2 册），北京：中华书局，1980 年版，第 181 页。

③　[清]赵翼撰：《陔余丛考》（全 3 册），北京：中华书局，1963 年版，第 795—796 页。

④　[宋]朱熹撰：《四书章句集注》，北京：中华书局，1983 年版，第 82 页。

期编纂《论语》所取的称谓方式。因此《先进篇》"四子侍坐"章,三次当面称"夫子",尤其是曾点曰:"夫子何哂由?"称呼方式对春秋时期编纂体例有所游离,乃是战国初期补入。不应忽略的例外是,《论语·阳货篇》记述:"子之武城,闻弦歌之声。夫子莞尔而笑,曰:'割鸡焉用牛刀?'子游对曰:'昔者偃也闻诸夫子曰:君子学道则爱人,小人学道则易使也。'"又载:"佛肸召,子欲往。子路曰:'昔者由也闻诸夫子曰:亲于其身为不善者,君子不入也。佛肸以中牟畔,子之往也,如之何?'"①这都是春秋时当面称孔子为"夫子",但其句式都是"昔者某也闻诸夫子",假如此句式少一个"夫"字,语调就难以和前面的"也"字相称,而变得佶屈聱牙,因而也不排除是战国初年曾门重编时,按照战国习惯所作的随手改动。

　　回到《先进篇》的人物位置安排,这种安排带有仪式之况,甚至子路、冉有、公西华发言的顺序、方式,都有其性格、才能、心理、年龄的根据。值得吟味的是"四子侍坐,各言其志",唯独曾点"鼓瑟"于旁,子路等三子离开后,孔子独留曾点,与之评议三弟子优劣。曾点的身份相对于其余三弟子(子路、冉有是"四科十哲"中人物),简直就是孔子之次的"副导师"。对比《公冶长篇》,孔子对颜回、子路直言其志,带有教诲意味;而《先进篇》此章,不是孔子指点了曾点,而是曾点感动了孔子。如果按照此章评价,曾点比起患恶疾而与孔子隔窗握手的冉伯牛,更有资格进入"四科十哲"的德行科。他们各自亮相时,一者春风拂面,一者黯淡凄凉,简直难以同日而语。

　　曾门弟子褒扬曾点,突出了曾子家族渊源的血脉气象不凡,对于曾子最能传承夫子之道,提供了家族文化基因的依据。而历代儒者对曾点的人文风采仰慕不已,使"孔子'与点'"成为久谈不衰的话题。邢昺《论语注疏》云:"四弟子侍坐,因使各言其志,以观其器能也。……仲尼祖述尧舜,宪章文武,生值乱时而君不用。三子不能相时,志在为政,唯曾皙独能知时,浴德咏怀乐道,故夫子与之也。"②程颢对曾点,更是溢美:"孔子'与点',盖与圣人之志同,便是尧、舜气象也,诚'异三子者之撰'。特行有不掩焉者,真所谓狂矣!"③清人袁枚《〈论语〉解》对于程颢的说法不服气,认为:"宋儒非旷达者,震于夫子之'与点',而不得其故,则遂夸因物付物,尧、舜气象,'上

①　[宋]朱熹撰:《四书章句集注》,北京:中华书局,1983年版,第176页。
②　[清]阮元校刻:《十三经注疏》(全2册),北京:中华书局,1980年版,第2500—2501页。
③　[宋]程颢、程颐撰,潘富恩导读:《二程遗书》,上海:上海古籍出版社,2000年版,第182页。

下与天地同流',过矣。然则巢、由、沮、溺,后世嵇、阮一流,皆圣人耶?"①

其实更应注意的,是曾点言志的文化内涵和人文情怀。有这种情怀,就是妙人、高人,即便经世济用之心迫切之人,也须有这份从容,才能远离专制。朱熹对此章兴趣极高,《论语集注》作了详细解释之后,在与门人答问中反复议论,而且在书信中也再二致意。朱熹《答陈明仲》函曰:"曾点见道无疑,心不累事,其胸次洒落,有非言语所能形容者。……而其语言气象,则固位天地、育万物之事也。"②《答董叔重》函又云:"曾点言志气象,固是从容洒落,然其所以至此,则亦必尝有所用力矣。……其平日用力之妙,必有超乎事物之外而为应事物之本者。其视三子规规于事为之末者,固有间矣。……点言志甚高而行不掩焉,观其舍瑟倚门,亦可见矣。"③朱熹兴犹未尽,在《训蒙诗百首》特作题为《曾点》一诗:"春服初成丽景迟,步随流水玩晴漪。微吟缓节归来晚,一任轻风拂面吹。"④又作题为《浴沂》一诗:"只就吾身分上思,相呼童子浴沂归。更无一点闲思想,正是助忘俱勿时。"⑤

近人王国维则从教育和美育的关系上,揭示曾点言志的美学价值。王氏谈论"教育之宗旨",强调"美育",谓"德育与智育之必要,人人知之,至于美育有不得不一言者。盖人心之动,无不束缚于一己之利害,独美之为物,使人忘一己之利害,而入高尚纯洁之域。此最纯粹之快乐也。孔子言志独与曾点,又谓兴于诗,成于乐。希腊古代之以音乐为普通学之一科,及近世希痕林、敬尔列尔等之重美育学,玲珑不可凑拍。如空中之音,相中之色,水中之影,镜中之象,言有尽而意无穷。余谓北宋以前之词亦复如是。然沧浪所谓'兴趣',阮亭所谓'神韵',犹不过道其面目,不若鄙人拈出'境界'二字为探其本也。"⑥王国维所言境界,与朱熹所言曾点言志"气象",有其

① [清]王英志主编:《袁枚全集》(第2册),南京:江苏古籍出版社,1993年版,第421页。

② [宋]朱熹撰,朱杰人等主编:《朱子全书》(第22册)之《晦庵先生朱文公文集》(三),上海:上海古籍出版社;合肥:安徽教育出版社,2002年版,第1951页。

③ [宋]朱熹撰,朱杰人等主编:《朱子全书》(第22册)之《晦庵先生朱文公文集》(三),上海:上海古籍出版社;合肥:安徽教育出版社,2002年版,第2362页。

④ [宋]朱熹撰,朱杰人等主编:《朱子全书》(第20册)之《晦庵先生朱文公文集》(一),上海:上海古籍出版社;合肥:安徽教育出版社,2002年版,第285页。

⑤ [宋]陈思撰:《两宋名贤小集》,清文渊阁《四库全书》本,卷209"性理吟"。

⑥ 郑振铎编选:《晚清文选》(卷下),北京:中国社会科学出版社,2002年版,第372页。

相通之处。

于此有必要对曾氏家族略作考索，以便更真切地把握曾点、曾参的文化基因。《世本·氏姓篇》记载："曾氏：夏少康封少子曲烈于鄫，春秋时为莒所灭，鄫太子巫仕鲁，去邑为曾氏。"①唐代林宝《元和姓纂》卷五进一步演绎说："曾（氏）：夏少康封少子曲烈于鄫。春秋时为莒所灭。鄫太子巫仕鲁，去邑为曾氏，见《世本》。巫生阜，阜生参，参字子舆（案：曾子父点，字子皙。皙生参。《通志》作'巫生阜，阜生皙'），父子并为仲尼弟子。（参）生元、申。"②

然则，莒国何年灭鄫？《左传·鲁襄公六年》记载："莒人灭鄫。……晋人以鄫故来讨，曰：'何故亡鄫？'"③《春秋公羊传》也记载：襄公六年秋，"莒人灭鄫"④。此年是孔子出生前15年，曾点出生前20余年。何以"晋人以鄫故来讨"？《春秋谷梁传》襄公五年夏，"叔孙豹、鄫世子巫如晋"。疏曰："《公羊》以鄫世子巫，是鄫之前夫人莒女所生。其巫之母，即是鲁襄公同母姊妹。鄫更娶后夫人于莒，而无子；有女，还于莒为夫人，生公子。但鄫子爱后之夫人，故立其外孙莒之公子，故叔孙豹与世子巫如晋讼之。"⑤按此说，鄫世子巫，与鲁襄公是姨表兄弟。

对于鄫国族源，以及"鄫太子巫仕鲁，去邑为曾氏"的世系，宋代邓名世《古今姓氏书辨证》卷十七如此记述："曾（氏），出自姒姓，夏少康封其少子曲烈于鄫。鲁襄公六年，莒灭鄫。鄫太子巫仕鲁，去邑为曾氏，居南武城。巫生夭，为季氏宰；夭生阜，为叔孙氏家臣。阜生点，字皙，点一作蒧。生参，字子舆；参生元、申。"⑥明初宋濂《查林曾氏家牒序》所列谱系与此相同："曾氏出自姒姓，夏少康封其少子曲烈于鄫。鲁襄公六年，莒人灭鄫，太子巫仕鲁，去邑为曾氏，居南武城。巫生夭，为季氏宰。夭生阜，为叔孙氏家臣。阜生点，字皙。皙生参，字子舆。参生元。"⑦这些谱牒都有"去邑

①　[汉]宋衷注，[清]秦嘉谟等辑：《世本八种》，北京：商务印书馆，1957年版，第8页。

②　[唐]林宝撰：《元和姓纂》，文渊阁《四库全书》本，卷5。

③　杨伯峻编著：《春秋左传注》（全4册），北京：中华书局，1990年版，第947页。

④　[清]阮元校刻：《十三经注疏》（全2册），北京：中华书局，1980年版，第2302页。

⑤　[清]阮元校刻：《十三经注疏》（全2册），北京：中华书局，1980年版，第2426页。

⑥　[宋]邓名世撰，王力平点校：《古今姓氏书辨证》，南昌：江西人民出版社，2006年版，第247页。

⑦　罗月霞主编：《宋濂全集》（全4册），杭州：浙江古籍出版社，1999年版，第1142页。

为曾氏"之说,其实从出土青铜器铭来看,鄫、曾二字早在西周、春秋早期已是通用,如山东苍山出土西周晚期《曾子伯父匜》,又出土春秋早期《曾子尾簠》三器,《曾子鼓簠》,《曾□□正簠》及《曾子与簠》,时代都在鄫亡国之前。去邑为曾,早已存在,只是国亡之后,不再以"鄫"并行。所谓"子",是指周武王灭商后,封鄫为子爵。

比较以上谱牒文字之记述,曾氏谱系应是:夏少康—曲烈……—巫—夭—阜—点—参—元、申。曾氏这个世系,比《元和姓纂》多出两代,曾点是鄫太子巫的曾孙,曾参已是玄孙。《左传》昭公元年(公元前 541 年):"叔孙(豹)归,曾夭御季孙以劳之。且及日中不出。曾夭谓曾阜曰:'且及日中,吾知罪矣。鲁以相忍为国也。忍其外不忍其内,焉用之?'阜曰:'数月于外,一旦于是,庸何伤?贾而欲赢,而恶嚣乎?'阜谓叔孙曰:'可以出矣。'叔孙指楹曰:'虽恶是,其可去乎?'乃出见之。"①因而以上姓氏书及家牒序所云"曾夭为季氏宰,其子曾阜,为叔孙氏家臣",是于史有据的。

由于鄫国、莒国与鲁国存在着复杂的转折婚姻,巫世子在鄫亡国后,便在鲁国任职。其婚姻关系,如《春秋·僖公十四年》所透露:"夏,六月,季姬及鄫子遇于防,使鄫子来朝。"②杜预注:"季姬,鲁女,鄫夫人也。鄫子本无朝志,为季姬所召而来,故言'使鄫子来朝'。"③鄫亡国之后,后辈又为鲁国三桓家臣,因于鲁史的《春秋》三传对曾子先辈不乏记述。曾子出自亡国贵族后裔,其先辈不算显赫,但也甚是殷实。如此殷实家族在鲁国经营数代,亲朋故旧定然不少,具有一定实力,因而曾点一次游春,就可以"冠者五六人,童子六七人",虽称不上冠盖如云,却也是足够风光。孔门弟子中,谁能若此?依此推断,孔子托付孔伋于曾家,可以得到令人放心的荫庇。曾子在鲁地开宗立派,得到一批相当殷实的亲朋故友子弟的支持和加入,设帐开坛都左右逢源,最终发展成为一个实力深厚的学派,即在情理中矣。

鄫国(今山东苍山县西北之鄫城),地处东夷之野,自夏少康设封到春秋晚期亡国历时一千四百余年,与莒国长期联姻,已深刻地东夷化了。曾点所言"暮春浴歌"之志,从一定意义上说,也带有东夷民族"仁而好生"的

---

① 杨伯峻编著:《春秋左传注》(全 4 册),北京:中华书局,1990 年版,第 1211 页。
② [清]阮元校刻:《十三经注疏》(全 2 册),北京:中华书局,1980 年版,第 1803 页。
③ [清]阮元校刻:《十三经注疏》(全 2 册),北京:中华书局,1980 年版,第 1803 页。

旷野气息，流露了一个亡国贵族后裔未失雅兴、超越俗务而回归自然的清新情怀。曾有一副对联，将曾点的"暮春浴歌"与《庄子·秋水》"濠梁观鱼"合为双璧："东鲁春风吾与点，南华秋水我知鱼。"①此联甚妙，沟通了儒家的逸出，及于道家的玄机。

（五）曾门弟子重修《论语》宗旨，归根到底在于证明孔门弟子中最能够传道统者为曾子。上述四项编纂原则，当然也围绕着、或归结到这一宗旨。然而，还设立了一些直接的关键条目，在篇章呼应中牵动着更为深刻的意义脉络。比如《里仁篇》此章："子曰：'参乎，吾道一以贯之。'曾子曰：'唯。'子出，门人问曰：'何谓也？'曾子曰：'夫子之道，忠恕而已矣。'"②《里仁篇》此章前后的二十四章均为独语式的"子曰"，唯有夹在中间的此章是孔、曾对话，还涉及其他门人。这种特异性，从篇章学上考察，就不能排除是曾门弟子在《论语》原本上插入新简。朱熹《论语集注》卷二引胡氏曰："自'吾道一贯'至此（'子曰：君子欲讷于言而敏于行'）十章，疑皆曾子门人所记也。"③胡氏对曾子门人增补插入，指认得比笔者本人还要宽松。

单独地读此章，诚不易看出编纂者有何用意。如果采取《论语》篇章学中常见的隔篇呼应原则加以观察，就会发现，相隔十篇的《卫灵公篇》今本第三章也有讨论同一命题者："子曰：'赐也，女（汝）以予多学而识之者与？'对曰：'然，非与？'曰：'非也，予一以贯之。'"④此章在《卫灵公篇》的篇章结构中，也存在着奇峰飞来的突兀感，因为前面是"卫灵公问陈于孔子"章，以及"在陈绝粮"章，何以又跳到与子贡谈论"一以贯之"的学理？令人百思莫解，至于是否后来插入，也无从考证了。

众所周知，子贡在七十子中智商第一，而且在孔子生前的吴、楚诸国，在孔子身后的鲁、卫、齐诸国，游说、营商的能力都是一时之选。如此聪明的子贡对于孔子之道"一以贯之"懵然莫测高深，只看到表象上的"多学而识"。而曾子则明显胜出一筹，一经孔子提起，就默然有悟于心。偌多探问"何谓也"的门人可能包括子贡，应是众多没有登堂入室的外围弟子。由此

<hr>

① 引自：谭家健：《春风化雨，润物无声——忆余冠英先生》，《社会科学报》，2007 年 12 月 7 日。

② ［宋］朱熹撰：《四书章句集注》，北京：中华书局，1983 年版，第 72 页。

③ ［宋］朱熹撰：《四书章句集注》，北京：中华书局，1983 年版，第 74 页。

④ ［宋］朱熹撰：《四书章句集注》，北京：中华书局，1983 年版，第 161 页。

可知,在孔门中,对孔子之道"一以贯之"的了悟和理解,曾子有独得的优势和缘分。而且在《卫灵公篇》第二十四章又记述:"子贡问曰:'有一言而可以终身行之者乎?'子曰:'其恕乎!己所不欲,勿施于人。'"①即是说,子贡不仅对"一以贯之"需要点拨,才能知晓,而且就连用来一以贯之的"忠恕之道",也需要耳提面命。有如宋人包恢《恕斋铭》所云:"一以贯之,惟参也知;赐疑多学,犹未知非。"②子贡是颜回、子路去世后,孔门最有一时影响的大弟子,但与曾经有过"鲁"的标志的曾子相比较,谁又能说自颜回亡故之后,孔学道统不应由曾子传承呢?曾门最后编纂,保存"参也鲁"而没有删节,是他们传道统的自信心的体现。

《论语》二十篇近五百章,涵盖的学理及人事虽然博大精深,却难免碎金杂陈,必须有一种潜在的道脉"一以贯之",才能使之成为"经典中的经典"。何以要以"忠恕"贯通之?所谓"忠",是对天地万象的尽己而真诚;所谓"恕",是对世间百姓的悲悯而博济,其根本的底子在于"仁"。仁而忠恕,在纷纷扰扰的天地人间,乃是一种"圣人之学"。如朱熹所云:"'一以贯之',乃圣门末后亲传密旨,其所以提纲挈领,统宗会元,盖有不可容言之妙。当时曾子默契其意,故因门人之问,便著'忠恕'二字形容出来,则其一本万殊、脉络流通之实,益可见矣。"③洪迈《容斋随笔》也云:"'一以贯之'之语,圣贤心学也。夫子以告曾子、子贡,而学者犹以为不同。尹彦明曰:'子贡之于学,不及曾子也如此。孔子于曾子,不待其问而告之,曾子复深喻之曰唯。至于子贡,则不足以知之矣,故先发'多学而识之'之问,果不能知之以为然也,又复疑其不然而请焉,方告之曰予一以贯之。虽闻其言,犹不能如曾子之唯也。'范淳父亦曰:'先攻子贡之失,而后语以至要。'予窃以为二子皆孔门高第也,其闻言而唯,与夫闻而不复问,皆已默识于言意之表矣。世儒所以卑子贡者,为其先然'多学而识之'之旨也。是殆不然。方闻圣言如是,遽应曰'否',非弟子所以敬师之道也,故对曰'然',而即继以'非与'之问,岂为不能知乎?或者至以为孔子择而告参、赐,盖非余人所得闻,是又不然。颜氏之子,冉氏之孙,岂不足以语此乎?曾子于一'唯'之后,适

① [宋]朱熹撰:《四书章句集注》,北京:中华书局,1983年版,第166页。
② [宋]包恢撰:《敝帚稿略》,文渊阁《四库全书》本,卷6。
③ [宋]朱熹撰,朱杰人等主编:《朱子全书》(第22册)之《晦庵先生朱文公文集》(三),上海:上海古籍出版社;合肥:安徽教育出版社,2002年版,第2059页。

门人有问,故发其'忠恕'之言。使子贡是时亦有从而问者,其必有以诏之矣。"①洪迈对于子贡有所偏爱,而对曾门编定《论语》的篇章学秘密未尝用心,因而与多少触及秘密所在的儒者辩论。不过他将"一以贯之",指认为"圣贤心学",则是与朱熹相近。

进而言之,"一以贯之"既是方法,又及本体,以方法论语言,指向本体论秘密。或如唐人所云:"归根复命,一以贯之,作心印铭。"②或如清人所道:"旁推触类,一以贯之,仰观古昔,高下在心。"③宋人苏辙将之与《易》相联系,令人感到"一以贯之",似乎是孔子晚年学《易》所得的一种感悟。苏氏云:"《易》曰:'形而上者谓之道,形而下者谓之器。'礼与刑,皆器也。孔子生于周末,内与门弟子言,外与诸侯大夫言,言及于道者盖寡也。非不能言,谓道之不可以轻授人也。盖尝言之矣,曰:'参乎,吾道一以贯之。'夫道以无为体,而入于群有,在仁而非仁,在义而非义,在智而非智。惟其非形器也,故目不可以视而见,耳不可以听而知。惟君子得之于心,以之御物,应变无方,而不失其正,则所谓时中也。小人不知,而窃其名,与物相遇,辄捐理而徇欲,则所谓无忌惮也。"④

中国智慧、中国哲学讲究一个"贯",讲究会通。而对中国"贯"字的自觉,是从孔子、曾子、子贡开始的。"一以贯之"者,一头连着《易》,另一头连着家常日用,极高妙而至朴实。朱熹将"一以贯之"的道,推向家常日用,认为:"夫子之道不离乎日用之间:自其尽己而言,则谓之忠;自其及物而言,则谓之恕;本末上下,皆所以为一贯。"⑤朱熹曾将其业师李侗之语著录为《延平先生答问》一卷,顾炎武《日知录》卷七则将"道不离乎日用之间",前推至李侗:"《延平先生答问》曰:'夫子之道,不离乎日用之间。自其尽己而言,则谓之忠;自其及物而言,则谓之恕。莫非大道之全体。虽变化万殊,于事为之末,而所以贯之者,未尝不一也。曾子答门人之问,正是发其心尔,岂有二邪?若以为夫子一以贯之之旨甚精微,非门人所可告,姑以忠恕

① [宋]洪迈:《容斋随笔》(全2册),上海:上海古籍出版社,1978年版,第168—169页。

② [唐]崔恭:《唐右补阙梁肃文集序》。见[清]董诰等编:《全唐文》(全11册),北京:中华书局,1983年版,第4904页。

③ 郭绍虞编选,富寿荪校点:《清诗话续编》,上海:上海古籍出版社,1983年版,第78页。

④ [宋]苏辙撰:《栾城后集》,《四部丛刊》本,卷9。

⑤ [宋]朱熹撰,朱杰人等主编:《朱子全书》(第23册)之《晦庵先生朱文公文集》(四),上海:上海古籍出版社;合肥:安徽教育出版社,2002年版,第3272页。

答之,恐圣贤之心不若是之支也。如孟子言尧舜之道,孝弟而已矣。人皆足以知之,但合内外之道,使之体用一原,显微无间,则非圣人不能尔。'朱子又尝作《忠恕说》,其大指与此略同。按此说甚明,而《集注》……疑忠恕为下学之事,不足以言圣人之道也。然则是二之,非一之也。慈溪黄氏曰:'天下之理无所不在,而人之未能以贯通者,己私闻之也。尽己之谓忠,推己及人之谓恕。忠恕既尽,己私乃克,此理所在,斯能贯通。故忠恕者,所以能一以贯之者也。'"①孔子道术既可以通向玄思的《易》理,又可以渗入人伦日用,天道物理浑融一贯,这就是"中国哲学"的思维特征。

以上五项编纂原则的精确运用,在在都表明,曾门弟子重编《论语》的群体,乃是学术气质潜沉、文化素质高明的群体。这次重编所增文字仅十四章左右,在近五百章的《论语》中,仅占百分之三四。但凭借着这百分之三四的增补,就相当微妙地改变了《论语》传道的内在倾向,而且改变得不伤筋动骨,不留下笨拙的痕迹。曾门这个高文化素质群体,如前面所提及,柳宗元指出两个人:乐正子春,子思。子思是孔子能够弘扬道统的孙子,他具有名正言顺地重修《论语》的权利、责任和能力,理由是《论语》原本搜集材料不全,有重大遗漏,必须加以补充和调整,这有点像当今某些影响深广的书不断地更新版本。此次编纂由孔子之孙最终拍板,在儒门不会出现太多疑义。

然则,为何又将乐正子春置于子思之前?因为这次重修,是代表儒门的曾门公事,而非孔府私事。从乐正子春在曾子临终时扮演床前侍疾的角色来看,他与曾家的亲密程度,可能高于子思,至少不在子思之下。至于乐正子春其人,前面已述其孝与信,涉及的是其品行;尚有值得补充者,是其家族、学派的文化基因。宋郑樵《通志略·氏族略》云:"乐正氏(《周礼》乐正,因官氏焉。《孟子》,鲁有乐正子春,曾子弟子。)"②这是讲"以官为氏"的家族渊源。乐正是乐官之长,掌国子之教,相对于后来太学中的首席音乐教习。《礼记·王制》云:"乐正崇四术,立四教。顺先王《诗》、《书》、《礼》、《乐》以造士。春秋教以《礼》、《乐》,冬夏教以《诗》、《书》。王大子、王

①　[清]顾炎武著,[清]黄汝成集释,秦克诚点校:《日知录集释》,长沙:岳麓书社,1994年版,第237页。

②　[宋]郑樵撰,王树民点校:《通志二十略》(全2册),北京:中华书局,1995年版,第149页。

子、群后之大子，卿大夫、元士之適子，国之俊选，皆造焉。"①这里渲染得过于冠冕堂皇，但乐正氏遗传有礼乐教学的家族基因，则是可以相信的。至于学派，《韩非子·显学》说"儒分为八"，最后列有"乐正氏之儒"，不知是否此子开拓的派别。《孟子·梁惠王下》记述鲁平公将见孟子，为嬖人臧仓所阻，乐正子入见，以礼制规范和孟子由士上升为大夫的身份变化，说服鲁平公见孟子②。但这位乐正子，名克，朱熹注为："乐正子，孟子弟子也，仕于鲁。"按，鲁平公在位十九年（公元前314—前296年），与孟子（约前372—前289年）后期年龄相及，但距离曾子死（公元前432年），已是120年。作为孟子弟子的乐正克，应是乐正子春的玄孙辈了。陶潜《圣贤群辅录》云："乐正氏传《春秋》，为属辞比事之儒。公孙氏传《易》，为洁静精微之儒。"③传《春秋》之业，似与孝、信不甚对位，也不知何所依据。因而此乐正氏，为乐正子春乎，乐正克乎？清人皮锡瑞作《经学历史》，只好望洋兴叹："《群辅录》云乐正氏传《春秋》，不知即孟子弟子乐正克否？其学亦无可考。"④

《春秋》三传，唯有一处涉及乐正子春。《左传·昭公十九年》记载："夏，许悼公疟。五月戊辰，饮大子止之药卒。大子奔晋。书曰：'弑其君'，君子曰：'尽心力以事君，舍药物可也。'"⑤同年《春秋公羊传》对此事进行评说："夏五月戊辰，许世子弑其君买（许悼公）。……冬，葬许悼公。贼未讨，何以书葬？不成于弑也。曷为不成于弑？止进药而药杀也。止进药而药杀，则曷为加弑焉尔？讥子道之不尽也。其讥子道之不尽奈何？曰：'乐正子春之视疾也，复加一饭则脱然愈，复损一饭则脱然愈；复加一衣则脱然愈，复损一衣则脱然愈。'止进药而药杀，是以君子加弑焉尔。"⑥这里针砭许国世子因其君父染疟疾，进药而误杀其君父，引用乐正子春视疾，一饭一衣的增减，都小心翼翼，务求有助于疾病的痊愈。其所褒扬的孝子之心，合于《论语》之所谓"父母唯其疾之忧"为孝。唐代刘知幾《史通》云："《公羊》……因言'乐正子春之视疾'，以明许世子之得罪。寻子春孝道，义感神明，固以方驾曾、闵。……苟事亲不逮乐正，便以弑逆加名，斯亦拟失其流，

①　［清］阮元校刻：《十三经注疏》（全2册），北京：中华书局，1980年版，第1342页。
②　［宋］朱熹撰：《四书章句集注》，北京：中华书局，1983年版，第225—226页。
③　［清］严可均辑：《全晋文》，北京：商务印书馆，1999年版，第1190页。
④　［清］皮锡瑞撰：《经学历史》，北京：中华书局，1959年版，第55页。
⑤　杨伯峻编著：《春秋左传注》（全4册），北京：中华书局，1990年版，第1402页。
⑥　［清］阮元校刻：《十三经注疏》（全2册），北京：中华书局，1980年版，第2324—2325页。

责非其罪。盖公羊、乐正,俱出孔父门人,思欲更相引重,曲加谈述。"①

公羊学与曾学的传承系统并非一致,刘氏的判断大概要打折扣。乐正子春毕竟因孝而驰名天下矣。《吕氏春秋·孝行览》、《礼记·祭义》、《大戴礼记·曾子大孝》之类,凡述孝篇章,多及乐正子春,说明他颇得曾门嫡传。陶潜《十孝传赞》云:"乐正子春,鲁人也。下堂伤足,既瘳,数月不出,犹有忧色曰:'吾闻之曾子,父母全而生之,己全而归之,可谓孝矣。'故君子一举足,一出言,不敢忘父母,不敢毁伤,孝之始也。夫能敬慎若斯,而灾患及者,未之有也。"②"孝之始"说,出自《孝经》③。东汉应劭《风俗通义》卷四云:"谨按《孝经》'身体发肤,受之父母,不敢毁伤,孝之始也',乐正子春下堂而伤足,三月不出,既瘳矣,犹有忧色。身无择行,口无择言,修身慎行,恐辱先也。"④就将乐正子春的孝行,与《孝经》联系在一起了。

乐正子春也善于著述。宋人晁公武《郡斋读书志》卷十对《曾子》二卷解题云:"旧称曾参所撰,其《大孝篇》中乃有乐正子春事,当是其门人所纂尔。"⑤在著述方面,乐正子春与《孝经》、《曾子大孝》诸篇,关系密切。《文献通考》卷二百八引高似孙《子略》曰:"《曾子》者,曾参与公明仪、乐正子春、单居离、曾元、曾华之徒,讲论孝行之道,天地事物之原,凡十篇。自《修身》至于《天圆》,已见于《大戴礼》。"⑥曾门论学,催生了一系列著述,在儒门述道上,开了一个传统。而乐正子春,则是曾门言孝述道的中坚人物。

经过详细的文献学和篇章学的多维度参证考究,启动了以史解经、以礼解经、以生命解经的综合方法论,推求原始,钩沉索隐,缀碎为整,已可以对《论语》的编纂年代和主要编纂者,得出如下返本还原性的结论:

(一)《论语》编纂时间是:从孔子死(公元前479年)至曾子死(公元前432年)后数年。即是公元前5世纪前期到公元前5世纪后期春秋战国之

① [唐]刘知幾撰,[清]浦起龙通释,王煦华整理:《史通通释》,上海:上海古籍出版社,2009年版,第424页。

② [清]严可均辑:《全晋文》,北京:商务印书馆,1999年版,第1185页。

③ [清]阮元校刻:《十三经注疏》(全2册),北京:中华书局,1980年版,第2545页。

④ [汉]应劭撰,王利器校注:《风俗通义校注》:北京,中华书局,1981年版,第180页。

⑤ [宋]晁公武撰,孙猛校证:《郡斋读书志校证》,上海:上海古籍出版社,1990年版,第411页。

⑥ [元]马端临撰:《文献通考》,清浙江书局本,卷208"经籍考"35。

际,历时半个世纪。孔门在半个世纪间,反复对此书进行有组织的实质性编纂,说明此书是儒门的"公器"和"重器",七十子及其后学的中坚分子都想在孔学承传中,占据和承担正宗重任。即所谓"仁以为己任","任重而道远","士不可以不弘毅","临大节而不可夺也"。由此,孔门传道,以《论语》为衣钵。

　　(二)孔门参与回忆记录材料的弟子和再传弟子,虽然有六七十人以上,但直接参与论辨取舍的编纂决定者,有迹象可考的,依次有仲弓、子游、子夏;有子(或委托其门人)、子张(子游、子夏也继续参与);曾门弟子乐正子春、子思,可知姓名者共有七人。如此形成的《论语》思想,是孔子及其弟子、再传弟子集体创造的思想。如此形成的《论语》传本,是经过多次编纂的叠加型传本。七十子及其后学的杰出之士,在历次编纂中从各自不同的立场和角度寻找"真孔子",注入真知灼见,形成精彩纷呈而又互动互补、互相博弈的学脉复合。它并非单线式,而是三线或多线纠缠,分中有合、合中有分,你中有我、我中有你,多元分驰又交融共构的思想文化共同体。这就是《论语》篇章学的"多棱镜效应"。《论语》思想具有丰富的张力,既以孔子为中心,又具有思想多维性,还由于篇章学上形式多样的设置、排列、组合、衔接、中断、呼应等等所产生的联想、互释、叠加、曲变诸效应,遂使《论语》以儒家元典的身份,成为中国智慧的渊薮和源泉之一。

十九章　以简帛制度考证《中山论语》

　　《论语》成为经典,存在着深刻的历史必然性。它经历了持续甚久的堪称伟大的历史共构:其初三度编纂,形成深厚精警的内涵;其后久历授受传播,淬炼了其经久不衰的生命。在此漫长岁月,它由孔门群体的共构,蔓延为在一个大一统时代整个民族精英层面的共构。《说文解字》云:"典:五帝之书也。从册,在丌上,尊阁之。……古文典从竹。"①典是集简成册的大书,是要奉竹简上馆阁案几,竭尽尊崇之诚意的。

　　对于《论语》二十篇近五百章,前面已经遵循着意义逻辑,进行了几乎是卷地毯式分析。不可否认的是,这种阐释法与中国绘画的皴染法,有着相似的意念、技法和趣味。国画皴染法,又名"三染法",主要以勾勒轮廓,及皴、擦、点、染的手法,表现山石、峰峦和树身表皮的明暗层次和千姿百态的脉络纹理,微妙地彰显出山川草木的意态复杂的立体感。如清人王原祁《麓台题画稿》云:"盖山无定形,画不问树,高卑定位而机趣生,皴染合宜而精神现。"②清人唐岱《绘事发微》又云:"因举画中六法三昧,前人言而未尽者,以至于山水根源、阴阳向背、丘壑位置,用笔用墨,皴染着色,种种诸法,略抒管见,以志一得。……布局立稿,落笔时一得大势,作者先自悦目畅怀,遂笔笔得趣,皴染如意,有自得之乐。"③前面分析篇章组合中的"意义逻辑",在层层勾勒皴染,形成许多相互呼应的散点透视,又选取若干关键问题,如《论语》三度编纂、论学言政、孔子学《易》、仁学、孔颜乐处、女子小人疑案、君子论、政治学等,进行聚焦式的联类阐发。国画皴染法,既然别名"三染法",它讲究的就是皴染再三。旷世经典《红楼梦》,其得其中旨趣,其第二回"贾夫人仙游扬州城,冷子兴演说荣国府"的甲戌本脂评云:"此回亦非正文本旨,只冷子兴一人,即俗谓'冷口出热,无中生有'也。其演说荣府一篇者,盖因族大人多,若从作者笔下一一叙出,尽一二回不能得明白,

---

　　① 　[汉]许慎撰:《说文解字(附检字)》,北京:中华书局,1963年版,第99页。
　　② 　[清]王原祁撰:《麓台题画稿》,清昭代丛书本。
　　③ 　[清]唐岱撰:《绘事发微》,清乾隆刻本,《得势》篇。

则成何文字？故借用冷子兴一人，略出其大半，使阅者心中已有一荣府隐隐在心，然后用黛玉、宝钗等两三次皴染，则耀然于心中眼中矣；此即画家三染法也！"①《论语》的编纂、传授过程，也是"族大人多"，既不能脱离本根，徒作空言，又不能沉迷枝节，捃撦琐屑，就唯有启用皴染之法，或先勾后皴，后先皴后勾，或勾点皴染并施，"于皴染纤悉中含生动之趣"②。皴染就是扫描，通过全文扫描，发现隐藏很深的生命迹象，厘定阴影模糊的事件系年，恢复残缺不全的历史现场，通解隐晦不明的微言大义。

对《论语》全篇的扫描和皴染阐释所发现的生命意义，启示我们：没有《论语》在春秋战国的三度编纂，焉有汉代的《论语》三家？没有战国秦汉的三家承传，又何以证得《论语》的巨大阐释可能性和生命力？因此，应该把《论语》三度编纂与三家承传，看作同一个文化生命"一以贯之"、又逐渐拓展的经典化行程。

《论语》成书之后，就在儒门中作为至圣先师的遗训，开始了口头传授和简帛抄传的过程。此过程应是始于《论语》成书的公元前 5 世纪。《礼记·坊记》记录在案，这是《论语》传播至今犹存的第一个信号："子云：君子弛其亲之过，而敬其美。《论语》曰：'三年无改于父之道，可谓孝矣。'高宗云：'三年其惟不言，言乃欢。'"③这两句话对于《论语》的发生大有深意焉，是不可轻易忽略过去的。第一句话所引《论语》之语，见于《学而》、《里仁》篇，均为孔子之言。它隐喻着《论语》编纂的宗旨，是以事师如事父的态度，做了一件"三年无改于师之道"的大事。第二句话引自《尚书·无逸》中周公之言，可见，当时儒门已将《论语》孔子之言与《尚书》周公之语，看得同等权威。同时《无逸》此语，也可同《宪问篇》此章相参证："子张曰：'《书》云：高宗谅阴，三年不言。何谓也？'子曰：'何必高宗？古之人皆然。君薨，百官总己以听于冢宰三年。'"④这句话隐含着《论语》第二次编纂的礼制上的契机，庐墓守心孝的三年是"不言"之期，众弟子全心守孝，不言政事，三年一满，就应创新启动儒门。这些材料表明，孔门弟子三年居丧、除丧，遵循的是殷礼，研究者以礼解经，就应该按照殷礼及其引发的心理行为效应，来

① ［清］曹雪芹撰：《红楼梦脂评本》（上），长沙：岳麓书社，2011 年版，第 16 页。
② ［清］张尚瑗撰：《石里杂识》，昭代丛书本。
③ ［清］阮元校刻：《十三经注疏》（全 2 册），北京：中华书局，1980 年版，第 1620 页。
④ ［清］阮元校刻：《十三经注疏》（全 2 册），北京：中华书局，1980 年版，第 2513 页。

走近《论语》编纂启动的历史现场和心理行为形态。

　　据沈约文献调查后的说法:"《中庸》、《表记》、《坊记》、《缁衣》皆取《子思子》,《乐记》取《公孙尼子》。"①本书外编的证得,《表记》、《坊记》、《缁衣》是子思六十岁前的著述;《中庸》编纂是一个过程,延至子思六十岁之后。子思生卒年约在东周敬王三十三年(公元前 487 年),至周威烈王二十一年(公元前 405 年)之间,因而六十岁之前作《坊记》引录《论语》,离曾子卒年鲁悼公三十五年(公元前 432 年)之后《论语》三经编纂成书不久。《汉书·艺文志》著录《子思》二十三篇,《隋书·经籍志》、《新唐书》及《宋史·艺文志》、晁公武《郡斋读书志》皆著录七卷,《旧唐书·经籍志》著录八卷。从这些有序流传中,可知沈约得见《子思子》,他指认《坊记》取自《子思子》,是有典籍为据的。

　　在成书后的战国至汉的四百年间,《论语》依然以口授和抄录双轨并行的方式流传,并在文、景、武三朝,暗流涌出地面,发展为滚滚流脉。《汉书·艺文志》如此记述《论语》之师传脉络:"汉兴,有齐、鲁之说。传《齐论》者,昌邑中尉王吉、少府宋畸、御史大夫贡禹、尚书令五鹿充宗、胶东庸生,唯王阳名家。传《鲁论语》者,常山都尉龚奋、长信少府夏侯胜、丞相韦贤、鲁扶卿、前将军萧望之、安昌侯张禹,皆名家。张氏最后而行于世。"②由此逆推,可知战国之世,也存在师传,只是不能以此致富贵,学在士人之间,轨迹隐晦不明而已。

　　然而事物的发展,往往是明流已现,暗流犹存。在朝者见于载籍,在野者自生自灭。除了藏于秘府,占据主流地位,为刘向、刘歆、班固所知的《齐论语》、《鲁论语》及《古论语》之外,未被秘府收集的《论语》流传本,不排除还有一些。那种认为未经见、未被著录就不存在的说法,是违反常识的。明显的例证,就是 1973 年河北定州八角廊村 40 号西汉墓(西汉中山怀王刘脩墓)出土了大量竹简,包括《论语》传本残简,是迄今仅见的西汉《论语》原件。竹简一经披露,学人纷纷将之与汉世《论语》三家相比勘,系之于《鲁论》者有之,系之于《齐论》者有之,系之于《古论》者也有之,上下考索,力图为之寻找归属。但苦心积虑地排比材料时,往往按下葫芦浮起瓢,虽然振

---

　　①　[清]严可均辑:《全梁文》,北京:商务印书馆,1999 年版,第 293 页。
　　②　[汉]班固撰:《汉书》(全 12 册),北京:中华书局,1962 年版,第 1717 页。

振有词,却难得安顿。世界本是存在着开阔的多元性,"百尺竿头,更进一步",是一种治学方式;"百尺竿头,知道转身",又何尝不是另一种治学的途径?深入定州竹书《论语》残卷的肌理,可知其中的篇章、语句、文字的差异和逸出,往往在汉代三家之外,这就应该思考,它是否属于未入秘府、未见载录的一种别本?

"别本说"能否成立,必须考察那个年代是否有别本存在的可能。先看入葬陵墓的年代。经考古发掘者考证,墓主为中山怀王刘脩。同时出土的还有"写有确切时间的萧望之等人的奏议及其它有关孔子及弟子言论的内容"。据《汉书·诸侯王表》,中山怀王刘脩于汉宣帝地节元年(公元前69年)嗣位,十五年薨,当是汉宣帝五凤三年(公元前55年)①。这应是定州汉墓竹书的入葬年份。但应注意,中山怀王无子,中山国中绝四十五年②,因而入葬中山怀王墓的《论语》,可能是中山怀王所搜得,也可能是其祖辈早有收藏,在国绝之时一并入葬。因此在文本的发生时间和入葬时间之间,应该留有更大的空间。其次,还要考察萧望之与出土竹书《论语》的关系是否具有直接性。萧望之是东海兰陵人,兰陵是战国楚置之县,地近齐、鲁。萧氏治《齐诗》,"又从夏侯胜问《论语》、《礼服》(即《礼》之《丧服》)"③,是汉代《鲁论语》的著名传承人,"为太傅,以《论语》、《礼服》授皇太子"④。然而同穴出土的萧望之上呈朝廷之奏议,与《六安王五凤二年起居记》,均属朝廷与诸侯王间的颁行交换文件,不足以证明身为儒宗、尊至太傅的萧望之与中山怀王在《论语》抄录上有特别关系。定州竹书《论语》与萧氏奏议并出,不排除墓主生前将自己搜得私藏的《论语》,与《论语》名家文章归类存放所致。

诸侯王所藏的《论语》是得自官藏,还是搜自民间私藏,从竹书错讹状态看,从民间私藏搜得的可能性更大。西汉前期,即出现了同姓诸侯王搜集战国以来、经秦火之后,散落民间的简帛古书。最驰名者,如《汉书·景十三王传》所载:"河间献王德以孝景前二年立,修学好古,实事求是。从民得善书,必为好写与之,留其真,加金帛赐以招之。繇是四方道术之人不远千里,或有先祖旧书,多奉以秦献王者,故得书多,与汉朝等。是时,淮南王安亦好书,所招致率多浮辨。献王所得书皆古文先秦旧书,《周官》、《尚书》、《礼》、《礼记》、《孟子》、《老子》之属,皆经传说记,七十子之徒所论。其学举六艺,立《毛氏诗》、《左氏春秋》博士。修礼乐,被服儒术,造次必于儒者。山东诸儒多从而游。"①诸侯王从民间搜得"先祖旧书"、"古文先秦旧书"、"经传说记,七十子之徒所论",这种民间私藏的范围,已经囊括竹简《论语》之类。中山怀王是始封后的第六代王者,距离西汉前期这种风气,已经五六代七十余年。准之情理,应是其始封的中山王第一二代,追逐风气,搜得这部民间私藏之《论语》,作为府邸珍藏留存到第六代的。

简本《论语》的书籍形态,也呈现出久阅风霜的私藏特征。据整理者介绍,定州汉墓竹简《论语》,存简计 620 多枚,残简居多。录成释文共 7576 字,不足今本《论语》之半。其中保存最少者为《学而》,只有 20 字;最多者为《卫灵公》,有 694 字,可达今本该篇百分之七十七。而竹简《论语》各篇的分章,与今本多有不同。《乡党》、《阳货》诸篇,都有古本一章,在今本析为二三章,或古本二章并为今本一章者,不一而足。"特别是《尧曰》,今本为三章,而简本为二章,今本的第三章在简本中用两个小圆点与上间隔,以两行小字连在下面,好像附加的一段。在题写章节与字数的残简中,正有一枚记:'凡二章,凡三百廿二字。'知简本《尧曰》只二章。康有为《论语注》中认为:《尧曰》'《鲁论》本二章,其末一章《齐论》也。翟氏灏《考异》:《古论语》分此为二,则尧曰凡一章,子张凡二章。这后一章与前一章既有间隔又相连接地附在后面,或许就是《齐论》中有,而《鲁论》中无部分,抑或《古论》后面的部分?"②这种章节增减分合的"骑墙状态",反映了《论语》传布过程中存在着各家互渗现象,而附语说明、更换字体以示区别的做法,又意味着它有意自立于三家之外。可见《论语》传承当时还处于多家分骘的状态,明流之下尚有暗流汩汩不绝。

汉宣帝五凤三年(公元前 55 年)竹简《论语》入葬前,《张侯论》尚未形成,《鲁论》、《齐论》、《古论》三家,依然分头流行于诗书仕宦社会。萧望之以《论语》授宣帝之子元帝,在元帝继位(公元前 48 年)之前;张禹以《论语》

---

① [汉]班固撰:《汉书》(全 12 册),北京:中华书局,1962 年版,第 2410 页。

② 定州汉墓竹简整理小组:《定州汉墓竹简论语》,北京:文物出版社,1997 年版,第 2 页。

授元帝之子成帝,始于元帝初元二年(公元前47年),"安昌侯张禹本受《鲁论》,兼讲《齐》说,善者从之,号曰《张侯论》,为世所贵"①,尚是稍后之事。至于刘向领校中秘之书,为时更晚,《汉书·成帝纪》云:"(河平)三年(公元前26年)……光禄大夫刘向校中秘书。谒者陈农使,使求遗书于天下。"②这就是《资治通鉴》卷三十所云:"河平三年……上以中秘书颇散亡,使谒者陈农求遗书于天下。诏光禄大夫刘向校经传、诸子、诗赋,步兵校尉任宏校兵书,太史令尹咸校数术,侍医李柱国校方技。每一书已,向辄条其篇目,撮其指意,录而奏之。"③刘向"录而奏之"的文字辑为《别录》,只提到《鲁论语》、《齐论语》、《古论语》三家④。从《汉书·艺文志》著录来看,《论语》就此三家,其余均为传承过程中的"传"与"说"⑤,是分别解说三家《论语》的价值意义的。朝廷仕宦阶层尚无《论语》定本,不仅为鲁、齐、古三家,而且为更多的别本的存在,留下了足够的合理性空间。在战国以后多家流传的基础上,汉代三家上升至上层,然后三家归一而成定本。三家本也来自民间儒士,能够参与到"归一"的行程,表明它们属于一种"幸运的民间",终成气候的民间。

三家本之外有别本,说明《论语》在春秋战国之际成书后川泽广远。可以注意者,类似的别本在《论衡·正说篇》也有所涉及:"至武帝发取孔子壁中,古文得二十一篇,《齐》、《鲁》二,《河间》九篇:三十篇。……今时称《论语》二十篇,又失齐、鲁、河间九篇。"⑥在这个书目中,《河间》九篇与《古》、《齐》、《鲁》三家并列,应是三家《论语》之外别本,以得书之地命名,当为河间献王搜集到的另一家《论语》。西汉文帝二年(公元前178年)改河间郡而置河间国,治所在乐成县(今河北献县东南)。即清人顾祖禹《读史方舆纪要》卷二所谓:"河间国:本赵地。文二年,分赵地为河间国。十二年,国除。景帝二年,复为河间国,都乐城,有县四。乐城,今河间府献县也。"⑦

---

① ［清］阮元校刻:《十三经注疏》(全2册),北京:中华书局,1980年版,第2455页。

② ［汉］班固撰:《汉书》(全12册),北京:中华书局,1962年版,第301页。

③ ［宋］司马光编著,［元］胡三省音注:《资治通鉴》(全20册),北京:中华书局,1956年版,第975—976页。

④ ［清］阮元校刻:《十三经注疏》(全2册),北京:中华书局,1980年版,第2454—2455页。

⑤ ［汉］班固撰:《汉书》(全12册),北京:中华书局,1962年版,第1716页。

⑥ 黄晖撰:《论衡校释》(全4册),北京:中华书局,1990年版,第1136—1139页。

⑦ ［清］顾祖禹撰,贺次君、施和金点校:《读史方舆纪要》(全12册),北京:中华书局,2005年版,第57页。

河间国与中山国相邻,二者之间《论语》传承的系统或有交叉,然而定州汉墓的《中山论语》是否近于《河间论语》,从《论衡》所引《论语》材料来看,似乎不能如此说。问题在于须论定,定州汉墓简书《论语》与赵地或中山国有何种文化上的因缘。

定州简书《论诂》在篇章、字句上,与尚可考索的鲁、齐、古三家的差异,尤其是与能够详加比较的今本的差异,为我们窥见早期《论语》传布的秘密,把握战国秦汉书籍编纂、流传、整理的体制,提供了难得的古老的样本。简本的存在,首先为《论语》编纂成书于春秋战国之际,提供了一个真确无疑的证据。既然简本的篇章语句难以纳入汉代三家,又与今本存在相当大的距离,那么,只能说这种现象折射出战国秦汉《论语》抄本制度,在近四百年的不同地域、不同群体的抄录和口传过程中,难以避免地出现了相当可观的篇章杂错和传闻异辞。同时,这种出诸考古文物可信性的证据,揭示了简本、汉三家本及今本差异颇大,却又不至于大到面目全非,篇章语句尚可校勘雠对,文本构成大体相近。通过折衷诸家,究其原委,可资证得《论语》于战国初前期已经成书,才可能在列国分化出不同的传本形态。而简本异文甚多,反映了原始《论语》年代古老,代代相传的链条已是相当长,才会在分头口授和传抄中积少成多,汇集了如此五花八门的异字、异文。在很大程度上,异字、异文是见证历史的锈斑。锈斑记录了年代的风尘,弥足珍惜。

其次,简本为汉代的书籍制度,提供了原始的物态证据,使上古书籍制度中一些茫昧莫辨之处豁然开朗。对战国秦汉典籍进行编年定位和真伪考辨,不考虑到这个历史时段的简帛抄本制度的本然存在,不加变通地以宋元以后刊本制度的经验性原则,强解上古书籍的真伪,是很容易掉入“时空谬指”的知识论陷阱的。一些源自先秦的典籍,在汉以后的版本中,出现一些到秦汉以下才有的词语,乃是书籍流传和整理中发生的问题,类乎考古学中的“历史文化地层叠压”,是不应脱离当时的书籍制度,不究原委地斥之作伪。宋人叶梦得《石林燕语》卷八云:“唐以前,凡书籍皆写本,未有模印之法,人以藏书为贵。不多有,而藏者精于雠对,故往往皆有善本。学者以传录之艰,故其诵读亦精详。五代时,冯道始奏请官镂《六经》板印行。国朝淳化中,复以《史记》《前后汉》付有司摹印,自是书籍刊镂者益多,士大夫不复以藏书为意。学者易于得书,其诵读亦因灭裂,然板本初不是正,不无讹误。世既一以板本为正,而藏本日亡,其讹谬者遂不可正,甚可惜也。"[①]叶梦得在刊本取代抄本的早期,就敏锐地感受到书籍制度的转型带来学者对书的态度的变化。如今我们能够从出土简帛中,反观秦汉、宋元书籍制度具有本质性的差异,就不可不反思我们版本学知识适应性的时代限度了。

只要我们对战国秦汉书籍制度中的"历史文化地层叠压"现象,有了真切的了解,就可能对残缺甚多、锈斑累累的简本《论语》的编纂、流布和整理过程,窥其是非得失,以及"鱼鲁豕亥"的变讹痕迹。在简本残存不到今本一半的文字中,人们发现,字词、句式与今本的差异达七百多处,几占字数的十分之一。古今字、异体字、假借字、同义字、俗省字和错讹字,比比皆是,若无今本校雠,简直难以卒读。如《八佾篇》:"周鉴于二代,郁郁乎文哉!"[②]"郁郁"在简书中,作"彧彧"。《史记·孔子世家》作"郁郁",盖已经汉人隶定了。王夫之《四书考异》云:"'郁'当作'馘',古无'郁'字。"[③]《说文》段氏注云:"'馘',古多假'彧'字为之。……今本《论语》作'郁郁乎文哉',古多作'彧彧'。"[④]简书保留了不少古字,说明它未经汉朝文士或博士加以深度规范化的隶定。

简书《论语》残卷与今本《论语》文字上的差异,有六成以上属于"同音别字",说明这个传本曾经有口传耳受的过程,才可能出现这种同音异记的现象。清人发明"因声求义"[⑤]、"就古音以求古义,引声触类,不限形体"[⑥]的训诂原则,堪称清代语文学的极高成绩,其中奥秘实际上在于契合了先秦书籍,往往有口传耳受而辗转记录传抄的过程。或者在秦人焚书之后,汉初由儒生凭记忆口授记录而成,也未可知。因而才会出现定州简书《论语》残卷的音义纠葛,比清儒所述更为宽泛的现象。如"仲"字写作"中"字,在竹简中相当常见。《八佾篇》的"管仲(之器小哉)",作"管中……";《雍也篇》的"(季康子问)仲由",作"……中由";《宪问篇》的"臧武仲",作"臧武

①　[宋]叶梦得撰,侯忠义点校:《石林燕语》(《唐宋史料笔记丛刊》),北京:中华书局,1984年版,第116页。

②　[宋]朱熹撰:《四书章句集注》,北京:中华书局,1983年版,第65页。

③　[清]王夫之撰:《船山全书》(第6册),长沙:岳麓书社,2011年版,第92页。

④　[汉]许慎撰、[清]段玉裁注:《说文解字注》,上海:上海古籍出版社,1981年版,第568页。

⑤　[清]戴震:《戴震集》,上海:上海古籍出版社,1980年版,第77页。

⑥　[清]王念孙撰:《广雅疏证》,北京:中华书局,1983年版,第2页。

中"；其至《子张篇》的"仲尼，日月也，无得而踰焉"，作"中尼"，连自己祖师爷的字，都写得不入规范。至于《先进篇》，将"闵子侍侧"，写作"黾子……"，是同音误记；"今由与求也"的仲由的"由"字，写成"曰"字，却可能是残简误抄了。

这耸同音异记多循一个规则，由繁笔入简笔，由难字入易字，比如将"仲"写作"中"，即是如此。这种由口头传统到书面记录的规则，即便到了元代《全相平话三国志》依然如此，如将"诸葛"、"糜竺"记作"朱葛"、"梅竹"。《汉书·艺文志》："古者八岁入小学，故《周官》保氏掌养国子，教之六书，谓象形、象事、象意、象声、转注、假借，造字之本也。汉兴，萧何草律，亦著其法，曰'太史试学童，能讽书九千字以上，乃得为史。又以六体试之，课最者以为尚书、御史、史书令史。吏民上书，字或不正，辄举劾。'六体者，古文、奇字、篆书、隶书、缪篆、虫书，皆所以通知古今文字、摹印章，书幡信也。古制，书必同文，不知则阙，问诸故老，至于衰世，是非无正，人用其私。故孔子曰：'吾犹及史之阙文也，今亡矣夫！'盖伤其浸不正。"①从简本错讹程度看，它的记录转抄者远未达到"能讽书九千字以上，乃得为史"的资格考试线，对于掌握"六体者，古文、奇字、篆书、隶书、缪篆、虫书，皆所以通知古今文字"的要求，相差甚远。因而这个简本的抄录，很可能是汉初训练尚未到家者所为。

简本《论语》的同音异记，最是引人注意者，莫过于《述而篇》之"子曰：加我数年，五十以学《易》，可以无大过矣"一章，竹简此章前半残损，后半为"以学亦可以毋大过矣"。这就重复了《鲁论语》此章的歧异："加我数年，五十以学，亦可以无大过矣。"有如陆德明《经典释文·论语音义》中《鲁》读'易'为'亦'，今从《古》"②所透露的变异。

孔子晚年学《易》，乃是推进儒学思想深度和精神境界上的一个关键，实在不能因为《论语》某个传本的同音异记而轻易否定。何况正史记载，言之凿凿，如《史记·孔子世家》说："孔子晚而喜《易》，……读《易》韦编三绝。曰：'假我数年，若是，我于《易》则彬彬矣。'"③司马迁得见《古论语》，《古论语》不作"亦"，而作"易"。《汉书·儒林传》也沿用此说，谓孔子"盖晚而好

---

① ［汉］班固撰：《汉书》(全12册)，北京：中华书局，1962年版，第1721页。
② ［唐］陆德明撰，黄焯断句：《经典释文》，北京：中华书局，1983年版，第348页。
③ ［汉］司马迁撰：《史记》(全10册)，北京：中华书局，1959年版，第1937页。

《易》,读之,韦编三绝"①。因此《鲁论语》作"亦",应视为同音致讹。至于能否根据这条材料,判定定州简本属于《鲁论语》,那就要考察战国秦汉书籍中同音致讹的潜在规律了。

如果贴合战国秦汉书籍制度中同音致讹的潜在规律,那么即使不是转录自《鲁论语》,也有可能将"易"讹变为"亦"。先要肯定,在《论语·述而》本章,"易"应是本字。道理很明显:一、《论语·为政篇》孔子明白表示:"吾十有五而志于学,三十而立,四十而不惑,五十而知天命。"②若是《述而篇》反而说"加我数年,五十以学,亦可以无大过矣"③,就是对十五而志于学的否定;若是"五十以学《易》",则可以为"五十而知天命"提供根据。综观孔子一生问学过程,《易》字应是本字,"亦"字乃同音误记,汉儒以《古论语》对《鲁论语》作出校正,具有孔子思想内在过程的合理性。二、《易》乃专用名词,"亦"乃常用副词,由专用变异为常用容易,由常用变异为专用就比较困难。在通常的情况下,《易》如果没有特别说明,是相当容易记作"亦"的。考虑到专用词与常用词转变的难易程度,及由此衍生的讹变潜在规律,此字以定为"易"比较妥当。陆德明所谓《古论语》,当是战国遗存;《鲁论语》之变异,可以解释为鲁地传承中同音异记,与定州简本《论语》的同音异记遵循着同一潜规则。

讨论简本《论语》残卷至于此,还应进一步探究周秦两汉书籍制度,包括其成书制度和传播制度何以如此。对事物存在的本质,若要知其所以然,是不可不多问几个"何以如此"的。追问之下,可以发现,书籍制度的发生和形成,一要考虑到:书籍制作和传布的物质条件。竹书造价昂贵,体积庞大,不易保存,由于社会动荡,逸散常有。《汉书·艺文志》就说:"周室既微,载籍残缺。"④老、孔以降,由于物质条件的限制和学术传承的习惯,许多书籍往往经过反复多次的口述、转述、记录、转录的漫长过程。唐代陆淳《春秋集传纂例》卷一引啖子曰:"古之解说,悉是口传。自汉以来,乃为章句。如《本草》,皆后汉时郡国,而题以神农。《山海经》广说殷时,而云夏禹所记。自余书籍,比比甚多。是知三传之义,本皆口传,后之学者,乃著竹

---

①　[汉]班固撰:《汉书》(全12册),北京:中华书局,1962年版,第3589页。
②　[宋]朱熹撰:《四书章句集注》,北京:中华书局,1983年版,第54页。
③　[宋]朱熹撰:《四书章句集注》,北京:中华书局,1983年版,第97页。
④　[汉]班固撰:《汉书》(全12册),北京:中华书局,1962年版,第1715页。

帛,而以祖师之目题之。"①章学诚《校雠通义》卷三又云:"古人师授渊源,口耳传习,不著竹帛者,实为后代群籍所由起。"②这种情形乃是由于简本材料昂贵,而非由于没有文字,既然日常教学限于口耳传习,习惯成自然,也就自然而然地规约着东周秦汉的书籍制度。

这种书籍制度,甚至还辐射到周边邦国,推进了汉字文化圈的形成。清末黄遵宪《日本杂事诗》卷一引日本《古语拾遗》曰:"上古之事,口耳相传耳。自王仁赍《论语》、《千文》来,人始识字。"③姚文栋《答东洋近出古书问》又云:"据源光昉《大日本史》:应神十六年,征王仁于百济,始有《论语》、《千字文》。此钟繇千文。继体七年、十年,百济遣五经博士段扬尔,又遣汉安茂,始有五经(日本纪以《礼》《乐》《书》《论语》《孝经》为五经)。《古语拾遗》曰:上古之事,口耳相传而已,自王仁来,人始识字。按日本通百济,其时当中国南北朝之季。"④据日本最早之正史《日本书记》记载,在相当于中国西晋时期,百济五经博士王仁携带郑玄注或何晏集解的《论语》十卷,渡海到日本,这是儒学传入日本之始。定州简本《论语》比郑玄注《论语》早二百四十余年,比何晏等集注《论语》早三百年,比百济王仁携《论语》入日本早三百四十年。战国秦汉百家之书始于论学,尔后多由弟子回忆记录于竹简,再传之时也不是每人每次都备竹简,"子张书于绅",也是一种权宜。口述有方音之异,转述有确否之殊,记录有用字习惯之别,传抄有辨认之难,转录者水平的高低和被转录的简书的完整程度、清晰程度,都会影响文本的模样。由此出现的问题,不应拘于真伪之辨。许多简帛都有其真实依据,是传播过程不同时段的真,不同传播群体代代相传的真,不同地域传播、扩散、渗透的真,处在官方意识形态形成时不同位置和层面上的真,即是说,它们的真是动态的,具有多维性、多层面性,这些才是需要致力于清理流脉,辨析正讹,考究原委的。不断出土的简帛文献启示人们,不应再陷入以宋以后刊本印刷的书籍制度,硬套和曲解先秦口传抄录并行时代的书籍制度的认知误区了。

二要考虑到:传布主体的差异。既然上古书写材料昂贵,话语权又掌

---

① [唐]陆淳撰:《春秋集传纂例》,嘉兴钱氏经苑本,卷1《三传得失议第二》篇。
② 章学诚撰:《校雠通义》(《丛书集成初编》),长沙:商务印书馆,1939年版,第31页。
③ 黄遵宪撰:《黄遵宪全集》(第1编),北京:中华书局,2005年版,第26页。
④ 郑振铎编选:《晚清文选》(卷上卷中),北京:中国社会科学出版社,2002年版,第424页。

握在贵族和为之服务的巫史手中,因而文献不足的程度是非常严重的。这就决定了记载下来的,不一定是全部的真实;没有记载的,不一定就不存在。存在与记载,是有联系的两回事,在联系中不应排除价值选择、认知水平、政治宗教干涉、文字表达的习惯,以及许多需要具体情境具体分析的问题。四川三星堆古国,在震惊世界的大量文物出土之前,谁发现它的文献存在而按图索骥了? 出土后,谁又确凿无疑地证实它属于或对应于何种文献存在? 章太炎曾经因为不见文献记载,就怀疑甲骨文是作伪:"近有掊得龟甲者,文如鸟虫,……其人盖欺世豫贾之徒,国土可鬻,何有文字? 而一二贤儒,信以为质,斯亦通人之蔽。按《周礼》有衅龟之典,未闻铭勒。其余见于《龟策列传》者……而刻画书契无传焉。……鼎彝铜器,传者非一,犹疑其伪,况于速朽之质,易蕫之器。作伪有须臾之便,得者非贞信之人,而群相信以为法物,不其俱欤?"①随着甲骨学之成立及其在古史研究中划时代的收获,如此言论成了"通人通否"的遗憾话题。因此,清人毛奇龄此言值得认真寻味:"六经无髭髯字,将谓汉后人始生髭髯,此笑话矣。"②

　　三要考虑到:汉人整理文献的习惯。流传至今的许多先秦典籍,都经汉人整理过,不明汉人整理的惯例,就无法辨析先秦书之今传本的汉代因素之渗入。汉人秘阁校理图书,在"部次条别","辨章学术,考镜源流"之时,除了对东周各国的异体古字加以隶定,疏通文句,增添汉人习用的某些虚词之外,很重要的是增写简短说明,交代背景人物,以及分章作注。对此,只需比较一下长沙马王堆出土的《战国纵横家书》与经过刘向整理的《战国策》③,就会了然于心。这些增改,自然包含着汉人对原书的理解,但并非存心作伪,而更大程度上是为了整齐歧异,择善而从,序次篇章,并且使人读懂,便于流传。由于历代崇圣的尘埃厚积,涂饰和曲解遮蔽了人的视线,怀疑精神是必要的,疑古也无可厚非。但是,疑古必须考虑到先秦古籍的成书和传抄是一个过程,考虑到汉人整理古籍的惯例,考虑到古籍真实性的多种维度。轻视或抛弃这"三个考虑",一味以疑古为尚,似乎古人

---

① 章太炎撰,庞俊、郭诚永疏证:《国故论衡疏证》,北京:中华书局,2008 年版,第 232—235 页。
② [清]毛奇龄撰:《经问》,文渊阁《四库全书》本,卷 9。
③ 《马王堆汉墓出土帛书〈战国策〉释文》,《战国策》附录,上海:上海古籍出版社,1998 年版,第 1337—1366 页。

存心不古，总是在作伪，弄得满目伪书，就走入了"窥察无从，隔膜必甚"的学术误区。这就提醒辨真伪者，首先要辨析自身用以辨真伪的知识适合度和方法合理性。

其实，古人对于典籍流布中的歧异，也有所省察，名之曰："传闻异辞（或词）"，将异辞原因归结于"传"与"闻"的历史过程。"传"的一端与"闻"的一端，是存在着距离的，这种距离分别连属着时间空间、社会心理、思潮习俗、政教传统等等，从而导致传出的信息不可能与接收的信息完完全全一致。比如《春秋公羊传》就三次讲到由不同的距离产生的各种"异辞"现象："所见异辞，所闻异辞，所传闻异辞。"分别见于"（鲁）隐公元年"，"（鲁）桓公二年"，"（鲁）哀公十四年"①。这些说法，源自于对上古书籍传述的变异的实际感受，比如《春秋》三传，就存在着诸多"所见异辞，所闻异辞，所传闻异辞"之处。于此，既要注意传闻过程，又要注意"传闻者"主体差异的介入。公元前 575 年，晋、楚鄢陵之战，楚国令尹子反因醉酒误事被诛，其事在《国语·楚语上》、《吕氏春秋·权勋篇》、《韩非子·十过篇》与《饰邪篇》、《淮南子·人间训》、《史记·晋世家》及《楚世家》、《说苑·敬慎篇》均有记载，详略程度和文字表述方式，各有差异。对此，《春秋左传正义》注疏中，就引述《吕氏春秋》行文与《左传》文本相比较，认为"与此不同者，传依简牍本纪，彼采传闻异辞，所说既殊，其文亦异"②。而"传闻异辞"一语，后世沿用甚多。比如《四库全书总目提要》对于不同文本的差异，使用"传闻异词"者，亦复不少。"传闻异词"一语，带着先秦文献成书和传播过程的实感，可以化解不少无谓的"真伪之辨"，但它还是直觉的，简略的。在上古书籍制度中，还存在不少细致的、或深层次的问题，有待我们去清理和破解。

考虑到战国秦汉书籍的载体、撰述主体和传播客体的错综复杂的因素之后，再度进入定州简本《论语》的篇章字句，就会在其与汉代三家传本、今传本难以协调的差异面前，知道必须转身，又如何转身，转身才知天地宽。何必吊死在刘向、刘歆、班固认定的三根柱子上？偌大世界，难道除了汉廷秘府藏书，就再也没有地方和民间的藏书吗？关键在于考究定州简本《论语》的篇章语言特质，追问这些特质的发生学根据，探源溯流，在辨析其得

---

① 〔清〕阮元校刻：《十三经注疏》（全 2 册），北京：中华书局，1980 年版，第 2200、2213、2353 页。

② 〔清〕阮元校刻：《十三经注疏》（全 2 册），北京：中华书局，1980 年版，第 1919 页。

以发生的时段、地域、人群中，厘定其文化归属。

首先看地域。简本出土的定州，原属春秋狄人所建之鲜虞国，战国更名为中山国，后为赵国兼并；汉初，"中山靖王胜以孝景前三年（公元前 154 年）立"①，改中山郡为中山国，治所在卢奴县（今河北定州市）。唐人李吉甫《元和郡县图志》卷十八云："《禹贡》冀州之域，亦尧帝始封唐国之地。春秋时鲜虞白狄之国，《左传》曰'晋荀吴侵鲜虞'，是也。战国时为中山国，与六国并称王，后为赵武灵王所灭。中山之地，方五百里，秦兼天下，今州盖秦赵郡、钜鹿二郡之地。汉高帝分赵、钜鹿置常山、中山二郡，城中有山，故曰中山。景帝改为中山国，封子胜为中山王。"②中山靖王刘胜，五传至中山怀王刘脩（《汉书·诸侯王表》作刘脩，《景十三王传》作刘循）。

出土的简本《论语》，虽与萧望之文件同穴，但它的抄录和搜藏不排除、甚至很可能在萧望之之前，受萧望之所学的《齐论语》和所传的《鲁论语》的影响，几率极低。如果要寻找这个简本的特质，应该将注意力用在这部简书并非来自官府，而是搜自民间的思路上，因为这是西汉同姓诸侯王掀起的一种风气，河间献王乐此不疲，颇出风头，相邻地方王国不会不动效尤之心。由此搜集来的简本《论语》，就可能带有中山国，或赵地的印记。是否如此，需拿证据说明。

语言方式和风俗方式，是地域文化基因所在处，分析不妨从这里开始。简本《论语》，每将"冕"字写作"綖"字，这是古今字的差异。冕字从"冃"，乃大夫以上之冠。《说文》释为"头衣"，即今之帽子。綖，"糸"旁，因为古时冠冕常以丝织成，为"冕"的较古老的异体字，汉以后逐渐隶定或统一为"冕"。比如《泰伯篇》最后一章："子曰：禹，吾无间然矣。菲饮食而致孝乎鬼神，恶衣服而致美乎黻冕；卑宫室而尽力乎沟洫。禹，吾无间然矣！"③定州简本残存只五个字"綖卑宫室而"，是将"黻冕"写成"（黻）綖"的。除此，颇有几处将"冕"写作"綖"，如《子罕篇》："冕衣裳者"；《卫灵公篇》："服周之冕"、"师冕见"、"师冕出"。其中的"冕"字，简本均作"綖"。此外，简本还将"辂"字写成"路"字。文字较完整者如"子曰：行夏之时，乘殷之路。服周之綖，乐则□□。放郑声，远年人；郑声淫，年人殆。"这是《论语·卫灵公篇》"颜

①　［汉］班固撰：《汉书》（全 12 册），北京：中华书局，1962 年版，第 2422 页。
②　［唐］李吉甫撰：《元和郡县志》，清武英殿聚珍版丛书本，卷 22 "河北道三"。
③　［清］阮元校刻：《十三经注疏》（全 2 册），北京：中华书局，1980 年版，第 2488 页。

渊问为邦"章,今本相应的文字是:"子曰:行夏之时,乘殷之辂。服周之冕,乐则韶舞。放郑声,远佞人;郑声淫,佞人殆。"①简本残缺了"韶舞"二字,两个"佞"字写成"年"字,"辂"字写成"路"字,"冕"字写成"綩"字。

遍检战国秦汉文献,可以理出一个头绪:简本《论语》"辂"、"冕"二字的异写方式,与《荀子》存在着不谋而合之外。《荀子·哀公篇》记述孔子回答鲁哀公之言:"夫端衣、玄裳、綩而乘路者,志不在于食荤;斩衰、菅屦、杖而啜粥者,志不在于酒肉。生今之世,志古之道,居今之俗,服古之服,舍此而为非者,虽有,不亦鲜乎!"②这段话的"辂"作"路"字,"冕"作"綩",与简本《论语》合。

《大戴礼记·哀公问五义》引这段孔子对鲁哀公之言,则写作"今夫端衣、玄裳、冕而乘路者,志不在于食荤。斩衰、简屦、杖而歠粥者,志不在于饮食。故生乎今之世,志古之道。居今之俗,服古之服。舍此而为非者,虽有,不亦鲜乎!"③与简书相较,"冕"字异,而"路"不异。在用字习惯上,简本《论语》与赵人荀子更接近一些,这可能是由于它是《赵论语》、或《中山论语》的缘故。

狄人之中山国于荀子年少时,即为赵武灵王所灭,并入于赵。狄人之国并入赵,赵与狄文化互染。《易·稽览图》有"《屯》,十一月神人从中山出,赵地动"④之言。《汉书·地理志》云:"赵、中山地薄人众,犹有沙丘纣淫乱余民。丈夫相聚游戏,悲歌忼慨,起则椎剽掘冢,作奸巧,多弄物,为倡优。女子弹弦跕躧,游媚富贵,遍诸侯之后宫。"⑤可见赵、中山之地,有独特的风俗、声音、姿色,属于同一个地域板块。因而相同的文字变异,表明定州简本《论语》与赵人荀况,处在同一个语言方域。如果它是《赵论语》,它的传承路线就可能由仲弓,尤其是讲学西河的子夏所传授,中间或经过荀子之手,终于在汉代中山国被搜集庋藏。今本《论语》,则是西汉末年安昌侯张禹,对《鲁论语》、《齐论语》择善而从,成《张侯论》行于世;东汉末年,郑玄在此基础上,以《鲁论语》为底本,参照《古论语》、《齐论语》而成注释的

---

①　[清]阮元校刻:《十三经注疏》(全2册),北京:中华书局,1980年版,第2517页。

②　[清]王先谦撰,沈啸寰、王星贤点校:《荀子校释》(全2册),北京:中华书局,1988年版,第538页。

③　[清]王聘珍撰,王文锦点校:《大戴礼记解诂》,北京:中华书局,1983年版,第9页。

④　[唐]魏征、令狐德棻撰:《隋书》(全6册),北京:中华书局,1973年版,第1605页。

⑤　[汉]班固撰:《汉书》(全12册),北京:中华书局,1962年版,第1655页。

新本,因而与《中山论语》文字殊异颇多。

对于典籍用字的习惯,应尽可能进行人文地理学的定位。这种定位,有助于认识简本《论语》流传的地域用字习惯的特征。清理"繐"字在先秦典籍中的轨迹,《逸周书》四见,《管子》六见,《左传》二见,《荀子》五见;降至汉代,《淮南子》二见,《史记》三见。即是说,战国中期以前,使用这个古字者,遍及东周齐鲁;战国晚期以降,以荀子为标志,中国古字的使用就相对集中于赵地了。

《史记》总共三次使用"繐"字,一是《史记·礼书》:"大路之素帱也,郊之麻繐,丧服之先散麻。"①此材料来源于《荀子·礼论》:"大路之素未集也,郊之麻繐也,丧服之先散麻也。"②"大路"即"大辂",殷祭天车;"麻繐"即"麻冕",缉麻为冕以充丧服。辂、冕二字异记为"路"、"繐",由于二字源自《荀子》,也与简本《论语》同。二是《史记·封禅书》:"其明年,赵人新垣平以望气见上,言'长安东北有神气,成五采,若人冠繐焉。或曰东北神明之舍,西方神明之墓也。天瑞下,宜立祠上帝,以合符应'。于是作渭阳五帝庙,同宇,帝一殿,面各五门,各如其帝色。祠所用及仪亦如雍五畤。"③这里的"繐"字出自赵人新垣平的话。三是《史记·孔子世家》:"(卫)灵公卒,立孙辄,是为卫出公。六月,赵鞅内太子蒯聩于戚。阳虎使太子繐,八人衰绖,伪自卫迎者,哭而入,遂居焉。"④这条材料来自《左传·哀公二年》:"六月乙酉,晋赵鞅纳卫大子于戚。宵迷,阳虎曰:'右河而南,必至焉。'使大子繐,八人衰绖,伪自卫逆者。告于门,哭而入,遂居之。"⑤这条材料写的是晋国赵鞅、阳虎纳卫国太子蒯聩的事。确实有点匪夷所思,三条材料竟然分别来自赵人之书、赵人之语、赵人之事,可见赵国比其他诸国保留古字"繐",更为根深蒂固。中山国是鲜虞白狄之国,赵武灵王"胡服骑射"之后,赵国兵力强盛,于公元前296年吞并中山国,因而战国晚期赵国内含中山国之地,在汉初衍化为中山郡国。因此《中山论语》,也是《赵论语》,只因为出自中山怀王墓,循考古学之惯例,以出土地命名遗址古物,故

①　[汉]司马迁撰:《史记》(全10册),北京:中华书局,1959年版,第1169页。

②　[清]王先谦撰,沈啸寰、王星贤点校:《荀子校释》(全2册),北京:中华书局,1988年版,第353页。

③　[汉]司马迁撰:《史记》(全10册),北京:中华书局,1959年版,第1382页。

④　[汉]司马迁撰:《史记》(全10册),北京:中华书局,1959年版,第1927页。

⑤　[清]阮元校刻:《十三经注疏》(全2册),北京:中华书局,1980年版,第2155—2156页。

称《中山论语》。

　　既已对《中山论语》进行地域定位,继之还须进行年代学的定位。年代学与地理学,是历史定位的纵横二轴。避讳用字,是考证书籍流传年代的重要证据。学者多注意到,定州汉简《论语》改"邦"字为"国"字,是避汉高祖之讳使然。如《泰伯篇》"危邦不入,乱邦不居",作"危国弗入,乱国弗居"。《乡党篇》"问人于他邦",作"问人于他国"。《子路篇》"定公问:一言而可以兴邦,有诸?"异记为"定公问:壹言而可以兴国,有诸?"《卫灵公篇》"虽蛮貊之邦","邦有道则仕,邦无道则可卷而怀之",变异为"虽蛮貊之国","国有道则士,国无道则可卷而怀之"。《季氏篇》"邦君之妻"等,也改"邦"作"国"。从这种避讳用字,可以知道,定州汉简《论语》的最后抄录,已在西汉初期。

　　简本《论语》将 19 个"邦"字改作"国"字,唯《子张篇》"夫子得邦家"未改,可能是粗率造成的遗漏。对于刘邦以下诸帝的名讳,均未作避忌,这也是值得注意的。比如《述而篇》"虚而为盈,约而为泰","盈"字触犯汉惠帝名讳,未作避忌;《八佾篇》"……口徹,子曰:相维辟公,天子穆穆,奚取于三家……","徹"字触犯汉武帝名讳,也未作避忌。因而更坐实简本是西汉初期过录本无疑,按照西汉前期的风气,它搜藏入中山王府,应在中山靖王刘胜,这是与河间献王刘德为异母兄弟的始封一代,迟不过其子哀王刘昌、其孙康王昆侈这前三代,无须等到六世怀王刘脩才收藏。

　　简本用字的特别,于斯为甚;然更有奇特怪异者。今本《论语》全书共有"政"字 42 个,而在定州汉墓简本中缺失 24 个,所存 18 个,只有 1 个还写作"政",其余 17 个都写成"正"。当然,政、正为古今字相通,"政者,正也",也是孔子对政治的一种解说。如《论语·颜渊篇》:"季康子问政于孔子。孔子对曰:'政者,正也。子帅以正,孰敢不正?'"①《大戴礼记·哀公问于孔子》也记载孔子对曰:"政者,正也。君为正,则百姓从政矣。君之所为,百姓之所从也。君所不为,百姓何从?"②《礼记·哀公问》也有类似记载,文字略异。

　　应该指出,到了西汉初年,"政"字还有作"正"字的记载。《汉书·郦陆

────────────

　　①　[宋]朱熹撰:《四书章句集注》,北京:中华书局,1983 年版,第 137 页。
　　②　[清]王聘珍撰,王文锦点校:《大戴礼记解诂》,北京:中华书局,1983 年版,第 13 页。

朱刘叔孙传》记载："时中国初定,尉佗平南越,因王之。高祖使(陆)贾赐佗印为南越王。贾至,尉佗魋结箕踞见贾。贾因说佗曰:'……夫秦失其正,诸侯豪桀并起,唯汉王先入关,据咸阳。……五年之间,海内平定,此非人力,天之所建也。'"①注曰:"正亦政也。"②此事发生在公元前196年,即《汉书·西南夷两粤朝鲜传》所云:"高帝已定天下,为中国劳苦,故释佗不诛。十一年(从刘邦封汉王之206年算起),遣陆贾立佗为南粤王。"③大概这就是"政"字作"正"字的尾声了。自此以后,"政"用在政治,"正"用在正直,在通常情况下是不会混淆的。

殊不料定州汉简《论语》除了一处可能是疏漏之外,全部"政"字都写作"正"。作为一代中山王的随葬书籍,简书抄写者按理不应图简便而大量使用简笔字,这也反证了简本是王府旧藏。既是旧藏,就令人不能不在由秦入汉的历史行程中,进一步探究其中的原因了。先行胪列事例:今本《为政篇》,"为政以德,譬如北辰",简本作"为正以德,譬如北辰";"或谓孔子曰:'子奚不为政?'子曰:'书云:孝乎惟孝,友于兄弟,施于有政。是亦为政,奚其为为政?'"④简本改作"或谓孔子曰:'子何不为正也?'子曰:'书云:孝乎维孝,友于兄弟,施于有政。是亦为正,奚其为为正?'"《泰伯篇》,"不在其位,不谋其政"的"政"字,简本也作"正"。《子路篇》,"子路问政","仲弓为季氏宰,问政","叶公问政","子夏为莒父宰,问政","(子贡)曰:今之从政者何如",所有这些"政"字,简本都作"正"。《尧曰篇》,"子张问孔子曰:'何如斯可以从政矣?'子曰:'尊五美,屏四恶,斯可以从政矣。'"简本将其中的两个"政"字,都用作"正"字。

为何出现如此一面倒的现象?这可以用同音互借的理由解释得了吗?实际上是时代选择了文字,一些独具功能的文字成了时代的符号,为此还得回到为皇上避讳的命题。宋人周密《齐东野语》卷四"避讳"条曰:"古今避讳之事,杂见诸书,今漫集数条于此,以备考览。盖殷以前,尚质不讳名,至周始讳,然犹不尽讳。如穆王名满,定王时有王孙满之类。至秦始皇讳政,乃呼正月为征月,《史记·年表》作端月。卢生曰:'不敢端言其过。'秦

---

①　[汉]班固撰:《汉书》(全12册),北京:中华书局,1962年版,第2111页。

②　[汉]班固撰:《汉书》(全12册),北京:中华书局,1962年版,第2112页。

③　[汉]班固撰:《汉书》(全12册),北京:中华书局,1962年版,第3848页。

④　[宋]朱熹撰:《四书章句集注》,北京:中华书局,1983年版,第59页。

颁端正法度曰'端直'。皆避政字。汉高祖讳邦,旧史以邦为国。惠帝讳盈,《史记》以万盈数作满数。文帝讳恒,以恒山为常山。景帝讳启,《史记》微子启作微子开,《汉书》启母石作开母石。"①清人杭世骏《订讹类编》卷三沿用此说:"历朝避讳字宜改正(俱见《野客丛书》)[正]秦始皇讳政。以正月为征月。今呼正月作平声。犹沿秦讳。宜作去声。《史记·年表》又曰端月。卢生曰不敢端言其过。秦颂曰端平法度。又曰端直忠厚。皆避讳故。今不必然。[邦]《汉》、《史》凡言邦皆曰国,避高祖讳邦也。[雉]《史记·封禅书》:野鸡夜雊,避吕后讳雉也。[盈]《史记》:万盈数作万满数,避惠帝讳盈也。"②

　　从上述二则文字可知,为秦始皇嬴政避讳,改用的文字不一而足,甚至因避讳而改变文字的发声,更甚者二千年后文字发声"犹沿秦讳"。这位千古一帝的威风不小。因此,定州汉简《论语》的"政"字一面倒地改用"正"字,应看作与避秦始皇嬴政之讳有关,采用以"政"字省笔避讳的方法。这种省笔避讳的方式,与呼正月为"征月",或改正月作"端月",先后杂出,大概出现在秦人即将统一全国,却尚未推行统一文字之时。即是说,简本《论语》,在秦灭赵而推动统一全国的过程中,曾经在赵地转抄过。史载秦王政十九年(公元前228年),秦将王翦击赵,大破之,尽取赵地,获赵王迁。由此到秦始皇三十四年(公元前213年)定挟书律,下令焚书,其间共有16年,可能有一种《赵论语》在士人间流布和传抄,将所有的"政"字以避秦始皇讳的特例,改作"正"字。

　　其次,由于《论语》与秦朝官方意识形态商鞅、韩非之学存在对立之处,就导致如《说文解字·叙》所云:"诸侯力政,不统于王,恶礼乐之害己,而皆去其典籍。"③秦国焚书,早在秦始皇之前就存在过,如《韩非子·和氏篇》曰:"商君教秦孝公以连什伍,设告坐之过,燔诗书而明法令。"④因此在秦的兵锋所及之处,《论语》转录可能连同"仲尼"也改为"中尼"、"仲由"也改为"(中)曰"、"闵子(骞)"也改为"黾子",以掩人耳目也未可知。然后,这种

---

　　① [宋]周密撰,张茂鹏点校:《齐东野语》(《唐宋史料笔记丛刊》),北京:中华书局,1983年版,第55页。

　　② [清]杭世骏撰,陈抗点校:《订讹类编·续补》,北京:中华书局,1997年版,第94页。

　　③ [汉]许慎撰:《说文解字(附检字)》,北京:中华书局,1963年版,第314页。

　　④ [清]王先慎撰:《韩非子集解》(《诸子集成》五),北京:中华书局,1954年版,第67页。

《赵论语》在汉初惠帝(公元前194—前188年在位)时"除挟书律"①,取消书禁;文帝(公元前179—前157年在位)时"大收篇籍,广开献书之路"②以后,又在中山王国作为民间"先祖旧书"被征集采录,已加入了汉初的避讳惯例,才形成出土所见的用字驳杂的样子。其传承和转录,是一个过程,呈现在文本上,就出现了类乎考古学的"历史文化地层叠压"的现象。又由于偏在地方政权,未为朝廷的校书官和正史所著录。

由于这种《赵论语》或《中山论语》经过多次口授、记录和传抄,它的同音假借和形近讹误之处甚多。一般而言,口传容易产生同音异字,转抄容易出现形近误写。比如,简本每将"佞"字写成"年"字,当是早期据口授而记录所致。《宪问篇》,"非敢为佞也","佞"字在简本作"年"。《卫灵公篇》,"放郑声,远佞人。郑声淫,佞人殆",两处的"佞人",在简本中都作"年人"。《季氏篇》,"友便辟,友善柔,友便佞,损矣",简本中"友便佞"作"友辨年"。如此频繁重复的字与音吊诡的现象,是否可供治古音韵者,作为语料例证,或考赵地方音乎?此外,如"简"作"间","知"作"智","慢"作"曼","坦"作"鉏","疏"作"疎","亿"作"意","违"作"韦","荷"作"何","谓"作"胃","公"作"功",等等,都与口耳相传,凭音记字有关。这就是阮元所谓"古人简策繁重,以口耳相传者多,以目相传者少"③了。

另外存在一些文句颠倒之处,也与凭记忆而口授相关。如《卫灵公篇》,"子曰:众恶之,必察焉;众好之,必察焉",简本颠倒为"子曰:众好之,必察焉;众恶之,必察焉"。《子张篇》,"子夏曰:仕而优则学,学而优则仕",简本颠倒为"子夏曰:学而优则仕,仕而优则学"。这些都可能是经师凭记忆讲授时弄窜了行,为弟子记录下来的结果。但是《赵论语》简本,还有不少形近而讹者,这就是手民抄录之误了。比如,《雍也篇》,"虽"作"唯","逝"作"选"。《先进篇》,"屡"作"居","践"作"浅"。《宪问篇》,"居"作"君",以上都应看作原简残损,或传抄笔误的例证。不同师门的讲授、传播、转抄,使得东周秦汉的书籍容易出现异本,这倒不是古人热心"作伪",而是其时书籍制度与宋以后的刊本制度大异之所致。见其异则斥其伪,简捷而痛快;见其异则析其因,包括人文地理学之因、历史编年学之因,却是

① [汉]班固撰:《汉书》(全12册),北京:中华书局,1962年版,第90页。
② [汉]班固撰:《汉书》(全12册),北京:中华书局,1962年版,第1701页。
③ [清]阮元撰:邓经元点校:《揅经室集》(全2册),北京:中华书局,1993年版,第606页。

需要功力与功夫的。

定州简本《论语》残卷的出现,尚有一种启示:秦始皇、李斯推行"书同文",对于中国文字之统一,意义重大,但只是开了一个头,在十几年的秦政中,可能规范了官方文件,至于整个社会远没有取得足够的成效。文字统一除了官方文件之外,更具有实质意义的是书籍流布和教育固本。秦始皇焚书,堵塞了其中的许多渠道。顾炎武《日知录》卷四云:"《五经》中,文字不同多矣。有一经之中而自不同者。如'桑葚'见于卫诗,而鲁则为'黮'。'彤弓'著于郑风,而秦则为'韔'。《左氏》一书,其录楚也'蔿氏'或为'蒍氏','箴尹'或为'针尹',况于钟鼎之文乎?《记》曰'书同文',亦言其大略耳。"①更深程度的"书同文",是在汉代解除"挟书律",开放书籍禁锢之后,大量典籍出现、搜集,又经刘向、刘歆以及博士、经师的传播整理,才算取得逐渐深入社会和士人阶层的实质性成果。中国文字自战国"言语异声,文字异形"②之后,全国文字的统一,始于秦而成于汉,因而中国文字被称为"汉字",洵是实至名归。今人研究先秦古书倘若混淆汉以前和宋以后两种不同的书籍制度,到处挑剔"伪书",如此得出的结论就往往容易被新出土的文献击破,留下学术史上一些尴尬的话题。

回到先秦书籍制度的真实状态,方可进行真正的文化还原研究,方可称得上科学的态度。《汉书·景十三王传》称:"河间献王德以孝景前二年立,修学好古,实事求是。从民得善书,必为好写与之,留其真,加金帛赐以招之。……献王所得书皆古文先秦旧书,……修礼乐,被服儒术,造次必于儒者。山东诸儒多从而游。"③有简本《论语》随葬入墓的中山怀王刘脩之郡国始祖刘胜,有"乐酒好内"的作风,自然不及河间献王之"修学好古",因而刘胜或其子孙搜集的简本《论语》大概也是儒士所献之旧简,非有河间献王"从民得善书,必为好写与之,留其真,加金帛赐以招之"④之热心及举措,所得难说是善本,尽管其保存了

---

① 〔清〕顾炎武著,〔清〕黄汝成集释,秦克诚点校:《日知录集释》,长沙:岳麓书社,1994年版,第158页。

② 〔汉〕许慎撰:《说文解字叙》。见:〔清〕严可均辑:《全后汉文》,北京:商务印书馆,1999年版,第495—496页。

③ 〔汉〕班固撰:《汉书》(全12册),北京:中华书局,1962年版,第2410页。

④ 〔汉〕班固撰:《汉书》(全12册),北京:中华书局,1962年版,第2410页。

不少早期信息,包括战国秦汉简书流布的信息。尤可注意的是,《汉书》对河间献王首用"实事求是"之语,意蕴深刻,磨淬生辉,可作为指引文化与生命还原的路标。循此而行,可期探悉原本,以坚实走向博大。

外　编

二十章　外编引言：关于孔子文化地图

既然前面已经从发生学的角度，以卷地毯式、或类乎国画皴染法，详细地分析了《论语》中孔子言行，考定一批孔子之言的发生年份、历史现场，以《论语》本然的意义逻辑，聚焦阐释《论语》学上的一系列关键命题；并采取以史解经、以礼解经、以生命解经的方法，揭示《论语》编纂启动于"夫子既卒"，众弟子庐墓守心孝时期，编纂过程中采取讨论、取舍、润色、厘定篇章等严密程序，于春秋战国之际的五十年间，存在过由不同的弟子后学主持的三次重大的编纂行为，每次编纂都为《论语》文本注入了独到的价值、深刻的意义，留下了尚未泯灭的生命痕迹。《论语》本是以孔子为中心的一个卓越的思想文化共同体的生命见证，对《论语》的研究，也就需要更新眼光，博采文献，开启悟性、知性和问题求索思辨的能力，以多维方法的综合运用，烛见材料深处的文化基因和生命密码，以迹求心，以生命见证生命，从而发现一部"活着的《论语》"。

在博采文献中可以发现，孔子留赠中华民族的智慧，以《论语》最真切，但是并不限于《论语》。至今犹存的"孔子曰"材料，《论语》之外还有一二十倍之数量散见于东周秦汉文献，其丰富性、多样性和复杂纷纭的程度，存在着许多为《论语》不能涵盖、不能代替，甚至不能比拟之处。对于这些文献的真实性和变异性的考察，有必要重新调整文化立场和认知态度，才能真正深入其内在的生命及衍化的脉络。它们究竟从何而来，异同之处又因何而生，是推求原始，究其原委，还是简单一刀切地以"作伪"论之？这是历代崇圣之风，以及清代、民国疑古之风，给中国文化根本之还原留下的不容回避的重要命题。

历史本是客观的存在。但逝川难挽，轮辙可鉴，当人面对历史之时，历史及其文化，往往呈现多种解释的可能性。固执一种可能性，不如展开多种可能性；堆砌多种可能性，不如比较多种可能性；掠取浮面的可能性，不如透入深层的可能性。总之，面对多种可能性，固陋者得其迷误，肤浅者得其皮毛，真正的深刻者才能得其生命之本质。《论语》在呈现孔子德行智慧时，严加取舍，但取者是孔子的正面，舍者留有孔子的背影，有正面、有背影，才是灵肉兼备、谈笑生风的立体的孔子。

只要认真辨析"孔子曰"在战国秦汉文献中分布的地图，就不难发现，其中的相当大的部分可能也是七十子及其后学口传和记录的结果，只不过没有通过讨论取舍的门槛而编入《论语》，或者在讨论取舍中为《论语》以自身价值标准刊落而已。首先，种种迹象表明，刊落了的材料还在顽强地表达它们的生命存在，以一组一组的竹简在各个地域、群体、社会层面传播着，在"旅行"中停下脚来，分居于不同的竹简客舍。《仪礼·聘礼》"百名以上书于策，不及百名书于方"①，贾公彦疏云："简谓据一片而言，策是编连之称，是以《左传》云南史氏'执简以往'，是简者未编之称。此经云'百名以上书之于策'，是其众简相连之名。"②这类执简以往、连简为策的简书传播方式，在旅行过程中，不同的地域、学派、阶层对之进行转录和口授。每次转录或口授，由于语境的差异，都可能产生微妙变化，十代八代之后传闻异辞的现象就难以避免地愈益严重。支派流漫，异辞久积，学派之间互诘互嘲，为保卫自己的正宗性和权威性，就指责对方失真或作伪。古文今文、汉学宋学，此类指责不少，当须从材料传播的实际轨迹中，辨其原委。

其次，汉代文献学家在整理先秦典籍时，往往对单篇别行和各家汇集的抄本，删其重复，择善而从，厘定篇章，排列序次，并且增添一些关乎背景、人名的解释性、串通性文字，不同程度地改变了文本原先流传的面貌，令人抱怨其窜改，但这是汉人"辨章学术，考镜源流"的惯例。他们在以他们的方式，拯救散落了的上古三代文明的残卷，而不是存心毁坏这些文明残卷。因而对于孔子文化地图上的此类材料，不应攻其一点，不计其余，挑剔汉世掺入的个别词语，就对之全盘否定；更不要再固执地、或盲从地以经传为唯一的标准，陷入"诠释学的隔阂"，将经传以外的孔子言论材料不加分析就斥为伪作，这种态度和做法，有可能委屈了没有掌握《论语》编纂话语权的那些七十子同门，是有悖于学术的民主精神的。

中国文化根本是博大精深、丰富多元而富于生命力的。文化根本的标准大于、并且也高于经传中心的标准，是前者滋生后者，而不是相反。因

---

① ［清］阮元校刻：《十三经注疏》（全2册），北京：中华书局，1980年版，第1072页。
② ［清］阮元校刻：《十三经注疏》（全2册），北京：中华书局，1980年版，第1072页。

此，迫切需要的是在这种归本还原思想的烛照下，打开视野，更换眼光，把握关键，考察不同环节上的文化碰撞，平心静气地全面审视《论语》内外的联系和间隔。唯有敞开博大的文化胸襟，才能全面考察存在于《论语》内外的"联系的意义"和"间隔的意义"，才能不株守一孔之见，不在前人结论面前止步，而是在辨其然否的基础上，将尽可能丰富的资源纳入重新出发的起点，力图还历史以本然或所以然，还历史以真实的本质和充沛的生命。基于这种考虑，我们将对《论语》自身文本的分析，立为"内编"；将对《论语》外有关孔子与七十子言行之分析，立为"外编"。内以探其精髓，外以舒其筋骨；内以见其峰峦，外以拓其版图；内外相应，互为阐释，旨在深化对孔子与七十子后学的学术脉络和发展趋势的把握与认知。

外编的旨趣，在于将《论语》还原做成一种开放性的还原、立体化的还原。其基本思路在于，若期将《论语》还原做得深厚而透彻，就必须展示大文化视境，融合广阔而多元的知识资源和方法论配置，从而实行"四个打通"：打通经传，打通孔子与七十子及其后学，打通孔、孟、荀，打通孔府之学与孔门之学。《论语》乃七十子及其后学对孔子之学的回忆性复原，但复原工程并不止于《论语》，不能将《论语》的生命存在封闭起来，切断《论语》与七十子后学大量没有收入《论语》的回忆孔子嘉言懿行的材料的内在联系，对散落于战国秦汉文献中的这些材料悬置不顾。

"打通"或会通、融通、贯通，是中国学术探求根本的思维方式。"打通"之学，通于《易》学。《周易·系辞上》曰："一阖一辟谓之变，往来不穷谓之通。"①由此，中国文化心理，讲究"亨通"，如《周易》"大畜"卦爻辞云："上九，何天之衢，亨。"程颐认为，"何天之衢"的"何"，是衍字，进而解释："事极则反，理之常也，故畜极而亨。……天衢，天路也，谓虚空之中，云气飞鸟往来，故谓之天衢。天衢之亨，谓其亨通旷阔，无有蔽阻也。"②朱熹则将亨通的途径引入读书领域，认为："读书须是先看一件了，然后再看一件。若是蓄积处多，忽然爆开来时，自然所得者大，易所谓'何天之衢，亨'是也。"③"打通"就是对各种原始材料穷极搜寻，在堆叠蓄积的材料中疏通生命脉络和意义关联，达到"亨通旷阔，无有蔽阻"的境界，使文化还原从必然走向自

①　[清]阮元校刻：《十三经注疏》（全2册），北京：中华书局，1980年版，第82页。

②　[宋]程颐撰：《伊川易传》，元刻本，卷4。

③　[宋]黎靖德编，王星贤点校：《朱子语类》（全8册），北京：中华书局，1986年版，第186页。

由,如鸟飞天衢,往来不穷,直抵文化之原本。由此形成的"四个打通"的原则,就能够以学术的开放性取代封闭性,以学术民主化和文化多元性的态度,破除价值歧视的蔽阻梗塞,实事求是、又宽宏大量地对待七十子及其后学的散落在各种典籍杂著中的原始资源。这样才有可能获得庖丁解牛式的明快,以专家之学入其里,以通人之学出其表,唤醒生命的意义,使"鹰飞于天,雉窜于蒿,猫游于室,鼠安于穴,各得其所,岂不快哉!"①

如果真正"打通"了,将丰富繁复、具体而微的材料,置于三代秦汉文献的整体结构、惯例、脉络之中加以考辨,取精用弘,融洽贯穿,钩深致远,就可以展开历史文化生命百川灌河、滚滚滔滔的真实流程,描绘出孔子文化地图线条错综、色彩绚丽的生命景观。应该认识到,《论语》只是孔子文化地图的一道亮丽的风景,而不是孔子文化地图的全部版图。因而必须创设一种坚实严密,返回原本,又融合科学方法和现代意识的东方古典学,深入到尽可能系统完整的孔子及七十子材料之中,"剖析毫厘,擘肌分理",尽可能全面地还原与展示孔子文化原始的真实面貌。而不是将这些材料,以及这些材料组合成的文化地图全貌,加以割裂,使之碎片化。碎片只有按照生命原则,缀合在整体中,才能获得它本有的价值和意义。大量材料碎片的缀合,需要多元方法的综合,才能各得其宜地透入古人的生命脉络和感应神经。

"打通"的要点,是眼光双向对视。从《论语》内,看《论语》外,见其蓁芜;从《论语》外,看《论语》内,见其光润。明末清初的顾炎武曾经做过一项统计,是从《论语》内看《论语》外:"《孟子》书引孔子之言凡二十有九,其载于《论语》者八(原注:'学不厌而教不倦','里仁为美','君薨,听于冢宰','大哉,尧之为君','小子鸣鼓而攻之','吾党之士狂简','乡原,德之贼','恶似而非者')。又多大同而小异,然则夫子之言其不传于后者多矣。故曰:'仲尼没而微言绝。'"②不是说,师法子思的孟子,没有读到子思《坊记》就以标示书名的方式引用过的《论语》;而是说,得见《论语》的孟子,以为未入《论语》的七十子回忆孔子之言的材料"多矣",同样具有相对而言的真实

---

① 〔清〕黄汉辑:《猫苑》卷下引《八纮译史》;《旧唐书·西戎列传》此句末,作"各得其所,岂不活耶";《新唐书·西域列传上》此句末,作"各得其所,岂不快邪"。

② 〔清〕顾炎武著,〔清〕黄汝成集释,秦克诚点校:《日知录集释》,长沙:岳麓书社,1994年版,第263页。

性和权威性。因此，孟子引用孔子之言，三分之二以上在《论语》之外。可见，连孟子也省察到，值得珍惜的孔子言论不能局限于《论语》一书，《论语》以外的大量简帛记载，也足以采信，理应加以打通，才能得到更完整的孔子，更完整的孔子文化地图。

孔子没有入选《论语》的大量言论材料，存在于礼书、《孝经》、诸子、《春秋》三传，刘向整理的《新序》、《说苑》，以及《孔丛子》、《孔子家语》等书之中，而出土简帛文献中亦复不少。对于这些材料，南北朝以后颇有一些人士加以搜集，如严可均为孙星衍《孔子集语》作序所说："孔子修百王之道以诏来者，六经而外，传记百家所载微言大义，足以羽仪经业、导扬儒风者，往往而有。其纂辑成书者，梁武帝《孔子正言》二十卷、王勃《次论语》十卷，皆不存。见存杨简《先圣大训》十卷、薛据《孔子集语》二卷、潘士达《论语外篇》二十卷，而薛书最显，不免挂漏。近人曹廷栋，又为《孔子逸语》十卷，援稽失实，不足论。"①王勃真是一个天才，他衰辑十卷孔子之言，取名为《次论语》，将之定位为《论语》之"次"，虽有内外之别，却无扬此抑彼、存此废彼的必要。

至于乾嘉大老孙星衍，则从《论语》外，翻箱倒箧地搜集古书遗文，用以反观《论语》内在脉络。他晚年引疾归田，乃博搜群籍，综核异同，编纂《孔子集语》，与薛据之书同名，篇幅却多出六七倍。虽然对举世诵习的《易》之"十翼"、《礼记》、《左传》、《孝经》、《论语》、《孟子》；已成专书的《孔子家语》、《孔丛子》；容易检索的《史记·孔子世家》、《仲尼弟子列传》，不予收录；但在其余群经传注、秘纬、诸史、诸子，以及唐宋人类书等83种典籍中，采辑了813条孔子言行记录，尽量竭泽而渔；并嘱友人严可均整理体例，前后历时六年，成书十七卷，雕版问世②。尽管尚有疏漏，已是洋洋大观。确有所谓"非通诸经，不能通一经。非悟传注之失，则不能通经。非以经释经，则亦无由悟传注之失"③之概。"打通"的基础在于竭泽而渔地搜集材料，但关键还在于对材料的发生、流布、变异、真虚进行考辨梳理，以知识发生学、史源学、文献学、历史编年学、人文地理学、考古学、文化人类学、文本生命

---

① 〔清〕孙星衍辑：《孔子集语集解》，上海：上海古籍出版社，1989年版，第1页。

② 〔清〕孙星衍辑：《孔子集语集解》，上海：上海古籍出版社，1989年版，第1页。

③ 赵尔巽等撰：《清史稿》（第43册），北京：中华书局，1977年版，第13170页。这些话引自黄宗羲《万充宗墓志铭》。

分析等方法的综合交错运用,透视其内在的学术脉络、流派博弈、生命形态和历史现场。有所谓类万物之情而通其变,明百家之要以穷其本,由此"遂成天地之文",即为孔子及其学派的真实文化存在,绘制出一幅"千岩竞秀,万壑争流"的生气勃勃的文化地图。

二十一章　曾子学派与《孝经》编纂

　　然而，"孔子曰"的材料千头万绪，早在不同弟子忆述时，已是"各得其性之所近"①而对记忆作了选择拣筛，随之遗简在传播中散落于群书的缝隙，往往因缺乏历史编年学和人文地理学的统摄组合，梳理贯通，而呈碎片化状态。面对如此丰赡而庞杂的材料存在状态，孔子文化地图的绘制，应从何处入手？这是首先应该解决的问题。揆情度理，入手处，应是问题丛集、而又线头始露之处，这才能在紧要处治茧抽丝，得其生命意味之深长。因而入手处选择，是对研究者的问题意识、学术眼光、研究能力和方法配置的不容回避的考验。这就需要找出儒学的一个根本点，作为研究的逻辑起点，然后按照逻辑维度和学理维度，逐层向外向前推衍。孔子主张"君子求诸己"，而谈论"行己有六本"之时，以"立身有义矣，而孝为本"②，作为六本之首。这里蕴含着孔学一种极为基本的由近及远的比附类推的思维方法。这就提示我们，不妨从《孝经》开始，因为它触及儒学根本处，尽管其篇幅有限，但材料集中，影响极著，编纂时间离《论语》最近，值得予以特别的关注。对于七十子之学，由《孝经》入手而类推及远，自可牵动儒学传道的神经。

　　首先，要认识《孝经》切近做人之根本的重要性。孝所触及者，是人从父母血脉中分离降世，立即面对的第一层带血缘性的人际关系，从而成为孔门率先倚重的学理支撑点。这使孔子学理，具有由生物性推及伦理性的明显特征。东汉何休《春秋公羊传解诂序》说："昔者孔子有云：'吾志在《春秋》，行在《孝经》。'"此语来源于汉代纬书，如徐彦疏引《孝经·钩命诀》所云："孔子在庶，德无所施，功无所就，志在《春秋》，行在《孝经》。"③虽然是《孝经纬》中语，唐玄宗注《孝经》时，在序言中也以皇帝之尊，直接引以为证："子曰：'吾志在《春秋》，行在《孝经》。'是知孝者，德之本欤！"④宋邢昺

---

① ［清］唐晏著，吴东民点校：《两汉三国学案》，北京：中华书局，1986年版，第495页。
② 王国轩、王秀梅译注：《孔子家语》，北京：中华书局，2011年版，第182页。
③ ［清］阮元校刻：《十三经注疏》（全2册），北京：中华书局，1980年版，第2190页。
④ ［清］阮元校刻：《十三经注疏》（全2册），北京：中华书局，1980年版，第2540页。

《孝经注疏序》追随唐玄宗的看法,打破了孔子"述而不作"的自白,认为:
"《孝经》者,百行之宗,五教之要。自昔孔子述作,垂范将来,奥旨微言,已
备解乎?"①这种说法在学界蔓延,清人阎若璩《尚书古文疏证》卷二作了如
此解释:"有明知为纬书而群以为圣人之言者,'吾志在《春秋》,行在《孝
经》'是也。此出《孝经钩命诀》,缘何休注《公羊》载入《序》中,迄今无异议,
亦以理近是尔。"②这既将《孝经》归入孔子著作,又将之与《春秋经》并列。
如果纬书记载可信,这是理所当然的,孔子不应该心志存在于自己所编书,
行为存在于弟子所编书。孟子说:"《春秋》,天子之事也。是故孔子曰:'知
我者其惟《春秋》乎! 罪我者其惟《春秋》乎!'"③《春秋》于是已成为孔子一
生心志功业之结晶。那么,既将《孝经》与《春秋经》并列,也就是将之置于
儒学核心经典的崇高地位。

　　其次,《孝经》编纂,离《论语》成书相当近。班固《汉书·艺文志》孝经
类小序曰:"《孝经》者,孔子为曾子陈孝道也。"④又《白虎通义·五经》云:
"孔子……已作《春秋》,复作《孝经》何?"⑤这些言论把《孝经》判断为孔子
所作,而且排在《春秋》因西狩获麟而绝笔之后,是与当时纬书的说法相表
里的。司马迁《史记·仲尼弟子列传》却持论有异,谓:"曾参,南武城人,字
子舆。少孔子四十六岁。孔子以为能通孝道,故授之业,作《孝经》。"⑥太
史公认为,《孝经》的著作权属于曾子。这些说法并非空穴来风,而是来自
对《孝经》文本的理解。《孝经》全书共 1799 字(《十三经注疏》本,即今文本
的字数),其《开宗明义章第一》说:

　　　　仲尼居,曾子侍。子曰:"先王有至德要道,以顺天下,民用和睦,
上下无怨。汝知之乎?"曾子避席曰:"参不敏,何足以知之?"子曰:"夫
孝,德之本也,教之所由生也。复坐,吾语汝。身体发肤,受之父母,不
敢毁伤,孝之始也。立身行道,扬名于后世,以显父母,孝之终也。夫

---

①　[清]阮元校刻:《十三经注疏》(全 2 册),北京:中华书局,1980 年版,第 2538 页。
②　[清]阎若璩撰:《尚书古文疏证》(全 2 册),上海:上海古籍出版社,1987 年版,第 254 页。
③　[宋]朱熹撰:《四书章句集注》,北京:中华书局,1983 年版,第 272 页。
④　[汉]班固撰:《汉书》(全 12 册),北京:中华书局,1962 年版,第 1719 页。
⑤　[清]陈立撰:《白虎通疏证》,清光绪元年(1875 年)淮南书局刻本,卷 9。
⑥　[汉]司马迁撰:《史记》(全 10 册),北京:中华书局,1959 年版,第 2205 页。

孝，始于事亲，中于事君，终于立身。《大雅》云：'无念尔祖，聿修厥德。'"①

在孔子弟子中，子夏传经，曾子传道，可谓并驾齐驱的两驾任重道远的马车。传经需要按照经籍体例，整理、考证并作传注；传道则需要传习孔子嘉言，体悟其微言大义，引申发挥成篇。值得注意的是，这第一章的写法，类乎《论语·公冶长篇》"颜渊、季路侍"章，《先进篇》"子路、曾晳、冉有、公西华侍坐"章的叙述方式，前面已有考证，后者为曾门弟子重修《论语》时补入。《论语》中既有曾点侍坐，这里又弥补了《论语》中曾子侍坐的缺席，二者的思维导向一脉相连。更其特别者，《孝经》首章是"仲尼居，曾子侍"，侍坐的只是一个人，这就增浓了孔门传道论学、曾子得其嫡传的意味。

既然"孝为德之本"，那么曾子在儒门领衔的乃是"德本科"，这就不啻于"孔门四科"之外增添了"孝科"。第一章开宗明义地展示了具有普泛性、因而也就具有纲领性的孝的内涵。孝切近处及于身体发肤，远推处及于立身行道、扬名显亲，而且孝是贯穿人生之始终："始于事亲，中于事君，终于立身。"如此贯穿人生的全过程，接下来的章节中又贯穿天子、诸侯、卿大夫、士、庶人各个社会层面，遂使孝成为笼罩全局的政治伦理通则，而且反求诸己，一切从自己做起。《孝经》的出现，使得一种血缘传递、人伦报恩的补偿性情感，泛化成贯通家族结构和政治结构的基本文化原则，成为传统中国文化的基本性特质。

值得深入探究的是，所谓"德之本"，乃是政治伦理学的根本命题。《孝经》提出孝为"德之本"，有何根据？《易·系辞下》云："《易》之兴也，其于中古乎？作《易》者，其有忧患乎？是故履，德之基也。谦，德之柄也。复，德之本也。恒，德之固也。困，德之辨也。井，德之地也。巽，德之制也。"②这里提出"七卦之德"，而专门谓"复，德之本也"。那么，应如何理解"复"？《春秋穀梁传》僖公十五年（公元前645年）曰："天子七庙，诸侯五，大夫三，士二。故德厚者流光，德薄者流卑。是以贵始，德之本也。始封必为祖。"③这是从周代庙祭制度上，谈论宗族血统的返本溯源，慎终追远，以怀

---

① 胡平生译注：《孝经译注》，北京：中华书局，1996年版，第1页。
② ［清］阮元校刻：《十三经注疏》（全2册），北京：中华书局，1980年版，第89页。
③ ［清］阮元校刻：《十三经注疏》（全2册），北京：中华书局，1980年版，第2397页。

念祖宗德光,作为回到"德之本"的途径。

本就是根子,就是家族血缘的根子,孝字的结构为一个老者怀抱着、庇护着一个小儿,即是此义。因而《大戴礼记·礼三本》云:"礼有三本:天地者,性之本也。先祖者,类之本也。君师者,治之本也。……故礼,上事天,下事地,宗事先祖而宠君师,是礼之三本也。王者天太祖,诸侯不敢怀,大夫、士有常宗,所以别贵始,德之本也。"①由此可知,创立于东周宗法社会中的儒学,是将维护社会稳定和秩序的宗族人伦情感加以强化、泛化,凝结为"孝"的通则,而作为道德之根本的。

人类文明离不开道德的支撑和维系,因而对道德之根本的探寻,也就成了对文明根基的探寻。王国维《论教育之宗旨》云:"然有知识而无道德,则无以得一生之福祉,而保社会之安宁,未得为完全之人物也。……古今中外之哲人无不以道德为重于知识者,故古今中外之教育,无不以道德为中心点。盖人人至高之要求,在于福祉,而道德与福祉,实有不可离之关系。爱人者,人恒爱之。敬人者,人恒敬之。……希腊古贤所唱福德合一论,固无古今中外之公理也。而道德之本原,又由内界出而非外铄我者。"②所谓"道德之本原","由内界出而非外铄我",其思维路线就是孔子所云"君子求诸己"③。因此在战国秦汉时期对道德根本的探寻中,诸子眼光多是向内的,提倡身心兼修。《管子·君臣上》云:"主身者,正德之本也。官治者,耳目之制也。身立而民化,德正而官治。治官化民,其要在上。"④这里主张以立身作为端正道德的根本,用以教化斯民。西汉贾谊《新书·道德说》云:"德有六美。何谓六美?有道、有仁、有义、有忠、有信、有密,此六者德之美也。道者,德之本也;仁者,德之出也;义者,德之理也;忠者,德之厚也;信者,德之固也;密者,德之高也。"⑤贾谊将"道、德、性、神、明、命"作为"德之六理",以"道"居其先,由此贯穿"德之六美",作为其本者,也就非道莫属。晋人傅玄《傅子·正心篇》云:"立德之本,莫尚乎正心。心正而后身正,……国家不正,修之朝廷。朝廷不正,修之左右。左右不正,修之

① [清]王聘珍撰,王文锦点校:《大戴礼记解诂》,北京:中华书局,1983年版,第17页。
② 郑振铎编选:《晚清文选》(卷下),北京:中国社会科学出版社,2002年版,第372页。
③ [宋]朱熹撰:《四书章句集注》,北京:中华书局,1983年版,第165页。
④ [春秋]管仲撰:《管子》(《诸子集成》五),北京:中华书局,1954年版,第165页。
⑤ [汉]贾谊撰,阎振益、钟夏校注:《新书校注》,北京:中华书局,2000年版,第325页。

身。身不正，修之心。所修弥近，而所济弥远。禹、汤罪己，其兴也勃焉，正心之谓也。心者，神明之主，万理之统也，动而不失正，天下可感，而况于人乎？况于万物乎？"①这种依次修之正之的"心—身—左右—朝廷—国家—天下"的路线，与《大学》之"诚、正、修、齐、治、平"的方向是一致的。

由此不难看到，《孝经》以孝作为"德之本"的基本原则，是得到儒家经传内在逻辑的广泛支持的。这种逻辑是一个体系，千百年来深刻地影响了中国人思维定势，影响了风俗民心。唐玄宗《孝经注序》疏曰："孝为百行之本，故名曰《孝经》。经之创制，孔子所撰也。前贤以为曾参唯有至孝之性，未达孝德之本，偶于闲居，因得侍坐，参起问于夫子，夫子随而答，参是以集录，因名为《孝经》。"②唐代洋州刺史赵匡《举人条例》云："立身入仕，莫先于《礼》，《尚书》明王王道，《论语》诠百行，《孝经》德之本，学者所宜先习。"③这番言论，录入杜佑《通典》卷十七"选举五"，郑樵《通志略·选举略第二》，简直使言论衍化为制度。司马光《言为治所先上殿劄子》云："臣闻治身莫先于孝，治国莫先于公。孔子曰：'孝，德之本也。'又曰：'不爱其亲而爱他人者，谓之悖德。不敬其亲而敬他人者，谓之悖礼。'未有根绝而叶茂、源涸而流长者也。"④可见历代王朝政治，都极力提倡《孝经》德本思想，以之为百行之本，为治所先，立身入仕所宜先习。这就必然使得孝文化深入政治肌理，士人风习，并蔓延于民间日常生活。《孝经》所谓"明王之以孝治天下"，遂成为历代君主不时亮出来的招牌。

值得注意的是，孔门论孝，极为有名的是《论语·学而篇》第二章："有子曰：'其为人也孝弟，而好犯上者，鲜矣；不好犯上，而好作乱者，未之有也。君子务本，本立而道生。孝弟也者，其为仁之本与？'"⑤这也是全书的第二章，地位非常重要，其中也提出"本"的概念，"务本"、"立本"、"仁之本"，都联系着孝弟（悌），可以看作孝为"德之本"的嚆矢，但是在整部《孝经》对之只字未提。这令人联想到《孟子》说孔子殁后，子夏、子张、子游以有若似圣人，欲以所事孔子事之，遭到曾子反对的公案，从中也透露了《孝

① 〔晋〕傅玄撰，刘治立评注：《傅子评注》，天津：天津古籍出版社，2010年版，第62页。
② 〔清〕阮元校刻：《十三经注疏》（全2册），北京：中华书局，1980年版，第2539页。
③ 〔清〕董诰等编：《全唐文》（全11册），北京：中华书局，1983年版，第3603页。
④ 〔宋〕司马光撰：《传家集》，文渊阁《四库全书》本，卷31。
⑤ 〔宋〕朱熹撰：《四书章句集注》，北京：中华书局，1983年版，第47—48页。

经》乃曾门专书的消息。而行文中称"曾子",与曾门最后编纂《论语》的称呼相同,因而虽有《孝经》为"曾子所作"的说法,但起码也经过曾门弟子的整理。清人李光地《榕村续语录》卷一云:"《孝经》不谓圣人之书不可,其中辞语参错处,端绪有理,旨义精密。孟子以前,文字简质,转合字眼多不备。如'然而'、'虽然',惟《孟子》有之,《论语》、《孝经》、《系辞传》,皆作'是故'及'故'字承接。至孟子,文章之法备矣。"①从此类连接虚词之变化中,也可看出《孝经》与《论语》第三次编纂成书年代相近,而早于《孟子》。

　　既然《孝经》与曾门最后编修《论语》处在同一时代潮流之中,我们就可以进一步追踪《孝经》成书过程。首先,这与曾子晚年的学术活动相关。曾子晚年曾到魏国看望子夏。《礼记·檀弓上》记载:"子夏丧其子而丧其明。曾子吊之曰:'吾闻之也,朋友丧明则哭之。'曾子哭,子夏亦哭,曰:'天乎!予之无罪也。'曾子怒曰:'商,女何无罪也? 吾与女事夫子于洙泗之间,退而老于西河之上,使西河之民,疑女于夫子,尔罪一也;丧尔亲,使民未有闻焉,尔罪二也;丧尔子,丧尔明,尔罪三也。而曰女何无罪与!'子夏投其杖而拜曰:'吾过矣! 吾过矣! 吾离群而索居,亦已久矣。'"②郑玄注:"群,谓同门朋友也;索,犹散也。"③即是说,子夏虽然当时弟子颇众,但是离开同门诸友,散居列国,少通音信,对于崇孝的学术趋势罕有了解。

　　东汉王充《论衡·祸虚篇》对曾子怒责子夏这番言论,却不以为然,认为:"曾子之言误矣。然子夏之丧明,丧其子也。子者人情所通,亲者人所力报也。丧亲民无闻,丧子失其明,此恩损于亲而爱增于子也。增则哭泣无数,数哭中风,目失明矣。曾子因俗之议,以著子夏三罪。子夏亦缘俗议,因以失明,故拜受其过。曾子、子夏未离于俗,故孔子门叙行,未在上第也。"④最后一句话,暗示《论语·先进篇》的"四科十哲"没有列入曾子,是由于他有这种"因俗之议"。其实曾子这些言论,重心在尊师崇孝,强调立身显亲,意思可以同《孝经》相参照。他以激烈言辞,数其"三罪",当头棒喝,意在促使子夏去其颓唐而重振夫子的弘毅意志。儒门弟子互为诤友,

<hr>

① ［清］李光地著,陈祖武点校:《榕村语录榕村续语录》(全2册),北京:中华书局,1995年版,第551页。
② ［清］阮元校刻:《十三经注疏》(全2册),北京:中华书局,1980年版,第1282页。
③ ［清］阮元校刻:《十三经注疏》(全2册),北京:中华书局,1980年版,第1282页。
④ ［汉］王充撰:《论衡》(《诸子集成》七),北京:中华书局,1954年版,第57—58页。

言辞激烈而不失友情，其风可鉴古今。只是我们从曾子言论中，已经可以闻到他刻意述孝道的气味了。子夏丧子哭泣失明，年岁已是老迈，曾子与子夏相差两岁，同样已届老年。同门相责甚严，投杖而拜，将遵守师训当成一种庄重仪式，后人看来或感到未免有点迂执、夸张，但也不能否定儒门守礼之严。

值得注意的是，此时子夏的身份非同一般。《史记·儒林列传》说："子夏居西河，……如田子方、段干木、吴起、禽滑釐之属，皆受业于子夏之伦，为王者师。是时独魏文侯好学。"①《后汉书·徐防传》李贤等注引《史记》："孔子没，子夏居西河，教弟子三百人，为魏文侯师。"②其中"教弟子三百人"一语，不见于今本《史记》，或是唐人得见的古本所有，或是《仲尼弟子列传》中澹台灭明"南游至江，从弟子三百人"的窜入，但子夏弟子甚众，则不须怀疑。而且他在魏文侯身上，率先实行了儒家"为王者师"的梦。

魏文侯（公元前445—前396年在位），礼贤崇儒，以战国初年一流强国君主身份，拜子夏为师。魏文侯在位初期，子夏、曾子均已年过六旬。《汉书·艺文志》"儒家类"著录有"魏文侯六篇"。所谓"儒家类"，就是"游文于六经之中，留意于仁义之际，祖述尧、舜，宪章文、武，宗师仲尼"③的著述取向。蔡邕《明堂论》以明堂、清庙、太庙、太室、太学、辟雍为一事，其中引及魏文侯《孝经传》云："魏文侯《孝经传》曰：'太学者，中学明堂之位也。'"④究其缘由，魏文侯何以写成"儒家类"的"魏文侯六篇"，著有《孝经传》？后者显然不是传自子夏，而是传自到过魏国西河看望子夏的曾子。晚年曾子可能已经思考、甚至开始《孝经》的撰述，而"六国之君，魏文侯最为好古"，对于作为曾门传道之学的《孝经》，当不会放过请教的机会，并以子夏传经的方式，作《孝经传》。即是说，魏文侯《孝经传》是以子夏的方式，传曾子之学。而蔡邕《明堂论》所引魏文侯《孝经传》中语，可能是阐释《孝经·圣治章》孔子之言："孝莫大于严父。严父莫大于配天，则周公其人也。昔者周公郊祀后稷以配天，宗祀文王于明堂，以配上帝。"⑤而在制度文物的考释

---

① ［汉］司马迁撰：《史记》（全10册），北京：中华书局，1959年版，第3116页。
② ［南朝宋］范晔撰，［唐］李贤等注：《后汉书》（全12册），北京：中华书局，1965年版，第1501页。
③ ［汉］班固撰：《汉书》（全12册），北京：中华书局，1962年版，第1728页。
④ ［清］严可均辑：《全后汉文》，北京：商务印书馆，1999年版，第800页。
⑤ ［清］阮元校刻：《十三经注疏》（全2册），北京：中华书局，1980年版，第2553页。

上更有所发挥。

　　曾子既是晚年赴魏国,必有随行弟子。随行者谁?1973年出土的河北定县40号汉墓(中山怀王刘脩墓)的竹简除了《论语》残卷之外,尚有《儒家者言》①,其中与孝相关的简片著有如下内容:

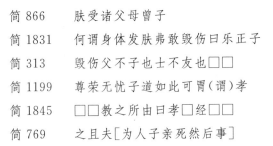

　　简866　　肤受诸父母曾子

　　简1831　　何谓身体发肤弗敢毁伤曰乐正子

　　简313　　毁伤父不子也士不友也□□

　　简1199　　尊荣无忧子道如此可胃(谓)孝

　　简1845　　□□教之所由曰孝□经□□

　　简769　　之且夫〔为人子亲死然后事〕

　　残简内容,明确指向《孝经·开宗明义章》孔子之言"身体发肤,受之父母,不敢毁伤"。犹可注意者,这些残简文字,一简连着曾子,一简连着乐正子(春)。如前所述,乐正子春以孝驰名,参与《论语》第三次编纂。在涉及《孝经》的残简上,出现曾子和乐正子春绝非偶然,其中消息,意味着曾子在魏国陈述孝道,当有乐正子春随行;而《孝经》成书,就与乐正子春存在着深刻的因缘。

　　《吕氏春秋·孝行览》云:"人主孝,则名章荣,下服听,天下誉。人臣孝,则事君忠,处官廉,临难死。……曾子曰:'父母生之,子弗敢杀;父母置之,子弗敢废;父母全之,子弗敢阙。'……乐正子春曰:'……吾闻之曾子,曾子闻之仲尼:父母全而生之,子全而归之,不亏其身,不损其形,可谓孝矣。'"②这里也将孝道与曾子、乐正子春相兼而连接。乐正子春在曾子亡故之后,追忆曾子在魏国讲述孝道,或将曾子《孝经》存稿整理成书,也是情理中之事。曾子少孔子四十六岁,而且比孔子多活了一岁,也就是说,《孝经》整理成书在孔子于公元前479年去世后四十七年,即公元前432年曾子去世以后。

　　①　国家文物局古文献研究室、河北省博物馆、河北省文物研究所定县汉墓竹简整理组:《〈儒家者言〉释文》,《文物》,1981年第8期。

　　②　[战国]吕不韦等编:《吕氏春秋》《诸子集成》(六),北京:中华书局,1954年版,第137—138页。

由于《孝经》与《论语》一样，统称曾参为"曾子"，不可能是曾子最终著录成书，而是其弟子编定成书时所作的尊师之言。南宋晁公武《郡斋读书志》云："今其首章云'仲尼居，曾子侍'，则非孔子所著明矣，详其文书，当是曾子弟子所为书。柳宗元谓：'《论语》载弟子必以字，独曾参不然，盖曾子之徒乐正子春、子思相与为之耳。'余于《孝经》亦云。"①因此儒家孝道，经历孔子、曾子、乐正子春之辈三代传承，于战国初年编纂成《孝经》。如此编纂出来的书，何以命名为"经"？《汉书·艺文志》说："夫孝，天之经，地之义，民之行也。举大者言，故曰《孝经》。"②此语采自《孝经·三才章》之"子曰"，以内证解题，可备一说。究其可能性，或许《孝经》编纂之日，"六艺"称"六经"的名目，尚未在士林完全确定，曾门也就取《礼记·礼器》中"以为礼之大经"③，训"经"为"法"；或取"经"有"衡丝为纬"意义，来命名《孝经》，意思就是"孝之书"或"孝之法"。从《孝经》以"经"命名的宽泛性，可以证得，中国称孔子六艺为"六经"，当在《孝经》命名之后，也就是在战国前中期以后。

《孝经》成书以后，在战国思想界开始传播，从先秦文献中也可辨其蛛丝马迹。《四库全书总目提要》卷三十二经部"孝经类"说："蔡邕《明堂论》引魏文侯《孝经传》，《吕览·审微篇》亦引《孝经·诸侯章》，则其来古矣。然授受无绪，故陈骙、汪应辰皆疑其伪。今观其文，去二戴所录为近，要为七十子徒之遗书。使河间献王采入一百三十一篇中，则亦《礼记》之一篇，与《儒行》、《缁衣》转从其类。惟其各出别行，称孔子所作，传录者又分章标目，自名一经。后儒遂以不类《系辞》、《论语》绳之，小有由矣。"④

尚可补充者，汉朝犹存的《孟子》"外书四篇"，原有《说孝经》，可证得孟子已能见到《孝经》，《孝经》在《孟子》前。东汉赵岐《孟子题辞》说："(《孟子》)又有《外书》四篇，《性善》、《辨文》、《说孝经》、《为政》。其文不能弘深，不与内篇相似，似非孟子本真，后世依放而托之者也。孟子既没之后，大道遂绌，逮至亡秦，焚灭经术，坑戮儒生，孟子徒党尽矣。其书号为诸子，故篇

---

① ［宋］晁公武撰，孙猛校证：《郡斋读书志校证》，上海：上海古籍出版社，1990年版，第125页。

② ［汉］班固撰：《汉书》（全12册），北京：中华书局，1962年版，第1719页。

③ ［清］阮元校刻：《十三经注疏》（全2册），北京：中华书局，1980年版，第1431页。

④ ［清］纪昀等撰：《四库全书总目提要》，北京：中华书局，1965年版，第263页。

籍得不泯绝。汉兴除秦虐禁,开延道德,孝文皇帝欲广游学之路,《论语》、《孝经》、《孟子》、《尔雅》皆置博士。后罢传记博士,独立《五经》而已。"①虽然《说孝经》等"外书四篇",被认为"其文不能弘深,不与内篇相似",但是既然从《孟子》古本删除,当是孟子后学收集杂简所编。或是谁人(孟子乎?孟子门人乎?)早年从师问学的课卷,因而思想还没有来得及"弘深"亦未可知。不管哪种情形,都可透露《孝经》成书甚早的信息。

《吕氏春秋·先识览·察微篇》就已经直称《孝经》书名,显然其时已有《孝经》流传。其中云:"凡持国,太上知始,其次知终,其次知中。三者不能,国必危,身必穷。《孝经》曰:'高而不危,所以长守贵也;满而不溢,所以长守富也;富贵不离其身,然后能保其社稷,而和其民人。'楚不能之也。"②其中所引《孝经》文字,见于今本《诸侯章》,文字全同。《吕氏春秋·孝行览》又云:"先王之所以治天下也。故爱其亲,不敢恶人;敬其亲,不敢慢人。爱敬尽于事亲,光耀加于百姓,究于四海,此天子之孝也。"③此段文字可与《孝经·天子章》相参照,只不过将《孝经》文字略作变动,以便于融入行文之中。整篇《孝行览》几乎可以作为对《孝经》某些章节进行解说经义的传文来读。

进一步追踪蛛丝马迹,就会发现,《荀子·子道》中有如此记载:"鲁哀公问于孔子曰:'子从父命,孝乎?臣从君命,贞乎?'三问,孔子不对。孔子趋出,以语子贡……子贡曰:'子从父命,孝矣;臣从君命,贞矣。夫子有奚对焉?'孔子曰:'小人哉!赐不识也。昔万乘之国有争臣四人,则封疆不削;千乘之国有争臣三人,则社稷不危;百乘之家有争臣二人,则宗庙不毁。父有争子,不行无礼;士有争友,不为不义。故子从父,奚子孝?臣从君,奚臣贞?审其所以从之之谓孝,之谓贞也。'"④孔子、子贡的这番对话,曾子陈述孝道于魏国时,是否使用过,不得而知。如果用过,就可能是经由魏国辗转流传出来的文献。而乐正子春之徒编纂《孝经》时,做了改动。如果没有用过,则是孔门文献在不同群体中传播转录时的传闻异辞。因为《孝经·谏诤章》是这样写的:"曾子曰:'若夫慈爱恭敬,安亲扬名,则闻命矣。

① [清]严可均辑:《全后汉文》,北京:商务印书馆,1999年版,第638页。
② [战国]吕不韦等编:《吕氏春秋》(《诸子集成》六),北京:中华书局,1954年版,第192页。
③ [战国]吕不韦等编:《吕氏春秋》(《诸子集成》六),北京:中华书局,1954年版,第137页。
④ [清]王先谦撰:《荀子集解》(《诸子集成》二),北京:中华书局,1954年版,第347—348页。

敢问子从父之令,可谓孝乎?'子曰:'是何言与,是何言与! 昔者天子有争臣七人,虽无道,不失其天下;诸侯有争臣五人,虽无道,不失其国;大夫有争臣三人,虽无道,不失其家;士有争友,则身不离于令名;父有争子,则身不陷于不义。故当不义,则子不可以不争于父,臣不可以不争于君;故当不义,则争之。从父之令,又焉得为孝乎!'"①《孝经》与《荀子》这两段记述,文字多异而意思相近,说明孔子曾经提倡过"谏诤意识",这反映了儒家既讲孝敬,又要当"王者师"的内心矛盾和文化纠结。

汉代以降,史籍、诸子、类书,对孔子所言"父有争子",多有引述,以为立身行事之原则。比如班固《白虎通义·三纲六纪》云:"父子者,何谓也。父者,矩也,以法度教子。子者,孳孳无已也。故《孝经》曰:'父有争子,则身不陷于不义。'"②《通典》卷一百二引录三国魏明帝时博士薛谞《王澹母出还葬议》也云:"《春秋》'原心定罪',仲尼称'父有争子'。然则论罪不可以不原心,为子不可以不义诤。"③《旧唐书·房玄龄杜如晦列传》又载唐太宗曰:"孔子称从父之命,未为孝子。故父有争子,国有争臣。若以主之无道,何为仍仕其世? 既食其禄,岂得不匡其非?"④自汉代以降,历代君臣文士,都以为《孝经》的"谏诤意识",属于孔子之言。如此流传,不可谓"无绪"。

《孝经》传播,到汉初解除"挟书律"后,才借助政治力量,成为简明通俗的政治伦理教科书。汉文帝开始设置《孝经》博士,宣帝规定郡、县、乡的学校设置《孝经》的经师,将《孝经》作为德育课本。当时《孝经》有今文本,又从孔子旧宅墙壁中发现古文本。两种文本由于流传的地域群体和承传脉络不同,存在着不少文字差异而意义相通之处。较大的差异在于今文本只有十八章,分出的章节较大;古文本有二十二章,分出的章节较碎,章目次序也出现一些颠倒参差。古文本比今文本用了更多的"子曰",大概由于出自孔壁,有意强调"孔子圣训",渊源有自。不过,除了古文本多出"闺门章"24 个字之外,古今文本之异,几乎可以忽略不计。

①　胡平生译注:《孝经译注》,北京:中华书局,1996 年版,第 32 页。

②　[清]陈立撰,吴则虞点校:《白虎通义疏证》(全 2 册),北京:中华书局,1994 年版,第376 页。

③　[清]严可均辑:《全三国文》,北京:商务印书馆,1999 年版,第 427 页。

④　[后晋]刘昫等撰:《旧唐书》(全 16 册),北京:中华书局,1975 年版,第 2471 页。

所可惜者,历代治《孝经》者对古、今文的些微差异,争论不休,影响了把精力移至开拓新视野、新境界上,流弊不可谓不甚。司马迁曾经从孔安国问学,采用的自然是古文《孝经》,但他似乎不甚计较古、今文之异。《史记·太史公自叙》引其父司马谈临终之言曰:"且夫孝,始于事亲,中于事君,终于立身,扬名于后世,以显父母,此孝之大者。"①除了语序与古今文本略有倒置,后面的"大"字原为"终"字,并在前面加了一个"且"字承接语气之外,这段文字与《孝经》首章之言基本相同。可知太史公得见《孝经》古本。之所以不特别标示《孝经》书名,除了古人引用文字的习惯之外,大概也表明《孝经》已为世人所熟知了。至于《孝经》直接引诗有九处之多,作为论证孝道的根据;而《论语》中孔子引诗有两处,都说"始可与言诗矣",没有一处直接完整地引用诗的原文。这些与《论语》用诗体例不合之处,表明七十子后学在战国传道形式已经出现新的衍变。

---

① [汉]司马迁撰:《史记》(全10册),北京:中华书局,1959年版,第3295页。

二十二章　七十子后学与《大戴礼记》

　　孔子文化地图,因七十子而大。孔子做大自身学术,有两个无人能及的法宝:一是以"六经"为根基,以华夏民族必读之原始典籍蕴含着儒学宗旨;二是培植七十子作为学派发展的动力,形成学术拓展的"多级助推机制"。从这种意义而言,孔子是旷世莫及的学术战略家。孔子之学最初由七十子后学承传,因此探讨七十子后学的承传方式,是多维度还原孔学及儒学发展,还原孔子文化地图的关键。

　　如果说孔子之学的关键在《论语》,那么七十子之学的关键,就存在于《礼记》和《大戴礼记》之中,二者前后相承,血脉灌注。学礼、论礼、习礼,乃孔门学术重中之重,连奔波于风尘仆仆的列国周流途中,还要"与弟子习礼大树下"[①];这种看家本领形成制度,三百年后尚可"观仲尼庙堂车服礼器,诸生以时习礼其家"[②]。抽掉了礼,实际上等于削去了孔学的血肉。但是近代以来学者多疑大小戴《礼记》为秦汉以后文献,甚至掺杂着"伪作"。其实,这是对孔子学术战略设计及七十子学术"多级助推机制",有点惘然如隔雾观花,遂在相当一段时间使人们对其七十子之学的探讨,缺乏应有的自信和底气,将大量精力用在脱离战国秦汉书籍演变和形成制度的疑真疑伪的振振有词,或恍恍惚惚之中。

　　幸而有了近半个世纪的战国秦汉简帛文献出土,不仅恢复了对二戴《礼记》真实性的信心,填补了二戴《礼记》同类材料散佚的某些缺陷,因而对七十子后学传道、传经方式的原本形态,提供了更丰富的探讨维度。这也使人们对东周秦汉简帛抄本文献的流传状态,有可能展开深度的解读和阐释。比较二戴《礼记》可知,小戴《礼记》经过郑玄等精细的整理笺注,已经较为圆润严密,列入儒家经籍行列;《大戴礼记》整理笺注程度较低,反而保留了七十子后学传学、传经、传道的不少原生形态的痕迹。

---

　　①　[汉]司马迁撰:《史记》(全10册),北京:中华书局,1959年版,第1921页。
　　②　[汉]司马迁撰:《史记》(全10册),北京:中华书局,1959年版,第1947页。

　　至于《大戴礼记》是如何成书的,《汉书·儒林传》勾勒从"汉兴,鲁高堂生传《士礼》十七篇"至后仓、戴德、戴圣传学的脉络甚详。《汉书·艺文志》在表述礼学传承之大端时,对春秋战国之世七十子后学以降的传承,就叙述得相当笼统模糊,到汉代才得以寻其头绪:"《易》曰:'有夫妇父子君臣上下,礼义有所错。'而帝王质文,世有损益,至周曲为之防,事为之制,故曰'礼经三百,威仪三千'。及周之衰,诸侯将逾法度,恶其害己,皆灭去其籍,自孔子时而不具,至秦大坏。汉兴,鲁高堂生传《士礼》十七篇。讫孝宣世,后仓最明。戴德、戴圣、庆普皆其弟子,三家立于学官。"①在汉惠帝解除"挟书律"后,大量的礼学文献被搜集、整理和研习。由于在数百年间礼制走过了初创、完善、衰落、嬗变和复兴的复杂历史行程,礼学文献也随之经历了头绪纷纭的简帛口传、转抄、诠释,及散落、汇集的命运,后仓、大小戴所面对的简帛遗书,不可避免地存在着相当程度的残简断编、异简异文。所谓"六籍之阙也久矣,而《礼》为甚。汉兴,区区掇拾于秦火之余,而淹中古经,旋复散失,所存者十有七篇而已"②。因此礼学文献在汉世复兴,在遗简材料分合取舍和诠释贯通上,就甚是棘手,颇费周章。皮锡瑞《经学通论》谓:"汉初鲁高堂生博士《礼十七篇》,即《仪礼》也。是时东海孟卿传《仪礼》之学以授后仓;而后仓受礼,居于未央宫前之曲台殿,校书著记,约数万言,因名其书为《后氏曲台记》。至孝文时,鲁有徐生普为颂,颂者容也,不能通经,只以容仪行礼,为礼官大夫,因又名习礼之处为容台。此皆以《仪礼》为名字者。若其学则后仓授之梁人戴德,及德从兄子圣与沛人庆普三人。至孝宣时,立大、小戴、庆氏礼,故旧称《仪礼》为庆氏礼,为大、小戴礼。……《后仓曲台记》数万方言,今之《礼记》是也。按前后《汉志》及儒林传,皆以高堂所传十七篇,瑕邱萧奋即以授后仓,作《曲台记》,是时两汉俱并无《礼记》一书,故孝宣立二戴及庆氏学,皆《仪礼》之学,源流不同。"③大小戴对后仓所授的大批礼学遗简,分头辑录成书,一般认为,戴德所辑录者为《大戴礼记》,戴圣所辑录者为《小戴礼记》,即今"十三经"中的《礼记》。

　　令人疑惑的是,《汉书·艺文志》著录《礼》十三家五百五十五篇,而没有及于二戴《礼记》,开头三项是:《礼古经》五十六卷;《经》十七篇(后氏、戴

---

①　[汉]班固撰:《汉书》(全12册),北京:中华书局,1962年版,第1710页。

②　[清]朱彝尊撰:《经义考》,清文渊阁《四库全书》本,卷134《仪礼》5。

③　[清]皮锡瑞撰:《经学通论》三《三礼》,北京:中华书局,1954年版,第3页。

氏);《记》百三十一篇(七十子后学者所记也)。第一项,是可能与周公制礼有关的古代礼学遗简;第二项,是后氏、大小戴所传的《仪礼》;第三项,是七十子后学以来解说礼经的文献。第一项与第二项之间,就是孔子对礼制、礼学的总结、坚持和传授。而大小戴《礼记》,则是对《汉志》著录的"《记》百三十一篇(七十子后学者所记也)",进行整理、辑录、传承。综合这些材料可以看到:(一)鲁高堂生所传的《士礼》十七篇,与后仓、戴德、戴圣承传的《经》十七篇,是先后相承的,就是儒家六经之一的《仪礼》。(二)他们传经时使用了卷帙繁多的《记》一类材料,这些材料是为了解释或阐发《礼经》,因而附着《礼经》而传布。(三)由于七十子后学所作的《记》材料颇多,其数量甚至不限于《汉书·艺文志》所说的"百三十一篇",或刘向《别录》所说的"《古文记》二百四篇",戴德、戴圣依照各自的理解,各取所需,汇辑为自成师法的《礼记》。因而二戴《礼记》之间,呈现了多数篇章不同,又有《哀公问》、《投壶》等少数篇章重复的现象。(四)二戴《礼记》西汉晚期虽有传本,但仅限传经师门,未入皇家秘府。刘向、刘歆整理时未见,《汉书·艺文志》依据刘氏《七略》材料,也就未作著录。但没有著录的,并不等于不存在。世界上存在而未被著录的事情,远远多于被著录的事情,以"未被著录"而简单地判断某个事情"不存在",就很难回到事物存在的原本状态。

如此丰赡芜杂的材料之整理和传授,几乎无法在内容涵盖、思想逻辑、流传脉络和记录编年上,作出清晰的厘定。只能按照整理传授者的价值观和思路,进行选择和编排,因而新书的命名,也就权以整理传授者的姓名如"大戴"、"小戴"之类加以标识。且看《大戴礼记》,开头的《主言》、《哀公问五义》、《哀公问孔子》、《礼三本》、《礼察》、《夏小正》、《保傅》七篇,以编辑学的标准来衡量,就相当芜杂而缺乏章法。前三篇记孔子与弟子和鲁哀公的问答,问答应在孔子周游列国返鲁初期,即鲁哀公十一年(公元前484年)或次年,成文当是七十子后学所为。甚至可以说,是曾子所传,曾门弟子所记。《主言》一篇很重要,开头就说"孔子闲居,曾子侍",用语与《孝经》开篇相同,显然是曾子所述、弟子所记。《孔子家语》此篇题为"王言",清人王聘珍对此大发感慨:"近代以来,人事校雠,往往不知家法。王肃本点窜此经,私定《孔子家语》,反据肃本改易经文,是犹听信盗贼,研审事主,有是理乎?"①遣词颇是激昂慷慨,脚跟却离开了战国秦汉书籍制度。其时简帛载籍,口传笔录,而又每每转录,音近而异,形近而讹,并非少见,以此判断真伪信否,往往不甚靠谱。

《主言》一篇在孔、曾闲居问答中,尽传"参也鲁"的神态:"曾子起曰:'敢问:何谓"主言"?'孔子不应。曾子惧,肃然抠衣下席曰:'弟子知其不孙也,得夫子之间也难,是以敢问也。'孔子不应,曾子惧,退负序而立。孔子曰:'参!女(汝)可语明主之道与?'曾子曰:'不敢以为足也,得夫子之间也难,是以敢问。'"②在此篇中,孔子为曾子解释了"明主之道",即"内修七教,外行三至"的基本含义,尤其强调"仁者莫大于爱人,知者莫大于知贤,政者莫大于官贤"③的"亲民"、"任贤"政治学思想,认为"上之亲下也如腹心,则下之亲上也,如保子之见慈母也"④。仁者爱人,君臣忠敬,是早期儒家追求的道德理想和政治理想。

这些思想与春秋战国之世儒者学术,可以互为参证。甚至可以说,这些思想上承《论语·颜渊篇》:"樊迟问仁,子曰:'爱人。'问知,子曰:'知人。'"⑤《八佾篇》孔子之言:"君使臣以礼,臣事君以忠。"⑥仁与知,从自己做起;礼与忠,则是君臣间相互对待。这些思想又横贯大小戴《礼记·哀公问》:"古之为政,爱人为大,所以治。爱人,礼为大,所以治。礼,敬为大。……爱与敬,其政之本与!"⑦《大学》:"唯仁人为能爱人,能恶人。"⑧内以仁、爱,外以礼、敬,这就是为政之本的内修与外务。

这些思想还下启孟、荀。孟子对之展开得更有气势,更有锋芒。《孟子·离娄下》:"君之视臣如手足,则臣视君如腹心。君之视臣如犬马,则臣视君如国人。君之视臣如土芥,则臣视君如寇雠。"⑨以及"君子以仁存心,

①　[清]王聘珍撰,王文锦点校《大戴礼记解诂》,北京:中华书局,1983年版,第5页。

②　[清]王聘珍撰,王文锦点校《大戴礼记解诂》,北京:中华书局,1983年版,第1—2页。

③　[清]王聘珍撰,王文锦点校《大戴礼记解诂》,北京:中华书局,1983年版,第8页。

④　[清]王聘珍撰,王文锦点校《大戴礼记解诂》,北京:中华书局,1983年版,第5页。

⑤　[宋]朱熹撰《四书章句集注》,北京:中华书局,1983年版,第139页。

⑥　[宋]朱熹撰《四书章句集注》,北京:中华书局,1983年版,第66页。

⑦　[清]王聘珍撰,王文锦点校《大戴礼记解诂》,北京:中华书局,1983年版,第14页;[清]阮元校刻《十三经注疏》(全2册),北京:中华书局,1980年版,第1611页。

⑧　[清]阮元校刻《十三经注疏》(全2册),北京:中华书局,1980年版,第1675页。

⑨　[宋]朱熹撰《四书章句集注》,北京:中华书局,1983年版,第290页。

以礼存心。仁者爱人，有礼者敬人。爱人者，人恒爱之。敬人者，人恒敬之。"①《离娄上》："爱人不亲，反其仁。治人不治，反其智。礼人不答，反其敬。"②《荀子·子道》则将之与子贡相联系，可见这是众弟子忆述中的共识："子曰：'赐，知者若何？仁者若何？'子贡对曰：'知者知人，仁者爱人。'子曰：'可谓士君子矣。'"③爱人知人，以仁以敬，内修可以为士君子，外行可以治天下。这些思想上下贯通孔与孟、荀，左右可以贯通《大学》、《哀公问》等大小戴《礼记》篇章，因而不必怀疑其为七十子论学之作。甚至它们还指向古礼书，如《国语·晋语四》引《礼志》有之曰："将有请于人，必先有入焉。欲人之爱己也，必先爱人。欲人之从己也，必先从人。无德于人，而求用于人，罪也。"④唯有德可以爱人，尊重他人，先人后己，由这种人类的原始亲和力衍生出圣人之学。

　　《大戴礼记·哀公问五义》，又见于《荀子·哀公》、《孔子家语·五仪解》，存在着不同渠道传播的大同小异。有趣的是它从服饰讲起，服饰本为蔽寒，在进入文明初阶期，其不同形制却衍化为礼制秩序的象征。孔子认为："生乎今之世，志古之道，居今之俗，服古之服，舍此而为非者，不亦鲜乎！"⑤联想到《墨子·公孟篇》中墨子辨论的对手公孟子说："君子必古言服，然后仁。"⑥这位公孟子乃是墨子早年经常交往论学的曾子门人，又对古道古服的推崇，可知本篇也当是曾子弟子所记。本篇题目标示的"五义"，即是人分五品，分成五种人格品质等级：庸人、士、君子、贤人、圣人。所谓贤人，"好恶与民同情，取舍与民同统"。这与《大学》所说的"民之所好好之，民之所恶恶之，此之谓民之父母"⑦，是一脉相通的，属于曾子学术的系统。至于言"士"，有所谓"富贵不足以益，贫贱不足以损"，则联通着《孟子·滕文公下》的"富贵不能淫，贫贱不能移，威武不能屈，此之谓大丈夫"⑧的人格期许，也可从曾子到孟子的思想脉络中找到线索。

①　[宋]朱熹撰：《四书章句集注》，北京：中华书局，1983 年版，第 298 页。

②　[宋]朱熹撰：《四书章句集注》，北京：中华书局，1983 年版，第 278 页。

③　[清]王先谦撰：《荀子集解》(《诸子集成》二)，北京：中华书局，1954 年版，第 350 页。

④　上海师范大学古籍整理研究所校点：《国语》，上海：上海古籍出版社，1988 年版，第 358 页。

⑤　[清]王聘珍撰，王文锦点校：《大戴礼记解诂》，北京：中华书局，1983 年版，第 8 页。

⑥　孙诒让撰：《墨子间诂》(《诸子集成》四)，北京：中华书局，1954 年版，第 274 页。

⑦　[清]阮元校刻：《十三经注疏》(全 2 册)，北京：中华书局，1980 年版，第 1675 页。

⑧　[宋]朱熹撰：《四书章句集注》，北京：中华书局，1983 年版，第 266 页。

《哀公问孔子》主要是问礼,孔子回答:"丘闻之也:民之所由生,礼为大。非礼无以节事天地之神明也,非礼无以辨君臣上下长幼之位也,非礼无以别男女父子兄弟之亲,昏姻疏数之交也,君子以此之为尊敬然。"①孔子是从天地、君臣、家族伦理上展示礼的三度纲维的。又说:"古之为政,爱人为大。所以治爱人,礼为大;所以治礼,敬为大;敬之至也,大昏为大,大昏至矣。"②他强调"礼者,政之本",又强调"古之为政,爱人为大"。这些思想极其重要,将所谓"为政爱人,治礼以敬"作为经邦治世的大事对待,对于"礼仪之邦"风气的改造与模塑,与有功焉,难怪小戴《礼记·哀公问》、《孔子家语·问礼篇》都收录此文。孔颖达作《礼记正义·序》,对于"礼为大"专门作了发挥,对《礼记》全书作了提纲挈领的阐释:"夫礼者,经天纬地,本之则大一之初。原始要终,体之乃人情之欲。……故曰,人之所生,礼为大也。非礼无以事天地之神,辨君臣长幼之位,是礼之时义大矣哉!"③

何以"礼为大"? 就是由于"礼有本",并非无源之水,无本之木,而是源泉丰沛,根深而叶茂。为了解说何为"礼之本",《大戴礼记》又有《礼三本》篇,开头就说:"礼有三本:天地者,性之本也;先祖者,类之本也;君师者,治之本也。无天地焉生? 无先祖焉出? 无君师焉治? 三者偏亡,无安之人。故礼,上事天,下事地,宗事先祖,而宠君师,是礼之三本也。"④这种贯通天地、人类、君师的礼本思想,与《哀公问孔子》所展示的天地、君臣、家族伦理三纲维,是略有参错而对应的。因此《礼三本》可能是七十子后学为了阐释孔子这个极其重要的礼学思想,而专门撰写的。

《大戴礼记·礼三本》篇中讲的祭祀、宗庙、大飨、丧服之类的礼制等级制度,可以同《礼记·祭礼》相参,是儒者作为礼之专门家所津津乐道的。何以天地是"性之本"? 这一点似乎指向《中庸》:"天命之谓性,率性之谓道,修道之谓教。"⑤朱熹如此解释:"吾儒则自天命之谓性,率性之谓道,以至至诚尽人物之性,赞天地之化育,识得这道理无所不周,无所不遍。"⑥

① ［清］王聘珍撰,王文锦点校:《大戴礼记解诂》,北京:中华书局,1983 年版,第 12 页。

② ［清］王聘珍撰,王文锦点校:《大戴礼记解诂》,北京:中华书局,1983 年版,第 14 页。

③ ［清］阮元校刻:《十三经注疏》(全 2 册),北京:中华书局,1980 年版,第 1222 页。

④ ［清］王聘珍撰,王文锦点校:《大戴礼记解诂》,北京:中华书局,1983 年版,第 17 页。

⑤ ［清］阮元校刻:《十三经注疏》(全 2 册),北京:中华书局,1980 年版,第 1635 页。

⑥ ［宋］黎靖德编,王星贤点校:《朱子语类》(全 8 册),北京:中华书局,1986 年版,第 3022－3023 页。

"所谓天命之谓性,率性之谓道,万物万事之所以流行,只是这个。做得是,便合道理。"①这就将天、命、性、道、教五个范畴相贯通,通向性命之学。但是《礼三本》此篇,却没有顺着这个方向引申和深化,因此它的本然状态是通向荀子之学的,它被悉数收入《荀子·礼论》②,文字差异不大,此中的传承脉络已经超出曾子、子思、孟子的传道系统。此篇可能始于七十子述学,而最终完成则是荀子。

整部《大戴礼记》,在编年学上以《礼察》、《保傅》二篇最新,《夏小正》最老,显示了这部礼书材料来源非常复杂,编纂上也没有进行深度加工,这反而为后世提供了东周秦汉书籍传承、转录和汇辑的许多状态性和程序性的信息。《礼察篇》开头就说:"孔子曰:君子之道,譬犹防与?"③防与坊相通,都是堤防、防范的意思。因此,可视为与《礼记·坊记》的开头遥相呼应:"子言之,君子之道,辟则坊与?"④《坊记》乃子思所著,则如此开篇也透露了此篇关联着曾子、子思学术系统的消息。其中"礼者禁于将然之前,而法者禁于已然之后"的"防范提前"的礼制思想,也显得相当重要。而且又提倡防微杜渐的"积然"思想:"安者非一日而安也,危者非一日而危也,皆以积然,不可不察也。善不积不足以成名,恶不积不足以灭身。"⑤善行和罪恶都在积累中产生"成名"或"灭身"的效果,这些思想可以和《坊记》相参照。

然而,《礼察篇》却出现了如此之言:"我以为秦王之欲尊宗庙而安子孙,与汤武同。然则如汤武能广大其德,久长其后,行五百岁而不失;秦王亦欲至是而不能,持天下十余年,即大败之。此无他故也,汤武之定取舍审,而秦工之定取舍不审也。《易》曰:'君子慎始,差若毫厘,缪之千里。'取舍之谓也。然则为人主师傅者,不可不日夜明此。"⑥其中材料采用的跨度,由汤武下及秦王。这就表明,《礼察》篇虽然吸收了战国子思学派的思想,但它大量展示是汉初对秦朝政治的批判性反思。

西汉贾谊《上疏陈政事》曰:"凡人之智,能见已然,不能见将然。夫礼

① [宋]黎靖德编,王星贤点校:《朱子语类》(全8册),北京:中华书局,1986年版,第3110页。
② [清]王先谦撰:《荀子集解》(《诸子集成》二),北京:中华书局,1954年版,第233-236页。
③ [清]王聘珍撰,王文锦点校:《大戴礼记解诂》,北京:中华书局,1983年版,第21页。
④ [清]阮元校刻:《十三经注疏》(全2册),北京:中华书局,1980年版,第1618页。
⑤ [清]王聘珍撰,王文锦点校:《大戴礼记解诂》,北京:中华书局,1983年版,第22页。
⑥ [清]王聘珍撰,王文锦点校:《大戴礼记解诂》,北京:中华书局,1983年版,第23页。

者禁于将然之前，而法者禁于已然之后，是故法之所为用易见，而礼之所为生难知也。若夫庆赏以劝善，刑罚以惩恶，先王执此之政，坚如金石；行此之令，信如四时。据此之公，无私如天地，岂顾不用哉！然而曰礼云、礼云者，贵绝恶于未萌而起教于微眇，使民日迁善、远罪而不自知也。孔子曰：'听讼，吾犹人也。必也使毋讼乎！'为人主计者，莫如先审取舍，取舍之极定于内，而安危之萌应于外矣。秦王之欲尊宗庙而安子孙，与汤、武同。然而汤、武广大其德行，六七百岁而弗失，秦王治天下十余岁则大败。此亡他故矣：汤、武之定取舍审，而秦王之定取舍不审矣。夫天下，大器也。今人之置器，置诸安处则安，置诸危处则危。天下之情，与器无以异，在天子之所置之。汤、武置天下于仁、义、礼、乐，累子孙数十世，此天下所共闻也。秦王置天下于法令、刑罚，祸几及身，子孙诛绝，此天下之所共见也。"①贾谊上疏中这一大段话几乎全部见于《礼察篇》，其中只不过插入一些子思学派的思想材料，因此它的成篇应在西汉贾谊（公元前200—前168年）之后。

如果接着读《大戴礼记·保傅篇》，编年学上的这个问题，就更是了然。该篇开头曰："殷为天子，三十余世而周受之；周为天子，三十余世而秦受之；秦为天子，二世而亡。人惟非甚相远也，何殷周有道之长，而秦无道之暴？其故可知也。"②此处以殷、周与秦对比，阐明兴亡之道，也是贾谊《上疏陈政事》中语。贾谊《上疏陈政事》继而言之："古之王者，太子乃生，固举以礼，使士负之，有司齐肃端冕，见之南郊，见于天也。过阙则下，过庙则趋，孝子之道也。故自为赤子而教固已行矣。昔者成王幼在繦抱之中，召公为太保，周公为太傅，太公为太师。保，保其身体。傅，傅之德义。师，道之教训：此三公之职也。于是为置三少，皆上大夫也，曰少保、少傅、少师，是与太子宴者也。故乃孩提有识，三公、三少固明孝仁礼义以道习之，逐去邪人，不使见恶行。于是皆选天下之端士孝悌博闻有道术者以卫翼之，使与太子居处出入。故太子乃生而见正事，闻正言，行正道，左右前后皆正人也。夫习与正人居之，不能毋正，犹生长于齐不能不齐言也。习与不正人居之，不能毋不正，犹生长于楚之地不能不楚言也。故择其所者，必先受业，乃得尝之。择其所乐，必先有习，乃得为之。孔子曰：'少成若天性，习

---

① ［汉］班固撰：《汉书》（全12册），北京：中华书局，1962年版，第2252—2253页。又，收入清严可均辑《全汉文》卷15。

② ［清］王聘珍撰，王文锦点校：《大戴礼记解诂》，北京：中华书局，1983年版，第39页。

贯如自然。'及太子少长，知妃色，则入于学。学者，所学之官也。《学礼》
曰：'帝入东学，上亲而贵仁，则亲疏有序而恩相及矣。帝入南学，上齿而贵
信，则长幼有差而民不诬矣。帝入西学，上贤而贵德，则圣智在位而功不遗
矣。帝入北学，上贵而尊爵，则贵贱有等而下不踰矣。帝入太学，承师问
道，退习而考于太傅，太傅罚其不则而匡其不及，则德智长而治道得矣。此
五学者既成于上，则百姓黎民化辑于下矣。'及太子既冠成人，免于保傅之
严，则有记过之史，彻膳之宰，进善之旌，诽谤之木，敢谏之鼓。瞽史诵诗，
工诵箴谏，大夫进谋，士传民语。习与智长，故切而不媿。化与心成，故中
道若性。三代之礼：春朝朝日，秋暮夕月，所以明有敬也。春秋入学，坐国
老，执酱而亲馈之，所以明有孝也。行以鸾和，步中《采齐》，趣中《肆夏》，所
以明有度也。其于禽兽，见其生不食其死，闻其声不食其肉，故远庖厨，所
以长恩，且明有仁也。"①贾谊这些言论，几乎被悉数录入《保傅篇》之中，其
他段落被录入者还有。其中说法，也与"积然"的思想相对应。

　　因而从文化血脉而言，《保傅篇》连接的也是曾子、子思、孟子的学术传
统，比如说："于禽兽，见其生不食其死，闻其声不尝其肉，故远庖厨，所以长
恩，且明有仁也。"②这些话与《孟子·梁惠王上》的"君子之于禽兽也，见其
生，不忍见其死；闻其声，不忍食其肉。是以君子远庖厨也"③，如出一辙。
《保傅篇》中"天子不论先圣王之德，不知国君畜民之道，不见礼义之正，不
察应事之理，不博古之典传，不闲于威仪之数，诗书礼乐无经，学业不法，凡
是其属，太师之任也"④云云，不见于《汉书·贾谊传》所引上疏，却见于贾
谊《新书》卷五《傅职》篇，文字略有变异："天子不谕于先圣人之德，不知君
国畜民之道，不见礼义之正，不察应事之理，不博古人之典传，不佪于威仪
之数，诗书礼乐无经，天子学业之不法，凡此其属，太师之任也。"⑤凡此种
种，说明《保傅篇》杂取少量战国简和大量贾谊文字，其成篇应在西汉贾谊

---

①　[汉]班固撰：《汉书》(全12册)，北京：中华书局，1962年版，第2248—2249页。
②　[清]王聘珍撰，王文锦点校：《大戴礼记解诂》，北京：中华书局，1983年版，第54页。
③　[宋]朱熹撰：《四书章句集注》，北京：中华书局，1983年版，第208页。
④　[清]王聘珍撰，王文锦点校：《大戴礼记解诂》，北京：中华书局，1983年版，第56页。
⑤　何志华、朱国藩主编：《〈新书〉与先秦两汉典籍重见资料汇编》，香港：中文大学出版社，
2007年版，第114页。

《资治通鉴》系贾谊上疏于汉文帝六年丁卯,即公元前 174 年①之后。即是说,在《大戴礼记》所展示的孔子文化地图上,掺入了西汉初年的某些竹简,造成了历史文化地层叠压上对战国地层的"打破"和"扰乱"。

与《礼察》、《保傅》二篇成于公元前 174 年以后相比较,《夏小正》经文的来源起码早上一千年,但其成篇是一个漫长的过程,导致非常深厚的历史文化地层叠压。没有过程意识,不足以言《夏小正》此篇。夏始祖是大禹,《竹书纪年》记载夏禹元年"颁夏时于邦国"②。当时周的始祖稷是农官,可能也参与了这部最早"农书"的制定,时在公元前 21 世纪。不要低估其时天文星象观察的水平,20 世纪 80 年代在河南濮阳一座距今6000 年的古墓中出土了一幅用蚌壳和人骨拼成的龙虎图,隐约存在着苍龙白虎的星象学意义。《左传·昭公元年》也记载子产的话:"昔高辛氏(《帝系》、《史记·五帝本纪》、《孔子家语》、《大戴礼记·五帝德》皆云'帝喾高辛氏为黄帝曾孙')有二子,伯曰阏伯,季曰实沈。居于旷林,不相能也,日寻干戈,以相争讨。后帝不臧,迁阏伯于商丘,主辰。商人是因,故辰为商星。迁实沈于大夏,主参,唐人是因,以服事夏、商,其季世曰唐叔虞……故参为晋星。由是观之,则实沈,参神也。"③这些星辰也出现在《夏小正》中。

不过考虑到夏朝文字状况,相当长时间里,"夏时"采取口耳相传的传授方式。至于它何时被记录,《尚书·多士》云:"惟殷先人,有典有册。"④"册"字的竖画表示竹简,横线表示编绳。大概在商代,或者商周之际,《夏小正》的经文四百余字,才被以简朴深奥的文字记录下来。因此此《夏小正》星象或是出自夏初以下的口耳相传,口传过程中难免有其他时段的星象介入,记录之时又参以商周之际的某些星象。蔡邕《月令篇名》云:"《大戴礼·夏小正传》曰:'阴阳生物之后,王事之次。'则夏之《月令》也。殷人无文,及周而备,文义所说,博衍深远,宜周公之所著也。"⑤此处行文恍惚,对著述年代在夏、商、周三代上举棋不定,最后闭眼押在周公名下。近世一些

————————

　　①　[宋]司马光编著,[元]胡三省音注:《资治通鉴》(全 20 册),北京:中华书局,1956 年版,第469 页。

　　②　王国维疏证:《今本竹书纪年疏证》,沈阳:辽宁教育出版社,1997 年版,第 48 页。

　　③　杨伯峻编著:《春秋左传注》(全 4 册),北京:中华书局,1990 年版,第 1217-1218 页。

　　④　[清]阮元校刻:《十三经注疏》(全 2 册),北京:中华书局,1980 年版,第 220 页。

　　⑤　[清]严可均辑:《全后汉文》,北京:商务印书馆,1999 年版,第 802 页。

古天文学研究者分析其中星象,又有"夏初说"、"商周之际说",争论不休。然而,更应注意的是,原始中国存在着"观乎天文,以察时变。观乎人文,以化成天下"①的天人合一的思维模式,把天象观察和历法制订视若神圣,所谓"古者包牺氏之王天下也,仰则观象于天,俯则观法于地"②;有所谓尧帝"乃命羲、和,敬顺昊天,数法日月星辰,敬授民时"③,都是神圣的作为。因而在文字未萌初萌之时,必有一批巫史观察天象,将之与农事物候相对应。他们把其中奥秘逐代口耳相传,相传中又有发现,就可能发生不同时期星象的混杂了。《夏小正》的星象集成,既经历了由夏初到周初漫长的口传和记录的过程,也就积累多代智慧,形成了历史文化地层的叠压。

《夏小正》经文四百余字,传文二千八百字,是经文的近七倍。这种情形又是如何形成的?《礼记·礼运篇》记载:"孔子曰:我欲观夏道,是故之杞,而不足征也;吾得夏时焉。"郑玄笺:"得夏四时之书也,其书存者有《小正》。"④郑氏认为,孔子到杞国获得之"夏时",就是《夏小正》。杞国是周武王克殷纣之后,求禹之后,封于雍丘(今河南杞县),以奉夏后氏之祀。在此前的岁月,如《大戴礼记·少闲篇》记载:"成汤卒受天命,……乃放移夏桀,散亡其佐,乃迁姒姓于杞。"⑤夏朝文物制度、天文历法、口传记忆,可能在夏商易代之际的这次亡国迁徙中,保存在杞。而在殷代,杞国依然存在,太史公称其"殷时或封或绝"。殷墟卜辞有几处言及杞,如祖甲时卜辞:"王其田,亡灾,在杞";"王其步自杞于□。"帝辛时卜辞:"壬辰卜,在杞,贞:今日王步于商,亡灾?"从出土卜辞和历史文献可以推测,孔子至杞所得"夏时",是传承有序的。

《汉书·地理志》记陈留郡雍丘,注曰:"故杞国也,周武王封禹后东楼公。先春秋时,徙鲁东北;二十一世简公为楚所灭。"⑥杞国已迁至鲁东北,因此孔子是在三十余岁时,往返鲁、齐之间,顺道至杞进行古国礼制文献调查而得到"夏时"。由于当时随行弟子有限,或可能在编纂《论语》时已经不在人世(如子路),因而这次出行,几为文献所失载,是非常遗憾的。《论

① [清]阮元校刻:《十三经注疏》(全2册),北京:中华书局,1980年版,第37页。
② [清]阮元校刻:《十三经注疏》(全2册),北京:中华书局,1980年版,第86页。
③ [汉]司马迁撰:《史记》(全10册),北京:中华书局,1959年版,第16页。
④ [清]阮元校刻:《十三经注疏》(全2册),北京:中华书局,1980年版,第1415页。
⑤ [清]王聘珍撰,王文锦点校:《大戴礼记解诂》,北京:中华书局,1983年版,第218-219页。
⑥ [汉]班固撰:《汉书》(全12册),北京:中华书局,1962年版,第1558页。

语·卫灵公篇》记述:"颜渊问为邦。子曰:'行夏之时,乘殷之辂,服周之冕,乐则《韶》、《舞》。放郑声,远佞人,郑声淫,佞人殆。'"①朱熹云:"颜渊问为邦章'行夏之时',行《夏小正》之事。"②朱熹也认为,"夏时"是《夏小正》。更重要的是,孔子对"夏时"的可靠性若无信心,若无深入研究和把握,他是不会将之当作"为邦四事"之首,而对自己的首席弟子发表如此言论。杞国是夏禹后裔的封国,"杞人忧天"的成语虽含贬义,但也透露了杞人观天、忧天的独特情结。

孔子创立学说,对这类古国文献非常重视,虽有所谓"述而不作"之言,但一方面作了广泛的田野调查,一方面作了深入的考订整理,遂使其"以述为作"获得深厚的实证根据。《史记·夏本纪》云:"太史公曰:孔子正'夏时',学者多传《夏小正》云。"③孔子的"正",非常关键,它是动词,义为校正、考正。如《周礼·天官冢宰》:"岁终,则令群吏正岁会;月终,则令正月要;旬终,则令正日成,而以考其治。"④仔细琢磨上述《礼记》和《史记》的语言使用方式,孔子在杞国得到的是一种叫作《夏时》的简本,经过他整理校正之后,才改名《夏小正》,为学者传承。章学诚《校雠通义》卷一云:"《夏小正》在《戴记》之先,而《大戴记》收之,则时令而入于《礼》矣。《小尔雅》在《孔丛子》之外,而《孔丛子》合之,则小学而入于子矣。"⑤破格将时令引入礼制,这是孔子为农业文明立本而把握的一个关键。但是《礼运》没有提到《夏小正》,《夏本纪》提到《夏小正》之后加了一个"云"字,暗示着孔子亲作《夏小正》之事尚待商量。在"孔子正'夏时'"和"学者多传《夏小正》"之间存在着某种弹性,存在着某些中间环节,并没有直截了当地说:"正'夏时'而成《夏小正》。"这些微妙之处,不应轻易放过。

再考察《夏小正》的经传结合方式。"二月"条目下,经文有"来降燕,乃睇"。传文则如此解释:"燕,乙也。降者,下也。言来者何也? 莫能见其始出也,故曰'来降'。言'乃睇',何也? 睇者,眄也。眄者,视可为室者也。百鸟皆曰巢,深穴取与之室,何也? 操泥而就家,入人内也。"⑥经文不是说

① [宋]朱熹撰:《四书章句集注》,北京:中华书局,1983年版,第163—164页。
② [宋]黎靖德编,王星贤点校:《朱子语类》(全8册),北京:中华书局,1986年版,第1154页。
③ [汉]司马迁撰:《史记》(全10册),北京:中华书局,1959年版,第89页。
④ [清]阮元校刻:《十三经注疏》(全2册),北京:中华书局,1980年版,第656页。
⑤ [清]章学诚著,王重民通解:《校雠通义通解》,上海:上海古籍出版社,2009年版,第25页。
⑥ [清]王聘珍撰,王文锦点校:《大戴礼记解诂》,北京:中华书局,1983年版,第32—33页。

"乃看见燕子飞来降落",而是先说"有物飞来,降落,看了才知是燕子,飞入家中含泥筑巢"。再如"九月"条目下,经文有"陟玄鸟蛰"。传文则如此解释:"陟,升也。玄鸟也者,燕也。先言'陟'而后言'蛰',何也? 陟而后蛰也。熊、罴、貊、貉、鼬、鼬则穴,若蛰而。"①经文不是说"玄鸟先飞后伏",而是"飞",什么在飞? 玄鸟。玄鸟飞而后伏。

《夏小正》的玄鸟关切发人深思,玄鸟本是商民族的图腾,高辛氏的妃子、有娀氏之女吞下玄鸟卵之后生下商之祖先契。流传最广的说法出自商(宋)人的祭祖颂歌《诗经·商颂·玄鸟》:"天命玄鸟,降而生商。"②郑氏笺云:"玄鸟,燕也,一名鳦,音乙。"③《尔雅·释鸟》:"燕燕,鳦。"④郭璞注:"《诗》云:'燕燕于飞。'一名玄鸟,齐人呼鳦。"⑤朱熹说:"此亦祭祀宗庙之乐,而追叙商人之所由生,以及其有天下之初也。"⑥此说得到考古和文献的支持,晚商青铜器《玄鸟妇壶》上有"玄鸟妇"三字合构的铭文;甲骨文专家胡厚宣又从殷墟卜辞中,先后找到了八片甲骨共计十条祭祀高祖王亥的卜辞,辨析其中"王亥"的"亥"字形体从亥从鸟从隹,隹也是鸟形,乃是商族以鸟为图腾的标志⑦。《楚辞·天问》云:"简狄在台,喾何宜? 玄鸟致贻,女何嘉?"⑧《吕氏春秋·季夏纪·音初》又云:"有娀氏有二佚女,为之九成之台,饮食必以鼓。帝令燕往视之,鸣若谥隘。二女爱而争搏之,覆以玉筐,少选,发而视之,燕遗二卵,北飞,遂不反,二女作歌一终,曰'燕燕往飞',实始作为北音。"⑨孔子是商民族及宋贵族流亡到鲁国的后裔,对郯国少皞氏的鸟图腾信仰甚为关注,对于商民族的玄鸟图腾是否于心戚戚然,不得而知,却可准之以人情。

从文休学上看,《夏小正》这种经传合文的状况,休例有点近乎《穀梁

①　[清]王聘珍撰,王文锦点校:《大戴礼记解诂》,北京:中华书局,1983 年版,第 44 页。

②　[清]阮元校刻:《十三经注疏》(全 2 册),北京:中华书局,1980 年版,第 622 页。

③　[清]阮元校刻:《十三经注疏》(全 2 册),北京:中华书局,1980 年版,第 622 页。

④　[晋]郭璞注,[宋]邢昺疏,李传书整理:《尔雅注疏》,北京:北京大学出版社,1999 年版,第311 页。

⑤　[清]阮元校刻:《十三经注疏》(全 2 册),北京:中华书局,1980 年版,第 2684 页。

⑥　[宋]朱熹撰:《诗集传》,上海:上海古籍出版社,1980 年版,第 244 页。

⑦　胡厚宣:《甲骨文商族鸟图腾的遗迹》,见《历史论丛》,1964 年第 1 辑;《甲骨文所见商族鸟图腾的新证据》,见《文物》,1977 年第 2 期。

⑧　金开诚等校注:《屈原集校注》(全 2 册),北京:中华书局,1996 年版,第 379 页。

⑨　[战国]吕不韦等编:《吕氏春秋》(《诸子集成》六),北京:中华书局,1954 年版,第 59 页。

传》、《公羊传》之解读《春秋经》。比如《春秋·僖公十六年》记载："陨石于宋五。"①这也是发生在孔子祖宗之邦宋国的事情。《公羊传》解释道："曷为先言'陨'而后言'石'？陨石记闻，闻其磌然；视之，则石；察之，则五。"②又比如《春秋·文公十四年》记载："秋，七月，有星孛入于北斗。"③《穀梁传》解释道："孛之为言，犹茀也。其曰入北斗，斗有环域也。"④《春秋》接着说："公至自会。晋人纳捷菑于邾。弗克纳。"⑤《穀梁传》又接着解释："是郤克也，其曰人何也？微之也。何为微之也？长毂五百乘，绵地千里，过宋、郑、滕、薛，敻入千乘之国，欲变人之主；至城下然后知，何知之晚也！弗克纳，未伐而曰弗克何也？弗克其义也。捷菑，晋出也。貜且，齐出也。貜且，正也。捷菑，不正也。"⑥从这些引文不难看出，《夏小正》以传解经的方式，与《穀梁》、《公羊》二传依经训解，以问答形式解经，偏重于语言分析哲学，着重阐发其中的"微言大义"的特点颇为类似，它们在春秋战国时代属于相同或相近的经籍诠释系统。

据文献记载，《公羊》、《穀梁》二传，是由讲学西河的子夏分别传授给齐国公羊高和鲁国穀梁赤，再经过长期的口耳相传，到西汉才记录整理成书。宋代洪迈认为六经皆传自子夏："孔子弟子，惟子夏于诸经独有书。……于《易》则有传，于《诗》则有序。而《毛诗》之学，一云，子夏授高成子，四传而至小毛公；一云，子夏传曾申，五传而至大毛公。于《礼》则有《仪礼·丧服》一篇，马融、王肃诸儒多为之训说。于《春秋》，所云'不能赞一辞'，盖亦尝从事于斯矣。公羊高实受之于子夏；穀梁赤者，《风俗通》亦云子夏门人。于《论语》，则郑康成以为仲弓、子夏等所撰定也。后汉徐防上疏曰：'《诗》、《书》、《礼》、《乐》，定自孔子，发明章句，始于子夏。'斯其证云。"⑦从子夏传经系统往上追溯，孔子在杞国得"夏时"文献，进行校正编纂的时候，可能曾经逐字逐句向"二三子"之徒讲解，尤其是向"博学而笃志，切问而近思"的子夏讲解，这种讲解可能就采取问答式，若记录下来，就像后来经师讲课时

---

① ［清］阮元校刻：《十三经注疏》（全 2 册），北京：中华书局，1980 年版，第 2254 页。
② ［清］阮元校刻：《十三经注疏》（全 2 册），北京：中华书局，1980 年版，第 2254 页。
③ ［清］阮元校刻：《十三经注疏》（全 2 册），北京：中华书局，1980 年版，第 2409 页。
④ ［清］阮元校刻：《十三经注疏》（全 2 册），北京：中华书局，1980 年版，第 2409 页。
⑤ ［清］阮元校刻：《十三经注疏》（全 2 册），北京：中华书局，1980 年版，第 2409 页。
⑥ ［清］阮元校刻：《十三经注疏》（全 2 册），北京：中华书局，1980 年版，第 2409 页。
⑦ ［宋］洪迈撰：《容斋续笔》，上海：上海古籍出版社，1978 年版，第 390 页。

所编的教材。

因而《夏小正》的经文当是孔子所整理衡定，传文当是根据孔子口述，由子夏、或其弟子类乎公羊高、穀梁赤者笔录而成。后来的《公羊》、《穀梁》二传，也是遵循这个传经方式。虽然《穀梁》、《公羊》二传侧重于解释《春秋》中的政治社会叙事，但也涉及在古人看来影响到政治社会变异的天象叙事。而《夏小正》的传文更多的是按一年十二月逐月记述和解释物候、气象、星象和相关政事，尤其是农业生产的岁时大事，包括农耕、渔猎、采集、蚕桑、畜牧等，但未及"百工之事"，说明这些材料来自社会分工尚不发达的夏商时代。唯此，才能解释《汉书·艺文志》记载《春秋》有五家之传，除了《左氏传》之外，《公羊传》、《穀梁传》有书，而《邹氏传》"无师"，《夹氏传》"未有书"。也唯此，才能合理地解释"孔子正夏时，学者多传《夏小正》云"。

总之，今存《大戴礼记》头七篇的成书情况非常复杂，年代、作者均参差不一。《主言》、《哀公问五义》、《哀公问孔子》三篇，是曾子所述孔子言行，曾门弟子所记；《礼三本》被悉数收入《荀子·礼论》，文字略异，传承脉络已经超出曾子系统，进入仲弓、子夏、荀子的系统。《礼察》、《保傅》二篇，从曾子、子思、孟子一些言礼的思想延伸出来，大量抄录贾谊上疏言政的文字，是汉初贾谊上疏言政（公元前 174 年）以后成篇；《夏小正》材料来源最古，含有夏商星象和农事、岁时、物候，为孔子所收集、整理成经之部分，并加以解说；解说即是传，经过子夏与其传经弟子传承记录成篇。传之部分口传而著于简帛，大概在战国前期到西汉初年。

二十三章　大小戴《礼记》中的曾子之学

七十子材料以大小戴《礼记》最为集中和丰富，只有着力打通大小戴《礼记》，参以出土简帛相关内容，才能充分而准确地还原七十子对孔子之学的记忆和承传。这也与战国秦汉书籍制度有关，战国简册，多见单篇别行，简组流行的情形，汉人整理时最多也是择善辑录，以类相从，以传前世遗文，开当世的学脉为务。对于繁复杂乱的礼书遗简，辑录成书时未能都以原作者为中心加以流脉分疏和年代考定，这就造成大小戴《礼记》篇章往往交叉互参的状态。因此，对于这种遗简聚散分合失范的状态，交相会通，沟通其内在深层的生命气息，也就成了深入研究的必然要求。

如前所述，《大戴礼记》头七篇，除了《礼三本》、《夏小正》外，多与曾门存在着直接或间接的关系。小戴《礼记》如《曾子问》、《学记》、《大学》也是曾门之作。《大戴礼记》继之而来诸篇，与曾子关系更明显者是"曾子十篇"：《曾子立事》、《曾子本孝》、《曾子立孝》、《曾子大孝》、《曾子事父母》、《曾子制言》上中下、《曾子疾病》、《曾子天圆》。这些篇章之交相会通，便可更深进入曾学脉络。汉代本有《曾子》十八篇，刘向、刘歆父子当有过目，这才有《汉书·艺文志》根据中秘庋藏所作的著录。班固《白虎通义》卷十一引述《礼·曾子记》曰："大辱加于身，支体毁伤，即君不臣，士不交，祭不得为昭穆之尸，食不得□昭穆之牲，死不得葬昭穆之域也。"①此语不见于今本大小戴《礼记》，可能是班固所见《曾子》十八篇原书之佚文。于此前后编成的《大戴礼记》，仅录其中十篇。在《曾子》原书散佚后，《隋书·经籍志》、《旧唐书·经籍志》、《新唐书·艺文志》、《宋史·艺文志》、《崇文总目》、《通志》、《文献通考》以及《郡斋读书志》竟然都作《曾子》二卷，大概是过录《大戴礼记》所成书。

清人皮锡瑞《经学通论·三礼》专门列出"论《大戴礼记》"条目，谓"书中《夏小正》篇最古，其《诸侯迁庙》、《诸侯衅庙》、《投壶》、《公冠》，皆《礼古

---

① ［清］陈立撰，吴则虞点校：《白虎通义疏证》（全2册），北京：中华书局，1994年版，第525页。

经》遗文。又《艺文志》‘《曾子》十八篇’久逸，是书犹存其十篇，自《立事》至《天圆》篇题中，悉冠以曾子者是也。……又孔检讨广森《大戴礼记补注》序曰，今学者皆治‘十三经’，至兼举‘十四经’之目，则《大戴礼记》，宜急治矣。《夏小正》为夏时书，《禹贡》惟言地理，兹则言天象与《尧典》合；……《曾子》十篇，儒言纯粹，在《孟子》之上；《投壶》仪节，较《小戴》为详；《哀公问》字句，较《小戴》为确，然则此经宜急治审矣。"①其中对《大戴礼记》，尤其是《曾子》十篇，推崇备至。值得注意的是清儒阮元截取《大戴礼记》之"曾子十篇"，撰成《曾子集注》，可知历代多相信此"曾子十篇"，乃是源自《曾子》原书的可靠材料。

　　曾子所传的孔子之道，着重于"学"（《学记》、《大学》）、"孝"、"礼"（包括丧礼），可以将此称为曾子传道之三大脉络。"曾子十篇"的首篇《曾子立事》，便旨在"君子以学为先"。曾子曰："君子攻其恶，求其过，强其所不能，去私欲，从事于义，可谓学矣。……君子既学之，患其不博也；既博之，患其不习也；既习之，患其无知也；既知之，患其不能行也；既能行之，贵其能让也；君子之学，致此五者而已矣。"②这种"以学立事"的思想，与《论语·学而篇》孔子"学而时习之"的垂训，曾子"传不习乎"的自省，一脉相承。其中提出治学"五步骤"：博、习、知、行、让。所学不限于知识，更重要的是明道而养德。因此接着就谈论"君子不先人以恶，不疑人以不信"③；"不说人之过，成人之美；君子己善，亦乐人之善也；己能，亦乐人之能也"④；"太上乐善，其次安之，其下亦能自强"⑤。这些都是从修养德行着眼，继承了孔子的"君子道"和"恕道"。最后还将眼光延伸到政治："事父可以事君，事兄可以事师长；使子犹使臣也，使弟犹使承嗣也；能取朋友者，亦能取所予从政者矣。……是故为善必自内始也。"⑥这些说法，一头连着《孝经》"君子之事亲孝，故忠可移于君。事兄悌，故顺可移于长。居家理，故治可移于官。是以行成于内，而名立于后世矣"⑦；另一头连着《大学》"故君子不出家而

① ［清］皮锡瑞撰：《经学通论》三《三礼》，北京：中华书局，1954年版，第83页。
② ［清］王聘珍撰，王文锦点校：《大戴礼记解诂》，北京：中华书局，1983年版，第69—70页。
③ ［清］王聘珍撰，王文锦点校：《大戴礼记解诂》，北京：中华书局，1983年版，第72页。
④ ［清］王聘珍撰，王文锦点校：《大戴礼记解诂》，北京：中华书局，1983年版，第72页。
⑤ ［清］王聘珍撰，王文锦点校：《大戴礼记解诂》，北京：中华书局，1983年版，第77页。
⑥ ［清］王聘珍撰，王文锦点校：《大戴礼记解诂》，北京：中华书局，1983年版，第78页。
⑦ ［清］阮元校刻：《十三经注疏》（全2册），北京：中华书局，1980年版，第2558页。

成教于国,孝者所以事君也,弟者所以事长也,慈者所以使众也"①。从中可以看出,曾子传道具有前后左右相贯通的一致性,可见孔子"一以贯之"的思维方式对曾子影响之深。

值得探究的是"太上乐善"的思想,它提出了"太上"的命题。太上,可以是价值观上的命题,推许其为最重要者;也可以是时间观上的命题,推许其最早出现,也是根本者。曾子是"太上乐善",属于前者。《左传·僖公二十四年》:"太上以德抚民。"疏曰:"太上谓人之最太上,上圣之人也。"②也属于前者。《礼记·曲礼上》:"太上贵德。"《释文》曰:"太上,谓三皇五帝之世。"③如晋代有诗云:"悠悠太上,人之厥初。"④此属于后者。然而在"信而好古"的儒者心中,此二者是统一的,所谓"太上"就是价值等级的崇高性和价值来源的根本性。清人俞正燮《癸巳存稿》卷一,广搜群书,对"太上"一语作了罗列:

> 《左传》云:"太上以德抚民,其次亲亲以相及也。"又,"太上有立德,其次有立功,其次有立言。"《周书·武纪解》云:"太上敬而复,其次欲而得。"《穀梁传》云:"太上,故不名也。"《礼记》云:"太上贵德,其次务施报。"《大戴礼》云:"太上乐善,其次安之,其次亦能自强。"又,"太上不生恶,其次而能凤绝之,其下复而能改也。"又,"此太上之不论不议也。"
>
> 《六韬·文启》云:"太上因之,其次化之。"《管子·法法》云:"太上以制制度,其次失而能追之。"《老子》云:"太上下知有之,其次亲而誉之,其次畏之,其次侮之。"《晏子春秋》云:"太上靡散我。"又,"太上之靡弊也。"《子华子》云:"太上违世,其次违地,其次违人。"《墨子》云:"太上无败,其次败而有以成。"《韩非子》云:"太上禁其心,其次禁其言,其次禁其事。"又,"为太上士,不设赏,为天下士,不设刑。"《尉缭子》云:"太上神化,其次因物,其下无夺民时,侵民财。"又云:"太上无过,其次补过。"《魏策》云:"太上伐秦,其次宾秦,其次坚约而详讲。"

① [宋]朱熹撰:《四书章句集注》,北京:中华书局,1983年版,第9页。
② [清]阮元校刻:《十三经注疏》(全2册),北京:中华书局,1980年版,第1817页。
③ [清]阮元校刻:《十三经注疏》(全2册),北京:中华书局,1980年版,第1231页。
④ [唐]房玄龄等撰:《晋书》(全10册),北京:中华书局,1974年版,第2370页。

《吕氏春秋》云："太上知之,其次知其不知。"又,"太上先胜。"又,"太上以志,其次以事。"又,"太上知始,其次知终,其次知中。"又,"太上以义,其次以赏罚。"又,"太上反诸己,其次求诸人。"《淮南子》云："太上神化,其次使不得非。"又,"太上曰我其性与,其次曰微彼其如此乎!"又,"治身:太上养神,其次养形。治国:太上养化,其次正法。"又,"太上之道生万物而不有。"

《史记》云："太上修德,其次修政,其次修教。"又云,"其太上计破秦,其次必长宾之。"《燕策》作"夫上计"。则刘向序言多误字者是也。《汉书·司马迁传》云："太上不辱先,其次不辱身。"《淮南王传》云："欲以亲戚之意望于太上。"《匡衡传》云："太上者,民之父母。"又,王褒云:"刺史见太上圣明。"又,班固《辟雍诗》云:"于赫太上。"《汉武内传》云:"王母曰:太上之药。"谨按:《礼记》郑注云:"太上,谓帝皇之世。"《大戴卢辨注》云:"太上,德之最上者。"又云:"太上谓五帝之世。"《文选注》引《老子·河上公注》云:"太上,谓太古无名之君。"《辨正论》引梁承圣解五千文云:"太上谓三皇至五龙也。其次,谓伏羲以下,则上德上古二义并行,以与其次连文。其单言太上者,则为至尊。"《穀梁》"太上谓天王",《晏子》"太上,民谓君",《汉书》太上,《淮南王传注》如淳注云,天子也。《匡衡传注》师古云,居尊上之位也。

盖太上者,于人为至尊,于德为至美,于事为至当,于时为至古。[①]

从引书达二十余种,学派头绪甚是纷繁的这个"太上"系列中,可见中国人对于"太上"境界的执着,执着中呈现出价值观的多元性。曾子所言"太上乐善,其次安之,其下亦能自强"[②],是近乎《史记》之"太上修德,其次修政,其次修教"[③]。班固讥讽太史公"其是非颇缪于圣人"[④],也不尽然。曾子以"太上乐善"之说,建立其以学为政的所谓"君师"思想之原点。由此出发,小戴《礼记·学记》讲了前半截,讲了如何"为学";《大学》讲了后半截,讲了如何"为政"。

---

① ［清］俞正燮撰:《癸巳存稿》,沈阳:辽宁教育出版社,2003年版,第34—35页。
② ［清］王聘珍撰,王文锦点校:《大戴礼记解诂》,北京:中华书局,1983年版,第77页。
③ ［汉］司马迁撰:《史记》(全10册),北京:中华书局,1959年版,第1351页。
④ ［汉］班固撰:《汉书》(全12册),北京:中华书局,1962年版,第2737—2738页。

学与政的关系，是儒家高度关注的一种政治文化学的关系，其中旨趣是以学统贯穿政统，拓展"君师"意识。因此，《学记》虽然侧重讲"为学"的前半截，但它的终极指向，也毫不含糊地指向"为政"。它一开头就宣布："君子如欲化民成俗，其必由学乎！玉不琢，不成器；人不学，不知道。是故古之王者建国君民，教学为先。"①这是阐释为学的宗旨，在于"以学化民"。随之阐释教学相长、学制、教学伦理、教学方法，其中有"独学而无友，则孤陋而寡闻"的名言。而"学然后知不足，教然后知困。知不足然后能自反也，知困然后能自强也。故曰：教学相长也。《兑命》曰：'敩（教）学半'，其此之谓乎！"②这种教与学互为一半的思想非常深刻。随之探讨教学成败的原因，推崇师道尊严，讲究进学之道。其中认为："凡学之道，严师为难。师严然后道尊，道尊然后民知敬学。是故君之所以不臣于其臣者二：当其为尸，则弗臣也；当其为师，则弗臣也。大学之礼，虽诏于天子无北面，所以尊师也。"③最终还是归结于"天子无北面"之师的"君师"思想。孔子的历史贡献之一，在于将官学转换为私学，开平民教育的先河。《学记》为这股潮流推波助澜，展开了儒家教学思想的体系，从古学古制中引出新精神，是在教学上开拓儒宗的宣言书。陈梦家认为，《学记》是《大学》之传④。与其如此判断，不如说，《学记》是《大学》的前记，它为《大学》"三纲领"、"八条目"思想链条的实施，探讨和准备了教学上、体制上的基础。

《大学》被朱熹列入"四书"，进而进入王朝教育制度和考试制度之后，已经成为士人必读的儒家新经。它在曾子著述中，属于将学道引入为政的关键。《大学》开宗明义："大学之道，在明明德，在亲民，在止于至善。"⑤这就是《大学》的"三纲领"。随之在纲领演化为条目的过程中，提出了一种逻辑推理模式："物有本末，事有终始，知所先后，则近道矣。"⑥这个模式强调本末、始终、先后，因而演化出《大学》的"八条目"："古之欲明明德于天下者，先治其国；欲治其国者，先齐其家；欲齐其家者，先修其身；欲修其身者，

① ［清］阮元校刻：《十三经注疏》（全 2 册），北京：中华书局，1980 年版，第 1521 页。
② ［清］阮元校刻：《十三经注疏》（全 2 册），北京：中华书局，1980 年版，第 1521 页。
③ ［清］阮元校刻：《十三经注疏》（全 2 册），北京：中华书局，1980 年版，第 1524 页。
④ 陈梦家：《尚书通论》，石家庄：河北教育出版社，2002 年版，第 31 页。
⑤ ［清］阮元校刻：《十三经注疏》（全 2 册），北京：中华书局，1980 年版，第 1673 页。
⑥ ［清］阮元校刻：《十三经注疏》（全 2 册），北京：中华书局，1980 年版，第 1673 页。

先正其心；欲正其心者，先诚其意；欲诚其意者，先致其知；致知在格物。"①
然后顺过来说："物格而后知至，知至而后意诚，意诚而后心正，心正而后身
修，身修而后家齐，家齐而后国治，国治而后天下平。"②简约言之，就成了
这么一个著名的思想链条："格物——致知——诚意——正心——修
身——齐家——治国——平天下"。朱熹认为："是必至于举天地万物之理
而一以贯之，然后为知之至。而所谓诚意、正心、修身、齐家、治国、平天下
者，至是而无所不尽其道焉。"③这种"一以贯之"，不仅是认知践履上的"纵
贯"，而且社会不同层面的"流贯"："此《大学》一书之本指也。今必以'治国
平天下'为君相之事而学者无与焉，则内外之道异本殊归，与经之本旨正相
南北矣。禹、稷、颜回同道，岂必在位乃为为政哉！"④

　　如此"纵贯"、"流贯"产生了多少实际效果，难以估计，倒是贯通到科举
制度上，影响士林之意识形态至深至巨。连漠北游牧族群入主中原，也为
之推波助澜。元代《通制条格》卷五十"科举"条记载：元仁宗皇庆二年
(1313年)十月，中书省上奏："学秀才的经学、词赋是两等，经学的是说修
身、齐家、治国、平天下的勾当，词赋的是吟诗、课赋、作文字的勾当。自隋
唐以来，取人专尚词赋，人都习学的浮华了。罢去词赋的言语，前贤也多曾
说来。为这上头，翰林院、集贤院、礼部先拟德行明经为本，不用词赋来。
俺如今将律赋省，题诗、小义等都不用，止存留诏诰章表，专立德行明经科。
明经内'四书'、'五经'，以程子、朱晦庵注解为主，是格物、致知、修己、治人
之学。这般取人呵，国家后头得人材去也。"这是获得皇帝批准的："麽道，
圣旨了也。钦此。"⑤这就以国家体制的方式，把"格物、致知、修己、治人之
学"，作为经学的主导线索了。

　　在此纲目链条上，有必要关注"格物"一词中动词"格"的本意。《说
文·木部》："格，木长皃(貌)。从木，各声。"⑥《礼记·缁衣》"则民有格
心"，郑玄注："树高长枝为格，格，本也。"值得注意的是，"树高长枝为格"的
意义疏解，得到广泛的认同。在《尚书·高宗肜日》"惟先格王"蔡沈集传；

①　[清]阮元校刻：《十三经注疏》(全2册)，北京：中华书局，1980年版，第1673页。
②　[清]阮元校刻：《十三经注疏》(全2册)，北京：中华书局，1980年版，第1673页。
③　[宋]朱熹撰：《晦庵集》，《四部丛刊》影明嘉靖本，卷42《答吴晦叔》。
④　[宋]朱熹撰：《晦庵集》，《四部丛刊》影明嘉靖本，卷44《答江德功》。
⑤　[元]拜柱撰：《通制条格》，明钞本，卷5。
⑥　[汉]许慎撰：《说文解字(附检字)》，北京：中华书局，1963年版，第119页。

《西伯戡黎》"格人元龟"孙星衍今古文注疏引《方言》;《论语·为政》"有耻且格"何晏集解;《孟子·离娄上》"惟大人为能格君心之非"赵岐注,都从此说。其次,"格"的义项,还有:(一)"至"或"来"的意思。《尚书·尧典》"格于上下"孔颖达疏,《诗经·大雅·抑》毛传都说:"格,至也。"《尔雅·释言》:"格,来也。"《礼记·中庸》"神之格思"郑玄注:"格,来也。"(二)"升"或"登"的意思。《尚书·君奭》"格于皇天"孙星衍古今文注疏引《释诂》云:"格,陞也。"《尚书·吕刑》"庶有格命"孔颖达疏引郑玄云:"格,登也。"(三)"击"或"斗"的意思。《后汉书·陈宠传》"断狱者急于笞格酷烈之痛",李贤注引《说文》曰:"格,击也。"《资治通鉴·周纪二》"形格势禁",胡三省注:"格,斗也。"综合以上四个义项,所谓"格物",就是人对物进行搏斗而提升之,有如树高长枝一般充满着生命的启悟。明白这一点相当关键,因为唯有肯定格物中的生命投入,格物才能在致知、诚意、正心中,进入修身的流程。这就是《大学》之所谓"知本":"自天子以至于庶人,一是皆以修身为本。其本乱,而末治者否矣。"

很难见到有何种思想体系,如此着重地将个人修养置于政治学的本源地位。它由此提出"慎独说":"君子必慎其独也。小人闲居为不善,无所不至。见君子而后厌然,掩其不善,而著其善。人之视己,如见其肺肝然,则何益矣? 此谓诚于中,形于外。故君子必慎其独也。"[1]这就是强调在政治行为中,君子首先要磨练和端正自己的心意,"君子有诸己,而后求诸人"。如此方能以自己修身所得的"内圣"的力量,将"齐家"的孝悌之道推广到治国平天下,而避免"上梁不正下梁歪"的倾斜和坍塌。为此,它提出"絜矩之道",也就是能衡量、可提升、可以良性互动的政治生活规矩,"所谓平天下在治其国者:上老老,而民兴孝;上长长,而民兴弟;上恤孤,而民不倍。是以君子有絜矩之道也。所恶于上,毋以使下;所恶于下,毋以事上;所恶于前,毋以先后;所恶于后,毋以从前;所恶于右,毋以交于左;所恶于左,毋以交于右;此之谓絜矩之道"[2]。可以说,这就是儒家人治的本质,不强调法制,却凭藉着人性、人心。这种政治思想,最终导向以孟子的"人性善"作为其本体论的根据。

---

① [宋]朱熹撰:《四书章句集注》,北京:中华书局,1983 年版,第 7 页。

② [宋]朱熹撰:《四书章句集注》,北京:中华书局,1983 年版,第 10 页。

　　通览《大戴礼记·曾子立事》和小戴《礼记·学记》及《大学》之内在关系,可以发现,作为曾门思想文献,这三篇有其一脉相通的思想逻辑,但由于它们的隐含作者不同,表述方式互有微妙的差异。古人辑录先前的遗简成篇,往往在首简上端加上著者名字,以标示著作权所系,及材料的来源。《曾子立事》以开头的一个"曾子曰"贯通全篇,应是曾子手定的简书,弟子辑录时特别作了宗师著作权的标示。程颐认为:"《礼记》除《中庸》、《大学》,唯《学记》、《乐记》最近道。"①《学记》篇中无"孔子曰"、"曾子曰"一类标示,好用数字组合,如"教之大伦有七"、"教之所由兴者四"、"学者有四失"之类,似是教学提纲,段落后面称引《兑命》,即殷高宗之臣傅说所作之《说命》"斅学半"之类,或引古《记》"蛾子时术之"之类,以证明其说。如宋人陈骙《文则》卷上谓"引喻。援取前言,以证其事。……《礼记》曰'蛾子时术之,其此之谓乎'此类是也"②。这是有意为之的完整的教学提纲,有信而好古之风,当是曾子著述。《大学》虽然经过朱熹另作整理,分出经、传,认为经的部分"盖孔子之言,曾子述之",传的部分"则曾子之意,而门人记之也",但原文无"孔子曰",却插入一则"曾子曰:'十目所视,十手所指,其严乎!'富润屋,德润身,心广体胖,故君子必诚其意。"③这意味着曾子及其门人在《大学》撰述中起了重要作用。

　　从曾子到其弟子、即由春秋入战国的五十年间,中国语言使用习惯发生了一些值得注意的变化。唯此方能解释顾炎武如下的语言统计:"《论语》之言'斯'者七十,而不言'此'。《檀弓》之言'斯'者五十有三,而言'此'者·而已。《大学》成于曾氏之门人,而一卷之中,言'此'者十有儿。语言轻重之间,而世代之别,从可知矣。(原注:《尔雅》曰:兹、斯,此也。今考《尚书》多言'兹',《论语》多言'斯',《大学》后之书,多言'此'。"④这类语言变化,表明《曾子立事》、《学记》、《大学》大抵先后成篇于战国前期之曾门。

　　在著作权的标示方式上,《礼记·曾子问》中呈现另一种形态。此篇在刘向《别录》中属于丧服类。全文共 34 问,除了子游 1 问、子夏 1 问之外,

　　①　[清]孙希旦撰:《礼记集解》(中册),北京:中华书局,1995 年版,第 956 页。
　　②　[宋]陈骙:《文则》,民国景明宝颜堂秘籍本,卷上"丙凡四条"篇。
　　③　[清]阮元校刻:《十三经注疏》(全 2 册),北京:中华书局,1980 年版,第 1673 页。
　　④　[清]顾炎武著,[清]黄汝成集释,秦克诚点校:《日知录集释》,长沙:岳麓书社,1994 年版,第 211 页。

其余 32 问都是曾子问孔子。每问文字不多,都是问礼仪出现非正常状况时的"变礼"。比如第 15 问:

> 曾子问曰:"古者师行,必以迁庙主行乎?"孔子曰:"天子巡守,以迁庙主行,载于齐车,言必有尊也。今也取七庙之主以行,则失之矣。当七庙五庙无虚主,虚主者,唯天子崩,诸侯薨,与去其国,与祫祭于祖,为无主耳。吾闻诸老聃曰:天子崩,国君薨,则祝取群庙之主而藏诸祖庙,礼也。卒哭成事,而后主各反其庙。君去其国,大宰取群庙之主以从,礼也。祫祭于祖,则祝迎四庙之主,主出庙入庙,必跸。老聃云。"①

这里两次提到老聃对特殊情况下礼仪如何变通的解释,可见亲炙孔子之学者,并不回避孔子曾向老子问礼。以下这些章节,孔子问礼于老子的情景就更逼真:

> 曾子问曰:"葬引至于堩,日有食之,则有变乎,且不乎?"孔子曰:"昔者吾从老聃助葬于巷党,及堩,日有食之,老聃曰:'丘,止柩就道右,止哭以听变。'既明反,而后行,曰:'礼也。'反葬而丘问之,曰:'夫柩不可以反者也,日有食之,不知其已之迟数,则岂如行哉?'老聃曰:'诸侯朝天子,见日而行,逮日而舍奠。大夫使,见日而行,逮日而舍。夫柩不蚤出,不莫宿,见星而行者,唯罪人与奔父母之丧者乎?日有食之,安知其不见星也?且君子行礼,不以人之亲痁患。'吾闻诸老聃云。"②
>
> 曾子问曰:"下殇土周葬于园,遂舆机而往,涂迩故也。今墓远,则其葬也如之何?"孔子曰:"吾闻诸老聃曰:'昔者史佚有子而死,下殇也,墓远,召公谓之曰:何以不棺敛于宫中?史佚曰:吾敢乎哉?召公言于周公,周公曰:岂不可?史佚行之。'下殇用棺衣棺,自史佚始也。"③

---

① [清]阮元校刻:《十三经注疏》(全2册),北京:中华书局,1980年版,第1393页。
② [清]阮元校刻:《十三经注疏》(全2册),北京:中华书局,1980年版,第1400—1401页。
③ [清]阮元校刻:《十三经注疏》(全2册),北京:中华书局,1980年版,第1401页。

涉及孔子问礼于老子，还有一条是子夏的请教："子夏问曰：'三年之丧卒哭，金革之事无辟也者，礼与？初有司与？'孔子曰：'夏后氏三年之丧，既殡而致事。殷人既葬而致事。记曰：君子不夺人之亲，亦不可夺亲也。此之谓乎？'子夏曰：'金革之事无辟也者，非与？'孔子曰：'吾闻诸老聃曰：昔者鲁公伯禽，有为为之也。今以三年之丧从其利者，吾弗知也。'"①当孔子未被高度圣化时，其本人及弟子并不回避孔子的"三人行必有我师"和"每事问"的问学态度和行为，至于否定孔子曾问礼于老聃，乃是孔子极端圣化之后的事。唐司马贞为《史记·乐书》作《索隐》云："《大戴礼》云孔子适周，访礼于老聃，学乐于苌弘。"②又《老子韩非列传》"孔子适周，将问礼于老子"句，《索隐》云"《大戴记》亦云然"③。这些话不见于今本《大戴礼记》，属于佚文，若其篇章犹存，也是可以与《礼记·曾子问》交互会通的。问题在于在《曾子问》中，曾子在不同场合、以不同问题请问孔子，所问次数达到三十以上，大概不是曾子带个随身弟子随问随记，而是曾子问后即记，记后即存，门人汇集成篇时，将子游、子夏相似的问礼之简夹杂其间。因此说，《曾子问》是曾子遗简汇编，不应有何怀疑。

《礼经》（即《仪礼》）十七篇，冠、婚、相见、乡饮酒、乡射、燕礼排在前面，丧服第十一、丧礼第十二，排在中间偏后。而儒家特别注重丧礼，《论语·尧曰篇》有"所重：民、食、丧、祭"之说，由于丧礼是与孝道紧密关联的。另如《论语·学而篇》有"曾子曰：慎终追远，民德归厚矣。"④《孝经·丧亲章》记孔子的话："生事爱敬，死事哀戚，生民之本尽矣，死生之义备矣，孝子之事亲终矣。"⑤这形成了儒学重孝的思想脉络。与此思想脉络相连接，《大戴礼记》之"曾子十篇"，在《曾子立事》之后，有四篇言孝：《曾子本孝》、《曾子立孝》、《曾子大孝》、《曾子事父母》。

《曾子本孝》以"曾子曰：忠者，其孝之本与"开篇，并以此"曾子曰"贯穿全篇，当是曾子遗文，弟子辑录时加上曾子的著作权标示。行文顺着孔子教诲申论："父死三年，不敢改父之道。"又云"君子之孝也，以正致谏；士之

---

①　[清]阮元校刻：《十三经注疏》（全2册），北京：中华书局，1980年版，第1401页。

②　[汉]司马迁撰：《史记》（全10册），北京：中华书局，1959年版，第1228页。

③　[汉]司马迁撰：《史记》（全10册），北京：中华书局，1959年版，第1240页。

④　[宋]朱熹撰：《四书章句集注》，北京：中华书局，1983年版，第50页。

⑤　胡平生译注：《孝经译注》，北京：中华书局，1996年版，第39页。

孝也,以德从命;庶人之孝也,以力恶食。"①这里将孝的形式按照社会等级区分层次,也可与《孝经》将孝区分为天子、诸侯、卿大夫、士、庶人五个层次相参证,反证了《曾子本孝》成篇于《孝经》之前。再看《曾子立孝》,情形与《曾子本孝》相似,也以开头的"曾子曰:君子立孝,其忠之用,礼之贵"贯穿全篇,其中强调"君子之孝也,忠爱以敬;反是,乱也"。其后引用孔子之言:"子曰:可人也,吾任其过;不可人也,吾辞其罪。"②从文体形式而言,这两篇可能都是曾子遗文。

至于《曾子大孝》,文体形式则发生了微妙变化,暗示了其成书过程出现差别。开头依然是曾子曰:"孝有三,大孝尊亲,其次弗辱,其下能养。"此处言孝,依然是《论语》提倡的尊、敬、养,不及事关血脉延续的"无后"问题,因此成篇于《论语》之后,《孟子·离娄上》"不孝有三,无后为大"③之前。在曾子言之后,紧接着却有二弟子登场,表明《曾子大孝》是汇集多简成篇。一是公明仪向曾子问孝,曾子的回答将孝的价值推向极致:"民之本教曰孝,其行之曰养。""夫孝者,天下之大经也。夫孝置之而塞于天地,衡之而衡于四海,施诸后世而无朝夕,推而放诸东海而准,推而放诸西海而准,推而放诸南海而准,推而放诸北海而准。"④此处称孝为"天下之大经",与《孝经·庶人章》述"子曰:夫孝,天之经也"⑤,同为《孝经》以"经"命名的依据,撰述时间当在《孝经》前后。二是弟子乐正子春"下堂而伤其足"的故事,他解释"伤瘳,数月不出,犹有忧色"时说:"吾闻之曾子,曾子闻诸夫子曰:'天之所生,地之所养,人为大矣。父母全而生之,子全而归之,可谓孝矣;不亏其体,可谓全矣。故君子顷步之不敢忘也。'"⑥这则典实,也见于《礼记·祭义》,又引导着《孝经》开章明义。对话体的采用,说明此篇出自曾子弟子之手,乐正子春是曾子临终侍疾的亲密弟子,他由曾子上溯孔子道统的思路,表明他有条件参与《论语》修订和《孝经》编纂的工作。

《曾子事父母》是曾子回答弟子单居离"事父母之道"的对话体,曾子回答"事父母之道"在于"爱而敬","父母之行若中道,则从;若不中道,则谏;

①　[清]王聘珍撰,王文锦点校:《大戴礼记解诂》,北京:中华书局,1983年版,第79—80页。
②　[清]王聘珍撰,王文锦点校:《大戴礼记解诂》,北京:中华书局,1983年版,第80—82页。
③　[宋]朱熹撰:《四书章句集注》,北京:中华书局,1983年版,第286页。
④　[清]王聘珍撰,王文锦点校:《大戴礼记解诂》,北京:中华书局,1983年版,第84页。
⑤　[清]阮元校刻:《十三经注疏》(全2册),北京:中华书局,1980年版,第2549页。
⑥　[清]王聘珍撰,王文锦点校:《大戴礼记解诂》,北京:中华书局,1983年版,第85页。

谏而不用,行之如由己。从而不谏,非孝也;谏而不从,亦非孝也。孝子之谏,达善而不敢争辨;争辨者,作乱之所由兴也"①。这些话透露了从孔子到曾子另一侧面的思想,与《孝经·谏诤篇》思想存在某种差异,趋于温和。对话体表明,《曾子事父母》与《曾子大孝》文体相似,这两篇均属于曾子弟子的回忆。

值得深入考释的是,《曾子立孝》、《曾子事父母》中的一些片段,出现在上海博物馆藏战国楚竹书《内礼》中。如《曾子立孝》云:"曾子曰:君子立孝,其忠之用,礼之贵。故为人子而不能孝其父者,不敢言人父不畜其子者。为人弟而不能承其兄者,不敢言人兄不能顺其弟者。为人臣而不能事其君者,不敢言人君不能使其臣者也。故与父言,言畜子。与子言,言孝父。与兄言,言顺弟。与弟言,言承兄。与君言,言使臣。与臣言,言事君。"②竹书《内礼》则说:"君子之立孝,爱是用,礼是贵。故为人君者,言人之君不能使其臣者,不与言人之臣之不能事……其君者;故为人臣者,言人之臣之不能事其君者,不与言人之君之不能使其臣者"③云云。又如《曾子事父母》曾子曰:"爱而敬。父母之行若中道,则从。若不中道,则谏。谏而不用,行之如由己。从而不谏,非孝也。谏而不从,亦非孝也。孝子之谏,达善而不敢争辨。争辨者,作乱之所由兴也。由己为无咎,则宁。由己为贤人,则乱。孝子无私乐,父母所忧忧之,父母所乐乐之。孝子唯巧变,故父母安之。"④竹书《内礼》则说:"君子事父母,亡私乐,亡私忧。父母所乐乐之,父母所忧忧之。善则从之,不善则止之;止之而不可,怜而任……不可,唯至于死,从之。孝而不谏,不成(孝;谏而不从,亦)不成孝。"⑤除了可能存在着竹简转录时出现的异文之外,竹书《内礼》删去《大戴礼记》二篇的"曾子曰"或曾子对弟子所曰,使之脱离具体的历史现场,进行普泛化的处理。为了使行文舒畅,前面用了"君子",后面就将"孝子"改为"君子"。一些论述的角度和顺序,也做了改动、倒错,总之使原本具体场合的言论,变

---

① 〔清〕王聘珍撰,王文锦点校:《大戴礼记解诂》,北京:中华书局,1983年版,第86页。
② 〔清〕王聘珍撰,王文锦点校:《大戴礼记解诂》,北京:中华书局,1983年版,第80—81页。
③ 马承源主编:《上海博物馆藏战国楚竹书》(四),上海:上海古籍出版社,2004年版,第220—221页。
④ 〔清〕王聘珍撰,王文锦点校:《大戴礼记解诂》,北京:中华书局,1983年版,第86页。
⑤ 马承源主编:《上海博物馆藏战国楚竹书》(四),上海:上海古籍出版社,2004年版,第220—229页。

得更学理化了。对比散落于各种文献中孔门师徒对话的原始状态,与《礼记》中论礼的专篇,可以发现,这正是《礼记》汇辑材料的惯例之一。汇辑有时也使原始记录脱离具体的历史现场而出现另一种意义上的"碎片化",这是我们在辨析战国秦汉成书过程时,不可不格外留心以究其原委的。原委既明,可知竹书《内礼》成篇应在《曾子立孝》、《曾子事父母》之后,足见《大戴礼记》这些篇什,成篇之早。

由上分析可知,孝文化在中国文化传统中扎下深长根基,曾子于此命题之功无人能出其右。曾子不仅以《孝经》及《大戴礼记》中自己冠名的四篇述孝,而且在历史上也留下著名的孝行。《韩诗外传》卷一首章曰:"曾子仕于莒,得粟三秉。方是之时,曾子重其禄而轻其身。亲没之后,齐迎以相,楚迎以令尹,晋迎以上卿。方是之时,曾子重其身而轻其禄。怀其宝而迷其国者,不可与语仁;窘其身而约其亲者,不可与语孝。任重道远者,不择地而息;家贫亲老者,不择官而仕。故君子桥褐趋时,当务为急。传云:不逢时而仕,任事而敦其虑,为之使而不入其谋。贫焉故也。诗曰:'夙夜在公,实命不同。'"[1]

《韩诗外传》卷七又曰:"曾子曰:'往而不可还者亲也,至而不可加者年也。是故孝子欲养而亲不待也,木欲直而时不使也。是故椎牛而祭墓,不如鸡豚逮亲存也。故吾尝仕齐为吏,禄不过钟釜,尚犹欣欣而喜者,非以为多也,乐其逮亲也。既没之后,吾尝南游于楚,得尊官焉,堂高九仞,榱题三围,转毂百乘,犹北乡而泣涕者,非为贱也。悲不逮吾亲也。故家贫亲老,不择官而仕,若夫信其志约其亲者,非孝也。'《诗》曰:'有母之尸雍。'"[2]卷七所言"仕于齐",与卷一所言"仕于莒"异;"于楚得尊官",与"楚迎以令尹"也有就与未就之殊。但其孝思之切,则并无二致,尤其是"子欲养而亲不待"一语,颇令天下为人子者心有戚戚焉。这是儒门首倡的风气,如《孔子家语》记述子路之言:"家贫亲老,不择禄而仕。昔者,由也事二亲之时,常食藜藿之实,为亲负米百里之外。亲殁之后,南游于楚,从车百乘,积粟万钟,累茵而坐,列鼎而食,愿欲食藜藿,为亲负米,不可复得也。木欲静而风

① 屈守元笺疏:《韩诗外传笺疏》,成都:巴蜀出版社,1996年版,第1页。
② 屈守元笺疏:《韩诗外传笺疏》,成都:巴蜀出版社,1996年版,第608—609页。

不停,子欲养而亲不逮,枯鱼衔索,几何不蠹?二亲之寿,忽如过隙,悲哉!"①这些文字当成于子路、曾子身后的战国中晚期,儒家孝道甚是宏大,但是称述楚国待之以尊官,迎之以令尹,则是夸饰之词。如章太炎所云:"儒家不兼纵横,则不能取富贵。"②而曾子临终易箦,说明他终生甘以布衣自居,并无高官厚禄之荣华。

令人感慨者,《韩诗外传》卷八、《说苑·建本篇》、《孔子家语·六本》都记载了曾子另一个孝行故事。兹录后者之文:"曾子耘瓜,误斩其根。曾皙怒,建大杖以击其背。曾子仆地而不知人久之。有顷乃苏,欣然而起,进于曾皙曰:'向也参得罪于大人,大人用力教参,得无疾乎?'退而就房,援琴而歌,欲令曾皙而闻之,知其体康也。孔子闻之而怒,告门弟子曰:'参来,勿内(纳)。'曾参自以为无罪,使人请于孔子。子曰:'汝不闻乎,昔瞽瞍有子曰舜,舜之事瞽瞍,欲使之,未尝不在于侧;索而杀之,未尝可得。小棰则待过,大杖则逃走。故瞽瞍不犯不父之罪,而舜不失烝烝之孝。今参事父,委身以待暴怒,殪而不避。既身死而陷父于不义,其不孝孰大焉?汝非天子之民也,杀天子之民,其罪奚若?'曾参闻之,曰:'参罪大矣。'遂造孔子而谢过。"③面对这些孝行材料,先不要急于分辨或真或假,因为历史记载之真具有相对性,不同时段、不同群体可能拥有不同的记载之真。"曾子耘瓜"此条,揶揄曾子之孝过于愚,与《论语》中"参也鲁"一样,并非出自曾门弟子的手笔,可能是七十子他门弟子见到曾门宣传孝道非常热火,就捡拾旧闻而揶揄之。仅因耘瓜误斩其根,就以大杖击晕其子的曾点,与《论语·先进篇》中暮春沂水浴而咏归的曾点,一暴躁,一洒脱,简直难以指认为同一个人。可见对事实之记载,是否出自曾门,会染上不同的感情色彩。

《大戴礼记》"曾子十篇"尚有《曾子制言》上、中、下三篇,及《曾子疾病》、《曾子天圆》。《曾子制言》三篇,都是以开头一个"曾子曰"贯穿全篇,按照前面采用的辨析准则,应该归入曾子遗文之列。上篇阐述君子以礼处世,强调有耻为贵:"夫礼,贵者敬焉,老者孝焉,幼者慈焉,少者友焉,贱者

　　①　王国轩、王秀梅译注:《孔子家语》,北京:中华书局,2011年版,第87页。已据《说苑·建本》校改。

　　②　章太炎:《章太炎:国学的精要》,北京:中国画报出版社,2010年版,第239页。

　　③　王国轩、王秀梅译注:《孔子家语》,北京:中华书局,2011年版,第192页。

惠焉。"①礼的态度根据人群阶层而变通选择,但有耻则是道德底线:"君子不贵兴道之士,而贵有耻之士也。……夫有耻之士,富而不以道则耻之,贫而不以道则耻之。"②以"有耻"作为士的道德底线,是儒家的一个传统。《论语·泰伯篇》孔子曰:"天下有道则见,无道则隐。邦有道,贫且贱焉,耻也。邦无道,富且贵焉,耻也。"③《宪问篇》:"宪问耻。子曰:'邦有道,谷;邦无道,谷,耻也。'"④《子路篇》:"子贡问曰:'何如斯可谓之士矣?'子曰:'行己有耻,使于四方,不辱君命,可谓士矣。'"⑤这些言论都是强调士必须具有羞耻心,尤其以不道而富贵为耻。《曾子制言》之论近于《论语》孔子之言。

从学术观念变迁轨迹来考察,《中庸》以后,关于羞耻心的论述,进一步拓展其言说的范围,因而《曾子制言》的成篇,当在《论语》与《中庸》之间,属于曾子阶段的著述。《中庸》云:"子曰:好学近乎知,力行近乎仁,知耻近乎勇。知斯三者,则知所以修身。"⑥这已经将羞耻心引向知、仁、勇的基本道德领域。《孟子·尽心上》又有更多的发挥:"孟子曰:'人不可以无耻,无耻之耻,无耻矣。'孟子曰:'耻之于人大矣。为机变之巧者,无所用耻焉。不耻不若人,何若人有?'"⑦朱熹已经看到孟子将羞耻心极大程度地泛化,甚至将羞耻心推衍为一种"耻德"。朱熹解释道:"耻者,吾所固有羞恶之心也。存之则进于圣贤,失之则入于禽兽,故所系为甚大。……但无耻一事不如人,则事事不如人矣。"⑧朱熹本人也非常推重"自重有耻之士",认为:"盖好士而取之文字言语之间,则道学德行之士吾不得而闻之矣。求士而取之投书献启之流,则自重有耻之士吾不得而见之矣。待士而杂之妄庸便佞之伍,则志节慷慨之士宁有长揖而去耳。"⑨他把"自重有耻之士",列于"道学德行之士"与"志节慷慨之士"之间,形成了"道学德行"、"自重有耻"、

① [清]王聘珍撰,王文锦点校:《大戴礼记解诂》,北京:中华书局,1983年版,第89页。
② [清]王聘珍撰,王文锦点校:《大戴礼记解诂》,北京:中华书局,1983年版,第89页。
③ [清]阮元校刻:《十三经注疏》(全2册),北京:中华书局,1980年版,第2487页。
④ [清]阮元校刻:《十三经注疏》(全2册),北京:中华书局,1980年版,第2510页。
⑤ [清]阮元校刻:《十三经注疏》(全2册),北京:中华书局,1980年版,第2507—2508页。
⑥ [清]阮元校刻:《十三经注疏》(全2册),北京:中华书局,1980年版,第1629页。
⑦ [宋]朱熹撰:《四书章句集注》,北京:中华书局,1983年版,第350—351页。
⑧ [宋]朱熹撰:《四书章句集注》,北京:中华书局,1983年版,第351页。
⑨ [宋]朱熹撰,朱杰人等主编:《朱子全书》(第21册)之《晦庵先生朱文公文集》(二),上海:上海古籍出版社;合肥:安徽教育出版社,2002年版,第1615页。

"志节慷慨"的系列性衡士标准。可见《曾子制言》上篇言"有耻之士",处于前《中庸》、《孟子》状态。

《曾子制言》中篇讲究进退出处上的道德修养:"君子进则能达,退则能静。……是故君子进退,有二观焉。"①这种"二观说"的后盾,则是安贫乐道的"孔颜乐处":"故君子无悒悒于贫,无勿勿于贱,无惮惮于不闻;布衣不完,疏食不饱,蓬户穴牖,日孜孜,上仁;知我,吾无欣欣,不知我,吾无悒悒。"②要做到身在"孔颜乐处"而知乐,就要在"吾日三省吾身"上下功夫:"是故君子思仁义,昼则忘食,夜则忘寐,日旦就业,夕而自省,以役其身。"③下篇则阐述乱世中君子进退仕隐的问题:"天下有道,则君子欣然以交同;天下无道,则衡言不革。诸侯不听,则不干其土;听而不贤,则不践其朝。"④这与孔子所言"天下有道则见,无道则隐"一脉相承。无论进退,最要紧的是做一个"秉德之士":"凡行不义,则吾不事;不仁,则吾不长。奉相仁义,则吾与之聚群;向尔寇盗,则吾与虑。国有道,则突若入焉;国无道,则突若出焉,如此之谓义。"⑤《曾子制言》三篇,论述的是处在不可为之世,若思有所作为,应该讲求"进退二观",秉德而有耻,是将政治行为学和心性修养法统合起来加以表达的。这种思想的出现,并非处在儒学高歌猛进时期,而是处在孔、孟之间的沉潜反思时期,反思而使思想内敛,内敛则趋于道德心性之学的探索。思想的形式和风格,难免会留有它产生的那个时代的文化生态和情绪曲线的烙印。

《曾子疾病》记曾子临终对其子曾元、曾华的遗言。战国文献记载曾子病危有四处,两处在《论语·泰伯篇》,一处在《礼记·檀弓卜》,还有就是本篇。四处的时间和言说的对象存在差异,所留下的遗言也展示着不同的侧面。《论语》一处是对鲁国大夫孟敬子说的,劝说他注意容貌气度,这比礼仪细节还重要。一处是召集门弟子说的,感到人死就轻松,不必再战战兢兢、小心谨慎了。《礼记》那处,则面对儿子、弟子、仆人,来了最后一次战战兢兢、挣扎着换掉身下的花纹华丽光洁的竹席,因为那是季孙氏赠送的只

① 〔清〕王聘珍撰,王文锦点校:《大戴礼记解诂》,北京:中华书局,1983年版,第92页。
② 〔清〕王聘珍撰,王文锦点校:《大戴礼记解诂》,北京:中华书局,1983年版,第93页。
③ 〔清〕王聘珍撰,王文锦点校:《大戴礼记解诂》,北京:中华书局,1983年版,第94页。
④ 〔清〕王聘珍撰,王文锦点校:《大戴礼记解诂》,北京:中华书局,1983年版,第95页。
⑤ 〔清〕王聘珍撰,王文锦点校:《大戴礼记解诂》,北京:中华书局,1983年版,第95页。

有大夫才配睡在上面的高贵席子。曾子这一挣扎,挣到了一个遵礼模范的名声,也说明他至死也不承认自己是官僚之身,以此可证明那些说曾子在楚国、齐国当过大官的材料都是后学夸饰之词。

而《大戴礼记·曾子疾病》的病危遗言,是对两个儿子说的,考虑问题的角度自是不同。他告诫儿子不要求利致辱,而要及时行孝,慎交朋友。絮叨不已,似乎体力尚未耗尽,时间应在临终易箦之前。所言是"鹰鹯以山为卑,而曾巢其上,鱼、鳖、鼋、鼍以渊为浅,而蹶穴其中,卒其所以得之者,饵也;是故君子苟无以利害义,则辱何由至哉?"①如此表述,还颇有一点比喻修辞之才华。又说道"故人之生也,百岁之中,有疾病焉,有老幼焉,故君子思其不可复者而先施焉。亲戚既殁,虽欲孝,谁为孝?老年耆艾,虽欲弟,谁为弟?故孝有不及,弟有不时,其此之谓与?"②这位以孝驰名的儒门大佬,到底不忘孝悌传家、谨慎持身。所言还有"与君子游,苾乎如入兰芷之室,久而不闻,则与之化矣;与小人游,贷乎如入鲍鱼之次,则与之化矣;是故,君子慎其所去就"③,放心不下的还有担心儿子染上恶习。遗言不厌其烦,令人感到他持有的依然是"如临深渊,如履薄冰"的人生态度,近乎《中庸》中孔子教导的"庸德之行,庸言之谨。有所不足,不敢不勉,有余不敢尽。言顾行,行顾言"④。曾子这些临终遗言的记录者,当然只能是在场的儿子。也就是说,它的编纂成篇,已在曾子身后,与曾门重修《论语》、编撰《孝经》的时间相前后。

《曾子天圆》的思维方式,却展示慎重持正的曾子本色的另一个侧面,带上了许多超越性和浪漫感,大部分思想可能是从孔子学《易》之所得。曾子以"闻之夫子"的方式,长篇大论地演绎天地之道:"参尝闻之夫子曰:天道曰圆,地道曰方,方曰幽而圆曰明。明者吐气者也,是故外景;幽者含气者也,是故内景。故火日外景,而金水内景。吐气者施而含气者化,是以阳施而阴化也。阳之精气曰神,阴之精气曰灵;神灵者,品物之本也,而礼乐仁义之祖也,而善否治乱所由兴作也。"⑤这里以天地之道,幽明相照成影,

① [清]王聘珍撰,王文锦点校:《大戴礼记解诂》,北京:中华书局,1983年版,第97页。
② [清]王聘珍撰,王文锦点校:《大戴礼记解诂》,北京:中华书局,1983年版,第97页。
③ [清]王聘珍撰,王文锦点校:《大戴礼记解诂》,北京:中华书局,1983年版,第97页。
④ [清]阮元校刻:《十三经注疏》(全2册),北京:中华书局,1980年版,第1627页。
⑤ [清]王聘珍撰,王文锦点校:《大戴礼记解诂》,北京:中华书局,1983年版,第98-99页。

阴阳施行变化成精气神，作为万物之本、礼乐仁义之祖、善恶治乱之因，其哲理思维是贯通天地人的，在人类学术史上颇有独特之处。《说文·日部》云："景，光也。"①颜之推《家训·书证篇》云："《周礼》土圭测景，景朝景夕，……等字皆当为光景之景。至晋世葛洪《字苑》，傍始加彡，音于景反。而世间辄改治《尚书》《周礼》《庄》《孟》从葛洪字，甚为失矣。"②《曾子天圆》则认为，天地之光形成"外景""内景"，内外兼照，衍生出天气上的风、雷、电、雾、雨露、霜雪、霰雹。在生物界又衍生出毛羽之虫，其精曰麟曰凤；介鳞之虫，其精曰龟曰龙；"兹四者，所以役于圣人也；是故，圣人为天地主，为山川主，为鬼神主，为宗庙主"③，"圣人立五礼以为民望，制五衰以别亲疏；和五声以导民气，合五味之调以察民情；正五色之位，成五谷之名，序五牲之先后贵贱"④。这一连串"阳施阴化""五五对应"，呼应着《周易·系辞上》之"一阴一阳之谓道，继之者善也，成之者性也。仁者见之谓之仁，知者见之谓之知，百姓日用而不知"⑤，即宋儒所谓"孔子此处，是就造化根源上论"⑥。但又攀援着战国之世的阴阳五行学说，处在春秋学术与战国学术的过渡时期。

　　阴阳家类似说法，先起于燕、齐滨海之地。《左传·昭公二十年》记载晏子的话："先王之济五味，和五声也，以平其心，成其政也。声亦如味，一气，二体，三类，四物，五声，六律，七音，八风，九歌，以相成也。清浊，小大，短长，疾徐，哀乐，刚柔，迟速，高下，出入，周疏，以相济也。君子听之，以平其心。心平，德和。"⑦这里已经多少沾染了五声、五味一类五行说的味道。《礼记·乐记》记载子夏对魏文侯的话："夫古者天地顺而四时当，民有德而五谷昌，疾疢不作而无妖祥，此之谓大当。然后圣人作为父子君臣，以为纪纲。纪纲既正，天下大定。天下大定，然后正六律，和五声，弦歌诗颂，此之谓德音，德音之谓乐。"⑧曾子这位同门，将天地圣人、灾异妖祥与四时五

---

① ［汉］许慎撰：《说文解字（附检字）》，北京：中华书局，1963 年版，第 138 页。
② 檀作文译注：《颜氏家训》，北京：中华书局，2007 年版，第 244 页。
③ ［清］阮元校刻：《十三经注疏》（全 2 册），北京：中华书局，1980 年版，第 100 页。
④ ［清］阮元校刻：《十三经注疏》（全 2 册），北京：中华书局，1980 年版，第 101 页。
⑤ ［清］阮元校刻：《十三经注疏》（全 2 册），北京：中华书局，1980 年版，第 78 页。
⑥ ［清］黄宗羲原著、全祖望补修，陈金声、梁运华点校《宋元学案》（全 4 册），北京：中华书局，1986 年版，第 2221 页。
⑦ 杨伯峻编著：《春秋左传注》（全 4 册），北京：中华书局，1990 年版，第 1420 页。
⑧ ［清］阮元校刻：《十三经注疏》（全 2 册），北京：中华书局，1980 年版，第 1540 页。

谷,及六律五声等乐理相联系,进行政治性和道德性的阐释,这当然也与孔子学《易》以后的儒门风气有关。《曾子天园》的解说,就更为狂放大胆,因而已经相当程度地离开了孔子论《易》的初衷,趋于战国中期的阴阳五行思潮。本篇采取曾子与弟子单居离对话的形式,大概是单居离所传,再传弟子所录。由木篇可知,孔子晚年学《易》,开拓了孔子木人和七十子后学体验天地之道的宇宙视野和思维方式,对于儒学的哲理化和战国思潮的演进,发挥了潜在的推动作用。但这只是曾门学术之尝试,并非曾门学术之要旨所在。儒家文化地图之有曾子,要领在于追寻孔子正宗,包括孝、学、道及其内心自省,从中把握一以贯之的道脉。

二十四章　子思之学及其身世因缘

在孔学之道统传承上，非常关键的人物是孔子之孙孔伋（子思）。朱熹编著"四书"，将曾子的《大学》、子思的《中庸》，与《论语》、《孟子》并列，就凸显了孔、曾、思、孟四人之间环环相扣的传道系统。

子思的身份及才华，规定了他在孔学传承上，具有天然优势。圣人之孙，自有家学渊源和文化资源。少年耳濡目染，在乃父、乃祖去世后，七十子之徒对之格外爱护，常与交游切磋，大概也有点师友环绕，"学无常师而多师"之概。研究孔子文化地图，不可不研究子思的身份所带来的文化特殊性。《史记·孔子世家》交代："孔子生鲤，字伯鱼。伯鱼年五十，先孔子死。伯鱼生伋，字子思，年六十二。尝困于宋。子思作《中庸》。"①在子思所有著述中只提一部《中庸》而不及其余，给人印象似乎子思即《中庸》，《中庸》即子思。有如《史记》于曾子只提《孝经》，给人印象似乎曾子即《孝经》，《孝经》即曾子一般，一本书成了一个人的身份证。但这短短三十六字中，没有交代子思之学的师承脉络，大概是因为这个脉络也并非三言两语讲得清楚。

宋儒从二程到朱熹为了营造道统，并使道统明晰化，单独挑出"子思学于曾子"这条脉络。程颐认为："孔子没，曾子之道日益光大。孔子没，传孔子之道者，曾子而已。曾子传之子思，子思传之孟子，孟子死，不得其传，至孟子而圣人之道益尊。"②类似说法在韩愈笔下已经出现，韩愈《原道》曰："吾所谓道也，非向所谓老与佛之道也。尧以是传之舜，舜以是传之禹，禹以是传之汤，汤以是传之文武周公，文武周公传之孔子，孔子传之孟轲，轲之死不得其传也。"③这种原道思想启发了宋儒，而且韩愈也搭上了曾子与子思的关系，在《送王秀才序》中说："吾常以为孔子之道，大而能博，门弟子

---

① ［汉］司马迁撰：《史记》（全10册），北京：中华书局，1959年版，第1946页。
② ［宋］程颢、程颐撰，潘富恩导读：《二程遗书》，上海：上海古籍出版社，2000年版，第384页。
③ ［唐］韩愈撰，马其昶校注、马茂元整理：《韩昌黎文集校注》，上海：上海古籍出版社，1986年版，第18页。

不能遍观而尽识也,故学焉而皆得其性之所近。其后离散分处诸侯之国,又各以所能授弟子,原远而末益分。……孟轲师子思,子思之学,盖出曾子。自孔子没,群弟子莫不有书,独孟轲氏之传得其宗,故吾少而乐观焉。"①

朱熹为了勾勒曾子、子思、孟子的道统关系,极力从《论语》中寻找蛛丝马迹,认为:"人言今人只见曾子唯一贯之旨,遂得道统之传,此虽固然。但曾子平日是个刚毅有力量,壁立千仞底人,观其所谓'士不可以不弘毅';'可以托六尺之孤,可以寄百里之命,临大节而不可夺';'晋楚之富不可及也,彼以其富,我以吾仁;彼以其爵,我以吾义,吾何慊乎哉'底言语,可见虽是做工夫处比颜子觉粗,然缘他资质刚毅,先自把捉得定,故得卒传夫子之道。后来有子思、孟子,其传亦永远。"②朱熹前面以《论语·泰伯篇》中曾子之二语、后面以《孟子·公孙丑下》中曾子之一言,巧妙地将曾子作为由孔至孟的道统传承的中间环节。由于二程、朱熹在宋元以后进入官方意识形态的核心地位,其所强调的曾子传子思、子思传孟子的道统脉络,影响深远,非一般语言所能及。经过唐宋儒者的阐扬,"子思之学出于曾子"几乎已是一种定见,或成见。

这一定见成见,并非毫无根据,但还须进一步拓展视野,才不至于以偏概全。子思确实与曾子交游问学频繁,《礼记·檀弓上》中记叙:

> 曾子曰:"小功不为位也者(注:小功,五服之一,其服轻于大功而重于缌麻。位,指哭位,根据与死者的亲疏远近关系排列的哭位),是委巷之礼也。子思之哭嫂也为位,妇人倡踊。申祥之哭言思也亦然。"③

> 曾子谓子思曰:"伋!吾执亲之丧也,水浆不入于口者七日。"子思曰:"先王之制礼也,过之者俯而就之,不至焉者跂而及之。故君子之执亲之丧也,水浆不入于口者三日,杖而后能起。"(孔疏云:"此一节论

---

① [唐]韩愈撰,马其昶校注、马茂元整理:《韩昌黎文集校注》,上海:上海古籍出版社,1986年版,第261页。

② [宋]黎靖德编,王星贤点校:《朱子语类》(全8册),北京:中华书局,1986年版,第241页。

③ [清]阮元校刻:《十三经注疏》(全2册),北京:中华书局,1980年版,第1282页。

曾子疾时居丧不能以礼,子思以正礼抑之之事。")①

上述之前一则,曾子对子思处理嫂子的丧礼方式有所评议和指正。子思哭嫂,说明他并非孔鲤的长子,乃孔鲤晚年所生,年龄当少于曾子甚多。后一则,曾子称子思之名"伋",是以晚辈待之,若非曾子有意考一考子思对礼的熟悉程度,就是子思少慧,对曾子居丧哀伤过度做了批评,如此不拘于辈分长幼,缘于过往亲密而无须客套、遮掩,二人间的关系逾于师友之间。就曾子辈分略高于子思而言,《孟子·离娄下》记载更为清楚:

> 曾子居武城,有越寇。或曰:"寇至,盍去诸?"曰:"无寓人于我室,毁伤其薪木。"寇退,则曰:"修我墙屋,我将反。"寇退,曾子反。左右曰:"待先生如此其忠且敬也!寇至则先去以为民望,寇退则反:殆于不可!"沈犹行曰:"是非汝所知也!昔沈犹有负刍之祸,从先生者七十人,未有与焉。"子思居于卫,有齐寇。或曰:"寇至,盍去诸?"子思曰:"如伋去,君谁与守?"孟子曰:"曾子、子思同道。曾子,师也,父兄也;子思,臣也,微也。曾子、子思,易地则皆然。"②

孟子将曾子、子思并提,曾子居子思之前,"曾子为武城人作师,则其父兄,故去留无毁。子思,微少也,又为臣,委质为臣当死难,故不去也"③。曾子、子思是与孟子距离不远的学术先贤,他如此安排曾子、子思的次序,是以辈分为序的。朱熹集注《孟子》,列入"四书",对这条材料当然也经过仔细揣摩,其中透露的消息值得寻味。还有一则记载,见于《孔丛子·居卫篇》中:

> 曾子谓子思曰:"昔者吾从夫子游于诸侯,夫子未尝失人臣之礼,而犹圣道不行。今吾观子有傲世主之心,无乃不容乎?"子思曰:"时移世异,各有宜也。当吾先君,周制虽毁,君臣固位,上下相持若一体然。夫欲行其道,不执礼以求之,则不能入也。今天下诸侯方欲力争,竞招

①　[清]阮元校刻:《十三经注疏》(全2册),北京:中华书局,1980年版,第1282页。
②　[宋]朱熹撰:《四书章句集注》,北京:中华书局,1983年版,第300页。
③　[清]阮元校刻:《十三经注疏》(全2册),北京:中华书局,1980年版,第2731页。

英雄以自辅翼,此乃得士则昌,失士则亡之秋也。倪于此时不自高,人将下吾,不自贵,人将贱吾,舜、禹揖让,汤、武用师,非故相诡,乃各时也。"①

　　曾子是以孔学传人的口气劝说子思的,子思对其言并非毕恭毕敬,洗耳恭听,而是以时世不同进行辨解。子思之言折射了春秋政局士风与战国政局士风的嬗变,但他说春秋晚期"君臣固位,上下相持若一体然",说辞的成分大于事实,未免有强词夺理之嫌。子思言词如此直率,只能说明他与曾子之间关系超出一般。朱彝尊《经义考》卷二百八十二云:"子思子伋。宋崇宁初,赠沂水侯。咸淳中,加赠沂国公。孔鲋曰:'子思受业于曾子。'韩子曰:'子思之学,盖出曾子。'按:班氏《古今人表》,子思居第二等。"②这里所引孔鲋之言,大概根据《孔丛子》变化而来。曾子对于子思,可能负有"托六尺之孤"、"寄百里之命"的担当,但面对的毕竟是圣人之后裔,言说理应委婉,论学处于师友之间,坦诚相待,相互劝勉切磋,这是可以想象的。

　　孔子去世后,在鲁国以及周边国家讲学的弟子除了曾子之外,一段时间内尚有子贡、有若、子游、子夏、子张诸人,且不时相聚论道言礼、切磋学术问题。子思年纪尚幼,自然得到七十子之徒的爱护和指教,若不嫌欠恭,可说颇有点"学术宝宝"的氛围。因而在子思"多师"的环境中,曾子不是唯一的师辈,却是师辈中最持久、最重要者,尤其是曾家负有托孤责任。只不过还须补充一句:曾子的其他同门也负有指导子思的责任,也属于子思的师辈。《孔丛子·杂训篇》记载:"悬子(鲁之贤人)问子思曰:'吾闻同声者相求,同志者相好。子之先君见子产,则兄事之,而世谓子产仁爱,称夫子则为圣人,是谓圣道事仁爱乎?吾未谕其人之孰先后也,故质于子。'子思曰:'然,子之问也。昔季孙问子游,亦若子之言也。子游答曰:"以子产之仁爱譬夫子,其犹浸水之与膏雨乎?"康子曰:"子产死,郑人丈夫舍玦珮,妇人舍珠瑱,巷哭三月,竽瑟不作。夫子之死也,吾未闻鲁人之若是也,奚故哉?"子游曰:"夫浸水之所及也则生,其所不及则死,故民皆知焉。膏雨之所生也,广莫大焉,民之受赐也普矣,莫识其由来者。上德不德,是以无

<hr>

① 傅亚庶撰:《孔丛子校释》(《新编诸子集成续编》),北京:中华书局,2011年版,第130页。
② [清]朱彝尊撰:《经义考》,文渊阁《四库全书》本,卷282。

德。"季孙曰："善！"'悬子曰：'其然。'"①子游回答季孙，竟然反用了老子之言"上德不德，是以有德；下德不失德，是以无德"②，可见当时儒门论学，思想比较开明。子思对包括曾子、子游在内的二三子耳濡目染，学识自然大有长进。孔子卒于鲁哀公十六年（公元前 479 年），季康子卒于鲁哀公二十七年（公元前 468 年），子游在这段时间说的话，子思是得以与闻的。但是仅凭这么一条材料，与其说证实了子思师事子游的唯一性，不如说透露了子思与七十子交游论学的广泛性。

到了战国晚期，《荀子·非十二子》在将子思、孟子联系为一个学派的同时，又上溯仲尼、子游："略法先王而不知统，犹然而材剧志大，闻见杂博。按往旧造说，谓之五行，甚僻违而无类，幽隐而无说，闭约而无解。按饰其辞而祗敬之曰：此真君子之言也。……子思唱之，孟轲和之，世俗之沟犹瞀儒，欢欢然不知其所非也，遂受而传之，以为仲尼、子游为兹厚于后世。则是子思、孟轲之罪也。"③《非十二子》是荀子稷下论学、放言而谈的作品，认为"世俗之沟犹瞀儒"才会觉得子思、孟子得到仲尼、子游的真传，并不一定想将思孟学派挂在仲尼、子游的钩上。而且荀子在同一篇中，还指责"偷儒惮事，无廉耻而耆饮食，必曰君子固不用力：是子游氏之贱儒也"④。荀子有将仲尼、子弓（仲弓）并列之心，并无将仲尼、子游并列之意，这一点是需要读《荀子》书者心里明白的。倒是晚清康有为托古改制，指认"著《礼运》者，子游。子思出于子游，非出于曾子。颜子之外，子游第一"（《南海康先生口说·礼运》）。又说："子游受孔子大同之道，传之子思，而孟子受业于子思之门。"（《孟子微·自序一》）这些都是经略微言大义之论，并没有提供何种新的证据。按诸孔子初丧时鲁地学术空气，子思广得七十子之徒的润泽；只是曾子家族历代居鲁或仕鲁，依凭着曾氏家族资源和孔氏托孤的渊源，曾子学派其后在鲁逐渐壮盛，子思与曾子的师友关系自然有了更多的发展，这是不言而喻的。

《汉书·艺文志》著录："《子思》二十三篇。"⑤班固注："名伋，孔子孙，

---

① 傅亚庶撰：《孔丛子校释》（《新编诸子集成续编》），北京：中华书局，2011 年版，第 111 页。
② ［三国魏］王弼撰：《老子注》（《诸子集成》三），北京：中华书局 1954 年版，第 23 页。若按黄老学《德经》在前，《道经》在后，则是第一章。
③ ［清］王先谦撰：《荀子集解》（全 2 册），北京：中华书局，1988 年版，第 94—95 页。
④ ［清］王先谦撰：《荀子集解》（全 2 册），北京：中华书局，1988 年版，第 105 页。
⑤ ［汉］班固撰：《汉书》（全 12 册），北京：中华书局，1962 年版，第 1724 页。

为鲁缪公师。"①《子思子》已经散佚，根据《史记》称"子思作《中庸》"，以及沈约《答诏访古乐》所言："汉初典章灭绝，诸儒捃拾沟渠墙壁之间，得片简遗文，与《礼》事相关者，即编次以为礼，皆非圣人之言。《月令》取《吕氏春秋》，《中庸》、《表记》、《坊记》、《缁衣》皆取《子思子》，《乐记》取《公孙尼子》，《檀弓》残杂，又非方幅典诰之书也。"②从正史《艺文志》或《经籍志》对《子思子》的著录来看，沈约是得见《子思子》的。因此，今存文献较为可靠的子思著作有《礼记》中的《中庸》、《表记》、《坊记》、《缁衣》，以及出土简帛中的《鲁穆公问子思》、《五行》。

先考察《坊记》，郑玄《目录》如此解题，曰："名《坊记》者，以其记'六艺'之义，所以坊人之失也。"③"坊"就是"防"，就是提倡设立以礼为中心、包括刑法政令在内的防范机制。对于礼的制度、仪轨、精神的守护，孔子从积极意义上提倡"复"，子思从消极意义上提倡"防"。第一节是全篇纲要："子言之：君子之道，辟则坊与，坊民之所不足者也。大为之坊，民犹遗之。故君子礼以坊德，刑以坊淫，命以坊欲。"④为了避免出乱子，就得设防，以礼作为道德的堤防，以刑法作为荒淫的堤防，以政令作为情欲的堤防。这些话都是"子言之"，说是孔子之言，有点不类，说是子思自称为"子"，又缺乏根据。有学者这样寻找证据："疑所称'子云'、'子曰'、'子言之'者，皆子思之言。故《坊记》引'三年无改于父之道'两句，以《论语》为别。"⑤其实这种意见，清人邵晋涵、黄以周已经说过，吴曾祺也认为：此书"盖汉世儒者所为语录。宋程子以为是贾谊、董仲舒之言，理或然欤。……又案所云'子云'者，大抵是作者自称。或者弟子述其师之语。知非为孔子言者。以篇中有引《论语》曰云云也。"⑥其实，这类"子曰"在郭店楚简相关文献中，或作"夫子曰"，是子思忆述的孔子之言。子思在孔子生前尚年幼，对童年的回忆可能难免模糊，或者爱孙述爷，语多揣摩，总之回忆是难以排除回忆者的主观性的。这里作"子云"、"子曰"者，乃是子思心目中之孔子之言。

《坊记》除了开头以"子言之"总括全文之外，其余三十八次用"子云"来

① ［汉］班固撰：《汉书》（全12册），北京：中华书局，1962年版，第1724页。
② ［清］严可均辑：《全梁文》，北京：商务印书馆，1999年版，第292—293页。
③ ［清］阮元校刻：《十三经注疏》（全2册），北京：中华书局，1980年版，第1618页。
④ ［清］阮元校刻：《十三经注疏》（全2册），北京：中华书局，1980年版，第1618页。
⑤ 胡玉缙撰：《许庼学林》，北京：中华书局，1958年版，第164页。
⑥ 吴曾祺评注：《礼记菁华录》，上海：商务印书馆，1929年版，卷7。

排比此类"孔子之言",即沾染着"爱孙述爷"乳臭的"孔子之言"。如"礼者,因人之情而为之节文,以为民坊者也"①。所谓礼,就是顺应人的性情而定下节制的规范,去约束民众的道德行为。这就使礼防建立在人性的基础上。这似乎有点"人性恶"的嫌疑,比如它这样举例:"《诗》云:民之贪乱,宁为荼毒。故制国不过千乘,都城不过百雉,家富不过百乘。以此坊民,诸侯犹有畔者。"②但它多有与人为善的格言:"子云:君子贵人而贱己,先人而后己,则民作让。"③"子云:善则称人,过则称己,则民不争;善则称人,过则称己,则怨益亡。"④"子云:长民者,朝廷敬老,则民作孝。"⑤"子云:孝以事君,弟以事长,示民不贰也。"⑥子思忆述的这些孔子之言,涵盖了德、礼、忠、孝、敬等道德范畴,以及丧、宾、婚等礼仪领域,对于童年记忆的心理可能性而言,是过于广泛、过于清晰了。

《坊记》还有一些孔子之言,与《论语》相呼应。比如"子云:好德如好色。诸侯不下渔色。故君子远色以为民纪。"⑦就是对《论语·子罕篇》"子曰:吾未见好德如好色者也"、《卫灵公篇》"子曰:已矣乎! 吾未见好德如好色者也"的呼应和发挥。而"子云:取妻不取同姓,以厚别也。故买妾不知其姓,则卜之。以此坊民,《鲁春秋》犹去夫人之姓曰吴,其死曰孟子卒"⑧则呼应着《述而篇》:"陈司败问:'昭公知礼乎?'孔子曰:'知礼。'孔子退,揖巫马期而进之,曰:'吾闻君子不党,君子亦党乎? 君取于吴,为同姓,谓之吴孟子。君而知礼,孰不知礼?'巫马期以告。子曰:'丘也幸,苟有过,人必知之。'"⑨

《坊记》这则材料值得注意,对于考证孔子之言与子思忆述的关系,对于清理子思的生卒年,都提供了材料的启示:(一)它说明孔子读到《鲁春秋》,关注鲁昭公夫人吴孟子之丧,"子云"是"孔子云",而不是"子思云"。

---

① ［清］阮元校刻:《十三经注疏》(全2册),北京:中华书局,1980年版,第1618页。
② ［清］阮元校刻:《十三经注疏》(全2册),北京:中华书局,1980年版,第1618页。
③ ［清］阮元校刻:《十三经注疏》(全2册),北京:中华书局,1980年版,第1619页。
④ ［清］阮元校刻:《十三经注疏》(全2册),北京:中华书局,1980年版,第1620页。
⑤ ［清］阮元校刻:《十三经注疏》(全2册),北京:中华书局,1980年版,第1620页。
⑥ ［清］阮元校刻:《十三经注疏》(全2册),北京:中华书局,1980年版,第1621页。
⑦ ［清］阮元校刻:《十三经注疏》(全2册),北京:中华书局,1980年版,第1622页。
⑧ ［清］阮元校刻:《十三经注疏》(全2册),北京:中华书局,1980年版,第1622页。
⑨ ［宋］朱熹撰:《四书章句集注》,北京:中华书局,1983年版,第100页。

（二）《春秋经》哀公十二年（公元前483年）记载："夏五月甲辰，孟子卒。"①此事发生在孔子周游列国于鲁哀公十一年（公元前484年）返鲁之次年。吴孟子是周文王的伯父吴太伯、仲雍之后，与鲁昭公都是周公之后，俱为姬姓。因而《左传》同年记载："夏五月，昭夫人孟子卒。昭公娶于吴，故不书姓。……孔子与吊，适季氏。"②陈司败问孔子，大概在这次吊丧之后。这里透露了一个重要消息，此年孔子六十九岁，子思如果已经记事，大概在五岁左右。那么，子思生年应是公元前487年左右，孔子去世时已经九岁。若此，子思比曾子少十八岁；比墨子长二十岁左右，处于春秋思潮向战国思潮转变的回波期。前述子游与季康子对话，发生在子思十几岁时候。而曾子劝说子思收敛"傲世主之心"的那番话，则发生在子思盛年时期，盛年较之青年，处理政治关系、师友关系的态度有所变化，也是情理之中。子思晚年曾为鲁穆公（公元前407—前377年在位）之师，在鲁穆公继位时年届八旬，他当是享年八十二岁，而非《史记》所言"六十二岁"。

《表记》记录了孔子不少精粹的名言，郑玄《目录》云："名曰《表记》，以其记君子之德，见于仪表。"③篇名的"表"字，意为就是表率、仪轨、标帜。大禹治水立表木为标记，如《史记·夏本纪》云："行山表木，定高山大川。"《索隐》云："表木，谓刊木立为表记。"④清人王念孙《读书杂志》云："立木以示人谓之仪，又谓之表。……故德行足以率人者，亦谓之仪表。《缁衣》曰：'上之所好恶不可不慎也，是民之表也。'郑注言：'民之从君，如景逐表。'《荀子·君道篇》曰：'君者仪也，仪正而景正。'是仪即表也。《管子·形势解篇》曰：'法度者，万民之仪表也。礼义者，尊卑之仪表也。'《淮南·主术篇》曰：'言为文章行为仪表。'文六年《左传》曰：'陈之艺极，引之表仪'，或言仪表，或言表仪，其义一也。"⑤子思《表记》，旨在为儒门"立木以示人谓之仪，又谓之表"，注重讨论道德仪表。

《表记》与《坊记》，一者讲究表率，一者讲究防范，分别从积极方面或消极方面引导和干预人之道德行为，实在可以视为姊妹篇。明末黄道周于崇

---

①　杨伯峻编著：《春秋左传注》（全4册），北京：中华书局，1990年版，第1669页。

②　杨伯峻编著：《春秋左传注》（全4册），北京：中华书局，1990年版，第1670页。

③　[清]阮元校刻：《十三经注疏》（全2册），北京：中华书局，1980年版，第1638页。

④　[汉]司马迁撰：《史记》（全10册），北京：中华书局，1959年版，第51—52页。

⑤　[清]王念孙：《读书杂志》（中）之第7册《汉书第十六》，北京：中国书店，1985年版，第32页。

祯十一年(1638 年)进呈《礼记注》五篇,其二是《表记集传》二卷,《自序》谓:"古者窥测天地日月,皆先立表,《表记》之名,实由此出。……多言君子恭敬仁义之德。"①清代又有儒者认为:"此篇体例与《坊记》相似。《坊记》多示人以所当戒,故以坊为名。此篇示人以所当法,故以表为名。篇中言'仁'处多,程子称《表记》为近道。盖宋世儒者亦多尊信是篇。"但又担心"篇中如'以怨报怨'、'义道以霸'、'夏道尊命'、'事君大言望大利'、'辞欲巧'数章,皆害理。"提醒人们"似不出孔子之口,知者辨之"②。

从文体表述方式而言,《坊记》只有开头一则"子言之",《表记》却有八则,分别散置于开头和中间各处:

(一)"子言之:归乎! 君子隐而显,不矜而庄,不厉而威,不言而信。"③这似乎是孔子晚年自卫返鲁而"赋归去来兮"的语气,他已觉得政治不足为,当以道德经术传世。因而也许是子思得而闻者。

(二)"子言之:仁者天下之表也,义者天下之制也,报者天下之利也。"④本篇还极力倡扬仁义,提出"仁者,人也",就是要把人当人来对待,"仁者安仁,知者利仁,畏罪者强仁";"以德报怨,则宽身之仁也;以怨报德,则刑戮之民也";"恭近礼,俭近仁,信近情"。这既是对《论语》孔子答樊迟问仁曰"爱人"的继承,又对仁的思想有所发展,所谓"仁者天下之表也",如果不嫌牵强附会,《表记》在很大程度上就是《仁记》了。所谓"子罕言利,与命与仁",于此(或是孔子晚年)发生了某些松动。

(三)"子言之:仁有数,义有长短小大。中心憯怛,爱人之仁也;率法而强之,资仁者也。《诗》云:'丰水有芑,武王岂不仕。诒厥孙谋,以燕翼子。武王烝哉。'数世之仁也。《国风》曰:'我今不阅,皇恤我后。'终身之仁也。"⑤在这里,"爱人之仁"是本质;"终身之仁"是行为。值得注意的是,对于《诗经》名目的称呼,前面称《诗·大雅·文王有声》为《诗》,后面称《邶风·谷风》为《国风》,似乎保留了孔子整理《诗三百》,厘定风、小雅、大雅、颂之"四始"以前诗体称呼不确性的某种状态,可见材料来源之早。

---

①　[清]纪昀等撰:《四库全书总目提要》,石家庄:河北人民出版社,2000 年版,第 563 页。
②　吴曾祺评注:《礼记菁华录》,上海:商务印书馆,1929 年版,卷 8。
③　[清]阮元校刻:《十三经注疏》(全 2 册),北京:中华书局,1980 年版,第 1638 页。
④　[清]阮元校刻:《十三经注疏》(全 2 册),北京:中华书局,1980 年版,第 1639 页。
⑤　[清]阮元校刻:《十三经注疏》(全 2 册),北京:中华书局,1980 年版,第 1639 页。

（四）"子言之:君子之所谓义者,贵贱皆有事于天下。天子亲耕,粢盛秬鬯,以事上帝,故诸侯勤以辅事于天子。"①虽然有隐退情绪,但还是期许以仁义思想,贯穿于治理天下之中。或如郑玄注所揭示,是讽喻"无事而居位食禄,是不义而富且贵"的。

（五）"子言之:君子之所谓仁者,其难乎? 诗云:'凯弟君子,民之父母。'凯以强教之,弟以说安。乐而毋荒,有礼而亲,威庄而安,孝慈而敬,使民有父之尊,有母之亲。如此而后可以为民父母矣。非至德其孰能如此乎?"②治理天下不仅需要仁,还需要将孝、敬、尊、慈、亲等温情的软性的伦理情感,贯注到等级的硬性的社会体制之中,给人"为民父母"的慰藉和调节。

此处引诗采自《诗·大雅·泂酌》,也如前面一样称《大雅》为《诗》。此诗在战国秦汉的"子曰"文献中,还见于《礼记·孔子闲居》:"孔子闲居,子夏侍。子夏曰:'敢问《诗》云"凯弟君子,民之父母",何如斯可谓民之父母矣?'孔子曰:'夫民之父母乎? 必达于礼乐之原,以致五至,而行三无,以横于天下,四方有败,必先知之。此之谓民之父母矣!'"③又见于《孝经·广至德章》:"子曰:君子之教以孝也,非家至而日见之也。教以孝,所以敬天下之为人父者也。教以悌,所以敬天下之为人兄者也。教以臣,所以敬天下之为人君者也。《诗》云:恺悌君子,民之父母。非至德,其孰能顺民如此其大者乎?"④也见于《说苑·政理》:'鲁哀公问政于孔子,对曰:'政在使民富且寿?'哀公曰:'何谓也?'孔子曰:'薄赋敛则民富,无事则远罪,远罪则民寿。'公曰:'若是,则寡人贫矣。'孔子曰:'《诗》云:恺悌君子,民之父母。未见其子富而父母贫者也。'"⑤这则记载,也见于《孔子家语·贤君篇》。可见孔子对此诗的看重,其字面意义可以通过断章取义的方式,指向以伦理情感纳入政治学理。其中,子夏是孔子认为可以言诗之人,这指示了后来儒家释诗的政治伦理化的方向。

（六）"子言之曰:后世虽有作者,虞帝弗可及也已矣! 君天下,生无私,

---

① ［清］阮元校刻:《十三经注疏》(全 2 册),北京:中华书局,1980 年版,第 1640 页。

② ［清］阮元校刻:《十三经注疏》(全 2 册),北京:中华书局,1980 年版,第 1641 页。

③ ［清］阮元校刻:《十三经注疏》(全 2 册),北京:中华书局,1980 年版,第 1616 页。

④ ［清］阮元校刻:《十三经注疏》(全 2 册),北京:中华书局,1980 年版,第 2557 页。

⑤ ［汉］刘向撰,向宗鲁校证:《说苑校证》,北京:中华书局,1987 年版,第 149－150 页。

死不厚其子，子民如父母，有憯怛之爱，有忠利之教，亲而尊，安而敬，威而爱，富而有礼，惠而能散。其君子尊仁畏义，耻费轻实，忠而不犯，义而顺，文而静，宽而有辨。甫刑曰：'德威惟威，德明惟明。'非虞帝其孰能如此乎？"①人君为民父母的仁爱，最高标准是舜帝。舜帝材料在孔子以前，虽有见于《书》者，但多为口传，口传中融合了千余年的原生性群体智慧。《孟子·离娄下》中有孟子曰："舜生于诸冯，迁于负夏，卒于鸣条，东夷之人也。"朱熹注曰："诸冯、负夏、鸣条，皆地名，在东方夷服之地。"②鲁本在"东方夷服之地"，因而从孔子起，就汲取这种本土民间资源，升华出仁爱无私或以仁为政的思想。《论语·泰伯篇》载："子曰：巍巍乎，舜、禹有天下也而不与焉！"③《颜渊篇》子夏解释孔子之言"举直错诸枉，能使枉者直"，曰："富哉，言乎！舜有天下，选于众，举皋陶，不仁者远矣。"④《卫灵公篇》又载："子曰：无为而治者，其舜也与！夫何为哉？恭己正南面而已矣。"⑤

　　一旦孔子以尧舜为仁治天下之楷模，置于儒学道术的核心位置，就打开了一条通向仁的新道路，曾子、子思对此是心领神会的。《大学》有云："尧舜率天下以仁，而民从之。"⑥《中庸》则称："仲尼祖述尧舜，宪章文武。"⑦又引孔子曰："舜其大知也与！舜好问而好察迩言，隐恶而扬善，执其两端，用其中于民，其斯以为舜乎！"⑧孔子又曰："舜其大孝也与！德为圣人，尊为天子，富有四海之内。宗庙飨之，子孙保之。故大德必得其位，必得其禄，必得其名，必得其寿。故天之生物，必因其材而笃焉。故栽者培之，倾者覆之。《诗》曰：嘉乐君子，宪宪令德。宜民宜人，受禄于天，保佑命之，自天申之。故大德者必受命。"⑨子思手中，舜处于道术源头的位置，已经非常明晰。

　　到了孟子手中，更是大量撷取民间舜帝口头资源，以助其滔滔雄辨。《孟子·滕文公上》引用"孔子曰：大哉尧之为君！惟天为大，惟尧则之，荡

①　[清]阮元校刻：《十三经注疏》（全2册），北京：中华书局，1980年版，第1642页。

②　[宋]朱熹撰：《四书章句集注》，北京：中华书局，1983年版，第289页。

③　[清]阮元校刻：《十三经注疏》（全2册），北京：中华书局，1980年版，第2487页。

④　[清]阮元校刻：《十三经注疏》（全2册），北京：中华书局，1980年版，第2504页。

⑤　[清]阮元校刻：《十三经注疏》（全2册），北京：中华书局，1980年版，第2517页。

⑥　[清]阮元校刻：《十三经注疏》（全2册），北京：中华书局，1980年版，第1674页。

⑦　[宋]朱熹撰：《四书章句集注》，北京：中华书局，1983年版，第37页。

⑧　[清]阮元校刻：《十三经注疏》（全2册），北京：中华书局，1980年版，第1626页。

⑨　[清]阮元校刻：《十三经注疏》（全2册），北京：中华书局，1980年版，第1628页。

荡乎民无能名焉。君哉舜也！巍巍乎有天下而不与焉"①。又有所谓"孟子道性善，言必称尧、舜"②，还编述"颜渊曰：舜，何人也？予，何人也？有为者亦若是"③。这都指向《告子下》孟子首肯的"人皆可以为尧舜"。由"性善说"延伸到"道统论"，《孟子·尽心下》中孟子又曰："由尧、舜至于汤，五百有余岁。若禹、皋陶，则见而知之；若汤，则闻而知之，由汤至于文王，五百有余岁。若伊尹、莱朱，则见而知之；若文王，则闻而知之。由文王至于孔子，五百有余岁。若太公望、散宜生，则见而知之；若孔子，则闻而知之。由孔子而来，至于今百有余岁，去圣人之世，若此其未远也。近圣人之居，若此其甚也，然而无有乎尔，则亦无有乎尔？"④这番道统勾勒，在孟子有"当今之世，舍我其谁"的气概，对于宋儒则启发了其千古一贯的道统思维。

（七）"子言之：事君先资其言，拜自献其身，以成其信。是故君有责于其臣，臣有死于其言。故其受禄不诬，其受罪益寡。"⑤本条讲的是为臣之道，揣摩君主之言，才知如何献身，这样就不至于诬受其禄，滥受其罪。

（八）"子言之：昔三代明王，皆事天地之神明，无非卜筮之用，不敢以其私亵事上帝。是故不犯日月，不违卜筮。卜筮不相袭也，大事有时日，小事无时日。有筮，外事用刚日，内事用柔日，不违龟筮。"⑥人间的伦理情感和爱民如子的作为还不够，还要有"神道设教"的辅助。这可能是孔子晚年学《易》之言。《周易》观卦之《彖辞》曰："观天之神道，而四时不忒，圣人以神道设教，而天下服矣。"《象辞》又曰："风行地上，观。先王以省方观民设教。"⑦儒家道术本是崇尚实践理性，但它也从传说时代借来圣王崇仁的原型，又从卜筮书《易》的神秘性中借来神圣哲理，原型与神秘性双管齐下，增强了其实践理性的深度。

清人魏源已经注意到孔子言《易》的神秘性与言《诗》、《书》、《礼》各有侧重，注意到实践理性与神秘性之殊，谓"圣人何以罕言《易》？曰：《易》者，

①　［宋］朱熹撰：《四书章句集注》，北京：中华书局，1983年版，第260页。
②　［宋］朱熹撰：《四书章句集注》，北京：中华书局，1983年版，第251页。
③　［宋］朱熹撰：《四书章句集注》，北京：中华书局，1983年版，第251页。
④　［宋］朱熹撰：《四书章句集注》，北京：中华书局，1983年版，第376－377页。
⑤　［清］阮元校刻：《十三经注疏》（全2册），北京：中华书局，1980年版，第1642页。
⑥　［清］阮元校刻：《十三经注疏》（全2册），北京：中华书局，1980年版，第1644页。
⑦　［清］阮元校刻：《十三经注疏》（全2册），北京：中华书局，1980年版，第36页。

卜筮之书也,天道之书也。……故卜筮者,天人之参也,地天之通也。《诗》、《书》、《礼》皆人道设教,惟《易》则以神道设教。"①但《易》的神秘性在历史理性进程中,也难免会褪色,如章学诚所云:"《易》之为书也,开物成务,圣人神道设教,作为神物,以前民用。羲、农、黄帝不相袭,夏、商、周代不相沿,盖与治历明时,同为一朝之创制,作新兆人之耳目者也。后世惟以颁历授时为政典,而占时卜日为司天之官守焉。所谓天道远而人事迩,时势之不得不然。是以后代史家,惟司马犹掌天官,而班氏以下,不言天事也。"②

这八则"子言之"涉及仁的核心思想,上溯圣王之治,旁及君臣之道,探究天地之秘,以及解《诗》、解《易》方式和政治与伦理之关系,从丰富维度上展示了《表记》作为早期儒家伦理政治学及天人之学的相当丰富复杂的文化内涵。除此之外,《表记》还记述了孔子一系列道德、风度、仪表方面的箴言。如:"子曰:君子不失足于人,不失色于人,不失口于人。""子曰:君子慎以辟祸,笃以不揜,恭以远耻。"子曰:"以德报德,则民有所劝;以怨报怨,则民有所惩。"君子"卑己而尊人,小心而畏义";"君子不自大其事,不自尚其功。……是故君子虽自卑而民敬尊之"③。以自卑达到民所尊敬的自强,这是从《易经》里悟到的辩证法。又如"君子之接如水,小人之接如醴。君子淡以成,小人甘以坏。"如果《表记》是子思所作,那么这一条就启发了《庄子·山木篇》"君子之交淡若水,小人之交甘若醴;君子淡以亲,小人甘以绝"。

尚可注意者,《表记》有些"子曰"列述夏商周三代的文化制度、习俗信仰的变迁。这些言论文化蕴涵丰厚,似乎并非夫子平日口传的记录,很可能来自孔府档案。比如:"子曰:夏道尊命,事鬼敬神而远之,近人而忠焉。先禄而后威,先赏而后罚,亲而不尊;其民之敝,惷而愚,乔而野,朴而不文。殷人尊神,率民以事神,先鬼而后礼,先罚而后赏,尊而不亲;其民之敝,荡而不静,胜而无耻。周人尊礼尚施,事鬼敬神而远之,近人而忠焉,其赏罚用爵列,亲而不尊;其民之敝,利而巧,文而不惭,贼而蔽。"④这段话相当系

---

① 〔清〕魏源撰:《古微堂内集》,清同治九年(1870年)刻本,卷1《默觚上·学篇八》。
② 〔清〕章学诚著,叶瑛校注:《文史通义校注》(全2册),北京:中华书局,1985年版,第573页。
③ 〔清〕阮元校刻:《十三经注疏》(全2册),北京:中华书局,1980年版,第1368—1641页。
④ 〔清〕阮元校刻:《十三经注疏》(全2册),北京:中华书局,1980年版,第1641—1642页。

统地揭示了夏商周三代"尊命"、"尊神"、"尊礼"的官方文化的变迁,即巫觋文化、祭祀文化、礼乐文化的演进,及其在民间风俗心理上产生的反应。对于孔子之杞、之宋所获古礼消息,七十子忆述有限,或在孔府档案中存有若干早年笔记,也是可能的。子思用于《表记》的这则记述,呼应着《论语·八佾篇》孔子曰"夏礼吾能言之,杞不足征也;殷礼吾能言之,宋不足征也。文献不足故也。足,则吾能征之矣"①,透露了孔子曾赴杞、宋等古邦和东周洛阳访寻古礼资源。由此对其中的演进脉络进行比较和清理,从而得出《论语·为政篇》这样的认识:"殷因于夏礼,所损益,可知也;周因于殷礼,所损益,可知也。其或继周者,虽百世,可知也。"②尤其是它引导出《中庸》中孔子这番说法:"吾说夏礼,杞不足征也。吾学殷礼,有宋存焉。吾学周礼,今用之。吾从周。"③夏商周礼俗文化的演变,从一个特定角度展示了中国早期文明所留下的三个脚印,儒学也从中获得其礼乐文化因其古老而更显神圣的渊源。

《缁衣》由于湖北荆州郭店楚墓竹简和上海博物馆藏战国楚竹书,都发现相同篇章的遗存,因而声名鹊起,吸引众多研究者的眼光。香港中文大学文物馆藏简牍中,也有楚简《缁衣》片段,可见其尚德好贤思想,在楚地流布之广④。陆德明《经典释文》引郑玄《目录》:"善其好贤者之厚,故述其所称之诗以为其名也。《缁衣》,郑诗,美武公也。刘瓛云:公孙尼子所作也。"⑤但是由于此篇体例与《坊记》、《表记》相仿,沈约称为子思所作,郭店简的形制又与其他可归入《子思子》的篇章相同,因而几乎众无异辞,断为子思所撰。简本无《礼记》本的开头一则:"子言之曰:为上易事也,为下易知也,则刑不烦矣。"大概这是编集《子思子》时,为与《坊记》、《表记》体例一致而增入。《礼记》本的第二则是:"子曰:好贤如《缁衣》,恶恶如《巷伯》,则爵不渎而民作愿,刑不试而民咸服。《大雅》曰:仪刑文王,万国作孚。"⑥若从此则开始,适可切合以"缁衣"为篇题。但是简本开头此章,文字与之存在差异:"夫子曰:好美如好《缁衣》,恶恶如恶《巷伯》,则民咸力而型不屯。

①　[宋]朱熹撰:《四书章句集注》,北京:中华书局,1983年版,第63页。
②　[宋]朱熹撰:《四书章句集注》,北京:中华书局,1983年版,第59页。
③　[清]阮元校刻:《十三经注疏》(全2册),北京:中华书局,1980年版,第1634页。
④　陈松长:《香港中文大学文物馆藏简牍》,香港:香港中文大学文物馆,2001年版。
⑤　[清]阮元校刻:《十三经注疏》(全2册),北京:中华书局,1980年版,第1647页。
⑥　[清]阮元校刻:《十三经注疏》(全2册),北京:中华书局,1980年版,第1647页。

《诗》云：'仪型文王，万邦作孚。'""好美"的意思比较宽泛，"好贤"更多政治色彩，但引用《诗经·大雅·文王》"仪刑文王，万国（汉人为避刘邦之讳，改'邦'为'国'）作孚"，其政治色彩已经相当浓厚。文字之差异，乃是文献在楚国传播，与在鲁国撰述、再经汉人整理时难免出现的现象。

《缁衣》其诗本是《诗经·郑风》的篇章，毛序说是称美东周司徒郑武公好贤，诗云："缁衣之宜兮，敝予又改为兮。适子之馆兮，还予授子之粲兮。"①孔颖达疏曰："卿士旦朝于王，服皮弁，不服缁衣。……退适治事之馆，释皮弁而服（缁衣），以听其所朝之政也。"②竟然连退朝穿的黑衣都关注到，赠与改制新衣，其爱贤之意也就暖哉融融了。全篇取题于此诗，可见孔子对这种暖哉融融的爱贤之心的向往。《巷伯》是《诗经·小雅》的篇章，抒写对谗人诬蔑陷害的无比痛恨："彼谮人者，谁适与谋。取彼谮人，投畀豺虎。豺虎不食，投畀有北。有北不受，投畀有昊。"③其中对谗人简直痛恨得咬牙切齿，恨不得将他投给豺虎撕碎，投到大寒之地冻死。行文以《缁衣》、《巷伯》作隐喻，蕴含着对贤人、谗人的大爱大恨，以此提倡贤人政治。篇题如此设置，可以看作大型的解《诗》之篇章。

《缁衣》中某些孔子之言，可以同《论语》相参证。而且通过参证，有助于加深对存世文献与出土简帛之关系的理解。比如接下来的一则："子曰：夫民，教之以德，齐之以礼，则民有格心；教之以政，齐之以刑，则民有遁心。故君民者，子以爱之，则民亲之；信以结之，则民不倍；恭以莅之，则民有孙心。甫刑曰：'苗民匪用命，制以刑。'惟作五虐之刑曰法，是以民有恶德，而遂绝其世也。"④郭店楚简本略有文字出入："子曰：长民者教之以德，齐之以礼，则民有劝心；教之以政，齐之以刑，则民有欺心。故慈以爱之，则民有亲；信以结之，则民不倍；恭以莅之，则民有逊心。"⑤主要是"格心"变为"劝心"，"遁心"变为"欺心"。

证以《论语·为政篇》："子曰：道之以政，齐之以刑，民免而无耻；道之以德，齐之以礼，有耻且格。"⑥由此可知，"格"字是孔子特殊用语，简书中

①　［清］阮元校刻：《十三经注疏》（全2册），北京：中华书局，1980年版，第336页。
②　［清］阮元校刻：《十三经注疏》（全2册），北京：中华书局，1980年版，第336页。
③　［清］阮元校刻：《十三经注疏》（全2册），北京：中华书局，1980年版，第456页。
④　［清］阮元校刻：《十三经注疏》（全2册），北京：中华书局，1980年版，第1647页。
⑤　荆门市博物馆编：《郭店楚墓竹简》，北京：文物出版社，1998年版，第130页。
⑥　［宋］朱熹撰：《四书章句集注》，北京：中华书局，1983年版，第54页。

的"劝心"、"欺心"比较通俗,"有耻且格"则意蕴复杂且深刻。郑玄注《缁衣》云:"'则民有格心'者,格,来也。君若教民以德,整民以礼,则民有归上之心。"①朱熹注《论语》云:"格,至也。言躬行以率之,则民固有所观感而兴起矣,而其浅深厚薄之不一者,又有礼以一之,则民耻于不善,而又有以至于善也。　说,格,正也。《书》曰:'格其非心。'"②从以上疏解中,不难领会到,《礼记》本之此则较之简本更接近孔子口吻,知耻而正其非心,是相当深刻的修养心理学的命题,而楚简在转录中原文献时多少做了一些通俗化的处理。于此有必要说,要破除对出土简帛的不必要的崇拜情结,对于简帛文献要高度重视,也要深入分析,那种以为唯有出土简帛是绝对正确、存世文献与之异者皆错的倾向,与战国秦汉书籍流布制度相游离,是难以令人信服的。对于存世的、或出土的文献,应该进行多维度的参证,观其长而知其短,揭其短而不掩其长,须采取理性的科学态度将其置于文献流布的过程中,看其可能受到何种文化的介入和干涉,甚至受到水平不高的转录者之何种误读或妄改。唯此,才可能说我们所作属于还原研究。

　　《缁衣》在好贤的主题下,强调在上者仁民、爱民,为民表率。倡导表率作用,即是对《表记》主旨的呼应,因而《缁衣》和《表记》同为子思所作,存在着不容割裂的内证。《缁衣》行文多记孔子此类言论:"子曰:上好是物,下必有甚者矣。故上之所好恶不可不慎也,是民之表也。""子曰:上好仁,则下之为仁争先人(简本无'人'字)。""大臣不可不敬也,是民之表也。迩臣不可不慎也,是民之道也。君毋以小谋大,毋以远言近,毋以内图外,则大臣不怨,迩臣不疾,而远臣不蔽矣。"③对于表率垂范的政治道德功能的关注上,《缁衣》与《表记》是血脉相连的,而且与《孟子》一脉相通。如《孟子·滕文公上》云:"上有所好者,下必有甚焉者矣。'君子之德,风也;小人之德,草也。草尚之风,必偃'"④。而《孟子·滕文公上》所引的话,则是《论语·颜渊篇》"季康子问政于孔子"章中孔子所说的话:"君子之德风,小人之德草,草上之风,必偃。"⑤这就是说,《论语》——《缁衣》——《孟子》之

①　[清]阮元校刻:《十三经注疏》(全2册),北京:中华书局,1980年版,第1647页。
②　[宋]朱熹撰:《四书章句集注》,北京:中华书局,1983年版,第54页。
③　[清]阮元校刻:《十三经注疏》(全2册),北京:中华书局,1980年版,第1648—1649页。
④　[宋]朱熹撰:《四书章句集注》,北京:中华书局,1983年版,第253页。
⑤　[宋]朱熹撰:《四书章句集注》,北京:中华书局,1983年版,第138页。

间,关注表率功能的政治学思想,一脉相承,从而成为儒家政治学的一项重要内容。强调执政决策者之社会引导功能,由此成为历代儒者反复言之的命题。董仲舒《贤良对策》云:"孔子曰:'君子之德风也,小人之德草也,草上之风,必偃。'故尧、舜行德,则民仁寿;桀、纣行暴,则民鄙夭。夫上之化下,下之从上,犹泥之在钧,惟甄者之所为;犹金之在熔,惟冶者之所铸。'绥之斯俫,动之斯和',此之谓也。"①其中强调的是以上化下的政治动力传导,如风行草上形成风气,如钧轮制陶围绕中心旋转,如熔金冶铸模塑成型。后面引语,源自《论语·子张篇》子贡尊崇孔子之词:"夫子之不可及也,犹天之不可阶而升也。夫子之得邦家者,所谓立之斯立,道之斯行,绥之斯来,动之斯和。其生也荣,其死也哀,如之何其可及也。"②若以圣德治世,安抚则百姓来归,行动则百姓和协。这就是儒家以仁德引导社会的政治动力学。

《缁衣》以仁爱之心和表率行为来讨论施政功能,旨在达到政通人和。有所谓"子曰:上人疑则百姓惑,下难知则君长劳"③。又发出如此警戒,为了提防政治层面上一个"溺"字,须提倡"慎政"思想:"子曰:小人溺于水,君子溺于口,大人溺于民,皆在其所亵也。夫水近于人而溺人;德易狎而难亲也,易以溺人;口费而烦,易出难悔,易以溺人;夫民闭于人而有鄙心,可敬不可慢,易以溺人。故君子不可以不慎也。"④溺,是沉迷过度,是堰塞成灾而淹没,也就不可能达到政通人和。出诸对政治行为和社会层面的沟通的强调,《缁衣》发展出一种"政治社会有机说":"子曰:民以君为心,君以民为体。心庄则体舒,心肃则容敬,心好之身必安之。君好之,民必欲之。心以体全,亦以体伤。君以民存,亦以民亡。"《文选》卷五十一王褒《四子讲德论》中有"君者中心,臣者外体。外体作,然后知心之好恶。臣下动,然后知君之节趋"之句,李善注曰:《子思子》曰:"民以君为心,君以民为体。心正则体修,心肃则身敬也。"⑤这条注,又为《表记》为子思作,增加了一条证据。

这则"子曰"提出一种"政治社会有机说",其主张政治社会整体性的同

---

①　[汉]班固撰:《汉书》(全12册),北京:中华书局,1962年版,第2501页。

②　[宋]朱熹撰:《四书章句集注》,北京:中华书局,1983年版,第192—193页。

③　[清]阮元校刻:《十三经注疏》(全2册),北京:中华书局,1980年版,第1648页。

④　[清]阮元校刻:《十三经注疏》(全2册),北京:中华书局,1980年版,第1649页。

⑤　[梁]萧统编,[唐]李善注:《文选》(全6册),上海:上海古籍出版社,1986年版,第2249页。

时，强调集权政治的中心主义。北齐刘昼《刘子·从化篇》，就此作了发挥：
"君以民为体，民以君为心。心好之，身必安之；君好之，民必从之。未见心
好而身不从，君欲而民不随也。人之从君，如草之从风，水之从器。故君之
德，风之与器也。人之情，草之与水也。草之戴风，风驽东则东靡，风驽西
则西靡，是随风之东西也。水在器，器方则水方，器圆则水圆，是随器之方
圆也。下之事上，从其所行，犹影之随形，响之应声。言不虚也。"①武则天
《臣轨·同体章》对这种政治有机说心领神会："臣以君为心，君以臣为体。
心安则体安，君泰则臣泰。未有心瘁于中，而体悦于外，君忧于上，而臣乐
于下。"②从刘昼到武则天的领略和发挥中，可以发现，《缁衣》的政治有机
说和以仁德引导社会的政治动力学，是相辅相成的，组合为结构功能的一
体化。

　　然而，作为这种结构功能一体化的社会中之个体，又应如何自处？处
于这个有机体之中的每一个人的意志、恒心、人格，《缁衣》也对之作了规
划："子曰：下之事上也，身不正，言不信，则义不壹，行无类也。子曰：言有
物而行有格也，是以生则不可夺志，死则不可夺名。"最后又说："子曰：南人
（简本作'宋人'）有言曰：'人而无恒，不可以为卜筮。'古之遗言，与龟筮犹
不能知也，而况于人乎？"③并引《周易·恒卦》爻辞："易曰：'不恒其德，或
承之羞。''恒其德，贞，妇人吉，夫子凶。'"④这段话与《论语·子路篇》"南
人有言曰：人而无恒，不可以作巫医"⑤，可以互相参照，乃是孔子晚年学
《易》升华出来的智慧。因此《缁衣》这条材料与《论语》此章，是同事异记，
或是子思采自孔府收藏。对于这条材料的深刻性，顾炎武说："孔子论
《易》，见于《论语》者二章而已：曰'加我数年，五十以学《易》，可以无大过
矣'；曰'南人有言曰：人而无恒，不可以作巫医。善夫，不恒其德，或承之
羞。子曰：不占而已矣。'是则圣人之所以学《易》者，不过庸言、庸行之间，
而不在乎图书象数也。今之穿凿图象以自为能者，畔也。……'《诗》三百，
一言以蔽之，曰思无邪。'《易》六十四卦，三百八十四爻，一言以蔽之，曰：

　①　[北齐]刘昼撰：《刘子》，明正统道藏本，卷3《从化第十三》篇。
　②　[唐]武则天撰：《臣轨》，清佚存丛书本，臣轨上《同体章》篇。
　③　[清]阮元校刻：《十三经注疏》（全2册），北京：中华书局，1980年版，第1650页。
　④　[清]阮元校刻：《十三经注疏》（全2册），北京：中华书局，1980年版，第47页。
　⑤　[宋]朱熹撰：《四书章句集注》，北京：中华书局，1983年版，第147页。

'不恒其德,或承之羞'。夫子所以思,得见夫有恒也。有恒然后可以无大过。"①要做到身正、言信、义壹,需要有恒;要做到"生则不可夺志,死则不可夺名",也需要有恒。孔子从《周易·恒卦》爻辞中升华出的"恒德",乃是他的生命意志论。

　　《坊记》、《表记》、《缁衣》大量记述孔子之言,而记述者并不公开发言,只把自己的态度隐含在字里行间。这种表述方式,表明此三篇是子思年轻时的著作,还依附在圣祖光环之下,强调自己的圣裔身份,并未独立发表自己的思想。《孔丛子·公仪篇》记载,"穆公问子思曰:'子之书所记夫子之言,或者以谓子之辞也。'子思曰:'臣所记臣祖之言,或亲闻之者,有闻之于人者,虽非其正辞,然犹不失其意焉。且君之所疑者何?'公曰:'于事无非。'子思曰:'无非,所以得臣祖之意也。就如君言,以为臣之辞,臣之辞无非,则亦所宜贵矣。事既不然,又何疑焉?'"②原来将这三篇中的"子曰"误为子思之言,不待后世学人,鲁穆公已有此类迷惑了。而子思的解释,是这些孔子之言的来源"或亲闻之者,有闻之于人者",在与闻孔子之言的直接性和间接性之间,子思保留了具有弹性的想象空间,这个弹性空间中自然也蕴含着子思对孔子之言的理解和阐发。

---

　　①　［清］顾炎武著,［清］黄汝成集释,秦克诚点校:《日知录集释》,长沙:岳麓书社,1994年版,第27页。
　　②　傅亚庶撰:《孔丛子校释》(《新编诸子集成续编》),北京:中华书局,2011年版,第164页。

二十五章 《中庸》与春秋学术向战国学术之过渡

子思最重要的著作，首推《中庸》。全书共 33 章，3545 字，计有一个"仲尼曰"，二十一个"子曰"。基本宗旨是将"中庸"作为儒学的关键性范畴或思想方法予以突出，并将之置于"诚"的本体论之上。前面提到先是《史记》，后有沈约，都肯定子思作《中庸》。《汉书·艺文志》著录《子思》二十三篇，未单列《中庸》；朱熹从《礼记》中抽出《中庸》，列入《四书》，遂使之身价百倍，跻身儒学基本经典。秦汉之际孔鲋的《孔丛子·居卫》有更早的子思作《中庸》的记载：

> 子思年十六（日本京师书坊文林堂刊本，认为是"二十六"，脱"二"字），适宋，宋大夫乐朔与之言学焉。朔曰："《尚书》虞夏数四篇，善也。下此以讫于秦、费，效尧舜之言耳！殊不如也。"子思曰："事变有极，正自当耳。假令周公、尧、舜不更时易处，其《书》同矣。"乐朔曰："凡《书》之作，欲以谕民也，简易为上。而乃故作难知之辞，不以繁乎？"子思曰："《书》之意，兼复深奥，训诂成义，古人所以为典雅也。昔鲁委巷，亦有似君之言者，仅闻之曰：'道为知者传，苟非其人，道不传矣。'今君何似之甚也？"乐朔不说而退曰："孺子辱吾。"其徒曰："此虽以宋为旧，然世有仇焉，请攻之。"遂围子思，宋君闻之，驾而救子思。子思既免，曰："文王厄于牖里，作《周易》，祖君屈于陈、蔡，作《春秋》，吾困于宋，可无作乎！"于是撰《中庸》之书四十九篇。①

所谓"《中庸》之书四十九篇"，当然包括《礼记》之《中庸》；但《中庸》之后有"之书"二字，意味着还包括子思的其他撰述。此处说四十九篇，数量已倍于《汉书·艺文志》所记《子思》二十三篇，是未打折扣的《子思文集》。

---

① 傅亚庶撰：《孔丛子校释》（《新编诸子集成续编》），北京：中华书局，2011 年版，第 132—133 页。

经过细读就可发现，《礼记》之《中庸》文本，恐非一时之作，而是存在着一个著述过程。从篇章学分析，如果认可《礼记》之《坊记》、《表记》、《缁衣》为子思所作，那么子思按其体例作《中庸》，开头一段就应是："仲尼曰：君子中庸，小人反中庸。君子之中庸也，君子而时中；小人之中庸也，小人而无忌惮也。"①唯此，才能遵循先秦典籍之惯例，称此篇为"中庸"。这段"仲尼曰"可能本是"子言之"，随之是："子曰：中庸其至矣乎！民鲜能久矣。"这是《论语·雍也篇》的"子曰：中庸之为德也，其至矣乎！民鲜久矣"的引述，可知子思是得见《论语》之书，除了《坊记》标明引《论语》之外，此处也隐性引《论语》。然后应是又一连串的"子曰"，也就是沾染着前述鲁穆公质疑的"子之书所记夫子之言，或者以谓子之辞也"的爱孙述爷的乳臭。若那样结撰，体例是与《坊记》等三篇相一致的，题目《中庸》就取自开头的"君子中庸，小人反中庸"，也就名正言顺。这是从子思著述体例的正常轨迹立论的。

然而，《中庸》最终成篇之时，打破了子思他篇著述体例的正常轨迹，劈头就以天、性、道、中和等本体论问题，作为其思维逻辑的起点："天命之谓性，率性之谓道，修道之谓教。道也者，不可须臾离也，可离非道也。是故君子戒慎乎其所不睹，恐惧乎其所不闻。莫见乎隐，莫显乎微，故君子慎其独也。喜怒哀乐之未发谓之中，发而皆中节谓之和。中也者，天下之大本也；和也者，天下之达道也。致中和，天地位焉，万物育焉。"②这样，就在《中庸》与早期的《坊记》等三篇的体例之间，出现了巨大的断裂和超越。

从《坊记》等三篇到《中庸》之间，体例的巨大差异，缺乏一些必要的中间环节，这只能以《中庸》并非一时之作，而是经过不断增添和修改而成，来加以解释。随着子思年龄渐长，思想日趋成熟，他对原来的存稿进行了脱胎换骨的增改，从方法论深入到本体论。于是，有了一开篇就展示出来的本体论的逻辑起点，就不能再满足于程颐将中庸解释为"不偏之谓中，不易之谓庸"，或者朱熹将中庸解释为"不偏不倚之谓中，平常之谓庸"。程朱在进一步追究中，都强调的"中者，天下之正道；庸者，天下之定理"，着眼于透视"孔门传授心法"的奥义③。而子思更重要的创造，却是由心法提升至本

① ［宋］朱熹撰：《四书章句集注》，北京：中华书局，1983年版，第18—19页。
② ［清］阮元校刻：《十三经注疏》（全2册），北京：中华书局，1980年版，第1625页。
③ ［宋］朱熹撰：《四书章句集注》，北京：中华书局，1983年版，第17页。

体论的高度。

若然如此,《孔丛子》谓"子思年二十六",困于宋而作《中庸》诸篇,可能仅是《中庸》草创之始,精锐而深刻的思想突破,应是多年深思熟虑的结果。过程性,是发展着的思想家的本质特性。考虑到思想成熟过程,《中庸》的最终成篇,当在了思的中晚年。能够作出"天命之谓性,率性之谓道,修道之谓教"的论断,无疑是中国思想史上一次超越性的迈进。孔子言天命,在五十学《易》之后,子思早慧,但这个过程也不会提前太多。以子思生于公元前487年计算,此时离曾子卒(公元前432年)后,曾门在战国前期第三次编纂《论语》不远;或在编纂《论语》后数年,公元前428年子思60岁前后。

《中庸》以天命言性,推动了儒学的内在化,成为从春秋儒学到战国儒学,从孔子到孟子的一个思想转捩点。本来"子罕言利与命与仁",《论语》中孔子两次谈到天命,一是《为政》篇,子曰:"五十知天命。"二是《季氏》篇,孔子曰:"君子有三畏:畏天命,畏大人,畏圣人之言。小人不知天命而不畏也,狎大人,侮圣人之言。"①何晏集解曰:"顺吉逆凶,天之命也。"②也就是用原始人类对天的恐惧和敬畏,来阐发君子修养的敬畏感。子思作《表记》,也引用孔子涉及天命的言论:"子曰:下之事上也,虽有庇民之大德,不敢有君民之心,仁之厚也。是故君子恭俭以求役仁,信让以求役礼,不自尚其事,不自尊其身,俭于位而寡于欲,让于贤,卑己而尊人,小心而畏义,求以事君,得之自是,不得自是,以听天命。"③这是讲在政治行为中恭俭信让,行仁重礼,寡欲让贤,至于个人得失,则听天由命。其思路也是将天命引导到自己不能掌握的命运上。在儒者崇尚的六艺典籍中,天命多联系着有意志的天,如《周易》"无妄"卦之"象辞"曰:"天命不祐,行矣哉④;如《尚书·泰誓》"商罪贯盈,天命诛之"⑤之类,为数甚多,都将天命看作是天对历史的正义性的掌控和操作,尚未进入人的心性本体。

较早将天命与心性相联系的,是道家。《文子·符言》记述:"老子曰:

---

①　[清]阮元校刻:《十三经注疏》(全2册),北京:中华书局,1980年版,2522页。
②　[清]阮元校刻:《十三经注疏》(全2册),北京:中华书局,1980年版,2522页。
③　[清]阮元校刻:《十三经注疏》(全2册),北京:中华书局,1980年版,第1640－1641页。
④　[清]阮元校刻:《十三经注疏》(全2册),北京:中华书局,1980年版,第39页。
⑤　[清]阮元校刻:《十三经注疏》(全2册),北京:中华书局,1980年版,第181页。

原天命,治心术,理好憎,适情性,即治道通矣。原天命即不惑祸福,治心术即不妄喜怒,理好憎即不贪无用,适性情即欲不过节。不惑祸福即动静顺理,不妄喜怒即赏罚不阿,不贪无用即不以欲害性,欲不过节即养生知足。凡此四者,不求于外,不假于人,反己而得矣。"①《汉书·艺文志》著录《文子》九篇,注称文子为"老子弟子,与孔子并时"②,但又指出书中"而称周平王问,似依托者也"③。《文子》卷五确有"平王问文子曰:吾闻子得道于老聃"④,但此平王不一定须如《汉志》那样加上一个"周"字,使其年代与老聃、文子不相及;战国齐、楚之君,均有谥号"平王"者,《文子》言之,并非作伪。《韩诗外传》卷二,《淮南子·诠言训》也引录此段文字,前者不称撰人,后者称"詹何曰"⑤。詹何则是战国楚人。河北定州八角廊汉墓竹简有《文子》残简,当是战国文献的转录遗存。《文子》此章虽然宣称"老子曰",实际上《老子》言天而未言性;言天而及于性,意味着道家的向内转,乃是从老到庄的转捩点。由此也可知,春秋学术浑朴博大,战国学术精锐活泼。值得注意的是,战国前期子思作《中庸》,就超越了乃祖"罕言性命"的传统,不让将天命与心性联系成为道家独得之学,而将天命与性、道、教三者一脉贯通,从而为中庸学说提供了深邃的本体论基础。这实在是思想史上的重要发明,也是春秋学术转向战国学术的标志。

既然将中庸置于天地性命之大本的本体论之上,对其内涵的考察就不能停留在世俗理解的"乡愿"式,或"抹稀泥"式的处世态度上。应记住,孔子称"乡愿,德之贼也"(《论语·阳货篇》)。记住了这一点,就有必要将中庸作为与本体论相联系的思维辨证法、行为学智慧和君子人格涵养来对待,从整部《论语》的行为智慧出发,考察中庸内蕴的思想维度。程子比较孔、孟,认为孟子"有些英气",孔子"比之玉,自是有温润含蓄气象"⑥。中国人重玉,就是看重玉石区别于金光闪闪的黄金的那种"温润含蓄气象",就是看重中庸的气象。中庸就是玉。这种温润,就是《论语》称赞孔子的

① 李定生、徐慧君校释:《文子校释》,上海:上海古籍出版社,2004年版,第152页。

② [汉]班固撰:《汉书》(全12册),北京:中华书局,1962年版,第1729页。

③ [汉]班固撰:《汉书》(全12册),北京:中华书局,1962年版,第1729页。

④ 李定生、徐慧君校释:《文子校释》,上海:上海古籍出版社,2004年版,第220页。

⑤ [汉]韩婴撰,许维遹校释:《韩诗外传集释》,北京:中华书局,1980年版,第77—78页;[西汉]刘安等编:《淮南子》(《诸子集成》七),北京:中华书局,1954年版,第236页。

⑥ [宋]朱熹撰:《四书章句集注》,北京:中华书局,1983年版,第199页。

"温良恭俭让"、"恭宽信敏惠","温而厉,威而不猛,恭而安",是一种以"中和"为基调的复合品格。这种中和品格,是一种力量。严于律己,修己以敬,"克己复礼,天下归仁";善以待人,"和而不同,泰而不骄";甚至实行道德黄金律,"己所不欲,勿施于人"。对事则气度弘毅,敢于担当,"敏于事而慎于言,就有道而正焉","知者不惑,仁者不忧,勇者不惧",甚至"志士仁人,无求生以害仁,有杀身以成仁"。中庸并非表面的抹稀泥,它虽然缺乏一点竞争意识,但到底是底气深沉,遇事能应对从容,稳健地把握二端而求同存异,融合二端似乎不可融合的精华,释放二端似乎不可共处而须共处的能量,从而形成一种外圆内方、原则性和灵活性相调和的"中和"形态的方法论。

从年龄心理学上说,中和品格形态,要求"君子有三戒:少之时,血气未定,戒之在色;及其壮也,血气方刚,戒之在斗;及其老也,血气既衰,戒之在得"[①];在思想与行为之间,中和品格形态要求"君子有九思:视思明,听思聪,色思温,貌思恭,言思忠,事思敬,疑思问,忿思难,见得思义"[②]。在思维方式上,中和品格形态主张"博学于文,约之以礼",提醒"过犹不及",反对"小不忍则乱大谋"。这是中国士人的君子风范,足以提升文明的内在文化蕴涵。子思的思想迈进,不是颠覆性迈进,而是在立稳根基的前提下迈进。当然,一味中和,也有缺陷,容易陷于进取精神的欠缺,如"闻有国有家者,不患寡而患不均,不患贫而患不安,盖均无贫,和无寡,安无倾",这种低水平的平均主义,不足以激发社会发展的活力。但用于个人修养,则可以增加一点和穆之风,"笃信好学,守死善道","不义而富且贵,于我如浮云","文质彬彬,然后君子"。

《中庸》是子思在仰念其"祖君"的人格风采的基础上,来谈论"中庸"这个关键范畴的,谈论的态度是一种"有感觉的理性"。还原研究需要的不是意气用事的抑扬,而是要进入古人的生命过程和情感世界。子思正是出诸"有感觉的理性",因而赋予中庸一种"强哉矫"的品格:"故君子和而不流,强哉矫!中立而不倚,强哉矫!国有道,不变塞焉,强哉矫!国无道,至死不变,强哉矫!"[③]这种品格不是"和稀泥"、"老好人"一类乡愿式的无品无

---

①　[宋]朱熹撰:《四书章句集注》,北京:中华书局,1983年版,第172页。

②　[宋]朱熹撰:《四书章句集注》,北京:中华书局,1983年版,第173页。

③　[宋]朱熹撰:《四书章句集注》,北京:中华书局,1983年版,第21页。

格的作风,二者的差距是不可同日而语的。相反,由此赋予中庸以韧性,敢于坚持,绝不放弃的品格:"子曰:素隐行怪,后世有述焉,吾弗为之矣。君子遵道而行,半途而废,吾弗能已矣。君子依乎中庸,遁世不见知而不悔,唯圣者能之。"

在谈论中庸的内涵的时候,子思又岂能割断与乃"祖君"的精神联系?因而孔子言"恕道"的道德黄金律,也包容进来了:"忠恕违道不远。施诸己而不愿,亦勿施于人。"这就接上了《论语·里仁篇》孔子曰"吾道一以贯之",曾子曰"夫子之道,忠恕而已矣"的精神脉络。子思之学与曾子之学,有其难以割断的脉络。《中庸》的思维辩证法也增加了和谐的旨趣:"君子之道,譬如行远,必自迩;譬如登高,必自卑。诗曰:妻子好合,如鼓瑟琴,兄弟既翕,和乐且耽。宜尔室家,宜尔妻帑。"①写下这些话的子思已经成熟,因此对"祖君"从容淡定的风范,体验得颇为到位:"素富贵行乎富贵,素贫贱行乎贫贱,素夷狄行乎夷狄,素患难行乎患难。君子无入而不自得焉。在上位不陵下,在下位不援上,正己而不求于人则无怨,上不怨天,下不尤人。"②

子思究竟已经开始有点英气勃发,使中庸之道变得极其博大纵横,颇有贯穿天地人伦的气势:"天地之大也,人犹有所憾,故君子语大,天下莫能载焉;语小,天下莫能破焉。诗云:鸢飞戾天,鱼跃于渊。言其上下察也。君子之道,造端乎夫妇,及其至也,察乎天地。"③《中庸》成篇,既与《论语》第三次编纂相距不远,因而或与《孝经》成书相前后。子思既与曾子学在师友之间,就不妨牵动《孝经》的思想资源:"子曰:武王、周公其达孝矣乎!夫孝者,善继人之志,善述人之事者也。春秋,修其祖庙,陈其宗器,设其裳衣,荐其时食。祖庙之礼,所以序昭穆也。序爵,所以辨贵贱也;序事,所以辨贤也;旅酬下为上,所以逮贱也;燕毛,所以序齿也。践其位,行其礼,奏其乐,敬其所尊,爱其所亲,事死如事生,事亡如事存,孝之至也。郊社之礼,所以事上帝也;祖庙之礼,所以祀乎其先也。明乎郊社之礼,禘尝之义,治国,其如示诸掌乎?"④同时,《中庸》的思想又与《大学》之道相贯,除了

---

① [清]阮元校刻:《十三经注疏》(全2册),北京:中华书局,1980年版,第1627页。
② [清]阮元校刻:《十三经注疏》(全2册),北京:中华书局,1980年版,第1627页。
③ [清]阮元校刻:《十三经注疏》(全2册),北京:中华书局,1980年版,第1626页。
④ [清]阮元校刻:《十三经注疏》(全2册),北京:中华书局,1980年版,第1629页。

"君子慎其独"的思想之外,还有:"故为政在人,取人以身,修身以道,修道以仁。仁者,人也,亲亲为大。义者,宜也,尊贤为大。……故君子不可以不修身,思修身不可以不事亲,思事亲不可以不知人,思知人不可以不知天。天下之达道五,所以行之者三。曰君臣也,父子也,夫妇也,昆弟也,朋友也,五者天下之达道也。知、仁、勇三者,大卜之达德也。……凡为天下国家有九经,曰:修身也,尊贤也,亲亲也,敬大臣也,体群臣也,子庶民也,来百工也,柔远人也,怀诸侯也。"①这些说法,都呼应着《大学》之"三纲八目",尤其呼应着其修齐治平的思想路线。

　　学术是有容乃大的。《中庸》思想的发生,在牵动《论语》、《孝经》、《大学》的资源之后,出现了子思此前的著作所罕见的恢弘气势,开拓了后来为孟子所弘扬的雄辩术。不应将《中庸》与《孝经》、《大学》思想相通之处,作为《孝经》、《大学》也是子思所作的证据,而应该看作是成熟了的子思汲取广博的学术营养的胸襟的体现。博取,意味着突破,在博取的基础上突进新的思想维度。为了探讨中庸的本质,于是"诚"作为一个深层的思想之核,凸显出来了:"诚身有道,不明乎善,不诚乎身矣。诚者,天之道也;诚之者,人之道也。诚者不勉而中,不思而得,从容中道圣人也。诚之者,择善而固执之者也。博学之,审问之,慎思之,明辨之,笃行之。……人一能之,己百之,人十能之,己千之。果能此道矣,虽愚必明,虽柔必强。"②所谓"诚者,天之道也;诚之者,人之道也",就将一个"诚"的精神理念置于流动的本体位置,贯穿天道、人道。这种本体论的意念,与《说苑·反质》所谓"夫诚者,一也。一者,质也","以一仪理物,天心也"③,存在着意义相通之处。

　　必须指出,《中庸》将"诚"作为思想内核而凸显,汲取了曾子《大学》中"正心诚意"之义,也汲取了公孙尼子《乐记》的思想资源,即所谓"乐者,天地之和也;礼者,天地之序也。……著诚去伪,礼之经也"④。但更具本质性者,是子思撷取了原始信仰的至诚体验,撷取了古代礼制"贵诚"的思想,如《礼记·郊特牲》所云:"郊特牲而社稷大牢。天子适诸侯,诸侯膳用犊。

　　① ［宋］朱熹撰:《四书章句集注》,北京:中华书局,1983年版,第28—29页。

　　② ［宋］朱熹撰:《四书章句集注》,北京:中华书局,1983年版,第31页。

　　③ ［汉］刘向撰,向宗鲁校证:《说苑校证》,北京:中华书局,1987年版,第513页。

　　④ ［清］阮元校刻:《十三经注疏》(全2册),北京:中华书局,1980年版,第1530—1537页。

诸侯适天子,天子赐之礼大牢。贵诚之义也。"①《韩诗外传》引《传》曰:
"诚,德之主也","惟诚感神,达乎民心"②。子思正是在汲取祭祀和礼制
"贵诚"思想中,使自己"诚"的思想种子破土发芽。子思有过如此言论:"丧
三日而殡,凡附于身者,必诚必信,勿之有悔焉耳矣。三月而葬,凡附于棺
者,必诚必信,勿之有悔焉耳矣。"③融合着原始信仰的祭祀丧葬礼仪的庄
严肃穆,使子思将必诚必信的思想置于天道与心性之间进行探究。原始信
仰之"诚",使子思的本体论思考,具有贯通天命与性命的力度。

关键在于《中庸》说"诚",将之作为天道真实无妄的理念,人道则讲求
"诚之",诚实不二地追求"诚"这个天道理念。如此固执择善,也贯穿于整
个为学的过程,因而系统地提出了"博学之,审问之,慎思之,明辨之,笃行
之"④十二字箴言。朱熹好以纲目论学术体系,他认为这十二字,是"诚之
之目也",程子曰"五者废其一,非学也"⑤。如此论"诚",是与开篇的天道
性命的本体论相互贯通的,即所谓:"自诚明,谓之性;自明诚,谓之教。诚
则明矣,明则诚矣。唯天下之至诚,为能尽其性;能尽其性,则能尽人之性;
能尽人之性,则能尽物之性;能尽物之性,则可以赞天地之化育;可以赞天
地之化育,则可以与天地参矣。"与本体论相联系的"天地之道,可一言而尽
也"的"诚",具有出神入化的功能,可以照明人性、物性,"诚者物之终始,不
诚无物","至诚如神","唯天下至诚为能化"。用了这么多神奇到了神秘的
词语,来形容"诚"的照明、化育功能之后,竟然化育出"今天下,车同轨,书
同文,行同伦"。这段文字,应看作简帛在汉代流布时用语被改动所致,其
渊源则是孔子修《春秋》的"大一统"思想。由此"诚"的本体论,进一步引导
出君子的践履责任:"故君子尊德性而道问学,致广大而尽精微,极高明而
道中庸,温故而知新,敦厚以崇礼。""尊德性而道问学"云云,就是人道的
"诚之",其最终的目的还是追求本体论的"诚":"唯天下至诚,为能经纶天
下之大经,立天下之大本,知天地之化育。"⑥从中庸到至诚,子思将儒学的
本体论思想推进了一大步。值得注意的是,作为本体的"诚",不是实体型

———————————

① [清]阮元校刻:《十三经注疏》(全2册),北京:中华书局,1980年版,第1444页。
② [汉]韩婴撰,许维遹校释:《韩诗外传集释》,北京:中华书局,1980年版,第160页。
③ [清]阮元校刻:《十三经注疏》(全2册),北京:中华书局,1980年版,第1275页。
④ [宋]朱熹撰:《四书章句集注》,北京:中华书局,1983年版,第31页。
⑤ [宋]朱熹撰:《四书章句集注》,北京:中华书局,1983年版,第31页。
⑥ [清]阮元校刻:《十三经注疏》(全2册),北京:中华书局,1980年版,第1635页。

的,也不是空泛的理念型的,而是心性态度型的,以心性态度贯通宇宙人心。所谓"精诚所至,金石为开",不承认其中蕴含着原始信仰意识,是没有感觉到精诚情感的生命原始力度。

思想的内核,往往能够产生爆炸效应。《中庸》讲"诚",是在"天命之谓性,率性之谓道"的学理构架内讲的。它通过一个"诚"字,将天道内化为人的性命之学。这种性命之学,延伸到《孟子·离娄上》,孟子曰:"居下位而不获于上,民不可得而治也。获于上有道,不信于友,弗获于上矣。信于友有道,事亲弗悦,弗信于友矣。悦亲有道,反身不诚,不悦于亲矣。诚身有道,不明乎善,不诚其身矣。是故,诚者,天之道也;思诚者,人之道也。至诚而不动者,未之有也;不诚,未有能动者也。"①这段话署名是"孟子曰",除了将"诚之"换作"思诚",以及最后一句有所出入之外,其余百余字几乎逐句抄录《中庸》。可见在某种程度上,孟子已经打破了他和子思的思想界限。

追溯春秋战国之际儒学的思想历程,孔子言忠信,以"文、行、忠、信"为四教,强调"自古皆有死,民无信不立",忠信还处在行为学领域,即"恭、宽、信、敏、惠"等德行范围内。到了子思、孟子推扬"诚者,天之道也;诚之者(或思诚者),人之道也",信转换为诚,就由性命学渠道进入本体论了。王夫之曰:"诚者,天之道也,人之心也。天之道,其敢欺也乎哉?于是而知不敢之心大矣。天有所不敢,故冬不雷而夏不雪;地有所不敢,故山不流而水不止。圣人有所不敢,故禹、汤不以天下与人,孔子述而不作。人皆有不敢之心,行于恻隐、羞恶、辞让、是非之中,君子以立诚而居敬。"②诚,一头连着天命,一头连着心性,敬畏天命而不敢,澄明心性而不欺,这就是儒者所谓"修道之谓教"了。《中庸》由此产生的那种英姿勃勃的论说风格,也可以看作是孟子文体的滥觞。

---

①　[宋]朱熹撰:《四书章句集注》,北京:中华书局,1983年版,第282页。

②　[清]王夫之撰:《读通鉴论》(上中下),北京:中华书局,1975年版,第556页。

二十六章　子思之学及出土文献

　　子思之学与出土文献之关系,前面已经探讨了湖北荆州郭店楚墓竹简和上海博物馆藏战国楚竹书《缁衣》,本章主要探讨同是郭店楚墓竹简的《鲁穆公问子思》及《五行》。对于子思与鲁穆公的关系,《史记·鲁周公世家》及《孔子世家》,均未涉及。唯《汉书·艺文志》记载《子思》二十三篇时,注曰:"名伋,孔子孙,为鲁穆公师。"①《隋书·经籍志》沿袭其说,谓"《子思子》七卷。鲁穆公师孔伋撰"。由篇到卷,是由简到帛(纸)的书籍形制的变化,二者都记载子思为鲁穆公之师。如前面所述,子思生于公元前487年,孔子去世时九岁。鲁穆公是鲁元公之子,在位时间是公元前408年至公元前377年。那么子思在鲁穆公继位时,已经年届八旬。因而《史记》说他"六十二岁",早就有人疑为八十二岁之误。有句题外话,据唐人徐坚《初学记》卷二十八引刘会《邹山记》曰:"邹山,古之峄山,鲁穆公改为邹山。今邹山峄阳,犹多桐树。"②《太平御览》卷四十二亦云:"《邹氏记》曰:邹山,古之峄山也。孤桐之所植,邾文公之所卜。下山是邹县,本是邾国,鲁穆公改邾,山从邑变,故谓邹山。峄阳犹多桐树。"③可知孟子出于邹,后有"邹鲁之儒"之称,是与鲁穆公改邾为邹有关系。

　　有意思的是,《史记·循吏列传》虽未明言,但其记载的公仪休乃是鲁穆公之相,为子思之同僚:"公仪休者,鲁博士也,以高弟为鲁相。奉法循理,无所变更,百官自正。使食禄者不得与下民争利,受大者不得取小。"④可知以博士取士,最早是鲁穆公前后就出现的人才体制。鲁穆公依靠公仪休为相,实行改革,革除了困扰昭、定、哀、悼、元五代政治局面的"三桓专政"痼疾,恢复公室权威,并与齐国展开多次战争,周旋于楚、越、三晋的夹缝之间。年迈的子思按乃祖待遇,被接回鲁国,备咨询而为鲁穆公师。但

---

　　①　[汉]班固撰:《汉书》(全12册),北京:中华书局,1962年版,第1724页。
　　②　[唐]徐坚撰:《初学记》,文渊阁《四库全书》本,卷28。
　　③　[宋]李昉等编:《太平御览》,《四部丛刊》三编影宋本,卷42。
　　④　[汉]司马迁撰:《史记》(全10册),北京:中华书局,1959年版,第3101页。

是子思重道术,他与鲁穆公之间,并非知遇之交。如《孟子·公孙丑下》载:
"昔者,鲁缪(穆)公无人乎子思之侧,则不能安子思;泄柳、申详无人乎穆公
之侧,则不能安其身。"①焦循注:"往者,鲁穆公尊礼子思,子思以其道不行
则欲去,穆公常使贤人往留之,说以方且听子为政,然后子思复留。泄柳、
申详亦贤者也,穆公尊之不如子思,二子常有贤者在穆公之侧劝而复之,其
身乃安。"②所谓"贤者在穆公之侧劝而复之",焦循认为"劝而复之,谓有贤
者在穆公之侧,以善言劝勉而奏白之,泄柳、申详乃留止于鲁而不去。二子
贤不及子思,不必听二子之言。言必有贤如子思,进言于君,而君听之,二
子乃留。二子视子思之留而留也,非虚言所能止"③。

　　因此《孔丛子·抗志篇》记"子思居卫,鲁穆公卒"一章,存在重大谬误。
鲁穆公卒之年,离孔子之卒逾百年,子思一百一十一岁,不可能再在人世。
而且其文曰:"子思居卫,鲁穆公卒,县子使乎卫,闻丧而服。谓子思曰:'子
虽未臣,鲁,父母之国也,先君宗庙在焉,奈何不服?'子思曰:'吾岂爱乎?
礼不得也。'县子曰:'请问之。'答曰:'臣而去国,君不扫其宗庙,则不为之
服。寄公寓乎是国,而为国服。吾既无列于鲁,而祭在卫,吾何服哉?是寄
臣而服所寄之君,则旧君无服,明不二君之义也。'县子曰:'善哉,我未之思
也。'"④县子是鲁大夫,精通丧葬、求雨等礼仪,可能在子思之前就受到鲁
君咨询。县子若在鲁穆公之父鲁元公卒而使乎卫,则子思可得与闻其事。

　　一部《礼记》就记载县子六处,可知他是鲁穆公时期习礼的闻人。《礼
记·檀弓上》记载:"陈庄子死,赴于鲁,鲁人欲勿哭,缪公召县子而问焉。
县子曰:'古之大夫,束脩之问不出竟,虽欲哭之,安得而哭之? 今之大夫,
交政于中国,虽欲勿哭,焉得而弗哭? 且臣闻之,哭有二道,有爱而哭之,有
畏而哭之。'公曰:'然,然则如之何而可?'县子曰:'请哭诸异姓之庙。'于是
与哭诸县氏。"⑤又载:"县子曰:绤衰、繐裳,非古也。"⑥此县子,或即县子
琐,如《檀弓上》又载:"县子琐曰:吾闻之,古者不降,上下各以其亲。滕伯

①　[清]焦循撰,沈文倬点校:《孟子正义》(全2册),北京:中华书局,1987年版,第305页。

②　[清]焦循撰,沈文倬点校:《孟子正义》(全2册),北京:中华书局,1987年版,第305页。

③　[清]焦循撰,沈文倬点校:《孟子正义》(全2册),北京:中华书局,1987年版,第305页。

④　傅亚庶撰:《孔丛子校释》(《新编诸子集成续编》),北京:中华书局,2011年版,第174—175页。

⑤　[清]阮元校刻:《十三经注疏》(全2册),北京:中华书局,1980年版,第1290页。

⑥　[清]阮元校刻:《十三经注疏》(全2册),北京:中华书局,1980年版,第1291页。

文为孟虎齐衰,其叔父也。为孟皮齐衰,其叔父也。"①又载:"后木曰:'丧,吾闻诸县子曰:夫丧,不可不深长思也,买棺外内易。我死则亦然。'"②《墨子·耕柱篇》有县子朔,孙诒让注为"墨子弟子"③,恐非此县子。《檀弓下》亦载:"岁旱,穆公召县子而问然,曰:'天久不雨,吾欲暴尪而奚若?'曰:'天久不雨,而暴人之疾子,虐,毋乃不可与?''然则吾欲暴巫而奚若?'曰:'天则不雨,而望之愚妇人,于以求之,毋乃已疏乎?'"④《礼记·杂记下》还载"县子曰:三年之丧如斩,期之丧如剡。"⑤他到卫国见子思时,子思未尝臣于鲁,未尝"为鲁穆公师"。因此这位鲁君或是悼公、元公,而非穆公。《孔丛子》多记子思与穆公事,《礼记》多记县子与穆公事,由此阴差阳错,误指为穆公亦是可能。如果强以这则记载为真,就既与子思年龄不合,又与子思曾"为鲁穆公师"不合。

湖北荆州郭店一号楚墓出土竹简《鲁穆公问子思》,证明年届八句的子思确是鲁穆公之师,或如其"祖君"那样,是鲁国国老。但"子思以其道不行则欲去",对鲁穆公徒有其表的"礼贤下士"并不客气。简本云:

> 鲁穆公问于子思曰:"何如可谓忠臣?"子思曰:"恒称其君之恶者,可谓忠臣矣。"公不悦,揖而退之。成孙弋见,公曰:"向者吾问忠臣于子思,子思曰:'恒称其君之恶者,可谓忠臣矣。'寡人惑焉,而未之得也。"成孙弋曰:"噫,善哉,言乎! 夫为其(君)之故杀其身者,尝有之矣。恒称其君之恶者,未之有也。夫为其君之故杀其身者,效禄爵者也。恒称其君之恶者,远禄爵者(也)。为义而远禄爵,非子思,吾恶闻之矣!"⑥

此中之言令人联想到《缁衣》中"子曰:好贤如《缁衣》,恶恶如《巷伯》"。《小雅·巷伯》嫉恶如仇,竟然至于说:"取彼谗人,投畀豺虎。豺虎不食,投畀有北。有北不受,投畀有昊。"其语气何其决绝!《孔丛子·杂训篇》云:

---

① 〔清〕阮元校刻:《十三经注疏》(全2册),北京:中华书局,1980年版,第1291页。
② 〔清〕阮元校刻:《十三经注疏》(全2册),北京:中华书局,1980年版,第1291页。
③ 孙诒让撰:《墨子间诂》(《诸子集成》四),北京:中华书局,1954年版,第257页。
④ 〔清〕阮元校刻:《十三经注疏》(全2册),北京:中华书局,1980年版,第1317页。
⑤ 〔清〕阮元校刻:《十三经注疏》(全2册),北京:中华书局,1980年版,第1563页。
⑥ 湖北省荆门市博物馆编:《郭店楚墓竹简》,北京:文物出版社,1998年版,第141页。

"鲁穆公访于子思,曰:'寡人不得(德)嗣先君之业二年矣,未知所以为令名者,且欲掩先君之恶,以扬先君之善,使谈者有述焉,为之若何?愿先生教之也。'子思答曰:'以伋所闻,舜、禹之于其父,非勿欲也,以为私情之细,不如公义之大,故弗敢私之云耳!责以虚饰之教,又非伋所得言。'公曰:'思之可以利民者。'子思曰:'顾有惠百姓之心,则莫如一切除非法之事也。毁不居之室,以赐穷民;夺嬖宠之禄,以赈困匮。无令人有悲怨,而后世有闻见,抑亦可乎?'公曰:'诺。'"①子思此处言语,虽然对鲁穆公"掩君恶"的说法持异,但还是引述舜、禹故事从容道来,并提倡以"惠百姓之心"废除一切非法之事,总体语气还是劝导大于斥责。这符合《礼记·曲礼下》"为人臣之礼,不显谏;三谏而不听,则逃之"②的规则。鲁穆公自称"嗣先君之业二年矣",鲁穆公二年即公元前406年,生于公元前487年的子思已是八十二岁,有具体年份可考的材料以此最晚,子思卒年或即此年。

　　子思之狂傲,在盛年为曾子所规劝,年逾八旬之后,便是放下一切,宣言"恒称其君之恶者,可谓忠臣",高度彰显了士人的主体精神和独立品格。乃祖君的"不义而富且贵,于我如浮云"名言,也成了他的人格风貌,"为义而远禄爵",充溢着一种浩然的内在气度。《孟子》书多言子思对鲁穆公的政治咨询,但这些咨询多是话不投机,胸有不平,桀骜不驯。如《万章下》云:"(孟子)曰:'缪公之于子思也,亟问,亟馈鼎肉。子思不悦。于卒也,摽使者出诸大门之外,北面稽首再拜而不受,曰:"今而后,知君之犬马畜伋!"盖自是台(贱官)无馈也。悦贤不能举,又不能养也,可谓悦贤乎?'(万章)曰:'敢问国君欲养君子,如何斯可谓养矣?'曰:'以君命将之,再拜稽首而受;其后廪人继粟,庖人继肉,不以君命将之。子思以为鼎肉,使己仆仆尔亟拜也,非养君子之道也。尧之于舜也,使其子九男事之,二女女焉,百官牛羊仓廪备,以养舜于畎亩之中。后举而加诸上位。故曰:王公之尊贤者也。'"③同篇又载:"缪公亟见于子思,曰:'古千乘之国以友士,何如?'子思不悦。曰:'古之人有言曰:事之云乎?岂曰友之云乎?'子思之不悦也,岂不曰:'以位,则子,君也;我,臣也。何敢与君友也?以德,则子事我者也,

---

① 傅亚庶撰:《孔丛子校释》(《新编诸子集成续编》),北京:中华书局,2011年版,第112—113页。

② [清]阮元校刻:《十三经注疏》(全2册),北京:中华书局,1980年版,第1267页。

③ [宋]朱熹撰:《四书章句集注》,北京:中华书局,1983年版,第322页。

奚可以与我？'"①这些记述，都显示了士人君子的人格尊严，不为君主犬马畜之，其中"王者师"情结已是跃然纸上。孟子在《告子下》，还为子思做了辩解："曰：'鲁缪公之时，公仪子为政，子柳、子思为臣，鲁之削也滋甚；若是乎，贤者之无益于国也！'曰：'虞不用百里奚而亡，秦穆公用之而霸。不用贤者则亡，削何可得与？'"②只把"礼贤下士"当作政治上的卖弄把戏，是难免为智者看破，如子思所言"责以虚饰之教，又非伋所得言"，到头来受害的是国力日削。

这令人联想到李商隐《贾生》诗："宣室求贤访逐臣，贾生才调更无伦。可怜夜半虚前席，不问苍生问鬼神。"③关键不仅在于是否向贤者咨询，更重要的是咨询什么，咨询何用。鲁穆公礼贤下士，以国事咨询子思，不是让子思参与政治决策，而是如其曾祖父鲁哀公使孺悲之孔子，学"士丧礼"那样，久而不问国事，连孔子也要"辞以疾"，"取瑟而歌，使之闻之"。《礼记·檀弓下》记载鲁穆公向子思咨询丧礼制度："穆公问于子思曰：'为旧君反服，古与？'子思曰：'古之君子，进人以礼，退人以礼，故有旧君反服之礼也。今之君子，进人若将加诸膝，退人若将队（坠）诸渊，毋为戎首，不亦善乎！又何反服之礼之有？'"④郑玄注："言放逐之臣不服旧君也。为兵主来攻伐，曰戎首也。"⑤这里以古今国君进退士人，采取符合礼制、或违背礼制的不同态度，导致了士人对之采取服丧与否的行为。如此对待君臣关系，虽然仅及丧礼，但其内在原则与《孟子·离娄下》"君之视臣如手足，则臣视君如腹心；君之视臣如犬马，则臣视君如国人；君之视臣如土芥，则臣视君如寇雠"⑥，是相通的，反映了战国之世士人地位的上升，以及君臣关系中存在着复杂博弈的历史语境。

《孔丛子·公仪篇》专门记载子思，而且记载了子思与鲁穆公六次问答。除了上章已经辨析的鲁穆公谓子思曰"子之书所记夫子之言，或者以谓子之辞"之外，其余五章是：

①　［宋］朱熹撰：《四书章句集注》，北京：中华书局，1983年版，第323页。

②　［宋］朱熹撰：《四书章句集注》，北京：中华书局，1983年版，第342页。

③　刘学锴，余恕诚：《李商隐诗歌集解》（全5册），北京：中华书局，2004年版，第1689页。

④　［清］阮元校刻：《十三经注疏》（全2册），北京：中华书局，1980年版，第1303页。

⑤　［清］阮元校刻：《十三经注疏》（全2册），北京：中华书局，1980年版，第1303页。

⑥　［宋］朱熹撰：《四书章句集注》，北京：中华书局，1983年版，第290页。

（一）鲁人有公仪僭者，砥节砺行，乐道好古，恬于荣利，不事诸侯，子思与之友。穆公因子思欲以为相，谓子思曰："公仪子必辅寡人，参分鲁国而与之一，子其言之。"子思对曰："如君之言，则公仪子愈所以不至也。君若饥渴待贤，纳用其谋，虽蔬食水饮，伋亦愿在下风。今徒以高官厚禄，钓饵君子，无信用之意，公仪子之智若鱼鸟可也，不然，则彼将终身不蹑乎君之庭矣。且臣不佞，又不任为君操竿下钓，以荡守节之士也。"

（二）间丘温见田氏将必危齐，欲以其邑叛而适鲁。穆公闻之，谓子思曰："子能怀之，则寡人割邑如其邑以偿子。"子思曰："伋虽能之，义所不为也。"公曰："何？"子思对曰："彼为人臣，君将颠，弗能扶而叛之，逆臣制国，弗能以其身死而逃之，此罪诛之人也。伋纵不能讨，而又要利以召奸，非忍行也。"

（三）穆公问子思曰："吾闻龙楗氏子不孝，其行何如？"对曰："臣闻明君之为政，尊贤以崇德，举善以劝民，则四方之内，孰敢不化？若夫过行，是细人所识。不治其本而问其过，臣不知所以也。"公曰："善。"

（四）穆公谓子思曰："县子（宋咸注：县子琐也）言子之为善，不欲人誉己，信乎？"子思对曰："非臣之情也。臣之修善，欲人知之。知之而誉臣，是臣之为善有效也，此所愿而不可得者也。若臣之修善而人莫知，莫知则必毁臣，是臣之为善而受毁也，此臣所不愿而不可避者也。若夫鸡鸣为善，滋滋以至夜半，而曰不欲人之知，恐人之誉己，臣以谓斯人也者，非虚则愚也。"

（五）穆公问子思曰："吾国可兴乎？"子思曰："可。"公曰"为之奈何？"对曰："苟君与大夫慕周公、伯禽之治，行其政化，开公家之惠，杜私门之利，结恩百姓，修礼邻国，其兴也勃矣。"①

此五则记载，或发生于子思初为鲁穆公师之时，穆公频频咨政，子思尚存期待，不如鲁穆公二年（公元前 406 年）言辞转而激愤也。子思对于何为"礼贤下士"所得很清楚："纳用其谋，虽蔬食水饮，伋亦愿在下风。徒以高官厚禄，钓饵君子，无信用之意，将终身不蹑乎君之庭"；即便信用，也要看

①　傅亚庶撰：《孔丛子校释》（《新编诸子集成续编》），北京：中华书局，2011 年版，第 163—165 页。

信用什么,这是有政治道德原则的,"逆臣制国,宁可身死而反抗;要利以召奸,非忍行也";从积极方面讲,为政要抓住根本,"明君之为政,尊贤以崇德,举善以劝民","治其本而略其过";至于个人,"臣之修善,欲人知之。知之而誉臣,是臣之为善有劝也,此所愿而不可得者也";至于国家,"苟君与大夫慕周公、伯禽之治,行其政化,开公家之惠,杜私门之利,结恩百姓,修礼邻国,其兴也勃矣"。即是说,好政治是贤人有声誉,国家行恩惠,提倡的是王道治国。

鲁穆公显然并没有履行子思的政治思想,而更看重强国外交,想结交晋、楚,以制衡齐国。《韩非子·说林上》云:"鲁穆公使众公子或宦于晋,或宦于荆。犁钼曰:'假人于越而救溺子,越人虽善游,子必不生矣。失火而取水于海,海水虽多,火必不灭矣,远水不救近火也。今晋与荆虽强,而齐近,鲁患其不救乎?'"①有识之士已经看出,这是"远水不救近火"的策略。那么,子思提倡的王道政治,是否能够拯救在大国恃强凌弱夹缝中的鲁国危局?

子思所谓尊贤崇德、举善劝民、结恩百姓、修礼邻国,都带有周公式的民本政治特点,在一个太平社会中是可以从容实施的。然而,鲁国自消除三桓秉政之弊以后,元气已经消磨殆尽,有如西汉桓宽《盐铁论》卷五说:"昔鲁穆公之时,公仪为相,子思、子柳为之卿,然北削于齐,以泗为境,南畏楚人,西宾秦国。"②这不是那些不讲政治当前有效性的理论所能挽回的。正是在现实国势与理想政治相矛盾的两难境遇中,没有进入决策集团的子思,终至说出了郭店楚简著录的那些话:"恒称其君之恶者,可谓忠臣矣。"子思与鲁穆公的一系列对话,理论价值大于政治有效性,如民本思想,以及忠臣恒称其君之恶的风范,均开了孟子思想的先河。孟子思想中一些极具特色的思想亮点,多是从这条思想脉络上生长出来的,比如:"民为贵,社稷次之,君为轻"③;"说大人,则藐之,勿视其巍巍然"④(《孟子·尽心下》);"得志,与民由之;不得志,独行其道。富贵不能淫,贫贱不能移,威武不能

---

①　[清]王先慎撰:《韩非子集解》(《诸子集成》五),北京:中华书局,1954年版,第130页。
②　[汉]桓宽撰,王利器校注:《盐铁论校注》(全2册),北京:中华书局,1992年版,第254页。
③　[宋]朱熹撰:《四书章句集注》,北京:中华书局,1983年版,第367页。
④　[宋]朱熹撰:《四书章句集注》,北京:中华书局,1983年版,第373页。

屈,此之谓大丈夫"①(《滕文公下》)。自孔孟之间的儒学传承而言,子思在
鲁穆公朝的资政,是人格上的胜利,学理上的开拓,以及政治上的难有作
为。理论与现实的关系,在异常的世道中发生了吊诡。

　　尚有一条著录于史籍的材料需要辨析。将子思材料记载在"鲁穆公
薨"之当年(周安王二十五年甲辰,公元前 377 年),应是历史编年学上疏于
考证的错误。如《资治通鉴》卷一所载:"子思言苟变于卫侯曰:'其材可将
五百乘。'公曰:'吾知其可将。然变也尝为吏,赋于民而食人二鸡子,故弗
用也。'子思曰:'夫圣人之官人,犹匠之用木也,取其所长,弃其所短。故杞
梓连抱而有数尺之朽,良工不弃。今君处战国之世,选爪牙之士,而以二卵
弃干城之将,此不可使闻于邻国也。'公再拜曰:'谨受教矣。'卫侯言计非
是,而群臣和者如出一口。子思曰:'以吾观卫,所谓君不君,臣不臣者也。'
公丘懿子曰:'何乃若是?'子思曰:'人主自臧,则众谋不进。事是而臧之,
犹却众谋,况和非以长恶乎? 夫不察事之是非而悦人赞己,暗莫甚焉;不度
理之所在而阿谀求容,谄莫甚焉。君暗臣谄,以居百姓之上,民不与也。若
此不已,国无类矣。'子思言于卫侯曰:'君之国事将日非矣。'公曰:'何故?'
对曰:'有由然焉。君出言自以为是,而卿大夫莫敢矫其非。卿大夫出言亦
自以为是,而士庶人莫敢矫其非。君臣既自贤矣,而群下同声贤之,贤之则
顺而有福,矫之则逆而有祸,如此则善安从生?《诗》曰:具曰予圣,谁知乌
之雌雄。抑亦似君之君臣乎?'"②

　　这则记载的前半段至"卫君再拜曰:'谨受教矣。'"也见于《孔丛子·居
卫篇》,此处的卫侯,宋咸注为"卫昭公也"③,公元前 431 年至公元前 426 年
在位,其时子思五十七至六十二岁,可能由于对卫国政治失望,不久就离卫
适宋。《史记·孔子世家》记"子思年六十二,尝困宋。子思作《中庸》"④,
此六十二岁,或是子思困宋作《中庸》之年,并非其终生岁数。如果要编《孔
伋年谱》,这些编年考订,是可以使之趋于充实的。《资治通鉴》此则记载后
半段见于《孔丛子·抗志篇》,宋咸注公丘懿子为"卫大夫"⑤。司马光在

---

　　① ［宋］朱熹撰:《四书章句集注》,北京:中华书局,1983 年版,第 265－266 页。
　　② ［宋］司马光编著,［元］胡三省音注:《资治通鉴》(全 20 册),北京:中华书局,1956 年版,第
33－35 页。
　　③ 傅亚庶撰:《孔丛子校释》(《新编诸子集成续编》),北京:中华书局,2011 年版,第 113 页。
　　④ ［汉］司马迁撰:《史记》(全 10 册),北京:中华书局,1959 年版,第 1946 页。
　　⑤ 傅亚庶撰:《孔丛子校释》(《新编诸子集成续编》),北京:中华书局,2011 年版,第 185 页。

《应诏言朝政阙失状（熙宁七年四月十八日上）》也引用过后半段："卫君言计非是，而群臣和者如出一口，子思曰：'以吾观卫，所谓君不君，臣不臣者也。人主自臧，则众谋不进。事是而臧之，犹却众谋，况和非以长恶乎？夫不察事之是非，而悦人赞己，暗莫甚焉；不度理之所在，而阿谀求容，谄莫甚焉。君暗臣谄，以在民上，民不与也。若此不已，国无类矣。'子思言于卫侯曰：'君之国事，将日非矣。出言自以为是，而卿大夫莫敢矫其非。卿大夫出言自以为是，而士庶人莫敢矫其非。君臣既自贤矣，而群下同声贤之。贤之则顺而有福，矫之则逆而有祸，如此则善安从生？'"①司马光在抗拒王安石新政时，对子思此言珍爱有加，但他未及对子思此言进行准确的历史编年学定位，就以简单的以类相从的方式，因子思与鲁穆公答问颇多，就系于鲁穆公薨之年，其不知此年已是公元前377年，离子思生年已去一百一十年，子思早已不在人世。子思讲此话在五六十岁的卫昭公年间，《资治通鉴》未细考而将其误置。由于子思对卫国政治失望，离卫适宋又受困，此后的一段时间，子思可能出入于宋、卫之间。二十年后县子访卫，适遇鲁元公去世，子思由于"未臣"于鲁而不服丧；县子知其精通礼学，又是孔子之孙，就推荐他回归"父母之国"，从而得以"为鲁穆公师"。

郭店楚简《鲁穆公问子思》由于采取对话体形式，当是在子思身后，弟子所录。至于用了鲁君姬显的"穆公"谥号，则是在鲁穆公身后所改动。此时（公元前377年以后）离孔子去世（公元前479年），已逾百年了。子思身后，其门人编集《子思子》，当搜集、回忆和记录了不少子思为鲁穆公师之事。所以再传到孟子，还见到这类材料，作为孟子晚年著述的资源。

从文体方式之区别来考察，郭店楚简同时出土的《五行》，应是成于子思之手，可能是子思居于卫或"困于宋"时所作，与《中庸》相前后。《五行》共五十简，分二十八章，是一份比较完整的文献。与1973年长沙马王堆三号汉墓出土的帛书《五行》相对照，就会发现，后者多出了对郭店简本《五行》的义解，颇类乎战国典籍中的经与经说的构成②。帛书《五行》可能出自孟子门人之手，成于战国中期偏晚，为荀子所及见。所以《荀子·非十二子》才说："案往旧造说，谓之'五行'，甚僻违而无类，幽隐而无说，闭约而无

---

① ［宋］司马光撰：《传家集》，文渊阁《四库全书》本，卷45。
② 参看庞朴：《竹帛〈五行〉篇与思孟"五行"说》，收入《竹帛〈五行〉篇校注及研究》，台北：万卷楼图书有限公司，2000年版，第100页。

解。案饰其辞而祗敬之曰：此真先君子之言也。子思唱之，孟轲和之。"①
荀子虽采取非议言辞，但也透露了"五行"是思、孟相承的基本思想。

于此，重点分析与子思的思想构成渊源甚深的简本《五行》。其开宗明
义为：

> 五行：仁形于内，谓之德之行；不形于内，谓之行。义形于内，谓之
> 德之行；不形于内，谓之行。礼形于内，谓之德之行；不形于内，谓之
> (行。智形)于内，谓之德之行；不形于内，谓之行。圣形于内，谓之德
> 之行；不形于内，谓之德之行。
>
> 德之行五，和谓之德。四行和，谓之善。善，人道也。德，天道也。
>
> 君子无中心之忧，则无中心之智；无中心之智，则无中心之悦；无
> 中心之悦，则不安。不安则不乐，不乐则无德。②

至此，思想史的一桩关于"子思五行"的公案尘埃落定。子思五行被确
定为：仁、义、礼、智、圣。这既非"洪范五行"，也与杨倞注《荀子·非十二子
篇》谓"五行，五常：仁、义、礼、智、信是也"，存在差异。如此五行"形于内"
就是"德之行"，从何"形于内"？从"天道"，这就与《中庸》的"天命之谓性，
率性之谓道"关连起来了。因此《五行》应是作于《中庸》之后，是《中庸》理
论逻辑的合理延伸和深化。如果仁、义、礼、智、圣五者不与"天道"关连，
"不形于内"，就是普通的"行"，就只能停留在"人道"的为善之上了。天道
内化为性之五行，统率性之五行以行事，又外化为人道。天道、人道在五行
以性为依托的内化、外化之中，得以融贯。这就是《五行》的思想纲领，也显
现了儒学进入战国以后，内在化特征明显加深。

其实"五行"在上古中国宇宙模式的探索中，有着悠久的历史。《尚
书·洪范》称："五行，一曰水，二曰火，三曰木，四曰金，五曰土。水曰润下，
火曰炎上，木曰曲直，金曰从革，土爰稼穑。润下作咸，炎上作苦，曲直作
酸，从革作辛，稼穑作甘。"③这是对五行作为"天地之大法"的经典表述。
在原始信仰中，五行是宇宙间五种基本的物质元素的秩序，由于鲧堙洪水，

---

① ［清］王先谦撰：《荀子集解》(《诸子集成》二)，北京：中华书局，1954 年版，第 59—60 页。

② 湖北省荆门市博物馆编：《郭店楚墓竹简》，北京：文物出版社，1998 年版，第 149 页。

③ ［清］阮元校刻：《十三经注疏》(全 2 册)，北京：中华书局，1980 年版，第 188 页。

搅乱了五行秩序,引起天帝震怒,不再理睬鲧,而将九种大法赐予大禹,重整秩序,回归天地之道。因此五行不仅仅是五种基本物质元素,而且是五种基本元素依照天道,而有序运行。这就要讲究一个"和"字,以"和"来调理天地万物相互对应、辐射、运转的仪轨。

《国语·郑语》记载,周幽王(公元前781—前771年在位)时期的史伯对郑桓公说:"夫和实生物,同则不继。……先王以土与金木水火,杂以成百物。"①这是农业社会中,将"土"突出出来,而与"金木水火"交杂成"百物"的原始五行。《左传·昭公二十五年》记载郑国大夫的话:"吉也闻诸先大夫子产曰:夫礼,天之经也,地之义也,民之行也。天地之经,而民实则之。则天之明,因地之性,生其六气,用其五行。气为五味,发为五色,章为五声,淫则昏乱,民失其性。是故为礼以奉之:为六畜、五牲、三牺,以奉五味;为九文、六采、五章,以奉五色;为九歌、八风、七音、六律,以奉五声。为君臣、上下,以则地义;为夫妇、外内,以经二物;为父子、兄弟、姑姊、甥舅、昏媾、姻亚,以象天明,为政事、庸力、行务,以从四时。"②虽然没有对五行做直接的阐释,但将之与五味、五色、五声等等对应起来,反映了五行说已经在扩散或泛化。

《礼记·礼运篇》记孔子之言:"故人者,其天地之德,阴阳之交,鬼神之会,五行之秀气也。故天秉阳,垂日星;地秉阴,窍于山川。播五行于四时,和而后月生也。是以三五而盈,三五而阙。五行之动,迭相竭也。五行四时十二月,还相为本也。五声六律十二管,还相为宫也。五味六和十二食,还相为质也。五色六章十二衣,还相为质也。故人者,天地之心也,五行之端也,食味别声被色而生者也。"③这里的五行大概也是原始五行,并且有在宇宙间寻找对应物加以扩散的倾向,是子游在孔子身后所作的回忆。然而所谓"人者,天地之心也,五行之端",此语值得注意,进入人性人心的五行,存在着于此萌蘖的可能性。《墨子·经下》又有"五行毋(无)常胜"④的思考,说明当时可能流传五行相克相生的说法。唯有《尚书·甘誓》"有扈

---

① 上海师范大学古籍整理研究所校点:《国语》,上海:上海古籍出版社,1988年版,第515页。

② 杨伯峻编著:《春秋左传注》(全4册),北京:中华书局,1990年版,第1457—1458页。

③ [清]阮元校刻:《十三经注疏》(全2册),北京:中华书局,1980年版,第1423页。

④ 孙诒让撰:《墨子间诂》(《诸子集成》四),北京:中华书局,1954年版,第195页。

氏威侮五行,怠弃三正,天用剿绝其命"①,大概是指五种德行。顾颉刚、刘起釪《尚书校释译论》则认为此"五行——指天上五星的运行,即以之代表天象。注疏家以秦汉以来流行的'阴阳五行说'的'五行'来解释是错误的。"②可见这种与天象运行相对应德行"五行",尚处在质朴的状态,与自然材质或元素的"五行"尚没有组合成指向宇宙模式的思维系统。

"五行"如潮涌,波长、波速可观,而在战国前期遭遇《中庸》的心性思想,碰撞而爆裂,最终凝聚为仁、义、礼、智、圣的五行思想,由物质元素之五行转换为"心性之五行"。即是说,简本《五行》是战国前期五行流行,又向自然时间空间、社会结构关系、人的感情感觉进行辐射的过程中,将之导向德行领域,并在天道、人道之间寻找其本体论的根据。简本认为:"五行皆形于内而时行之,谓之君子。士有志于君子道,谓之志士。善弗为无近,德弗志不成,智弗思不得。思不清不察,思不长不得,思不轻不形。不形不安,不安不乐,不乐无德。"仁、义、礼、智、圣五行,从天道"皆形于内"而成为德行;又由内而外地将德行经常施行,就成为"君子道"。有所谓"闻君子道,聪也。闻而知之,圣也。圣人之天道也。知而行之,义也。行之而时,德也。见贤人,明也。见而知之,智也。知而安之,仁也。安而敬之,礼也。圣智,礼乐之所由生也,五行之所和也。和则乐,乐则由德,有德则邦家兴。文王之见也如此。'文王在上,于昭于天',此之谓也"。此处引用《诗·大雅·文王》中句,将天道、圣王联系,使之昭明互显,意味着天道照耀人性是为圣。从这些话语设置和阐述方式来看,如果说《中庸》是子思影响最著的著述,那么《五行》竹书,应是最有子思独创特质,或最是"子思式"的著述了。从荀子对它产生的反弹,也可以感受到它在当时思想界的冲击波。

对于"心性五行",当然也可以逐项加以论列,简本也有一些章节予以一一论述,但更根本的是以其综合,贯通成为从天道、人性到践履的本体论运作过程,践履中又贯穿以闻知、明智、安敬、和乐等等心理体验。于此过程中,内心与"于昭于天"的德行光辉相容纳,是达到聪明圣智的关键。这就是为何简本非常强调"(君)子之为善也,有与始,有与终也。君子之为德也,(有与始,无与)终也。金声而玉振之,有德者也"。对这里首创的"金声

---

① ［清］阮元校刻:《十三经注疏》(全2册),北京:中华书局,1980年版,第155页。
② 顾颉刚、刘起釪《尚书校释译论》,北京:中华书局,2005年版,第856-857页。

玉振"一词,应作如何理解？金声玉振,有始有终,或是古《乐经》之言,子思用以比喻君子德性,有若作乐,先击编钟,引领众声,乐将止,击编磬以收众音。八音交鸣,以金石为其纲领,使声音远扬,条理分明。《韩诗外传》卷一又如此解说:"在内者皆玉色,在外者皆金声。"[①]始以金声喧腾于外,终至以玉色含蕴于内,《五行》主张"君子之为德"要内外兼修。这个首创词汇蕴含的思想,延伸到孟子,孟子用来形容孔子的圣与智。孟子曰:"伯夷,圣之清者也;伊尹,圣之任者也;柳下惠,圣之和者也;孔子,圣之时者也。孔子之谓集大成。集大成也者,金声而玉振之也。金声也者,始条理也;玉振之也者,终条理也。始条理者,智之事也;终条理者,圣之事也。"[②]郭店楚简《五行》的出土,使从子思到孟子的心性德行思想的传承,获得了更加坚实的证明,脉络变得更明晰,相互间产生金声玉振的效应。

于此还须补充说明:仁义礼智之所谓"四善",本是儒家伦理道德的常规;在"四善"上加了一个"圣",从而使心性与天道相勾连,指向"天命之谓性,率性之谓道",既是内在化,又是神圣化。然则,"圣"字是从何而来？为此,还须回到儒家的核心经典《论语》。"圣"在《论语》中谈论到六次,用了八个"圣"字:

(1)子贡曰:"如有博施于民而能济众,何如？可谓仁乎？"子曰:"何事于仁？必也圣乎！尧舜其犹病诸。夫仁者,己欲立而立人,己欲达而达人。能近取譬,可谓仁之方也已。"[③](《雍也篇》)

(2)子曰:"圣人,吾不得而见之矣;得见君子者,斯可矣。"[④](《述而篇》)

(3)子曰:"若圣与仁,则吾岂敢。抑为之不厌,诲人不倦,则可谓云尔已矣。"公西华曰:"正唯弟子不能学也。"[⑤](《述而篇》)

(4)太宰问于子贡曰:"夫子圣者与？何其多能也？"子贡曰:"固天纵之将圣,又多能也。"子闻之,曰:"太宰知我乎！吾少也贱,故多能鄙

①　屈守元笺疏:《韩诗外传笺疏》,成都:巴蜀书社,1996年版,第53页。
②　[宋]朱熹撰:《四书章句集注》,北京:中华书局,1983年版,第315页。
③　[宋]朱熹撰:《四书章句集注》,北京:中华书局,1983年版,第91—92页。
④　[宋]朱熹撰:《四书章句集注》,北京:中华书局,1983年版,第99页。
⑤　[宋]朱熹撰:《四书章句集注》,北京:中华书局,1983年版,第101页。

事。君子多乎哉？不多也！"①(《子罕篇》)

（5）孔子曰："君子有三畏：畏天命，畏大人，畏圣人之言。小人不知天命而不畏也，狎大人，侮圣人之言。"②(《季氏篇》)

（6）子游曰："子夏之门人小子，当洒扫应对进退则可矣，抑末也；本之则无，如之何？"子夏闻之曰："噫！言游过矣！君子之道，孰先传焉？孰后倦焉？譬诸草木，区以别矣。君子之道，焉可诬也？有始有卒者，其惟圣人乎！"③(《子张篇》)

从《论语》这些讨论"圣"的文字中可以知道，孔子是将"圣"置于"仁"之上，将"圣人"置于"君子"之上，叹息"吾不得而见"圣人，而且一再否认自己是"天纵之将圣"。至于"圣"的内涵，却尚未作正面论述，只涉及"博施于民而能济众"，能够关切民生，而且"有始有卒"，坚持不懈。孔门论"圣"，子贡的位置比较突出。再联系到《孟子·公孙丑上》提到"昔者子贡问于孔子曰：'夫子圣矣乎？'孔子曰：'圣则吾不能，我学不厌而教不倦也。'子贡曰：'学不厌，智也；教不倦，仁也。仁且智，夫子既圣矣！'"④这一条，与《论语·述而篇》公西华曰"正唯弟子不能学也"一条意思相近，但对话者已经换作子贡。因此，《五行》于"仁义礼智"四善行之上，增加了"圣"，这一条从子思到孟子的精神线索，牵系着子贡。据《史记·孔子世家》记载："孔子葬鲁城北泗上，弟子皆服三年。三年心丧毕，相诀而去，则哭，各复尽哀；或复留。唯子赣庐于冢上，凡六年，然后去。"⑤子贡对孔子的孝敬之诚，不可能不予子思留下深刻的印象。殊不料在《论语》编纂中被相当程度边缘化了的子贡，却在多年后子思作《五行》的时候，以"明修栈道，暗度陈仓"的方式，给他的思想片段安上了一个颇为关键的位置。思想的发展，就是以如此方式，左顾右盼，左宜右有，退一步而进两步，开拓着曲折前行的路线。子思的努力，在儒学文化地图上，推进了思想的深化和道脉的延续。

然而，子思之思想，并非简单地上承七十子，而是在天道、心性及其关

---

①　[宋]朱熹撰：《四书章句集注》，北京：中华书局，1983 年版，第 110 页。
②　[宋]朱熹撰：《四书章句集注》，北京：中华书局，1983 年版，第 172 页。
③　[宋]朱熹撰：《四书章句集注》，北京：中华书局，1983 年版，第 190 页。
④　[宋]朱熹撰：《四书章句集注》，北京：中华书局，1983 年版，第 233 页。
⑤　[汉]司马迁撰：《史记》(全 10 册)，北京：中华书局，1959 年版，第 1945 页。

系上有所精进和创获。《中庸》云:"诚者,天之道也。诚之者,人之道也。诚者不勉而中,不思而得,从容中道,圣人也。……大哉,圣人之道洋洋乎!发育万物,峻极于天。……苟不固聪明圣知达天德者,其孰能知之?"①所谓"圣人之道洋洋乎",就是金声玉振,子思言"圣",辅之以"诚"贯通性命,以及天道天德。所谓"聪明圣知达天德",已经披露了子思"心性五行"的某种核心思想建构。孟子正是沿着子思的思想脉络,将仁、义、礼、智进一步内在化,提出"心之四端说":"人皆有不忍人之心。先王有不忍人之心,斯有不忍人之政矣。以不忍人之心,行不忍人之政,治天下可运之掌上。……恻隐之心,仁之端也;羞恶之心,义之端也;辞让之心,礼之端也;是非之心,智之端也。人之有是四端也,犹其有四体也。有是四端而自谓不能者,自贼者也。谓其君不能者,贼其君者也。凡有四端于我者,知皆扩而充之矣,若火之始然,泉之始达。苟能充之,足以保四海。"②对于孟子此说,朱熹认为贯穿心、性、情,与张载(横渠)的"心统性情"可资参照:"惟是孟子'恻隐之心,仁之端也'这四句,也有性,也有心,也有情,与横渠心统性情一语,好看!"③朱熹又认为:"心之具众理,犹谷种之包容生意,而其流动发生之端即此谓生之性,故曰'恻隐之心,仁之端'。而'元'者,善之长也。夫谷之生而苗、长而秀、成而实,根条花叶、形色臭味,各有定体,不可相错,然莫不根于种而具于生之性。"④所谓"四端",就是四个"元",四条根,是可以发芽、开花、结果的。这就使仁、义、礼、智四德内在化,而且生命化了。

如果说上述"心之四端说"只及仁、义、礼、智四德,那么《孟子·尽心下》这段话就蕴含着"仁、义、礼、智、圣"五行了。孟子曰:"仁之于父子也,义之于君臣也,礼之于宾主也,知之于贤者也,圣人之于天道也,命也。有性焉,君子不谓命也。"⑤在此仁、义、礼、知(智)、圣依次排列,由圣通向天道,由性通向命。孟子尤其突出圣,又云:"可欲之谓善,有诸己之谓信,充实之谓美,充实而有光辉之谓大,大而化之之谓圣,圣而不可知之之谓

---

① [宋]朱熹撰:《四书章句集注》,北京:中华书局,1983年版,第31—39页。

② [宋]朱熹撰:《四书章句集注》,北京:中华书局,1983年版,第237—238页。

③ [宋]黎靖德编,王星贤点校:《朱子语类》(全8册),北京:中华书局,1986年版,第1426页。

④ [宋]朱熹撰,朱杰人等主编:《朱子全书》(第23册)之《晦庵先生朱文公文集》(四),上海:上海古籍出版社;合肥:安徽教育出版社,2002年版,第2658页。

⑤ [宋]朱熹撰:《四书章句集注》,北京:中华书局,1983年版,第369页。

神。"①整部《孟子》书多言圣，或圣人，前面讲到他以"金声玉振"形容孔子之圣，来自子思之《五行》。而对"圣"的特质专门作出界定者，有《孟子·离娄上》："规矩，方员之至也；圣人，人伦之至也。"②《告子上》："圣人先得我心之所同然耳。"③以及《尽心下》："圣人，百世之师也。"④

由此而进，《孟了·公孙丑上》又论及孔子及二三子与圣的关系："昔者子贡问于孔子曰：'夫子圣矣乎？'孔子曰：'圣则吾不能。我学不厌，而教不倦也。'子贡曰：'学不厌，智也；教不倦，仁也。仁且智，夫子既圣矣乎！'夫圣，孔子不居，是何言也？昔者窃闻之：子夏、子游、子张皆有圣人之一体，冉牛、闵子、颜渊则具体而微。"⑤其中"有圣人之一体"，谓只具有圣人的某些部分；"具体而微"就已经具有全部或主要部分，但不够宏大。因此，圣人之德应该是具有完善而宏大的特征的。由此《孟子·尽心上》使用了充满浪漫激情的语言形容圣人之大而明："孟子曰：孔子登东山而小鲁，登太山而小天下。故观于海者难为水，游于圣人之门者难为言。观水有术，必观其澜。日月有明，容光必照焉。流水之为物也，不盈科不行。君子之志于道也，不成章不达。"⑥流水有源，日月普照，圣道宏大而有根本，可以登泰山而拥抱天下。水哉！水哉！子在川上曰："逝者如斯夫！不舍昼夜。"⑦朱熹注："天地之化，往者过，来者续，无一息之停，乃道体之本然也。"⑧并引程子曰："此道体也。天运而不已，日往则月来，寒往则暑来，水流而不息，物生而不穷，皆与道为体，运乎昼夜，未尝已也。是以君子法之，自强不息。"⑨子思以《五行》体验着道德之本体论，由此川流不息地通向孟子为代表的战国儒学。

---

① 〔宋〕朱熹撰：《四书章句集注》，北京：中华书局，1983 年版，第 370 页。

② 〔宋〕朱熹撰：《四书章句集注》，北京：中华书局，1983 年版，第 277 页。

③ 〔宋〕朱熹撰：《四书章句集注》，北京：中华书局，1983 年版，第 330 页。

④ 〔宋〕朱熹撰：《四书章句集注》，北京：中华书局，1983 年版，第 367 页。

⑤ 〔宋〕朱熹撰：《四书章句集注》，北京：中华书局，1983 年版，第 233－234 页。

⑥ 〔宋〕朱熹撰：《四书章句集注》，北京：中华书局，1983 年版，第 356 页。

⑦ 〔宋〕朱熹撰：《四书章句集注》，北京：中华书局，1983 年版，第 113 页。

⑧ 〔宋〕朱熹撰：《四书章句集注》，北京：中华书局，1983 年版，第 113 页。

⑨ 〔宋〕朱熹撰：《四书章句集注》，北京：中华书局，1983 年版，第 113 页。

二十七章　子游生平及《礼运》系年

在子思、孟子的学术传承脉络上,子游的作用也不容低估。《荀子·非十二子》讥讽思孟学派时,上溯仲尼、子游,已如前述。上章分析郭店楚简《五行》时,涉及记述孔子、子游对话的《礼记·礼运篇》,已有原始五行辐射、扩散的征状,而且以"人者,天地之心也,五行之端",隐喻着儒学内在化的可能。此中所述虽为"子曰",却包含着子游的体验和理解。《孔丛子·杂训篇》记载子思回答县子之问,也特别引用子游答季康子之言,为孔子以"圣道事仁爱"辨护,多少也算涉及《五行》之"圣道"。子游答季康子言,也见于《说苑·贵德篇》。从中可以体验到,子游是带着南方人的聪明敏悟进入孔门的,颇有点江左水乡泽国之风。

关于子游身世,《史记·仲尼弟子列传》云:"言偃,吴人,字子游。少孔子四十五岁。"《索隐》引《家语》云"鲁人"[①],并非其籍贯,乃是子游及其子嗣在孔子身后尚在鲁地居留一段时间,后来踪迹也常及于鲁。于此可以启动地方文献差可补正宗文献之不足,发挥人文地理学的功能。明代王鏊《姑苏志》云:"言氏。孔子弟子言偃,吴人,今后裔多居常熟。"[②]并记县城西有言偃宅,虞山上有言偃墓。言偃于唐玄宗开元二十七年(734 年)以"十哲配祀文庙",被封为"吴侯";北宋真宗大中祥符二年(1009 年),被封为"丹阳公"。丹阳即苏、皖、浙湖河丘陵地带之统称,《史记·秦始皇本纪》谓始皇浮江下,"过丹阳,至钱塘",即于此,春秋孔子时属于吴。

南宋宁宗庆元五年(1199 年),朱熹在《常熟县丹阳公祠堂记》中称颂言子:"平江府常熟县学吴公祠者,孔门高第弟子言偃子游之祀也。按太史公记,孔门诸子多东州之士,独公为吴人,而此县有巷名'子游',有桥名'文学',相传至今。图经又言,公之故宅在县西北,而旧井存焉,则今虽不复可见,而公为此县之人盖不诬矣。……北学于中国,身通受业,遂因文学以得

---

① [汉]司马迁撰:《史记》(全 10 册),北京:中华书局,1959 年版,第 2201 页。
② [明]王鏊撰:《(正德)姑苏志》,清文渊阁《四库全书》本,卷 35。

圣人之一体,岂不可谓豪杰之士哉!今以《论语》考其语言,类皆简易疏通,高畅宏达。"①朱熹作此祠堂记之原因,可参看陈振孙《直斋书录解题》卷九为《言子》三卷所作之解题:"言偃,吴人,相传所居在常熟县。庆元间,邑宰孙应时季和始为立祠,求朱晦翁为记。近新昌王爚伯晦复裒《论语》诸书所载问答为此书。吴中至今有言氏,亦买田教养之。"②诗人骚客过子游故里,也有感慨系之者。元人郏韶《虞山道中有怀》诗云:"言偃宅前湖水东,千门杨柳绿摇风。一篷山色斜阳外,半夜雨声春梦中。独客年年如旅雁,行人草草似惊鸿。芳洲杜若凭谁采,心逐寒潮处处同。"③据《言氏旧谱》记载,少孔子四十五岁的子游,生于周敬王十四年(公元前506年),卒于周贞定王二十六年,即越王朱勾六年(公元前443年),享年六十四岁。

籍贯既明,再及子游的生平。上海博物馆藏战国楚竹书在孔子陈蔡绝粮的竹简下,有"言偃"名字④。这是子游名字第一次出现在周游列国的行列间,极其珍贵难得。陈蔡绝粮发生在鲁哀公六年(公元前489年),孔子六十四岁,少孔子四十五岁的言偃为十九岁,此时他已经是孔门弟子了。周游列国返鲁后,子游曾任武城宰,有"弦歌治邑"的令名。如前所述,子游曾经参与《论语》第一次编纂(公元前479年),在第二次修纂(公元前477年)中依然是重要角色。子游与有若关系密切,欣赏有若的礼学感知能力,这种肯定甚至拿曾经反对推举有若主事的曾子,作为陪衬。《礼记·檀弓上》:"有子问于曾子曰:'问丧于夫子乎?'曰:'闻之矣,丧欲速贫,死欲速朽。'有子曰:'是非君子之言也。'曾子曰:'参也闻诸夫子也。'有子又曰:'是非君子之言也。'曾子曰:'参也与子游闻之。'有子曰:'然,然则夫子有为言之也。'曾子以斯言告于子游。子游曰:'甚哉,有子之言似夫子也。昔者夫子居于宋,见桓司马自为石椁,三年而不成。夫子曰:若是其靡也,死不如速朽之愈也。死之欲速朽,为桓司马言之也。南宫敬叔反,必载宝而朝。夫子曰:若是其货也,丧不如速贫之愈也。丧之欲速贫,为敬叔言之

① [宋]朱熹撰,朱杰人等主编:《朱子全书》(第24册)之《晦庵先生朱文公文集》(五),上海:上海古籍出版社;合肥:安徽教育出版社,2002年版,第3816—3817页。

② [宋]陈振孙撰,徐小蛮、顾美华点校:《直斋书录解题》,上海:上海古籍出版社,1987年版,第285页。

③ [清]顾嗣立撰:《元诗选(二集)》(全2册),北京:中华书局,1987年版,第1153页。

④ 马承源主编:《上海博物馆藏战国楚竹书》(八),上海:上海古籍出版社,2011年版,第121—124页。

也。'曾子以子游之言告于有子，有子曰：'然，吾固曰，非夫子之言也。'曾子曰：'子何以知之？'有子曰：'夫子制于中都，四寸之棺，五寸之椁，以斯知不欲速朽也。昔者夫子失鲁司寇，将之荆，盖先之以子夏，又申之以冉有，以斯知不欲速贫也。'"①其中桓魋、南宫敬叔的两个事例，均相当生动有趣。有若强调夫子之言的具体针对性，曾子则强调夫子之言的普泛性。子游那句"甚哉，有子之言似夫子也"，是可以与《孟子》或《史记·仲尼弟子列传》中以"有若似圣人"（《史记》多一"状"字，"状似圣人"）的推举任事者之理由相互参证。因此这则材料所记之事，发生在三年庐墓守心孝期满（鲁哀公十八年，公元前477年），推举有子主持儒门的前夕。从中也可见证孔子身后，二三子论学每常争辩谁最知"真孔子"，这种风气自然也存在于《论语》编纂过程。

子游不愧为孔门礼学的高明之士，他执礼合仪，言礼有得，这有《礼记·檀弓》上下篇的记载为证。比如《檀弓下》记载："有子与子游立，见孺子慕者。有子谓子游曰：'予壹不知夫丧之踊也，予欲去之久矣。情在于斯，其是也夫！'子游曰：'礼有微情者，有以故兴物者。有直情而径行者，戎狄之道也。礼道则不然，人喜则斯陶，陶斯咏，咏斯犹，犹斯舞，舞斯愠，愠斯戚，戚斯叹，叹斯辟，辟斯踊矣。品节斯，斯之谓礼。人死，斯恶之矣；无能也，斯倍之矣。是故制绞衾，设蒌翣，为使人勿恶也。始死，脯醢之奠；将行，遣而行之；既葬而食之，未有见其飨之者也。自上世以来，未之有舍也，为使人勿倍也。故子之所刺于礼者，亦非礼之訾也。'"②这则记载，称有若为"有子"，有子主张取消"丧之踊"、即丧礼上跳脚的仪式，如此口气，说明此事发生在有若短期主持儒门期间（公元前477年或翌年）。子游于此论说"礼道"及礼对感情的表达和节制，涉及华夏与戎狄的区别，将礼仪看作文明水平的标志，是相当深入的。而且子游讲得头头是道，逐层推衍，颇有文采，当是子游本人所记述。子游与有子并立在街边议事，关系非同一般，最后竟然毫不客气地批评有子"所刺于礼者，亦非礼之訾也"，可见他们亲密到直言无芥蒂的程度矣。这就可以理解，何以多年后，子游成了二三子中唯一参加有若丧礼而充当候相者。即《礼记·檀弓下》："有若之丧，悼公

---

① ［清］阮元校刻：《十三经注疏》（全2册），北京：中华书局，1980年版，第1290页。

② ［清］阮元校刻：《十三经注疏》（全2册），北京：中华书局，1980年版，第1304页。

吊焉,子游摈,由左。"①

在七十子中,子游端是才华焕发之士,其才华清简而婉丽。《史记·仲尼弟子列传》载:"子游既已受业,为武城宰。孔子过,闻弦歌之声。孔子莞尔而笑曰:'割鸡焉用牛刀?'子游曰:'昔者偃闻诸夫子曰,君子学道则爱人,小人学道则易使。'孔子曰:'二三子,偃之言是也。前言戏之耳。'孔子以为子游习于文学。"②孔子去世时,子游才二十八岁,"弦歌治武城",乃是一个青春邑宰的杰作。这段记载,几乎全抄自《论语·阳货篇》③,原始材料则是子游所忆述,文采风流而带点跌宕地描绘出春秋晚期边鄙之地的一个弦歌治世的"政治桃花源"。子游对于儒学南传,有特殊的贡献。他以吴人仕于鲁,发现了澹台子羽。《论语·雍也篇》记载:"子游为武城宰。子曰:'女(汝)得人焉耳乎?'曰:'有澹台灭明者,行不由径,非公事,未尝至于偃之室也。'"④就是这位澹台灭明,《史记·仲尼弟子列传》说:"澹台灭明,武城人,字子羽。少孔子三十九岁。状貌甚恶。欲事孔子,孔子以为材薄。既已受业,退而修行,行不由径,非公事不见卿大夫。南游至江,从弟子三百人,设取予去就,名施乎诸侯。孔子闻之,曰:'吾以言取人,失之宰予;以貌取人,失之子羽。'"⑤以年岁推测,此应是孔子晚年之言。然则,澹台子羽率领三百弟子,南游至江,到了何处?《史记正义》说:"苏州南五里有澹台湖。"⑥似乎他到达地离子游家乡不远。清人周亮工却说:"澹台灭明墓在江西南昌府东湖上,总持院后。灭明,鲁人。《史记》灭明南游至江,居于楚,友教士大夫。宋漕使程大昌筑祠堂曰友教。按三吴文学自子游,豫章文学自灭明。"⑦此材料比较可靠,澹台子羽到了江西南昌。总之,子游、子羽将儒学传播到长江流域的吴楚之地。

尚可注意者,《礼记·仲尼燕居》是写得甚饶情致的一篇,与子游存在着深刻的关系。三子侍坐言礼,全篇1368字,子游部分878字,占百分之六十三。称谓上,按《论语》之例称"子张、子贡",子游却加上姓氏,称"言

① [清]阮元校刻:《十三经注疏》(全2册),北京:中华书局,1980年版,第1300页。
② [汉]司马迁撰:《史记》(全10册),北京:中华书局,1959年版,第2201-2202页。
③ [宋]朱熹撰:《四书章句集注》,北京:中华书局,1983年版,第176页。
④ [宋]朱熹撰:《四书章句集注》,北京:中华书局,1983年版,第88页。
⑤ [汉]司马迁撰:《史记》(全10册),北京:中华书局,1959年版,第2205-2206页。
⑥ [汉]司马迁撰:《史记》(全10册),北京:中华书局,1959年版,第3116页。
⑦ [清]周亮工撰:《因树屋书影》,清康熙六年(1667年)刻本,卷4。

游"。因而很可能是子游的手笔，原称"言偃"，后因缀合多方所记，在一致改称字时留下某些旧痕迹，就成了这个夹生的"言游"。行文是：

　　仲尼燕居，子张、子贡、言游侍，纵言至于礼。子曰："居。女（汝）三人者，吾语女礼，使女以礼周流，无不遍也。"子贡越席而对曰："敢问何如？"子曰："敬而不中礼，谓之野；恭而不中礼，谓之给；勇而不中礼，谓之逆。"子曰："给夺慈仁。"子曰："师，尔过；而商也，不及。子产犹众人之母也，能食之不能教也。"子贡越席而对曰："敢问将何以为此中者也？"子曰："礼乎礼！夫礼所以制中也。"

　　子贡退，言游进曰："敢问礼也者，领恶而全好者与？"子曰："然。""然则何如？"子曰："郊社之义，所以仁鬼神也；尝禘之礼，所以仁昭穆也；馈奠之礼，所以仁死丧也；射乡之礼，所以仁乡党也；食飨之礼，所以仁宾客也。"子曰："明乎郊社之义，尝禘之礼，治国其如指诸掌而已乎！是故，以之居处有礼，故长幼辨也；以之闺门之内有礼，故三族和也；以之朝廷有礼，故官爵序也；以之田猎有礼，故戎事闲也；以之军旅有礼，故武功成也。是故，宫室得其度，量鼎得其象，味得其时，乐得其节，车得其式，鬼神得其飨，丧纪得其哀，辨说得其党，官得其体，政事得其施。加于身而错于前，凡众之动得其宜。"

　　子曰："礼者何也？即事之治也。君子有其事，必有其治。治国而无礼，譬犹瞽之无相与，伥伥乎其何之？譬如终夜有求于幽室之中，非烛何见？若无礼，则手足无所错，耳目无所加，进退揖让无所制。是故，以之居处，长幼失其别，闺门、三族失其和，朝廷官爵失其序，田猎戎事失其策，军旅武功失其制，宫室失其度，量鼎失其象，味失其时，乐失其节，车失其式，鬼神失其飨，丧纪失其哀，辨说失其党，官失其体，政事失其施。加于身而错于前，凡众之动，失其宜。如此，则无以祖洽于众也。"

　　子曰："慎听之，女三人者！吾语女，礼犹有九焉，大飨有四焉。苟知此矣，虽在畎亩之中，事之，圣人已。两君相见，揖让而入门，入门而县兴，揖让而升堂，升堂而乐阕。下管《象》、《武》，《夏》籥序兴。陈其荐俎，序其礼乐，备其百官。如此，而后君子知仁焉。行中规，还中矩，和鸾中《采齐》，客出以《雍》，彻以《振羽》。是故，君子无物而不在礼矣。入门而金作,示情也。升歌《清庙》,示德也。下而管《象》,示事也。是故,古之君子不必亲相与言也,以礼乐相示而已。"

子曰:"礼也者,理也;乐也者,节也。君子无理不动,无节不作。不能《诗》,于礼缪。不能乐,于礼素。薄于德,于礼虚。"子曰:"制度在礼,文为在礼。行之,其在人乎!"子贡越席而对曰:"敢问夔其穷与?"子曰"古之人与? 古之人也。达于礼而不达于乐,谓之素;达于乐而不达于礼,谓之偏。夫夔,达于乐而不达于礼,是以传于此名也,古之人也。"

子张问政。子曰:"师乎! 前,吾语女乎! 君子明于礼乐,举而错之而已。"子张复问。子曰:"师! 尔以为必铺几筵,升降酌献酬酢,然后谓之礼乎? 尔以为必行缀兆,兴羽籥,作钟鼓,然后谓之乐乎? 言而履之,礼也;行而乐之,乐也。君子力此二者以南面而立,夫是以天下太平也。诸侯朝,万物服体,而百官莫敢不承事矣。礼之所兴,众之所治也;礼之所废,众之所乱也。目巧之室,则有奥阼,席则有上下,车则有左右,行则有随,立则有序,古之义也。室而无奥阼,则乱于堂室也;席而无上下,则乱于席上也;车而无左右,则乱于车也;行而无随,则乱于途也;立而无序,则乱于位也。昔圣帝、明王、诸侯,辨贵贱、长幼、远近、男女、外内,莫敢相逾越,皆由此途出也。"三子者,既得闻此言也于夫子,昭然若发矇矣。[①]

细辨行文语气,虽然有"仲尼燕居,子张、子贡、言游侍,纵言至于礼"开头,"三子者,既得闻此言也于夫子,昭然若发矇矣"煞尾,端可成为完璧;但既然是"纵言至于礼",子张何以问起"政"来,篇章结构上未免有些游离。而"子贡越席而对",似乎有点失礼。孔子回答的"敬而不中礼,谓之野;恭而不中礼,谓之给;勇而不中礼,谓之逆",似乎各有所指,却专门拈出"恭而不中礼,谓之给","给夺慈仁"。所谓"给",就是"捷给便辟",能说善道,如郑玄注:"夺为乱也。巧言足恭之人,似仁慈,实鲜仁。特言是者,感子贡也。子贡辨,近于给。"这就回到了《论语·学而篇》"子曰:巧言令色,鲜矣仁"的命题。

① 〔清〕阮元校刻:《十三经注疏》(全2册),北京:中华书局,1980年版,第1613—1615页。

孔子在与子贡对话中,还调转话题,批评"师,尔过;而商也,不及",批评了在场的子张(颛孙师)。唯有孔子与子游的对话,才算是"纵言至于礼",孔子不仅肯定了子游对于礼之功能"领恶而全好"的解释,而且大谈礼的核心理念是"仁",其功用及于国家、朝廷、家族、田猎、军旅、丧葬、礼宾各个领域。还讲了两君相见的礼仪,如此而后君子知仁,苟知此可以达到圣人境界。如此叙述,表明子游是"三子侍"的主角。子游、子张是好友和日后的儿女亲家,与子贡相伴论礼于孔子燕居之时。而将此事加以回忆记述已在子夏、子张、子游推举有若主持儒门,子贡延长守孝于墓庐之时,即《论语》第二次修纂之时。

于此已经领略到,子游是很有叙写才华和想象能力的儒之俊者,其礼学修养精深,其想象力驰骋于邈绵的宇宙和历史之间。除了《礼记·檀弓》上、下篇之外,《礼记·曾子问》《玉藻》《杂记》诸篇,也留下了子游学礼而精于礼的相当数量的材料;《论语》还留下了子游向夫子请教的一些回忆,如《为政篇》记"子游问孝。子曰:'今之孝者,是谓能养。至于犬马,皆能有养。不敬,何以别乎?'"①这些关于子游的篇章,喜欢在行文中使用反问语气,加强文章的柔韧性。这些都折射了子游的南人清俊之文采。

然而更能呈现子游作为一位"理想的政治想象者"之风采者,莫过于《礼记·礼运篇》。他在这篇三千五百余字的问答体鸿文中,为孔子讲的理想社会,注入了勾吴之地绚丽的想象力。开篇就令人进入浩瀚邈远的时空:

> 昔者仲尼与于蜡宾,事毕,出游于观之上,喟然而叹。仲尼之叹,盖叹鲁也。言偃在侧,曰:"君子何叹?"孔子曰:"大道之行也,与三代之英,丘未之逮也,而有志焉。大道之行也,天下为公。选贤与能,讲信修睦,故人不独亲其亲,不独子其子,使老有所终,壮有所用,幼有所长,矜寡孤独废疾者,皆有所养。男有分,女有归。货,恶其弃于地也,不必藏于己;力,恶其不出于身也,不必为己。是故,谋闭而不兴,盗窃乱贼而不作,故外户而不闭。是谓大同。今大道既隐,天下为家,各亲其亲,各子其子,货力为己,大人世及以为礼,城郭沟池以为固,礼义以

---

① ［宋］朱熹撰:《四书章句集注》,北京:中华书局,1983年版,第56页。

为纪;以正君臣,以笃父子,以睦兄弟,以和夫妇,以设制度,以立田里,
以贤勇知,以功为己。故谋用是作,而兵由此起。禹、汤、文、武、成王、
周公,由此其选也。此六君子者,未有不谨于礼者也。以著其义,以考
其信,著有过,刑仁讲让,示民有常。如有不由此者,在埶者去,众以为
殃,是谓小康。"①

　　孔子以贵宾身份,参与在十二月岁终合祭百神的蜡祭典礼之后,出来
在鲁宫大门楼上游览,一声长叹,以穿透上古三代的深邃感慨而发言,显然
是一个智慧老人阅尽历史沧桑以后,对天道人道的省察已是自由无碍,大
彻大悟。文中一再称子游的姓名"言偃",回忆记录者无疑是子游本人,如
同《论语·宪问篇》首章"宪问耻",可以判断为原宪亲自记述。

　　问题出在《孔子家语》也收录有《礼运》,而且对开头的背景交代做了改
动:"孔子为鲁司寇,与于蜡。既宾事毕,乃出游于观之上,喟然而叹。言偃
侍,曰:'夫子何叹也?'孔子曰:'昔大道之行,与三代之英,吾未之逮也,而
有记焉。大道之行,天下为公,选贤与能,讲信修睦。'"②这里比《礼记》文
本添加了"为鲁司寇",造成了时间上的错讹。对此先不必急于判定《礼记》
和《家语》孰真孰伪,二者的差异事出有因,其真实性须在传播过程中获得
说明。究其致异、致误的原委,才能避免游谈无根之弊。《礼记》之文,是从
社会流动之简帛,或朝廷秘府藏书传为学界辑录编集;《家语》之文,是从孔
府档案传为学界整理作注。传授和整理的学派、群体和方式不同,进入学
界也有先后之别。汉人整理先秦文献,有所谓"辨章学术,考镜源流"的惯
例,校勘改动行文不算,往往喜欢对文前小序性质的文字,进行增删补订,
时或严谨考证,时或以意为之,不排除有汉世见解或思潮之渗入,这就使得
后世细心读者疑其作伪。

　　孔府档案庋藏既丰,有孔氏子孙作整理,他们也会将某些材料与孔子
编年对位,这种情形在《家语》中不乏其例。孔府后人之整理者对孔子曾经
相鲁,尤其感到是家族荣耀,比如《家语》首篇就是《相鲁第一》。因此,整理
者看到孔子作为鲁廷蜡祭的贵宾,在编年处理中,排除了此前未为大夫,不

　　①　[清]阮元校刻:《十三经注疏》(全2册),北京:中华书局,1980年版,第1413—1414页。
　　②　王国轩、王秀梅译注:《孔子家语》,北京:中华书局,2011年版,第361—362页。

可能参加蜡祭,此后周游列国也不合参加蜡祭,就不假思索地系于"孔子为鲁司寇"的年头了。但是如此一来,却留下一个难以弥补的缺陷,子游比孔子少四十五岁,当孔子于鲁定公十二年(公元前498年)五十四岁任鲁司寇,直到鲁定公十四年(公元前496年)五十六岁,由大司寇摄行相事,并于同年离开鲁国。其时,子游的年龄在十岁左右,作为吴人,千里迢迢,也许还没有跻身孔子门庭,孔子也不会对一个十岁孩子谈论如此深奥的思想。致谬在于整理者的粗疏,因而在厘正谬误之时,不应因谬而谬,牵连指证原始材料作伪,这才是切合战国秦汉书籍制度的实事求是之言。

　　《礼运》对话,当发生在孔子晚年,非参透大道而彻悟历史的超级智者,岂能发出如此感天动地而超越人间细节之高论?孔子晚年,身为鲁国老,位列大夫,有资格参加鲁国蜡祭。此时子游年近而立,经常侍奉在侧,正是子游想象力最活跃的时期。对于孔子此时的精神状态,可参证另一件牵连千古迷思的大事,就是见于《春秋》、《左传》,也为《史记·孔子世家》所揭载的"西狩获麟":"鲁哀公十四年春,狩大野。叔孙氏车子鉏商获兽,以为不祥。仲尼视之,曰:'麟也。'取之。曰:'河不出图,雒不出书,吾已矣夫!'颜渊死,孔子曰:'天丧予!'及西狩见麟,曰:'吾道穷矣!'喟然叹曰:'莫知我夫!'子贡曰:'何为莫知子?'子曰:'不怨天,不尤人,下学而上达,知我者其天乎!'"①此事发生在鲁哀公十四年(公元前481年),孔子七十一岁,这条材料记录子贡与孔子的问答,应是子贡的忆述传闻。

　　然而《孔丛子·记问》对于同一事件,有另一种记述,可能传自子游的回忆记录,因为其中尚有称字,子游称"言偃",与御者高柴一样称名:"叔孙氏之车子曰鉏商,樵于野而获兽焉。众莫之识,以为不祥,弃之五父之衢。冉有告夫子曰:'麕身而肉角,岂天之妖乎?'夫子曰:'今何在?吾将观焉。'遂往,谓其御高柴曰:'若求之言,其必麟乎?'到视之,果信。言偃问曰:'飞者宗凤,走者宗麟,为其难至也。敢问今见其,其谁应之?'子曰:'天子布德,将致太平,则麟、凤、龟、龙,先为之祥,今宗周将灭,天下无主,孰为来哉?'遂泣曰:'予之于人,犹麟之于兽也。麟今出而死,吾道穷矣。'乃歌曰:'唐虞世兮麟凤游,今非其时来何求?麟兮麟兮我心忧。'"②此时在孔子身

———

① [汉]司马迁撰:《史记》(全10册),北京:中华书局,1959年版,第1942页。
② 傅亚庶撰:《孔丛子校释》(《新编诸子集成续编》),北京:中华书局,2011年版,第97页。

边的有冉有、高柴、子游,子游之问最是切要;孔子《麟兮》之歌,融合着"布德将致太平"之思和"非时何求"的无奈,也慷慨悲怆,余音绕梁。全文曲折跌宕,究天悯人,荡漾着一种超自然主义的挽歌情调。

"西狩获麟"传闻的这种超越性带点感伤性的情调,与《礼记·礼运篇》颇有相通之处。人而有子游,情调而有究天悯人,此情此景,与《礼记·礼运篇》的对话气氛颇为相似,情景呼之欲出。《礼运篇》荡漾着的,是一种穿透历史、又超越历史的奇妙音符,将"大道之行也,天下为公",谓之"大同"。又称"今大道既隐,天下为家,……礼义以为纪,以正君臣,以笃父子,以睦兄弟,以和夫妇,以设制度,以立田里,以贤勇知,以功为己。故谋用是作,而兵由此起。禹、汤、文、武、成王、周公由此其选也。……是谓小康"①。这就将社会存在和发展的等级境界,分为"大同"和"小康"。而禹、汤、文、武、成王、周公"六君子"所治理的小康社会,包括"以正君臣,以笃父子,以睦兄弟,以和夫妇"这套礼义规矩,都是东周礼崩乐坏之后,孔子以几乎一生的精力孜孜以求其恢复的政治诉求。当孔子为鲁司寇,政务缠身之时,忙于处理的是日常政务,是没有闲心发出这种超越性议论的。因为在这个议论的价值结构中,自己苦心积虑的政务行为,只不过是致"小康"而不能,到头来还是"大道既隐,天下为家"。一个想大有作为的现职重臣,是不会如此思量问题的。

唯有到了晚年,孔子已经摆脱政务一身轻松,在慨叹"吾道穷矣"之后,放下功利,放下名分,放下一切,以"放下"作为其哲学之弦,反而产生了精神的自由和反弹,如他晚年学《易》所得:"穷则变,变则通,通则久。"②孔子晚年赞《易》、修《春秋》,只有具备了贯通《易》与《春秋》的智慧,才可能产生穿透小康、大同的超历史关照。他提出的大同理想,所谓"大道之行也,天下为公",是他终生的政治行为所不曾实施过,甚至在他可望的政治预期和趋势中也不可能达到的。然而理想之为物,就是如此神奇,它是人类精神上一盏永远的灯,不断地鼓舞着人们不懈的追求,甚至是"知其不可而为之"的生命诉求。因而在孔子思想的最深处,人们可以发现一种大彻悟、大悲悯、大禅悦的"人类终极关怀"。没有终极关怀的思想,是一种断尾巴的

---

① [清]阮元校刻:《十三经注疏》(全2册),北京:中华书局,1980年版,第1414页。
② [清]阮元校刻:《十三经注疏》(全2册),北京:中华书局,1980年版,第86页。

思想。子游作《礼运》，凭着为暮年的孔子留下这盏精神之灯，就堪称"不朽"。因此"礼运对话"，当发生于鲁哀公十四年（公元前481年）春"西狩获麟"后，七十一岁的孔子参加蜡祭百神后，面对苍天，长舒一口气而发感慨。他已经超越了具体政事，放下一生的政治纷扰，精神进入了思通天人的苍茫境界。至于《孔子家语》虽保留"大同"，却删去"小康"，端是反映了对孔子晚年思想的隔膜。

　　《礼运》大同思想诚为伟大，但在孔子，也属神机迅发，电光石火。孔子与子游接下来的对话，又返回来讨论现实的政治与历史。而且从前面所述的小康范围的"礼义以为纪"谈起。孔子说："夫礼，先王以承天之道，以治人之情，故失之者死，得之者生。诗曰：'相鼠有体，人而无礼。人而无礼，胡不遄死？'是故夫礼，必本于天，殽（效）于地，列于鬼神，达于丧祭射御、冠昏朝聘。故圣人以礼示之，故天下国家可得而正也。"①这里将礼贯通于天道、人情、生死，圣人用以正天下国家，也就成了现实政治的重中之重。言偃第二问，使孔子由理想返回现实；第三问则使孔子深入历史，为礼的来由、内容和方式，进行探本溯源。孔子说："我欲观夏道，是故之杞，而不足征也，吾得'夏时'焉。我欲观殷道，是故之宋，而不足征也，吾得'坤乾'焉。坤乾之义，夏时之等，吾以是观之。"②孔子并不局限于书面文献，而是到夏、殷后裔的封国，考察五百年、一千年以前的文明轨迹的遗存，包括在杞国得到夏代的岁时历法，在宋国得到"坤在前，乾在后"的原始文化，一种与《周易》乾坤模式大异其趣的宇宙模式和文化方式。

　　孔子是在贯通夏商周三代的历史文化大框架之中，谈论礼之荦荦大端。在此大框架中，孔子谈论"礼之初，始诸饮食"，以及祭祀、招魂；谈论窟居、巢居，茹毛饮血和羽皮为衣的原始生活方式；谈论其后圣人发明用火、冶金、造屋、熟食、酿酒、作布，敬事上帝、祖先、鬼神，规范政治和人伦，"此礼之大成也"。礼，成了治理社会、走向文明的基本命题。但是从巨大的上古三代的历史框架着眼，孔子不能不感叹："于（呜）呼哀哉！我观周道，幽厉伤之。吾舍鲁何适矣！鲁之郊禘，非礼也，周公其衰矣！杞之郊也，禹也；宋之郊也，契也。是天子之事守也。故天子祭天地，诸侯祭社稷。"③自

①　［清］阮元校刻：《十三经注疏》（全2册），北京：中华书局，1980年版，第1414－1415页。
②　［清］阮元校刻：《十三经注疏》（全2册），北京：中华书局，1980年版，第1415页。
③　［清］阮元校刻：《十三经注疏》（全2册），北京：中华书局，1980年版，第1417页。

东周以后,包括周、鲁、杞、宋等古礼遗存的中心地区,本是"大成"的礼早被撕毁成碎片了。

反抗"礼的碎片化",成了孔子存亡继绝的历史担当。孔子有一种强烈的欲望,想在礼乐崩坏的废墟上,不是任其"落了片白茫茫大地真干净",而是执意为中国文化挽回礼乐秩序,以便多保留一点贵族气质。他为此指责权势者的僭乱非礼、坏法乱纪,强调"礼者君之大柄也,所以别嫌明微,傧鬼神,考制度,别仁义,所以治政安君也"。他认为圣人的作用,就是"参于天地、并于鬼神以治政也","圣人耐(能)以天下为一家,以中国为一人"。他将自己的思想建立在人本基础之上,推崇"人者,其天地之德、阴阳之交、鬼神之会、五行之秀气也"。因此必须了解人的心理情感,以及对人的心理情感进行约束和提升:"饮食男女,人之大欲存焉;死亡贫苦,人之大恶存焉。故欲恶者,心之大端也";"何谓人情?喜、怒、哀、惧、爱、恶、欲,七者弗学而能。何谓人义?父慈、子孝、兄良、弟弟、夫义、妇听、长惠、幼顺、君仁、臣忠,十者谓之人义。……故圣人之所以治人七情,修十义,讲信修睦,尚辞让,去争夺,舍礼何以治之?""故圣王修义之柄、礼之序以治人情。故人情者,圣王之田也。修礼以耕之,陈义以种之,讲学以耨之,本仁以聚之,播乐以安之。"①对人情的重视,成了《礼运》的又一个特点,想用人情粘合礼的碎片。

《礼运篇》行文还把阴阳五行引入礼制的范畴,这类驳杂的思想或是战国前期子游门人整理传播时,陆续掺入,强调的是"礼,必本于大一,分而为天地,转而为阴阳,变而为四时,列而为鬼神,其降曰命,其官于天也"②。值得注意的是,这里以"大一"视为宇宙生成的本源,与郭店楚简的"太一生水",将"太一"作为宇宙生成的本源存在着相互契合之处。由于宇宙生成论的启动,牵引出人间礼义和天降灾祥,既叹息"天不爱其道,地不爱其宝,人不爱其情",又期许"天降膏露,地出醴泉,山出器车,河出马图,凤凰麒麟,皆在郊棷(薮)。龟龙在宫沼,其余鸟兽之卵胎,皆可俯而窥也"。这一点,与"西狩获麟"而孔子歌咏"唐虞世兮麟凤游,今非其时来何求?麟兮麟兮我心忧"的超自然思维,是一脉贯通的。西狩获麟,其事不排除掺合想

---

① [清]阮元校刻:《十三经注疏》(全2册),北京:中华书局,1980年版,第1422—1423页。
② [清]阮元校刻:《十三经注疏》(全2册),北京:中华书局,1980年版,第1426页。

象,但已被儒门共认为孔子的一项精神标志。同时,此中"麟兮麟兮"与《论语·微子篇》楚狂接舆歌的"凤兮凤兮"形成呼应,在浩渺时空中对"德衰政殆"发出深沉的叹息。这是儒风、楚声的相互启迪和回响。

　　稽于史,本于人,入于情,溯于太一,这就是《礼运》言礼的宏大空间,以此同"小康"、"大同"的宏大空间相衔接,避免了虎头蛇尾之嫌,而是龙脉婉转,气度绵远。全篇的开头,子游已用"昔者"二字追忆孔子,可见离孔子晚年对话及其逝世已有一段不短的时间,追忆或者发生在子游之晚年乎? 子游卒于周定王二十六年(公元前 443 年),离曾门第三次编纂《论语》已经不远。《礼运》行文气势纵横,开始带有战国学术风采,可以看作子游后期的精心之作。清末康有为对《礼记·礼运篇》情有独钟,认为"著《礼运》者,子游"。郭沫若也认为:"《礼运篇》,毫无疑问,是子游氏之儒的主要经典。"①子游因此被尊为"东南道学之宗",或"文开吴会,道启东南"的"南方夫子",洵为实至名归。他在儒学宗脉上,增添了一点吴楚开阔清旷的风情和新鲜超逸的想象,有所谓"山色分吴楚,江流自古今","境界分吴楚,波涛混海天"之况。子游的出现,为儒学文化地图,增添了更多文采,更多令人遐想的理想空间。

---

① 　郭沫若:《十批判书》,北京:东方出版社,1996 版,第 135 页。

二十八章　子夏的"经师之学"

　　七十子对孔学传承贡献最大者,仲弓、子游、子夏、曾子堪称"四俊"。尤以曾子传道、子夏传经,最是驰名。如清末陈玉澍《卜子年谱》所云:"无曾子则无宋儒之道学,无卜子则无汉儒之经学。宋儒之言道学者,必由子思、孟子而溯源于曾子;汉儒之言经学者,必由荀、毛、公、穀而溯源于卜子。是孔子为宋学、汉学之始祖,而曾子、卜子为宋学、汉学之大宗也。"①这两条脉络,最初埋伏于《论语》编纂过程中,后在七十子之学中分头发展,使儒学成为可以在经学训诂和道学义理上交互深化的思想学术样式,波澜迭进地拓展了孔子文化地图的幅员和山系水文。

　　子夏是魏之温人,今河南温县有卜里村,传即子夏故里。《史记·仲尼弟子列传》对子夏记载相当空泛,在 166 字中引用《论语》的对话,占了 131 字,只有 35 字涉及身世,连里籍都没有提及。这 35 字是:"卜商字子夏。少孔子四十四岁。……孔子既没,子夏居西河教授,为魏文侯师。其子死,哭之失明。"②子夏出身贫穷,《说苑·杂言》称他"甚短于财";《荀子·大略篇》说"子夏家贫,衣若悬鹑"③。但他能够以贫穷磨砺意志,笃志经籍。《荀子·大略篇》注引《尸子》中子夏之言:"君子渐于饥寒而志不僻,倚于五兵而辞不慑,临大事不忘昔席之言。"④或如《张子西铭》所云"贫贱忧戚,庸玉汝于成也"⑤,也许是穷苦人生,铸造了子夏坚毅的博学而传经的意志。

　　子夏大概十五岁进入孔门,在孔子周游列国时,被派去"打前站",这见于《礼记·檀弓上》中有子的话:"昔者夫子失鲁司寇,将之荆,盖先之以子夏,又申之以冉有,以斯知不欲速贫也。"⑥孔子在"陈蔡之厄"解除后,赴楚国北境见叶公,此举发生在鲁哀公六年(公元前 489 年),其时孔子六十三

---

① 〔清〕陈玉澍撰:《卜子年谱》,民国四年(1915 年)上虞罗氏"雪堂丛刻"本,卷首《自叙》。
② 〔汉〕司马迁撰:《史记》(全 10 册),北京:中华书局,1959 年版,第 2202—2203 页。
③ 〔清〕王先谦撰:《荀子集解》(《诸子集成》二),北京:中华书局,1954 年版,第 332 页。
④ 〔清〕王先谦撰:《荀子集解》(《诸子集成》二),北京:中华书局,1954 年版,第 337 页。
⑤ 〔宋〕张载撰:《西铭》。见〔明〕陈邦瞻撰《宋史纪事本末》《四部丛刊》本,卷 80"道学崇黜"。
⑥ 〔清〕阮元校刻:《十三经注疏》(全 2 册),北京:中华书局,1980 年版,第 1290 页。

岁,子夏十九岁。《论语》中,有子夏立志好学的话:"博学而笃志,切问而近思,仁在其中矣。""百工居其肆以成其言,君子学以致其道。""日知其所亡,月无忘其所能,可谓好学也已矣。""仕而优则学,学而优则仕。"正是出自对子夏这份刻苦好学、思贤向上精神的赞赏,孔子暮年拿他与当时从政、经商非常红火的子贡相比,认为:"丘死之后,商也日益,赐也日损。商也好与贤己者处,赐也好说(悦)不如己者。"①果然如《史记·儒林列传》所说,"自孔子卒后,七十子之徒散游诸侯",子夏到了魏国西河,"如田子方、段干木、吴起、禽滑釐之属,皆受业于子夏之伦,为王者师。是时独魏文侯好学"②。或如《后汉书》卷四十四《徐防传》注引《史记》曰:"孔子没,子夏居西河,教弟子三百人,为魏文侯师。"③在子游、澹台子羽的儒学南传吴楚的同时,出现了儒学西传三晋的奇观。正是子夏由鲁、经卫、入魏的过程中,搭起了"六经"传承和传播的大舞台。这使他无愧于东汉徐防所称誉的:"《诗》、《书》、《礼》、《乐》,定自孔子;发明章句,始自子夏。"④或如康有为所概括:"传经之学,子夏为多。""传经之功,子夏为多。"

有一个相当知名的故事见于《吕氏春秋·察传》曰:"子夏之晋,过卫,有读史记者曰:'晋师三豕涉河。'子夏曰:'非也,是己亥也。夫"己"与"三"相近,"豕"与"亥"相似。至于晋而问之,则曰'晋师己亥涉河'也。"⑤这说明子夏精于文献校勘学,已经成为"六经"文献的"活字典",甚至"活的百科全书"。这是其"博学而笃志,切问而近思",加上名师点拨的结果。需要进一步考证者,"子夏之晋"的这个"晋"是战国之魏,由于卫、魏同音,换为当时约定俗成的说法。王念孙《读书杂志》云:"(《史记》)'与魏晋战少梁,虏其将公孙痤。'念孙案:魏字后人所加也。与晋战少梁者,晋,即魏也。三家分晋,魏得晋之故都,故魏人自称晋国,而韩、赵则否。梁惠王曰:'晋国天下莫强焉。'周霄曰:'晋国亦仕国也。'(周霄,魏人)《魏策》曰:'魏武侯与诸大大浮丁西河,称曰:河山之险,岂不亦信固哉! 王钟侍王,曰:此晋国之所以强也。'是晋即魏也。上文云'晋城少梁,秦击之';此云'与晋战少梁,虏

①　[汉]刘向撰,向宗鲁校证:《说苑校证》,北京:中华书局,1987年版,第430页。
②　[汉]司马迁撰:《史记》(全10册),北京:中华书局,1959年版,第3116页。
③　[宋]范晔撰,[唐]李贤等注:《后汉书》(全12册),北京:中华书局,1965年版,第1501页。
④　[宋]范晔撰,[唐]李贤等注:《后汉书》(全12册),北京:中华书局,1965年版,第1500页。
⑤　[战国]吕不韦等编:《吕氏春秋》(《诸子集成》六),北京:中华书局,1954年版,第294—295页。

其将公孙痤'。《魏世家》云：'与秦战少梁，虏我将公孙痤。'此尤其明证也。后人不达，又于晋上加魏字，其失甚矣。"①子夏经过卫国，到魏国，这是他教授西河的始发之旅。时间应在子夏、子张、子游在庐墓孝满之后，推举有若主持儒门，其后又有"师（子张）也过，商（子夏）也不及"的思想行为难以调和，在子贡丙庐墓三年前后，离鲁归卫。因而此行发生在鲁哀公二十一年（公元前474年）顷。

子夏传经的旨趣，可参看《韩诗外传》卷二的记载："子夏读《诗》已毕。夫子问曰：'尔亦何大于《诗》矣？'子夏对曰：'《诗》之于事也，昭昭乎若日月之光明，燎燎乎如星辰之错行，上有尧舜之道，下有三王之义。弟子不敢忘。虽居蓬户之中，弹琴以咏先王之风，有人亦乐之，无人亦乐之，亦可发愤忘食矣。《诗》曰：衡门之下，可以栖迟。泌之洋洋，可以乐饥。'夫子造然变容曰：'嘻！吾子始可以言《诗》已矣。然子以见其表，未见其里。'颜渊曰：'其表已见，其里又何哉？'孔子曰：'窥其门，不入其中，安知其奥藏之所在乎？然藏又非难也。丘尝悉心尽志，已入其中：前有高岸，后有深谷，冷冷然如此既立而已矣。不能见其里，未谓精微者也。'"②子夏"发愤忘食"到了蓬户弹琴咏诗而乐的程度，孔子以"以见其表，未见其里"指点子夏，意味着他认为除了熟知文献的传经之学外，还有察其精微的传道之学。因为在子夏的理念中，经籍中"上有尧舜之道，下有三王之义"存焉。

对于这条材料，西汉伏生《尚书大传·略说》、《孔丛子·论书》，以及唐欧阳询《艺文类聚》卷五十五"杂文部"、宋李昉等《太平御览》卷六百一十六"学部十"，都作"子夏读《书》"，而非"子夏读《诗》"。如《尚书大传·略说》记载："子夏读《书》毕。孔子问曰：'吾子何为于《书》？'子夏曰：'《书》之论事，昭昭若日月焉。所受于夫子者，弗敢忘，退而穷居河济之间，深山之中，壤室蓬户，弹琴瑟以歌先王之风，有人亦乐之，无人亦乐之，上见尧舜之道，下见三王之义，可以忘死生矣。'孔子愀然变容曰：'嘻！子殆可与言《书》矣。虽然，见其表未见其里，窥其门未入其中。'颜回曰：'何谓也？'孔子曰：'丘常悉心尽志，以入其中，则前有高岸，后有大谿，填填正立而已。六《誓》可以观义，五《诰》可以观仁，《甫刑》可以观试，《洪范》可以观度，《禹贡》可

---

① ［清］王念孙：《读书杂志》（上）之第2册《史记第一》，北京：中国书店，1985年版，第9页。
② ［汉］韩婴撰，许维遹校释：《韩诗外传集释》，北京：中华书局，1980年版，第72—74页。该书已将读《诗》校改为读《书》。

以观事,《皋陶谟》可以观治,《尧典》可以观美。'"①这两则记载,或读《诗》,或读《书》,传闻异辞,旨趣却是相同。二者强调的不仅仅是对经典歌之乐之、忘死生追求道义的信仰心理,而且是见表及里,窥门入室的得其精微的本质把握,这就是孔子强调的"悉心尽志,以入其中"。其中透露的消息,是儒门传经与传道之异,子夏与颜回、曾子之异,在于传经重章句,传道重心志。

传世文献获得出土材料的参证,便愈来愈令人信服地证明:孔子曾经删《诗》、《书》,订《礼》、《乐》,晚年还赞《易》、作《春秋》。如《晋书·儒林列传序》采《史记·孔子世家》之说所云:"昔周德既衰,诸侯力政,礼经废缺,雅颂陵夷。夫子将圣多能,固天攸纵,叹凤鸟之不至,伤麟出之非时,于是乃删《诗》、《书》,定《礼》、《乐》,赞《易》道,修《春秋》,载籍逸而复存,风雅变而还正。"②斯言当为不虚,问题只是后人如何理解删、订(定)、赞、作(修)的确切含义及其行为方式。中国文化出现孔子是一大幸事,孔子在春秋后期礼乐崩坏、文献流失的潮头中,力挽狂澜,以卓越的文化战略眼光,标榜"述而不作",实际上采取"博学于文,约之以礼"的方法,搜集文献务求其博,整理文献约定于礼,在博约之间使一批代表中国文化根基的原始文献得以保存、整理和经学化。此事当时不做,以后再做,已经来不及了,已经失去历史机遇了。有孔子率先垂范,众弟子有分头钻研一门经籍者,如子游礼学、商瞿易学、漆雕开尚书学,都可以说"得圣人之一体"。而曾子、子夏则追求一以贯之,或群经通治,都付出坚持不懈的精力、意志和智慧。就子夏整理和传授群经而言,他可说是百科全书式学者。

《史记·孔子世家》所述的孔子删诗说,影响极大,所谓"古者诗三千余篇,及至孔子,去其重,取可施于礼义"③者。这里明言孔子"去"与"取"的方式及标准。"去其重",说明孔子所据之《诗》版本甚多,重复甚多,以《诗三百》推算,他据以校雠取舍的各种形态的抄本在十种以上,才可能达到三千余篇。孔子对各种抄本的整理,以"礼义"为标准,旨在对礼乐文明之典籍载体作标准化的调整、增删、去取、润色,这就需要相互比勘,择善而从,因此他整理出来的文本源于多版本,又不尽同于其中任何一个版本,而是

①　[西汉]伏生撰:《尚书大传》,"皇清经解续编"本,卷3。
②　[唐]房玄龄等撰:《晋书》(全10册),北京:中华书局,1974年版,第2345页。
③　[汉]司马迁撰:《史记》(全10册),北京:中华书局,1959年版,第1936页。

孔子定本。从《清华大学藏战国竹简》中的《周公之琴舞》来看，其首列周公诗：“周公作多士儆毖琴舞九卒。元纳启曰：无悔享君，罔坠其孝。享惟慆帀，孝惟型帀。”[1]继之为成王所作的一组九篇儆戒之诗，其第一篇被采录入今本《周颂》，题为《敬之》，其余八篇及周公诗均逸散失传[2]。这似乎印证了孔子删诗，十删其九的说法，但审慎的态度还应将此当作特例，证明存在孔子删佚之诗，总体情形依然是“删其重”，合理处置多抄本中重出之诗，如此才符合战国秦汉旧籍中逸诗甚少的状况。

孔子整理《诗》，是将之当作礼乐载体，“三百五篇皆弦歌之”的；子夏传诗，则采用诗与史互证的方法，将三百篇加以色彩更浓的政治化，就其美与刺的方式，追寻政治上的良窳兴衰、道德上的贤愚邪正。以诗论道德，以诗论政治，这种“审美政治化”的解诗方式，深刻地影响了中国二千年传统诗学的品格。《论语》记孔子、子夏论诗，聚焦的就是礼乐道德价值。《八佾篇》云：“子夏问曰：‘“巧笑倩兮，美目盼兮，素以为绚兮。”何谓也？’子曰：‘绘事后素。’曰：‘礼后乎？’子曰：‘起予者商也，始可与言《诗》已矣。’”[3]《诗经·卫风·硕人》一诗形容美人，在“巧笑倩兮，美目盼兮”的前面，还有“手如柔荑，肤如凝脂，领如蝤蛴，齿如瓠犀，螓首娥眉”，被誉为“千古颂美人者无出其右，是为绝唱”[4]。宗白华认为：“前五句堆满了形象，非常‘实’，是‘错彩镂金，雕绘满眼’的工笔画。后二句是白描，是不可捉摸的笑，是空灵，是‘虚’。这二句不用比喻的白描，使前五句形象活跃起来了。没有这两句，前面五句可以使人感到是一个庙里的观音菩萨，有了这两句，就完成了一个如‘初发芙蓉，自然可爱’的美人形象。”[5]但是孔门论诗，却欠缺纯美的路子，而是采取断章取义的方法，截下“巧笑倩兮，美目盼兮”，加上逸句“素以为绚兮”，从中寻找礼的意义，诠释为礼需要有仁义之类的洁白底子，然后才能在上面描出礼仪的花卉。孔子所点拨和鼓励子夏者，就是沿着礼乐制度的方向，谈论诗之微言大义的思维方式。方向决定了解诗的命运，它将解诗抬到解经的高度，却面对着政治伦理，背对着美，包括

---

①　李学勤主编：《清华大学藏战国竹简》（三），上海：上海中西书局，2012年版，第132页。

②　李学勤主编：《清华大学藏战国竹简》（三），上海：上海中西书局，2012年版，第132—134页。

③　[清]阮元校刻：《十三经注疏》（全2册），北京：中华书局，1980年版，第2466页。

④　[清]姚际恒撰：《诗经通论》，清道光十七年（1837年）铁琴山馆刻本，卷4。

⑤　宗白华：《美学散步》，上海：上海人民出版社，1981年版，第35页。

人情美和艺术美。

《诗》居六经之首,深刻地影响了中国士人的精神结构。儒门以解经方式传《诗》,喜欢在微言大义中寻求"王化之基"、甚至"天地之基",将诗义过度廓大到政治伦理学的深处。在其极端处,不惜牵强附会。《韩诗外传》卷五记载:"子夏问曰:'《关雎》何以为《国风》始也?'孔子曰:'《关雎》至矣乎!夫《关雎》之人,仰则天,俯则地,幽幽冥冥,德之所藏;纷纷沸沸,道之所行。如神龙化,斐斐文章。大哉!《关雎》之道也。万物之所系,群生之所悬命也。河洛出书图,麟凤翔乎郊。不由《关雎》之道,则《关雎》之事,将奚由至矣哉!夫六经之策,皆归论汲汲,盖取之乎《关雎》。《关雎》之事大矣哉!冯冯翊翊,自东自西,自南自北,无思不服。子其勉强之,思服之。天地之间,生民之属,王道之原,不外此矣。'子夏喟然叹曰:'大哉《关雎》,乃天地之基也。'《诗》曰:'钟鼓乐之。'"①

于此值得注意者有二:一是提出"《关雎》何以为《国风》始",涉及《史记·孔子世家》所言"《关雎》之乱以为风始,《鹿鸣》为小雅始,《文王》为大雅始,《清庙》为颂始"的"诗之四始"命题。清人皮锡瑞《经学通论·诗经》由此认为:"孔子删定六经,则定'诗之四始',亦必出于孔子,……诗之四始,以《关雎》为风始,《鹿鸣》为小雅始,《文王》为大雅始,《清庙》为颂始,自是定论,必不可不遵者也。……孔氏大之,取冠篇首,此以《关雎》冠篇首,出孔氏之明证。"②可知在儒门编纂传统中,居首之诗章的重要性,这是儒门编辑学的特点。二是"孔氏大之",子夏也感叹"大哉《关雎》,乃天地之基也",这与《毛诗序》接上了头,即所谓"《关雎》,后妃之德也,风之始也,所以风天下而正夫妇也。故用之乡人焉,用之邦国焉。风,风也,教也,风以动之,教以化之。……《周南》、《召南》,正始之道,王化之基。"③从行文中孔子"勉强"之,"子夏喟然叹"之来看,其中的潜台词,就是孔子向子夏传授《诗》的衣钵。

《礼记·孔子闲居》当是子夏或其门人所记,行文说:"孔子闲居,子夏侍。子夏曰:'敢问《诗》云"凯弟君子,民之父母",何如斯可谓民之父母矣?'孔子曰:'夫民之父母乎!必达于礼乐之原,以致五至,而行三无,以横

①　屈守元笺疏:《韩诗外传笺疏》,成都:巴蜀书社,1996年版,第435页。

②　[清]皮锡瑞撰:《经学通论》二《诗经》,北京:中华书局,1954年版,第7—8页。

③　[清]阮元校刻:《十三经注疏》(全2册),北京:中华书局,1980年版,第269—273页。

于天下,四方有败,必先知之。此之谓民之父母矣。'"①接着孔子阐述何为
解诗的"五至"、"三无":"志之所至,诗亦至焉。诗之所至,礼亦至焉。礼之
所至,乐亦至焉。乐之所至,哀亦至焉。哀乐相生。是故,正明目而视之,
不可得而见也;倾耳而听之,不可得而闻也;志气塞乎天地,此之谓五至。"
"无声之乐,无体之礼,无服之丧,此之谓三无。"②为民父母,是一个政治命
题。子夏借助诗句,以此发问;孔子由此而谈及诗及礼乐。而所谓"志"是
这个"五至"过程的心理力量的原发点:由志而诗,由诗而礼,由礼而乐,由
乐而哀,志、诗、礼、乐、哀五者纷至,而诗则是语言载体。既然子夏学派记
录这则孔门独授的材料,其中就包含着子夏对孔子诗学的理解,包含着其
传诗、解诗的方法论纲领。如果借用《诗经》比兴的手法作比拟,这是对《诗
经·大雅·泂酌》作断章取义,以此起兴,旨趣指向礼乐、政治而作意义的
引申发挥。

子夏传诗的谱系,一说传授给高行子,四传而至小毛公(赵人毛苌);一
说传授给曾申(曾子之子),五传而至大毛公(鲁人毛亨)③。《毛诗序》旨在
揭櫫《诗》之大义,是今传儒门解诗的最早的系统性文献。其中有《大序》、
《小序》之分。《小序》对三百零五篇逐篇的解题,《诗大序》在首篇周南《关
雎》题解之后以统揽全书,总论《诗经》大义,据郑玄"《诗谱》意,《大序》是子
夏作;《小序》是子夏、毛公合作。卜商意有不尽,毛更足成之"④。《诗大
序》云:"诗者,志之所之也,在心为志,发言为诗,情动于中而形于言,言之
不足,故嗟叹之,嗟叹之不足,故咏歌之,咏歌之不足,不知手之舞之足之蹈
之也。情发于声,声成文谓之音,治世之音安以乐,其政和;乱世之音怨以
怒,其政乖;亡国之音哀以思,其民困。故正得失,动天地,感鬼神,莫近于
诗。先王以是经夫妇,成孝敬,厚人伦,美教化,移风俗。"⑤所谓"诗者,志
之所之也",就是《孔子闲居》中所讲的"五至"的第一"至",以此统率整个大
序。其诗创造和传播的过程,也是由志而诗,再及情感、语言、歌舞,而影响
政治。

---

① [清]阮元校刻:《十三经注疏》(全2册),北京:中华书局,1980年版,第1616页。
② [清]阮元校刻:《十三经注疏》(全2册),北京:中华书局,1980年版,第1616—1617页。
③ [清]皮锡瑞撰:《经学历史》,北京:中华书局,1959年版,第48页。
④ [清]阮元校刻:《十三经注疏》(全2册),北京:中华书局,1980年版,第269页。
⑤ [清]阮元校刻:《十三经注疏》(全2册),北京:中华书局,1980年版,第269—270页。

这些思想源自《尚书·舜典》："诗言志,歌永言,声依永,律和声。八音克谐,无相夺伦,神人以和。"①那也是经过孔子删定的典籍。东汉王充《论衡·谢短篇》早就从诗之起源上进行质疑："问《诗》家曰:'《诗》作何帝王时也?'彼将曰:'周衰而《诗》作,盖康王时也。'……《尚书》曰'诗言志,歌咏言',此时已有诗也。断取周以来,而谓兴于周。古者采诗,诗有文也,今《诗》无书,何知非秦燔《五经》,《诗》独无余札也?"②王充质疑对周诗的解释,未及其原初的发源。其实,王充的质疑也是依据经过孔子整理的《尚书》,孔子式的整理依然保留不少原始信息,比如随之云:"夔曰:'于! 予击石拊石,百兽率舞。'"此便是原始巫风下,祭祀、劳动(狩猎)、娱乐互相渗透,诗、舞、乐浑然未分的状态。

但儒家解诗,并非要回复原始巫风舞乐,而是要使诗义服从周公、孔子的礼乐制约,以此作为文明之标准。因而顾炎武《日知录》卷二十一云:"舜曰'《诗言志》',此诗之本也。《王制》'命太师陈诗以观民风',此诗之用也。荀子论《小雅》曰'疾今之政以思往者,其言有文焉,其声有哀焉',此诗之情也。故诗者王者之迹也。建安以下洎乎齐、梁,所谓辞人之赋丽以淫,而于作诗之旨失之远矣。"③所以《诗大序》所云"诗者,志之所之也",乃是《诗》、《书》相贯的"诗之本",是儒家的诗之本体论。而"经夫妇,成孝敬,厚人伦,美教化,移风俗",为此本体论滋生出来的礼乐功能论。

《诗大序》以下所言,则是诗的专门之学,以及诗与政治的宿命性因缘:"故诗有六义焉:一曰风,二曰赋,三曰比,四曰兴,五曰雅,六曰颂。上以风化下,下以风刺上,主文而谲谏,言之者无罪,闻之者足以戒,故曰风。至于王道衰,礼义废,政教失,国异政,家殊俗,而变风变雅作矣。国史明乎得失之迹,伤人伦之废,哀刑政之苛,吟咏情性,以风其上,达于事变而怀其旧俗也。故变风发乎情,止乎礼义。发乎情,民之性也;止乎礼义,先王之泽也。是以一国之事,系一人之本,谓之风;言天下之事,形四方之风,谓之雅。雅者,正也,言王政之所由废兴也。政有大小,故有小雅焉,有大雅焉。颂者,

---

① ［清］阮元校刻:《十三经注疏》(全2册),北京:中华书局,1980年版,第131页。
② ［汉］王充撰:《论衡》(《诸子集成》七),北京:中华书局,1954年版,第126页。
③ ［清］顾炎武著,［清］黄汝成集释,秦克诚点校:《日知录集释》,长沙:岳麓书社,1994年版,第728页。

美盛德之形容,以其成功告于神明者也。是谓四始,诗之至也。"①所谓"诗六义",朱熹认为应分为"三经、三纬","三经是赋、比、兴,是做诗底骨子,无诗不有";风、雅、颂是诗的类型,是"三纬"②。"三经三纬说",触及诗的存在形态和表达方式,牵系着诗性智慧的原始和脉络,是可以演绎为精深的专门之学的。

但是,《诗大序》却将专门之学,外溢为政治诉求,关联上王道兴衰、礼义存废、政教得失。《诗》既已居六经之首矣,辅以如此诗学纲领,遂使中国诗歌通向政治教化,赞襄礼乐文明,跻身于文化中心的位置,其外溢效应,乃至泉源沛然远及,川流滂然奔涌,蔚然而汇成了诗之大国。但也使得诗歌难以摆脱政治的干系,尽管"诗无达诂",还颇有些子人喜欢以"断章取义"的方法,从中找出缝隙以上纲上线,使诗歌带上了往往游离纯文学的宿命。《大序》所提出的一系列范畴和判断,对中国人理解《诗经》和诗歌的本质功能,产生了长时间的深刻影响,滋育着一种言志与教化兼长的诗文化形态。

---

① [清]阮元校刻:《十三经注疏》(全2册),北京:中华书局,1980年版,第271—272页。

② [宋]黎靖德编,王星贤点校:《朱子语类》(全8册),北京:中华书局,1986年版,第2070页。

二十九章 竹书《孔子诗论》与战国诗学思潮

其实,战国前中期传诗者,不只子夏一家,儒门本来就有"不学《诗》,无以言"的共识。随着出土简帛文献的发现,儒家解诗维度变得丰富,与子夏学派解诗形成了同异互补的诠释学形态。1994年5月,上海博物馆从香港抢救购回1200余枚战国楚简,大概是"战国迁郢以前贵族墓中的随葬物"。2001年11月,上海古籍出版社出版了由马承源主编的《上海博物馆藏战国楚竹书》第一册,包括《孔子诗论》、《缁衣》、《性情论》三篇简文,尤以《孔子诗论》为众所瞩目。这部诗论共有完整或残缺的简29支,约1006字。内容涵盖诗序、诗篇解读,以及对"邦风"(国风)、"大夏"(大雅)、"小夏"(小雅)的阐释。内涵之丰富,《毛诗序》之外莫有出其右者。某些字形、字义的隐晦难辨,及简片的残缺纷杂,给人们留下了广阔的考索、诠释和想象空间。

楚竹书《孔子诗论》第一简云:"诗亡(无)隐志,乐亡(无)隐情,文亡(无)隐意。"①这是此组简书的纲领性文字,值得特别注意。在诗与志、乐与情、文与意的关系上,它提出了"无隐"的重要原则。何为"无隐"?对此,需要先考孔子之言,再遍考东周秦汉此语以明其义。"无隐"一词,见于《论语·述而篇》:"子曰:'二三子以我为隐乎?吾无隐乎尔!吾无行而不与二三子者,是丘也。'"②其意思是无隐瞒,无隐讳,无遮蔽。对于此语,朱熹注曰:"诸弟子以夫子之道高深不可几及,故疑其有隐,而不知圣人作、止、语、默,无非教也,故夫子以此言晓之。"③这就是说,"无隐"并非直白说出,一览无余,而须细心体会,方能领受。读诗,也须做个有心人。有一则关于黄庭坚的轶事云:"昔晦堂老子尝问山谷'吾无隐乎尔'之义,山谷诠释再三,

① 《孔子诗论》。见马承源主编:《上海博物馆藏战国楚竹书》(一),上海:上海古籍出版社,2001年版,第123页。原释文中"隐"字释为"离"。

② [清]阮元校刻:《十三经注疏》(全2册),北京:中华书局,1980年版,第2483页。

③ [宋]朱熹撰:《四书章句集注》,北京:中华书局,1983年版,第98—99页。

晦堂终不然其说。时暑退凉生，秋香满院，晦堂因问曰：'闻木犀香乎？'山谷曰：'闻。'晦堂曰：'吾无隐乎尔。'山谷乃服。此正吾夫子无隐之教，得晦堂发明透彻。所谓四时自行，百物自生者也，但学者不能随处见得。"①这已经有点以禅解诗的味道了。不过，诗之为言，是在隐与不隐之间，隐中有喻，喻中有隐，是谓"无隐"。

若考东周秦汉此语，就会发现，"无隐"既是《孔子诗论》的关键词，又是儒门提倡的一种行事原则，有所谓"君子坦荡荡"是也。由行事原则转化为诗学原则，也称得上是一种"君子学"对诗学的贯通效应。《礼记·檀弓上》说："事亲有隐而无犯，……事君有犯而无隐，……事师无犯无隐。"②郑玄注曰："隐，谓不称扬其过失也。无犯，不犯颜而谏。"③在师门之内无犯无隐，既敢于发表意见，无所隐讳，又不失言冲犯，知所节制。《大戴礼记·劝学》说："昔者瓠巴鼓瑟，而沈鱼出听。伯牙鼓琴，而六马仰秣。夫声无细而不闻，行无隐而不形。玉居山而木润，渊生珠而岸不枯。为善而不积乎？岂有不至哉！"④著名乐师鼓瑟弹琴，感动鱼、马倾听，使细微声音和隐蔽行为都能够呈现意义。这段话也见于《荀子·劝学》："昔者瓠巴鼓瑟而流鱼出听，伯牙鼓琴而六马仰秣。故声无小而不闻，行无隐而不形。玉在山而草木润，渊生珠而崖不枯。为善不积邪？安有不闻者乎！"⑤《荀子·王制》中，也用了"无隐"一词："法而不议，则法之所不至者必废。职而不通，则职之所不及者必队。故法而议，职而通，无隐谋，无遗善，而百事无过，非君子莫能。"⑥君子能够依法行善，通达而不须隐蔽其谋术。由此不难领会到，无隐原则在这些阐述中，贯穿于君臣、师弟、法术、职务，直至音乐与自然生物，一气周流，万象默契。因而无隐原则既具有明白的一面，又具有神秘的一面。

如此"无隐"原则，也为一般社会所认同，强调的是正义性、透明性。《逸周书·大匡解》云："官考厥职，乡问其人，因其耆老，及其总害，慎问其

---

① ［明］赵钱撰：《晏林子》，《丛书集成初编》本，卷1。

② ［清］阮元校刻：《十三经注疏》（全2册），北京：中华书局，1980年版，第1274页。

③ ［清］阮元校刻：《十三经注疏》（全2册），北京：中华书局，1980年版，第1274页。

④ ［清］王聘珍撰，王文锦点校：《大戴礼记解诂》，北京：中华书局，1983年版，第134页。

⑤ ［清］王先谦撰：《荀子集解》《诸子集成》（二），北京：中华书局，1954年版，第6页。

⑥ ［清］王先谦撰：《荀子集解》《诸子集成》（二），北京：中华书局，1954年版，第96页。

故，无隐乃情。"①《淮南子·缪称训》亦云："成国之道，工无伪事，农无遗力，士无隐行，官无失法。"②《修务训》又云："地无不任，时无不应，官无隐事，国无遗利。"③无隐，在此强调的是上情下达、下情上达，没有梗阻和闭塞。破塞求通，是恢复国家机制运行活力的玄机所在。即《周易·泰卦》之"彖辞"所云："天地交而万物通也，上下交而其志同。"④所谓政通人和，关键就在于沟通那个"志"字。政治上的"无隐"就是沟通，就是正义性上增加透明性；沟通无阻，才可能集合众人的心志和智慧。

以上阐发了"无隐"之三义：一是坦诚，开诚布公以消除遮蔽；二是默契，把握隐秘以作出明辨；三是沟通，心气舒畅以凝聚活力。若能如此，"无隐"就变成内在的心心相印，变成心灵间无障碍的对话了。还是回到孔子所言"无隐"，孔子与二三子论学，并无隐讳，只是因材施教，言必有物，其深层意义则需要二三子举一反三。有如顾炎武《日知录》卷七所说："夫子之教人'文、行、忠、信'，而'性与天道'在其中矣。故曰'不可得而闻'。子曰：'二三子以我为隐乎？吾无隐乎尔。吾无行而不与二三子者，是丘也。'谓夫子之言'性与天道'不可得而闻，是疑其有隐者也。不知夫子之文章，无非夫子之言'性与天道'，所谓'吾无行而不与二三子者，是丘也'。子贡之意，犹以文章与'性与天道'为二，故曰'子如不言，则小子何述焉？'子曰：'天何言哉！四时行焉，百物生焉。天何言哉！'是故可仕、可止，可久、可速，无一而非天也。恂恂便便，侃侃誾誾，无一而非天也。"⑤此所谓"无隐"，是指意义无所隐瞒，悉已隐含于言语之间，但并非唾手可得，须要举一反三、由表及里，才能得其天然奥秘。对于诗而言，"无隐"不是浅露，而是对"隐"说"不"，如《文心雕龙·隐秀篇》所云："隐以复意为工。"⑥诗之隐，是讲究复意性的，复意性就是在表层文字意义之外，还蕴含着言外之意，如

①　黄怀信、张懋镕、田旭东撰：《逸周书汇校集注》，上海：上海古籍出版社，2007年版，第149页。

②　[西汉]刘安等编：《淮南子》(《诸子集成》七)，北京：中华书局，1954年版，第160页。

③　[西汉]刘安等编：《淮南子》(《诸子集成》七)，北京：中华书局，1954年版，第333页。

④　[清]阮元校刻：《十三经注疏》(全2册)，北京：中华书局，1980年版，第28页。

⑤　[清]顾炎武著，[清]黄汝成集释，秦克诚点校：《日知录集释》，长沙：岳麓书社，1994年版，第238—239页。

⑥　[梁]刘勰著，范文澜注：《文心雕龙注》，北京：人民文学出版社，1958年版，第632页。

宋人张戒《岁寒堂诗话》引刘勰云："情在词外曰隐,状溢目前曰秀。"①这应是《文心雕龙·隐秀篇》的佚文。不隐,就是复意性的隐之外,还要增加一个"不",在叩问复意性中,获取秀拔精警。这就是竹书《孔子诗论》"诗无隐志,乐无隐情,文无隐意",在处理诗、乐、文与志、情、意之关系时,使用"无隐" 词的旨趣所在。

竹书《孔子诗论》以"志"作为解诗之原始点,可以同子夏诗论相参照,源头盖出自孔子及《尚书·舜典》。而且竹书往往由诗之志,推衍到礼乐,以及善、敬、信、安、乐等人伦道德,这也遵循着孔子所倡导的将诗视为礼乐文化载体的思想路线。如第十简、第十二简推衍到礼:"《关雎》之改,……《关雎》以色喻于礼。""好,反内(纳)于礼,不亦能改(怡)乎?《樛木》福斯在君子。"第十一简推衍到善与信:"孔子曰:《宛丘》,吾善之;《猗嗟》,吾喜之;《鸤鸠》,吾信之。"第二简推衍到德:"讼,坪(平)德也,多言后。其乐安而迟,其歌绅而篪,其思深且远,至矣!"这些由诗之志向外推衍,所推及的多属于礼乐伦常的范围。其中特别提出《颂》诗言德,"思深且远"的命题。苏轼曾经谈及孔子"思深且远"处,谓"《春秋》之所深讥、圣人之所哀伤而不忍言者三:晋赵鞅帅师纳卫世子蒯聩于戚,齐国夏、卫石曼姑帅师围戚,而父子之恩绝;公与夫人姜氏遂如齐,而夫妇之道丧;郑伯克段于鄢,而兄弟之义亡。此三者,天下之大戚也。夫子伤之,而思其所以至此之由,故其言尤为深且远也。"②苏轼解经提出"深且远",是《春秋》之"三不忍言",涉及父子、夫妇、兄弟伦理之丧绝;孔子释《颂》之"思深且远",涉及祭祖敬天,"美盛德之形容,以其成功,告于神明者也"③。这与《毛诗序》解诗,属于同一个诠释学系统。

尤其可以注意者,第一简在"诗无隐志"之后,在将"乐"、"文"与"诗"并举的同时,增加了"情"和"意"。竹书《孔子诗论》比《毛诗序》更讲究情,强调情。如第十简:"《燕燕》之情,曷?曰:童而皆贤于其初也。"第十一简:"情爱也。"第十六简:"《燕燕》之情,以其独也。"第十八简:"《杕杜》则情,喜其至也。"第二十二简:"《宛丘》曰'洵有情','而无望',吾善之。"《诗论》由情而深追到"性",如第十六简:"吾以《葛覃》得氏初之诗,民性固然,见其美

---

① 丁福保辑:《历代诗话续编》(全3册),北京:中华书局,1983年版,第456页。
② 孔凡礼点校:《苏轼文集》(全6册),北京:中华书局,1986年版,第66页。
③ [清]阮元校刻:《十三经注疏》(全2册),北京:中华书局,1980年版,第272页。

必欲反其本。"第二十简:"币帛之不可去也,民性固然。"第二十四简:"吾以《甘棠》得宗庙之敬,民性固然。甚贵其人,必敬其位;悦其人,必好其所为。恶其人者亦然。"①在一千字的篇幅中,三次出现"民性固然",可见这个词组已经相当程度的定型化。其所涉及的民性,是见美而反本的民性,不去币帛交往礼仪的民性,敬宗悦贤的民性。其中的币帛不必是指财物,古人祭祀和馈赠常用币帛,如《左传·襄公八年》:"敬共币帛,以待来者。"②《墨子·尚同中》:"其事鬼神也,……珪璧币帛。"③因而《诗论》三言民性,都是肯定其反本敬贤。

　　民性与人性有别,人性重个体,民性重群体,因而关注诗的教化功能。民性之说,与春秋时代有关者,唯有《国语·晋语四》述及晋文公为政云:"公属百官,赋职任功。弃责薄敛,施舍分寡。救乏振滞,匡困资无。轻关易道,通商宽农。懋穑劝分,省用足财。利器明德,以厚民性。举善援能,官方定物,正名育类。"④这里列举了晋文公的一系列治国举措,取器用之利,明道德之教,使民众的性情品质变得厚实。战国时代则有《礼记·王制》讲民性云:"司徒修六礼以节民性,明七教以兴民德,齐八政以防淫,一道德以同俗,养耆老以致孝,恤孤独以逮不足,上贤以崇德,简不肖以绌恶。"⑤《荀子·大略》亦云:"不富无以养民情,不教无以理民性。"⑥荀子认为人性恶,故须教化,才能治理民性。以人文地理学考之,民性一语,并非原生于鲁地,是由三晋一脉相传;但是春秋霸主晋文公之"厚民性",到了战国儒者手中变成以礼"节民性"或"理民性"了。《诗论》对民性的肯定性倾向,不仅与荀子的否定性倾向,存在着实质性差异;而且言"民性"而强调其"固然",是对民性之原本的尊重,如《史记》所言"物有必至,事有固然"⑦,在固然的民性基础上实施教化。

　　其可注意者,《韩非子·说林下》将民性与孔子关联而言:"孔子谓弟子

---

　　① 马承源主编:《上海博物馆藏战国楚竹书》(一),上海:上海古籍出版社,2001年版,第123—159页。

　　② 杨伯峻编著:《春秋左传注》(全4册),北京:中华书局,1990年版,第957页。

　　③ 孙诒让撰,孙启治点校:《墨子间诂》,北京:中华书局,2001年版,第82页。

　　④ 上海师范大学古籍整理研究所校点:《国语》,上海:上海古籍出版社,1988年版,第371页。

　　⑤ [清]阮元校刻:《十三经注疏》(全2册),北京:中华书局,1980年版,第1342页。

　　⑥ [清]王先谦撰:《荀子集解》(《诸子集成》二),北京:中华书局,1954年版,第328页。

　　⑦ [汉]司马迁撰:《史记》(全10册),北京:中华书局,1959年版,第2362页。

曰:'孰能导子西之钓名也?'子贡曰:'赐也能。'乃导之,不复疑也。孔子曰(注家王先慎认为,应是子西曰):'宽哉,不被于利! 洁哉,民性有恒! 曲为曲,直为直。'孔子曰:'子西不免。'白公之难,子西死焉。故曰:直于行者曲于欲。"①若如注家所云,此"民性有恒",非孔子之言,而是子西之言,似乎春秋儒者未及思考"民性"命题。大概是三晋传绪,韩非子屡提及民性,有如《韩非子・难势篇》云:"桀、纣为高台深池以尽民力,为炮烙以伤民性。"②时届战国,《管子・君臣上》及《侈靡篇》,《庄子》外篇《马蹄》,及《文子・下德篇》,均从各个角度探讨民性,不必俱引。这里只需探究,在这种战国思潮中,除了三晋儒者之外,还有何派儒者让孔子说出"民性固然"之语,而且又使之与情、意相通?

　　历史占据着对诗学发言的权威位置。经历了春秋晚期的礼坏乐崩,及战国初期的政治重新洗牌之后,思想界即便言诗,也向多元方向分化。一个重要方向,自然是子夏传诗的系统。它极其深刻地感受到政治危机,大谈"乱世之音怨以怒,其政乖;亡国之音哀以思,其民困"。这就是《毛诗序》所作的"言诗于诗外",以附会政治历史背景为主,少及诗中感情体验的缘故。其次的方向,是深入诗中性情,体验诗之本义,由情感体验而及于礼乐的阐发,这就是我们所见的竹书《孔子诗论》。竹书首揭"诗亡(无)隐志"之旗帜,言外之音也在告诫人们,"无隐"是与"有隐"相对待而言的,那种大谈政治历史背景而对诗之本义用心不力的解诗方法,是容易导致诗中所言之"志"的某些侧面被隐藏、被遮蔽的弊端。孔子所谓"不学诗,无以言","诵诗三百,授之以政,不达;使于四方,不能专对;虽多,亦奚以为"的时代,已经衰落。《汉书・艺文志》如此描述春秋到战国诗学的衰变:"传曰:'不歌而诵谓之赋,登高能赋可以为大夫。'言感物造耑,材知深美,可与图事,故可以为列大夫也。古者诸侯卿大夫交接邻国,以微言相感,当揖让之时,必称《诗》以谕其志,盖以别贤不肖而观盛衰焉。故孔子曰'不学《诗》,无以言'也。春秋之后,周道浸坏,聘问歌咏不行于列国,学《诗》之士逸在布衣,而贤人失志之赋作矣。大儒孙卿及楚臣屈原离谗忧国,皆作赋以风,咸有恻隐古诗之义。"③即是说,进入战国,诗学的历程已经从卿大夫在政治外

---

① [清]王先慎撰:《韩非子集解》(《诸子集成》五),北京:中华书局,1954年版,第140—141页。
② [清]王先慎撰:《韩非子集解》(《诸子集成》五),北京:中华书局,1954年版,第298页。
③ [汉]班固撰:《汉书》(全12册),北京:中华书局,1962年版,第1755—1756页。

交场合赋诗言志,变换成学诗之士逸在布衣,言诗的方式也就由断章取义的政治工具向"恻隐古诗之义"、向心性体验的情感形式过渡。

这个过程呼应着相似的学术思潮,因而在同时出土的郭店楚简中,可以发现《性自命出》一类文献,为此思潮中物。"性自命出,命自天降。道始于情,情生于性,始者近情,终者近义。知情者能出之,知义者能入之";"喜怒哀乐之气,性也。及其见于外,则物取之也";"好恶,性也。所好所恶,物也";"四海之内,其性一也。其用心各异,教使然也";"动性者,物也;逢性者,悦也;交性者,故也;厉性者,义也;出性者,势也;养性者,习也;长性者,道也";"闻道反上,上交者也;闻道反下,下交者也;闻道反己,修身者也。……修身近至仁"①。由这些摘句中可以清理出,《性自命出》提供了"天—命—性—心—情—物"的思想链条。这个思想链条与上海博物馆藏战国楚简《性情论》所谓"道始于情,情生于性。始者近情,终者近义","凡道,心为主。道四术也,唯人道为可道也。其三术者,道之而已。诗书礼乐,其始出也,皆生于人。诗,有为为之也。书,有为言之也。礼乐,有为举之也。圣人比其类而论会之,观其先后而逆顺之,体其义而节取之,理其情而出入之,然后复以教。教所以生德于中者也。"②存在着相互呼应之处。其对"性"、"情"、"义"的强调,尤可注意。再加上传世文献《中庸》与这种思想链条有所重叠和交叉,又有所游离和旁出,二者处在似是而非、似非而是之间。《孔子诗论》应是受这股由春秋至战国的思潮的推拥而产生。

《中庸》说:"天命之谓性,率性之谓道,修道之谓教。道也者,不可须臾离也;可离非道也。是故君子戒慎乎其所不睹,恐惧乎其所不闻。莫见乎隐,莫显乎微,故君子慎其独也。喜怒哀乐之未发,谓之中;发而皆中节,谓之和。中也者,天下之大本也;和也者,天下之达道也。致中和,天地位焉,万物育焉。"③《中庸》提供的思想链条是:"天命—性—道—教—中—和"。它们都讲天、命、性,但《性自命出》分岔出"心—情—物",心是情的内在本位,物是情的外在诱媒,关键还是一个"情"字。"道始于情,情生于性",与"率性之谓道,修道之谓教"存在着一些实质性的差别,在《中庸》强调修道

---

① 湖北省荆门市博物馆编:《郭店楚墓竹简》,北京:文物出版社,1998年版,第179—181页。

② 马承源主编:《上海博物馆藏战国楚竹书》(一),上海:上海古籍出版社,2001年版,第222—234页。

③ [清]阮元校刻:《十三经注疏》(全2册),北京:中华书局,1980年版,第1625页。

而教化之时,《性自命出》突出反已而修身,这与《孔子诗论》的重情倾向一脉相通。

由此反推同时期出土的《孔子诗论》,其撰述者虽不必定为子思,却是与子思比较接近、又对情极为推重者。不能说其撰述者与子夏学派绝缘,《孔子诗论》的一些表述方式,如:"《关雎》之改,《樛木》之时,《汉广》之知,《鹊巢》之归,《甘棠》之报,《绿衣》之思,《燕燕》之情,曷?曰:童而皆贤于其初者也。"又如:"['帝谓文王,予]怀尔明德',曷?诚谓之也;'有命自天,命此文王',诚命之也,信矣。孔子曰:此命也夫!文王虽欲也,得乎?此命也……时也,文王受命矣。""有命"、"命也"、"受命"的说法,与子夏"死生有命,富贵在天"之言,有其相通之处。其中的书写体例,比如以"曷"发问,与子夏系统的《春秋公羊传》、《春秋穀梁传》,似曾相识。在七十子时期,孔门各个学派虽然开始各具特色的思想探索,但依然存在着相互借鉴,并非"老死不相往来"。只是子夏传经、子思传道,传道者思想大于文献,传经者文献大于思想。因此在进一步的发展中,子夏传诗以《毛诗序》的方式传世;而侧重传道的派别,诗学文献中绝,有待于后人在出土文献中与之重逢了。

然而,无论子夏、子思,或七十子其他人及其后学的其他探索,其源头都在孔子,孔子是"一",他们是"分而多"。《孔丛子·记义》载:"孔子读《诗》及《小雅》,喟然而叹曰:'吾于《周南》、《召南》,见周道之所以盛也。于《柏舟》,见匹夫执志之不可易也。于《淇澳》,见学之可以为君子也。于《考槃》,见遁世之士而不闷也。于《木瓜》,见苞苴之礼行也。于《缁衣》,见好贤之心至也。于《鸡鸣》,见古之君子不忘敬也。于《伐檀》,见贤者之先事后食也。于《蟋蟀》,见陶唐俭德之大也。于《下泉》,见乱世之思明君也。于《七月》,见豳公之所以造周也。于《东山》,见周公之先公而后私也。于《狼跋》,见周公之远志所以为圣也。于《鹿鸣》,见君臣之有礼也。于《彤弓》,见有功之必报也。于《羔羊》,见善政之有应也。于《节南山》,见忠臣之忧世也。于《蓼莪》,见孝子之思养也。于《楚茨》,见孝子之思祭也。于《裳裳者华》,见古之贤者世保其禄也。于《采菽》,见古之明王所以敬诸侯也。'"[1]这里涉及《诗经·国风》及《小雅》中二十首诗,不及《大雅》和《颂》。可见这番回忆中的孔子,对《国风》、《小雅》之情的兴趣,超过对《大雅》和

---

① 傅亚庶撰:《孔丛子校释》(《新编诸子集成续编》),北京:中华书局,2011年版,第54页。

《颂》之礼仪祭祀的兴趣，如此关心诗义，自是别开生面。于此不妨将之与《毛诗序》相比较，下面在破折号前者是《孔丛子》中孔子言诗，破折号后者是《毛诗序》：

于《柏舟》，见匹夫执志之不可易也。——《柏舟》，言仁而不遇也。卫顷公之时，仁人不遇，小人在侧。

于《淇澳》，见学之可以为君子也。——《淇奥》，美武公之德也。有文章，又能听其规谏，以礼自防，故能入相于周，美而作是诗也。

于《考槃》，见遁世之士而不闷也。——《考槃》，刺庄公也。不能继先公之业，使贤者退而穷处。

于《木瓜》，见苞苴之礼行也。——《木瓜》，美齐桓公也。卫国有狄人之败，出处于漕，齐桓公救而封之，遗之车马器服焉。卫人思之，欲厚报之，而作是诗也。

于《缁衣》，见好贤之心至也。——《缁衣》，美武公也。父子并为周司徒，善于其职，国人宜之，故美其德，以明有国善善之功焉。

于《鸡鸣》，见古之君子不忘敬也。——《鸡鸣》，思贤妃也。哀公荒淫怠慢，故陈贤妃贞女夙夜警戒相成之道焉。

于《伐檀》，见贤者之先事后食也。——《伐檀》，刺贪也。在位贪鄙，无功而受禄，君子不得进仕尔。

于《蟋蟀》，见陶唐俭德之大也。——《蟋蟀》，刺晋僖公也。俭不中礼，故作是诗以闵之，欲其及时以礼自虞乐也。此晋也，而谓之唐，本其风俗，忧深思远，俭而用礼，乃有尧之遗风焉。

于《下泉》，见乱世之思明君也。——《下泉》，思治也。曹人疾共公侵刻下民，不得其所，忧而思明王贤伯也。

于《七月》，见豳公之所以造周也。——《七月》，陈王业也。周公遭变故，陈后稷先公风化之所由，致王业之艰难也。

于《东山》，见周公之先公而后私也。——《东山》，周公东征也。周公东征，三年而归，劳归士，大夫美之，故作是诗也。

于《狼跋》，见周公之远志所以为圣也。——《狼跋》，美周公也。美不失其圣。

于《鹿鸣》，见君臣之有礼也。——《鹿鸣》，燕群臣嘉宾也。既饮食之，又实币帛筐篚，以将其厚意，然后忠臣嘉宾得尽其心矣。

于《彤弓》，见有功之必报也。——《彤弓》，天子锡有功诸侯也。

于《羔羊》，见善政之有应也。——《羔羊》、《鹊巢》之功致也。召南之国，化文王之政，在位皆节俭正直，德如羔羊也。

于《节南山》，见忠臣之忧世也。——《节南山》，家父刺幽王也。（家父，字，周大夫也。）

于《蓼莪》，见孝子之思养也。——《蓼莪》，民人劳苦，孝子不得终养尔。

于《楚茨》，见孝子之思祭也。——《楚茨》，刺幽王也。政烦赋重，田莱多荒，饥馑降丧，民卒流亡，祭祀不飨，故君子思古焉。

于《裳裳者华》，见古之贤者世保其禄也。——《裳裳者华》，刺幽王也。古之仕者世禄。小人在位则谗谄并进，弃贤者之类，绝功臣之世焉。

于《采菽》，见古之明王所以敬诸侯也。——《采菽》，刺幽王也。侮慢诸侯。诸侯来朝，不能锡命以礼，数征会之，而无信义。君子见微而思古焉。

二者比较，不难发现，《毛诗序》解读诗篇的旨趣，与《孔丛子·记义》中孔子解诗，存在着很大距离，后者旨趣近乎《汉书·艺文志》所形容的战国之风："皆作赋以风，咸有恻隐古诗之义。"[1]《孔丛子·记义》与《毛诗序》解诗，唯有对《豳风》三首的解释，较为接近，如《七月》抒写周朝创业的艰辛，《东山》写周公东征，犒劳归来将士，先公后私，《狼跋》赞美周公有远志，美不失其圣。此外还有《小雅》中的《鹿鸣》、《彤弓》、《节南山》诸篇解释也相似，只不过《毛诗序》对历史对象更加坐实，从而使诗的情趣陷入政治标准的框套之中。二十首中只有六首勉强可说相近或相似，比例未免过小。《毛诗序》更突出的特征，是对号入座，坐实诗之政治"美刺"功能之所指，如"《淇奥》，美（卫）武公之德也"，"《考槃》，刺（卫）庄公也"之类，比比皆是。至于《木瓜》，美齐桓公也。卫国有狄人之败，出处于漕，齐桓公救而封之，遗之车马器服焉。卫人思之，欲厚报之，而作是诗也"，则将许多历史细节

---

① ［汉］班固撰：《汉书》（全12册），北京：中华书局，1962年版，第1756页。

都牵强附会进去,过度的政治化,遮蔽了对"诗之为诗"的直觉领会。

二者对《郑风·缁衣》的解释,尤可注意。《毛诗序》云:"《缁衣》,美武公也。父子并为周司徒,善于其职,国人宜之,故美其德,以明有国善善之功焉。"①专注于郑武公父子的善政美德,令人感到未免胶柱鼓瑟。而《孔丛子》中孔子曰:"于《缁衣》,见好贤之心至也。"②解释较为明达,而且与子思作《缁衣》的题旨契合无间。如《礼记·缁衣》云:"好贤如《缁衣》,恶恶如《巷伯》。"③郑玄解释云:"名曰《缁衣》,好贤者厚也。"④如此说诗的方式,较之《毛诗序》说诗,已经摆脱具体政治人物和事件的纠缠,带有几分"以意逆志"的特点。进而考察简本《孔子诗论》,论《诗》凡六十首,几占"诗三百"的五分之一,其中有五十二首与今本《诗经》篇名对应。它与《孔丛子·记义》中孔子言的距离近,与《毛诗序》的距离远,即较少穿凿附会具体历史枝节,较多体验诗之情意和本义。《孔丛子·记义篇》孔子言诗较少牵强附会,而且顾及性情,与其书作为孔府之学,力求保持圣祖之学的原本面貌有关。

由此不妨认为,《孔子诗论》与《孔丛子·记义》孔子言诗的旨趣,不仅与战国思潮有关,而且源自孔子编《诗》、而未经子夏系统解释的原始旨趣。《史记·孔子世家》云:"古者诗三千余篇,及至孔子,去其重,取可施于礼仪。上采契、后稷,中述殷、周之盛,至幽、厉之缺,始于衽席。故曰《关雎》之乱以为风始,《鹿鸣》为小雅始,《文王》为大雅始,《清庙》为颂始。三百五篇孔子皆弦歌之,以求合《韶》、《武》、雅、颂之音。礼乐自此可得而述,以备王道,成六艺。"⑤太史公如此振振有词的叙述,应有"史记石室金匮之书"或是战国存简之依据。其中"《关雎》之乱以为风始",及"始于衽席"之句,可以感受到孔子解诗,也照顾到人之性情。

对于解诗照顾性情,汉人也提供一些可能源自战国的材料。《仪礼·乡饮酒礼》云:"乃合乐,《周南》:《关雎》、《葛覃》、《卷耳》;《召南》:《鹊巢》、《采蘩》、《采蘋》。"⑥郑玄注曰:"合乐,谓歌乐与众声俱作。《周南》、《召

①　[清]阮元校刻:《十三经注疏》(全2册),北京:中华书局,1980年版,第336页。

②　傅亚庶撰:《孔丛子校释》(《新编诸子集成续编》),北京:中华书局,2011年版,第54页。

③　[清]阮元校刻:《十三经注疏》(全2册),北京:中华书局,1980年版,第1647页。

④　[清]阮元校刻:《十三经注疏》(全2册),北京:中华书局,1980年版,第1647页。

⑤　[汉]司马迁撰:《史记》(全10册),北京:中华书局,1959年版,第1936-1937页。

⑥　[清]阮元校刻:《十三经注疏》(全2册),北京:中华书局,1980年版,第986页。

南》,《国风》篇也。王后、国君夫人房中之乐歌也。"①《仪礼·燕礼》云:"遂歌乡乐,《周南》:《关雎》、《葛覃》、《卷耳》;《召南》:《鹊巢》、《采蘩》、《采蘋》。"②郑玄注又曰:"《周南》、《召南》,《国风》篇也。王后、国君夫人房中之乐歌也。"③同篇郑玄注"有房中之乐",再又曰:"弦歌《周南》、《召南》之诗,而不用钟磬之节也。谓之房中者,后夫人之所讽诵,以事其君子。"④郑玄三注,都将《周南》、《召南》之诗,与"王后、国君夫人房中之乐"相联系,没有充分的礼乐典章制度的依据,是不会如此作注的。对《关雎》居首的《周南》、《召南》的这种注释,与太史公之所谓"《关雎》之乱以为风始","始于衽席",在触及性情娱乐上可以相互呼应,相互阐释。如此释诗,蕴含着通向男女情感的暗渠,在后世涌出滚滚流水,为中国诗词增添了不少风光。这与《毛诗序》开篇就说:"《关雎》,后妃之德也,风之始也,所以风天下而正夫妇也……。《周南》、《召南》,正始之道,王化之基。是以《关雎》乐得淑女以配君子,忧在进贤,不淫其色。哀窈窕,思贤才,而无伤善之心焉。是关雎之义也。"⑤是存在着意义上的距离的,后者已将"始于衽席"的"房中之乐歌",引申到德行教化的轨道上,使得诗学挂上政治化的带钩,久久难以解脱。由此可知,孔子解诗思路不止一端,圣人也是人,礼乐制度也是人的制度,是不能隔绝人的性情的。

《孔丛子》属于孔府之学,以后还要详加分析,于此只是强调,此类书籍的材料搜集与七十子的编述存在差异,是一代复一代的孔府之士搜集有关孔子事迹学术的简帛,连同子思、子上直到孔鲋的事迹也加以列述,具有文化地层叠压的特征。即是说,孔府与七十子之间,七十子相互之间所记忆编述的孔子和孔子思想,存在着某种历史多棱镜的折射效应,应该通过这种历史多棱镜效应对孔子文化生命和文化地图进行还原。不应关闭这个多棱镜,如过度的疑古辨伪之所为;也不必把多棱镜变成平面镜,将历史解读的多元性断定为非此即彼。历史的存在,比历史的记录丰富得多,鲜活得多,它提供了一部可以反复阅读的智慧启示录。

---

① [清]阮元校刻:《十三经注疏》(全2册),北京:中华书局,1980年版,第986页。
② [清]阮元校刻:《十三经注疏》(全2册),北京:中华书局,1980年版,第1021页。
③ [清]阮元校刻:《十三经注疏》(全2册),北京:中华书局,1980年版,第1021页。
④ [清]阮元校刻:《十三经注疏》(全2册),北京:中华书局,1980年版,第1025页。
⑤ [清]阮元校刻:《十三经注疏》(全2册),北京:中华书局,1980年版,第269-273页。

三十章 《易》、《春秋》之学与子夏传承

《易》学是孔子晚年"知天命"之学,他在学《易》、赞《易》、传《易》的过程中,将诗、书、礼、乐的智慧引向本体论思考的深处。应该看到,孔子对于《易》,是学、赞、传三阶递进,又三位一体的。《汉书·艺文志》节录西汉刘歆《六艺略》说:"《易》曰:'宓戏氏仰观象于天,俯观法于地,观鸟兽之文,与地之宜,近取诸身,远取诸物,于是始作八卦,以通神明之德,以类万物之情。'至于殷、周之际,纣在上位,逆天暴物,文王以诸侯顺命而行道,天人之占可得而效,于是重《易》六爻,作上下篇。孔氏为之《彖》、《象》、《系辞》、《文言》、《序卦》之属十篇。故曰《易》道深矣,人更三圣,世历三古。"①此与《史记·孔子世家》相合,认为《易》之十翼,源自孔子。孔子传《易》的谱系,《史记·仲尼弟子列传》已有交代:"商瞿,鲁人,字子木。少孔子二十九岁。孔子传《易》于瞿。瞿传楚人馯臂子弘,弘传江东人矫子庸疵,疵传燕人周子家竖,竖传淳于人光子乘羽,羽传齐人田子庄何,何传东武人王子中同,同传菑川人杨何。何元朔中以治《易》为汉中大夫。"②元朔是汉武帝年号,时为公元前128年至公元前117年。这正是司马迁搜集《史记》资料之岁月,十年后司马迁当太史令,不久开始修《史记》。即是说,上述传《易》谱系,已经接上司马迁时代,应是来自第一手材料。

然而一门大学问,在孔门七十子中不可能只是单传,子夏可能也是解《易》学者中的一位。西晋初年在战国魏人的汲冢出土的竹书中,有"《易经》二篇,与《周易》上下经同。《易繇阴阳卦》二篇,与《周易》略同,《繇辞》则异。《卦下易经》一篇,似《说卦》而异。《公孙段》二篇,公孙段与邵陟论《易》"③。这些传《易》、解《易》文献,当与子夏西河传经的传统有关。清人刘宝楠《论语正义》说:"夫子文章,谓《诗》、《书》、《礼》、《乐》也。……夫子四教,首在于文,颜子亦言'博我以文',群弟子所以得闻也。……孔子五十

---

① [汉]班固撰:《汉书》(全12册),北京:中华书局,1962年版,第1704页。
② [汉]司马迁撰:《史记》(全10册),北京:中华书局,1959年版,第2211页。
③ [唐]房玄龄等撰:《晋书》(全10册),北京:中华书局,1974年版,第1432—1433页。

学《易》，惟子夏、商瞿晚年弟子得传是学。然则子贡言性与天道不可得闻，《易》是也。"①这大概是综合多种文献所得到的说法。而《隋书·经籍志》则将《周易十翼》的承传脉络，独归于子夏："周文王作卦，谓之《周易》，周公又作《爻辞》，孔子为《彖》、《象》、《系辞》、《文言》、《序卦》、《说卦》、《杂卦》，而了夏为之传。"②

子夏具有传《易》的素质和迹象，甚至其家族文化基因，也可追寻。《通志·氏族略》云："以技为氏……巫者之后为巫氏，屠者之后为屠氏，卜人之后为卜氏，匠人之后为匠氏。"③"卜氏，《周礼》卜人氏也。鲁有卜楚邱，晋有卜偃，楚有卜徒父，皆以卜命之。其后遂以为氏，如仲尼弟子卜商之徒是也。"④"卜"的本义是以龟甲占卜，从姓氏源流上看，子夏姓卜氏，祖先曾是卜人，家族与《易》学存在渊源。而且孔子授《易》于子夏，不乏文献记载。《说苑·敬慎篇》说：

> 孔子读《易》，至于《损》、《益》，则喟然而叹。子夏避席而问曰："夫子何为叹？"孔子曰："夫自损者益，自益者缺，吾是以叹也。"子夏曰："然则学者不可以益乎？"孔子曰："否，天之道，成者未尝得久也。以虚受之，故曰得。苟不知持满，则天下之善言不得入其耳矣。昔尧履天子之位，犹允恭以持之，虚静以待下，故百载以逾盛，迄今而益章。昆吾自臧而满意，穷高而不衰，故当时而亏败，迄今而逾恶，是非损益之征与？吾故曰：'谦也者，致恭以存其位者也。'夫丰明而动，故能大，苟大，则亏矣。吾戒之，故曰：'天下之善言不得入其耳矣。'日中则昃，月盈则食，天地盈虚，与时消息。是以圣人不敢当盛，升舆而遇三人则下，二人则轼，调其盈虚，故能长久也。"子夏曰："善！请终身诵之。"⑤

此事在《孔子家语·六本篇》中也有记载，文字有异。原始材料可能是子夏所述，为其门人记录流传，孔府抄入档案。孔子说《易》，子夏最后表

①　[清]刘宝楠撰：《论语正义》，《诸子集成》（一），北京：中华书局，1954年版，第98页。
②　[唐]魏征、令狐德棻撰：《隋书》（全6册），北京：中华书局，1973年版，第912页。
③　[宋]郑樵撰：《通志》，杭州：浙江古籍出版社，1988年版，第440页。
④　[宋]郑樵撰：《通志》，杭州：浙江古籍出版社，1988年版，第470页。
⑤　[汉]刘向撰，向宗鲁校证：《说苑校证》，北京：中华书局，1987年版，第241—242页。

示:"商请志之,而终身奉行焉。"(《家语》中语)不仅是"终身诵之",而且是"终身奉行焉",诵行结合,意味着子夏以学《易》、传《易》为终身之业。细读这段文字,可以发现,孔子说:"吾故曰:'谦也者,致恭以存其位者也。'"①此语见于《周易·系辞上》:"德言盛,礼言恭。谦也者,致恭以存其位者也。"②其中的"吾故曰"三字很关键,似乎借孔子之口,印证《系辞》之作,采用了孔子传《易》之言,与孔子因缘极深。孔子又说:"日中则昃,月盈则食,天地盈虚,与时消息。"③此语见于《周易·丰卦》之"彖辞",丰卦《彖》曰:"丰,大也。明以动,故丰。'王假之',尚大也。'勿忧宜日中',宜照天下也。日中则昃,月盈则食,天地盈虚,与时消息,而况于人乎,况于鬼神乎?"④这似乎透露《周易十翼》传自孔子、且为子夏笔录的某种信息。这是研究《易》学者,不可不注意的。春秋战国之际《周易十翼》的形成,是一个过程,而这个过程启动于孔子,应是无疑。

至于孔子云"是以圣人不敢当盛,升舆而遇三人则下,二人则轼,调其盈虚,故能长久也",则可以参看《说苑·立节篇》:"楚伐陈,陈西门燔,因使其降民修之。孔子过之,不轼。子路曰:'礼,过三人则下车,过二人则轼。今陈修门者人数众矣,夫子何为不轼?'孔子曰:'丘闻之,国亡而不知,不智;知而不争,不忠;忠而不死,不廉。今陈修门者,不能行一于此,丘故不为轼也。'"⑤此事发生在孔子周游列国之时,尽管风尘仆仆,孔子对于执礼,犹未有丝毫松懈。若以此同《敬慎篇》"孔子读《易》"章连读,就可以觉察,孔子释《易》,是与日常之礼,与智、忠、廉诸道德相联系而互阐释。他晚年学《易》,与其诗、书、礼、乐之学,于此获得了精神桥梁,使其道术一以贯之。

《大戴礼记·易本命》应是子夏学派留下的文献,借孔子之口,将解《易》方向引向术数,与《说苑·敬慎篇》述《易》出于另一条路线,可见孔子《易》学思想及子夏传《易》路径之复杂。《易本命》表明,子夏"死生有命,富贵在天"的思想来自习《易》。《易本命》云:"子曰:夫易之生,人、禽、兽、万

———————

① [汉]刘向撰,向宗鲁校证:《说苑校证》,北京:中华书局,1987年版,第242页。
② [清]阮元校刻:《十三经注疏》(全2册),北京:中华书局,1980年版,第79页。
③ [汉]刘向撰,向宗鲁校证:《说苑校证》,北京:中华书局,1987年版,第242页。
④ [清]阮元校刻:《十三经注疏》(全2册),北京:中华书局,1980年版,第67页。
⑤ [汉]刘向撰,向宗鲁校证:《说苑校证》,北京:中华书局,1987年版,第79页。

物昆虫各有以生。或奇或偶，或飞或行，而莫知其情；惟达道德者，能原本之矣。天一，地二，人三；三三而九，九九八十一；一主日，日数十，故人十月而生。……故王者动必以道，静必以理；动不以道，静不以理，则自夭而不寿，祆孽数起，神灵不见，风雨不时，暴风水旱并兴，人民夭死，五谷不滋，六畜不蕃息。"①

　　这则记载也见于《孔子家语·执辔篇》，《易本命》中的"子曰"竟然变作"子夏问"，在孔子与子夏的对话后，还加进一个子贡进行评议。二者相比较，《易本命》可能已经后人删节，而《孔子家语·执辔篇》材料更原本，更可取信。《执辔篇》云："子夏问于孔子曰：'商闻《易》之生人及万物鸟兽昆虫，各有奇耦，气分不同。而凡人莫知其情，唯达德者能原其本焉。天一，地二，人三。三三如九，九九八十一。一主日，日数十，故人十月而生。八九七十二，偶以从奇，奇主辰，辰为月，月主马，故马十二月而生。……是以至阴主牝，至阳主牡。敢问其然乎？'孔子曰：'然。吾昔闻老聃亦如汝之言。'子夏曰：'商闻《山书》曰：地东西为纬，南北为经……羽虫三百有六十，而凤为之长；毛虫三百有六十，而麟为之长；甲虫三百有六十，而龟为之长；鳞虫三百有六十，而龙为之长；倮虫三百有六十，而人为之长。此乾坤之美也，殊形异类之数。王者动必以道动，静必以道静，必顺理以奉天地之性，而不害其主，谓之仁圣焉。'子夏言终而出。子贡进曰：'商之论也如何？'孔子曰：'汝谓何也？'对曰：'微则微矣，然非治世之待也。'孔子曰：'然，各其所能。'"②

　　其中"吾昔闻老聃亦如汝之言"，此言极其要紧，透露了孔子不仅曾经向老子问礼，而且向老子问道。岂非孔子四十七岁开始学《易》，与其四十一岁适周问礼于老子，存在何种关系乎？其时老子《易》学，尚属"前《道德经》之《易》学"，方能"如汝（子夏）之言"。此类言说，已为晚年孔子所超越，因而与《周易十翼》相距甚远。唯有《周易·系辞上》似乎言及术数："天一，地二；天三，地四；天五，地六；天七，地八；天九，地十。"③但其最终导向哲理："是故阖户谓之坤，辟户谓之乾，一阖一辟谓之变，往来不穷谓之通，见乃谓之象，形乃谓之器，制而用之谓之法，利用出入，民咸用之谓之

---

① ［清］王聘珍撰，王文锦点校：《大戴礼记解诂》，北京：中华书局，1983 年版，第 256—260 页。
② 王国轩、王秀梅译注：《孔子家语》，北京：中华书局，2011 年版，第 312—313 页。
③ ［清］阮元校刻：《十三经注疏》（全 2 册），北京：中华书局，1980 年版，第 81 页。

神。……圣人有以见天下之动,而观其会通,以行其典礼,系辞焉以断其吉凶,是故谓之爻。"①《大戴礼记·易本命》之所谓"子曰",即《孔子家语·执辔篇》之"子夏问",其中议论与《周易十翼》的重要思想关系疏远;只是在数字、阴阳、动静等问题上,多少存在着某种藕断丝连的内在联系。

上述材料说明,《周易十翼》的撰述,发端于孔子晚年学《易》、授《易》,由此启动了一个崭新的思想进程。又说明思想进程并非纯粹,子夏学派言《易本命》,就存在着许多原始《易》的巫术因素;可能是商瞿及其后学,参与《十翼》论纂,但要经过三四代人的修习整饬,才可成功,其时已是战国中期了。战国时代纷纭复杂的思潮,不可能不对其产生浸润和染色。孔子启动,后学承修,战国染色,这就造成了《周易十翼》文化基因的复杂性。

《春秋》与《易》,是孔子晚年建构的精深学术。六经是存在着递进式的道术阶梯的。《诗》、《书》、《礼》、《乐》是孔门教学通用的本科,而《易》、《春秋》一是谈天、一是论地的深奥学问,是需要专门钻研的高端科目。如皮锡瑞《经学历史》所说:"《诗》、《书》、《礼》、《乐》教弟子三千,而通六艺止七十二人。则孔门设教,犹'乐正四术'之遗。而《易》、《春秋》,非高足弟子莫能通矣。"②《易》和《春秋》的习得传承,都面对着文化疑难,而《春秋》传承呈现了与《易》的传承的别一种形态。关于孔子作而子夏传《春秋》,后世存在许多争议。返回《史记·孔子世家》,其中有如此记述:"子曰:'弗乎弗乎,君子病没世而名不称焉。吾道不行矣,吾何以自见于后世哉?'乃因史记作《春秋》,上至隐公,下讫哀公十四年,十二公。据鲁,亲周,故殷,运之三代。约其文辞而指博。故吴楚之君自称王,而春秋贬之曰'子';践土之会实召周天子,而春秋讳之曰'天王狩于河阳':推此类以绳当世。贬损之义,后有王者举而开之。《春秋》之义行,则天下乱臣贼子惧焉。"③

《史记》对孔子"作《春秋》"的这段描述,涉及两个关键问题:一是孔子"作《春秋》"的原旨。其中"君子病没世而名不称焉"的话,见于《论语·卫灵公篇》:"子曰:君子疾没世而名不称焉。"④外表是扬名,内里是传道,这才有"吾道不行矣"的感慨背后的作书冲动。《说苑·贵德篇》记述:"孔子

① [清]阮元校刻:《十三经注疏》(全2册),北京:中华书局,1980年版,第82页。

② [清]皮锡瑞撰:《经学历史》,北京:中华书局,1959年版,第43页。

③ [汉]司马迁撰:《史记》(全10册),北京:中华书局,1959年版,第1943页。

④ [宋]朱熹撰:《四书章句集注》,北京:中华书局,1983年版,第165页。

历七十二君,冀道之一行,……卒不遇,故睹麟而泣,哀道不行,德泽不洽,于是退作《春秋》,明素王之道,以示后人。"①孔子以对历史的笔削,来回应现实的遭际,在古今合观中贯穿以历史发展之道。关键问题之二,是对孔子作书的"春秋笔法"的概括,孔子的苦心也见于《孔子家语·曲礼子贡问》:"子贡问于孔子曰:'晋文公实召天子,而使诸侯朝焉,夫子作《春秋》云'天王狩于河阳',何也?'孔子曰:'以臣召君,不可以训,亦书其率诸侯事天子而已。'"②笔法中也有道,那就是孔子把握的历史正义的尺子。

《孔子世家》对孔子"作《春秋》"的原旨和笔法的概括,折射了一个擅长发凡起例的大历史学家,对一部以史为经的经典的透视,以及甘苦相知的语言体验。继之又描述《春秋》传授的现场:"孔子在位听讼,文辞有可与人共者,弗独有也。至于为《春秋》,笔则笔,削则削,子夏之徒不能赞一辞。弟子受《春秋》,孔子曰:'后世知丘者以《春秋》,而罪丘者亦以《春秋》。'"③《论语·述而篇》子曰:"述而不作,信而好古,窃比于我老彭。"④应是孔子传授《春秋》,而"子夏之徒不能赞一辞"时所作的自我告白,孔子是殷人,就以殷初作道德教化、述而不作的贤人自拟。《史记》指认孔子"作"《春秋》,孔子却说自己"不作",对《春秋》的作与不作之辨,可以窥见孔子独到的史观和《春秋》的表述形态。孔子自比老彭,应是在鲁哀公十四年(公元前481年)成《春秋》之年。

孔子此时七十一岁,已将一世英名托付《春秋》,两年后,孔子辞世。《春秋经》止于鲁哀公十六年(公元前479年)"孔子卒";《公羊》、《穀梁传》止于鲁哀公十四年"西狩获麟";《左传》则止于鲁哀公二十七年,结尾还补述至"悼之四年(公元前463年),晋荀瑶帅师围郑。……知伯入南里,……知伯不悛,赵襄子由是甚知伯,遂丧之。知伯贪而愎,故韩、魏反而丧之"⑤,预示了韩、赵、魏灭智伯而分晋,揭开战国序幕。此时,孔子已去世十六年了。因此,《春秋》即便经过孔子笔削整理,也不排除游、夏之徒,即孔子后期弟子补缀成书的可能。何休《春秋公羊传解诂》昭公十二年(公元

① [汉]刘向撰,向宗鲁校证:《说苑校证》,北京:中华书局,1987年版,第95页。
② 王国轩、王秀梅译注:《孔子家语》,北京:中华书局,2011年版,第494页。
③ [汉]司马迁撰:《史记》(全10册),北京:中华书局,1959年版,第1944页。
④ [宋]朱熹撰:《四书章句集注》,北京:中华书局,1983年版,第93页。
⑤ 杨伯峻编著:《春秋左传注》(全4册),北京:中华书局,1990年版,第1735—1736页。

前530年）徐彦疏引《春秋说》云："孔子作《春秋》，一万八千字，九月而书成。以授游、夏之徒，游、夏之徒不能改一字。"①比起《史记·孔子世家》，子夏的前面加了一个子游，孔子传授《春秋》当然不限于子夏一人，游、夏之徒乃通称，指博学多文的后期弟子。

　　然而，后人为了突出子夏传《春秋》的重要作用，又造出这么一个说法："昔周之衰，下陵上替，臣弑其君，子弑其父；上无天子，下无方伯；善者谁赏，恶者谁罚，纲纪乱矣。孔子惧而作《春秋》，诸侯讳妒，惧犯时禁，是以微辞妙旨，义不显明，故曰'知我者其唯《春秋》，罪我者其唯《春秋》'。时左丘明、子夏造膝亲受，无不精究。孔子既没，微言将绝，于是丘明退撰所闻而为之《传》。其书善礼，多膏腴美辞；张本继末，以发明经意，信多奇伟，学者好之。儒者称公羊高亲受子夏，立于汉朝，辞义清俊，断决明审，多可采用，董仲舒之所善也。穀梁赤师徒相传，暂立于汉，时刘向父子，汉之名儒，犹执一家，莫肯相从。其书文清约，诸所发明，或是《左氏》、《公羊》所不载，亦足有所订正，是以《三传》并行于先代，通才未能孤废。"②

　　子夏还要陪同一个左丘明，在孔子面前"造膝亲受，无不精究"，此说并不言明文献根据，主要还是为了说明《春秋》三传的来由，《左传》传自左丘明，《公羊》、《穀梁》二传则由子夏门人承传，乃是得自孔子真传。此说最早见于南朝沈约《宋书·礼志》所记载的"太常荀崧上疏"。因为东晋元帝"太兴初（318年），议欲修立学校，唯《周易》王氏、《尚书》郑氏、古文孔氏、《毛诗》、《周官》、《礼记》、《论语》、《孝经》郑氏、《春秋左传》杜氏、服氏，各置博士一人。其《仪礼》、《公羊》、《穀梁》及郑《易》，皆省不置博士"③，荀崧为了摆平《春秋》三传的古今文之争，认为"今去圣久远，斯文将坠，与其过废，宁过而立也。臣以为《三传》虽同一《春秋》，而发端异趣"，主张三传并立博士，才造成了这么一个"左丘明、子夏造膝亲受"的传奇④。这一传奇为唐代房玄龄等人撰写的《晋书·荀崧列传》所采纳，遂以正史记述而传播于学界。

　　其实，左丘明且不论，先秦文献中早有子夏传《春秋》的片段记述。《韩

---

①　［清］阮元校刻：《十三经注疏》（全2册），北京：中华书局，1980年版，第2320页。

②　［梁］沈约撰：《宋书》（全8册），北京：中华书局，1974年版，第361—362页。

③　［梁］沈约撰：《宋书》（全8册），北京：中华书局，1974年版，第360页。

④　［梁］沈约撰：《宋书》（全8册），北京：中华书局，1974年版，第360—362页。

非子·外储说右上》称:"患之可除,在子夏之说《春秋》也。"①又说:"子夏曰:《春秋》之记臣杀君、子杀父者以十数矣。"②再联系《说苑·复恩篇》引述子夏曰:"《春秋》者,记君不君、臣不臣、父不父、子不子者也;此非一日之事也,有渐以至焉。"③子夏此言,揭示了《春秋》以礼释史的记述原则。《说苑·建本篇》又记载:"公扈子曰:'有国者不可以不学《春秋》,生而尊者骄,生而富者傲,生而富贵,又无鉴而自得者鲜矣。《春秋》,国之鉴也,《春秋》之中,弑君三十六,亡国五十二,诸侯奔走,不得保社稷者甚众,未有不先见而后从之者也。'"④这位公扈子乃儒门后学,是否为子夏弟子,无从考证,但其所述大概与子夏传《春秋》有关,即注家认为"此用子夏语"。唯此才能印证《春秋繁露·俞序》此类说法:"仲尼之作《春秋》也,上探正天端,王公之位,万民之所欲,下明得失,起贤才,以待后圣,故引史记,理往事,正是非,见王公,史记十二公之间,皆衰世之事,故门人惑。孔子曰:'吾因其行事,而加乎王心焉,以为见之空言,不如行事博深切明。'故子贡、闵子、公肩子言其切而为国家资也。其为切,而至于杀君亡国,奔走不得保社稷,其所以然,是皆不明于道,不览于《春秋》也。故卫子夏言:'有国家者,不可不学《春秋》,不学《春秋》,则无以见前后旁侧之危,则不知国之大柄,君之重任也。故或胁穷失国,掐杀于位,一朝至尔。苟能述《春秋》之法,致行其道,岂徒除祸哉!乃尧舜之德也。'……春秋贵之,将以变习俗,而成王化也。故子夏言:'春秋重人,诸讥皆本此,或奢侈使人愤怨,或暴虐贼害人,终皆祸及身。'"⑤此其间有精神脉络绵延而存焉,今文经派崇子夏是也。这就是为何《公羊传》徐彦疏引闵因叙云:"昔孔子受端门之命,制《春秋》之义,使子夏等十四人求周史记。"⑥《艺文类聚》卷二十六录载:"《孝经钩命决》曰:孔子曰:吾志在《春秋》,行在《孝经》,以《春秋》属商,以《孝经》属参。"⑦子夏传《春秋》,为汉儒反复渲染,是事出有因的。

----

① [清]王先慎撰:《韩非子集解》(《诸子集成》五),北京:中华书局,1954年版,第231页。
② [清]王先慎撰:《韩非子集解》(《诸子集成》五),北京:中华书局,1954年版,第234页。
③ [汉]刘向撰,向宗鲁校证:《说苑校证》,北京:中华书局,1987年版,第141—142页。
④ [汉]刘向撰,向宗鲁校证:《说苑校证》,北京:中华书局,1987年版,第68—69页。
⑤ 苏舆撰,钟哲点校:《春秋繁露义证》,北京:中华书局,1992年版,第158—163页。
⑥ [清]阮元校刻:《十三经注疏》(全2册),北京:中华书局,1980年版,第2195页。
⑦ [唐]欧阳询撰,王绍楹校:《艺文类聚(附索引)》,上海:上海古籍出版社,1982年版,第464页。

子夏也是礼的行家，但其问礼、言礼每有较强的历史意识。其寻找礼之脉络的时间维度及于夏商周三代，以及周公、成王。《孔子家语·曲礼子夏问》中，子夏问礼之事几半。比如："子夏问，……孔子曰：'夏后氏之丧三年，既殡而致事，殷人既葬而致事，周人既卒哭而致事。《记》曰：君子不夺人之亲，亦不夺故也。'子夏曰：'金革之事无避，非与？'孔子曰：'吾闻诸老聃曰：鲁公伯禽，有为为之也。今以三年之丧从利者，吾弗知也。'"①此次问丧礼也见于《礼记·曾子问》，其中涉及夏商周三代的丧礼制度，以及老聃所说鲁公伯禽对礼制的变动，都将礼制沿革当作文化史来考察，历史意识甚浓。《曲礼子夏问》又载："子夏问于孔子曰：'《记》云"周公相成王，教之以世子之礼"，有诸？'孔子曰：'昔者成王嗣立，幼，未能莅阼。周公摄政而治，抗世子之法于伯禽，欲王之知父子、君臣之道，所以善成王也。夫知为子者，然后可以为父；知为人臣者，然后可以为人君；知事人者，然后可以使人。是故抗世子法于伯禽，使成王知父子、君臣、长幼之义焉。……语曰："乐正司业，父师司成。一有元良，万国以贞。"世子之谓也。闻之曰：'为人臣者，杀其身而益于君，则为之。'况于其以善其君乎？周公优为也。'"②此则记载又见于《礼记·文王世子》，可见孔府之学与七十子之学，是相互沟通的。上述二则子夏问礼，都不是纯粹说礼，而是从历史记事（《记》）的疑惑中提出礼的问题，治礼兼长于史，潜伏着《春秋》"以礼说史，以礼约史"的潜在意识。

在有关子夏说礼的其他文字中，此种传承《春秋》的"以礼释史"的情结，隐约可见。子夏撰有《丧服传》，是对《仪礼·丧服》的解释，属于传承礼经的行为。《仪礼注疏》卷二十八《丧服》，标示出"子夏传《仪礼》，郑玄注"。贾公彦疏曰："'传曰'者，不知是谁人所作，人皆云孔子弟子卜商字子夏所为。案：《公羊传》是公羊高所为，公羊高是子夏弟子。今案：《公羊传》有云'者何'、'何以'、'曷为'、'孰谓'之等，今此《传》亦云'者何'、'何以'、'孰谓'、'曷为'等之问。师徒相习，语势相遵，以弟子却本前师。此传得为子夏所作，是以师师相传，盖不虚也。其传内更云，传者是子夏，引他旧传以证己义。《仪礼》见在一十七篇，余不为传，独为《丧服》作传者，但《丧服》一篇总包天子已下,五服差降,六术精粗,变除之数既繁,出入正殇交互,恐读者不能悉解其义,是以特为传解。"①文中将子夏《丧服传》遣词造句的方式,与子夏弟子公羊高撰述的《春秋公羊传》相比较,映照出子夏传经的内在联络。其传礼,不仅追溯礼之历史脉络,而且开拓日后弟子传《春秋》的章句形式。这种礼与史相兼的综合传经形态,实现礼之政治史与制度史相糅合,可谓子夏传经的独特风貌。

子夏传《春秋》,根基在于其深厚的史学修养,而且在传承过程中又培养了浓厚的史学兴趣。前述子夏传《诗》系统的《毛诗序》,在很大程度上是以解说《春秋》的方法,来解说《诗》,往往将诗的发生学附会于政治史。这是最早的、也是政治意识极浓的"以史证诗",以《春秋》证《诗》。对于子夏史学根底之深厚,连子思也甚是佩服。《孔丛子·居卫篇》记载:"羊客问子思曰:'古之帝王中分天下,使二公治之,谓之二伯。周自后稷封为王者,后子孙据国,至大王、王季、文王,此固世为诸侯矣,焉得为西伯乎?'子思曰:'吾闻诸子夏:殷王帝乙之时,王季以功,九命作伯,受珪瓒秬鬯之赐,故文王因之,得专征伐。此以诸侯为伯,犹周、召之君为伯也。'"②子思曰"吾闻诸子夏",是将子夏视为史学宿儒,子夏此番议论,言简意赅,几乎概括了一部周朝崛起和治理的历史。

子夏以历史探求道统、又以礼制解释历史的情结甚深,他不仅能够总览周朝建国的历史,而且对于迷茫难辨的上古传说,也就是尧舜口传历史的记录,也可谓兴趣益然。汉代伏生《尚书大传》卷三记载:"子夏读《书》毕,见夫子。夫子问焉:'子何为于《书》?'对曰:'《书》之论事也,昭昭若日月之明,离离若参辰之错行,上有尧舜之道,下有三王之义。商所受于夫子者,志之弗敢忘也,虽退而穷居河济之间,深山之中,壤塞编蓬,为户于中,弹琴咏先王之道,则可发愤慷慨矣。'"③这条材料可能源自战国秦汉杂简,也见于《韩诗外传》卷二,及《孔丛子·论书篇》。其中旨趣倒不是子夏所言的"仕而优则学,学而优则仕",而是颜回、原宪式的"退而穷居河济之间"的故里,于"深山之中,壤塞编蓬","弹琴咏先王之道"。

---

① [清]阮元校刻:《十三经注疏》(全2册),北京:中华书局,1980年版,第1096页。
② 傅亚庶撰:《孔丛子校释》(《新编诸子集成续编》),北京:中华书局,2011年版,第132页。
③ [汉]伏生撰:《尚书大传》,皇清经解续编本,卷3。又载《孔丛子·论书》及《艺文类聚》卷64"居处部"4。

于此不妨对照刘向《新序》所述:"原宪居鲁,环堵之室,茨以生蒿,蓬户瓮牖,揉桑以为枢,上漏下湿,匡坐而弦歌。"[①]还可以对照《庄子·让王篇》所述:"原宪居鲁,环堵之室,茨以生草。蓬户不完,桑以为枢,而瓮牖二室,褐以为塞。上漏下湿,匡坐而弦。……颜回对曰:'回有郭外之田五十亩,足以给钎粥。郭内之田十亩,足以为丝麻。鼓琴足以自娱,所学夫子之道者足以自乐也。回不愿仕。'"[②]儒门有一种风气,安贫,但须要鼓琴弦歌,从中体验夫子之道或先王之道。颜回、原宪弦歌中,满足于内在精神修养,子夏弦歌中精神指向,则是外在的古远的先王之道。

子夏言史,上及迷茫难辨的上古传说,下至比较清晰的周朝史,都是探究尧舜禹汤文武周公之道,为政治寻找道术根据。子夏虽说"退而穷居河济之间",但他与许多儒者一样,依然存在着"王者师情结"。"王者师情结"的表述,有"素王"之说。董仲舒对策云:"孔子作《春秋》,先正王而系万事,见素王之文焉。"[③]贾逵《春秋序》云:"孔子览史记,就是非之说,立素王之法。"[④]郑玄《六艺论》云:"孔子既西狩获麟,自号素王,为后世受命之君制明王之法。"[⑤]所谓孔子"修《春秋》,立素王",就是"为后世受命之君制明王之法"的精神之王。孔门弟子对于鲁君向孔子或二三子问政、问学,都津津乐道,这就是"王者师情结"的具体体现。

子夏传经,贯穿着以史弘道、以礼释史,史、礼、道三位一体的复合型的思想方式。这种复合型的思想方式,是根基于学的。融合着史、礼、道而成的学,宗旨在于为王者师。《韩诗外传》卷五记载:"哀公问于子夏曰:'必学然后可以安国保民乎?'子夏曰:'不学而能安国保民者,未之有也。'哀公曰:'然则五帝有师乎?'子夏曰:'臣闻黄帝学乎大填,颛顼学乎禄图,帝喾学乎赤松子,尧学乎务成子附,舜学乎尹寿,禹学乎西王国,汤学乎贷子相,文王学乎锡畴子斯,武王学乎太公,周公学乎虢叔,仲尼学乎老聃。此十一圣人,木遭此师,则功业不能著乎天下,名号不能传乎后世者也。'《诗》曰:

① [汉]刘向编著,石光瑛校释,陈新整理:《新序校释》(全2册),北京:中华书局,2001年版,第918—919页。

② 王先谦撰:《庄子集解》(《诸子集成》三),北京:中华书局,1954年版,第191页。

③ [汉]班固撰:《汉书》(全12册),北京:中华书局,1962年版,第2509页。

④ [清]阮元校刻:《十三经注疏》(全2册),北京:中华书局,1980年版,第1708页。

⑤ [清]阮元校刻:《十三经注疏》(全2册),北京:中华书局,1980年版,第1708页。

'不愆不忘,率由旧章。'"①这就混同了迷茫难辨的上古传说和比较清晰的周朝史,为历代圣王找出"王者师",连同为周公、孔子也找出问学之师。《史记·儒林列传》云:"如田子方、段干木、吴起、禽滑釐之属,皆受业于子夏之伦,为王者师。"②太史公将"王者师"之说与子夏传经相联系,甚有深意存焉。儒门传经,《春秋》有三传,对应着儒家重礼,礼有"三经",释史与释礼,成为儒家经学最为壮观的学术支柱。这也是孔子及二三子,与国君重臣讨论得最多的领域,可见儒者是以《春秋》与"三礼"上的渊博的专业知识和道统坚守,而成为"王者师"。

至于《春秋》三传,清人惠士奇邃深经术,其论《春秋》曰:"《春秋》三传,事莫详于《左氏》,论莫正于《穀梁》。……要之,《左氏》得诸国史,《公》、《穀》得之师承,虽互有得失,不可偏废。……夫《春秋》无《左传》,则二百四十年盲然如坐暗室之中矣。《公》、《穀》二家,即七十子之徒所传之大义也。"③皮锡瑞《经学通论》云:"自(唐人)啖助斟酌'三传',各取其长,云《左氏》叙事尤备,能令百代之下,颇见本末,因以求意,经文可知。二传传经,密于《左氏》,《穀梁》意深,《公羊》辞辨。宋人推衍其说,胡安国曰:事莫备于《左氏》,例莫明于《公羊》,义莫精于《穀梁》。叶梦得曰:《左氏》传事不传义,是以详于史而事未必实;《公羊》、《穀梁》传义不传事,是以详于经而义未必当。朱子曰:《左氏》是史学,《公》、《穀》是经学。史学者记得事卻详,于道理上便差;经学者于义理上有功,然记事多误。"④子夏传经系统的《公羊》、《穀梁》二传异于《左传》之处,正在于解经虽然凭借于史,却异于释史,它是以史迹求道的。子夏在实行"所受于夫子者,志之弗敢忘也"的承诺,而通过探究微言大义,上以明尧舜之道,下以通三王之义。这里所从事者,乃是"王者师"之业。

子夏之传经,使儒学文化地图在史学、礼学、道学三位一体的形态中,增加了新的知识取向、思维方式、意义诠释。宋人洪迈说:"孔子弟子惟子夏于诸经独有书,虽传记杂言未可尽信,然要为与它人不同矣。于《易》则有传,于《诗》则有序。而《毛诗》之学,一云子夏授高行子,四传而至小毛

---

① [汉]韩婴撰,许维遹校释:《韩诗外传集释》,北京:中华书局,1980年版,第195-196页。

② [汉]司马迁撰:《史记》(全10册),北京:中华书局,1959年版,第3116页。

③ [清]江藩撰:《汉学师承记》,《四部备要》本,卷2《惠周惕、惠士奇、惠松崖》篇。

④ [清]皮锡瑞撰:《经学通论》四《春秋》,北京:中华书局,1954年版,第60页。

公。一云子夏传曾申,五传而至大毛公。于《礼》则有《仪礼·丧服》一篇,马融王肃诸儒多为之训说。于《春秋》所云不能赞一辞,盖亦尝从事于斯矣。公羊高实受之于子夏;穀梁赤者,《风俗通》亦云子夏门人。于《论语》,则郑康成以为仲弓、子夏等所撰定也。后汉徐防上疏曰:'诗书礼乐,定自孔子;发明章句,始于子夏。'斯其证云。"①子夏学派下启汉学,注重文献训诂、典章文物,为儒学存在的形态增添了血肉筋脉,使之不仅是传道说教之学,而且是学问丰赡的知识渊薮。

---

① ［宋］洪迈:《容斋随笔》(全2册),上海:上海古籍出版社,1978年版,第390页。

三十一章　置于"儒分为八"之首的子张氏之儒

七十子后学传经、传道,基于性识,各有取舍,自成流脉,衍化成偌大儒门,各承师说,而分派成流的文化景观。孔学丰富性,包括"六经"的丰富性,及经与道关系的深邃性,为学派之多轨发展提供了学理资源和发挥空间;而孔子有教无类,因材施教,"夫子之门何其杂也"①,又为多轨发展留下了人事上和诠释学上的因由。因此,在打通孔子与七十子后学的研究中,有必要思考《韩非子·显学》中这一段虽然出现略晚、也不见得周全的批评:

> 世之显学,儒、墨也。儒之所至,孔丘也。墨之所至,墨翟也。自孔子之死也,有子张之儒,有子思之儒,有颜氏之儒,有孟氏之儒,有漆雕氏之儒,有仲良氏之儒,有孙氏之儒,有乐正氏之儒。自墨子之死也,有相里氏之墨,有相夫氏之墨,有邓陵氏之墨。故孔、墨之后,儒分为八,墨离为三,取舍相反不同,而皆自谓真孔、墨。孔、墨不可复生,将谁使定后世之学乎?孔子、墨子俱道尧、舜,而取舍不同,皆自谓真尧、舜,尧、舜不复生,将谁使定儒、墨之诚乎?②

韩非此言,以否定的、或解构的态度,将孔子以后七嘴八舌的儒宗诸派置于相互矛盾的尴尬境地。但是从另一个角度看,它又启发人们对七十子后学所"自谓真孔",包括他们在论纂《论语》时,以及传承学术中的真实性和多样性,应采取超越圣贤迷思的、凭材料说话的分析态度。这种分析不一定就判断其孰真孰伪,而是深入考察其为何出现多种多样的真实之相对性。如能若此,韩非二千年前的议论,就隐藏着某些类乎"后现代"的解构

---

① [清]王先谦撰:《荀子集解》(《诸子集成》二),北京:中华书局,1954年版,第352页。
② [清]王先慎撰:《韩非子集解》(《诸子集成》五),北京:中华书局,1954年版,第351页。

意味,启示今人通过解构而重新建构,焕发今人对自身文化根子的原创性解释能力。

然而,韩非何以将"子张之儒"置于八儒之首?对于子张其人出身于贫贱的马市经纪人,及其在《论语》重启编纂上的作用,内编已有论述。于此侧重在学派上着眼。子张学派比起曾子及思孟学派、子夏学派来,无论如何也不能说是"天字第一号"的儒学宗门,韩非如此排列,当另有玄机。首列"子张之儒",恐怕主要不在于其宗门的宏大上,而至于其发生时间的占先上。《论语》二十篇,以《子张篇》流派萌蘖之痕迹最深。于此有必要从子张日后声名入手,理清充满纠缠的思想浮沉之历史脉络。山东嘉祥县武氏祠文物馆所收藏的东汉画像石中,有《孔子见老子图》,图中跟随孔子的弟子不少,但注明名字的只有子张、子路、子贡数人,可见在东汉视境中,子张是孔子的重要弟子。《三国志·吴书》记载,司马懿《与东吴丞相陆逊书》云:"孔氏门徒大数三千,其见异者七十二人,至于子张、子路、子贡等七十之徒,(有)亚圣之德。"[1]将子张排在第一,评价甚崇。回到秦汉之际开始成编的《孔丛子》,其《论书篇》记载:"孔子曰:吾有四友焉。自吾得回也,门人加亲,是非胥附乎?自吾得赐也,远方之士日至,是非奔辏乎?自吾得师也,前有光,后有辉,是非先后乎?自吾得仲由也,恶言不至于门,是非御侮乎?"[2]孔子将子张与颜回、子贡、子路并列为"四友",而且年资最浅,竟排在年资最深的子路之前。如果这不是子张门人所记,就足见子张在孔门举足轻重的地位。总括前面所言,从战国晚期韩非到三国时期司马懿,子张在七十子中风头颇健,是有多方面的文献文物可考的。

只不过种种迹象表明,这其中子张门人提供的材料,起到相当关键的作用。《孔丛子》同篇的前一条是:"子张问:'《书》云"奠高山",何谓也?'孔子曰:'高山五岳,定其差秩,祀所视焉。'子张曰:'其礼如何?'孔子曰:'牲币之物,五岳视三公,小名山视子男。'子张曰:'仁者何乐于山?'孔子曰:'夫山者,岿然高。'子张曰:'高则何乐尔?'孔子曰:'夫山,草木植焉,鸟兽蕃焉,财用出焉,直而无私焉,四方皆伐焉。直而无私,兴吐风云,以通乎天地之间。阴阳和合,雨露之泽,万物以成,百姓咸飨,此仁者之所以乐乎山

---

① ［晋］陈寿撰,陈乃乾点校:《三国志》(全5册),北京:中华书局,1959年版,第1432页。

② 傅亚庶撰:《孔丛子校释》(《新编诸子集成续编》),北京:中华书局,2011年版,第20—21页。

也。'"①这两条材料的叙事方式相似,比如讲"四友"那条,将孔子"四友"与帝舜"四邻"相并列,开头是:"孟懿子问:'《书》曰:"钦四邻",何谓也?'孔子曰:'王者前有疑,后有丞,左有辅,右有弼,谓之四近。言前后左右近臣当畏敬之,不可以非其人也。周文王胥附、奔辏、先后、御侮,谓之四邻,以免乎牖里之害。'懿子曰:"夫子亦有四邻乎?'"②然后才是前面引述的"孔子曰:吾有四友焉"云云。从篇章学分析,两条用语结构相近,都是以《尚书·禹贡》"禹敷土,随山刊木,奠高山大川"③;或《尚书·益稷》"帝曰:'……钦四邻。庶顽谗说,若不在时,侯以明之,挞以记之'"④,引出话题,然后由孔子从礼学制度或政治体制上加以解答。《孔丛子》书中,子张材料比其他书籍更为集中,大概是孔鲋退居于陈而著书,因而从居陈的子张后学处同时搜集到,就依次编在一起了。对此,后面讨论《孔丛子》时,还要作更深层的分析。

从上述两条材料可知,子张是气魄弘大、交游广泛之人,确有"堂堂乎"之概。他问礼,从"高山五岳"问起;问友,从帝舜"四邻"即前后左右之臣谈起,顾盼自雄,眼光四射,时空视野相当开阔。而且都以《尚书》为话题,可见其对《尚书》相当熟悉。这些可同《论语》的记载相参证。《论语·阳货篇》云:"子张问仁于孔子。孔子曰:'能行五者于天下为仁矣。'请问之。曰:'恭、宽、信、敏、惠。恭则不侮,宽则得众,信则人任焉,敏则有功,惠则足以使人。'"⑤这里将"仁"说成是五种道德因素的综合,并与"得众"、"使人"等施政方略相联系,以恭敬、宽容、诚信的态度对待众人,以敏捷的行事使之得到实惠,从而使蕴涵丰富的"仁"在民间行为中具体化了。可以说,这一问,对孔子仁学的贡献是,可以使之趋向民间化和行动化。《论语·颜渊篇》云:"子张问崇德辨惑。子曰:'主忠信,徙义,崇德也。爱之欲其生,恶之欲其死,既欲其生,又欲其死,是惑也。诚不以富,亦祇以异。'"⑥又云:"子张问明。子曰:'浸润之谮,肤受之愬,不行焉,可谓明也已矣。浸润

①　傅亚庶撰:《孔丛子校释》(《新编诸子集成续编》),北京:中华书局,2011年版,第20页。
②　傅亚庶撰:《孔丛子校释》(《新编诸子集成续编》),北京:中华书局,2011年版,第20页。
③　[清]阮元校刻:《十三经注疏》(全2册),北京:中华书局,1980年版,第146页。
④　[清]阮元校刻:《十三经注疏》(全2册),北京:中华书局,1980年版,第142页。
⑤　[清]阮元校刻:《十三经注疏》(全2册),北京:中华书局,1980年版,第2524页。
⑥　[清]阮元校刻:《十三经注疏》(全2册),北京:中华书局,1980年版,第2503页。

之譖,肤受之愬,不行焉,可谓远也已矣。'"①"德"是儒门常道,"明"则是子张提出的命题。崇德,突出的是"义"字,是忠信;明察,就是要使点点滴滴的谗言和套近乎的诬告,不能得逞,不为遮蔽,这样才能心明眼亮,高瞻远瞩。这些都显示子张以儒学术语,包装着社会交往上的坦诚重义气。

行为性,是子张思想的显著特征。《卫灵公篇》记述:"子张问行。子曰:'言忠信,行笃敬,虽蛮貊之邦行矣。言不忠信,行不笃敬,虽州里行乎哉? 立,则见其参于前也;在舆,则见其倚于衡也,夫然后行。'子张书诸绅。"②子张专门问"行",这在《论语》中具有唯一性,其中反复地讨论行为哲学,其中心理念是"忠信笃敬",言行一致。这与其崇德而突出"义"与忠信,是一脉贯通的,并且考虑到这种行为哲学不仅在中原州里,而且在蛮貊之邦都有践履效果。"子张书诸绅",并不一定就是表明《论语》的材料统统都是弟子当场记录下来的,子张如此写,可能还包含着一点"我的材料是当场记录的,你们是这样吗?"的反讽。这才是子张的行为风格,后来包括子贡等人也对这种行文方式进行仿效。

至于子张问礼,在《礼记·仲尼燕居》的记载中,子张被置于资格比他略深的子贡、子游前面,其文曰:"仲尼燕居,子张、子贡、子游侍,纵言至于礼。子曰:'居。女三人者,吾语女礼,使女以礼周流,无不遍也。'子贡越席而对曰……子曰:'礼者何也? 即事之治也。君子有其事,必有其治。治国而无礼,譬犹瞽之无相与? 伥伥乎其何之? 譬如终夜有求于幽室之中,非烛何见? 若无礼则手足无所错,耳目无所加,进退揖让无所制。是故,以之居处,长幼失其别,闺门三族失其和,朝廷官爵失其序,田猎戎事失其策,军旅武功失其制,宫室失其度,量鼎失其象,味失其时,乐失其节,车失其式,鬼神失其飨,丧纪失其哀,辨说失其党,官失其体,政事失其施;加于身而错于前,凡众之动,失其宜。如此,则无以祖洽于众也。'"③

这条材料也见于《孔子家语·论礼》,只是文字偶有差异,删去了"子曰:'师,尔过。而商也,不及。子产犹众人之母也,能食之不能教也。'"并在"子曰:'礼者,即事之治也……'"④的前面,插入"言游退。子张进曰:

---

①　[清]阮元校刻:《十三经注疏》(全2册),北京:中华书局,1980年版,第2503页。

②　[清]阮元校刻:《十三经注疏》(全2册),北京:中华书局,1980年版,第2517页。

③　[清]阮元校刻:《十三经注疏》(全2册),北京:中华书局,1980年版,第1613页。

④　王国轩、王秀梅译注:《孔子家语》,北京:中华书局,2011年版,第325页。

'敢问礼何谓也？'"①唯有如此，接下来续上孔子之言，才算得上结构完整：
"子曰'慎听之，女三人者。吾语女，礼犹有九焉，大飨有四焉。苟知此矣，
虽在畎亩之中，事之，圣人已。……是故，古之君子，不必亲相与言也，以礼
乐相示而已。'"②由此可知，《孔子家语》此章明显是子张之门人所记，而
《礼记》采录时删去"言游误，子张讲曰"，使子游的篇幅占居全文几乎三分
之二，则显然是子游门人继子张门人后，所作的处理。

　　《礼记·仲尼燕居》又记述："子张问政，子曰：'师乎！前，吾语女乎！
君子明于礼乐，举而错之而已。'子张复问。子曰：'师！尔以为必铺几筵，
升降酌献酬酢，然后谓之礼乎？尔以为必行缀兆，兴羽籥，作钟鼓，然后谓
之乐乎？言而履之，礼也；行而乐之，乐也。君子力此二者以南面而立，夫
是以天下太平也。诸侯朝，万物服体，而百官莫敢不承事矣。礼之所兴，众
之所治也；礼之所废，众之所乱也。目巧之室，则有奥阼，席则有上下，车则
有左右，行则有随，立则有序，古之义也。室而无奥阼，则乱于堂室也。席
而无上下，则乱于席上也。车而无左右，则乱于车也。行而无随，则乱于途
也。立而无序，则乱于位也。昔圣帝、明王、诸侯，辨贵贱长幼远近男女外
内，莫敢相逾越，皆由此途出也。'"③这些系统言礼的文字有个侧重点，就
是突出"言而履之，礼也；行而乐之，乐也"，强调礼乐的践履特征，强调君子
力行礼乐，知所举措，南面而立，以致天下太平的礼之功能。这种功能的效
应，就是礼兴则治，礼废则乱，治国离开了礼乐，就会酿成动乱之源。

　　子张对于儒家作为看家本事的礼制，关切甚深，直至问及渊源沿革。
这就是《论语·为政篇》所记载："子张问：'十世可知也？'子曰：'殷因于夏
礼，所损益，可知也；周因于殷礼，所损益，可知也。其或继周者，虽百世，可
知也。'"④虽然《礼记·檀弓下》记载国昭子在母死之时，曾向子张请教"葬
及墓"的方位，但是子张更为关心的是礼制的大框架，而不像曾子等同门那
么关心礼仪的细节。子张倾向于将礼作为一种精神，一种体制来对待。因
为他相信内心的笃诚和行为的弘大，"执德不弘，信道不笃，焉能为有？焉

　　①　王国轩、王秀梅译注：《孔子家语》，北京：中华书局，2011年版，第325页。
　　②　王国轩、王秀梅译注：《孔子家语》，北京：中华书局，2011年版，第326页。
　　③　［清］阮元校刻：《十三经注疏》（全2册），北京：中华书局，1980年版，第1615页。
　　④　［清］阮元校刻：《十三经注疏》（全2册），北京：中华书局，1980年版，第2463页。

能为亡?"①(《论语·子张篇》)进而从宏观上强调"昔圣帝、明王、诸侯,辨贵贱、长幼、远近、男女、外内"的礼制体系。从中可以领略到,子张的思想方式是纵逸、通脱而明快的,他是一个痛快人,从不扭扭捏捏。

《韩诗外传》卷九记载:"传曰:孔子过康子,子张、子夏从。孔子入坐,二子相与论,终日不决。子夏辞气甚隘,颜色甚变。子张曰:'子亦闻夫子之论议邪? 徐言暗暗,威仪翼翼。后言先默,得之推让。巍巍乎! 荡荡乎! 道有归矣。小人之论也,专意自是,言人之非,瞋目扼腕,疾言喷喷,口沸目赤。一幸得胜,疾笑嗌嗌,威仪固陋,辞气鄙俗,是以君子贱之也。'"②子张与子夏的性格,一为"过",一为"不及",形成鲜明的对照。子张对子夏说的这番话,涉及"君子儒"、"小人儒"之辨,"君子坦荡荡,小人长戚戚",二类儒者之间心胸存在着坦荡和局促的差异。《论语·雍也篇》孔子谓子夏曰:"女为君子儒,无为小人儒。"③就是告诫他要把胸襟多拓展一些。子张接过孔子这个话头,批评"小人之论",反证得子张本人是以坦荡荡的君子儒自居的。

有所谓"昔仲尼修《书》,始自尧舜"④。孔子修《书》,从尧舜讲起,可谓"截断众流",以经籍体制方式标明了道统始自尧舜。至今尚能见到的《尚书》孔氏序云:"先君孔子,生于周末,史籍之烦文,惧览之者不一。遂……约史记而修《春秋》,讨论《坟》、《典》,断自唐虞以下,讫于周。芟夷烦乱,翦截浮辞,举其宏纲,撮其机要,足以垂世立教,典、谟、训、诰、誓、命之文凡百篇。所以恢弘至道,示人主以轨范也。帝王之制,坦然明白,可举而行,三千之徒并受其义。"⑤宋人包恢《袁洁斋先生书钞序》如此说:"《书》于六经为最古,古圣人自尧舜至周公,七人而已。其言则七圣之言,其事则七圣之事。惟圣如孔子与七圣同,乃能定此书,然则后世非有真知圣人之心者,安能说此书哉!"⑥因此,七十子谁人对《尚书》屡屡发问,就不仅是对最古老的史事兴趣浓郁,更重要的是对孔子以经籍体制截断众流而凸显的圣人之道兴趣浓郁。子张对于《尚书》,发问请教频频。《孔丛子·论书篇》十六

①　[清]阮元校刻:《十三经注疏》(全2册),北京:中华书局,1980年版,第2531页。

②　[汉]韩婴撰,许维遹校释:《韩诗外传集释》,北京:中华书局,1980年版,第333页。

③　[清]阮元校刻:《十三经注疏》(全2册),北京:中华书局,1980年版,第2478页。

④　[唐]张彦远:《法书要录》,文渊阁《四库全书》本,卷4《唐张怀瓘书议》篇。

⑤　[清]阮元校刻:《十三经注疏》(全2册),北京:中华书局,1980年版,第114—115页。

⑥　[宋]包恢撰:《敝帚稿略》,文渊阁《四库全书》本,卷3《袁洁斋先生书钞序》篇。

章,就有四章是子张请问《尚书》的疑难点,居诸弟子之首,而且占据该篇开头两章。除了前面引述的"子张问:'《书》云"奠高山",何谓也?'"①之外,其余三章是:

> 子张问曰:"圣人受命,必受诸天,而《书》云:'受终于文祖。'何也?"孔子曰:"受命于天者,汤、武是也;受命于人者,舜、禹是也。夫不读《诗》、《书》、《易》、《春秋》,则不知圣人之心,又无以别尧、舜之禅,汤、武之伐也。"②

> 子张问曰:"礼,丈夫三十而室。昔者舜三十征庸。而《书》云:'有鳏在下曰虞舜。'何谓也? 襄师闻诸夫子曰:'圣人在上,君子在位,则内无怨女,外无旷夫。'尧为天子,而有鳏在下,何也?"孔子曰:"夫男子二十而冠,冠而后娶,古今通义也。舜父顽母嚚,莫能图室家之端焉,故逮三十而谓之鳏也。《诗》云:'娶妻如之何? 必告父母。'父母在,则宜图婚。若已殁,则己之娶,必告其庙。今舜之鳏,乃父母之顽嚚也。虽尧为天子,其如舜何?"③

> 子张问曰:"尧、舜之世,一人不刑而天下治,何则? 以教诚而爱深也。龙子(宋咸注:赵岐谓古之贤者)以为一夫而被以五刑。敢问何谓?"子曰:"不然。五刑所以佐教也。龙子未可谓能为《书》也。"④

所问的材料均出自《尚书》的《尧典》(或《舜典》)。《孔丛子》除了《论书篇》的四章之外,《刑论篇》还有二章记述子张问《书》,共计六章。《礼记·檀弓下》也记载过子张问《尚书》问题:

> 子张问曰:"《书》云:'高宗三年不言,言乃欢。'有诸?"仲尼曰:"胡

---

①　傅亚庶撰:《孔丛子校释》(《新编诸子集成续编》),北京:中华书局,2011年版,第20页。
②　傅亚庶撰:《孔丛子校释》(《新编诸子集成续编》),北京:中华书局,2011年版,第17页。
③　傅亚庶撰:《孔丛子校释》(《新编诸子集成续编》),北京:中华书局,2011年版,第17页。
④　傅亚庶撰:《孔丛子校释》(《新编诸子集成续编》),北京:中华书局,2011年版,第18页。

为其不然也？古者天子崩，王世子听于冢宰三年。"①

　　此处所引，乃《尚书·无逸》之语："其在高宗，时旧劳于外，爰暨小人。作其即位，乃或亮阴，三年不言。其惟不言，言乃雍。"②说是殷高宗先前劳苦在外，与小民混在一起；继位后，似乎得了喑哑病，三年不言，正因为不言，一说话就赢得喜欢。《论语·宪问》所记，也是子张问："子张曰：'《书》云，高宗谅阴，三年不言。何谓也？'子曰：'何必高宗，古之人皆然。君薨，百官总己以听于冢宰三年。'"③《孔子家语·正论解》也记载子张问曰："《书》云高宗三年不言，言乃雍。有诸？"④这样，子张问《尚书》累积已达九章。可见子张对孔子以《尚书》立道统之敏感和关切。

　　应该承认，在七十子中，子张是就各类道德问题、历史问题和政治问题，向孔子请教发问最勤、最广泛的人物之一，但也许是就这些问题进行潜心精研而逼出其精髓较少的人物之一。他似乎对雕虫小技没有太多兴趣，却又喜欢进行豁达痛快的交往和辨论。《论语》二十篇中，有多达十余处记载"子张问"，问及"仁"、"明"、"达"，又问"常行之行"、"善人之道"、"为政之道"、"为政之理"，尤其是"问求禄之法"，与同门讨论"士之德行"、"与人交接"及"人之轻重"。因而也引起同门如曾子、子游、子夏对其"行仁"、"交友"的微词。尽管经营禄位是士人觉得有点庸俗、不愿公开讨论的命题，子张却毫不在乎世俗之见，公然向孔子发问。《论语·为政篇》记载："子张学干禄。子曰：'多闻阙疑，慎言其余，则寡尤；多见阙殆，慎行其余，则寡悔。言寡尤，行寡悔，禄在其中矣。'"⑤孔子的回答，仿佛在警诫子张要慎言慎行，以免招致过错和悔恨。孔子因材施教，往往把告诫弟子须要改过的问题，以正面的说法进行引导。其中的针对性，带有正言若反的言外音。

　　然而，从另一个角度看，子张作为一个士人，言政而不回避干禄，是其政治学说之践履性的体现。其实，儒者并不回避言禄，而回避言干禄。《礼记·王制》云："诸侯之下士，视上农夫，禄足以代其耕也。中士倍下士，上

①　［清］阮元校刻：《十三经注疏》（全2册），北京：中华书局，1980年版，第1305页。
②　［清］阮元校刻：《十三经注疏》（全2册），北京：中华书局，1980年版，第221页。
③　［清］阮元校刻：《十三经注疏》（全2册），北京：中华书局，1980年版，第2513页。
④　王国轩、王秀梅译注：《孔子家语》，北京：中华书局，2011年版，第481页。
⑤　［清］阮元校刻：《十三经注疏》（全2册），北京：中华书局，1980年版，第2462页。

士倍中士,下大夫倍上士。卿,四大夫禄。君,十卿禄。次国之卿,三大夫禄,君,十卿禄。小国之卿,倍大夫禄,君十卿禄。"①《孟子·万章下》对这种俸禄制度言之更详:"大国地方百里,君十卿禄,卿禄四大夫,大夫倍上士,上士倍中士,中士倍下士,下士与庶人在官者同禄,禄足以代其耕也。次国地方七十里,君十卿禄,卿禄三大夫,大大倍以代其耕也。……耕者之所获,一夫百亩。百亩之粪,上农夫食九人,上次食八人,中食七人,中次食六人,下食五人。庶人在官者,其禄以是为差。"②

因此,士之食禄,胜于农夫。但士毕竟处于食禄者的底层,那是涉及能否温饱自足的切身问题,不可不过问以示清高。《礼记·曲礼下》言人之死,"天子曰崩,诸侯曰薨,大夫曰卒,士曰不禄,庶人曰死。(郑玄注曰:山颠坏曰崩。薨,崩之声也。卒,终也。不禄,不充其禄也。死之言澌也,精神澌尽也。)"③此言出自孔子,《大戴礼记·四代》记孔子回答鲁公:"天子曰崩,诸侯曰薨,大夫曰卒,士曰不禄,庶人曰死。"④因而《春秋公羊传》隐公三年(公元前720年),如此解经:"三月庚戌,天王崩。何以不书葬?天子记崩不记葬,必其时也。诸侯记卒记葬,有天子存,不得必其时也。曷为或言'崩'或言'薨'?天子曰崩,诸侯曰薨,大夫曰卒,士曰不禄。"⑤虽然禄之为物,联系着士人的生命,连其死也被称为"不禄",但儒者还是认为"士之行"高于"士之禄"。《礼记·表记》亦曰:"子言之:事君先资其言,拜自献其身,以成其信。……故受禄不诬,其受罪益寡。"⑥士先要尽心尽责,"受禄不诬",才能"受罪益寡"。这就是孔子所云"言寡尤,行寡悔,禄在其中矣"之意了。

《礼记·儒行》还记载孔子对鲁哀公之言:"儒有不宝金玉,而忠信以为宝。不祈土地,立义以为土地。不祈多积,多文以为富。难得而易禄也,易禄而难畜也,非时不见,不亦难得乎!非义不合,不亦难畜乎!先劳而后禄,不亦易禄乎!"⑦此处讲了士的可贵品质是忠信,也是孔子反复给子张

① [清]阮元校刻:《十三经注疏》(全2册),北京:中华书局,1980年版,第1322页。
② [宋]朱熹撰:《四书章句集注》,北京:中华书局,1983年版,第316-317页。
③ [清]阮元校刻:《十三经注疏》(全2册),北京:中华书局,1980年版,第1269页。
④ [清]王聘珍撰,王文锦点校:《大戴礼记解诂》,北京:中华书局,1983年版,第167页。
⑤ [清]阮元校刻:《十三经注疏》(全2册),北京:中华书局,1980年版,第2203页。
⑥ [清]阮元校刻:《十三经注疏》(全2册),北京:中华书局,1980年版,第1642页。
⑦ [清]阮元校刻:《十三经注疏》(全2册),北京:中华书局,1980年版,第1669页。

强调过的。再加上士人能够立义、多文,他们虽然"先劳而后禄",可说是"易禄";但他们要选择邦之有道或无道,君之知义或弃义,因此也就难得,也难畜了。这就是说,士君子出山受禄,是有条件的,以道义忠信为条件。这种原则性,在春秋晚期紊乱糜烂的列国政局中,颇有点大义凛然之气。孔子与子张的对话,充满着政治的理想性与政治的践履性的张力。

为何孔子在"学干禄"问题上给子张提出如此认真的"言寡尤,行寡悔"的告诫?有所谓知子莫如父,知徒莫如师,一切还须从子张生命的根子说起。《孔子家语·弟子解》对子张的品质仪容有所交代:"颛孙师,陈人,字子张,少孔子四十八岁。为人有容貌资质,宽冲博接,从容自务,居不务立于仁义之行,孔子门人友之而弗敬。"①既然少孔子四十八岁,子张就生于公元前 503 年。钱穆《先秦诸子系年》引《掘坊志》云:"子张卒年五十七"②,时为鲁悼公二十一年,卒年为公元前 447 年。前面已有交待,子张的祖先陈国颛孙于一百七十年前奔齐,又自齐奔鲁,到子张出生时家族已经破落。《尸子·劝学篇》载:"颜涿聚,盗也;颛孙师,驵也。孔子教之,皆为显士。"③所谓"驵",就是马市经纪人。如此身世经历,与孔子早年当主管粮仓的"委吏",及当主管畜牧的"乘田",是差别很大的。在官府当小吏,办事讲求认真拘谨,尽心尽责;在市场当经纪人,则讲求广交朋友,豪爽豁达。

这自然使子张与儒门二三子比较,带有更多的义高于仁的江湖气。习性所关,子张对闻与达非常关心,孔子也提醒他"质直而好义",这就是《论语·颜渊篇》中这段记述:"子张问:'士何如,斯可谓之达矣?'子曰:'何哉,尔所谓达者?'子张对曰:'在邦必闻,在家必闻。'子曰:'是闻也,非达也。夫达也者,质直而好义,察言而观色,虑以下人。在邦必达,在家必达。夫闻也者,色取仁而行违,居之不疑。在邦必闻,在家必闻。'"④孔子提醒的意思是,士人应该品质正直,遇事好义,善于观察对方的语言和脸色,深思熟虑之后做出退让,这才叫"达"。而子张则认为,在家、在国出了名,就是发达了。这是内涵的达与外延的达之区别。

应该说,孔子对子张的行为态度,有所夸奖,却不甚满意。这影响到同

---

①　王国轩、王秀梅译注:《孔子家语》,北京:中华书局,2011 年版,第 429 页。

②　钱穆撰:《先秦诸子系年》,北京:九州出版社,2011 年版,第 77 页。

③　[战国]尸佼撰:《尸子》,清汪继培辑本,卷上。

④　[清]阮元校刻:《十三经注疏》(全 2 册),北京:中华书局,1980 年版,第 2504 页。

门对子张的看法，即所谓"居不务立于仁义之行，孔子门人友之而弗敬"。
孔子对子张的人品做派颇有批评，《论语·先进篇》说："柴也愚，参也鲁，师
也辟，由也喭。"①这些话对二三子均直称其名，当然是孔子口吻。"辟"就
是偏颇，朱熹释为"便辟也，谓习于容止，少诚实也"②。《先进篇》又记载：
"子贡问：'师与商也孰贤？'子曰：'师也过，商也不及。'曰：'然则师愈与？'
子曰：'过犹不及。'"③子张、子夏都少孔子四十余岁，属于比子贡小十几岁
的较有作为的师弟。所谓"辟"与"过"，都是责备子张有过分的、过激的、或
者固执的思想行为。《大戴礼记·五帝德》记载了孔子反省识人之失的一
段话："孔子曰：'吾欲以颜色取人，于灭明（澹台子羽）邪？改之；吾欲以语
言取人，于予（宰予）邪？改之；吾欲以容貌取人，于师（子张）邪？改
之。'"④澹台灭明容貌丑陋而学养卓越，宰予巧舌如簧而有"朽木不可雕"
之短，都是不可轻易以颜色或者语言取人的。至于子张，在《论语·子张
篇》中曾子曾批评他："堂堂乎张也，难与并为仁矣。"⑤子张仪表堂堂，但在
"仁"的修养上并不到家，因此孔子说"欲以容貌取人"，则应"改之"。即是
说，由此涉及孔子对其总体印象的调整和改变。

　　由于子张以敢于作为而未免过激的思想品格行事，就出现了前面讲过
的《论语》编纂过程中的有子、子张修订阶段。即《孟子·滕文公上》提到，
众弟子为孔子居丧三年后，子夏、子张、子游"以有若似圣人，欲以所事孔子
事之"⑥，遭曾子反对的事件。此事意味着孔子去世数年后，孔门开始出现
某种分化或分道扬镳的征兆。《礼记·檀弓下》载："有若之丧，悼公吊焉，
子游摈由左。"⑦可见子游与有若的交情甚深，子张与子游是儿女亲家，其
时是否在陈设帐授徒，未能奔丧，就不得而知了。《新序·杂事》透露："子
张见鲁哀公，七日而哀公不礼，托仆夫而去曰：'臣闻君好士，故不远千里之
外，犯霜露，冒尘垢，百舍重跰，不敢休息以见君，七日而君不礼。君之好士
也，有似叶公子高之好龙也。叶公子高好龙，钩以写龙，凿以写龙，屋室雕

①　[宋]朱熹撰：《四书章句集注》，北京：中华书局，1983年版，第127页。
②　[宋]朱熹撰：《四书章句集注》，北京：中华书局，1983年版，第127页。
③　[宋]朱熹撰：《四书章句集注》，北京：中华书局，1983年版，第126页。
④　[清]王聘珍撰，王文锦点校：《大戴礼记解诂》，北京：中华书局，1983年版，第125页。
⑤　[宋]朱熹撰：《四书章句集注》，北京：中华书局，1983年版，第191页。
⑥　[宋]朱熹撰：《四书章句集注》，北京：中华书局，1983年版，第260—261页。
⑦　[清]阮元校刻：《十三经注疏》（全2册），北京：中华书局，1980年版，第1300页。

文以写龙。于是夫龙闻而下之，窥头于牖，拖尾于堂。叶公见之，弃而还走，失其魂魄，五色无主。是叶公非好龙也，好夫似龙而非龙者也。今臣闻君好士，不远千里之外以见君。七日不礼，君非好士也，好夫似士而非士者也。《诗》曰："中心藏之，何日忘之？"敢托而去。'"①

　　这就是著名的"叶公好龙"的寓言，其原始著作权是与子张及其门人密不可分的。子张此时并不居住在鲁国，才会"不远千里之外，犯霜露，冒尘垢，百舍重趼，不敢休息以见（鲁）君"，也才会"七日而（鲁）君不礼"，不得接见，就撇下一则"叶公好龙"的寓言，拂袖而去。而楚国之叶（今河南叶县南），近于陈（都宛丘，今河南淮阳县），子张此时可能居于祖宗之邦陈。这则寓言是如此精彩，以致人们以为庄子才有如此笔墨，《太平御览》卷三百八十九在"子张见鲁哀公，哀公不礼"的前面，加上"《庄子》曰"②，而今本《庄子》不见此文。鲁哀公在位二十七年（公元前494—前468年），孔子于鲁哀公十六年去世，子张守丧三年，推举有子主事二三年，再到陈国设帐授徒若干年，来鲁国"干禄"已是鲁哀公晚年了。晚年鲁哀公为解除"三桓"之患，可能想起用一些士人，因此子张"闻君好士，不远千里之外以见君"。但是鲁哀公想请越国讨伐三桓，最终被三桓驱逐，流亡异国。他已经没有足够的力量喜好"真龙"了。至于有若之丧，在哀公之子悼公之世，来吊丧的是鲁悼公。其时，子张已返回陈国了。

　　子张对政治颇为用心，对士人从政的思想品质条件过问甚细致。《大戴礼记·子张问入官》记述：

　　　　子张问入官于孔子，孔子曰："安身取誉为难也。"子张曰："安身取誉如何？"

　　　　孔子曰："有善勿专，教不能勿撸，已过勿发，失言勿踦，不善辞勿遂，行事勿留。君子入官，自行此六路者，则身安誉至，而政从矣。

　　　　且夫忿数者，狱之所由生也；距谏者，虑之所以塞也；慢易者，礼之所以失也；堕怠者，时之所以后也；奢侈者，财之所以不足也；专者，事之所以不成也；历（乱）者，狱之所由生也。君子入官，除七路者，则身

①　［汉］刘向编著，石光英校释，陈新整理：《新序校释》（全2册），北京：中华书局，2001年版，第764—768页。

②　［宋］李昉等编：《太平御览》，《四部丛刊》三编影宋本，卷389《人事部》30。

安誉至,而政从矣。

故君子南面临官,大城(诚)而公治之,精知而略行之,合是忠信,考是大伦,存是美恶,而进是利,而除是害,而无求其报焉,而民情可得也。故临之无抗民之志,胜之无犯民之言,量之无狡民之辞,养之无扰于吋,爱之勿宽于刑。言此则身安誉至,而民自得也。

故君子南面临官,所见迩,故明不可弊也;所求迩,故不劳而得也;所以治者约,故不用众而誉至也。法象在内,故不远;源泉不竭,故天下积也。而木不寡短长,人得其量,故治而不乱。故六者贯乎心,藏乎志,形乎色,发乎声,若此则身安而誉至,而民自得也。

故君子南面临官,不治则乱至,乱至则争,争之至又反于乱。是故宽裕以容其民,慈爱以优柔之,而民自得也已。故躬行者,政之始也;调悦者,情之道也。善政行易则民不怨,言调悦则民不辨法,仁在身则民显以佚之也。财利之生微矣,贪以不得。善政必简矣,苟以乱之;善言必听矣,详以失之;规谏日至,烦以不听矣。言之善者,在所日闻;行之善者,在所能为。故上者,民之仪也;有司执政,民之表也;迩臣便辟者,群臣仆之伦也。故仪不正则民失誓,表弊则百姓乱,迩臣便辟不正廉,而群臣服污矣。故不可不慎乎三伦矣。故君子修身,反道察说,而迩道之服存焉。是故夫工女必自择丝麻,良工必自择赍材,贤君良上必自择左右始。故佚诸取人,劳于治事;劳于取人,佚于治事。故君子欲誉,则谨其所便;欲名,则谨于左右。故上者辟如缘木者,务高而畏下者滋甚。六马之离,必于四面之衢;民之离道,必于上之佚政也。故上者尊严而绝,百姓者卑贱而神。民而爱之则存,恶之则亡也。

故君子南面临官,贵而不骄,富恭有本能图,修业居久而谭。情迩畅而及乎远,察一而关于多。一物治而万物不乱者,以身为本者也。故君子莅民,不可以不知民之性,达诸民之情。既知其以生有习,然后民特从命也。故世举则民亲之,政均则民无怨。故君子莅民,不临以高,不道以远,不责民之所不能。今临之明王之成功,而民严而不迎也。道以数年之业,则民疾,疾者辟矣。故古者冕而前旒,所以蔽明也。统纩塞耳,所以弇聪也。故水至清则无鱼,人至察则无徒。

故枉而直之,使自得之;优而柔之,使自求之;揆而度之,使自索之。民有小罪,必以其善以赦其过,如死使之生,其善也,是以上下亲而不离。故惠者,政之始也。政不正,则不可教也;不习,则民不可使也。故君子欲言之见信也者,莫若先虚其内也;欲政之速行也者,莫若以身先之也;欲民之速服也者,莫若以道御之也。故不先以身,虽行必邻矣;不以道御之,虽服必强矣;故非忠信,则无可以取亲于百姓矣;外内不相应,则无可以取信者矣。四者治民之统也。"①

这一千二百余字的记述,也见于《孔子家语·入官》,而且结尾还说:"子张既闻孔子斯言,遂退而记之。"②因而出自子张之手无疑。这是一篇相当详细的儒家行政学论纲。其中从正反两面提出了"行此六路"、"除其七路",从而可使从政者"身安誉至而政从"的行政原则,贯穿其中的是一种亲民治民的"民本思想"。首先,这种民本思想认为:"上者尊严而绝,百姓者卑贱而神。"对于政治统治,"民而爱之则存,恶之则亡",因此从政者"不可以不知民之性,达诸民之情",有必要"宽裕以容其民,慈爱以优柔之"。其次,从政者必须为民表率,"慎乎三伦",也就是"上者,民之仪也;有司执政,民之表也;迩臣便辟者,群臣仆之伦也"。其三,率先垂范是重要的,惠及于民,也是重要的,"故躬行者,政之始也","惠者,政之始也",为政必须把握这"二始"。其四,从政的态度,则是"大诚而公",是"忠信","非忠信,则无可以取亲于百姓矣"。讲求忠信,是子张学派的重要特征。另外,它还提出"水至清则无鱼,人至察则无徒"的名言,用以举贤任能,因为"佚诸取人,劳于治事;劳于取人,佚于治事"。子张思想具有行动性特征,所以他的问政,相当系统地敞开了儒家行政学原则。

这种行政学思想,可以同《论语·尧曰篇》"子张问于孔子曰:何如斯可以从政矣"③章相互参照,孔子回答时,提出"尊五美,屏四恶"的"从政"原则,称得上是二千多年前的"五讲四美"。所谓"君子惠而不费,劳而不怨,欲而不贪,泰而不骄,威而不猛",就是要求从政者宗旨上利民、顾民、崇仁,态度上泰而不骄、威而不猛,在治理民众中戒虐、戒暴、戒贼、戒吝,采取仁以求己、惠以利民的政治作为。既是向孔子请教,对于比孔子少四十八岁的子张而言,就是年轻时的记忆。但是这条富丽堂皇的"龙",直到鲁哀公

---

① ［清］王聘珍撰,王文锦点校:《大戴礼记解诂》,北京:中华书局,1983 年版,第 137—142 页。
② 王国轩、王秀梅译注:《孔子家语》,北京:中华书局,2011 年版,第 267 页。
③ ［清］阮元校刻:《十三经注疏》(全 2 册),北京:中华书局,1980 年版,第 2535 页。

晚年也未为采用。

而子张在儒门显示特色者，并非如此文绉绉的一面，而是重情义、扬勇武的另一面。《太平御览》卷九百十五引《庄子》曰："老子见孔子，从弟子五人。问曰：'前为谁？'对曰：'子路，勇且多力。其次子贡为智，曾子为孝，颜回为仁，子张为武。'"①孔子见老子时，并尤此五位弟子跟从，应是庄子寓言。因为据我考证，孔子四十一岁适周问礼于老子，此五人中除了子路年龄较长之外，其他四人年龄均未达标，或未出生。但是这里以仁、孝、智、勇，标示颜回、曾子、子贡、子路，都是恰如其分的，因此以"武"作为子张的标准，也应是得其要领。《淮南子·览冥训》说："勇武一人为三军雄。"高诱注曰："武，士也。江淮间谓士曰武。"②大概子张的长相和做派，都是相当威武的。

七十子文献有收录在《说苑·杂言》者，又如此说："子夏问仲尼曰：'颜渊之为人也，何若？'曰：'回之信，贤于丘也。'曰：'子贡之为人也，何若？'曰：'赐之敏，贤于丘也。'曰：'子路之为人也，何若？'曰：'由之勇，贤于丘也。'曰：'子张之为人也，何若？'曰：'师之庄，贤于丘也。'于是子夏避席而问曰：'然则四者，何为事先生？'曰：'坐，吾语汝。回能信而不能反，赐能敏而不能屈，由能勇而不能怯，师能庄而不能同。兼此四子者，丘不为也。'夫所谓至圣之士，必见进退之利，屈伸之用者也。"③这条材料也被收入《孔子家语·六本篇》，《列子·仲尼篇》也拿这条材料说事。此乃讨论性格之长短优劣的综合结构，孔子评议四位弟子品格所长所短，主张一种中庸式的取舍与综合。对于子张的"能庄而不能同"，张湛注曰："庄而不能同，有违和光之义。此皆滞于一方也。"④这岂不是说，子张能够临事矜持庄重，却不能平心静气地待人，和光同尘？

然而，当人们读到《论语·子张篇》的记载，可能有另一番观感。其中说："子夏之门人问交于子张。子张曰：'子夏云何？'对曰：'子夏曰：可者与之，其不可者拒之。'子张曰：'异乎吾所闻：君子尊贤而容众，嘉善而矜不

---

① ［宋］李昉等编：《太平御览》，《四部丛刊》三编影宋本，卷915引《庄子》。

② ［西汉］刘安等编：《淮南子》（《诸子集成》七），北京：中华书局，1954年版，第89页。

③ ［汉］刘向撰，向宗鲁校证：《说苑校证》，北京：中华书局，1987年版，第424—425页。

④ ［晋］张湛注：《列子注》（《诸子集成》三），北京：中华书局，1954年版，第42页。

能。我之大贤与,于人何所不容?我之不贤与,人将拒我,如之何其拒人也?'"①在这里,子张"尊贤而容众"的主张,似乎并非"能庄而不能同",因为能"容众"是不难走向"和同"的。不过,这种态度与子夏恪守孔子所谓"主忠信,无友不如己者"的原则,不能说没有冲突。儒家主张有差等的礼制下面的爱与交往,子张对之有所偏离和超越,提出的是一种"泛交"思想,一种"嘉善而容众"的爱与交往方式,这就有点近乎墨子"兼爱"的嫌疑。

　　但也难怪,此乃出于子张的"驵也"天性,与儒家君子风,自然存在着某种不那么"和同"之缝隙。在《论语》的同一《子张篇》,还有这么两段话:"子张曰:士见危致命,见得思义,祭思敬,丧思哀,其可已矣。""子张曰:执德不弘,信道不笃,焉能为有,焉能为亡。"②在这些话中,"祭思敬,丧思哀"是儒者思想,"见危致命,见得思义"则似乎带点日后的墨者因子,其士人观兼容了儒墨多元因素。他要以弘毅的品德、忠实的信仰和真诚的执著加以实行,临难忘身以施行其义。至于《荀子·非十二子》如此嘲讽子张、子夏之徒:"弟佗其冠,神禫其辞,禹行而舜趋,是子张氏之贱儒也。正其衣冠,齐其颜色,嗛然而终日不言,是子夏氏之贱儒也。"③这里用了一些难以索解之词。但是,既然与"子夏氏之贱儒"比较而言,与整齐衣冠颜色、谦抑言辞的学究作风不同,"子张氏之贱儒"大概是带点江湖做派,举止大大咧咧,帽子嘀里嘟噜,言辞有点下里巴人(而非旧注所谓"冲淡"),走起路来像大禹那样一瘸一拐,或者像舜帝急步疾趋。这里虽然批评的是子张后学,不能等同于子张本人,但是寥寥数笔,似乎已使此派中人的江湖气跃然纸上了。

　　如此带点江湖做派的子张氏之儒的群体,在先秦文献中,不乏其某些踪影,令人感到此儒非纯儒,儒中沾点墨。前述程颐解释《论语·先进篇》孔子批评"师也过,商也不及"之言时,认为:"大抵儒者潜心正道,不容有差,其始甚微,其终则不可救。如'师也过,商也不及',于圣人中道,师只是过于厚些,商只是不及些。然而厚则渐至于'兼爱',不及则便至于'为我',其过不及同出于儒者,其末遂至杨、墨。"④其中委婉地涉及子张之学,似有某种趋向墨家"兼爱"的潜质。

---

①　[清]阮元校刻:《十三经注疏》(全2册),北京:中华书局,1980年版,第2531页。

②　[清]阮元校刻:《十三经注疏》(全2册),北京:中华书局,1980年版,第2531页。

③　[清]王先谦撰:《荀子集解》(《诸子集成》二),北京:中华书局,1954年版,第66页。

④　[宋]程颢、程颐撰,潘富恩导读:《二程遗书》,上海:上海古籍出版社,2000年版,第224页。

　　《大戴礼记·千乘》应是子张氏之儒留下的文献，其中就有此类近墨潜质的表露。这一篇采取了"公曰"、"子曰"的问答体形式，遵循的是"哀公问孔子"的儒门记述文体的常规。开篇说："公曰：'千乘之国，受命于天子，通其四疆，教其书社，循其灌庙，建其宗主，设其四佐，列其五官，处其朝市，为仁如何？'子曰：'不仁，国不化。'公曰：'何如之谓仁？'子曰：'不淫于色。'"全文还是从"仁"的核心观念谈起，表明它竖起的还是儒家的旗号。强调"仁"就是"不淫于色"，在上古社会实际上是推动家族结构脱离原始的甚至是群婚的状态，将之纳入宗法制婚姻方式之中，纳入"民咸孝弟而安让"的伦理政治体制之中。此在一定意义上与《论语·子罕》及《卫灵公篇》"子曰：吾未见好德如好色者也"[①]，有所契合；但又与孔子论仁的一贯说法有所偏离。当然，江湖中人，或有"不淫于色"的规矩。

　　《千乘篇》进一步发挥："下无用，则国家富；上有义，则国家治；长有礼，则民不争；立有神，则国家敬；兼而爱之，则民无怨心；以为无命，则民不偷。昔者先王本此六者，而树之德，此国家之所以茂也。"[②]如此概述"先王六本"之德，突出义、礼、神（鬼）、兼爱之类，就游离了孔子崇仁重德的本义，似乎在儒家的清醇中，勾兑上一点浊酿。何以会出现如此情形呢？

　　《大戴礼记·千乘》本属《孔子三朝记》。《艺文类聚》卷五十五记载："刘向《七略》曰：孔子三见哀公，作《三朝记》七篇，今在《大戴礼》。"[③]宋人王应麟《困学纪闻》卷五如此解释："《孔子三朝》七篇，《（汉书）艺文志》注：孔子对鲁哀公语也。三朝见公，故曰'三朝'。《大戴礼记·千乘》、《四代》、《虞戴德》、《诰志》、《小辨》、《用兵》、《少间》，凡七篇。"[④]清人皮锡瑞《经学通论·三礼》也认为："《孔子三朝记》亦重出，……《大戴礼记》所载七篇，为《千乘》、《四代》、《虞戴德》、《诰志》、《小辨》、《用兵》、《少间》，不著《孔子三朝记》之名。"[⑤]清人王聘珍《大戴礼记解诂》也采用此说[⑥]。

　　① ［宋］朱熹撰《四书章句集注》，北京：中华书局，1983年版，第164页。
　　② ［清］王聘珍撰，王文锦点校：《大戴礼记解诂》，北京：中华书局，1983年版，第153—157页。
　　③ ［唐］欧阳询撰，王绍楹校：《艺文类聚（附索引）》，上海：上海古籍出版社，1982年版，第983页。按：应是《别录》，《隋志》作刘向撰《七略别录》二十卷。
　　④ ［宋］王应麟著，［清］翁元圻等注，乐保群等校点：《困学纪闻（全校本）》（全3册），上海：上海古籍出版社，2008年版，第690页。
　　⑤ ［清］皮锡瑞撰：《经学通论》三《三礼》，北京：中华书局，1954年版，第65页。
　　⑥ ［清］王聘珍撰，王文锦点校：《大戴礼记解诂》，北京：中华书局，1983年版，"目录"第6—7页。

对于本属《孔子三朝记》的《大戴礼记·千乘》，清人陈澧对之作了如此评论："下无用者，贵俭也；立有神者，明鬼也；以为无命者，非命也；兼爱则尤显然者也。不知墨氏之说何以窜入？"[①]而节用、明鬼、非命、兼爱，都名列"墨子十论"之中，岂料在子张氏之儒的《千乘》中，已经存在着萌芽。章太炎并不认同这是"墨氏之说"窜入孔子之言的"窜入说"，认为它与儒学发生的土壤有关，如此指出："墨家本出尹佚，佚之说可施于政事者，孔子亦有取焉。《三朝记·千乘篇》云：'下无用（原注：谓无奢侈之费）则国家富，……此国家之所以茂也。'……'下无用'，即墨之'节用'；'上有义'，即墨之'尚同'；'立有神'，即墨之'明鬼'；'兼而爱之'，即墨之'兼爱'；'以为无命'，即墨之'非命'，盖施政之术不尽与修己同也。……若夫短丧、非乐则儒者必不取之，而尹佚亦未必言是也。"[②]这就将《大戴礼记·千乘篇》，一头与孔子思想，另一头与墨子思想挂上了钩，而且在短短的五六十个字里，就涉及"墨子十论"中的节用、尚同、明鬼、兼爱、非命五论，比陈澧指出的四论，还多出了一项"尚同"。

实在令人诧异：此即是子张氏之儒乎？墨子学术有"近儒"而后"脱儒"的过程，而子张之儒则在习儒的过程中，逐渐与儒家若有游离，在某些方面出现了若干墨学的影子。《大戴礼记·千乘》此文最后，以孔子之口从时间维度上，谈论上古的理想政治和现实的冻饿社会，即所谓"太古无游民，食节事时，民各安其居，乐其宫室，服事信上，上下交信，地移民在。今之世，上治不平，民治不和，百姓不安其居，不乐其宫；老疾用财，壮狡用力，于兹民游；薄事贪食，于兹民忧"[③]。这又从空间维度上，谈论中国之丰美和四夷不同俗，荒远以至于有"不火食者"。篇中所追求的是政令通畅，器用流通，"及量地居，邑有城郭，立朝市。地以度邑，以度民，以观安危"；"民咸知孤寡之必不末（薄）也，咸知有大功之必进等也，咸知用劳力之必以时息也"[④]。

子张向孔子请教《尚书》甚勤，但这里对上古社会的形容，却与他的《尚

① ［清］陈澧撰：《东塾读书记》，北京：生活·读书·新知三联书店，1998年版，第159页。
② 章太炎撰：《章太炎：在苏州国学讲习会的讲稿》，北京：中国画报出版社，2010年版，第216页。
③ ［清］王聘珍撰，王文锦点校：《大戴礼记解诂》，北京：中华书局，1983年版，第161页。
④ ［清］王聘珍撰，王文锦点校：《大戴礼记解诂》，北京：中华书局，1983年版，第163页。

书》体会无关。这类社会想象，缺乏子游氏之儒在《礼运》中所说的眼界开阔，流光溢彩；然而却平实，也知关照弱势群体，也知劳有所息、功有所进，相当注意到城邑安全，朝市设置。尤其是在儒家极其重视的"朝"之外，特地并列以"市"，似乎与子张曾是马市场经纪人的身份相称。这也呼应了战国时代市场贸易的发展，端是符合一个民间性比较明显的学术派别的思想特征。子张的出现，使儒学文化地图在弘德重信、尊贤容众、勇武近侠诸维度上，出现新的疆域，新的色彩，而且这种新疆域、新色彩，甚至带有某些趋向墨家的特征。子张氏之儒，是向着被正宗儒家视为异端的战国学派开放的。

三十二章　孔府之学的价值与特征

以上尝试打通《论语》和大小戴《礼记》等先秦文献及出土简帛,已经对七十子及其后学,尤其是曾门、子思、子游、子夏、子张氏之儒的原委流别,进行比较性的梳理和过程性的考察,从而获得走近了看儒学文化地图的还原性了解。由此,对于清人章学诚《校雠通义》卷三所云"儒分为八,墨分为三,则儒亦有不合圣人之道者矣。此其所以著录之书,贵知原委,而又当善条其流别也"[①],也会获得新的感觉和体会。问题并不在于这些流别合不合"圣人之道",而首先在于要弄清楚何为"圣人之道",儒学诸派又如何把握和践履"圣人之道"。在这些基本问题上,七十子及其后学存在着各记所闻、各是所是的多种多样的理解和阐释,而且每个学派都认为自己最得"圣人之道"的真传。这就使得全面描绘出来的孔子文化地图,出现了类乎多棱镜式折光的文化景观。对其采取的探究态度,关键在于"贵知原委,条其流别",进行文化传承脉络,尤其是简帛成书脉络的清理。

求真的做法,应该力戒以一个学派所言之"真",简单地将另一个学派的文献斥之为"伪",以自认为的"道统"排斥所谓"非道统"。道统是为王朝意识形态服务的,而不是为寻找历史之真设计的。从战国秦汉书籍制度,与宋以后刊本书籍制度存在着重大差异的实际出发,有必要在如何辨析战国秦汉书籍之真伪上,调整思路,转换眼光,更新切入问题之脉络的方法。应该意识到,书籍的形态是一种历史性的存在,并非一成不变。与宋以后刊本一经刊刻,版本就已定型大为不同,战国秦汉书籍经过口传、抄录和整理的传本,是流动性传本,叠加型传本。这种情形,在早期孔府作为代代相承的档案文献中,尤为明显。孔府的存在,既是一种家族血脉的延续,也是一种文化血脉的延续;是以千古不替的尊贵家族延续,来实行一种既是家族档案文化、又牵涉王朝正统文化的延续。孔府人士对其"圣祖"的材料,抱着尊祖崇文之心,代复一代地竭尽搜罗之能事,若遇造诣较高,而责任

---

① 　[清]章学诚著,王重民通解:《校雠通义通解》,上海:上海古籍出版社,2009年版,第92页。

心、使命感较强的后裔,往往又对之进行整理、润色、编纂和研究,因而也就难免留下当时思潮和理解水平渗入的痕迹。走近"圣人之道"的途径本来就有种种,其中一条是进入孔府之学,看孔子后裔是如何保存孔学之"真"。

根本问题在于:孔子有孔子的文化生态,孔府有孔府的文化生态,七十子有七十子的文化生态,战国秦汉诸子有战国秦汉诸子的文化生态。它们之间有相连而互相异,有相贯而互相离。因而应在明其传承的资源、动机、方式、过程、效果之中,剖析其生生不息而变动不居的真实性和价值性。孔府之学的典籍是《孔丛子》和《孔子家语》,书名都是孔鲋、孔安国一流的"博士"级以上的人物起的,别有深意。"丛"是灌木,有丛集、丛杂之义。《尚书·无逸》"是丛于厥身"[①],蔡沈集传云:"丛,聚也。"[②]《淮南子·俶真训》"兽走丛薄之中",高诱注:"聚木曰丛,深草曰薄。"[③]也就是说,它将孔子言行及孔子后人的行事文章,丛聚成书。而"家语"的取名,与《论语》相对应,都是一种"语"体的书,但并非儒门的公器,而是庋藏在家的档案,因而也不妨收容被《论语》编纂时删落的七十子遗简。在逐代丛聚和庋藏中,采取的是孔府之为孔府的慎终追远、继志述事的原则。

孔府作为历史悠久的实体存在,以一位神圣祖宗的文化创造,造就了一个高贵家族超越改朝换代的百世传承,此于世界文化史上堪称独一无二。宋人王应麟《两汉崇儒考》着重对官方尊孔的行为进行勾稽,谨将其涉及孔府变迁者摘要如次:"《史记·世家》:孔子葬鲁城北泗上,弟子及鲁人往,从冢而家者百有余室,因命曰孔里。鲁世世相传,以岁时奉祠孔子冢。而诸儒亦讲礼乡饮、大射于孔子冢。孔子冢大一顷,故所居堂弟子内,后世因庙,藏孔子衣、冠、琴、车、书,至于汉二百余年不绝。高皇帝过鲁,以太牢祠焉。诸侯卿相至常先谒,然后从政。……成帝绥和元年,封孔吉为殷绍嘉侯。……平帝元始元年,封孔均为褒成侯。……建武十三年,复封均子志为褒成侯,子损嗣。……明帝永平……十五年,至鲁诣孔子宅。章帝……元和二年,至鲁祠孔子及七十二弟子,于阙里作六代之乐,大会孔氏男子六十二人。安帝延光三年,祀孔子及七十二子于阙里,还幸太学。……孔子宅在兖州曲阜县故鲁城中归德门内,阙里之中,背洙面泗,矍

①　[清]阮元校刻:《十三经注疏》(全2册),北京:中华书局,1980年版,第223页。

②　[清]阮元校刻:《十三经注疏》(全2册),北京:中华书局,1980年版,第223页。

③　[西汉]刘安等编:《淮南子》(《诸子集成》七),北京:中华书局,1954年版,第32页。

相圃之东北也。……魏文帝黄初二年，封孔羡为宗圣侯。晋封二十三世孙震为奉圣亭侯。后魏延兴三年，封二十七世孙乘为崇圣大夫。太和十九年，孝文幸鲁，亲祠孔子庙，改封二十八世孙珍为崇圣侯。北齐封三十一世孙为恭圣侯。周武帝改封邹国公。隋文帝仍旧封。炀帝改封绍圣侯。唐贞观十一年，封裔孙德伦为褒圣侯。开元二十七年，以孔子后为文宣公。"①

清人王士禛《香祖笔记》又云："唐开元二十七年，诏追谥孔子文宣王，命其后嗣褒圣侯改封嗣文宣公。宋初孔氏子孙袭封，仍唐之旧。仁宗纳祖择之言，改封衍圣公，至今因之。"②如此一个超越改朝换代的圣裔家族，表面上似乎册封、祭祀、礼乐表演，更受历史关注；实际上并未受到册封，属于庶支的孔氏后裔由于得到优渥教育和弘扬家风的激励，却出现了许多值得注意的人才，其搜集整理的前期档案文献，也是一笔不容忽视的文化遗存。而露出水面的文献整理和发布，最突出的就是《孔丛子》和《孔子家语》。二者本是孔府之学的代表性著作，却遭致许多褒贬毁誉。似乎承传孔学的只有经师、博士、道学先生可信，孔府传出的文献，尤其是将之公诸于世者存在瑕疵，就谈不上何种权威性。

如此判别优劣真伪的标准，足以服人乎？要对孔府之学的代表性著作《孔丛子》《孔子家语》进行深入的返本还原性研究，首先要做的事情，是讨论孔府之学的材料来源，实质何在，如何自成体系，代代累积有何长短，而这些材料又如何与七十子及其后学的文献之间形成互动互补。返本还原研究的重要切入口，就是"贵知原委，条其流别"，还原此类文献书籍在孔府中代代相承、又代代变迁中自成格局，而又在与社会上同类的、或相似的书籍文献相互牵连、相互转借、交叉或平行传承中，形成独特的、别人难以代替的生存形态、生命形态、思维形态。

先考察《孔丛子》。这乃是通过走进孔府，从而走近孔子的一条途径。今本《孔丛子》共七卷二十三篇，宋嘉祐三年（1058年），宋咸在《注孔丛子序》中称："《孔丛子》者，乃孔子八世孙鲋，字子鱼，仕陈胜为博士，以言不见用，托目疾而退，论集先君仲尼、子思、子上、子高、子顺之言，及己之事，凡二十一篇，为六卷。名之曰《孔丛子》，盖言有善而丛聚之也。至汉孝武朝，

①　［宋］王应麟著，［清］翁元圻等注，乐保群等校点，《困学纪闻（全校本）》（全3册），上海：上海古籍出版社，2008年版，第1819—1830页。

②　［清］王士禛撰：《香祖笔记》，文渊阁《四库全书》，卷10。

太常孔臧又以其所为赋与书,谓之《连丛子》上下篇为一卷,附之于末。然士大夫号藏书者,所得本皆豕亥鱼鲁,不堪其读。臣凡百购求,以损益补窜,近始完集。然有语或浅固,弗极于道,疑后人增益,乃悉诛去。义例繁猥,随亦删定。……是书所载,皆先圣之言、三代之术,六艺之要在焉,非诸子之流也,又可泯而不称耶?"①

这里透露了《孔丛子》版本的多重叠加:秦末汉初孙鲋的始创,汉武帝时孔臧的添加,以后又有历代后裔的附骥,推动了档案文献在未公开问世的二百年间的逐层叠加,有如考古学中的文化地层叠压。这里起码有三个文化地层的堆积和叠压:奠基的是秦末汉初地层,叠加的则有汉武时期地层,以及自此至东汉末年的地层。我们不能以某一个地层时间偏后,而推翻时间偏早的另一个地层,那是违背秦汉时期书籍制度的做法。于此应以动态性的辨证思维,来考察动态性的档案积存和书籍版本形态,对之逐层剥离,分别对待。

宋咸《孔丛子注》七卷,是最早且流传较广、对该书所做注解较详的注本。清人周中孚《郑堂读书记·补逸》云:"是书第一篇至第四篇记孔子之言,第五篇至第十篇记子思、子上之言,第十一篇为《小尔雅》,第十二篇至第十四篇记子高之言,第十五篇至第十七篇记子顺之言,第十八篇为《诘墨》,第十九篇至第二十一篇则子鱼之言也。末一条,又记其将没,是书为子鱼作,岂有自记其言?""至《连丛子》二篇,上篇载《叙书》一篇,次为孔臧所赋四篇,《与从弟(安国)》、《与子琳》书二篇。《序书》篇中,称其尝为赋二十四篇,四篇别不在集,则《汉志·诗赋家》有《孔臧赋》二十篇,即其集也。次为《叙世》一篇,《左氏传诂序》一篇。其下篇载汉元和间孔僖、延光间孔长彦、季彦之事。""是书实东汉世孔氏后人所搜集,而不著名氏者,然亦非古笈也。"②即是说,此书的版本叠加,从秦汉之际孔鲋(约公元前264—前208年)开始撰述,至少延续到东汉章帝元和年间(84—86年)。此后还经历了近一千年的收藏、转抄,以及难免不同程度蛀蚀、缺损和修复的过程,对于如此一种九死一生的文化遗存,本来应该葆有几分尊重才是。切不应以不究原委之"辨伪",延续古籍已经蒙受的磨难,使之进一步碎片化。

---

① 傅亚庶撰:《孔丛子校释》(《新编诸子集成续编》),北京:中华书局,2011年版,第534页。
② [清]周中孚撰:《郑堂读书记》,北京:中华书局,1990年版,第486页。

值得注意者,宋咸注书的宋仁宗嘉祐三年(1058 年)正是宋代理学开始抬头的年份,这一年周敦颐四十二岁,张载三十九岁,程颢、程颐二十六七岁,他们对儒学义理、道统的关注,超过了对孔府谱系和混杂史料的清理。此前一年,嘉祐二年,欧阳修以翰林学士身份主持进士考试,张载、吕大钧、程颢、朱光庭等理学干将,以及二苏兄弟(苏轼、苏辙)、三曾兄弟(曾巩、曾布、曾牟)、王安石改革的首席助手吕惠卿同科及第。此即王渔洋《池北偶谈》所云:"元人刘性作《宛陵集序》云:'仁宗嘉祐二年,欧阳公知贡举,梅圣俞为试官,得人之盛,若眉山苏氏、南丰曾氏、郿张氏、河南程氏皆出其间。'叶石林《诗话》谓:'是榜得苏子瞻为第二人,子由及曾子固皆在选中。'今人止知苏、曾为欧公门生,不知张、程二氏皆出其门矣。"①

在人才济济、文风大振的同时,理学风气逐渐浓郁,党争风气开始潜伏,导致《孔丛子》最早注本出世,实在有点生不逢时,知音恨少。继承北宋理学兴趣,百年后朱熹就对《孔丛子》的真伪作出发难。他觉得:"只《孔丛子》说话多类东汉人,其文气软弱,全不似西汉文字。"②又说:"《孔丛子》乃其所注之人伪作。读其首几章,皆法《左传》句,已疑之。及读其后序,乃谓渠好《左传》,便可见。""《孔丛子》鄙陋之甚,理既无足取,而词亦不足观。"③其实这是在批评《孔丛子》成书的丛杂形态,不及从丛杂中萃取精华的理学来得纯粹。朱熹这些批评都是从"理"、"词"、"文气"等主观感觉立论,并未进入文献来源的脉络,却对后世导向作用甚大,以致自清到 20 世纪前期疑古潮流中,《孔丛子》的伪书身份几乎成了定谳。

廓清重重迷雾的根本方法,是要回过头来审视在孔府文化生态环境中,《孔丛子》的文献是如何收集、汇总,又层层叠加和积累的。孔府学者不一定都是学术上的顶尖高手,却是能够按照孔府谱系代代相传,对圣人祖先高度尊崇,诗礼传家,又想保持孔学原始宗旨的有责任感的孔氏后裔。他们无论在材料积累、学理阐扬和编纂处理上,都形成了自己的规矩,这与经书和诸子学术的传承,都是不能等同视之的。这一点,在《孔丛子》中体现得比《孔子家语》中更加突出。《孔丛子》在体现孔府之学上,有三个特点

---

① [清]王士禎撰:《池北偶谈》,文渊阁《四库全书》,卷 8。
② [元]马端临撰:《文献通考》,杭州:浙江古籍出版社,1988 年版,第 1720—1721 页。所引来自《朱子语类》卷 125"老氏"。
③ [宋]黎靖德编,王星贤点校:《朱子语类》(全 8 册),北京:中华书局,1986 年版,第 3252 页。

值得注意：

　　第一个特点：《孔丛子》的材料搜集、汇总和编纂，是在孔府谱系延续中历经十余代而出现初成、再成、最终告成，从而可以分析出半成品和最终成品的。《汉书·孔光传》如此记载孔府倾向于学术传承的世系："孔子生伯鱼鲤，鲤生子思伋，伋生子上帛，帛生子家求，求生子真箕，箕生子高穿。穿生顺，顺为魏相。顺生鲋，鲋为陈涉博士，死陈下。鲋弟子襄……生忠，忠生武及安国。武生延年，延年生霸，字次儒。霸生光焉。"①世系开列的许多人物，均可从《孔丛子》中发现其行踪、言论和著述，可与正史一一印证；而材料或为正史、经籍所未载，或载而语焉不详，可补史籍之阙。孔府之学的世系传承，如清代赵翼《廿二史劄记》卷五所云：

　　　　古人习一业，则累世相传，数十百年不坠。盖良治之子必学为裘，良弓之子必学为箕，所谓世业也。工艺且然，况于学士大夫之术业乎？今案周、秦以来，世以儒术著者，自以孔圣之后为第一。伯鱼、子思后，子上生求，求生箕，箕生穿，穿生顺，为魏相。顺生鲋，为陈涉博士。鲋弟子襄，汉惠帝时为博士，历长沙太傅。襄生忠，忠生武及安国，武生延年。安国、延年皆以治《尚书》，武帝时为博士，安国至临淮太守。延年生霸，亦治《尚书》，昭帝时为博士，宣帝时为大中大夫，授皇太子经，元帝即位，赐爵关内侯，号褒成君。霸生光，尤明经学，历成、哀、平三帝，官御史大夫、丞相、太傅、太师、博山侯，犹会门下生讲问疑难。（《孔光传》）霸曾孙奋，少从刘歆受《春秋左氏》，歆称之曰："吾已从君鱼（奋字）受道矣。"（《奋传》）安国后世传《古文尚书》、《毛诗》，有名子健者，不仕王莽。元和中，子建曾孙僖，受爵褒成侯。其子长彦好章句学，季彦亦守家学。（《僖传》）霸七世孙昱，少习家学，征拜议郎。自霸至昱，卿相牧守五十三人，列侯七人。（《孔昱传》）计自孔圣后，历战国、秦及两汉，无代不以经义为业，见于前、后《汉书》，此儒学之最久者也。②

　　①　[汉]班固撰：《汉书》（全12册），北京：中华书局，1962年版，第3352页。
　　②　[清]赵翼著，王树民校证：《廿二史劄记校证》，北京：中华书局，1984年版，第100—101页。

世系顺序上有一个大结,就是旧署《孔丛子》的著者孔鲋。对于孔鲋,《史记·孔子世家》只有简略记载:"鲋字子鱼,孔子八世孙,曾为陈胜博士,死陈下。"①《孔丛子》则以太史公未及见的大量材料,展示了孔鲋的行藏与著述。其卷六《诘墨》为孔鲋著作,《独治》《问军礼》《答问》三篇记孔鲋事迹言论。《孔丛子·独治篇》交代甚详:"子鱼生于战国之世,长于兵戎之间,然独乐先王之道,讲习不倦。"②孔鲋有弟子叔孙通,这重师弟关系也为史所阙载:"秦始皇东并,子鱼谓其徒叔孙通曰:'子之学可矣,盍仕乎?'对曰:'臣所学于先生者,不用于今,不可仕也。'子鱼曰:'子之材能见时变,今为不用之学,殆非子情也。'叔孙通遂辞去,以法仕秦。"③这就是叔孙通为秦博士的原由。叔孙通率弟子百余人归降刘邦后,见朝会时群臣喧哗失礼,奏请征召鲁诸生与弟子采古礼与秦仪共起朝仪,于汉高帝七年(公元前200年)施行于新落成的长乐宫,使汉高帝感叹:"吾乃今日知为皇帝之贵也!"叔孙通能够动用如此整齐的礼仪队伍,与孔府延续礼乐诵习,存在着紧密关系。如《史记·儒林列传》所云:"及高皇帝诛项籍,举兵围鲁,鲁中诸儒尚讲诵习礼乐,弦歌之音不绝,岂非圣人之遗化,好礼乐之国哉!"④而叔孙通能够便捷地把鲁地这批礼乐队伍带上汉廷,得助于他是孔鲋弟子,与孔府存在因缘,这些在《孔丛子》中也把线头关联起来了。

孔鲋仕陈胜的具体过程,也可补史之阙:"子鱼居魏(或作'卫'),与张耳、陈馀相善。耳、馀,魏之名士也。秦灭魏,求耳、馀,惧走。会陈胜、吴广起兵于陈,欲以诛秦。馀谓陈王曰:'今必欲定天下、取王侯者,其道莫若师贤而友智。孔子之孙今在魏,居乱世能正其行,修其祖业,不为时变。其父相魏,以圣道辅战国,见利不易操,名称诸侯,世有家法。其人通材足以幹天下,博知足以虑未形,必宗此人,天下无敌矣。'陈王大悦,遗使者赍千金,加束帛,以车三乘聘焉尔。……子鱼遂往,陈王郊迎而执其手,议世务。子鱼以霸王之业劝之,王悦其言,遂尊以博士,为太师谘度焉。"⑤陈馀对孔鲋之赞不绝口,陈胜对孔鲋之执礼甚恭,这是自撰传纪材料常用的口吻。而

---

① 〔汉〕司马迁撰:《史记》(全10册),北京:中华书局,1959年版,第1947页。
② 傅亚庶撰:《孔丛子校释》(《新编诸子集成续编》),北京:中华书局,2011年版,第409页。
③ 傅亚庶撰:《孔丛子校释》(《新编诸子集成续编》),北京:中华书局,2011年版,第410页。
④ 〔汉〕司马迁撰:《史记》(全10册),北京:中华书局,1959年版,第3117页。
⑤ 傅亚庶撰:《孔丛子校释》(《新编诸子集成续编》),北京:中华书局,2011年版,第409—411页。

孔鲋"以霸王之业劝",可见在戎马倥偬之际,也不拘限于纯粹的圣祖之学。

孔鲋在陈胜军,对礼制、史事、军谋多有咨询,这也是只有孔鲋本人才知道的材料。陈胜已死,凭谁质证?《答问篇》记载:

> 陈王涉使周章为将,西入关,将以诛秦。秦使将章邯拒之,陈王以秦国之乱也,有轻之之意,势若有馀而不设敌备。博士太师谏曰:"章邯,秦之名将,周章非其敌也。今王使章需然自得而不设备,臣窃惑焉。夫虽天之所舍,其祸福吉凶大者在天,小者由人。今王不修人利以应天祥,若跌而不振,悔之无及也。"王曰:"寡人之军,先生无累也。请先生息虑也。"又谏曰:"臣闻《兵法》,无恃敌之不我攻,恃吾之不我攻也。今恃敌而不自恃,非良计也。"王曰:"先生所言计策深妙,予不识也,先生休矣。"已而告人曰:"儒者可与守成,难与进取,信哉!"
>
> 博士他日复谏,曰:"臣闻国大兵众,无备难恃,一人善射,百夫决拾。章邯枭将,卒皆死士也。周章若懦,使彼席卷来前,莫有当其锋者。"王曰:"先生所称寡人昧昧焉,愿以人间近事喻之。"答曰:"流俗之事,臣所不忍也。……今王与秦角强弱,非若由之夫妻也,而轻秦过甚,臣是以惧,故区区之心,欲王备患之也。"王曰:"譬类诚佳,然实不同也。"弗听,周章果败而无后救,邯遂进兵击陈王,师大败。[1]

考诸《史记·秦始皇本纪》:"(秦二世)二年冬,陈涉所遣周章等将西至戏,兵数十万。二世大惊,与群臣谋曰:'奈何!'少府章邯曰:'盗已至,众强,今发近县不及矣。郦山徒多,请赦之,授兵以击之。'二世乃大赦天下,使章邯将,击破周章军而走,遂杀章曹阳。二世益遣长史司马欣、董翳佐章邯击盗,杀陈胜城父,破项梁定陶,灭魏咎临济。"[2]这是从本纪记述王朝大事的角度着墨,因而未述陈胜宫室里的谏诤事。

《陈涉世家》又如何记载?有云:"周文,陈之贤人也,尝为项燕军视日,事春申君,自言习兵。陈王与之将军印,西击。行收兵至关,车千乘,卒数十万,至戏,军焉。秦令少府章邯免郦山徒、人奴产子,悉发以击楚大军,尽

　　① 傅亚庶撰:《孔丛子校释》(《新编诸子集成续编》),北京:中华书局,2011年版,第433—434页。

　　② [汉]司马迁撰:《史记》(全10册),北京:中华书局,1959年版,第270页。

败之。周文败,走出关,止次曹阳二三月。章邯追败之,复走次渑池十余日。章邯击,大破之。周文自刭,军遂不战。"①这是从陈胜西征部队溃败的战场着眼,特地点出周文(即周章)本来职业是"视日"预测吉凶的方士,所谓习兵只是"自言"而已,用人不慎而导致惨败,于是也忽略了陈胜身居宫室,不审战局,麻痹大意的态度。

而《孔丛子》此篇却追随孔鲋身影,展示了陈胜的轻敌与孔鲋的忧虑,不是从战场上、也不是从秦王朝的角度考察战争。这就以不同典籍,不同的视角和价值观,从内外、上下、左右诸多维度讨论了同一场战争的成败教训。这是儒家博士对陈胜之败的临场解释。看来在"兵戎之间",孔鲋也用心于兵家,他进谏陈王引用了《孙子兵法·九变篇》:"故用兵之法,无恃其不来,恃吾有以待也;无恃其不攻,恃吾有所不可攻也。"②所有这些,当然是孔鲋所述,他人不可能有如此详细的知闻,至于记述之时对于孔鲋的先知先觉是否有所添油加醋,那也只有孔鲋本人心知肚明。这就是宋咸说的"仕陈胜为博士,以言不见用,托目疾而退",遂编著《孔丛子》的缘由。

《孔丛子·答问篇》最后记述:"博士凡仕六旬,老于陈,将殁,戒其弟子襄曰:'鲁,天下有仁义之国也,战国之世,讲颂不衰,且先君之庙在焉。吾谓叔孙通处浊世而清其身,学儒术而知权变,是今师也。宗于有道,必有令图,归必事焉。'"③这一条材料记孔鲋"将殁"遗言,不可能是孔鲋本人、而应该是他身边最接近的人所记述。因此,以这条材料为界限,《孔丛子》前六卷乃是孔鲋在秦汉之际编纂和记述,以下第七卷《连丛子》上下,则是孔府后人陆续编述。

《资治通鉴》卷七记载,在孔鲋投奔陈胜以前,秦始皇三十四年(公元前213年)下令焚书坑儒,"魏人陈馀谓孔鲋曰:'秦将灭先王之籍,而子为书籍之主,其危哉!'子鱼曰:'吾为无用之学,知吾者惟友。秦非吾友,吾何危哉!吾将藏之以待其求。求至,无患矣!'"④孔鲋自称"无用之学"的那些书籍,在仕陈胜为博士的两个月,戎马倥偬,竹简繁重,不可能随身携带很

---

① 　[汉]司马迁撰:《史记》(全10册),北京:中华书局,1959年版,第1954页。
② 　李兴斌、杨玲注译:《孙子兵法新译》,济南:齐鲁书社,2001年版,第37页。
③ 　傅亚庶撰:《孔丛子校释》(《新编诸子集成续编》),北京:中华书局,2011年版,第434—435页。
④ 　[宋]司马光编著,[元]胡三省音注:《资治通鉴》(全20册),北京:中华书局,1956年版,第244页。

多。退居于陈，除了做些自传性记述之外，自己带来的战国简书难免有限，但他知道在鲁国孔府收藏甚富，那应是他梦魂萦绕之所在。作为陈馀所称的"书籍之主"，他临终怀念"鲁，天下有仁义之国也，战国之世，讲颂不衰，且先君之庙在焉"，也蕴含着对鲁地古文书籍的怀念在焉。即是说，孔鲋居陈，自己携带若干孔氏收藏，对于编著《孔丛子》依然深感不足。然则，救济方式何在？《史记·儒林列传》记述：仲尼既殁，弟子散游诸侯，"子张居陈"。以子张创立学派的能力而言，其学派在陈当逐渐积累成一个相当可观的资料库。《孔丛子》最有价值的部分是孔鲋编述的前六卷。前六卷中记述孔子及二三子对话的篇章，与他获得在陈国已经营二百年的子张及其后学积累的文献之救济，存在着深刻的关系。或者说，孔鲋掉入了、而且尽可能利用着子张后学建立的"资料库"。

　　这个子张之儒的资料库，首先吸引孔鲋的是孔子与七十子之徒对六经的解读。前面说过，《孔丛子·论书篇》讨论《尚书》的十六章，有四章为"子张问孔子"，数量在七十子中最多，而且占据篇首，这乃是受陈地子张学派的资料库救济所致。《刑论篇》还收录了两条有关子张的材料：

> 　　《书》曰："兹殷罚有伦。"子张问曰："何谓也？"孔子曰："不失其理之谓也。今诸侯不同德，国君异法，折狱无伦，以意为限，是故知法之难也。"子张曰："古之知法者与今之知法者异乎？"孔子曰："古之知法者能远狱，今之知法者不失有罪，不失有罪其于怨寡矣。能远于狱，其于防深矣。寡怨近乎滥，防深治乎本。《书》曰：'维敬五刑、以成三德。'言敬刑所以为德矣。"①
>
> 　　《书》曰："若保赤子。"子张问曰："听讼可以若此乎？"孔子曰："可哉！古之听讼者，恶其意不恶其人，求所以生之，不得其所以生乃刑之，君必与众共焉，爱民而重弃之也。今之听讼者，不恶其意而恶其人，求所以杀，是反古之道也。"②

此二则材料也是从《尚书》引发话题，《尚书·康诰》云："外事，汝陈时

---

① 傅亚庶撰：《孔丛子校释》（《新编诸子集成续编》），北京：中华书局，2011 年版，第 78 页。
② 傅亚庶撰：《孔丛子校释》（《新编诸子集成续编》），北京：中华书局，2011 年版，第 79—80 页。

臬司师,兹殷罚有伦。"①又云:"若保赤子,惟民其康乂。"②而孔子答语所引乃《尚书·吕刑》"惟敬五刑,以成三德,一人有庆,兆民赖之"③。五刑包括:墨、劓、剕、宫、大辟。又《周礼·秋官司寇》:"大司寇之职,……刑乱国用重典,以五刑纠万民。"④在实施五刑之时,要出诸以"敬",采取敬重、敬畏的态度,而不是采取暴虐残酷的态度,这才能在政治上成功推行刚、柔、正直之三德,以求国家长治久安。这种引书和对话的方式,与《孔丛子·论书篇》的四条材料相似。它们应是出自子张后学的同一个"资料库",本来可以编集在一起。为了避免材料堆积,也为了避免将孔府之学变成某个弟子的派别之学,才做了这种编纂技术上的处理。由此可知,《孔丛子》的内容,既受到他开始编纂时的陈地资源的影响,又受到孔府之学并非某个弟子之学的编纂宗旨的规约,二者之间形成了相当有趣的张力。

一部书的模样和价值,往往取决于它的材料来源。孔鲋在戎马倥偬中随身的历史文献行李有限,许多早期材料只能在七十子后学、尤其是子张后学的记录、传抄中寻找。这样的材料与收入《论语》《孝经》、大小戴《礼记》者或各有侧重,或存在文字差异,因而引起宋以后道统建立者的排斥,是不难想象的。但不应忽视先秦文献,以不同学术群体传抄简帛,这是当时常态,是当时的书籍制度。由此出现不同的简帛群,一组一组的简帛流散无常,集合有度,这就使"简帛群"成为认识战国秦汉书籍形成的重要概念。不同简帛群之间存在的差异,主要并非真伪问题,而是传抄群体、传抄地域的差异,传承多代难免产生传闻异辞,这更能呈现孔学的丰富性及其日后发展的多样性可能。只是应该开窍,认识到如此丰富多样的"简帛群"之间的真实性是相对的,可分析的,应该进行发生学和传播学的研究。这就需要改变道统崇拜的绝对性思维方式,才能深入其中的历史现场和文化脉络。

有了这样的基本认识之后,不妨返回《孔丛子》首卷首篇《嘉言篇》的首章:

①　[清]阮元校刻:《十三经注疏》(全2册),北京:中华书局,1980年版,第204页。
②　[清]阮元校刻:《十三经注疏》(全2册),北京:中华书局,1980年版,第204页。
③　[清]阮元校刻:《十三经注疏》(全2册),北京:中华书局,1980年版,第249页。
④　[清]阮元校刻:《十三经注疏》(全2册),北京:中华书局,1980年版,第870页。

　　夫子适周,见苌弘,言终退。苌弘语刘文公曰:"吾观孔仲尼,有圣人之表。其状河目而隆颡,黄帝之形貌也;修肱而龟背,长九尺有六寸,成汤之容体也。然言称先王,躬礼谦让,洽闻强记,博物不穷,抑亦圣人之兴者乎?"刘子曰:"方今周室衰微,而诸侯力争。孔丘布衣,圣将安施?"苌弘曰:"尧、舜、文、武之道,或弛而坠,礼乐崩丧,亦正其统纪而已矣。"既而夫子闻之,曰:"吾岂敢哉,亦好礼乐者也。"①

　　此事应是孔子适周问礼于老子、访乐于苌弘所产生的传闻。其中以观相之术圣化孔子,似乎有点难以置信。孔鲋将此材料置于全书之首,蕴含着孔府后人对圣祖的无限崇拜,这是孔府之学必然或隐或显存在着的血缘情感价值特征。不过,孔子到洛阳向老子问礼,曾向苌弘请教,则是有案可稽。苌弘,乃周大夫。《孔子家语·观周篇》记载:"问礼于老聃,访乐于苌弘,历郊社之所,考明堂之则,察庙朝之度。于是喟然曰:'吾乃今知周公之圣与周之所以王也。'"②孔子对苌弘印象之深,见于《礼记·乐记》之记述:"宾牟贾侍坐于孔子,孔子与之言及乐,曰:'夫《武》之备戒之已久,何也?'对曰:'病不得其众也。''咏叹之,淫液之,何也?'对曰:'恐不逮事也。''发扬蹈厉之已蚤,何也?'对曰:'及时事也。''《武》坐致右宪左,何也?'对曰:'非《武》坐也。''声淫及商,何也?'对曰:'非《武》音也。'子曰:'若非《武》音,则何音也?'对曰:'有司失其传也。若非有司失其传,则武王之志荒矣。'子曰:'唯!丘之闻诸苌弘,亦若吾子之言是也。'"③这条材料也见于《孔子家语·辨乐解》,文字略异。可见孔子问学于苌弘者,主要是先王之乐,这里具体讨论了有关周武王伐纣的《武》舞的节奏、音调,是内行的人才能够作出如此分析的。

　　然则,苌弘对相术,是否有其特长?《淮南子·氾论训》云:"昔者苌弘,周室之执数者也。天地之气,日月之行,风雨之变,律历之数,无所不通。"④苌弘对天文术数的特长,使之进入历史名人排行榜,《史记·天官书》"太史公曰"的排行榜云:"昔之传天数者:高辛之前,重、黎;于唐、虞,

①　傅亚庶撰:《孔丛子校释》(《新编诸子集成续编》),北京:中华书局,2011年版,第1页。
②　王国轩、王秀梅译注:《孔子家语》,北京:中华书局,2011年版,第129页。
③　[清]阮元校刻:《十三经注疏》(全2册),北京:中华书局,1980年版,第1541—1542页。
④　[西汉]刘安等编:《淮南子》(《诸子集成》七),北京:中华书局,1954年版,第223页。

羲、和；有夏，昆吾；殷商，巫咸；周室，史佚、苌弘；于宋，子韦；郑则裨灶；
在齐，甘公；楚，唐昧；赵，尹皋；魏，石申。"①《史记·封禅书》云："苌弘以
方事周灵王，诸侯莫朝周，周力少，苌弘乃明鬼神事，设射狸首。狸首者，
诸侯之不来者，依物怪欲以致诸侯。"②所谓《狸首》是古逸诗及乐歌的篇
名，行射礼时诸侯歌《狸首》为发矢之节度。如郑玄《诗谱序·周南召南
谱》云："射礼，天子以《驺虞》，诸侯以《狸首》，大夫以《采𬞟》，士以《采蘩》
为节。"③孔颖达疏引《大射》注云："狸之言不来也。其诗有射诸侯首不朝
者之言，因以名篇。后世失之。然则于时诸侯不肯朝事天子，恶其被射
之言，故弃之。为礼乐之记者，正谓记作《射义》者，以《狸首》乐歌之曲，
故并乐言之。"④由此可知，苌弘采用乐歌之曲，表演大射礼，在乐舞仪式
中注入巫术，依凭物怪欲使不来朝周的诸侯来朝。换言之，兼长古乐与
巫术的苌弘，既有机会，又有特长，以面相论孔子的贤愚。而且《左传》昭
公十七年、二十三年、二十四年，以及《国语·周语下》"刘文公与苌弘欲
城周"，都记载苌弘与刘文公的对话和行为，他们在周景王去世后，拥立
悼王、敬王，在抗衡王子朝的"二王并存"的政治局面中，采取一致的立
场，交情深厚到了几乎无话不谈，因而一起议论一位来洛阳访学的鲁国
"布衣"，甚至夸奖其"言称先王"、"躬礼廉让"、"洽闻强记"和"博物不穷"
的高明品格才识，也是可能。

　　至于将一介布衣的孔子与黄帝、成汤相比拟，恐难出于苌弘之口，因为
身份未及大夫而以"一车一马"进入洛阳的孔子，很难与上古帝王联系起
来。如此云云，大概是苌弘有所称赞，而儒门后学或孔府后人尽了夸张渲
染的能事。但孔子生前屡辞圣人称号，则属可信。《论语·子罕篇》云："太
宰问于子贡曰：'夫子圣者与，何其多能也？'子贡曰：'固天纵之将圣，又多
能也。'子闻之，曰：'太宰知我乎！吾少也贱，故多能鄙事。君子多乎哉？
不多也。'"⑤《述而篇》又云："子曰：'若圣与仁，则吾岂敢？抑为之不厌，诲
人不倦，则可谓云尔已矣。'公西华曰：'正唯弟子不能学也。'"⑥只不过这

①　[汉]司马迁撰：《史记》(全10册)，北京：中华书局，1959年版，第1343页。
②　[汉]司马迁撰：《史记》(全10册)，北京：中华书局，1959年版，第1364页。
③　[清]阮元校刻：《十三经注疏》(全2册)，北京：中华书局，1980年版，第265页。
④　[清]阮元校刻：《十三经注疏》(全2册)，北京：中华书局，1980年版，第265页。
⑤　[宋]朱熹撰：《四书章句集注》，北京：中华书局，1983年版，第110页。
⑥　[宋]朱熹撰：《四书章句集注》，北京：中华书局，1983年版，第101页。

些都是孔子晚年之事，其早年的圣人之誉，多属后学虚构。这条起于真实、成于虚构的材料，可能产生在孔子到孟子的百年间，因为孟子已经从理论上完成了对孔子的圣化，如《孟子·万章下》所云："孔子，圣之时者也。孔子之谓集大成。集大成也者，金声而玉振之也。"①但是，这条材料并非孟子一派所为，其中的巫术手段或民俗信仰倒是有点符合子张氏之儒的口味，接下来"子张问'女子必渐二十而后嫁'"，关心的也是民间风俗伦理；其巫术手段或民俗信仰，也与孔鲋曾经参加的陈胜军以"篝火狐鸣"推拥"陈胜王"的套数相近。这种多少带点民间性味道的早期材料，岂能符合宋儒的胃口？

《嘉言篇》还有一章值得寻味："夫子适齐，晏子就其馆。既宴其私焉，曰：'齐其危矣。譬若载无辖之车以临千仞之谷，其不颠覆亦难冀也。子吾心也，子以齐为游息之馆，当或可救，子幸不吾隐也。'夫子曰：'夫死病无可为医。夫政令者，人君之衔辔，所以制下也。今齐君失之已久矣。子虽欲挟其辀而扶其轮，良弗及也，抑犹可以终齐君及子之身。过此以往，齐其田氏矣。'②这里涉及孔子、晏婴相当复杂的关系。《论语·公冶长篇》载孔子曰："晏平仲善与人交，久而敬之。"③《论语》这则记载定下一个基调：孔子是尊重齐国晏婴的。《史记·孔子世家》也记载："鲁昭公之二十年，而孔子盖年三十矣。齐景公与晏婴来适鲁，景公问孔子曰：'昔秦穆公国小处辟，其霸何也？'对曰：'秦，国虽小，其志大；处虽辟，行中正。身举五羖，爵之大夫，起累绁之中，与语三日，授之以政。以此取之，虽王可也，其霸小矣。'景公说。"④这条材料也见于《说苑·尊贤篇》，大概是太史公查阅秘府散简而记入史籍的。

这些都是孔、晏交往中的正面印象。只不过后一条材料令人生疑，孔子其时尚是布衣，又如何能够越级与齐景公交谈？《孔子世家》接下来记载孔子出奔齐国的情景："孔子年三十五，而季平子与郈昭伯以斗鸡故，得罪鲁昭公。昭公率师击平子，平子与孟氏、叔孙氏三家共攻昭公，昭公师败，奔于齐，齐处昭公乾侯。其后顷之，鲁乱。孔子适齐，为高昭子家臣，欲以通乎景公。与齐太师语乐，闻韶音，学之，三月不知肉味，齐人称之。"⑤想

①　[宋]朱熹撰：《四书章句集注》，北京：中华书局，1983 年版，第 315 页。
②　傅亚庶撰：《孔丛子校释》（《新编诸子集成续编》），北京：中华书局，2011 年版，第 3 页。
③　[清]阮元校刻：《十三经注疏》（全 2 册），北京：中华书局，1980 年版，第 2474 页。
④　[汉]司马迁撰：《史记》（全 10 册），北京：中华书局，1959 年版，第 1910 页。
⑤　[汉]司马迁撰：《史记》（全 10 册），北京：中华书局，1959 年版，第 1910—1911 页。

以高昭子"家臣"的关系联络齐景公,反证得孔子三十岁时那番对话,根据不足,起码没有在齐景公心中留下足够的分量。而孔子与晏婴的关系中,有两件事刻痕较深:一是《晏子春秋·外篇下》记载:"仲尼游齐,见景公。景公曰:'先生奚不见寡人宰乎?'仲尼对曰:'臣闻晏子,事三君而得顺焉,是有三心,所以不见也。'仲尼出,景公以其言告晏子,晏子对曰:'然,非婴为三心,三君为一心故。三君皆欲其国家之安,是以婴得顺也。婴闻之,是而非之,非而是之,犹非也。孔丘必据处此一心矣。'"①西汉桓宽《盐铁论》卷七还借大夫之口,指责晏婴的操行:"晏子相齐三君,崔庆无道,劫其君,乱其国,灵公国围;庄公弑死;景公之时,晋人来攻,取垂都,举临淄,边邑削,城郭焚,宫室隳,宝器尽,何冲之所能折乎? 由此观之:贤良所言,贤人为宝,则损益无轻重也。"②由此可知,孔子对晏婴的行政外交才能,是敬重的;但对其德行却不无微词。

其二是《史记·孔子世家》所载:"景公问政孔子,孔子曰:'君君,臣臣,父父,子子。'景公曰:'善哉! 信如君不君,臣不臣,父不父,子不子,虽有粟,吾岂得而食诸!'他日又复问政于孔子,孔子曰:'政在节财。'景公说,将欲以尼溪田封孔子。晏婴进曰:'夫儒者滑稽而不可轨法;倨傲自顺,不可以为下;崇丧遂哀,破产厚葬,不可以为俗;游说乞贷,不可以为国。自大贤之息,周室既衰,礼乐缺有间。今孔子盛容饰,繁登降之礼,趋详之节,累世不能殚其学,当年不能究其礼。君欲用之以移齐俗,非所以先细民也。'后景公敬见孔子,不问其礼。异日,景公止孔子曰:'奉子以季氏,吾不能。'以季孟之间待之。齐大夫欲害孔子,孔子闻之。景公曰:'吾老矣,弗能用也。'孔子遂行,反乎鲁。"③考究此事真实性,可参看《论语·微子篇》:"齐景公待孔子曰:'若季氏,则吾不能;以季、孟之间待之。'曰:'吾老矣,不能用也。'孔子行。"④这似乎与《孔子世家》的记载可以参证。与《孔子世家》相似的记载,也见于《晏子春秋·外篇下》。在这条材料中,晏婴相当严厉地批评了孔子学说和处世方式,为无益于国家治理,从而阻断了孔子在齐国进入政治高层的道路。

---

① 张纯一校注:《晏子春秋校注》(《诸子集成》四),北京:中华书局,1954年版,第208页。

② [汉]桓宽撰,王利器校注:《盐铁论校注》(全2册),北京:中华书局,1992年版,第438页。

③ [汉]司马迁撰:《史记》(全10册),北京:中华书局,1959年版,第1911页。

④ [清]阮元校刻:《十三经注疏》(全2册),北京:中华书局,1980年版,第2528—2529页。

　　不过,晏、孔之间的相互指责,是有限度的、相对的。他们在接近而产生利害冲突时,互相指责;而保持一定距离时,却相互欣赏。《晏子春秋·外篇下》记述:"仲尼相鲁,景公患之,谓晏子曰:'邻国有圣人,敌国之忧也。今孔子相鲁,若何?'晏子对曰:'君其勿忧。彼鲁君,弱主也;孔子,圣相也。君不如阴重孔子,设以相齐。孔子强谏而不听,必骄鲁而有齐,君勿纳也。夫绝于鲁,无主于齐,孔子困矣。'居期年,孔子去鲁之齐,景公不纳,故困于陈蔡之间。"①孔子相鲁之年,也是晏婴卒年,即鲁定公十年(公元前500年)。大概是"人之将死,其言也善"吧,他竟然称赞起"孔子,圣相也",为儒者留下了足以忽略以往之不快的一切。因此,儒家著作也就将他奉上崇礼的平台。但又云"居期年,孔子去鲁之齐,景公不纳",则与史实不合。《韩诗外传》卷四云:"晏子聘鲁,上堂则趋,授玉则跪。子贡怪之,问孔子曰:'晏子知礼乎?今者晏子来聘鲁,上堂则趋,授玉则跪,何也?'孔子曰:'其有方矣。待其见我,我将问焉。'俄而晏子至,孔子问之。晏子对曰:'夫上堂之礼,君行一,臣行二。今君行疾,臣敢不趋乎?今君之授币也卑,臣敢不跪乎?'孔子曰:'善。礼中又有礼。赐,寡使也,何足以识礼也?'"②孔子尚是布衣,不可能得见如此朝礼;孔子已为司寇,则晏子已老迈,因而此事不足信,但从记述语气中,晏子似乎比孔子更知礼。《嘉言篇》那则"晏子就馆告'齐其危矣',孔子预言'齐其田氏矣'"的记载,却反而阐明孔子高于晏子。

　　人间关系并不只是非黑即白,它存在着许多灰色地带,而且即便分为黑、灰、白三色,也会随时间、空间而变动或模糊。更何况每个人、每个群体观察问题的角度不同,观察到的事物自然存在差异。正如《淮南子·齐俗训》所说:"从管、晏视伯夷,则戆矣;从伯夷视管、晏,则贪矣。趋舍相非,嗜欲相反,而各乐其务,将谁使正之?曾子曰:'击舟水中,鸟闻之而高翔,鱼闻之而渊藏。'故所趋各异,而皆得其便。"③曾子此言,蕴含着对七十子传经和传道的异异同同的颇多感慨。

　　其实,《嘉言篇》阐明孔子高于晏子,在全书的结构中别有深意。它自高地步,以孔、晏之间相互欣赏的正面叙述,呼应着后面的《诘墨篇》,为之作了一个必要的蓄势和铺垫。这是篇章学上的未雨绸缪。因为《墨子·非

---

①　吴则虞撰:《晏子春秋集释》(全2册),北京:中华书局,1982年版,第503—504页。

②　[汉]韩婴撰,许维遹校释:《韩诗外传集释》,北京:中华书局,1980年版,第142—143页。

③　[西汉]刘安等编:《淮南子》(《诸子集成》七),北京:中华书局,1954年版,第184页。

儒篇》总是借用晏子之口贬损孔子，就必须强调孔、晏关系良好的一面，抵消其不好的一面。《孔丛子·诘墨篇》是如此反击墨子借用晏子之口贬损孔子的："墨子称：'景公问晏子以孔子而不对，又问三，皆不对。公曰："以孔子语寡人者众矣，俱以为贤人。今问子而不对，何也?"晏子曰："婴闻孔子之荆，知白公谋而奉之以石乞，劝下乱上，教臣弑君，非圣贤之行也。"'诘之曰：楚昭王之世，夫子应聘如荆，不用而反，周旋乎陈、宋、齐(?)、卫。楚昭王卒，惠王立，十年，令尹子西乃召王孙胜以为白公。是时鲁哀公十五年也，夫子自卫反鲁，居五年矣。白公立一年，然后乃谋作乱，乱作在哀公十六年秋也，夫子已卒十旬矣。墨子虽欲谤毁圣人，虚造妄言，奈此年世不相值何?"①这里用了历史编年学的方法，揭露墨子所用材料失实，甚至有意造伪毁人，做了事实上和道德上的审判。

《诘墨篇》又云："墨子曰：'孔子相鲁。齐景公患之，谓晏子曰："邻国有圣人，国之忧也。今孔子相鲁，为之若何?"晏子对曰："君其勿忧。彼鲁君，弱主也；孔子，圣相也。不如阴重孔子，欲以相齐，则必强谏鲁君；鲁君不听，将适齐，君勿受，则孔子困矣。"'诘之曰：按如此辞，则景公、晏子畏孔子之圣也，上乃云非圣贤之行。上下相反，若晏子悖可也，不然则不然矣。"②这里的材料，前面已从《晏子春秋·外篇下》引用过。可见孔府后人在维护圣祖令名时，是不会放过前贤对孔子说的好话。这也是《嘉言篇》记述孔子高于晏子的场景时的心理。《孔丛子·诘墨篇》是继承《孟子·滕文公下》之所谓"杨墨之道不息，孔子之道不著，是邪说诬民，充塞仁义也。……岂好辨哉! 予不得已也。能言距杨墨者，圣人之徒也"③的余绪，开拓孔府后人自为干城的先河。孔府之学存在着非常浓郁的尊祖崇圣的情结，因而对国君、名人推崇孔子的话，往往有闻必录，以至于对其中的真实性，少有计较，这在读《孔丛子》一类书时，是不时可以感受到的。孔府之学的典籍，往往延续十余代甚至更长的岁月积累而成，丛集过程中搜集的热情大于考证的功夫，因而形成的历史文化地层叠压的状况少有清理，原生态和丛杂态并存，这就是孔府之学的第一个特点。

---

① 傅亚庶撰：《孔丛子校释》(《新编诸子集成续编》)，北京：中华书局，2011 年版，第 391 页。
② 傅亚庶撰：《孔丛子校释》(《新编诸子集成续编》)，北京：中华书局，2011 年版，第 393 页。
③ ［宋］朱熹撰：《四书章句集注》，北京：中华书局，1983 年版，第 272－273 页。

三十三章　孔府之学保守原本之品格

　　孔府之学第二个特点，是力求保守孔学的原本性。在孔府后人心目中，所谓"真孔子"就是原本之孔子，而非经过经师、道统过度诠释的孔子。因此在孔氏后人著述中，倾向于研习、援引和阐发古文经。《孔丛子·嘉言篇》子夏问《尚书》大义时，孔子回答的篇目涉及《舜典》、《大禹谟》、《皋陶谟》、《益稷》、《洛诰》、《禹贡》、《洪范》、《泰誓》、《五诰》、《甫刑》，篇章的划分、组合及文字，与伏生所传今文《尚书》二十八篇颇有些差异，应该与秦始皇下令焚书时藏入孔壁、鲁恭王拆毁孔宅重新发现的壁中古文《尚书》相一致。

　　《孔丛子·论书篇》"定公问"一章的前面预先报告："《书》曰：'维高宗报上甲微。'"①引文不见于今本《尚书》，可能是孔鲋得见的古本《尚书》的文字。宋人王应麟《困学纪闻》卷二说："《鲁语》展禽曰：'上甲微（契之后八世，汤之先）能帅契者也，商人报（报德祭祀）焉。'《孔丛子》引《书》曰：'维高宗报上甲微。'盖《逸书》也。"②在孔府后人看来，这种古本才是孔子整理过的《尚书》的原来模样。原本性，就是孔子整理过的经籍的原始面貌和原始意义，而尽量排除后来解释者离开原始面貌和原始意义的随意发挥，或杂入其他思潮，及照顾变化了的现实需要的刻意诠释。从这种意义上说，孔府之学不是立意革新，更不是有心随波逐流，而注重崇古返祖的学术流脉。

　　《汉书·艺文志》记载："《古文尚书》者，出孔子壁中。武帝末（按：应是景帝末），鲁共王坏孔子宅，欲以广其宫，而得《古文尚书》及《礼记》、《论语》、《孝经》凡数十篇，皆古字也。……孔安国者，孔子后也，悉得其书，以考二十九篇，得多十六篇。安国献之。遭巫蛊事，未列学官。"③既然未能列于学官，就只好在孔氏后人中传承，为孔府典藏研究。其实，《孔丛子·

---

　　①　傅亚庶撰：《孔丛子校释》（《新编诸子集成续编》），北京：中华书局，2011年版，第19页。

　　②　［宋］王应麟著，［清］翁元圻等注，乐保群等校点：《困学纪闻（全校本）》（全3册），上海：上海古籍出版社，2008年版，第212页。

　　③　［汉］班固撰：《汉书》（全12册），北京：中华书局，1962年版，第1706页。

独治篇》记载："尹曾谓子鱼曰：'子之读先王之书，将奚以为？'答曰：'为治也，世治则助之行道，世乱则独治其身，治之至也。'"①就透露了他们典藏研究先王之书，即儒学原始经籍的消息。孔府有一个代代相传的传统，就是经籍崇古返祖的传统。如《后汉书·孔僖传》所说："孔僖，字仲和，鲁国鲁人也。自安国以下，世传《古文尚书》、《毛诗》。"②孔僖是孔子的十九代孙。从孔鲋往下算已经十一代，从孔安国往下算也有八代，这是一个延续了二百年的保守孔子原本性的家族传统。

　　西汉经学，是今文经占据要津，但是由于孔府传统的存在，古文经未绝，这对于东汉古文经学的兴起，至关重要。应该看到，古文经的潜流逐渐获得重视，与孔府在西汉晚期、尤其在东汉获得褒封，在年代上几成平行线：西汉成帝时封为殷绍嘉侯，平帝时封为褒成侯；东汉光武帝时复封为褒成侯而可承袭，明帝至鲁诣孔子宅，章帝至鲁祠孔子及七十二弟子，安帝祀孔子及七十二子于阙里，魏文帝时封为宗圣侯。这种国家与家族的互动，对于古文经的逐渐兴起，无疑注入了一种助力。

　　《孔丛子》对于这种保守原本性的家族传统的发生，起了不容忽视的作用。《孔丛子·论书篇》材料的原始记录，可以上溯到七十子及其后学的战国前中期。全篇十六章，主要记录了孔子与弟子子张、子夏、宰我、孟懿子、公西赤，以及鲁定公、鲁哀公、齐景公、季桓子等国君政要人等讨论《尚书》时的见解。其中与国君政要交谈的几章，如第九章"《书》曰：'兹予大享于先王，尔祖其从与享之。'季桓子问曰：'此何谓也？'孔子曰"云云，其中《尚书》的引文见于《盘庚上》。第十章"《书》曰：'维高宗报上甲微。'定公问曰：'此何谓也？'孔子对曰"③云云，其中《尚书》的引文，不见于今本《尚书》，当为孔鲋能见到的古本《尚书》所载。未见于伏生所传今文《尚书》的上甲微，却是殷族早期发展中的关键首领。《竹书纪年》卷上记载："（夏朝）帝少康十六年，殷侯微以河伯之师伐有易，杀其君绵臣（殷侯子亥宾于有易而淫焉，有易之君绵臣杀而放之。故殷上甲微假师于河伯，以伐有易，灭之，遂杀其君绵臣。中叶衰而上甲微复兴，故商人报焉。）……（商朝）武丁（庙号

---

①　傅亚庶撰：《孔丛子校释》（《新编诸子集成续编》），北京：中华书局，2011年版，第410页。

②　［宋］范晔撰，［唐］李贤等注：《后汉书》（全12册），北京：中华书局，1965年版，第2560页。

③　傅亚庶撰：《孔丛子校释》（《新编诸子集成续编》），北京：中华书局，2011年版，第19页。

高宗)十二年,报祀上甲微。"①《国语·鲁语上》又载:"上甲微,能帅契者也,商人报焉。高圉、大王,能帅稷者也,周人报焉。凡禘、郊、祖、宗、报,此五者国之典祀也。"②王国维《殷卜辞中所见先公先王考》考定殷之先公,"自契至上甲微共历九世"。孔子自认是殷人,他反复谈论殷史,谈论上甲微。殷人谈殷史,折射着一种淡淡又浓浓的述祖情结。

有意思的是,与上述二章相似的叙述格式,也出现在第十五章:"《书》曰:'其在祖甲,不义惟王。'公西赤曰:'闻诸晏子:汤及太甲、武丁、祖乙,天下之大君。夫太甲为王,居丧行不义,同称大君,何也?'孔子曰:'君子之于人,计功而除过。太甲即位,不明居丧之礼,而干冢宰之政,伊尹放之于桐,忧思三年,追悔前愆,起而复位,谓之明王。以此观之,虽四于三王,不亦可乎?'"③桐乃汤墓所在,太甲于桐居丧,即庐墓守丧。从此则材料,可知孔子与弟子交谈过殷人丧礼的庐墓方式,使后来众弟子为夫子庐墓守心孝,提供了"生,事之以礼;死,葬之以礼,祭之以礼"(《论语·为政》子曰)的殷礼依据。这则记载,就《尚书》而问礼仪,是符合精通礼仪的公西赤的身份的。它的叙述格式同于上两则,而且这里问的太甲,与上面所问的上甲微,都是就殷族的先公先王发问,发问的内容也都是涉及大享、从享、报、居丧等礼仪,因而可能出于一人或一个学派之手。不妨认为,《说书篇》第九、第十、第十五章,本是公西赤或其门人所记录的材料。即是说,孔府之学为了保守孔子及其学说的原本性,非常重视孔子及门弟子口传记录的早期材料。

孔府之学在保守孔学原本性上,极其关切回到当时的历史现场,收集当时政要名人与孔子交往对话的材料。从上面引述的材料可知,季桓子、鲁定公是鲁国的重臣和国君,因此采用他们的材料,就可以令人联想到"孔子相鲁"这项令孔氏后人倍感荣耀的先祖事业。《论书篇》第十一章说:"定公问曰:'《周书》所谓"庸庸祗祗,威威显民",何谓也?'孔子对曰:'不失其道,明之于民之谓也。夫能用可用,则正治矣;敬可敬,则尚贤矣;畏可畏,

---

①　王国维:《古本竹书纪年辑校今本竹书纪年疏证》,沈阳:辽宁教育出版社,1997年版,第55—70页。

②　上海师范大学古籍整理研究所校点:《国语》,上海:上海古籍出版社,1988年版,第166—167页。

③　傅亚庶撰:《孔丛子校释》(《新编诸子集成续编》),北京:中华书局,2011年版,第21页。

则服刑恤矣。君审此三者以示民，而国不兴，未之有也。'"①所引《尚书》语见于《康诰》，《康诰》是《周书》的《五诰》之一。这番对话，应在鲁定公十年（公元前500年），孔子为鲁司寇之时。孔子在鲁国掌政、进入枢要后，借阐释"周诰"所记述的周公政治思想，从而提倡"明之于民"、"正治"、"尚贤"、"恤刑"的政治作为。

孔子对答鲁哀公问政、问礼，在七十子回忆记录的文献中，多有所见。《论书篇》最后一章，也属于此系列："鲁哀公问：'《书》称夔曰："于！予击石拊石，百兽率舞，庶尹允谐。"何谓也?'孔子对曰：'此言善政之化乎物也。古之帝王功成作乐，其功善者其乐和，乐和则天地犹且应之，况百兽乎？夔为帝舜乐正，实能以乐尽治理之情。'公曰：'然则，政之大本莫尚夔乎?'孔子曰：'夫乐所以歌其成功，非政之本也。众官之长，既咸熙熙，然后乐乃和焉。'公曰：'吾闻夔一足，有异于人，信乎?'孔子曰：'昔重黎举夔而进，又欲求人而佐焉。舜曰："夫乐，天地之精也，唯圣人为能和六律，均五音，知乐之本，以通八风。夔能若此，一而足矣。"故曰，一足非一足也。'公曰：'善。'"②这里所引《尚书》材料，见于《益稷》篇。孔子与哀公谈论"夔为帝舜乐正"及"夔一足"，在《韩非子·外储说左下》、《吕氏春秋·慎行论》也有类似记载，说明这一章的记述时间是相当早的。孔子在鲁定公时掌管鲁国行政，与鲁定公论《书》，着重于急切的政治行为；鲁哀公时，孔子周游列国返鲁，身为国老，专心修订经籍和授徒，谈论的已是非常深远的礼乐文化问题。《国语·鲁语下》记载，孔子在鲁定公时期曾经讲过"木石之怪，曰夔、蝄蛃；水之怪，曰龙、罔象"③一类怪异的话，以显示博识多能；但到了鲁哀公时，晚年孔子却避开怪异，将关于舜帝乐正的怪异传闻加以历史化的处理，引导至谈论"政之本"、"乐之本"的基本文化原理，进而探讨乐乃"天地之精"一类天人相通的文化精神了。按诸孔子精神历程及其与哀公之关系，此番问答应发生在鲁哀公十二年（公元前483年）前后，这就是从盛年的政治强者到晚年的文化智者的思维方式的转换。

孔府之学第二个特点，是搜集材料不专取单一派别的论述，而是兼容并包，对七十子及其后学记录传承的文献，均加以容纳。对于这一点，只要

①　傅亚庶撰：《孔丛子校释》（《新编诸子集成续编》），北京：中华书局，2011年版，第20页。
②　傅亚庶撰：《孔丛子校释》（《新编诸子集成续编》），北京：中华书局，2011年版，第21～22页。
③　上海师范大学古籍整理研究所校点：《国语》，上海：上海古籍出版社，1988年版，第201页。

比较一下《孔丛子》、《孔子家语》,与《论语》及大小戴《礼记》那类七十子之学的文字,就会感受到其间存在着广泛包容性和派别倾向性的差异。比如宰予,《论语》既将其列入"四科十哲",却又记载孔子斥他"朽木不可雕",评价差异的幅度不可谓不大。有意思的是,《大戴礼记·五帝德》乃宰予(用其字"宰我")向孔子问黄帝、颛顼、帝喾、帝尧、帝舜五帝及禹的德能功业,其中材料被《史记·五帝本纪》采用甚多,占"黄帝本纪"的三成,"颛顼本纪"的九成,"帝喾本纪"的九成以上,尧、舜、禹部分也有取材,对于保留和转借古老的民间口传传统,对于统合春秋战国儒者和诸子的五帝材料,其贡献可谓显而易见。结尾处,孔子说:"予!大者如说,民说至矣;予也,非其人也。"宰我回答:"予也不足,诚也,敬承命矣。"①

应该说行文到了"敬承命矣",就很完整了,但是最后还要加上这么一小段:"他日,宰我以语人,有为道诸夫子之所。孔子曰:'吾欲以颜色取人,于灭明邪,改之;吾欲以语言取人,于予邪,改之;吾欲以容貌取人,于师邪,改之。'宰我闻之,惧,不敢见。"②从"他日,宰我以语人"一句可知,《五帝德》的主体文本,出自宰予口述,其门人做了记录;但在收集编纂成《汉书·艺文志》所谓"七十子后学所记"的《记百三十一篇》时,则被人加上这么一段附记。加附记者,不可能是宰予的弟子,很可能出自比较注重历史的子夏之门,或其他门派。也就是说,儒家出现派别门户之后,对所辑录材料的增删取舍,难免带上不同程度的学派倾向。对于此,若不能知其原委,条其流别,辨其毫厘差异,就根本触摸不到七十子及其后学的体温、脉搏和心思。

《孔丛子》收集了不少七十子及其后学口传记录的材料,除了前面引录过的子张、子夏的材料之外,它也收录曾子、子贡、宰予的材料。宰予的材料如下:

> 宰我问:"君子尚辞乎?"孔子曰:"君子以理为尚。博而不要,非所察也。繁辞富说,非所听也。唯知者不失理。"孔子曰:"吾于予,取其言之近类也。于赐,取其言之切事也。近类则足以喻之,切事则足以

---

① [清]王聘珍撰,王文锦点校:《大戴礼记解诂》,北京:中华书局,1983年版,第125页。

② [清]王聘珍撰,王文锦点校:《大戴礼记解诂》,北京:中华书局,1983年版,第125页。

惧之。"①(《嘉言篇》)

宰我问:"《书》云:'纳于大麓,烈风雷雨弗迷。'何谓也?"孔子曰:"此言人事之应乎天也。尧既得舜,历试诸难,已而纳之于尊显之官,使大录万机之政。是故阴阳清和,五星不悖,烈风雨各以其应,不有迷错愆伏,明舜之行合于天也。"②(《论书篇》)

宰我曰:"敢问'禋于六宗'何谓也?"孔子曰:"所宗者六,皆洁祀之也。埋少牢于九昭,所以祭时也;祖迎于坎坛,所以祭寒暑也;主于郊宫,所以祭日也;夜明,所以祭月也;幽荣,所以祭星也;雩荣,所以祭水旱也。禋于六宗,此之谓也。"③(《论书篇》)

孔子使宰予使于楚,楚昭王以安车象饰,因宰予以遗孔子焉。宰予曰:"夫子无以此为也。"王曰:"何故?"对曰:"臣以其用,思其所在观之,有以知其然。"王曰:"言之。"宰予对曰:"自臣侍从夫子以来,窃见其言不离道,动不违仁。贵义尚德,清素好俭,仕而有禄不以为积。不合则去,退无吝心。妻不服采,妾不衣帛。车器不雕,马不食粟。道行则乐其治,不行则乐其身。此所以为夫子也。若夫观目之丽靡,窈窕之淫音,夫子过之弗之视也,遇之弗之听也。故臣知夫子之无用此车也。"王曰:"然则夫子何欲而可?"对曰:"方今天下道德寝息,其志欲兴而行之,天下诚有欲治之君,能行其道,则夫子虽徒步以朝,固犹为之。何必远辱君之重贶乎?"王曰:"乃今而后知孔子之德也大矣。"宰予归以告孔子,孔子曰:"二三子以予之言何如?"子贡对曰:"未尽夫子之美也,夫子德高则配天,深则配海,若予之言,行事之实也。"夫子曰:"夫言贵实,使人信之,舍实何称乎?是赐之华,不若予之实也。"④(《记义篇》)

第二条材料与《五帝德》形成呼应,以舜为例,阐释"天将降大任"之圣贤,须"历试诸难"的叙事模式,可见宰予对孔子整理《尚书》而使用的五帝材料有相当浓郁的兴趣。第四条材料写宰予受孔子派遣,出使楚国时出色

---

① 傅亚庶撰:《孔丛子校释》(《新编诸子集成续编》),北京:中华书局,2011年版,第3—4页。

② 傅亚庶撰:《孔丛子校释》(《新编诸子集成续编》),北京:中华书局,2011年版,第19页。

③ 傅亚庶撰:《孔丛子校释》(《新编诸子集成续编》),北京:中华书局,2011年版,第19页。

④ 傅亚庶撰:《孔丛子校释》(《新编诸子集成续编》),北京:中华书局,2011年版,第52—53页。

的言谈应对,展示了他对孔子人生哲学的深切理解,及其名列言语科的雄辨风采,最后孔子还表扬宰予的"实在",胜过子贡的"华而不实"。唯有这条材料,算得上能证得他在四科十哲的言语科中,为何位居子贡之前。这三条材料叙述的语气都比较平和,无论批评或赞扬,都少有夸饰之词,它们可能来自宰予后学,可知孔府之学对于七十子之徒,采取的是兼容并包的态度。

《孔丛子·记义篇》还有如此记述:"孔子昼息于室而鼓琴焉。闵子自外闻之,以告曾子,曰:'向也,夫子之音清彻以和,沦入至道。今也,更为幽沉之声,幽则利欲之所为发,沉则贪得之所为施。夫子何所感若是乎? 吾从子入而问焉。'曾子曰:'诺。'二子入问夫子,孔子曰:'然,汝言是也。吾有之,向见猫方取鼠,欲其得之,故为之音也。汝二人者孰识诸?'曾子对曰:'是闵子。'夫子曰:'可与听音矣。'"①此处称闵子骞为"闵子",当是闵子骞的门人所记。闵子赏音,清妙入微,令人神往。而孔、闵、曾之间相互欣赏,和谐清雅之风融入了乐理之中,叙事者的胸襟洋溢着"天光云影共徘徊"的明澈的包容性。

类似的记载,也见于《韩诗外传》卷七:"昔者孔子鼓瑟,曾子、子贡侧门而听。曲终,曾子曰:'嗟乎! 夫子瑟声殆有贪狼之志,邪僻之行,何其不仁,趋利之甚?'子贡以为然,不对而入。夫子望见子贡有谏过之色,应难之状,释瑟而待之。子贡以曾子之言告。子曰:'嗟乎! 夫参,天下贤人也,其习知音矣! 向者,丘鼓瑟,有鼠出游,狸见于屋,循梁微行,造焉而避,厌目曲脊,求而不得。丘以瑟淫其音。参以丘为贪狼邪僻,不亦宜乎!'《诗》曰:'鼓钟于宫,声闻于外。'"②这条材料以"昔者"表示追述,显得离孔子的时代较远。它将原本作为闵子骞之陪衬的曾子,替换了闵子骞,而让子贡作陪衬,大概出自曾门后学对曾子材料的重新发掘和修饰。闵子骞比曾子早死四十年以上,曾门后来又有巨大的发展。因而闵子骞门人的记录,当早于曾门后学的记录许多,《孔丛子》选取闵子骞门人的记录,倾向于保存最早的原始材料的宗旨,灼然可见。

当然《孔丛子》所体现的孔府之学,更独特的地方是对孔府世系和家学

---

①　傅亚庶撰:《孔丛子校释》(《新编诸子集成续编》),北京:中华书局,2011年版,第54—55页。
②　[汉]韩婴撰,许维遹校释:《韩诗外传集释》,北京:中华书局,1980年版,第269页。

承传的高度重视,这形成了它的第四个特点。卷二《记问篇》首章说:"夫子闲居,喟然而叹。子思再拜请曰:'意子孙不修,将忝祖乎? 羡尧、舜之道,恨不及乎?'夫子曰:'尔孺子安知吾志?'子思对曰:'伋于进膳,亟闻夫子之教,其父析薪,其子弗克负荷,是谓不肖。伋每思之,所以大恐而不懈也。'夫子忻然笑曰:'然乎,吾无忧矣。世不废业,其克昌乎!'"①这条材料明白地传递了一个信息:少年子思已明白了继承圣祖,"祖述尧舜,宪章文武"的家传事业,可知子思在孔子晚年已到了懂事的年龄;而孔子由于发现了子思,对自己学术传承也欣然而放心。因而将子思生年定于公元前487年,方可贯通子思生平材料于无碍。

《杂训篇》又记子思传圣祖之学于子上:"子上杂所习,请于子思。子思曰:'先人有训焉。学必由圣,所以致其材也;厉必由砥,所以致其刃也。故夫子之教,必始于《诗》、《书》而终于《礼》、《乐》,杂说不与焉。又何请?'"②这则材料又明白地传递了另一个信息:子思不是另起炉灶,而是将孔子的原本思想作为孔府传家之本,由此而提出"学必由圣"、"杂说不与"的原则。这就是孔府圣祖之学代代相传的基本原则。自《记问》、《杂训》篇之后,《居卫》、《巡守》、《公仪》、《抗志》诸篇,专门记述子思,涉及子思对子上的父教、子思对孟子的传授(但,除非子思超级长寿,他们之间年代不相及),以及子思为鲁穆公师。接下来插入一篇《小尔雅》,是解释经传词语意义的著作,说明此时《尔雅》的价值已经飙升,附经传而行于世。按照《孔丛子》的体例,它应是子高的著作,因为此书体例是先列出某人著作,再列出某人的言行。随之的《公孙龙》、《儒服》、《对魏王》诸篇就讲子高的交往言论了。子高往下传,就是了顺,曾经相魏,他占据《陈士义》、《论势》、《执节》诸篇。《诘墨篇》有曹明对孔鲋说"观子诘墨者之辞",证明此篇作者是孔鲋。接下来的《独治》、《问军礼》、《答问》诸篇,都是专门记载孔鲋了。以上分为六卷,为孔鲋编著。这是《孔丛子》最初成书时的本子。孔府之学,已经传承及于八世了。

以下只有一卷《连丛子》上下,就是两汉孔府后人的续貂之作了。《连丛子》上,分为"叙书"和"叙世"。"叙书"介绍孔府世系在孔子之后,十一世

---

① 傅亚庶撰:《孔丛子校释》(《新编诸子集成续编》),北京:中华书局,2011年版,第95页。

② 傅亚庶撰:《孔丛子校释》(《新编诸子集成续编》),北京:中华书局,2011年版,第110—111页。

到孔臧,孔臧在汉武帝时有上疏辞曰:"臣世以经学为业,家传相承,作为训法。然今俗儒繁说远本,杂以妖妄,难可以教。侍中安国受诏,缀集古义,臣乞为太常典礼。臣家业,与安国纲纪古训,使永垂来嗣。"①从上疏辞中可见,孔府子弟以家传经学为己任,专门致力于"纲纪古训",反对俗儒杂以妖妄,以"永垂来嗣"的方式保守孔学原本性。这就意味着孔府以古文经学作为逐代相传的家学。这在汉景帝末年,鲁恭王坏孔壁而出古文经后,更趋自觉的一个家传系统。为此,《连丛子》在选录孔臧四篇赋文之后,特别刊载《与从弟(孔安国)书》:

　　　　臧报侍中相知:忿俗儒淫辞冒义,有意欲校乱反正,由来久矣。然雅达博通,不世而出;流学守株,比肩皆是。众口非非,正将焉立?每独念至此,夙夜反侧。诚惧仁弟道未信于世,而以独知为恣也。人之所欲,天必从之。旧章潜于壁室,正于纷扰之际,欻尔而见。俗儒结舌,古训复申。岂非圣祖之灵,欲令仁弟赞明其道,以阐其业者哉!且襄虽为今学,亦多所不信,唯闻《尚书》二十八篇,取象二十八宿,谓为至然也。何图古文,乃有百篇邪?如《尧典》,说者以为尧舜同道,弟素常以为杂有《舜典》,今果如所论。及成王道雷风,周公信自在,俗儒群驱,狗吠雷同,不得其仿佛,恶能明圣道之真乎?知以今雠古,以隶篆推科斗,已定五十余篇,并为之《传》云。其余错乱文字,摩灭不可分了,欲垂待后贤,诚合先君阙疑之义。顾惟世移,名制变改,文体义类,转益难知。以弟博洽温敏,既善推理,又习其书,而犹尚绝意,莫肯垂留三思。纵使来世亦有笃古硕儒,其若斯何?呜呼惜哉!先王遗典,阙而不补,圣祖之业,分半而泯。后之君子,将焉取法?假令颜、闵不殁,游、夏更生,其岂然乎!其岂然乎!不得已已,贵复申之。②

　　之所以如此完整地引录这份文件,就是因为它实际上是在"独尊儒术"的政治文化转型中,明确地提出要建立孔府之学的宣言书。它将当下孔府之学的重点放在新发现的孔壁藏书、尤其是与伏生所传今文《尚书》存在着

---

①　傅亚庶撰:《孔丛子校释》(《新编诸子集成续编》),北京:中华书局,2011年版,第447页。
②　傅亚庶撰:《孔丛子校释》(《新编诸子集成续编》),北京:中华书局,2011年版,第451页。

重大差异的古文《尚书》的整理、转写和释读上。它大声疾呼要反对"流学守株"，"俗儒淫辞冒义"，主张"古训复申"，恢复"古文百篇"的原本面貌，以"明圣道之真"。《孔丛子》主体部分为孔鲋编撰，是显而易见的，但为之取名"孔丛子"又是什么意思？太常孔臧，乃是孔蕤之子，"蕤"与"丛"通，是否得名于此？如果若此，还须考虑孔臧在整理补充成书上的作用。《连丛子》上的"叙世"部分，又将孔府世系由孔臧下延孔琳、孔黄，黄弟孔茂，茂子子国，生子印，子印生仲驩，仲驩生子立，子立生子元，子元生子建，西汉到新莽时期的这几代人，分别钻研《诗》、《书》、《礼》、《春秋》三传，后来又与刘歆、扬雄友善，传承孔府古文之学的意识相当强。古文经学到后汉得以抬头和发展，与孔府学脉在今文经学占优势的时期，依然力求"古训复申"的苦心孤诣的努力之间的密切关系，于此书录载了难能可贵的证据，这是治经学史者不应忽视的。

　　《孔丛子》记载东汉以后的孔氏世系，进一步延续到子建生子仁，子仁生子丰，子丰生子和。其中，子丰以学行闻，"善于经学，不好诸家书"，书中还收录子丰的《左氏传义诂序》。在东汉初年治《左传》，当然属于古文经学。《连丛子》下，则从东汉章帝元和二年（85年），子和（即孔僖）拜见东巡狩的皇帝起笔记录，交代了他的两个儿子长彦、季彦，直至延光三年（东汉安帝年号，124年）季彦卒。这个孔府世系与《后汉书·孔僖传》记载一致，记载到孔子的二十代孙。《后汉书·孔僖传》云："孔僖，字仲和，鲁国鲁人也。自安国以下，世传《古文尚书》、《毛诗》。"[1]这与《连丛子》下的这则记载可以参照："杨太尉问季彦曰：'吾闻临晋君（孔僖）异才博闻，周洽群籍，而世不归大儒，何？'答曰：'不为禄学，故也……'"[2]孔僖卒于东汉章帝章和二年（88年），著有《古文尚书传》、《毛诗传》、《春秋传》等书，显而易见，他所延续的孔府之学依然是孔安国以来的"纲纪古训"。至于孔僖之子，史载"长彦好章句学，季彦守其家业，门徒数百人"[3]。孔府所传，是要保守孔学原本，因而并不追逐今文经学的世俗禄位。从孔安国以来二百年间均如此，这就是孔府之学抱持的宗旨。至于《孔丛子》的最后成书，既然已记孔僖之子"季彦卒"，那就只能留待他的后人编纂完毕，其时已是东汉末年了。

---

①　［宋］范晔撰，［唐］李贤等注：《后汉书》（全12册），北京：中华书局，1965年版，第2560页。

②　傅亚庶撰：《孔丛子校释》（《新编诸子集成续编》），北京：中华书局，2011年版，第480页。

③　［宋］范晔撰，［唐］李贤等注：《后汉书》（全12册），北京：中华书局，1965年版，第2560页。

　　由此可知，属于孔府之学的《孔丛子》，陆续编纂时只是作为档案保存，逐代叠加积累，有若考古学上的历史文化地层叠压，必须考明各层的年代，却不必以此地层之"真"去否定彼地层之"伪"，这才算是保存其原生态。有了孔府之学的儒学文化地图，以家族传承的方式增添了一条"纲纪古训"的流脉，其材料搜藏和意义诠释追求"圣祖之灵"的原本性、包容性，由此在时代相因中形成的著述传本叠加性，都是其他文化血脉及文献载录无以代替的。

三十四章 孔府之学集大成的《孔子家语》

　　孔府之学的集大成之作,是《孔子家语》。与孔鲋著述《孔丛子》的材料来源偏于一隅大不相同,《孔子家语》汇集七十子未入《论语》的遗简,益以战国秦汉陆续出现的有关孔子及七十子的新简,材料丰赡,涵盖广袤。其显著特点,依然是存在着复杂的历史文化地层叠压,原本作为孔府档案庋藏,以忠实古训的传统保存了相当数量的七十子的原本性材料,又在孔氏后裔世代相承中,掺入了一些后世材料及后人的整理改动。由于在为孔子庐墓守孝前后,七十子对夫子言行各有所见、各述所闻,被《论语》采录者,开始进入儒家正统的经传体系,《论语》编纂时讨论、选择、取舍、润色的过程中未被采录而散落者,难免有些芜杂,难免有些与正统经传龃龉不合之处。但应该认识到,存在芜杂与龃龉不合,正是未作过度修剪的事物原生态。不妨设想一下,遍野绿草丛林,撒野生长,岂能就长成有若法国花园一般,方方圆圆,齐齐整整? 许多不入规矩方圆的野性存在,只要你葆有自然趣味,就可以从发生学和生命力上得到启示。因而即便在宋代以后,尤其是近代以来,因王肃注解公布《孔子家语》而将之判为"伪作"的人气势甚猛,但是还有不少人舍不得其中材料的珍贵价值,常有引用。这种矛盾状态,使得认真的研究,有必要对其材料来源的真实性和原本性进行考究和正名。

　　其实,只要明白《孔子家语》材料来源的方式,及其中蕴含的成书原由,就不必再为《孔子家语》的真伪问题费尽心思,甚至会觉得那是带着有色眼镜(圣经贤传的色彩也是色)的"伪命题"。这种方式和原由,可以从三个层面加以考察:一是《孟子·滕文公上》说:"昔者,孔子没,三年之外,门人治任将归,入揖于子贡,相向而哭,皆失声,然后归。子贡反,筑室于场,独居三年,然后归。"[①]众门人庐墓守孝时忆述孔子的材料,未被《论语》采录者,

---

　　① 　[宋]朱熹撰:《四书章句集注》,北京:中华书局,1983年版,第260页。

理应交由守丧的组织者子贡保存,子贡再守孝三年,对夫子的忆述甚多,"独居三年,然后归",手头的材料不便随身携带,自然交由孔府庋藏。二是先秦汉魏的书籍,往往以组简存在或单篇别行,孔府的档案典藏存在着代复一代地搜集、积累、汇编、修补之所得,公诸于世之前,往往愈积愈厚,或遭战争、天灾而损毁,不时还可能有后人将自己发现的或撰述的材料附加进去。因此,这类孔府之学的集大成之作,就包含有许多相当古老的资料,还掺杂着某些汉魏时期自以为是的补充和修饰。三是这一大批陆续入藏的简帛的来源方式,牵连着与宋以后刊本制度不同的简帛书籍制度,并非一经刊行,就成不可移易的版本,而是在口述、记录中往往形成多种简帛群组,其后在过录、汇编的过程中又受不同时空和文化群体的制约。同一组竹简你可以传授抄录,我也可以传授抄录,传承多代,相互间难免有增删改动、错讹异词,组合形式也各取所需,编次参差。但是,材料难得易失,即便存在诸多差异,也不应轻易地凭着一分瑕疵、二分印象、三分好恶就判断孰真孰伪。我们不应以晚近的书籍形态,对二千年前的书籍形态生吞活剥,自毁文化资源。认真慎重的返本还原的做法,应是疏通与之相关的尽可能全面丰富的文献与出土材料,探究出现差异的深层原因,即"探其本始,究其原委,条其流别"。还原研究,必须回到书籍形成的真实过程之中。

于此,不妨从唐太宗一个掌故开始,深入思考《孔子家语》从最初搜集,到最后成书传播的过程。《旧唐书》卷二十四《礼仪志》记载:

> 贞观十四年(640年)三月丁丑,太宗幸国子学,亲观释奠。祭酒孔颖达讲《孝经》,太宗问颖达曰:"夫子门人,曾、闵俱称大孝,而今独为曾说,不为闵说,何耶?"对曰:"曾孝而全,独为曾能达也。"制旨驳之曰:"朕闻《家语》云:曾晳使曾参锄瓜,而误断其本,晳怒,援大杖以击其背,手仆地,绝而复苏。孔子闻之,告门人曰:'参来勿内。'既而曾子请焉,孔子曰:'舜之事父母也,使之,常在侧;欲杀之,乃不得。小棰则受,大杖则走。今参于父,委身以待暴怒,陷父于不义,不孝莫大焉。'由斯而言,孰愈于闵子骞也?"颖达不能对。太宗又谓侍臣:"诸儒各生异意,皆非圣人论孝之本旨也。孝者,善事父母,自家刑国,忠于其君,战陈勇,朋友信,扬名显亲,此之谓孝。具在经典,而论者多离其文,迥出事外,以此为教,劳而非法,何谓孝之道耶!"二十一年,诏曰:"左丘

明、卜子夏、公羊高、穀梁赤、伏胜、高堂生、戴圣、毛苌、孔安国、刘向、郑众、杜子春、马融、卢植、郑玄、服虔、何休、王肃、王弼、杜预、范宁、贾逵总二十二座，春秋二仲，行释奠之礼。"①

这里呈现的是宋代理学之前，朝堂讲经时对《孔子家语》的态度，并无因王肃作注，就贬之为"伪"的派别偏执。对于儒学诸派别，唐太宗是采取兼容并包的大唐风度。从其释奠名单可知，其中略为偏重于汉学，偏重于经籍传承。其提问及制旨中，存在着显性和隐性两个问题。从显性上看，唐太宗据以批评以孝为旗帜的曾子的材料，取自《孔子家语》。为此还下诏将为《孔子家语》作注行世的王肃，列入"春秋二仲，行释奠之礼"的"二十二座"之列。寻绎《家语》这条材料的本意，实际上嘲讽曾子孝得过度，过犹不及，是一种愚而执的孝。大概是曾子及其弟子编成《孝经》，以此作为曾门得孔学之真传的标志，而引发别派弟子揭其短而记录了如此往事。可见《孔子家语》对七十子各家材料兼收并蓄，即便某些材料与曾门持异，难怪宋儒挑剔此书"割裂织成"的造伪。他们是从孔、曾、思、孟的线索上看儒学，此外线索都不妨以"作伪"二字予以剔除，以保持道统的纯粹性。所谓"伪书"的指认，是一种眼光，一种态度，一个过程，也须洞悉其原委和实质。这就是将辨伪者本身，也置于反思辨析的位置，这才是历史理性的深化。

从隐性上看，唐太宗引用材料的语句，与今本《孔子家语》存在异词。其所见大概是编类书《艺文类聚》的欧阳询一类文臣提供的材料。值得注意者，王肃注本《孔子家语·六本篇》中，孔子批评曾子之言是："汝不闻乎，昔瞽瞍有子曰舜，舜之事瞽瞍，欲使之，未尝不在于侧；索而杀之，未尝可得。小棰则待过，大杖则逃走。故瞽瞍不犯不父之罪，而舜不失蒸蒸之孝。今参事父，委身以待暴怒，殪而不避。既身死而陷父于不义，其不孝孰大焉？汝非天子之民也，杀天子之民，其罪奚若？"②唐太宗之引述，作了简化和口语化的处理，比如保留了"委身以待暴怒"一语，却删除了接下来的"殪而不避"一语。

《孔子家语》这条材料，也见于《说苑·建本篇》和《韩诗外传》卷八。但

① 　［后晋］刘昫等撰：《旧唐书》（全16册），北京：中华书局，1975年版，第916—917页。
② 　王国轩、王秀梅译注：《孔子家语》，北京：中华书局，2011年版，第192页。

是批评曾子"委身以待暴怒,殪而不避"此言,《说苑》作"委身以待暴怒,立体而不去";《韩诗外传》作"委身以待暴怒,拱立不去",都不用"殪"字。"殪"字之义为"死",如《诗经·小雅·吉日》:"既张我弓,既挟我矢。发彼小豝,殪此大兕。"①《左传·隐公九年》:"衷(中断)戎师,前后击之,尽殪。"②都是用此非常之字,表示"杀死"之意。

令人感到惊诧者,1973 年河北定州八角廊西汉墓出土的取名《儒家者言》的竹书,第三章竟然也采用此非常之字:"曾折(援木击曾子)……者,参得罪夫＝子＝(夫子,夫子)得毋病乎? 追而……曰:参来勿内(也)。曾子自……之,未尝可得也。小棰则待笞,大……暴怒,立壹(殪)而不去,杀身以陷父……之民与? 杀天子之民者,其罪……"③竹简残损零乱,缀合而去其难识的符号,但还可以看到其中的"殪而不去"一语,与《孔子家语》中"殪而不避"几乎相同,保存有这条材料传自先秦时期的原始信息。而《说苑》的"立体而不去"、《韩诗外传》的"拱立不去"则是辗转传抄或编撰成书时的变异。

根据"非常字"变"平常字"容易、"平常字"变"非常字"困难的道理,就可以断定《孔子家语》著录的这条材料,比起《韩诗外传》、《说苑》同一条材料,保存了更多的原始信息。如若不然,一部到了魏晋时期才正式注释面世的书,怎么可能使用一个不见于汉代其他书之同一条记载的"非常字",而与二千年后出土的西汉简书不谋而合? 这种或然率是极微的。即是说,如果是王肃依凭当时存世文献,割裂拼凑成《家语》伪书,他不可能预先知道二千年后出土简书是如此使用非常字的。什么是铁证? 铁证就是差错重复率可以忽略不计的那种证据。凭着传世文献与出土材料之间这种不可思议的不谋而合,就有理由宣布,那种认为王肃割裂《说苑》、《韩诗外传》的书面材料,伪造《孔子家语》说法,是不符合战国秦汉书籍制度的实际情况的。

问题远不止于此。宋以后诸多儒者不仅申斥王肃伪造《孔子家语》,而且连同申斥王肃伪造孔府之学重要人物孔安国的《孔子家语·后序》。《后

---

① [清]阮元校刻:《十三经注疏》(全 2 册),北京:中华书局,1980 年版,第 430 页。
② 杨伯峻编著:《春秋左传注》(全 4 册),北京:中华书局,1990 年版,第 66 页。
③ 定县汉墓竹简整理组(国家文物局古文献研究室、河北省文物研究所)编:《〈儒家者言〉释文》,《文物》1981 第 8 期。

序》确实是一个复杂的存在,虽然有些文字杂错之处可以诉议,大旨却颇近
实情,很难令人以空谷来风视之。其中曰:"《孔子家语》者,皆当时公卿士
大夫及七十二弟子之所谘访、交相对问言语者,既而诸弟子各自记其所问
焉,与《论语》《孝经》并时。弟子取其正实而切事者,别出为《论语》;其余
则都集录之,名之曰《孔子家语》。凡所论辨,疏判较归,实自夫子本旨也。
属文下辞,往往颇有浮说,烦而不要者,亦犹七十二子各共叙述,首尾加之
润色,其材或有优劣,故使之然也。"①其中对于七十子之学和孔府之学的
材料分疏,言人之所未能言,相当有启发性。《论语》既然是在为孔子庐墓
守心孝三年,七十子之徒郑重其事地以"论辨、疏判"的方式,"取其正实而
切事者"辑录而成,如我们论证过的《论语》为何以"论"为名那样;这就必然
存在着数量更加庞大的被"论纂"排除的七十子回忆记录的材料。这些材
料究竟流落何处? 孔安国的解答具有相当合理性:以"孔子家语"的名目,
在孔府存档了。这就是《孔子家语》的原始家底。

　　但是,这份家底经历了聚聚散散的非常经历,如《后序》继而所云:"始
皇之世,李斯焚书,而《孔子家语》与诸子同列,故不见灭。高祖克秦,悉敛
得之,皆载于二尺竹简,多有古文字。及吕氏专汉,取归藏之,其后被诛亡,
而《孔子家语》乃散在人间。好事者或各以意增损其言,故使同是一事而辄
异辞。孝景皇帝末年,募求天下遗书,于时京师士大夫皆送官,得吕氏之所
传《孔子家语》,而与诸国事及七十子辞妄相错杂,不可得知,以付掌书,与
《曲礼》众篇乱简合而藏之秘府。元封之时,吾仕京师,窃惧先人之典辞将
遂泯没,于是因诸公卿大夫,私以人事募求其副,悉得之,乃以事类相次,撰
集为四十四篇。又有曾子《问礼》一篇,自别属《曾子问》,故不复录。其诸
弟子书所称引孔子之言者,本不存乎《家语》,亦以其已自有所传也,是以皆
不取也,将来君子不可不鉴。"②《后序》所言,似是国家秘府所藏的《孔子家
语》简书,而孔府档案别有录载收藏。所谓曾子《问礼》"别属《曾子问》",就
是收入《礼记》之《曾子问》。这也就是为何王肃注本《孔子家语》卷十,只有
《曲礼子贡问》、《曲礼子夏问》、《曲礼公西赤问》,而没有《曲礼曾子问》的
原因。

　　①　王国轩、王秀梅译注:《孔子家语》,北京:中华书局,2011 年版,第 560 页。
　　②　王国轩、王秀梅译注:《孔子家语》,北京:中华书局,2011 年版,第 560—561 页。

　　更加关键的问题由此而生:既然《孔子家语》以《论语》论纂选择而剩余的七十子回忆材料为原始家底,既然子贡在《论语》论纂过程中被某种程度边缘化而没有掌握取舍之权,既然众多弟子为孔子守心孝三年而开始流散,即"门人治任将归,入揖于子贡,相向而哭,皆失声,然后归"(《孟子·滕义公上》),唯有子贡为孔子庐墓守衰六年,再加上子贡与孔子生前频繁交往的关系,那么被《论语》论纂排除的许多原始而杂乱的材料,就理应归子贡保存,直到他离开曲阜而去卫、齐诸地从政经商时,再由孔府庋藏。种种迹象表明,子贡未被《论语》录入的大量材料,终于找到一个归宿之处,保存在孔府档案而汇总为《孔子家语》。正如孔鲋退居于陈,编纂《孔丛子》,由于战乱时期手中材料有限,而又掉入子张氏之儒在陈的"数据库",因而较多采用子张及其后学记录的材料一样。《孔子家语》记录子贡之处,有五十八章,是七十子中出现次数最多,所占篇幅最长者。为何若此,是值得认真考究的。子贡庐墓守心孝六年,长期沉浸在对先师的思念和回忆中,唯有承认《孔子家语》的真实性,才能使子贡的这份感情有个结果。在对待七十子材料上,不宜简单地将仲弓、子游、子夏等三次编纂《论语》所采用的材料视为绝对的真,而将子贡存入孔府档案,后来衍化为《孔子家语》的材料视为绝对的"伪"。更重要者,是对其源流演变轨迹,进行深入的梳理和辨析。

　　河北定州汉墓出土的《儒家者言》竹书整理出来的第二章是:"子赣(贡)问孔子曰:'赐为人下,如不知为……下。'孔子曰:'为人下者,其犹土乎! 种(之)……得五谷焉,厥(撅)之得甘泉焉,草木植(焉)……禽兽伏焉,生人立焉,死人入焉。多……其言,为人下者,其犹土乎?'"①这一条记录,其实与《家语·困誓篇》此章可相参照:"子贡问于孔子曰:'赐既为人下矣,而未知为人下之道,敢问之。'孔曰:'为人下者,其犹土乎! 汨之深则出泉;树之壤,则百谷滋焉,草木植焉,禽兽育焉。生则出焉,死则入焉。多其功而不意,弘其志而无不容。为人下者以此也。'"②此材料也见于《荀子·尧问》、《韩诗外传》卷七、《说苑·臣术》,可见材料原始记录的时间甚早,至于文字颇有差异,是原始材料在二百余年间分头辗转传授抄录所致。

　　《困誓篇》是记述孔子周游列国的困境和意志行为的,全篇十章,有五

　　① 定县汉墓竹简整理组编:《〈儒家者言〉释文》,《文物》,1981 第 8 期。
　　② 王国轩、王秀梅译注:《孔子家语》,北京:中华书局,2011 年版,第 283 页。

章记载子贡。子贡为孔子执辔,在蒲与叛军缔盟解围,在郑东郭门听到讥讽孔子"累然如丧家之狗"。而且子贡材料还占居首章:"子贡问于孔子曰:'赐倦于学,困于道矣。愿息而事君,可乎?'孔子曰:'《诗》云:温恭朝夕,执事有恪。事君之难也,焉可以息哉?'曰:'然则赐愿息而事亲。'孔子曰:'《诗》云:孝子不匮,永锡尔类。事亲之难也,焉可以息哉?'曰:'然则请息于妻子。'孔子曰:'《诗》云:刑于寡妻,至于兄弟,以御于家邦。妻子之难也,焉可以息哉?'曰:'然赐愿息于朋友。'孔子曰:'《诗》云:朋友攸摄,摄以威仪。朋友之难也,焉可以息哉?'曰:'然则赐愿息于耕矣。'孔子曰:'《诗》云:昼尔于茅,宵尔索;亟其乘屋,其始播百谷。耕之难也,焉可以息哉?'曰:'然则赐将无所息者也?'孔子曰:'有焉。自望其广,则睪如也;视其高,则填如也;察其从,则隔如也。此其所以息也矣。'子贡曰:'大哉乎死也!君子息焉! 小人休焉! 大哉乎死也!'"[①]此则记载也见于《荀子·大略》,可见材料之原始记录甚早。如此反复六次的问答,若非子贡亲述或记录,难以这般详尽。孔子回答所引诗,有《诗经·商颂·那》,《大雅·既醉》引二次,以及《大雅·思齐》、《豳风·七月》。这令人联想到《论语·学而篇》:"子贡曰:'《诗》云:如切如磋,如琢如磨,其斯之谓与?'子曰:'赐也,始可与言《诗》已矣。告诸往而知来者。'"[②]子贡引诗,来自《诗经·卫风·淇奥》,而孔子称赞他"始可与言《诗》",可见子贡对《诗》是相当熟悉,又有"告往而知来"的理解力。因而由子贡来记录这则材料,是得心应手,发挥所长,借此强调学道不可懈怠、不言放弃,应是与生命相始终的事业。

这些材料除了证明子贡回忆记录的真实性之外,还彰显了子贡在孔门的重要地位。《孔子家语》中有三条材料,将子贡与颜回、子路并列为孔门三大弟子:

孔子北游于农山,子路、子贡、颜渊侍侧。孔子四望,喟然而叹曰:"于斯致思,无所不至矣! 二三子各言尔志,吾将择焉。"子路进曰:"由愿得白羽若月,赤羽若日,钟鼓之音,上震于天,旌旗缤纷,下蟠于地。由当一队而敌之,必也攘地千里,搴旗执馘,唯由能之。使二子者从我

---

① 王国轩、王秀梅译注:《孔子家语》,北京:中华书局,2011 年版,第 274—275 页。

② [清]阮元校刻:《十三经注疏》(全 2 册),北京:中华书局,1980 年版,第 2458 页。

焉。"夫子曰:"勇哉!"子贡复进曰:"赐愿使齐、楚合战于漭瀁之野,两垒相望,尘埃相接,挺刃交兵,赐着缟衣白冠,陈说其间,推论利害,释国之患。唯赐能之,使夫二子者从我焉。"夫子曰:"辨哉!"颜回退而不对。孔子曰:"回,来,汝奚独无愿乎?"颜回对曰:"文武之事,则二子既言之矣,回何云焉?"孔子曰:"虽然,各言尔志也。小子言之。"对曰:"回闻熏莸不同器而藏,尧桀不共国而治,以其类异也。回愿得明王圣主辅相之,敷其五教,导之以礼乐,使民城郭不修,沟池不越,铸剑戟以为农器,放牛马于原薮,室家无离旷之思,千岁无战斗之患。则由无所施其勇,而赐无所用其辨矣。"夫子凛然曰:"美哉德也!"子路抗手而对曰:"夫子何选焉?"孔子曰:"不伤财,不害民,不繁词,则颜氏之子有矣。"①(《致思篇》)

子路见于孔子。孔子曰:"智者若何?仁者若何?"子路对曰:"智者使人知己,仁者使人爱己。"子曰:"可谓士矣。"子路出,子贡入。问亦如之。子贡对曰:"智者知人,仁者爱人。"子曰:"可谓士矣。"子贡出,颜回入。问亦如之。对曰:"智者自知,仁者自爱。"子曰:"可谓士君子矣。"②(《三恕篇》)

孔子不得行,绝粮七日,外无所通,藜羹不充,从者皆病。孔子愈慷慨讲诵弦歌不衰。乃召子路而问焉,曰:"《诗》云:'匪兕匪虎,率彼旷野。'吾道非乎,奚为至于此?"子路愠,作色而对曰:"君子无所困。意者夫子未仁与?人之弗吾信也。意者夫子未智与?人之弗吾行也。且由也昔者闻诸夫子:'为善者,天报之以福;为不善者,天报之以祸。'今夫子积德怀义,行之久矣,奚居之穷也?"子曰:"由未之识也!吾语汝。汝以仁者为必信也,则伯夷、叔齐不饿死首阳;汝以智者为必用也,则王子比干不见剖心;汝以忠者为必报也,则关龙逢不见刑;汝以谏者为必听也,则伍子胥不见杀。夫遇不遇者,时也;贤不肖者,才也。君子博学深谋,而不遇时者众矣,何独丘哉!且芝兰生于深林,不以无人而不芳;君子修道立德,不谓穷困而败节。为之者,人也;生死者,命也。是以晋重耳之有霸心,生于曹、卫;越王勾践之有霸心,生于会稽。

---

① 　王国轩、王秀梅译注:《孔子家语》,北京:中华书局,2011 年版,第 71—72 页。
② 　王国轩、王秀梅译注:《孔子家语》,北京:中华书局,2011 年版,第 104 页。

故居下而无忧者，则思不远；处身而常逸者，则志不广。庸知其终始乎？"子路出。召子贡，告如子路。子贡曰："夫子之道至大，故天下莫能容夫子，夫子盍少贬焉？"子曰："赐，良农能稼，不必能穑；良工能巧，不能为顺。君子能修其道，纲而纪之，不必其能容。今不修其道，而求其容，赐，尔志不广矣！思不远矣！"子贡出。颜回入，问亦如之。颜回曰："夫子之道至大，天下莫能容。虽然，夫子推而行之，世不我用，有国者之丑也。夫子何病焉不容然后见君子。"孔子欣然叹曰："有是哉，颜氏之子！使尔多财，吾为尔宰。"①（《在厄篇》）

　　三大弟子同台论道，虽然所言有高低之别，但记录者浑无恶意，反而显出一种宽容博大的胸怀。子路的勇敢、直率和鲁莽，颜回的崇仁重德而深获孔子之心，都写得跃然纸上。但是子贡也不弱，所谓"得素衣编冠，使于两国之间，不持尺寸之兵，升斗之粮，使两国相亲如兄弟"的那种"辨士"风采，也相当动人。何为"辨士"？辨士是战国时期及楚汉之际，以智谋游说于各个政治军事集团之间，从而靠转变其政治态度和相互关系而致胜的一批口若悬河之士。如《史记·范睢蔡泽列传》太史公曰："韩子称'长袖善舞，多钱善贾'，信哉是言也！"②游说诸侯诸如"范睢、蔡泽世所谓一切辨士"，"羁旅入秦，继踵取卿相，垂功于天下"。《史记·郦生陆贾列传》又说："陆贾者，楚人也。以客从高祖定天下，名为有口辨士，居左右，常使诸侯。"③而《韩诗外传》卷七出自儒家立场，则将之视为君子不可不戒备规避的"三端"之一："是以君子避三端，避文士之笔端，避武士之锋端，避辨士之舌端。"宋人高似孙《史略》卷一则从史家的角度如此概括："（司马）迁为苏秦、张仪、范睢、蔡泽作传，逞辞流离，亦足以明其大才。故述辨士则藻辞华靡，叙实录则隐核名检，此所以迁称良史也。"⑤章太炎却表现出反传统的姿态，认为："儒家不兼纵横，则不能取富贵。"⑥从早期儒家的实际取向而言，虽然儒门群体面临危机时，需要"辨士"出马解围，但他们总不希望

---

①　王国轩、王秀梅译注：《孔子家语》，北京：中华书局，2011年版，第255－257页。

②　［汉］司马迁撰：《史记》（全10册），北京：中华书局，1959年版，第2425页。

③　［汉］司马迁撰：《史记》（全10册），北京：中华书局，1959年版，第2697页。

④　［汉］韩婴撰，许维遹校释：《韩诗外传集释》，北京：中华书局，1980年版，第242页。

⑤　［宋］高似孙撰：《史略》，《古逸丛书》本，卷1《张辅》篇。

⑥　章太炎：《诸子学略说》，《章太炎：国学的精要》，中国画报出版社，2010年版，第239页。

"辨士"之风弥漫儒门，这就是子贡感到疲倦，感到尴尬，感到困惑，而想找一个社会空间休息的原因。

将子贡之"辨士"才能表现得淋漓尽致者，是齐国田氏兴师伐鲁，孔子派子贡出访的那场穿梭外交。《史记·仲尼弟子列传》记载此事极详，其原始材料应是来自子贡之徒。《孔子家语·屈节篇》兼及儒门对这场穿梭外交的评议：

> 孔子在卫，闻齐国田常将欲为乱，而惮鲍、晏，因欲移其兵以伐鲁。孔子会诸弟子而告之曰："鲁，父母之国，不可不救，不忍视其受敌。今吾欲屈节于田常以救鲁，二三子谁为使？"于是子路请往焉，孔子弗许。子张请往，又弗许。子石请往，又弗许。三子退，谓子贡曰："今夫子欲屈节以救父母之国，吾三人请使而不获往。此则吾子用辨之时也。吾子盍请行焉？"

> 子贡请使，夫子许之。遂如齐，说田常曰："今子欲收功于鲁，实难。不若移兵于吴，则易。"田常不悦。子贡曰："夫忧在内者攻强，忧在外者攻弱。吾闻子三封而三不成，是则大臣不听。今战胜以骄主，破国以专臣，而子之功不与焉，则交日疏于主，而与大臣争。如此，则子之位危矣。"田常曰："善！然兵甲已加鲁矣，不可更，如何？"子贡曰："缓师。吾请救于吴，令救鲁而伐齐，子因以兵迎之。"田常许诺。

> 子贡遂南说吴王曰："王者不灭国，霸者无强敌，千钧之重，加铢两而移。今以齐国而私千乘之鲁，与吴争强，甚为王患之。且夫救鲁以显名，以抚泗上诸侯，诛暴齐以服晋，利莫大焉。名存亡鲁，实困强齐，智者不疑。"吴王曰："善！然吴尝困越，越王今苦身养士，有报吴之心。子待我先伐越，然后乃可。"子贡曰："越之劲不过鲁，吴之强不过齐，而置齐而伐越，则齐必私鲁矣。王方以存亡继绝之名，弃强齐而伐小越，非勇也。勇者不计难，仁者不穷约，智者不失时，义者不绝世。今存越，示天下以仁；救鲁伐齐，威加晋国，诸侯必相率而朝，霸业盛矣。且王必恶越，臣请见越君，令出兵以从。此则实害越，而名从诸侯以伐齐。"吴王悦，乃遣子贡之越。

> 越王郊迎，而自为子贡御，曰："此蛮夷之国，大夫何足俨然辱而临之？"子贡曰："今者吾说吴王以救鲁伐齐，其志欲之，而心畏越，曰：'待

我伐越乃可。'则破越必矣。且无报人之志而令人疑之,拙矣;有报人之意而使人知之,殆乎;事未发而先闻者,危矣。三者,举事之患矣。"

勾践顿首曰:"孤尝不料力而兴吴难,受困会稽,痛于骨髓,日夜焦唇干舌,徒欲与吴王接踵而死,孤之愿也。今大夫幸告以利害。"子贡曰:"吴王为人猛暴,群臣不堪,国家疲敝,百姓怨上,大臣内变,申胥以谏死,太宰嚭用事,此则报吴之时也。王诚能发卒佐之,以邀射其志,而重宝以悦其心,卑辞以尊其礼,则其伐齐必矣。此圣人所谓屈节求其达者也。彼战不胜,王之福;若胜,则必以兵临晋。臣还,北请见晋君共攻之,其弱吴必矣。锐兵尽于齐,重甲困于晋,而王制其弊焉。"越王顿首许诺。

子贡返五日,越使大夫文种顿首言于吴王曰:"越悉境内之士三千人以事吴。"吴王告子贡曰:"越王欲身从寡人,可乎?"子贡曰:"悉人之众,又从其君,非义也。"吴王乃受越王卒,谢留勾践。遂自发国内之兵以伐齐,败之。子贡遂北见晋君,令承其敝。吴、晋遂遇于黄池。越王袭吴之国,吴王归与越战,灭焉。

孔子曰:"夫其乱齐存鲁,吾之始愿。若能强晋以弊吴,使吴亡而越霸者,赐之说也。美言伤信,慎言哉!"①

从春秋晚期的政治外交史而言,这是儒门最有作为、最有国际影响的一次活动。《史记·仲尼弟子列传》从历史学的角度,以远多于其他弟子言行的篇幅加以叙述,即所谓"故子贡一出,存鲁,乱齐,破吴,强晋而霸越。子贡一使,使势相破,十年之中,五国各有变"②是也。但是《论语》对之只字不提。尽管纬书《论语·摘辅像》曰:"子贡掉三寸之舌,动于四海之内。"③但纬书此言,与经书并无对应。因为《论语》有《论语》自身的价值观,在论纂者看来,此事关乎儒门的发展方向,如果儒门按照子贡的方向发展,就可能成为经商致富、雄辩取卿相而背离安贫乐道的士人群体了。宋人陈师道云:"司马迁称子贡一出,五国有变。今考其词,反覆变诈,好战纵横之士耳。又称好废举,列之货殖。夫子贡,孔门之高弟,而其行如此,迁

---

① 王国轩、王秀梅译注:《孔子家语》,北京:中华书局,2011 年版,第 411—413 页。

② [汉]司马迁撰:《史记》(全 10 册),北京:中华书局,1959 年版,第 2201 页。

③ [梁]萧统编,[唐]李善注:《文选》(全 3 册),北京:中华书局,1977 年版,第 632 页。

之言疑不可信。考之《论语》以言称，而又讥其货殖，则迁之言不为妄，而孔子何取焉？其明辨之。"①这种言论对于《论语》的价值取向，是心有领悟的。这就是《孔子家语》中孔子对此举只做有限度的肯定，批评子贡做得过分，有"美言伤信"之嫌，因而作出饶有深意的告诫的原因之所在。但"吴亡而越霸"，乃是鲁哀公二十二年（公元前473年）之事，如《左传》该年记载："冬十一月丁卯，越灭吴。请使吴王居甬东，辞曰：'孤老矣，焉能事君？'乃缢。越人以归。"②其时孔子已卒六年，不及见此事，因而《孔子家语》所称"孔子曰"，乃是后人假托，遂使此文出现耐人寻味的历史文化地层叠压。

聪明透顶的子贡当然也知道老师和同门的旨趣，对于儒门感兴趣的仁分德分，也向老师请教，甚至还有好奇心问问生死命运问题。儒家"比德说"，就是子贡问出来的。《孔子家语·问玉篇》以子贡提问作篇题，其提问占居首章："子贡问于孔子曰：'敢问君子贵玉而贱珉，何也？为玉之寡而珉多欤？'孔子曰：'非为玉之寡故贵之，珉之多故贱之。夫昔者君子比德于玉：温润而泽，仁也；缜密以栗，智也；廉而不刿，义也；垂之如坠，礼也；叩之，其声清越而长，其终则诎然，乐矣；瑕不掩瑜，瑜不掩瑕，忠也；孚尹旁达，信也；气如白虹，天也；精神见于山川，地也；圭璋特达，德也；天下莫不贵者，道也。《诗》云：言念君子，温如其玉。故君子贵之也。'"③以玉的多种特性，比喻天地道德，比喻仁、智、义、礼、乐、忠、信，将自然物人化为道德象征，形成了中国玉文化的精神内核。此则文字与《礼记·聘义》的记载，几乎相同；《荀子·法行》记载此事，文字颇有出入。但这些都表明这条出自原始记录，流传甚早，甚至被稷下祭酒荀子得见而采录。

子贡问"君子贵玉而贱珉"一章，既然曾经流行齐国稷下，那么它与《齐论语》流行的地域就有所重叠，由此而渗入《齐论语》的篇章之中，是具备人文地理学的契机的。只要将何晏、皇侃所引刘向《别录》缀合起来，就可得到《齐论语》的大致面貌。皇侃《论语疏叙》引刘向《别录》云："鲁人所学谓之《鲁论》，齐人所学谓之《齐论》，合壁所得谓之《古论》。"④何晏《论语集解叙》说："汉中垒校尉刘向言：《鲁论语》二十篇，皆孔子弟子记诸善言

①　[宋]陈师道撰：《后山集》，文渊阁《四库全书》本，卷14《策问十五首》。
②　杨伯峻编著：《春秋左传注》（全4册），北京：中华书局，1990年版，第1719页。
③　王国轩、王秀梅译注：《孔子家语》，北京：中华书局，2011年版，第403—404页。
④　[清]严可均辑：《全汉文》，北京：商务印书馆，1999年版，第391页。

也。……《齐论语》二十二篇,其二十篇中章句颇多于《鲁论》,……《齐论》有《问王》、《知道》,多于《鲁论》二篇,《古论》亦无此二篇。"①《齐论语》比《古论语》、《鲁论语》多出的《问王》、《知道》二篇,为汉代经师张禹所删。如《隋书·经籍志》所言:"张禹本授《鲁论》,晚讲《齐论》,后遂合而考之,删其烦惑。除去《齐论》的《问王》、《知道》二篇,从《鲁论》二十篇为定,号《张侯论》,当世重之。"②

所谓《齐论语》之《问王》,经考证,即是《问玉》,清人为此作了一些复原的尝试。李慈铭《越缦堂读书记》如此评述清代马国翰《玉函山房辑佚书》云:"其《齐论语》一卷,据王厚斋语以《问王》为《问玉》,遂取《聘义》子贡问'君子贵玉而贱珉'一节,及《说文》、《初学记》、《御览》所引逸《论语》言玉事尽入之。然如孔子曰'美哉,璠玙! 远而望之,奂若也;近而视之,瑟若也'一则,'理胜'二则,'孚胜'一节,及'如玉之莹'一句,皆不引《说文》而引《初学记》,亦为失检。"③顾实《汉志讲疏》曰:"《问王》者,《问玉》也。……许慎《说文》玉部有孔子论玉语,正出《齐论》,故为今存《鲁论》所无。"④许慎《说文》的引述是:"玉,石之美者。有五德:润泽以温,仁之方也;鰓理自外可以知中,义之方也;其声舒扬専以远闻,智之方也。不挠而折,勇之方也。锐廉而不技,絜之方也。其字象三王,其贯也。"⑤这显然是从子贡问玉于孔子中化生而成,或传闻异辞,经过整理。既然《问玉》为子贡所忆述,子贡又从政经商而终于齐,那么"齐人所学谓之《齐论》",此传本就与子贡门人有着扯不断的关系。

子贡在《论语》初期编纂中,未能掌握话语权,伹《论语》在齐地流传时,其门人却以另一种方式实现了他的某种夙愿。《问玉》篇,当然是以《问玉》为首章,按照《论语》编纂体例,在某种意义上可以说,就是《子贡问》篇。可惜它被张禹依照其对《论语》原始模样的理解,将之删除了。作为战国中后期齐国稷下学派之材料汇总的《管子》之《水地篇》云:"夫玉之所贵者,九德出焉。夫玉温润以泽,仁也。邻以理者,知也。坚而不蹙,义也。廉而不

①　[清]严可均辑:《全三国文》,北京:商务印书馆,1999年版,第411页。
②　[唐]魏征、令狐德棻:《隋书》(全6册),北京:中华书局,1973年版,第939页。
③　[清]李慈铭:《越缦堂读书记》,上海:上海书店,2000年版,第829页。
④　[汉]班固著,顾实讲疏:《汉书艺文志讲疏》,上海:商务印书馆,1924年版,第73页。
⑤　[汉]许慎撰:《说文解字(附检字)》,北京:中华书局,1963年版,第10页。

列,行也。鲜而不垢,洁也。折而不挠,勇也。瑕适皆见,精也。茂华光泽,并通而不相陵,容也。叩之,其音清搏彻远,纯而不杀,辞也。是以人主贵之,藏以为室,剖以为符瑞,九德出焉。"①其中以玉比九德,仁、知、义、行、洁、勇、精、容、辞,与《礼记·聘义》《孔子家语·问玉篇》之仁、智、义、礼、乐、忠、信七德,以及天、地、德、道四端,虽有差异杂错,但开头三德之用语有所重合,比德思维方式并无二致。这可以看作子贡问玉,对于齐国稷下学术产生之影响,那么对于同在儒门而流传齐地的《论语》产生影响,也就不须诧异了。

　　同样与稷下学术有关的《荀子·法行篇》,也有"问玉"云:"子贡问于孔子曰:'君子之所以贵玉而贱珉者,何也? 为夫玉之少而珉之多邪?'孔子曰:'恶。赐,是何言也,夫君子岂多而贱之,少而贵之哉! 夫玉者,君子比德焉。温润而泽,仁也;栗而理,知也;坚刚而不屈,义也;廉而不刿,行也;折而不挠,勇也;瑕适并见,情也;扣之,其声清扬而远闻,其止辍然,辞也。故虽有珉之雕雕,不若玉之章章。《诗》曰:言念君子,温其如玉,此之谓也。'"②对于子贡忆述、后学所传之"问玉"简书,由于荀子在齐襄王时期三为稷下祭酒,得见此简书而采录焉。

　　除问玉之外,《孔子家语·三恕篇》又有子贡问水:"孔子观于东流之水。子贡问曰:'君子所见大水必观焉,何也?'孔子对曰:'以其不息,且遍与诸生而不为也,夫水有似乎德;其流也,则卑下倨邑必循其理,此似义;浩浩乎无屈尽之期,此似道;流行赴百仞之溪而不惧,此似勇;至量必平之,此似法;盛而不求概,此似正;绰约微达,此似察;发源必东,此似志;以出以入,万物就以化絜,此似善化也。水之德有若此,是故君子见必观焉。'"③这则材料与《荀子·宥坐》的记载非常近似,而上面"问玉篇",二书之间参差较大,可见周秦汉魏简帛的传抄,存在着复杂流脉和多元选择,并不一定有一个若何"祖本"。这则材料与《说苑·杂言》所记载者,反而差距较大。

　　然而,比德比到了德、义、道、勇、法、正、察、志、善化,无所不备,反不及《论语·子罕篇》那句简明的话:"子在川上,曰:逝者如斯乎! 不舍昼

---

① [春秋]管仲撰:《管子》(《诸子集成》五),北京:中华书局,1954年版,第236页。
② [清]王先谦撰:《荀子集解》(《诸子集成》二),北京:中华书局,1954年版,第351—352页。
③ 王国轩、王秀梅译注:《孔子家语》,北京:中华书局,2011年版,第101页。

夜。"①言简意赅,气象苍茫,可见《论语》的论纂者的审美造诣,比"子贡问"有时显得高明。它不是在比拟一种"水的德性",而在吟味着一种"水与生命的哲学"。这种水哲学较之玉之德,在先秦诸子中更具有普遍性,可以与《老子》八章"上善若水,水善利万物而不争"②;与《孙子兵法·虚实篇》"夫兵形象水,水之形,避高而趋下;兵之形,避实而击虚;水因地而制流,兵因敌而制胜。故兵无常势,水无常形。能因敌变化而取胜者,谓之神"③,相互映衬,从天之道、人之德、兵之术上共构水文化哲学。

《孔子家语》中子贡的材料,除了师生问答、周游列国、穿梭外交之外,重要的还有办理孔子丧事,即《终记解篇》所述:"孔子蚤晨作,负手曳杖,逍遥于门,而歌曰:'泰山其颓乎!梁木其坏乎!哲人其萎乎!'既歌而入,当户而坐。子贡闻之,曰:'泰山其颓,则吾将安仰?梁木其坏,吾将安杖?哲人其萎,吾将安放?夫子殆将病也。'遂趋而入。夫子叹而言曰:'赐,汝来何迟?予畴昔梦坐奠于两楹之间。夏后氏殡于东阶之上,则犹在阼;殷人殡于两楹之间,则与宾主夹之;周人殡于西阶之上,则犹宾之。而丘也即殷人。夫明王不兴,则天下孰能宗余?余殆将死。'遂寝病,七日而终,时年七十二矣。"④其后子贡操持丧事,"二三子三年丧毕,或留或去,惟子贡庐于墓六年。自后群弟子及鲁人处墓如家者,百有余家,因名其居曰孔里焉"⑤。对于庐墓守孝的历史渊源,顾炎武《日知录》卷十五云:"太甲之书曰'王祖桐宫居忧'(按:《尚书·太甲上》作'王徂桐宫居忧'),此古人庐墓之始。"⑥可见子贡是尊重孔子所言"丘也即殷人"的遗嘱,按照殷人制度为孔子庐墓守孝的。《礼记·檀弓上》也有此则记载,文字略异。"赐,汝来何迟?"孔子见面如此说,可见他临终等待子贡的焦急心情,要遵循殷礼庐墓守孝,数十弟子三年的生活费用和丧祭开支,没有子贡,何从筹措?因此,子贡作为三年庐墓守孝的组织者的地位,是无人可以取代的。

---

① ［宋］朱熹撰:《四书章句集注》,北京:中华书局,1983 年版,第 113 页。
② 朱谦之撰:《老子校释》,北京:中华书局,1984 年版,第 31 页。
③ 中国人民解放军军事科学院战争理论研究部:《孙子兵法新注》,北京:中华书局,2005 年版,第 46 页。
④ 王国轩、王秀梅译注:《孔子家语》,北京:中华书局,2011 年版,第 449－450 页。
⑤ 王国轩、王秀梅译注:《孔子家语》,北京:中华书局,2011 年版,第 454 页。
⑥ ［清］顾炎武著,［清］黄汝成集释,秦克诚点校:《日知录集释》,长沙:岳麓书社,1994 年版,第 541 页。

因此子贡在庐墓守孝其间,对于丧礼的处置,具有对外、对上的发言权。这才可能有《孔子家语·终记解篇》如此记载:"哀公诔曰:'昊天不吊,不憗遗一老,俾屏余一人以在位,茕茕余在疚。于乎哀哉尼父!无自律。'子贡曰:'公其不没于鲁乎!夫子有言曰:礼失则昏,名失则愆。失志为昏,失所为愆。生不能用,死而诔之,非礼也;称一人,非名。君两失之矣。'"①这些记载,《礼记·檀弓上》则作了割裂另置,或删节不用②。可见子贡"庐于墓六年"对夫子的回忆记述,以《孔子家语》保留得最是集中而完备,《礼记》则删节其文字入篇,显得散漫而零碎。《史记·孔子世家》采用的材料,近乎子贡的原始记录,在文字上略作修饰和取舍。这则材料足以证明,子贡与孔子的亲密程度,在颜回、子路死后,超过了其余同门,对于孔子丧事,子贡尽了主事责任。同时也可以知道,周秦两汉一些典籍对孔子的记述,多是直接或间接地取材于七十子的口传和记录,只不过在各自的转述中根据各自价值观的需要而有所删节、变动,这些都不足以成为评判它们为"伪书"的理由,只可比较其异同,用以考察其后的辑录者的流派原委和价值取向。

由此可知,从七十子忆述孔子材料的增删变动、错综组合中,考察不同时代思潮之介入、各种学派群体的价值兴趣之所趋,应成为研究者梳理战国秦汉文献的一个重要维度。再不必拘泥于典籍编纂的"零价值"迷思,或者抓住某些枝节差异,不计其余地裁断"真者绝对真,伪者绝对伪"了。研究者不妨根据"流散无常,汇集有因"的原则,对其流变的内在脉络进行认真的透视。《孔子家语·正论解篇》记载:"孔子适齐,过泰山之侧,有妇女哭于野者而哀。夫子式而听之,曰:'此哀一似重有忧者。'使子贡往问之。而曰:'昔舅死于虎,吾夫又死焉,今吾子又死焉。'子贡曰:'何不去乎?'妇人曰:'无苛政。'子贡以告孔子。子曰:'小子识之:苛政猛于暴虎!'"③这个故事在《礼记·檀弓上》的记载发生变异:"孔子过泰山侧,有妇人哭于墓者而哀。夫子式而听之,使子路问之曰:'子之哭也,壹似重有忧者。'而曰:'然!昔者吾舅死于虎,吾夫又死焉,今吾子又死焉。'夫子曰:'何为不去

---

① 王国轩、王秀梅译注:《孔子家语》,北京:中华书局,2011年版,第451页。
② [清]阮元校刻:《十三经注疏》(全2册),北京:中华书局,1980年版,第1283—1294页。
③ 王国轩、王秀梅译注:《孔子家语》,北京:中华书局,2011年版,第475页。

也?'曰:'无苛政。'夫了曰:'小子识之,苛政猛于虎也!'"①

　　两段文字,同记一事,一者为子贡问,一者为子路问,问的过程有所参差,但问答之词多同。由于《礼记》属于经传,所记载被收入中学语文教科书,遂使孔子以仁政思想批评苛政,变得家喻户晓。而《孔子家语》由于王肃注而行于世,长期被斥为"伪书",遂使子贡问的这则故事淡出人们视野。文字的命运,实在令人感慨不已。然而子路早卒,不能自传文字;子贡守庐六年,可以反复回忆夫子,这段文字的原始材料出自子贡的可能性更大。寻绎《礼记·檀弓上》与"孔子过泰山侧"记载相前后的另二则记载,其间的原委就可了然于心:

　　　　(一)孔子之卫,遇旧馆人之丧,入而哭之哀。出,使子贡说骖而赙之,子贡曰:"于门人之丧,未有所说骖,说骖于旧馆,无乃已重乎?"夫子曰:"予乡者入而哭之,遇于一哀,而出涕,予恶夫涕之无从也。小子行之。"
　　　　(二)孔子在卫,有送葬者,而夫子观之,曰:"善哉为丧乎? 足以为法矣! 小子识之。"子贡曰:"夫子何善尔也?"曰:"其往也如慕,其反也如疑。"子贡曰:"岂若速反而虞乎?"子曰:"小子识之,我未之能行也。"②

　　在《礼记·檀弓上》与"孔子过泰山侧"一节相前后的此二则,都是记载子贡回忆孔子之言行,其章法和语式,与《孔子家语》中那则泰山侧闻妇女哭的文字极其相似,诸如先闻丧事哭声而派弟子问询,最后孔子交代"小子识之",几乎如出一辙。因此,判断"孔子过泰山侧"一节与此二则,乃是子贡回忆孔子的同一组文字,是有理由的。

　　值得注意者,《新序·杂事第五》记此事,也与子贡相联系,行文却多有差异:"孔子北之山戎氏,有妇人哭于路者,其哭甚哀。孔子立舆而问曰:'曷为哭哀至于此也?'妇人对曰:'往年虎食我夫,今虎食我子,是以哀也。'孔子曰:'嘻,若是,则曷为不去也?'曰:'其政平,其吏不苛,吾以是不能去

<hr>

①　[清]阮元校刻:《十三经注疏》(全2册),北京:中华书局,1980年版,第1313页。
②　[清]阮元校刻:《十三经注疏》(全2册),北京:中华书局,1980年版,第1283页。

也。'孔子顾子贡曰:'弟子记之,夫政之不平而吏苛,乃等于虎狼矣。'"①因此,苛政猛于虎的记载,出自子贡及其门人的可能性甚大。可能《檀弓》的汇辑者对子路更多好感,有老虎出没,而有子路护卫,就更加安全,也就顺手将子贡改为子路也未可知。

《孔子家语·弟子行》和《七十二弟子解》二篇,是介绍孔子弟子的专门材料,若与《论语》、《史记·仲尼弟子列传》相参照,当能为研究孔门七十子敞开新的维度与思路。但是长期以来,对《孔子家语》材料的偏废,造成某些或将一面之词作为定论,或将定论材料当成了缺乏生气的死材料处理,如此作茧自缚实在有碍于研究之深入。《弟子行》属于子贡的忆述,计有2139字,占居《孔子家语》单独一篇之篇幅。开篇云:"卫将军文子问于子贡曰:'吾闻孔子之施教也,先之以《诗》、《书》,而道之以孝悌,说之以仁义,观之以礼乐,然后成之以文德。盖入室升堂者七十有余人,其孰为贤?'"②子贡开始对以"不知",在卫将军文子的一再追问下,作了雄辩滔滔的回答。其后子贡回鲁国向孔子汇报,孔子笑而肯定其"次为人矣"。孔子又兴致勃勃地对以往名贤作了一番评判,最终子贡跪曰:"请退而记之。"③这篇洋洋洒洒的文字,符合子贡的"辨士"口吻,是子贡的回忆记录无疑。其中排出的孔子弟子名单序列是:颜回、冉雍(仲弓)、子路、冉有、公西赤、曾参、颛孙师(子张)、卜商(子夏)、澹台灭明、言偃(子游)、宫绦(南宫括)、高柴(子羔)。如果加上子贡本人,共计十三人,子贡特作声明:"夫子之门人,盖有三千就焉。赐有逮及焉,未逮及焉,故不得遍知以告也。"④即是说,他谦称此名单限于个人见闻所及,可能有所遗漏。

此名单之十三人中,公西赤、曾参、颛孙师(子张)、澹台灭明、宫绦(南宫括)、高柴(子羔)六人,不在《论语·先进篇》"四科十哲"之列;将颜回排在第一,给冉雍(仲弓)、子路、冉有很高的名次,可见子贡胸襟是富有包容性的。《大戴礼记·卫将军文子篇》大体上沿用了子贡记录的这份材料,及其中弟子排序。却删去孔子最后一段话,尤其删去结尾处"子贡跪曰:'请

---

① [汉]刘向撰:《诸子百家丛书·新序说苑》,上海:上海古籍出版社,1990年版,第31页。
② 王国轩、王秀梅译注:《孔子家语》,北京:中华书局,2011年版,第137—138页。
③ 王国轩、王秀梅译注:《孔子家语》,北京:中华书局,2011年版,第153页。
④ 王国轩、王秀梅译注:《孔子家语》,北京:中华书局,2011年版,第138页。

退而记之。'"①这种删节,若非竹简散佚所致,就难免令人怀疑似乎要隐匿材料的最初记录者了。

《孔子家语·七十二弟子解》则出自另一番手笔,虽然依次记述了七十七位弟子,却仍然沿用"七十二弟子"的流行说法为标题。排在前面的弟子顺序是:颜回、闵子骞、冉耕(伯牛)、冉雍(仲弓)、宰予、端木赐(子贡)、冉求(子有)、仲由(子路)、言偃(子游)、卜商(子夏),随之是颛孙师(子张)、曾参、澹台灭明、高柴(子羔)、宓不齐(子贱)、樊须(子迟)、有若、公西赤、原宪、公冶长、南宫韬②。如此排序,表明孔府之学认同了《论语·先进篇》的"四科十哲"序列,将之列于榜首。这可能是根据孔府档案材料,原本如此,注家王肃又根据《鲁论语》或《张侯论》做过校勘,再综合其他文献,在"四科十哲"之下补述子张、曾参以下诸弟子。这就在两份弟子排序材料之间,互为龃龉,呈现了《孔子家语》材料来源的多元性。

司马迁曾从孔安国学《古文尚书》,得见古文《论语》及孔府传承的某些文献,因此《史记·仲尼弟子列传》开头就说:"孔子曰'受业身通者七十有七人',皆异能之士也。德行:颜渊,闵子骞,冉伯牛,仲弓。政事:冉有,季路。言语:宰我,子贡。文学:子游,子夏。师也辟,参也鲁,柴也愚,由也喭,回也屡空。赐不受命而货殖焉,亿则屡中。"③这些话多来自《论语·先进篇》,而有所调整。四科十哲的位置依然居前,次序与今本《论语》及《孔子家语》异者,是政事科之冉有、子路,居于言语科之宰予、子贡之前,这应是司马迁得见的《古论语》之次序。在子张、曾参、澹台灭明之后,依次是宓不齐、原宪、公冶长、南宫括;而高柴、樊须、有若、公西赤,则被下移到二十名以后,这就与《孔子家语·七十二弟子解》颇有不同。太史公曰:"学者多称七十子之徒,……论言弟子籍,出于孔氏古文近是。余以弟子名姓文字,悉取《论语》弟子问并次为篇,疑者阙焉。"④所谓"孔氏古文",就是孔府保守原本之学,当时为孔安国所传,包括一些当时就存在的《孔子家语》材料,并取材《古论语》,综合排出次序。可见,七十子排名次序由于《论语》早期编纂著录的"四科十哲"名单影响巨大,形成相当程度的共识或思维定势,

---

① ［清］王聘珍撰,王文锦点校:《大戴礼记解诂》,北京:中华书局,1983 年版,第 107－116 页。
② 王国轩、王秀梅译注:《孔子家语》,北京:中华书局,2011 年版,第 424－441 页。
③ ［汉］司马迁撰:《史记》(全 10 册),北京:中华书局,1959 年版,第 2185 页。
④ ［汉］司马迁撰:《史记》(全 10 册),北京:中华书局,1959 年版,第 2226 页。

但在不同的学术群体和个人的笔下,依然存在着弟子排序此升彼降的意味深长的差异,其中隐含着学派的浮沉和道统追认的努力。排名史,隐含着学派升沉史。

多少出人意料的是,子贡虽然名列"四科十哲",但在言语科中,位居宰予之后。子贡是孔子常拿来与颜回比高低的角色,唯有这次,却被宰予比下去了。这大概也只能从《论语》早期编纂时潜藏着的门派博弈中获得某种解释。宰予曾经向孔子请教,并记述《五帝德》,留下宝贵的源自口头传统的材料。《孔丛子·记义篇》记载宰予应答楚昭王,孔子评说:"赐(子贡)之华,不若予(宰予)之实也。"①即是说,宰予也有超过子贡的某些长处。然而,《论语·公冶长篇》记述孔子对宰予的怒斥,甚至申说他改变了自己如何考察人之言行的方式:"宰予昼寝,子曰:'朽木不可雕也,粪土之墙不可杇也,于予与何诛!'子曰:'始吾于人也,听其言而信其行;今吾于人也,听其言而观其行。于予与改是。'"②《阳货篇》又记载:"宰我问:'三年之丧,期已久矣。君子三年不为礼,礼必坏;三年不为乐,乐必崩。旧谷既没,新谷既升,钻燧改火,期可已矣。'子曰:'食夫稻,衣夫锦,于女安乎?'曰:'安。''女安则为之!夫君子之居丧,食旨不甘,闻乐不乐,居处不安,故不为也。今女安,则为之!'宰我出。子曰:'予之不仁也!子生三年,然后免于父母之怀。夫三年之丧,天下之通丧也。予也有三年之爱于其父母乎?'"③对于儒门极其重视的孝礼提出如此尖锐的意见,并被孔子非议为"不仁",此类缺陷岂是枝节问题?相对而言,子贡对儒门处理重大的棘手事务,贡献明显,光彩夺目,竟被屈居于宰予之次,实在另有不能明言的原因。应该说,子贡的存在和作为,对于儒家文化地图的拓展和增色,起了虽然不是正宗、却是非常巨大而独特的作用。

①　傅亚庶撰:《孔丛子校释》(《新编诸子集成续编》),北京:中华书局,2011年版,第53页。
②　[宋]朱熹撰:《四书章句集注》,北京:中华书局,1983年版,第78页。
③　[宋]朱熹撰:《四书章句集注》,北京:中华书局,1983年版,第180—181页。

三十五章 "伪作说"误区及孔子适周问礼考证

　　为了应对儒学文化地图的丰富复杂性,研究者须有高屋建瓴、总览众流、破蔽求真的胆识。如若不然,就可能陷入七十子各言所见、各随其性,而相互间难免抵牾的连环套之中。尤其是这幅孔子文化地图经过二千年描绘、诠释、圣化或涂饰之后,其间难免真知与歧见并出,圣光与尘埃交杂,颇不乏真相隐现莫定之处。高屋建瓴,当然并非凭空立论,先要深入战国各学派、汉宋各家言的内部脉络,观其得失长短;但更重要的是超越各学派、各家言的畸轻畸重的纠缠,以宽容、平等、理解的雅量,在各学派、各家言材料见地之间平心静气地辨析真知灼见与遮蔽偏袒,探究其真诠和误读的因由及演变的轨迹,于穷原竟委中逼近历史的真实存在。

　　从上述子贡忆述材料中,已不难看出,作为孔府之学集大成之《孔子家语》,保存有大量来自七十子时期的原始材料,相当部分是未被《论语》收录,通过子贡之手而转为孔府庋藏的早期回忆材料。但是,战国政局纷乱,秦汉图书或毁或存,原始简帛文献中,也不排除后人汇辑整理时的增删修饰,甚至收入一些后来发现的晚出材料,使书籍传本多见来路莫明的文化叠加。因此面对这种文化叠加型的传本,与其随意摘取一二条材料或若干文字,就对一部来源和流传均极其复杂的书籍,攻其一点,不及其余,偏执地诉诸真伪之辨;不如以科学态度进行多重参照,反复考辨,深度还原,从而作出慎重的穷源溯流的真实性判断。只要对历经千灾百难的原始文献葆有足够的尊重,辨伪求真就是慎之又慎的郑重行为,轻率不得。

　　尤其是由于《孔子家语》是王肃作注公之于世,就似乎可以不顾传本叠加的原委,随手挑出几条材料,贸然判定全书作伪,并把作伪的罪过加在注家王肃的头上,似乎对《孔子家语》进行辨析就等于为王肃辨护。如此学术陷阱,未免偏离了科学的求真态度和求真程序。当然在辨析《孔子家语》的真实性上,也不必回避对王肃的学术进行辨析,追究其人其学。率先注释《孔子家语》传世的王肃(195—256 年),是三国时期重要的经学家,其父

"(王)朗著《易》、《春秋》、《孝经》、《周官传》,奏议论记,咸传于世"。在继承家学基础上,王肃兼通群经及今古文,综合各家经义,采会同异,为《尚书》、《诗》、《三礼》、《左传》作解,并撰定其父王朗所注的《易传》,皆列于学官。他比郑玄晚生六十八年,"肃善贾(逵)、马(融)之学,而不好郑(玄)氏"①,因而创立"王学",与"郑学"相对抗。当时郑学之徒皆云"《家语》,王肃增加",或云王肃所作,这就留下了王肃伪造《家语》的公案。

　　从学术史着眼,正如王国维所言:"学术变迁之在上者,莫剧于三国之际,而自来无能质言之者。"②王肃之学处于汉学向玄学转换的漩涡之中。经过两汉今古文经学二百年的较量之后,兼通今古文已成为一种趋势,在郑玄集古文经与今文经之大成之后,王肃要想开辟一片地盘,必然在兼通今古文的前提下求索新变。因而杂用今文批驳郑玄之古文,或兼用古文批驳郑玄之今文,成了王肃常用的路数。皮锡瑞《经学历史》说:"郑学出而汉学衰,王肃出而郑学亦衰。肃善贾、马之学,而不好郑氏。贾逵、马融皆古文学,乃郑学所自出。肃善贾、马而不好郑,殆以贾、马专主古文,而郑又附益以今文乎?"③由于王肃是司马昭的丈人、司马炎的外祖父,他有足够的势力和资源开拓自己门户。后人当然不必如当时俗辈那样趋附权势,但同样当然者,也不必为了维护谁为正宗而肆意糟蹋王肃,或者仅凭注家而尽废本文。而应该深入考察《孔子家语》材料的承传来由,深入到其篇章学的内在脉络,条分缕析,辨析其间的可信度和偏离度。于此,所谓高屋建瓴,就是超越郑学、王学,将一切都置于科学求真的检验程序之中。

　　其实,王肃《孔子家语序》对该书材料来由,已有明白交代:"孔子二十二世孙有孔猛者,家有其先人之书。昔相从学,顷还家,方取已来,与予所论,有若重规叠矩。昔仲尼曰:'文王既殁,文不在兹乎?天之将丧斯文也,后死者不得与于斯文也;天之未丧斯文,匡人其如予何?'言天丧斯文,故令己传斯文于天下。今或者天未欲乱斯文,故令从予学。而予从猛得斯论,以明相与孔氏之无违也。斯皆圣人实事之论,而恐其将绝,故特为解,以贻好事之君子。"④王肃所言,是切合孔府之学的承传谱系的。参照《后汉

　　① [晋]陈寿撰,陈乃乾校点:《三国志》(全5册),北京:中华书局,1959年版,第419页。
　　② 王国维撰:《观堂集林》,北京:中华书局,1959年版,第191页。
　　③ [清]皮锡瑞撰:《经学历史》,北京:中华书局,1959年版,第155页。
　　④ 王国轩、王秀梅译注:《孔子家语》,北京:中华书局,2011年版,第1页。

书·孔僖传》和《孔丛子》,谱系有序地记载到孔子二十世孙孔季彦卒于东汉安帝延光三年(124年),再过百年左右而至王肃年代,"孔子二十二世孙有孔猛者",是世系与年代可得以衔接。既然提供文本的这位孔氏后裔尚在世,王肃又岂能当面造伪?而且文中引用孔子知天命之后对天发誓之词,难道王肃要面对圣人誓天之词,作出丧尽斯文的造伪行为?进而言之,我们不是可以从王肃在汉人与自己父子两代遍注群经之后,发现孔府世传的材料,而感到他实在独具只眼?因此将孔府之学引进儒学文化地图之中,从而使原来只重经传之学的汉学研究方式,增加了新的文化维度。这可能引起经传中心主义者的反拨,岂足怪哉!新研究维度的出现,可能招来非议;甚至应该有如此思想准备,无非议,就不足显示其"新",这就是开新的命运。孔子曰,君子"不以人废言"①,这种态度非常通达,后人当须记取。

究竟是王肃开新,还是王肃作伪?这桩历史公案,不可不辨。于此不妨检讨前人指责王肃作伪的典型案例。清人崔东壁是眼光犀利的,发表过不少冲击性、启发性很强的意见。他认为:"《家语·贤君篇》有孔子见宋君相问答之事,称宋公属'主君'。余按:此文本出《说苑》,以属梁君;春秋时未有梁也,故《家语》改之属宋。而不知其所言皆战国策士之余,申、商名法之论,孔子固无此等言也。不能辨其诬而反改其文以惑世,撰《家语》者其罪大矣!《孟子》云:'孔子微服而过宋。'则是孔子未尝立于宋之朝也,乌得与其君相问答也哉!'主君'之称,自韩、魏、赵分晋之后始有之,以其故大夫也,故主之;孔子时尚无是称,亦不得以之称宋宋公也。且其文本韵语,《家语》少窜易之,中遂有不叶者;所增数语又独浅陋,与前后文不类。然则是《家语》录《说苑》,而非《说苑》之录《家语》也彰彰明矣。然而世儒犹信《家语》,何耶?"②这简直从用语习惯、历史情境、材料沿革等角度,将《孔子家语》的一则文字批驳得体无完肤,而且由否定一则文字,扩大到否定全部《孔子家语》。如此疑古辨伪,实在痛快至极。

平心而论,不对历史文献穷搜深究,就如此疑古辨伪,是不足以扳倒《孔子家语》的。学术研究的立足点是历史真实性,而不是不顾历史真实性的"证伪",一切均应拿出充分坚实的证据来。崔氏称《孔子家语》这段文字

① [清]阮元校刻:《十三经注疏》(全2册),北京:中华书局,1980年版,第2518页。
② [清]崔述撰:《洙泗考信录》,上海:上海古籍出版社,1983年版,第297页。

"其罪大矣"的那些理由,经不起质疑之处,起码有三:

(一)所谓"'主君'之称,自韩、魏、赵分晋之后始有之,以其故大夫也,故主之;孔子时尚无是称",此语是没有遍检群书,就急于下结论所误。《左传·昭公二十九年》记载:"二十九年春,(鲁昭)公至自乾侯,处于郓。齐侯使高张来唁公,称'主君'。"①这一年是公元前513年,孔子38岁,尚未当鲁司寇和周游列国。《吕氏春秋·仲秋纪·爱士篇》记载:"赵简子有两白骡而甚爱之。阳城胥渠处广门之官,夜款门而谒曰:'主君之臣胥渠有疾,医教之曰:得白骡之肝,病则止;不得则死。'"②赵简子与孔子同时,其时齐、鲁、晋都有"主君"称谓。孔子是殷人后裔,称宋国君主为"主君",并非不可能。另外,忆述孔子这番言行的,是七十子及其门人,为这些后学记述的《礼记·聘义篇》说:"天子制诸侯,比年小聘,三年大聘,相厉以礼。使者聘而误,主君弗亲飨食也。"③这里就用了"主君"的称呼。至于《墨子》、《庄子》、《战国策》,"主君"的称呼就更多了。比如《墨子·鲁问篇》墨子对鲁君曰:"吾愿主君之上者尊天事鬼,下者爱利百姓。"④崔氏认为孔子不能用"主君"称谓的理由,是站不住脚的。

如果相信校书于朝廷秘府的刘向,"因采传记、行事、百家之言,删取正辞美义可劝戒者,为《新序》、《说苑》,共五十篇"⑤,因而其所据是战国秦汉竹简,其中还可以找出一些早期称"主君"的材料。《新序·杂事第四》云:"(齐)桓公田至于麦丘,见麦丘邑人,问之:'子何为者也?'对曰:'麦丘邑人也。'公曰:'年几何?'对曰:'八十有三矣。'公曰:'美哉,寿乎!子其以子寿祝寡人。'麦丘邑人曰:'祝主君:使主君甚寿,金玉是贱,以人为宝。'桓公曰:'善哉!至德不孤,善言必再,吾子其复之。'麦丘邑人曰:'祝主君,使主君无羞学,无恶下问。贤者在侧,谏者得人。'桓公曰:'善哉!至德不孤,善言必三。吾子其复之。'麦丘邑人曰:'祝主君:使主君无得罪于群臣百

---

① 杨伯峻编著:《春秋左传注》(全4册),北京:中华书局,1990年版,第1498页。

② 许维遹撰,梁运华整理:《吕氏春秋集释》(全2册),北京:中华书局,2009年版,第191—192页。

③ [清]阮元校刻:《十三经注疏》(全2册),北京:中华书局,1980年版,第1693页。

④ 吴毓江撰,孙启治点校:《墨子校注》,北京:中华书局,1993年版,第733页。

⑤ [宋]晁公武撰,孙猛校证:《郡斋读书志校证》,上海:上海古籍出版社,1990年版,第435页。

姓。'"①大名鼎鼎的春秋五霸之首齐桓公,在位时间是公元前684年至公元前643年,比孔子时代早百年,但麦丘邑老人为他三次祝福,六次称之为"主君"。《说苑·尊贤篇》又云:"齐桓公设庭燎,为士之欲造见者。期年,而士不至。于是东野鄙人有以九九之术见者,桓公曰:'九九何足以见乎?'鄙人对曰:'臣非以九九为足以见也,臣闻主君设庭燎以待士,期年而士不至。夫士之所以不至者,以君天下贤君也,四方之士,皆自以论而不及君,故不至也。夫九九薄能耳,而君犹礼之,况贤于九九者乎? 夫太山不辞壤石,江海不逆小流,所以成大也。《诗》云:先民有言,询于刍荛。言博谋也。'桓公曰:'善。'乃因礼之。期月,四方之士相携而并至矣。"②东野鄙人也以主君称齐桓公,可见在孔子以前百年的齐国,"主君"称呼已流行。不仅在齐国,而且在晋国,孔子前也有"主君"称呼了。《说苑·正谏篇》记载:"晋平公好乐,多其赋敛,不治城郭,曰:'敢有谏者死。'国人忧之。有咎犯者,见门大夫曰:'臣闻主君好乐,故以乐见。'"③晋平公在位时间是公元前557年至公元前532年,年代也比孔子略早,此时晋人也以"主君"称其国君。此时离三家分晋,或周天子正式册命赵、韩、魏列为诸侯的周威烈王二十三年(公元前403年)还有一百余年,并非崔氏所言"'主君'之称,自韩、魏、赵分晋之后始有之"。

(二)所谓"《孟子》云:'孔子微服而过宋。'则是孔子未尝立于宋之朝也,乌得与其君相问答也哉",这也是只知其一,不知其二的轻松话。《孟子·万章上》确实说过:"孔子不悦于鲁、卫,遭宋桓司马,将要而杀之,微服而过宋。"④这就是《史记·宋微子世家》以下记载的根据:"孔子过宋,宋司马桓魋恶之,欲杀孔子,孔子微服去。"⑤孔子微服过宋之事,发生在周游列国途中。但是,孔子不只是周游列国时才到过宋国:首先,鲁、宋地缘相邻,孔子又是宋国贵族之后,对祖宗之地,当曾游览祭祀。其次,孔子妻室也是宋国人。郑樵《通志略·氏族略第四》云:"亓官氏(白褒《鲁先贤传》,孔子

---

①　[汉]刘向编著,石光瑛校释,陈新整理:《新序校释》(全2册),北京:中华书局,2001年版,第572—576页。

②　[汉]刘向撰,向宗鲁校证:《说苑校证》,北京:中华书局,1987年版,第187—188页。

③　[汉]刘向撰,向宗鲁校证:《说苑校证》,北京:中华书局,1987年版,第209页。

④　[宋]朱熹撰:《四书章句集注》,北京:中华书局,1983年版,第311页。

⑤　[汉]司马迁撰:《史记》(全10册),北京:中华书局,1959年版,第1630页。

娶宋之亓官氏。)"①《孔子家语·本姓解》云:"(孔子)至十九,娶于宋之上官氏,生伯鱼。"②《春秋左传》桓公六年(公元前706年)孔颖达疏引《家语·本姓篇》云:"孔子年十九娶于宋并官氏,一岁而生伯鱼。"③亓官氏因字形相近而作"并官氏"。这又不应排除孔子娶妻探亲,到过宋国。其三,更重要者,孔了为收集商朝礼乐文献,到过宋国,如《礼记·礼运》孔子曰:"我欲观夏道,是故之杞,而不足征也,吾得《夏时》焉。我欲观殷道,是故之宋,而不足征也,吾得《坤乾》焉。"④在这种游历观学的岁月,时间是允许孔子以某种方式见宋君的。这些到宋国祭祀、游览、探亲和文化考察,大概发生在孔子二十到四十岁,没有弟子随行,或随行的少数早年弟子在《论语》编纂时已经故去,所以对孔子前期"之杞"、"之宋"的回忆材料甚少,以致如崔东壁只知孔子后期周游列国曾经过宋。《孔子家语·贤君篇》的材料涉及孔子早年"之宋",实在是凤毛麟角,异常珍贵。只不过,年代较早,七十子后学并非随行,只凭传闻忆述,落笔时对已经逐渐圣化的孔子做些点染夸饰,比如让孔子说出"千乘之君,问丘者多矣"云云,就有夸饰之处。这也是难免,任何忆述文字都不可能是"零价值"的。但不能因此就否定全部忆述的真实性,重要的是对凤毛麟角的记载抱有应有的敬重,采取科学的分析态度。

(三)最后看《孔子家语》是否抄袭《说苑》,改《说苑》的梁君为"宋君"。其实这是以往学者经常陷入的一个误区,认为战国秦汉时期后出之书中的类似材料,"必然"抄袭早出的某本书。却往往忽视早期文献常见单篇别行,竹简分组传承,因而存在着多线条或交叉、或平行传递的历史真实流程。这就有必要深入考察二书的原文。《孔子家语·贤君篇》原文是:

> 孔子见宋君。君问孔子曰:"吾欲使长有国,而列都得之。吾欲使民无惑,吾欲使士竭力,吾欲使日月当时,吾欲使圣人自来,吾欲使官府治理,为之奈何?"孔子对曰:"千乘之君,问丘者多矣,而未有若主君之问问之悉也。然主君所欲者,尽可得也。丘闻之,邻国相亲,则长有国;君惠臣忠,则列都得之;不杀无辜,无释罪人,则民不惑;士益之禄,

---

① ［宋］郑樵撰,王树民点校:《通志二十略》(全2册),北京:中华书局,1995年版,第154页。
② 王国轩、王秀梅译注:《孔子家语》,北京:中华书局,2011年版,第445页。
③ ［清］阮元校刻:《十三经注疏》(全2册),北京:中华书局,1980年版,1751页。
④ ［清］阮元校刻:《十三经注疏》(全2册),北京:中华书局,1980年版,第1415页。

则皆竭力；尊天敬鬼，则日月当时；崇道贵德，则圣人自来；任能黜否，则官府治理。"宋君曰："善哉！岂不然乎！寡人不佞，不足以致之也。"孔子曰："此事非难，唯欲行之云耳。"①

《说苑》卷七《政理篇》的原文是：

> 仲尼见梁君，梁君问仲尼曰："吾欲长有国，吾欲列都之得，吾欲使民安不惑，吾欲使士竭其力，吾欲使日月当时，吾欲使圣人自来，吾欲使官府治，为之奈何？"仲尼对曰："千乘之君，万乘之主，问于丘者多矣，未尝有如主君问丘之术也。然而尽可得也。丘闻之，两君相亲，则长有国；君惠臣忠，则列都之得；毋杀不辜，毋释罪人，则民不惑；益士禄赏，则竭其力；尊天敬鬼，则日月当时；善为刑罚，则圣人自来；尚贤使能，则官府治。"梁君曰："岂有不然哉！"②

前面已反复说过，战国秦汉书籍制度，并不像传统版本家所熟悉的宋元刊本，一版印行，不能更易，学林又广受其益。《说苑》虽经刘向整理，但所据是朝廷秘府的简帛，整理成书之后，也藏之秘府，非掌管的官员，难得一见。合理的解释是，先秦时代有一批七十子后学的竹简以不同的归总形式，在不同的地域和群体中转抄传播，到汉代解除挟书律之后，一部分简帛汇总到王朝秘府，与萧何入咸阳时接收的秦室图籍，分类典藏，后经刘向整理成书。另外许多简帛依然散落在郡国和民间，或转抄，或秘藏，包括孔壁、孔府之物。这些传抄，多是平行进行，偶或有所交错。因此，不能仅凭类似，就率然判断谁抄自谁，谁谁又在作伪。多线平行，逐代传抄的结果，出现一些口授上的窜音、漏句、辨字上误判、误写，甚至还有出自不同目的、来自不同水平的增删缀合，时间一长，留下不少异文是实在难免的。

问题在于，比较《孔子家语·贤君篇》和《说苑·政理篇》这两则同事异文，重要的差异在于一者为"孔子见宋君"，一者为"仲尼见梁君"。梁即战国之魏，周考王三年（公元前 438 年）韩魏赵三家分晋，《资治通鉴》以周威

---

①　王国轩、王秀梅译注：《孔子家语》，北京：中华书局，2011 年版，第 166 页。

②　［汉］刘向撰，向宗鲁校证：《说苑校证》，北京：中华书局，1987 年版，第 153 页。

烈王二十三年(公元前 403 年),为战国始年,此时孔子已不及见,更不用说周显王七年(公元前 362 年)梁惠王迁都大梁,始得称"梁君"了。这已是孔子身后百余年了。因此,《说苑·政理篇》说"见梁君",是在先秦材料辗转传抄、或汉人整理中致误。很可能是原简只有对话,汉代整理者增添背景说明时出现的错误,对此只要比较长沙马王堆帛书《战国纵横家书》与经过刘向整理的《战国策》,就可以明白,汉人整理战国文献时,是有增添背景说明的惯例的。也可能是原简"宋"字模糊残缺,只有下方的"木"旁清晰,遂将"宋"讹写为"梁"。而《孔子家语·贤君篇》说"孔子见宋君",反而保存了孔子与祖宗之邦的原始信息,弥足珍贵。只需了解以上指出的三个错误,崔东壁拿着一条材料发难,企图推倒《孔子家语》全书的真实性价值的特种逻辑,也就不攻自破了。

足以打破"伪书说"者,还有 1977 年安徽阜阳市近郊双古堆,出土西汉第二代汝阴侯夏侯灶墓之木牍。其中一枚记录四十六篇题,与孔子及其弟子有关,大多见于今本《孔子家语》;另一枚记录二百余篇题,多见于《说苑》、《新序》。可见《孔子家语》与《说苑》、《新序》的许多材料在西汉前期即已流传,从墓主下葬时间推断,这还在刘向整理中秘图书之前[1]。对于历史上渊源有自的早期文献,后来者应该保存一份敬畏和尊重,它们能够经历千灾万厄与今人见面,本身就证明它们具有某种传世价值。问题在于今人要提高对古老典籍的发生与流传原委的分析能力,尤其是对思想文化的解释能力。《孔子家语》至为可贵之处,是它保留了不少孔门早期信息。

当然《孔子家语》也有孔府之学的价值取向,并在这种价值取向下,对某些材料有所文饰,比如津津乐道于孔子"相鲁",以及鲁、齐之君向孔子咨询政治和礼制,还以博学辨物的神通智能故事,增加孔子智慧的神秘性,这些方面都设有专篇。因为这是孔府之学引为荣耀的地方,不可不知。其次,《本姓解篇》剔除了《史记·孔子世家》关于"叔梁纥与颜氏女野合而生孔子"的"野合说",而采取了孔母"(颜)徵在既往,庙见"的尊重礼制的婚姻形式;而且后来齐太史见孔子,称赞他"天将欲与素王之乎",首倡"素王说"。对于"子见南子"之事,全书只字不提。这些都不妨看作孔府子孙崇拜圣祖,避免玷污其英名的心理情结之反映。至于记述孔子行迹的古老材

---

[1]　《阜阳汉简简介》,《文物》,1983 年第 2 期。

料得以保存的地方,有两点引起人们的关注:一是孔子适周问礼于老聃;二是孔子相鲁,即诛少正卯。它们涉及孔子的为学渊源和为政风格。

孔子适周问礼于老聃,此事涉及孔子道术的发生学渊源。对其适周之举是否发生过,两千余年来意见纷纭。大体而言,东周秦汉时期,儒家、道家、史家都肯定此事曾经发生,并非虚构。但是或如太史公所预感,在儒道二家做大、又讲究自身道统之后,"世之学老子者则绌儒学,儒学亦绌老子。'道不同不相为谋',岂谓是邪?"[①]就是这份"道统情结",使得本是中国文化史上应该大书特书的两位旷世伟人的会面,在宋以后陷入了九里云雾,持异议者渐多,颇有些圣人之徒非要将之抹掉不可。即便肯定此事曾经发生者,对其发生在哪一年,由于历史记载存在纰漏,也多有笔墨官司。

《孔子家语》可贵之处,在于特设《观周篇》,展示一批早期材料,予以隆重记述:

> 孔子谓南宫敬叔曰:"吾闻老聃博古知今,通礼乐之原,明道德之归,则吾师也。今将往矣。"对曰:"谨受命。"遂言于鲁君曰:"臣受先臣之命云:'孔子,圣人之后也,灭于宋。其祖弗父何始有国而授厉公,及正考父,佐戴、武、宣,三命兹益恭,故其鼎铭曰:"一命而偻,再命而伛,三命而俯,循墙而走,亦莫余敢侮。饘于是,粥于是,以糊其口。"其恭俭也若此。臧孙纥有言,圣人之后,若不当世,则必有明德而达者焉。孔子少而好礼,其将在矣!'属臣曰:'汝必师之!'今孔子将适周,观先王之遗制,考礼乐之所极,斯大业也。君盍以乘资之,臣请与往。"公曰:"诺。"与孔子车一乘,马二匹,竖子侍御。敬叔与俱至周。
>
> 问礼于老聃,访乐于苌弘,历郊社之所,考明堂之则,察庙朝之度。于是喟然曰:"吾乃今知周公之圣,与周之所以王也。"
>
> 及去周,老子送之曰:"吾闻富贵者送人以财,仁者送人以言。吾虽不能富贵,而窃仁者之号,请送子以言乎:凡当今之世,聪明深察而近于死者,好讥议人者也;博辨闳达而危其身者,好发人之恶者也。无以有己为人子者,无以恶己为人臣者。"孔子曰:"敬奉教。"自周反鲁,

---

① 〔汉〕司马迁撰:《史记》(全10册),北京:中华书局,1959年版,第2143页。

道弥尊矣。远方弟子之进,盖三千焉。①

　　这是正面记述孔子适周问礼的早期材料,虽然结尾说孔子"自周反鲁,道弥尊矣。远方弟子之进,盖三千焉",对比《史记·孔子世家》说"孔子自周反于鲁,弟子稍益进焉"②,孔府子弟未免有点夸饰,但全文提供了不少真实可信的原始信息和问学细节,甚是珍贵。孔子去洛阳的年份没有明言,却由于它提供的行动细节,为年份的考订,留下了某些空间。(一)南宫敬叔既然能够接受孔子的委托,去说服鲁君资助孔子适周,并且一开头就以"臣受先臣之命",即以其父、鲁国三桓之一的孟僖子为说辞,口风严密而周到,说明他起码已经二十岁左右,才能如此。孔子赴周,是需要鲁君委派的使者名分,鲁君是西周分封的一等诸侯,在东周的礼制体系上很有面子,尽管其时已经名存实亡。(二)未免有点出乎常规的是,这位鲁君对于大名鼎鼎的孔子、家世赫赫的南宫敬叔,只是"与孔子车一乘,马二匹,竖子侍御",于君于臣,都难免有微薄之嫌。因此这位鲁君,可能是被鲁国三桓驱逐到齐鲁边境,靠晋、齐接济生活的鲁昭公。又由于鲁昭公的处境如此,"君"已非君,早期记载派遣孔子适周的鲁昭公,就只好含糊其辞地写作"鲁君",这大概也是一种春秋笔法。

　　即便鲁昭公已被驱逐出境,但孔子还是以礼相待,敬之为君。《孔子家语·相鲁篇》记载,鲁昭公客死境外,归葬时,"季氏葬昭公于墓道之南,孔子沟而合诸墓焉。谓季桓子曰:'贬君以彰己罪,非礼也。今合之,所以掩夫子之不臣。'"③这条材料也见于《左传·定公元年》:"秋七月癸巳,葬昭公于墓道南。孔子之为司寇也,沟而合诸墓。"④可见,季氏怀恨鲁昭公,将之葬在远离鲁国先公墓地之处,孔子当司寇后,在墓地外面挖沟,将鲁昭公墓圈进鲁国先公墓群之内,还为此批评季氏"非礼"。重礼的孔子,是把流亡的鲁昭公视为"鲁君"的。因此,本人《老子还原》推定孔子适周问礼于老子的年份,是鲁昭公三十一年(公元前 511 年),其时孔子四十一岁,南宫敬叔二十岁。该年"十有二月辛亥朔,日有食之",符合孔子见老子之年见到

　　① 王国轩、王秀梅译注:《孔子家语》,北京:中华书局,2011 年版,第 128—129 页。
　　② [汉]司马迁撰:《史记》(全 10 册),北京:中华书局,1959 年版,第 1909 页。
　　③ 王国轩、王秀梅译注:《孔子家语》,北京:中华书局,2011 年版,第 6 页。
　　④ 杨伯峻编著:《春秋左传注》(全 4 册),北京:中华书局,1990 年版,第 1527 页。

"日食"的记载。而且以现代天文学重现天象,日食发生在上午十时左右,符合周朝出殡在上午的礼仪制度,老、孔在参加出殡仪式时遭遇日食。再过一年,鲁昭公"薨于乾侯"①。乾侯为春秋晋邑,在今河北省成安县。杜预说:"(鲁昭)公内不容于臣子,外不容于齐、晋,所以久在乾侯。"②处境是相当尴尬的,也就拿不出多少车马资助孔子、南宫敬叔。这是以排除法与聚焦法相结合,论定孔子适周问礼的年份。

如果综合《孔子家语》其他记载,相互比照,那么孔子在鲁昭公被三桓驱逐时期适周问礼,就变得更加合乎情理。因为适周问礼之事,不可能发生在鲁昭公之弟鲁定公继位之后。《正论解篇》记载:"南容说(即南宫敬叔)、仲孙何忌既除丧,而昭公在外,未之命也。定公即位,乃命之。辞曰:'先臣有遗命焉,曰:"夫礼,人之干也,非礼则无以立。"嘱家老,使命二臣必事孔子而学礼,以定其位。'公许之。二子学于孔子。"③这就是说,孟僖子死后,老家宰就遵照遗嘱让南宫敬叔向孔子学礼。但是由于鲁昭公次年即流亡在外,南宫敬叔孝服未除,赐封为大夫的事被搁置多年,到鲁定公即位,才封之为大夫。封了大夫之后的南宫敬叔风光远逾昔时。《孔子家语·致思篇》记载:"孔子曰:季孙之赐我粟千钟也,而交益亲;自南宫敬叔之乘我车也,而道加行。故道虽贵,必有时而后重,有势而后行。微夫二子之贶财,则丘之道殆将废矣。"④南宫敬叔为孔子提供车马,当是在鲁定公封其为大夫之后,推而论之,他跟孔子乘一车二马适周问礼那副寒碜相,就只能是此前的鲁昭公时期。《孔子家语·曲礼子贡问》又记载:"南宫敬叔以富得罪于定公,奔卫。卫侯请复之,载其宝以朝。夫子闻之曰:'若是其货也,丧不如速贫之愈。'子游侍,曰:'敢问何谓如此?'孔子曰:'富而不好礼,殃也。敬叔以富丧矣,而又弗改。吾惧其将有后患也。'敬叔闻之,骤如孔氏,而后循礼施散焉。"⑤这条材料为《礼记·檀弓上》所证实,那里记述子游之言:"昔者夫子居于宋,见桓司马自为石椁,二年而不成。夫子曰:'若是其靡也,死不如速朽之愈也。'死之欲速朽,为桓司马言之也。南宫敬

---

① 杨义:《老子还原》,北京:中华书局,2011年版,第13—16页。《春秋左传注》记载在第1510—1515页。

② [清]阮元校刻:《十三经注疏》(全2册),北京:中华书局,1980年版,第2126页。

③ 王国轩、王秀梅译注:《孔子家语》,北京:中华书局,2011年版,第459页。

④ 王国轩、王秀梅译注:《孔子家语》,北京:中华书局,2011年版,第78页。

⑤ 王国轩、王秀梅译注:《孔子家语》,北京:中华书局,2011年版,第495—496页。

叔反，必载宝而朝。夫子曰：'若是其货也，丧不如速贫之愈也。'丧之欲速贫，为敬叔言之也。"①同样一件事，见证人都是子游，可见其不误。此事当发生在南宫敬叔为大夫，有能力为孔子提供车马之后，南宫敬叔因以富有来摆谱，丧失了官位，又想以财宝打点贿赂来恢复原职，受到了孔子的批评。从南宫敬叔当了大夫后，以富足闻名来看，他以寒酸态跟孔子千里迢迢地向老子问礼，只能是在未当大夫的鲁昭公时期。这是以排除法，论证孔子适周问礼的年份。

再看孔子相鲁，立即诛少正卯的记载，这是关系到孔子为政风格和司法原则的大关节，对于孔子形象的模塑有着直接的作用。因而文献或隐或显，都不能排除其间的价值选择。《论语》没有记载诛少正卯，但《史记·孔子世家》却记载："定公十四年，孔子年五十六，由大司寇行摄相事，有喜色。门人曰：'闻君子祸至不惧，福至不喜。'孔子曰：'有是言也。不曰"乐其以贵下人"乎？'于是诛鲁大夫乱政者少正卯。"②镇压奸邪暴乱，属于司寇职掌，如《尚书·周官》所云"司寇掌邦禁，诘奸慝，刑暴乱"③。《孔子家语》证明，《史记》之说，有早期记载的根据。《家语》以"始诛"为篇名，突出标识叙写此事：

　　　孔子为鲁司寇，摄行相事，有喜色。仲由问曰："由闻君子祸至不惧，福至不喜。今夫子得位而喜，何也？"孔子曰："然，有是言也。不曰'乐以贵下人'乎？"于是朝政七日而诛乱政大夫少正卯，戮之于两观之下，尸于朝三日。

　　　子贡进曰："夫少正卯，鲁之闻人。今夫子为政而始诛之，或者为失乎？"孔子曰："居，吾语汝以其故。天下有大恶者五，而窃盗不与焉：一曰心逆而险，二曰行僻而坚，三曰言伪而辨，四曰记丑而博，五曰顺非而泽。此五者，有一于人，则不免君子之诛，而少正卯皆兼有之：其居处足以撮徒成党，其谈说足以饰褒（邪）莹（荧）众，其强御足以反是独立。此乃人之奸雄，不可以不除。夫殷汤诛尹谐，文王诛潘正，周公诛管蔡，太公诛华士，管仲诛付乙，子产诛史何，是此七子皆异世而同诛者，以七子异世而同恶，故不可赦也。《诗》云：'忧心悄悄，愠于群

①　[清]阮元校刻：《十三经注疏》(全2册)，北京：中华书局，1980年版，第1290页。
②　[汉]司马迁撰：《史记》(全10册)，北京：中华书局，1959年版，第1917页。
③　[清]阮元校刻：《十三经注疏》(全2册)，北京：中华书局，1980年版，第235页。

小.'小人成群,斯足忧矣。"①

应该指出,不仅孔府之学承认,孔子相鲁七日,就诛杀鲁之闻人少正卯;而且战国秦汉文献也多有记述。《荀子·宥坐篇》《尹文子·大道下》、陆贾《新语·辅政》、《淮南子·氾论训》、《说苑·指武篇》都记载孔子诛少正卯。其记述故事,及回答门人诛杀的缘由,与《孔子家语》如出一辙,只是将"子贡问",改成"门人问",文字也有出入而已。如《荀子·宥坐篇》云:"孔子为鲁摄相,朝七日而诛少正卯。门人进问曰:'夫少正卯,鲁之闻人也。夫子为政而始诛之,得无失乎?'孔子曰:'居。吾语女其故。人有恶者五,而盗窃不与焉:一曰心达而险,二曰行辟而坚,三曰言伪而辩,四曰记丑而博,五曰顺非而泽。此五者有一于人,则不得免于君子之诛,而少正卯兼有之。故居处足以聚徒成群,言谈足以饰邪营(荧)众,强足以反是独立,此小人之桀雄也,不可不诛也。是以汤诛尹谐,文王诛潘止,周公诛管叔,太公诛华仕,管仲诛付里乙,子产诛邓析、史付,此七子者,皆异世同心,不可不诛也。'《诗》曰:忧心悄悄,愠于群小。小人成群,斯足忧矣。"②值得深思者,孔子诛少正卯事,不见于思孟学派文献,而见于思想杂有三晋刑名之荀子文献。下及西汉燕人韩婴,属于今文经派,在汉文帝时为博士,"婴推诗人之意,而作内外传数万言",《内传》于南宋亡佚,《通志略·氏族略第四》存其片语:"少正氏(《韩诗内传》,鲁大夫有少正卯,仲尼诛之。)"③因此,各种文献记载或不记载孔子为司寇时的"始诛",是折射着学派的价值取向的:提倡仁政的孟子不记;宣示人性恶的荀子,则记之。

地理书则以始诛的执行处,印证此事的发生。《太平御览》卷一百九十三引录《郡国志》曰:"兖州两观城,即仲尼为鲁司寇诛少正卯之处。"④唐人李吉甫《元和郡县图志》卷十记载:"曲阜……两观,在县东南五十步。定公二年'雉门及两观灾',即《家语》孔子戮少正卯之处。"⑤清人顾祖禹《读史方舆纪要》卷三十二则说:"鲁城……又有雉门,有两观。定二年五月,雉门

①　王国轩、王秀梅译注:《孔子家语》,北京:中华书局,2011年版,第15—16页。

②　[清]王先谦撰:《荀子集解》(《诸子集成》二),北京:中华书局,1954年版,第341—342页。

③　[宋]郑樵撰,王树民点校:《通志二十略》(全2册),北京:中华书局,1995年版,第153页。

④　[宋]李昉等编:《太平御览》,《四部丛刊》三编影宋本,卷193"居处部二十一"。

⑤　[唐]李吉甫:《元和郡县图志》,清武英殿聚珍版丛书本,卷10"河南道六"。

及两观灾，冬十月，新作雉门及两观。雉门盖公宫之南门，两观，阙也。孔子为鲁司寇，诛少正卯于两观之下。"①所谓"两观"，在今曲阜市东南，为孔子诛少正卯处。可见，《孔子家语》保存了原始记述的材料，此材料很可能是子贡的忆述，其他文献却在转述时以"门人问"代替具体人名。

至于诛杀少正卯的原因，孔子回答子贡或门人时，列举其"五大恶"的罪名，已有清楚表述。并且引用殷汤王、周文王、周公、姜太公、管仲、子产等七位圣贤以诛杀奸邪而安定社会，作为有史迹可循、有圣贤可鉴的根据。汉代论者多赞同这种诛杀，对于安定社会、堵塞乱源的正当性。西汉陆贾《新语》如此评议："天道以大制小，以重颠轻。……故尧放驩兜，仲尼诛少正卯。甘言之所嘉，靡不为之倾，惟尧知其实，仲尼见其情。故干圣王者诛，遏贤君者刑。"②《淮南子·泛论训》也称许："故赏一人而天下誉之，罚一人而天下畏之。故至赏不费，至刑不滥。孔子诛少正卯，而鲁国之邪塞。"③东汉班固《白虎通义》卷五如此议论："佞人当诛何？为其乱善行，倾覆国政。《韩诗内传》曰：'孔子为鲁司寇，先诛少正卯。'谓佞道已行，乱国政也。佞道未行，章明远之而已。《论语》曰：'放郑声，远佞人。'"④这里也引述《韩诗内传》，汉人犹得见此书。也就是说，东周秦汉诸子和一些历史学家与《孔子家语》一样，并没有讳言孔子杀少正卯之事，而且多从正面申述理由，予以肯定。

《论衡·讲瑞篇》可能另有材料根据，作了如此发挥："少正卯在鲁，与孔子并。孔子之门，三盈三虚，唯颜渊不去，颜渊独知孔子圣也。夫门人去孔子、归少正卯，不徒不能知孔子之圣，又不能知少正卯，门人皆惑。子贡曰：'夫少正卯，鲁之闻人也。子为政，何以先之？'孔子曰：'赐退！非尔所及。'"⑤《论衡》所转述的材料，采取"孔子之门，三盈三虚"之说，似乎有意渲染事态的严重性。细辨其材料来源，似乎带有一点墨家、或法家者流的语气。正统儒者是不会如此叙述的。到了宋以后，对孔子诛少正卯之事，是否属实，出现了分歧。朱熹认为："某尝疑诛少正卯无此事，出于齐鲁陋

①　［清］顾祖禹撰，贺次君、施和金点校：《读史方舆纪要》（全12册），北京：中华书局，2005年版，第1512－1513页。

②　［汉］陆贾撰：《新语》（《诸子集成》七），北京：中华书局，1954年版，第6页。

③　［汉］刘安等编：《淮南子》（《诸子集成》七），北京：中华书局，1954年版，第229页。

④　［清］陈立撰，吴则虞点校：《白虎通义疏证》（全2册），北京：中华书局，1994年版，第217页。

⑤　［汉］王充撰：《论衡》（《诸子集成》七），北京：中华书局，1954年版，第164页。

儒欲尊夫子之道,而造为之说。若果有之,则左氏记载当时人物甚详,何故有一人如许劳攘,而略不及之。史传间不足信事如此者甚多。"①朱熹的质疑,与思孟学派不记此事,价值观相近。至于《左传》不载而《史记》记载,也与价值观念相关,太史公更多平民立场,视野更开放。

孔子诛杀少正卯的五条理由,虽在上古时代得到认可,甚至视若圣贤行事的范例,但今日看来,就未免有点以言论、学派、政见的不同而诛杀对手之嫌了。这就是同样的圣贤事迹,古今观感互殊,时代的发展提供不同的价值标准的缘故。鲁迅曾经说过:"在中国的王道,看去虽然好像是和霸道对立的东西,其实却是兄弟,这之前和之后,一定要有霸道跑来的。……至于周的武王,则以征伐之名入中国,加以和殷似乎连民族也不同,用现代的话来说,那可是侵略者。然而那时的民众的声音,现在已经没有留存了。孔子和孟子确曾大大的宣传过那王道,但先生们不但是周朝的臣民而已,并且周游历国,有所活动,所以恐怕是为了想做官也难说。说得好看一点,就是因为要'行道'……然而,看起别的记载来,却虽是那王道的祖师而且专家的周朝,当讨伐之初,也有伯夷和叔齐扣马而谏,非拖开不可;纣的军队也加反抗,非使他们的血流到漂杵不可。"②鲁迅虽然没有提及孔子诛少正卯之事,但他揭示王道往往与霸道兼而用之,其深刻性则是有历史材料依据的。

血流漂杵之说,见于《尚书·武成》:"(周武王)甲子昧爽,受率其旅若林,会于牧野。罔有敌于我师,前徒倒戈,攻于后以北,血流漂杵。一戎衣,天下大定。'"③对于这种记载,孟子出于王道政治观,就提出怀疑。孟子曰:"尽信《书》,则不如无《书》。吾于《武成》,取二三策而已矣。仁人无敌于天下。以至仁伐至不仁,而何其血之流杵也?"④即是说,如果让孟子书写这段历史,他是不会写上"血流漂杵"。朱熹进一步解释:"孟子说'尽信书不如无书'者,只缘当时恁地战斗残戮,恐当时人以此为口实,故说此。然'血流漂杵',看上文自说'前徒倒戈,攻其后以北',不是武王杀他,乃纣之人自蹂践相杀。荀子云:'所以杀之者,非周人也,商人也。'"⑤朱熹则另找理

①　[宋]黎靖德编,王星贤点校:《朱子语类》(全8册),北京:中华书局,1986年版,第2352页。
②　鲁迅:《鲁迅全集》(第6卷),北京:人民文学出版社,2005年版,第10页。
③　[清]阮元校刻:《十三经注疏》(全2册),北京:中华书局,1980年版,第185页。
④　[宋]朱熹撰:《四书章句集注》,北京:中华书局,1983年版,第364—365页。
⑤　[宋]黎靖德编,王星贤点校:《朱子语类》(全8册),北京:中华书局,1986年版,第1457页。

由，为周武王的王者之师辩护和开脱。可见对于历史上发生过的事情，写还是不写，如何写，不同的学派选择取舍是不会照单收下，原样批发的。

与血流漂杵类似，孔子之诛杀少正卯，与孟子反复宣扬的"王道"、"仁政"思想存在冲突。大概出自这种原因，《荀子》记载此事，而《孟子》不载此事，显示了追求"王道"的纯粹，还是讲求"王霸间杂"的价值取向之差异。后来的儒者对此也取舍各别，尤其是宋儒强调道统之后，对此事亦或噤声不语，甚至开始否定此事的真实性了。还是回到朱熹，他既认为"某尝疑诛少正卯无此事，出于齐鲁陋儒欲尊夫子之道，而造为之说"①；但在另一场合又说："小人不可与君子同处于朝。……舜去'四凶'，孔子诛少正卯，当初也须与他说是非。到得他自恃其高，不依圣人说话，只得去了。"②朱熹自相矛盾之言，多少透露了他在这个问题上的两难选择。

不过，《孔子家语》保存了此事的早期文献，反而引发人们对孔子政治思想和政治行为的丰富性的思考。《左传·昭公二十年》记载孔子之言："政宽则民慢，慢则纠之以猛。猛则民残，残则施之以宽。宽以济猛，猛以济宽，政是以和。"③这段话在《孔子家语》中增加了一个词"宽猛相济"，变作"政宽则民慢，慢则纠于猛。猛则民残，民残则施之以宽。宽以济猛，猛以济宽。宽猛相济，政是以和。"④这种思想是就郑国子产的临终遗言而发的，因而宋人洪迈《容斋随笔》卷十三说："郑子产戒子大叔曰：'惟有德者能以宽服人，其次莫如猛。'大叔不忍猛而宽，是以致萑苻之盗，故孔子有'宽猛相济'之说。"⑤历史及历史记载，就是如此错综复杂，孔子称扬其弟子弦歌治世，其中包含着弟子对夫子的理解；而夫子亲自执政，则采取刚柔互补、宽猛兼济的政策，如夹谷会盟、诛少正卯、堕三都，都以铁腕治世驰名。所以毗邻的齐国君臣感觉到者，是孔子"为政必霸"⑥，而非孔子为政一味地行"王道"。其间是是非非且不说，但毕竟孔子是一个有方略、有作为、讲究施政效率的政治实践家，他有自己的理论和原则，而与满嘴空谈的俗儒不可同日而语。

---

①　[宋]黎靖德编，王星贤点校：《朱子语类》(全8册)，北京：中华书局，1986年版，第2352页。
②　[宋]黎靖德编，王星贤点校：《朱子语类》(全8册)，北京：中华书局，1986年版，第3123页。
③　杨伯峻编著：《春秋左传注》(全4册)，北京：中华书局，1990年版，第1421页。
④　王国轩、王秀梅译注：《孔子家语》，北京：中华书局，2011年版，第473页。
⑤　[宋]洪迈：《容斋随笔》(全2册)，上海：上海古籍出版社，1978年版，第169页。
⑥　[汉]司马迁撰：《史记》(全10册)，北京：中华书局，1959年版，第1918页。

三十六章　超出《论语》的弟子
传之原始忆述

　　由于七十子及其后学在身世、年纪、品位、志趣和学术取向上，存在着诸多实质上的差异，他们给儒学文化地图增添的色彩，端是魏紫姚黄、各具千秋，相互间学术探讨和驳难间杂呈现，其至出现如《韩非子》所云"儒分为八"的派别竞争。因而除了需要论纂取舍的公共平台《论语》之外，很难寻找一个共同施展的场合。所幸者，《孔子家语》作为孔府之学集大成的文献总汇，对七十子材料不存门户之见，凡所回忆撰述，即便未为《论语》选录，也可于此存档庋藏，找个立足存身之所。孔府之学这种广搜博纳的特点，使之成为保存了不少具有原始真实性之材料的渊薮。除了子贡材料被大量录入，已如前述之外，其余如闵子骞、子张、宓子贱、高柴诸弟子的材料，也占有可观的位置。可以说，《孔子家语》是孔门弟子材料少有圈子禁忌的"大团圆"。因此，相对于诸子书，《孔子家语》的文献价值超过了流派色彩，大团圆的意味超过了流派的纷争。

　　对于原始文献，是否收录是一个问题，如何收录又是一个问题，而且是具有本质性的问题。如何收录，一要看是完整采用，还是删节采用，为何、又若何删节；二要看收录中，是否保存原始忆述者的著作权信息。这些关节，都是考察具体义献发生和传布之原委的切入口所在。《孔子家语·入官篇》是子张氏之儒的材料，也收入《大戴礼记》；与《大戴礼记·千乘篇》，具有相同的子张学派的性质。但是《入官篇》分别录入《大戴礼记》和《孔子家语》之时，在文本关节点上发生了存与删的差异。此篇的论题是"子张问入官于孔子"，孔子在解答中，提出"入官六要"：不居功，不懈怠，犯错必改，失言勿辨，行事勿留；以及"入官六戒"：勿招怨，勿拒谏，无怠惰，勿奢侈，勿专独。这就是儒家的勤政、慎政、明政、廉政的做官经，或者勤、慎、明、廉四字的"入官诀"。并由此引导出不少名言，比如为政以德的思想，"德贯乎心"，"德者，政之始也"；为政亲民的思想，"宽裕以容其民"，"君子莅民，不可以不知民之性，而达诸民之情"；用贤简政的思想，"贤君必自择左右，劳于取人，佚于治事"，"善政必简"；以及察人勿苛的思想，"水至清则无鱼，人至察则无徒"。

子张这份详细的记录，无疑丰富了早期儒家的政治管理思想体系，或行政学的基本原则。虽然两个文本的基本内容相同，但是，与《大戴礼记·子张问入官》的重要区别在于，《孔子家语》在此篇一千三百余字的结尾处，保留了"子张既闻孔子斯言，遂退而记之"的材料来源的印记。因而与《论语·卫灵公篇》的"子张问行。……子张书诸绅"，遥相呼应，异曲同工，表达子张以随机及时记录来证明自己材料的真实和可靠，带露摘花，有别于那些多年以后的回忆。参照《孔子家语》、《孔丛子》，以及《论语》、《礼记》、《大戴礼记》中有关篇章，异常活跃的子张氏之儒的踪迹，可以得其大概。而这个结尾的保留，表明孔府之学乐见子张的直接现身。

切不可忽略这种文本差异，因为直接标明原始忆述者之名字的做法，实际上就等于让忆述者签名画押，担保材料来源的直接性和可靠性。这也是一种肯定原始著作权的叙事策略。这种编纂策略在《孔子家语》中的运用，除了子张的《入官》、子贡的《弟子行》之外，还有冉有的《五刑解》。对于冉有，《论语·先进篇》记载："季氏富于周公，而求也为之聚敛而附益之。子曰：'非吾徒也，小子鸣鼓而攻之，可也。'"[1]这是很严厉的申斥。《孟子·离娄上》接过这个话题，从反面着墨，大作"仁政"的文章："孟子曰：（冉）求也为季氏宰，无能改于其德，而赋粟倍他日。孔子曰：求非我徒也，小子鸣鼓而攻之可也。由此观之，君不行仁政而富之，皆弃于孔子者也，况于为之强战！争地以战，杀人盈野；争城以战，杀人盈城。此所谓率土地而食人肉，罪不容于死。故善战者服上刑，连诸侯者次之，辟草莱、任土地者次之。"[2]这是没有顾及冉有全人，而将一次严厉申斥引向罪加一等的方向，甚至是"罪不容于死"的方向。这就是作论者崇尚发挥、实录者讲究贴切的差异了。

为求实录之贴切，《孔子家语》对冉有采取更丰富的评述和更充分的包容态度，不仅对严厉申斥此事并不提及，反而既记述了"恭老恤幼，不忘宾旅，好学博艺，省物而勤也，是冉求之行也。孔子因而语之曰：'好学则智，

---

① ［宋］朱熹撰：《四书章句集注》，北京：中华书局，1983年版，第126页。
② ［宋］朱熹撰：《四书章句集注》，北京：中华书局，1983年版，第283页。

恤孤则惠,恭则近礼,勤则有继。尧舜笃恭,以王天下。'其称之也曰:'宜为国老。'"①又采用《先进篇》的另一句话"求也退,故进之",记述了冉有"有才艺,以政事著名。仕为季氏宰。进则理其官职,退则受教圣师。为性多谦退。故子曰'求也退,故进之'"②。这就是《孔子家语》比《论语》、《孟子》的价值取向有所放宽之处,以这种宽大为怀的包容态度接纳材料,对于展现人物的立体多面、血肉丰满的真实存在,增加了新的观摩视野。研究者是不应偏颇地追从某个学派的价值标准,而应采取求真、秉公、持平的态度,来判断材料本身的真实性的。由于对众弟子采取如此宽容的胸怀,《孔子家语·五刑解》完整记录了冉有与孔子的对话,而且标明冉有的原始著作权:

　　　　冉有问于孔子曰:"古者三皇、五帝不用五刑,信乎?"孔子曰:"圣人之设防,贵其不犯也;制五刑而不用,所以为至治也。凡民之为奸邪窃盗、靡法妄行者,生于不足,不足生于无度。无度,则小者偷惰,大者侈靡,各不知节。是以上有制度,则民知所止,民知所止则不犯。故虽有奸邪贼盗、靡法妄行之狱,而无陷刑之民。……大罪有五,而杀人为下。逆天地者罪及五世,诬文武者罪及四世,逆人伦者罪及三世,谋鬼神者罪及二世,手杀人者罪及其身。故曰大罪有五,而杀人为下矣。"

　　　　冉有问于孔子曰:"先王制法,使刑不上于大夫,礼不下于庶人。然则大夫犯罪不可以加刑,庶人之行事不可以治于礼乎?"孔子曰:"不然。凡治君子,以礼御其心,所以属之以廉耻之节也。故古之大夫,其有坐不廉污秽而退放之者,不谓之不廉污秽而退放,则曰'簠簋不饬'。有坐淫乱、男女无别者,不谓之淫乱、男女无别,则曰'帷幕不修'也。有坐罔上不忠者,不谓之罔上不忠,则曰'臣节未著'。有坐罢软不胜任者,不谓之罢软不胜任,则曰'下官不职'。有坐干国之纪者,不谓之干国之纪,则曰'行事不请'。此五者,大夫既自定有罪名矣,而犹不忍斥然正以呼之也。既而为之讳,所以愧耻之。是故大夫之罪,其在五刑之域者,闻而谴发,则白冠厘缨,盘水加剑,造乎阙而自请罪。君不

---

①　王国轩、王秀梅译注:《孔子家语》,北京:中华书局,2011年版,第142页。

②　王国轩、王秀梅译注:《孔子家语》,北京:中华书局,2011年版,第427页。

使有司执缚牵掣而加之也。其有大罪者，闻命则北面再拜，跪而自裁，君不使人捽引而刑杀之也。曰：'子大夫自取之耳，吾遇子有礼矣。'以刑不上大夫，而大夫亦不失其罪者，教使然也。所谓礼不下庶人者，以庶人遽其事而不能充礼，故不责之以备礼也。"

冉有跪然免席，曰："言则美矣！求未之闻。"退而记之。①

全篇一千一百余字，是冉有当时"退而记之"的孔子之言。发问的是"三皇五帝制五刑而不用"及"刑不上大夫，礼不下庶人"，但回答的重点在于刑与礼之关系，"以礼御其心"，以仁义廉耻和礼仪设防，贵其不触犯用来惩治罪恶的刑罚。这就与《礼记·坊记》的主旨，一脉相通。《礼记·曲礼上》说："礼不下庶人，刑不上大夫。"②《论语·为政篇》记述孔子的话："道之以政，齐之以刑，民免而无耻。道之以德，齐之以礼，有耻且格。"③朱熹注中，如此解释政、刑、德、礼的关系："愚谓政者，为治之具。刑者，辅治之法。德礼则所以出治之本也。此其相为始终，虽不可偏废，然政刑能使民远罪而已；德礼之效，则有以使民迁善而不自知。故治民者不可徒恃其末，又当深探其本也。"④对于政治学的本末之辨，传统儒家是主张以德治为本，以法治（刑治）为末。道德乃国民人文素质的精要所在，重视人文，提高国民的人文素质，是可以内在地增强人们节制欲望泛滥、抵御刑事犯罪的免疫力的。只不过如果软（德）的一手硬，硬（刑）的一手软，任其发展也会滋长犯罪的侥幸心，削弱施政的有效性。从历史文献学的角度看，冉有及时记录，对于后人走近早期儒学的政刑与德礼关系的细微之处，提供了直接的材料。比如宋儒张载就以此解释礼书之中，"庶人之礼至略"⑤。

此则《五刑解》的部分材料，也为《大戴礼记·盛德篇》所采录。但是已改掉冉有请问孔子的叙事方式，割碎问答程序，纳入另设的框架："圣王之盛德，人民不疾，六畜不疫，五谷不灾，诸侯无兵而正，小民无刑而治，蛮夷怀服。古者天子常以季冬考德，以观治乱得失。凡德盛者治也，德不盛者

①　王国轩、王秀梅译注：《孔子家语》，北京：中华书局，2011 年版，第 347－352 页。
②　[清]阮元校刻：《十三经注疏》（全 2 册），北京：中华书局，1980 年版，第 1249 页。
③　[宋]朱熹撰：《四书章句集注》，北京：中华书局，1983 年版，第 54 页。
④　[宋]朱熹撰：《四书章句集注》，北京：中华书局，1983 年版，第 54 页。
⑤　[宋]张载撰：《张载集》，《四部丛刊》影宋本，《张子语录》中。

乱也。德盛者得之也，德不盛者失之也。是故君子考德，而天下之治乱得失，可坐庙堂之上而知也。德盛则修法，德不盛则饰政，法政而德不衰，故曰王也。凡人民疾、六畜疫、五谷灾者，生于天。天道不顺，生于明堂不饰。故有天灾，即饰明堂也。"①然后再插入《五刑解》片段，而且文字作了很大变异："凡民之为奸邪、窃盗、历法、妄行者，生于不足。不足，生于无度量也。无度量，则小者偷堕，大者侈靡而不知足。故有度量则民足，民足则无为奸邪、窃盗、历法、妄行者。故有奸邪、窃盗、历法、妄行之狱，则饰度量也。……"②然后再回到另设框架之中，大讲明堂与职官制度："刑罚之源，生于嗜欲好恶不节。故明堂，天法也。礼度，德法也。所以御民之嗜欲好恶，以慎天法，以成德法也。刑法者，所以威不行德法者也。……刑罚不中，暴乱奸邪不胜，曰'不成'也。不成则饬司寇。百度不审，立事失礼，财务失量曰'贫'也。贫则饬司空。故曰：御者同是车马，或以取千里，或数百里者，所进退缓急异也。治者同是法，或以治、或以乱者，亦所进退缓急异也。"③

　　经过仔细的校勘比对可知，《孔子家语·五刑解》的材料比起《大戴礼记·盛德》，更接近七十子忆述材料的原初面目。两汉三国时期书籍，往往转录各种竹简材料成书，而竹简散在各处，采录时处置方式千差万别，并非晚出之书就一定抄录早出之书，也并非早出之书就一定比晚出之书更接近原初记录。其中原委，需要深入比对校勘，厘清其采录的简帛的来源，才能作出符合实际的判断。《大戴礼记·盛德》旨在构建儒家礼制框架，因而将本是孔门师徒问学的记录，当作素材而肢解组卸，用在框架堂皇的论说体文章之中了。而冉有名字及其"退而记之"的见证，也因此被删除。所幸者，在于《大戴礼记》大讲"圣王之盛德"时被"驱逐"的冉有，却在原原本本地接纳七十子原始忆述材料的《孔子家语》中保留了冉有的著作权。不懂得战国秦汉文献发生与流布的这种吊诡之处，就难以疏通上古书籍及学术派别的渊源流变。

　　原始材料的完整采录，有助于还原历史现场，以呈现孔子及七十子的丰富而立体的面目。一条曲线切长取短，可能误认为直线；一个球面切厚

---

① ［清］王聘珍撰，王文锦点校：《大戴礼记解诂》，北京：中华书局，1983年版，第142—143页。

② ［清］王聘珍撰，王文锦点校：《大戴礼记解诂》，北京：中华书局，1983年版，第143页。

③ ［清］王聘珍撰，王文锦点校：《大戴礼记解诂》，北京：中华书局，1983年版，第144—149页。

取薄,可能误认为平面。直线、平面的误认,须有多维视角,才能校正为曲线和球面。比如对于闵子骞,《论语·雍也篇》记载:"季氏使闵子骞为费宰。闵子骞曰:'善为我辞焉! 如有复我者,则吾必在汶上矣。'"①这里提供的是不愿进入棼乱浑浊官场的高士形象。程颐就说:"季氏使闵子骞为费宰。闵了骞口:'善为我辞焉。如有复我者,则吾必在汶上矣。'仲尼之门,能不仕大夫之家者,闵子、曾子数人而已。"②然而《论语·先进篇》又载:"鲁人为长府(藏货曰府),闵子骞曰:'仍旧贯如之何? 何必改作?'子曰:'夫人不言,言必有中。'"③可见,闵子骞主张储财藏货的国库,不必扩建,与民争利,因而并非超然于现实政治与民生问题之外。《孔子家语》进而提供了闵子骞并不辞费宰,而是"为"费宰而问政的重要材料,似乎并非不仕大夫之家,只是由于三桓擅权潜伏的危机,使他有所"看透",知所选择而已。《孔子家语·执辔篇》云:

　　闵子骞为费宰,问政于孔子。

　　子曰:"以德以法。夫德法者,御民之具,犹御马之有衔勒也。君者,人也;吏者,辔也;刑者,策也。夫人君之政,执其辔策而已。"

　　子骞曰:"敢问古之为政?"孔子曰:"古者天子以内史为左右手,以德法为衔勒,以百官为辔,以刑罚为策,以万民为马,故御天下数百年而不失。善御马,正衔勒,齐辔策,均马力,和马心。故口无声而马应辔,策不举而极千里。善御民者,壹其德法,正其百官,以均齐民力,和安民心,故令不再而民顺从,刑不用而天下治。是以天地德之,而兆民怀之。夫天地之所德,兆民之所怀,其政美,其民而众称之。今人言五帝、三王者,其盛无偶,威察若存,其故何也? 其法盛,其德厚,故思其德必称其人,朝夕祝之,升闻于天。上帝俱歆,用永厥世,而丰其年。不能御民者,弃其德法,专用刑辟,譬犹御马,弃其衔勒而专用棰策,其不制也可必矣。夫无衔勒而用棰策,马必伤,车必败;无德法而用刑,民必流,国必亡。治国而无德法,则民无修;民无修,则迷惑失道。如此,上帝必以其为乱天道也。苟乱天道,则刑罚暴,上下相谀,莫知念

---

① [宋]朱熹撰:《四书章句集注》,北京:中华书局,1983年版,第86页。
② [宋]程颢、程颐撰:《程氏经说》,文渊阁《四库全书》本,卷7"论语说"。
③ [宋]朱熹撰:《四书章句集注》,北京:中华书局,1983年版,第126页。

患,俱无道故也。今人言恶者,必比之于桀、纣,其故何也? 其法不听,其德不厚,故民恶其残虐,莫不吁嗟,朝夕祝之,升闻于天。上帝不蠲,降之以祸罚,灾害并生,用殄厥世。故曰德法者,御民之本。

　　古之御天下者,以六官总治焉。冢宰之官以成道,司徒之官以成德,宗伯之官以成仁,司马之官以成圣,司寇之官以成义,司空之官以成礼。六官在手以为辔,司会均仁以为纳。故曰御四马者执六辔,御天下者正六官。是故,善御马者,正身以总辔,均马力,齐马心,回旋曲折,唯其所之。故可以取长道,可赴急疾,此圣人所以御天地与人事之法则也。天子以内史为左右手,以六官为辔,已而与三公为执六官,均五教,齐五法,故亦唯其所引,无不如志。以之道,则国治;以之德,则国安;以之仁,则国和;以之圣,则国平;以之礼,则国定;以之义,则国义。此御政之术。过失,人之情莫不有焉;过而改之,是为不过。故官属不理,分职不明,法政不一,百官失纪,曰乱。乱则饬冢宰。地而不殖,财物不蕃,万民饥寒,教训不行,风俗淫僻,人民流散,曰危。危则饬司徒。父子不亲,长幼失序,君臣上下乖离异志,曰不和。不和则饬宗伯。贤能而失官爵,功劳而失赏禄,士卒疾怨,兵弱不用,曰不平。不平则饬司马。刑罚暴乱,奸邪不胜,曰不义。不义则饬司寇。度量不审,举事失理,都鄙不修,财物失所,曰贫。贫则饬司空。故御者同是车马,或以取千里,或不及数百里,其所谓进退缓急异也。夫治者同是官法,或以致平,或以致乱者,亦其所以为进退缓急异也。

　　古者,天子常以季冬考德正法,以观治乱。德盛者治也,德薄者乱也。故天子考德,则天下之治乱,可坐庙堂之上而知之。夫德盛则法修,德不盛则饬法与政,咸德而不衰。故曰王者。又以孟春论吏之德及功能,能德法者为有德,能行德法者为有行,能成德法者为有功,能治德法者为有智。故天子论吏而德法行,事治而功成。夫季冬正法,孟春论吏,治国之要。"①

《论语》排列闵子骞在"德行科"次于颜回的第二位,他一向给人印象,以孝闻名。加上他辞去费宰的言论,又给人闲云野鹤之感。幸而有这段一

---

　　① 王国轩、王秀梅译注:《孔子家语》,北京:中华书局,2011 年版,第 305－309 页。

千二百余字的闵子骞问政文字,展示了孔子授之以从政之道的动人风采。这是一次具有制度史价值的对话,主旨在于阐释"古之御天下者,以六官总治",依次剖析冢宰、司徒、宗伯、司马、司寇、司空之官的职守及功能。这使人感觉到《周官》涵盖的天官冢宰、地官司徒、春官宗伯、夏官司马、秋官司寇、冬官司空的职官体系构设,已在孔子授徒中形成最初的思路。因而周官体系的形成,其在孔子之后的战国前期乎? 这是以往学者轻忽了《孔子家语》,而未及考辨的重要命题,值得补课。《左传·鲁定公十二年》(公元前498年)记载:"仲由为季氏宰,将堕三都,于是叔孙氏堕郈。季氏将堕费,公山不狃、叔孙辄帅费人以袭鲁。公与三子(三桓)入于季氏之宫,登武子之台。费人攻之,弗克。入及公侧。仲尼命申句须、乐颀下,伐之,费人北。国人追之,败诸姑蔑。二子(公山不狃、叔孙辄)奔齐,遂堕费。"①费邑既堕,费宰空缺,季氏或在此时使闵子骞为费宰。但鲁国的政治危机已经相当严峻,孔子即将辞去司寇,走上周游列国的长途。即《史记·十二诸侯年表》所记:"(定公十二年):齐来归女乐,季桓子受之,孔子行。"②因此闵子骞也辞费宰,如《论语·雍也篇》记载:"季氏使闵子骞为费宰。闵子骞曰:'善为我辞焉! 如有复我者,则吾必在汶上矣。'"③假若如此,孔子回答闵子骞这次问政,发生在鲁定公十二年(公元前498年)夏秋之际。

　　这次对话中用了"执辔御车"的比喻,生动地阐明德法系统(意识形态)与官吏系统(政治体制)之间的功能关系,并把施政行为,置于运动状态之中,有所谓"以德法为衔勒,以百官为辔,以刑罚为策,以万民为马,故御天下数百年而不失"。以执辔喻施政,乃是孔子惯用的比喻。类似的比喻也见于《孔子家语·好生篇》:"《鸤诗》曰:'执辔如组,两骖如儛。'孔子曰:为此诗者,其知政乎! 夫为组者,总纰于此,成文于彼。言其动于近,行于远也。执此法以御民,岂不化乎?"④即是说,执辔之喻,源自赋诗喻政,是"诗的政治学"、或"政治的诗学"。

　　同属孔府之学的《孔丛子·嘉言篇》,记孔子对齐国晏子云:"夫政令

　　① 杨伯峻编著:《春秋左传注》(全4册),北京:中华书局,1990年版,第1586—1587页。
　　② [汉]司马迁撰:《史记》(全10册),北京:中华书局,1959年版,第669—670页。
　　③ [宋]朱熹撰:《四书章句集注》,北京:中华书局,1983年版,第86页。
　　④ 王国轩、王秀梅译注:《孔子家语》,北京:中华书局,2011年版,第126页。

者,人君之衔辔,所以制下也。"①《刑论篇》则记载孔子对卫将军文子曰:
"以礼齐民,譬之于御则辔也。以刑齐民,譬之于御则鞭也。执辔于此,而
动于彼,御之良也;无辔而用策,则马失道矣。……吾闻古之善御者,'执辔
如组,两骖如舞',非策之助也。是以先王盛于礼而薄于刑,故民从命。今
也废礼而尚刑,故民弥暴。"②就在孔府之学的著作中,相似的比喻有四则,
足可互证孔子的修辞习惯。王渔洋《池北偶谈》云:"官衔二字,习俗相沿,
不识其义。《家语·礼运篇》云:官有衔,职有序。注:衔,治也。《执辔篇》
云:古之衔天下者,以六官总治焉。故曰衔四马者执六辔,衔天下者正六
官。官衔之义本此。"③这从词源学上,触及孔子"执辔说"对古代中国官吏
体制的已经进入潜意识的影响。

　　孔子此比喻,又关联着《易经·剥卦》上九"象辞":"君子得舆。"④清人
惠栋《周易述》改"舆"为"车",理由是《经典释文》:"京作德舆,董作德车,
《礼运》:天子以德为车。"⑤还应注意,儒家教学讲究"六艺",即礼、乐、射、
御、书、数,驭马驾车是其必习之技艺。因此谈论驾驭车马之术,时或眉飞
色舞。《韩诗外传》卷二引《传曰》,孔子云:"美哉! 颜无父之御也。马知后
有舆而轻之,知上有人而爱之。马亲其正而爱其事,如使马能言,彼将必
曰:'乐哉! 今日之驹也。'至于颜沦,少衰矣。马知后有舆而轻之,知上有
人而敬之。马亲其正而敬其事,如使马能言,彼将必曰:'驹来,其人之使我
也!'至于颜夷而衰矣。马知后有舆而重之,知上有人而畏之。马亲其正而
畏其事,如使马能言,彼将必曰:'驹来! 驹来! 女不驹,彼将杀女。'故御马
有法矣,御民有道矣。法得则马和而欢,道得则民安而集。《诗》曰:'执辔
如组,两骖如舞。'此之谓也。"⑥

　　马而能言,可见孔子讲述时情感深挚,直与马之生命交融。因而以执
辔御车而喻政,用语也甚是透彻。材料既称引自《传曰》,来源应是很早,并
有文献依据。《吕氏春秋·季春纪·先己》云:"《诗》曰:'执辔如组。'孔子

　　① 傅亚庶撰:《孔丛子校释》(《新编诸子集成续编》),北京:中华书局,2011 年版,第 3 页。
　　② 傅亚庶撰:《孔丛子校释》(《新编诸子集成续编》),北京:中华书局,2011 年版,第 77—78 页。
　　③ [清]王士禛撰:《池北偶谈》,文渊阁《四库全书》本,卷 18"官衔"。
　　④ [清]阮元校刻:《十三经注疏》(全 2 册),北京:中华书局,1980 年版,第 38 页。
　　⑤ [清]惠栋撰:《周易述》,清文渊阁《四库全书》本,卷 4。
　　⑥ [汉]韩婴撰,许维遹校释:《韩诗外传集释》,北京:中华书局,1980 年版,第 43 页。

曰：'审此言也，可以为天下。'"①这些话与《孔子家语·好生篇》"《郼诗》曰：'执辔如组，两骖如儛。'孔子曰：为此诗者，其知政乎"②，来源应是相近。由此可知，《诗·邶风·简兮》曰"有力如虎，执辔如组"③，《郑风·大叔于田》"执辔如组，两骖如舞"④，其中那如虎的力量、如舞的灵动，都被孔子断章取义、引诗为证，发挥得淋漓尽致了。从《孔子家语·执辔篇》而言，闵子骞并非纯粹的闲云野鹤式人物，作为立体的人，他还有另一面。从他长篇大论的忆述可以看出，他对政治运作术，也是深有领会。因为回忆性的记述，不仅在于讲述者讲了什么，而且在于听者领会到什么，二者之间须有一个从心到心的交流转换过程，才能形成忆述文字。在这里，闵子骞相当出色地传达了孔子的施政艺术。然而，结尾处却没有《五刑解》结尾冉有"退而记之"之类交代，可能出自闵氏门人的再度忆述，因为如前面所说，《论语》最初编纂而收集忆述夫子言行，闵子骞可能已先于孔子去世了。

令人愕然者，这一《执辔篇》竟然遭遇了与《五刑解》一样的命运，被《大戴礼记·盛德篇》整合进另外预设的理论框架之中。其整合既割裂冉有问"五刑"，而删去冉有"退而记之"；又割裂"闵子骞为费宰，问政于孔子"，而删去"闵子骞问"、"孔子答"的叙述方式，令人莫明最早出自谁人的忆述。不仅如此，整合中还倒错行文次序，此篇的结尾处被《大戴礼记》倒到开头："古者天子常以季冬考德，以观治乱得失。凡德盛者治也，德不盛者乱也。德盛者得之也，德不盛者失之也。是故君子考德，而天下之治乱得失，可坐庙堂之上而知也。德盛则修法，德不盛则饰政，法政而德不衰，故曰王也。"⑤随之截取《五刑解》的片段插入之后，再接上《执辔篇》八九成的文字，其中杂有许多异文。因此，只要排除各种偏见，以科学的态度综观《孔子家语·五刑解》、《执辔篇》与《大戴礼记·盛德篇》的文字组合方式，所能证明的并非前人所谓《孔子家语》抄袭或割裂《大戴礼记》一类书而"作伪"，反而是《孔子家语》在二百年中以孔府档案特藏的方式，保存了相对原始的七十子忆述材料。这些竹简也在孔府以外的各种学术群体中流传，或被征

① ［战国］吕不韦等编：《吕氏春秋》《诸子集成》（六），北京：中华书局，1954年版，第29页。
② 王国轩、王秀梅译注：《孔子家语》，北京：中华书局，2011年版，第126页。
③ ［清］阮元校刻：《十三经注疏》（全2册），北京：中华书局，1980年版，第308页。
④ ［清］阮元校刻：《十三经注疏》（全2册），北京：中华书局，1980年版，第337页。
⑤ ［清］王聘珍撰，王文锦点校：《大戴礼记解诂》，北京：中华书局，1983年版，第142页。

集到国家秘府,逐渐出现对这些材料以类相从、重新组合的礼学文献,并总汇入《大戴礼记》。因而是《大戴礼记》以自身的方式采用了七十子忆述材料,而不是保存在孔府档案中的《孔子家语》众简,抄袭《大戴礼记》。相对完整的档案文献保存方式,反而可以让后人明白《大戴礼记》的材料出自何人之手。这实在是一种吊诡:在上古书籍制度和撰述形态中,较晚整理问世的书籍所采录的材料,不一定就比那些较早问世的书籍材料来得晚,因而不可不经考究,就贸然断定晚出的书抄袭了早出的书。

在对待七十子及其忆述材料的广泛容纳的态度上,《孔子家语》可以补《论语》体例和价值选择上的某些不足。曾有一个令人迷惑不解的问题是,孔子弟子宓子贱治理单父(鲁国邑,今山东单县南)的政绩,在战国秦汉文献中多见褒扬,然而《论语》只字不提,并不把他作为儒门政治人才对待。《论语》只在《公冶长篇》提了一句:"子谓子贱:'君子哉若人! 鲁无君子者,斯焉取斯?'"①称赞宓子贱为君子的意思,是分明的。但是说他是鲁国最优秀的君子,抑是说他取法于鲁国君子? 意思未免有点模糊。原始记载如何,反而须在《吕氏春秋》、《淮南子》以及《韩诗外传》、《新序》、《说苑》这些采纳先秦简帛材料较多的书中,加以搜索和弥补。刘向《新序》卷二记载:"鲁君使宓子贱为单父宰。子贱辞去,因请借善书者二人,使书宓书教品。鲁君予之。至单父使书,子贱从旁引其肘。书丑,则怒之。欲好书,则又引之。书者患之,请辞而去,归,以告鲁君。鲁君曰:'子贱苦吾扰之,使不得施其善政也。'乃命有司,无得擅征发单父。单父之化大治。故孔子曰:'君子哉,子贱! 鲁无君子者,斯安取斯?'美其德也。"②这似乎对孔子称赞宓子贱"君子哉",给予有着落的安置。

《孔子家语·子路初见篇》的记载,似乎传闻异辞,却更值得注意:

> 孔子兄子有孔篾者,与宓子贱偕仕。孔子往过孔篾而问之曰:"自汝之仕,何得何亡?"对曰:"未有所得,而所亡者三。王事若龙,学焉得习? 是学不得明也;俸禄少,饘粥不及亲戚,是以骨肉益疏也;公事多急,不得吊死问疾,是朋友之道阙也。其所亡者三,即谓此也。"

---

① [宋]朱熹撰:《四书章句集注》,北京:中华书局,1983年版,第75页。
② [汉]刘向编著,石光瑛校释,陈新整理:《新序校释》(全2册),北京:中华书局,2001年版,第193—198页。

孔子不悦。往过子贱,问如孔篾。对曰:"自来仕者,无所亡,其有所得者三:始诵之,今得而行之,是学益明也;俸禄所供,被及亲戚,是骨肉益亲也;虽有公事,而兼以吊死问疾,是朋友笃也。"孔子喟然谓子贱曰:"君子哉若人! 鲁无君子者,则子贱焉取此。"①

这则材料也见于刘向《说苑·政理篇》,文字几同,为结尾孔子赞语增加了一个感叹句:"君子哉若人! 君子哉若人! 鲁无君子也,斯焉取斯?'"②此两条材料的三度记载,可以当作《论语·公冶长篇》孔子称赞宓子贱语的本事出处来对待。限于《论语》多是记录简短嘉言的体例,并没有将其本事展开;因而要探讨孔子之言的历史现场,及其出处原委,离开诸多典籍材料的互证互补,是难以奏效的。

《史记·滑稽列传》有这么一段议论:"传曰:'子产治郑,民不能欺;子贱治单父,民不忍欺;西门豹治邺,民不敢欺。'三子之才能谁最贤哉? 辨治者当能别之。"③可见宓子贱治单父的政声,颇有口碑。而且比较而言,"不忍欺"比起"不能欺"、"不敢欺",更需要深入人心的道德教化。或如司马贞《史记索隐》所云:"此'三不欺'自古传记先达共所称述,今褚先生因记西门豹而称之以成说也。《循吏传》记子产相郑,仁而且明,故人不能欺之也。子贱为政清净,唯弹琴,三年不下堂而化,是人见思,故不忍欺之。豹以威化御俗,故人不敢欺。"④唐赵蕤《长短经》卷二云:"魏文帝问王朗等曰:'昔子产治郑,人不能欺;子贱治单父,人不忍欺;西门豹治邺,人不敢欺。三子之才,于君德孰优?'对曰:'君任德,则臣感义而不忍欺;君任察,则臣畏觉而不能欺;君任刑,则臣畏罪而不敢欺。任德感义,与夫导德齐礼、有耻且格,等趋者也;任察畏非,与夫导政齐刑、免而无耻,同归者也。优劣之悬,在于权衡,非徒钧铢之觉也。'"⑤言外之意,自然以"任德感义"的宓子贱为最贤。

既然《史记索隐》谓此"三不欺",乃"自古传记先达共所称述",那么,宓

①　王国轩、王秀梅译注:《孔子家语》,北京:中华书局,2011年版,第246—247页。
②　[汉]刘向撰,向宗鲁校证:《说苑校证》,北京:中华书局,1987年版,第162页。
③　[汉]司马迁撰:《史记》(全10册),北京:中华书局,1959年版,第3213页。
④　[汉]司马迁撰:《史记》(全10册),北京:中华书局,1959年版,第3214页。
⑤　[唐]赵蕤:《长短经》,文渊阁《四库全书》本,卷2。

子贱治单父之类的记载尚不少见,诸如《韩诗外传》卷二记载:"子贱治单父,弹鸣琴,身不下堂,而单父治"①云云,不乏以较长篇幅记述者。甚至引出孔子如此赞誉之至:"惜乎! 不齐为之大,功乃与尧舜参矣。"②此语在《说苑·政理篇》为:"惜乎,不齐之所治者小也! 不齐所治者大,其与尧、舜继矣!"③这些当然是宓子贱之门留下的记述,其中是否存在夸饰之处,不得而知。但这些材料分量如此之重,但早期《论语》编纂者未予采纳,让人觉得,说当时选择取舍中,不存在价值倾向,是很难说得过去的。价值观,是隐藏在编辑学背后的一只"无形的手"。

既然已经认识到《孔子家语》的特点是广采博纳,尽量保守材料的原本性,对诸弟子的材料尽量采取"一碗水端平"的持平姿态,对宓子贱的材料也就予以较大篇幅的采录。《辨政篇》记载:

孔子谓宓子贱曰:"子治单父,众悦。子何施而得之也? 子语丘所以为之者。"对曰:"不齐之治也,父恤其子,其子恤诸孤,而哀丧纪。"孔子曰:"善! 小节也,小民附矣,犹未足也。"曰:"不齐所父事者三人,所兄事者五人,所友事者十一人。"孔子曰:"父事三人,可以教孝矣;兄事五人,可以教悌矣;友事十一人,可以举善矣。中节也,中人附矣,犹未足也。"曰:"此地有贤于不齐者五人,不齐事之而禀度(受教)焉,皆教不齐之道。"孔子叹曰:"其大者乃于此乎有矣! 昔尧舜听天下,务求贤以自辅。夫贤者,百福之宗也,神明之主也。惜乎不齐之以所治者小也。"④

此材料也见于《说苑·政理篇》和《韩诗外传》卷八,但同事异记,明显地多出一个应答的层次:"此地有贤于不齐者五人,不齐事之而禀度(受教)焉,皆教不齐之道。"而将宓子贱与尧舜相比拟的说法,文字上也颇有差异。《孔子家语·屈节篇》又有更为敷陈的记载:

---

① 屈守元笺疏:《韩诗外传笺疏》,成都:巴蜀书社,1996 年版,第 197 页。
② 屈守元笺疏:《韩诗外传笺疏》,成都:巴蜀书社,1996 年版,第 693 页。
③ [汉]刘向撰,向宗鲁校证:《说苑校证》,北京:中华书局,1987 年版,第 160 页。
④ 王国轩、王秀梅译注:《孔子家语》,北京:中华书局,2011 年版,第 176 页。

　　孔子弟子有宓子贱者，仕于鲁，为单父宰。恐鲁君听谗言，使己不得行其政，于是辞行，故请君之近史二人，与之俱至官。宓子戒其邑吏，令二史书。方书则掣其肘，书不善则从而怒之。二史患之，辞请归鲁。宓子曰："子之书甚不善，子勉而归矣。"二史归，报于君曰："宓子使臣书而掣肘，书恶而又怒臣，邑吏皆笑之。此臣所以去之而来也。"鲁君以问孔子，子曰："宓不齐，君子也。其才任霸王之佐，屈节治单父，将以自试也。意者以此为谏乎？"公寤，太息而叹曰："此寡人之不肖。寡人乱宓子之政而责其善者，数矣。微二史，寡人无以知其过；微夫子，寡人无以自寤。"遽发所爱之使，告宓子曰："自今已往，单父非吾有也，从子之制。有便于民者，子决为之，五年一言其要。"宓子蹙奉诏，遂得行其政，于是单父治焉。躬敦厚，明亲亲，尚笃敬，施至仁，加恳诚，致忠信，百姓化之。

　　齐人攻鲁，道由单父。单父之老请曰："麦已熟矣。今齐寇至，不及人人自收其麦。请放民出，皆获傅郭之麦，可以益粮，且不资于寇。"三请而宓子不听。俄而齐寇逮于麦。季孙闻之，怒，使人以让宓子曰："民寒耕热耘，曾不得食，岂不哀哉？不知犹可，以告者而子不听，非所以为民也。"宓子蹙然曰："今兹无麦，明年可树。若使不耕者获，是使民乐有寇。且得单父一岁之麦，于鲁不加强，丧之不加弱。若使民有自取之心，其创必数世不息。"季孙闻之，赧然而愧，曰："地若可入，吾岂忍见宓子哉！"

　　三年，孔子使巫马期往观政焉。巫马期阴免衣，衣敝裘，入单父界。见夜渔者，得鱼辄舍之。巫马期问焉，曰："凡渔者为得，何以得鱼即舍之？"渔者曰："鱼之大者名为鳣，吾大夫爱之；其小者名为鲕，吾大夫欲长之。是以得二者辄舍之。"巫马期返，以告孔子曰："宓子之德至，使民暗行若有严刑于旁。敢问宓子何行而得于是？"孔子曰："吾尝与之言曰：'诚于此者刑乎彼。'宓子行此术于单父也。"①

　　同类记述可以在《吕氏春秋·审应览·具备》《淮南子·道应训》《新序》卷二中发现其片段，记载互有出入，均不及《孔子家语》完整，当是宓子

①　王国轩、王秀梅译注：《孔子家语》，北京：中华书局，2011年版，第417—419页。

贱之门的原始记述,各书在采录时有所删节变异。比如前引《新序》卷二之文,与此处第一段有所重叠,但删去了二史回去向鲁君告状,而孔子为宓子贱解围曰:"宓不齐,君子也。其才任霸王之佐,屈节治单父,将以自试也。意者以此为谏乎?"这对于促使鲁君幡然醒悟起了关键作用,是不宜删节的。有如该段结尾,《新序》卷二只用"单父之化大治",一笔带过;而《孔子家语》却渲染成"躬敦厚,明亲亲,尚笃敬,施至仁,加恳诚,致忠信,百姓化之",简直使宓子贱治理单父,成了儒家德治的典型。对于孔子解围、单父德治这些细节,合情合理的解释,应是宓氏门人的刻意夸饰,岂能是七百年后的"作伪者"存心渲染? 如果从知识发生学的角度看问题,只需对战国秦汉书籍对同一条材料使用的详与略、全与缺,及其组装、插入的不同方式进行考察,就不难发现,《孔子家语》作为来自孔府档案的材料,虽然也有孔府后人的修订和后出材料的掺入,但其中不少材料更具备、或更接近七十子后学的原始忆述形态。

　　由于《孔子家语》收录了不少比较完整的早期材料,某些历史人物事件的现场就得到一定程度的复原,遂使一些音影模糊的孔门弟子,现身向后世走来。年代、现场、生命,都是发生学考察的关键点。比如高柴(子羔),这位比孔子少三十岁的弟子,在《论语》中,除了一句"柴也愚"的批评之外,《先进篇》载有:"子路使子羔为费宰。子曰:'贼夫人之子!'子路曰:'有民人焉,有社稷焉,何必读书,然后为学!'子曰:'是故恶夫佞者。'"①此外,再也看不到高柴的身影。《史记·仲尼弟子列传》沿袭这种批评和材料,谓"高柴字子羔。少孔子三十岁。子羔长不盈五尺,受业孔子,孔子以为愚。子路使子羔为费郈宰,孔子曰:'贼夫人之子!'子路曰:'有民人焉,有社稷焉,何必读书然后为学!'孔子曰:'是故恶夫佞者。'"②

　　相对而言,《论语》、《史记》对高柴只讲批评,未免过苛;不及《孔子家语》宽厚,较完整地展示了高柴的行为品德。《孔子家语·七十二弟子行》云:"高柴,齐人,高氏之别族,字子羔,少孔子四十岁。长不过六尺,状貌甚恶,为人笃孝而有法正。少居鲁,见知名于孔子之门,仕为武城宰。"③尽管"仕为武城宰",或许不及《史记》之确,但指认他为"齐人,高氏之别族",在

---

① [宋]朱熹撰:《四书章句集注》,北京:中华书局,1983年版,第129页。
② [汉]司马迁撰:《史记》(全10册),北京:中华书局,1959年版,第2212页。
③ 王国轩、王秀梅译注:《孔子家语》,北京:中华书局,2011年版,第431页。

里籍、世系辨认上进了一步,或如郑樵《通志略·氏族略》所云:"柴氏(姜姓,齐文公子高之后。高孙傒,以王父名为氏,十代孙高柴,仲尼弟子。)"①至于称高柴"为人笃孝而有法正",则可以与《礼记·檀弓上》这则记载相参证:"高子皋(高柴)之执亲之丧也,泣血三年,未尝见齿,君子以为难。"②

对于高柴的孝行及其他品行,《孔子家语·弟子行》又有进一步发挥:"自见孔子,出入于户,未尝越礼;往来过之,足不履影;启蛰不杀,方长不折;执亲之丧,未尝见齿。是高柴之行也。孔子曰:'柴于亲丧,则难能也。启蛰不杀,则顺人道。方长不折,则恕仁也。成汤恭而以恕,是以日跻。'"③这多少可以令人感到,与《论语》为弟子主持编纂,对同辈揄扬贬责难免走偏锋有所不同,《孔子家语》来自孔府档案,对逐渐成为先贤的夫子门人,予以较多的体察和尊重。七十子的一些忆述资料,在孔府庋藏中已经逐渐成为文物。

因而在《孔子家语·庙制篇》,又可看到高柴问立庙礼制的忆述文字档案,长达五百余字:"子羔问曰:'祭典云:昔有虞氏祖颛顼而宗尧,夏后氏亦祖颛顼而宗禹,殷人祖契而宗汤,周人祖文王而宗武王。此四祖四宗,或乃异代,或其考祖之有功德,其庙可也。若有虞宗尧,夏祖颛顼,皆异代之有功德者也,亦可以存其庙乎?'孔子曰:'善,如汝所问也。如殷周之祖宗,其庙可以不毁。其他祖宗者,功德不殊,虽在殊代,亦可以无疑矣。《诗》云:蔽芾甘棠,勿翦勿伐,邵伯所憩。周人之于邵公也,爱其人,犹敬其所舍之树,况祖宗其功德而可以不尊奉其庙焉!'"④请注意,高柴不是一个"愚"字能全部涵盖,他也是关心礼仪制度之人。

这些文字,可以和《礼记·祭法》及《王制篇》中的一些礼仪制度相参证。比如《礼记·王制篇》云:"天子七庙,三昭三穆,与太祖之庙而七。诸侯五庙,二昭二穆,与太祖之庙而五。大夫三庙,一昭一穆,与太祖之庙而三。士一庙,庶人祭于寝。"⑤这可以印证此篇开头孔子回答的按照"尊卑上下立庙之制"。又如《礼记·祭法篇》云:"祭法:有虞氏禘黄帝而郊喾,祖

———————————

① [宋]郑樵撰,王树民点校:《通志二十略》(全2册),北京:中华书局,1995年版,第133页。
② [清]阮元校刻:《十三经注疏》(全2册),北京:中华书局,1980年版,第1283页。
③ 王国轩、王秀梅译注:《孔子家语》,北京:中华书局,2011年版,第148页。
④ 王国轩、王秀梅译注:《孔子家语》,北京:中华书局,2011年版,第389—390页。
⑤ [清]阮元校刻:《十三经注疏》(全2册),北京:中华书局,1980年版,第1335页。

颛顼而宗尧。夏后氏亦禘黄帝而郊鲧，祖颛顼而宗禹。殷人禘喾而郊冥，祖契而宗汤。周人禘喾而郊稷，祖文王而宗武王。"①以及王立七庙、诸侯立五庙、大夫立三庙、士二庙、官师一庙、庶人无庙的制度②。这既可以参证孔子的回答，也可以印证高柴提问时，引用的《祭典》云："昔有虞氏祖颛顼而宗尧，夏后氏亦祖颛顼而宗禹，殷人祖契而宗汤，周人祖文王而宗武王。"③由此可以感受到儒家早期文献的相互呼应，脉络贯通。

《孔子家语·致思篇》的一则记载，展示了高柴品性的另一个更加感染人的侧面，可以改变《论语》给人留下"柴也愚"的观感。其文曰：

> 季羔为卫之士师（狱官），刖人之足。俄而卫有蒯聩之乱，季羔逃之。走郭门，刖者守门焉，谓季羔曰："彼有缺。"季羔曰："君子不逾。"又曰："彼有窦。"季羔曰："君子不隧。"又曰："于此有室。"季羔乃入焉。
>
> 既而追者罢，季羔将去，谓刖者："吾不能亏主之法而亲刖子之足。今吾在难，此正子之报怨之时，而逃我者三，何故哉？"刖者曰："断足，固我之罪，无可奈何。曩者君治臣以法令，先人后臣，欲臣之免也，臣知。狱决罪定，临当论刑，君愀然不乐。见君颜色，臣又知之。君岂私臣哉？天生君子，其道固然。此臣之所以悦君也。"
>
> 孔子闻之，曰："善哉为吏！其用法一也，思仁恕则树德，加严暴则树怨。公以行之，其子羔乎？"④

高柴执法以公，并在具体的刑法操作中，注入君子风度和人道同情，因而在情感深度上感染了和打动了受刑者，终于使之在可以乘人之危的紧急关头，犹能于心灵深处闪耀出善良的微光。这可以看作儒家以德济刑的案例，实在有其一难得其二。如此执法的高柴，与《弟子行》中记载孔子称赞其能发扬"成汤恭而以恕"的精神，能实行"启蛰不杀，则顺人道；方长不折，则恕仁也"的作风，存在着内在联系。这则材料也为刘向《说苑·至公篇》采录，文字略有差异，可见七十子忆述的竹简，也为秘府抄录庋藏。

---

① ［清］阮元校刻：《十三经注疏》（全2册），北京：中华书局，1980年版，第1587页。
② ［清］阮元校刻：《十三经注疏》（全2册），北京：中华书局，1980年版，第1587—1589页。
③ ［清］阮元校刻：《十三经注疏》（全2册），北京：中华书局，1980年版，第1335页。
④ 王国轩、王秀梅译注：《孔子家语》，北京：中华书局，2011年版，第76页。

　　相对而言，《韩非子·外储说左下》虽然成书较早，但引录材料的可靠性，反而不如《孔子家语》。《韩非子》说："孔子相卫，弟子子皋为狱吏，刖人足，所刖者守门。人有恶孔子于卫君者曰：'尼欲作乱。'卫君欲执孔子。孔子走，弟子皆逃。子皋从出门，刖危引之而逃之门下室中，吏追不得。夜半，子皋问刖危曰：'吾不能亏主之法令而亲刖了之足，是子报仇之时也。而子何故乃肯逃我，我何以得此于子？'刖危曰：'吾断足也，固吾罪当之，不可奈何。然方公之欲治臣也，公倾侧法令，先后臣以言，欲臣之免也甚，而臣知之。及狱决罪定，公愀然不悦，形于颜色，臣见又知之。非私臣而然也，夫天性仁心固然也，此臣之所以说而德公也。'"①孔子并无"相卫"的履历，《韩非子》采录的材料在辗转传抄的过程中，出现了严重的错误。

　　而《孔子家语》不误，卫国确实发生过"蒯聩之乱"，而子路死于难，高柴（子羔）逃脱归鲁。如《史记·卫康叔世家》所载，周敬王四十年（公元前480年），卫国发生"蒯聩之乱"，"仲由将入，遇子羔将出，曰：'门已闭矣。'子路曰：'吾姑至矣。'子羔曰：'不及，莫践其难。'子路曰：'食焉，不辟其难。'子羔遂出。子路入，……太子（蒯聩）闻之，惧，下石乞、孟黡敌子路，以戈击之，割缨。子路曰：'君子死，冠不免。'结缨而死。孔子闻卫乱，曰：'嗟乎！柴（子羔）也其来乎？由（子路）也其死矣。'孔悝竟立太子蒯聩，是为庄公"②。《史记》所述，来自《左传·哀公十五年》闰月，记蒯聩入卫，卫出公奔鲁，"季子（子路）将入，遇子羔将出，曰：'门已闭矣。'季子曰：'吾姑至焉。'子羔曰：'弗及，不践其难。'季子曰：'食焉，不辟其难。'子羔遂出。子路入，及门，公孙敢门焉，曰：'无入为也。'季子曰：'是公孙也，求利焉，而逃其难。由不然，利其禄，必救其患。'有使者出，乃入。曰：'大子焉用孔悝？虽杀之，必或继之。'且曰：'大子无勇，若燔台，半，必舍孔叔。'大子闻之，惧，下石乞、孟黡敌子路。以戈击之，断缨。子路曰：'君子死，冠不免。'结缨而死。孔子闻卫乱，曰：'柴也其来，由也死矣！'孔悝立庄公"③。继而发生的事情，就是《礼记·檀弓上》所载："孔子哭子路于中庭。有人吊者，而

　　①　［清］王先慎撰：《韩非子集解》（《诸子集成》五），北京：中华书局，1954年版，第218－219页。
　　②　［汉］司马迁撰：《史记》（全10册），北京：中华书局，1959年版，第1601页。
　　③　杨伯峻编著：《春秋左传注》（全4册），北京：中华书局，1990年版，第1695－1696页。

夫子拜之。既哭，进使者而问故。使者曰：'醢之矣。'遂命覆醢。"①对七十子及其后学的忆述材料在两汉三国的遗存状况进行比较，就可以发现，假如要缀合众多材料碎片复原历史现场的"古陶罐"，那么存在于《孔子家语》中的无疑属于块头较大、器形保留较备、纹彩遗存较多的碎片，其对于返本还原工程的价值，是不言而喻的。

当然，大碎片的价值，是在与小碎片相缀合的过程中实现的。大小缀合，在断续互补中实现"1＋1〉2"。至于高柴的材料碎片，还有《孔丛子·记问篇》记载西狩获麟之岁，高柴为孔子御者。又《左传·哀公十七年》记载："公会齐侯，盟于蒙，孟武伯相。齐侯稽首，公拜。齐人怒。武伯曰：'非天子，寡君无所稽首。'武伯问于高柴曰：'诸侯盟，谁执牛耳？'季羔曰：'鄫衍之役，吴公子姑曹；发阳之役，卫石魋。'武伯曰：'然则彘（孟武伯之名）也。'"②由于高柴告诉孟武伯，前几年的两次会盟，都由吴国或卫国的大夫"执牛耳"，主持礼仪，因而孟武伯也就明白，这次会盟由他充当司仪的相。可见高柴在礼仪制度的研习上，是个有心人。这些材料碎片的添加，都可以展示使人物趋于丰满的新侧面。然而，衡量七十子材料碎片的原始性及其衰变程度，每每令人感觉到，《孔子家语》书虽晚出，但其作为孔府档案材料代代相承，并不刻意从某种学派的角度对之进行过度剪裁，反而比起早出的某些书中经过剪裁组合的材料，更加具有原本性。对于战国秦汉书籍不仅应该考察其问世的早晚，更重要的是清理其材料的来源。不做这番清理，是很难走近历史的原本面目的。

①　[清]阮元校刻：《十三经注疏》（全 2 册），北京：中华书局，1980 年版，第 1275 页。

②　杨伯峻编著：《春秋左传注》（全 4 册），北京：中华书局，1990 年版，第 1711—1712 页。

三十七章　褒贬不一之弟子的新实证

何为历史的原本面目？返本还原并不奢求丝毫不爽的细节复原，这是连昨日发生的事情都不能做到，何况二千年前的历史现场乎？但返本还原，又是一种文化认识自我、激醒活力的基本功。为此需要认识到，一是由于记述材料的缺失，还原作为一种方向、态度以及一整套切实有效的方法论实施方案，尽管具有相对性，也有为了文化自觉的充分的必要性；二是原本性呈现的方式，由于文献自身的观察者立场和角度各异，所能"看到"的世界就展示不同的侧面，即所谓"横看成岭侧成峰"是也。这种多侧面的"看到"，是生命感觉的体现。历史所呈现的面目是多维的，聚集多维，明其偏正，洞其表里，才能直逼本原。对于战国秦汉各种记载孔子及七十子的材料，也应该作如是观。

不妨追问其为何如此"看人"，从何种角度"看斯人"。这就使得我们有必要采取多角度的透视和聚焦的方式，破解这些材料中"片面的人"和"全面的人"、"表层的人"和"深层的人"的关系。综合多维材料加以参照和分析，就可以呈现孔子弟子个人内在品格的多边形，及其外在的相互关系的多边形。比如，孔子有些弟子尽管名列《论语》"四科十哲"，但由于其全面的形象展示不足，又受过孔子的严厉批评，此类矛盾状态给人带来的迷惑，实在难以凭借片言只语说透，必须竭尽其文献记载与出土简帛信息，形成多光源的聚焦，才能使本有的生命燃烧。对此，《孔子家语》具有特殊的回归原本的价值。

就以宰予为例，尽管他名列"言语科"，且位居子贡之前，却由于"昼寝"，被孔子批评为"朽木不可雕也，粪土之墙，不可杇也；于予与何诛？"①继而加上一句："始吾于人也，听其言而信其行；今吾于人也，听其言而观其行。于予与，改是。"②这番批评的分量是很重的。以致三国曹魏甘露元年

---

① ［宋］朱熹撰：《四书章句集注》，北京：中华书局，1983年版，第78页。
② ［宋］朱熹撰：《四书章句集注》，北京：中华书局，1983年版，第78页。

(256年),《易》博士淳于俊在太学对答魏帝高贵乡公曹髦之问,谓:"圣人行事不能无失,是以尧失之四凶,周公失之二叔,仲尼失之宰予。"①竟然将宰予与罪大恶极的"四凶"、叛乱者管蔡二叔,相提并论。再加上《论语·八佾篇》孔子批评宰予对鲁哀公问的不靠谱;《雍也篇》孔子回答宰予"君子可逝也,不可陷;可欺也,不可罔也"②;《阳货篇》孔子指责宰予主张短丧,谓"予之不仁也! 子生三年,然后免于父母之怀。夫三年之丧,天下之通丧也。予也有三年之爱于其父母乎!"③总而言之,《论语》对于宰予,除了列入四科十哲之言语科外,批评指责之声是超过表扬之辞的。幸而孟子说"宰我、子贡,善为说辞"④,才算保住"言语科"的颜面。难道十哲中人,就如此不济或不堪乎? 抑或某种价值观的维度出了偏差耶?

展读《孔子家语·子路初见篇》,却腾出篇幅描述宰予与孔子的正面交谈:"孔子为鲁司寇,见季康子,康子不悦,孔子又见之。宰予进曰:'昔予也常闻诸夫子曰:"王公不我聘,则弗动。"今夫子之于司寇也日少(时间不多),而屈节数矣。不可以已乎?'孔子曰:'然。鲁国以众相陵,以兵相暴之日久矣,而有司不治,则将乱也。其聘我者,孰大于是哉!'鲁人闻之,曰:'圣人将治,何不先自远刑罚!'自此之后,国无争者。孔子谓宰予曰:'违山十里,蟪蛄之声犹在于耳。故政事莫如应之。'"⑤此则记载,又见于《说苑·政理篇》,文字基本相同,当出自宰予或其门人的记述。孔子与宰予的对话涉及权倾朝野的季氏,并非在大庭广众中进行,因此所谓"鲁人闻之",则意味着宰予在宣传孔子时,将孔子拨乱反正的决心也广为传播。孔子应聘上任,还跟宰予说了一个"蟪蛄之声犹在于耳"的富有幽默感的比喻,透露出胸有成竹的自信。此对话应发生在鲁定公十年(公元前500年),孔子为鲁司寇不久。

在孔门言语科二贤中,宰予更加潜沉多思,子贡更加英姿勃发。宰予的潜沉,及于彼岸,及于荒古,视野颇为深邃。《礼记·祭义》记载:"宰我曰:'吾闻鬼神之名,不知其所谓?'子曰:'气也者,神之盛也。魄也者,鬼之

---

① [晋]陈寿撰,陈乃乾点校:《三国志》(全5册),北京:中华书局,1959年版,第137页。
② [宋]朱熹撰:《四书章句集注》,北京:中华书局,1983年版,第90—91页。
③ [宋]朱熹撰:《四书章句集注》,北京:中华书局,1983年版,第181页。
④ [宋]朱熹撰:《四书章句集注》,北京:中华书局,1983年版,第233页。
⑤ 王国轩、王秀梅译注:《孔子家语》,北京:中华书局,2011年版,第245页。

盛也。合鬼与神，教之至也。'"①孔子于此以气作为天地鬼神生成的本体论概念，后世儒者多从此说。从这种本体论出发，超越生死界限，却不以鬼神作为人间祸福兴亡，社会发展的原动力。因而在保存几分天地神秘性的同时，能够嵌入民本思想。这就可以呼应着《论语·八佾篇》"祭如在，祭神如神在"②；呼应着《论语·雍也篇》"务民之义，敬鬼神而远之，可谓知矣"③；又可以给《周易·观卦》之《象》曰"观天之神道，而四时不忒，圣人以神道设教，而天下服矣"④，留下方便的空间。这就在《论语·述而篇》所谓"子不语怪、力、乱、神"的历史理性，与"圣人以神道设教"的巫风残余之间，敞开了一片"六合之外，圣人存而不论；六合之内，圣人论而不议"⑤的模糊地带。

《吕氏春秋·孝行览·慎人》云："孔子穷于陈、蔡之间，七日不尝食，藜羹不糁。宰予备矣。孔子弦歌于室，颜回择菜于外。子路与子贡相与而言曰：'夫子逐于鲁，削迹于卫，伐树于宋，穷于陈、蔡。杀夫子者无罪，藉夫子者不禁。夫子弦歌鼓舞，未尝绝音。盖君子之无所丑也若此乎？'颜回无以对，入以告孔子。孔子憱然推琴，喟然而叹曰：'由与赐，小人也。召，吾语之。'子路与子贡入，子贡曰：'如此者可谓穷矣。'孔子曰：'是何言也？君子达于道之谓达，穷于道之谓穷。今丘也拘仁义之道，以遭乱世之患，其所也，何穷之谓！故内省而不疚于道，临难而不失其德。大寒既至，霜雪既降，吾是以知松柏之茂也！昔桓公得之莒，文公得之曹，越王得之会稽。陈、蔡之厄，于丘其幸乎？'孔子烈然返瑟而弦，子路抗然执干而舞。子贡曰：'吾不知天之高也，不知地之下也。'古之得道者，穷亦乐，达亦乐。所乐非穷达也，道得于此，则穷达一也。为寒暑风雨之序矣。故许由虞乎颍阳，而共伯得乎共首。"⑥

行文中子路、子贡议论孔子，用了"君子之无所丑也若此乎"这种悖逆之语，难以指认为儒门所言。材料应是得自《庄子》，其杂篇《让王》记述"孔子穷于陈蔡之间，七日不火食，藜羹不糁，颜色甚惫，而弦歌于室。颜回择

①　[清]阮元校刻：《十三经注疏》(全2册)，北京：中华书局，1980年版，第1595页。
②　[宋]朱熹撰：《四书章句集注》，北京：中华书局，1983年版，第64页。
③　[宋]朱熹撰：《四书章句集注》，北京：中华书局，1983年版，第89页。
④　[清]阮元校刻：《十三经注疏》(全2册)，北京：中华书局，1980年版，第36页。
⑤　王先谦撰：《庄子集解》《诸子集成》(三)，北京：中华书局，1954年版，第13—14页。
⑥　[战国]吕不韦等编：《吕氏春秋》《诸子集成》(六)，北京：中华书局，1954年版，第151—152页。

菜,子路、子贡相与言"①云云,行文与之大同小异。重要差别在于《庄子》言"颜色甚惫"的是孔子,全篇没有宰予;而《吕氏春秋》则云"宰予备矣",这个"备"就不应如注家所言为"惫"的异体字,而应解释为弟子中颜回、宰予最尽责,一个在择菜,一个在备藜羹。在《庄子》中没有现身的宰予,在《吕氏春秋》中现身,很可能是这条材料原初出自宰予之门而留下的痕迹。而整条材料讽刺子路、子贡悖逆,并让子贡愧称不知天高地厚,埋伏着宰予与子贡两位能辩之士,相互间心存芥蒂。孔子所云"大寒既至,霜雪既降,吾是以知松柏之茂也",应是《论语·子罕篇》"子曰:岁寒然后知松柏之后凋也"的原初记述。发此言于周游列国,厄于陈蔡之时,岁在鲁哀公六年(公元前489年),离鲁而飘泊于列国之间,已经八年。

　　宰予的材料如前所述,在《孔丛子·嘉言篇》、《论书篇》中皆有揭载。尤其是《记义篇》记述"孔子使宰予使于楚,楚昭王以安车象饰,因宰予以遗孔子焉"一则,结尾缀有夫子曰:"夫言贵实,使人信之,舍实何称乎?是赐(子贡)之华,不若予(宰予)之实也。"②在此则来自宰予之门的原始忆述中,显露了宰予和子贡的竞争关系。《孔子家语·五帝德》与《大戴礼记·五帝德》记载宰予向孔子请教黄帝、颛顼、帝喾、帝尧、帝舜五帝的道德行为,是中华民族共同体在融合与重组远古口传资源的基础上获得血缘支柱的重要文献,原始忆述出自宰予之手无疑。《史记·五帝本纪》太史公曰:"学者多称五帝,尚矣。然《尚书》独载尧以来;而百家言黄帝,其文不雅驯,荐绅先生难言之。孔子所传宰予问《五帝德》及《帝系姓》,儒者或不传。余尝西至空桐(峒),北过涿鹿,东渐于海,南浮江淮矣,至长老皆各往往称黄帝、尧、舜之处,风教固殊焉,总之不离古文者近是。予观《春秋》、《国语》,其发明《五帝德》、《帝系姓》章矣,顾弟弗深考,其所表见皆不虚。《书》缺有间矣,其轶乃时时见于他说。非好学深思,心知其意,固难为浅见寡闻道也。"③孔子言夏殷之礼,以文献不足为憾,就超越文献的局限,进入迷茫渺远的民间口头传统深处,探寻华夏民族的祖宗血脉,在《五帝德》、《帝系姓》中为大一统的民族共同体立下根基。司马迁认为这是"孔子所传宰予"的"尚矣"之学,而宰予对此,是"好学深思,心知其意"的。

------

①　王先谦撰:《庄子集解》(《诸子集成》三),北京:中华书局,1954年版,第192—193页。

②　傅亚庶撰:《孔丛子校释》(《新编诸子集成续编》),北京:中华书局,2011年版,第53页。

③　[汉]司马迁撰:《史记》(全10册),北京:中华书局,1959年版,第46页。

　　对于《史记·五帝本纪》采录《五帝德》材料的情况，前述已有所分析。甚可注意者，《大戴礼记·五帝德》记述孔子与宰予对话后，补叙"他日，宰我以语人，有为道诸夫子之所"①。但是，是谁向夫子告状？没有明言。《孔子家语·五帝德》则毫无遮掩，谓："他日，宰我以语子贡，子贡以复孔子。子曰：'吾欲以颜状取人也，则于灭明改之矣；吾欲以言辞取人也，则于宰我改之矣；吾欲以容貌取人也，则于子张改之矣。'宰我闻之，惧，弗敢见焉。"②可见子贡与宰予之间的嫌隙，已是公开的秘密。《汉石经》所载《鲁论语》异字，及《费氏易》所载郑玄论《论语》残存材料，都有"子贡谤人"③之语，或与此事有关。难怪子贡在回答卫将军文子的《弟子行》中，推许颜回、仲弓、子路等十二位同门，而不及宰予了。然而《孔子家语》以巨大篇幅记录《五帝德》，说明孔府之学既敬重子贡，也不疏远宰予。

　　于此还有宰予最终归宿的大问题，尚待考察。在此问题上，暴露了《孔子家语》材料来源的芜杂性，存在着不少日后掺入、疏于考证之处。如《七十二弟子解》记载："宰予，字子我，鲁人。有口才，以语言著名。仕齐，为临淄大夫，与田常为乱，夷其三族。孔子耻之，曰：'不在利病，其在宰予。'"④《史记·仲尼弟子列传》也录有类似材料，应是同源异录："宰予，字子我，利口辨辞。……宰我为临菑大夫，与田常作乱，以夷其族，孔子耻之。"其实，这里存在的错误，唐代司马贞作《史记索隐》时，就已经发现："《左氏传》无宰我与田常作乱之文，然有阚止字子我，而因争宠，遂为陈恒所杀。恐子我与宰予相涉，因误云然。"⑤

　　司马贞《史记索隐》之根据，是《左传》所述："（哀公）十四年春，西狩于大野，叔孙氏之车子鉏商获麟。……齐简公之在鲁也，阚止有宠焉。及即位，使为政。陈成子惮之，骤顾诸朝。诸御鞅言于公曰：'陈、阚不可并也，君其择焉。'弗听。子我夕，陈逆杀人，逢之，遂执以入。……子我盟诸陈于陈宗。……夏五月壬申，成子兄弟四乘如公。子我在幄，……陈氏追之，失道于弇中，适丰丘。丰丘人执之，以告，杀诸郭关。……甲午，齐陈恒弑其

---

①　[清]王聘珍撰，王文锦点校：《大戴礼记解诂》，北京：中华书局，1983年版，第125页。
②　王国轩、王秀梅译注：《孔子家语》，北京：中华书局，2011年版，第297页。
③　[清]唐晏著，吴东民点校：《两汉三国学案》，北京：中华书局，1986年版，第504、512页。
④　王国轩、王秀梅译注：《孔子家语》，北京：中华书局，2011年版，第425页。
⑤　[汉]司马迁撰：《史记》（全10册），北京：中华书局，1959年版，第2195页。

君壬于舒州。孔丘三日齐（斋），而请伐齐三。公曰：'鲁为齐弱久矣，子之伐之，将若之何？'对曰：'陈恒弑其君，民之不与者半。以鲁之众，加齐之半，可克也。'公曰：'子告季孙。'孔子辞，退而告人曰：'吾以从大夫之后也，故不敢不言。'"①田常（陈恒）作乱的历史现场，被杀者是与田常争权之阚止，字子我，而另一位字子我的宰予并没有现身。孔子斋戒见鲁哀公，请伐田常，也没有提及宰予。

《史记·李斯列传》记李斯上书言赵高之短，也述及"田常为简公臣，爵列无敌于国，私家之富与公家均，布惠施德，下得百姓，上得群臣，阴取齐国，杀宰予于庭，即弑简公于朝，遂有齐国。此天下所明知也"②。这里所言"天下所明知"之事，与《仲尼弟子列传》有明显差异，宰予并非田常作乱的参与者，而是受害者。然而，既然李斯说此事为"天下所明知"，那么宰予与田常作乱存在关系的材料，来源应是很早，起码在战国晚期就出现了。《韩非子·难言第三》说："故文王说纣而纣囚之；翼侯炙；鬼侯腊；比干剖心；梅伯醢；夷吾束缚。而曹羁奔陈；伯里子道乞；傅说转鬻；孙子膑脚于魏；吴起收泣于岸门，痛西河之为秦，卒枝解于楚；公叔痤言国器，反为悖；公孙鞅奔秦；关龙逢斩；苌宏分胣；尹子穽于棘；司马子期死而浮于江；田明辜射。宓子贱、西门豹不斗而死人手；董安于死而陈于市；宰予不免于田常；范雎折胁于魏。此十数人者，皆世之仁贤忠良有道术之士也，不幸而遇悖乱暗惑之主而死。"③此处所谓"宰予不免于田常"，事实根据和价值取向与李斯上书相近，韩非、李斯均出自荀子之门，材料所自可能同源。

指认宰予与田常作乱有干系的材料，还见于《吕氏春秋·审分览·慎势》。其中如此说："齐简公有臣曰诸御鞅，谏于简公曰：'陈成常与宰予之二臣者，甚相憎也。臣恐其相攻也。相攻唯固，则危上矣。愿君之去一人也。'简公曰：'非而细人所能识也。'居无几何，陈成常果攻宰予于庭，即简公于庙。简公喟焉太息曰：'余不能用鞅之言，以至此患也！'失其数，无其势，虽悔无听鞅也，与无悔同。"④在这条材料中，可以看出，《左传》诸御鞅言于简公曰"陈、阚不可并也，君其择焉"，其中的阚止已被置换成宰予，遂

---

① 杨伯峻编著：《春秋左传注》（全4册），北京：中华书局，1990年版，第1682—1689页。
② ［汉］司马迁撰：《史记》（全10册），北京：中华书局，1959年版，第2559页。
③ ［清］王先慎撰：《韩非子集解》（《诸子集成》五），北京：中华书局，1954年版，第15—16页。
④ ［战国］吕不韦等编：《吕氏春秋》（《诸子集成》六），北京：中华书局，1954年版，第213页。

使宰予背上与田常作乱有干系的黑锅。但宰予尚不是同谋,其价值判断与韩非、李斯相同。

类似的人名误置和价值判断,在西汉文献流布甚广。《淮南子·人间训》云:"夫积爱成福,积怨成祸。若痈疽之必溃也,所浼者多矣。诸御鞅复于简公曰:'陈成常、宰予二子者,甚相憎也。臣恐其构难而危国也。君不如去一人。'简公不听。居无几何,陈成常果攻宰予于庭中,而弑简公于朝。"①此种材料不仅流入淮南王府,而且为朝廷秘府所收藏。刘向整理秘府杂简成《说苑·正谏篇》云:"齐简公有臣曰诸御鞅,谏简公曰:'田常与宰予,此二人者甚相憎也。臣恐其相攻,相攻虽叛而危之,不可,愿君去一人。'简公曰:'非细人之所敢议也。'居无几何,田常果攻宰予于庭,贼简公于朝,简公喟焉太息曰:'余不用鞅之言,以至此患也。'故忠臣之言,不可不察也。"②《说苑·指武篇》又说:"田成子常与宰我争,宰我夜伏卒将以攻田成子,令于卒中曰:'不见旌节毋起。'鸱夷子皮闻之,告田成子。田成子因为旌节以起,宰我之卒以攻之,遂残之也。"③

然而战国秦汉流布的上述材料,均未言及《史记·仲尼弟子列传》及《孔子家语》所谓宰予"与田常为乱,夷其三族,孔子耻之"的情节。此事既牵扯到孔门弟子,又牵扯到孔子之情感,何以出现如此怪异之事?可能的解释是西汉时期孔府人士如孔安国辈,看到宰予与田常作乱有干系的竹简,与孔子请鲁哀公伐田常之乱的立场有冲突,为了洗刷孔门干系,维护圣祖英名,遂加上"孔子耻之"之语。但是"仕齐为临淄大夫"及"夷其三族"的说法,则可能采自他简。这番修饰改动,为太史公所及见,转录者又存留于孔府档案,以致后人聚讼二千年。

宋儒是非常关心圣人声誉的。程颐读经读史,极有心得,认为:"《史记》载宰予被杀,孔子羞之。尝疑田氏不败,无缘被杀。若为齐君而死,是乃忠义,孔子何羞之有?及观《左氏》,乃是阚止为陈恒所杀,亦字子我,谬误如此。"④二程之后,又有杨时(龟山先生)也为此予以辨正。宋人王应麟《困学纪闻》卷十一云:"龟山杨氏曰:'田常为乱于齐,齐君盖弗胜也。宰予

　①　[西汉]刘安等编:《淮南子》(《诸子集成》七),北京:中华书局,1954年版,第319页。

　②　[汉]刘向撰,向宗鲁校证:《说苑校证》,北京:中华书局,1987年版,第232页。

　③　[汉]刘向撰,向宗鲁校证:《说苑校证》,北京:中华书局,1987年版,第379页。

　④　[宋]程颢、程颐撰,潘富恩导读:《二程遗书》,上海:上海古籍出版社,2000年版,第334页。

附田常,则谁得而杀之?使其为齐君而死,则予何罪焉?当是时,有阚止,字子我,死于田常之乱。是必传之者误,而为宰我也。"①迨至清朝,考据之风盛,不少历史陈案得以廓清。赵翼《陔余丛考》辨析"宰我与田常作乱之误",尤为详尽,兹录如下:

> 《史记》及《孔子家语》俱云宰予为临菑大夫,与田常作乱,以夷其族,孔子耻之。则宰予盖尝助逆者。及阅《吕氏春秋》,与《左传》相印证,乃知非宰予事,而传闻之误谬也。《吕氏·慎势篇》云:"齐简公有臣曰诸御鞅,谓公曰:'陈常与宰予甚相憎,若相攻则危上矣,愿君去其一人也。'简公弗听。未几陈常果攻宰予,即简公于庙。简公叹曰:'吾不用鞅之言,至于此。'"亦见《淮南子·人间篇》。而《左传》:"哀十四年,齐简公之在鲁也,阚止有宠焉,及归即位,使为政。陈成子惮之。诸御鞅谓公曰:'陈、阚不可并也,君其择焉。'弗听。子我(杜注:阚止字也)逢陈逆杀人,遂执之。陈氏使逆伪病,而遗以酒肉,使醉守者,而杀之以逃。成子兄弟四乘如公宫,子我在幄,出迎之。成子入,闭子我于门外。公执戈将击陈氏,太史子余曰:'非不利也,将除害也。'子我归,属徒攻闱,不克,乃出奔,陈氏追而杀诸郭。陈桓(即田常)遂执公于舒州,公曰:'吾早从鞅之言,不及此。'"二书所载同一事也,而一以为阚止,一以为宰予,则以阚止字子我,宰予亦字子我,故吕氏遂误以此事属之宰予。而《史记》及《家语》并不知其详,又以为宰予与田常作乱而夷族。辗转传讹,正如钟盘烛篝之递误,竟使名贤横被诬蔑,成千古之冤狱。由此以观,则《韩非子》所云宓子贱不斗而死于人手,《韩诗外传》所云柳下惠杀身以成信,皆战国以后误传之词,非实事也。
>
> 按田常杀子我一事,《史记》于《齐世家》则全用《左传》原文,应亦知子我之即阚止矣。而于《田齐世家》则又以阚止为监止,以子我为监止宗人,下又云田氏之徒追杀子我及监止。是史迁既误阚止、监止为两人,又误阚止、监止、子我为三人,宜乎以子我为宰予也。然即以子我为宰予,则宰予之死亦以攻田常不克而被杀,非党于常也。乃《宰予

① ［宋］王应麟著,［清］翁元圻等注,乐保群等校点:《困学纪闻(全校本)》(全3册),上海:上海古籍出版社,2008年版,第1373页。

传》何以又云与田常作乱？益可知《史记》追叙战国以前之事，牴牾舛谬，多不可信矣。（又按《史记》李斯上书二世，言田常为简公臣，布惠施德，阴取齐国，杀宰予于庭。《东坡志林》引之，以证《弟子传》宰予与田常作乱之误，谓李斯乃荀卿弟子，去引子不远，所引宜得其实云。此亦但明宰予之非党于田常，而不知宰予本无被杀之事也。）①

经过史源学的追踪和辨析，可以证得，《孔子家语》即便来自孔府档案，在逐代采集中变得丰富的同时，也出现芜杂；在孔氏后裔整理修饰中，难免掺入某些俗见和误判。因而在肯定孔府之学追求原本性、兼容性的同时，切不可轻忽对其芜杂和误判之辨析。菁芜不辨，真虚莫明，是谈不上对孔府之学真正价值的深入认知的。

孔门弟子中的樊迟，没有进入"四科十哲"行列。《论语·子路篇》记载他想学点农耕和园艺，受到孔子冷淡的回绝，还在气头上抨击他："小人哉，樊须也！上好礼，则民莫敢不敬；上好义，则民莫敢不服；上好信，则民莫敢不用情。夫如是，则四方之民襁负其子而至矣，焉用稼？"②另一位弟子冉有，则是"四科十哲"中的人物，但在刊载"四科十哲"名单的《论语·先进篇》，也受过孔子的严厉申斥："季氏富于周公，而求也为之聚敛而附益之。子曰：'非吾徒也，小子鸣鼓而攻之，可也。'"③于此除了可见孔子坚定的原则性和价值取向之外，与说此类话时复杂的情景不无关系。殊不料在孔子晚年，即鲁哀公十一年（公元前484年），这两位弟子却在同一战场上为保卫鲁国而驰骋，并为孔子在长期周游列国后返回鲁国铺平道路，赢得孔子的夸奖。

《孔子家语》为此拓展了视境。其中记载："樊须，鲁人，字子迟。少孔子四十六岁。弱（年少）仕于季氏。"④在鲁哀公十一年才二十二岁就立下战功，确实是"弱仕于季氏"。《左传》所述更是详细："（鲁哀公）十一年春，齐为鄎故，国书、高无丕帅师伐我，及清。季孙谓其宰冉求曰：'齐师在清，必鲁故也。若之何？'求曰：'一子守，二子从公御诸竟。'……冉求帅左师，

① ［清］赵翼撰：《陔余丛考》（全3册），北京：中华书局，1963年版，第93—94页。

② ［宋］朱熹撰：《四书章句集注》，北京：中华书局，1983年版，第142页。

③ ［宋］朱熹撰：《四书章句集注》，北京：中华书局，1983年版，第126页。

④ 王国轩、王秀梅译注：《孔子家语》，北京：中华书局，2011年版，第432页。

管周父御,樊迟为右。季孙曰:'须也弱(年少)。'有子(即冉有)曰:'就用命焉。'季氏之甲七千,冉有以武城人三百为己徒卒。老幼守宫,次于雩门之外。五日,右师从之。公叔务人见保者而泣,曰:'事充政重,上不能谋,士不能死,何以治民? 吾既言之矣,敢不勉乎!'师及齐师战于郊,齐师自稷曲,师不逾沟。樊迟曰:'非不能也,不信子(季康子)也。请三刻而逾之。'如之,众从之。师入齐军,……师获甲首八十,齐人不能师。宵谍曰:'齐人遁。'冉有请从(追逐)之三,季孙弗许。孟孺子语人曰:'我不如颜羽,而贤于邴泄。子羽锐敏,我不欲战而能默。泄曰:驱之。'公为与其嬖僮汪锜乘,皆死,皆殡。孔子曰:'能执干戈以卫社稷,可无殇也。'冉有用矛于齐师,故能入其军。孔子曰:'义也。'"①从季孙曰"须也弱(年少)"来看,《史记·仲尼弟子列传》谓樊迟"少孔子三十六岁",此时已经三十二岁,不如《孔子家语》谓樊迟"少孔子四十六岁",此时仅有二十二岁,更为可信。这当然不是《孔子家语》割裂《史记》,而是《孔子家语》所据竹简保存较好,而《史记》所据竹简已经出现三、四(三)形近致讹的现象。

对于这场战争,《孔子家语·正论解篇》也作了记述,应是出自樊迟的回忆:

齐国书伐鲁,季康子使冉求率左师御之,樊迟为右。师不逾沟,樊迟曰:"非不能也,不信子。请三刻而逾之。"如之,众从之。师入齐军,齐军遁。冉有用戈,故能入焉。孔子闻之曰:"义也。"

既战,季孙谓冉有曰:"子之于战,学之乎,性达之乎?"对曰:"学之。"季孙曰:"从事孔子,恶乎学?"冉有曰:"即学之孔子也。夫孔子者,大圣,无不该,文武并用兼通。求也适闻其战法,犹未之详也。"季孙悦。樊迟以告孔子。孔子曰:"季孙于是乎可谓悦人之有能矣。"②

樊迟将在战场上听到的冉有赞扬孔子"大圣"、"文武兼通"的话告诉孔子,可见他是一个尊敬师兄(冉有少孔子二十九岁,樊迟少孔子四十六岁,两人相差十七岁)的有胸襟的人物。"樊迟以告孔子"一语,说明此则材料

---

① 杨伯峻编著:《春秋左传注》(全4册),北京:中华书局,1990年版,第1657—1661页。

② 王国轩、王秀梅译注:《孔子家语》,北京:中华书局,2011年版,第457—458页。

出自樊迟或其门人的记述。《左传》中战争现场的记载，当是参照樊迟的忆述，不然，仅凭官方文献，很难对地位不甚显著的人物，有如此细致入微的描述。冉有、樊迟以其战功，非常体面地为周游列国十四年的孔子回归鲁国故里，敞开了大门。正如《史记·孔子世家》记载："冉有为季氏将师，与齐战于郎，克之。季康子曰：'子之于军旅，学之乎？性之乎？'冉有曰：'学之于孔子。'季康子曰：'孔子何如人哉？'对曰：'用之有名；播之百姓，质诸鬼神而无憾。求之至于此道，虽累千社，夫子不利也。'康子曰：'我欲召之，可乎？'对曰：'欲召之，则毋以小人固之，则可矣。'……会季康子逐公华、公宾、公林，以币迎孔子，孔子归鲁。"①自此，孔子开始了晚年文化生命的新历程。

对于樊迟，《论语·颜渊篇》又记载："樊迟问仁。子曰：'爱人。'问知。子曰：'知人。'樊迟未达。子曰：'举直错诸枉，能使枉者直。'樊迟退，见子夏曰：'乡也吾见于夫子而问知，子曰：举直错诸枉，能使枉者直。何谓也？'子夏曰：'富哉言乎！舜有天下，选于众，举皋陶，不仁者远矣。汤有天下，选于众，举伊尹，不仁者远矣。'"②子夏"少孔子四十四岁"，如果樊迟不是"少孔子四十六岁"，而是"少孔子三十六岁"，那就未免有点以长问幼之嫌了。因此，还是《孔子家语》所说的樊迟岁数比较可靠，于此也可印证。

《孔子家语·正论解篇》还有一则记载，也可能出自樊迟的忆述："樊迟问于孔子曰：'鲍牵（齐国大夫）事齐君，执政不挠，可谓忠矣。而君刖之，其为至暗乎？'孔子曰：'古之士者，国有道则尽忠以辅之，国无道则退身以避之。今鲍庄子食于淫乱之朝，不量主之明暗，以受大刖，是智之不如葵（葵菜花），葵犹能卫其足。'"③齐国发生的这个历史事件，见于《左传·成公十七年》的记载：

　　　　齐庆克（齐国大夫）通于声孟子（国君夫人），与妇人蒙衣乘辇而入于闳（宫中夹道门）。鲍牵见之，以告国武子，武子召庆克而谓之。庆克久不出，而告夫人（声孟子）曰："国子谪我！"夫人怒。国子相灵公以会，高（无咎）、鲍（牵）处守。及还，将至，闭门而索客。孟子诉之曰：

①　［汉］司马迁撰：《史记》（全10册），北京：中华书局，1959年版，第1934页。
②　［宋］朱熹撰：《四书章句集注》，北京：中华书局，1983年版，第139页。
③　王国轩、王秀梅译注：《孔子家语》，北京：中华书局，2011年版，第485页。

"高、鲍将不纳君,而立公子角。国子知之。"秋七月壬寅,刖鲍牵而逐高无咎。无咎奔莒,高弱(无咎之子)以卢叛。齐人来召鲍国而立之。

初,鲍国去鲍氏而来为施孝叔臣。施氏卜宰,匡句须吉。施氏之宰,有百室之邑。与匡句须邑,使为宰。以让鲍国,而致邑焉。施孝叔曰:"子实吉。"对曰:"能与忠良,吉孰大焉!"鲍国相施氏忠,故齐人取以为鲍氏后。仲尼曰:"鲍庄子(牵)之知不如葵,葵犹能卫其足。"①

前人以为《孔子家语》这则记述,是王肃抄袭《左传》加以伪造。然而,鲁成公十七年(公元前574年)孔子尚未出生,他何以会批评那个不可能谋面的齐国大夫鲍牵,即鲍叔牙的曾孙呢?《左传》没有给出合理的解释,只有读了《孔子家语》此章才明白,原来是樊迟向孔子请教历史往事,才引出孔子这番"人不如草木"的议论。从发生学的角度看,《孔子家语》这段记载的原始性,不弱于《左传》的相关记载。唐人刘知幾《史通》外篇"杂说上"认为:"《左传》称仲尼曰:'鲍庄子之智不如葵,葵犹能卫其足。'夫有生而无识,有质而无性者,其唯草木乎?然自古设比兴,而以草木方人者,皆取其善恶薰莸,荣枯贞脆而已。必言其含灵畜智,隐身违祸,则无其义也。寻葵之向日倾心,本不卫足,由人睹其形似,强为立名。亦由(犹)今俗文士,谓鸟鸣为啼,花发为笑。花之与鸟,安有啼笑之情哉?必以人无喜怒,不知哀乐,便云其智不如花,花犹善笑,其智不如鸟,鸟犹善啼,可谓之谠言者哉?如'鲍庄子之智不如葵,葵犹能卫其足',即其例也。而《左氏》录夫子一时戏言,以为千载笃论。成微婉之深累,玷良直之高范,不其惜乎!"②刘知幾的批评,未免有些刻板,但《左传》所引孔子设譬之言,也过于简略。

查《孔子家语》孔子在比喻"鲍庄子(牵)之知不如葵,葵犹能卫其足"的前面,还有对被比喻者作了如此解说:"今鲍庄子食于淫乱之朝,不量主之明暗,以受大刖"。这与孔子所云"邦有道,不废。邦无道,免于刑戮"③;"危邦不入,乱邦不居。天下有道则见,无道则隐。邦有道,贫且贱焉,耻

①　杨伯峻编著:《春秋左传注》(全4册),北京:中华书局,1990年版,第898—899页。

②　[唐]刘知幾著,[清]浦起龙通释,王煦华整理:《史通通释》,上海:上海古籍出版社,2009年版,第423页。

③　[宋]朱熹撰:《四书章句集注》,北京:中华书局,1983年版,第75页。

也。邦无道,富且贵焉,耻也"①的处世原则,是一脉相承的。如果这样贯通起来,就不会如刘知幾所说,乃"夫子一时戏言"了。因此,与其说是王肃抄袭《左传》造伪,不如说王肃作注的《孔子家语》保留了七十子忆述的一些原始材料,可以用来补充《左传》记载上的某些欠缺。还原历史,不可被一顶判断有误的"帽子"遮住了眼光。种种迹象表明,《左传》的撰述者,是一位鲁国人,得见七十子的原始忆述材料,当然他对晋国史也很熟识。

《孔子家语》平等对待七十子材料的包容性态度,既表现在大量收容《论语》论纂中没有入选的材料;也体现在对握有《论语》论纂权的弟子材料,由于共同拟定的体例而不能悉数收入者,也予容纳,并不排斥。在剖析《论语》篇章政治学时,已经阐明,仲弓主持启动《论语》最初论纂,不仅是"四科十哲"最重要的德行科中唯一健在、可传道统的人物,而且其人名字还上了篇题,《雍也篇》首章即是"子曰:雍也可使南面",推许程度崇高至极。然而孔府档案也不排斥仲弓,《孔子家语》依然以近八百字记述仲弓与夫子对答,占居完整的《刑政篇》:

　　仲弓问于孔子曰:"雍闻至刑无所用政,至政无所用刑。至刑无所用政,桀纣之世是也;至政无所用刑,成康之世是也。信乎?"孔子曰:"圣人之治化也,必刑政相参焉。太上以德教民,而以礼齐之;其次以政焉导民,以刑禁之。刑,不刑也。化之弗变,导之弗从,伤义以败俗,于是乎用刑矣。制五刑必即天伦,行刑罚则轻无赦。刑,侀(形)也;侀,成也。壹成而不可更,故君子尽心焉。"
　　仲弓曰:"古之听讼,尤罚丽于事,不以其心。可得闻乎?"孔子曰:"凡听五刑之讼,必原父子之情,立君臣之义以权之;意论轻重之序,慎测浅深之量以别之;悉其聪明,致其忠爱以尽之。大司寇正刑明辟以察狱,狱必三讯焉。有指无简,则不听也。附从轻,赦从重。疑狱则泛与众共之,疑则赦之,皆以小大之比成也。是故爵人必于朝,与众共之也;刑人必于市,与众弃之也。古者公家不畜刑人,大夫弗养。其士遇之涂,弗与之言。屏诸四方,唯其所之,弗及与政,弗欲生之也。"
　　仲弓曰:"听狱,狱之成,成何官?"孔子曰:"成狱成于吏,吏以狱成

　　① 〔宋〕朱熹撰:《四书章句集注》,北京:中华书局,1983年版,第106页。

告于正。正既听之，乃告大司寇。大司寇听之，乃奉于王。王命三公卿士参听棘木之下，然后乃以狱之成告于王。王三宥之，以听命而制刑焉，所以重之也。"

仲弓曰："其禁何禁？"孔子曰："巧言破律，遁名改作，执左道以乱政者，杀；作淫声，造异服，设奇伎奇器以荡上心者，杀；行伪而坚，言诈而辨，学非而博，顺非而泽，以惑众者，杀；假于鬼神、时日、卜筮以疑众者，杀。此四诛者，不以听。"

仲弓曰："其禁尽于此而已？"孔子曰："此其急者。其余禁者，十有四焉：命服命车不粥于市；圭璋璧琮不粥于市；宗庙之器不粥于市；兵车旌旗不粥于市；牺牲秬鬯不粥于市；戎器兵甲不粥于市；用器不中度，不粥于市；布帛精粗不中数，广狭不中量，不粥于市；奸色乱正色，不粥于市；文锦珠玉之器，雕饰靡丽，不粥于市；衣服饮食不粥于市；果实不时，不粥于市；五木不中伐，不粥于市；鸟兽鱼鳖不中杀，不粥于市。凡执此禁以齐众者，不赦过也。"①

这是孔子刑法学的系统表述，孔子根据"以德教民"的思想，提出"疑狱则泛与众共之，疑则赦之"的"疑罪从无"的原则，在二千年前可谓石破天惊的创造。这与《论语·为政篇》"子曰：道之以政，齐之以刑，民免而无耻；道之以德，齐之以礼，有耻且格"②的精神，是一脉相通的。但其中思想也是王霸兼用，他的所谓"四诛说"，即"巧言破律，遁名改作，执左道以乱政者，杀；作淫声，造异服，设奇伎奇器以荡上心者，杀；行伪而坚，言诈而辨，学非而博，顺非而泽，以惑众者，杀；假于鬼神、时日、卜筮以疑众者，杀"，实际上可为诛少正卯之类的刑政行为提供理论依据。而如此富于操作性的刑法学的展示，当发生在孔子当司寇以后，仲弓当季氏宰时期，可以由此大致推定《刑政篇》孔子、仲弓对话的时间。《史记·孔子世家》所谓"齐人闻而惧"，"孔子为政必霸"③，折射出孔子德、礼、政、刑综合治国的有效性。

令人诧异者，近八百字的《刑政篇》竟有五百六十多字，与《礼记·王制》相契合。考察《礼记·王制》云："爵人于朝，与士共之。刑人于市，与众

---

①　王国轩、王秀梅译注：《孔子家语》，北京：中华书局，2011年版，第354—360页。

②　[宋]朱熹撰：《四书章句集注》，北京：中华书局，1983年版，第54页。

③　[汉]司马迁撰：《史记》（全10册），北京：中华书局，1959年版，第1918页。

弃之。是故公家不畜刑人，大夫弗养，士遇之途弗与言也。屏之四方，唯其所之，不及以政，亦弗故生也。……司寇正刑明辟以听狱讼，必三刺。有旨无简不听。附从轻，赦从重。凡制五刑，必即天论，邮罚丽于事。凡听五刑之讼，必原父子之亲，立君臣之义以权之。意论轻重之序，慎测浅深之量，以别之。悉其聪明，致其忠爱以尽之。疑狱，氾与众共之；众疑，赦之。必察小大之比以成之。成狱辞，史以狱成告于正，正听之，正以狱成告于大司寇，大司寇听之棘木之下。大司寇以狱之成告于王，王命三公参听之。三公以狱之成告于王，王三又，然后制刑。凡作刑罚，轻无赦。刑者侀也，侀者成也，一成而不可变，故君子尽心焉。析言破律，乱名改作，执左道以乱政，杀。作淫声，异服，奇技，奇器以疑众，杀。行伪而坚，言伪而辨，学非而博，顺非而泽以疑众，杀。假于鬼神，时日，卜筮以疑众，杀。此四诛者，不以听。凡执禁以齐众，不赦过。有圭璧金璋，不粥于市。命服命车，不粥于市。宗庙之器，不粥于市。牺牲不粥于市。戎器不粥于市。用器不中度，不粥于市。兵车不中度，不粥于市。布帛精粗不中数，幅广狭不中量，不粥于市。奸色乱正色，不粥于市。锦文珠玉成器，不粥于市。衣服饮食，不粥于市。五谷不时，果实未熟，不粥于市。木不中伐，不粥于市。禽兽鱼鳖不中杀，不粥于市。关执禁以讥，禁异服，识异言。"①此不啻于将《孔子家语·刑政篇》删去"仲弓问"，而将孔子答语错综组合而成。

　　然则，究竟是《孔子家语》割裂而抄袭《礼记·王制》，抑或说《礼记·王制》采集而重组仲弓忆述的《刑政篇》及其他材料？《礼记·王制》四千三百余字，展示一个大框架，列述公侯伯子男一类爵禄制度、封国制度，以及职官选拔、考察制度，再及冢宰、司空、司徒、乐正、司寇等职官的管理范围、管理方式，还涉及天子巡狩、祭祀、丧葬、田猎制度，连同养老、教育、朝聘一类制度。如此包罗万象的制度胪陈和意义揭示，其材料只能来自东搜西寻，拉杂拼凑，辅以某种系统化的推衍和想象。因此，它汇聚七十子及其后学搜集和忆述的思想成果，势所难免，甚至势在必然。在《礼记》总体构成和众多篇章上，搜集汇总的特点相当明显。就是这篇《王制》，前面已经说道，采录了《孔子家语·庙制篇》中高柴（子羔）的一些忆述材料。其次，《孔子家语·刑政篇》的主旨是"圣人之治化也，必刑政相参焉"，仲弓首先由历史

---

①　［清］阮元校刻：《十三经注疏》（全 2 册），北京：中华书局，1980 年版，第 1327－1344 页。

上"至刑无所用政,至政无所用刑"的桀纣之世和成康之世的政治法律现象,提出问题,孔子则从其中必须遵循的政治原则"太上以德教民,而以礼齐之;其次以政焉导民,以刑禁之,刑不刑也",作出概括性回答,然后才敷陈刑讼规范、大司寇听狱程序,以及"四诛十四禁"的律令。全篇浑然一体,仲弓之问丝丝入扣,孔子之答层层深入,很难找出割裂成文、东拼西凑的伪造之作的痕迹。因此,应该是《礼记·王制》取材于仲弓原始的忆述文字,这些原始文字也为孔府收录庋藏,整理成《孔子家语·刑政篇》;而不是《孔子家语》割裂《礼记·王制》材料,制作成零乱杂凑的赝品。二者之材料搜集、处理和保存,属于两个平行的系统。略有交叉之处,就是仲弓的材料进入《王制》,而《王制》编撰成篇时,使仲弓隐身。

　　进而追踪,《荀子》书也有《王制篇》。因而梳理从春秋《刑政篇》到战国二《王制》的演变,将可使学派传承轨迹进而浮现。《荀子·正论篇》引述子宋子之言,认为:"凡议,必先立隆正然后可也。无隆正,则是非不分而辨讼不决。故所闻曰:天下之大隆,是非之封界,分职名象之所起,王制是也。故凡言议期命,是非以圣王为师。"[①]王制就是实行帝王之术的准则和体制,由"帝王师"到"帝王术"的演变,是先秦儒学内部特定学派的重要变异。子夏、孟子从实践和辨辞的不同角度,展示"王者师"的风貌,荀子则在儒学礼制中注入道法,而形成"帝王术"。在《王制篇》中,荀子从孔子喜欢使用马和车关系之比喻,来论述"王制"的基本原则:"马骇舆,则君子不安舆;庶人骇政,则君子不安位。马骇舆,则莫若静之;庶人骇政,则莫若惠之。选贤良,举笃敬,兴孝弟,收孤寡,补贫穷,如是,则庶人安政矣。庶人安政,然后君子安位。《传》曰:'君者,舟也;庶人者,水也。水则载舟,水则覆舟。'此之谓也。"[②]如何驾驭政治马车,就是帝王术的宗旨所在。《史记·李斯列传》称李斯"乃从荀卿学帝王之术。学已成,度楚王不足事,而六国皆弱,无可为建功者,欲西入秦"[③],可见荀子已经从儒学中发展出"帝王术"的多文化要素配置。

　　《荀子·王制篇》又云:"王者之制:道不过三代,法不二后王;道过三代谓之荡,法二后王谓之不雅。衣服有制,宫室有度,人徒有数,丧祭械用皆

　　①　[清]王先谦撰:《荀子集解》(《诸子集成》二),北京:中华书局,1954年版,第228页。
　　②　[清]王先谦撰:《荀子集解》(《诸子集成》二),北京:中华书局,1954年版,第97页。
　　③　[汉]司马迁撰:《史记》(全10册),北京:中华书局,1959年版,第2539页。

有等宜,声则凡非雅声者举废,色则凡非旧文者举息,械用则凡非旧器者举毁,夫是之谓复古。是王者之制也。"①如此说法与仲弓《刑政篇》材料,注入《礼记·王制》的"作淫声,造异服,设伎奇器以荡上心者,杀";"布帛精粗不中数,广狭不中量,不粥于市;奸色乱正色,不粥于市",存在前后承传的关系。但是,从总体而言,《荀子·王制》是挨着《礼记·王制》作引申。其阐发德法,强调仁义之外,加上威势;以"水则载舟,水则覆舟"的箴言,提倡对百姓慈爱、安抚,"然后君子安位"。虽然存在着如此带根本性的与时俱进的差异,但是从孔子、仲弓,中经《礼记·王制》,然后到荀子的思想学术传承线索,是隐约可见的。这就难怪荀子在猛烈地抨击战国各家之学时,推崇"圣人之不得势者也,仲尼、子弓是也",呼吁"上则法舜、禹之制,下则法仲尼、子弓之义,以务息十二子之说。如是则天下之害除,仁人之事毕,圣王之迹著矣"②。在战国之世,存在着一条由仲弓到荀子的潜在的传学脉络,而对"王制"的构设,是其中的重要线索。

当然,《孔子家语》作为源自孔府的文献,由战国传至西汉,再由西汉传至东汉三国,有些材料是陆续收集,整理者也按汉人整理文献的惯例补充时间、地点、人事背景,主观意图是使材料眉目清晰,但描眉画面,或难免致误。比如《六本篇》云:"曾子从孔子之齐,齐景公以下卿之礼聘曾子,曾子固辞。将行,晏子送之曰:'吾闻之,君子遗人以财,不若善言。今夫兰本三年,湛之以鹿醢,既成嗽之,则易之匹马。非兰之本性也,所以湛者美矣。愿子详其所湛者。夫君子居必择处,游必择方,仕必择君。择君所以求仕,择方所以修道。迁风移俗者,嗜欲移性,可不慎乎?'孔子闻之曰:'晏子之言,君子哉!依贤者固不困,依富者固不穷。马蚿斩足而复行,何也?以其辅之者众。'"③此材料也见于《荀子·大略篇》、《晏子春秋·内篇杂上》、刘向《说苑·杂言》。但这是不足凭信的材料。因为晏子历任齐灵公、庄公、景公三朝卿相,辅政五十余年,于齐景公四十八年、即鲁定公十年(公元前500年)去世。这一年,孔子相鲁,参与鲁、齐夹谷会盟;曾子少孔子四十六岁,在晏子去世之此年,才六岁。因而不可能发生"曾子从孔子之齐,齐景公以下卿之礼聘曾子"之事,也不可能有晏子送别赠言之事。当是孔府档

---

① [清]王先谦撰:《荀子集解》(《诸子集成》二),北京:中华书局,1954年版,第101页。

② [清]王先谦撰:《荀子集解》(《诸子集成》二),北京:中华书局,1954年版,第61页。

③ 王国轩、王秀梅译注:《孔子家语》,北京:中华书局,2011年版,第199页。

案收藏出自曾门后学杂简,晚出材料混入其间,是经不起考证的。

史源学的责任是要厘清材料的来由,察其原委。此材料很早就被传抄,《荀子·大略篇》有云:"曾子行,晏子从于郊,曰:'婴闻之,君子赠人以言,庶人赠人以财。婴贫无财,请假于君子,赠吾以言:乘舆之轮,太山之木也,示诸隐栝,三月五月,为帱菜敝而不反其常。君子之隐栝不可不谨也。慎之! 兰茞、槁本,渐于蜜醴,一佩易之。正君渐于香酒,可谗而得也。君子之所渐不可不慎也。'"①材料编造者显然借鉴老子对适周问礼的孔子的赠言格式:"老子送之曰:'吾闻富贵者送人以财,仁人者送人以言。吾不能富贵,窃仁人之号,送子以言'"②云云。在战国晚期,荀子就将相似的材料引入著述,但没有"齐景公以下卿之礼聘曾子"的背景。此则材料可能是战国中前期墨子与曾门弟子交往,后又以晏子材料猛烈抨击孔子,从而由曾门后学编造回应而成。旨在证明已作为智慧人物而轶闻纷出的晏子,对于孔门直至曾门存有嘉许之情。因而战国后期收集晏子轶闻的《晏子春秋》卷五《内篇杂上》,也对"曾子将行晏子送之而赠以善言"的传闻略为添油加醋,予以载录。但与《荀子·大略篇》相似,还没有叠加上齐景公聘曾子为下卿的消息③。这也许可以暗示,《晏子春秋》资料的汇集,与《荀子》的时代相近。

到了西汉刘向编撰《说苑》时,秘府简帛中这则材料的开头处,就已叠加了"曾子从孔子于齐,齐景公以下卿礼聘曾子,曾子固辞。将行,晏子送之",且有临别赠嘉言的说法。这一叠加,发生于何时? 应是战国末年到秦汉之际,曾门后学对其师爷的粉饰。因为在《韩诗外传》卷一的第一章,即全书之首章可以读到:"曾子仕于莒,得粟三秉。方是之时,曾子重其禄而轻其身。亲没之后,齐迎以相,楚迎以令尹,晋迎以上卿。方是之时,曾子重其身而轻其禄。怀其宝而迷其国者,不可与语仁;窘其身而约其亲者,不可与语孝。任重道远者,不择地而息;家贫亲老者,不择官而仕。故君子桥褐趋时,当务为急。传云:不逢时而仕,任事而敦其虑,为之使而不入其谋,贫焉故也。诗曰:'夙夜在公,实命不同。'"④这应是到了战国末年,《孝经》

①　[清]王先谦撰:《荀子集解》(《诸子集成》二),北京:中华书局,1954年版,第333—334页。
②　[汉]司马迁撰:《史记》(全10册),北京:中华书局,1959年版,第1909页。
③　张纯一校注:《晏子春秋校注》(《诸子集成》四),北京:中华书局,1954年版,第142—144页。
④　[汉]韩婴撰,许维遹校释:《韩诗外传集释》,北京:中华书局,1980年版,第1页。

流行,孝道成了曾门招牌,而曾子本人却官运不亨,临终易箦,布衣而终,曾门后学面对曾子为官和孝养的落差,提供了如此辨解之词。孔府之士见到这组竹简,也就顺手收藏了。此类晚出材料,《孔子家语》中还有一些,是我们对之深入分析时,不可不辨其原委的。大江东去,巨浪淘沙,在弯弯曲曲地流经不同的时段、不同的地域时,风光迭见,随流携带上不同的新质和杂质。"流经而携带"的原理,是史源学者不可不察的。史源学连带着历史编年学,以及人文地理学,应成为处理传统文献的必修的基本功。

三十八章　夫子原本的丰富性
和生命感

　　既然《孔子家语》源自孔府代代相承的档案，而档案庋藏的宗旨也就是珍藏孔子其人其学的原始风貌。其中保存有数量可观的来自孔门七十子后学的早期材料，虽然也顺理成章地展现了孔门弟子精神风貌的诸多侧面，但更重要的是以弟子"看"夫子，这种近距离的"看"，使孔子形象和孔子思想保留了相当多的背景和细节，因而比起《论语》所展现的夫子，增添了更丰富细微的风貌神采。人间的存在本是丰富细微的，丰富细微就是孔子更加人间化，为考察孔子的人间言行思想的发生，展开了历史现场。又由于档案的宗旨在于保存原始，而传道的宗旨在于教化，二者的差异，导致《孔子家语》丰富的材料储藏长期被悬置于经传之外，处在文化边缘地带。边缘所存在的活力，使之没有被后儒过度取舍、增删、诠释和粉饰，反而以弟子们七嘴八舌、各言其见的原初记忆，得以从更多的维度上还原孔子可感可亲的一面，使孔子形象变得立体化而多生命感。孔子文化地图，由此增添了不少自然风采、人间性情和历史现场，而变得草木繁生，峰峦竞秀。

　　首先，《孔子家语》材料篇幅较长，较完整，就可以与流布散落在其他战国秦汉书籍中的同类材料，展开层面和维度更丰富、更深入的相互参证。这就如同考古出土的陶片，如果保存的块面较大，就可以因其提供较多的形体、纹饰、断口等等信息，对陶罐的原本模样作出更加近真的还原。

　　《孔子家语·三恕篇》有一则比较完整的记载："孔子观于鲁桓公之庙，有欹器焉。夫子问于守庙者曰：'此谓何器？'对曰：'此盖为宥坐之器。'孔子曰：'吾闻宥坐之器，虚则欹，中则正，满则覆。明君以为至诚，故常置于坐侧。'顾谓弟子曰：'试注水焉。'乃注之，水中则正，满则覆。夫子喟然叹曰：'呜呼！夫物恶有满而不覆哉？'子路进曰：'敢问持满有道乎？'子曰：'聪明睿智，守之以愚；功被天下，守之以让；勇力振世，守之以怯；富有四海,守之以谦。此所谓损之又损之之道也。"①由于记述比较完整,起码提供了三项重要信息:(一)孔子观欹器的地点在于鲁桓公庙;(二)孔子从欹器体验"虚则欹,中则正,满则覆"之理,应是在五十而学《易》之后;(三)观欹器时,有子路随行而进言。因而也就存在着对此事进行系年的可能性。

这则记载由于富有人生哲理性,当时就广为传抄。可见于东周秦汉文献者,有《荀子·宥坐篇》、《文子·十守篇》、《韩诗外传》卷三、《淮南子·道应训》、《说苑·敬慎篇》。《淮南子·道应训》引老子之言,来说明其中的哲理:"服此道者不欲盈。夫唯不盈,故能弊而不新成。"②《说苑·敬慎篇》则引《周易》来阐发其深意:"《易》曰:'不损而益之,故损;自损而终,故益。'"③可以与之参证的,是《淮南子·人间训》所谓:"孔子读《易》至《损》《益》,未尝不愤然而叹曰:'益损者,其王者之事与? 事或欲以利之,适足以害之;或欲害之,乃反以利之。利害之反,祸福之门户,不可不察也。'"④《孔子家语·六本篇》:"孔子读《易》,至于《损》、《益》,喟然而叹。子夏避席问曰:'夫子何叹焉?'孔子曰:'夫自损者必有益之,自益者必有决之,吾是以叹也。'……子夏曰:'商请志之,而终身奉行焉。'"⑤这条材料的原初忆述,当出自子夏,《说苑·敬慎篇》与之大体相同,可见《淮南子·人间训》是从子夏原始忆述中节录的。

质言之,孔子从鲁庙欹器体验到"虚则欹,中则正,满则覆"的守谦戒满之道,是贯通老氏与易学的。他脱口而出的"损之又损"一语,也见于《老子》四十八章:"为学日益,为道日损,损之又损之,以至于无为。"⑥其以器喻道的方式,入乎人心至深,为后世诗文反复吟诵,有所谓"欹器防满,金人戒言",又有所谓"殷有盘铭,周有欹器,或诫以辞,或警以事"。如此孔子智慧,诚可泽润生民。

这组原始竹简材料,虽然转述颇多,多有删节和发挥,不及《孔子家语·三恕篇》之原始和完整。然则,据此是否可以确定孔子何时见到此欹器?

---

① 王国轩、王秀梅译注:《孔子家语》,北京:中华书局,2011 年版,第 100 页。
② [西汉]刘安等编:《淮南子》《诸子集成》七),北京:中华书局,1954 年版,第 209-210 页。
③ [汉]刘向撰,向宗鲁校证:《说苑校证》,北京:中华书局,1987 年版,第 243 页。
④ [西汉]刘安等编:《淮南子》《诸子集成》七),北京:中华书局,1954 年版,第 307 页。
⑤ 王国轩、王秀梅译注:《孔子家语》,北京:中华书局,2011 年版,第 189 页。
⑥ [三国魏]王弼撰:《老子注》《诸子集成》三),北京:中华书局,1954 年版,第 9 页。

（一）此事不可能发生在孔子适周问礼之时。宋人王应麟《困学纪闻》曰："《家语》、《荀子》，谓孔子观于鲁桓公之庙，有欹器焉。《韩诗外传》、《说苑》皆云观于周庙，有欹器焉。晋杜预传云：周庙欹器，至汉东京，犹在御坐。当以周庙为是。"①如此论证，缺乏周严性。周庙到东汉，犹存欹器，并不等于鲁桓公庙没有欹器。如果孔子是在周庙见欹器，就必须在适周问礼于老子之时，那时身边只有南宫敬叔，不可能有"子路进曰"，这可是《家语》、《荀子》、《韩诗外传》、《说苑》都异口同声地说，有子路在场。因此王应麟之说不能成立。

（二）此事又不可能发生在孔子周游列国期间，及鲁哀公十一年（公元前484年）结束周游而返鲁之后。《孔子家语·辨物篇》记载："孔子在陈，陈侯就之燕游焉。行路之人云：'鲁司铎灾，及宗庙。'以告孔子。子曰：'所及者，其桓、僖之庙。'陈侯曰：'何以知之？'子曰：'礼，祖有功而宗有德，故不毁其庙焉。今桓、僖之亲尽矣，又功德不足以存其庙，而鲁不毁，是以天灾加之。'三日，鲁使至。问焉，则桓、僖也。陈侯谓子贡曰：'吾乃今知圣人之可贵。'"②此事发生在鲁哀公三年（公元前492年），孔子周游在陈。《左传》该年记载："夏五月辛卯，司铎火。火逾公宫，桓、僖灾。……孔子在陈，闻火，曰：'其桓、僖乎？'"③鲁桓公庙毁于这次火灾，因而孔子不可能在八年后返鲁，在桓公庙见欹器。

（三）因此，在鲁桓公庙见欹器，是在孔子四十七岁开始学《易》，到周游列国之前（公元前498年）这六七年间，此时子路为季氏宰，常在孔子身边。尤其是孔子出任司寇（公元前500年）之后这二三年，其权力达到一生政治生涯的顶点，自然对欹器"虚则欹，中则正，满则覆"深有感触，喟然叹息曰："呜呼！夫物恶有满而不覆哉？"可能他已预感到即将到来的政治危机了。故可将此事系于鲁定公十一年（公元前499年），前后出入不会超过一年。

其次，《孔子家语》提供了不少感性材料，使人对孔子不以"生而知之"自居，而极其好学敏求的风貌，印象深刻。唯此，才能对孔子思想知识的来源，提供发生学的依据。观鲁桓公庙欹器的孔子，是一个"入太庙，每事问"

---

① ［宋］王应麟著，［清］翁元圻等注，乐保群等校点：《困学纪闻（全校本）》（全3册），上海：上海古籍出版社，2008年版，第1191－1192页。

② 王国轩、王秀梅译注：《孔子家语》，北京：中华书局，2011年版，第213页。

③ 杨伯峻编著：《春秋左传注》（全4册），北京：中华书局，1990年版，第1620－1622页。

的好学的孔子。《论语·公冶长篇》孔子曰:"十室之邑,必有忠信如丘者焉,不如丘之好学也。"①孔子将"好学"作为自己的本质性行为特征而宣布。因此当读到《论语·为政篇》孔子对自己生命过程的描述,就不由自主地感觉到,从不松懈的学习成了其人生境界不断更新和攀升的文化动力:"子曰:'吾十有五而志于学,三十而立,四十而不惑,五十而知天命,六十而耳顺,七十而从心所欲,不逾矩。'"②在这个生命链条上,"志于学"是其文化生命的起点,这是对"生而知之"的天纵之圣的否定;在诗书礼乐,尤其在礼的学习上有所成就,才有"三十而立";五十学《易》,因而知天命;晚年贯通六艺,尤其是贯通《易》与《春秋》,最终到达"从心所欲不逾矩"的自由境界。

但《孔子家语·致思篇》的叙述,不仅交待原则,而且注入人间深情,呈现的是一个"人间化的孔子":"孔子谓伯鱼曰:'鲤乎,吾闻可以与人终日不倦者,其唯学乎? 其容体不足观也,其勇力不足惮也,其先祖不足称也,其族姓不足道也,终而有大名,以显闻四方,流声后裔者,岂非学之效也? 故君子不可以不学,其容不可以不饬。不饬无类,无类失亲,失亲不忠,不忠失礼,失礼不立。夫远而有光者,饬也。近而愈明者,学也。譬之污池,水潦注焉,萑苇生焉,虽或以观之,孰知其源乎?'"③在孔子看来,学习的效果是高于容体、勇力、先祖、族姓之所赐,是人的文化生命之源。《孝经》仲尼言孝,提倡"立身行道,扬名于后世,以显父母"④,这里孔子称学可以"显闻四方,流声后裔",自然也属于孝行,却不强调"以显父母",把扬名后世,改作"流声后裔",其叮咛以学传家之情跃然纸上。

其三,《孔子家语》展示了孔子学习精神,不仅是坚持不懈,而且是溯源求本,务得神髓。孔子主张"兴于诗,立于礼,成于乐",是将音乐作为一种道德情感的和悦体验,纳入其思想体制的肌理之中。《论语》记孔子音乐造诣之高明,《述而篇》云:"子在齐闻《韶》,三月不知肉味,曰:'不图为乐之至于斯也!'"⑤《史记·孔子世家》的说法更少修饰,所强调者是和悦情感体

① [宋]朱熹撰:《四书章句集注》,北京:中华书局,1983年版,第83页。
② [宋]朱熹撰:《四书章句集注》,北京:中华书局,1983年版,第54页。
③ 王国轩、王秀梅译注:《孔子家语》,北京:中华书局,2011年版,第85—86页。
④ 胡平生译注:《孝经译注》,北京:中华书局,1996年版,第1页。
⑤ [宋]朱熹撰:《四书章句集注》,北京:中华书局,1983年版,第96页。

验的习得过程:"(孔子)与齐太师语乐,闻《韶》音,学之,三月不知肉味,齐人称之。"①《论语·泰伯篇》云:"子曰:师挚之始,《关雎》之乱,洋洋乎盈耳哉!"②师挚是鲁太师,如季札观诗所闻,鲁地盛于诗之乐;又如孟子所说,舜帝是东夷人,齐地盛于《韶》乐,孔子学古乐不拘于齐、鲁。

孔子有一双精于辨析和欣赏音乐的耳朵,心之所仪,一是《韶》乐系统,另一是《诗》乐系统,从而将自己的神经伸向历史深处和现实心灵。就《韶》系统而言,《太平御览》卷八十一引《乐动声仪》云:"孔子曰:《箫韶》者,舜之遗音也,温润以和,似南风之至。其为音,如寒暑风雨之动物,如物之动人,雷动禽兽,风雨动鱼龙,仁义动君子,财色动小人。(言乐之动人也深,故举见事以为喻。)是以圣人务其本。"③既然树立了如此"圣人务其本"的标准,就可以进而衡量后世的音乐,从而把音乐纳入道统。礼乐并举,把音乐纳入道统,这是孔子的一大发明。《论语·八佾篇》就比较了舜帝之乐和周武王之乐:"子谓《韶》尽美矣,又尽善也;谓《武》,尽美矣,未尽善也。"④朱熹对孔子这种音乐评价的精神实质,作了解释:"且如孔子谓'《韶》尽美矣,又尽善也;武尽美矣,未尽善也',分明是武王不及舜。文王三分天下有其二,以服事殷,武王胜殷杀纣,分明是不及文王。泰伯三以天下让,其可谓至德也矣。分明太王有翦商之志,是太王不及泰伯。盖天下有万世不易之常理,又有权一时之变者。"⑤也就是说,孔子在音乐评价中注入了政治价值观和历史深邃感,力求确立一个以舜帝《韶》乐为始点和价值标准的礼乐文化传统。这对于中国以礼乐为标志的文明形态,起了规划和规范作用。

《孔子家语·辨乐篇》也关注舜帝的古乐系统:"子路鼓琴,孔子闻之,谓冉有曰:'甚矣!由之不才也。夫先王之制音也,奏中声以为节,流入于南,不归于北。夫南者,生育之乡;北者,杀伐之域。故君子之音,温柔居中,以养生育之气,忧愁之感不加于心也,暴厉之动不在于体也。夫然者,乃所谓治安之风也。小人之音则不然,亢丽微末,以象杀伐之气,中和之感不载于心,温和之动不存于体。夫然者,乃所以为乱之风。昔者舜弹五弦

①　[汉]司马迁撰:《史记》(全10册),北京:中华书局,1959年版,第1910—1911页。
②　[宋]朱熹撰:《四书章句集注》,北京:中华书局,1983年版,第106页。
③　[宋]李昉等编:《太平御览》,《四部丛刊》三编影宋本,卷81"皇王部六"引《乐动声仪》。
④　[宋]朱熹撰:《四书章句集注》,北京:中华书局,1983年版,第68页。
⑤　[宋]黎靖德编,王星贤点校:《朱子语类》(全8册),北京:中华书局,1986年版,第1365页。

之琴,造《南风》之诗,其诗曰:南风之薰兮,可以解吾民之愠兮;南风之时兮,可以阜吾民之财兮。唯修此化,故其兴也勃焉,德如泉流,至于今,王公大人述而弗忘。殷纣好为北鄙之声,其废也忽焉,至于今,王公大人举以为诫。夫舜起布衣,积德含和,而终以帝。纣为天子,荒淫暴乱,而终以亡。非各所修之致乎?由,今也匹夫之徒,曾无意于先王之制,而习亡国之声,岂能保其六七尺之体哉?'"①这里对音乐系统作了地理政治学的抽象,以舜之南音与纣之北音相对立,而以南音为正宗。其论音原则,开了《毛诗序》所谓"治世之音安以乐,其政和;乱世之音怨以怒,其政乖;亡国之音,哀以思,其民困"②的先河。

就《诗》乐系统而言,《论语·八佾篇》记述孔子之言:"《关雎》,乐而不淫,哀而不伤。"③这也与《毛诗序》源流相贯:"是以《关雎》乐得淑女以配君子,忧在进贤,不淫其色。哀窈窕,思贤才,而无伤善之心焉,是《关雎》之义也。"④孔颖达疏曰:"《论语》云:《关雎》乐而不淫,哀而不伤。即此序之义也。"⑤可见子夏传《诗》系统的《毛诗序》,与孔子早年论诗,存在着深刻的因缘。孔子是以《关雎》作为《诗三百》之始而言之的,这就是为何《论语·为政篇》有"子曰:《诗》三百,一言以蔽之,曰:思无邪"⑥之语,"思无邪"包含着"不淫"的意思于其中。本来,"思无邪",只是《诗经·鲁颂·駉》中的一句。经孔子拈出,而成"三字铭"以示人,二千年来熠熠生辉。清人刘熙载《艺概·诗概》云:"'思无邪',子夏《诗序》'发乎情,止乎礼义'之说所本也。"⑦这也与子夏系统的《毛诗序》联系起来。此三字铭含有一以贯之之义,因而东汉王充自称:"《诗》三百,一言以蔽之,曰'思无邪';《论衡》篇以十数,亦一言也,曰'疾虚妄'。"⑧"思无邪"又贯通文人的精神趣味,苏东坡流放惠州,于白鹤峰下筑宅,中有"思无邪斋",前有"德有邻堂"⑨。宋代有

①　王国轩、王秀梅译注:《孔子家语》,北京:中华书局,2011年版,第393-394页。
②　[清]阮元校刻:《十三经注疏》(全2册),北京:中华书局,1980年版,第270页。
③　[清]阮元校刻:《十三经注疏》(全2册),北京:中华书局,1980年版,第2468页。
④　[清]阮元校刻:《十三经注疏》(全2册),北京:中华书局,1980年版,第273页。
⑤　[清]阮元校刻:《十三经注疏》(全2册),北京:中华书局,1980年版,第273页。
⑥　[清]阮元校刻:《十三经注疏》(全2册),北京:中华书局,1980年版,第2461页。
⑦　[清]刘熙载著,王气中笺注:《艺概笺注》,贵阳:贵州人民出版社,1986年版,第140页。
⑧　[汉]王充撰:《论衡》(《诸子集成》七),北京:中华书局,1954年版,第202页。
⑨　[清]屈大均撰:《广东新语》,北京:中华书局,1985年版,第108-109页。

诗云:"万古一语思无邪,道尽诗家大关锁。大川三百小三千,源委吾须俱勘破。"①孔子为《诗》之旨、《诗》之乐,拈出"思无邪"三字铭②,引导学诗者的心灵趋于净化和升华。

为了保守《诗》乐的精神高洁,孔子对于驱逐"淫声"的防范工程甚是关切。《论语·卫灵公篇》引述孔子之言"行夏之时,乘殷之辂,服周之冕"③,继而引导到音乐:"乐则《韶》舞。放郑声,远佞人,郑声淫,佞人殆。"④他以舜之《韶》乐,作为礼乐治国的文化尺度,将当时流行的新乐"郑声"与奸诈佞巧之徒等同视之,《乐记》所谓"郑卫之音,乱世之音也,比于慢矣。桑间濮上之音,亡国之音也。其政散,其民流,诬上行私而不可止也","凡奸声感人,而逆气应之,逆气成象,而淫乐兴焉"⑤。又所谓"今夫新乐,进俯退俯,奸声以滥,溺而不止,及优侏儒,獶杂子女,不知父子"⑥,子夏传《乐》,对此靡靡之音加以排斥和放逐。这是遵循孔子的乐学关切,而主张校正《风》诗的音乐,使之向《雅》、《颂》之音靠拢,以期符合《韶》、《武》之乐的精神。

为此,孔子尝试一项整顿诗乐的系统工程。如《史记·孔子世家》所述:"《关雎》之乱以为风始,《鹿鸣》为小雅始,《文王》为大雅始,《清庙》为颂始。三百五篇孔子皆弦歌之,以求合《韶》、《武》、《雅》、《颂》之音。礼乐自此可得而述,以备王道,成六艺。"⑦孔子于此反对两种倾向,一是反对乐舞僭越礼制,如《论语·八佾篇》所云:"孔子谓季氏:八佾舞于庭,是可忍也,孰不可忍也?"⑧此即为"观其舞,知其德"。二是防范将《雅》、《颂》等同于《风》,以致沾染变风之新乐"郑声"。有所谓"乐者乐也。君子乐得其道,小人乐得其欲。以道制欲,则乐而不乱。以欲忘道,则惑而不乐"⑨,因此孔子要"弦歌三百五篇",使之符合"《韶》、《武》、《雅》、《颂》之音",而不提及

①　[宋]曾丰撰:《缘督集》,文渊阁《四库全书》本,卷4《邀肇庆府卓司法杰》篇。
②　[宋]朱熹撰:《四书章句集注》,北京:中华书局,1983年版,第53页。
③　[宋]朱熹撰:《四书章句集注》,北京:中华书局,1983年版,第163—164页。
④　[宋]朱熹撰:《四书章句集注》,北京:中华书局,1983年版,第164页。
⑤　[清]阮元校刻:《十三经注疏》(全2册),北京:中华书局,1980年版,第1528页。
⑥　[清]阮元校刻:《十三经注疏》(全2册),北京:中华书局,1980年版,第1540页。
⑦　[汉]司马迁撰:《史记》(全10册),北京:中华书局,1959年版,第1936—1937页。
⑧　[清]阮元校刻:《十三经注疏》(全2册),北京:中华书局,1980年版,第2465页。
⑨　[清]阮元校刻:《十三经注疏》(全2册),北京:中华书局,1980年版,第1536页。

《风》之音,反映其整理音乐实行以道制乐而归于正声的精神取向。唯有如此坚持,方可谈论"移风易俗,莫善于乐。安上治民,莫善于礼"①。

《论语》在展示孔子提倡"圣人之乐"和改造"歌诗之乐"的旨趣上,表述角度相当周全。其旨趣无非是为了抗衡礼崩乐坏的现实趋势,使圣乐雅音得以发挥充其耳而入其心的教化功能。然而,这些记述未免有点流于片段,重视结果而忽略过程,并没有交待孔子的音乐知识来源,以及他学乐过程中所展示的天赋才敏,学穷阃奥之卓绝处。过程比起结果,更有生命活力。清理孔子音乐知识的来源,可以发现《淮南子·主术训》记载:"夫荣启期一弹,而孔子三日乐,感于和。……动诸琴瑟,形诸音声而能使人为之哀乐,……乐听其音,则知其俗。见其俗,则知其化。孔子学鼓琴于师襄(高诱注:师襄,鲁乐太师也),而谕文王之志,见微以知明矣。"②《太平御览》卷五百七十八引《大周正乐》曰:"师襄子,夫子琴师也。……荣启期对夫子弹琴,言三乐之事者也。"③

可见对孔子乐学技艺和情趣产生过影响者,除了适周问礼于老子的同时,曾经访乐于苌弘之外,起码还有二人:师襄子,荣启期。而包括《论语》在内的经传中对此几无记述。幸而有《孔子家语·辨乐解篇》,保存了孔子向师襄子学琴的原始记载:

> 孔子学琴于师襄子。襄子曰:"吾虽以击磬为官,然能于琴。今子于琴已习,可以益矣。"孔子曰:"丘未得其数也。"
>
> 有间,曰:"已习其数,可以益矣。"孔子曰:"丘未得其志也。"有间,曰:"已习其志,可以益矣。"孔子曰:"丘未得其为人也。"有间,孔子有所缪然思焉,有所缪然高望而远眺,曰:"丘迫得其为人矣。近黮而黑,颀然长,旷如望羊,奄有四方,非文王其孰能为此?"
>
> 师襄子避席叶拱而对曰:"君子圣人也! 其传曰《文王操》。"④

《北堂书钞》卷四十一引汉桓谭《新论·琴道》云:"《文王操》者,文王之

---

① 胡平生译注:《孝经译注》,北京:中华书局,1996年版,第28页。也见《说苑·修文篇》。
② [西汉]刘安等编:《淮南子》(《诸子集成》七),北京:中华书局,1954年版,第130页。
③ [宋]李昉等编:《太平御览》,《四部丛刊》三编影宋本,卷578"乐部十六"引《大周正乐》。
④ 王国轩、王秀梅译注:《孔子家语》,北京:中华书局,2011年版,第391-392页。

时,纣无道,烂金为格,溢酒为池,宫中相残,骨肉成泥,璇室瑶台,蔼云翳风,钟声雷起,疾动天地,文王躬被法度,阴行仁义,援琴作'操',故其声纷以扰,骇角震商。《伯夷操》《箕子操》,其声淳以激。"①古人一般将孔子所学的《文王操》,视为乐府歌诗之始。《韩诗外传》卷五也记载此事:"孔子鼓琴于师襄子而不进,师襄子曰:'夫子可以进矣。'孔子曰:'丘已得其曲矣,未得其数也。'有间,曰:'夫子可以进矣。'曰:'丘已得其数矣,未得其意也。'有间,复曰:'夫子可以进矣。'曰:'丘已得其意矣,未得其人也。'有间,复曰:'夫子可以进矣。'曰:'丘已得其人矣,未得其类也。'有间,曰:'邈然远望,洋洋乎,翼翼乎,必作此乐也。黯然而黑,几然而长,以王天下,以朝诸侯者,其惟文王乎!'师襄子避席再拜曰:'善!师以为《文王之操》也。'故孔子持文王之声,知文王之为人。师襄子曰:'敢问何以知其《文王之操》也?'孔子曰:'然。夫仁者好韦,和者好粉,智者好弹,有殷勤之意者好丽。丘是以知《文王之操》也。'传曰:闻其末而达其本者,圣也。"②

《孔子家语》将孔子向师襄学琴过程中的精神逐级提升,分为三级台阶:"得其数",是掌握了音乐旋律;"得其意",是掌握了音乐的内涵;"得其人",是掌握了音乐的神髓,与音乐中的圣王神采心心相印。这三级台阶,分别表述了对音乐的耳听、心听和神听。《韩诗外传》增加了一级"得其类",后面还对"得其类"的内涵作了解释,但整体意蕴并无多少提升。《史记·孔子世家》采录这条材料时,虽然有些文字近于《韩诗外传》,但精神层次却同于《孔子家语》,可以推知相似的竹简在战国秦汉时期不一定是互相抄袭,而是多线头传布的情形。《荀子·非相篇》有"帝尧长,帝舜短;文王长,周公短;仲尼长,子弓短"③的说法,此处孔子操琴而幻觉文王其为人"黮而黑,颀然长"的影像,已经达到了《文心雕龙·神思篇》所谓"寂然凝虑,思接千载;悄焉动容,视通万里"④的精神状态,以心听乐,以神感象,神思清发,古今妙合。如此学习,方是直指音乐本源的学习。知识来源的解读,在一定意义上说,乃是对知识汲取者精神意趣的解读。

对于师襄,早期文献不乏记载,其中或浸润于原始思维而沟通人神。

①　[清]严可均辑:《全后汉文》,北京:商务印书馆,1999年版,第144页。

②　[汉]韩婴撰,许维遹校释:《韩诗外传集释》,北京:中华书局,1980年版,第175-176页。

③　[清]王先谦撰:《荀子集解》(《诸子集成》二),北京:中华书局,1954年版,第46页。

④　[梁]刘勰著,范文澜注:《文心雕龙注》,北京:人民文学出版社,1958年版,第493页。

《列子·汤问篇》云:"匏巴鼓琴,而鸟舞鱼跃。郑师文(张湛注:师文,郑国乐师)闻之,弃家从师襄游。柱指钩弦,三年不成章。师襄曰:'子可以归矣。'师文舍其琴,叹曰:'文非弦之不能钩,非章之不能成。文所存者不在弦,所志者不在声。内不得于心,外不应于器,故不敢发手而动弦。且小假之,以观其后。'无几何,复见师襄。师襄曰:'子之琴何如?'师文曰:'得之矣,请尝试之。'于是当春而叩商弦,以召南吕。凉风忽至,草木成实。及秋而叩角弦,以激夹钟。温风徐回,草木发荣。当夏而叩羽弦,以召黄钟。霜雪交下,川池暴沍。及冬而叩徵弦,以激蕤宾。阳光炽烈,坚冰立散。将终,命宫而总四弦,则景风翔,庆云浮,甘露降,澧泉涌。师襄乃抚心高蹈曰:'微矣,子之弹也。虽师旷之清角,邹衍之吹律,亡以加之。彼将挟琴执管,而从子之后耳。'"①《列子》文章已属于道家沾染神仙气,学琴入神,是师襄的门徒于春夏秋冬四时弹奏,感天动地,其玄虚想象,大不类七十子文字,因而不及《孔子家语·辨乐篇》之能得学乐悟道的理趣。

师襄为孔子琴师的记载,引发后人对孔子知识来源和儒家学理脉络的深度关注。《淮南子·主术训》:"孔子学鼓琴于师襄,而谕文王之志,见微以知明矣。"②清人唐晏《两汉三国学案》卷七认为:"班氏《艺文志》亦以《乐》入经,而其传《儒林》则知乐者屏而不载,殊乖体例。岂以习之者少故耶?抑以《乐经》本无家法,诸儒不厕之于六经之列耶?然孔门礼乐并称,故知礼者必知乐,未乍离而二之也。昔孔子学之师襄,子贡问之师乙,诚以为儒者所有事也。"③乐的传承,不同于其他五艺(经)可凭文字,它所依凭的是音与象,上古无物质手段保存音、象,礼乐随乱世崩坏日久,难免不复可见其旧。

欧阳修曾经对上古音乐源流,作了长时段的勾勒:"乐之道深矣。故工之善者,必得于心应于手,而不可述之言也。听之善,亦必得于心而会以意,不可得而言。尧舜之时,夔得之,以和人神,舞百兽。三代春秋之际,师襄、师旷、州鸠之徒得之,为乐官,理国家,知兴亡。周衰官失,乐器沦亡,散之河海。逾千百岁间,未闻有得之者。其天地人之和气相接者,既不得

---

① 杨伯峻撰:《列子集释》,北京:中华书局,1979年版,第175—177页。

② [西汉]刘安等编:《淮南子》(《诸子集成》七),北京:中华书局,1954年版,第130页。

③ [清]唐晏著,吴东民点校:《两汉三国学案》,北京:中华书局,1986年版,第396页。

泄于金石,疑其遂独钟于人。故其人之得者,虽不可和于乐,尚能歌之为诗。"①诚如《礼记·乐记》所云"乐者,心之动也。声者,乐之象也"②,因而乐只能"得于心而会以意,不可得而言也",这也就造成后世对古乐"未闻有得之者",而生怅望千古的遗憾,只好把师襄传琴操于孔子作为音乐的原型故事,进行体验了。就连《红楼梦》中那位多愁善感、才性清逸的林黛玉也说:"我何尝真会呢?前日身上略觉舒服,在大书架上翻书,看有一套琴谱,甚有雅趣。上头讲的琴理甚通,手法说的也明白,真是古人静心养性的工夫。我在扬州也听得讲究过,也曾学过,只是不弄了,就没有了。这果真是'三日不弹,手生荆棘'。前日看这几篇没有曲文,只有操名。我又到别处找了一本有曲文的来看着,才有意思。究竟怎么弹得好,实在也难。书上说的师旷鼓琴,能来风雷龙凤。孔圣人尚学琴于师襄,一操便知其为文王。高山流水,得遇知音。"③曹雪芹借书中人物言乐,实际上已经导向对原始儒家乐事的解读,超越了宋明理学的板重,而通向高山流水的人文意趣。

再看另一个有人文意趣的琴师荣启期。《淮南子》除了上述《主术训》的记载之外,《齐俗训》又云:"荣启期(高诱注为隐士),衣若县衰而意不慊。"④可见这位荣隐士,衣衫褴褛却意气泰然。庾信《荣启期三乐》曰:"荣期三乐,唯人与年。夫子相遇,即以为贤。性灵造化,高风自然。雅琴(音)虽古,独有鸣弦。"⑤这些记载多是一鳞半爪,支离破碎。而《孔子家语·六本篇》则讲了一个关于人生哲学的完整故事:

> 孔子游于泰山,见荣声(启)期行乎郕之野,鹿裘带索,鼓瑟而歌。孔子问曰:"先生所以为乐者,何也?"期对曰:"吾乐甚多,而至者三:天生万物,唯人为贵,吾既得为人,是一乐也;男女之别,男尊女卑,故人以男为贵,吾既得为男,是二乐也;人生有不见日月,不免襁褓者,吾既以行年九十五矣,是三乐也。贫者,士之常;死者,人之终。处常得终,

① 李逸安点校:《欧阳修全集》(全6册),北京:中华书局,2001年版,第1048页。
② [清]阮元校刻:《十三经注疏》(全2册),北京:中华书局,1980年版,第1536—1537页。
③ 曹雪芹、高鹗:《红楼梦》(全4册),北京:人民文学出版社,1979年版,第1133—1134页。
④ [西汉]刘安等编:《淮南子》(《诸子集成》七),北京:中华书局,1954年版,第184—185页。
⑤ [唐]欧阳询撰,王绍楹校:《艺文类聚(附索引)》,上海:上海古籍出版社,1982年版,第653页。收入[清]严可均辑《全后周文》卷11。

当何忧哉?"孔子曰:"善哉! 能自宽者也。"①

　　这则故事又见于刘向《说苑·杂言篇》、《列子·天瑞篇》,文字略有差异,情节、精神基本相同。对于孔子遇荣启期的地点,《水经注》卷二十四作了如此描述:"淄水又西南迳柴县故城北。《地理志》泰山之属县也,世谓之柴汶。淄水又迳郕城北。汉高帝六年,封董渫为侯国。《春秋》齐师围郕,郕人伐齐,饮马于斯水也。昔孔子行于郕之野,遇荣启期于是,衣鹿裘,被发琴歌三乐之欢,夫子善其能宽矣。"②荣启期的人生态度,去其隐士气,增其乐道之诚,就可以通向《论语·述而篇》中孔子所追求的人生哲学:"饭疏食饮水,曲肱而枕之,乐亦在其中矣。不义而富且贵,于我如浮云。"③"其为人也,发愤忘食,乐以忘忧,不知老之将至云尔。"④因此荣启期"琴歌三乐",也可以看作激发孔子人生哲学的文化资源。

　　可以补充言之者,由于孔子问乐于苌弘,学琴于师襄,这就形成了一种独特的"儒门风雅"。不仅如《史记·孔子世家》所云"吾自卫反鲁,然后乐正,《雅》、《颂》各得其所"、"三百五篇孔子皆弦歌之,以求合《韶》、《武》、《雅》、《颂》之音。礼乐自此可得而述,以备王道,成六艺"⑤,而且孔门弟子多善琴者,常以弦歌表达心志,酿造着浓郁而清旷的儒雅之风。《礼记·曲礼下》曰:"士无故不彻(去)琴瑟。"⑥《淮南子·主术训》云:"然而(孔子)围于匡,颜色不变,弦歌不辍,临死亡之地,犯患难之危,据义行理而志不慑,分亦明矣。"⑦《氾论训》又云:"夫弦歌鼓舞以为乐,……孔子之所立也,而墨子非之。"⑧《庄子·让王篇》虽然语带嘲讽,却不能不承认:"孔子穷于陈蔡之间,七日不火食,藜羹不糁,颜色甚惫,而弦歌于室。……弦歌鼓琴,未尝绝音。"⑨《渔父篇》又曰:"孔子游乎缁帷之林,休坐乎杏坛之上,弟子读

　　① 王国轩、王秀梅译注:《孔子家语》,北京:中华书局,2011年版,第195—196页。
　　② 王国维校,袁英光、刘寅生整理标点:《水经注校》,上海:上海人民出版社,1984年版,第792页。
　　③ [宋]朱熹撰:《四书章句集注》,北京:中华书局,1983年版,第97页。
　　④ [宋]朱熹撰:《四书章句集注》,北京:中华书局,1983年版,第98页。
　　⑤ [汉]司马迁撰:《史记》(全10册),北京:中华书局,1959年版,第1936页。
　　⑥ [清]阮元校刻:《十三经注疏》(全2册),北京:中华书局,1980年版,第1259页。
　　⑦ [西汉]刘安等编:《淮南子》(《诸子集成》七),北京:中华书局,1954年版,第150页。
　　⑧ [西汉]刘安等编:《淮南子》(《诸子集成》七),北京:中华书局,1954年版,第218页。
　　⑨ 王先谦撰:《庄子集解》(《诸子集成》三),北京:中华书局,1954年版,第422页。

书,孔子弦歌,鼓琴奏曲。"①无论是周游列国,还是讲学杏坛,弦歌鼓琴,都是孔子乐趣所在。

风气一开,孔门弟子多能奏琴作歌。《礼记·乐记》记述子夏的乐论见解:"夫古者天地顺而四时当,民有德而五谷昌,疾疢不作而无妖祥,此之谓大当。然后圣人作,为父子君臣,以为纪纲。纪纲既正,天下大定。天下大定,然后正六律,和五声,弦歌《诗》、《颂》,此之谓德音,德音之谓乐。"②既然将音乐看作"德音",可以辅助礼,可以进于道,那就有必要将之作为灵魂的体操来操演了。如《礼记·檀弓上》记载:"子夏既除丧而见,(孔子)予之琴,和之而不和,弹之而不成声,作而曰:'哀未忘也。先王制礼,而弗敢过也。'子张既除丧而见,予之琴,和之而和,弹之而成声,作而曰:'先王制礼,不敢不至焉。'"③这里把乐音变化,与对礼的体验融合在一起。《新序》卷七《节士篇》又记载:"原宪居鲁,环堵之室,茨以生蒿,蓬户瓮牖,揉桑以为枢,上漏下湿,匡坐而弦歌。"④《吕氏春秋·开春论》及《说苑·政理篇》均记载:"宓子贱治单父,弹鸣琴,身不下堂而单父治。"⑤无论是穷困隐居,还是担任邑宰,弦歌鸣琴,都是其精神境界的象征。宓子贱鸣琴单父,与子游弦歌武城,堪称双璧。二三子将夫子弦歌儒雅之风,普施其治理的城邑。

若然如此,那么,将学习融入生命,就成为孔子学习方式的第四个特征。学习与生命交融,使学习得以经常化、行动化和内在化。这就是《论语·宪问篇》孔子说的"古之学者为己,今之学者为人"之意,所追求者是将自身生命的提升和实现作为学习的目的和归宿。《论语·述而篇》记述孔子之言:"三人行,必有我师焉:择其善者而从之,其不善者而改之。"⑥这就产生了他学无常师、随时请教的学习方式。《史记·仲尼弟了列传》记述:"孔子之所严事:于周则老子;于卫,蘧伯玉;于齐,晏平仲;于楚,老莱子;于郑,子产;于鲁,孟公绰。数称臧文仲、柳下惠、铜鞮伯华、介山子然,孔子皆

① 王先谦撰:《庄子集解》(《诸子集成》三),北京:中华书局,1954 年版,第 443 页。
② [清]阮元校刻:《十三经注疏》(全 2 册),北京:中华书局,1980 年版,第 1540 页。
③ [清]阮元校刻:《十三经注疏》(全 2 册),北京:中华书局,1980 年版,第 1285 页。
④ [汉]刘向编著,石光瑛校释,陈新整理:《新序校释》(全 2 册),北京:中华书局,2001 年版,第 918—919 页。
⑤ [战国]吕不韦等编:《吕氏春秋》(《诸子集成》六),北京:中华书局,1954 年版,第 277—278 页;[汉]刘向撰,向宗鲁校证:《说苑校证》,北京:中华书局,1987 年版,第 158 页。
⑥ [宋]朱熹撰:《四书章句集注》,北京:中华书局,1983 年版,第 98 页。

后之,不并世。"①太史公在记述孔子大批弟子之前,先行记述孔子的许多师长,给人印象是孔子虚己博求,不耻下问,先当学生,后当先生。他不辞千里迢迢到洛阳,"问礼于老聃,访乐于苌弘"②。而且在与周宾牟贾讨论音乐时承认:"丘闻诸苌弘,亦若吾子之言是也。"③这与《礼记·曾子问》一再告知"吾闻诸老聃",都表达了对曾经请教者的尊重。对比后世儒者或有竭力否认孔子某些问学行为,其间胸襟的博大与狭窄、开放与封闭,简直难以同日而语。不尊重孔子请教的广泛性,就难以解释清楚孔子知识和思想来源的丰厚性。

在太史公列举的"孔子之所严事"者行列中,有郑国大夫子产。这说明孔子式求学,不仅追求亲炙,而且倾心私淑;不仅关注文献,而且关注文献之外的礼乐和政治行为。鉴于当时文献极其有限,这种求学不拘一格的方式尤为重要。子产即郑大夫公孙侨,郑穆公之孙,子国(公子发)之子。郑简公十二年(公元前554年,孔子出生前二年)为卿,任少正,其后执掌国政。《论语·公冶长篇》:"子谓子产:'有君子之道四焉:其行己也恭,其事上也敬,其养民也惠,其使民也义。'"④子产以恭、敬、惠、义四德处理政治、社会、官民关系,成为孔子所谓"君子之道"的典型。《论语·宪问篇》又载:"子曰:'为命,裨谌草创之,世叔讨论之,行人子羽修饰之,东里子产润色之。'或问子产。子曰:'惠人也。'"⑤这里推崇子产主政善于调动各方面的创造力和积极性,称许其主持制作文件时集思广益的方式。两条材料都提到子产的"惠",而《孔子家语·辨政篇》又对"惠"之德作了确认:"子贡问于孔子曰:'夫子之于子产、晏子,可为至矣。敢问二大夫之所为,且夫子之所以与之者。'孔子曰:'夫子产于民为惠主,于学为博物。晏子于君为忠臣,而行为恭敏。故吾皆以兄事之,而加爱敬。'"⑥惠民成了子产为政的重要特征。

在《孔子家语·正论解篇》,孔子对子产嘉许的记载更多,凡四章,七百余字:

---

① [汉]司马迁撰:《史记》(全10册),北京:中华书局,1959年版,第2186页。
② 王国轩、王秀梅译注:《孔子家语》,北京:中华书局,2011年版,第129页。
③ 王国轩、王秀梅译注:《孔子家语》,北京:中华书局,2011年版,第396页。
④ [宋]朱熹撰:《四书章句集注》,北京:中华书局,1983年版,第79页。
⑤ [宋]朱熹撰:《四书章句集注》,北京:中华书局,1983年版,第150页。
⑥ 王国轩、王秀梅译注:《孔子家语》,北京:中华书局,2011年版,第174页。

（一）郑有乡校，乡校之士非论执政。然明欲毁乡校。子产曰："何以毁为？夫人朝夕退而游焉，以议执政之善否。其所善者，吾则行之；其所否者，吾则改之。若之何其毁也？我闻忠善以损怨，不闻立威以防怨。防怨，犹防水也。大决所犯，伤人必多，吾弗可救也。不如小决使导之，不如吾所闻而药之。"

孔子闻是言也，曰："吾以是观之，人谓子产不仁，吾不信也。"①

（二）晋平公会诸侯于平丘，齐侯及盟。郑子产争贡赋之所承，曰："昔者天子班贡，轻重以列尊卑而贡，周之制也。卑而贡重者，甸服。郑伯，男也，而使从公侯之贡，惧弗给也。敢以为请。"自日中争之，以至于昏，晋人许之。

孔子曰："子产于是行也，是以为国也。《诗》云：'乐只君子，邦家之基。'子产，君子之于乐者。"且曰："合诸侯而艺贡事，礼也。"②

（三）郑子产有疾，谓子太叔曰："我死，子必为政。唯有德者能以宽服民，其次莫如猛。夫火烈，民望而畏之，故鲜死焉；水濡弱，民狎而玩之，则多死焉。故宽难。"子产卒，子太叔为政，不忍猛，而宽。郑国多掠盗。太叔悔之，曰："吾早从夫子。必不及此。"孔子闻之，曰："善哉！政宽则民慢，慢则纠于猛。猛则民残，民残则施之以宽。宽以济猛，猛以济宽。宽猛相济，政是以和。《诗》曰：'民亦劳止，汔可小康。惠此中国，以绥四方。'施之以宽也。'毋纵诡随，以谨无良。式遏寇虐，惨不畏明。'纠之以猛也。'柔远能迩，以定我王。'平之以和也。又曰：'不竞不绿，不刚不柔。布政优优，百禄是道。'和之至也。"子产之卒也，孔子闻之，出涕曰："古之遗爱。"③

（四）子游问于孔子曰："夫子之极言子产之惠也，可得闻乎？"孔子曰："谓在爱民而已矣。"子游曰："爱民谓之德教，何翅施惠哉？"孔子曰："夫子产犹众人之母也，能食之，弗能教也。"子游曰："其事可言乎？"孔子曰："子产以所乘之车济冬涉者，是爱无教也。"④

①　王国轩、王秀梅译注：《孔子家语》，北京：中华书局，2011 年版，第 471 页。
②　王国轩、王秀梅译注：《孔子家语》，北京：中华书局，2011 年版，第 472 页。
③　王国轩、王秀梅译注：《孔子家语》，北京：中华书局，2011 年版，第 473 页。
④　王国轩、王秀梅译注：《孔子家语》，北京：中华书局，2011 年版，第 487—488 页。

　　前三章记述,分别见于《左传》鲁襄公三十一年(公元前542年)、鲁昭公十三年(公元前529年)、鲁昭公二十年(公元前522年),孔子分别为十岁、二十三岁、三十岁。从这三条材料看,除了第三条结尾"孔子闻子产卒而出涕",应是即时反应之外,其余都应是孔子与弟子议论郑国近代史料所发表的意见。

　　孔子推崇子产为仁为惠,外交上依礼力争,足为国基;内政上宽猛相济,嘉惠于民,是一位出色的政治家。对历史的关切和对历史人物的评议,也为孔子后来制作《春秋》,作了历史哲学的初步准备。尤其值得注意的是,此类"孔子曰"开了哲人议政的先河。对于《左传》自鲁隐公元年(公元前722年)"君子曰:颍考叔,纯孝也,爱其母,施及庄公。《诗》曰:'孝子不匮,永锡尔类。'其是之谓乎"①为发端,陆续推出四十九则"君子曰",以及《史记》"太史公曰"和其后史籍的"史臣曰",发挥了发凡起例的启示作用。第四章"子游问子产之惠"的材料片段,也见于《礼记·仲尼燕居》,但那里是这样叙述的:"仲尼燕居,子张、子贡、言游侍,纵言至于礼。……子曰:'师,尔过,而商也不及。子产犹众人之母也,能食之,不能教也。'"②这些话似乎是面对子张(颛孙师)说的,但《家语》则成了子游与孔子的单独问答。可见孔门谈论子产有过多次,采取多种形式。

　　反观前面三章,第一章也被录入刘向整理的《新序》卷四《杂事篇》,可见孔门弟子的忆述材料被多线索传抄,《左传》编撰者也得与闻七十子对孔子的忆述材料,其编纂时间应推定为与七十子同时或略晚。第三章"郑子产有疾,谓子太叔曰",也见于《韩非子·内储说上》"子产相郑,病将死,谓游吉曰",称郑国上卿游吉之名,而不称其字太叔,随之中间铺叙了游吉讨伐盗贼的史事,而结尾无"孔子闻之曰"③,文字差异甚大。韩非材料来源,可能得于韩灭郑之后所获国家档案,也可能来自师从荀子所得见的史料,不一定与七十子忆述的材料有直接关系。从孔子评论子产材料的生成方式可知,将这种材料的传承流布单线化,简单地断定谁抄袭谁,是不符合当时的简帛文献传播制度的。《孔子家语》中保存的七十子后学的此类材料,使人们对孔子知识和思想的来源,有了更加丰富的了解。

_____

① 杨伯峻编著:《春秋左传注》(全4册),北京:中华书局,1990年版,第15—16页。
② [清]阮元校刻:《十三经注疏》(全2册),北京:中华书局,1980年版,第1613页。
③ [清]王先慎撰:《韩非子集解》(《诸子集成》五),北京:中华书局,1954年版,第166页。

学而不厌,诲人不倦,是作为"文化智者"和"夫子老师"的孔子的两个方面,即所谓"教学半"也。弟子三千,贤人七十,是后人对孔门的描述。七十子性格、志趣、思想存在着诸多差异,而孔子能够以其道德、思想、知识、智慧、人格、气象,将之组合、培育、提升成为一个独立不阿、理想超卓、根基深固的学术共同体,确实是中国文化史上民间行为的创举。其中并非没有分歧,没有冲突,没有坎坷,正是在不断消解分歧、冲突、坎坷中,在化野为雅、化偏为正、化芜为菁中,端正儒学方向,坚定儒者脚步,拓展儒道通途,从而显示出作为学派宗师之孔子的雄厚精湛的主体蕴涵。这是孔子形象带本质性的属性。

七十子中最是野性不驯者,当推子路,但最是对夫子忠心耿耿者,也是子路。子路年辈较长,又先孔子一年死,因此同门师弟在为孔子庐墓守心丧的三年间,对子路这位粗野、直率、勇武、重义气的师兄的回忆,就格外生动,衬托得孔子也另有几分活力,在儒家带点冷色调的持重之余,散发出盎然的生趣。弟子的生气与夫子的生气,是相互映衬,相得益彰的。《孔子家语·好生篇》记载:"子路戎服见于孔子,拔剑而舞之,曰:'古之君子,以剑自卫乎?'孔子曰:'古之君子,忠以为质,仁以为卫,不出环堵之室而知千里之外。有不善则以忠化之,侵暴则以仁固之,何持剑乎?'子路曰:'由乃今闻此言,请摄齐以受教。'"[1]这则材料,自七十子忆述之后,在不同渠道上传抄,因而也见于刘向《说苑·贵德篇》。孔子以忠与仁为教,统摄了子路之剑,这是儒门以道德引领武力的一种象征。

为此,《孔子家语》特设《子路初见篇》,既纪念这位"自吾得由也,恶言不入于门,是非御侮与"[2]的大弟子,也纪念孔子以仁以忠统摄儒门的成功之道。《子路初见篇》首章说:

子路见孔子,子曰:"汝何好乐?"对曰:"好长剑。"孔子曰:"吾非此之问也。徒谓以子之所能,而加之以学问,岂可及乎?"子路曰:"学岂益哉也?"孔子曰:"夫人君而无谏臣则失正,士而无教友则失听。御狂马不释策,操弓不反檠。木受绳则直,人受谏则圣。受学重问,孰不顺

① 王国轩、王秀梅译注:《孔子家语》,北京:中华书局,2011 年版,第 113 页。
② 〔西汉〕伏生撰:《尚书大传》,《四部丛刊》影清刻左海文集本,卷 2。

哉？毁仁恶士，必近于刑。君子不可不学。"

　　子路曰："南山有竹，不揉自直，斩而用之，达于犀革。以此言之，何学之有？"孔子曰："括而羽之，镞而砺之，其入之不亦深乎？"子路再拜，敬而受教。①

　　这则材料也载于刘向《说苑·建本篇》。子路本来崇尚"南山有竹，不揉自直，斩而用之，达于犀革"的自然人性的野性不驯、自由放任，而孔子并非要折断这支"南山竹"，而是要顺其性而变其质，在南山竹上"括而羽之，镞而砺之"，以仁的观念和礼的规矩修理其社会功能，使之发挥更大的作用。这显示了孔子改造人才，并不过分扼杀其个性的风度和能力。这才是孔子之为孔子，子路之为子路，孔门并不缺乏性格的多样性。

　　子路初见孔子，实在是个传奇，太史公也按捺不住其生花妙笔，在《史记·仲尼弟子列传》予以记述："仲由字子路，卞人也。少孔子九岁。子路性鄙，好勇力，志伉直，冠雄鸡，佩豭豚，陵暴孔子。孔子设礼稍诱子路，子路后儒服委质，因门人请为弟子。"②《史记集解》云："《尸子》曰：子路，卞之野人。"③卞，乃春秋鲁邑，地在今山东泗水县东卞桥镇，在比孔子少九岁的子路投胎未生的前一年，即《左传·鲁襄公二十九年》，"季武子取卞"④，已是季氏的东夷野人属民。因此他后来当上季氏宰，也算是有地理缘分。如此子路，师事孔子难免磕磕碰碰，扞格处另有几分可爱，另有几分活力。宋人严羽《沧浪诗话》以此设喻，形容苏轼、黄庭坚的诗和米芾的书法："坡、谷诸公之诗，如米元章之字，虽笔力劲健，终有子路未事夫子时气象。"⑤这就是形容他们的诗章书法带有几分野性。

　　子路一生，这种野性或隐或现，孔子不时对之提醒、辨论、敲打。此类磕磕碰碰，在《论语》中，已有几次记载。《孔子家语·子路初见篇》以下的记载，则说明子路野性已经有所收敛："子路将行，辞于孔子。子曰：'赠汝以车乎，赠汝以言乎？'子路曰：'请以言。'孔子曰：'不强不达，不劳无功，不

　　① 王国轩、王秀梅译注：《孔子家语》，北京：中华书局，2011年版，第242—243页。
　　② ［汉］司马迁撰：《史记》（全10册），北京：中华书局，1959年版，第2191页。
　　③ ［汉］司马迁撰：《史记》（全10册），北京：中华书局，1959年版，第2191页。
　　④ 杨伯峻编著：《春秋左传注》（全4册），北京：中华书局，1990年版，第1155页。
　　⑤ ［宋］严羽著，郭绍虞校释：《沧浪诗话校释》，北京：人民文学出版社，1961年版，第252—253页。

忠无亲，不信无复，不恭失礼。慎此五者而矣。’”下面紧接着是："子路曰：
'由请终身奉之。敢问亲交取亲若何？言寡可行若何？长为善士而无犯若
何？'孔子曰：'汝所问，苞在五者中矣。亲交取亲，其忠也；言寡可行，其信
乎；长为善士而无犯，其礼也。"①孔子赠给子路的"五慎"原则是强、劳、忠、
信、恭，而不及仁，因为那是子路难以达到的高端原则。再回答子路时，强
调的是忠、信、礼，这已经足够子路"终身奉之"了。

　　在孔子的教诲和督促下，子路逐渐懂得以礼来约束和指导自己的行
为。如《礼记·礼器》记载："子路为季氏宰。季氏祭，逮暗而祭，日不足，继
之以烛。虽有强力之容，肃敬之心，皆倦怠矣。有司跛倚以临祭，其为不敬
大矣！他日祭，子路与，室事交乎户，堂事交乎阶，质明而始行事，晏朝而
退。孔子闻之曰：'谁谓由也而不知礼乎？'"②孔子总是以嘉许的眼光，鼓
励子路一步步走上礼的台阶的。

　　从战国秦汉书籍制度的特别形态出发，对其材料的校勘不宜局限于个
别字句的校勘，而要扩张到作为当时文章流布载体的一组或数组竹简的比
勘。《说苑·杂言篇》也载有子路辞别孔子的这则材料，但是将后半部分材
料作为"子路行，辞于仲尼"，放在前面；将前半部分材料，作为"子路将行，
辞于仲尼"，放在后面③。这显然是材料倒置，须改为"将行"在前，"行"在
后，如《孔子家语·子路初见篇》才算顺当。不过，从这两种书对相同竹简
材料的处理出现的差异中，可以看出，战国秦汉竹简文献是分组流行的。
将两组散简缀合在一起时，不同编者手中就可能出现彼此前后的差异。而
且汉人在缀合散简时，往往要增加若干连缀之词，如《说苑》有"子路行，辞
于仲尼"之后，还有"子路将行，辞于仲尼"，大体上还分成两章，缀而未合。
《孔子家语》，则在中间连接处多出"子路曰：'由请终身奉之。敢问亲交取
亲若何？言寡可行若何？长为善士而无犯若何？'孔子曰：'汝所问，苞在五
者中矣……"这些句子，成为上下连接的纽带。

　　即是说，汉人整理先代简文，往往编排章次，略作连缀，交代背景。这
是其整理文献时"辨章学术，考镜源流"的惯常手法，旨在使散简缀合成篇，
便于阅读和流传。发现汉人增加了有限的若干语句，就惊诧而斥为"造

　　①　王国轩、王秀梅译注：《孔子家语》，北京：中华书局，2011年版，第244页。

　　②　[清]阮元校刻：《十三经注疏》(全2册)，北京：中华书局，1980年版，第1442—1443页。

　　③　[汉]刘向撰，向宗鲁校证：《说苑校证》，北京：中华书局，1987年版，第431页。

伪",似乎有点不顾汉人整理古书的体例,未免有神经过敏之嫌。这里需要心平气和,沉得住气,以考究原始,穷源竟委。唯此才能汲取清儒"虽一事一物,亦必穷源溯流,旁搜曲证,以多为贵"[①]的心得,以现代意识和生命分析,洞察隐微,见微知著,因此悟彼,睹始知终,把握其间聚散分合、删减叠加之机。为此,有必要建立简帛抄本时代的版本学,用以把握简帛时代的书籍存在、传播、汇辑的真实形态,一种不同于宋元以后刊本的书籍形态。其中要领,是透视简帛取舍、缀合、整理、附加的内在规范、惯例和规律,以便更有说服力地还原古籍编纂的真实过程,并以此为基础提升对作为自身血脉的文化解释能力。把简书流传、缀合、辑录、汇编作为一个过程来对待,可以使由此描绘成的孔子文化地图切实准确,广阔浑厚,生气勃勃。

---

① ［清］刘声木:《苌楚斋随笔》,1929 年排印本,卷 3。

三十九章　孔学渊源的原始线索

由于《孔子家语》收录的孔子与七十子材料相对完整而原本,具有多维性、立体化之特征,这就为追踪孔学源流,提供许多弥足珍贵的线索。两汉三国离春秋战国近,对于同一个案例现场,离之近者提供证据,比离之远者提供的证据,更足取信。取最可信的证据进行源流追踪,是还原研究走近历史现场的重要步骤。要展示儒家文化地图的真实性和丰厚性,不可不坚实地走出这一步,以便近距离地审视孔子及其弟子是如何进行有根基的思想文化原创。顾炎武《日知录》卷二指出:"子曰:'述而不作,信而好古。'又曰:'好古敏以求之。'又曰:'君子以多识前言往行,以畜其德。'先圣后圣,其揆一也。不学古而欲稽天,岂非不耕而求获首?"[①]对于这么一位反复宣称好古敏求、多识蓄德的学派开创者,不考究其学术思想来源,就可能违背了、或遗失了其思想的本质。审阅史料,需要史源学;探究学派,需要学源学,这是把学问做得深入的基本途径。学不由径,就可能荒腔走板,失却根基。

清人王鸣盛《十七史商榷》卷一百又说:"考《礼记·乐记篇》云:'作者之谓圣,述者之谓明。'注云:'述谓训其义也。'疏云:'作者,尧、舜、禹、汤是也。述者,子游、子夏是也。'此虽据礼乐为言,不据史籍,然史籍所载,礼乐居其大端。"[②]实际上,孔子清理了尧、舜、禹诸圣,夏、商、周三代的文献积累和口头遗存,将自身的原创性思想寄托于具有古老权威的典籍整理之中,蕴含深厚,"不患人之不己知,患不知人也";而自己以"让德"为尚,与七十子之徒从容论学,自处"述者"的地位。这诚然是人类思想史上一种难以比拟的非常高明的文化战略,名义上是阐述古圣王及三代的思想精髓,实际上是借阐述而寄托自身的原创思想于其间,使丰富的历史文献浸染了儒家的价值观和历史观。如此这般而形成的群经列传,使得历代儒者对古老

---

① 　[清]顾炎武著,[清]黄汝成集释,秦克诚点校:《日知录集释》,长沙:岳麓书社,1994年版,第58页。

② 　[清]王鸣盛著,黄曙辉点校:《十七史商榷》,上海:上海书店,2005年版,第944页。

经籍进行训诂考辨，或解释其中的"微言大义"，皓首穷经，争执不已，反而成就了孔学作为旷世学术的深厚而博大、可以传之久远的创造。对于孔子这种文化战略，以往限于崇圣或泥古的情结，至今尚不能说已经彻底揭破。要深入揭破其"述创互蕴，以述为创"的文化战略的秘密，就不可不探求其知识和思想的渊源。

庭训模式，关联着为人父者对人生经验和文化精要的深情体验。因而是庭训施行者在教与受教之间，精神焦虑和文化关注之所在。孔子教子弟，既激励其"显闻四方，流声后裔"，也指点其观远明近，知晓源流。文化源头，是孔子庭训的第一关注。《孔子家语·子路初见篇》中，孔子告诉子路"君子不可以不学"①，《致思篇》中又将这句格言告诉儿子孔鲤："孔子谓伯鱼曰：'鲤乎，吾闻可以与人终日不倦者，其唯学乎？其容体不足观也，其勇力不足惮也，其先祖不足称也，其族姓不足道也，终而有大名，以显闻四方，流声后裔者，岂非学之效也？故君子不可以不学，……夫远而有光者，饰也；近而愈明者，学也。譬之污池，水潦注焉，蘆苇生焉，虽或以观之，孰知其源乎？"②孔子教育子嗣，以学立身，志在探寻文化的源头。在他心目中，追溯到人类文明的源头，就可以发现和享受泉水灌注而芦苇丛生，改造恶劣的污池般生态环境，呈现蓬蓬勃勃的生机。面对如此源头，须知根深则难拔，志坚则闻达，相反，器小则易盈，源浅则易涸。

众所熟知，《论语·季氏篇》记载孔鲤（伯鱼）趋庭受教，孔子调拨他"不学《诗》，无以言"③，"不学礼，无以立"④。这种诗书庭训，旨趣甚是深远，人类最初的文明发声为诗，成立在礼，孔子注重诗礼传家是从文明根源处立论的。《论语·阳货篇》中孔子尤其强调《诗》对弟子成才的价值："子谓伯鱼曰：'女为《周南》、《召南》矣乎？人而不为《周南》、《召南》，其犹正墙面而立也与！'"⑤懿哉庭训乎！人类文明的源头离不开诗，《周南》、《召南》是《诗三百》的开篇，连文明源头性典籍的开篇都不学，就如高墙当面，举目无所见，举步难以行了。但是这些记载，似乎都不及《孔子家语》点明士人不

①　王国轩、王秀梅译注：《孔子家语》，北京：中华书局，2011年版，第243页。
②　王国轩、王秀梅译注：《孔子家语》，北京：中华书局，2011年版，第85-86页。
③　[宋]朱熹撰：《四书章句集注》，北京：中华书局，1983年版，第173页。
④　[宋]朱熹撰：《四书章句集注》，北京：中华书局，1983年版，第174页。
⑤　[宋]朱熹撰：《四书章句集注》，北京：中华书局，1983年版，第178页。

靠族姓、先祖这类血缘关系,也不靠勇力、容体这类个人身体条件,而以终日不倦的学习来扬名自立、疏通道德学术源流,来得深切。因而孔子留下有限的庭训材料,这一条应该予以足够的注意,其教育子弟通过不懈的学习,以进入人类文明不舍昼夜地奔泻的源头和流脉。

反观孔子为学,既注重涵养德性智慧,又注重学统的传承。他往往深入文明的源头,把原始思维,磨砺出哲理的精锐。他的古《易》新解,就是这方面的典型。孔子与子夏、子贡、商瞿,对《易》学多有探究,而且既探究历史及人生哲学,也搜罗巫风杂著。巫风思维,是人类文明源头上的思维方式,神秘背后不乏原型特质。比如损与益相互推衍,是事物不舍昼夜地发生着的原型运动形态。既已熟悉《孔子家语·六本篇》所述:"孔子读《易》,至于《损》《益》,喟然而叹。子夏避席问曰:'夫子何叹焉?'孔子曰:'夫自损者必有益之,自益者必有决之,吾是以叹也。'"①那就不妨如此寻思,《易》学高深玄妙矣,但孔子先叹"损"、"益",就是深感其中隐含着事物发展的原始模型。《周易·损卦》之《象》曰:"损刚益柔有时,损益盈虚,与时偕行。"②损益是时间推移的标志,是与时俱进的。损益停止了,时间也就停止。损益哲学,就是时间哲学。《象》属"十翼",大概是撷取孔子传《易》之思想而撰述的。有所谓"穷变通久,见于大《易》;损益可知,著于《论语》"③,这是对天道、人道相互贯通的探索。

《论语·为政篇》记述孔子之言曰:"殷因于夏礼,所损益可知也;周因于殷礼,所损益可知也。其或继周者,虽百世,可知也。"④所谓礼,乃是人类文明的社会秩序结构,夏商周三代礼制在增减改动中与时推移,孔子于此描述的是一种历史渐进主义的运行轨迹。这与《老子》七十七章有所不同,老氏所谓"天之道,损有余而补不足;人道则不然,损不足,奉有余"⑤,注重的是人道与天道的悖谬,以天道来批判人道的非常道性和非正义性。因此损益命题,是从不同的角度贯通天道与人道的。孔子叹《易》,洞察天道,吟味人道,这一叹是回响在茫茫的天人之际的。并非偶然者,他面对子

---

①　王国轩、王秀梅译注:《孔子家语》,北京:中华书局,2011 年版,第 189 页。

②　[清]阮元校刻:《十三经注疏》(全 2 册),北京:中华书局,1980 年版,第 52 页。

③　[清]佚名撰:《西巡回銮始末记》,《满清野史丛书》本,卷 1 所录光绪二十六年(1900 年)《上谕》。

④　[宋]朱熹撰:《四书章句集注》,北京:中华书局,1983 年版,第 59 页。

⑤　朱谦之撰:《老子校释》,北京:中华书局,1984 年版,第 299 页。

夏而喟叹，激动得子夏作出如此承诺："商请志之，而终身奉行焉。"这种承诺语气，在七十子回忆孔子的文字中比较常见，大概是他们为夫子守心孝三年时，为《论语》编纂提供回忆材料而形成的某种惯例。孔子这一叹，竟然叹出了《易》学传承的头绪了。

更有深意者在于孔子喟叹之后，向子夏解释说："道弥益而身弥损。夫学者损其自多，以虚受人，故能成其满博也。天道成而必变，凡持满而能久者，未尝有也。故曰：自贤者，天下之善言不得闻于耳矣。昔尧治天下之位，犹允恭以持之，克让以接下，是以千岁而益盛，迄今而逾彰。夏桀、昆吾，自满而无极，亢意而不节，斩刈黎民如草芥焉。天下讨之，如诛匹夫，是以千载而恶著，迄今而不灭。观此，如行则让长，不疾先；如在舆，遇三人则下之，遇二人则式之。调其盈虚，不令自满，所以能久也。"

孔子是在复古中隐含着渐进的，但在这些解释中，似乎又对渐进的信念产生怀疑，产生失望，在一个战祸频仍、礼乐崩坏的时世探究于天人之际，难免充溢着忧患意识。他是将文化原始的探求，和文化当下的担当相互关联的。《周易·系辞下》已经感受到"《易》之兴也，其于中古乎？作《易》者，其有忧患乎？……《易》之兴也，其当殷之末世，周之盛德耶？当文王与纣之事耶？是故其辞危。危者使平，易者使倾。其道甚大，百物不废。惧以终始，其要无咎，此之谓《易》之道也。"[①]孔子体验到的"《易》之道"，于在历史危机感、忧患感中融合着历史兴亡感，倾覆了渐进主义的思路，思考着另一种"顺乎天而应乎人"的历史可能性。《周易·革卦》的彖辞撷取孔子这番解释的深意，陈说着"天地革而四时成，汤武革命，顺乎天而应乎人。革之时大矣哉！"[②]彖辞的卦义发挥，与《系辞》相互映照，成为孔子传《易》的亮点，开拓了《孟子·梁惠王下》如此说法的论证方式的先河："齐宣王问曰：'汤放桀，武王伐纣，有诸？'孟子对曰：'于传有之。'曰：'臣弑其君，可乎？'曰：'贼仁者谓之"贼"，贼义者谓之"残"。残贼之人，谓之"一夫"。闻诛一夫纣矣，未闻弑君也。'"[③]对历史的这种以正义感隐含着发展观的解释，已经作为一种价值取向，渗入儒学传承的脉络之中了。

六经之中，《易》最是复杂、深邃而神秘，它一头连着巫风，一头连着大

---

① ［清］阮元校刻：《十三经注疏》（全 2 册），北京：中华书局，1980 年版，第 89—90 页。
② ［清］阮元校刻：《十三经注疏》（全 2 册），北京：中华书局，1980 年版，第 60 页。
③ ［宋］朱熹撰：《四书章句集注》，北京：中华书局，1983 年版，第 221 页。

智慧和深度哲思。孔子言《易》，多见大智慧，前面已多有论述；但是并不是说，孔子说《易》的言论，都是那么高明通达，其中也沾染了不少巫风习气，难以沟通现代意识。《孔子家语·好生篇》记载："孔子常自筮其卦，得《贲》焉，愀然有不平之状。子张进曰：'师闻卜者得《贲卦》，吉也。而夫子之色有不平，何也？'孔子对曰：'以其离耶！在《周易》，山下有火谓之《贲》，非正色之卦也。夫质也，黑白宜正焉。今得《贲》，非吾兆也。吾闻丹漆不文，白玉不雕，何也？质有余，不受饰故也。'"①这里触犯的颜色禁忌，虽然孔子尽量往人之品质以纯粹无雕饰为尚的方向解释，毕竟难以摆脱巫风思维的纠缠。

　　《说苑·反质篇》也有此事的记载，文字略异。《吕氏春秋·慎行论·壹行》则为了自身立论而删节简帛材料："孔子卜，得贲。孔子曰：'不吉。'子贡曰：'夫贲亦好矣，何谓不吉乎？'孔子曰：'夫白而白，黑而黑，夫贲又何好乎？'故贤者所恶于物，无恶于无处。"②其中人物，子张换作子贡，若不是笔误，所据当是别一组竹简。而且以"故贤者所恶于物，无恶于无处"，进行解释，令人不知所云。孔子如此解《易》，实在有点深奥。为何说"《贲》非正色之卦"？《贲》卦又对应何种颜色？《诗经·小雅·白驹》"皎皎白驹，贲然来思"句，郑玄笺云："《易》卦曰：'山下有火，贲。'贲，黄白色也。"③贲卦的黄白色，就是孔子所谓"非正色"。因为夏尚黑，殷尚白，周尚赤，这些属于正色；《贲》卦的黄白色是一种"间色"，并非正色。对于间色，孔子是相当厌恶的。《论语·阳货篇》子曰："恶紫之夺朱也，恶郑声之乱雅乐也，恶利口之覆邦家者。"④朱是周人的正色，紫是间色，恶其邪奸之色而夺正色。《礼记·王制》也反对"奸色乱正色"⑤。这里涉及孔子的颜色禁忌，并将颜色禁忌与意义选择、道德取舍联系起来，才说出了这么一套拐弯抹角的非逻辑的话来。

　　孔子对《易》的研习和传授是全方位的。从与他有渊源的"十翼"可知，这种研习和传授，既及于《易》理，又及于《易》象，还及于《易》数。孔子研习

　　①　王国轩、王秀梅译注：《孔子家语》，北京：中华书局，2011年版，第111页。
　　②　［战国］吕不韦等编：《吕氏春秋》（《诸子集成》六），北京：中华书局，1954年版，第291页。
　　③　［清］阮元校刻：《十三经注疏》（全2册），北京：中华书局，1980年版，第434页。
　　④　［清］阮元校刻：《十三经注疏》（全2册），北京：中华书局，1980年版，第2525页。
　　⑤　［清］阮元校刻：《十三经注疏》（全2册），北京：中华书局，1980年版，第1344页。

《易》理时，常自筮，筮必及数。《孔子家语·执辔篇》记述子夏问于孔子曰："商闻《易》之生人及万物、鸟兽昆虫，各有奇耦，气分不同。而凡人莫知其情，唯达道德者能原其本焉。天一，地二，人三，三三如九，九九八十一。一主日，日数十，故人十月而生。八九七十二，偶以从奇，奇主辰，辰为月，月主马，故马十二月而生。七九六十三，三主斗，斗主狗，故狗三月而生。六九五十四，四主时，时主豕，故豕四月而生。五九四十五，五为音，音主猿，故猿五月而生。四九三十六，六为律，律主鹿，故鹿六月而生。三九二十七，七主星，星主虎，故虎七月而生。二九一十八，八主风，风为虫，故虫八月而生。其余各从其类矣。鸟、鱼生阴，而属于阳，故皆卵生。鱼游于水，鸟游于云，故立冬则燕雀入海，化为蛤。蚕食而不饮，蝉饮而不食，蜉蝣不饮不食，万物之所以不同。介鳞夏食而冬蛰，龁吞者八窍而卵生，龃嚼者九窍而胎生，四足者无羽翼，戴角者无上齿，无角无前齿者膏，有角无后齿者脂。昼生者类父，夜生者似母，是以至阴主牝，至阳主牡。敢问其然乎？"[1]

在孔子与二三子论学中，很少能见到有弟子如此长篇大论，云山雾罩，夸夸其谈者，可见子夏继承孔子《易》学，博采杂烩，在以术数解《易》上，走得比孔子更远，真不愧是"卜氏"子孙。他接受了原始之《易》，以及当时正在兴起的阴阳术数之类的影响，这类影响涉及道家，因此倡言"《易》之生人及万物……唯达道德者能原其本焉"。所谓"达道德者"，在先秦语境中，指的是道家。因此，孔子对子夏《易》论，似乎并无热烈赞同，而是非常含蓄地说："然。吾昔闻老聃亦如汝之言。"这就等于说，孔子并不认为子夏如此论《易》是吾门真传，只不过是"唯达道德者能原其本"的老聃式理解，混合着原始《易》及道家《易》的元素。

老聃是周室史官，也精于礼学。周朝史官不限于记史事、掌典籍，同时也司祭祀、观天象、卜吉凶、论兴亡，在此职位上的老聃对《易》当然也有精湛的造诣，说不定孔子晚年学《易》也与受了适周问礼时夹带受老聃述《易》的影响。孔子适周问礼时四十一岁，若孔子开始学《易》在四十七岁，则在六年之后，是经过反复掂量后的学术转型。孔子适周问礼于老聃，其时老聃"言道德五千言"尚未完成，其《易》学也不能排除巫风的气味。如果将思想家看作一个过程，那只能说是"前老聃"，是尚未经过"言道德五千言"萃

---

[1] 王国轩、王秀梅译注：《孔子家语》，北京：中华书局，2011年版，第312页。

取过的老聃。孔子晚年学《易》的入手处，可能杂有"前老聃式"，因此不仅子夏，甚至曾子也受过这种影响。比如《文选》卷三十四枚乘《七发》"阳鱼腾跃，奋翼振鳞"句，李善注："曾子曰：'鸟鱼皆生于阴，而属于阳。故鸟鱼皆卵生，鱼游于水，鸟飞于云。'"①曾子此言，就与子夏前面的话如出一辙。

考察由春秋转向战国的文化思潮，可以感觉到，子夏沿着"前老聃"系统解《易》的这类话，影响不可小觑。《淮南子·墜形训》就重复了其中不少言辞，有所谓："凡人民禽兽万物贞虫，各有以生，或奇或偶，或飞或走，莫知其情，唯知通道者，能原本之。天一，地二，人三，三三而九，九九八十一。一主日，日主十，日主人，人故十月而生。八九七十二，二主偶，偶以承奇，奇主辰，辰主月，月主马，马故十二月而生。七九六十三，三主斗，斗主犬，犬故三月而生。六九五十四，四主时，时主彘，彘故四月而生。五九四十五，五主音，音主猿，猿故五月而生。四九三十六，六主律，律主麋鹿，麋鹿故六月而生。三九二十七，七主星，星主虎，虎故七月而生。二九十八，八主风，风主虫，虫故八月而化。"②这类过分沉迷神秘数字的思维方式，给古代中国士人的世界观留下深刻的烙印，削弱了他们对实证知识的追求，成为科学思想按照自然法则展开的心理障碍。

然而孔子入手学《易》之后，以创造的精神登堂入室，已经超越了"前老聃"原本的论《易》路子。子夏似乎有点学究气，不辨孔子的言外之音，继续沿着前老聃式的思路，引述他所长的文献之学，滔滔不绝地继续发挥：

　　"商闻《山书》曰：'地东西为纬，南北为经；山为积德，川为积刑；高者为生，下者为死；丘陵为牡，溪谷为牝；蚌蛤龟珠，与日月而盛虚。是故坚土之人刚，弱土之人柔，墟土之人大，沙土之人细，息土之人美，□毛土之人丑。食土者无心而不息，食木者多力而不治，食草者善走而愚，食桑者有绪而蛾，食肉者勇毅而捍，食气者神明而寿，食谷者智慧而巧，不食者不死而神。故曰，羽虫三百有六十，而凤为之长；毛虫三百有六十，而麟为之长；甲虫三百有六十，而龟为之长；鳞虫三百有六十，而龙为之长；倮虫三百有六十，而人为之长。此乾坤之美也。殊形

①　[梁]萧统编，[唐]李善注：《文选》（全3册），北京：中华书局，1977年版，第480—481页。
②　[西汉]刘安等编：《淮南子》（《诸子集成》七），北京：中华书局，1954年版，第60页。

异类之数,王者动必以道,静必顺理,以奉天地之性,而不害其所主,谓之仁圣焉。'"[1]

所谓《山书》,难以考究,大概是山人之书,或居山所书,是某种民间术数之作。如《山海经》,初创部分称《山经》。孔学传承,难以拒绝此类术数之学,比如《周易·系辞上》就用了类似的术数:"大衍之数五十,其用四十有九。分而为二以象两,挂一以象三,揲之以四以象四时,归奇于扐以象闰。五岁再闰,故再扐而后挂。天数五,地数五,五位相得而各有合。天数二十有五,地数三十,凡天地之数五十有五,此所以成变化而行鬼神也。《乾》之策二百一十有六,《坤》之策百四十有四,凡三百六十,当期之日。二篇之策,万有一千五百二十,当万物之数也。"[2]既然儒家《易》学,也用术数,子夏沿袭前老聃式《易》学的路子而用术数,就不足为奇了。因此,孔子说"吾昔闻老聃亦如汝之言",是切中子夏要害的。子夏接着发挥的这番话,与《文子·九守篇》引述的老子之言,令人有似曾相识之感:"老子曰:人受天地变化而生,一月而膏,二月血脉,三月而胚,四月而胎,五月而筋,六月而骨,七月而成形,八月而动,九月而躁,十月而生,形骸已成,五藏乃分。肝主目,肾主耳,脾主舌,肺主鼻,胆主口。外为表,中为里,头圆法天,足方象地。天有四时、五行、九曜,三百六十日。人有四支、五藏、九窍,三百六十节。"[3]《文子》中的老聃,是"前老聃"与"后老聃"杂糅的,不是纯粹的"言道德五千言"之学。

因此,子夏言终而出之后,发生了子贡与孔子的这么一番评议:"子贡进曰:'商之论也如何?'孔子曰:'汝谓何也?'对曰:'微则微矣,然非治世之待也。'孔子曰:'然,各其所能。'"[4]诚然,子夏传《易》学,坚持"各其所能",另有所趋。《大戴礼记·易本命篇》将《孔子家语·执辔篇》这场论学记录,删除孔子之言及其与子贡的评议,只保留子夏的言说,单篇流行;并且将子夏之问,全部系于"子曰"之下。可见七十子后学传承孔学,各有取舍,各有偏离,各有引申和发挥,却又将各自的偏离和取舍指认为孔学要旨。遂使

① 王国轩、王秀梅译注:《孔子家语》,北京:中华书局,2011年版,第312—313页。
② [清]阮元校刻:《十三经注疏》(全2册),北京:中华书局,1980年版,第80页。
③ 李定生、徐慧君校释:《文子校释》,上海:上海古籍出版社,2004年版,第102页。
④ 王国轩、王秀梅译注:《孔子家语》,北京:中华书局,2011年版,第313页。

儒学文化地图丰富浑厚,菁芜兼有,色彩斑斓,激荡着反诘性的内在张力。

孔学之所以能够千古流传,是由于经孔子整理者,为中华民族最基本、最重要的经典。只要这些经典能够长久地作为民族必读典籍流传,孔子对它们的解说,就成为后人难以绕过去的原始解说。这种解说在其典籍的基本性和原始性上,建立了自身的权威。比如《诗经》是中国从民间到庙堂的性情歌唱和祭祀颂词的最早采录和汇集,它是中国诗性智慧和礼乐文明的源头。对诗的解说,就是对中国诗性智慧和礼乐文明之原型的解说。它已经不能简单地视为纯粹文学,而是文学性的基本文化,穿透了审美与政治、文化与人性。这样的典籍是与一个民族共生共存的。《孔子家语·好生篇》记载孔子解《诗》之言:"小辨害义,小言破道。《关雎》兴于鸟,而君子美之,取其雌雄之有别;《鹿鸣》兴于兽,而君子大之,取其得食而相呼。若以鸟兽之名嫌之,固不可行也。"①这里谈论《诗经》中风诗之首《关雎》、雅诗之首《鹿鸣》,如此选诗评议,采取提纲挈领之方法,收到画龙点睛之效果。从二诗的比兴手法说起,分别以鸟、兽作为起兴的由头,隐喻指向"雌雄之有别"的两性伦理和"得食而相呼"的友情伦理。这种评议带有原始性和直觉性,以原始的直觉,穿透审美与人性人情。当然这种原始直觉,还可进行多维的引申和诠释,后世儒者多引申到"经夫妇,成孝敬,厚人伦,美教化,移风俗"②,即引申到带有浓郁的人伦政治色彩的礼乐文化方向。

《诗》往往是孔子思想发生的触媒。孔子解说的原始性和直觉性,只是一粒种子,萌发成树,而与其反复倡导的礼乐文化相结合,即可以引发"诗三百"本义之膨胀,成为礼乐文化载休。既然如此,它就不再是"小辨"、"小言",而是对中国上古文化的具有基本价值的一种理解。诗三百"本义膨胀"效应,成为中国古代解诗曾经备受尊崇、而在近代又极受诟病的一种诗学诠释方式。《淮南子·泰族训》云:"五行异气而皆适调,六艺异科而皆同道。温惠柔良者,《诗》之风也。淳庞敦厚者,《书》之教也。清明条达者,《易》之义也。恭俭尊让者,礼之为也。宽裕简易者,乐之化也。刺几辨义者,《春秋》之靡也。……《关雎》兴于鸟,而君子美之,为其雌雄之不乖居也。《鹿鸣》兴于兽,君子大之,取其见食而相呼也。泓之战,军败君获,而

---

① 王国轩、王秀梅译注:《孔子家语》,北京:中华书局,2011年版,第123页。

② [清]阮元校刻:《十三经注疏》(全2册),北京:中华书局,1980年版,第270页。

《春秋》大之,取其不鼓不成列也。宋伯姬坐烧而死,《春秋》大之,取其不逾礼而行也。"①值得深入辨析者,《淮南子·泰族训》将"兴于鸟"、"兴于兽"的解诗言论,与宋襄公"不鼓不成列"而导致惨败的泓之战,以及宋伯姬在火灾中,守妇道而不逃生,以致"坐烧而死"相提并论。

　　这类故事,听起来实在太陈旧了。但历史就是那么令人不可思议,宋襄公、宋伯姬一类故事中的"《春秋》大义",与诗三百的"本义膨胀"联络成一个庞大的意义网络,竟然牵引着古老中国上层的神经。"泓之战"彰显的是一种"蠢猪式的仁义",《春秋·鲁僖公二十二年》特别记载:"冬十有一月己巳,朔,宋公及楚人战于泓,宋师败绩。"②《左传》同年展示,宋襄公与楚军战于泓(水名,在今河南柘城县西北),宋襄公不袭击"未成列"的楚师,战争中又"不重伤,不禽二毛"③,导致大败。而经传称赞其"不逾礼",反映了春秋战事讲究"君子礼",这种战争原则为后起的《孙子兵法》提出的"兵者,诡道","兵不厌诈"所突破,反映了古代中国战争形态的重大变迁,也是春秋战法或战争形态,开始向战国战法或战争形态的转移。

　　《春秋·襄公三十年》记载,"五月甲午,宋灾,宋伯姬卒"④。一个长期寡居的贵族妇人被大火烧死,竟然记录于文字简约的经书中,也是非常破格的事情。《左传》同年如此记载:"或(有人)叫于宋大庙(微子庙),曰'嘻嘻,出出。'鸟鸣于亳社,如曰'嘻嘻。'甲午,宋大灾。宋伯姬卒,待姆也。君子谓:'宋共姬,女而不妇。女待人,妇义事也。'"⑤《春秋穀梁传·襄公三十年》则作了如此解释:"五月甲午,宋灾,伯姬卒。取卒之日,加之灾上者,见以灾卒也。其见以灾卒奈何?伯姬之舍失火,左右曰:'夫人少辟火乎!'伯姬曰:'妇人之义,傅母不在,宵不下堂。'左右又曰:'夫人少辟火乎!'伯姬曰:'妇人之义,保母不在,宵不下堂。'遂逮乎火而死。妇人以贞为行者也,伯姬之妇道尽矣。详其事,贤伯姬也。"⑥这是一个为了恪守礼节,宁可付出生命代价的故事。起码到了汉代儒者,都是以此类故事强调礼高于战争的成败和生命的存亡,如董仲舒《春秋繁露》认为:"春秋尊礼而重信,信

①　[西汉]刘安等编:《淮南子》(《诸子集成》七),北京:中华书局,1954年版,第353页。
②　杨伯峻编著:《春秋左传注》(全4册),北京:中华书局,1990年版,第393页。
③　杨伯峻编著:《春秋左传注》(全4册),北京:中华书局,1990年版,第397页。
④　杨伯峻编著:《春秋左传注》(全4册),北京:中华书局,1990年版,第1169页。
⑤　杨伯峻编著:《春秋左传注》(全4册),北京:中华书局,1990年版,第1174页。
⑥　[清]阮元校刻:《十三经注疏》(全2册),北京:中华书局,1980年版,第2432页。

重于地,礼尊于身。何以知其然也? 宋伯姬疑礼而死于火,齐桓公疑信而亏其地,《春秋》贤而举之,以为天下法。"①实际上这种悲剧的出现,就证明了古礼存在着无视人的自由和生命价值的一面,与《论语·乡党篇》"厩焚。子退朝,曰:'伤人乎?'不问马"②的精神,相去甚远。这就是"君子儒"明道,"小人儒"矜名的差别了。

依然回到孔子论《诗》。令人感兴趣者,《孔子家语·好生篇》接下来引诗二首,然后引述孔子的评析。采取的不是对话体,而是讲义体,此乃孔子授《诗》之讲义片段乎? 姑提示以供思考。第一首诗,是《诗经·豳风·鸱鸮》:"(鸱鸮鸱鸮,既取我子,无毁我室。恩斯勤斯,鬻子之闵斯。)迨天之未阴雨,彻彼桑土,绸缪牖户。今女下民,或敢侮予?"③这也是"兴于鸟",属于禽言诗。孔子评析曰:"能治国家之如此,虽欲侮之,岂可得乎? 周自后稷,积行累功,以有爵土。公刘重之以仁。及至太王亶甫,敦以德让,其树根置本,备豫远矣。初,太王都豳,狄人侵之。事之以皮币,不得免焉;事之以珠玉,不得免焉。于是属耆老而告之:'所欲吾土地。吾闻之,君子不以所养而害人。二三子何患乎无君?'遂独与太姜去之,逾梁山,邑于岐山之下。豳人曰:'仁人之君,不可失也。'从之如归市焉。天之与周,民之去殷久矣,若此而不能王天下,未之有也。武庚恶能侮?"④

对于此诗,《毛序》如此解释:"《鸱鸮》,周公救乱也。成王未知周公之志,公乃为诗以遗王,名之曰《鸱鸮》焉。"⑤其所依据,乃是《尚书·金縢》中语:"周公居东二年,则罪人斯得。于后,公乃为诗以贻王,名之曰《鸱鸮》。王亦未敢诮公。"⑥这些解说,长期成了儒者共识,但《孔子家语》中孔子的解说,与之存在着明显的不同。孔子是从周人的始祖后稷,以及公刘、大王亶甫这一千余年的未雨绸缪、敦德积功中,谈论《鸱鸮》对周族开国史的象征;而《毛序》则局限于周公平息流言与动乱,借助"兴于鸟"以明心志。不过,二者解诗的方向是一致的,都是以诗解史,政治意识明显。而且孔子最后说"武庚恶能侮",又勾连上西周初期周公平乱的事迹,前后连贯性的

---

① 苏舆撰,钟哲点校:《春秋繁露义证》,北京:中华书局,1992年版,第6页。

② [宋]朱熹撰:《四书章句集注》,北京:中华书局,1983年版,第121页。

③ [清]阮元校刻:《十三经注疏》(全2册),北京:中华书局,1980年版,第394—395页。

④ 王国轩、王秀梅译注:《孔子家语》,北京:中华书局,2011年版,第124—125页。

⑤ [清]阮元校刻:《十三经注疏》(全2册),北京:中华书局,1980年版,第394页。

⑥ [清]阮元校刻:《十三经注疏》(全2册),北京:中华书局,1980年版,第197页。

中断可能由于中间出现缺简的缘故。也就是说,《毛序》解诗,心与孔子相通,但具体解释上更加坐实而缺乏弹性。

第二首诗,是《诗经·邶风·简兮》:"硕人俣俣,公庭万舞。有力如虎,执辔如组。"①而实际上行文中的"执辔如组,两骖如舞",应是取自《诗经·郑风·大叔于田》。这里使用的手法,是"兴于曽(马)",写人物在舞蹈中、或在打猎时,从容自如地驾驭车马。孔子对之评析曰:"为此诗者,其知政乎!夫为组者,总纰于此,成文于彼。言其动于近,行于远也。执此法以御民,岂不化乎?竿旄之忠告,至矣哉!"与前一首诗的评析,强调周人"积行累功","重之以仁","敦以德让",导致民族振兴的历史过程略有所不同,后一首诗的评析,推许施政方法,应该执辔御民,"动于近,行于远",达到纲举目张的效果。如此解《诗》,近于《孔子家语·执辔篇》所言"御四马者执六辔,御天下者正六官。是故,善御马者,正身以总辔,均马力,齐马心,回旋曲折,唯其所之"②,却与《毛诗小序》所谓"《大叔于田》,刺庄公也。叔多才而好勇,不义而得众也"③,相去甚远。《诗》连通了民间歌唱和庙堂祭祀,成了孔子从中导发政治和人生智慧的发兴资源。这就是孔子何以说"诗,可以兴,可以观,可以群,可以怨"④了。

考之《孟子·公孙丑上》对孔子以诗言政、以诗言礼的解诗方法,极有心得,而且将之引申为对仁政思想的解说。《孟子·公孙丑上》载孟子曰:"仁则荣,不仁则辱。……《诗》云:'迨天之未阴雨,彻彼桑土,绸缪牖户。今此下民,或敢侮予。'孔子曰:'为此诗者,其知道乎!能治其国家,谁敢侮之?'今国家闲暇,及是时,般乐怠敖,是自求祸也。祸福无不自己求之者。"⑤出人意外者,此处孔子所释之诗,是前述的第一首诗《鸱鸮》;而释诗所用的语言,却与解说第二首《邶风》(或《郑风》)中诗的语言,颇有相同之处。孔子释诗依然指向治国理政,称"为此诗者"深知治国理政之道,似乎也隐喻着《鸱鸮》为周公所作,但并未明言,带有更多的再阐释的余地,甚至如《孔子家语》释《鸱鸮》那样将周族开国先公也囊括于其中。孟子是将孔

① [清]阮元校刻:《十三经注疏》(全2册),北京:中华书局,1980年版,第308页。
② 王国轩、王秀梅译注:《孔子家语》,北京:中华书局,2011年版,第308页。
③ [清]阮元校刻:《十三经注疏》(全2册),北京:中华书局,1980年版,第337页。
④ [清]阮元校刻:《十三经注疏》(全2册),北京:中华书局,1980年版,第2525页。
⑤ [宋]朱熹撰:《四书章句集注》,北京:中华书局,1983年版,第235-236页。

子对两首诗的评析,合并言之的,但孟子自身也有引申,突出的是其中的"仁政"意蕴,这是经战国儒者改造过的观念,即所谓"仁则荣,不仁则辱"。将《孔子家语》与《孟子》中关于孔子释诗的材料相比较,不难看出,《孔子家语》搜藏的是七十子记述的原始材料,这些材料的最初记录不在《孟子》成书之后。每一个解诗者都有自己的主体思想情感"气场",这个"气场"左右着他解诗的方向和形式,孔、孟解诗的异同与其主体"气场"存在着深刻的关系。

孔子言《诗》,在《孔子家语·好生篇》还有一则记载:"吾于《甘棠》,见宗庙之敬甚矣。思其人,必爱其树,尊其人,必敬其位,道也。"①树成了人间惠政的见证,人成了繁茂棠荫的灵魂,人与树同构,讲述着一种政治德泽的浸润。解诗也就是解读政治,解读一种散布有思、爱、尊、敬等感情丝缕的政治。这条材料也为刘向《说苑·贵德篇》收录,并在前面加了叙说:"圣人之于天下百姓也,其犹赤子乎?饥者则食之,寒者则衣之,将之养之,育之长之,唯恐其不至于大也。《诗》曰:'蔽芾甘棠,勿翦勿伐,召伯所茇。'《传》曰:'自陕以东者,周公主之;自陕以西者,召公主之。'召公述职,当桑蚕之时,不欲变民事,故不入邑中,舍于甘棠之下,而听断焉。陕间之人,皆得其所。是故后世思而歌咏之,善之故言之,言之不足,故嗟叹之,嗟叹之不足,故歌咏之。夫《诗》,思然后积,积然后满,满然后发,发由其道,而致其位焉。百姓叹其美而致其敬,甘棠之不伐也,政教恶乎不行!孔子曰:'吾于《甘棠》,见宗庙之敬也甚。尊其人必敬其位,顺安万物,古圣之道几哉!'"②这就将一首睹物思人的诗,解释为政治诗了,古人解诗的政治学意识是很浓的。

所谓"《传》曰",指的是《春秋公羊传·隐公五年》曰:"自陕而东,周公主之,自陕而西者,召公主之。"③《史记·燕召公世家》也云:"其在成王时,召公为二公:自陕以西,召公主之;自陕以东,周公主之。……召公之治西方,甚得兆民和。召公巡行乡邑,有棠树,决狱政事其下,自侯伯至庶人各得其所,无失职者。召公卒,而民人思召公之政,怀棠树不敢伐,歌咏之,作

---

①　王国轩、王秀梅译注:《孔子家语》,北京:中华书局,2011年版,第112页。

②　[汉]刘向撰,向宗鲁校证:《说苑校证》,北京:中华书局,1987年版,第94—95页。

③　[清]阮元校刻:《十三经注疏》(全2册),北京:中华书局,1980年版,第2207页。

《甘棠》之诗。"①司马迁、刘向得见《春秋公羊传》,引此以解说周初召公甘棠听讼,惠民而清明的政声。

　　《甘棠》是《诗经·召南》中的一首诗:"蔽芾甘棠,勿翦勿伐,召伯所茇。蔽芾甘棠,勿翦勿败,召伯所憩。蔽芾甘棠,勿翦勿拜,召伯所说。"②《毛诗小序》说:"《甘棠》,美召伯也。召伯之教,明于南国。"③据说召公封为西伯,行政于南方国土,决讼于小棠树之下,其教著明于南国,其爱结于民心。国人见召伯棠下建草舍,裁决男女诉讼,今虽身去,尚敬其树,告诫对召伯尝舍于其下的小甘棠树,勿得翦伐。其实,这是将贤臣崇拜,寄托在甚为原始的树神崇拜上,其表现手法可以称为"兴于树"。

　　尚须说明,"兴于树"的诗学比兴,牵连着人类自然崇拜的原始思维。原始人类存在着一种神树崇拜,如《山海经·大荒东经》云:"大荒之中,有山名曰孽摇頵羝,上有扶木,柱三百里,其叶如芥。有谷曰温源谷。汤谷上有扶木。一日方至,一日方出,皆载于乌。"④《山海经·大荒北经》云:"大荒之中,有衡石山、九阴山、洞野之山,上有赤树,青叶,赤华,名曰若木。"⑤《山海经·海内经》云:"有木,青叶紫茎,玄华黄实,名曰建木,百仞无枝,有九欘,下有九枸,其实如麻,其叶如芒,大皞爰过,黄帝所为。"⑥其中的扶木、若木、建木,都是神树崇拜的信仰残片,其中还牵连着"十日神话"。《淮南子·墬形训》云:"昆仑之丘,或上倍之,是谓凉风之山,登之而不死。……扶木在阳州,日之所曊。建木在都广,众帝所自上下,日中无景,呼而无响,盖天地之中也。若木在建木西,末有十日,其华照下地。"⑦这透露了神树崇拜与登天意念、日月升沉神话,关系甚深。《庄子·逍遥游》云:"上古有大椿者,以八千岁为春,八千岁为秋"⑧,神树联系着生命力绵长的遐想。《庄子·人间世篇》云:"见栎社树,其大蔽数千牛,絜之百围。"⑨神

① [汉]司马迁撰:《史记》(全10册),北京:中华书局,1959年版,第1549—1550页。
② [清]阮元校刻:《十三经注疏》(全2册),北京:中华书局,1980年版,第287—288页。
③ [清]阮元校刻:《十三经注疏》(全2册),北京:中华书局,1980年版,第287页。
④ 袁珂校注:《山海经校注》,成都:巴蜀书社,1992年版,第408页。
⑤ 袁珂校注:《山海经校注》,成都:巴蜀书社,1992年版,第498页。
⑥ 袁珂校注:《山海经校注》,成都:巴蜀书社,1992年版,第509页。
⑦ [西汉]刘安等编:《淮南子》(《诸子集成》七),北京:中华书局,1954年版,第57页。
⑧ [清]王先谦撰:《庄子集解》,北京:中华书局,1987年版,第3页。
⑨ [清]王先谦撰:《庄子集解》,北京:中华书局,1987年版,第41页。

树与社神即土地之神的崇拜,联结在一起。屈原《离骚》云:"路曼曼其修远兮,吾将上下而求索。饮余马于咸池兮,总余辔乎扶桑。折若木以拂日兮,聊逍遥以相羊。"①《九章·悲回风》云:"纥思心以为纕兮,编愁苦以为膺。折若木以蔽光兮,随飘风之所仍。"②诗人随手摘来古老的神树崇拜的枝叶,点缀着飞天幻想。出土文物也一再推升着神树崇拜在原始信仰中的地位。四川广汉三星堆文物中,有一棵高达 3.95 米的青铜神树。树干一侧倒挂蟠龙,三层九根树枝各立一只鸟,三条树根之间各有一个跪坐的人像。其将图腾崇拜与"十日神话"、"金乌负日"的太阳神崇拜,神秘而又鲜亮地融合在一起,表达得震撼人心。这种神树崇拜在《论语》中也有遗痕可寻。《八佾篇》记载:"哀公问社于宰我。宰我对曰:'夏后氏以松,殷人以柏,周人以栗,曰,使民战栗。'子闻之曰:'成事不说,遂事不谏,既往不咎。'"③在孔子心目中,宰予对社树的解答,是游谈无根的,他虽然不语怪力乱神,但辨其言外之音,对于社树蕴含的原始信仰,是心中有数的。由此也可以知,孔子所谓诗可以"多识于鸟兽草木之名",从"兴于鸟"、"兴于兽"、"兴于树"来看,就不仅记住鸟兽草木的名和形,而且以"万物皆灵"的角度,连通了鸟兽草木之神。

孔子以树喻人的解诗方法,也不排除对当时社会流行的思想方式与心理情结的关注和汲取,表述了他身处乱世而思慕清明政治的情结。《左传·定公九年》记载:"郑驷歂杀邓析,而用其《竹刑》。君子谓子然(驷歂的字):'于是不忠。苟有可以加于国家者,弃其邪可也。《静女》之三章,取彤管焉。《竿旄》'何以告之',取其忠也。故用其道,不弃其人。《诗》云:'蔽芾甘棠,勿翦勿伐,召伯所茇。'思其人,犹爱其树,况用其道而不恤其人乎? 子然无以劝能矣。'"④此事发生在孔子知天命之年,当年孔子始出仕,为鲁国中都宰。《左传》所说的"君子"是谁? 其所谓《甘棠》"思其人,犹爱其树",与孔子所说的"爱其树,尊其人"颇有默契之处,都牵动了思念体恤民情之古贤的情结,那是一种乱世求治的情结。由此可知,孔子《诗》学的知识和智慧的来源,既包含着对原始信仰的省察,也包

① [宋]洪兴祖撰,白化文等点校:《楚辞补注》,北京:中华书局,1983 年版,第 27—28 页。
② [宋]洪兴祖撰,白化文等点校:《楚辞补注》,北京:中华书局,1983 年版,第 157 页。
③ [清]阮元校刻:《十三经注疏》(全 2 册),北京:中华书局,1980 年版,第 2468 页。
④ 杨伯峻编著:《春秋左传注》(全 4 册),北京:中华书局,1990 年版,第 1571—1572 页。

含着对当时政治的反思,不是悬拟之谈,而是关注民间信仰和现实政治,接通"地气"之脉息的。

　　孔子解《诗》之原本,不仅有将诗作为礼乐文明的载体,强调其政治伦理功能的一面,而且也有将诗作为情感载体,既连通原始思维,又注入现实关切和忧患情怀的一面。由于关注现实,连接着"地气",孔子说《诗》,不仅感念古贤,而且痛惜时艰,展示了沉痛的生存关怀和历史命运感。这份人间的关怀和担当,颇有几分"念天地之悠悠,独沧然而涕下"之慨。《孔子家语·贤君篇》记载:"孔子读《诗》,于《正月》六章,惕焉如惧,曰:'彼不达之君子,岂不殆哉!从上依世则道废,违上离俗则身危。时不兴善,己独由之,则曰非妖即妄也。故贤也既不遇天,恐不终其命焉。桀杀龙逢,纣杀比干,皆类是也。《诗》曰:"谓天盖高,不敢不局。谓地盖厚,不敢不蹐。"此言上下畏罪,无所自容也。'"①刘向《说苑·敬慎篇》则把"读《诗》",记述为"论《诗》":"孔子论《诗》,至于《正月》之六章,懼然曰:"不逢时之君子,岂不殆哉!从上依世则废道,违上离俗则危身。世不与善,己独由之,则曰非妖则孽也。是以桀杀关龙逢,纣杀王子比干。故贤者不遇时,常恐不终焉。《诗》曰:'谓天盖高,不敢不踊。谓地盖厚,不敢不蹐。此之谓也。'"②其中"惕焉如惧"写作"懼然","时不兴善"写作"世不与善"之类,都是竹简分头传抄过程中的变异。

　　汉代书籍,副本极少。司马迁自述"为《太史公书》","成一家之言,厥协六经异传,整齐百家杂语,藏之名山,副在京师,俟后世圣人君子"③。太史公所见六经有"异传",百家有"杂语",而思协理之、整齐之,认为这是东周秦汉书籍形态使然,虽然对某些志怪之作"所有怪物,余不敢言之",但不会轻易将艰难存世的文献作为伪书而鄙弃不顾。至于自撰的《太史公书》除了"藏之名山"的原本外,在京师只有一个副本。《汉书·司马迁传》交待原委:"迁既死后,其书稍出。宣帝时,迁外孙平通侯杨恽祖述其书,遂宣布焉。"④"其书稍出"是指京师副本流出,所见者有限;"外孙祖述其书"是指藏之名山的原本,此本宣布,开始流行。至于《说苑》一类书,在汉世流布范

　　①　王国轩、王秀梅译注:《孔子家语》,北京:中华书局,2011年版,第160页。
　　②　[汉]刘向撰,向宗鲁校证:《说苑校证》,北京:中华书局,1987年版,第261页。
　　③　[汉]司马迁撰:《史记》(全10册),北京:中华书局,1959年版,第3319—3320页。
　　④　[汉]班固撰:《汉书》(全12册),北京:中华书局,1962年版,第2737页。

围,不可高估。反而当时有不少简帛散在各地,或府宅私藏,或师门传授,在此情形下,多组竹简的分头传抄,不仅不应怀疑谁人在"作伪",反而应该因由不同空间的传播,互证其可信性。"可信性互证",实在可以作为指认战国秦汉文献的一条原则。

《正月》为《诗经·小雅》中之诗,其反反复复地吟咏着一种哀伤孤独、彷徨无地的浓郁感情:"正月繁霜,我心忧伤。民之讹言,亦孔之将。念我独兮,忧心京京。哀我小心,癙忧以痒。……谓天盖高,不敢不局。谓地盖厚,不敢不蹐。维号斯言,有伦有脊。哀今之人,胡为虺蜴?……心之忧矣,如或结之。今兹之正,胡然厉矣。燎之方扬,宁或灭之。赫赫宗周,褒姒灭之!"①《毛序》云:"《正月》,大夫刺幽王也。"②周幽王被褒姒搅昏了头脑,导致社会政治情态昏暗动荡,刺激着歌诗发出了怨愤、甚至抗议的声音。如顾炎武《日知录》卷十九所云:"诗之为教,虽主于温柔敦厚,然亦有直斥其人而不讳者。如曰'赫赫师尹,不平谓何!'如曰'赫赫宗周,褒姒灭之!'"③乱世君子难以把握自己的命运,陷入了"从上依世则道废;违上离俗则身危"的两难处境而不可自拔。孔子从《正月》诗中,感受到一种乱世悲愤、末世悲凉,夏、殷末世耿直忠诚的贤臣被害的阴影,挥之不去,从而触发了"故贤也既不遇天,恐不终其命焉"的沉重的感慨。这实在是一种千古同悲,有若李白《行路难》所呼唤者:"大道如青天,我独不得出。……昭王白骨萦蔓草,谁人更扫黄金台。行路难,归去来!"④这也是孔子那类"贤也既不遇天"的感慨,在千余年后的历史回响。《毛序》强调者是诗之刺的功能,而孔子关心者是"不达之君子"的生存处境,以及"上下畏罪,无所自容"的精神煎熬,因而孔子论《诗》,感时伤世,尤多直接理智和情感体验。

①　[清]阮元校刻:《十三经注疏》(全 2 册),北京:中华书局,1980 年版,第 441—443 页。
②　[清]阮元校刻:《十三经注疏》(全 2 册),北京:中华书局,1980 年版,第 441 页。
③　[清]顾炎武著,[清]黄汝成集释,秦克诚点校:《日知录集释》,长沙:岳麓书社,1994 年版,第 678 页。
④　[唐]李白著,[清]王琦注:《李太白全集》(全 3 册),北京:中华书局,1977 年版,第 190 页。

四十章　开启知识发生学的途径

　　以诗引导思维，以诗判断思维的合理性，是中国古代思想文化形态中一个别有趣味的基本特征。中国允称诗国，诗国有诗国的"即诗运思"的"气场"，思想向诗请教，诗向思想投入酵母，导致诗成了孔子学理思维的一个原始支撑点。诗书礼乐，诗是第一经，孔子之学就由此出发。这有别于西方哲人以概念作为学理思维的逻辑起点，借助概念、判断、推理来推动对事物认知过程的深入。孔子却是以诗将人间的思想带入文化深处，带入人性感怀的深处，达到一种心物交融的诗化学理境界。他说理常用诗，使诗性牵引理性，理性融入诗性，创造性的思想就在诗性和理性的交融中发酵，遂使"引诗为证"成了一种创造性思维的方式，令人感到确如孔子所言："不学诗，无以言。"

　　究其理由，这与春秋战国之际的士风和诗的传播方式有关。这不仅如《汉书·艺文志》所言："传曰：'不歌而诵谓之赋，登高能赋可以为大夫。'……古者诸侯卿大夫，交接邻国，以微言相感，当揖让之时，必称诗以喻其志，盖以别贤不肖而观盛衰"[1]；而且如清人章学诚《文史通义》所云："古无私门之著述，未尝无达衷之言语也。惟托于声音，而不著于文字，故秦人禁《诗》、《书》，《书》阙有间，而《诗》篇无有散失也。后世竹帛之功，胜于口耳；而古人声音之传，胜于文字。……故曰：后世之文体，皆备于战国，而《诗》教于斯可谓极广也。"[2]即是说，原始的抒情、叙事、说理，借助于韵语，朗朗上口，口耳相传，从而形成了在口头传统中以诗说理的习惯，诗成了道术的显现方式，诗成了探求人类生存意义的创造思维的发酵剂，某些精彩的诗语言衍化成为众所认同的带有"公理"意味的元文化因素，往往被作为学理思维的原始支撑点。《论语·述而篇》所谓"子所雅言，《诗》、《书》、执礼，皆雅言也"[3]，也蕴含着这一层意思。由于诗的发音合乐，已经

---

① ［汉］班固撰：《汉书》（全12册），北京：中华书局，1962年版，第1755—1756页。
② ［清］章学诚著，叶瑛校注：《文史通义校注》（全2册），北京：中华书局，1985年版，第78页。
③ ［宋］朱熹撰：《四书章句集注》，北京：中华书局，1983年版，第97页。

过周室乐师的校对,只有以雅言诵之,才能与诗乐相融。如郑玄曰:"读先王典法,必正言其音,然后义全,古不可有所讳也。礼不诵,故言执也。"①即诗言礼,先要将精神融入诗。

因此,"引诗为证",心融入诗性智慧,成了孔子论学言理的习惯性思维方式。后世说书、或章回小说有所谓"有诗为证",这种民俗心理和趣味,其实联系着中国人的原始思维。《孔子家语·贤君篇》记录鲁哀公问政于孔子,"孔子对曰:'政之急者,莫大乎使民富且寿也。'公曰:'为之奈何?'孔子曰:'省力役,薄赋敛,则民富矣;敦礼教,远罪疾,则民寿矣。'公曰:'寡人欲行夫子之言,恐吾国贫矣。'孔子曰:'《诗》云:恺悌君子,民之父母。未有子富而父母贫者也。'"②

这则记载,也为《说苑·政理篇》收录。"泂酌彼行潦,挹彼注兹,可以馈饎。恺悌君子,民之父母",诗行出自《诗经·大雅·泂酌》③。何为"恺悌君子"?《吕氏春秋·审应览·不屈》云:"《诗》曰:恺悌君子,民之父母。恺者,大也,悌者,长也。君子之德长且大者,则为民父母。"④因此,此诗行的意思是,远远地舀来路边积水,灌注在这边的器皿中澄清,可以用来蒸煮酒食,德行高大的君子啊,是百姓的父母。这是周室腹地西北地区干旱缺水的生存状态,因而原诗本音应是雅言,孔子对自己最喜欢引用的诗句,须用雅言诵之。诗句的内涵,表达亲民惠民的思想而近乎仁,也契合宗法社会政治结构的伦理等级。就连西汉贾谊《新书》卷七《君道(连语)》也说:"《诗》曰:'恺悌君子,民之父母。'言圣王之德也。《易》曰:'鸣鹤在阴,其子和之。'言士民之报也。"⑤这种思想在传统政治上,有相当强的渗透性,为历代君臣和士人时常征引。

孔子引诗言理而涉及"恺悌君子,民之父母"诗句者,起码还有:

　　(一)《孝经·广至德章》子曰:"君子之教以孝也,非家至而日见之也。教以孝,所以敬天下之为人父者也。教以悌,所以敬天下之为人

---

① 程树德撰,程俊英、蒋见元点校:《论语集释》(全4册),北京:中华书局,1990年版,第477页。

② 王国轩、王秀梅译注:《孔子家语》,北京:中华书局,2011年版,第164—165页。

③ [清]阮元校刻:《十三经注疏》(全2册),北京:中华书局,1980年版,第544页。

④ [战国]吕不韦等编:《吕氏春秋》(《诸子集成》六),北京:中华书局,1954年版,第230页。

⑤ [汉]贾谊撰,阎振益、钟夏校注:《新书校注》,北京:中华书局,2000年版,第288页。

兄者也。教以臣,所以敬天下之为人君者也。《诗》云:'恺悌君子,民之父母。'非至德,其孰能顺民如此其大者乎!"①

（二）《孔子家语·弟子行篇》子贡介绍子张:"美功不伐,贵位不善,不侮不佚,不敖无告,是颛孙师之行也。孔子言之曰:'其不伐,则犹可能也;其不弊百姓,则仁也。'《诗》云:'恺悌君子,民之父母。'夫子以其仁为大学之深。"②

（三）《孔子家语·论礼篇》:"子夏侍坐于孔子,曰:'敢问《诗》云"恺悌君子,民之父母",何如斯可谓民之父母?'孔子曰:'夫民之父母,必达于礼乐之源,以致五至而行三无,以横于天下。四方有败,必先知之。此之谓民之父母。'"③

（四）《韩诗外传》卷八:"子贱治单父,其民附。……孔子曰:'所父事者三人,所兄事者五人,足以教弟矣。所友者十有二人,足以祛壅蔽矣。所师者一人,足以虑无失策,举无败功矣。惜乎!不齐为之大,功乃与尧舜参矣。'《诗》曰:'恺悌君子,民之父母。'子贱其似之矣。"④

从上述文字中可以看出,孔子既以此诗句应对国君,又以此诗句启发和评议诸弟子。一句"恺悌君子,民之父母",成了孔子为政亲民思想的酵母。其归宿点就是《孝经》所依次表述的敬天下之"为人父者"、"为人兄者"、"为人君者",以伦理情感维系政治关系。这正是中国传统政治讲究温情,又难以跳出亲疏情感之连环套的重要特征。

《诗》既是孔门授学的基本课程,引诗说理又是孔门授学的基本方法,颇有点"无诗不成课"的意味。这就把春秋时期"赋诗言志","登高能赋,可以为大夫"的政治外交礼仪,引入了民间课堂。《孔子家语·辨政篇》有一章三度引诗,简直引诗成了瘾:

> 子贡问于孔子曰:"昔者齐君问政于夫子,夫子曰'政在节财';鲁君问政于夫子,子曰'政在谕臣';叶公问政于夫子,夫子曰'政在悦近

① 胡平生译注:《孝经译注》,北京:中华书局,1996 年版,第 29—30 页。
② 王国轩、王秀梅译注:《孔子家语》,北京:中华书局,2011 年版,第 144 页。
③ 王国轩、王秀梅译注:《孔子家语》,北京:中华书局,2011 年版,第 330 页。
④ 屈守元笺疏:《韩诗外传笺疏》,成都:巴蜀书社,1996 年版,第 693 页。

来远'。三者之问一也,而夫子应之不同。然政在异端乎?"

孔子曰:"各因其事也。齐君为国,奢乎台榭,淫于苑囿,五官伎乐,不解于时,一旦而赐人以千乘之家者三,故曰'政在节财'。鲁君有臣三人,内比周以愚其君,外距诸侯之宾以蔽其明,故曰'政在谕臣'。夫荆之地广而都狭,民有离心,莫安其居,故曰'政在悦近而来远'。此三者所以为政殊矣。《诗》云:'丧乱蔑资,曾莫惠我师!'此伤奢侈不节以为乱者也。又曰:'匪其止共,惟王之邛。'此伤奸臣蔽主以为乱也。又曰:'乱离瘼矣,奚其适归?'此伤离散以为乱者也。察此三者,政之所欲,岂同乎哉?"①

其中所引之诗,"丧乱蔑资,曾莫惠我师",出自《诗·大雅·板》;"匪其止共,维王之邛",出自《小雅·巧言》;"乱离瘼矣,爰其适归",出自《小雅·四月》。只有"维"作"惟","爰"作"奚"之异,当是转写抄录所致。这段记载,也见于《说苑·政理篇》,问答内容的顺序是叶公、鲁哀公、齐景公,与《家语》记载的顺序恰好转了个,最初可能是子贡忆述而记录成的几支一组竹简,转录编排时出现差异。《韩非子·难三》也载有这条材料:"叶公子高问政于仲尼,仲尼曰:'政在悦近而来远。'哀公问政于仲尼,仲尼曰:'政在选贤。'齐景公问政于仲尼,仲尼曰:'政在节财。'三公出,子贡问曰:'三公问夫子政一也,夫子对之不同,何也?'仲尼曰:'叶都大而国小,民有背心,故曰:政在悦近而来远。鲁哀公有大臣三人,外障距诸侯四邻之士,内比周而以愚其君,使宗庙不扫除,社稷不血食者,必是三臣也,故曰:政在选贤。齐景公筑雍门,为路寝,一朝而以三百乘之家赐者三,故曰:政在节财。'"②三公的顺序,与《说苑》同。但三公问政,各有其时间、地点,并非一时一地之事,笼统地说"三公出,子贡问曰",则是错乱了时空。韩非使用此类材料,是为了批判"仲尼之对,亡国之言也",重在言辞之锋芒而疏于史实之考证,而且也未及孔子引诗,或者说,删落了"引诗为证"的句子。但它已足以表明,这些材料出现很早,在韩非著书以前,就已经存在了。

---

① 王国轩、王秀梅译注:《孔子家语》,北京:中华书局,2011年版,第168—169页。
② [清]王先慎撰:《韩非子集解》(《诸子集成》五),北京:中华书局,1954年版,第284—285页。

　　回到《论语》，也收录了各位执政者向孔子问政，比如《子路篇》记载：
"叶公问政。子曰：'近者说，远者来。'"①这也是子贡向孔子发问的由头之
一。但这些言论显得有些零碎，不及子贡提问之系统，也不及孔子回答之
触及深层原因，当是根据子贡忆述的材料，按体例作出删节的结果。孔子
对子贡问三度引诗，均取自《诗经》大、小雅。这隐约透露了孔子的某种兴
趣，他之引诗多用雅、颂、二南和《豳风》，这些诗原本就出自周室之雅言，孔
子以雅言诵之，乃是回归原本。由于《诗经》篇章丰富，语言精练，隐喻多
端，足够以"断章取义"的方法，指向政治、社会、人性诸多层面。"断章取
义"可能偏离诗的审美本体，却因此提供了一种自由度，对准社会政治、思
想文化的重大问题，催发新思想的创造。这是上古时代尚未确立、或尚未
完全确立圣贤言语和帝王言语的绝对权威性时，为人们的言说寻找理论支
撑点的极佳方式。

　　于此有必要对"断章取义"的引诗方式，略作评议。因为在古代引诗为
证的风气中，这是重要的引诗方式，不容回避。作为一种比较常见的修辞
形式，刘勰《文心雕龙·章句》就曾予以肯定，其中说："寻诗人拟喻，虽断章
取义，然章句在篇，如茧之抽绪，原始要终，体必鳞次。"②这从篇章学的角
度，讲了"断章取义"与"首尾一体"的差异。然而，从古代经学的角度考察，
断章取义之"义"，并不强求贴合本义，因此经学家们将《诗》之义作了分类。
如清人皮锡瑞《经学通论·诗经篇》所分析："《诗》为人人童而习之之经，而
《诗》比他经尤难明。其所以难明者，诗本讽谕，非同质言，前人既不质言，
后人何从推测？就诗而论，有作诗之意，有赋诗之意。郑君云：赋者或造
篇，或述古，故诗有正义，有旁义，有断章取义。以旁义为正义则误，以断章
取义为本义尤误。是其义虽并出于古，亦宜审择，难尽遵从，此诗之难明者
一也。"③也就是说，"断章取义"不一定是"作诗之意"，而是"赋诗之意"，是
赋诗者或用诗者借用诗的句子而进行的再创造。

　　宋人孙奕《示儿编》卷六，以《孝经》为例，列举孔子是如何运用"断章取
义"进行再创造："圣人之于《六经》，造理高远，去取随意，无溺于本文，无泥
于一句。故《孟子》有'不以文害辞，不以辞害志'之说。如曰'一人有庆，兆

①　［清］阮元校刻：《十三经注疏》（全2册），北京：中华书局，1980年版，第2507年。
②　［梁］刘勰著，范文澜注：《文心雕龙注》，北京：人民文学出版社，1958年版，第570页。
③　［清］皮锡瑞撰：《经学通论》二《诗经》，北京：中华书局，1954年版，第1页。

民赖之'，本非爱敬事，孔子则取以证天子之孝。'如临深渊，如履薄冰'，本非诸侯事，孔子则取以证诸侯之孝。或以'赫赫师尹，民具尔瞻'证三才，或以'有觉德行，四国顺之'证孝治。夫如是，然后见夫子于《孝经》之书断章取义，无所不可，而《孝经》之道通矣。若乃自《天子》至于《卿》、《士》，每章或引《书》、或引《诗》，独于《庶人章》无之，此又见圣人之于贵贱有别焉。"①这些断章取义的例子分别见于《孝经·天子章》、《诸侯章》、《三才章》、《孝治章》，使用得相当普遍。而所谓"造理高远，去取随意，无溺于本文，无泥于一句"，讲的是断章取义的方法，并不拘泥于《诗》之本义，而是突出了"造理高远"的再创造性。

　　孔子论学不仅引《诗》或其他经籍为证，而且还征引了今已不存的其他古记杂说为证，这表明其知识来源具有广搜博采的特征，广博到不拘于国度、部族、书面或口传，这正是孔学所以能大的重要原因。虽然孔子对门弟子只知他是"多学而识之者"不以为然，强调"予一以贯之"，但他的一以贯之的对象和基础，还是"多学而识"的那些文化资源，此说见于《论语·卫灵公篇》。多学而识，就是博。整部《论语》使用"博"字七次，除了"博弈"、"博施"之外，《子罕篇》记载："达巷党人曰：'大哉孔子！博学而无所成名。'子闻之，谓门弟子曰：'吾何执？执御乎？执射乎？吾执御矣。'"②孔子自来就以博学闻名于乡党。但是孔子的博，不是博而芜杂，而是博而求精深，这就提出了一个"约"的命题。只有博以往之，约以返之，博而能约，才能走向一以贯之。因而《雍也篇》、《颜渊篇》重复出现了"子曰：君子博学于文，约之以礼，亦可以弗畔矣夫！"所谓"弗畔"，就是不叛离"一以贯之"的道。博与约的这种辨证关系，是孔子身体力行、坚持不懈的，也以此点拨二三子。这才有《子罕篇》颜回的感慨："颜渊喟然叹曰：'仰之弥高，钻之弥坚。瞻之在前，忽焉在后。夫子循循然善诱人，博我以文，约我以礼，欲罢不能。既竭吾才，如有所立卓尔，虽欲从之，末由也已。'"③也才有《子张篇》子夏的发挥："博学而笃志，切问而近思，仁在其中矣。"

　　孔子求博而不流于芜杂，但其始求之时也不回避杂，能入于杂而得其精，这才是孔子的大本事。这对于后世陋儒战战兢兢地唯信经史，甚至连

---

①　［宋］孙奕撰：《履斋示儿编》（《丛书集成初编》），上海：商务印书馆，1935 年版，第 59 页。
②　［宋］朱熹撰：《四书章句集注》，北京：中华书局，1983 年版，第 109 页。
③　［宋］朱熹撰：《四书章句集注》，北京：中华书局，1983 年版，第 111－112 页。

经史形成的原委也不去追究,生怕杂学伤神,实在算得是一个不小的讽刺。由于上古文献的保存,往往承受着天灾人祸的重重挑战。简帛成本昂贵,抄本有限,因而其传承体系是非常脆弱的。孔子生前身后,不少文献在攻城灭国、帝王焚书、意识形态变换之中,损耗泰半。因此,孔子论学或征引前代文字,有些是今已佚失的书。这就导致后人或将孔子经目之书视为虚有,恍若孔子思想是"天纵之圣",是天上掉下来的,这就很难窥见中国早期思想发生学和传播学的某些文化生命的滋生脉络。这些脉络在并非经传的《孔子家语》中搏动着,有待学人仔细体认和寻味。

《孔子家语·正论解篇》记载:

> 郑伐陈,入之,使子产献捷于晋。晋人问陈之罪焉。子产对曰:"陈亡周之大德,介恃楚众,冯陵弊邑,是以有往年之告。未获命,则又有东门之役。当陈隧者,井堙木刊,弊邑大惧。天诱其衷,启弊邑心。陈知其罪,授首于我,用敢献公。"
>
> 晋人曰:"何故侵小?"对曰:"先王之命,惟罪所在,各致其辟。且昔天子一圻(地方千里),列国一同(百里),自是以衰,周之制也。今大国多数圻也,若无侵小,何以至焉?"晋人曰:"其辞顺。"
>
> 孔子闻之,谓子贡曰:"《志》有之:'言以足志,文以足言。'不言,谁知其志? 言之无文,行之不远。晋为伯,郑入陈,非文辞不为功。慎辞哉!"①

《左传·襄公二十五年》,记载"郑子产献捷于晋",他在陈述郑国讨伐陈国的理由时,追踪历史,阐明大义,其中的许多话,不见于《孔子家语》,反映历史学与孔府之学的叙述重点自有差别。史书侧重叙述历史事件的过程,孔府材料侧重孔子作出言论的场面。一个很值得注意的地方,是"孔子闻之,谓子贡曰",在《左传》中径作"仲尼曰",删除子贡,直接引出:《志》有之:'言以足志,文以足言。'不言,谁知其志? 言之无文,行而不远。晋为伯,郑入陈,非文辞不为功。慎辞也!"②应该说明,发生"郑子产献捷于晋"

---

①　王国轩、王秀梅译注:《孔子家语》,北京:中华书局,2011 年版,第 462—463 页。

②　杨伯峻编著:《春秋左传注》(全 4 册),北京:中华书局,1990 年版,第 1106 页。

这个事件的鲁襄公二十五年,孔子才四岁,不可能在当时就发表这番历史评议。当是几十年后,关注列国政治的弟子子贡提问,与孔子讨论近代史上外交应对的事例时,孔子才对其相当尊敬的子产外交行为,发表这番评论。因此,这条材料源自子贡的忆述,《左传》作者得见七十子之徒忆述的竹简,录入时做了符合历史学规矩的选择和缀合。

孔子的评议,引了一部名为《志》的古书,此书今已不可考。但是先秦文献中以"志"命名的书,不为罕见,甚至进入了官书系统。如《周礼·地官司徒》云:"诵训掌道方志以诏观事。掌道方慝以诏辟忌,以知地俗。"①《春官宗伯》云:"小史掌邦国之志,奠系世,辨昭穆。……外史掌书外令,掌四方之志,掌三皇五帝之书,掌达书名于四方。若以书使于四方,则书其令。"②《夏官司马》云:"训方氏掌道四方之政事,与其上下之志,诵四方之传道。……撢人掌诵王志道国之政事,以巡天下邦国而语之,使万民和说而正王面。"③《周礼》虽不必认为是"周公致太平之迹",但其中收录不少春秋战国的简帛材料则不必怀疑,因此当时存在不少以"志"命名的简帛,并非空谷来风。如郑玄注《周礼·春官宗伯·小史》:"志者,记也。《春秋传》所谓《周志》,《国语》所谓《郑书》之属是也。"④志以记识物事为功能,属于史的别支,可能没有大格局,却能拾掇历史精微的碎片。关于上古以"志"命名的书,清人严可均辑《全上古三代文》卷十五作了广泛的钩沉索隐,也录入上述孔子所见的古《志》,综合成如下记载:

　　○礼志:"将有请于人,必先有入焉。欲人之爱己也,必先爱人。欲人之从己也,必先从人。无德于人,而求用于人,罪也。"(《国语·晋语四》)

　　○前志:"敌惠敌怨,不在后嗣。"(《左传》文六年)

　　○志:"志言以足志,文以足言。"(《左传》襄二十五年)"高山峻原,不生草木。松柏之地,其土不肥。"(《国语·晋语九》)

---

①　[清]阮元校刻:《十三经注疏》(全2册),北京:中华书局,1980年版,第747页。

②　[清]阮元校刻:《十三经注疏》(全2册),北京:中华书局,1980年版,第818—820页。

③　[清]阮元校刻:《十三经注疏》(全2册),北京:中华书局,1980年版,第864—865页。

④　[清]阮元校刻:《十三经注疏》(全2册),北京:中华书局,1980年版,第818页。

○军志："允当则归。"(《左传》僖二十八年，注："《军志》，兵书。")"知难而退。"(同上，又宣十二年。随武子曰："见可而进，知难而退，军之善政也。")"有德不可敌。"(同上)"先人有夺人之心。"(《左传》宣十二年)

○周志："勇则害上，不登于明堂。"(《左传》文二年引《周志》有之，注"《周志》，周书也"。按：见《周书·大匡解》。)"文王梦天帝，服玄纁，以立于令狐之津。帝曰：'昌，赐汝望。'文王再拜稽首，太公于后亦再拜稽首。文王梦之夜，太公梦之亦然。其后文王见太公而□之曰：'而名为望乎?'答曰：'唯，为望。'文王曰：'吾如有所见于汝。'太公言其年月与其日，且尽道其言：'臣此以得见也。'文王曰：'有之有之。'遂与之归，以为卿士。"(晋太康十年，汲县《齐太公庙碑》引《周志》。)①

严氏将尚留有片段材料可考的古《志》分成四种：礼志，前志，军志，周志。可见以"志"名书，门类颇多。值得进一步探讨者，《国语·晋语四》引《礼志》云："将有请于人，必先有入焉。欲人之爱己也，必先爱人。欲人之从己也，必先从人。"这种表述方式，应是可以启发孔子对仁学、恕道的推己及人的思维方式。如《论语·雍也篇》"夫仁者，己欲立而立人，己欲达而达人"；以及《颜渊篇》、《卫灵公篇》"己所不欲，勿施于人"的思维和表述方式，就不能说与之没有相似之处。其次，孔子引古《志》中"言以足志，文以足言"之语，开启了言、文、志三者关系之辨。这使得中国人开始思考语言、文辞、心志的功能，包括三者功能的关系及其可能性和限度。

《周易·系辞下》说："夫《易》，彰往而察来，而微显阐幽，开而当名，辨物正言断辞，则备矣。其称名也小，其取类也大。其旨远，其辞文，其言曲而中，其事肆而隐。"②由于《易》的言辞，是要沟通《易》的乾坤之门，以体天地之数，所以他在孔子提出的"言、文、志之辨"的命题中，更加注意名、物、类、辞、旨的微妙关系。刘勰《文心雕龙·征圣篇》，对于孔子从古《志》引出的这个命题，极其重视。其中认为："夫作者曰圣，述者曰明。陶铸性情，功在上哲。夫子文章，可得而闻，则圣人之情，见乎文辞矣。先王圣教，布在

---

① [清]严可均辑：《全上古三代文》，北京：商务印书馆，1999年版，第200—201页。
② [清]阮元校刻：《十三经注疏》(全2册)，北京：中华书局，1980年版，第89页。

方册；夫子风采，溢于格言。是以远称唐世，则焕乎为盛；近褒周代，则郁哉可从。此政化贵文之征也。郑伯入陈，以文辞为功；宋置折俎，以多文举礼。此事迹贵文之征也。褒美子产，则云言以足志，文以足言。泛论君子，则云情欲信，辞欲巧。此修身贵文之征也。然则志足而言文，情信而辞巧，乃含章之玉牒，秉文之金科矣。"①这里以骈体行文，讲究对偶的方式，挑出了言、文、志、情、圣、明等一系列观念的关系链条和网络，其源头盖出于孔子所引述、后来散佚的古《志》材料。自发生学而言，古《志》对孔子的启发，是对"言、文、志"一系列命题启动思辨的根子。后人应对孔子学说的来源知根明柢，删除根柢，何来大树？

众所知晓，仁是《论语》的核心概念，在整个儒学思想中可谓牵一发而动全身。至于仁的概念从何而来，自然可以进行多方探索，比如这个观念与东夷民俗的关系，"夷俗仁"，"仁而好生"②，可以敞开孔子思想知识来源，与民间、与蛮夷部族关系的维度；又可以从"殷有三仁焉"，敞开孔子思想知识来源，与祖宗之邦殷族宋国关系的维度。而在《孔子家语·正论解篇》，又可以发现一条新的线索。其中记载：

楚灵王汏侈。右尹子革侍坐，左史倚相趋而过。王曰："是良史也，子善视之，是能读《三坟》、《五典》、《八索》、《九丘》。"对曰："夫良史者，记君之过，扬君之善。而此子以润辞为官，不可为良史。臣又尝闻焉，昔周穆王欲肆其心，将过行天下，使皆有车辙马迹焉。祭公谋父作《祈昭》，以止王心。王是以获殁于文宫。臣问其诗焉而弗知。若问远焉，其焉能知？"王曰："子能乎？"对曰："能。其诗曰：'祈昭之愔愔乎，式昭德音。思我王度，式如玉，式如金。刑民之力，而无醉饱之心。'"灵王揖而入，馈不食，寝不寐，数日，则不能固其情，以及于难。

孔子读其《志》，曰："古者有志：'克己复礼为仁。'信善哉！楚灵王若能如是，岂期辱于乾谿？子革之非左史，所以风也。称诗以谏，顺哉！"③

①　［梁］刘勰著，范文澜注：《文心雕龙注》，北京：人民文学出版社，1958 年版，第 15 页。

②　《说文解字》段氏注"夷"字；《后汉书》卷 115《东夷传》。

③　王国轩、王秀梅译注：《孔子家语》，北京：中华书局，2011 年版，第 464－465 页。

这条材料又见于《左传》昭公十二年（公元前 530 年），当时孔子二十二岁，大概还在当主管仓库的"委吏"，或主管牛羊放牧的"乘田"，离开始设帐授徒，"三十而立"还有几年。因此孔子读《志》感言，当不是即时之言，而是多年后的事后之言。《左传》记述楚灵王狂傲奢侈，落难于乾谿（今安徽亳州市东南），众叛亲离，逃到汉水流域自缢，用笔更加详尽。但右尹子革以周穆王周行天下，祭公谋父（周公之孙）作《祈招》（按：《祈招》即《家语》之《祈招》）之诗予以劝阻，依然是个亮点。《祈招》诗曰："祈招之愔愔，式昭德音。思我王度，式如玉，式如金。形民之力，而无醉饱之心。"这向来被视为知名的古逸诗，可以入《小雅》而无逊色。孔子对这种"称诗以谏"，自是赞赏，但当时关注焦点不在此逸诗，而在于仁。孔子引古《志》之言，对于梳理仁之观念的来源，着实要紧："孔子读其《志》，曰：'古者有志："克己复礼为仁。"信善哉！楚灵王若能如是，岂期辱于乾谿？"①这里有两个"志"字，应是指出《志》书的两种功能，既记史事，又记箴言。所谓"读其《志》"，即是读楚人之《志》，因而也就有必要追踪楚国的《志》书之轨迹。

《国语·楚语上》申叔时谈教育太子之科目："教之《春秋》，而为之耸善而抑恶焉，以戒劝其心；教之《世》，而为之昭明德而废幽昏焉，以休惧其动；教之《诗》，而为之导广显德，以耀明其志；教之《礼》，使知上下之则；教之《乐》，以疏其秽而镇其浮；教之《令》，使访物官；教之《语》，使明其德，而知先王之务用明德于民也；教之《故志》，使知废兴者而戒惧焉；教之《训典》，使知族类，行比义焉。"②这里提到九种书，其中有《故志》。《孔子家语·正论解篇》说"孔子读其《志》"，有这个"其"字的指示，令人顺其所指，而指认他之所读是楚国《故志》，正如《正论解篇》的另一章，记载孔子"览《晋志》"，是阅览晋国的《故志》一样。由此也可知，孔子对楚史的这则评议，并非他二十二岁对当下时事的即时评议，而是后来读楚国《故志》时的感想和评议。这条材料应是七十子的忆述，《论语》不予载录，《左传》载录时删去"孔子读其《志》"的交代，直接记述"仲尼曰：古也有志：'克己复礼，仁也。'"云云。相当典型地折射出战国简帛材料流布的方式。

即是说，"克己复礼为仁"（《左传》作"克己复礼，仁也"），其思想知识来

---

① 杨伯峻编著：《春秋左传注》（全 4 册），北京：中华书局，1990 年版，第 1338—1341 页。

② 上海师范大学古籍整理研究所校点：《国语》，上海：上海古籍出版社，1988 年版，第 528 页。

源与比孔子年代更早的古《志》存在着某种关系，这是有文献可考的事实。春秋时期有不少以"志"命名的竹简，其中有一种楚志竹简透露，与儒学核心思想相关的"克己复礼"并非凭空而降，而是渊源有自。《论语·颜渊篇》记述，孔子回答颜回："克己复礼为仁。一日克己复礼，天下归仁焉。为仁由己，而由人乎哉？"①此乃孔子借鉴古《志》记述，进行创造性学理发挥。与其说他创造了说"仁"此语，不如说，孔子的贡献在于将一句可能因为默默无闻而被湮没的古语，以哲人的巨眼对之重做发见和阐释，从而使之进入影响深远的儒学体系的核心。思想原创的方式是多种多样的，另行提出新概念是一种；在已有概念的基础上，使之发生位置的转移，从文化边缘进入思想核心，也是一种。后者犹如哥白尼并没有拥有发现地球和太阳的权利，但他将"地心说"转换为"日心说"，就是天文学上的根本性革命。当孔子将"仁"以及"克己复礼为仁"置于思想的核心之后，"仁"就从这个核心辐射到儒学的全部肌理，即所谓"仁者以天地万物为一体"，"天地之大德曰生。夫盈天地间只是一个大生，则浑然亦只是一个仁，中间又何有纤毫间隔。故孔门宗旨，惟是一个'仁'字。孔门为仁，惟一个'恕'字。如云'己欲立而立人，己欲达而达人'"②。

对于孔子"克己复礼为仁"的思想知识来源，与古《志》存在转换关系，古代儒者或承认，或遮掩，采取不同的态度。这是知识发生学上的大问题，不可不辨。宋人孙奕《示儿编》卷一说："昭公十二年，楚灵王闻子革诵《祈招》之诗，而感其不能自克。仲尼曰：'古也有志，克己复礼，仁也。信善哉！'及其答颜渊之问，而曰'克己复礼为仁'，则是援《古志》以告之也。"③他是承认孔子知识的发生，离不开历史积累。但他没有在"援古而告"的基础上，做进一步深入阐释。

清人阎若璩却竭力反对这种知识发生学的过程，其《尚书古文疏证》卷五下说："千古圣人，莫过孔子。孔子所著书，莫如《论语》。《论语》言学莫大于仁，言仁莫精于'颜渊、仲弓问'两章。据昭十二年，则'克己复礼，仁也'，为古志之语。据僖三十三年，则'出门如宾，承事如祭，仁之则也'，为

---

① ［清］阮元校刻：《十三经注疏》(全2册)，北京：中华书局，1980年版，第2502页。
② 沈善洪主编：《黄宗羲全集》(第8册)《明儒学案》，杭州：浙江古籍出版社，1992年版，第36页。
③ ［宋］孙奕撰：《履斋示儿编》(《丛书集成初编》)，上海：商务印书馆，1935年版，第1页，为

曰季所闻。皆先《论语》有之。岂孔子于二子定规规然取陈言以应之乎？必不尔也。要在一反转观之而诬自见。窃谓能移此法以读古文，则亦可无惑于《论语》矣。"①这里以《论语》为"孔子所著书"，就已失去根据，《论语》明明是七十子后学忆述孔子言论、教学和交流应答而几经论纂修订成书，这是孔子身后之事。其次，阎氏以"反转观之"的方法，推断是"《左》之失诬"，是《左传》抄袭《论语》，而不是《论语》中孔子语借用古《志》。这就以"千古圣人，莫过孔子"的崇拜情结，肢解孔子知识来源谱系，割断了孔学产生的源流。

知识来源的发生学或谱系学，不仅是一种分析方法，而且本身就是一种深刻的哲学。割断知识发生的过程，删除知识谱系的丰富曲线，就会损伤知识成长的生命力。孔子本人是尊重知识来源在思想发生中的关键价值的，《论语·述而篇》孔子曰："我非生而知之者，好古，敏以求之者也。"②既然"好古"，就不会排除阅读古《志》；既然"敏以求之"，就会在古《志》的基础上进行再创造。如曾国藩所云："孔子，圣之盛也，而有事乎好古敏求。颜渊、孟子之贤，亦曰'博文'，曰'集义'。盖欲完吾性分之一源，则当明凡物万殊之等；欲悉万殊之等，则莫若即物而穷理。"③尽管《论语·季氏篇》中孔子又曰："生而知之者上也；学而知之者次也；困而学之，又其次也；困而不学，民斯为下矣。"④但孔子并没有以"生而知之者"自居，后人也没有必要将他推上"生而知之者"的神座，使之不食人间烟火，脱离历史文化的源流和根基。其不知孔学并非天坠陨石，而是出诸孔子超常的好学，博取当时典籍，广师前辈贤者，甚至眼光如炬地拾取零零碎碎的智慧片段，才形成其博大精深的智慧创造。如此解释孔子，才能激励后人勤奋向学，才能使孔子成为真正的"万世师表"。如此绘制出来的儒家文化地图，拥有丰富的知识来源谱系，才是丰厚扎实，接通"地气"，充满生机的。

总而言之，是发现一部"活着的《论语》"，完整地绘制新鲜明丽的孔子文化地图的时候了。无论是将《论语》绝对神圣化，还是将《论语》以外有关

---

①　[清]阎若璩撰：《尚书古文疏证》(全2册)，上海：上海古籍出版社，1987年版，第519页。

②　[宋]朱熹撰：《四书章句集注》，北京：中华书局，1983年版，第98页。

③　[清]曾国藩撰：，《曾国藩文集》，《四部丛刊》影清同治本，卷2《书〈学案小识〉后》。

④　[宋]朱熹撰：《四书章句集注》，北京：中华书局，1983年版，第172—173页。

孔子言论之书绝对"伪托化"，其根本的情结都是沿袭久远的圣人崇拜，而缺失历史理性的破蔽返本的科学精神。近代以来的疑古思潮，原意是要提倡科学理性，也作了不少发聋振聩的探索；但其过度的疑古，实质上是一种缺乏文化自信的弱国心态，一味纠缠于圣人价值的否定，结果难免流于同一层面上的价值之争，难以充分地从更深刻的思想层面上揭示思想知识发生学的复杂脉络和完整谱系，走近和还原历史文化过程的真实存在。有鉴于此，本书采取双构性思路，一方面是解构，另一方面是建构，在解构的过程中建构，又在建构的过程中解构。这种方法论上的双构性，实际追求的是尊重历史的实际，尊重中国思想的原创权。如唐人诗云："莫为狂花迷眼界，须求真理定心王。游蜂采掇何时已，却恐多言议短长。"①既然是莫为狂花迷眼，但求落红护根，为了给中国文化建立深厚坚实的根基，就必须返回经史诸子的富有生命力的原本。在返本还原中，遇上遮蔽真实之处，该解构的就解构，哪怕它闪烁着神圣的灵光；遇上展现真实之处，该建构的就建构，哪怕存在着何种硕儒大师的否定性裁断。最终的裁判权，必须交给真实的历史现场的生命存在。

《论语》是儒学的核心经典，是民族必读的居于前列的有数几部典籍之一，其历史价值、智慧价值和文化血脉价值，自应得到充分的尊重、发掘和阐释。孔子之学、七十子之学和孔府之学在丰富维度上展开的儒学文化地图，蕴含着原本是真实的历史现场，也蕴含着这个历史现场生气勃勃的生命存在。如此历史现场，如此生命存在，曾经遭遇了整个民族共同体强烈的政治动荡和急遽的社会变迁，礼崩乐坏，兵燹连绵，生民涂炭，真可谓面临着生死存亡的"历史悬崖期"。如何以原创思想编织出一条坚韧粗壮的文化缆桥，超越历史悬崖期而绝处求生，是春秋战国诸子包括孔、老、韩不可回避的宿命性历史命题。在现实政治运行中继秦朝以商、韩为文化缆桥，汉初以黄老为文化缆桥之后，自汉武盛世始，整个民族选择了孔学为文化缆桥，从而跨越悬崖，绝处逢生而生生不息。悬崖跨越，即是历史跃进，一个伟大的民族共同体由此屹立在东方。只要尊重历史，尊重传统文化血脉，儒学的历史功勋是不容抹煞的。然而，有如宋人所云："土生万物，而能

---

① 　[宋]计有功撰：《唐诗纪事》，《四部丛刊》影明嘉靖本，卷80。

长存。"①文化缆桥的石础藤绳,是从这片土地生根立基的。圣像虽然灵光闪射,质地也是泥巴塑成,不能只看其脸上、身上贴上去的金箔,离开泥巴就失去圣像的本位和本色。将伟大还给历史,将原创留给今人。去其涂饰,还其本色,启动原创,乃是为现代中国思想文化开创新局的精神契机。

本书内编,之所以要对《论语》进行卷地毯式的篇章学,尤其是篇章政治学的分析,就是将文本视为生命存在,以文本生命分析的方法,还原中国一部最基本的经典在多次编纂中生命实现的真实过程。如此寻根探源,自然难免会祛除浮泛于这部经典上的炫目灵光和黯淡烟尘,以一种表面似解构、实质是建构的方式,以文本作为最有说服力的原始材料,寻找确实的内证及翔实的旁证,对其论纂辑录成书的种种奥秘进行勾稽透视,对孔子言论进行历史编年学和文化谱系学的考定,揭示七十子后学为何将其先师言论汇编成如此模样。本书外编,之所以要打通《论语》与《论语》以外的七十子之学,打通传经传道之学与孔府传家之学,旨在对《论语》论纂时删削过甚、或弃置不用的七十子材料,以及《论语》编成之后七十子及其后学的著述,采取显性的建构、又潜伏着隐性解构的方式,清理七十子各家之学的脉络,明其原委,辨其流别,透视七十子虽然未成大家、儒学却因其传承而大的秘密。这种综合了该解构者解构、该建构者建构的原创思维,一个重要的事实支撑点在于准确地把握战国秦汉书籍制度上口传和传抄并行的特征,与宋以后刻板印刷、版本一经问世就是定型的特征,存在着根本性的区别。在建构意义上,论证了早期儒门传学群书多是各记所闻、各述所见的分头承传,然后汇辑成书的过程,使学人得以获得比较放心的材料,还原孔子及其后学更加丰富多维的形象和思想。

一批原始忆述的竹简在多次汇辑编纂成书时,往往出现有若考古学中文化地层叠压的状况。重要的在于启动以史解经、以礼解经、以生命解经的综合方法,究明历史文化地层形成叠压的原委,而不应以产生较晚的地层的若干扰乱,就简单地作为否定产生较早地层存在的理由。在解构意义上,揭示了某些怀有"圣人崇拜情结"、或痴迷疑古辨伪的博学者,因走入篇章政治学或书籍制度的误区而造成的被出土文献一再嘲弄

---

① [宋]胡仔撰:《苕溪渔隐丛话前后集》,《四部备要》本,"后集"卷29引苏辙《铜雀砚铭》。

的尴尬,告诫新进学人切莫因为对前人一味地仰脖子,而不敢迈出新的脚步,以致失去学术突破的契机。不仅对于历史的存在,而且对于存在的各种解说,都要追问几个何以如此而不如彼,从中以迹求心,解读出各种各样、斑驳陆离的生命痕迹。"历史文献地层叠压分析",于此是一种深入文献深层脉络的基本方法。

另一种基本方法,是"文献碎片陶罐修复还原法"。《论语》进入主流文化血脉传承已经二千年,同时也逐渐被圣人之徒用神圣宝匣层层包装,供奉了二千年。历史上这种"文化粘连"难以剥离,近世学人想撬开重重宝匣,一睹真相,却在相当一些领域将周围的脉络捣个粉碎,连真相也变得有点血肉模糊。考古学发现古陶碎片,不是再将其捣碎成粉末,而是按其出土的地域、地层,考其形状、弧度、纹饰、断口,补其缺失,将之复原成原初的古陶罐。如果没有这种碎片复原的苦心经营,世界上许多大博物馆的展厅里陈列的震撼人心的彩陶和雕像,只能作为碎片堆积在仓库里。因此,碎片缀合复原法,应该成为文化还原研究的重要的方法论形态。

自本质而言,返本还原是对自身文化根脉的敬重,进而对经典生命的追踪和激活,使一个源远流长的文明有源头活水灌溉而不干涸断流,有古今共享的高端智慧滋润着当代思想文化创造而博大精深、富有魅力。因而,返本还原首先是一种文化态度,是一种学术方向,其次是一种方法论,是一种高智慧的方法操练。它本身就是一种有气象、有风范的通人之学。我们不是不知道,百分之百的原样复制是不可能的,但敬重根脉而追踪生命存在的过程,对于具有深厚历史文化的现代大国又是必不可缺的必修课程。将出土陶片,精心修复,修旧如旧,永远不是新出窑的那只光鲜铮亮的原陶罐,但它却带着历史尘埃遭遇今人智慧,得以重现古陶罐的原本模样及内蕴的生命。这就是文明不死,泽及现代智慧,还原就是对其生命的激活。正如明代一位山阴学者所云"须从本原上彻底理会","始为本来生生真命脉"[①]。现代大国文化的学术创造,不能无视这些伟大的经典内蕴的思想、道德、思维形式,其流风久远,滋育着民族肌体和后代精神,依然潜伏着和彰显着巨大的智慧、能量和生命力。关键在于以现代意识将之还原与

---

① [清]黄宗羲撰:《明儒学案》,北京:中华书局,1985年版,第241页。

激活,还原增加亲切,激活注入元气,从而在《论语》多维还原中将孔子文化地图绘制得完整、准确、丰富、大器而生机蓬勃。

绘制这种文化地图,需要拭去历史烟尘和涂饰,再现经典发生学的历史现场,深入文本,疏通潜在的脉络,阐发深层的意蕴,呈现其充满真趣和生趣的知识生成的过程、谱系和方式。 且传统思想的原始创造被还原出真实而活泼的生命,就可以使继往而有足够的尊重,开新而有足够的空间,海纳百川,使之作为文化血脉,顺理成章地融入现代中国思想原创的总结构和总过程之中。有若《地图条要》所云:"江出岷山,其源实自西戎万山来,……是江自峡而东,又受大水凡五。略计天下之水会于江者,居天地间之半。其名称之大而可考者,凡十有三。故曰江源其出如瓮,而能滔滔万里以达海,所受者众也。呜呼! 问学者可以观矣。"①观大江东流的上下今古,及其源头和入海口,则可知其汇纳百川,奔涌万里的胸怀、意志,及百折不回的生命强力。这是一个崛起于当代世界的民族,值得千古珍藏的、生命不灭的文化精神遗产。

---

① [清]赵吉士撰:《寄园寄所寄》,清康熙三十五年(1696年)刻本,卷3"倚杖寄";另见,[清]胡渭撰:《禹贡锥指》,清文渊阁《四库全书》本,卷14下则引自范成大。

国家社科基金
GUOJIA SHEKE JIJIN HOUQI ZIZHU XIANGMU
后期资助项目

论语还原

Genesis of Confucius's Analects

下 册

杨 义 著

中华书局
ZHONGHUA BOOK COMPANY

年谱编　孔子暨《论语》年谱

凡　例

1. 旧有《孔子年谱》、《论语年谱》之类，本年谱合孔子编年、《论语》编年为综合之谱，以期在资料、考证、认识深度更新之基础上，还原儒学早期开创奠基过程之生命形态。

2. 年谱先列公元纪年，再列鲁君纪年，不列周天子纪年，以合于《春秋》、三《传》之记载。

3. 年谱由正文、文献记载、考证、时事考异、杂录、杂录辨证六种形式组成，每年谱文除正文外，其他五种形式，取舍详略存废，视需要而定。

4. 正文先述孔子事迹，次述孔子对此年事件之评论，再系以《论语》编年，亦务求实证，随需而设，不强加比附。

5. 文献记载乃是与正文相关的原始文献的收录，虽不以繁冗为憾，亦不以求全为务，旨在详、善二端，以还原孔子思想言行得以发生的历史现场。

6. 考证乃正文之考证，除历史编年学方法外，采用以史解经、以礼解经、以生命解经的方法，对孔子言行进行编年考定，行文则力求精简、清通，不备列前人成果，择要者而述之，或以注释、杂录形式附之。

7. 孔子事迹与春秋晚期时事密切相关，《春秋》、三《传》、《国语》、《史记》及其他早期文献之间，记载又异同互见，古书之史源、史例与思想方式从差异中叵略窥一斑，这是孔子活动之基本背景，故设时事考异，以便历史现场还原之举落到实处。

8. 除主要文献记载外，尚有诸多相关材料散见古书，尤其是出土简帛之间，录之以备考证。部分材料与孔子或其弟子之活动有关，且有疑义，亦需辨证，故设杂录、杂录辨证。前人较有价值的观点当需述及，但因考证清通需要，亦载杂录，相关辨析遂入杂录辨证。

9. 本谱分前后两编，前编重在从孔子的历史人生考察《论语》相关言论之生成，从公元前552年至公元前479年；后编重在从《论语》编纂、流布、定型，考察七十子对孔子忆述，及《论语》经典化的过程，从公元前479年至公元190年。

年谱前编:孔子历史人生编年

• **公元前 552 年,鲁襄公二十一年,10 月 9 日,孔子生。**

【文献记载】

《春秋公羊传·襄公二十一年》:"九月,庚戌朔,日有食之。冬,十月,庚辰朔,日有食之。……十有一月,庚子,孔子生。"①

《春秋穀梁传·襄公二十一年》:"九月,庚戌朔,日有食之。……庚子,孔子生。"②

《史记·孔子世家》:"鲁襄公二十二年而孔子生。"③

【考证】

有关孔子的生日,《公羊传》和《穀梁传》略有差异,《公羊传》庚子日前有"十有一月",《穀梁传》前无。九月庚戌、十月庚辰均是朔日,即初一,两个日期正好相差 30 天。而庚辰与庚子又相差 20 天,即十月初一为庚辰,二十就是庚子了,因此庚子当在十月中,而非十一月。故《公羊传》里的"十有一月"恐属衍文④。

襄公二十一年九月庚戌日的日食见载于《春秋》。此年为公元前 552 年,其年 8 月 20 日正好有一次日环食,曲阜于下午 14 点 37 分可见一次大食分日偏食⑤,这一天也正好是庚戌日,因此《春秋》所记此次日食是准确的。孔子出生的庚子日是在此次日食后的第 50 天,因此当为 10 月 9 日⑥。

---

① 刘尚慈译注:《春秋公羊传译注》,北京:中华书局,2010 年版,第 476－477 页。

② 范宁集解:《春秋穀梁传》,北京:中华书局,1985 年版,第 241 页。

③ 司马迁著、裴骃集解、司马贞索引、张守节正义:《史记》,中华书局,1982 年版,第 1905 页。

④ 崔述《洙泗考信录》:"《春秋》是年冬十月庚辰朔日有食之,则庚子乃十月之二十一日,既无闰月则十一月中不得复见庚子,故今从《穀梁》。周正之冬十月,则今夏正之秋八月也。"(卷一)孔广森《公羊通义》:"陆德明《释文》谓'庚子孔子生,传文上有十月庚辰,此亦十月也。一本作十一月庚子。'今以十月庚辰朔校之,知旧作十一月者误,故定从《释文》本。"

⑤ 详见张健、张培瑜编《夏商周三代中国十三城可见日食表(食分食甚)》,见李广宇、何玉囡、张健、张培瑜著《夏商周时期的天象和月相》,世界图书出版公司,2007 年版,第 174 页。Fred Espenak and Jean Meeus 编制 *Five Millennium Canon of Solar Eclipses*:－1999 *to*＋3000(2000 *BCE to* 3000 *CE*),第 174 页。

⑥ 详参:江晓原《孔子生辰之谜新说》,《历史月刊》(台湾)总第 139 期,1999 年第 8 期。

《春秋》记日食在九月，而今公历日期在8月，故《春秋》非用夏历，乃是周历，"王正月"之记载亦可证之。于夏历，日食当发生于七月庚戌，即七月初一。

《史记·孔子世家》的记载应据秦之颛顼历。《公羊传》载孔子生于十一月，而十一月乃是颛顼历次年之首月，故《史记》录为襄公二十二年[①]。太史公此处大误。《史记》、《汉书》西汉武帝太初元年之前采用颛顼历纪年，每年以夏历十月为岁首，孔子生于襄公二十一年周历之十月，故为夏历之八月，并未进入颛顼历之明年。太史公把周历孔子生日当夏历了。

虽然《史记》之说，即孔子生于公元前551年，已经流行。但为了存历史之真，从天文历法上进行还原研究，不应含糊其辞。

【时事考异】

鲁襄公二十一年（公元前552年）为周灵王二十年、晋平公六年。《春秋》记"晋栾盈（晋大夫，栾书之孙，栾黡之子）出奔楚"，《史记·十二诸侯年表·晋表》则记"杀羊舌虎"。《春秋》、《史记》所记为同一事件，但侧重不同。晋平公六年，范宣子士匄（或作士匂）因栾祁（士匂之女，栾盈之母，与人通而惧事发）之言而逐栾盈，箕遗等人知之而作乱，范宣子杀箕遗、黄渊、嘉父、司空靖、邴豫、董叔、邴师、申书、羊舌虎、叔罴，囚伯华、叔向、籍偃，叔向因祁奚而释。关于此事，《吕氏春秋》、《说苑》等书的记载显示[②]，战国时代羊舌虎被杀，叔向被囚，祁奚救之成为一个"经典故事"，多被征引。此乃晋国勋臣与公族之争，六卿力量逐渐崛起，公族力量开始衰颓，成为后来三家分晋的遥远的先声。凡涉及羊舌虎被杀的故事，均与祁奚、叔向有关，故知《史记·十二诸侯年表·晋表》可能受到了类似故事的影响。应该指出，晋国公族与六卿之较量，乃是春秋晚期列国政治变动的标志性事件。孔子及孔子思想，就是在这种日益显著的礼坏乐崩的政治变动中发生与存在的。

【杂录】

孔子世系材料，史籍及孔府档案记载颇详。

《孔子家语·本姓解》："孔子之先，宋之后也，微子启帝乙之元子，纣之

---

① 司马贞《史记索隐》："《公羊传》：'襄公二十一年十有一月庚子，孔子生。'今以为二十二年，盖以周正十一月属明年，故误也。"

② 见于《吕氏春秋·开春》、《说苑·谈丛》。

庶兄，以圻内诸侯入为王卿士。微，国名，子爵。初，武王克殷，封纣之子武庚于朝歌，使奉汤祀。武王崩，而与管、蔡、霍三叔作难，周公相成王，东征之。二年，罪人斯得，乃命微子于殷。后作《微子之命》，由之与国于宋，徙殷之子孙，唯微子先往仕周，故封之贤。其弟曰仲思，名衍，或名泄，嗣微之后，故号微仲，生宋公稽胄子，虽迁爵易位，而班级不及其故者，得以故官为称，故二微虽为宋公，而犹以微之号自终，至于稽乃称公焉。宋公生丁公申，申公生缗公共及襄公熙，熙生弗父何及厉公方祀，方祀以下，世为宋卿。弗父何生宋父周，周生世子胜，胜生正考甫，考甫生孔父嘉，五世亲尽，别为公族，故后以孔为氏焉。一曰孔父者，生时所赐号也，是以子孙遂以氏族。孔父生子木金父，金父生睪夷，睪夷生防叔，避华氏之祸而奔鲁。方叔生伯夏，伯夏生叔梁纥，曰：‘虽有九女，是无子。’其妾生孟皮，孟皮一字伯尼，有足病，于是乃求婚于颜氏。颜氏有三女，其小曰徵在，颜父问三女曰：‘陬大夫虽父祖为士，然其先圣王之裔，今其人身长十尺，武力绝伦，吾甚贪之，虽年长性严，不足为疑，三子孰能为之妻？’二女莫对，徵在进曰：‘从父所制，将何问焉？’父曰：‘即尔能矣。’遂以妻之。徵在既往庙见，以夫之年大，惧不时有勇，而私祷尼丘之山以祈焉，生孔子，故名丘，字仲尼。”①

《史记·孔子世家》：“孔子生鲁昌平乡陬邑。其先宋人也，曰孔防叔。防叔生伯夏，伯夏生叔梁纥。纥与颜氏女野合而生孔子，祷于尼丘得孔子。鲁襄公二十二年而孔子生。生而首上圩顶，故因名曰丘云。字仲尼，姓孔氏。”②

《史记》本纪、世家、列传所记人物甚众，而里籍记载最详，即及于乡里者，仅三人：本纪中的汉高祖，世家中的孔子，列传中的老子。均是司马迁二十壮游到过其故里之所得。陬邑，乃孔子父叔梁纥所治邑，叔梁纥为鄹邑大夫。叔梁纥的事迹见于《春秋·襄公十年》：“夏五月甲午，遂灭偪阳。”③同年《左传》演绎为：“晋荀偃、士匄请伐偪阳，而封宋向戌焉。荀罃曰：‘城小而固，胜之不武，弗胜为笑。’固请。丙寅，围之，弗克。孟氏之臣秦堇父辇重如役。偪阳人启门，诸侯之士门焉。县门发，鄹人纥（孔子父）抉之，以出门者。狄虒弥建大车之轮，而蒙之以甲，以为橹。左执之，右拔

①　[三国魏]王肃注：《孔子家语》，上海：上海古籍出版社，1990年版，第99—100页。

②　[汉]司马迁撰：《史记》(全10册)，北京：中华书局，1959年版，第1905页。

③　杨伯峻编著：《春秋左传注》(全4册)，北京：中华书局，1990年版，第973页。

载,以成一队。孟献子曰:'《诗》所谓有力如虎者也。'主人县布,董父登之,及堞而绝之。队,则又县之,苏而复上者三。主人辞焉,乃退,带其断以徇于军三日。"①偪阳是西周春秋东夷小国,地在今山东枣庄市旧峄县南五十里侯孟。在诸侯攻打偪阳城的紧急关头,叔梁纥双手托住守军放下的城门,放攻城的诸侯之师出城,令人联想到《说唐》中托起城门放出十八路反王的洪阔海,尽显一个武士"有力如虎"的风采。此时离孔子出生还有十一年。

叔梁纥事迹又见于《春秋·襄公十七年》:"秋,齐侯伐我北鄙,围桃。高厚帅师伐我北鄙,围桃。"②此即《左传·襄公十七年》所述:"齐人以其未得志于我故,(前年围成,辟孟孺子。)秋,齐侯伐我北鄙,围桃。高厚围臧纥于防。(臧纥,即臧武仲。防,在今泗水县西南。)师自阳关逆臧孙,至于旅松。(阳关距离防地六十余里。鲁师畏齐,不敢至防。)耶叔纥(孔子父叔梁纥)、臧畴、臧贾帅甲三百,宵犯齐师,送之而复。(臧畴、臧贾,臧纥之昆弟也。三子与臧纥共在防,故夜送臧纥于旅松,而复还守防。)齐师去之。(失臧纥故。)齐人获臧坚。(坚,臧纥之族。)齐侯使夙沙卫唁之,且曰'无死'(使无自杀)。坚稽首曰:'拜命之辱,抑君赐不终,姑又使其刑臣(夙沙卫,阉人,故谓之刑臣)礼于士。'以杙(小木桩)抉其伤而死。"③此乃孔子父重要战功,发生在孔子出生前四年;与此役相关的臧氏,尤其臧武仲,多为孔子言及。(《孔子家语·颜回篇》孔子、颜回讨论臧氏贤否,颜回曰:"武仲世称圣人,而身不免于罪。")

·公元前551年,鲁襄公二十二年,孔于二岁。

【时事考异】

《史记·十二诸侯年表》除载孔子生之外,《齐表》庄公三年(公元前551年):"晋栾逞来奔,晏婴曰:'不如归之。'"④《晋表》平公七年(公元前551年):"栾逞奔齐。"⑤但《史记·晋世家》却载晋平公六年:"鲁襄公朝晋。

① 杨伯峻编著:《春秋左传注》(全4册),北京:中华书局,1990年版,第974—975页。
② 杨伯峻编著:《春秋左传注》(全4册),北京:中华书局,1990年版,第1029页。
③ 杨伯峻编著:《春秋左传注》(全4册),北京:中华书局,1990年版,第1030—1031页。
④ [汉]司马迁撰:《史记》(全10册),北京:中华书局,1959年版,第640页。
⑤ [汉]司马迁撰:《史记》(全10册),北京:中华书局,1959年版,第640页。

晋栾逞有罪,奔齐。"①《齐世家》载曰:"庄公三年,晋大夫栾盈奔齐,庄公厚客待之。晏婴、田文子谏,公弗听。"②《史记集解》引徐广《史记音义》曰:"《史记》多作'逞'。"③可见《晋世家》、《十二诸侯表》似与《齐世家》材料来源有所不同。

（按:《左传·襄公十六年》载此年春晋平公即位,"羊舌肸(叔向)为傅,张君臣为中军司马,祁奚、韩襄、栾盈、士鞅为公族大夫,虞丘书为乘马御"④。之后,襄公二十一年秋,"栾盈出奔楚"⑤,二十二年秋,"栾盈自楚适齐","晏平仲言于齐侯曰:'商任之会,受命于晋,今纳栾氏,将安用之? 小所以事大,信也。失信不立,君其图之。'弗听"⑥。可见,《十二诸侯年表》所采近于《左传》。而《晋世家》记载或因减省而致误。）

【杂录】

《国语·晋语八》:平公六年,箕遗及黄渊、嘉父作乱,不克而死。公遂逐群贼,谓阳毕曰:"自穆侯以至于今,乱兵不辍,民志不厌,祸败无已。离民且速寇,恐及吾身,若之何?"阳毕对曰:"本根犹树,枝叶益长,本根益茂,是以难已也。今若大其柯,去其枝叶,绝其本根,可以少闲。"……君曰:"栾书立吾先君,栾盈不获罪,如何?"阳毕曰:"夫正国者,不可以昵于权,行权不可以隐于私。昵于权,则民不导;行权隐于私,则政不行。政不行,何以导民? 民之不导,亦无君矣。则其为昵与隐也,复害矣,且勤身。君其图之! 若爱栾盈,则明逐群贼,而以国伦数而遣之,厚箴戒图以待之。彼若求逞志而报于君,罪孰大焉,灭之犹少。彼若不敢而远逃,乃厚其外交而勉之,以报其德,不亦可乎?"公许诺,尽逐群贼,而使祁午及阳毕适曲沃逐栾盈,栾盈出奔楚。遂令于国人曰:"自文公以来有力于先君而子孙不立者,将授立之,得之者赏。"居三年,栾盈昼入,为贼于绛。范宣子以公入于襄公之宫,栾盈不克,出奔曲沃,遂刺栾盈,灭栾氏。是以没平公之身无内乱也。⑦

①　[汉]司马迁撰:《史记》(全 10 册),北京:中华书局,1959 年版,第 1683 页。
②　[汉]司马迁撰:《史记》(全 10 册),北京:中华书局,1959 年版,第 1500 页。
③　[汉]司马迁撰:《史记》(全 10 册),北京:中华书局,1959 年版,第 1500 页。
④　杨伯峻编著:《春秋左传注》(全 4 册),北京:中华书局,1990 年版,第 1026 页。
⑤　杨伯峻编著:《春秋左传注》(全 4 册),北京:中华书局,1990 年版,第 1055 页。
⑥　杨伯峻编著:《春秋左传注》(全 4 册),北京:中华书局,1990 年版,第 1067-1068 页。
⑦　徐元诰撰,王树民、沈长云点校:《国语集解》,北京:中华书局,2002 年版,第 419-421 页。

《国语·晋语八》：栾怀子之出，执政使栾氏之臣勿从，从栾氏者为大戮施。栾氏之臣辛俞行，吏执之，献诸公。公曰："国有大令，何故犯之？"对曰："臣顺之也，岂敢犯之？执政曰'无从栾氏而从君'，是明令必从君也。臣闻之曰：'三世事家，君之；再世以下，主之。'事君以死，事主以勤，君之明令也。自臣之祖，以无大援于晋国，世隶于栾氏，于今三世矣，臣故不敢不君。今执政曰'不从君者为大戮'，臣敢忘其死而叛其君，以烦司寇。"公说，固止之，不可，厚赂之。辞曰："臣尝陈辞矣，心以守志，辞以行之，所以事君也。若受君赐，是堕其前言。君问而陈辞，未退而逆之，何以事君？"君知其不可得也，乃遣之。①

《吕氏春秋·开春》：叔向（羊舌肸）之弟羊舌虎善栾盈，栾盈有罪于晋，晋诛羊舌虎，叔向为之奴而朡。祈奚曰："吾闻小人得位，不争不祥；君子在忧，不救不祥。"乃往见范宣子而说也，曰："闻善为国者，赏不过而刑不慢。赏过则惧及淫人，刑慢则惧及君子。与其不幸而过，宁过而赏淫人，毋过而刑君子。故尧之刑也，殛鲧于虞而用禹；周之刑也，戮管、蔡而相周公；不慢刑也。"宣子乃命吏出叔向。救人之患者，行危苦、不避烦辱，犹不能免。今祈奚论先王之德，而叔向得免焉。学岂可以已哉？类多若此。②

《说苑·复恩》：晋逐栾盈之族，命其家臣有敢从者死，其臣曰："辛俞从之。"吏得而将杀之，君曰："命汝无得从，敢从何也？"辛俞对曰："臣闻三世仕于家者君之，二世者主之；事君以死，事主以勤，为之赐之多也。今臣三世于栾氏，受其赐多矣，臣敢畏死而忘三世之恩哉？"晋君释之。③

从晋国乱象中，可知六卿势力逐渐压倒公族势力。

· 公元前550年，鲁襄公二十三年，孔子三岁，其父叔梁纥卒，葬于防山（今山东曲阜市东）。

· 此年，臧武仲出奔，以其采邑防城（今山东费县东北）求鲁立臧氏后嗣，孔子评曰："臧武仲以防求为后于鲁，虽曰不要君，吾不信也。"④臧武仲奔齐，齐侯将予之田邑，臧武仲识其伐晋虽克、将有败势，故智辞其赐。孔

① 徐元诰撰，王树民、沈长云点校：《国语集解》，北京：中华书局，2002年版，第421—422页。
② 陈奇猷校释：《吕氏春秋新校释》，上海：上海古籍出版社，2002年版，第1436—1437页。
③ ［汉］刘向撰，杨以漟校：《说苑》，北京：中华书局，1985年版，第53—54页。
④ 对无法确定时间的孔子对历史事件或人物的评论，此谱将其置于事件发生之年。

子评曰："知之难也。有臧武仲之知,而不容于鲁国,抑有由也,作不顺而施不恕也。《夏书》曰:'念兹在兹。'顺事、恕施也。"孔子这些言论,均是日后对答弟子之言。

【文献记载】

《孔子家语·本姓解》:孔子三岁而叔梁纥卒,葬于防。[①]

《史记·孔子世家》:丘生而叔梁纥死,葬于防山。防山在鲁东,由是孔子疑其父墓处,母讳之也。[②]

《史记索隐》曰:《家语》云生三岁而梁纥死。[③]

《史记正义》曰:《括地志》云:"防山在兖州曲阜县东二十五里。《礼记》云孔子母合葬于防也。"[④]

《皇览·冢墓记》:鲁大夫叔梁纥冢在鲁国东阳聚安泉东北八十四步,名曰防冢。民传言防坟于坟地微高。[⑤]

《水经注·泗水》:沂水出鲁城东南,尼邱山西北,山即颜母所祈而生孔子也。东一十里有颜母庙。山南数里,孔子父葬处,《礼》所谓防墓崩者也。[⑥]

【考证】

此处系年采用《孔子家语》的记载。《史记》记载相对模糊,没有说明孔子多大时叔梁纥卒。若拘泥于《史记》,则孔子一出生,叔梁纥即死矣。

《孔子家语》一书真伪存在争议。但出土简帛证明《孔子家语》保存有许多七十子时期的忆述材料,作为孔府档案保存直到王肃注以行世的数百年间,也有不少晚出材料的添加,形成类乎考古学之文化地层叠压状况。《汉书·艺文志》"六艺略"录有《孔子家语》二十七卷,但颜师古注已称非唐人所见《家语》。英藏敦煌文献中有唐以前的《孔子家语》抄本残卷,参据之,可知我们今天所见《孔子家语》基本沿袭唐本面貌,"说明《孔子家语》在

①　[三国魏]王肃注:《孔子家语》,上海:上海古籍出版社,1990 年版,第 100 页。

②　[汉]司马迁撰:《史记》(全 10 册),北京:中华书局,1959 年版,第 1906 页。

③　[汉]司马迁撰:《史记》(全 10 册),北京:中华书局,1959 年版,第 1907 页。

④　[汉]司马迁撰:《史记》(全 10 册),北京:中华书局,1959 年版,第 1907 页。

⑤　孙冯翼辑:《皇览》,北京:中华书局,1985 年版,第 10 页。

⑥　[北魏]郦道元著,杨守敬、熊会贞疏,殷熙仲点校,陈桥驿复校:《水经注疏》,南京:江苏古籍出版社,1999 年版,第 2102－2103 页。

唐以后的流传形态是基本稳定的"①，故颜师古所谓《家语》，与今人所见为同一传本系统。那么颜师古依据什么判断《汉志》所录《孔子家语》非今本《家语》？《汉志》所录古书均经过了刘向、刘歆父子之整理，刘向每书均有书录，交代卷帙、篇目、源流和整理情况，汇为《别录》。据新、旧《唐书》《经籍》、《艺文》之志，可知《别录》唐代仍存，其中自有《孔子家语书录》。颜师古《汉书注·艺文志注》多引《别录》，故他应是据《别录》而判断《汉志》中的《孔子家语》非唐时《家语》。

经宋、明以来的诸家辨伪，《孔子家语》的"伪书"性质几成定谳。不过，随着近年来简牍文献的出土，尤其是定州汉墓竹简《儒家者言》、阜阳双古堆汉墓简牍、上海博物馆藏战国楚竹书等文献面世以来，许多学者注意到了《孔子家语》中的很多内容亦见于上述出土文献之中，于是《孔子家语》不伪的论断又占据了上风。重要者如李学勤先生《竹简〈家语〉与汉魏孔氏家学》②、胡平生先生《阜阳双古堆汉简与〈孔子家语〉》③，均提出今本《孔子家语》不伪的结论。当然，也有学者对此提出异议，如宁镇疆先生，他发表了多篇论文，论证《孔子家语》确实有诸多后人整理、重组的痕迹，出土古书其实更多的是证明了《说苑》的价值，而非《孔子家语》的价值④。今本《孔子家语》的成书有明显的"层累"特点⑤。但是，他对《孔子家语》是否伪书没有作出判断，且认为今本《孔子家语》确实是孔安国整理成书，非王肃向壁虚造。《汉志》本与今本不同的原因在于，《汉志》本是民间传本，而今本乃是孔安国整理本，故有不同⑥。《孔子家语》存在着"文化地层叠压"，不少材料出自七十子原始忆述，却也存在孔府后人陆续搜集的后出材料，以及整理过程中的增删改动。

今本《孔子家语》附有"孔安国后序"和王肃"后序"，其中王肃后序所引

① 宁镇疆：《英藏敦煌写本〈孔子家语〉的初步研究》，《故宫博物院院刊》，2006年第2期，第135页。

② 见于《简帛佚籍与学术史》，江西教育出版社，2001年版。

③ 胡平生：《阜阳双古堆汉简与〈孔子家语〉》，《国学研究》，第7卷。

④ 《八角廊汉简〈儒家者言〉与〈孔子家语〉相关章次疏证》，《古籍整理研究学刊》，2004年第5期。

⑤ 《〈家语〉的"层累"形成考论——阜阳双古堆一号木牍所见章题与今本〈家语〉之比较》，《齐鲁学刊》，2007年第3期。

⑥ 《读阜阳双古堆一号木牍与〈孔子家语〉相关章题余札》，收入《上海市社会科学界第五届学术年会文集（2007年度）哲学·历史·人文学科卷》。

孔衍上汉成帝书伪窜痕迹十分明显,兹引如下:

> 臣闻明王不掩人之功,大圣不遗人之善,所以能其明圣也。陛下发明诏,诏群儒,集天下书籍,无言不悉,命通才大夫校定其义,使遐载之文,以大著于今日,立言之士,垂于不朽。此则蹈明王之轨,遵大圣之风者也。虽唐帝之焕然,周王之彧彧,未若斯之极也。故述作之士,莫不乐测大伦焉。臣祖故临淮太守安国,逮仕于孝武皇帝之世,以经学为名,以儒雅为官,赞明道义,见称前朝。时鲁恭王坏孔子故宅,得古文科斗《尚书》、《孝经》、《论语》,世人莫有能言者,安国为之今文读而训传其义。又撰次《孔子家语》,既毕,会巫蛊事起,遂各废不行于时。然其典雅正实,与世所传者,不可同日而论也。光禄大夫向,以为时所未施之故,《尚书》则不记于《别录》,《论语》则不使名家也。臣窃异之。且百家章句,无不毕记,况《孔子家语》古文正实而疑之哉!又戴圣近世小儒,以《曲礼》不足,而乃取《孔子家语》杂乱者,及子思、孟轲、孙卿之书以裨益之,总名曰《礼记》,今尚见其已在《礼记》者,则便除《家语》之本篇,是灭其原而存其末,不亦难乎!臣之愚,以为宜如此为例,皆记录别见,故敢冒昧以闻。①

此序有诸多讹谬之处,略举一二明之:

1. 孔安国为临淮太守在汉武帝早期,司马迁撰《史记》之时,孔安国已卒。巫蛊事在武帝晚年,此时安国已卒,何以"撰次《孔子家语》,既毕,会巫蛊事起"?

2. 刘向校书,终成帝之世而未完,哀帝即位,复命刘歆卒父之业。《别录》乃刘向一篇篇图书整理的记录,在成帝之世,不可能有完整的《别录》。故所谓"《尚书》则不记于《别录》"、《家语》"记录别见"等语,不可能出现于成帝时期,当时刘向还在校书过程之中,所撰《书录》也是上呈天子,孔衍哪得见之?校书未完,孔衍哪得议论?《别录》的整理成书当在汉哀帝刘歆整理《七略》之时,成帝时孔衍哪得见之?

3. 文中强调《孔子家语》"古文正实",这类观念乃是东汉以后逐渐形

---

① 王国轩、王秀梅译注:《孔子家语》,北京:中华书局,2011年版,第563—564页。

成,西汉今文大行于学官,古文则民间有之,不会有重古文的问题提出。

故孔衍上书乃是后人伪作,连带王肃所附孔安国序的真实性亦颇受怀疑。故前人怀疑王肃伪造《孔子家语》,事出有因。这些序言大概是王肃编来装饰《家语》流传有序的权威性的,此书作为孔府代代积累的档案可能性较大。若此书为孔安国在长安所编,问学于他的司马迁不会看不到,那么《史记·孔子世家》就会获得许多资源,而异于今日之样貌。

然而,《孔子家语》虽出于魏晋间人整理注解形式,整理之时或有改窜,但本自孔府档案,其内容却多有渊源,今已知部分记录与古简(如河北定县西汉中山怀王刘脩墓《儒家者言》、安徽阜阳双古堆汉墓孔子故事章题木牍)可相印证,其他材料照理也不乏早期文献,其中关于孔子生平事迹的部分,还是作为源自孔府先人搜集的原始材料,可补史料之阙。周秦汉魏以简帛传抄方式流传的书籍制度,与宋元以后的刊本书籍制度存在着根本的差异,不可不考虑各个地域、学派、家族代代相传造成的传闻异辞的情形,而不宜仅凭个别语句或枝节,遽尔辨析某书之真伪,而应仔细辨析文本中发生历史文化地层叠压的原委。

【时事考异】

《论语·宪问》篇"子曰臧武仲"章、"子路问成人"章与《左传·襄公二十三年》的记载有密切关系。从中可见孔子曾于弟子间讲述评论臧武仲之事,而且讲述评论的范围,会超出遗留的文献所记载。鲁大夫臧纥,字武仲,曾为司寇。如前所述,鲁襄公十七年(孔子出生前四年),齐高厚围困臧武仲于防(今山东泗水西南),由陬叔纥(孔子之父)等人率甲三百,夜间突围而出。孔子关注臧武仲,或与此辉煌战功有关。臧武仲出奔缘于他结怨孟孙氏而遭讨伐。

　　《左传·襄公二十三年》:乙亥,臧纥(臧武仲)斩鹿门之关,以出奔邾。初,臧宣叔娶于铸,生贾及为而死,继室以其侄,穆姜之姨子也。生纥,长于公宫,姜氏爱之,故立之,臧贾、臧为出在铸,臧武仲自邾使告臧贾,且致大蔡(大龟,古以龟为卜)焉,曰:"纥不佞,失守宗祧,敢告不吊,纥之罪不及不祀,子以大蔡纳请,其可。"贾曰:"是家之祸也,非子之过也,贾闻命矣。"再拜受龟,使为以纳请,遂自为也,臧孙如防,使来告曰:"纥非能害也,知不足也,非敢私请,苟守先祀,无废二勋,敢不辟邑。"乃立臧为，臧纥致防而奔齐。①

　　《论语·宪问》：子曰："臧武仲以防求为后于鲁，虽曰不要君，吾不信也。"②

　　臧纥助季氏废长立幼，季氏长子公鉏施计诬告臧纥将为乱，季氏信而攻之，故臧纥出奔。臧纥以其罪不及不祀，使其兄以防求立臧氏后嗣于鲁，故孔子有此评论。臧纥至齐后，文献的记载是：

　　《左传·襄公二十三年》：齐侯将为臧纥田，臧孙闻之，见齐侯。与之言伐晋，对曰："多则多矣，抑君似鼠，夫鼠，昼伏夜动，不穴于寝庙，畏人故也，今君闻晋之乱而后作焉，宁将事之，非鼠如何？"乃弗与田，仲尼曰："知之难也。有臧武仲之知，而不容于鲁国，抑有由也，作不顺而施不恕也。《夏书》曰：'念兹在兹。'顺事、恕施也。"③

　　《论语·宪问》：子路问成人。子曰："若臧武仲之知，公绰之不欲，卞庄子之勇，冉求之艺，文之以礼乐，亦可以为成人矣。"曰："今之成人者何必然？见利思义，见危授命，久要不忘平生之言，亦可以为成人矣。"④

　　《春秋·襄公二十三年》：晋栾盈复入于晋。入于曲沃。秋，齐侯伐卫，遂伐晋。⑤

　　《史记·十二诸侯年表·齐表》：欲遣栾逞入曲沃，伐晋，取朝歌。⑥

　　臧纥致防而奔齐，齐侯将予之田邑。时值齐侯伐晋而归，臧纥知其将败，不欲受其邑，故意讽刺齐侯趁晋国内乱兴兵，以鼠比之，使之怒而不予田邑。对于臧武仲，胡应麟《史书佔毕》卷六云："先仲尼称圣于鲁者臧纥，后仲尼称圣于鲁者展禽。"⑦这种说法也有文献依据。《左传·襄公四年》：

①　杨伯峻撰：《春秋左传注》，北京：中华书局，1981年版，第1802—1803页。
②　杨伯峻撰：《论语译注》，北京：中华书局，2009年版，第158—159页。
③　杨伯峻撰：《春秋左传注》，北京：中华书局，1981年版，第1805页。
④　杨伯峻撰：《论语译注》，北京：中华书局，2009年版，第148页。
⑤　杨伯峻编著：《春秋左传注》(全4册)，北京：中华书局，1990年版，第1072页。
⑥　[汉]司马迁撰：《史记》(全10册)，北京：中华书局，1959年版，第1906页。
⑦　[明]胡应麟撰：《少室山房笔丛》，北京：中华书局，1958年版，第241页。

"冬十月,邾人、莒人伐鄫。臧纥救鄫,侵邾,败于狐骀。国人逆丧者皆髽。鲁于是乎始髽,国人诵之曰:'臧之狐裘,败我于狐骀。我君小子,朱儒是使。朱儒,朱儒,使我败于邾。'"[①]可见臧武仲身材矮小。《左传·襄公二十二年》:"二十二年春,臧武仲如晋,雨,过御叔。御叔在其邑,将饮酒,曰:'焉用圣人? 我将饮酒,而已雨行,何以圣为?'穆叔闻之曰:'不可使也,而傲使人,国之蠹也。'令倍其赋。"[②]可见臧武仲以"圣人"自居,也算得上当时一个短小多智的风云人物。

栾逞(盈)为晋大夫,鲁襄公二十一年(公元前 552 年)范宣子迫其奔楚,后奔齐,鲁襄公二十三年齐即遣其伐晋。《春秋》、《史记·十二诸侯年表》记载略有差异。《春秋》将栾盈入晋和齐伐晋分开记述,若不参《左传》很难发现两个记载的关系。《十二诸侯年表》的记载与《春秋》不同,而是直接将两件事情联系起来,应与《史记·晋世家》对此事记载是一致的:

> 六年,鲁襄公朝晋。晋栾逞有罪,奔齐。[③]
>
> 八年,齐庄公微遣栾逞于曲沃,以兵随之。齐兵上太行,栾逞从曲沃中反,袭入绛。绛不戒,平公欲自杀,范献子止公,以其徒击逞,逞败走曲沃。曲沃攻逞,逞死,遂灭栾氏宗。逞者,栾书孙也。其入绛,与魏氏谋。齐庄公闻逞败,乃还,取晋之朝歌去,以报临菑之役也。[④]

但《十二诸侯年表》、《晋世家》中栾逞奔齐的时间有不同,《年表》是晋平公七年(公元前 551 年),而《世家》则是平公六年。据《左传》记载,知栾盈鲁襄公二十一年奔楚,二十二年适齐,《晋世家》记载有误。

不仅如此,《晋世家》对栾逞袭绛的记载似别有所据。《左传》仅记载范宣子卫固平公,并未言及平公欲自杀之事,《国语》亦无相关记载。《左传》记载栾盈攻绛不克,奔曲沃,晋人围曲沃,克之而杀栾盈。《世家》则是栾盈克绛,平公因范献子之力而败之,栾逞奔曲沃,反被曲沃人所攻而死。梁玉绳《史记志疑》言之,可参看。

---

① 杨伯峻编著:《春秋左传注》(全 4 册),北京:中华书局,1990 年版,第 940 页。
② 杨伯峻编著:《春秋左传注》(全 4 册),北京:中华书局,1990 年版,第 1065 页。
③ [汉]司马迁撰:《史记》(全 10 册),北京:中华书局,1959 年版,第 1683 页。
④ [汉]司马迁撰:《史记》(全 10 册),北京:中华书局,1959 年版,第 1683 页。

· 公元前 549 年,鲁襄公二十四年,孔子四岁。

【时事考异】

鲁襄公二十四年(公元前 549 年),鲁大夫叔孙豹开始走入末路。此年《春秋》载"叔孙豹如晋",《左传》则载"穆叔如晋",《国语·晋语八》则是"叔孙穆子"。叔孙穆子、穆叔与叔孙豹,是同一个人。《春秋经》多称"叔孙豹",即称名,而《左传》多称"穆叔",即称谥号①。故《左传》中称"穆叔"的材料大体可以判断其来源于鲁国,且写成时代当在叔孙豹卒后。叔孙豹是鲁襄公时期操手政治格局的关键人物,曾在鲁襄公十一年(公元前 562 年)与季武子商定作三军,三分鲁公室,"三桓"(季孙氏、叔孙氏、孟孙氏)各有其一,形成鲁国"三桓专政"的政治格局。此事发生在孔子出生前十年,孔子在鲁国的升降浮沉,与这种政治格局关系深刻。叔孙豹于鲁襄公二十四年如晋,留下一句"三不朽"的名言:"豹闻之,大上有立德,其次有立功,其次有立言,虽久不废,此之谓不朽。"②十一年后,《春秋经·昭公四年》记载:"冬,十有二月,乙卯,叔孙豹卒。"③

【杂录】

《孔子家语·正论解》:叔孙穆子避难奔齐,宿于庚宗之邑。庚宗寡妇通焉而生牛,穆子返鲁,以牛为内竖,相家,牛谗叔孙二人,杀之。叔孙有病,牛不通其馈,不食而死,牛遂辅叔孙庶子昭而立之。昭子既立,朝其家众曰:"竖牛祸叔孙氏,使乱大从,杀適立庶,又披其邑,以求舍罪,罪莫大焉,必速杀之。"遂杀竖牛。孔子曰:"叔孙昭子不劳,不可能也。周任有言曰:'为政者不赏私劳,不罚私怨。'诗云:'有觉德行,四国顺之。'昭子有焉。"④

叔孙豹是由这位私生子竖牛送他走向末路的。

· 公元前 548 年,鲁襄公二十五年,孔子五岁,弟子秦商生。

· 郑伐陈,子产献捷于晋,言入陈之功。孔子评曰:"《志》有之:'言以足志,文以足言。'不言,谁知其志? 言之无文,行而不远。晋为伯,郑入陈,

---

① 《国语》卷 1 韦昭注曰:"穆仲,仲山父之谥,犹鲁叔孙穆子谓之穆叔。"
② 杨伯峻编著:《春秋左传注》(全 4 册),北京:中华书局,1990 年版,第 1088 页。
③ 杨伯峻编著:《春秋左传注》(全 4 册),北京:中华书局,1990 年版,第 1245 页。
④ [三国魏]王肃注:《孔子家语》,上海:上海古籍出版社,1990 年版,第 100 页。

非文辞不为功,慎辞也。"此类评议,应是日后与弟子对答之言,有如下一则之答子张。请注意,孔子于此引用古《志》评论政治人物,他的不少思想存在着古老的文献渊源。

　·崔杼弑齐庄公,陈文子弃家产、离齐国,两至他邦又两以其执政者犹齐之崔子而违之。日后,子张问于孔子,孔子许陈文子之清,而未许其仁。孔子仁的标准是非常高的。

【文献记载】

《孔子家语·七十二弟子解》:"秦商,鲁人,字不慈(《史记》:秦商字子丕),少孔子四岁。其父菫父,与孔子父叔梁纥俱力闻。"①孔子弟子见于文献记载者,以秦商年最长。

《左传·襄公二十五年》:郑子产献捷于晋,戎服将事,晋人问陈之罪。对曰:"昔虞阏父为周陶正,以服事我先王。我先王赖其利器用也,与其神明之后也,庸以元女大姬配胡公而封诸陈,以备三恪,则我周之自出,至于今是赖。桓公之乱,蔡人欲立其出,我先君庄公奉五父而立之,蔡人杀之。我又与蔡人奉戴厉公,至于庄、宣,皆我之自立。夏氏之乱,成公播荡,又我之自入,君所知也。今陈忘周之大德,蔑我大惠,弃我姻亲,介恃楚众,以凭陵我敝邑,不可亿逞。我是以有往年之告,未获成命,则有我东门之役。当陈隧者,井堙木刊,敝邑大惧不竞,而耻大姬,天诱其衷,启敝邑之心,陈知其罪,授手于我,用敢献功。"晋人曰:"何故侵小?"对曰:"先王之命,唯罪所在,各致其辟。且昔天子之地一圻,列国一同,自是以衰,今大国多数圻矣,若无侵小,何以至焉?"晋人曰:"何故戎服?"对曰:"我先君武、庄为平、桓卿士。城濮之役,文公布命曰:'各复旧职。'命我文公,戎服辅王,以授楚捷,不敢废王命故也。"士庄伯不能诘,复于赵文子,文子曰:"其辞顺,犯顺,不祥。"乃受之,冬,十月,子展相郑伯如晋,拜陈之功,子西复伐陈,陈及郑平。仲尼曰:"《志》有之:'言以足志,文以足言。'不言,谁知其志? 言之无文,行而不远。晋为伯,郑入陈,非文辞不为功,慎辞哉!"②

《论语·公冶长篇》:子张问曰:"令尹子文三仕为令尹,无喜色;三已之,无愠色。旧令尹之政,必以告新令尹。何如?"子曰:"忠矣。"曰:"仁矣

---

① 　[三国魏]王肃注:《孔子家语》,上海:上海古籍出版社,1990年版,第97页。
② 　杨伯峻编著:《春秋左传注》(全4册),北京:中华书局,1990年版,第1104—1106页。

乎?"曰:"未知,焉得仁?""崔子弑齐君,陈文子有马十乘,弃而违之。至于他邦,则曰:'犹吾大夫崔子也。'违之。之一邦,则又曰:'犹吾大夫崔子也。'违之。何如?"子曰:"清矣。"曰:"仁矣乎?"曰:"未知。焉得仁?"①

《孔子家语·正论解》:郑伐陈,入之,使子产献捷于晋,晋人问陈之罪焉。子产对曰:"陈亡周之大德,介恃楚众,冯陵敝邑,是以有往年之告。未获命,则又有东门之役。当陈隧者,井陘木刊,敝邑大惧,天诱其里,启敝邑心,陈知其罪,授首于我,用敢献功。"晋人曰:"何故侵小?"对曰:"先王之命,惟罪所在,各致其辟。且昔天子一圻,列国一同,自是以衰,周之制也。今大国多数圻矣,若无侵小,何以至焉?"晋人曰:"其辞顺。"孔子闻之,谓子贡曰:"志有之,言以足志,文以足言。不言谁知其志,言之无文,行之不远。晋为郑伯入陈,非文辞不为功,小子慎哉!"②

(按:孔子此番评论,当发生在三十年后与二三子讨论近代史之时。)

《史记·仲尼弟子列传》云:"孔子之所严事:于周则老子。于卫,蘧伯玉。于齐,晏平仲。于楚,老莱子。于郑,子产。于鲁,孟公绰。数称臧文仲、柳下惠、铜鞮伯华、介山子然,孔子皆后之,不并世。"③这些人物与孔子相关之事迹,如此年子产之事迹,本谱亦予必要之梳理。

公孙侨,字子产,郑穆公之孙。郑简公十二年(公元前554年)为卿,任少正。二十三年,执掌国政。郑国处于晋楚争霸的夹缝中,"国小而逼,族大宠多",子产以宽猛相济之政,重礼用能之外交,不毁国人议政之乡校,有效地稳定了国家局面。有"天道远,人道弥"之论,肯定人本思想。

【考证】

鲁襄公二十五年(公元前548年)为周灵王二十四年、郑简公十八年、晋平公十年、齐庄公六年。该年楚"率陈、蔡伐郑救齐"(《史记·十二诸侯年表·楚表》),"陈侯会楚子伐郑,当陈隧者,井堙木刊,郑人怨之"(《左传·襄公二十五年》,杜预注:在去年冬),故郑与陈结怨。《史记·十二诸侯年表·郑表》记"范宣子为政。我请伐陈"④。《左传》记"郑行人公孙挥如晋聘",或即为请伐陈之事。鲁襄公二十五年,郑伐陈,获捷。《春秋·襄

① 杨伯峻撰:《论语译注》,北京:中华书局,2009年版,第48页。
② [三国魏]王肃注:《孔子家语》,上海:上海古籍出版社,1990年版,第103—104页。
③ [汉]司马迁撰:《史记》(全10册),北京:中华书局,1959年版,第2186页。
④ [汉]司马迁撰:《史记》(全10册),北京:中华书局,1959年版,第641页。

公二十五年》曰:"六月,壬子,郑公孙舍之帅师入陈。……冬,郑公孙夏帅师伐陈。"①《史记·十二诸侯年表·郑表》曰:"伐陈,入陈。"②然去年郑行人如晋请伐陈似未得霸主应允,故子产献捷于晋,晋问陈之罪,又问何故侵小、何故戎服,意甚岔岔,子产答以伐陈之功、饰以文辞,晋不能诘,故孔子有"言之无文,行而不远。晋为伯,郑入陈,非文辞不为功"之叹。

又有齐国大夫崔杼弑君(齐庄公)之事。《春秋·襄公二十五年》记"夏,五月,乙亥,齐崔杼弑其君光"③,《史记·十二诸侯年表·齐表》亦记"崔杼以庄公通其妻,杀之,立其弟,为景公"④。然《论语》所记陈文子弃家离国之事,《左传》未载,据之仅知其在鲁襄公二十八年(公元前545年)时已回齐国,年月未详,姑系于此。康有为《论语注》论曰:"盖叹列邦无不从君于昏君……清,洁也。重贿,人所难弃,文子轻之。未几即已返齐,而未闻讨贼之举,则不过不预乱事而已,未能救君正国,故孔子许其清,而未许其仁。然变乱之际,利害甚大,能如文子之弃官洁身,不预乱事者,吾见亦寡矣。若夫舍身成仁,以救君国,此则孔子之所期望者夫?"⑤

【时事考异】

《左传·襄公二十五年》所载崔杼弑齐庄公之事,首尾完整,各家文献记之甚详,完全可以独立于编年叙事之外,叙事风格亦有独立的风格,因此这一章故事应有独立来源。孔子对此事亦有评论,故为孔门所熟悉。崔杼弑君故事,亦是战国秦汉间常见的列国故事之一。

【杂录】

《韩非子》:谚曰:"厉怜王。"此不恭之言也。虽然,古无虚谚,不可不察也。此谓劫杀死亡之主言也。人主无法术以御其臣,虽长年而美材,大臣犹将得势擅事主断,而各为其私急。而恐父兄豪杰之士,借人主之力,以禁诛于己也,故弑贤长而立幼弱,废正嫡而立不义。故春秋记之曰:"楚王子围将聘于郑,未出境,闻王病而反,因入问病,以其冠缨绞王而杀之,遂自立也。齐崔杼,其妻美,而庄公通之,数如崔氏之室,及公往,崔子之徒贾举率

① 杨伯峻编著:《春秋左传注》(全4册),北京:中华书局,1990年版,第1094-1095页。
② [汉]司马迁撰:《史记》(全10册),北京:中华书局,1959年版,第642页。
③ 杨伯峻编著:《春秋左传注》(全4册),北京:中华书局,1990年版,第1094页。
④ [汉]司马迁撰:《史记》(全10册),北京:中华书局,1959年版,第642页。
⑤ 康有为撰:《康有为全集·论语注》,北京:中国人民大学出版社,2007年版,第413页。

崔子之徒而攻公，公入室，请与之分国，崔子不许，公请自刃于庙，崔子又不听，公乃走踰于北墙，贾举射公，中其股，公坠，崔子之徒以戈斫公而死之，而立其弟景公。"近之所见：李兑之用赵也，饿主父百日而死；卓齿之用齐也，擢湣王之筋，悬之庙梁，宿昔而死。故厉虽痈肿疕疡，上比于春秋，未至于绞颈射股也；下比于近世，未至饿死擢筋也。故劫杀死亡之君，此其心之忧惧、形之苦痛也，必甚于厉矣。由此观之，虽"厉怜王"可也。①

《吕氏春秋·慎行》：崔杼与庆封谋杀齐庄公，庄公死，更立景公，崔杼相之。庆封又欲杀崔杼而代之相，于是扌谷崔杼之子，令之争后。崔杼之子相与私閧，崔杼往见庆封而告之。庆封谓崔杼曰："且留，吾将兴甲以杀之。"因令卢满嫳兴甲以诛之，尽杀崔杼之妻子及枝属，烧其室屋，报崔杼曰："吾已诛之矣。"崔杼归无归，因而自绞也。庆封相景公，景公苦之。庆封出猎，景公与陈无宇、公孙灶、公孙虿诛封。庆封以其属斗，不胜，走如鲁。齐人以为让，又去鲁而如吴，王予之朱方。荆灵王闻之，率诸侯以攻吴，围朱方，拔之，得庆封，负之斧质，以徇于诸侯军，因令其呼之曰："毋或如齐庆封，弑其君而弱其孤，以亡其大夫。"乃杀。黄帝之贵而死，尧、舜之贤而死，孟贲之勇而死，人固皆死。若庆封者，可谓重死矣。身为僇，支属不可以见，行忮之故也。凡乱人之动也，其始相助，后必相恶。为义者则不然，始而相与，久而相信，卒而相亲，后世以为法程。②

《吕氏春秋·知分》：晏子与崔杼盟，其辞曰："不与崔氏而与公孙氏者，受其不祥。"晏子俛而饮血，仰而呼天曰："不与公孙氏而与崔氏者，受此不祥。"崔杼不说，直兵造胸，句兵钩颈，谓晏子曰："子变子言，则齐国吾与子共之；子不变子言，则今是已。"晏子曰："崔子！子独不为夫诗乎？诗曰：'莫莫葛藟，施于条枚，凯弟君子，求福不回。'婴且可以回而求福乎？子惟之矣。"崔杼曰："此贤者，不可杀也。"罢兵而去。晏子授绥而乘，其仆将驰，晏子无良其仆之手曰："安之！毋失节。疾不必生，徐不必死。鹿生于山而命悬于厨。今婴之命，有所悬矣。"晏子可谓知命矣。命也者，不知所以然而然者也，人事智巧以举错者不得与焉。故命也者，就之未得，去之未失。国士知其若此也，故以义为之决而安处之。③

① ［清］王先慎撰，钟哲校点：《韩非子集解》，北京：中华书局，1998年版，第106—108页。
② 陈奇猷校释：《吕氏春秋新校释》，上海：上海古籍出版社，2002年版，第1492—1493页。
③ 陈奇猷校释：《吕氏春秋新校释》，上海：上海古籍出版社，2002年版，第1355—1356页。

《韩诗外传》卷二:崔杼弑庄公,令士大夫盟,盟者皆脱剑而入,言不疾,指不至血者死,所杀者十余人,次及晏子,奉杯血,仰天而叹曰:"恶乎!崔杼将为无道,而杀其君。"于是盟者皆视之。崔杼谓晏子曰:"子与我,吾将与子分国;子不与,我杀子。直兵将推之,曲兵将钩之。吾愿子之图之也。"晏子曰:"留以利而倍其君,非仁也;劫以刃而失其志者,非勇也。诗曰:'莫莫葛藟,延于条枚。恺悌君子,求福不回。'婴其可回矣!直兵推之,曲兵钩之,婴不之革也。"崔杼曰:"舍晏子。"晏子起而出,授绥而乘,其仆驰,晏子抚其手曰:"麋鹿在山林,其命在庖厨。命有所悬,安在疾驱。"安行成节,然后去之。诗曰:"羔裘如濡,恂直且侯;彼已之子,舍命不偷。"晏子之谓也。①

《韩诗外传》卷八:齐崔杼弑庄公,荆蒯芮使晋而反。其仆曰:"崔杼弑庄公,子将奚如?"荆蒯芮曰:"驱之!将入死而报君。"其仆曰:"君之无道也,四邻诸侯莫不闻也,以夫子而死之,不亦难乎?"荆蒯芮曰:"善哉!而言也!早言,我能谏;谏而不用,我能去;今既不谏,又不去。吾闻之:食其食,死其事,吾既食乱君之食,又安得治君而死之!"遂驱车而入,死其事。仆曰:"人有乱君,犹必死之;我有治长,可无死乎!"乃结辔自刭于车上。君子闻之,曰:"荆蒯芮可谓守节死义矣,仆夫则无为死也,犹饮食而遇毒也。"诗曰:"夙夜匪懈,以事一人。"荆先生之谓也。易曰:"不恒其德,或承之羞。"仆夫之谓也。②

《淮南子·精神训》:晏子与崔杼盟,临死地而不易其义。③

《列女传》:齐东郭姜者,棠公之妻,齐崔杼御东郭偃之姊也。美而有色。棠公死,崔子吊而说姜,遂与偃谋娶之。既居其室,比于公宫,庄公通焉,骤如崔氏,崔子知之。异日,公以崔子之冠赐侍人,崔子愠,告有疾不出,公登台以临崔子之宫,由台上与东郭姜戏,公下从之,东郭姜奔入户而闭之,公推之曰:"开余。"东郭姜曰:"老夫在此,未及收发。"公曰:"余开崔子之疾也,不开?"崔子与姜自侧户出,闭门,聚众鸣鼓,公恐,拥柱而歌。公请于崔氏曰:"孤知有罪矣,请改心事吾子。若不信,请盟。"崔子曰:"臣不敢闻命。"乃避之。公又请于崔氏之宰曰:"请就先君之庙而死焉。"崔氏之宰曰:"君之臣杼,有疾不在,侍臣不敢闻命。"公踰墙而逃,崔氏射公中踵,

① 〔汉〕韩婴撰,许维遹校释:《韩诗外传集释》,北京:中华书局,1980年版,第45—48页。
② 〔汉〕韩婴撰,许维遹校释:《韩诗外传集释》,北京:中华书局,1980年版,第274—275页。
③ 刘康德撰:《淮南子直解》,上海:复旦大学出版社,2001年版,第324页。

公反堕，遂弑公。先是时，东郭姜与前夫子棠毋咎俱入，崔子爱之，使为相室，崔子前妻子二人大子城、少子强。及姜入后，生二子明、成。成有疾，崔子废成，而以明为后。成使人请崔邑以老，崔子哀而许之。棠毋咎与东郭偃争而不与，成与强怒，将欲杀之，以告庆封。庆封，齐大夫也，阴与崔氏争权，欲其相灭也，谓二子曰："杀之。"于是二子归杀棠毋咎，东郭偃于崔子之庭。崔子怒，愬之于庆氏曰："吾不肖，有子不能教也，以至于此。吾事夫子，国人之所知也，唯厚使者，不可以已。"庆封乃使卢蒲嫳帅徒众，与国人焚其库厩，而杀成、姜。崔氏之妻曰："生若此，不若死。"遂自经而死。崔子归见库厩皆焚，妻子皆死，又自经而死。君子曰："东郭姜杀一国君而灭三室，又残其身，可谓不祥矣。"诗曰："枝叶未有害，本实先败。"此之谓也。①

《新序·节士》：齐崔杼者，齐之相也，弑庄公。止太史无书君弑及贼，太史不听，遂书贼曰："崔杼弑其君。"崔子杀之，其弟又嗣书之，崔子又杀之，死者二人，其弟又嗣复书之，乃舍之。南史氏是其族也，闻太史尽死，执简以往，将复书之，闻既书矣，乃还。君子曰："古之良史。"②

银雀山竹简《晏子》：晏子为壮（庄）公臣，言用，晦（每）朝，赐爵益邑。我（俄）而不用，晦（每）朝，致邑与爵。爵邑尽，退朝而乘，渭（喟）然（叹），（叹）终而笑。其仆曰：'□（叹）笑相从之数（速）也？'晏子曰：'吾（叹）也，哀吾君必不免于难也。吾笑……吾夕（亦）无死已。'崔杼果式（弑）壮（庄）公，晏子立于崔子之门，从者曰：'何不死乎？'晏子曰：'独吾君舆（欤）！吾死也！''何不去乎？'曰：'吾罪与（欤）才（哉）！吾亡也！''然则何不□□□'君死焉归？夫君人者几（岂）以泠（陵）民，社褮（稷）是主也。故君为社褮（稷）死则死之，君为社褮（稷）亡则亡之。若君为己死，为己□□其私亲，孰敢任之。人有君而杀之，吾焉得死，焉得亡？'门启而入，崔子曰：'晏子□□□子曰：'过（祸）始弗智（知）也，过（祸）众（终）弗智（知）也，吾何为死？且吾闻之，以亡为行者，不足以存君，以死为义者，不足以立功。婴几（岂）婢子才（哉）！缢而从之。'（遂）但（袒）免，枕君□□哭，兴，九甬（踊）而出。③

《晏子春秋》：晏子为庄公臣，言大用，每朝，赐爵益邑；俄而不用，每朝，

① ［汉］刘向编撰，［晋］顾恺之图画：《古列女传》，北京：中华书局，1985年版，第211—212页。
② ［汉］刘向撰：《新序》，北京：中华书局，1985年版，第109页。
③ 银雀山汉墓整理小组编：《银雀山汉墓竹简》（一），北京：文物出版社，1985年版，《释文注释》第98—99页。

致邑与爵。爵邑尽,退朝而乘,喟然而叹,终而笑。其仆曰:"何叹笑相从数也?"晏子曰:"吾叹也,哀吾君不免于难;吾笑也,喜吾自得也,吾亦无死矣。"崔杼果弑庄公,晏子立崔杼之门,从者曰:"死乎?"晏子曰:"独吾君也乎哉! 吾死也!"曰:"行乎?"曰:"独吾罪也乎哉! 吾亡也!"曰:"归乎?"曰:"吾君死,安归! 君民者,岂以陵民,社稷是主;臣君者,岂为其口实,社稷是养。故君为社稷死,则死之,为社稷亡,则亡之;若君为己死而为己亡,非其私昵,孰能任之? 且人有君而弑之,吾焉得死之? 而焉得亡之? 将庸何归!"门启而入,崔子曰:"子何不死? 子何不死?"晏子曰:"祸始,吾不在也;祸终,吾不知也,吾何为死? 且吾闻之,以亡为行者,不足以存君;以死为义者,不足以立功。婴岂其婢子也哉! 其缢而从之也!"遂袒免,坐,枕君尸而哭,兴,三踊而出。人谓崔子必杀之,崔子曰:"民之望也,舍之,得民。"①

所以对崔杼弑君事记录较详,是因为此类弑君弑父的政治人伦惨剧,成了累积为孔子作《春秋》的重要心理动因。《孟子·滕文公下》说:"世衰道微,邪说暴行有作,臣弑其君者有之,子弑其父者有之。孔子惧,作《春秋》。《春秋》,天子之事也。是故孔子曰:知我者其惟《春秋》乎! 罪我者其惟《春秋》乎!"②《史记·太史公自序》对《春秋》所载弑君亡国之事作了统计:"拨乱世反之正,莫近于《春秋》。《春秋》文成数万,其指数千。万物之散聚皆在《春秋》。《春秋》之中,弑君三十六,亡国五十二,诸侯奔走不得保其社稷者不可胜数。"③这种统计也见于《淮南子·主术训》,并且与孔子的政治思想关联起来:"孔子之通,智过于苌宏,勇服于孟贲,足蹑于郊菟,力招城关,能亦多矣。然而勇力不闻,伎巧不知,专行孝道,以成素王,事亦鲜矣。《春秋》二百四十二年,亡国五十二,弑君三十六,采善鉏丑,以成王道,论亦博矣。然而围于匡,颜色不变,弦歌不彻,临死亡之地,犯患难之危,据义行理而志不慑,分亦明矣。然而为鲁司寇,听狱必为断;作为《春秋》,不道鬼神,不敢专已。"④刘向《说苑·建本》采编秘府简帛,也有类似说法:"公扈子曰:有国者不可以不学《春秋》,生而尊者骄,生而富者傲,生而富贵,又无鉴而自得者鲜矣。《春秋》,国之鉴也。《春秋》之中,弑君三十六,

① [春秋]晏婴撰:《晏子春秋》,北京:中华书局,1985年版,第43页。
② [宋]朱熹撰:《四书章句集注》,北京:中华书局,1983年版,第272页。
③ [汉]司马迁撰:《史记》(全10册),北京:中华书局,1959年版,第3297页。
④ 何宁撰:《淮南子集释》,北京:中华书局,1998年版,第695-697页。

亡国五十二,诸侯奔走,不得保社稷者甚众,未有不先见而后从之者也。"①
弑君亡国,是孔子不时听闻的世风时运,对他而言,是刻骨铭心的。

　　·公元前 547 年,鲁襄公二十六年,孔子六岁,为儿嬉戏,陈俎豆,设
礼容。

　　·甯氏欲弑君而复入卫献公,蘧伯玉复从近关出国。孔子日后盛赞卫
之二贤,既赞史鱼之直,又赞蘧伯玉此行曰:"君子哉蘧伯玉! 邦有道,则
仕;邦无道,则可卷而怀之。"

【文献记载】

《史记·孔子世家》:"孔子为儿嬉戏,常陈俎豆,设礼容。"②

《左传·襄公十四年》:文子曰:"君忌我矣,弗先,必死。"并帑于戚而
入,见蘧伯玉曰:"君之暴虐,子所知也,大惧社稷之倾覆,将若之何?"对曰:
"君制其国,臣敢奸之,虽奸之,庸知愈乎?"遂行,从近关出。③

《左传·襄公二十六年》:(子鲜)以公命与宁喜言,曰:"苟反,政由宁
氏,祭则寡人。"宁喜告蘧伯玉,伯玉曰:"瑗不得闻君之出,敢闻其入?"遂
行,从近关出。④

《论语·卫灵公》:子曰:"直哉史鱼! 邦有道,如矢;邦无道,如矢。君
子哉蘧伯玉! 邦有道,则仕;邦无道,则可卷而怀之。"⑤宋邢昺疏曰:"此章
美卫大夫史鰌、蘧瑗之行也。'直哉,史鱼'者,美史鱼之行正直也。'邦有
道,如矢。邦无道,如矢'者,此其直之行也。矢,箭也。史鰌之德,其性惟
直,国之有道无道,行直如箭,言不随世变曲也。'君子哉,蘧伯玉'者,美伯
玉有君子之德也。'邦有道,则仕。邦无道,则可卷而怀之'者,此其君子之
行也。国若有道,则肆其聪明而在仕也。国若无道,则韬光晦知、不与时
政,亦常柔顺不忤逆校人。是以谓之君子也。"⑥

《新序》卷一记载:"卫灵公之时,蘧伯玉贤而不用,弥子瑕不肖而任事,
卫大夫史鰌患之,数以谏灵公而不听。史鰌病且死,谓其子曰:'我即死,治

①　[汉]刘向撰,向宗鲁校证:《说苑校证》,北京:中华书局,1987 年版,第 68-69 页。

②　[汉]司马迁撰:《史记》(全 10 册),北京:中华书局,1959 年版,第 1906 页。

③　杨伯峻编著:《春秋左传注》(全 4 册),北京:中华书局,1990 年版,第 1101-1102 页。

④　杨伯峻编著:《春秋左传注》(全 4 册),北京:中华书局,1990 年版,第 1112 页。

⑤　[清]阮元校刻:《十三经注疏》(全 2 册),北京:中华书局,1980 年版,第 2517 页。

⑥　[清]阮元校刻:《十三经注疏》(全 2 册),北京:中华书局,1980 年版,第 2517 页。

丧于北堂。吾不能进蘧伯玉而退弥子瑕,是不能正君也,生不能正君者,死不当成礼。置尸北堂,于我足矣。'史鳅死,灵公往吊,见丧在北堂,问其故。其子以父言对灵公。灵公蹴然易容,寙然失位,曰:'夫子生则欲进贤而退不肖,死且不懈,又以尸谏,可谓忠而不衰矣。'于是乃召蘧伯玉而进之以为卿,退弥子瑕,徙丧正堂成礼而后返。卫国以治。史鳅字子鱼,所谓'直哉!史鱼'者也。"①《大戴礼记·保傅第四十八》也记载:"卫灵公之时,蘧伯玉贤而不用,迷子瑕不肖而任事,史鳅患之,数言蘧伯玉贤而不听。病且死,谓其子曰:'我即死,治丧于北堂,吾生不能进蘧伯玉,而退迷子瑕,是不能正君者,死不当成礼,而置尸于北堂,于我足矣。'灵公往吊,问其故,其子以父言闻。灵公造然失容。曰:'吾失矣。'立召蘧伯玉而贵之,召迷子瑕而退,徙丧于堂,成礼而后去。卫国以治,史鳅之力也。夫生进贤而退不肖,死且未止,又以尸谏,可谓忠不衰矣。"②这两则记载可作《论语·卫灵公》之孔子言的注脚。

【考证】

《史记·孔子世家》所述孔子儿时情况并无具体年岁,诸家多将此系于孔子六岁时,姑从之。

此年卫文公之奔及复入,甯氏两乱卫国之政,蘧伯玉两从近关出国,或即孔子所谓"卷而怀之"之事③。

【时事考异】

《春秋·襄公二十六年》记"王二月,辛卯,卫甯喜弑其君剽,卫孙林父入于戚以叛,甲午,卫侯衎复归于卫。"④《左传》对此事记载颇详细。

《史记》对卫献公复入的记载与《春秋》、《左传》有异。《史记·十二诸侯年表·卫表》曰:"齐、晋杀殇公,复内献公。"⑤《史记·十二诸侯年表·晋表》曰"诛卫殇公,复入献公"⑥。《史记·卫世家》的记载是:"殇公秋立,封孙文子林父于宿。十二年,宁喜与孙林父争宠相恶,殇公使宁喜攻孙林

①　[汉]刘向编著,石光瑛校释,陈新整理:《新序校释》(全2册),北京:中华书局,2001年版,第41—46页。

②　[清]王聘珍撰,王文锦点校:《大戴礼记解诂》,北京:中华书局,1983年版,第65—66页。

③　杨伯峻编著:《春秋左传注》(全4册),北京:中华书局,1990年版,第1112页。

④　杨伯峻编著:《春秋左传注》(全4册),北京:中华书局,1990年版,第1110页。

⑤　[汉]司马迁撰:《史记》(全10册),北京:中华书局,1959年版,第643页。

⑥　[汉]司马迁撰:《史记》(全10册),北京:中华书局,1959年版,第643页。

父。林父奔晋,复求入故卫献公。献公在齐,齐景公闻之,与卫献公如晋求入。晋为伐卫,诱与盟。卫殇公会晋平公,平公执殇公与宁喜而复入卫献公。献公亡在外十二年而入。"①《史记》与《左传》记载主要有两处不同。其一,卫侯在《史记》中名秋,且有谥号为殇公。而《左传》的记载则是"子叔",杜预注曰:"子叔,卫侯剽。言子叔,剽无谥故。"②《史记》三处主要记载均称殇公。其二,卫侯剽的被杀,《左传》是卫献公与甯喜串通,甯喜先击败孙氏,后杀之;而《史记》的记载则是晋平公伐卫,诱与盟,卫殇公赴盟被杀。可见此事记载,《春秋》、《左传》与《史记》甚是不同。

- 公元前 546 年,鲁襄公二十七年,孔子七岁。弟子颜由、曾点生。
- 宋向戌欲成弭兵之事,逆晋赵武而美言之。孔子以为多文辞,使人记录此礼。(孔子此年方七岁,孔子的评议与使人记录,当是多年后与二三子讨论近世历史之所为。)
- 《左传》载此年十一月,乙亥,朔,日有食之。乃是周历之十一月,夏历九月。

【文献记载】

《左传·襄公二十七年》:"宋向戌善于赵文子,又善于令尹子木,欲弭诸侯之兵以为名,如晋,告赵孟,赵孟谋于诸大夫,韩宣子曰:'兵,民之残也,财用之蠹,小国之大灾也。将或弭之,虽曰不可,必将许之。弗许,楚将许之,以召诸侯,则我失为盟主矣。'晋人许之,如楚,楚亦许之,如齐,齐人难之。陈文子曰:'晋、楚许之,我焉得已?且人曰:"弭兵,而我弗许,则固携吾民矣。"将焉用之?'齐人许之,告于秦,秦亦许之。皆告于小国,为会于宋。五月甲辰,晋赵武至于宋。丙午,郑良霄至。六月丁未朔,宋人享赵文子,叔向为介。司马置折俎,礼也。仲尼使举是礼也,以为多文辞。……宋左师(向戌)请赏,曰:'请免死之邑。'公与之邑六十。以示子罕,子罕曰:'凡诸侯小国,晋、楚所以兵威之。畏而后上下慈和,慈和而后能安靖其国家,以事大国,所以存也。无威则骄,骄则乱生,乱生必灭,所以亡也。天生五材,民并用之,废一不可,谁能去兵?兵之设久矣,所以威不轨而昭文德

① 〔汉〕司马迁撰:《史记》(全10册),北京:中华书局,1959年版,第1957页。
② 杨伯峻编著:《春秋左传注》(全4册),北京:中华书局,1990年版,第1113页。

也。圣人以兴,乱人以废,废兴、存亡、昏明之术,皆兵之由也。而子求去之,不亦诬乎! 以诬道蔽诸侯,罪莫大焉。纵无大讨,而又求赏,无厌之甚也。'"①杨伯峻注:"弭兵之意,起于晋赵武,宋向戌欲以此事邀名誉。晋、楚之间已疲于大用兵,弭兵会盟之后,晋、楚皆怠于大出兵,不被侵伐者,宋凡六十五年,鲁凡四十五年,卫凡四十七年,曹凡五十九年;然小战仍有,如鲁帅师取郓,晋帅师败狄,楚伐吴、灭赖,不如文辞之全部弭兵也。"②

从孔子七岁起,鲁不被侵伐者,凡四十五年。在孔子五十二岁出任中都宰之前,齐人侵鲁,打破了弭兵之盟后的平衡;孔子为鲁司寇后,鲁、齐会于夹谷,平息事端。因而弭兵之盟以后的列国情势,直接影响了孔子前期的教学、出访和从政生活。而鲁三桓势力也于此期间做大。

《孔子家语·七十二弟子解》:曾点,曾参父,字子皙,疾时礼教不行,欲修之,孔子善焉。……颜由,颜回父,字季路,孔子始教学于阙里而受学,少孔子六岁。③

【考证】

杜预注:"弭兵之意起自赵文子,见二十五年传。酝酿已久,各国多知,见二十六年传郑子产之言。向戌欲成此事以得名誉。"④又注:"宋向戌自美弭兵之意,敬逆赵武,赵武、叔向因享宴之会,展宾主之辞,故仲尼以为多文辞。"⑤

(按,杜注是也。《左传·襄公二十五年》记:"赵文子为政,令薄诸侯之币,而重其礼。穆叔见之。谓穆叔曰:'自今以往,兵其少弭矣。齐崔、庆新得政,将求善于诸侯。武也知楚令尹,若敬行其礼,道之以文辞,以靖诸侯,兵可以弭。'"⑥又,《左传·襄公二十六年》记:"冬十月,楚子伐郑,郑人将御之,子产曰:'晋、楚将平,诸侯将和,楚王是故昧于一来。不如使逞而归,乃易成也。夫小人之性,衅于勇,啬于祸,以足其性,而求名焉者,非国家之利也,若何从之?'"⑦)

---

① 杨伯峻编著:《春秋左传注》(全4册),北京:中华书局,1990年版,第1129—1135页。
② 杨伯峻编著:《春秋左传注》(全4册),北京:中华书局,1990年版,第1129—1136页。
③ [三国魏]王肃注:《孔子家语》,上海:上海古籍出版社,1990年版,第97页。
④ 杨伯峻编著:《春秋左传注》(全4册),北京:中华书局,1990年版,第1129页。
⑤ 杨伯峻编著:《春秋左传注》(全4册),北京:中华书局,1990年版,第1130页。
⑥ 杨伯峻编著:《春秋左传注》(全4册),北京:中华书局,1990年版,第1103页。
⑦ 杨伯峻编著:《春秋左传注》(全4册),北京:中华书局,1990年版,第1123页。

【时事考异】

《春秋》载曰:"冬,十有二月,乙卯,朔,日有食之。"①杜预《集解》曰:"今《长历》推十一月朔,非十二月。传曰:辰在申,再失闰。若是十二月,则为三失闰,故知经误。"②《左传》记载为:"十一月,乙亥,朔,日有食之。辰在申,司历过也,再失闰矣。"③查《夏商周三代中国可见大食分日食表》,日食发生在此年10月13日。故杜预注云"周十一月,今之九月",是也。《春秋》、《左传》此年之历法乃用周历。

• 公元前 545 年,鲁襄公二十八年,孔子八岁。周灵王崩。

【文献记载】

《春秋·襄公二十八年》:十有二月甲寅,天王(周灵王)崩。《左传·襄公二十八年》:癸巳,天王崩。未来赴,亦未书,礼也。④

所谓"未来赴",指周灵王葬礼,各国诸侯推诿不赴周送葬,唯郑国上卿子展派年幼的印段前往。周室自顷王(公元前 619—前 615 年在位)以来,公卿争政,周王不能制止,只求诸侯为之和合,王室权威迅速下降。

【考证】

是岁,周灵王崩,楚康王、燕懿公卒。《史记·十二诸侯年表·楚表》记"康王薨"⑤,《燕表》记"懿公薨"⑥。

【时事考异】

《春秋·襄公二十八年》记:"夏,卫石恶出奔晋。"⑦卫人讨宁氏之党,故石恶出奔。

齐大夫庆封,曾与崔杼弑齐庄公,立景公,任左相。后与崔杼有隙,乘其诸子相争,灭其族,专齐政。因与鲍、陈、高、栾氏发生矛盾,惧景公诛,庆封奔鲁,又奔吴。吴赐之邑,富于其旧。《春秋·襄公二十八年》记"冬,齐

① 杨伯峻编著:《春秋左传注》(全4册),北京:中华书局,1990年版,第1126页。
② [清]阮元校刻:《十三经注疏》(全2册),北京:中华书局,1980年版,第1994页。
③ 杨伯峻编著:《春秋左传注》(全4册),北京:中华书局,1990年版,第1138页。
④ 杨伯峻编著:《春秋左传注》(全4册),北京:中华书局,1990年版,第1139页。
⑤ [汉]司马迁撰:《史记》(全10册),北京:中华书局,1959年版,第643页。
⑥ [汉]司马迁撰:《史记》(全10册),北京:中华书局,1959年版,第643页。
⑦ 杨伯峻编著:《春秋左传注》(全4册),北京:中华书局,1990年版,第1139—1149页。

庆封来奔"①。《史记·十二诸侯年表·齐表》记"鲍、高、栾氏谋庆封，发兵攻庆封，庆封奔吴"②，《吴表》又记"齐庆封来奔"③。

- 公元前 **544** 年，鲁襄公二十九年，孔子九岁。
- 吴季札来聘于鲁，请观于周乐。孔子后来赞扬季札"延陵季子，其天民也乎？生而不因其俗"云云。(《上海博物馆藏战国楚竹书》第五册，第 **268** 页)
- 鲁襄公在楚，楚人欲使公以臣礼亲襚楚康王(赠死者衣被)，公被殡而襚，反行君临臣丧之礼。

【文献记载】

《春秋·襄公二十九年》："吴子使札来聘。"④《左传》同年载："吴公子札来聘，见叔孙穆子，说之。谓穆子曰：'子其不得死乎！好善而不能择人。吾闻君子务在择人。吾子为鲁宗卿，而任其大政，不慎举，何以堪之？祸必及子。'请观于周乐。使工为之歌《周南》、《召南》，曰：'美哉！始基之矣，犹未也。然勤而不怨矣。'为之歌《邶》、《鄘》、《卫》，曰：'美哉渊乎！忧而不困者也。吾闻卫康叔、武公之德如是，是其《卫风》乎！'为之歌《王》，曰：'美哉！思而不惧，其周之东乎！'为之歌《郑》，曰：'美哉！其细已甚，民弗堪也，是其先亡乎！'为之歌《齐》，曰：'美哉！泱泱乎，大风也哉！表东海者，其大公乎？国未可量也。'为之歌《豳》，曰：'美哉，荡乎！乐而不淫，其周公之东乎！'为之歌《秦》，曰：'此之谓夏声。夫能夏则大，大之至也，其周之旧乎？'为之歌《魏》，曰：'美哉，沨沨乎！大而婉，险而易行，以德辅此，则明主也。'为之歌《唐》，曰：'思深哉，其有陶唐氏之遗民乎！不然，何忧之远也？非令德之后，谁能若是？'为之歌《陈》，曰：'国无主，其能久乎？'自《郐》以下无讥焉。为之歌《小雅》，曰：'美哉！思而不贰，怨而不言，其周德之衰乎？犹有先王之遗民焉。'为之歌《大雅》，曰：'广哉，熙熙乎！曲而有直体，其文王之德乎？'为之歌《颂》，曰：'至矣哉！直而不倨，曲而不屈，迩而不逼，远而不携，迁而不淫，复而不厌，哀而不愁，乐而不荒，用而不匮，广而不宣，施而不费，取而不贪，处而不底，行而不流。五声和，八风平，节有度，守有序，盛德之所同也。'见舞《象箾》、《南籥》者，曰：'美哉。犹有

① 杨伯峻编著：《春秋左传注》(全 4 册)，北京：中华书局，1990 年版，第 1139 页。
② [汉]司马迁撰：《史记》(全 10 册)，北京：中华书局，1959 年版，第 643－644 页。
③ [汉]司马迁撰：《史记》(全 10 册)，北京：中华书局，1959 年版，第 643－644 页。
④ 杨伯峻编著：《春秋左传注》(全 4 册)，北京：中华书局，1990 年版，第 1153 页。

憾?'见舞《大武》者,曰:'美哉! 周之盛也,其若此乎?'见舞《韶濩》者,曰:'圣人之弘也,而犹有惭德,圣人之难也。'见舞《大夏》者,曰:'美哉。勤而不德,非禹其谁能修之?'见舞《韶箾》者,曰:'德至矣哉,大矣! 如天之无不帱也,如地之无不载也,虽甚盛德,其蔑以加于此矣。观止矣。若有他乐,吾不敢请已。'"①

继之,还记载季札聘于齐,说晏平仲;聘于郑,见子产;适卫,说蘧瑗、史狗、史鳅,公子荆、公叔发、公子朝;适晋,说赵文子、韩宣子、魏献子。从季札于鲁观周乐来看,孔子之前已存在《诗三百》一类可以入乐的歌诗总集,但篇章次序颇与日后《诗经》存在参差,隐含着孔子修《诗》的可能性。宋代欧阳修《诗图总序》,对二者作了比较:"《周》、《召》、《邶》、《鄘》、《卫》、《王》、《郑》、《齐》、《豳》、《秦》、《魏》、《唐》、《陈》、《桧》、《曹》,此孔子未删《诗》之前,季札所听周乐次第也。《周》、《召》、《邶》、《鄘》、《卫》、《王》、《郑》、《齐》、《魏》、《唐》、《秦》、《陈》、《桧》、《曹》、《豳》,此今《诗》之次第也。"②就是说,十五国风的前八篇的篇目顺序,二者相同;后七篇的篇目顺序,却有重要变化,主要是《秦风》退后两位,在魏、唐之后,似乎对秦的位置有所贬抑;《豳风》则退后六位,置于十五国风之末,大概是以周朝的发祥地作为承接全部国风的后盾。这种篇章变动,应是蕴含着政治哲学。

《史记·十二诸侯年表·鲁表》:"吴季札来观周乐,尽知乐所为。"③

【时事考异】

去年末,鲁襄公如楚,值楚康王卒。至今年初,鲁襄公尚在楚,"楚人使公亲襚(向死者赠送衣被),公患之,穆叔曰,被殡而襚,则布币也,乃使巫以桃茢(笤帚)先被殡,楚人弗禁,既而悔之"(《左传·襄公二十九年》)。楚人本欲视鲁襄公为臣,而反使鲁襄公行君临臣丧之礼(据《礼记·杂记》,襚为诸侯使臣吊邻国之丧之礼)④。《礼记·檀弓》曰:"君临臣丧,以巫祝桃茢执戈,恶之也,所以异于生也。"⑤孔颖达疏曰:"以巫执桃,祝执茢,又使小臣执戈。所以然者,恶其凶邪之气。"⑥春秋各国之君,尚讲究礼仪,以礼仪作为维护面子的价值标准。

---

① 杨伯峻编著:《春秋左传注》(全 4 册),北京:中华书局,1990 年版,第 1161—1165 页。
② 李逸安点校:《欧阳修全集》(全 6 册),北京:中华书局,2001 年版,第 2578—2579 页。
③ 〔汉〕司马迁撰:《史记》(全 10 册),北京:中华书局,1959 年版,第 644 页。
④ 杨伯峻编著:《春秋左传注》(全 4 册),北京:中华书局,1990 年版,第 1154 页。
⑤ 〔清〕阮元校刻:《十三经注疏》(全 2 册),北京:中华书局,1980 年版,第 1302 页。
⑥ 〔清〕阮元校刻:《十三经注疏》(全 2 册),北京:中华书局,1980 年版,第 1302 页。

《史记·十二诸侯年表·鲁表》记"公如楚。葬康王"①在襄公二十八年。《春秋》、《左传》的记载与《史记·十二诸侯年表》不同。考《春秋》襄公二十八年"十有一月,公如楚。乙未,楚子昭卒"②,"二十有九年,春,王正月,公在楚"③。《左传》记载襄公二十九年四月葬楚康王,《春秋》云此年五月襄公回到鲁国。即使司马迁年表采用夏历,周历之四月也是襄公二十九年了,因此《史记》年表此处或别有所据,或为误记。

《春秋》、《左传》与《史记》此年记事最大的不同在于,《左传》记载鲁襄公二十九年(公元前544年),吴王余祭四年,"阍弑吴子余祭",但《史记·吴太伯世家》中,余祭一直执政到十七年。《史记·十二诸侯年表·吴表》虽然在吴王余祭四年载"守门阍杀余祭",但年表却将余祭的纪年延续到十七年。《吴越春秋》余祭的也是在位十七年。《史记索隐》认为是《史记》之误:

> 《春秋》襄二十九年《经》曰:"阍杀吴子余祭。"④《左传》曰:"吴人伐越,获俘焉,以为阍,使守舟。吴子余祭观舟,阍以刀弑之。"⑤《公羊传》曰"近刑人则轻死之道"也。合在季札聘鲁之前,倒错于此。

不过,综合看来,恐怕是《春秋》、《左传》之误。二者将余祭被杀置于季札赴鲁之前,极不合情理。五月余祭被杀,六月季札怎可随后遍历鲁、齐、郑、卫、晋各国?《春秋》所记"吴子使札来聘",杜预注曰:"吴子,余祭。既遣札聘上国而后死。札以六月到鲁,未闻丧也。"⑥但贾逵、服虔认为是新王夷末遣季札赴诸国通聘。《春秋左传正义》曰:

> 此言吴子使聘,传曰:"其出聘也,通嗣君也。"不知通嗣君,通谁嗣也。贾逵、服虔皆以为夷末新即位,使来通聘。案隐三年,"武氏子来求赙",文九年,"毛伯来求金",并不言王使,传皆云"王未葬也"。是知先君未葬,嗣君不得命臣。此与阍弑吴子文不隔月,吴、鲁相去,经涂

---

① [清]阮元校刻:《十三经注疏》(全2册),北京:中华书局,1980年版,第1302—1303页。
② 杨伯峻编著:《春秋左传注》(全4册),北京:中华书局,1990年版,第1139页。
③ 杨伯峻编著:《春秋左传注》(全4册),北京:中华书局,1990年版,第1153页。
④ 杨伯峻编著:《春秋左传注》(全4册),北京:中华书局,1990年版,第1153页。
⑤ 杨伯峻编著:《春秋左传注》(全4册),北京:中华书局,1990年版,第1157页。
⑥ [清]阮元校刻:《十三经注疏》(全2册),北京:中华书局,1980年版,第2004页。

至远,岂以君死之月即命臣乎,而得书"吴子使"也?且传称季札至鲁,遍观周乐,至戚闻钟声,讥孙文子云"君又在殡,而可以乐乎?"自请观乐,讥人听乐,旷世大贤,岂当若是?故杜以为通嗣君,通余祭嗣也。二十五年,遏为巢牛臣所杀,余祭嗣立,至此始使札通上国。吴子未死之前,命札出使,既遣札聘而后身死。札以六月到鲁,未及闻丧,故每事皆行吉礼也。经传皆无札至之月,知以六月到者,以"城杞"在五月之下,城杞既讫,乃有士鞅来聘,杞子来盟。若共在月中,则不容此事下文有"秋",知札以六月至也。札去之后,吴始告丧。告以五月被弑,故追书在聘上耳。[①]

《正义》认为,夷末刚刚即位,就命季札出访诸国,于礼不合,且季札在鲁观周乐之后,曾于卫讥讽孙文子在君殡之期闻乐,因此,季札不应是奉新王之命出使。故《正义》还是主张余祭命季札出使,之后余祭卒,季札在鲁未获此消息。但是,吴、鲁间相隔不远,不至于消息缓慢至此。况且,《左传》记载季札由鲁赴齐,由齐赴郑,由郑赴卫,由卫赴晋,难道经过这么多国家,季札还不知道吴王被杀的消息?《左传》称季札"其出聘也,通嗣君也",杜预注曰:"吴子余祭嗣立。"季札最迟也会在齐得到吴王被杀的消息,他还有必要去郑、卫等国吗?

且《左传》曰:

> 吴人伐赵,获俘焉,以为阍,使守舟。吴子余祭观舟,阍以刀弑之。[②]

鲁襄公二十九年(公元前544年),怎会有"吴人伐赵"之事?《左传》的这则"传文"明显不可信。不过,余祭被杀却是战国秦汉间《春秋》学的常识,《春秋繁露》曰:"阍杀吴子余祭,见刑人之不可近。"《公羊传》、《穀梁传》亦有传文谈及此事,二书所论相近,《穀梁》较详:

---

① [晋]杜预注,[唐]孔颖达正义:《春秋左传正义》,北京:北京大学出版社,1999年版,第1087页。

② 杨伯峻编著:《春秋左传注》(全4册),北京:中华书局,1990年版,第1157页。

阍,门者也,寺人也。不称名姓,阍不得齐于人。不称其君,阍不得君其君也。礼,君不使无耻,不近刑人,不狎敌,不迩怨,贱人非所贵也,贵人非所刑也,刑人非所近也。举至贱而加之吴子,吴子近刑人也。阍弑吴子余祭,仇之也。①

故战国时代《春秋》就有此记载了。

《史记·吴世家》、《吴越春秋》都记载"余祭卒",而未录"阍杀余祭"之事。可见《史记》、《吴越春秋》所据为《春秋》、《左传》之外的另一吴国历史叙事系统。《史记·十二诸侯年表》参考了《春秋》、《左传》,而在余祭四年加入了"守门阍杀余祭"之语,但却并未改变其"原始年谱"的余祭在位的年数。

最可值得注意的是,《史记·吴太伯世家》记录季札遍访诸国的历程中,有为徐君挂剑一段记载:

> 季札之初使,北过徐君。徐君好季札剑,口弗敢言。季札心知之,为使上国,未献。还至徐,徐君已死,于是乃解其宝剑,系之徐君冢树而去。从者曰:"徐君已死,尚谁予乎?"季子曰:"不然。始吾心已许之,岂以死倍吾心哉!"②

这一段记载并不见于《左传》,亦可知《史记·吴世家》之材料并不仅仅依据《左传》,而有其他来源,因此吴王余祭卒年记载,并非《史记》之误。

梁玉绳《史记志疑》卷八《十二诸侯年表二》曰:

> 《春秋》余祭在位四年,夷末在位十七年,《表》与《世家》倒错二君之年③(《吴越春秋》误仍之)。

《春秋》对于吴国历史的记载非常模糊,并未明言夷末在位年数,只是在昭公十五年(公元前527年)春,载曰"吴子夷末卒",至于夷末哪一年即

① 范甯集解:《春秋穀梁传》,北京:中华书局,1985年版,第271页。
② [汉]司马迁撰:《史记》(全10册),北京:中华书局,1959年版,第1459页。
③ 梁玉绳撰:《史记志疑》,北京:中华书局,1981年版,第363页。

位却没有记载。依据现有材料看,误倒错的恐是《春秋》。

【杂录】

《礼记·檀弓下》:襄公朝于荆,康王卒。荆人曰:"必请袭。"鲁人曰:"非礼也。"荆人强之。巫先拂柩。荆人悔之。①

《说苑·至公》:吴王寿梦有四子,长曰谒,次曰余祭,次曰夷昧,次曰季札,号曰:延陵季子。最贤,三兄皆知之。于是王寿梦薨,谒以位让季子,季子终不肯当,谒乃为约曰:"季子贤,使国及季子,则吴可以兴。"乃兄弟相继,饮食必祝曰:"使吾早死,令国及季子。"谒死,余祭立;余祭死,夷昧立;夷昧死,次及季子。季子时使行不在。庶兄僚曰:"我亦兄也。"乃自立为吴王。季子使还,复事如故。谒子光曰:"以吾父之意,则国当归季子,以继嗣之法,则我适也,当代之君,僚何为也?"乃使专诸刺僚杀之,以位让季子,季子曰:"尔杀吾君,吾受尔国,则吾与尔为共篡也。尔杀吾兄,吾又杀汝,则是昆弟父子相杀无已时也。"卒去之延陵,终身不入吴。君子以其不杀为仁,以其不取国为义。夫不以国私身,捐千乘而不恨,弃尊位而不忿,可以庶几矣。②

《礼记·檀弓下》:延陵季子适齐,于其反也,其长子死,葬于赢博之间。孔子曰:"延陵季子,吴之习于礼者也。"往而观其葬焉。其坎深不至于泉,其敛以时服。既葬而封,广轮掩坎,其高可隐也。既封,左袒,右还其封,且号者三,曰:"骨肉归复于土,命也。若魂则无不之也,无不之也。"而遂行。孔子曰:"延陵季子之于礼也,其合矣乎!"③此则材料当是子贡所忆述,可见孔子对季札的钦佩。《说苑》、《孔子家语》均有载录,其文如下:

《说苑·修文》:延陵季子适齐,于其反也,其长子死于赢博之间,因葬焉。孔子闻之,曰:"延陵季子,吴之习于礼者也。"使子贡往而观之。其穿,深不至泉。其敛,以时服。既葬封,扩坟掩坎,其高可隐也。既封,左袒右旋其封,且号者三,言曰:"骨肉归复于土,命也。若魂气则无不之也,无不之也。"而遂行。孔子曰:"延陵季子于礼其合矣。"④

---

① [清]孙希旦撰,沈啸寰、王星贤点校:《礼记集解》(全3册),北京:中华书局,1989年版,第285页。
② [汉]刘向撰,杨以漟校:《说苑》,北京:中华书局,1985年版,第137—138页。
③ [清]阮元校刻:《十三经注疏》(全2册),北京:中华书局,1980年版,第1313—1314页。
④ [汉]刘向撰,向宗鲁校证:《说苑校证》,北京:中华书局,1987年版,第493页。

《孔子家语·曲礼子贡问》:吴延陵季子聘于上国,适齐。于其返也,其长子死于嬴、博之间。孔子闻之,曰:"延陵季子,吴之习于礼者也。"往而观其葬焉。其敛以时服而已。其圹掩坎,深不至于泉。其葬无盟器之赠。既葬,其封广轮掩坎,其高可时隐也。既封,则季子乃左袒,右还其封,且号之者三,曰:"骨肉归于土,命也。若魂气则无所不之。"而遂行。孔子曰:"延陵季子之礼,其合矣。"①

《新序·节士》:延陵季子将西聘晋,带宝剑以过徐君,徐君观剑,不言而色欲之。延陵季子为有上国之使,未献也,然其心许之矣。致使于晋,故反,则徐君死于楚,于是脱剑致之嗣君。从者止之曰:"此吴国之宝,非所以赠也。"延陵季子曰:"吾非赠之也。先日吾来,徐君观吾剑,不言而其色欲之,吾为上国之使,未献也。虽然,吾心许之矣。今死而不进,是欺心也。爱剑伪心,廉者不为也。"遂脱剑致之嗣君。嗣君曰:"先君无命,孤不敢受剑。"于是季子以剑带徐君墓即去。徐人嘉而歌之曰:"延陵季子兮不忘故,脱千金之剑兮带丘墓。"②

《史记正义》引《括地志》云:徐君庙在泗州徐城县西南一里,即延陵季子挂剑之徐君也。③

·公元前543年,鲁襄公三十年,孔子十岁。弟子子路生。

【文献记载】

《史记·仲尼弟子列传》:仲由,字子路,卞人也,少孔子九岁。子路性鄙,好勇力,志伉直,冠雄鸡,佩猳豚,陵暴孔子。孔子设礼稍诱子路,子路后儒服委质,因门人请为弟子。……孔子曰:"自吾得由,恶言不闻于耳。"④

《孔子家语·七十二弟子解》:仲由,弁人,字子路,一字季路,少孔子九岁。有勇力才艺,以政事著名。为人果烈而刚直,性鄙而不达于变通。⑤

战国《尸子》(汪继培辑本)卷上云:"子路,卞之野人。"(见《史记·仲尼弟子列传》集解;《文选·辩命论注》作"东鄙之野人");"子贡,卫之贾。"(见

---

① 王国轩、王秀梅译注:《孔子家语》,北京:中华书局,2011年版,第514页。

② [汉]刘向编著,石光瑛校释,陈新整理:《新序校释》(全2册),北京:中华书局,2001年版,第867—869页。

③ [汉]司马迁撰:《史记》(全10册),北京:中华书局,1959年版,第1459页。

④ [汉]司马迁撰:《史记》(全10册),北京:中华书局,1959年版,第2191—2194页。

⑤ [三国魏]王肃注:《孔子家语》,上海:上海古籍出版社,1990年版,第95页。

《御览》卷八百廿九)《韩诗外传》卷八:"夫子路,卞之野人也;子贡,卫之贾人也。皆学问于孔子,遂为天下显士。诸侯闻之,莫不尊敬;卿大夫闻之,莫不亲爱,学之故也。"①《孟子·公孙丑章句上》赵岐注、托名宋孙奭者疏曰"姓仲名由,字子路",是否将子路排行误认为姓氏,无从考证。既称子路为"卞之野人",即是东夷野人,由此可见夫子有教无类,夫子之门何其杂也。

【时事考异】

蔡侯"为太子取楚女,公通焉,太子杀公自立"②(《史记·十二诸侯年表·蔡表》)。《春秋》记"夏,四月,蔡世子般弑其君固"③。《左传》曰:"蔡景侯为大子般娶于楚,通焉。大子弑景侯。"④可见,《十二诸侯年表》与《左传》记载一致。

周有儋括之乱欲立王子佞夫,佞夫弗知,而周王杀之,王子瑕奔晋。《春秋》记"天王杀其弟佞夫",《左传》谓"罪在王也"。

郑有伯有之乱。《春秋》记"郑良霄出奔许,自许入于郑,郑人杀良霄"⑤。《史记·十二诸侯年表·郑表》记"诸公子争宠相杀,又欲杀子产,子成止之"⑥。

《春秋》记"五月,甲午,宋灾。宋伯姬卒。晋人,齐人,宋人,卫人,郑人,曹人,莒人,邾人,滕人,薛人,杞人,小邾人,会于澶渊,宋灾故"⑦。诸侯之大夫会以谋馈宋财,终而无馈于宋,故君子谓之不信。

《左传》记曰:为宋灾故,诸侯之大夫会,以谋归宋财。冬十月,叔孙豹会晋赵武、齐公孙虿、宋向戌、卫北宫佗、郑罕虎及小邾之大夫,会于澶渊,既而无归于宋,故不书其人。君子曰:"信,其不可不慎乎!澶渊之会,卿不书,不信也。夫诸侯之上卿,会而不信,宠名皆弃,不信之不可也如是,诗曰'文王陟降,在帝左右',信之谓也。"又曰'淑慎尔止,无载尔伪',不

---

① [汉]韩婴撰,许维遹校释:《韩诗外传集释》,北京:中华书局,1980 年版,第 395 页。

② [汉]司马迁撰:《史记》(全 10 册),北京:中华书局,1959 年版,第 645 页。

③ 杨伯峻编著:《春秋左传注》(全 4 册),北京:中华书局,1990 年版,第 1169 页。

④ 杨伯峻编著:《春秋左传注》(全 4 册),北京:中华书局,1990 年版,第 1173 页。

⑤ 杨伯峻编著:《春秋左传注》(全 4 册),北京:中华书局,1990 年版,第 1169 页。

⑥ [汉]司马迁撰:《史记》(全 10 册),北京:中华书局,1959 年版,第 645 页。

⑦ 杨伯峻编著:《春秋左传注》(全 4 册),北京:中华书局,1990 年版,第 1169 页。

信之谓也。"书曰"某人某人会于澶渊,宋灾故",尤之也,不书鲁大夫,讳之也。①

在此一年间,出现君通子妇,子弑君父,周王杀弟,诸公子争宠相杀,十二国会盟救宋灾,无果而失信。可见春秋晚期逐渐陷入礼制崩坏、信义扫地的境地。

- 公元前 542 年,鲁襄公三十一年,孔子十一岁。
- 六月辛巳,鲁襄公卒于楚宫。
- 是岁,郑欲毁乡校,子产不毁。孔子闻之曰:"以是观之,人谓子产不仁,吾不信也。"此当为多年后孔子与二三子评议近代史的言论。

【文献记载】

《春秋·襄公三十一年》:"夏,六月,辛巳,公薨于楚宫。"②鲁襄公访问楚国,喜欢其宫殿建筑,回来建了楚宫。如《左传·襄公三十一年》载:公作楚宫。穆叔曰"《大誓》云:民之所欲,天必从之。君欲楚也夫,故作其宫。若不复适楚,必死是宫也。"六月辛巳,公薨于楚宫③。(按:周公子孙迷恋蛮夷之楚的宫殿形式,可见周公礼制开始弛废。)

《左传·襄公三十一年》:郑人游于乡校,以论执政。然明谓子产曰:"毁乡校何如?"子产曰:"何为? 夫人朝夕退而游焉,以议执政之善否。其所善者,吾则行之,其所恶者,吾则改之,是吾师也,若之何毁之? 我闻忠善以损怨。不闻作威以防怨。岂不遽止? 然犹防川。大决所犯,伤人必多,吾不克救也。不如小决使道,不如吾闻而药之也。"然明曰:"蔑也今而后知吾子之信可事也。小人实不才,若果行此,其郑国实赖之。岂唯二三臣?"仲尼闻是语也,曰:"以是观之,人谓子产不仁,吾不信也。"④

【考证】

孔子云"人谓子产不仁",于时事有证。《左传·襄公三十年》记:"郑子皮授子产政……从政一年,舆人诵之曰:'取我衣冠而褚之,取我田畴而伍之。孰杀子产,吾其与之。'及三年,又诵之曰:'我有子弟,子产诲之;我有

①　杨伯峻编著:《春秋左传注》(全 4 册),北京:中华书局,1990 年版,第 1179 页。
②　杨伯峻编著:《春秋左传注》(全 4 册),北京:中华书局,1990 年版,第 1183 页。
③　杨伯峻编著:《春秋左传注》(全 4 册),北京:中华书局,1990 年版,第 1184—1185 页。
④　杨伯峻编著:《春秋左传注》(全 4 册),北京:中华书局,1990 年版,第 1191—1192 页。

田畴,子产殖之。子产而死,谁其嗣之?'"①子产去年始执政,一年而舆人刺之如彼,三年而美之如此,孔子所谓"人谓子产不仁",或即其间二三年。孔子"闻"子产论不毁乡校而有此言,因事而论,似乎正当此时。但考虑到孔子当时只有十一岁,能以"仁"为标准论人,则应是孔子设帐授徒之后,论及近代史事之口吻。

另,《左传·昭公四年》:

> 郑子产作丘赋。国人谤之,曰:"其父死于路,己为虿尾。以令于国,国将若之何?"子宽以告。子产曰:"何害? 苟利社稷,死生以之。且吾闻为善者不改其度,故能有济也。民不可逞,度不可改。《诗》曰:'礼义不愆,何恤于人言。'吾不迁矣。"浑罕曰:"国氏其先亡乎! 君子作法于凉,其敝犹贪。作法于贪,敝将若之何? 姬在列者,蔡及曹、滕其先亡乎! 逼而无礼。郑先卫亡,逼而无法。政不率法,而制于心。民各有心,何上之有?"②

可见子产执政,亦曾招致恶议,孔子才有不信"人谓子产不仁"的说法。公孙侨,字子产,以卿位执掌郑国国政,为政宽猛相济。在晋、楚争霸的夹缝中,使郑国得以应对有方,化解危机于多事之秋。孔子对这位长辈是相当敬佩的。清人陈其元《庸闲斋笔记》卷九记载:"道光辛丑,侯官林文忠公奉命至镇海军营。比遣戍新疆,居恒常诵'苟利国家生死以,岂因祸福避趋之'二语不置。不知是公自作,抑古人成句也? 然忠义之忱可想见矣。"③林则徐"苟利国家生死以,岂因祸福避趋之"一联,用典源自《左传》记子产之言:"苟利社稷,死生以之。"孔子所肯定的这种志士仁人情怀,千古相传。

【时事考异】

《论语·宪问》记孔子讨论郑国政事,曰:"为命:裨谌草创之,世叔讨论之,行人子羽修饰之,东里子产润色之。"④此亦是孔子与二三子讨论子产

---

① 杨伯峻编著:《春秋左传注》(全4册),北京:中华书局,1990年版,第1180—1182页。
② 杨伯峻编著:《春秋左传注》(全4册),北京:中华书局,1990年版,第1254—1255页。
③ [清]陈其元撰:《庸闲斋笔记》,扫叶山房本,卷9。
④ [宋]朱熹撰:《四书章句集注》,北京:中华书局,1983年版,第150页。

撰写辞令的方式,并且影响了七十子及其后学编纂《论语》的方式。《论语》在"语"体典籍形式上,增加的"论"字,于此获得内证上的着落。对此,《左传》于襄公三十一年也有相关记载:"子产之从政也,择能而使之:冯简子能断大事,子大叔美秀而文,公孙挥能知四国之为,而辨于其大夫之族姓,班位贵贱能否,而又善为辞令,裨谌能谋,谋于野则获,谋于邑则否,郑国将有诸侯之事,子产乃问四国之为于子羽,且使多为辞令,与裨谌乘以适野,使谋可否,而告冯简子使断之,事成,乃授子大叔使行之,以应对宾客,是以鲜有败事,北宫文子所谓有礼也。"①《左传》强调的是子产从政择能,《论语》则关注其撰述辞令的编辑形态。

鲁襄公三十一年,襄公卒,将立昭公,穆叔不欲,谓其"居丧而不哀,在戚而有嘉容,是谓不度,不度之人,鲜不为患,若果立之,必为季氏忧"②,史谓"于是昭公十九年矣,犹有童心,君子是以知其不能终也"③(《左传·襄公三十一年》)。比及鲁昭公十一年,"葬鲁昭公母齐归,昭公无戚容"(《左传·昭公十一年》)。是鲁昭公临父丧、临母丧均无哀戚之容。孔子有"临丧不哀,吾何以观之哉"(《论语·八佾》)之叹,或是多见此类情形所发之感慨乎?《论语》收录弟子回忆记录之孔子言行,此番感慨当是中晚年所发,为弟子所得与闻者。

【杂录】

《左传·昭公二十年》:郑子产有疾,谓子大叔曰:"我死,子必为政。唯有德者能以宽服民,其次莫如猛。夫火烈,民望而畏之,故鲜死焉。水懦弱,民狎而玩之,则多死焉。故宽难。"疾数月而卒。大叔为政,不忍猛而宽。郑国多盗,取人于萑苻之泽。大叔悔之,曰:"吾早从夫子,不及此。"兴徒兵以攻萑苻之盗,尽杀之,盗少止。仲尼曰:"善哉!政宽则民慢,慢则纠之以猛。猛则民残,残则施之以宽。宽以济猛,猛以济宽,政是以和。诗

① 杨伯峻编著:《春秋左传注》(全4册),北京:中华书局,1990年版,第1191页。另,《说苑·政理》亦有相似记载:"子产相郑,简公谓子产曰:'内政毋出,外政毋入。夫衣裘之不美,车马之不饰,子女之不洁,寡人之丑也;国家之不治,封疆之不正,夫子之丑也。'子产相郑,终简公之身,内无国中之乱,外无诸侯之患也;子产之从政也,择能而使之:冯简子善断事,子太叔善决而文,公孙挥知四国之为,而辨于其大夫之族姓,变而立至,又善为辞令,裨谌善谋,于野则获,于邑则否,有事乃载裨谌与之适野,使谋可否,而告冯简子断之,使公孙挥为之辞令,成乃受子太叔行之,以应对宾客,是以鲜有败事也。"
② 杨伯峻编著:《春秋左传注》(全4册),北京:中华书局,1990年版,第1185页。
③ 杨伯峻编著:《春秋左传注》(全4册),北京:中华书局,1990年版,第1186页。

曰:'民亦劳止,汔可小康;惠此中国,以绥四方',施之以宽也。'毋从诡随,以谨无良;式遏寇虐,惨不畏明',纠之以猛也。'柔远能迩,以定我王',平之以和也。又曰'不竞不絿,不刚不柔,布政优优,百禄是遒',和之至也。"及子产卒,仲尼闻之,出涕曰:"古之遗爱也。"①(王念孙云:"爱即仁也,谓子产之仁爱,有古人之遗风。")

《论语·公冶长》:子谓子产:"有君子之道四焉:其行己也恭,其事上也敬,其养民也惠,其使民也义。"②

《论语·宪问》:或问子产。子曰:"惠人也。"问子西。曰:"彼哉!彼哉!"问管仲。曰:"人也。夺伯氏骈邑三百,饭疏食,没齿无怨言。"③

《孔子家语·正论解》:子游问于孔子曰:"夫子之极言子产之惠也,可得闻乎?"孔子曰:"惠在爱民而已矣。"子游曰:"爱民谓之德教,何翅施惠哉?"孔子曰:"夫子产者,犹众人之母也,能食之,弗能教也。"子游曰:"其事可言乎?"孔子曰:"子产以所乘之舆济冬涉者,是爱无教也。"④

【杂录辨证】

依所引文献来看,孔子以为子产为政仁爱,对其评价颇高。于时"人谓子产不仁"之观点,多与子产服田畴、铸刑鼎有关。(服田畴在其从政一年即鲁襄公三十年,铸刑鼎在鲁昭公六年。)反之,也可由此一窥孔子不同于时人,即其自身对于"仁"的衡量尺度。其一,孔子对仁十分重视,尤重在仁与民之关系;其二,孔子之"仁"讲究"宽以济猛,猛以济宽,政是以和",并非完全"宽政"。盖正如康有为《论语注》所言,"子产之政不专于宽,然其心则一以爱人为主,故孔子以为惠人。……子产为政尚猛,……盖服田畴、教子弟,一切猛举,皆宜爱人,谥为惠人,孔子真知子产者。"

问题是:鲁昭公六年"三月,郑人铸刑书",孔子对此行为并不表示反对,而在昭公二十九年(公元前513年)"晋…以铸刑鼎"时,却极为抵制,言"晋其亡乎!"郑刑书与晋刑鼎在内容上应十分接近。既如此,孔子为何两事又如此迥乎不同的反应?是否与晋之铸刑鼎,涉及公族与六卿的斗争有关?因为孔子在刑法之上,是强调礼的核心作用的。

---

①　杨伯峻编著:《春秋左传注》(全4册),北京:中华书局,1990年版,第1421-1422页。
②　[宋]朱熹撰:《四书章句集注》,北京:中华书局,1983年版,第79页。
③　[宋]朱熹撰:《四书章句集注》,北京:中华书局,1983年版,第150页。
④　[三国魏]王肃注:《孔子家语》,上海:上海古籍出版社,1990年版,第109页。

· 公元前 **541** 年,鲁昭公元年,孔子十二岁。弟子漆雕开生。

· 昭公年十九,有童心。

【文献记载】

《孔子家语·七十二弟子解》:漆雕开,蔡人,字子若。少孔子十一岁,习《尚书》,不乐仕。孔子曰:"子之齿可以仕矣。"时将过,子若报其书曰:"吾斯之未能信。"孔子悦焉。①

又,《史记·仲尼弟子列传》:"漆雕开、漆雕哆、漆雕徒父,并为仲尼弟子。"②七十七位弟子中,颜氏居其八,冉氏居其五,秦氏居其四,公西氏、漆雕氏居其三,商氏、县氏、原氏居其二。

【考证】

《汉书·艺文志》有《漆雕子》十三篇,班固注曰:"孔子弟子漆雕启后。"③

漆雕启后学延绵为战国间一大学派,《韩非子·显学》篇曰:"自孔子之死也,有子张之儒,有子思之儒,有颜氏之儒,有孟氏之儒,有漆雕氏之儒,有仲良氏之儒,有孙氏之儒,有乐正氏之儒。"④并述及其学术风格曰:"漆雕之议,不色挠,不目逃,行曲则违于臧获,行直则怒于诸侯,世主以为廉而礼之。宋荣子之议,设不斗争,取不随仇,不羞囹圄,见侮不辱,世主以为宽而礼之。夫是漆雕之廉,将非宋荣之恕也;是宋荣之宽,将非漆雕之暴也。今宽廉、恕暴俱在二子,人主兼而礼之。"⑤《墨子·非儒下》也有"漆雕刑残,罪莫大焉"之说。朱熹的解释,见于《朱子语类》卷二十八:"问:'漆雕循守者乎?'曰:'循守是守一节之廉,如原宪之不容物是也。漆雕开却是收敛近约。'"又说:"漆雕开,想是灰头土面,朴实去做工夫,不求人知底人。"⑥卷九十三又说:"曾点开阔,漆雕开深稳。"⑦故知其学术风格以廉、暴为特点,又被认为有收敛、深稳的特征。

---

① [三国魏]王肃注:《孔子家语》,上海:上海古籍出版社,1990 年版,第 97 页。

② [汉]司马迁撰:《史记》(全 10 册),北京:中华书局,1959 年版,第 2213—2221 页。

③ [汉]班固撰:《汉书》(全 12 册),北京:中华书局,1962 年版,第 1724 页。

④ 王先慎撰:《韩非子集解》,北京:中华书局,2003 年版,第 456 页。

⑤ 王先慎撰:《韩非子集解》,北京:中华书局,2003 年版,第 458 页。

⑥ [宋]黎靖德编,王星贤点校:《朱子语类》(全 8 册),北京:中华书局,1986 年版,第 715—716 页。

⑦ [宋]黎靖德编,王星贤点校:《朱子语类》(全 8 册),北京:中华书局,1986 年版,第 2354 页。

《论衡·本性》篇曰:"周人世硕以为'人性有善有恶,举人之善性,养而致之则善长;恶性,养而致之则恶长'。如此,则性各有阴阳,善恶在所养焉。故世子作养性书一篇。宓子贱、漆雕开、公孙尼子之徒,亦论情性,与世子相出入,皆言性有善有恶。"①故知漆雕启、宓子贱、公孙尼子、世子等孔门学者所论大体相同。章太炎《辨性》上篇曰:"儒者言忄生有五家;无善无不善,是告子也。善,是孟子也。恶,是孙卿也。善恶混,是杨子也。善恶以人异殊上中下,是漆雕开、世硕、公孙尼、王充也。"②

《论语·公冶长篇》载:

　　　　子使漆雕开仕。对曰:"吾斯之未能信。"子说。③

这一章与《孔子家语》所载基本相同,漆雕启二十岁可仕,故其时孔子三十一岁也,时在昭公二十年(公元前 522 年)。陶潜《圣贤群辅录·八儒》说:"夫子没后,散于天下,设于中国,成百氏之源。为纲纪之儒,居环堵之室,荜门圭窦,瓮牖绳枢,并日而食,以道自居者,有道之儒,子思氏之所行也。衣冠中动作顺,大让如慢,小让如伪者,子张氏之所行也。颜氏传《诗》为道,为讽谏之儒。孟氏传《书》为道,为疏通致远之儒。漆雕氏传《礼》为道,为恭俭庄敬之儒。仲梁氏传《乐》为道,以和阴阳,为移风易俗之儒。乐正氏传《春秋》为道,为属辞比事之儒。公孙氏传《易》为道,为洁净精微之儒。"④清人皮锡瑞《经学通论》说:"孔子弟子漆雕开传《尚书》,其后授受源流,皆不可考。"⑤

【时事考异】

晋、楚于宋的弭兵之盟,受到挑战。鲁国季武子伐莒,适叔孙豹与诸侯之会于虢,楚以鲁渎弭兵之盟请戮叔孙豹。晋大夫乐桓子求货(索贿)于叔孙豹而为之请免,叔孙豹不与。赵文子闻之,义其行,为之求免,楚许之。叔孙豹归鲁,恶季武子伐莒之行而不欲见之,又觉其乃支撑房屋之"屋楹",

　①　黄晖撰:《论衡校释》(全 4 册),北京:中华书局,1990 年版,第 132—133 页。
　②　黄晖撰:《论衡校释》(全 4 册),北京:中华书局,1990 年版,第 132 页。
　③　[宋]朱熹撰:《四书章句集注》,北京:中华书局,1983 年版,第 76 页。
　④　[晋]陶潜撰:《笺注陶渊明集》,《四部丛刊》影宋巾箱本,卷 10。
　⑤　[清]皮锡瑞撰:《经学通论》,北京:中华书局,1954 年版,第 50 页。

虽恶之而不可去。

《春秋·昭公元年》：叔孙豹会晋赵武、楚公子围、齐国弱、宋向戌、卫齐恶、陈公子招、蔡公孙归生、郑罕虎、许人、曹人于虢。三月，取郓。①

《左传·昭公元年》：季武子伐莒，取郓。莒人告于会（诸侯会于虢，重申弭兵之盟）。楚告于晋曰："寻盟未退，而鲁伐莒，渎齐盟，请戮其使。"乐桓子相赵文子，欲求货于叔孙，而为之请。使请带焉，弗与。梁其胫（叔孙家臣）曰："货以藩身，子何爱焉？"叔孙曰："诸侯之会，卫社稷也。我以货免，鲁必受师，是祸之也，何卫之为？人之有墙，以蔽恶也。墙之隙坏，谁之咎也？卫而恶之，吾又甚焉。虽怨季孙，鲁国何罪？叔出季处，有自来矣，吾又谁怨？然鲋（乐桓子）也贿，弗与，不已。"召使者，裂裳帛而与之，曰："带其褊矣。"赵孟闻之曰："临患不忘国，忠也；思难不越官，信也；图国忘死，贞也；谋主三者，义也。有是四者，又可戮乎？"乃请诸楚，曰："鲁虽有罪，其执事不辟难，畏威而敬命矣。子若免之，以劝左右，可也。若子之群吏，处不辟污，出不逃难，其何患之有？患之所生，污而不治，难而不守，所由来也。能是二者，又何患焉？不靖其能，其谁从之？鲁叔孙豹可谓能矣，请免之，以靖能者。子会而赦有罪，又赏其贤，诸侯其谁不欣焉望楚而归之，视远如迩？疆场之邑，一彼一此，何常之有？王、伯之令也，引其封疆，而树之官，举之表旗，而着之制令，过则有刑，犹不可壹。于是乎虞有三苗，夏有观、扈，商有姺、邳，周有徐、奄。自无令王，诸侯逐进，狎主齐盟，其又可壹乎？恤大舍小，足以为盟主，又焉用之？封疆之削，何国蔑有？主齐盟者，谁能辨焉？吴濮有衅，楚之执事，岂其顾盟？莒之疆事，楚勿与知，诸侯无烦，不亦可乎？莒鲁争郓，为日久矣。苟无大害于其社稷，可无亢也，去烦宥善，莫不竞劝。子其图之。"固请诸楚，楚人许之，乃免叔孙。②

叔孙归，曾夭御季孙以劳之。旦及日中，不出。曾夭谓曾阜曰：

---

① 杨伯峻编著：《春秋左传注》（全4册），北京：中华书局，1990年版，第1197—1198页。
② 杨伯峻编著：《春秋左传注》（全4册），北京：中华书局，1990年版，第1204—1207页。

“旦及日中,吾知罪矣。鲁以相忍为国也。忍其外,不忍其内,焉用之?”阜曰:“数月于外,一旦于是,庸何伤?贾而欲赢,而恶嚣乎?”阜谓叔孙曰:“可以出矣。”叔孙指楹,曰:“虽恶是,其可去乎?”乃出见之。①

按:《左传·昭公元年》记载“曾夭谓曾阜”云云,涉及孔子弟子曾点、曾参的家族世系。汉宋衷注《世本·氏姓篇》:“夏少康封少子曲烈于鄫,春秋时为莒所灭,鄫太子巫仕鲁,去邑为曾氏。”②(《姓纂》十七同。《氏族略》二引“春秋时为莒所灭”作“襄六年莒灭之”)宋郑樵《通志略·氏族略第二》云:“曾氏:亦作鄫,亦作缯,姒姓,子爵。今沂州承县东八十里故鄫城是也。夏少康封其少子曲烈于鄫。襄六年,莒灭之。鄫太子巫仕鲁,去邑为曾氏,见《世本》。巫生夭,夭生点,点生参,字子舆,父子并仲尼弟子。参生元、申。”③此处世系中脱漏一代,明宋濂《查林曾氏家牒序》可以补正:“曾氏出自姒姓,夏少康封其少子曲烈于鄫。鲁襄公六年,莒人灭鄫,太子巫仕鲁,去邑为曾氏,居南武城。巫生夭,为季氏宰。夭生阜,为叔孙氏家臣。阜生点,字子哲。生参,字子舆。”④因此,《左传·昭公元年》这则记载,涉及孔子弟子曾点、曾参的祖父辈,特著录于此。

又按:春秋晚期,各国贵族内部矛盾加深。其一是,郑有公室巨族婚姻之变,郑放公孙楚于吴。

《左传·昭公元年》:郑徐吾犯之妹美,公孙楚聘(订婚)之矣,公孙黑又使强委禽焉,犯惧,告子产。子产曰:“是国无政,非子之患也。唯所欲与。”犯请于二子,请使女择焉,皆许之。子晳(公孙黑)盛饰入,布币而出。子南(公孙楚)戎服入,左右射,超乘而出。女自房观之,曰:“子晳信美矣,抑子南,夫也。夫夫妇妇,所谓顺也。”适子南氏。子晳怒,既而櫜甲以见子南,欲杀之而取其妻。子南知之,执戈逐之,及冲(大道四交之处),击之以戈。子晳伤而归,告大夫曰:“我好见之,不知

① 杨伯峻编著:《春秋左传注》(全4册),北京:中华书局,1990年版,第1211页。
② [汉]宋衷注,[清]秦嘉谟等辑:《世本八种》,北京:商务印书馆,1957年版,第8页。
③ [宋]郑樵撰,王树民点校:《通志二十略》(全2册),北京:中华书局,1995年版,第61页。
④ 罗月霞主编:《宋濂全集》(全4册),杭州:浙江古籍出版社,1999年版,第1142页。

其有异志也,故伤。"大夫皆谋之,子产曰:"直钧,幼贱,有罪,罪在楚也。"乃执子南而数之曰:"国之大节有五,女皆奸之。畏君之威,听其政,尊其贵,事其长,养其亲,五者所以为国也。今君在国,女用兵焉,不畏威也;奸国之纪,不听政也;子晳上大夫,女嬖大夫,而弗下之,不尊贵也;幼而不忌,不事长也;兵其从兄,不养亲也。君曰:"余不女忍杀,宥女以远。勉,速行乎! 无重而罪!"五月庚辰,郑放游楚(公孙楚)于吴,将行子南,子产咨于大叔(游吉)。大叔曰:"吉不能亢身,焉能亢宗?"彼,国政也,非私难也。子图郑国,利则行之,又何疑焉? 周公杀管叔而蔡蔡叔,夫岂不爱? 王室故也。吉若获戾,子将行之,何有于诸游?"[1]

其二是,秦景公之弟鍼有宠于先君,有如秦国有两个国君,因而不容于秦景公,出奔晋。

《春秋·昭公元年》:夏,秦伯之弟鍼出奔晋。[2]

《史记·十二诸侯年表·秦表》:公弟后子奔晋,车千乘。[3]

《左传·昭公元年》:秦后子(鍼)有宠于桓,如二君于景。其母曰:"弗去,惧选。"癸卯,鍼适晋,其车千乘。书曰:"秦伯之弟鍼出奔晋。"罪秦伯也。后子享晋侯,造舟于河,十里舍车,自雍及绛。归取酬币,终事八反。司马侯问焉,曰:"子之车尽于此而已乎?"对曰:"此之谓多矣。若能少此,吾何以得见女?"女叔齐(司马侯)以告公,且曰:"秦公子必归。臣闻君子能知其过,必有令图。令图,天所赞也。"后子见赵孟,赵孟曰:"吾子其曷归?"对曰:"鍼惧选于寡君,是以在此,将待嗣君。"赵孟曰:"秦君何如?"对曰:"无道。"赵孟曰:"亡乎?"对曰:"何为? 一世无道,国未艾也。国于天地,有与立焉。不数世淫,弗能毙也。"赵孟曰:"天乎?"对曰:"有焉。"赵孟曰:"其几何?"对曰:"鍼闻之,国无道而年谷和熟,天赞之也。鲜不五稔。"赵孟视荫曰:"朝夕不相及,谁能

①　杨伯峻编著:《春秋左传注》(全4册),北京:中华书局,1990年版,第1211—1213页。
②　杨伯峻编著:《春秋左传注》(全4册),北京:中华书局,1990年版,第1198页。
③　[汉]司马迁撰:《史记》(全10册),北京:中华书局,1959年版,第646页。

待五?"后子出而告人曰:"赵孟将死矣。主民,玩岁而愒日,其与几何?"①

其三更为严峻,楚令尹公子围弑郏敖自立,是为楚灵王。

《春秋·昭公元年》:冬,十有一月,己酉,楚子麇卒。楚公子比出奔晋。②

《史记·十二诸侯年表·楚表》:令尹围杀郏敖,自立为灵王。③

《左传·昭公元年》:冬,楚公子围将聘于郑,伍举为介。未出竟,闻王有疾而还。伍举遂聘。十一月己酉,公子围至(郢),入问王疾,缢而弑之,遂杀其二子幕及平夏,右尹子干出奔晋,宫厩尹子晳出奔郑。杀大宰伯州犁于郏。葬王于郏,谓之郏敖。使赴于郑,伍举问应为后之辞焉,对曰:"寡大夫围。"伍举更之曰:"共王之子围为长。"子干奔晋,从车五乘,叔向使与秦公子同食,皆百人之饩。赵文子曰:"秦公子富。"叔向曰:"底禄以德,德钧以年,年同以尊。公子以国,不闻以富,且夫以千乘去其国,强御已甚。诗曰'不侮鳏寡,不畏强御',秦楚匹也。"使后子与子干齿,辞曰:"鍼惧选,楚公子不获,是以皆来,亦唯命。且臣与羁齿,无乃不可乎?史佚有言曰:'非羁,何忌?'"楚灵王即位,薳罢为令尹,薳启强为大宰。郑游吉如楚葬郏敖,且聘立君。归,谓子产曰:"具行器矣。楚王汰侈,而自说其事,必合诸侯,吾往无日矣。"子产曰:"不数年,未能也。"④

• 公元前 **540** 年,鲁昭公二年,孔子十三岁。

• 晋韩起聘于鲁,观书于大史氏,见《易》、《象》与《鲁春秋》,曰:"周礼尽在鲁矣,吾乃今知周公之德,与周之所以王也。"

【文献记载】

《春秋·昭公二年》:"二年春,晋侯使韩起来聘。"⑤

① 杨伯峻编著:《春秋左传注》(全 4 册),北京:中华书局,1990 年版,第 1214—1215 页。
② 杨伯峻编著:《春秋左传注》(全 4 册),北京:中华书局,1990 年版,第 1199 页。
③ [汉]司马迁撰:《史记》(全 10 册),北京:中华书局,1959 年版,第 646 页。
④ 杨伯峻编著:《春秋左传注》(全 4 册),北京:中华书局,1990 年版,第 1223—1225 页。
⑤ 杨伯峻编著:《春秋左传注》(全 4 册),北京:中华书局,1990 年版,第 1226 页。

《左传·昭公二年》："二年春，晋侯使韩宣子来聘，且告为政，而来见，礼也。观书于大史氏，见《易》《象》与《鲁春秋》，曰：'周礼尽在鲁矣，吾乃今知周公之德，与周之所以王也。'"①韩起继其父韩厥之卿位，又称韩宣子。观书于大史氏，在晋平公十八年（公元前540年）。所见之文献，所言之"周礼尽在鲁"，确可为孔子日后言礼，以及晚年习《易》、修《春秋》，提供了得天独厚的条件。

【考证】

杨伯峻《春秋左传注》曰：

易乃《周易》，其六十四卦与卦辞、爻辞作于西周初，《十翼》则战国至西汉之作品，韩起不及见。

人多以"易象"连读，为一事，今从宋王应麟《困学纪闻》卷六说分读，与《易》为二事。《象》即哀三年《传》"命藏《象魏》"之《象魏》，因其悬挂于象魏，故以名之，亦省称《象》。象魏亦名象阙，又曰观，为宫门外悬挂法令俾众周知之地。据《周礼·大宰》，正月一日公布政治法令于象魏，此法令谓之治象；地官亦悬《教象》，为教育法令；夏官公布《政象》，秋官公布《刑象》，即军政法令，司法法令。公布十日，然后藏之，此《象》当是鲁国历代之政令。

《鲁春秋》即《孟子·离娄下》"鲁之《春秋》"。《春秋》为列国史之通名，《墨子·明鬼下》篇有周之《春秋》、燕之《春秋》、宋之《春秋》、齐之《春秋》，故鲁史曰《鲁春秋》。下言"吾乃今知周公之德与周之所以王"，则韩起所见《鲁春秋》，必自周公姬旦以及伯禽叙起，今《春秋》起隐公，讫哀公，自惠公以上皆无存。《公羊传》又有所谓不修春秋，即未经孔丘所改定之《春秋》。万一其言可信，韩起所见必《鲁春秋》简册原本。②

晋韩起"观书于大史氏"，大与太通，知鲁国有太史，藏《易》《象》《春秋》之书。《象》，据杨伯峻注，知后世《书》一类文献也。季札观周乐于鲁，

---

① 杨伯峻编著：《春秋左传注》（全4册），北京：中华书局，1990年版，第1226—1227页。
② 杨伯峻编著：《春秋左传注》（全4册），北京：中华书局，1990年版，第1226—1227页。

襄公"使工为之歌",《论语·八佾篇》载孔子与鲁太师论乐,知《诗》、《乐》由太师掌管。

鲁太史此时为梓慎。《左传·襄公二十八年》"二十八年,春,无冰。梓慎曰:'今兹宋、郑其饥乎?……'"杜预注曰:"梓慎,鲁大夫。"《汉书·艺文志》曰:

> 史官之废久矣,其书既不能具,虽有其书而无其人。《易》曰:"苟非其人,道不虚行。春秋时,鲁有梓慎,郑有裨灶,晋有卜偃,宋有子韦。"①

《汉官仪》曰:

> 太史令,秩六百石。望郎三十人,掌故三十人。昔在颛顼,南正重司天,火正黎司地。唐虞之际,分命羲和历象日月星辰,敬授民时。至于夏后、殷、周,世序其官,皆精研术数,穷神知化。当春秋时,鲁有梓慎,晋有卜偃,宋有子韦,郑有裨灶,观乎天文,以察时变,其言屡中,有备无害。②

据《左传》,梓慎之言在襄公二十八年(公元前545年)至昭公二十五年(公元前517年)之间,以言灾异、天象为主。因此,鲁昭公时期的太史是梓慎。孔子若学《易》、《象》、《春秋》的话,也很可能向此人问学。《汉书·艺文志》云:"数术者,皆明堂羲和史卜之职也。史官之废久矣,其书既不能具,虽有其书而无其人。《易》曰:'苟非其人,道不虚行。'春秋时鲁有梓慎,郑有裨灶,晋有卜偃,宋有子韦。六国时楚有甘公,魏有石申夫。"③郑樵《通志略·天文略第一》云:"占候之学起于春秋、战国,其时所谓精于其道者,梓慎、裨灶之徒耳,后世之言天者不能及也。"④顾炎武《日知录》卷四云:"春秋时,郑裨灶、鲁梓慎最明于天文。《昭公十八年》:夏五月,宋、卫、

① ［汉］班固撰:《汉书》(全12册),北京:中华书局,1962年版,第1775页。
② ［汉］应劭撰:《汉官仪》,北京:中华书局,1985年版,第8页。
③ ［汉］班固撰:《汉书》(全12册),北京:中华书局,1962年版,第1775页。
④ ［宋］郑樵撰,王树民点校:《通志二十略》(全2册),北京:中华书局,1995年版,第449页。

陈、郑灾，裨灶曰：'不用吾言，郑又将火。'子产不从，亦不复火。《二十四年》：夏五月乙未朔，日食，梓慎曰：'将水。'叔孙昭子曰：'旱也。'秋八月，大雩。是虽二子之精，亦有时而失之也。故张衡《思玄赋》曰：'慎灶显以言天兮，占水火而妄讯。'"①

【杂录】

《左传·昭公二年》：二年春，晋侯使韩宣子来聘，且告为政而来见，礼也。……公享之。季武子赋《绵》之卒章。韩子赋《角弓》。季武子拜，曰："敢拜子之弥缝敝邑，寡君有望矣。"武子赋《节》之卒章。既享，宴于季氏，有嘉树焉，宣子誉之。武子曰："宿敢不封殖此树，以无忘《角弓》。"遂赋《甘棠》。宣子曰："起不堪也，无以及召公。"……叔弓聘于晋，报宣子也。晋侯使郊劳。辞曰："寡君使弓来继旧好，固曰：'女无敢为宾！'彻命于执事，敝邑弘矣。敢辱郊使？请辞。"致馆。辞曰："寡君命下臣来继旧好，好合使成，臣之禄也。敢辱大馆？"叔向曰："子叔子知礼哉！吾闻之曰：'忠信，礼之器也。卑让，礼之宗也。'辞不忘国，忠信也。先国后己，卑让也。《诗》曰：'敬慎威仪，以近有德。'夫子近德矣。"②

鲁太史梓慎事迹：

《左传·襄公二十八年》：二十八年春，无冰。梓慎曰："今兹宋、郑其饥乎？岁在星纪，而淫于玄枵，以有时灾，阴不堪阳。蛇乘龙。龙，宋、郑之星也，宋、郑必饥。玄枵，虚中也。枵，耗名也。土虚而民耗，不饥何为？"③

《左传·昭公七年》：公将往，梦襄公祖。梓慎曰："君不果行。襄公之适楚也，梦周公祖而行。今襄公实祖，君其不行。"子服惠伯曰："行。先君未尝适楚，故周公祖以道之。襄公适楚矣，而祖以道君，不行，何之？"④

《左传·昭公十五年》：十五年春，将禘于武公，戒百官。梓慎曰："禘之日，其有咎乎！吾见赤黑之祲，非祭祥也，丧氛也。其在莅事乎？"二月癸酉，禘，叔弓莅事，篲入而卒。去乐，卒事，礼也。⑤

《左传·昭公十七年》：冬，有星孛于大辰，西及汉。申须曰："篲所以除

---

① ［清］顾炎武著，［清］黄汝成集释，秦克诚点校：《日知录集释》，长沙：岳麓书社，1994 年版，第 154 页。

② 杨伯峻编著：《春秋左传注》（全 4 册），北京：中华书局，1990 年版，第 1226—1229 页。

③ 杨伯峻编著：《春秋左传注》（全 4 册），北京：中华书局，1990 年版，第 1140—1141 页。

④ 杨伯峻编著：《春秋左传注》（全 4 册），北京：中华书局，1990 年版，第 1286—1287 页。

⑤ 杨伯峻编著：《春秋左传注》（全 4 册），北京：中华书局，1990 年版，第 1369 页。

旧布新也。天事恒象,今除于火,火出必布焉。诸侯其有火灾乎?"梓慎曰:
"往年吾见之,是其征也,火出而见。今兹火出而章,必火入而伏。其居火
也久矣,其与不然乎?火出,于夏为三月,于商为四月,于周为五月。夏数
得天。若火作,其四国当之,在宋、卫、陈、郑乎?宋,大辰之虚也;陈,大皞
之虚也;郑,祝融之虚也,皆火房也。星孛天汉,汉,水祥也。卫,颛顼之虚
也,故为帝丘,其星为大水,水,火之牡也。其以丙子若壬午作乎?水火所
以合也。若火入而伏,必以壬午,不过其见之月。"郑裨灶言于子产曰:"宋、
卫、陈、郑将同日火,若我用瓘斝玉瓒,郑必不火。"子产弗与。①

《左传·昭公十八年》:夏五月,火始昏见。丙子,风。梓慎曰:"是谓融
风,火之始也。七日,其火作乎!"戊寅,风甚。壬午,大甚。宋、卫、陈、郑皆
火。梓慎登大庭氏之库以望之,曰:"宋、卫、陈、郑也。"数日,皆来告火。裨
灶曰:"不用吾言,郑又将火。"郑人请用之,子产不可。子大叔曰:"宝,以保
民也。若有火,国几亡。可以救亡,子何爱焉?"子产曰:"天道远,人道迩,
非所及也,何以知之?灶焉知天道?是亦多言矣,岂不或信?"遂不与,亦不
复火。②

《左传·昭公二十年》:二十年春,王二月己丑,日南至。梓慎望氛曰:
"今兹宋有乱,国几亡,三年而后弭。蔡有大丧。"叔孙昭子曰:"然则戴、桓
也!汏侈无礼已甚,乱所在也。"③

《左传·昭公二十一年》:秋七月壬午朔,日有食之。公问于梓慎曰:
"是何物也,祸福何为?"对曰:"二至、二分,日有食之,不为灾。日月之行
也,分,同道也;至,相过也。其他月则为灾,阳不克也,故常为水。"④

《左传·昭公二十四年》:夏五月乙未朔,日有食之。梓慎曰:"将水。"
昭子曰:"旱也。日过分而阳犹不克,克必甚,能无旱乎?阳不克莫,将积
聚也。"⑤

• 公元前 539 年,鲁昭公三年,孔子十四岁。

① 杨伯峻编著:《春秋左传注》(全4册),北京:中华书局,1990年版,第1390—1392页。
② 杨伯峻编著:《春秋左传注》(全4册),北京:中华书局,1990年版,第1394—1395页。
③ 杨伯峻编著:《春秋左传注》(全4册),北京:中华书局,1990年版,第1406—1407页。
④ 杨伯峻编著:《春秋左传注》(全4册),北京:中华书局,1990年版,第1426—1427页。
⑤ 杨伯峻编著:《春秋左传注》(全4册),北京:中华书局,1990年版,第1451页。

【时事考异】

晏婴使晋，谓叔向曰"齐政归田氏"，叔向亦曰"晋公室卑"。《史记·十二诸侯年表》将此事作为大事载录。所谓"齐田氏代姜而兴"，又所谓"平公立，晋公室卑，六卿始强大"，"政在家门"，齐、晋执政大臣，开始感受到田氏取代姜氏之齐，以及逐渐衍化而成的三家分晋的势力转移的潜在危机。齐景公为晏婴筑新宅，晏婴归齐欲复旧宅而不许，因陈桓子以请，乃许。齐公孙灶卒，晏婴惜之，谓"姜族弱矣，而妫将始昌"。

《史记·十二诸侯年表·齐表》：晏婴使晋，见叔向，曰："齐政归田氏。"叔向曰："晋公室卑。"①

《左传·昭公三年》：齐侯使晏婴请继室于晋，……既成昏，晏子受礼。叔向从之宴，相与语。叔向曰："齐其何如？"晏子曰："此季世也，吾弗知。齐其为陈氏矣！公弃其民，而归于陈氏。齐旧四量，豆、区、釜、钟。四升为豆，各自其四，以登于釜。釜十则钟。陈氏三量，皆登一焉，钟乃大矣。以家量贷，而以公量收之。山木如市，弗加于山。鱼盐蜃蛤，弗加于海。民参其力，二入于公，而衣食其一。公聚朽蠹，而三老冻馁。国之诸市，屦贱踊贵。民人痛疾，而或燠休之，其爱之如父母，而归之如流水，欲无获民，将焉辟之？箕伯、直柄、虞遂、伯戏，其相胡公、大姬，已在齐矣。"叔向曰："然。虽吾公室，今亦季世也。戎马不驾，卿无军行，公乘无人，卒列无长。庶民罢敝，而宫室滋侈。道殣相望，而女富溢尤。民闻公命，如逃寇仇。栾、郤、胥、原、狐、续、庆、伯，降在皂隶。政在家门，民无所依，君日不悛，以乐慆忧。公室之卑，其何日之有？《谗鼎之铭》曰：'昧旦丕显，后世犹怠。'况日不悛，其能久乎？"晏子曰："子将若何？"叔向曰："晋之公族尽矣。肸闻之，公室将卑，其宗族枝叶先落，则公从之。肸之宗十一族，唯羊舌氏在而已。肸又无子。公室无度，幸而得死，岂其获祀？"②

《史记·十二诸侯年表》称"田氏"，而《左传》记为"陈氏"，几为常例。

---

① ［汉］司马迁撰：《史记》（全10册），北京：中华书局，1959年版，第647页。
② 杨伯峻编著：《春秋左传注》（全4册），北京：中华书局，1990年版，第1233—1237页。

然观《史记》此条，与《左传》记载出于同源。又，从晏子叹"季世"而扬陈氏的矛盾口气来看，清人焦循《左传补疏·序》云："吾于左氏之说，信其为六国时人，为田齐、三晋等饰也。左氏为田齐、三晋等饰，与杜预为司马氏饰，前后一辙。"此亦可备一说。

燕简公欲杀公卿立幸臣，公卿诛幸臣，燕简公出奔齐。

　　《春秋·昭公三年》：北燕伯款出奔齐。①

　　《左传·昭公三年》：燕简公多嬖宠，欲去诸大夫，而立其宠人。冬，燕大夫比以杀公之外嬖，公惧，奔齐。书曰："北燕伯款出奔齐。"罪之也。②

　　《史记·十二诸侯年表·燕表》：公欲杀公卿立幸臣，公卿诛幸臣，公恐，出奔齐。③

　　• 公元前 538 年，鲁昭公四年，孔子十五岁。是岁，孔子有志于学。弟子闵损生。

　　• 楚灵王始合诸侯，伐吴朱方，以弑君罪齐庆封，庆封不服，亦斥楚灵王弑君，孔子评曰："怀恶而讨，虽死不服。"

【文献记载】

《论语·为政》：子曰："吾十有五而志于学，三十而立，四十而不惑，五十而知天命，六十而耳顺，七十而从心所欲，不逾矩。"④（按：此处唐《石经》及《高丽本》皆作而"志乎学"。《论衡·实知篇》所引同为"吾十有五而志乎学"，朱熹注《论语》亦云"志乎此"⑤。这"吾十有五而志于学"一章，是夫子对自身的问学和由此不断提升的精神境界所作的履历，他并不认为自己"生而知之"，而是注重自己坚持不懈的意志品质。圣人是在不自认为圣人的过程中形成的。）

《论语·雍也》：季氏使闵子骞为费宰。闵子骞曰："善为我辞焉。如有

　　① 杨伯峻编著：《春秋左传注》（全 4 册），北京：中华书局，1990 年版，第 1232 页。
　　② 杨伯峻编著：《春秋左传注》（全 4 册），北京：中华书局，1990 年版，第 1243 页。
　　③ ［汉］司马迁撰：《史记》（全 10 册），北京：中华书局，1959 年版，第 647 页。
　　④ ［宋］朱熹撰：《四书章句集注》，北京：中华书局，1983 年版，第 54 页。
　　⑤ ［宋］朱熹撰：《四书章句集注》，北京：中华书局，1983 年版，第 54 页。

复我者，则吾必在汶上矣！"①〔按：至于闵子骞何时辞费宰，当在鲁定公十二年（公元前498年），孔子为司寇，子路为季氏宰而堕三都，公山不狃据费叛而被挫败，费宰出现空缺之时。其时闵子骞四十一岁。〕《先进》篇：德行：颜渊、闵子骞、冉伯牛、仲弓。又，子曰："孝哉！闵子骞。人不间于其父母昆弟之言。"又，鲁人为长府。闵子骞曰："仍旧贯，如之何？何必改作？"子曰："夫人不言，言必有中。"②

《史记·仲尼弟子列传》：闵损字子骞。少孔子十五岁。孔子曰："孝哉，闵子骞！人不间于其父母昆弟之言。"不仕大夫，不食汙君之禄，"如有复我者，必在汶上矣。"③

《孔子家语·七十二弟子解》：闵损，鲁人，字子骞。以德行著名，孔子称其孝焉。④

《韩诗外传》卷二：闵子骞始见于夫子，有菜色，后有刍豢之色。子贡问曰："子始有菜色，今有刍豢之色，何也？"闵子曰："吾出蒹葭之中，入夫子之门。夫子内切磋以孝，外为之陈王法。心窃乐之。出见羽盖龙旂旃裘相随，心又乐之。二者相攻胸中，而不能任，是以有菜色也。今被夫子之文浸深，又赖二三子切磋而进之，内明于去就之义，出见羽盖龙旗旃裘相随，视之如坛土矣。是以有刍豢之色。"《诗》曰："如切如磋，如琢如磨。"⑤

《淮南子·缪称训》：闵子骞三年之丧毕，援琴而弹其弦是也，其声切切而哀。夫子曰："弦则是也，其声非也。"⑥

刘向《说苑·修文》：子夏三年之丧毕，见于孔子。孔子与之琴，使之弦。援琴而弦，衎衎而乐。作而曰："先生制礼，不敢不及也。"子曰："君子也。"闵子骞三年之丧毕，见于孔了。孔子与之琴，使之弦。援琴而弦，切切而悲。作而曰："先生制礼，不敢过也。"孔子曰："君子也。"子贡问曰："闵子哀不尽，子曰君子也。子夏哀已尽，子曰君子也。赐也惑，敢问何谓？"孔子曰："闵子哀未尽，能断之以礼，故曰君子也。子夏哀已尽，能引而致之，故

① ［宋］朱熹撰：《四书章句集注》，北京：中华书局，1983年版，第86页。
② ［宋］朱熹撰：《四书章句集注》，北京：中华书局，1983年版，第123—126页。
③ ［汉］司马迁撰：《史记》（全10册），北京：中华书局，1959年版，第2188—2189页。
④ 王国轩、王秀梅译注：《孔子家语》，北京：中华书局，2011年版，第425页。
⑤ ［汉］韩婴撰，许维遹校释：《韩诗外传集释》，北京：中华书局，1980年版，第36—37页。
⑥ 何宁撰：《淮南子集释》，北京：中华书局，1998年版，第732页。

曰君子也。夫三年之丧,固优者之所屈,劣者之所勉。"①

师觉授《孝子传》:闵损,字子骞,鲁人,孔子弟子也。以德行称。早失母,后母遇之甚酷,损事之弥谨。损衣皆藁枲为絮,其子则绵纩重厚。父使损御,冬寒失辔,后母子御则不然。父怒诘之,损默然而已。后视二子衣,乃知其故。将欲遣妻,谏曰:"大人有一寒子,犹尚垂心。若遣母,有二寒子也。"父感其言,乃止。②

文献记载之重要时事有:

《春秋·昭公四年》:秋,七月,楚子、蔡侯、陈侯、许男、顿子、胡子、沈子、淮夷伐吴,执齐庆封,杀之,遂灭赖。③

《史记·十二诸侯年表·楚表》:夏,合诸侯宋地,盟。伐吴朱方,诛庆封。冬,报我,取三城。④

《左传·昭公四年》:秋七月,楚子以诸侯伐吴,宋大子、郑伯先归,宋华费遂、郑大夫从。使屈申围朱方,八月甲申,克之,执齐庆封(齐崔杼弑君之同党)而尽灭其族。将戮庆封,椒举曰:"臣闻无瑕者可以戮人,庆封惟逆命,是以在此,其肯从于戮乎?播于诸侯,焉用之?"王弗听,负之釜钺,以徇于诸侯,使言曰:"无或如齐庆封弑其君,弱其孤,以盟其大夫!"庆封曰:"无或如楚共王之庶子围,弑其君兄之子麇而代之,以盟诸侯!"王使速杀之。遂以诸侯灭赖。赖子面缚衔璧,士袒,舆榇,从之,造于中军。王问诸椒举,对曰:"成王克许,许僖公如是。王亲释其缚,受其璧,焚其榇。"王从之。迁赖于鄢。楚子欲迁许于赖,使斗韦龟与公子弃疾城之而还。申无宇曰:"楚祸之首将在此矣。召诸侯而来,伐国而克,城竟莫校,王心不违,民其居乎?民之不处,其谁堪之?不堪王命,乃祸乱也。"⑤

《穀梁传·昭公四年》:秋,七月,楚子、蔡侯、陈侯、许男、顿子、胡子、沈子、淮夷伐吴。执齐庆封,杀之。此入而杀,其不言入,何也?庆封封乎吴钟离。其不言伐钟离何也?不与吴封也。庆封其以齐氏,何也?为齐讨也。灵王使人以庆封令于军中,曰:"有若齐庆封弑其君者乎?"庆封曰:"子

① [汉]刘向撰,向宗鲁校证:《说苑校证》,北京:中华书局,1987年版,第494页。
② [宋]李昉等编纂:《太平御览》,《四部丛刊》三编影宋本,卷413"人事部"54。
③ 杨伯峻编著:《春秋左传注》(全4册),北京:中华书局,1990年版,第1245页。
④ [汉]司马迁撰:《史记》(全10册),北京:中华书局,1959年版,第648页。
⑤ 杨伯峻编著:《春秋左传注》(全4册),北京:中华书局,1990年版,第1253—1254页。

一息，我亦且一言。"曰："有若楚公子围弑其兄之子而代之为君者乎？"军人粲然皆笑。庆封弑其君而不以弑君之罪罪之者，庆封不为灵王服也，不与楚讨也。《春秋》之义：用贵治贱，用贤治不肖，不以乱治乱也。孔子曰："怀恶而讨，虽死不服。"其斯之谓与！遂灭厉。遂，继事也。①

【考证】

夏，楚灵王始合诸侯，鲁、卫、曹、邾不会。(《十二诸侯年表》谓鲁、卫、曹皆辞以病，《左传》谓"曹邾辞以难，公辞以时祭，卫侯辞以疾"，与之异。)

《史记·十二诸侯年表·楚表》：夏，合诸侯宋地，盟。②

《史记·十二诸侯年表·鲁表》：称病不会楚。③

《史记·十二诸侯年表·卫表》：称病不会楚。④

《史记·十二诸侯年表·曹表》：称病不会楚。⑤

《史记·十二诸侯年表·郑表》：子产曰：三国不会。⑥

《春秋·昭公四年》：夏，楚子、蔡侯、陈侯、郑伯、许男、徐子、滕子、顿子、胡子、沈子、小邾子、宋世子、佐淮夷会于申。楚人执徐子。⑦

《左传·昭公四年》：夏，诸侯如楚，鲁、卫、曹、邾不会，曹邾辞以难，公辞以时祭，卫侯辞以疾。郑伯先待于申。六月丙午，楚子合诸侯于申。椒举言于楚子曰："臣闻诸侯无归，礼以为归。今君始得诸侯，其慎礼矣。霸之济否，在此会也，夏启有钧台之享，商汤有景亳之命，周武有孟津之誓，成有岐阳之搜，康有酆宫之朝，穆有涂山之会，齐桓有召陵之师，晋文有践土之盟。君其何用？宋向戍，郑公孙侨，在诸侯之良也，君其选焉，王曰："吾用齐桓。"王使问礼于左师与子产。左师曰："小国习之，大国用之，敢不荐闻？献公合诸侯之礼六。"子产曰："小国共职，敢不荐守？"献伯子男会公之礼六。君子谓合左师善守先代，子产善相小国。⑧

---

① 范宁集解：《春秋穀梁传》，北京：中华书局，1985 年版，第 257—258 页。
② [汉]司马迁撰：《史记》(全 10 册)，北京：中华书局，1959 年版，第 648 页。
③ [汉]司马迁撰：《史记》(全 10 册)，北京：中华书局，1959 年版，第 648 页。
④ [汉]司马迁撰：《史记》(全 10 册)，北京：中华书局，1959 年版，第 648 页。
⑤ [汉]司马迁撰：《史记》(全 10 册)，北京：中华书局，1959 年版，第 648 页。
⑥ [汉]司马迁撰：《史记》(全 10 册)，北京：中华书局，1959 年版，第 648 页。
⑦ 杨伯峻编著：《春秋左传注》(全 4 册)，北京：中华书局，1990 年版，第 1244—1245 页。
⑧ 杨伯峻编著：《春秋左传注》(全 4 册)，北京：中华书局，1990 年版，第 12530—1251 页。

【时事考异】

叔孙豹,即叔孙穆子,于鲁襄公十一年(公元前562年),促成"三桓"三分鲁国公室,开鲁国"三桓擅权"局面。这是孔子讲学、从政时面对的政治局面。如司马迁所说:"三桓争强,鲁乃不昌。"(《史记·太史公自序》)或如朱熹所说:"每国有世臣把住了,如何容外人来做?如鲁有三桓,齐有田氏,晋有六卿,比比皆然,如何容圣人插手?"(《朱子语类》卷三十六)这种破坏固有礼制秩序的行为,也使施行者叔孙豹受到惩罚,在叔孙豹晚年,其私生子竖牛,恃宠掌握叔孙氏家政,施计使叔孙豹杀其长子孟丙、逐其次子仲壬。竖牛遂绝叔孙豹食,三日而卒。竖牛立昭子而相之。

《春秋·昭公四年》:冬,十有二月乙卯,叔孙豹卒。[①]

《左传·昭公四年》:初,穆子(叔孙豹)去叔孙氏,及庚宗,遇妇人,使私为食而宿焉,问其行,告之故,哭而送之。适齐,娶于国氏,生孟丙、仲壬,蔓天压己,弗胜,顾而见人,黑而上偻,深目而豭喙,号之曰"牛助余",乃胜之。旦而皆召其徒,无之。且曰"志之",及宣伯奔齐,馈之。宣伯曰:"鲁以先子之故,将存吾宗,必召女。召女,何如?"对曰:"愿之久矣。"鲁人召之,不告而归,既立,所宿庚宗之妇人,献以雉,问其姓,对曰:"余子长矣,能奉雉而从我矣。"召而见之,则所梦也,未问其名,号之曰"牛",曰"唯",皆召其徒,使视之,遂使为竖。有宠,长使为政,公孙明知叔孙于齐,归,未逆国姜,子明取之,故怒,其子长而后使逆之。田于丘莸,遂遇疾焉。竖牛欲乱其室而有之,强与孟盟,不可。叔孙为孟钟,曰:"尔未际,飨大夫以落之。"既具,使竖牛请日,入,弗谒,出,命之日。及宾至,闻钟声,牛曰:"孟有北妇人之客。"怒,将往,牛止之。宾出,使拘而杀诸外,牛又强与仲盟,不可。仲与公御莱书,观于公,公与之环,使牛入示之,入,不示,出,命佩之,牛谓叔孙:"见仲而何?"叔孙曰:"何为?"曰:"不见,既自见矣,公与之环而佩之矣。"遂逐之,奔齐,疾急,命召仲,牛许而不召。杜泄见,告之饥渴,授之戈,对曰:"求之而至,又何去焉?"竖牛曰:"夫子疾病,不欲见人。"使置馈于个而退,牛弗进,则置虚命彻。十二月癸丑,叔孙不食,乙卯,卒。牛立昭子而相之。[②]

---

① 杨伯峻编著:《春秋左传注》(全4册),北京:中华书局,1990年版,第1245页。

② 杨伯峻编著:《春秋左传注》(全4册),北京:中华书局,1990年版,第1256-1259页。

【杂录】

《白虎通义》卷四"辟雍"条:古者所以年十五入太学何?以为八岁毁齿,始有识知,入学学书计。七八十五,阴阳备,故十五成童志明,入太学,学经术。学之为言觉也,悟所不知也。故学以治性,虑以变情。故玉不琢,不成器;人不学,不知道。子夏曰:"百工居肆以致其事,君子学以致其道。"故《礼》曰:"十年曰幼学。"《论语》曰:"吾十有五而志于学,三十而立。"又曰:"生而知之者,上也。学而知之者,次也。"是以虽有自然之性,必立师傅焉。①(按:孔子十五而学,乃出自本人意志。将之与贵族教育体制强作牵合,或是误读。)

• **公元前 537 年,鲁昭公五年,孔子十六岁。母颜徵在卒。服母丧,季氏飨士,孔子往,阳虎绌之。**

【文献记载】

《史记·孔子世家》:孔子母死,乃殡五父之衢,盖其慎也。郰人挽父之母诲孔子父墓,然后往合葬于防焉。孔子要绖。(按:古丧服,束于腰间之麻带。)季氏飨士,孔子与往。阳虎绌曰:"季氏飨士,非敢飨子也。"孔子由是退。②

《礼记·檀弓上》:孔子少孤,不知其墓。(孔子之父郰叔梁纥与颜氏之女徵在野合而生孔子,徵在耻焉,不告。)殡于五父之衢,(欲有所就而问之。孔子亦为隐焉,殡于家,则知之者无由怪己,欲发问端。五父,衢名,盖郰曼父之邻。)人之见之者,皆以为葬也。(见柩行于路)其慎也,盖殡也。(慎,当为引,礼家读然,声之误也。殡引,饰棺以辁,葬引,饰棺以柳翣。孔子是时以殡引,不以葬引,时人见者,谓不知礼。)问于郰曼父之母,然后得合葬于防。(曼父之母,与徵在为邻,相善。)③

《礼记·檀弓上》:孔子既得合葬于防,曰:"吾闻之:古也墓而不坟;今丘也,东西南北人也,不可以弗识也。"于是封之,崇四尺。孔子先反,门人后,雨甚;至,孔子问焉曰:"尔来何迟也?"曰:"防墓崩。"孔子不应,三,孔子

　① [清]陈立撰,吴则虞点校:《白虎通义疏证》(全2册),北京:中华书局,1994年版,第253—254页。

　② [汉]司马迁撰:《史记》(全10册),北京:中华书局,1959年版,第1906—1907页。

　③ [清]阮元校刻:《十三经注疏》(全2册),北京:中华书局,1980年版,第1275页。

泫然流涕曰:"吾闻之:古不修墓。"①

《孔子家语·曲礼子夏问》:孔子有母之丧,既练,阳虎吊焉。私于孔子曰:"今季氏将大飨境内之士,子闻诸?"孔子答曰:"丘弗闻也。若闻之,虽在衰绖,亦欲与往。"阳虎曰:"子谓不然乎,季氏飨士,不及子也。"阳虎出,曾点问曰:"答之何谓也?"孔子曰:"己则衰服,犹应其言,示所以不非也。"②(按:这则材料后面加上"曾点问",实为画蛇添足,孔子十六岁,曾点不到十岁,岂能列于孔子门庭?)

【考证】

《史记·孔子世家》载孔子母死在年十七之前,孔子自言十五有志于学,似十五岁时未遭母丧。孔子十九岁娶妻,此时当已三年之丧毕,故将孔子母死系于此年。

孔子合葬父母之墓则非十六岁之时。十六岁,孔子尚无弟子,合葬父母之墓恐在三十岁之后。

• **公元前 536 年,鲁昭公六年,孔子十七岁。**

【时事考异】

历史潜流涌动。郑人铸刑书,是由郑国公族发起的制订和公布法律的行为。晋国叔向公族保守旧制的立场遗子产书,欲止之。这与二十余年后,即鲁昭公二十九年,晋国六卿铸刑鼎性质不同,那是六卿将自己的刑书公布于世,实际上是向晋国公族示威。其时叔向大概已谢世,连其子杨食我被韩宣子杀,魏献子将其家族羊舌氏之田分为三县,他也无法干预了。真是世事日非。但在鲁昭公六年,面对叔向的干预,子产作答书,自谓以救世而不能及子孙。

《左传·昭公六年》:三月,郑人铸刑书。叔向使诒子产书,曰:"始吾有虞(望)于子,今则已矣。昔先王议事以制,不为刑辟,惧民之有争心也。犹不可禁御,是故闲之以义,纠之以政,行之以礼,守之以信,奉

---

① [清]孙希旦撰,沈啸寰、王星贤点校《礼记集解》(全3册),北京:中华书局,1989年版,第168—169页。又载,[清]阮元校刻:《十三经注疏》(全2册),北京:中华书局,1980年版,《十三经注疏》同于上注,第1275页。

② 王国轩、王秀梅译注《孔子家语》,北京:中华书局,2011年版,第549—550页。

之以仁；制为禄位，以劝其从；严断刑罚，以威其淫。惧其未也，故诲之以忠，耸之以行，教之以务，使之以和，临之以敬，莅之以强，断之以刚；犹求圣哲之上、明察之官、忠信之长、慈惠之师，民于是乎可任使也，而不生祸乱。民知有辟，则不忌于上，并有争心，以征于书，而徼幸以成之，弗可为矣。夏有乱政而作《禹刑》，商有乱政而作《汤刑》，周有乱政而作《九刑》，三辟之兴，皆叔世也。今吾子相郑国，作封洫，立谤政，制参辟，铸刑书，将以靖民，不亦难乎？诗曰：'仪式刑文王之德，日靖四方。'又曰：'仪刑文王，万邦作孚。'如是，何辟之有？民知争端矣，将弃礼而征于书，锥刀之末，将尽争之。乱狱滋丰，贿赂并行。终子之世，郑其败乎？肸闻之，'国将亡，必多制'，其此之谓乎！"复书曰："若吾子之言，侨不才，不能及子孙，吾以救世也，既不承命，敢忘大惠！"士文伯曰："火见，郑其火乎？火未出而作火，以铸刑器，藏争辟焉，火如象之，不火何为？"①

由此可知，贵族政治崇尚礼治，铸刑书而以法治国，折射着社会体制发生的变迁。在历史潜流涌动之时，各国政治进一步恶化。宋华合比欲为大子去宋平公宠臣，而反受其诬，出奔卫，其弟取代其右师之位。

《春秋·昭公六年》：宋华合比，出奔卫。②

《左传·昭公六年》：宋寺人柳有宠，大子佐恶之。华合比曰："我杀之。"柳闻之，乃坎、用牲、埋书，而告公曰："合比将纳亡人之族，既盟于北郭矣。"公使视之，有焉，遂逐华合比。合比奔卫。于是华亥（合比之弟）欲代右师，乃与寺人柳比，从为之征，曰："闻之久矣。"公使代之，见于左师，左师曰："女夫也必亡。女丧而宗室，于人何有？人亦于女何有？诗曰：'宗子维城，毋俾城坏，毋独斯畏。'女其畏哉。"③

各国内政既是如此翻云覆雨，列国之间战事频仍，兼并的欲望骚动，挤压弭兵之盟。楚国与吴国在争夺淮泗小国上兵戎相见，遂有楚伐吴。

①　杨伯峻编著：《春秋左传注》（全4册），北京：中华书局，1990年版，第1274—1277页。

②　杨伯峻编著：《春秋左传注》（全4册），北京：中华书局，1990年版，第1273页。

③　杨伯峻编著：《春秋左传注》（全4册），北京：中华书局，1990年版，第1277—1278页。

《春秋·昭公六年》：楚薳罢帅师伐吴。①

《史记·十二诸侯年表·楚表》：伐吴，次干溪。②

《左传·昭公六年》：徐仪楚聘于楚，楚子执之，逃归。惧其叛也，使薳泄伐徐。吴人救之。令尹子荡帅师伐吴，师于豫章，而次于干溪。吴人败其师于房钟，获宫厩尹弃疾，子荡归罪于薳泄而杀之。③

但是中原诸国毕竟不同于蛮夷诸国，它们并未完全放弃礼义的旗帜。这就是由春秋入战国的礼乐倾斜、摇摇欲坠的状态。于是，发生了齐伐燕，纳燕简公。

《春秋·昭公六年》：齐侯伐北燕。④

《史记·十二诸侯年表·齐表》：公如晋，请伐燕，入其君。⑤

《史记·十二诸侯年表·燕表》：齐伐我。⑥

《左传·昭公六年》：十一月，齐侯如晋，请伐北燕也。士丐相士鞅逆诸河，礼也。晋侯许之。十二月，齐侯遂伐北燕，将纳简公，晏子曰："不入。燕有君矣，民不贰。吾君贿，左右谄谀，作大事不以信，未尝可也。"⑦

楚、齐两条均可见《史记·十二诸侯年表》，与《左传》关系极近。

【杂录】

《汉书·五行志》：《左氏传》昭公六年"六月丙戌，郑灾"。是春三月，郑人铸刑书。士文伯曰："火见，郑其火乎？火未出而作火以铸刑器，臧争辟焉。火而象之，不火何为？"说曰：火星生出于周五月，而郑以三月作火铸鼎，刻刑辟书，以为民约，是为刑器争辟。故火星出，与五行之火争明为灾，

① 杨伯峻编著：《春秋左传注》（全4册），北京：中华书局，1990年版，第1273页。
② [汉]司马迁撰：《史记》（全10册），北京：中华书局，1959年版，第649页。
③ 杨伯峻编著：《春秋左传注》（全4册），北京：中华书局，1990年版，第1279—1280页。
④ 杨伯峻编著：《春秋左传注》（全4册），北京：中华书局，1990年版，第1273页。
⑤ [汉]司马迁撰：《史记》（全10册），北京：中华书局，1959年版，第649页。
⑥ [汉]司马迁撰：《史记》（全10册），北京：中华书局，1959年版，第649页。
⑦ 杨伯峻编著：《春秋左传注》（全4册），北京：中华书局，1990年版，第1280页。

其象然也，又弃法律之占也。不书于经，时不告鲁也。①

- 公元前 **535** 年，鲁昭公七年，孔子十八岁。
- 楚灵王成章华台，邀鲁昭公三月如楚，孟僖子随行不能按礼行事。九月鲁昭公自楚归，孟僖子病不能相礼，苟从能礼者学。孔子日后评此事曰："能补过者，君子也。《诗》曰：'君子是则是效。'孟僖子可则效已矣。"
- 《春秋》记曰，夏，四月，日有食之。

【文献记载】

《春秋·昭公七年》：三月，公如楚。九月，公至自楚。②

《左传·昭公七年》：楚子成章华之台，愿与诸侯落之。大宰薳启强曰："臣能得鲁侯。"薳启强来召公……三月，公如楚，郑伯劳于师之梁。孟僖子为介，不能相仪。及楚，不能答郊劳。……九月，公至自楚。孟僖子病不能相礼，乃讲学之，苟能礼者从之。及其将死也，召其大夫曰："礼，人之干也。无礼，无以立。吾闻将有达者曰孔丘，圣人之后也，而灭于宋。其祖弗父何，以有宋而授厉公。及正考父，佐戴、武、宣，三命兹益共。故其鼎铭云：'一命而偻，再命而伛，三命而俯。循墙而走，亦莫余敢侮。饘于是，鬻于是，以糊余口。'其共也如是。臧孙纥有言曰：'圣人有明德者，若不当世，其后必有达人。'今其将在孔丘乎？我若获没，必属说与何忌于夫子，使事之，而学礼焉，以定其位。"故孟懿子与南宫敬叔师事仲尼。仲尼曰："能补过者，君子也。《诗》曰：'君子是则是效。'孟僖子可则效已矣。"③

《史记·孔子世家》：孔子年十七，鲁大夫孟釐子病且死，诫其嗣懿子曰："孔丘，圣人之后，灭于宋。其祖弗父何始有宋而嗣让厉公。及正考父佐戴、武、宣公，三命兹益恭。故鼎铭云：'一命而偻，再命而伛，三命而俯，循墙而走，亦莫敢余侮。饘于是，粥于是，以糊余口。'其恭如是。吾闻圣人之后虽不当世，必有达者。今孔丘年少好礼，其达者欤？吾即没，若必师之。"及釐子卒，懿子与鲁人南宫敬叔往学礼焉。④

① ［汉］班固撰：《汉书》（全 12 册），北京：中华书局，1962 年版，第 1327 页。
② 杨伯峻编著：《春秋左传注》（全 4 册），北京：中华书局，1990 年版，第 1281－1282 页。
③ 杨伯峻编著：《春秋左传注》（全 4 册），北京：中华书局，1990 年版，第 1289－1296 页。
④ ［汉］司马迁撰：《史记》（全 10 册），北京：中华书局，1959 年版，第 1907－1908 页。

《春秋·昭公七年》:夏,四月,甲辰,朔,日有食之。①

《史记·十二诸侯年表·鲁表》:季武子卒。日蚀。②

【考证】

从史源学考察,《史记·孔子世家》沿用了《左传·昭公七年》关于孟僖子的记载,未作考证而致误,竟将孟懿子及南宫敬叔"往学礼焉",笼统地系于"孔子年十七"之下。而且在十七岁与三十岁之间,插入孔子适周问礼于老子。《左传》记载,本也不够明晰,前面讲"孟僖子病不能相礼",是鲁昭公七年,此处"病"字是担忧的意思;而紧接着说,"及其将死也",孟僖子之死,是在十七年之后,即鲁昭公二十四年(公元前 518 年),孔子三十四岁。其实,鲁昭公七年,孔子十七岁时,南宫敬叔尚未出生,他出生于四年后,即《左传·昭公十一年》载:"孟僖子会邾庄公,盟于祲祥。修好,礼也。泉丘人有女,梦以其帷幕孟氏之庙,遂奔僖子,其僚从之。盟于清丘之社,曰:'有子,无相弃也!'僖子使助薳氏之簉,反自祲祥,宿于薳氏,生懿子及南宫敬叔于泉丘人。其僚无子,使字敬叔。"③杜预集解,谓似双生。因此,鲁昭公二十四年,南宫敬叔十三岁,遵孟僖子遗言而向孔子学礼。《史记》失误,也没有一误到底,因为它还说:"及釐(僖)子卒,懿子与鲁人南宫敬叔往学礼焉。"④后世却放大了《史记》这个错误。汉桓帝延熹八年(165 年)遣中官管霸赴苦县祠老子,命陈相边韶撰《老子铭》,蔡邕书碑,铭曰:"孔子以周灵王二十年生,到景王十年,年十有七,学礼于老聃。"⑤郦道元得见边韶《老子铭》,其《水经注》卷十七云:"至周景王十年,孔子年十七,遂适周见老聃。"⑥从而坐实了问礼年份的错认。今人崇信汉魏碑文,不从史源学上认真梳理,也有坚持论证孔子十七岁适周问礼于老子者。

孔子评孟僖子之语已称其谥号,杜预注曰:孟僖子昭公二十四年卒,则孔子评论当在此后。然谓孟僖子"能补过"当指其归而学礼之事,而非指其命二子从学。

① 杨伯峻编著:《春秋左传注》(全 4 册),北京:中华书局,1990 年版,第 1281 页。

② [汉]司马迁撰:《史记》(全 10 册),北京:中华书局,1959 年版,第 649 页。

③ 杨伯峻编著:《春秋左传注》(全 4 册),北京:中华书局,1990 年版,第 1324 页。

④ [汉]司马迁撰:《史记》(全 10 册),北京:中华书局,1959 年版,第 1908 页。

⑤ [清]严可均辑:《全后汉文》,北京:商务印书馆,1999 年版,第 633 页。

⑥ 王国维校,袁英光、刘寅生整理标点:《水经注校》,上海:上海人民出版社,1984 年版,第 578 页。

公元前 535 年 3 月 13 日,甲辰,曲阜下午 14 点 30 分前后可见一次小食分日偏食。《春秋》记为夏四月,则此年《春秋》用周历,夏历当为二月朔。

【时事考异】

《史记·十二诸侯年表》这一年有两条记载明显来自《左传》,或来自与《左传》极相近之文献。分别是:

> 《史记·十二诸侯年表·楚表》:执芋尹亡人,入章华。①
>
> 《左传·昭公七年》:楚子之为令尹也,为王旌以田。芋尹无宇断之,曰:"一国两君,其谁堪之?"及即位,为章华之宫,纳亡人以实之。无宇之阍入焉。无宇执之,有司弗与,曰:"执人于王宫,其罪大矣。"执而谒诸王。王将饮酒,无宇辞曰:"天子经略,诸侯正封,古之制也。封略之内,何非君土?食土之毛,谁非君臣?故《诗》曰:'普天之下,莫非王土。率土之滨,莫非王臣。'天有十日,人有十等,下所以事上,上所以共神也。故王臣公,公臣大夫,大夫臣士,士臣皂,皂臣舆,舆臣隶,隶臣僚,僚臣仆,仆臣台。马有圉,牛有牧,以待百事。今有司曰:'女胡执人于王宫?'将焉执之?周文王之法曰:'有亡,荒阅。'所以得天下也。吾先君文王,作仆区之法,曰:'盗所隐器,与盗同罪。'所以封汝也。若从有司,是无所执逃臣也。逃而舍之,是无陪台也。王事无乃阙乎?昔武王数纣之罪,以告诸侯曰:'纣为天下逋逃主,萃渊薮。'故夫致死焉。君王始求诸侯而则纣,无乃不可乎?若以二文之法取之,盗有所在矣。"王曰:"取而臣以往,盗有宠,未可得也。"遂赦之。②

(按:这条材料,涉及上古社会结构,曾被鲁迅引述,作为批判古中国等级森严的专制体制的例证。鲁迅《坟·灯下漫笔》曰:但我们自己是早已布置妥帖了,有贵贱,有大小,有上下。自己被人凌虐,但也可以凌虐别人;自己被人吃,但也可以吃别人。一级一级地制驭着,不能动弹,也不想动弹了。因为倘一动弹,虽或有利,然而也有弊。我们且看古人的良法美意罢——

---

① [汉]司马迁撰:《史记》(全 10 册),北京:中华书局,1959 年版,第 649 页。
② 杨伯峻编著:《春秋左传注》(全 4 册),北京:中华书局,1990 年版,第 1283—1285 页。

"天有十日,人有十等。下所以事上,上所以共神也。故王臣公,公臣大夫,大夫臣士,士臣皁,皁臣舆,舆臣隶,隶臣僚,僚臣仆,仆臣台。"(《左传》昭公七年)

但是"台"没有臣,不是太苦了么? 无须担心的,有比他更卑的妻,更弱的子在。而且其子也很有希望,他日长大,升而为"台",便又有更卑更弱的妻子,供他驱使了。如此连环,各得其所,有敢非议者,其罪名曰不安分①!

鲁迅《集外集·俄文译本〈阿Q正传〉序》又云:"我是否真能够写出一个现代的我们国人的魂灵来。别人我不得而知,在我自己,总仿佛觉得我们人人之间各有一道高墙,将各个分离,使大家的心无从相印。这就是我们古代的聪明人,即所谓圣贤,将人们分为十等,说是高下各不相同。其名目现在虽然不用了,但那鬼魂却依然存在,并且,变本加厉,连一个人的身体也有了等差,使手对于足也不免视为下等的异类。"②)

《史记·十二诸侯年表·卫表》:夫人姜氏无子。③

《左传·昭公七年》:卫襄公夫人姜氏无子,嬖人婤姶生孟絷。孔成子梦康叔(卫之始封祖)谓己:"立元(孟絷弟),余使羁之孙圉与史苟相之。"史朝亦梦康叔谓己:"余将命而子苟与孔烝鉏之曾孙圉相元。"史朝见成子,告之梦,梦协。晋韩宣子为政聘于诸侯之岁,婤姶生子,名之曰元。孟絷之足不良,能行。孔成子以《周易》筮之,曰:"元尚享卫国,主其社稷。"遇《屯》。又曰:"余尚立絷,尚克嘉之。"遇《屯》之比。以示史朝。史朝曰:'元亨。'又何疑焉?"成子曰:"非长之谓乎?"对曰:"康叔名之,可谓长矣。孟非人也,将不列于宗,不可谓长。且其繇曰'利建侯'。嗣吉,何建? 建非嗣也。二卦皆云,子其建之。康叔命之,二筮袭于梦,武王所用也,弗从何为? 弱足者居,侯主社稷,临祭祀,奉民人,事鬼神,从会朝,又焉得居? 各以所利,不亦可乎?"故孔成子立

①　鲁迅:《鲁迅全集》(第1卷),北京:人民文学出版社,2005年版,第227页。
②　鲁迅:《鲁迅全集》(第7卷),北京:人民文学出版社,2005年版,第83页。
③　司马迁撰、裴骃集解、司马贞索引、张守节正义:《史记》,中华书局,1982年版,第649页。

灵公。①

《左传·昭公七年》的这两章,相对独立于叙事之外,属于补叙性质。而《史记》年表恰恰选择了这两件事列入《楚表》和《卫表》,足见其取材与《左传》之近。

【杂录】

《史记索隐》考证《史记》孔子十七岁孟僖子评孔子语曰:"昭七年《左传》云'孟僖子病不能相礼,乃讲学之,及其将死,召大夫'云云。(按:谓病者,不能礼为病,非疾困之谓也。至二十四年僖子卒,贾逵云'仲尼时年三十五矣'。是此文误也。"②)

· 公元前 534 年,鲁昭公八年,孔子十九岁,娶于宋之亓官氏之女。

【文献记载】

《孔子家语·本姓解》:至十九,娶于宋之亓官氏(或作上官氏)。一岁而生伯鱼。③

《史记·孔子世家》索隐引《家语》:孔子年十九,娶于宋之并官氏之女。④

秦嘉谟辑本《世本》:孔子娶宋并营氏,生伯鱼。(《世本·秦本·氏性篇》)

宋人郑樵《通志·氏族略第四》引白褒《鲁先贤传》:孔子娶宋之亓官氏。⑤

清人俞正燮《癸巳类稿》卷七:孔子娶开官氏,开本并字,即弁也。即今卞氏。⑥

【时事考异】

此年历史记事最大问题在于《史记·十二诸侯年表》:

---

① 杨伯峻编著:《春秋左传注》(全 4 册),北京:中华书局,1990 年版,第 1297－1298 页。
② [汉]司马迁撰:《史记》(全 10 册),北京:中华书局,1959 年版,第 1908 页。
③ 王国轩、王秀梅译注:《孔子家语》,北京:中华书局,2011 年版,第 445 页。
④ [汉]司马迁撰:《史记》(全 10 册),北京:中华书局,1959 年版,第 1946 页。
⑤ [宋]郑樵撰,王树民点校:《通志二十略》(全 2 册),北京:中华书局,1995 年版,第 154 页。
⑥ [清]俞正燮撰,涂小马点校:《癸巳类稿》,沈阳:辽宁教育出版社,2001 年版,第 246 页。

《鲁表》：公如楚,楚留之。贺章华台。①

《楚表》：就章华台,内亡人实之。灭陈。②

　　《春秋》载昭公七年(公元前 535 年)"三月,公如楚","九月,公至自楚",《左传》解释鲁昭公远赴楚国缘由,乃是贺楚灵王章华台之成。但不知为何《史记·十二诸侯表》却将鲁昭公赴楚放在了八年,且把楚王就章华台也放在了这一年。联系《史记》年表前一年的记载,即《楚表》所云"执芋尹亡人,入章华",这件事情与楚王章华台落成是联系在一起的,因此可知《史记》不是笔误,若为笔误,同在《左传》昭公七年的"执芋尹亡人"也应误入八年。同时昭公七年《鲁表》也记载了"季武子卒"和"日蚀"两事,这两件事也是与昭公赴楚记在《左传》同一年的。另外,《陈表》(昭公八年)曰:"弟招作乱,哀公自杀。"载录于《左传·昭公八年》,二者相符。这说明在《鲁表》、《楚表》制作时,太史公并没有误记,不然上面三条相关记载也是会出错的。《史记·鲁世家》亦曰:"八年,楚灵王就章华台,召昭公。昭公往贺,赐昭公宝器;已而悔,复诈取之。"③

　　《史记集解》引服虔《左传注》曰:"大屈,宝金,可以为剑。一曰大屈,弓名。《鲁连书》曰:'楚子享鲁侯于章华,与之大屈之弓也,既而悔之。'大屈,殆所谓大曲之弓也。"④

　　上文已经发现《史记·十二诸侯年表》与《左传》关系极为密切,但这一年二者的重大差异则说明《史记》所据或非今本《左传》。太史公所据《左传》鲁昭公赴楚是在八年,而非七年,与《春秋》的记载不一致。鉴于《年表》与《左传》如此密切的关系,笔者大胆推断司马迁所见《左传》昭公七年和昭公八年的记载与今本次序不同,今本将原本八年中的鲁君赴楚观章华台一事移至七年,以符合《春秋》所记昭公三月赴楚,九月归鲁之文。

【杂录】

　　《左传·昭公八年》:八年春,石言于晋魏榆。晋侯问于师旷曰:"石何故言?"对曰:"石不能言,或冯焉。不然,民听滥也。抑臣又闻之曰:'作事

---

① [汉]司马迁撰:《史记》(全 10 册),北京:中华书局,1959 年版,第 650 页。

② [汉]司马迁撰:《史记》(全 10 册),北京:中华书局,1959 年版,第 650 页。

③ [汉]司马迁撰:《史记》(全 10 册),北京:中华书局,1959 年版,第 1539 页。

④ [汉]司马迁撰:《史记》(全 10 册),北京:中华书局,1959 年版,第 1540 页。

不时，怨讟言动于民，则有非言之物而言。'今宫室崇侈，民力凋尽，怨讟言并作，莫保其性。石言，不亦宜乎？于是晋侯方筑虒祁之宫。叔向曰："子野（师旷字）之言，君子哉！君子之言，信而有征，故怨远于其身。小人之言，借而无征，故怨咎及之。《诗》曰：'哀哉不能言，匪舌是出，唯躬是瘁。哿矣能言，巧言如流，俾躬处休。'其是之谓乎？是宫也成，诸侯必叛，君必有咎，夫子知之矣。"①

· 公元前 533 年，鲁昭公九年，孔子二十岁，生子鲤，字伯鱼。此年孔子始仕，为季氏史。

【文献记载】

《史记·孔子世家》："孔子贫且贱。及长，尝为季氏史，料量平；尝为司职吏而畜蕃息。由是为司空。"②

《论语·子罕》："吾少也贱，故多能鄙事。"③

《孟子·万章下》："孔子尝为委吏矣，曰：'会计当而已矣。'尝为乘田矣，曰：'牛羊壮长而已矣。'"④

《史记·孔子世家》索隐引《家语》："孔子年十九，娶于宋之并官氏之女，一岁而生伯鱼。伯鱼之生，鲁昭公使人遗之鲤鱼。夫子荣君之赐，因以名其子也。"⑤

《太平御览》卷九百三十五引《风俗通义》："伯鱼之生适有馈孔子鱼者，嘉以为瑞，故名鲤，字伯鱼。"⑥

【考证】

据颜师古《汉书注》，唐人所见《孔了家语》已经不是汉代刘向所校《家语》，反而与今本相同。其间或有孔府对其档案进行整理夸饰，故言国君馈鱼，亦未可知。司马贞所引《孔子家语》属于王肃整理者，反有不如《风俗通义》更为可信之处。孔子二十岁时，刚刚出仕为卑微之吏，鲁昭公使人赠送鲤鱼恐不可信。故还是以《风俗通义》所载为允，送鲤鱼者，孔子之亲友故

---

①　杨伯峻编著：《春秋左传注》（全 4 册），北京：中华书局，1990 年版，第 1300－1301 页。

②　[汉] 司马迁撰：《史记》（全 10 册），北京：中华书局，1959 年版，第 1909 页。

③　程树德撰，程俊英、蒋见元点校：《论语集释》，北京：中华书局，2012 年版，第 583 页。

④　杨伯峻译注：《孟子译注》，北京：中华书局，2005 年版，第 243 页。

⑤　[汉] 司马迁撰：《史记》（全 10 册），北京：中华书局，1959 年版，第 1946 页。

⑥　[宋] 李昉等编纂：《太平御览》，《四部丛刊》三编影宋本，卷 935"鳞介部""7""鱼上"。

旧也。

【时事考异】

鲁、宋、郑、卫会楚灵王于陈。楚公子弃疾,迁许于夷(今安徽亳州东南城父故城),将兵定陈。但楚定陈之事,《春秋》、《左传》、《史记》记载微有差异。

《春秋·昭公九年》:

> 九年,春,叔弓会楚子于陈。许迁于夷。[1]

《左传·昭公八年》:

> 陈哀公元妃郑姬,生悼大子偃师,二妃生公子留,下妃生公子胜。二妃嬖,留有宠,属诸司徒招与公子过。哀公有废疾。三月甲申,公子招、公子过杀悼大子偃师,而立公子留。
>
> 夏四月辛亥,(陈)哀公缢。干征师赴于楚,且告有立君。公子胜愬之于楚,楚人执而杀之。公子留奔郑。书曰"陈侯之弟招杀陈世子偃师",罪在招也;"楚人执陈行人干征师杀之",罪不在行人也。
>
> ……
>
> 陈公子招归罪于公子过而杀之。九月,楚公子弃疾帅师奉孙吴(悼大子之子,即惠公)围陈,宋戴恶会之。冬十一月壬午,灭陈。舆嬖袁克,杀马毁玉以葬。楚人将杀之,请置之。既又请私,私于幄,加绖于颡而逃。使穿封戌为陈公,曰:"城麇之役,不诶。"侍饮酒于王,王曰:"城麇之役,女知寡人之及此,女其辟寡人乎?"对曰:"若知君之及此,臣必致死礼,以息楚国。"[2]

《左传·昭公九年》:

> 九年,春,叔弓,宋华亥,郑游吉,卫赵鞅,会楚子于陈。二月,庚

---

① 杨伯峻编著:《春秋左传注》,中华书局,2012年,第1306页。

② 杨伯峻编著:《春秋左传注》,中华书局,2012年,第1301-1304页。

申,楚公子弃疾,迁许于夷,实城父,取州来淮北之田以益之,伍举授许男田,然丹迁城父人于陈,以夷濮西田益之,迁方城外人于许。①

《史记·陈杞世家》曰:

> (陈哀公三十四年,鲁昭公七年)哀公病,三月,招杀悼太子,立留为太子。哀公怒,欲诛招,招发兵围守哀公,哀公自经杀。招卒立留为陈君。四月,陈使使赴楚。楚灵王闻陈乱,乃杀陈使者,使公子弃疾发兵伐陈,陈君留奔郑。九月,楚围陈。十一月,灭陈。使弃疾为陈公。②

《楚世家》:

> (楚灵王)八年,使公子弃疾将兵灭陈。十年,召蔡侯,醉而杀之。使弃疾定蔡,因为陈蔡公。③

《史记·十二诸侯年表·陈表》:

> (鲁昭公八年,陈哀公三十五年)弟招作乱,哀公自杀。④

《史记·十二诸侯年表·楚表》:

> (鲁昭公八年,楚灵王七年)就章华台,内亡人实之。灭陈。
> (鲁昭公九年,楚灵王八年)弟弃疾将兵定陈。⑤

〔按:鲁襄公二十七年(公元前546年)晋、楚在宋向戌撮合下,召集诸侯为弭兵之盟,仅过十二三年,就有楚灭陈之举。联想到数年前诸侯会于

① 杨伯峻编著:《春秋左传注》(全4册),北京:中华书局,1990年版,第1306、1307页。
② 〔汉〕司马迁撰:《史记》(全10册),北京:中华书局,1959年版,第1580、1581页。
③ 〔汉〕司马迁撰:《史记》(全10册),北京:中华书局,1959年版,第1705页。
④ 〔汉〕司马迁撰:《史记》(全10册),北京:中华书局,1959年版,第650页。
⑤ 〔汉〕司马迁撰:《史记》(全10册),北京:中华书局,1959年版,第650页。

虢,楚人因季武子伐莒取郓,欲戮叔孙豹以申弭兵盟约,如今却做了更甚的灭陈举动,出尔反尔,可见其时列国关系流行的霸道政策。至于此事的历史记载,《春秋》、《左传》楚灭陈在鲁昭公八年(公元前 534 年),而《史记·楚世家》系于鲁昭公九年,《十二诸侯年表》系于鲁昭公八年。楚公子弃疾定陈,《左传》未载此事,或即指弃疾率兵灭陈,《年表》载在鲁昭公九年。与上述文献均有不同的是《陈世家》,它对楚灭陈的记载是在鲁昭公七年,这是较明显的错误,可以不论。但《楚世家》和《楚表》似乎暗示《史记》所据楚国史料中,楚灭陈是在楚灵王八年(公元前 533 年),这一年应该就是鲁昭公八年,但是《年表》排列的结果却是楚灵王七年为鲁昭公八年,时间上错置了一年,于是出现了上述的混乱。〕

《史记·陈世家》称楚灵王使弃疾为陈公,而《左传》则是穿封戌,可见《史记》所据确有不同于今本《左传》之处。

【杂录】

《白虎通义》:名或兼或单何? 示非一也。或听其声,以律定其名;或依事、旁其形。故名或兼或单也。依其事者,若后稷是也。弃之,因名为弃也。旁其形者,孔子首类鲁国尼丘山,故名为丘。或旁其名为之字者,闻名即知其字,闻字即知其名,若名赐,字子贡;名鲤,字伯鱼。①

• **公元前 532 年,鲁昭公十年,孔子二十一岁。**

【文献记载】

此年晋平公卒。《春秋·昭公十年》:戊子,晋侯彪卒。九月,叔孙婼如晋。葬晋平公。十有二月,甲子,宋公成卒。②

《淮南子·齐俗训》:晋平公出言而不当,师旷举琴而撞之,跌衽宫壁,左右欲涂之,平公曰:"舍之,以此为寡人失。"孔子闻之曰:"平公非不痛其体也,欲来谏者也。"③

《晋书·乐志》:魏文侯聆古乐而恐卧,晋平公听新声而忘食,先王之

---

① 〔清〕陈立撰,吴则虞点校:《白虎通义疏证》(全 2 册),北京:中华书局,1994 年版,第 410—411 页。

② 杨伯峻编著:《春秋左传注》(全 4 册),北京:中华书局,1990 年版,第 1313—1314 页。

③ 何宁撰:《淮南子集释》,北京:中华书局,1998 年版,第 804 页。

道,渐以陵夷。①

【时事考异】

《史记·十二诸侯年表·鲁表》载:"四月,日蚀。"②梁玉绳《史记志疑》曰:"《春秋》是年无日食,此误增也。"③查《夏商周三代中国十三城可见日食表》,此年的确没有日食。

此年周历之正月,有星出于婺女,《春秋》未载,《左传》、《史记》记载则有关联:

《史记·十二诸侯年表·晋表》:春,有星出婺女。七(十)月,公薨。④

《史记·十二诸侯年表·宋表》:平公薨。⑤

《左传·昭公十年》:十年春,王正月,有星出于婺女。郑裨灶言于子产曰:"七月戊子,晋君将死。今兹岁在颛顼之虚,姜氏、任氏实守其地。居其维首,而有妖星焉,告邑姜也。邑姜,晋之姚也。天以七纪。戊子,逢公以登,星斯于是乎出。吾是以讥之。"⑥

《春秋》并未述及"有星出于婺女"之事,《左传》则明确记载这则异常的天象与晋平公之死有联系。《史记·十二诸侯年表》将"有星出婺女"载于《晋表》,可见此表与《左传》记载有密切之关联。

齐有栾、高、陈、鲍四族之乱,陈、鲍胜,栾施、高强出奔鲁,陈、鲍分其室而陈桓子尽致诸齐景公。陈氏始大。齐国四大家族中,栾氏、高氏皆出于齐惠公,属于姜齐公族;陈氏则是权臣,权臣势力开始压倒公族势力。

《春秋·昭公十年》:夏,齐栾施来奔。⑦

《左传·昭公十年》:齐惠栾、高氏皆耆酒,信内多怨,强于陈、鲍氏

① [唐]房玄龄等撰:《晋书》(全10册),北京:中华书局,1974年版,第676页。
② [汉]司马迁撰:《史记》(全10册),北京:中华书局,1959年版,第651页。
③ 梁玉绳撰:《史记志疑》,北京:中华书局,1981年版,第367页。
④ [汉]司马迁撰:《史记》(全10册),北京:中华书局,1959年版,第651页。
⑤ [汉]司马迁撰:《史记》(全10册),北京:中华书局,1959年版,第651页。
⑥ 杨伯峻编著:《春秋左传注》(全4册),北京:中华书局,1990年版,第1314—1315页。
⑦ 杨伯峻编著:《春秋左传注》(全4册),北京:中华书局,1990年版,第1313页。

而恶之。夏,有告陈桓子曰:"子旗(栾施字)、子良(高强字)将攻陈、鲍。"亦告鲍氏。桓子授甲而如鲍氏,遭子良醉而骋,遂见文子(鲍国),则亦授甲矣。使视二子,则皆将饮酒。桓子曰:"彼虽不信,闻我授甲,则必逐我。及其饮酒也,先伐诸?"陈、鲍方睦,遂伐栾、高氏。子良曰:"先得公(齐景公),陈、鲍焉往?"遂伐虎门。

晏平仲端委立于虎门之外,四族召之,无所往。其徒曰:"助陈、鲍乎?"曰:"何善焉?""助栾、高乎?"曰:"庸愈乎?""然则归乎?"曰:"君伐,焉归?"公召之而后入。公卜使王黑以灵姑钎(齐侯之龙旗)率,吉,请断三尺焉而用之。五月庚辰,战于稷,栾、高败,又败诸庄。国人追之,又败诸鹿门。栾施、高强来奔。陈、鲍分其室。

晏子谓桓子:"必致诸公。让,德之主也,让之谓懿德。凡有血气,皆有争心,故利不可强,思义为愈。义,利之本也,蕴利生孽。姑使无蕴乎!可以滋长。"桓子尽致诸公,而请老于莒。桓子召子山,私具幄幕、器用、从者之衣屦,而反棘焉。子商亦如之,而反其邑。子周亦如之,而与之夫于。反子城、子公、公孙捷,而皆益其禄。凡公子、公孙之无禄者,私分之邑。国之贫约孤寡者,私与之粟。曰:"《诗》云:'陈锡载周。'能施也,桓公是以霸。"公与桓子莒之旁邑,辞。穆孟姬为之请高唐,陈氏始大。①

在齐国陈氏借内乱做大的同时,鲁国季氏擅权,蔑视礼制。季平子伐莒,献俘于周公庙,杀人以为牺牲。臧武仲在齐,闻而薄之。

《左传·昭公十年》:秋七月,平子伐莒,取郠,献俘,始用人于亳社。臧武仲在齐,闻之,曰:"周公其不飨鲁祭乎!周公飨义,鲁无义。《诗》曰:'德音孔昭,视民不佻。'佻之谓甚矣,而壹用之,将谁福哉?"②

•公元前531年,鲁昭公十一年,孔子二十二岁。弟子孟懿子及南宫敬叔生。

•鲁昭公母齐归薨,昭公无戚容。《论语·八佾篇》载孔子曰:"居上不宽,为礼不敬,临丧不哀,吾何以观之哉?"或有感于此。

---

① 杨伯峻编著:《春秋左传注》(全4册),北京:中华书局,1990年版,第1315—1318页。
② 杨伯峻编著:《春秋左传注》(全4册),北京:中华书局,1990年版,第1318页。

【文献记载】

《春秋·昭公十一年》:

五月,甲申,夫人归氏薨。大蒐于比蒲。……九月,己亥,葬我小君齐归。①

《左传·昭公十一年》:

五月,齐归薨,大蒐于比蒲,非礼也。……九月,葬齐归,公不戚。晋士之送葬者,归以语史赵。史赵曰:"必为鲁郊。"侍者曰:"何故?"曰:"归,姓也,不思亲,祖不归也。"叔向曰:"鲁公室其卑乎? 君有大丧,国不废蒐。有三年之丧,而无一日之戚。国不恤丧,不忌君也。君无戚容,不顾亲也。国不忌君,君不顾亲,能无卑乎? 殆其失国。"②

《春秋·昭公十一年》:

仲孙貜(孟僖子)会邾子,盟于祲祥。③

《左传·昭公十一年》:

孟僖子会邾庄公,盟于祲祥,修好,礼也。泉丘人有女梦以其帷幕孟氏之庙,遂奔僖子,其僚从之。盟于清丘之社,曰:"有子,无相弃也。"僖子使助薳氏之簉。反自祲祥,宿于薳氏,生懿子及南宫敬叔于泉丘人。其僚无子,使字敬叔。④

【考证】

南宫敬叔名说,孟懿子名何忌,见《左传·昭公七年》之记载。但他们的生年应在鲁昭公十一年(公元前531年)。因而南宫敬叔在孔子十七岁的鲁昭公七年,尚未出生,更不可能随孔子适周问礼于老子。《春秋左传正

① 杨伯峻编著:《春秋左传注》(全4册),北京:中华书局,1990年版,第1321页。
② 杨伯峻编著:《春秋左传注》(全4册),北京:中华书局,1990年版,第1324—1327页。
③ 杨伯峻编著:《春秋左传注》(全4册),北京:中华书局,1990年版,第1321页。
④ 杨伯峻编著:《春秋左传注》(全4册),北京:中华书局,1990年版,第1324页。

义》曰："说，南宫氏也。敬，谥也。叔，字也，又字容也，字括也，名说，一名
缙。"①故南宫敬叔之称，乃是称其谥号。

・公元前 530 年，鲁昭公十二年，孔子二十三岁，始教于阙里，颜路、冉
耕、曾点、琴张之徒往受学。

・楚工尹商阳追吴师，能存爱人之心而不以邀功为念，孔子评曰："杀
人之中，又有礼焉。"

【文献记载】

《孔子家语・七十二弟子解》：颜由，颜回父，字季路，孔子始教学于阙
里而受学，少孔子六岁。②

《礼记・檀弓下》：工尹商阳与陈弃疾追吴师，及之，陈弃疾谓工尹商阳
曰："王事也，子手弓而可。"手弓。"子射诸。"谢之，毙一人，韔弓。又及，谓
之，又毙二人，每毙一人，掩其目。止其御曰："朝不坐，燕不与，杀三人，亦
足以反命矣。"孔子曰："杀人之中，又有礼焉。"③

【考证】

本年楚商阳追吴师、明年楚灵王自杀及郑国子产争承、后年晋国叔向
断案之时事，孔子皆有评论。孔子年二十三始教于阙里之说当有所据，他
对历史人物事件的一些评议，当是始有弟子以后才能记录下来，或者竟是
他中后期与二三子的对话，身后才被追忆。

楚公子弃疾以鲁昭公八年（公元前 534 年）帅师灭陈，县之，因号陈弃
疾。至十二年，楚子狩于州来，使荡侯、潘子、司马督、嚣尹、午陵、尹喜帅师
围徐以惧吴，于时有吴师④。

【时事考异】

季平子即位而不礼于费邑宰南蒯。南蒯与叔仲小、公子憗欲以张公室
为名谋去季氏，己为家臣而为鲁君谋以费及季氏室奉公。鲁昭公十二年，
南蒯与公子憗盖初谋假晋援以去季氏，故公子憗从公如晋，值晋拒公不得

①　［清］阮元校刻：《十三经注疏》（全 2 册），北京：中华书局，1980 年版，第 2051 页。
②　［三国魏］王肃注：《孔子家语》，上海：上海古籍出版社，1990 年版，第 97 页。
③　李学勤主编：《十三经注疏・礼记正义》，北京：北京大学出版社，1999 年版，第 300－301 页。
④　详参：孙希旦《礼记集解》引郑玄注，北京：中华书局，1989 年版，第 284 页。

入,故南蒯以费叛如齐。季平子怀柔费人,鲁昭公十四年费人叛南氏①,南蒯被逐,遂奔齐。季氏家臣为乱,前有南蒯,后有阳货。后孔子主张堕三都,季桓子听从孔子堕费邑,与季氏意识到费邑尾大不掉、家臣易据费邑为乱有莫大关系。这是鲁国各个层面的政治力量的博弈,为孔子后来从政提供的空间与障碍之所在。

《史记·鲁世家》载昭公"十二年,朝晋至河,平公谢还之"②,而据《左传》,晋平公卒于鲁昭公十一年七月。此处《史记》误记也。

【杂录】

《阙里志·年谱》:"孔子年二十二岁,始设教于阙里,冉畊、颜路之徒,往受教焉。"

【杂录志疑】

《阙里志》以《史记·孔子世家》记孔子生于鲁襄公二十二年(公元前551年)之误,少算一岁。

- **公元前529年,鲁昭公十三年,孔子二十四岁。**
- 楚灵王自杀于乾谿。孔子评曰:"古也有志,克己复礼,仁也。信善哉,楚灵王若能如是,岂其辱于乾溪!"从古志"克己复礼,仁也",可知孔子创立仁学,历史渊源颇深。
- 晋国盟诸侯于平丘,子产为郑国争承(座次)。孔子谓子产:"于是行也,足以为国基矣。《诗》曰:'乐只君子,邦家之基。'子产,君子之求乐者也。合诸侯,艺贡事,礼也。"

【文献记载】

《左传·昭公十二年》:楚子狩于州来,次于颍尾,使荡侯,潘子,司马督,嚣尹午,陵尹喜,帅师围徐,以惧吴。楚子次于乾溪(今安徽亳州市东南),以为之援,……王揖而入,馈不食,寝不寐,数日不能自克,以及于难。仲尼曰:"古也有志,克己复礼,仁也。信善哉,楚灵王若能如是,岂其辱于乾溪!"③

《左传·昭公十三年》:(晋)合诸侯于平丘(春秋卫邑,今河南封丘县东),子产,子大叔,相郑伯以会,……及盟,子产争承(疏曰:承者,奉上之

---

① 《左传》书于鲁昭公十三年,杜预注:"费叛南氏在明年,《传》善区夫之谋,终言其效。"
② [汉]司马迁撰:《史记》(全10册),北京:中华书局,1959年版,第1539页。
③ 杨伯峻编著:《春秋左传注》(全4册),北京:中华书局,1990年版,第1338—1341页。

语,后承前,下承上,故以承为次),……自日中以争,至于昏,晋人许之。……仲尼谓子产:"于是行也,足以为国基矣。《诗》曰:'乐只君子,邦家之基。'子产,君子之求乐者也。"且曰:"合诸侯,艺贡事,礼也。"①

【考证】

鲁昭公十三年,楚灵王自杀于乾溪②,孔子"岂其辱于乾溪"正谓此事。

【时事考异】

《史记·孔子世家》自孔子年十七(实应为十八)至年三十之间,仅记孔子为季氏吏、适周二事,且年岁不详。世家又云:"是时也,晋平公淫,六卿擅权,东伐诸侯;楚灵王兵强,陵轹中国;齐大而近于鲁。鲁小弱,附于楚则晋怒;附于晋则楚来伐;不备于齐,齐师侵鲁。"③考《史记·十二诸侯年表·晋表》,晋平公十年(公元前548年)"伐齐至高唐,报太行之役",十一年"诛卫殇公,复入献公"。晋国"东伐诸侯"当指此二事而言。年表晋平公十四年(公元前544年)"吴季札来,曰:'晋政卒归韩、魏、赵。'"此皆为鲁襄公末年事。年表晋昭公六年(公元前526年)"六卿强,公室卑矣",在鲁昭公十六年(公元前526年)。至于"晋平公淫",史书无文,不知何据。楚灵王之立则在鲁昭公二年。《史记·十二诸侯年表·楚表》记楚灵王三年"合诸侯宋地,盟",鲁昭公"称病不会楚"。楚于此年及明年、后年均有伐吴之事。楚灵王七年(公元前534年)"灭陈",八年"弟弃疾将兵定陈",十年"醉杀蔡侯,使弃疾围之。弃疾居之,为蔡侯"④,十一年"伐徐以恐吴,次乾溪"。自鲁成公七年(公元前584年)申公巫臣导晋通吴,吴颇有中国之长技,不得再目为蛮夷。楚有伐吴、灭陈、杀蔡侯、伐徐之事,以"楚灵王兵强,陵轹中国"笼统言之,实为鲁昭公前十二年形势之大概。

故世家所谓晋国"六卿擅权,东伐诸侯"、"楚灵王兵强,陵轹中国",事在鲁襄公二十五年(晋平公十年,公元前548年)至鲁昭公十二年(楚灵王十一年,公元前530年)、孔子年五岁至二十三岁之间。《史记》将孔子适周问礼于老子,置于如此概述列国形势之前,也是未能细作考辨所致。鲁昭

① 杨伯峻编著:《春秋左传注》(全4册),北京:中华书局,1990年版,第1353－1360页。

② 《春秋·昭公十三年》:夏,四月,楚公子比弑其君虔于乾谿。见杨伯峻编著:《春秋左传注》(全4册),北京:中华书局,1990年版,第1342页;《左传·昭公十三年》:王缢于芊尹申亥氏。见杨伯峻编著:《春秋左传注》(全4册),北京:中华书局,1990年版,第1347页。

③ [汉]司马迁撰:《史记》(全10册),北京:中华书局,1959年版,第1910页。

④ 《春秋·昭公十一年》:楚师灭蔡。

公十三年,楚灵王自杀于乾溪,《左传》记孔子引古志之言"克己复礼"评论此事,谓"楚灵王若能如是,岂其辱于乾溪"。

此年晋国盟诸侯于平丘,乃因五年前(鲁昭公八年)晋侯筑虒祁之宫过于奢侈,诸侯朝而归者皆有二心,故晋侯欲召诸侯以示威。子产为郑国争承于平丘之盟,目的在于制定对霸主贡赋之极限,防止其贪求无厌。故孔子称赞他"于是行也,足以为国基矣"、"合诸侯,艺贡事,礼也"。即是说,在孔子青年时代,鲁国外有齐、晋、楚三大国的挤压和侵掠,内有"三桓"擅政,却没有子产这类杰出人物"足以为国基"。赞子产,实叹鲁也。

【杂录】

《孔子家语·正论解》:楚灵王汰侈,右尹子革侍坐,左史倚相趋而过,王曰:"是良史也,子善视之,是能读《三坟》、《五典》、《八索》、《九丘》。"对曰:"夫良史者,记君之过,扬君之善,而此子以润辞为官,不可为良史。"曰:"臣又乃尝闻焉,昔周穆王欲肆其心,将过行天下,使皆有车辙,并马迹焉,祭公谋父作《祈昭》,以止王心。王是以获殁于文官,臣闻其诗焉,而弗知,若问远焉,其焉能知?"王曰:"子能乎?"对曰:"能,其诗曰:'祈昭之愔愔乎,式昭德音,思我王度,式如玉,式如金,刑民之力,而无有醉饱之心。'"灵王揖而入,馈不食,寝不寐,数日则固不能胜其情,以及于难。孔子读其志曰:"古者有志,克己复礼为仁。信善哉!楚灵王若能如是,岂期辱于乾溪;子革之非左史,所以风也,称诗以谏,顺哉!"[①]

(按:从孔子这段评议中,可以看出,孔子并不特别看重死记硬背地"能读《三坟》、《五典》、《八索》、《九丘》",他更加看重的是在古诗、古史中注入"仁"与"礼",能讽谏君王从善去奢,励精图治。儒者不是要做空头的"良史",而是要做"帝王师"。)

• 公元前 528 年,鲁昭公十四年,孔子二十五岁。

• 晋国叔向断叔鱼鬻狱之案,使尸叔鱼于市。孔子评曰:"叔向,古之遗直也。治国制刑,不隐于亲,三数叔鱼之恶,不为末减。曰义也夫,可谓直矣!平丘之会,数其贿也,以宽卫国,晋不为暴。归鲁季孙,称其诈也,以宽鲁国,晋不为虐。邢侯之狱,言其贪也,以正刑书,晋不为颇。三言而除

---

① 王国轩、王秀梅译注:《孔子家语》,北京:中华书局,2011 年版,第 464-465 页。

三恶,加三利。杀亲益荣,犹义也夫!"

【文献记载】

《左传·昭公十四年》:晋邢侯(申公巫臣之子)与雍子争鄐田,久而无成。士景伯如楚,叔鱼(叔向之弟)摄理,韩宣子命断旧狱,罪在雍子。雍子纳其女于叔鱼,叔鱼蔽罪邢侯。邢侯怒,杀叔鱼与雍子于朝。宣子问其罪于叔向。叔向曰:"三人同罪,施生戮死可也。雍子自知其罪而赂以买直,鲋也鬻狱,刑侯专杀,其罪一也。己恶而掠美为昏,贪以败官为墨,杀人不忌为贼。《夏书》曰:'昏、墨、贼,杀。'皋陶之刑也。请从之。"乃施邢侯而尸雍子与叔鱼于市。仲尼曰:"叔向,古之遗直也。治国制刑,不隐于亲,三数叔鱼之恶,不为末减。曰义也夫,可谓直矣!平丘之会,数其贿也,以宽卫国,晋不为暴。归鲁季孙,称其诈也,以宽鲁国,晋不为虐。邢侯之狱,言其贪也,以正刑书,晋不为颇。三言而除三恶,加三利。杀亲益荣,犹义也夫!"[1]

《国语·晋语八》:叔鱼生,其母视之,曰:"是虎目而豕喙,鸢肩而牛腹,谿壑可盈,是不可餍也,必以贿死。"遂不视。[2]

《国语·晋语九》:士景伯如楚,叔鱼为赞理。邢侯与雍子争田,雍子纳其女于叔鱼以求直。及断狱之日,叔鱼抑邢侯,邢侯杀叔鱼与雍子于朝。韩宣子患之,叔向曰:"三奸同罪,请杀其生者而戮其死者。"宣子曰:"若何?"对曰"鲋也鬻狱,雍子贾之以其子,邢侯非其官也而干之。夫以回鬻国之中,与绝亲以买直。与非司寇而擅杀,其罪一也。"邢侯闻之,逃。遂施邢侯氏,而尸叔鱼与雍子于市。[3]

《孔子家语·正论解》:晋邢侯与雍子争田。叔鱼摄理,罪在雍子。雍子纳其女于叔鱼,叔鱼弊狱邢侯。邢侯怒,杀叔鱼与雍子于朝。韩宣子问罪于叔向,叔向曰:"三奸同坐,施生戮死,可也。雍子自知其罪而赂以置直,鲋也鬻狱,邢侯专杀,其罪一也。己恶而掠美为昏,贪以败官为默,杀人不忌为贼。《夏书》曰:昏、默、贼,杀,咎陶之刑也。请从之。"乃施邢侯,而尸雍子、叔鱼于市。孔子曰:"叔向,古之遗直也。治国制刑,不隐于亲。三数叔鱼之罪,不为末,或曰义,可谓直矣。平丘之会,数其贿也,

---

① 杨伯峻编著:《春秋左传注》(全4册),北京:中华书局,1990年版,第1366-1367页。

② 邬国义、胡果文、李晓路撰:《国语译注》,上海:上海古籍出版社,1994年版,第423页。

③ 邬国义、胡果文、李晓路撰:《国语译注》,上海:上海古籍出版社,1994年版,第455页。

以宽卫国，晋不为暴。归鲁季孙，称其诈也，以宽鲁国，晋不为虐。邢侯之狱，言其贪也，以正刑书，晋不为颇。三言而除三恶，加三利，杀亲益荣，由义也夫！"①

【考证】

叔鱼乃叔向之弟，故孔子谓叔向"治国制刑，不隐于亲"。刘向《列女传》卷三云：叔姬者，羊舌子之妻也，叔向、叔鱼之母也，一姓杨氏。叔向名肸，叔鱼名鲋。……叔姬之始生叔鱼也，而视之曰："是虎目而豕啄，鸢肩而牛腹，溪壑可盈，是不可餍也，必以赂死。"遂不见。及叔鱼长，为国赞理。邢侯与雍子争田，雍子入其女于叔鱼以求直，邢侯杀叔鱼与雍子于朝。韩宣子患之。叔向曰："三奸同罪，请杀其生者而戮其死者。"遂族邢侯氏，而尸叔鱼与雍子于市。叔鱼卒以贪死，叔姬可谓智矣。诗云"贪人败类"，此之谓也。②

叔鱼三恶分别指鲁昭公十三年趁为平丘之会召诸侯时，黩货于卫而无厌，诈鲁季孙而使其私归，及鲁昭公二十四年受贿而蔽罪邢侯。此三事中，叔向均秉义贬亲，宽卫、鲁而正刑书，故孔子称其能"三言而除三恶，加三利。杀亲益荣，犹义也夫"。

叔向、叔鱼兄弟，属于晋国公族。郑樵《通志略·氏族略第三》：扬氏，姬姓。……扬雄《自叙》……又云："晋武公子伯侨，生文，文生突，羊舌大夫也。"又云："晋之公族食邑于羊舌，凡三县：一曰铜鞮，二曰扬氏，三曰平阳。"③突生职，职生五子，赤、肸、鲋、虎、季夙。赤字伯华，为铜鞮大夫，生子容。肸字叔向，亦曰叔誉；鲋字叔鱼，虎字叔罴，号羊舌四族。叔向，晋太傅，食采扬氏，其地平阳扬氏县是也。叔向生伯石，字食我，以邑为氏曰扬石，党于祁盈，盈得罪于晋，并灭羊舌氏。

【时事考异】

《史记·十二诸侯年表·楚表》曰："楚平王居元年。共王子，抱玉。"④此条记载与《左传·昭公十三年》所记直接相关：

①　王国轩、王秀梅译注：《孔子家语》，北京：中华书局，2011年版，第468—469页。

②　张涛撰：《列女传译注》，济南：山东大学出版社，1990年版，第110—111页。

③　[宋]郑樵撰，王树民点校：《通志二十略》（全2册），北京：中华书局，1995年版，第85页。

④　[汉]司马迁撰：《史记》（全10册），北京：中华书局，1959年版，第653—654页。

初,共王无冢适,有宠子五人,无適立焉。乃大有事于群望(望内的名山大川),而祈曰:"请神择于五人者,使主社稷。"乃遍以璧见于群望,曰:"当璧而拜者,神所立也,谁敢违之?"既,乃与巴姬密埋璧于大室之庭,使五人齐,而长入拜。康王跨之,灵王肘加焉,子干、子晳皆远之。平王弱,抱而入,再拜,皆厌纽。斗韦龟属成然焉,且曰:"弃礼违命,楚其危哉!"①

这是一则补叙,亦独立于史书的整体性叙事,属于《左传》特载之轶闻。《楚表》所谓"抱玉"当指抱入而厌玉之纽。由此足见,《史记·十二诸侯年表》史源与《左传》关系之近。《楚世家》亦录此事,与《左传》基本一致。

• 公元前 527 年,鲁昭公十五年,孔子二十六岁。

【时事考异】

《春秋》载此年"六月丁巳朔,日有食之"②,查《夏商周三代中国十三城可见日食表》,公元前 527 年 4 月 18 日,有一次大食分日食,故知此处《春秋》乃是用周历,于夏历当为三月丁巳朔。

《史记·十二诸侯年表·鲁表》载曰:"日蚀。公如晋,晋留之葬,公耻之。"③《鲁世家》亦云:"十五年,朝晋,晋留之葬晋昭公,鲁耻之。"④但《春秋》记晋昭公之卒在鲁昭公十六年:

夏,公至自晋。秋八月己亥,晋侯夷卒。九月,大雩。季孙意如如晋。冬十月,葬晋昭公。⑤

即鲁昭公归鲁之后,晋昭公才卒,《左传》同。从《鲁世家》记载分析,《年表》并非误记,二者都是昭公十五年之事。可见《史记》所据材料将晋昭公之卒列于鲁昭公十五年。这是又一则《史记》与《春秋》纪年之不同。

①　杨伯峻编著:《春秋左传注》(全 4 册),北京:中华书局,1990 年版,第 1350 页。
②　杨伯峻编著:《春秋左传注》(全 4 册),北京:中华书局,1990 年版,第 1368 页。
③　[汉]司马迁撰:《史记》(全 10 册),北京:中华书局,1959 年版,第 654 页。
④　[汉]司马迁撰:《史记》(全 10 册),北京:中华书局,1959 年版,第 1539 页。
⑤　杨伯峻编著:《春秋左传注》(全 4 册),北京:中华书局,1990 年版,第 1375 页。

这一年的《楚表》云:"王为太子取秦女,好,自取之。"①《楚世家》曰:

> 平王二年,使费无忌如秦为太子建取妇。妇好,来,未至,无忌先归,说平王曰:"秦女好,可自娶,为太子更求。"平王听之,卒自娶秦女,生熊珍。更为太子娶。是时伍奢为太子太傅,无忌为少傅。无忌无宠于太子,常谗恶太子建。建时年十五矣,其母蔡女也,无宠于王,王稍益疏外建也。②

《左传》则载此事于昭公十九年:

> 楚子之在蔡也,郹阳封人之女奔之,生大子建。及即位,使伍奢为之师。费无极为少师,无宠焉,欲谮诸王,曰:"建可室矣。"王为之聘于秦,无极与逆,劝王取之。正月,楚夫人嬴氏至自秦。③

此又一不同之处,鲁昭公十九年已是楚平王六年,而非《楚世家》所云平王二年。这组材料值得关注,因为楚平王占有秦女,疏远太子建,演变成杀害太子太傅伍奢,伍子胥奔吴复仇,酿成楚国灾难的祸根。

·公元前526年,鲁昭公十六年,孔子二十七岁。

【时事考异】

《史记·十二诸侯年表·晋表》这一年列"公卒。六卿强,公室卑矣"④。与前一年的《鲁表》相矛盾。《春秋·昭公十六年》载:"十有六年,春,齐侯伐徐。楚子诱戎蛮子杀之。"⑤同年《左传》也载:"齐侯伐徐。楚子闻蛮氏之乱也,与蛮子之无质也,使然丹诱戎蛮子嘉杀之,遂取蛮氏。既而复立其子焉,礼也。二月丙申,齐师至于蒲隧,徐人行成。徐子及郯人、莒人会齐侯,盟于蒲隧,赂以甲父之鼎。叔孙昭子曰:'诸侯之无伯,害哉! 齐

① 〔汉〕司马迁撰:《史记》(全10册),北京:中华书局,1959年版,第654页。
② 〔汉〕司马迁撰:《史记》(全10册),北京:中华书局,1959年版,第1712页。
③ 杨伯峻编著:《春秋左传注》(全4册),北京:中华书局,1990年版,第1401页。
④ 〔汉〕司马迁撰:《史记》(全10册),北京:中华书局,1959年版,第654—655页。
⑤ 杨伯峻编著:《春秋左传注》(全4册),北京:中华书局,1990年版,第1375页。

君之无道也,兴师而伐远方,会之,有成而还,莫之亢也。无伯也夫!《诗》曰:"宗周既灭,靡所止戾。正大夫离居,莫知我肄。"其是之谓乎!'"①虽然这里说"楚子有礼"、"齐侯无道",似乎蛮夷比华夏高明,实际上如此兵连祸结,翻云覆雨,使列国形势已经愈来愈深地陷入了《孟子·尽心下》所说的"《春秋》无义战"的历史悖谬之中。

- 公元前 525 年,鲁昭公十七年,孔子二十八岁。
- 日有食之,彗星见辰。
- 郯子来朝,孔子见之,学古官名,既而告人曰:"吾闻之,天子失官,学在四夷,犹信。"可见孔子问学,超越种族畛域。"既而"二字表明,此乃《左传》第一次明白宣告的孔子即场发言。与一般的"仲尼曰"、"仲尼闻之曰",即场感是不一样的。

【文献记载】

《春秋·昭公十七年》:夏,六月,甲戌,朔,日有食之。秋,郯子来朝。冬,有星孛于大辰。②

《史记·十二诸侯年表·鲁表》:五月朔,日蚀。彗星见辰。③

《左传·昭公十七年》:秋,郯子来朝,公与之宴,昭子问焉,曰:"少皞氏鸟名官,何故也?"郯子曰:"吾祖也,我知之。昔者黄帝氏以云纪,故为云师而云名;炎帝氏以火纪,故为火师而火名;共工氏以水纪,故为水师而水名;大皞氏以龙纪,故为龙师而龙名;我高祖少皞挚之立也,凤鸟适至,故纪于鸟,为鸟师而鸟名。凤鸟氏,历正也。玄鸟氏,司分者也。伯赵氏,司至者也。青鸟氏,司启者也。丹鸟氏,司闭者也。祝鸠氏,司徒也。鸤鸠氏,司马也。鸤鸠氏,司空也。爽鸠氏,司寇也。鹘鸠氏,司事也。五鸠,鸠民者也。五雉为五工正,利器用,正度量,夷民者也。九扈为九农正,扈民无淫者也。自颛顼以来,不能纪远,乃纪于近,为民师而命以民事,则不能故也。"仲尼闻之,见于郯子而学之,既而告人曰:"吾闻之,天子失官,学在四夷,犹信。"④(杜预注曰:失官,官不修其职也。传言圣人无常师。)

① 杨伯峻编著:《春秋左传注》(全 4 册),北京:中华书局,1990 年版,第 1375—1376 页。
② 杨伯峻编著:《春秋左传注》(全 4 册),北京:中华书局,1990 年版,第 1383 页。
③ [汉]司马迁撰:《史记》(全 10 册),北京:中华书局,1959 年版,第 655 页。
④ 杨伯峻编著:《春秋左传注》(全 4 册),北京:中华书局,1990 年版,第 1386—1389 页。

（按：古郯国，在《禹贡》之"徐州"，今山东郯城县西南，属于以鸟为图腾的东夷部族。在齐、鲁南鄙的袖珍小国之郯子得到《左传》如此显目的记载，受到孔子如此敬佩的称许，可见其对口传时代文明形态，包括其职官、信仰、礼仪形态的重视。这令人联想到谭嗣同《论今日西学与中国古学》所云："昔郯子夷人也，而孔子尚学之。"）

此记载中的"昭子"，即叔孙婼，乃叔孙豹之子。鲁昭公五年（公元前537年）以乱宗之罪杀立己之竖牛。曾掌鲁政。二十五年（公元前517年），昭公伐季氏，败而奔齐。昭子在阚（今山东汶上西南）回朝劝季平子迎昭公归国，并亲至齐国迎接。因昭公随从反对，未果而归，耻国乱，自杀而亡。鲁三桓僭礼，季氏最甚，叔孙略知礼，孟氏补过学礼。

【考证】

《史记·孔子世家》：孔子贫且贱。及长，尝为季氏史，料量平；尝为司职吏而畜蕃息。

对于孔子为吏与向郯子问官名的年代次序，钱穆《孔子传·附录》认为：

> 鲁昭公十七年　孔子年二十七岁。郯子来朝，孔子见之，学古官名。其为鲁之委吏乘田当在前。[1]

《史记·孔子世家》在孔子十七岁后，间插入"孔子贫且贱。及长，尝为季氏史，料量平；尝为司职吏而畜蕃息"[2]。季氏史，《索隐》云"有本作委吏"。《孟子·万章下》作"孔子尝为委吏矣，曰'会计当而已矣'。尝为乘田矣，曰'牛羊茁壮，长而已矣'"[3]，赵岐曰："委吏，主委积仓库之吏。"[4]

崔述《洙泗考信录》又云："委、季、吏、史四字相似故误，后人又妄加氏字耳。……《阙里志年谱》云：二十岁为委吏，二十一岁为乘田吏，殊无明据。大抵在郯子来鲁之先,否则不能自通于国君也。"①钱穆《先秦诸子系年考辨》中《孔子为委吏乘田考》一条,谓旧说以伯鱼之生,鲁昭公以鱼赐定孔子始仕年二十,及崔说定孔子始仕年在郯子来前,均以非出仕则不能自通于国君为说,又谓郯子来时孔子年二十七,孔子仕定在此前,则似可信。今从之。

此年《春秋》记"夏,六月,甲戌朔,日有食之"②,《史记·十二诸侯年表·鲁表》则记为"五月朔"③。《左传》曰:

> 夏六月甲戌朔,日有食之。祝史请所用币。昭子曰:"日有食之,天子不举,伐鼓于社;诸侯用币于社,伐鼓于朝。礼也。"平子御之,曰:"止也。唯正月朔,慝未作,日有食之,于是乎有伐鼓用币,礼也。其余则否。"大史曰:"在此月也。日过分而未至,三辰有灾。于是乎百官降物,君不举,辟移时,乐奏鼓,祝用币,史用辞。故《夏书》曰:'辰不集于房,瞽奏鼓,啬夫驰,庶人走。'此月朔之谓也。当夏四月,是谓孟夏。"平子弗从。昭子退曰:"夫子将有异志,不君君矣。"④

这一章传文存在很大问题。原因在于此年周历六月无日食,日食发生于8月21日,于夏历当是七月朔,周历当为九月朔。故杨伯峻注曰:"此年六月无日食,日食在周正九月癸酉朔。……传文或是错简。"⑤并引江永《补义》曰:"盖明十五年有夏六月丁巳朔日有食之事。祝史之请、太史之言、平子之不从,皆彼年之事。左氏不审,误系之于此年。"王韬《春秋日食辨证》亦曰:"不知此章传文当在前十五年六月丁巳朔日食之下,乃由错简之误。"⑥杨伯峻先生认为此年日食见之于《春秋》,故不当为错简。

问题是:是否存在因传文而改经文的情况呢?

---

① [清]崔述撰:《洙泗考信录》(《丛书集成初编》),上海:上海商务印书馆,1937年版,第7—9页。
② 杨伯峻编著:《春秋左传注》(全4册),北京:中华书局,1990年版,第1383页。
③ [汉]司马迁撰:《史记》(全10册),北京:中华书局,1959年版,第655页。
④ 杨伯峻编著:《春秋左传注》(全4册),北京:中华书局,1990年版,第1384—1385页。
⑤ 杨伯峻编著:《春秋左传注》(全4册),北京:中华书局,1990年版,第1383页。
⑥ 杨伯峻编著:《春秋左传注》(全4册),北京:中华书局,1990年版,第1385页。《春秋左传注》亦引邹伯奇说,认为此简在十二年,而脱于此,冯澂《集证》云:"当从邹说为是。"鲁昭公十二年无日食,邹说非。

【时事考异】

彗星见辰,鲁大夫与郑裨灶均预言宋、卫、陈、郑将有火灾。裨灶言于子产,请禳火,子产弗与。

《史记·十二诸侯年表·郑表》记:"火,欲禳之,子产曰:不如修德。"① 《郑世家》记载相同。《左传·昭公十七年》记:"冬,有星孛于大辰,西及汉,申须曰:'彗所以除旧布新也,天事恒象,今除于火,火出必布焉,诸侯其有火灾乎?'梓慎曰:'往年吾见之,是其征也。火出而见,今兹火出而章,必火入而伏。其居火也久矣,其与不然乎?火出,于夏为三月,于商为四月,于周为五月,夏数得天。若火作,其四国当之,在宋、卫、陈、郑乎?宋,大辰之虚也;陈,大皞之虚也;郑,祝融之虚也,皆火房也。星孛天汉,汉,水祥也。卫,颛顼之虚也,故为帝丘,其星为大水,水火之牡也,其以丙子若壬午作乎?水火所以合也,若火入而伏,必以壬午,不过其见之月。'郑裨灶言于子产曰:'宋卫陈郑,将同日火,若我用瓘斝玉瓒,郑必不火。'子产弗与。"②

故《史记》这一年郑国之事与今本《左传》关系并不密切。

【杂录】

《汉书·五行志》:

> 昭公十七年"冬,有星孛于大辰"。董仲舒以为大辰心也,心为明堂,天子之象。后王室大乱,三王分争,此其效也。
>
> 刘向以为《星传》曰:"心,大星,天干也。其前星,太子;后星,庶子也。尾为君臣乖离。"孛星加心,象天子适庶将分争也。其在诸侯,角、亢、氐,陈、郑也;房、心,宋也。后五年,周景王崩,王室乱,大夫刘子、单子立王猛,尹氏、召伯、毛伯立子朝。子朝,楚出也。时楚强,宋、卫、陈、郑皆南附楚。王猛既卒,敬王即位,子朝入王城,天王居狄泉,莫之敢纳。五年,楚平王居卒,子朝奔楚,王室乃定。后楚帅六国伐吴,吴败之于鸡父,杀获其君臣。蔡怨楚而灭沈,楚怒,围蔡。吴人救之,遂为柏举之战,败楚师,屠郢都,妻昭王母,鞭平王墓。此皆孛彗流炎所

---

① [汉]司马迁撰:《史记》(全10册),北京:中华书局,1959年版,第655页。

② 杨伯峻编著:《春秋左传注》(全4册),北京:中华书局,1990年版,第1390-1391页。

及之效也。

《左氏传》曰:"有星孛于大辰,西及汉。申繻曰:'彗,所以除旧布新也,天事恒象。今除于火,火出必布焉。诸侯其有火灾乎?'梓慎曰:'往年吾见,是其征也。火出而见,今兹火出而章,必火入而伏,其居火也久矣,其与不然乎? 火出,于夏为三月,于商为四月,于周为五月。夏数得天,若火作,其四国当之,在宋、卫、陈、郑乎? 宋,大辰之虚;陈,太昊之虚;郑,祝融之虚;皆火房也。星孛及汉;汉,水祥也。卫,颛顼之虚,其星为大水。水,火之牡也。其以丙子若壬午作乎? 水火所以合也。若火入而伏,必以壬午,不过见之月。'"明年"夏五月,火始昏见,丙子,风。梓慎曰:'是谓融风,火之始也,七日其火作乎?'戊寅风甚,壬午大甚,宋、卫、陈、郑皆火。"

刘歆以为大辰,房、心、尾也,八月心星在西方,孛从其西过心东及汉也。宋,大辰虚,谓宋先祖掌祀大辰星也。陈,太昊虚,虑羲木德,火所生也。郑,祝融虚,高辛氏火正也。故皆为火所舍。卫,颛顼虚,星为大水,营室也。天星既然,又四国失政相似,及为王室乱皆同。①

• 公元前 524 年,鲁昭公十八年,孔子二十九岁。

【时事考异】

五月,宋、卫、陈、郑皆火。郑裨灶复言禳火,子产援天道人道以折之。《左传·昭公十八年》记:

> 夏五月,火始昏见。丙子,风。梓慎曰:"是谓融风,火之始也。七日,其火作乎!"戊寅,风甚。壬午,大甚。宋、卫、陈、郑皆火。梓慎登大庭氏之库以望之,曰:"宋、卫、陈、郑也。"数日,皆来告火。裨灶曰:"不用吾言,郑又将火。"郑人请用之,子产不可。子大叔曰:"宝,以保民也。若有火,国几亡。可以救亡,子何爱焉?"子产曰:"天道远,人道迩,非所及也,何以知之? 灶焉知天道? 是亦多言矣,岂不或信?"遂不与,亦不复火。

> 郑之未灾也,里析告子产曰:"将有大祥,民震动,国几亡。吾身泯

① [汉]班固撰:《汉书》(全 12 册),北京:中华书局,1962 年版,第 1513—1515 页。

焉，弗良及也。国迁其可乎？"子产曰："虽可，吾不足以定迁矣。"及火，里析死矣，未葬，子产使舆三十人，迁其柩。火作，子产辞晋公子、公孙于东门。使司寇出新客，禁旧客勿出于宫。使子宽、子上巡群屏摄，至于大宫。使公孙登徙大龟。使祝史徙主祏于周庙，告于先君。使府人、库人各儆其事。商成公儆司宫，出旧宫人，置诸火所不及。司马、司寇列居火道，行火所焮。城下之人，伍列登城。明日，使野司寇各保其征。郊人助祝史除于国北，禳火于玄冥、回禄，祈于四鄘。书焚室而宽其征，与之材。三日哭，国不市。使行人告于诸侯。宋、卫皆如是。陈不救火，许不吊灾，君子是以知陈、许之先亡也。

……

七月，郑子产为火故，大为社，祓禳于四方，振除火灾，礼也。乃简兵大蒐，将为蒐除。子大叔之庙在道南，其寝在道北，其庭小。过期三日，使除徒陈于道南庙北，曰："子产过女而命速除，乃毁于而乡。"子产朝，过而怒之，除者南毁。子产及冲，使从者止之曰："毁于北方。"

火之作也，子产授兵登陴。子大叔曰："晋无乃讨乎？"子产曰："吾闻之，小国忘守则危，况有灾乎？国之不可小，有备故也。"既，晋之边吏让郑曰："郑国有灾，晋君、大夫不敢宁居，卜筮走望，不爱牲玉。郑之有灾，寡君之忧也。今执事㧖然授兵登陴，将以谁罪？边人恐惧，不敢不告。"子产对曰："若吾子之言，敝邑之灾，君之忧也。敝邑失政，天降之灾，又惧谗慝之间谋之，以启贪人，荐为弊邑不利，以重君之忧。幸而不亡，犹可说也。不幸而亡，君虽忧之，亦无及也。郑有他竟，望走在晋。既事晋矣，其敢有二心？"[1]

子产持"天道远，人道迩"之理性，顶住巫者压力而积极救灾，在公元前6世纪实为可以大书之事。

• 公元前 523 年，鲁昭公十九年，孔子三十岁。地震。弟子冉有、冉雍、商瞿、梁鳣生。

---

[1] 杨伯峻编著：《春秋左传注》（全4册），北京：中华书局，1990年版，第1395-1399页。

【文献记载】

《春秋·昭公十九年》：秋，齐高发帅师伐莒。[1]

同年《左传》：秋，齐高发帅师伐莒。莒子奔纪鄣。使孙书伐之。初，莒有妇人，莒子杀其夫，已为嫠妇。及老，托于纪鄣，纺焉以度而去之。及师至，则投诸外。或献诸子占，子占使师夜缒而登。登者六十人，缒绝。师鼓噪，城上之人亦噪。莒共公惧，启西门而出。七月丙子，齐师入纪。（杜预注：孙书，陈无宇之子子占也。）[2]

〔按：孙书是孙武之祖父，属于齐国正在迅猛崛起的陈氏家族。清人孙星衍自认是孙武的后裔，而追溯"孙子盖陈书之后。陈书见《春秋传》，称孙书。《姓氏书》以为景公赐姓，言非无本。又泰山新出《孙夫人碑》，亦云与齐同姓"[3]。孙武家世可参看《新唐书·宰相世系三下》："孙氏出自姬姓。……又有出自妫姓。齐田完字敬仲，四世孙桓子无宇，无宇二子：恒、书。书字子占，齐大夫，伐莒有功，景公赐姓孙氏，食采于乐安。生凭，字起宗，齐卿。凭生武，字长卿，以田、鲍四族谋为乱，奔吴，为将军。三子：驰、明、敌。明食采于富春，自是世为富春人。"[4]此说为南宋邓名世《古今姓氏书辨证》卷七所据，所谓"景公赐姓孙氏"，缘于齐景公二十五年（公元前523 年）此次伐莒战功，可知孙武出身将门巨族。伐莒此役，是可以作为《孙子兵法·军争篇》所说的"兵以诈立"、"其疾如风"、"动如雷震"的战例的。此时孔子三十岁，与孙武同时而可能年龄略长。〕

关于孔子弟子：

冉求：

《史记·仲尼弟子列传》：冉求字子有，少孔子二十九岁。为季氏宰。[5]

《孔子家语·七十二弟子解》：冉求，字子有，仲弓之宗族。少孔子二十九岁，有才艺，以政事著名。[6]

冉雍：

---

① 杨伯峻编著《春秋左传注》（全 4 册），北京：中华书局，1990 年版，第 1400 页。

② 杨伯峻编著《春秋左传注》（全 4 册），北京：中华书局，1990 年版，第 1403 页。

③ [清]孙星衍：《孙子兵法序》，《岱南阁丛书孙子十家注》，收入《十一家注孙子校理》，北京：中华书局，1999 年版，第 333 页。

④ [宋]欧阳修、宋祁：《新唐书》（全 20 册），北京：中华书局，1975 年版，第 2945 页。

⑤ [汉]司马迁撰：《史记》（全 10 册），北京：中华书局，1959 年版，第 2190 页。

⑥ [三国魏]王肃注：《孔子家语》，上海：上海古籍出版社，1990 年版，第 95 页。

《史记·仲尼弟子列传》:冉雍,字仲弓。仲弓问政,孔子曰:"出门如见大宾,使民如承大祭。在邦无怨,在家无怨。"孔子以仲弓为有德行,曰:"雍也可使南面。"仲弓父,贱人。孔子曰:"犁牛之子骍且角,虽欲勿用,山川其舍诸?"①

《孔子家语·七十二弟子解》:冉雍,字仲弓,伯牛之宗族,少孔子二十九岁。生于不肖之父,以德行著名。②

商瞿:

《史记·仲尼弟子列传》:商瞿,鲁人,字子木。少孔子二十九岁。孔子传《易》于瞿,瞿传楚人馯臂子弘,弘传江东人矫子庸疵,疵传燕人周子家竖,竖传淳于人光子乘羽,羽传齐人田子庄何,何传东武人王子中同,同传菑川人杨何。何元朔中以治易为汉中大夫。③

《孔子家语·七十二弟子解》:商瞿,鲁人,字子木。少孔子二十九岁,特好《易》,孔子传之,志焉。④

梁鳣:

《史记·仲尼弟子列传》:梁鳣字叔鱼。少孔子二十九岁。⑤

《孔子家语·七十二弟子解》:梁鳣,齐人,字叔鱼,少孔子三十九岁。年三十末有子,欲出其妻。商瞿谓曰:"子未也,昔吾年三十八无子,吾母为吾更取室,夫子使吾之齐,母欲请留吾,夫子曰:'无忧也,瞿过四十,当有五丈夫。'今果然,吾恐子自晚生耳,未必妻之过。"从之,二年而有子。⑥

关于地震:

《春秋·昭公十九年》:己卯,地震。⑦

《史记·十二诸侯年表·鲁表》:地震。⑧

【杂录】

《汉书·五行志》:"昭公十九年'五月己卯,地震'。刘向以为,是时季

① [汉]司马迁撰:《史记》(全10册),北京:中华书局,1959年版,第2189—2190页。
② [三国魏]王肃注:《孔子家语》,上海:上海古籍出版社,1990年版,第95页。
③ [汉]司马迁撰:《史记》(全10册),北京:中华书局,1959年版,第2211页。
④ [三国魏]王肃注:《孔子家语》,上海:上海古籍出版社,1990年版,第97页。
⑤ [汉]司马迁撰:《史记》(全10册),北京:中华书局,1959年版,第2218页。
⑥ [三国魏]王肃注:《孔子家语》,上海:上海古籍出版社,1990年版,第98页。
⑦ 杨伯峻编著:《春秋左传注》(全4册),北京:中华书局,1990年版,第1400页。
⑧ [汉]司马迁撰:《史记》(全10册),北京:中华书局,1959年版,第656页。

氏将有逐君之变。其后宋三臣、曹会皆以地叛,蔡、莒逐其君,吴败中国,杀二君。"[①]古人每将地震、日食之类的自然灾变,与人间政治变乱相联系。此类巫术思维方式,阻碍了人们以科学理性探究自然奥秘的精神动力,但它以对天地的敬畏感、恐惧感,对于绝对君权起了警诫和制约作用。

　　•公元前 522 年,鲁昭公二十年,孔子三十一岁。弟子颜回、高柴、宓不齐、巫马施生。

　　•卫齐豹之乱,琴张闻宗鲁死,将往吊之,孔子阻之曰:"齐豹之盗,而孟絷之贼,女何吊焉?君子不食奸,不受乱,不为利疚于回,不以回待人,不盖不义,不犯非礼。"

　　•齐侯田于沛,招虞人以弓不以皮冠,于礼有失,孔子评曰:"守道不如守官,君子同之。"

　　•郑子产有疾,嘱子大叔以猛政,子大叔初不忍猛而宽,郑国多盗,子大叔悔而从子产之嘱,盗少止。孔子评曰:"善哉,政宽则民慢,慢则纠之以猛,猛则民残,残则施之以宽,宽以济猛,猛以济宽,政是以和。《诗》曰:'民亦劳之,汔可小康,惠此中国,以绥四方。'施之以宽也,毋从诡随,以谨无良,式遏寇虐,惨不畏明;纠之以猛也,柔远能迩,以定我王,平之以和也。又曰,不竞不絿,不刚不柔,布政优优,百禄是遒,和之至也。"及子产卒,孔子闻之,出涕,曰:"古之遗爱也。"

　　•《论语·公冶长篇》:"子谓子产:'有君子之道四焉:其行己也恭,其事上也敬,其养民也惠,其使民也义。'"此章,是对子产的总体评价,与《左传》所论接近,故系于此年。

【文献记载】

从此年始,孔子材料渐丰,印证了他自述"三十而立"之言不虚。

孔子阻琴张:

《左传·昭公二十年》:卫公孟絷(卫灵公之兄)狎齐豹(卫司寇),夺之司寇与鄁,有役则反之,无则取之。公孟恶北宫喜、褚师圃,欲去之。公子朝通于襄夫人宣姜(卫灵公嫡母),惧,而欲以作乱。故齐豹、北宫喜、褚师圃、公子朝作乱。……齐氏之宰渠子召北宫子。北宫氏之宰不与闻谋,杀

---

① ［汉］班固撰:《汉书》(全 12 册),北京:中华书局,1962 年版,第 1453 页。

渠子,遂伐齐氏,灭之。丁巳晦,公入,与北宫喜盟于彭水之上。秋七月戊午朔,遂盟国人。八月辛亥,公子朝、褚师圃、子玉霄、子高鲂出奔晋。闰月戊辰,杀宣姜。卫侯赐北宫喜谥曰贞子,赐析朱鉏谥曰成子,而以齐氏之墓予之。……琴张闻宗鲁(公孟絷之骖乘)死,将往吊之。仲尼曰:"齐豹之盗,而孟絷之贼,女何吊焉?君子不食奸,不受乱,不为利疚于回,不以回待人,不盖不义,不犯非礼。"①

招虞人以弓:

《左传·昭公二十年》:十二月,齐侯田于沛,招虞人(掌山泽之官)以弓,不进。公使执之,辞曰:"昔我先君之田也,旃以招大夫,弓以招士,皮冠以招虞人。臣不见皮冠,故不敢进。"乃舍之。仲尼曰:"守道不如守官,君子韪之。"②

子产卒:

《左传·昭公二十年》:郑子产有疾,谓子大叔曰:"我死,子必为政。唯有德者能以宽服民,其次莫如猛。夫火烈,民望而畏之,故鲜死焉。水懦弱,民狎而玩之,则多死焉。故宽难。"疾数月而卒。大叔为政,不忍猛而宽。郑国多盗,取人于萑苻之泽。大叔悔之,曰:"吾早从夫子,不及此。"兴徒兵以攻萑苻之盗,尽杀之,盗少止。

仲尼曰:"善哉!政宽则民慢,慢则纠之以猛。猛则民残,残则施之以宽。宽以济猛,猛以济宽,政是以和。《诗》曰:'民亦劳止,汔可小康。惠此中国,以绥四方。'施之以宽也。'毋从诡随,以谨无良。式遏寇虐,惨不畏明。'纠之以猛也。'柔远能迩,以定我王。'平之以和也。又曰:'不竞不絿,不刚不柔。布政优优,百禄是遒。'和之至也。"

及子产卒,仲尼闻之,出涕曰:"古之遗爱也。"③

弟子:

《史记·仲尼弟子列传》:颜回者,鲁人也,字子渊。少孔子三十岁。④

《史记·仲尼弟子列传》:高柴字子羔。少孔子三十岁。子羔长不盈五

① 杨伯峻编著:《春秋左传注》(全4册),北京:中华书局,1990年版,第1411—1414页。
② 杨伯峻编著:《春秋左传注》(全4册),北京:中华书局,1990年版,第1418页。
③ 杨伯峻编著:《春秋左传注》(全4册),北京:中华书局,1990年版,第1421—1422页。
④ [汉]司马迁撰:《史记》(全10册),北京:中华书局,1959年版,第2187页。

尺,受业孔子,孔子以为愚。①

《史记·仲尼弟子列传》:宓不齐字子贱。少孔子三十岁。②

《史记·仲尼弟子列传》:巫马施字子旗。少孔子三十岁。③

陈司败问孔子曰:"鲁昭公知礼乎?"孔子曰:"知礼。"退而揖巫马旗曰:"吾闻君子不党,君子亦党乎? 鲁君娶吴女为夫人,命之为孟子。孟子姓姬,讳称同姓,故谓之孟子。鲁君而知礼,孰不知礼!"施以告孔子,孔子曰:"丘也幸,苟有过,人必知之。臣不可言君亲之恶,为讳者,礼也。"④(按:《左传·哀公十二年》:夏五月,昭夫人孟子卒。昭公娶于吴,故不书姓。死不赴,故不称夫人。不反哭,故言不葬小君。孔子与吊,适季氏。季氏不绖,放绖而拜。⑤)

【考证】

关于《左传》中的琴张是何人,古来多有争论。《孔子家语·曲礼子夏问》篇直称"孔子之弟子琴张与宗友"⑥,但此章明显袭自《左传》,故需要考证,不可轻信。《孟子·尽心下》载孟子回答万章问何为古之狂者曰:"如琴张、曾皙、牧皮者,孔子之所谓狂矣。"⑦赵岐《孟子章句》曰:"孟子言人行如此三人者,孔子谓之狂也。琴张,子张也。子张之为人,蹼踔谲诡,《论语》曰'师也僻',故不能纯善而称狂也,又善鼓琴,号曰琴张。曾皙,曾参父也。牧皮,行与二人同皆,事孔子学者也。"⑧然而,赵岐之说有误,《左传》此琴张显然不是子张,子张少孔子四十八岁,此年尚未出生。杜预曰:"琴张,孔子弟子,字子开,名牢。"《汉书·古今人表》录之。《春秋左传正义》曰:

　　《家语》云"孔子弟子琴张与宗鲁友"。《七十子篇》云,"琴牢卫人,字子开,一字张",则以字配姓为琴张,即牢曰子云是也。贾逵、郑众皆以为子张即颛孙师。服虔云:案《七十子传》云,子张少孔子四十余岁,

---

① ［汉］司马迁撰:《史记》(全10册),北京:中华书局,1959年版,第2212页。

② ［汉］司马迁撰:《史记》(全10册),北京:中华书局,1959年版,第2206页。

③ ［汉］司马迁撰:《史记》(全10册),北京:中华书局,1959年版,第2218页。

④ ［汉］司马迁撰:《史记》(全10册),北京:中华书局,1959年版,第2218页。

⑤ 杨伯峻编著:《春秋左传注》(全4册),北京:中华书局,1990年版,第1670页。

⑥ ［三国魏］王肃注:《孔子家语》,上海:上海古籍出版社,1990年版,第119页。

⑦ 杨伯峻译注:《孟子译注》,北京:中华书局,2005年版,第341页。

⑧ ［清］阮元校刻:《十三经注疏》(全2册),北京:中华书局,1980年版,第2779页。

孔子是时四十一,未有子张。郑、贾之说,不知所出。①

《史记·仲尼弟子列传》无名琴张者。杨伯峻《春秋左传注》亦辨此琴张非孔子弟子,谓"此时孔丘年三十一,据《史记·仲尼弟子列传》,子张少孔丘四十余岁,则此时犹未生"。

《孔子家语·七十二弟子解》则云:"琴牢,卫人,字子开,一字张。与宗鲁友,闻宗鲁死,欲往吊焉。孔子弗许,曰:'非义也。'"②《孔子家语·曲礼子夏问》亦录孔子阻琴张吊宗鲁之事:"孔子之弟子琴张,与宗鲁友。卫齐豹见宗鲁于公子孟絷,孟絷以为参乘焉。及齐豹将煞孟絷,告宗鲁使行。宗鲁曰:'吾由子而事之,今闻难而逃,是僭子也。子行事乎?吾将死以事周子,而归死于公孟,可也。'齐氏用戈击公孟,宗鲁以背蔽之,断肱,中公孟,宗鲁皆死。琴张闻宗鲁死,将往吊之,孔子曰:'齐豹之盗,孟絷之贼也。汝何吊焉?君不食奸,不受乱,不为利病于回,不以回事人,不盖非义,不犯非礼。汝何吊焉?'琴张乃止。"③

琴张或为孔子弟子,或为孔子友人,不知孰正。但此人年纪当与孔子相差不远。

【杂录】

《史记·孔子世家》:

> 鲁昭公之二十年,而孔子盖年三十矣。齐景公与晏婴来适鲁,景公问孔子曰:"昔秦穆公国小处辟,其霸何也?"对曰:"秦,国虽小,其志大;处虽辟,行中正。身举五羖,爵之大夫,起累绁之中,与语三日,授之以政。以此取之,虽王可也,其霸小矣。"景公说。④

《史记·十二诸侯年表·鲁表》:

---

① [晋]杜预注,[唐]孔颖达正义:《春秋左传正义》,北京:北京大学出版社,1999 年版,第1394 页。

② [三国魏]王肃注:《孔子家语》,上海:上海古籍出版社,1990 年版,第 98 页。

③ 王国轩、王秀梅译注:《孔子家语》,北京:中华书局,2011 年版,第 539 页。

④ [汉]司马迁撰:《史记》(全 10 册),北京:中华书局,1959 年版,第 1910 页。

　　齐景公与晏子狩,入鲁问礼。猎鲁界,因入鲁。①

　　(按:这则材料又见于《说苑·尊贤》,但没有交代出自何时:齐景公问于孔子曰:"秦穆公其国小处僻而霸,何也?"对曰:"其国虽小,而其志大,处虽僻,而其政中,其举果,其谋和,其令不偷。亲举五羖大夫于系缧之中,与之语,三日而授之政。以此取之,虽王可也,霸则小矣。"②)

　　《荀子·仲尼第七》的说法,与之相通而殊调,谓:仲尼之门人,五尺之竖子言羞称乎五伯。是何也? 曰:然。彼诚可羞称也。齐桓,五伯之盛者也,前事则杀兄而争国。内行则姑姊妹之不嫁者七人,闺门之内,般乐奢汰,以齐之分奉之而不足。外事则诈邾,袭莒,并国三十五。其事行也,若是其险汙淫汰也,彼固曷足称乎大君子之门哉! 若是而不亡,乃霸,何也? 曰:於乎! 夫齐桓公有天下之大节焉,夫孰能亡之? 倓然见管仲之能足以托国也,是天下之大知也。安忘其怒,出忘其雠,遂立以为仲父,是天下之大决也。立以为仲父,而贵戚莫之敢妒也。与之高、国之位,而本朝之臣莫之敢恶也。与之书社三百,而富人莫之敢距也。贵贱长少,秩秩焉莫不从桓公而贵敬之,是天下之大节也。诸侯有一节如是,则莫之能亡也。桓公兼此数节者而尽有之,夫又何可亡也。其霸也宜哉! 非幸也,数也。③

　　【杂录志疑】

　　《孔子世家》所记齐景公与晏婴适鲁、与孔子问答之事。钱穆《先秦诸子系年考辨》力辨其伪:"江永《乡党图考》辨之云:'《左传》昭二十年,齐侯疥,遂痁,期而不瘳。十二月,疾瘳,而田沛。何尝有适鲁之事?岂齐侯来而《春秋》不书乎?'崔述《洙泗考信录》亦同此说。梁玉绳《史记志疑》谓为六国时人伪造,史公妄取入《史》,而所以为此说者,因是年齐侯田于沛也。(今按:《世家》在孔子秦缪之对,以王霸分说,诚为战国时人语。春秋时无言王天下者。江氏诸人之辨良是。殆以孔子奔齐,臆想其预与景公晏子相识,遂误会于田沛之事而为此说耳。)④

　　①　[汉]司马迁撰:《史记》(全10册),北京:中华书局,1959年版,第656页。
　　②　[汉]刘向撰,向宗鲁校证:《说苑校证》,北京:中华书局,1987年版,第182页。
　　③　[清]王先谦撰:《荀子集解》(全2册),北京:中华书局,1988年版,第105—107页。
　　④　钱穆:《先秦诸子系年考辨》,上海:上海书店出版社,1992年版,第9页。

• **公元前521年**,鲁昭公二十一年,孔子三十二岁。弟子端木赐(子贡)生。

• 《春秋》曰:"秋,七月壬午朔,日有食之。"

【文献记载】

《左传》本年记载:夏,晋士鞅来聘,叔孙(昭子)为政。季孙欲恶诸晋,使有司以齐鲍国归费之礼为士鞅。士鞅怒,曰:"鲍国之位下,其国小,而使鞅从其牢礼,是卑敝邑也。将复诸寡君。"鲁人恐,加四牢焉,为十一牢。① (按:由此可知鲁三桓之季氏与叔孙氏之矛盾,相互间有所制约;也可知晋以霸主自居,卑视齐国;而鲁对于晋,则颇为诚惶诚恐。)

《史记·仲尼弟子列传》:端木赐,卫人,字子贡。少孔子三十一岁。子贡利口巧辞,孔子常黜其辨。问曰:"汝与回也孰愈?"对曰:"赐也何敢望回! 回也闻一以知十,赐也闻一以知二。"子贡既已受业,问曰:"赐何人也?"孔子曰:"汝器也。"曰:"何器也?"曰:"瑚琏也。"……常相鲁、卫,家累千金,卒终于齐。②

《孔子家语·弟子解》:端木赐,字子贡,卫人,少孔子三十一岁。有口才,著名。……历相鲁、卫,而终齐。③

唐徐坚《初学记》卷二十一《文部》引束晳《答汲冢竹书难释书》曰:其后子夏,仲尼之徒,传业西河,人疑其圣。鱼豢《典略》曰:端木赐,卫人,字子贡。齐景公问子贡曰:"子师谁?"对曰:"师仲尼。"公曰:"贤乎?"对曰:"贤也。"④

清王引之《经义述闻》卷二十二《春秋名字解诂上》:卫端木赐,字子贡(《仲尼弟子传》)。《尔雅》:贡,赐也。字亦作赣。《说文》:赣,赐也。《淮南·精神》篇:今赣人敖仓,予人河水。《要略》篇:一朝用三千钟赣。高注并曰:赣,赐也。⑤

《左传·昭公二十一年》:秋七月壬午朔,日有食之。公问于梓慎曰:"是何物也,祸福何为?"对曰:"二至、二分,日有食之,不为灾。日月之行

---

① 杨伯峻编著:《春秋左传注》(全4册),北京:中华书局,1990年版,第1425页。

② [汉]司马迁撰:《史记》(全10册),北京:中华书局,1959年版,第2195—2201页。

③ 王国轩、王秀梅译注:《孔子家语》,北京:中华书局,2011年版,第426页。

④ [唐]徐坚等撰:《初学记》(全3册),北京:中华书局,1962年版,第510页。

⑤ [清]王引之撰:《经义述闻》,清道光刻本,卷22。

也,分,同道也;至,相过也。其他月则为灾,阳不克也,故常为水。"于是叔辄哭日食。昭子曰:"子叔将死,非所哭也。"八月,叔辄卒。①

【时事考异】

查《夏商周三代中国十三城所见日食表》,此次日食发生于公元前521年6月10日,当在夏历五月初一,接近于夏至。故梓慎曰:"二至、二分,日有食之,不为灾。"这是一种职业化的解释。

- **公元前 520 年,鲁昭公二十二年,孔子三十三岁。**
- **《春秋》曰:"十有二月癸酉朔,日有食之。"**②

【时事考异】

查《夏商周三代中国十三城所见日食表》,此次日食发生于公元前520年11月23日,夏历十月初一。

此年四月十八日,周景王崩,刘子、单子拥立王子猛未即位,为悼王。王子朝依靠旧官、百工及灵王、景王之族,驱逐悼王。是为王子朝之乱。晋师援王,护悼王回王城,旋卒。此即《左传》所载:"十一月乙酉,王子猛卒……己丑,敬王即位。"③十月十二日王子猛卒,十月十六日其弟王子匄(《史记》称"王子丐")即位,周敬王也。此时周室王族卿士争斗,王室乱,诸侯插手,衍变出"二王并存"之局面。这就是《国语·周语下》所说:"景王多宠人,乱于是乎始生。景王崩,王室大乱。及定王,王室遂卑。"④

对于此局面的历史记述,《春秋》书"王子猛卒",《左传》同,但《史记·周本纪》则曰:"子丐之党与争立,国人立长子猛为王,子朝攻杀猛。"⑤二者所记不尽同。

对于此时局势,《淮南子·俶真训》云:"周室衰而王道废,儒墨乃始列道而议,分徒而讼,于是博学以疑圣,华诬以胁众,弦歌鼓舞,缘饰《诗》、《书》,以买名誉于天下。"⑥清顾祖禹《读史方舆纪要》卷一云:"周室衰微,所有者,河南(即王城也)、洛阳(即下都也)、谷城(今河南府城西北十八里,

① 杨伯峻编著:《春秋左传注》(全4册),北京:中华书局,1990年版,第1426—1427页。
②·杨伯峻编著:《春秋左传注》(全4册),北京:中华书局,1990年版,第1432页。
③ 杨伯峻编著:《春秋左传注》(全4册),北京:中华书局,1990年版,第1438页。
④ 邬国义、胡果文、李晓路撰:《国语译注》,上海:上海古籍出版社,1994年版,第81页。
⑤ [汉]司马迁撰:《史记》(全10册),北京:中华书局,1959年版,第156页。
⑥ 何宁撰:《淮南子集释》,北京:中华书局,1998年版,第138—139页。

有故谷城)、平阴(故城在今孟津县东)、偃师(今县)、巩(今县)、缑氏(故城在今偃师县南二十里)七城而已。"①

· 公元前 519 年,鲁昭公二十三年,孔子三十四岁。

·《春秋》曰:"八月乙未,地震。"②

【文献记载】

《春秋》本年七月:"天王(周敬王)居狄泉,尹氏立王子朝。"《左传》本年:"八月丁酉,南宫极震。苌弘谓刘文公曰:'君其勉之! 先君之力可济也。周之亡也,其三川震。今西王之大臣亦震,天弃之矣! 东王必大克。'"③

《汉书·五行志》:二十三年"八月乙未,地震"。刘向以为是时周景王崩,刘、单立王子猛,尹氏立子朝。其后季氏逐昭公,黑肱叛邾,吴杀其君僚,宋五大夫、晋二大夫皆以地叛④。

【杂录】

《春秋繁露·二端》:春秋至意有二端,不本二端之所从起,亦未可与论灾异也,小大微著之分也。夫览求微细于无端之处,诚知小之将为大也,微之将为著也,吉凶未形,圣人所独立也,虽欲从之,末由也已,此之谓也。故王者受命,改正朔,不顺数而往,必迎来而受之者,授受之义也。故圣人能系心于微,而致之著也。是故春秋之道,以元之深,正天之端,以天之端,正王之政,以王之政,正诸侯之即位,以诸侯之即位,正竟内之治,五者俱正,而化大行。

故书日蚀,星陨,有蜮,山崩,地震,夏大雨水,冬大雨雹,陨霜不杀草,自正月不雨,至于秋七月,有鹳鹆来巢,《春秋》异之,以此见悖乱之征。是小者不得大,微者不得著,虽甚末,亦一端,孔子以此效之,吾所以贵微重始是也。因恶夫推灾异之象于前,然后图安危祸乱于后者,非春秋之所甚贵也,然而春秋举之以为一端者,亦欲其省天谴,而畏天威,内动于心志,外见

---

① [清]顾祖禹撰,贺次君、施和金点校:《读史方舆纪要》(全 12 册),北京:中华书局,2005 年版,第 26 页。

② 杨伯峻编著:《春秋左传注》(全 4 册),北京:中华书局,1990 年版,第 1440 页。

③ 杨伯峻编著:《春秋左传注》(全 4 册),北京:中华书局,1990 年版,第 1446—1447 页。

④ [汉]班固撰:《汉书》(全 12 册),北京:中华书局,1962 年版,第 1454 页。

于事情,修身审己,明善心以反道者也。岂非贵微重始、慎终推效者哉！[①]

《春秋繁露·奉本》:其得地体者,莫如山阜。人之得天得众者,莫如受命之天子,下至公侯伯子男。海内之心,悬于天子,疆内之民,统于诸侯,日月食并告凶,不以其行。有星茀于东方,于大辰,入北斗,常星不见,地震,梁山、沙鹿崩,宋、卫、陈、郑灾,王公大夫篡弑者,春秋皆书以为大异。不言众星之茀入霣雨,原隰之袭崩,一国之小民死亡,不决疑于众草木也。唯田邑之称,多著主名;君将不言臣;臣不言师;王夷君获,不言师败。孔子曰:"唯天为大,唯尧则之。"则之者,大也。"巍巍乎其有成功也",言其尊大以成功也。[②]

历史也许着重记述权力更换,弑君灭国,以及一些嘉言懿行,但实际上连年不断的战争消耗,生灵涂炭,经济崩溃,已经严重损伤人们抵抗自然灾害的信心和能力。无法把握自身命运的人们,将地震、日食视为天降灾异的"天谴",后世儒者又将惩罚与恐惧加以强化和神秘化,以便将自己装扮成解释天意、天命的权威。因此以自然灾异匹配政治变乱,就成了古史常见的、或被指认出来的叙述模式。天地灾异成为历史灾难的标志性符码。

• **公元前 518 年,鲁昭公二十四年,孔子三十五岁。孟懿子、南宫敬叔来学礼。**

【文献记载】

在孔门众多弟子中,文献对其进入弟子行列的行为记载最详者,有二人:子路,南宫敬叔。一者出身野人,一者出身贵族,称得上有教无类,这是颇有深意的。

《左传·昭公七年》:

> 九月,公至自楚。孟僖子病不能相礼,乃讲学之,苟能礼者从之。及其将死也,召其大夫曰:"……臧孙纥有言曰:'圣人有明德者,若不当世,其后必有达人。'今其将在孔丘乎?我若获没,必属说与何忌于夫子,使事之,而学礼焉,以定其位。"故孟懿子与南宫敬叔师事仲尼。仲

---

① [汉]董仲舒:《春秋繁露》,上海:上海古籍出版社,1989 年出版,第 35 页。
② [汉]董仲舒:《春秋繁露》,上海:上海古籍出版社,1989 年出版,第 58 页。

尼曰："能补过者，君子也。《诗》曰：'君子是则是效。'孟僖子可则效已矣。"①

《春秋·昭公二十四年》：

　　春王二月，丙戌，仲孙貜卒。②

杜预《集解》曰：无传，孟僖子也。汪克宽《纂疏》又云：孟僖子也。子何忌，嗣为大夫，是谓懿子。

汉人宋衷注《世本》：仲孙貜生南宫绍（《礼·檀弓正义》）。敬叔与懿子，皆孟僖子之子（《史·孔子世家索隐》）。敬叔，桓公七世孙。惠伯是桓六世孙（《礼正义》同上）。鲁孟僖子生阅，号南宫敬叔。叔生路，路生会，会生虔，为南宫氏（《姓纂》二、十三覃）。

《左传》记南宫敬叔处，还有哀公三年：夏五月辛卯，司铎火。火逾公宫，桓、僖（二公之庙）灾。救火者皆曰"顾府"（府乃藏财物之府库）。南宫敬叔至，命周人出御书，俟于宫，曰："庀女，而不在，死。"子服景伯至，命宰人出礼书，以待命，"命不共，有常刑"；校人乘马，巾车脂辖。百官官备，府库慎守，官人肃给。济濡帷幕，郁攸从之，蒙葺公屋。自大庙始，外内以悛，助所不给。有不用命，则有常刑，无赦。公父文伯至，命校人驾乘车。季桓子至，御公立于象魏之外，命救火者伤人则止，财可为也。命藏《象魏》，曰："旧章不可亡也。"富父槐至，曰："无备而官办者，犹拾沈也。"于是乎去表之藁，道还公宫。孔子在陈，闻火，曰："其桓、僖乎！"③

这是孔子周游列国时发生在鲁国的一场火灾，其中透露了这么一个消息，南宫敬叔在定、哀之世为鲁大夫，负有职责，不能轻易离职。从他向孔子学礼，又居于南宫，并以为氏，后世以南宫为礼部别称来看，他很可能任鲁国的司礼大夫之类，因此能够在宗庙、官署失火时，成为第一个出现在现场的官员，随之赶来的官员命令抢救礼书。因为南宫敬叔就任大夫，负有实际职责，始于定公初年，他随孔子适周问礼于老子，就不应在定、哀之世，而是在定、哀之前，由此与礼结缘紧密。在他负实际职责的大夫任上，于孔

①　杨伯峻编著：《春秋左传注》（全4册），北京：中华书局，1990年版，第1294—1296页。
②　杨伯峻编著：《春秋左传注》（全4册），北京：中华书局，1990年版，第1449页。
③　杨伯峻编著：《春秋左传注》（全4册），北京：中华书局，1990年版，第1620—1622页。

子周游列国的十几年间,也不可能长久离职随行。

【考证】

《左传》将直到昭公二十四年(公元前518年)才发生的"及其(孟僖子)将死也"的临终托付,也系于昭公七年。《史记·孔子世家》未及细考,沿袭致误,引发了后世 连串历史编年学的错误,尤其是孔子见老子编年上的错误。对此,有必要从史源学上加以厘清。

《春秋》书"孟僖子卒"为"仲孙貜卒",未用谥号。知此句或当时史官所记之语,尚未有谥号。

【时事考异】

此年《左传》所附之《春秋》曰:"婼至自晋。"《公羊传》之《春秋》曰:"叔孙舍至自晋。"《穀梁》之《春秋》同于《左氏》。叔孙婼即叔孙昭子,头年《春秋》曰"二十有三年春王正月,叔孙婼如晋","晋人执我行人叔孙婼"。因而才有二十四年春"婼至自晋"。

• 公元前517年,鲁昭公二十五年,孔子三十六岁。

• 鲁昭公与郈氏、臧氏谋去季氏。三家攻公,昭公出奔,次于阳州。齐侯唁公于野井,公以丧国者自居,应对有仪礼。孔子评曰:"其礼与! 其辞足观矣!"孔子从礼的角度肯定处在流亡中的鲁昭公,这是值得注意的。这种态度,加上《论语》中孔子称"昭公知礼",与孔子批评季氏,批评"三桓"的非礼、僭越,形成鲜明对照,可见孔子在鲁国这场政治变乱中的立场。为他后来派南宫敬叔请示流亡中的鲁君,适周问礼于老子,埋下了精神上的脉络。

• 《论语·八佾》:孔子谓季氏:"八佾舞于庭,是可忍也,孰不可忍也?"[1]

• 《论语·八佾》:三家者以雍彻。子曰:"'相维辟公,天子穆穆',奚取于三家之堂?"[2]

• 鲁乱之后,孔子有适齐、之杞、之宋考察古礼、古文献,以及适周问礼等行为。自此年以后进行的文化田野调查,可以称为孔子的"小周游列国",为以后从司寇位置下来后的周游列国的前奏。

① [宋]朱熹撰:《四书章句集注》,北京:中华书局,1983年版,第61页。
② [宋]朱熹撰:《四书章句集注》,北京:中华书局,1983年版,第61页。

【文献记载】

《春秋·昭公二十五年》以史料的碎片,将一场政局巨变隐藏甚深:

> 有鸲鹆(八哥鸟)来巢。
>
> 九月,己亥,公孙于齐,次于阳州(齐、鲁交界之邑),齐侯唁公于野井。
>
> 冬,十月,戊辰,叔孙婼卒。
>
> 十有一月,己亥,宋公佐卒于曲棘,十有二月,齐侯取郓。①

《史记·十二诸侯年表·鲁表》:

> 公欲诛季氏,三桓氏攻公,公出居郓。②

《左传·昭公二十五年》:

> "有鸲鹆来巢",书所无也。师己曰:"异哉!吾闻文、成(鲁文公、成公)之世,童谣有之,曰:'鸲之鹆之,公出辱之。鸲鹆之羽,公在外野,往馈之马。鸲鹆跦跦,公在干侯,征褰与襦。鸲鹆之巢,远哉遥遥。稠父丧劳,宋父以骄。鸲鹆鸲鹆,往歌来哭。'童谣有是,今鸲鹆来巢,其将及乎?"
>
> ……
>
> 季、郈之鸡斗。季氏介其鸡,郈氏为之金距。平子怒,益宫于郈氏,且让之。故郈昭伯亦怨平子。臧昭伯之从弟会,为谗于臧氏,而逃于季氏,臧氏执旃。平子怒,拘臧氏老。将禘于襄公,万者二人,其众万于季氏。臧孙曰:"此之谓不能庸先君之庙。"大夫遂怨平子。
>
> 公若献弓于公为(昭公之子),且与之出射于外,而谋去季氏。……公以告臧孙,臧孙以难。告郈孙,郈孙以可,劝。告子家懿伯,懿伯曰:"谗人以君侥幸,事若不克,君受其名,不可为也。舍民数

---

① 杨伯峻编著:《春秋左传注》(全4册),北京:中华书局,1990年版,第1454—1455页。

② [汉]司马迁撰:《史记》(全10册),北京:中华书局,1959年版,第659页。

世，以求克，事不可必也。且政在焉，其难图也。"公退之。辞曰："臣与
闻命矣，言若泄，臣不获死。"乃馆于公宫。

叔孙昭子如阚，公居于长府。九月戊戌，伐季氏，杀公之于门，遂
入之。平子登台而请曰："君不察臣之罪，使有司讨臣以干戈，臣请待
于沂上以察罪。"弗许。请囚于费，弗许。请以五乘亡，弗许。子家子
曰："君其许之！政自之出久矣，隐民多取食焉，为之徒者众矣。日入
慝作，弗可知也。众怒不可蓄也，蓄而弗治，将蕴。蕴蓄，民将生心。
生心，同求将合。君必悔之！"弗听，郈孙曰："必杀之。"

公使郈孙逆孟懿子。叔孙氏之司马鬷戾，言于其众曰："若之何？"
莫对。又曰："我家臣也，不敢知国。凡有季氏与无，于我孰利？"皆曰：
"无季氏，是无叔孙氏也。"鬷戾曰："然则救诸！"帅徒以往，陷西北隅以
入。公徒释甲，执冰而踞，遂逐之。孟氏使登西北隅，以望季氏。见叔
孙氏之旌，以告。孟氏执郈昭伯，杀之于南门之西，遂伐公徒。子家子
曰："诸臣伪劫君者，而负罪以出，君止。意如（季平子之名）之事君也，
不敢不改。"公曰："余不忍也。"与臧孙如墓谋，遂行。

己亥，公孙于齐，次于阳州。齐侯将唁公于平阴，公先至于野井。
齐侯曰："寡人之罪也。使有司待于平阴，为近故也。"书曰："公孙于
齐，次于阳州，齐侯唁公于野井。"礼也。将求于人，则先下之，礼之善
物也。齐侯曰："自莒疆以西，请致千社，以待君命。寡人将帅敝赋，以
从执事，唯命是听。君之忧，寡人之忧也。"公喜。子家子曰："天禄不
再。天若胙君，不过周公。以鲁足矣。失鲁而以千社为臣，谁与之立？
且齐君无信，不如早之晋。"弗从。

臧昭伯率从者将盟，载书曰："戮力壹心，好恶同之。信罪之有无，
缱绻从公，无通外内！"以公命示子家。子家子曰："如此，吾不可以盟。
羁也不佞，不能与二三子同心，而以为皆有罪。或欲通外内，且欲去
君。二三子好亡而恶定，焉可同也？陷君于难，罪孰大焉？通外内而
去君，君将速入，弗通何为，而何守焉？"乃不与盟。……

十二月，庚辰，齐侯围郓。①

---

① 杨伯峻编著：《春秋左传注》（全4册），北京：中华书局，1990年版，第1459—1467页。

《公羊传·昭公二十五年》:

　　齐侯唁公于野井。唁公者何? 昭公将弑季氏,告子家驹曰:"季氏为无道,僭于公室久矣,吾欲弑之何如?"子家驹曰:"诸侯僭于天子,大夫僭于诸侯久矣。"昭公曰:"吾何僭矣哉?"子家驹曰:"设两观,乘大路,朱干,玉戚,以舞《大夏》,八佾以舞《大武》,此皆天子之礼也。且夫牛马维娄,委己者也,而柔焉。季氏得民众久矣,君无多辱焉。"昭公不从其言,终弑而败焉。走之齐,齐侯唁公于野井,曰:"奈何君去鲁国之社稷?"昭公曰:"丧人不佞,失守鲁国之社稷,执事以羞。"再拜颡,庆子家驹曰:"庆子免君于大难矣。"子家驹曰:"臣不佞,陷君于大难,君不忍加之以铁镞,赐之以死。"再拜颡。高子执箪食与四脡脯,国子执壶浆,曰:"吾寡君闻君在外,馂馕未就,敢致糗于从者。"昭公曰:"君不忘吾先君,延及丧人锡之以大礼。"再拜稽首,以衽受。高子曰:"有夫不祥,君无所辱大礼。"昭公盖祭而不尝。景公曰:"寡人有不腆先君之服,未之敢服。有不腆先君之器,未之敢用,敢以请。"昭公曰:"丧人不佞,失守鲁国之社稷,执事以羞,敢辱大礼,敢辞。"景公曰:"寡人有不腆,先君之服,未之敢服,有不腆先君之器,未之敢用,敢固以请。"昭公曰:"以吾宗庙之在鲁也,有先君之服,未之能以服,有先君之器,未之能以出,敢固辞。"景公曰:"寡人有不腆先君之服,未之敢服,有不腆先君之器,未之敢用,请以飨乎从者。"昭公曰:"丧人其何称?"景公曰:"孰君而无称。"昭公于是噭然而哭,诸大夫皆哭。既哭,以人为菑,以币为席,以鞍为几,以遇礼相见。孔子曰:"其礼与! 其辞足观矣!"[1]

《史记·孔子世家》:

　　孔子年三十五,而季平子与郈昭伯公以斗鸡故得罪鲁昭公。昭公率师击平子,平子与孟氏、叔孙氏三家共攻昭公,昭公师败,奔于齐。齐处昭公乾侯。其后顷之,鲁乱。孔子适齐,为高昭子家臣,欲以通乎

　　① 李学勤主编:《十三经注疏·春秋公羊传注疏》,北京:北京大学出版社,1999年版,第523-529页。

景公。与齐太师语乐,闻《韶》音,学之,三月不知肉味,齐人称之。

景公问政孔子,孔子曰:"君君,臣臣,父父,子子。"景公曰:"善哉!信如君不君,臣不臣,父不父,子不子,虽有粟,吾岂得而食诸!"他日又复问政于孔子,孔子曰:"政在节财。"景公说,将欲以尼溪田封孔子。晏婴进曰:"夫儒者滑稽而不可轨法;倨傲自顺,不可以为下;崇丧遂哀,破产厚葬,不可以为俗;游说乞贷,不可以为国。自大贤之息,周室既衰,礼乐缺有间。今孔子盛容饰,繁登降之礼,趋详之节,累世不能殚其学,当年不能究其礼。君欲用之以移齐俗,非所以先细民也。"后,景公敬见孔子,不问其礼。异日,景公止孔子曰:"奉子以季氏,吾不能。"以季、孟之间待之。齐大夫欲害孔子,孔子闻之。景公曰:"吾老矣,弗能用也。"孔子遂行,反乎鲁。①

《史记正义》:

郈音后。《括地志》云:"斗鸡台二所,相去十五步,在兖州曲阜县东南三里鲁城中。《左传》昭二十五年,季氏与郈昭伯斗鸡,季氏芥鸡翼,郈氏为金距之处。"②

《史记索隐》:

此(景公说,将欲以尼黎田封孔子)说出《晏子》及《墨子》,其文微异。③

《史记集解》:

周氏曰:"孔子在齐,闻习韶乐之盛美,故忘于肉味也。"④

①　[汉]司马迁撰:《史记》(全 10 册),北京:中华书局,1959 年版,第 1910—1911 页。
②　[汉]司马迁撰:《史记》(全 10 册),北京:中华书局,1959 年版,第 1911 页。
③　[汉]司马迁撰:《史记》(全 10 册),北京:中华书局,1959 年版,第 1912 页。
④　[汉]司马迁撰:《史记》(全 10 册),北京:中华书局,1959 年版,第 1911 页。

《史记索隐》:

> 《论语》,子语鲁太师乐,非齐太师也。又"子在齐闻韶,三月不知肉味",无"学之"文。今此合《论语》齐、鲁两文而为此言,恐失事实。①

【考证】

前人多将孔子适齐系于此年。如胡仔《孔子编年》、程复心《孔子论语年谱》、狄子奇《孔子编年》、江永《乡党图考》、崔述《洙泗考信录》、钱穆《孔子年表》、梁涛《孔子行年考》等等。适齐之原因,其一为"八佾舞于庭"说,崔述主之。据《洙泗考信录》卷之一,孔子谓八佾舞于庭,是可忍也,孰不可忍也。因而奔齐,其时间当在季氏逐昭公之前,以此可见圣人之哲②。其二为斗鸡之乱说,《世家》载为孔子奔齐原因,后人多和之。其三为景公来聘说,仅见于《阙里志》:"齐景公遣使来聘,孔子适齐。"此说不可信。

前人除了系孔子适齐于此年外,对孔子处齐的年数亦多有争论。参钱穆《先秦诸子系年·孔子自齐返鲁考》,有七年之说、一年之说,及时间难定说。其中以持一年说者居多。七年之说自《孔子世家》"孔子遂行,反乎鲁",后即接"孔子年四十二,鲁昭公卒于乾侯,定公立",误读成孔子居齐,自昭公二十五(公元前517年)奔齐至昭公三十二年卒。因此七年说不足取。宋胡仔《孔子编年校点》主之:"辛卯,鲁昭公三十二年,年四十二。齐景公将以尼谿田封孔子。……孔子遂行,反乎鲁。……壬辰,鲁定公元年,年四十三,在鲁。"一年说者,狄子奇《孔子编年》、江永《乡党图考》(昭二十七年,吴季札聘上国,反于齐,子死嬴博间,而夫子往观葬,盖自鲁往观,嬴

---

① [汉]司马迁撰:《史记》(全10册),北京:中华书局,1959年版,第1911页。
② 崔述《洙泗考信录》卷之一〔商务印书馆《丛书初编》,民国二十六年(1937年)六月初版〕:朱子《论语集注》云:季氏以大夫而僭用天子之礼乐,孔子言其此事尚忍为之,则何事不可忍为。余按:春秋之时,三桓之僭多矣,圣人何独于此一事疾之如此。然则此事即传所称禘于襄公之事无可疑者。但《论语》文简质,而此事乃当时之所共知,故不必更详也。此事传不详其年月,特因季氏之逐昭公而追记之。然传所追记四事,而此事独在后,则此事疑及在于此年,所谓"孰不可忍"云者,正谓逐君之事亦忍为。然则孔子已逆知季氏之将逐君,非徒恶其僭而已也。孔子之至齐,据世家正在此年,但谓鲁乱而后适齐,而玩此章语意,已有乱邦不居之心。则孔子之去鲁当即在此时。不待昭公之已出也。此乃圣人见机之哲。传记虽无明文,然幸此章独存,而其详又备载于《左传》,可以深思详考而自得之。余故表而出之,列之在齐之前,使人知孟子之所称可仕则仕,可止则止者,谓此类也。

博间近鲁境也。然则在齐不过一年耳。）主之,后人多和之。又有"孔子之去齐,接淅而行"（《孟子·万章下》）说,言孔子去齐之疾。一年说当可行矣。时间难定说,崔述《洙泗考信录》"孔子归鲁,以理度之,当在定公既立之后",此七年间,未必都在齐国,可能"复暂栖他国"。其"暂栖他国"之事未见于文献,多臆想矣。钱氏以"其时孔子未仕于鲁,亦不必定公立而后可归"驳崔氏,然初孔子以昭公奔齐、鲁已乱而适齐,也极可能因定公立而鲁国安而归国。

且孔子虽"未仕于鲁",然以孔子二十岁而昭公赐鲤鱼,昭公支持孔子适周问礼,以及《论语》中所记,"陈司败问:'昭公知礼乎?'孔子曰:'知礼。'孔子退,揖巫马期而进之,曰:'吾闻君子不党,君子亦党乎? 君取于吴,为同姓,谓之吴孟子。君而知礼,孰不知礼?'巫马期以告。子曰:'丘也幸,苟有过,人必知之。'"可见昭公善待孔子,孔子对昭公也颇有感情,因此才会不假思考,脱口而出"昭公知礼"。以此推之,若昭公尚在齐国,鲁国内乱,季氏僭礼,孔子不可能弃昭公而归鲁。必是在昭公亡、定公立之后,才会回去。此七年说成立之根基。

一年说与七年说的根本区别在于孔子适齐的原因。以孔子因鲁国内乱,季氏僭礼,昭公奔齐而"不可忍",适齐,则鲁一日无国君,孔子不会回去。以孔子因鲁国内乱而欲另适他国以实现其政治理想适齐,则齐景公不重用,孔子即会回鲁（或者另适他国）。两说都着重在细究孔子适齐归鲁的主观原因,而可能对孔子当时的身份,及齐国的政治环境有所忽略。事实上,孔子此年还未仕为鲁君之臣,此前一年孟僖子嘱孟懿子、南宫敬叔来学,从其遗言判断,此时孔子尚属布衣,故孟僖子称"臧孙纥有言曰:'圣人有明德者,若不当世,其后必有达人。'今其将在孔丘乎?"因而昭公仓皇奔齐之后,孔子并无立即赴齐之紧迫。《史记》称孔子是在昭公奔鲁之后,鲁乱,才赴齐的。《史记·孔子世家》云"昭公师败,奔于齐,齐处昭公乾侯。其后顷之,鲁乱。孔子适齐"[①]。

考鲁昭公此八年行迹: 二十五年（公元前517年）,公孙于齐,次于阳州,十二月齐取鲁郓以处公（按,《春秋》、《穀梁传》、《公羊传》记齐取郓在十二月,《左传》则在明年正月,《史记·十二诸侯年表》亦在明年。）;二十六

---

① ［汉］司马迁撰:《史记》（全10册）,北京:中华书局,1959年版,第1910页。

年，此年及明年公居于郓，其间如齐三次、会盟一次及围鲁成邑不克，均返居于郓；二十八年，公如晋，求入不得，晋处之乾侯；二十九年，公自乾侯返居于郓，齐侯卑公，公耻之，复之乾侯；三十年至三十二年，公在乾侯，最后薨于乾侯。

考其间"鲁乱"之事有：昭公二十五年（公元前 517 年），三桓攻公，公出奔，十二月齐取鲁郓；二十六年，公围成；二十七年，孟懿子、阳虎伐郓；二十九年，郓溃。

乾侯为晋邑，齐侯卑公而使之处乾侯事在昭公二十九年。该年郓溃，《左传》失载，《穀梁传·昭公二十九年》记"冬，十月，郓溃。溃之为言，上下不相得也。上下不相得则恶矣，亦讥公也。昭公出奔，民如释重负"[①]。《公羊传·昭公二十九年》记"冬，十月，运（郓）溃。邑不言溃，此其言溃何？郓之也。曷为郓之？君存焉尔"[②]。

《史记·孔子世家》之"鲁乱"，或以二十五至二十九年间公出奔、齐取郓、公围成及郓溃诸端笼统言之，然考其"昭公师败，奔于齐，齐处昭公乾侯。其后顷之，鲁乱"之叙述逻辑，似不当再指公奔齐之事，恐当指郓之乱。（齐取郓，然乃为昭公取之，《左传·昭公二十六年》云"公至自齐，处于郓，言鲁地也"。）

因此，鲁乱，孔子赴齐，可能在二十七年孟懿子、阳虎伐郓，或二十九年郓溃之时。且二十九年"公至自乾侯，处于郓，齐侯使高张来唁公"（《左传·昭公二十九年》），高张即高昭子，孔子或在此时已是高昭子家臣，推动唁公于郓乎？若此，孔子赴齐当在昭公二十七年前后。

同时，联系齐国当时政治坏境，孔子处齐时间最晚也是在昭公二十七年。鲁国内乱，而当时的齐国政局也很不稳定，陈氏、高氏、国氏等势力派系互相倾轧，孔子为高昭子家臣，见景公之初颇受景公赏识优待，必然会因此主动或被动地卷入齐国内部的政治较量中，牵涉到派系之间的利益平衡，因此才会有《史记》所记"齐大夫欲害孔子"。若按钱穆《晏子卒年考》，以为《左传》昭公二十六年前，详记晏子其人其事，而自昭公二十六年后十

---

① 李学勤主编：《十三经注疏·春秋穀梁传注疏》，北京：北京大学出版社，1999 年版，第 310 页。

② 李学勤主编：《十三经注疏·春秋公羊传注疏》，北京：北京大学出版社，1999 年版，第 535 页。

六年间，未尝再记其一言一事①。因此，晏婴当亡故于此间。晏婴语景公远孔子之事，则当是发生在昭公二十六年（公元前516年）之前，景公因此即远孔子。孔子此时在齐国的处境，即是：景公不重用，又很可能被卷入派系之争中，因此引来齐大夫欲害之。在这样的处境下，孔子断不可能再在齐国停留六七年，"接淅而行"更有可能一些。又，孔子曾往嬴博间观季札葬子，《左传》记吴季札昭公二十七年至齐国，四月前回吴国，嬴博处于齐鲁之间，则极可能孔子于昭公二十七年春归鲁，途遇季札葬子而观之。

故孔子赴齐乃是在昭公二十六、二十七年，不久即反鲁。亦可能数次往返齐鲁间。

（按：其实，从孔子十有五而志于学，到鲁昭公被季氏驱逐的十几年间，孔子足迹不限于鲁、齐二国。孔子之三十而立、四十而不惑，就发生在这段时间。这段时间是他的生命锤炼、原理创建时期，仁与礼之学于此时期奠基。此时期他设帐授徒，南宫敬叔向他学礼，又随他适周问礼于孔子。除此之外，他考察古礼、历法、文献，到过杞、宋诸国，如《礼记·礼运篇》孔子曰："我欲观夏道，是故之杞，而不足征也，吾得《夏时》焉。我欲观殷道，是故之宋，而不足征也，吾得《坤干》焉。《坤乾》之义，《夏时》之等，吾以是观之。"正如孔子二十八岁，在鲁昭公十七年，会见郯子，学古官名一样，他这种学习兴趣历久不衰。而赴杞、赴宋考察的年份，在孔氏生涯中最有可能在这个时期；并且以此为基础，进一步寻找赴周学礼的机会，是顺理成章

---

① 钱穆《先秦诸子系年·晏子卒年考》：左传记晏子言行，止于鲁昭二十六年，即齐景公之三十二年也。燕子春秋外篇第八，晏子没十有七年，景公饮诸大夫酒，其文又引刘向之说苑。其说若可信，景公五十八年薨，晏子没，至迟当在景公四十二年前。晏子曾历事灵庄景三公，庄公被弑，晏子立于崔氏之门外，人谓崔氏子必杀之，崔子曰：民之望也，舍之得民。古人四十强而仕，其时晏子名德已高，当近四十，则其寿殆逾八十，故有相景公老而辞邑之说也。左襄十七年晏桓子卒，晏婴麤缞斩，苴绖带杖菅屦，食粥，居倚庐，寝苫枕草，其老曰，非大夫之礼也。曰：唯卿为大夫。是其时晏子已居大夫之位。自此下距崔杼弑君尚又八年，其时晏子当已过三十。以此推之，孔子适齐，晏子年逾七十矣。齐侯田于沛之年，晏子亦当六十五六，而孔子正三十耳，此亦可证是年景公适鲁与孔子问答之不可信。至晏子言行，大率见于左传者最为得实，今传晏子春秋有明袭左氏者，亦有袭取之孟子者，如吾欲观于转附朝舞之一章是也。其书晚出，多不可据。如谓仲尼之齐，见景公而不见晏子，子贡曰云云，知子贡是时尚未及孔门。又有晏子使鲁，仲尼使子贡往观，不知子贡之从孔子，晏子则已卒矣。至曰臣闻仲尼居处惰倦，廉隅不正，则季次原宪侍，气郁而疾，志意不通，则仲由卜商侍，德不盛，行不厚，则颜回骞雍侍，更不足辨。又谓仲尼相鲁，景公患之，晏子对以勿忧，则孔子相夹谷，晏子已先卒矣。若谓晏子即以是年卒，何以左传于鲁昭二十六以后，历十六年之久，更不载晏子一言一事乎？证以晏子春秋没十七年之明文，其为不可信明矣。至后谓晏子春秋出于墨家，观其过载孔门事，知亦非是矣。

的。这种人在旅途的精神,又一直延伸到周游列国。如果这段时间将孔子局限在鲁、齐二国,那就未免将孔子看小了。孔子之大,就在于他在这个并没有为历史记载的沉默时期所限,而是迈开自己的双脚,走进古国深处,走进文化的源头,在这里思考着历史、文化与人的精要和精髓。沉默是金。尽管沉默没有吸引官方文献中时事采录的喧哗,但孔子沉默中的行进,比起被大事记录的列国诸侯、卿大夫的闹哄哄的会盟,更具有真正的"中国意义"。)

又,考鲁昭公谋去季氏之事。《公羊传·昭公二十五年》云:"昭公将弑季氏,告子家驹曰:'季氏为无道,僭于公室久矣,吾欲弑之,何如?'"①观昭公之言,早有去季氏之心,后有季公若受诬、季郈斗鸡、臧会逃于季氏三事,昭公趁势借郈、臧与季氏有隙而用之。另,崔述《洙泗考信录》中《八佾之言即为禘公事而发》条,考《左传·昭公二十五年》记"将禘于襄公,万者二人,其众万于季氏"。《论语·八佾》"孔子谓季氏:'八佾舞于庭:是可忍也,孰不可忍也。'"②正为此事而发。

又,考《公羊传·昭公二十五年》孔子评鲁昭公应对齐侯之礼,是与对昭公的一贯看法有联系的。

《左传·昭公五年》记:"公如晋,自郊劳至于赠贿,无失礼。晋侯谓女叔齐曰:'鲁侯不亦善于礼乎?'对曰:'鲁侯焉知礼?'公曰:'何为? 自郊劳至于赠贿,礼无违者,何故不知?'对曰:'是仪也,不可谓礼。'"③《论语·述而》:"陈司败问昭公知礼乎? 孔子曰:'知礼。'孔子退,揖巫马期而进之,曰:'吾闻君子不党,君子亦党乎? 君取于吴为同姓,谓之吴孟子。君而知礼,孰不知礼?'巫马期以告。子曰:'丘也幸,苟有过,人必知之。'"④《白虎通义·谏诤》篇引论此条曰:"所以为君隐恶何? 君至尊,故设辅弼,置谏官,本不当有遗失。《论语》曰:陈司败问:'昭公知礼乎?'孔子曰:'知礼。'此为君隐也。"

杨树达《论语疏证》认为:"据此二事,知昭公本习于容仪,盖当时有知

———

① 李学勤主编:《十三经注疏·春秋公羊传注疏》,北京:北京大学出版社,1999 年版,第523 页。

② [宋]朱熹撰:《四书章句集注》,北京:中华书局,1983 年版,第 61 页。

③ 杨伯峻编著:《春秋左传注》(全 4 册),北京:中华书局,1990 年版,第 1266 页。

④ [宋]朱熹撰:《四书章句集注》,北京:中华书局,1983 年版,第 61 页。

礼之名,故陈司败以为问也。"极是。然参照二事,孔子谓昭公"其礼与其辞足观矣!"语辞之间,或尚有叹昭公素能如此,则祸不及是之意在乎?

【时事考异】

叔孙昭子求纳鲁昭公,耻为季平子所欺,自杀;宋元公为求纳鲁昭公如晋,卒干涂。此二事,即明年(昭公二十六年,公元前 516 年)梁丘据言于齐侯所谓"宋元公为鲁君如晋,卒于曲棘,叔孙昭子求纳其君,无疾而死,不知天之弃鲁耶,抑鲁君有罪于鬼神,故及此也!"①《左传·昭公二十五年》:"昭子自阚归,见平子,平子稽颡曰:'子若我何?'昭子曰:'人谁不死,子以逐君成名,子孙不忘,不亦伤乎? 将若子何!'平子曰:'苟使意如得改事君,所谓生死而肉骨也。'昭子从公于齐,与公言,子家子命适公馆者执之,公与昭子言于幄内,曰:'将安众而纳公。'公徒将杀昭子,伏诸道,左师展告公,公使昭子自铸归。平子有异志,冬,十月,辛酉,昭子齐于其寝,使祝宗祈死。戊辰,卒。左师展将以公乘马而归,公徒执之。……十一月,宋元公将为公故如晋,梦大子栾即位于庙,已与平公,服而相之。旦,召六卿。公曰:'寡人不佞,不能事父兄,以为二三子忧,寡人之罪也。若以群子之灵,获保首领以殁,唯是楄柎(棺中垫尸体之木板)所以藉干(躯干)者,请无及先君。'仲几对曰:'君若以社稷之故,私降昵宴,群臣弗敢知。若夫宋国之法,死生之度,先君有命矣,群臣以死守之,弗敢失队。臣之失职,常刑不赦。臣不忍其死,君命祗辱。'宋公遂行,己亥,卒于曲棘。"②

臧昭伯随鲁昭公出奔,季平子立臧会。《左传·昭公二十五年》:"初,臧昭伯如晋,臧会窃其宝龟偻句,以卜为信与僭,僭吉。臧氏老将如晋问,会请往。昭伯问家故,尽对;及内子与母弟叔孙,则不对;再三问,不对。归,及郊,会逆,问,又如初。至,次于外而察之,皆无之。执而戮之,逸,奔郈,郈鲂假使为贾正焉。计于季氏,臧氏使五人以戈楯伏诸桐汝之间,会出,逐之,反奔,执诸季氏中门之外。平子怒曰:'何故以兵入吾门?'拘臧氏老,季、臧有恶,及昭伯从公,平子立臧会。会曰:'偻句不余欺也。'"③

周王子朝之乱未平。《左传·昭公二十五年》:"壬申,尹文公涉于巩,

①　杨伯峻编著:《春秋左传注》(全 4 册),北京:中华书局,1990 年版,第 1471 页。
②　杨伯峻编著:《春秋左传注》(全 4 册),北京:中华书局,1990 年版,第 1466—1467 页。
③　杨伯峻编著:《春秋左传注》(全 4 册),北京:中华书局,1990 年版,第 1467—1468 页。

焚东訾,弗克。"①

【杂录】

《淮南子·原道》:故橘树之江北则化而为枳,鸲鹆不过济。②

《汉书·五行志》:昭公二十五年(公元前517年)"夏,有鸜鹆来巢。"刘歆以为羽虫之孽,其色黑,又黑祥也,视不明听不聪之罚也。刘向以为有蜚有蜮不言来者,气所生,所谓眚也;鸜鹆言来者,气所致,所谓祥也。鸜鹆,夷狄穴藏之禽,来至中国,不穴而巢,阴居阳位,象季氏将逐昭公,去宫室而居外野也。鸜鹆白羽,旱之祥也;穴居而好水,黑色,为主急之应也。天戒若曰,既失众,不可急暴;急暴,阴将持节阳以逐尔,去宫室而居外野矣。昭不寤,而举兵围季氏,为季氏所败,出奔于齐,遂死于外野。董仲舒指略同。③

·公元前516年,鲁昭公二十六年,孔子三十七岁。弟子有若、原宪生。

·正月,齐取鲁郓以处鲁昭公,公居于郓。

【文献记载】

《春秋·昭公二十六年》:

> 三月,公至自齐,居于郓。
> 夏,公围成。
> 秋,公会齐侯、莒子、邾子、杞伯,盟于鄟陵,公至自会,居于郓。④

《史记·十二诸侯年表·鲁表》:

> 齐取我郓以处公。⑤

《左传·昭公二十六年》:

① 杨伯峻编著:《春秋左传注》(全4册),北京:中华书局,1990年版,第1466页。
② [汉]刘安等编:《淮南子》,上海:上海古籍出版社,1989年,第8页。
③ [汉]班固撰:《汉书》(全12册),北京:中华书局,1962年版,第1414—1415页。
④ 杨伯峻编著:《春秋左传注》(全4册),北京:中华书局,1990年版,第1469页。
⑤ [汉]司马迁撰:《史记》(全10册),北京:中华书局,1959年版,第659页。

二十六年,春,王正月,庚申,齐侯取郓。

三月,公至自齐,处于郓,言鲁地也。夏,齐侯将纳公,命无受鲁货。申丰从女贾,以币锦二两,缚一如瑱。适齐师,谓子犹(齐景公之宠臣梁丘据)之人高龁:"能货子犹,为高氏后,粟五千庚。"高龁以锦示子犹,子犹欲之。龁曰:"鲁人买之,百两一布,以道之不通,先入币财。"子犹受之,言于齐侯曰:"群臣不尽力于鲁君者,非不能事君也。然据有异焉。宋元公为鲁君如晋,卒于曲棘。叔孙昭子求纳其君,无疾而死。不知天之弃鲁耶,抑鲁君有罪于鬼神,故及此也?君若待于曲棘,使群臣从鲁君以卜焉。若可,师有济也。君而继之,兹无敌矣。若其无成,君无辱焉。"齐侯从之,使公子鉏帅师从公。成大夫公孙朝谓平子曰:"有都,以卫国也,请我受师。"许之。请纳质,弗许,曰:"信女,足矣。"告于齐师曰:"孟氏,鲁之敝室也。用成已甚,弗能忍也,请息肩于齐。"齐师围成。成人伐齐师之饮马于淄者,曰:"将以厌众。"鲁成备而后告曰:"不胜众。"师及齐师战于炊鼻。齐子渊捷从泄声子,射之,中楯瓦。繇胸汰輈,匕入者三寸。声子射其马,斩鞅,殪。改驾,人以为鬷戾也,而助之。子车曰:"齐人也。"将击子车,子车射之,殪。其御曰:"又之。"子车曰:"众可惧也,而不可怒也。"子囊带从野泄,叱之。泄曰:"军无私怒,报乃私也,将亢子。"又叱之,亦叱之。冉竖射陈武子,中手,失弓而骂。以告平子,曰:"有君子白皙,鬒须眉,甚口。"平子曰:"必子强也,无乃亢诸?"对曰:"谓之君子,何敢亢之?"林雍羞为颜鸣右,下。苑何忌取其耳,颜鸣去之。苑子之御曰:"视下!"顾。苑子刜林雍,断其足,鋞而乘于他车以归。颜鸣三入齐师,呼曰:"林雍乘!"

秋,盟于邿陵,谋纳公也。[①]

〔按:此处白脸黑须善骂人的陈武子,乃齐国陈氏家族陈无宇之长子,军事家孙武的伯祖父。陈无宇(桓子,为田敬仲四世孙)有三子,依次是陈武子(开),陈僖子(乞),陈书。孙武的祖父陈书,因军功赐姓孙。《新唐书·宰相世系表》虽有小误,却大抵可信:"齐田完字敬仲,四世孙桓子无宇,无宇二(应是三)子:恒(按:应是开,还漏了乞)、书。书字子占,齐大夫,

伐莒有功,景公赐姓孙氏,食采于乐安。生凭,字起宗,齐卿。凭生武,字长卿,以田、鲍四族谋为乱,奔吴,为将军。"①〕

《史记·仲尼弟子列传》:

> 有若少孔子四十三岁。有若曰:"礼之用,和为贵,先王之道斯为美。小大由之,有所不行;知和而和,不以礼节之,亦不可行也。""信近于义,言可复也;恭近于礼,远耻辱也;因不失其亲,亦可宗也。"
>
> 孔子既没,弟子思慕。有若状似孔子,弟子相与共立为师,师之如夫子时也。他日,弟子进问曰:"昔夫子当行,使弟子持雨具,已而果雨。弟子问曰:'夫子何以知之?'夫子曰:'《诗》不云乎?"月离于毕,俾滂沱矣。"昨暮月不宿毕乎?'他日,月宿毕,竟不雨。商瞿年长无子,其母为取室。孔子使之齐,瞿母请之。孔子曰:'无忧,瞿年四十后当有五丈夫子。'已而果然。敢问夫子何以知此?"有若默然无以应。弟子起曰:"有子避之,此非子之座也!"②

《史记·仲尼弟子列传》索隐、正义引《家语》:

> (有若)鲁人,字有,少孔子三十三岁。③

但查今本《孔子家语·七十二弟子解》:

> 有若,鲁人,字子有。少孔子三十六岁,为人强识,好古道。④

〔按:众弟子为孔子庐墓守心孝三年,实即二十五月期满后,子夏、子张、子游推举有若主持儒门事物。时为鲁哀公十八年,公元前477年,若如《史记》所云"有若少孔子四十三岁",则有若只是三十二岁,在主要弟子面

---

① 〔宋〕欧阳修、宋祁撰:《新唐书》(全20册),北京:中华书局,1975年版,第2945页。
② 〔汉〕司马迁撰:《史记》(全10册),北京:中华书局,1959年版,第2216页。
③ 〔汉〕司马迁撰:《史记》(全10册),北京:中华书局,1959年版,第2216页。
④ 〔汉〕司马迁撰:《史记》(全10册),北京:中华书局,1959年版,第2216页。

前,难以负如此大的责任。若少孔子三十六岁,则已是四十岁,年与责更相符。又《左传》哀公十一年樊迟随冉有与齐师作战,季氏谓"须也弱",其时樊迟二十二岁。而三年前,鲁哀公八年(公元前487年),鲁大夫"微虎欲宵攻(吴)王舍,私属徒七百人踊于幕庭,卒三百人,有若与焉"。若按《史记》所云"有若少孔子四十三岁",有若只是二十二岁,但并未标示其年弱。此时有若年近三十岁,作为宵攻徒卒更为合理。因此有若年龄,《家语》所云比《史记》更可信,本谱从《家语》之说。〕

对于原宪的生年,《史记》失载,而《孔子家语·七十二弟子解》:

> 原宪,宋人,字子思。少孔子三十六岁,清净守节,贫而乐道。孔子为鲁司寇,原宪尝为孔子宰。孔子卒后,原宪退隐,居于卫。[1]

【考证】

考鲁昭公围成一事:于齐,则齐侯宠臣梁丘据受季氏贿,劝齐侯勿纳鲁昭公,齐侯从之,故随鲁昭公围成之齐师并无战心;于鲁,则成大夫助季氏御鲁昭公。故鲁昭公欲夺取成作为立足点而没有成功。

成,或作郕,西周初封国之一。《史记·管蔡世家》:武王"封叔武于成"。本封于畿内,在今陕西岐山县境。东迁后改封于今山东宁阳县东北90里。一说在汶上县西北20里。春秋时属鲁,《春秋》桓公六年(公元前706年),"公会纪侯于成"。其后为鲁孟孙氏之邑。

此年及明年公居于郓,其间如齐三次、会盟一次及围鲁成邑不克,均返居于郓。

【时事考异】

晋师纳周王,周敬王入于成周,王子朝奔楚。

《春秋·昭公二十六年》:

> 冬,十月,天王入于成周,尹氏,召伯,毛伯,以王子朝奔楚。[2]

---

① [三国魏]王肃注:《孔子家语》,上海:上海古籍出版社,1990年版,第97页。
② 杨伯峻编著:《春秋左传注》(全4册),北京:中华书局,1990年版,第1469页。

《史记·十二诸侯年表·晋表》：

知栎、赵鞅内王于王城。①

《左传·昭公二十六年》：

四月，单子如晋告急。五月，戊子，刘人败王城之师于尸氏（今河南偃师县西）。戊辰，王城人、刘人，战于施谷，刘师败绩。

秋，盟于邹陵，谋纳公也。

七月己巳，刘子以王出。庚午，次于渠。王城人焚刘。丙子，王宿于禇氏。丁丑，王次于萑谷。庚辰，王入于胥靡。辛巳，王次于滑。晋知跞、赵鞅帅师纳王，使汝宽守阙塞。

······

冬十月丙申，王起师于滑。辛丑，在郊，遂次于尸。十一月辛酉，晋师克巩。召伯盈逐王子朝，王子朝及召氏之族、毛伯得、尹氏固、南宫嚚奉周之典籍以奔楚。阴忌奔莒以叛。召伯逆王于尸，及刘子、单子盟。遂军围泽，次于堤上。癸酉，王入于成周。甲戌，盟于襄宫。晋师使成公般戍周而还。十二月癸未，王入于庄宫。②

齐有彗星，齐侯使禳之，晏子劝止。晏子谓陈氏有德于齐，劝齐侯以礼为国。本年谱一眼看天，一眼看地，看地上的人。人在历史中。

《史记·十二诸侯年表·齐表》：

彗星见。晏子曰："田氏有德于齐，可畏。"③

《左传·昭公二十六年》：

齐有彗星，齐侯使禳之。晏子曰："无益也，只取诬焉。天道不谄，

---

① ［汉］司马迁撰：《史记》（全10册），北京：中华书局，1959年版，第659页。

② 杨伯峻编著：《春秋左传注》（全4册），北京：中华书局，1990年版，第1473－1475页。

③ ［汉］司马迁撰：《史记》（全10册），北京：中华书局，1959年版，第659－660页。

不贰其命，若之何禳之？且天之有彗也，以除秽也。君无秽德，又何禳焉？若德之秽，禳之何损？《诗》曰：'惟此文王，小心翼翼，昭事上帝，聿怀多福。厥德不回，以受方国。'君无违德，方国将至，何患于彗？《诗》曰：'我无所监，夏后及商。用乱之故，民卒流亡。'（此乃逸诗）若德回乱，民将流亡，祝史之为，无能补也。"公说，乃止。

齐侯与晏子坐于路寝，公叹曰："美哉室！其谁有此乎？"晏子曰："敢问何谓也？"公曰："吾以为在德。"对曰："如君之言，其陈氏乎！陈氏虽无大德，而有施于民。豆区釜钟之数，其取之公也薄，其施之民也厚。公厚敛焉，陈氏厚施焉，民归之矣。《诗》曰：'虽无德与女，式歌且舞。'陈氏之施，民歌舞之矣。后世若少惰，陈氏而不亡，则国其国也已。"公曰："善哉！是可若何？"对曰："唯礼可以已之。在礼，家施不及国，民不迁，农不移，工贾不变，士不滥，官不滔，大夫不收公利。"公曰："善哉！我不能矣。吾今而后知礼之可以为国也。"对曰："礼之可以为国也久矣，与天地并。君令臣共，父慈子孝，兄爱弟敬，夫和妻柔，姑慈妇听，礼也。君令而不违，臣共而不贰，父慈而教，子孝而箴；兄爱而友，弟敬而顺；夫和而义，妻柔而正；姑慈而从，妇听而婉：礼之善物也。"公曰："善哉！寡人今而后闻此礼之上也。"对曰："先王所禀于天地，以为其民也，是以先王上之。"①

《史记》年表所记极近于《左传》。

此年，楚平王卒，楚昭王立。《春秋·昭公二十六年》记曰："九月，庚申，楚子居卒。"《史记·十二诸侯年表·楚表》则曰："欲立子西，子西不肯。秦女子立，为昭王。"与《春秋》所关注并不相同，却与《左传》同：

九月，楚平王卒。令尹子常欲立子西，曰："大子壬（楚昭王名，八岁）弱，其母（秦女）非适也，王子建实聘之。子西长而好善。立长则顺，建善则治。王顺国治，可不务乎？"子西怒曰："是乱国而恶君王也。国有外援，不可渎也。王有适嗣，不可乱也。败亲、速仇、乱嗣，不祥，我受其名。赂吾以天下，吾滋不从也。楚国何为？必杀令尹！"令尹

①　杨伯峻编著：《春秋左传注》（全4册），北京：中华书局，1990年版，第1479—1481页。

惧，乃立昭王。①

但《左传》此年记楚昭王之立，并未言及他是秦女之子，《史记》所据虽极接近于今本《左传》，但还是有不同之处。楚平王奢侈纵恣，占秦女，信谗言，杀伍奢，逼太子建外逃。故其亡后，有立嗣之争。

【杂录】

《管子·四时》：日掌阳，月掌阴，星掌和。阳为德，阴为刑，和为事。是故日食，则失德之国恶之。月食，则失刑之国恶之。彗星见，则失和之国恶之。风与日争明，则失生之国恶之。是故圣王日食则修德，月食则修刑，彗星见则修和，风与日争明则修生，此四者圣王所以免于天地之诛也。②

• 公元前 515 年，鲁昭公二十七年，孔子三十八岁。孔子适齐，为高昭子家臣，见景公，景公不能用，反鲁。

• 昭公居于郓，孟懿子、阳虎伐郓，公徒败于且知。吴季札适齐反，葬其子于嬴博之间，孔子反鲁途中，往观之。

• 《论语》系年：

《论语·述而》：孔子在齐闻韶，三月不知肉味，曰："不图为乐之至于斯也。"③

《论语·颜渊》：齐景公问政于孔子。孔子对曰："君君、臣臣、父父、子子。"公曰："善哉！信如君不君、臣不臣、父不父、子不子，虽有粟，吾得而食诸？"④

《论语·微子》：齐景公待孔子曰："若季氏则吾不能。"以季、孟之间待之。曰："吾老矣，不能用也。"孔子行。⑤

【文献记载】

《史记·孔子世家》：

①　杨伯峻编著：《春秋左传注》（全 4 册），北京：中华书局，1990 年版，第 1474－1475 页。
②　[唐]房玄龄注：《管子》，上海：上海古籍出版社，1989 年版，第 138 页。
③　[宋]朱熹撰：《四书章句集注》，北京：中华书局，1983 年版，第 96 页。
④　[宋]朱熹撰：《四书章句集注》，北京：中华书局，1983 年版，第 136 页。
⑤　[宋]朱熹撰：《四书章句集注》，北京：中华书局，1983 年版，第 183 页。

孔子适齐，为高昭子家臣，欲以通乎景公。与齐太师语乐，闻《韶》音，学之，三月不知肉味，齐人称之。

景公问政孔子，孔子曰："君君，臣臣，父父，子子。"景公曰："善哉！信如君不君，臣不臣，父不父，子不子，虽有粟，吾岂得而食诸！"他日又复问政于孔子，孔子曰："政在节财。"景公说，将欲以尼谿田封孔子。晏婴进曰："夫儒者滑稽而不可轨法；倨傲自顺，不可以为下；崇丧遂哀，破产厚葬，不可以为俗；游说乞贷，不可以为国。自大贤之息，周室既衰，礼乐缺有间。今孔子盛容饰，繁登降之礼，趋详之节，累世不能殚其学，当年不能究其礼。君欲用之以移齐俗，非所以先细民也。"后，景公敬见孔子，不问其礼。异日，景公止孔子曰："奉子以季氏，吾不能。"以季、孟之间待之。齐大夫欲害孔子，孔子闻之。景公曰："吾老矣，弗能用也。"孔子遂行，反乎鲁。[①]

《春秋·昭公二十七年》：

> 二十有七年，春，公如齐。公至自齐，居于郓。
> ……
> 秋，晋士鞅、宋乐祁犁、卫北宫喜、曹人、邾人、滕人会于扈。
> ……
> 公如齐。公至自齐，居于郓。[②]

《左传·昭公二十七年》：

> 二十七年，春，公如齐。公至自齐，处于郓，言在外也。
> ……
> 秋，会于扈，令戍周，且谋纳公也。宋、卫皆利纳公，固请之。范献子取贿于季孙，谓司城子梁与北宫贞子曰："季孙未知其罪，而君伐之，

① ［汉］司马迁撰：《史记》（全10册），北京：中华书局，1959年版，第1910—1911页。
② 杨伯峻编著：《春秋左传注》（全4册），北京：中华书局，1990年版，第1481—1482页。

请囚,请亡,于是乎不获。君又弗克,而自出也。夫岂无备而能出君乎?季氏之复,天救之也。休公徒之怒,而启叔孙氏之心。不然,岂其伐人而说甲执冰以游?叔孙氏惧祸之滥,而自同于季氏,天之道也。鲁君守齐,三年而无成。季氏甚得其民,淮夷与之,有十年之备,有齐、楚之援,有天之赞,有民之助,有坚守之心,有列国之权,而弗敢宣也,事君如在国。故鞅以为难。二子皆图国者也,而欲纳鲁君,鞅之愿也,请从二子以围鲁。无成,死之。"二子惧,皆辞。乃辞小国,而以难复。

孟懿子、阳虎伐郓。郓人将战,子家子曰:"天命不慆久矣。使君亡者,必此众也。天既祸之,而自福也,不亦难乎?犹有鬼神,此必败也。乌呼!为无望也夫,其死于此乎!"公使子家子如晋,公徒败于且知。

……

冬,公如齐,齐侯请飨之。子家子曰:"朝夕立于其朝,又何飨焉?其饮酒也。"乃饮酒,使宰献,而请安。子仲之子曰重,为齐侯夫人,曰:"请使重见。"子家子乃以君出。

十二月,晋籍秦致诸侯之戍于周,鲁人辞以难。[1]

《左传·昭公二十七年》:

使延州来季子聘于上国,遂聘于晋,以观诸侯。[2]

《礼记·檀弓下》:

延陵季子适齐,于其反也,其长子死,葬于嬴博之间。孔子曰:"延陵季子,吴之习于礼者也。"往而观其葬焉。其坎深不至于泉,其敛以时服。既葬而封,广轮掩坎,其高可隐也。既封,左袒,右还其封且号者三,曰:"骨肉归复于土,命也。若魂气则无不之也,无不之也。"而遂

---

[1] 杨伯峻编著:《春秋左传注》(全 4 册),北京:中华书局,1990 年版,第 1482—1489 页。
[2] 杨伯峻编著:《春秋左传注》(全 4 册),北京:中华书局,1990 年版,第 1482 页。

行。孔子曰:"延陵季子之于礼也,其合矣乎!"①

又见《孔子家语·曲礼子贡问》及《说苑·修文》。

【考证】

扈乃春秋郑地,在古黄河南岸,今河南原阳县西约六十里。《竹书纪年》晋出公二十三年(公元前452年):"河绝于扈。"(《水经注·河水注》引)即指此地。扈之会,宋、卫皆欲纳鲁昭公,范献子取货于季氏,以难纳惧宋、卫。可见当时会盟场合的贿赂之风。

鲁昭公久处郓。初次如齐,齐景公渐不尊重,以飨之名召之饮酒,又使宰献,是以齐臣待昭公也。

旧说持孔子居齐一年者,江永《乡党图考》主之:"昭二十七年,吴季札聘上国,反于齐,子死嬴、博间,而夫子往观葬,盖自鲁往观,嬴、博间近鲁境也。然则在齐不过一年耳。"②查谭其骧先生主编之《中国历史地图集》,嬴、博正处于鲁曲阜和齐临淄之交通线上,距两都城距离大体相当。若延陵季子在嬴、博之间葬子,身处曲阜的孔子断不可能知晓,更何谈奔赴一两百公里观葬。

此时孔子若在郓,则更无可能。郓在曲阜以西,距嬴、博间更遥。孔子若在临淄,也无可能。故此时孔子当正在由齐返鲁之路上,恰遇季子葬子而观之。

孔子为高昭子家臣之事。《史记·孔子世家》记:"孔子适齐,为高昭子家臣,欲以通乎景公。"③高昭子即高张,因齐侯使喭鲁昭公,于昭公二十九年始见于《春秋》三传。孔子为高昭子家臣之事,梁玉绳《史记志疑》谓"欲通齐景,不耻家臣,孔子而如是乎"而疑之。崔述《洙泗考信录》亦疑之。钱穆《先秦诸子系年》以"孔子弟子为家臣者多矣,孔子不之禁,则孔子不耻为家臣也"驳之,或有道理,今从《史记》。此事亦与鲁昭公二十年(公元前522年)齐景公、晏子是否入鲁,是否见孔子有关。据钱氏,若孔子当时即见景公,则昭公二十五年奔鲁,则不必谓高昭子家臣以通景公,然梁玉绳已

---

①　李学勤主编:《十三经注疏·礼记正义》,北京:北京大学出版社,1999年版,第312—313页。

②　[清]江永撰:《乡党图考》,清文渊阁《四库全书》,卷2。

③　[汉]司马迁撰:《史记》(全10册),北京:中华书局,1959年版,第1910页。

言未有景公晏子入鲁一事。此处以景公、晏子未曾入鲁会孔子为准。

孔子与齐太师语乐之事。《史记·孔子世家》记"与齐太师语乐,《韶》音,学之,三月不知肉味",《论语·述而》作"子在齐闻《韶》,三月不知肉味,曰:'不图为乐之至于斯也。'"崔述《洙泗考信录》之"语乐"、"闻〈韶〉一事"条,谓《史记》因《论语》"子语鲁大师乐"之文而误。(《论语·八佾》:子语鲁大师乐。曰:"乐其可知也:始作,翕如也;从之,纯如也,皦如也,绎如也,以成。")其实,《史记》从史家视野言孔子学《韶》,《论语》从弟子尊师角度,言孔子闻《韶》,二者可以并存。

【时事考异】

吴公子光弑吴王僚自立,是为阖庐。

《春秋·昭公二十七年》:

夏,四月,吴弑其君僚。[①]

《史记·十二诸侯年表·吴表》:

公子光使专诸杀僚,自立。[②]

《左传·昭公二十七年》:

吴子欲因楚丧而伐之,使公子掩馀、公子烛庸帅师围潜。使延州来季子聘于上国,遂聘于晋,以观诸侯。楚莠尹然,工尹麇帅师救潜。左司马沈尹戌帅都君子与王马之属以济师,与吴师遇于穷。令尹子常以舟师及沙汭而还。左尹郤宛、工尹寿帅师至于潜,吴师不能退。

吴公子光曰:"此时也,弗可失也。"告鱄设诸曰:"上国有言曰:'不索,何获?'我,王嗣也,吾欲求之。事若克,季子虽至,不吾废也。"鱄设诸曰:"王可弑也。母老子弱,是无若我何?"光曰:"我,尔身也。"

夏四月,光伏甲于堀室而享王。王使甲坐于道,及其门。门阶户

---

① 杨伯峻编著:《春秋左传注》(全 4 册),北京:中华书局,1990 年版,第 1481 页。
② [汉]司马迁撰:《史记》(全 10 册),北京:中华书局,1959 年版,第 660 页。

席,皆王亲也,夹之以铍。羞者献体改服于门外,执羞者坐行而入,执铍者夹承之,及体以相授也。光伪足疾,入于堀室。鲌设诸置剑于鱼中以进,抽剑刺王,铍交于胸,遂弑王。阖庐(公子光)以其子为卿。①

楚有郤宛受馋见杀之难。《春秋·昭公二十七年》记曰:"楚杀其大夫郤宛。"②《史记·十二诸侯年表·楚表》云:"楚昭王珍元年,诛无忌以说众。"③《楚表》记事重点与《春秋》不同,近于《左传》之记载:

> 郤宛直而和,国人说之。鄢将师为右领,与费无极比而恶之。令尹子常赇而信谗,无极谮郤宛焉,谓子常曰:"子恶(即郤宛)欲饮子酒。"又谓子恶:"令尹欲饮酒于子氏。"子恶曰:"我,贱人也,不足以辱令尹。令尹将必来辱,为惠已甚。吾无以酬之,若何?"无极曰:"令尹好甲兵,子出之,吾择焉。"取五甲五兵,曰:"置诸门,令尹至,必观之,而从以酬之。"及缭日,帷诸门左。无极谓令尹曰:"吾几祸子。子恶将为子不利,甲在门矣,子必无往。且此役也,吴可以得志,子恶取赂焉而还,又误群帅,使退其师,曰:'乘乱不祥。'吴乘我丧,我乘其乱,不亦可乎?"令尹使视郤氏,则有甲焉。不往,召鄢将师而告之。将师退,遂令攻郤氏,且爇之。子恶闻之,遂自杀也。国人弗爇,令曰:"不爇郤氏,与之同罪。"或取一编菅焉,或取一秉秆焉,国人投之,遂弗爇也。……楚郤宛之难,国言未已,进胙者莫不谤令尹。……九月己未,子常杀费无极与鄢将师,尽灭其族,以说于国。谤言乃止。④

【杂录】

孔子因鲁乱而出入于齐,诸家文献记录颇富,但各有各的立场,兹录以备考:

《礼记·檀弓下》:孔子过泰山侧,有妇人哭于墓者而哀,夫子式而听之。使子路问之曰:"子之哭也,壹似重有忧者。"而曰:"然,昔者吾舅死于

①　杨伯峻编著:《春秋左传注》(全4册),北京:中华书局,1990年版,第1482—1484页。
②　杨伯峻编著:《春秋左传注》(全4册),北京:中华书局,1990年版,第1481页。
③　[汉]司马迁撰:《史记》(全10册),北京:中华书局,1959年版,第660页。
④　杨伯峻编著:《春秋左传注》(全4册),北京:中华书局,1990年版,第1485—1489页。

虎,吾夫又死焉,今吾子又死焉。"夫子曰:"何为不去也?"曰:"无苛政。"夫子曰:"小子识之,苛政猛于虎也。"①

《孔子家语·正论解》:孔子适齐,过泰山之侧,有妇人哭于野者而哀。夫子式而听之,曰:"此哀一似重有忧者。"使子贡往问之,而曰:"昔舅死于虎,吾夫又死焉,今吾子又死焉。"子贡曰:"何不去乎?"夫人曰:"无苛政。"子贡以告孔子。孔子曰:"小子识之,苛政猛于虎。"②

《新序·杂事第五》:孔子北之山戎氏,有妇人哭于路者,其哭甚哀,孔子立舆而问曰:"曷为哭哀至于此也?"妇人对曰:"往年虎食我夫,今虎食我子,是以哀也。"孔子曰:"嘻,若是,则曷为不去也?"曰:"其政平,其吏不苛,吾以是不能去也。"孔子顾子贡曰:"弟子记之,夫政之不平而吏苛,乃等于虎狼矣。"③

《韩诗外传》卷九:孔子出行,闻哭声甚悲。孔子曰:"驱之! 驱之! 前有贤者。"至,则皋鱼也。被褐拥镰,哭于道旁。孔子辟车与之言曰:"子非有丧,何哭之悲也?"皋鱼曰:"吾失之三矣:少而好学,周游诸侯,以殁吾亲,失之一也;高尚吾志,简吾事,不事庸君,而晚事无成,失之二也;与友厚而中绝之,失之三矣。夫树欲静而风不止,子欲养而亲不待。往而不可追者,年也;去而不可得见者,亲也。吾请从此辞矣。"立槁而死。孔子曰:"弟子识之,足以诫矣。"于是门人辞归而养亲者十有三人。④

《说苑·敬慎》:孔子行游中路闻哭者声,其音甚悲,孔子曰:"驱之! 驱之! 前有异人音。"少进,见之,丘吾子也,拥镰带索而哭,孔子辟车而下,问曰:"夫子非有丧也? 何哭之悲也。"丘吾子对曰:"吾有三失。"孔子曰:"愿闻三失。"丘吾子曰:"吾少好学问,周遍天下,还后吾亲亡,一失也。事君奢骄,谏不遂,是二失也。厚交友而后绝,三失也。树欲静乎风不定,子欲养吾亲不待;往而不来者,年也;不可得再见者,亲也。请从此辞。"则自刎而死。孔子曰:"弟子记之,此足以为戒也。"于是弟子归养亲者十三人。⑤
(又见《孔子家语·致思》)

----

① 李学勤主编:《十三经注疏·礼记正义》,北京:北京大学出版社,1999年版,第310页。
② [三国魏]王肃注:《孔子家语》,上海:上海古籍出版社,1990年版,第106页。
③ [汉]刘向撰:《新序说苑》,上海:上海古籍出版社,1990年版,第31页。
④ [汉]韩婴撰,许维遹校释:《韩诗外传集释》,北京:中华书局,1980年版,第307-309页。
⑤ [汉]刘向撰:《新序说苑》,上海:上海古籍出版社,1990年版,第88-89页。

《说苑·修文》：孔子至齐郭门之外，遇一婴儿挈一壶，相与俱行，其视精，其心正，其行端，孔子谓御曰："趣驱之，趣驱之。"韶乐方作，孔子至彼，闻韶三月不知肉味。故乐非独以自乐也，又以乐人；非独以自正也，又以正人矣哉！于此乐者，不图为乐至于此。①

《史记·孔子世家》：将欲以尼谿田封孔子。晏婴进曰："大儒者滑稽而不可轨法，倨傲自顺，不可以为下；崇丧遂哀，破产厚葬，不可以为俗；游说乞贷，不可以为国。自大贤之息，周室既衰，礼乐缺有间。今孔子盛容饰，繁登降之礼，趋详之节。累世不能殚其学，当年不能究其礼。君欲用之以移齐俗，非所以先细民也。"后，景公敬见孔子，不问其礼。异日，景公止孔子曰："奉子以季氏，吾不能。"以季、孟之间待之。齐大夫欲害孔子，孔子闻之。景公曰："吾老矣，弗能用也。"孔子遂行，反乎鲁。②（又见《墨子·非儒下》③、《晏子春秋·外篇》④，后者"尼谿"作"尔稽"。）

《孔子家语·六本》：孔子见齐景公，公说焉，请置禀丘之邑以为养。孔子辞而不受，入谓弟子曰："吾闻君子当功受赏，今吾言于齐君，君未之行而赐吾邑，其不知丘甚矣。"于是遂行。⑤（又见《吕氏春秋·离俗览第七·高义》《说苑·立节》）

《墨子·非儒下》：齐景公问晏子曰："孔子为人何如？"晏子不对，公又复问，不对。景公曰："以孔某语寡人者众矣，俱以贤人也。今寡人问之，而

---

① ［汉］刘向撰：《新序说苑》，上海：上海古籍出版社，1990年版，第169页。
② ［汉］司马迁撰：《史记》（全10册），北京：中华书局，1959年版，第1911页。
③ 《墨子·非儒》：孔丘之齐，见景公。景公悦；欲封之以尼谿，以告晏子。晏子曰："不可，夫儒浩居而自顺者也，不可以教下；好乐而淫人，不可使亲治；立命而怠事，不可使守职；宗丧循哀，不可使慈民；机服勉容，不可使导众。孔丘盛容修饰以蛊世，弦歌鼓舞以聚徒，繁登降之礼以示仪，务趋翔之节以观众，博学不可使议世，劳思不可以补民；累寿不能尽其学，当年不能行其礼，积财不能赡其乐。繁饰邪术以营世君，盛为声乐以淫愚民；其道不可以期世，其学不可以导众。今君封之，以利齐俗，非所以导国先众。"公曰："善。"于是厚其礼，留其封，敬见而不问其道。
④ 《晏子春秋》：仲尼之齐，见景公，景公说之，欲封之以尔稽，以告晏子。晏子对曰："不可。彼浩裾自顺，不可以教下；好乐缓于民，不可使亲治；立命而建事，不可使守职；厚葬破民贫国，久丧道哀费日，不可使子民；行之难者在内，而传者无其外，故异于服，勉于行，不可以道众而驯百姓。自大贤之灭，周室之卑也，威仪加多，而民行滋薄；声乐繁冗，而世德滋衰。今孔丘盛声乐以侈世，饰弦歌鼓舞以聚徒，繁登降之礼，趋翔之节以观众，博学不可以仪世，劳思不可以补民，兼寿不能殚其教，当年不能究其礼，积财不能赡其乐，繁饰邪术以营世君，盛为声乐以淫愚其民。其道也，不可以示世；其教也，不乐意导民。今欲封之，以移齐国之俗，非所以导众存民也。"公曰："善。"于是厚其礼而留其封，敬见而不问其道。仲尼乃行。
⑤ ［三国魏］王肃注：《孔子家语》，上海：上海古籍出版社，1990年版，第40页。

子不对,何也?"晏子对曰:"婴不肖,不足以知贤人。虽然,婴闻所谓贤人者,入人之国必务合其君臣之亲,而弭其上下之怨。孔某之荆,知白公之谋,而奉之以石乞,君身几灭,而白公戮。婴闻贤人得上不虚,得下不危,言听于君必利人,教行下必于上,是以言明而易知也,行明而易从也,行义可明乎民,谋虑可通乎君臣。今孔某深虑同谋以奉贼,劳思尽知以行邪。劝下乱上,教臣杀君,非贤人之行也;入人之国而与人之贼,非义之类也;知人不忠,趣之为乱,非仁义之也。逃人而后谋,避人而后言,行义不可明于民,谋虑不可通于君臣,婴不知孔某之有异于白公也,是以不对。"景公曰:"呜呼!贶寡人者众矣,非夫子,则吾终身不知孔某之与白公同也。"①

《说苑·权谋》:孔子与齐景公坐。左右白曰:"周使来,言周庙燔。"齐景公出,问曰:"何庙也?"孔子曰:"是釐王庙也。"景公曰:"何以知之?"孔子曰:"诗云:'皇皇上帝,其命不忒。天之与人,必报有德。'祸亦如之。夫釐王变文、武之制而作玄黄,宫室与马奢侈,不可振也。故天殃其庙。是以知之。"景公曰:"天何不殃其身?"曰:"天以文王之故也。若殃其身,文王之祀无乃绝乎?故殃其庙,以章其过也。"左右入报曰:"周釐王庙也。"景公大惊,起再拜曰:"善哉!圣人之智,岂不大乎!"②

《晏子春秋》外篇卷八:仲尼之齐,见景公而不见晏子。子贡曰:"见君不见其从政者,可乎?"仲尼曰:"吾闻晏子事三君而顺焉,吾疑其为人。"晏子闻之,曰:"婴则齐之世民也,不维其行,不识其过,不能自立也。婴闻之,有幸见爱,吾幸见恶,诽誉为类,声向相应,见行从之者也。婴闻之,以一心事三君者,所以顺焉;以三心事一君者,不顺焉。今未见婴之行,而非其顺也。婴闻之,君子独立不惭于影,独寝不惭于魂。孔子拔树削迹,不自以为辱;穷陈蔡,不自以为约;非人不得其故,是犹泽人之非斥斧,山人之非纲罟。出之其口,不知其困也。始吾望传而贵之,今吾望传而疑之。"仲尼闻之,曰:"语有之,言发于尔,不可止于远也;行存于身,不可掩于众也。吾窃议晏子而不中夫人之过,吾罪几矣!丘闻君子过人以为友,不及人以为师。今丘失言于夫子,讥之,是吾师也。"因宰我而谢焉,然后仲尼见之。③

《孟子·万章下》:孔子之去齐,接淅而行;去鲁,曰:"迟迟吾行也,去父

---

①　[战国]墨翟:《墨子》,上海:上海古籍出版社,1989年版,第74页。

②　[汉]刘向撰:《新序说苑》,上海:上海古籍出版社,1990年版,第109页。

③　[汉]刘向撰:《新序说苑》,上海:上海古籍出版社,1990年版,第57页。

母之国也。"①

《晏子春秋》:仲尼之齐,见景公,景公说之,欲封之以尔稽,以告晏子。晏子对曰:"不可。彼浩裾子自顺,不可以教下;好乐绥于民,不可使亲治;立命而建事,不可使守职;厚葬破民贫国,久丧道哀费日,不可使子民;行之难者在内,而传者无其外,故异于服,勉于行,不可以道众而驯百姓。自大贤之灭,周室之卑也,威仪加多,而民行滋薄;声乐繁冗,而世德滋衰。今孔丘盛声乐以侈世,饰弦歌鼓舞以聚徒,繁登降之礼,趋翔之节以观众,博学不可以仪世,劳思不可以补民,兼寿不能殚其教,当年不能究其礼,积财不能赡其乐,繁饰邪术以营世君,盛为声乐以淫愚其民。其道也,不可以示世;其教也,不乐意导民。今欲封之,以移齐国之俗,非所以导众存民也。"公曰:"善。"于是厚其礼而留其封,敬见而不问其道。仲尼乃行。②

• 公元前514年,鲁昭公二十八年,孔子三十九岁。鲁昭公如晋,求入不得,处乾侯。

• 魏献子为政,举贤能。孔子闻魏子之举,以为义,曰:"近不失亲,远不失举,可谓义矣。"又闻其命贾辛也,以为忠,"《诗》曰:'永言配命,自求多福。'忠也。魏子之举也,义其命也,忠其长有后于晋国乎!"

【文献记载】

《春秋·昭公二十八年》:

> 公如晋,次于乾侯(春秋晋国边邑,今河北成安县东南)。③

《史记·十二诸侯年表·鲁表》:

> 公如晋,求入。晋弗听,处之乾侯。④

《左传·昭公二十八年》:

---

① [宋]朱熹撰:《四书章句集注》,北京:中华书局,1983年版,第314页。
② 吴则虞撰:《晏子春秋集释》(全2册),北京:中华书局,1982年版,第491-492页。
③ 杨伯峻编著:《春秋左传注》(全4册),北京:中华书局,1990年版,第1490页。
④ [汉]司马迁撰:《史记》(全10册),北京:中华书局,1959年版,第661页。

二十八年，春，公如晋，将如乾侯。子家子曰："有求于人，而即其安，人孰矜之？其造于竟。"弗听，使请逆于晋。晋人曰："天祸鲁国，君淹恤在外，君亦不使一个，辱在寡人，而即安于甥舅，其亦使逆君？"使公复于竟而后逆之。①

《史记·十二诸侯年表·晋表》：

六卿诛公族，分其邑。各使其子为大夫。②

《左传·昭公二十八年》：

秋，晋韩宣子卒，魏献子为政。分祁氏之田以为七县，分羊舌氏之田以为三县。司马弥牟为邬大夫，贾辛为祁大夫，司马乌为平陵大夫，魏戊为梗阳大夫，知徐吾为涂水大夫，韩固为马首大夫，孟丙为盂大夫，乐霄为铜鞮大夫，赵朝为平阳大夫，僚安为杨氏大夫。谓贾辛、司马乌为有力于王室，故举之。谓知徐吾、赵朝、韩固、魏戊，余子之不失职，能守业者也。其四人者，皆受县而后见于魏子，以贤举也。……仲尼闻魏子之举也，以为义，曰："近不失亲，远不失举，可谓义矣。"又闻其命贾辛也，以为忠："《诗》曰：'永言配命，自求多福。'忠也。魏子之举也义，其命也忠，其长有后于晋国乎！"③

【考证】

魏献子为政，分公族之田以与贤能，以其子魏戊为梗阳大夫，孔子赞其"近不失亲，远不失举"。后梗阳人有狱，魏献子将受赂，魏戊使人智谏，魏献子知而能改，诚为忠义之人。

【时事考异】

《左传》有关魏献子举贤，孔子赞之，这一部分的叙事有主有次，"魏献子为政。分祁氏之田以为七县，分羊舌氏之田以为三县。司马弥牟为邬大

---

① 杨伯峻编著：《春秋左传注》（全4册），北京：中华书局，1990年版，第1490—1491页。
② ［汉］司马迁撰：《史记》（全10册），北京：中华书局，1959年版，第661页。
③ 杨伯峻编著：《春秋左传注》（全4册），北京：中华书局，1990年版，第1493—1496页。

夫,贾辛为祁大夫,司马乌为平陵大夫,魏戊为梗阳大夫,知徐吾为涂水大
夫,韩固为马首大夫,孟丙为盂大夫,乐霄为铜鞮大夫,赵朝为平阳大夫,僚
安为杨氏大夫。谓贾辛、司马乌为有力于王室,故举之。谓知徐吾、赵朝、
韩固、魏戊,余子之不失职,能守业者也。其四人者,皆受县而后见于魏子,
以贤举也"①云云,是主要的叙事部分。后面两章分别是"魏子谓成鱄""贾
辛将适其县,见于魏子",是对前面部分的补充解释,同时也是后面孔子对
此事评论的注解,因此可以认为举贤之后的两章属于"语"类文献,与主叙
事的文字并非同一来源。值得注意的是,魏献子为政,分公族之邑田,乃是
晋国公室衰落、六卿势力强盛的标志性事件。

- 公元前 513 年,鲁昭公二十九年,孔子四十岁。弟子澹台灭明生。
- 鲁昭公至自乾侯,居于郓。齐侯使高张来唁公,卑昭公。公耻之,又
如晋,次于乾侯。冬,郓溃。
- 晋铸刑鼎,著范宣子之刑书。孔子评曰:"晋其亡乎! 失其度矣。夫
晋国将守唐叔之所受法度,以经纬其民,卿大夫以序守之,民是以能尊其
贵,贵是以能守其业。贵贱不愆,所谓度也。文公是以作执秩之官,为被庐
之法,以为盟主,今弃是度也,而为刑鼎,民在鼎矣,何以尊贵? 贵何业之
守? 贵贱无序,何以为国? 且夫宣子之刑,夷之搜也,晋国之乱制也,若之
何以为法?"此乃孔子借晋国六卿铸刑鼎之事,对春秋晚期列国礼制弛废,
卿大夫制刑法,权利明显下移,直接表达态度。

【文献记载】

《春秋·昭公二十九年》:

> 二十有九年,春,公至自乾侯,居于郓。齐侯使高张来唁公。
> 公如晋,次于乾侯。
> 夏,四月庚子,叔诣卒。
> 冬,十月,郓溃。②

《史记·十二诸侯年表·鲁表》:

---

① 杨伯峻编著:《春秋左传注》(全 4 册),北京:中华书局,1990 年版,第 1493—1494 页。
② 杨伯峻编著:《春秋左传注》(全 4 册),北京:中华书局,1990 年版,第 1498 页。

公自乾侯如郓。齐侯曰："主君。"公耻之,复之乾侯。①

《左传·昭公二十九年》：

二十九年,春,公至自乾侯,处于郓。齐侯使高张来唁公,称"主君"。子家子曰："齐卑君矣,君祗辱焉。"公如乾侯。②

《穀梁传·昭公二十九年》：

二十有九年春,公至自乾侯,居于郓。齐侯使高张来唁公。唁公不得入于鲁也。公如晋,次于乾侯。

夏,四月庚子,叔倪卒。季孙意如曰："叔倪无病而死。此皆无公也,是天命也,非我罪也。"

秋,七月。

冬,十月,郓溃。溃之为言,上下不相得也。上下不相得则恶矣,亦讥公也。昭公出奔,民如释重负。③

《公羊传·昭公二十九年》：

二十有九年春,公至自乾侯,居于运。

齐侯使高张来唁公。

公如晋,次于乾侯。

夏,四月庚子,叔倪卒。

秋,七月。

冬,十月,运溃。邑不言溃,此其言溃何？郓之也。曷为郓之？君存焉尔。④

---

① ［汉］司马迁撰：《史记》(全10册),北京：中华书局,1959年版,第661－662页。
② 杨伯峻编著：《春秋左传注》(全4册),北京：中华书局,1990年版,第1498－1499页。
③ 李学勤主编：《十三经注疏·春秋穀梁传注疏》,北京：北京大学出版社,1999年版,第352页。
④ 李学勤主编：《十三经注疏·春秋公羊传注疏》,北京：北京大学出版社,1999年版,第535页。

《左传·昭公二十九年》：

　　冬，晋赵鞅、荀寅帅师城汝滨，遂赋晋国一鼓铁，以铸刑鼎，著范宣子所为刑书焉。仲尼曰："晋其亡乎！失其度矣。夫晋国将守唐叔之所受法度，以经纬其民，卿大大以序守之。民是以能尊其贵，贵是以能守其业。贵贱不愆，所谓度也。文公是以作执秩之官，为被庐之法，以为盟主。今弃是度也，而为刑鼎，民在鼎矣，何以尊贵？贵何业之守？贵贱无序，何以为国？且夫宣子之刑，夷之蒐也，晋国之乱制也，若之何以为法？"蔡史墨曰："范氏、中行氏其亡乎！中行寅为下卿，而干上令，擅作刑器，以为国法，是法奸也。又加范氏焉，易之，亡也。其及赵氏，赵孟与焉。然不得已，若德，可以免。"①

　　（按：从此条记载中，可知春秋晚期已有冶铁之业，但用铁还是郑重其事。"赋晋国一鼓铁以铸刑鼎"，杜《注》、孔《疏》皆谓冶石为铁，用橐扇火谓之鼓，计会一鼓便足。明冯时可《左氏释》认为，王肃《家语注》云："三十斤为钧，四钧为石，四石为鼓。"盖用四百八十斤铁以铸刑书，适给于用。则胜杜《注》、孔《疏》说多矣②。孔子对此事严加批评，则是由于感受到晋国本是遵守周公法制（唐叔之所受法度），而卿大夫将自己刑书铸于鼎，乃是礼乐征伐出自大夫的标志，也颇有"是可忍，孰不可忍也"的感慨矣。）

《史记·仲尼弟子列传》：

　　澹台灭明，武城人，字子羽。少孔子三十九岁。状貌甚恶。欲事孔子，孔子以为材薄。既已受业，退而修行，行不由径，非公事不见卿大夫。

　　南游至江，从弟子三百人，设取予去就，名施乎诸侯。孔子闻之，曰："吾以言取人，失之宰予；以貌取人，失之子羽。"③

《孔子家语·七十二弟子解》：

①　杨伯峻编著：《春秋左传注》（全 4 册），北京：中华书局，1990 年版，第 1504—1505 页。
②　参看：《四库全书总目提要》卷 28 明冯时可《左氏释》提要。
③　［汉］司马迁撰：《史记》（全 10 册），北京：中华书局，1959 年版，第 2205—2206 页。

澹台灭明，武城人，字子羽，少孔子四十九岁。有君子之姿。孔子尝以容貌望其才，其才不充孔子之望。然其为人公正无私，以取与去就，以诺为名。仕鲁为大夫。①

（按：《左传·哀公八年》："三月，吴伐我，子泄率，故道险，从武城。初，武城人或有因于吴竟田焉，拘鄫人之沤菅者，曰：'何故使吾水滋。'及吴师至，拘者道之，以伐武城，克之。王犯尝为之宰，澹台子羽之父好焉。"可见澹台子羽是鲁之武城人，其地近于曾子族源之鄫。至于澹台子羽"状貌甚恶"，抑或"有君子之姿"，一般认同前者，而《韩非子》取后者。）

《韩非子·显学》：

澹台子羽，君子之容也，仲尼几而取之，与处久而行不称其貌。宰予之辞，雅而文也，仲尼几而取之，与处久而智不充其辨。故孔子曰："以容取人乎，失之子羽；以言取人乎，失之宰予。"②

【考证】

这一年《春秋》仅书鲁国之事，《公羊》、《榖梁》均未记载齐侯使高张称昭公为"主君"之事。杨伯峻《春秋左传注》云，春秋战国时代家臣称自己的卿大夫为主君，故子家子曰"齐卑君矣"，由此昭公复如乾侯。《史记·十二诸侯年表》所据极近今本《左传》。

【时事考异】

鲁昭公居乾侯，季平子每岁买马而归之乾侯。昭公执归马者而卖其马，季平子乃止。《左传·昭公二十九年》：

平子每岁贾马，具从者之衣屦，而归之于乾侯。公执归马者，卖之，乃不归马。卫侯来献其乘马曰启服，堑而死，公将为之椟。子家子曰："从者病矣，请以食之。"乃以帏裹之。③

---

① ［三国魏］王肃注：《孔子家语》，上海：上海古籍出版社，1990 年版，第 96 页。

② 王先慎撰，钟哲点校：《韩非子集解》，北京：中华书局，2003 年版，第 459－460 页。

③ 杨伯峻编著：《春秋左传注》（全 4 册），北京：中华书局，1990 年版，第 1499－1500 页。

鲁昭公使其子公衍献羔裘于齐侯,齐侯与之阳谷,公私喜于阳谷而思于鲁,悔听公为之言而废之,立公衍为大子。《左传·昭公二十九年》:

> 公赐公衍羔裘,使献龙辅于齐侯,遂入羔裘。齐侯喜,与之阳谷。公衍、公为之生也,其母偕出。公衍先生,公为之母曰:"相与偕出,请相与偕告。"三日,公为生,其母先以告,公为为兄。公私喜于阳谷而思于鲁,曰:"务人为此祸也。且后生而为兄,其诬也久矣。"乃黜之,而以公衍为大子。①

《左传》写鲁昭公流亡期间的日常生活,愈是琐屑,愈显得他是平庸、任性、有点讲究,却缺乏深谋远虑之辈。

《左传·昭公二十九年》取材比《春秋》广泛,不仅及于鲁,也继续追踪周室变乱。比如,记述周杀王子朝之党:"三月己卯,京师杀召伯盈、尹氏固及原伯鲁之子。尹固之复也,有妇人遇之周郊,尤之,曰:'处则劝人为祸,行则数日而反,是夫也,其过三岁乎?'"嘲讽这些叛乱者的道德智慧,不及周郊一妇人。

• 公元前 512 年,鲁昭公三十年,孔子四十一岁。鲁昭公在乾侯。弟子陈亢生。

【文献记载】

《春秋·昭公三十年》:

> 三十年,春,王正月,公在乾侯。②

《左传·昭公三十年》:

> 三十年,春,王正月,公在乾侯,不先书郓与乾侯,非公,且征过也。③

---

① 杨伯峻编著:《春秋左传注》(全 4 册),北京:中华书局,1990 年版,第 1500 页。
② 杨伯峻编著:《春秋左传注》(全 4 册),北京:中华书局,1990 年版,第 1505 页。
③ 杨伯峻编著:《春秋左传注》(全 4 册),北京:中华书局,1990 年版,第 1505 页。

《孔子家语·七十二弟子解》:

　　陈亢,陈人,字子元,一字子禽。少孔子四十岁。[①]

《论语·季氏》:

　　陈亢问于伯鱼曰:"子亦有异闻乎?"对曰:"未也。尝独立,鲤趋而
过庭,曰:'学《诗》乎?'对曰:'未也。''不学《诗》,无以言。'鲤退而学
《诗》。他日又独立,鲤趋而过庭,曰:'学《礼》乎?'对曰:'未也。''不学
《礼》,无以立。'鲤退而学《礼》。闻斯二者。"陈亢退而喜曰:"问一得
三,闻《诗》,闻《礼》,又闻君子之远其子也。"[②]

　　(按:孔门弟子除了一些大弟子外,余者身世载录杂乱。陈亢或说为孔
子弟子,或说为子贡门人,在孔门侍庭问学,尚未登堂入室。清朱彝尊《曝
书亭集》卷五十六《孔子弟子考》云:"《家语·弟子解》七十六人,又与叔孙
会合传有孔璇,又别见者惠叔兰,共七十八人。《史记·弟子传》七十七人。
别见《孔子世家》者,有颜浊聚,共七十八人。苏辙撰《古史》,著录七十九
人。《家语》有而《史记》无者,琴牢、薛邦、申续、陈亢、县亶也。《史记》有而
《家语》无者,公伯寮、郑国、申棠、鄡单、秦冉、颜何也。益以文翁《礼殿》之
廉瑀、林放,鲁峻石壁画象之子服何,《礼杂记》之孺悲,射义之公罔之裘、序
点,《春秋左氏传》之仲孙何忌、仲孙阅,《晏子》之鞠语,《孟子》之牧皮,《庄
子》之常季,通计九十八人。窃谓中有姓氏相近者,不当以臆见去留,先师
之庭,宜概应从祀。他若《论语》之阙党互乡二童子,鲁峻石壁画象之祇子
虑、襄子孺、襄子鲁、公子剽颜子思、绁子高,韦续《书品》为素王纪瑞制麒麟
书之,申姓名阙失。又蘧伯玉,孔子严事之友。施存,虽载陶弘景《真诰》,
在三千人之数,不与弟子之列,不复著录,恐滋后学之惑也。")

【时事考异】
　　吴灭徐,徐子奔楚。《史记·十二诸侯年表》所记与《左传》更近。

<hr>

[①] [三国魏]王肃注:《孔子家语》,上海:上海古籍出版社,1990年版,第98页。
[②] [宋]朱熹撰:《四书章句集注》,北京:中华书局,1983年版,第173-174页。

《春秋·昭公三十年》：

　　冬，十有二月，吴灭徐，徐子章羽奔楚。①

《史记·十二诸侯年表·楚表》：

　　吴三公子来奔，封以扞吴。②

《史记·十二诸侯年表·吴表》：

　　公子奔楚。③

《左传·昭公三十年》：

　　吴子使徐人执掩馀，使钟吾人执烛庸，二公子奔楚。楚子大封，而
　定其徙，使监马尹大心逆吴公子，使居养。莠尹然、左司马沈尹戌城
　之；取于城父与胡田以与之，将以害吴也。④

（按：史载可见，鲁昭公流亡乾侯，无甚作为；吴、楚对淮上诸小国，争夺
加烈。
　　又按：从陈亢问学，可以引出孔子设帐授徒与孔门教子方式之区别。
孔子对孔鲤，引导、启发其进学方向，却不具体讲授科目。黄宗羲《宋元
学案》（全祖望补本）卷七《涑水学案上》有"辨曰"云：孟子曰："古者易子
而教之"，非谓其不教也。又曰："父子之间不责善。"父为不义则争之，非
责善之谓也。传云："爱子，教之以义方。"岂自教也哉？胡不以吾夫子观
之？鲤趋而过庭，孔子告之"不学《诗》无以言，不学《礼》无以立"。鲤退
而学《诗》与《礼》，非孔子自以《诗》、《礼》训之也。陈亢喜曰："问一得三：

————————

① 杨伯峻编著：《春秋左传注》（全4册），北京：中华书局，1990年版，第1505页。
② ［汉］司马迁撰：《史记》（全10册），北京：中华书局，1959年版，第662页。
③ ［汉］司马迁撰：《史记》（全10册），北京：中华书局，1959年版，第662页。
④ 杨伯峻编著：《春秋左传注》（全4册），北京：中华书局，1990年版，第1507—1508页。

闻《诗》,闻《礼》,又闻君子之远其子。"孟子之言,正与孔子不约而同,其亦有所受而言之乎?)

- 公元前 511 年,鲁昭公三十一年,孔子四十二岁。
- 鲁昭公在乾侯,孔子赴周,问学于老子、苌弘。日有食之。
- 本年谱编者考得,孔子赴周,问学于老子、苌弘,当在鲁昭公三十一年。而历代记述,年份多失。

【文献记载】

《春秋·昭公三十一年》:

> 三十有一年,春,王正月,公在乾侯。
> 季孙意如会晋荀跞于适历。
> 晋侯使荀跞唁公于乾侯。
> 十有二月,辛亥,朔,日有食之。[①]

《史记·十二诸侯年表·鲁表》:

> 日蚀。[②]

《左传·昭公三十一年》:

> 三十一年,春,王正月,公在乾侯,言不能外内也。
> 晋侯将以师纳公。范献子曰:"若召季孙而不来,则信不臣矣。然后伐之,若何?"晋人召季孙,献子使私焉,曰:"子必来,我受其无咎。"季孙意如会晋荀跞于适历。荀跞曰:"寡君使跞谓吾子:'何故出君?有君不事,周有常刑,子其图之!'"季孙练冠、麻衣,跣行,伏而对曰:"事君,臣之所不得也,敢逃刑命?君若以臣为有罪,请囚于费,以待君之察也,亦唯君。若以先臣之故,不绝季氏,而赐之死。若弗杀弗亡,

---

① 杨伯峻编著:《春秋左传注》(全 4 册),北京:中华书局,1990 年版,第 1509—1510 页。
② [汉]司马迁撰:《史记》(全 10 册),北京:中华书局,1959 年版,第 663 页。

君之惠也,死且不朽。若得从君而归,则固臣之愿也。敢有异心?"

　　夏四月,季孙从知伯(荀跞)如乾侯。子家子曰:"君与之归。一惭之不忍,而终身惭乎?"公曰:"诺。"众曰:"在一言矣,君必逐之!"荀跞以晋侯之命唁公,且曰:"寡君使跞以君命讨于意如,意如不敢逃死,君其入也!"公曰:"君惠顾先君之好,施及亡人,将使归粪除宗祧以事君,则不能见夫人。己所能见夫人者,有如河!"荀跞掩耳而走,曰:"寡君其罪之恐,敢与知鲁国之难?臣请复于寡君。"退而谓季孙:"君怒未息,子姑归祭。"子家子曰:"君以一乘入于鲁师,季孙必与君归。"公欲从之,众从者胁公,不得归。①

　　(按:鲁昭公虽久滞乾侯,内不容于臣子,外不容于齐、晋,但在本年春夏间形势有所好转。晋侯打算用武力送昭公回归,将他驱逐的季平子(季孙意如)迫于晋国压力,也卑辞屈礼到乾侯迎接昭公。昭公多少恢复了国君面子,只因受众从者胁迫,未能回国。从中也可以看到他优柔寡断、缺乏决断力的性格。从孔子本人的思想态度及当时政治形势着眼,孔子派南宫敬叔沟通鲁君,大概想以文化使者的身份适周问礼,是可以设想的。他此前之杞、之宋,均没有官方身份。从孔子到成周洛阳,会见多名官员、参观宗庙等安排来看,大概也多少含有对一介布衣的特殊礼遇的成分。)

【考证】

　　孔子适周问礼于老子,是先秦诸子百家争鸣揭开帷幕的历史性事件。然而,孔子是否确实见过老子,由于老聃职位不显,孔子尚未为大夫,官方文献不可能同步记载,这给疑古者留下了提出疑问的空白。但是东周秦汉文献多有记述,并无遮掩。尽管儒家做大,又强调道统之后,极力想将老子这位道家祖师排除出孔子曾经问学的行列。目前可见记载孔子见老子的文献主要有《史记·孔子世家》、《老子韩非列传》、《礼记·曾子问》、《庄子》、《论衡·龙虚》及《知实》、边韶《老子铭》。相关文献则有《说苑·敬慎》、《孔子家语·观周》、《吕氏春秋·当染》、《韩诗外传》、《新序》、《潜夫论》,以及汉代祠堂墓穴石画像等。

　　相对而言,《史记·孔子世家》及《老子列传》对此事均有记载,一个史

_____

① 杨伯峻编著:《春秋左传注》(全4册),北京:中华书局,1990年版,第1510—1511页。

学家如此详细地记述此事件，当是根据比较可靠的战国简牍、实地调查及传闻。《礼记·曾子问》四次记载孔子曰"吾闻于老聃"，并载有曾子问孔子葬礼的问题，孔子回答之中，谈及与老子助葬之事，并非刻意述及见老子之事，相对可信。《庄子》中多篇言及孔子见老子，但更近寓言，颇难令人信从，但其借助孔子见老子的故实，而作"重言"，则是书中常用的手法。《老子铭》、《论衡》等文献多据《史记》而发挥，史料价值不大。

尤可注意的是《吕氏春秋》、《韩诗外传》、《说苑》、《新序》等文献，多次提及"孔子师老聃"、"孔子观周"等事。这类文献均为秦汉古书，内容以汇录战国短章为主，故其内容虽可能来自于转抄，但至少可以说明战国时代普遍存在孔子观周问学于老子的认知。

《孔子家语》、《孔丛子》二书来源复杂，在二书出现之年代，上古文献存世较多，作为源自孔府文献之书，应保存相当多的早期简帛材料，不应过多斥之"作伪"，故其内容亦有重要的考知价值。二书存有孔子观周内容，可见孔子曾至成周洛阳之事，应是无可怀疑。鉴于战国时代广泛流行的孔子师老子之说，若无过硬反证，还应承认中国思想史上这一重大事件。中国人不应使自己的文化根子"碎片化"、"空心化"，应该保有几分文明古国、大国的自信力和承认自身原创的权利。毕竟，孔子至洛阳，遍访名师是题中之义，老子受访理所当然①。

考证孔子何时见老子，有两则文献最为重要，分别是：

---

① 《史记·孔子世家》将孔子赴周见老子之事列于孔子十七岁时（《世家》载孔子生于襄公二十二年，故云十七），边韶《老子铭》、郦道元《水经注》均沿袭此说，但此时（鲁昭公七年）南宫敬叔未生，即使此年确实发生过日食，也不是孔子见老子之年。阎若璩《先圣生卒年月考》较早注意到了《礼记》中孔子从老子助葬见日食的记载，由此断言孔子赴周在鲁昭公二十四年：

《曾子问》孔子曰："昔者吾从老聃助葬于巷党，及堩，日有食之。"唯昭公二十四年夏五月乙未朔，日有食之，见《春秋》，此即孔子从老聃问礼也。

这一说法影响颇大，今人多采之。但这一年周有王室之乱，南宫敬叔刚刚十三岁，孔子不可能派年仅十三岁之弟子请于昭公，其时孟僖子尚未下葬，南宫敬叔也不可能随孔子赴周。梁玉绳《史记志疑》发现了《孔子世家》之误，并援引《庄子·天运》篇之说，认为孔子见老子虽难以确考，但孔子五十岁上下则于理近之。詹剑峰《老子其人其书及其道论》注意到了东周的政治环境，因此判断孔子不可能在昭公二十四年见老子，而应该是周乱之前的昭公二十一年（公元前525年），这一年也有一次日食。但此年南宫敬叔仅仅有九岁，更不可能随孔子赴周了，且这一年的日食发生在下午五点半左右，与周制葬礼出殡时间相冲突。梁涛《孔子行年考》采用此说，并参考蒋伯潜《诸子通考》中的说法，认为南宫敬叔即孔子的另一弟子南宫滔。不过，敬叔乃是谥号，怎可武断归之于南宫滔？其他尚有多种意见，可参梁涛《孔子行年考》之梳理。

《史记·孔子世家》:鲁南宫敬叔言鲁君曰:"请与孔子适周。"鲁君与之一乘车,两马,一竖子俱,适周问礼,盖见老子云。①

《礼记·曾子问》:曾子问曰:"葬引至于堩,日有食之,则有变乎?且不乎?"孔子曰:"昔者吾从老聃,助葬于巷党,及堩,日有食之。老聃曰:'丘,止柩就道右,止哭以听变。'既明反。而后行。曰:'礼也。'"②

这两则材料分别提供了以下主要信息:

1. 南宫敬叔请于鲁君。

2. 孔子与老子共同见过一次日食。

因是南宫敬叔向鲁君请行,故此时南宫敬叔既是孔门弟子,年龄又应在二十岁以上。同时,孔子此时赋闲未仕。据《左传》记载,南宫敬叔生于鲁昭公十一年,故孔子见老子应在鲁昭公三十一年(公元前511年)之后,此时南宫敬叔已二十岁以上,可以承担孔子交付的沟通鲁君的任务。若如《孔子铭》所说的孔子十七岁见老子,则南宫敬叔尚未出生,岂能从行? 若如清人阎若璩考证的在鲁昭公二十四年孟僖子死,南宫敬叔从孔子学礼,那么孟僖子二月死、四月日食,尚未完成周礼规定的"大夫三月而葬"(《礼记·礼器》)的仪轨,南宫敬叔岂能抽身随行? 一个十三岁的少年又岂能委托他去沟通鲁君? 若是鲁定公时期,南宫敬叔已被封为大夫,甚至发生"南宫敬叔以富得罪于定公"的事情,他的富裕使国君都感到过分,孔子说"自南宫敬叔之乘我车,而道加行"(《孔子家语·致思》),可见其车马不少,也不会在乎鲁君所赠的"一乘车,两马,一竖子"了。

至于说,鲁昭公于二十五年秋被季氏驱逐流亡于齐,鲁国无君,所以不能请示鲁君,那只是看到问题的一个方面;另一个方面是,在前面的介绍中已经知道,孔子屡言昭公知礼,是站在鲁君一面的,即便他被放逐,孔子还是承认这位鲁君。鲁昭公客死于乾侯而归葬,《左传·定公元年》记载:"秋七月癸巳,葬昭公于墓道南。孔子之为司寇也,沟而合诸墓。"③《孔子家语》也载:"先时季氏葬昭公于墓道之南,孔子沟而合诸墓焉。谓季桓子曰:

---

① 〔汉〕司马迁撰:《史记》(全10册),北京:中华书局,1959年版,第1909页。

② 〔清〕孙希旦撰,沈啸寰、王星贤点校:《礼记集解》(全3册),北京:中华书局,1989年版,第545—546页。

③ 杨伯峻编著:《春秋左传注》(全4册),北京:中华书局,1990年版,第1527页。

'贬君以彰己罪，非礼也。今合之，所以掩夫子之不臣。'"[1]季氏用远葬方法，想把鲁昭公开除出鲁国先公墓地。九年后，孔子在昭公墓外开沟，又把此墓划入先公墓范围，还批评季氏非礼。可见孔子是承认这位鲁君的，正因为其流亡在外"君已不君"，而且卒于次年，所以不明称鲁昭公或鲁定公，而以春秋笔法将之模糊化为"鲁君"。而这位鲁君在流亡中，无法资助一个车队从行，只能拿出"一乘车，两马，一竖子"这样寒碜的礼物。另据《孔子世家》，孔子五十岁以后为中都宰、大司寇，后又周游列国，未至东周，故孔子见老子应在公元前511年至公元前502年之间。

查《夏商周三代中国十三城可见日食表（食分食甚）》及 Five Millennium Canon of Solar Eclipses：−1999 to +3000（2000 BCE to 3000 CE），我们可以发现，这个期间在洛阳可见的日食有两次，分别是公元前511年11月14日上午9点56分前后（见于《春秋》）以及公元前505年2月16日下午15点15分前后。

《礼记·曾子问》记载日食发生时，葬礼"及垙"，也即棺椁已至于大道。据《仪礼·既夕礼》记载，入葬之日：

> 厥明，陈鼎五于门外，如初。……灭燎。执烛侠辂，北面。宾入者，拜之。彻者入，丈夫踊。设于西北，妇人踊。彻者东。鼎入。乃奠，……奠者出，主人要节而踊。甸人抗重，出自道，道左倚之。荐马，马出自道，车各从其马，驾于门外，西面而俟，南上。……主人之史请读赗，执筭从。枢东，当前束，西面。不命毋哭。哭者相止也。唯主人、主妇哭。烛在右，南面。读书，释筭则坐。卒，命哭，灭烛，书与筭执之以逆出。公史自西方东面，命毋哭，主人、主妇皆不哭。读遣，卒，命哭。灭烛，出。商祝执功布以御枢，执披。主人袒，乃行，踊无筭。出宫，踊，袭。至于邦门，公使宰夫赠玄𬘓束。主人去杖，不哭，由左听命。宾由右致命。主人哭，拜稽颡。宾升，实币于盖，降。主人拜送，复位，杖，乃行。[2]

① 王国轩、王秀梅译注：《孔子家语》，北京：中华书局，2011年版，第6页。
② 杨天宇撰：《仪礼译注》，上海：上海古籍出版社，2004年版，第385−388页。

　　上述引用礼仪表面看起来颇为繁琐,但其历时不会很长。两周时代入葬礼和虞礼在同一天举行,《礼记·檀弓下》云:"孔子曰:'殷已悫,吾从周。'葬于北方北首,三代之达礼也,之幽之故也。既封,主人赠,而祝宿虞尸。既反哭,主人与有司视虞牲,有司以几筵舍奠于墓左。反,日中而虞,葬日虞,弗忍一日离也。"①虞礼始于日中,故葬礼在上午进行。入葬过程从天明开始,只经过陈鼎祭祀、宾入拜礼、奠礼,就会将棺椁抬出,安放于枢车上。读策之后,即出于道。那么,当灵枢处于大道之上时,应在上午八九点钟。老子与孔子助葬于巷党,遇日食时即当如此。故上述两次日食中,昭公三十一年(公元前 511 年)之日食正符合这一条件。

　　如上文所言,昭公三十一年,鲁昭公处于乾侯,流亡于外。"鲁君"的称呼和寒酸的赠与,与昭公的处境恰相印合。南宫此年刚满二十一岁,尚无车马之资。亦与记载相符②。

　　除此之外,当时洛阳的政治环境对孔子赴周也有影响。鲁昭公二十二年,周景王崩,周王室内乱,晋立敬王,但居于狄泉,尹氏立王子朝,直到鲁昭公二十六年,周敬王才在晋的帮助下入主成周,王子朝奔楚。鲁定公六年,王子朝之徒又作乱。故孔子不会在鲁昭公二十三年至二十六年之间在兵荒马乱之际进入成周,而鲁昭公三十一年时,周政局尚稳定,孔子成行没有道路安全问题。

　　此年《左传》对日食的记载也需特别关注:

　　　　十二月辛亥朔,日有食之。是夜也,赵简子梦童子臝而转以歌。旦占诸史墨,曰:"吾梦如是,今而日食,何也?"对曰:"六年及此月也,吴其入郢乎! 终亦弗克。入郢,必以庚辰,日月在辰尾。庚午之日,日始有谪。火胜金,故弗克。"③

"火胜金"一语近于战国邹衍"五德相胜"说,相似用语还见于《哀公九年传》:

　　① 〔清〕阮元校刻:《十三经注疏》(全 2 册),北京:中华书局,1980 年版,第 1302 页。
　　② 详参:杨义《老子还原》,北京:中华书局,2011 年版。
　　③ 杨伯峻编著:《春秋左传注》(全 4 册),北京:中华书局,1990 年版,第 1513—1514 页。

晋赵鞅卜救郑，遇水适火，占诸史赵、史墨、史龟。史龟曰："'是谓沈阳，可以兴兵。利以伐姜，不利子商'。伐齐则可，敌宋不吉。"史墨曰："盈，水名也。子，水位也。名位敌，不可干也。炎帝为火师，姜姓其后也。水胜火，伐姜则可。"史赵曰："是谓如川之满，不可游也。郑方有罪，不可救也。救郑则不吉，不知其他。"阳虎以《周易》筮之，遇《泰》之《需》，曰："宋方吉，不可与也。微子启，帝乙之元子也。宋、郑，甥舅也。祉，禄也。若帝乙之元子归妹，而有吉禄，我安得吉焉？"乃止。①

可见这种五行相胜的说法并非偶然出现，以五行因素解释自然历史是《左传》学的一个重要特点，这从《汉书·五行志》所载刘歆说就不难看出。但是，《左传》中的相关记载是否与邹衍五行学说有关，则是值得深考的事情了。

【杂录】

《史记·老子韩非列传》：孔子适周，将问礼于老子。老子曰："子所言者，其与人骨皆已朽矣，独其言在耳。且君子得其时则驾，不得其时则蓬累而行。吾闻之，良贾深藏若虚，君子盛德，容貌若愚。去子之骄气与多欲，态色与淫志，是皆无益于子之身。吾所以告子，若是而已。"孔子去，谓弟子曰："鸟，吾知其能飞；鱼，吾知其能游；兽，吾知其能走。走者可以为罔，游者可以为纶，飞者可以为矰。至于龙吾不能知，其乘风云而上天。吾今日见老子，其犹龙邪！"②

《史记·孔子世家》：（孔子）辞去，而老子送之曰："吾闻富贵者送人以财，仁人者送人以言。吾不能富贵，窃仁人之号，送子以言，曰：聪明深察而近于死者，好议人者也。博辨广大危其身者，发人之恶者也。为人子者毋以有己，为人臣者毋以有己。"孔子自周反于鲁，弟子稍益进焉。③

《孔子家语·观周篇》：及去周，老送之曰："吾闻富贵者送人以财，仁者送人以言。吾虽不能富贵，而窃仁者之号，请送子以言乎：凡当今之世，聪明深察而近于死者，好讥议人者也。博辨闳达而危其身者，好发人之恶

①　杨伯峻编著：《春秋左传注》（全4册），北京：中华书局，1990年版，第1652—1654页。
②　[汉]司马迁撰：《史记》（全10册），北京：中华书局，1959年版，第2140页。
③　[汉]司马迁撰：《史记》（全10册），北京：中华书局，1959年版，第1909页。

者也。无以有己为人子者,无以恶己为人臣者。"孔子曰:"敬奉教。"自周反鲁,道弥尊矣。远方弟子之进,盖三千焉。①

（按:从以上两段记载中,似乎可以感受到,孔子与南宫敬叔"一车二马一竖子",风尘仆仆到洛阳,颇吃苦头,有失面子,难免发点牢骚,所以才有老子提醒"为人臣者"不要"好议人"、"发人之恶",那是非常危险的。)

《说苑·敬慎》:孔子之周,观于太庙。右阶之前,有金人焉,三缄其口,而铭其背曰:"古之慎言人也,戒之哉,戒之哉!无多言,多言多败;无多事,多事多患。安乐必戒,无行所悔。勿谓何伤,其祸将长。无谓何害,其祸将大。无谓何残,其祸将然。勿谓莫闻,天妖伺人。荧荧不灭,炎炎奈何。涓涓不壅,将成江河。绵绵不绝,将成网罗。青青不伐,将寻斧柯。诚不能慎之,祸之根也。口是何伤,祸之门也。强梁者不得其死,好胜者必遇其敌。盗怨主人,民害其贵。君子知天下之不可盖也,故后之下人,使人慕之。执雌持下,莫能与之争者。人皆趣彼,我独守此。众人惑惑,我独不徙。内藏我知,不与人论技。我虽尊高,人莫我害。夫江河长百谷者,以其卑下也。天道无亲,长与善人。戒之哉,戒之哉!"孔子顾谓弟子曰:"记之,此言虽鄙而中事情。《诗》曰:'战战兢兢,如临深渊,如临薄冰。'行身如此,岂以口遇祸哉!"②

《孔子家语·致思》:孔子曰:"季孙之赐我粟千钟,而交益亲,自南宫敬叔之乘我车也,而道加行。故道虽贵,必有时而后重,有势而后行,微夫二子之贶,则丘之道殆将废矣。"③

定县竹书《儒家者言》:于大庙右阶之前有铜□,其□如名(铭)其背〈□□□〉〈之为人也,多〉言多过,多事多患也。

· 公元前 **510** 年,鲁昭公三十二年,孔子四十三岁。鲁昭公薨于乾侯。弟子公西赤生。此年之后,弟子渐多。

【文献记载】

《春秋·昭公三十二年》:

① 王国轩、王秀梅译注:《孔子家语》,北京:中华书局,2011 年版,第 129 页。
② [汉]刘向撰,向宗鲁校证:《说苑校证》,北京:中华书局,1987 年版,第 258—259 页。
③ [三国魏]王肃注:《孔子家语》,上海:上海古籍出版社,1990 年版,第 18 页。

三十有二年，春，王正月，公在乾侯。取阚。

……

十有二月，己未，公薨于乾侯。①

《史记·十二诸侯年表·鲁表》：

公卒乾侯。②

《左传·昭公三十二年》：

三十二年，春，王正月，公在乾侯，言不能外内，又不能用其人也。

……

十二月，公疾，遍赐大夫，大夫不受。赐子家子双琥（礼神之玉器），一环、一璧、轻服，受之。大夫皆受其赐。己未，公薨。子家子反赐于府人，曰："吾不敢逆君命也。"大夫皆反其赐。书曰："公薨于乾侯。"言失其所也。

赵简子问于史墨曰："季氏出其君，而民服焉，诸侯与之，君死于外，而莫之或罪，何也？"对曰："物生有两，有三，有五，有陪贰。故天有三辰，地有五行，体有左右，各有妃耦。王有公，诸侯有卿，皆有贰也。天生季氏，以贰鲁侯，为日久矣。民之服焉，不亦宜乎？鲁君世从其失，季氏世修其勤，民忘君矣。虽死于外，其谁矜之？社稷无常奉，君臣无常位，自古以然。故《诗》曰：'高岸为谷，深谷为陵。'三后之姓，于今为庶，王所知也。在《易》卦，雷乘《乾》曰《大壮》，天之道也。昔成季友，桓之季也，文姜之爱子也，始震而卜。卜人谒之，曰：'生有嘉闻，其名曰友，为公室辅。'及生，如卜人之言，有文在其手曰'友'，遂以名之。既而有大功于鲁，受费以为上卿。至于文子、武子，世增其业，不废旧绩。鲁文公薨，而东门遂杀适立庶，鲁君于是乎失国，政在季氏，于此君也，四公矣。民不知君，何以得国？是以为君，慎器与名，不可以

①　杨伯峻编著：《春秋左传注》（全4册），北京：中华书局，1990年版，第1515页。
②　[汉]司马迁撰：《史记》（全10册），北京：中华书局，1959年版，第663页。

假人。"①

《史记·孔子世家》：

　　孔子年四十二，鲁昭公卒于乾侯，定公立。②

《史记·仲尼弟子列传》：

　　公西赤字子华。少孔子四十二岁。子华使于齐，冉有为其母请粟。孔子曰："与之釜。"请益，曰："与之庾。"冉子与之粟五秉。孔子曰："赤之适齐也，乘肥马，衣轻裘。吾闻君子周急不继富。"③

《孔子家语·七十二弟子解》：

　　公西赤，鲁人，字子华，少孔子四十二岁。束带立朝，闲宾主之仪。④

（按：公西赤在孔门弟子中，以祭祀之仪、宾客之仪见长。《大戴礼记·卫将军文子》子贡的评议和介绍，谓："志通而好礼，摈相两君之事，笃雅其有礼节也，是公西赤之行也。孔子曰：'礼仪三百，可勉能也。威仪三千，则难也。'公西赤问曰：'何谓也？'孔子曰：'貌以摈礼，礼以摈辞，是之谓也。主人闻之以成。'孔子之语人也，曰：'当宾客之事则通矣。'谓门人曰：'二三子欲学宾客之事者，于赤也。'"⑤）

【考证】

　　鲁昭公卒于乾侯，季孙意如立昭公弟公子宋，是为鲁定公。

　　史墨曰："是以为君，慎器与名，不可以假人。"⑥《左传·成公二年》载

---

①　杨伯峻编著《春秋左传注》（全 4 册），北京：中华书局，1990 年版，第 1519—1520 页。
②　［汉］司马迁撰：《史记》（全 10 册），北京：中华书局，1959 年版，第 1912 页。
③　［汉］司马迁撰：《史记》（全 10 册），北京：中华书局，1959 年版，第 2217 页。
④　王国轩、王秀梅译注《孔子家语》，北京：中华书局，2011 年版，第 433 页。
⑤　［清］王聘珍撰，王文锦点校：《大戴礼记解诂》，北京：中华书局，1983 年版，第 109 页。
⑥　［汉］司马迁撰：《史记》（全 10 册），北京：中华书局，1959 年版，第 1543 页。

孔子曰:"惜也,不如多与之邑。唯器与名,不可以假人,君之所司也。名以出信,信以守器,器以藏礼,礼以行义,义以生利,利以平民,政之大节也。若以假人,与人政也。政亡,则国家从之,弗可止也已。"①杜预注曰:"器,车服。名,爵号。"②故《春秋左传正义》疏解史墨之语曰:

> 器,谓车服也;名,谓爵号也。借人名器,则君失位矣,故不可以假人也。

《周礼》郑司农注曰:"宫县四面县,轩县去其一面,判县又去其一面,特县又去其一面。四面象宫室四面有墙,故谓之宫县。轩县三面,其形曲,故《春秋传》曰'请曲县繁缨以朝',诸侯礼也。故曰惟器与名不可以假人。"③

【时事考异】

周敬王使使如晋请城成周,晋率诸侯城成周。意味着周室借助诸侯之力,平定王子朝之乱,归于暂时安定。

《春秋·昭公三十二年》:

> 冬,仲孙何忌会晋韩不信、齐高张、宋仲几、卫世叔申、郑国参、曹人、莒人、薛人、杞人、小邾人,城成周。④

《史记·十二诸侯年表·晋表》:

> 率诸侯为周筑城。⑤

而此时吴、越、楚等南方诸国,博弈加剧。《春秋·昭公三十二年》:

> 夏,吴伐越。⑥

---

① 杨伯峻编著:《春秋左传注》(全 4 册),北京:中华书局,1990 年版,第 788－789 页。
② [清]阮元校刻:《十三经注疏》(全 2 册),北京:中华书局,1980 年版,第 1894 页。
③ [清]阮元校刻:《十三经注疏》(全 2 册),北京:中华书局,1980 年版,第 795 页。
④ 杨伯峻编著:《春秋左传注》(全 4 册),北京:中华书局,1990 年版,第 1515 页。
⑤ [汉]司马迁撰:《史记》(全 10 册),北京:中华书局,1959 年版,第 663 页。
⑥ 杨伯峻编著:《春秋左传注》(全 4 册),北京:中华书局,1990 年版,第 1515 页。

《左传·昭公三十二年》：

　　夏，吴伐越，始用师于越也，史墨曰："不及四十年，越其有吴乎，越得岁而吴伐之，必受其凶。"①

·公元前 509 年，鲁定公元年，孔子四十四岁。
·鲁昭公之丧自乾侯返鲁，葬于墓道南侧。（鲁定公十年，孔子之为司寇也，沟而合诸墓。）

【文献记载】

《春秋·定公元年》：

　　夏，六月，癸亥，公之丧至自乾侯。秋，七月，癸巳，葬我君昭公。②

《史记·十二诸侯年表·鲁表》：

　　鲁定公宋元年。昭公丧自乾侯至。③

《左传·定公元年》：

　　秋七月癸巳，葬昭公于墓道南。孔子之为司寇也，沟而合诸墓。④

《孔子家语·相鲁》：

　　先时季氏葬昭公于墓道之南，孔子沟而合诸墓焉。谓季桓子曰："贬君以彰己罪，非礼也。今合之，所以揜夫子之不臣。"⑤

---

① 杨伯峻编著：《春秋左传注》（全 4 册），北京：中华书局，1990 年版，第 1516 页。
② 杨伯峻编著：《春秋左传注》（全 4 册），北京：中华书局，1990 年版，第 1521－1522 页。
③ ［汉］司马迁撰：《史记》（全 10 册），北京：中华书局，1959 年版，第 663 页。
④ 杨伯峻编著：《春秋左传注》（全 4 册），北京：中华书局，1990 年版，第 1527 页。
⑤ 王国轩、王秀梅译注：《孔子家语》，北京：中华书局，2011 年版，第 6 页。

【时事考异】

此年《左传》记曰:"秋七月癸巳,葬昭公于墓道南。"①鲁昭公卒于前一年的十二月,叔孙成子将其灵柩迎回,"丧及坏隤(今曲阜境),公子宋先入,从公者皆自坏隤反",则追随昭公离开鲁国的人全都至坏隤而止,随后返回乾侯,可见他们都没有再次回到鲁国,那么,孔子应不是其中之一。但是,孔子对待昭公的态度确实不一样。此年,昭公葬于墓道南,《左传》接下来记载的是:"孔子之为司寇也,沟而合诸墓。"《论语·述而》篇载:

陈司败问昭公知礼乎? 孔子曰:"知礼。"孔子退,揖巫马期而进之,曰:"吾闻君子不党,君子亦党乎? 君取于吴为同姓,谓之吴孟子。君而知礼,孰不知礼?"巫马期以告。子曰:"丘也幸,苟有过,人必知之。"②

《史记·仲尼弟子列传》记载这段作:

陈司败问孔子曰:"鲁昭公知礼乎?"孔子曰:"知礼。"退而揖巫马旗曰:"吾闻君子不党,君子亦党乎? 鲁君娶吴女为夫人,命之为孟子。孟子姓姬,讳称同姓,故谓之孟子。鲁君而知礼,孰不知礼!"施以告孔子,孔子曰:"丘也幸,苟有过,人必知之。臣不可言君亲之恶,为讳者,礼也。"③

在此则记载中,陈司败似乎将孔子视为鲁昭公一"党",可见其关系不可谓不深。如果除去他支持孔子适周问礼于老子,还有什么能够证明他们关系密切呢?

《白虎通义》亦称孔子为君讳,但从孔子"沟而合诸墓"一段揣摩,孔子与鲁昭公当有一定的接触或交往,鲁昭公或许并未如《春秋》所记,失德如是。

昭公下葬之时并未有谥,《左传》载曰:

①　杨伯峻编著:《春秋左传注》(全4册),北京:中华书局,1990年版,第1527页。
②　杨伯峻撰:《论语译注》,北京:中华书局,2009年版,第73页。
③　[汉]司马迁撰:《史记》(全10册),北京:中华书局,1959年版,第2218页。

　　六月癸亥，公之丧至自乾侯。戊辰，公即位。季孙使役如阚，公氏将沟焉。荣驾鹅曰："生不能事，死又离之，以自旌也。纵子忍之，后必或耻之。"乃止。季孙问于荣驾鹅曰："吾欲为君谥，使子孙知之。"对曰："生弗能事，死又恶之，以自信也。将焉用之？"乃止。①

　　昭公丧至四日之后，定公即位，随后昭公下葬。为何要昭公丧至，定公才即位？《穀梁传》曰：

　　戊辰，公即位。殡，然后即位也。定无正，见无以正也。逾年不言即位，是有故公也。言即位是，无故公也。即位，授受之道也。先君无正终，则后君无正始也。先君有正终，则后君有正始也。戊辰，公即位，谨之也。定之即位，不可不察也。公即位，何以日也？戊辰之日，然后即位也。癸亥，公之丧至自乾侯，何为戊辰之日，然后即位也？正君乎国，然后即位也。沉子曰："正棺乎两楹之间，然后即位也。"内之大事日，即位，君之大事也。其不日何也？以年决者，不以日决也。此则其日，何也？著之也。何著焉？逾年即位。②

　　季孙氏欲议昭公谥号，荣驾鹅止之，遂无谥号。《白虎通义》曰：

　　谥者何也？谥之为言引也，引烈行之迹也。所以进劝成德，使上务节也。故《礼·特牲》曰："古者生无爵，死无谥。"此言生有爵，死当有谥也。死乃谥之何？言人行终始不能若一，故据其终始，后可知也。士冠经曰："死而谥之。"今也所以临葬而谥之何？因众会，欲显扬之也。故《春秋》曰："公之丧自乾侯。"昭公死于晋乾侯之地，数月归，至急，当未有谥也。③

---

　　①　杨伯峻编著：《春秋左传注》(全4册)，北京：中华书局，1990年版，第1526—1527页。

　　②　李学勤主编：《十三经注疏·春秋穀梁传注疏》，北京：北京大学出版社，1999年版，第357—358页。

　　③　[清]陈立撰，吴则虞点校：《白虎通义疏证》(全2册)，北京：中华书局，1994年版，第67—69页。

那么,昭公的谥号何时而得? 恐是孔子沟而合诸墓之时。

• 公元前 508 年,鲁定公二年,孔子四十五岁。弟子卜商(子夏)生。

【文献记载】

《史记·仲尼弟子列传》:

> 卜商,字子夏,少孔子四十四岁。子夏问:"'巧笑倩兮,美目盼兮,素以为绚兮',何谓也?"子曰:"绘事后素。"曰:"礼后乎?"孔子曰:"商始可与言《诗》已矣。"①

《孔子家语·七十二弟子解》:

> 卜商,卫人,字子夏,少孔子四十四岁。习于《诗》,能诵其义,以文学著名。为人性不弘,好论精微,时人无以尚之。尝适卫,见读史志者云:"晋师伐秦,三豕渡河。"子夏曰:"非也。己亥耳。"读史志者问诸晋史,果曰"己亥",于是卫以子夏为圣。②

【考证】

裴骃《史记集解》曰:"《家语》云卫人,郑玄曰温国卜商。"③司马贞《史记索隐》曰:"温国,今河内温县,元属卫故。"④然据《史记·周本纪》载曰:"惠王二年。初,庄王嬖姬姚,生子颓,颓有宠。及惠王即位,夺其大臣园以为囿,故大夫边伯等五人作乱,谋召燕、卫师,伐惠王。惠王奔温,已居郑之栎。"⑤王子颓之乱中,周惠王奔温,后居郑之栎。张守节《史记正义》曰:"《左传》云苏忿生十二邑,桓王夺苏子十二邑与郑,故苏子同五大夫伐惠王。温,十二邑之一也。杜预云河内温县也。"⑥《周本纪》惠王十六年补叙惠王前事,云"初,惠后欲立王子带,故以党开翟人,翟人遂入周,襄王出奔

---

① [汉]司马迁撰:《史记》(全 10 册),北京:中华书局,1959 年版,第 2202 页。
② [三国魏]王肃注:《孔子家语》,上海:上海古籍出版社,1990 年版,第 96 页。
③ [汉]司马迁撰:《史记》(全 10 册),北京:中华书局,1959 年版,第 2202 页。
④ [汉]司马迁撰:《史记》(全 10 册),北京:中华书局,1959 年版,第 2202 页。
⑤ [汉]司马迁撰:《史记》(全 10 册),北京:中华书局,1959 年版,第 151 页。
⑥ [汉]司马迁撰:《史记》(全 10 册),北京:中华书局,1959 年版,第 151 页。

郑，郑居王于氾。子带立为王，取襄王所绌翟后，与居温"①，《正义》又引《括地志》曰：

> 故温城在怀州温县西三十里，汉、晋为县，本周司寇苏忿生之邑。《左传》云周与郑人苏忿生十二邑，温其一也。《地理志》云温县，故国，己姓，苏忿生所封也。②

又《左传·成公十一年》：

> 晋郤至与周争鄇田，王命刘康公、单襄公讼诸晋。郤至曰："温，吾故也，故不敢失。"刘子、单子曰："昔周克商，使诸侯抚封，苏忿生以温为司寇，与檀伯达封于河。苏氏即狄，又不能于狄而奔卫。襄王劳文公而赐之温，狐氏、阳氏先处之，而后及子。若治其故，则王官之邑也，子安得之？"晋侯使郤至勿敢争。③

故知温本为西周武王、成王时的司寇苏忿生之采邑。周襄王十六年（公元前616年），王子带勾结狄伐京师，迫使襄王出逃，遂与襄王废狄后同居于温。次年，晋文公勤王，围温，俘杀王子带，护送襄王入京师。襄王将温狄赏赐给晋文公。但是只是赏赐治理权，依然是"王官之邑"。在这之前，温已在公元前650年（鲁僖公十年）被狄所灭，"苏氏即狄，又不能于狄而奔卫"，这个家族只是人到了卫国，土地已被周王从狄的手中收回，赏赐给晋。更早一些，温曾经被周王交换给郑，《左传·隐公三年》："郑武公、庄公为平王卿士。王贰于虢，郑伯怨王。……四月，郑祭足帅师取温之麦。秋，又取成周之禾。周、郑交恶。"④温此时尚属周。但公元前712年，《左传·隐公十一年》记载："王取邬、刘、功苏、邘之田于郑，而与郑人苏忿生之田温、原、絺、樊、隰郕、欑茅、向、盟、州、陉、隤、怀。"⑤温在晋文公时赏赐给

① ［汉］司马迁撰：《史记》（全10册），北京：中华书局，1959年版，第154页。
② ［汉］司马迁撰：《史记》（全10册），北京：中华书局，1959年版，第155页。
③ 杨伯峻编著：《春秋左传注》（全4册），北京：中华书局，1990年版，第854页。
④ 杨伯峻编著：《春秋左传注》（全4册），北京：中华书局，1990年版，第26—27页。
⑤ 杨伯峻编著：《春秋左传注》（全4册），北京：中华书局，1990年版，第76—77页。

晋之后,战国时属于魏,及《史记·魏世家》云:"十年(魏昭王记年,公元前286年),齐灭宋,宋王死我温。"①因此,温在西周为"王官之邑",属苏氏;到东周归属屡变,由周转让给郑,又赏赐给晋,最后归属于魏。苏氏后人曾奔卫,但并未带去温地。顾祖禹《读史方舆纪要》卷四十九:"温城:故城在今县西南三十里。周畿内国。武王时,苏忿生以温为司寇,是也。《春秋》庄十九年,王子颓伐王,不克,奔温。僖十年,狄灭温,温子奔卫。二十五年,襄王与晋温、原之田。明年,晋会诸侯于温。文元年,晋侯朝王于温。十六年,晋侯会诸侯于溴梁,晏于温。战国时为魏地。《史记·魏世家》:昭王十年,齐灭宋,宋王死于温。又安釐王元年,秦军大梁下,予秦温以和。"②准上考辨,子夏是温人,出生时里籍属晋,入战国后属于魏。不应称他为卫人。为了避免里籍国变动造成的混乱,《尚书大传·略说》记子夏对夫子言,只说"退而穷居河、济之间"。

关于子夏家世渊源,郑樵《通志略·氏族略》云:"以技为氏,此不论行而论能。巫者之后为巫氏,屠者之后为屠氏,卜人之后为卜氏,匠人之后为匠氏。"又云:"卜氏:《周礼》卜人氏也。鲁有卜楚丘,晋有卜偃,楚有卜徒父,皆以卜命之,其后遂以为氏,如仲尼弟子卜商之徒是也。"这为子夏传《易》,埋下家族渊源。

【时事考异】

《史记·十二诸侯年表》此年未记一事,《春秋》曰:

> 二年春,王正月。
>
> 夏,五月,壬辰,雉门及两观灾。
>
> 秋,楚人伐吴。
>
> 冬十月,新作雉门及两观。③

《左传》只对《春秋》所记之"楚人伐吴"有传,对鲁国雉门及两观问题未作任何记载,却多记"夏四月辛酉,巩氏之群子弟贼简公","邾庄公与夷射

①　[汉]司马迁撰:《史记》(全10册),北京:中华书局,1959年版,第1853页。

②　[清]顾祖禹撰,贺次君、施和金点校:《读史方舆纪要》(全12册),北京:中华书局,2005年版,第2301页。

③　杨伯峻编著:《春秋左传注》(全4册),北京:中华书局,1990年版,第1528页。

姑饮酒,私出。阍乞肉焉。夺之杖以敲之"二事。其中,"夏四月辛酉,巩氏之群子弟贼简公"一句,当与《定公元年》所记"周巩简公弃其子弟,而好用远人"一句连读,"因经文分年而截为两节"①。李宗侗《春秋左传今注今译》曰:"这节与去年一节相连,足证《春秋》与《左氏春秋》是两部书,而《左氏》非为解释《春秋》而作。"②

• 公元前 507 年,鲁定公三年,孔子四十六岁。弟子言偃(子游)生。
• 此年冬,邾隐公与孟懿子会盟于拔,使大夫因孟懿子问冠礼于孔子,孔子详为答之。

【文献记载】
《史记·仲尼弟子列传》:

> 言偃,鲁人,字子游,少孔子四十五岁。既已守业,为武城宰。孔子过,闻弦歌之声。孔子莞尔而笑曰:"割鸡焉用牛刀?"子游曰:"昔者偃闻诸夫子曰,君子学道则爱人,小人学道则易使。"孔子曰:"二三子,偃之言是也。前言戏之耳。"孔子以为子游习于文学。③

《孔子家语·七十二弟子解》:

> 言偃,吴人,字子游,少孔子三十五岁。特习于礼,以文学著名。仕为武城宰。尝从孔子适卫,与将军之子兰相善,使之守学于夫子。④

(按:子游为吴人,本书外编已有论列。其少孔子四十五岁,而《家语》作"三十五岁",乃是"亖"与"三"形近而讹。)

《论语·为政》:

> 子游问孝。子曰:"今之孝者,是谓能养。至于犬马,皆能有养。

① 杨伯峻编著:《春秋左传注》(全 4 册),北京:中华书局,1990 年版,第 1527 页。
② 李宗侗注译:《春秋左传今注今译》(全 3 册),北京:新世界出版社,2012 年版,第 1198 页。
③ [汉]司马迁撰:《史记》(全 10 册),北京:中华书局,1959 年版,第 2201 页。
④ [三国魏]王肃注:《孔子家语》,上海:上海古籍出版社,1990 年版,第 95 页。

不敬，何以别乎？"①

《论语·里仁》：

子游曰："事君数，斯辱矣；朋友数，斯疏矣。"②

《论语·雍也》：

子游为武城宰。子曰："女得人焉耳乎？"曰："有澹台灭明者，行不由径，非公事，未尝至于偃之室也。"③

《论语·先进》：

文学：子游、子夏。④

《论语·阳货》：

子之武城，闻弦歌之声。夫子莞尔而笑，曰："割鸡焉用牛刀？"子游对曰："昔者偃也闻诸夫子曰：'君子学道则爱人，小人学道则易使也。'"子曰："二三子！偃之言是也。前言戏之耳。"⑤

《论语·子张》：

子游曰："子夏之门人小子，当洒扫应对进退，则可矣，抑末也。本之则无如之何？"子夏闻之，曰："噫！言游过矣！君子之道，孰先传焉？孰后倦焉？譬诸草木，区以别矣。君子之道，焉可诬也？有始有卒者，

---

① ［宋］朱熹撰：《四书章句集注》，北京：中华书局，1983 年版，第 56 页。
② ［宋］朱熹撰：《四书章句集注》，北京：中华书局，1983 年版，第 74 页。
③ ［宋］朱熹撰：《四书章句集注》，北京：中华书局，1983 年版，第 88 页。
④ ［宋］朱熹撰：《四书章句集注》，北京：中华书局，1983 年版，第 123 页。
⑤ ［宋］朱熹撰：《四书章句集注》，北京：中华书局，1983 年版，第 176 页。

其惟圣人乎!"

子游曰:"丧致乎哀而止。"

子游曰:"吾友张也,为难能也,然而未仁。"①

宋陈振孙《直斋书录解题》卷九"儒家类"著录《言子》三卷:

言偃,吴人,相传所居在常熟县。庆元间,邑宰孙应时季和始为立祠,求朱晦翁为记。近新昌王爚伯晦复裒《论语》诸书所载问答为此书。邑中至今有言氏,亦买田教养之。②

元马端临《文献通考·经籍考》仍之,称"陈氏曰"。
《孔子家语·冠颂解》:

邾隐公既即位,将冠,使大夫因孟懿子问礼于孔子。子曰:"其礼如世子之冠。冠于阼者,以著代也。醮于客位,加其有成,三加弥尊,道喻其志,冠而字之,敬其名也。虽天子之元子,犹士也,其礼无变,天下无生而贵者故也。行冠事必于祖庙,以祼享之礼以将之,以金石之乐以节之,所以自卑而尊先祖,示不敢擅也。"懿子曰:"天子未冠即位,长亦冠乎?"孔子曰:"古者王世子虽幼,其即位则尊为人君。人君,治成人之事者,何冠之有?"懿子曰:"然则诸侯之冠异天子与?"孔子曰:"君薨而世子主丧,是冠也,与人君无所殊也。"懿子曰:"今邾君之冠非礼也?"孔子曰:"诸侯之有冠礼也,夏之末造也,有自来矣,今无讥焉。天子冠者,武王崩,成王十三而嗣立,周公居冢宰,摄政以治天下,明年夏六月既葬,冠成王而朝于祖,以见诸侯,亦为君也。周公命祝雍作颂曰:'祝王辞达而勿多也。'祝雍辞曰:'使王近于民,远于年,啬于时,惠于财,亲贤而任能。'其颂曰:'令月吉日,王始加元服,去王幼志,服衮职,钦若昊天,六合是式,率尔祖考,永永无极。'此周公之制也。"懿子曰:"诸侯之冠,其所以为宾主,何如?"孔子曰:"公冠,则以卿为宾,无

① 〔宋〕朱熹撰:《四书章句集注》,北京:中华书局,1983年版,第190—191页。

② 〔宋〕陈振孙撰,徐小蛮、顾美华点校:《直斋书录解题》,上海:上海古籍出版社,1987年版,第285页。

介，公自为主，迎宾，揖升自阼，立于席北。其醴也，则如士，飨之以三献之礼。既醴，降自阶。诸侯非公而自为主者，其所以异，皆降自西阶，玄端与皮弁异，朝服素韠。公冠四加玄冕祭，其酬币于宾，则束帛乘马。王太子庶子之冠拟焉，皆天子自为主，其礼与士无变，飨食宾也皆同。"懿子曰："始冠必加缁布之冠，何也？"孔子曰："示不忘古。太古冠布，斋则缁之，其緌也吾未之闻。今则冠而敝之可也。"懿子曰："三王之冠，其异何也？"孔子曰："周弁、殷冔、夏收，一也，三王共皮弁素緌。委貌，周道也；章甫，殷道也；毋追，夏后氏之道也。"①

《春秋·定公三年》：

> 二月辛卯，邾子穿卒。夏四月。秋，葬邾庄公。冬，仲孙何忌及邾子盟于拔。②

（按：这位与盟的邾子，就是邾庄公穿之子邾隐公益，父卒于公元前507年二月而继立。问冠礼当在此年冬会盟前后。）

【考证】

《孔子家语》所载邾隐公使大夫因孟懿子问礼于孔子一章，不似魏晋人伪作，故信从之。此年《春秋》载冬邾隐公与孟僖子会盟，故邾隐公问礼当在其后。（邾，又作"邹"、"驺"、"邾娄"，一说金文作"蛛"，有学者推测其初民以蜘蛛为图腾。）

【时事考异】

此年《春秋》载"三年春王正月，公如晋，至河，乃复"③一条，《左传》无传。《左传》此年详载邾庄公之卒和蔡侯如晋求伐楚之事，经、传殊途，甚为明显。

《史记·十二诸侯年表·楚表》载曰："蔡昭侯留三岁，得裘，故归。"④

---

① ［三国魏］王肃注：《孔子家语》，上海：上海古籍出版社，1990年版，第85—86页。
② 杨伯峻编著：《春秋左传注》（全4册），北京：中华书局，1990年版，第1530页。
③ 杨伯峻编著：《春秋左传注》（全4册），北京：中华书局，1990年版，第1530页。
④ ［汉］司马迁撰：《史记》（全10册），北京：中华书局，1959年版，第664页。

《蔡表》载曰:"与子常裘,得归,如晋请伐。"①而鲁定公元年(公元前509年)之《楚表》曰:"蔡侯来朝。"②《蔡表》曰:"朝楚,以裘故留。"③《史记》年表所载明显依据《左传》,《左传》载曰:

> 蔡昭侯为两佩与两裘,以如楚,献一佩一裘于昭王。昭王服之,以享蔡侯。蔡侯亦服其一。子常欲之,弗与,三年止之。唐成公如楚,有两肃爽马,子常欲之,弗与,亦三年止之。唐人或相与谋,请代先从者,许之。饮先从者酒,醉之,窃马而献之子常。子常归唐侯。自拘于司败,曰:"君以弄马之故,隐君身,弃国家,群臣请相夫人以偿马,必如之。"唐侯曰:"寡人之过也,二三子无辱。"皆赏之。蔡人闻之,固请而献佩于子常。子常朝,见蔡侯之徒,命有司曰:"蔡君之久也,官不共也。明日,礼不毕,将死。"蔡侯归,及汉,执玉而沈,曰"余所有济汉而南者,有若大川。"蔡侯如晋,以其子元与其大夫之子为质焉,而请伐楚。④

《公羊传·定公四年》亦载此事:

> 蔡昭公朝乎楚,有美裘焉,囊瓦求之,昭公不与,为是拘昭公于南郢数年,然后归之。于其归焉,用事乎河。曰:"天下诸侯,苟有能伐楚者,寡人请为之前列。"楚人闻之怒。为是兴师,使囊瓦将而伐蔡。蔡请救于吴。⑤

《穀梁传·定公四年》所记与《公羊传》基本一致:

> 蔡昭公朝于楚。有美裘,正是日囊瓦求之,昭公不与。为是拘昭公于南郢,数年然后得归。归乃用事乎汉,曰:"苟诸侯有欲伐楚者,寡

① [汉]司马迁撰:《史记》(全10册),北京:中华书局,1959年版,第664页。
② [汉]司马迁撰:《史记》(全10册),北京:中华书局,1959年版,第664页。
③ [汉]司马迁撰:《史记》(全10册),北京:中华书局,1959年版,第663页。
④ 杨伯峻编著:《春秋左传注》(全4册),北京:中华书局,1990年版,第1531—1532页。
⑤ 李学勤主编:《十三经注疏·春秋公羊传注疏》,北京:北京大学出版社,1999年版,第561页。

人请为前列焉!"楚人闻之而怒,为是兴师而伐蔡。蔡请救于吴。①

可见蔡、吴伐楚一事,为战国《春秋传》所详载。然《左传》所记楚伐蔡之缘由与《公》、《穀》不同。《左传》记载定公四年诸侯会盟谋伐楚,"沈人不会于召陵,晋人使蔡伐之。夏,蔡灭沈。秋,楚为沈故,围蔡"②,而《公羊》、《穀梁》的缘由则是楚闻蔡侯之誓而怒,更具小说家气息。然而更值得注意者,是这里的贿赂文化,而且是掌权官员的索贿,为达目的,可以扣留异国君主,甚至不惜诉诸战争。从鲁昭公元年诸侯会于虢,乐桓子欲求货于叔孙豹,到此年楚令尹子常(囊瓦)索贿于蔡侯、唐侯,可见贿赂,尤其是有权者索贿,隐然成了《春秋》列国政治的潜规则。其影响之久远而带基本性,甚至成了某种权利运作的驱动力。

• 公元前 506 年,鲁定公四年,孔子四十七岁。弟子曾参、樊须生。
• 《论语·述而》子曰:"加我数年,五十以学《易》,可以无大过矣。"一般认为,孔子时年四十七而好《易》。

【文献记载】

《史记·仲尼弟子列传》:

> 曾参,南武城人,字子舆,少孔子四十六岁。孔子以为能通孝道,故授之业。作《孝经》。死于鲁。③

(按:《仲尼弟子列传》记孔子重要弟子,多引《论语》中语,唯曾子仅述四十四字,不引"曾子曰",连居于首篇第四章的"吾日三省吾身"都不引。是何缘故?值得深思。)

《孔子家语·七十二弟子解》:

> 曾参,南武城人,字子舆,少孔子四十六岁。志存孝道,故孔子因

---

① 李学勤主编:《十三经注疏·春秋穀梁传注疏》,北京:北京大学出版社,1999 年版,第 366 页。
② 杨伯峻编著:《春秋左传注》(全 4 册),北京:中华书局,1990 年版,第 1542 页。
③ [汉]司马迁撰:《史记》(全 10 册),北京:中华书局,1959 年版,第 2205 页。

之以作《孝经》。齐尝聘欲以为卿而不就，曰："吾父母老，食人之禄，则忧人之事，故不忍远亲而为人役。"参后母遇之无恩，而供养不衰。及其妻以梨蒸不熟，因出之。人曰："非七出也。"参曰："梨蒸，小物耳，吾欲使熟而不用吾命，况大事乎？"遂出之，终身不娶妻。其子元请焉，告其了口："高宗以后妻杀其于孝己，尹吉甫以后妻放伯奇。吾上不及高宗，中不比吉甫，庸知其得免于非乎？"①

（按："齐尝聘欲以为卿"材料出自战国晚期，似是曾门后学的虚构，但也被收入孔府档案。其余言孝，似过于古板。）

《史记·仲尼弟子列传》：

樊须字子迟。少孔子三十六岁。樊迟请学稼，孔子曰："吾不如老农。"请学圃，曰："吾不如老圃。"樊迟出，孔子曰："小人哉，樊须也！上好礼，则民莫敢不敬；上好义，则民莫敢不服；上好信，则民莫敢不用情。夫如是，则四方之民襁负其子而至矣，焉用稼！"樊迟问仁，子曰："爱人。"问智，曰："知人。"②

《孔子家语·七十二弟子解》：

樊须，鲁人，字子迟。少孔子四十六岁，弱仕于季氏。③

〔按：《左传》哀公十一年（公元前 484 年）记鲁齐之战，"冉求帅左师，管周父御，樊迟为右。季孙曰：'须也弱。'有子曰：'就用命焉。'"④如果按《史记》所言，樊迟少孔子三十六岁，则此年三十二岁，不得称"须也弱"；因此《家语》谓"少孔子四十六岁"，此年二十二岁，为可信。《史记》误将"三"作"三"矣。〕

《春秋·定公四年》：

①　［三国魏］王肃注：《孔子家语》，上海：上海古籍出版社，1990 年版，第 96 页。
②　［汉］司马迁撰：《史记》（全 10 册），北京：中华书局，1959 年版，第 2215 页。
③　［三国魏］王肃注：《孔子家语》，上海：上海古籍出版社，1990 年版，第 96 页。
④　杨伯峻编著：《春秋左传注》（全 4 册），北京：中华书局，1990 年版，第 1659 页。

三月，公会刘子、晋侯、宋公、蔡侯、卫侯、陈子、郑伯、许男、曹伯、莒子、邾子、顿子、胡子、滕子、薛伯、杞伯、小邾子、齐国夏于召陵，侵楚。

冬，十有一月，庚午，蔡侯以吴子及楚人战于柏举，楚师败绩。楚囊瓦出奔郑。庚辰，吴入楚。①

《左传·定公四年》：

蔡侯、吴子、唐侯伐楚，舍舟于淮汭，自豫章与楚夹汉，（楚）左司马戌谓子常曰："子沿汉而与之上下，我悉方城外以毁其舟，还塞大隧、直辕、冥阸。子济汉而伐之，我自后击之，必大败之。"既谋而行。……十一月，庚午，二师陈于柏举。（经所以书战。二师，吴、楚师。）阖庐之弟夫概王晨请于阖庐曰："楚瓦不仁（瓦，子常名），其臣莫有死志。先伐之，其卒必奔。而后大师继之，必克。"弗许。夫概王曰："所谓臣义而行，不待命者，其此之谓也。今日我死，楚可入也。"以其属五千先击子常之卒，子常之卒奔，楚师乱，吴师大败之。子常奔郑。史皇以其乘广死。吴从楚师及清发（清发，水名），将击之，夫概王曰："困兽犹斗，况人乎？若知不免，而致死，必败我。若使先济者知免，后者慕之，蔑有斗心矣。半济而后可击也。"从之，又败之。楚人为食，吴人及之，奔。食而从之，败诸雍澨。五战，及郢。②

《说苑·指武》：

吴王阖庐与荆人战于柏举，大胜之，至于郢郊，五败荆人。阖庐之臣五人进谏曰："夫深入远报，非王之利也，王其返乎。"五将锲头，阖庐未之应，五人之头坠于马前。阖庐惧，召伍子胥而问焉。子胥曰："五臣者惧也。夫五败之人者，其惧甚矣，王姑少进。"遂入郢，南至江，北王方城，方二千里，皆服于吴矣。③

① 杨伯峻编著：《春秋左传注》（全4册），北京：中华书局，1990年版，第1533—1534页。
② 杨伯峻编著：《春秋左传注》（全4册），北京：中华书局，1990年版，第1542—1545页。
③ ［汉］刘向撰，向宗鲁校证：《说苑校证》，北京：中华书局，1987年版，第379页。

〔按：吴楚柏举之役，《春秋》《左传》未述孙武，致使学人怀疑历史上是否有孙武其人，但孙武其时只是吴王客卿、高级军事参谋，并非重臣。官方文字记述战争，将功劳记在国君贵胄重臣名下，不及具体出谋划策者，乃是立场所然。但诸子书、兵家书是承认孙武此种避实击虚、速战速决的兵者诡道的。从十一月庚午（十八日）到庚辰（二十八日）短短十　日，就以少胜多，奔袭千里之外，攻破一个一流大国的首都，令人联想到《孙子兵法·虚实篇》所谓"出其所不趋，趋其所不意。行千里而不劳者，行于无人之地也"，这种战争奇迹是离不开孙武这样的军事天才的。战国《尉缭子·制谈》说："有提十万之众而天下莫当者，谁？曰：桓公也。有提七万之众而天下莫当者，谁？曰：吴起也。有提三万之众而天下莫当者，谁？曰：（孙）武子也。"①这里所讲的就是孙武创造的柏举之战的战争奇迹。此时的孙武与孔子同时代，但比起四十七岁的孔子要年轻一些。〕

【考证】

《论语·述而》：子曰："加我数年，五十以学《易》，可以无大过矣。"②

细味此"子曰"之语气，当言于尚过数年，方五十岁。因而郑玄《论语注》云："加我数年，年至五十以学此《易》，其义理可无大过。孔子时年四十五六，好《易》，玩读不敢懈倦，汲汲然，自恐不能究竟其意，故云然也。"③邢昺《论语注疏》云："加我数年，方至五十，谓四十七时也。"④刘宝楠《论语正义》也从此说："此章言其学《易》年也。加我数年，方至五十，谓四十七时也。《易》之为书，穷理尽性以至于命，吉凶悔吝豫以告人，使人从吉，不从凶，故孔子言己四十七学《易》可以无过咎矣。"⑤因此将孔子此言系于四十七岁。

何晏《论语集解》："《易》'穷理尽性以至于命'。年五十而知天命，以知命之年读至命之书，故可以无大过。"⑥陆德明《经典释文》："'学易'，如字。《鲁》读'易'为'亦'，今从《古》。"⑦（按：河北定州汉墓简书《论语》，也是

---

①　[战国]尉缭原著，刘春生译注：《尉缭子全译》，贵阳：贵州人民出版社，1993 年版，第 16 页。

②　[宋]朱熹撰：《四书章句集注》，北京：中华书局，1983 年版，第 97 页。

③　[清]阮元校刻：《十三经注疏》（全 2 册），北京：中华书局，1980 年版，第 2482 页。

④　[清]阮元校刻：《十三经注疏》（全 2 册），北京：中华书局，1980 年版，第 2482 页。

⑤　[清]阮元校刻：《十三经注疏》（全 2 册），北京：中华书局，1980 年版，第 2482 页。

⑥　[清]阮元校刻：《十三经注疏》（全 2 册），北京：中华书局，1980 年版，第 2482 页。

⑦　[唐]陆德明撰，黄焯断句：《经典释文》，北京：中华书局，1983 年版，第 348 页。

"……以学,亦可以毋打过矣。"从"无大过"被记录为"毋打过"来看,简书《论语》在口传中,存在记录异词的现象。)

朱熹《四书集注》:"刘聘君见元城刘忠定公,自言尝读他《论》'加'作'假','五十'作'卒',盖'加'、'假'声近而误读,'卒'与'五十'字相似而误分也。愚按此章之言,《史记》作'假我数年,若是我于《易》则彬彬矣','加'正作'假'而无'五十'字。盖是时孔子年已几七十矣,'五十'字误无疑也。"[①]

• 公元前 505 年,鲁定公五年,孔子四十八岁。

• 六月丙辰,季平子卒,子季桓子继立。阳虎将以玙璠敛季平子,仲梁怀弗与。(《说文》引《逸论语》曰:"玙璠,鲁之宝玉也。美哉玙璠！远而望之,奂若也;近而视之,瑟若也。一则理胜,二则孚胜。")

• 季桓子穿井得怪物,问之孔子,孔子答之曰羵羊。

• 阳虎因仲梁怀而囚季桓子,盟而释之,阳虎由此益轻季氏。季氏亦僭于公室。

• 陪臣执国政,鲁自大夫以下皆僭离于正道。孔子不仕,退而修《诗》、《书》、《礼》、《乐》,弟子弥众,至自远方。

• 《春秋》记之曰:"三月,辛亥朔,日有食之。"

【文献记载】

《左传·定公五年》:

> 六月,季平子行东野,还,未至。丙申,卒于房。阳虎将以玙璠敛(杜预曰:玙璠,美玉也),仲梁怀弗与,曰:"改步改玉。"[②]

《吕氏春秋·安死》:

> 鲁季孙有丧,孔子往吊之。入门而左,从客也。主人以玙璠收,孔子径庭而趋,历级而上,曰:"以宝玉收,譬之犹暴骸中原也。"径庭历

---

① ［宋］朱熹撰:《四书章句集注》,北京:中华书局,1983 年版,第 97 页。
② 杨伯峻编著:《春秋左传注》(全 4 册),北京:中华书局,1990 年版,第 1550 页。

级，非礼也；虽然，以救过也。①

《孔子家语·曲礼子夏问》：

> 季平子卒，将以君之玙璠敛，赠以珠玉。孔子初为中都宰，闻之历级而救焉，曰："送而以宝玉，是犹曝尸于中原也，其示民以奸利之端，而有害于死者，安用之。且孝子不顺情以危亲，忠臣不兆奸以陷君。"乃止。②

《论衡》：

> 鲁人将以玙璠敛，孔子闻之，径庭丽级而谏。夫径庭丽级，非礼也，孔子为救患也。患之所由，常由有所贪。③

颜之推《颜氏家训·音辞》：

> 玙璠，鲁人宝玉，当音余烦，江南皆音藩屏之藩。④

李白《赠别从甥高五》诗：

> 鱼目高泰山，不如一玙璠。贤甥即明月，声价动天门。⑤

《国语·鲁语》：

> 季桓子穿井，获如土缶，其中有羊焉。使问之仲尼曰："吾穿井而获狗，何也？"对曰："以丘之所闻，羊也。丘闻之：木石之怪曰夔、魍魉，

① 陈奇猷校释：《吕氏春秋新校释》，上海：上海古籍出版社，2002 年版，第 544 页。
② ［三国魏］王肃注：《孔子家语》，上海：上海古籍出版社，1990 年版，第 119 页。
③ 黄晖撰：《论衡校释》（全 4 册），北京：中华书局，1990 年版，第 963 页。
④ 檀作文译注：《颜氏家训》，北京：中华书局，2007 年版，第 301 页。
⑤ 詹锳主编：《李白全集校注汇释集评》（全 8 册），天津：百花文艺出版社，1996 年版，第 1498 页。

水之怪曰龙、罔象，土之怪曰羵羊。"①

《史记·孔子世家》：

> 定公立五年，夏，季平子卒，桓子嗣立。季桓子穿井得土缶，中若羊，问仲尼云"得狗"。仲尼曰："以丘所闻，羊也。丘闻之：木石之怪夔、罔阆，水之怪龙、罔象，土之怪坟羊。"②

《说苑·辨物》：

> 季桓子穿井得土缶，中有羊，以问孔子，言得狗。孔子曰："以吾所闻，非狗，乃羊也。木之怪夔罔两，水之怪龙罔象，土之怪羵羊也，非狗也。"桓子曰："善哉！"③

【考证】

《吕氏春秋》记载季平子卒时，孔子往吊之，阻止主人以玙璠敛尸的行为，《孔子家语》则直称孔子初为中都宰，因为《吕氏春秋》故事中孔子的行为有"主事者"特征，这一年是定公五年（公元前505年）。但是《左传》中同样的事，并没有提到孔子，联系到《左传》与孔子的密切关系，《吕氏春秋》中的故事是不可靠的。《孔子家语》称是"初为中都宰"时事，当是孔府后人整理时妄加。值得注意的是，在吴王阖闾破楚称霸之时，鲁国陷入了内乱。称霸出军事家，乱世出思想家。

《史记·孔子世家》述及此后孔子境况之时，即以阳虎因季桓子为界，强调鲁国政局之混乱，孔子不仕，退而修《诗》、《书》、《礼》、《乐》，弟子弥众。《论语》所载孔子语之大部分，应该也是从这一年开始逐渐出现，尔后回忆所得的。

《孔子世家》还有一个特点，即将他者问孔子怪物之事，系于孔子四十岁之后，这很可能与《论语》中孔子自称"四十而不惑"有关，毕竟吴伐越得

---

① 徐元诰撰，王树民、沈长云点校：《国语集解》，北京：中华书局，2002年版，第190—191页。
② ［汉］司马迁撰：《史记》（全10册），北京：中华书局，1959年版，第1912页。
③ ［汉］刘向撰，向宗鲁校证：《说苑校证》，北京：中华书局，1987年版，第464页。

骨之事乃是在鲁哀公元年（公元前 494 年），孔子已经五十九岁了。

孔子识异物之事，尚有几则，主要见于《国语·鲁语下》、《说苑·辨物》中，录之于后。

此年日食发生于公元前 505 年 2 月 16 日。《春秋》载此日为"三月辛亥朔"，故《春秋》此处亦用周历，夏历当为正月辛亥朔。

【时事考异】

《春秋·定公五年》之经与《左传·定公五年》之传并不相合。《春秋》曰：

> 五年春，王三月，辛亥朔，日有食之。
> 夏，归粟于蔡。于越入吴。
> 六月，丙申，季孙意如卒。
> 秋，七月，壬子，叔孙不敢卒。
> 冬，晋士鞅帅师围鲜虞。[①]

而《左传》仅对"归粟于蔡"、"越入吴"、"晋士鞅帅师围鲜虞"作了类乎《公羊》、《穀梁》式的解释。"叔孙不敢卒"甚至没有传。这一年的《左传》重点仍在以楚为中心的吴楚之战上。

此年《左传》之经与传本《春秋》有不一致处，今传《春秋》作"于越入吴"，而《左传》则曰"越入吴，吴在楚也"。可见《左传》所对应之《春秋》作"越入吴"，应是刘歆在秘府中所发之古文《春秋》。

《史记·十二诸侯年表·鲁表》曰："阳虎执季桓子，与盟，释之。日蚀。"[②]《楚表》曰："秦救至，吴去，昭王复入。"[③]基本依照《左传》或与今本《左传》极为相近之材料，但"日蚀"记载似参考了《春秋》。

【杂录】

《汉书·五行志》：史记鲁定公时，季桓子穿井，得土缶，中得虫若羊，师古曰："缶，盎也，即今之盆。"近羊祸也。羊者，地上之物，幽于土中，象定公不用孔子而听季氏，暗昧不明之应也。一曰，羊去野外而拘土缶者，象鲁君

---

①　杨伯峻编著：《春秋左传注》（全 4 册），北京：中华书局，1990 年版，第 1549 页。
②　［汉］司马迁撰：《史记》（全 10 册），北京：中华书局，1959 年版，第 665 页。
③　［汉］司马迁撰：《史记》（全 10 册），北京：中华书局，1959 年版，第 665 页。

失其所而拘于季氏，季氏亦将拘于家臣也。是岁，季氏家臣阳虎囚季桓子。后三年，阳虎劫公伐孟氏，兵败，窃宝玉大弓而出亡。①

（按：古时民间往往将超级智者"方士化"，以显示其智慧异乎常人而带有神秘色彩。儒者于此，也未能免俗。如：

《说苑·辨物》：仲尼在陈，有隼集于陈侯之廷而死。楛矢贯之，石砮矢长尺而咫。陈侯使问孔子，孔子曰："隼之来也远矣，此肃慎氏之矢也。昔武王克商，通道九夷百蛮，使各以其方贿来贡，思无忘职业。于是肃慎氏贡楛矢石砮长尺而咫，先王欲昭其令德之致，故铭其栝曰：肃慎氏贡楛矢，以劳大姬，配虞胡公而封诸陈。分同姓以珍玉，展亲也；分别姓以远方职贡，使无忘服也。故分陈以肃慎氏之矢。"试求之故府，果得焉。②

《说苑·辨物》：楚昭王渡江，有物大如斗，直触王舟，止于舟中；昭王大怪之，使聘问孔子。孔子曰："此名萍实。"令剖而食之："惟霸者能获之，此吉祥也。"其后齐有飞鸟一足来下，止于殿前，舒翅而跳，齐侯大怪之，又使聘问孔子。孔子曰："此名商羊，急告民趣治沟渠，天将大雨。"于是如之，天果大雨，诸国皆水，齐独以安。孔子归，弟子请问，孔子曰："异时小儿谣曰：楚王渡江得萍实，大如拳，赤如日，剖而食之，美如蜜。此楚之应也。儿又有两两相牵，屈一足而跳，曰：天将大雨，商羊起舞。今齐获之，亦其应也。夫谣之后，未尝不有应随者也，故圣人非独守道而已也，睹物记也，即得其应矣。"③）

• 公元前 504 年，鲁定公六年，孔子四十九岁。弟子颛孙师（子张）生。

• 阳虎此年专政。此年二月，鲁侵郑。往，鲁军不假道于卫；及还，阳虎指使季氏、孟氏从卫南门入，东门出，得罪于卫。夏，阳虎又"强使孟懿子往报夫人之币"，秋"盟公及三桓于周社，盟国人于亳社，诅于五父之衢"。

• 《论语·季氏篇》：孔子曰："天下有道，则礼乐征伐自天子出；天下无道，则礼乐征伐自诸侯出。自诸侯出，盖十世希不失矣；自大夫出，五世希不失矣；陪臣执国命，三世希不失矣。天下有道，则政不在大夫。天下有

① ［汉］班固撰：《汉书》（全 12 册），北京：中华书局，1962 年版，第 1419 页。
② ［汉］刘向撰，向宗鲁校证：《说苑校证》，北京：中华书局，1987 年版，第 463－464 页。
③ ［汉］刘向撰，向宗鲁校证：《说苑校证》，北京：中华书局，1987 年版，第 465 页。

道,则庶人不议。"①

【文献记载】

《史记·仲尼弟子列传》:

> 颛孙师,陈人,字子张。少孔子四十八岁。②

《孔子家语·七十二弟子解》:

> 颛孙师,陈人,字子张,少孔子四十八岁。为人有容貌,资质宽冲,博接从容自务居,不务立于仁义之行,孔子门人友之而弗敬。③

秦嘉谟辑本《世本》:

> 颛孙氏,陈公子颛孙仕鲁,因氏焉。其孙颛孙师字子张,为孔子弟子。④(《姓氏书辨证》二《仙》引《风俗通》)

《吕氏春秋·尊师篇》:

> 子张,鲁之鄙家也。⑤

《韩非子·显学》:

> 自孔子之死也,有子张之儒,有子思之儒,有颜氏之儒,有孟氏之儒,有漆雕氏之儒,有仲良氏之儒,有孙氏之儒,有乐正氏之儒。……故孔、墨之后,儒分为八,墨离为三,取舍相反不同,而皆自谓真孔、墨。⑥

---

① [宋]朱熹撰:《四书章句集注》,北京:中华书局,1983年版,第171页。
② [汉]司马迁撰:《史记》(全10册),北京:中华书局,1959年版,第2203页。
③ [三国魏]王肃注:《孔子家语》,上海:上海古籍出版社,1990年版,第96页。
④ [宋]邓名世撰:《古今姓氏书辨证》,清文渊阁《四库全书》本,卷10。
⑤ 许维遹撰,梁运华整理:《吕氏春秋集释》(全2册),北京:中华书局,2009年版,第93页。
⑥ [清]王先慎撰,钟哲点校:《韩非子集解》,北京:中华书局,1998年版,第456-457页。

《左传·定公六年》:

> 二月,公侵郑,取匡,为晋讨郑之伐胥靡也。往不假道于卫;及还,阳虎使季、孟自南门入,出自东门,舍于豚泽。卫侯怒,使弥子瑕追之。公叔文子老矣,辇而如公,曰:"尤人而效之,非礼也。昭公之难,君将以文之舒鼎,成之昭兆,定之鬶鉴,苟可以纳之,择用一焉。公子与二三臣之子,诸侯苟忧之,将以为之质。此群臣之所闻也。今将以小忿蒙旧德,无乃不可乎!大姒之子,唯周公、康叔为相睦也。而效小人以弃之,不亦诬乎!天将多阳虎之罪以毙之,君姑待之,若何?"乃止。
>
> 夏,季桓子如晋,献郑俘也。阳虎强使孟懿子往报夫人之币。晋人兼享之。孟孙立于房外,谓范献子曰:"阳虎若不能居鲁,而息肩于晋,所不以为中军司马者,有如先君!"献子曰:"寡君有官,将使其人。鞅何知焉?"献子谓简子曰:"鲁人患阳虎矣,孟孙知其鲂,以为必适晋,故强为之请,以取入焉。"
>
> ……
>
> 阳虎又盟公及三桓于周社,盟国人于亳社,诅于五父之衢。①

【考证】

《论语》孔子所言"礼乐征伐"与"陪臣执国命",与此年阳虎专政一类政治变动关系最密,故系之于此年。

关于子张闾里,《史记索隐》曰:"郑玄《目录》阳城人。阳城,县名,属陈郡。"②郑玄不知何据。不过据《世本》,子张为陈公子颛孙之后,祖籍于陈,出生于鲁。《左传·庄公二十二年》曰:

> 二十二年春,陈人杀其大子御寇,陈公子完与颛孙奔齐。颛孙自齐来奔。③

故《世本》所载当可信据。但《左传》庄公二十二年(公元前672年)记

---

① 杨伯峻编著:《春秋左传注》(全4册),北京:中华书局,1990年版,第1556—1559页。
② [汉]司马迁撰:《史记》(全10册),北京:中华书局,1959年版,第2204页。
③ 杨伯峻编著:《春秋左传注》(全4册),北京:中华书局,1990年版,第120页。

载:"陈公子完与颛孙奔齐。颛孙自齐来奔(鲁)。"这一年离子张出生的鲁定公六年(公元前504年),已近一百七十年,按理应该有五代人了,不能称为"颛孙之孙"。五代之后,难免家境破落,因而《吕氏春秋·尊师篇》:"子张,鲁之鄙家也。"故子张虽为陈公子颛孙之后裔,但已五世居鲁。

《史记·儒林列传》曰.

> 自孔子卒后,七十子之徒散游诸侯,大者为师傅卿相,小者友教士大夫,或隐而不见。故子路居卫,子张居陈,澹台子羽居楚,子夏居西河,子贡终于齐。[1]

子张陈人的记载,应是据其晚年所居而言,那是他的祖宗故里。

《史记·仲尼弟子列传》曰:

> 他日,从在陈蔡间。困,问行。孔子曰:"言忠信,行笃敬,虽蛮貊之国行也。言不忠信,行不笃敬,虽州里行乎哉! 立则见其参于前也,在舆则见其倚于衡,夫然后行。"子张书诸绅。[2]

孔子困于陈、蔡之间在鲁哀公六年(公元前488年),距子张之出生仅十六年,即子张十七岁。子张不可能在定公十三年(公元前497年)年仅八岁时,跟随孔子周游列国。故《史记》将子张问行系于周游之时,恐误。

【时事考异】

此年《春秋》与《左传》并不相对应。《春秋》所记"六年春王正月癸亥,郑游速帅师灭许,以许男斯归"[3],《左传》释之更简;"冬,城中城。季孙斯、仲孙忌帅师围郓"[4],《左传》无传。《左传》所载"冬,十二月,天王处于姑莸,辟儋翩之乱也"[5],似是对"冬,十二月,天王处于姑莸"这样一句经文的解释,但不见于《春秋》,恐是古本《春秋》所有。

---

① [汉]司马迁撰:《史记》(全10册),北京:中华书局,1959年版,第3116页。
② [汉]司马迁撰:《史记》(全10册),北京:中华书局,1959年版,第2204页。
③ 杨伯峻编著:《春秋左传注》(全4册),北京:中华书局,1990年版,第1555页。
④ 杨伯峻编著:《春秋左传注》(全4册),北京:中华书局,1990年版,第1555页。
⑤ 杨伯峻编著:《春秋左传注》(全4册),北京:中华书局,1990年版,第1559页。

这一年《史记》年表或据其他文献，或据《左传》而误。

《史记·十二条诸侯年表·周表》曰：

> 王子朝之徒作乱，故王奔晋。①

《左传》曰：

> 天王处于姑莸。②

此年周敬王所处之地为姑莸，杜预注曰："姑莸，周地。"③则周敬王所奔之处非为晋。

又，此年《楚表》曰：

> 吴伐我番，楚恐，徙郢。④

《吴表》曰：

> 伐楚取番。⑤

但《左传》的记载却是：

> 四月己丑，吴大子终累败楚舟师，获潘子臣、小惟子及大夫七人。⑥

杜预注潘子臣、小惟子曰："楚舟师之帅。"即潘子臣并非番地，而是楚水军将领，但《史记》却将其归于地名。

---

① ［汉］司马迁撰：《史记》（全10册），北京：中华书局，1959年版，第666页。

② 杨伯峻编著：《春秋左传注》（全4册），北京：中华书局，1990年版，第1559页。

③ 杨伯峻编著：《春秋左传注》（全4册），北京：中华书局，1990年版，第1559页。

④ ［汉］司马迁撰：《史记》（全10册），北京：中华书局，1959年版，第666页。

⑤ ［汉］司马迁撰：《史记》（全10册），北京：中华书局，1959年版，第666页。

⑥ 杨伯峻编著：《春秋左传注》（全4册），北京：中华书局，1990年版，第1557页。

- 公元前 **503** 年,鲁定公七年,孔子五十岁。
- 阳虎欲见孔子,馈孔子豚,时孔子外出。归,往拜之,遇阳虎于途,阳虎劝孔子出仕,孔子勉强应之。
- 《论语·阳货》:阳货欲见孔子,孔子不见,归孔子豚。孔子时其亡也,而往拜之,遇诸涂。谓孔子曰:"来!予与尔言。"曰:"怀其宝而迷其邦,可谓仁乎?"曰:"不可。""好从事而亟失时,可谓知乎?"曰:"不可。""日月逝矣,岁不我与。"孔子曰:"诺。吾将仕矣。"(朱熹注曰:阳货之欲见孔子,虽其善意,然不过欲使助己为乱耳。故孔子不见者,义也。其往拜者,礼也。必时其亡而往者,欲其称也。遇诸涂而不避者,不终绝也。随问而对者,理之直也。对而不辨者,言之孙而亦无所诎也。何晏《论语注》邢昺疏曰:阳货,阳虎也。盖名虎,字货。为季氏家臣,而专鲁国之政。)①

【文献记载】

《孟子·滕文公下》:

> 孟子曰:"古者不为臣不见。段干木踰垣而辟之,泄柳闭门而不内,是皆已甚。迫,斯可以见矣。阳货欲见孔子而恶无礼,大夫有赐于士,不得受于其家,则往拜其门。阳货瞰孔子之亡也,而馈孔子蒸豚;孔子亦瞰其亡也,而往拜之。当是时,阳货先,岂得不见?曾子曰:'胁肩谄笑,病于夏畦。'子路曰:'未同而言,观其色赧赧然,非由之所知也。'由是观之,则君子之所养可知已矣。"②

【考证】

从《孟子》"大夫有赐于士"之语,阳货当时已是"大夫"。此前一年,定公六年秋,阳虎"盟公及三桓于周社,盟国人于亳社,诅于五父之衢";本年《左传》载曰:"齐人归郓、阳关,阳虎居之以为政。"③以强势家臣而迫封大夫,不合周礼本来体制。故《论语》始终不称阳货为大夫。阳虎来劝孔子出仕,应在其为政之后,故将《论语》此条系之于此年。(按:阳关位于鲁、齐边境,在今山东泰安市东南汶水东岸。阳虎据阳关叛乱失败后,由此奔齐。)

---

① [宋]朱熹撰:《四书章句集注》,北京:中华书局,1983 年版,第 175 页。
② [清]焦循撰,沈文倬点校:《孟子正义》,中华书局,1987 年版,第 441~445 页。
③ 杨伯峻编著:《春秋左传注》(全 4 册),北京:中华书局,1990 年版,第 1560 页。

【时事考异】

《春秋》此年末载曰"冬十月"，后当有阙文。《左传》载"冬十一月戊午，单子、刘子逆王于庆氏。晋籍秦送王。己巳，王入于王城，馆于公族党氏，而后朝于庄宫"①，此条《春秋》当有经文，今缺。《史记·十二诸侯年表·周表》曰："刘子迎王，晋入王。"②所据文献亦极近《左传》。定公时期，东周之事并不见载于《春秋》。

• 公元前 502 年，鲁定公八年，孔子五十一岁。弟子冉儒、曹卹、伯虔生。

• 公山不狃召孔子，孔子欲往，子路不悦。然亦卒不行。

• 公山不狃为费宰，不得志，与季寤等五人因阳虎。阳虎欲去三桓，不克，入于讙、阳关以叛。

•《论语·阳货》：公山弗扰以费畔，召，子欲往。子路不悦，曰："末之也已，何必公山氏之之也。"子曰："夫召我者，而岂徒哉？如有用我者，吾其为东周乎？"③孔子欲应公山弗扰之召，当在弗扰叛迹未露之时，故系于此年。

【文献记载】

《春秋·定公八年》：

　　盗窃宝玉、大弓。④

《公羊传·定公八年》：

　　盗窃宝玉、大弓。盗者孰谓？谓阳虎也。阳虎者，曷为者也？季氏之宰也。季氏之宰，则微者也，恶乎得国宝而窃之？阳虎专季氏，季氏专鲁国，阳虎拘季孙，孟氏与叔孙氏迭而食之。睋而锾其板曰："某月某日，将杀我于蒲圃，力能救我则于是。"至乎日若时，而出临南者，

① 杨伯峻编著：《春秋左传注》（全 4 册），北京：中华书局，1990 年版，第 1561 页。
② ［汉］司马迁撰：《史记》（全 10 册），北京：中华书局，1959 年版，第 666－667 页。
③ ［宋］朱熹撰：《四书章句集注》，北京：中华书局，1983 年版，第 176－177 页。
④ 杨伯峻编著：《春秋左传注》（全 4 册），北京：中华书局，1990 年版，第 1563 页。

阳虎三出也，御之。于其乘焉，季孙谓临南曰："以季氏之世世有子，子可以不免我死乎？"临南曰："有力不足，臣何敢不勉。"阳越者，阳虎之从弟也，为右。诸阳之从者，车数十乘，至于孟衢，临南投策而坠之，阳越下取策，临南骋马，而由乎孟氏。阳虎从而射之，矢著于庄门。然而，甲起于琴如。弑不成，却反舍于郊。或曰："弑千乘之主而不克，舍此可乎？"阳虎曰："夫孺子得国而已，如丈夫何？"睨而曰："彼哉！彼哉！趣驾。"既驾，公敛处父帅师而至，懂然后得免，自是走之晋。宝者何？璋判白，弓绣质，龟青纯。[①]

《左传·定公八年》：

　　季寤（季桓子之弟）、公鉏极、公山不狃皆不得志于季氏，叔孙辄无宠于叔孙氏，叔仲志不得志于鲁。故五人因阳虎。阳虎欲去三桓，以季寤更季氏，以叔孙辄更叔孙氏，已更孟氏。冬十月，顺祀先公而祈焉。辛卯，禘于僖公。壬辰，将享季氏于蒲圃而杀之，戒都车，曰："癸巳至。"成宰公敛处父告孟孙，曰："季氏戒都车，何故？"孟孙曰："吾弗闻。"处父曰："然则乱也，必及于子，先备诸。"与孟孙以壬辰为期。

　　阳虎前驱，林楚御桓子，虞人以铍盾夹之，阳越殿。将如蒲圃。桓子咋谓林楚曰："而先皆季氏之良也，尔以是继之。"对曰："臣闻命后。阳虎为政，鲁国服焉，违之征死，死无益于主。"桓子曰："何后之有？而能以我适孟氏乎？"对曰："不敢爱死，惧不免主。"桓子曰："往也！"孟氏选圉人之壮者三百人以为公期筑室于门外。林楚怒马，及衢而骋。阳越射之，不中。筑者阖门。有自门间射阳越，杀之。阳虎劫公与武叔，以伐孟氏。公敛处父帅成人自上东门入，与阳氏战于南门之内，弗胜；又战于棘下，阳氏败。阳虎说甲如公宫，取宝玉、大弓以出，舍于五父之衢，寝而为食。其徒曰："追其将至。"虎曰："鲁人闻余出，喜于征死，何暇追余？"从者曰："嘻！速驾，公敛阳（处父）在。"公敛阳请追之，孟孙弗许。阳欲杀桓子，孟孙惧而归之。子言（季寤）辨舍爵于季氏之庙

　　① 李学勤主编：《十三经注疏·春秋公羊传注疏》，北京：北京大学出版社，1999年版，第570－572页。

而出。阳虎入于讙、阳关以叛。①

《史记·齐太公世家》:

四十七年,鲁阳虎攻其君,不胜,奔齐,请齐伐鲁。②

《史记·鲁周公世家》:

定公……八年,阳虎欲尽杀三桓适,而更立其所善庶子以代之;载季桓子将杀之,桓子诈而得脱。三桓共攻阳虎,阳虎居阳关。③

《史记·孔子世家》:

定公八年,公山不狃不得意于季氏,因阳虎为乱,欲废三桓之适,更立其庶孽阳虎素所善者,遂执季桓子。桓子诈之,得脱。定公九年,阳虎不胜,奔于齐。是时孔子年五十。

公山不狃以费畔季氏,使人召孔子。孔子循道弥久,温温无所试,莫能己用,曰:"盖周文武起丰镐而王,今费虽小,傥庶几乎!"欲往。子路不说,止孔子。孔子曰:"夫召我者岂徒哉? 如用我,其为东周乎!"然亦卒不行。④

《史记·仲尼弟子列传第七》:

冉孺字子鲁,少孔子五十岁。曹邺字子循。少孔子五十岁。伯虔字子析,少孔子五十岁。⑤

① 杨伯峻编著:《春秋左传注》(全 4 册),北京:中华书局,1990 年版,第 1567—1570 页。
② [汉]司马迁撰:《史记》(全 10 册),北京:中华书局,1959 年版,第 1504 页。
③ [汉]司马迁撰:《史记》(全 10 册),北京:中华书局,1959 年版,第 1543 页。
④ [汉]司马迁撰:《史记》(全 10 册),北京:中华书局,1959 年版,第 1914 页。
⑤ [汉]司马迁撰:《史记》(全 10 册),北京:中华书局,1959 年版,第 2219 页。

【考证】

阳虎欲去三桓,盗窃宝玉、大弓一事。《春秋》、《左传》、《公羊传》、《史记·鲁周公世家》、《史记·孔子世家》均记为定公八年(公元前 502 年),应是事发之年;《史记·齐太公世家》记为齐景公四十七年(公元前 501 年),即定公九年,应指阳虎事败去鲁奔齐在定公九年。阳虎叛乱失败一事《左传》、《公羊传》叙述基本一致。《左传》林楚,《公羊传》作临南;《左传》侧重阳虎欲去三桓之前因后果,而轻忽盗窃宝玉与大弓,并提及公山不狃,《公羊传》、《穀梁传》均无此人。

公山不狃召孔子一事。"公山不狃召孔子,孔子欲往",此事疑者甚众。理由多为公山不狃叛费于定公十二年(公元前 498 年),是时仲由为季氏宰将堕三都。孔子时为鲁司寇,命申句须、乐颀下,伐之,费人北。故而孔子不可能召而欲往。

钱穆先生《先秦诸子系年考辨·公山弗扰以费畔召孔子考》中,主要以赵翼《陔余丛考》的叙述出发,对此事进行了系统考察。略述如下:

其一,定公五年,公山不狃为费宰;

其二,定公八年,公山不狃不得志于季氏,因阳虎;

其三,定公八年,阳虎欲去三桓,不克而奔,季寤亦逃而出。而未言公山不狃出逃,盖公山不狃虽有异志,但阴构阳虎发难,而己实坐观成败于旁。盖反形未露也;

其四,江永定孔子宰中都在定公九年。郑环以九年春孔子为中都宰也。

基于此,钱穆先生得出的结论是:

其一,在当时公山不狃召孔子,决不以叛乱为辞也。是时不狃虽有不臣之实,而未著变叛之形,故孔子欲往而复止。毛大可云:"畔是谋逆,非称兵。"

其二,不狃可以召孔子,而孔子实未往,其事当在定公八九年之间。

孔子召而欲往,与他本身的出仕观念有关。正如康有为《论语注》作出如此解释:

> 乱臣不可从乃是常义,孔子岂不知之?但为救民来,故曰:"天下有道,丘不与易。"苟可藉手,皆可兴升平太平,大同小康之治。盖化

人之来，道济天下，岂问为何人哉？所谓圣达节，贤守节，下失节。子
路乃守节之人，故不说；孔子为达节之圣，故无可无不可。不然，则爱
名惜己，不知救民，孔子亦贤者而已，故知常义不足以窥圣人也。[①]

其实，想革除三桓擅权的局面，是孔子一大政治情结所在。既然鲁君
势力架空，借助三桓家臣为之，也存在某种可行性。但家臣叛逆，又容易失
控，酿成局面失序，这就是孔子进退两难之处。《左传·定公九年》阳虎奔
晋，适赵氏，孔子曰："赵氏其世有乱乎！"就是从失控、失序的角度立论的。
而事实上，赵氏并未因之乱，而步步强盛，懦主不足以驾驭悍臣，而强主驾
驭悍臣却有另一种效果。且在《左传》后文中，有赵简子依靠阳虎统政的
事迹。

【时事考异】

《史记·十二诸侯年表·楚表》载曰：

> 子西为民泣，民亦泣，蔡昭侯恐。[②]

《管蔡世家》亦载此事，即蔡昭侯怨恨楚令尹子常索贿，联合吴王阖闾
破楚入郢，楚昭王复国，"楚令尹为其民泣以谋蔡，蔡昭侯惧"。然此记载不
见于《左传》、《国语》，亦不见于《楚世家》。

《陈表》曰：

> 公如吴，吴留之，因死吴。[③]

《吴表》亦曰：

> 陈怀公来，留之，死于吴。[④]

---

① 康有为撰：《论语注》，北京：中华书局，1984年版，第260－261页。
② [汉]司马迁撰：《史记》（全10册），北京：中华书局，1959年版，第667页。
③ [汉]司马迁撰：《史记》（全10册），北京：中华书局，1959年版，第667页。
④ [汉]司马迁撰：《史记》（全10册），北京：中华书局，1959年版，第667页。

《陈杞世家》曰：

> 怀公元年，吴破楚，在郢，召陈侯。陈侯欲往，大夫曰："吴新得意，楚王虽亡，与陈有故，不可倍。"怀公乃以疾谢吴。四年，吴复召怀公。怀公恐，如吴。吴怒其前不往，留之，因卒吴。①

陈怀公死于吴之事，不见于《左传》，唯《春秋·定公八年》曰："九月，葬陈怀公。"而《左传·哀公元年》载曰：

> 吴之入楚也，使召陈怀公。怀公朝国人而问焉，曰："欲与楚者右，欲与吴者左。陈人从田，无田从党。"逢滑当公而进，曰："臣闻国之兴也以福，其亡也以祸。今吴未有福，楚未有祸。楚未可弃，吴未可从。而晋，盟主也，若以晋辞吴，若何？"公曰："国胜君亡，非祸而何？"对曰："国之有是多矣，何必不复。小国犹复，况大国乎？臣闻国之兴也，视民如伤，是其福也。其亡也，以民为土芥，是其祸也。楚虽无德，亦不艾杀其民。吴日敝于兵，暴骨如莽，而未见德焉。天其或者正训楚也！祸之适吴，其何日之有？"陈侯从之。及夫差克越，乃修先君之怨。秋八月，吴侵陈，修旧怨也。②

这段记载明确说吴在定公四年（公元前506年）侵楚之时，曾召陈怀公，怀公未往，而《史记》称定公八年吴再召陈怀公，怀公往，吴留之，怀公死于吴。《史记》之记载必有所本。此期间吴、楚、晋大国争霸、复国，造成蔡、陈诸小国局势糜烂，生存危机，这也是后来孔子周游列国、厄于陈蔡的先导因素。孔子周游列国，主要徘徊于诸夏小邦，其内心深处或是倾于试行礼乐治世的乌托邦，而非纵横驰骋于霸主事业乎？

【杂录】

《左传·定公五年》：

① ［汉］司马迁撰：《史记》（全10册），北京：中华书局，1959年版，第1582页。
② 杨伯峻编著：《春秋左传注》（全4册），北京：中华书局，1990年版，第1607-1608页。

六月，季平子行东野，还，未至。丙申，卒于房。阳虎将以玙璠敛，仲梁怀弗与，曰："改步改玉。"阳虎欲逐之，告公山不狃。不狃曰："彼为君也，子何怨焉？"①

（按：还可以将历史时段拉长一些，以此窥视叛逆家臣公山不狃的心灵深处。《左传·哀公八年》记十余年后叔孙辄与公山不狃流亡在吴之事，可见公山不狃尚关切故国，与一般叛乱者有别。是否于此窥见孔子曾想应其召请的某种精神秘密？此是《左传·哀公八年》所记：吴为邾故，将伐鲁，问于叔孙辄。叔孙辄对曰："鲁有名而无情，伐之，必得志焉。"退而告公山不狃。公山不狃曰："非礼也。君子违，不适仇国。未臣而有伐之，奔命焉，死之可也。所托也则隐。且夫人之行也，不以所恶废乡。今子以小恶而欲覆宗国，不亦难乎？若使子率，子必辞，王将使我。"子张（即叔孙辄）疾之。王问于子泄（即公山不狃），对曰："鲁虽无与立，必有与毙；诸侯将救之，未可以得志焉。晋与齐、楚辅之，是四仇也。夫鲁，齐、晋之唇，唇亡齿寒，君所知也。不救何为？"②）

- 公元前 **501** 年，鲁定公九年，孔子五十二岁。定公以孔子为中都宰。
- 鲁军攻阳关，阳虎焚莱门。奔齐，囚于齐。逃而奔宋，遂奔晋，适赵氏。孔子曰："赵氏其世有乱乎！"

【文献记载】

《春秋·定公九年》：

得宝玉、大弓。③

《左传·定公九年》：

夏，阳虎归宝玉、大弓。书曰"得"，器用也。凡获器用曰得，得用焉曰获。

---

① 杨伯峻编著：《春秋左传注》（全 4 册），北京：中华书局，1990 年版，第 1550 页。
② 杨伯峻编著：《春秋左传注》（全 4 册），北京：中华书局，1990 年版，第 1647—1648 页。
③ 杨伯峻编著：《春秋左传注》（全 4 册），北京：中华书局，1990 年版，第 1570 页。

六月，伐阳关。阳虎使焚莱门。师惊，犯之而出，奔齐，请师以伐鲁，曰："三加，必取之。"齐侯将许之。鲍文子谏曰："臣尝为隶于施氏矣，鲁未可取也。上下犹和，众庶犹睦，能事大国，而无天菑，若之何取之？阳虎欲勤齐师也，齐师罢，大臣必多死亡，己于是乎奋其诈谋。夫阳虎有宠于季氏，而将杀季孙，以不利鲁国，而求容焉。亲富不亲仁，君焉用之？君富于季氏，而大于鲁国，兹阳虎所欲倾覆也。鲁免其疾，而君又收之，无乃害乎！"齐侯执阳虎，将东之。阳虎愿东，乃囚诸西鄙。尽借邑人之车，锲其轴，麻约而归之。载葱灵，寝于其中而逃。追而得之，囚于齐。又以葱灵逃，奔宋，遂奔晋，适赵氏。仲尼曰："赵氏其世有乱乎！"①

（按：对于阳虎投奔晋国赵氏的后事，可参看《韩非子·外储说左下》："阳虎议曰：'主贤明，则悉心以事之；不肖，则饰奸而试之。'逐于鲁，疑于齐，走而之赵，赵简主迎而相之。左右曰：'虎善窃人国政，何故相也？'简主曰：'阳虎务取之，我务守之。'遂执术而御。阳虎不敢为非，以善事简主，兴主之强，几至于霸也。"②从中也可以看出，法家评价和起用人物的标准，与儒家不同。）

《春秋公羊传·定公九年》：

　　得宝玉、大弓，何以书？国宝也。丧之书，得之书。③

《春秋穀梁传·定公九年》：

　　夏四月，戊申，郑伯虿卒。得宝玉、大弓。其不地，何也？宝玉大弓，在家则羞；不日，羞也。恶得之？得之堤下。或曰，阳虎以解众也。④

① 杨伯峻编著：《春秋左传注》（全4册），北京：中华书局，1990年版，第1572－1573页。
② ［清］王先慎撰，钟哲校点：《韩非子集解》，北京：中华书局，1998年版，第297页。
③ 李学勤主编：《十三经注疏·春秋公羊传注疏》，北京：北京大学出版社，1999年版，第573页。
④ 李学勤主编：《十三经注疏·春秋穀梁传注疏》，北京：北京大学出版社，1999年版，第370－371页。

《说苑·权谋》：

　　阳虎为难于鲁，走之齐，请师攻鲁，齐侯许之。鲍文子曰："不可也。阳虎欲齐师破，齐师破，大臣必多死，于是欲奋其诈谋。夫虎有宠于季氏而将杀季孙，以不利鲁国而容其求焉。今君富于季氏而大于鲁国，兹阳虎所欲倾覆也。鲁免其疾，而君又收之，毋乃害乎？"齐君乃执之，免而奔晋。①

《史记·齐太公世家》：

　　四十七年，鲁阳虎攻其君，不胜，奔齐，请齐伐鲁。鲍子谏景公，乃囚阳虎。阳虎得亡，奔晋。②

《史记·鲁周公世家》：

　　九年，鲁伐阳虎，阳虎奔齐，已而奔晋赵氏。③

《史记·晋世家》：

　　定公十一年，鲁阳虎奔晋，赵鞅简子舍之。④

《孔子家语·辨物》：

　　阳虎既奔齐，自齐奔晋，适赵氏。孔子闻之，谓子路曰："赵氏其世有乱乎？"子路曰："权不在焉，岂不为乱？"孔子曰："非汝所知。夫阳虎亲富而不亲仁，有宠于季孙，又将杀之，不克而奔，求容于齐。齐人囚之，乃亡归晋，是齐、鲁二国，已去其疾。赵简子好利而多信，必溺其说

①　[汉]刘向撰，向宗鲁校证：《说苑校证》，北京：中华书局，1987年版，第328页。
②　[汉]司马迁撰：《史记》（全10册），北京：中华书局，1959年版，第1504页。
③　[汉]司马迁撰：《史记》（全10册），北京：中华书局，1959年版，第1543页。
④　[汉]司马迁撰：《史记》（全10册），北京：中华书局，1959年版，第1684页。

而从其谋,祸败所终,非一世可知也。"①

（按:阳虎事件所造成的鲁国权要的精神惊悸和政治空缺,从某种意义上说,为孔子登上鲁国的政治舞台,提供了某种机遇性的政治空间。孔子并非鲁国公族,由庶姓而在一二年间提升为大夫而相鲁,明显是凭借当时特殊的政治空间破格晋升的。）

《史记·孔子世家》:

其后定公以孔子为中都宰,一年,四方皆则之。②

（按:中都,春秋鲁邑,在今山东汶上县西四十里。从地理形势分析,中都邻近卫、曹,为孔子西行周游列国提示了方向;中都在鲁西北,阳关在鲁东北,可以从侧翼稳定鲁国。）

《孔子家语·相鲁》:

孔子初仕,为中都宰。制为养生送死之节,长幼异食,强弱异任,男女别涂,路无拾遗,器不雕伪。为四寸之棺,五寸之椁,因丘陵为坟,不封、不树。行之一年,而西方之诸侯则焉。定公谓孔子曰:"学子此法以治鲁国,何如?"孔子对曰:"虽天下可乎,何但鲁国而已哉!"③

《孔子家语·曲礼子夏问》:

季平子卒,将以君之玙璠敛,赠以珠玉。孔子初为中都宰,闻之,历级而救焉。曰:"送而以宝玉,是犹曝尸于中原也。其示民以奸利之端,而有害于死者,安用之?且孝子不顺情以危亲,忠臣不兆奸以陷君。"乃止。④

《吕氏春秋·安死》:

---

① [三国魏]王肃注:《孔子家语》,上海:上海古籍出版社,1990年版,第47页。
② [汉]司马迁撰:《史记》(全10册),北京:中华书局,1959年版,第1915页。
③ [三国魏]王肃注:《孔子家语》,上海:上海古籍出版社,1990年版,第3页。
④ [三国魏]王肃注:《孔子家语》,上海:上海古籍出版社,1990年版,第119页。

　　鲁季孙有丧，孔子往吊之。入门而左，从客也。主人以玙璠收，孔子径庭而趋，历级而上，曰："以宝玉收，譬之犹暴骸中原也。"径庭历级，非礼也，虽然，以救过也。①

《吕氏春秋·乐成》：

　　孔子始用于鲁，鲁人鹥诵之曰："麛裘而韠，投之无戾。韠而麛裘，投之无邮。"用三年，男子行乎涂右，女子行乎涂左，财物之遗者，民莫之举。大智之用，固难逾也。②

《礼记·檀弓上》：

　　有子曰："夫子制于中都，四寸之棺，五寸之椁，以斯知不欲速朽也。昔者夫子失鲁司寇，将之荆，盖先之以子夏，又申之以冉有，以斯知不欲速贫也。"③

【考证】

　　孔子此年为中都宰。《春秋》、《左传》均无记载，唯鲁定公十年（公元年 500 年）相鲁公会齐侯于夹谷，《左传》方予记载。由此可见《春秋》、《左传》记述体例，是受何等官阶才能进入官方文献的资料来源和撰述体例的制约的。考虑到史官记载的官阶等级视野，治史者在辨别何为历史存在之真、何为历史记载之真的时候，应从此得到一些启示。"孔子为中都宰"，唯见于《史记·孔子世家》、《孔子家语》、《礼记》；而《左传》、《荀子》、《淮南子》、《韩诗外传》、《说苑》诸书只言孔子为"司寇"，未涉及"中都宰"一职。

　　关于"为中都宰"的时间，只有《孔子世家》与《孔子家语》较为明确地记载了：《史记·孔子世家》定为阳虎叛乱后，即定公九年左右；《孔子家语》为

---

① 陈奇猷校释：《吕氏春秋新校释》，上海：上海古籍出版社，2002 年版，第 544 页。
② 陈奇猷校释：《吕氏春秋新校释》，上海：上海古籍出版社，2002 年版，第 999 页。
③ ［清］孙希旦撰，沈啸寰、王星贤点校：《礼记集解》（全 3 册），北京：中华书局，1989 年版，第 217 页。

季平子卒后,即定公五年。另,《吕氏春秋》与《孔子家语》记录的事件类似,即季平子卒,以玙璠入殓一事。《左传》中此事涉及阳货与仲梁怀,而与孔子无关,暂从《左传》。这种从否,也是比较各种史料在著录整理时,有何种后世因素的介入而衡定的。

钱穆《先秦诸子系年考辨》据江永之说,定孔子宰中都在定公九年。从之。

【杂录】

关于阳虎叛鲁后的其他记载。

《说苑·复恩》:阳虎得罪于卫,北见简子曰:“自今以来,不复树人矣。”简子曰:“何哉?”阳虎对曰:“夫堂上之人,臣所树者过半矣;朝廷之吏,臣所立者亦过半矣;边境之士,臣所立者亦过半矣。今夫堂上之人,亲却臣于君;朝廷之吏,亲危臣于众;边境之士,亲劫臣于兵。”简子曰:“唯贤者为能报恩,不肖者不能。夫树桃李者,夏得休息,秋得食焉。树蒺藜者,夏不得休息,秋得其刺焉。今子之所树者,蒺藜也,自今以来,择人而树,毋已树而择之。”①

《韩非子·外储说左下》:阳虎去齐走赵,简主问曰:“吾闻子善树人?”虎曰:“臣居鲁,树三人,皆为令尹;及虎抵罪于鲁,皆搜索于虎也。臣居齐,荐三人,一人得近王,一人为县令,一人为候吏;及臣得罪,近王者不见臣,县令者迎臣执缚,候吏者追臣至境上,不及而止。虎不善树人。”主俯而笑曰:“夫树橘梨橘柚者,食之则甘,嗅之则香;树枳棘者,成而刺人。故君子慎所树。”②

· 公元前 **500** 年,鲁定公十年,孔子五十三岁。孔子为鲁司寇。齐鲁夹谷之会,孔子摄行相事。

· 孔子沟合昭公之墓。

· 定公问曰:“《周书》所谓‘庸庸祗祗,威威显民’,何谓也?”孔子对曰:“不失其道,明之于民之谓也。夫能用可用,则正治矣;敬可敬,则尚贤矣;畏可畏,则服刑恤矣。君审此三者以示民,而国不兴,未之有也。”③(《孔丛

---

① 〔汉〕刘向撰,向宗鲁校证:《说苑校证》,北京:中华书局,1987 年版,第 138－139 页。

② 〔清〕王先慎撰,钟哲校点:《韩非子集解》,北京:中华书局,1998 年版,第 305 页。

③ 傅亚庶撰:《孔丛子校释》(《新编诸子集成续编》),北京:中华书局,2011 年版,第 20 页。

子·论书篇》)

　　• 孔子见季桓子,桓子曰:"二道者,可得闻欤?"夫子曰:"上不罪仁而
溥尃,闻其司于失人,……仁心者盟,能行圣人之道。……为信以事其上。
仁其如此也。上唯逃智,亡不乱矣。……仁爱仁而进之,不仁人弗得进矣,
治得不可人而与?……君子恒以众福,后拜四方之位以动。……闲车卫,
兴、道、学、称、言,不振其所,皆同其□,此易民也。……如夫见人不狡,闻
礼不倦,……保慎其礼乐"云云。(《孔子见季桓子》,《上海博物馆藏战国楚
竹书》第六册,第 198－225 页)此当是孔子初为鲁司寇,谒见季桓子论政。

　　【文献记载】

《左传·定公元年》:

　　秋七月癸巳,葬昭公于墓道南。孔子之为司寇也,沟而合诸墓。[1]

《史记·孔子世家》:

　　其后定公以孔子为中都宰,一年,四方皆则之。由中都宰为司空,
由司空为大司寇。[2]

《史记·秦本纪》:

　　惠公元年,孔子行鲁相事。[3]

《史记·吴太伯世家》:

　　(吴阖闾)十五年,孔子相鲁。[4]

《史记·晋世家》:

① 杨伯峻编著:《春秋左传注》(全 4 册),北京:中华书局,1990 年版,第 1527 页。
② [汉]司马迁撰:《史记》(全 10 册),北京:中华书局,1959 年版,第 1914 页。
③ [汉]司马迁撰:《史记》(全 10 册),北京:中华书局,1959 年版,第 198 页。
④ [汉]司马迁撰:《史记》(全 10 册),北京:中华书局,1959 年版,第 1467 页。

（晋定公）十二年，孔子相鲁。①

《史记·楚世家》：

（楚昭王）十六年，孔子相鲁。②

《史记·魏世家》：

其后十四岁而孔子相鲁。③

《史记·伍子胥列传》：

其后四年，孔子相鲁。④

《孔子家语·相鲁》：

于是二年，定公以为司空，乃别五土之性，而物各得其所生之宜，咸得厥所。先时，季氏葬昭公于墓道之南，孔子沟而合诸墓焉。谓季桓子曰："贬君以彰己罪，非礼也。今合之，所以掩夫子之不臣。"由司空为鲁大司寇，设法而不用，无奸民。⑤

《淮南子·泰族》：

孔子为鲁司寇，道不拾遗，市买不豫贾，田渔皆让长，而斑白不戴负：非法之所能致也。⑥

①　[汉]司马迁撰：《史记》(全 10 册)，北京：中华书局，1959 年版，第 1685 页。
②　[汉]司马迁撰：《史记》(全 10 册)，北京：中华书局，1959 年版，第 1717 页。
③　[汉]司马迁撰：《史记》(全 10 册)，北京：中华书局，1959 年版，第 1837 页。
④　[汉]司马迁撰：《史记》(全 10 册)，北京：中华书局，1959 年版，第 2178 页。
⑤　[三国魏]王肃注：《孔子家语》，上海：上海古籍出版社，1990 年版，第 3 页。
⑥　何宁撰：《淮南子集释》，北京：中华书局，1998 年版，第 1383—1384 页。

《春秋·定公十年》:

十年春王三月,乃齐平。夏,公会齐侯于夹谷(夹谷,春秋齐地,谷中居有东夷莱人部落,在今山东莱芜市西南三十里夹谷峪)。公至自夹谷。…齐人来归郓、欢、龟阴田。

(按:《春秋》记"夹谷之会",仅及鲁定公,未及孔子。由此可见《春秋》记述体例。)[①]

《左传·定公十年》:

十年春,及齐平。夏,公会齐侯于祝其,实夹谷。孔丘相。犁弥言于齐侯曰:"孔丘知礼而无勇,若使莱人以兵劫鲁侯,必得志焉。"齐侯从之。孔丘以公退,曰:"士兵之! 两君合好,而裔夷之俘(莱人本齐国灭莱的战俘后裔)以兵乱之,非齐君所以命诸侯也。裔不谋夏,夷不乱华,俘不干盟,兵不逼好——于神为不祥,于德为愆义,于人为失礼,君必不然。"齐侯闻之,遽辟之。将盟,齐人加于载书曰:"齐师出竟而不以甲车三百乘从我者,有如此盟!"孔丘使兹无还揖对,曰:"而不反我汶阳之田,吾以共命者,亦如之!"齐侯将享公,孔丘谓梁丘据曰:"齐、鲁之故,吾子何不闻焉? 事既成矣,而又享之,是勤执事也。且牺、象不出门,嘉乐不野合。飨而既具,是弃礼也;若其不具,用秕稗也。用秕稗,君辱;弃礼,名恶。子盍图之! 夫享,所以昭德也。不昭,不如其已也。"乃不果享。齐人来归郓、讙、龟阴之田。[②]

(按:《左传》记述如此详细而有一股浩然正气,恐是与孔子讲述、二三子笔录有关。《左传》材料不仅来自史官,就近也来自士人。)

《公羊传》:

---

① 杨伯峻编著:《春秋左传注》(全4册),北京:中华书局,1990年版,第1576页。
② 杨伯峻编著:《春秋左传注》(全4册),北京:中华书局,1990年版,第1577－1579页。

　　春王三月，及齐平。夏，公会齐侯于颊谷。公至自颊谷。齐人来归运、讙、龟阴田。齐人曷为来归运、讙、龟阴田？孔子行乎季孙，三月不违，齐人为是来归之。①

《穀梁传》：

　　十年春王三月，及齐平。夏，公会齐侯于颊谷。公至自颊谷。离会不致，何为致也？危之也。危之则以地致，何也？为危之也。其危奈何？曰：颊谷之会，孔子相焉。两君就坛，两相相揖，齐人鼓噪而起，欲以执鲁君。孔子历阶而上，不尽一等，而视归乎齐侯曰："两君合好，夷狄之民何为来？"为命司马止之。齐侯逡巡而谢曰："寡人之过也。"退而属其二三大夫曰："夫人率其君与之行古人之道，二三子独率我而入夷狄之俗，何为？"罢会，齐人使优施舞于鲁君之幕下。孔子曰："笑君者，罪当死。"使司马行法焉，首足异门而出。齐人来归郓、讙、龟阴之田者，盖为此也。因是以见虽有文事，必有武备，孔子于颊谷之会见之矣。……齐人来归郓、讙、龟阴之田。②

《史记·孔子世家》：

　　定公十年春，及齐平。夏，齐大夫黎鉏言于景公曰："鲁用孔丘，其势危齐。"乃使使告鲁为好会，会于夹谷。鲁定公且以乘车好往。孔子摄相事，曰："臣闻有文事者必有武备，有武事者必有文备。古者诸侯出疆，必具官以从。请具左右司马。"定公曰："诺。"具左右司马。会齐侯夹谷，为坛位，土阶三等，以会遇之礼相见，揖让而登。献酬之礼毕，齐有司趋而进曰："请奏四方之乐。"景公曰："诺。"于是旍旄羽袚矛戟剑拨鼓噪而至。孔子趋而进，历阶而登，不尽一等，举袂而言曰："吾两君为好会，夷狄之乐何为于此！请命有司！"有司却之，不去，则左右视

　　① 李学勤主编：《十三经注疏·春秋公羊传注疏》，北京：北京大学出版社，1999年版，第574—575页。
　　② 李学勤主编：《十三经注疏·春秋穀梁传注疏》，北京：北京大学出版社，1999年版，第371—372页。

晏子与景公。景公心怍,麾而去之。有顷,齐有司趋而进曰:"请奏宫中之乐。"景公曰:"诺。"优倡侏儒为戏而前。孔子趋而进,历阶而登,不尽一等,曰:"匹夫而营惑诸侯者罪当诛! 请命有司!"有司加法焉,手足异处。景公惧而动,知义不若,归而大恐,告其群臣曰:"鲁以君子之道辅其君,而子独以夷狄之道教寡人,使得罪于鲁君,为之奈何?"有司进对曰:"君子有过则谢以质,小人有过则谢以文。君若悼之,则谢以质。"于是齐侯乃归所侵鲁之郓、汶阳、龟阴之田以谢过。①

《史记·齐太公世家》:

四十八年,与鲁定公好会夹谷。犁鉏曰:"孔丘知礼而怯,请令莱人为乐,因执鲁君,可得志。"景公害孔丘相鲁,惧其霸,故从犁鉏之计。方会,进莱乐,孔子历阶上,使有司执莱人斩之,以礼让景公。景公惭,乃归鲁侵地以谢,而罢去。②

《史记·鲁周公世家》:

十年,定公与齐景公会于夹谷,孔子行相事。齐欲袭鲁君,孔子以礼历阶,诛齐淫乐,齐侯惧,乃止,归鲁侵地而谢过。③

汉陆贾《新语·辨惑篇》:

鲁定公之时,与齐侯会于夹谷,孔子行相事。两君升坛,两相处下,两相欲揖,君臣之礼,济济备焉。齐人鼓噪而起,欲执鲁公。孔子历阶而上,不尽一等而立,谓齐侯曰:"两君合好,以礼相率,以乐相化。臣闻嘉乐不野合,牺象之荐不下堂。夷、狄之民何求为?"命司马请止之。定公曰:"诺。"齐侯逡巡而避席曰:"寡人之过。"退而自责大夫。罢会。齐人使优旃儛于鲁公之幕下,傲戏,欲候鲁君之隙,以执定公。

① [汉]司马迁撰:《史记》(全 10 册),北京:中华书局,1959 年版,第 1915—1916 页。
② [汉]司马迁撰:《史记》(全 10 册),北京:中华书局,1959 年版,第 1505 页。
③ [汉]司马迁撰:《史记》(全 10 册),北京:中华书局,1959 年版,第 1544 页。

孔子叹曰："君辱臣当死。"使司马行法斩焉，首足异门而出。于是齐人惧然而恐，君臣易操，不安其故行，乃归鲁四邑之侵地，终无乘鲁之心，邻□振动，人怀向鲁之意，强国骄君，莫不恐惧，邪臣佞人，变行易虑，天下之政，□□而折中。而定公拘于三家，陷于众口，不能卒用孔子者，内无独见之明，外惑邪臣之党，以弱其国而亡其身，权归于三家，邑土单于强齐。夫用人若彼，失人若此。然定公不觉悟，信季孙之计，背贞臣之策，以获拘弱之名，而丧丘山之功，不亦惑乎！①

《孔子家语·相鲁》：

定公与齐侯会于夹谷，孔子摄相事，曰："臣闻有文事者必有武备，有武事者必有文备。古者诸侯并出疆，必具官以从。请具左右司马。"定公从之。至会所，为坛位，土阶三等，以遇礼相见，揖让而登。献酢既毕，齐使莱人以兵鼓噪，劫定公。孔子历阶而进，以公退，曰："士以兵之！吾两君为好，裔夷之俘敢以兵乱之，非齐君所以命诸侯也。裔不谋夏，夷不乱华，俘不干盟，兵不逼好，于神为不祥，于德为愆义，于人为失礼，君必不然！"齐侯心怍，麾而避之。有顷，齐奏宫中之乐，俳优、侏儒戏于前。孔子趋进，历阶而上，不尽一等，曰："匹夫荧侮诸侯者，罪应诛！请右司马速刑焉！"于是斩侏儒，手足异处。齐侯惧，有惭色。将盟，齐人加载书曰："齐师出境，而不以兵车三百乘从我者，有如此盟！"孔子使兹无还对曰："而不返我汶阳之田，吾以供命者，亦如之！"齐侯将设享礼。孔子谓梁丘据曰："齐、鲁之故，吾子何不闻焉！事既成矣，而又享之，是勤执事。且牺、象不出门，嘉乐不野合。享而既具，是弃礼；若其不具，是用秕稗。用秕稗，君辱；弃礼，名恶。子盍图之！夫享，所以昭德也。不昭，不如其已。"乃不果享。齐侯归，责其群臣曰："鲁以君子道辅其君，而子独以夷狄道教寡人，使得罪。"于是乃归所侵鲁之四邑及汶阳之田。②

① 王利器撰：《新语校注》，北京：中华书局，1986年版，第78—79页。
② 王国轩、王秀梅译注：《孔子家语》，北京：中华书局，2011年版，第7—8页。

　　（按：《史记》叙鲁、齐夹谷之会，材料不尽依据《左传》，所增之"优倡侏儒为戏而前……有司加法焉，手足异处"的情结，当得自战国晚期至汉初的竹简，与《春秋穀梁传》、陆贾《新语》相近，属于七十子后学的夸饰渲染。《孔子家语》行文兼及《穀梁传》、《史记》、《新语》与《左传》之所述，可能参照了七十子后学及史学之简。）

　　【考证】

　　1. 关于孔子为司空、司寇：

　　（1）孔子是否担任过司空：

　　孔子为司空，除《史记》、《孔子家语》外均未见记载，更无详细时间，前人颇多异议。例如崔述《洙泗考信录·卷二》称，定八年（公元前 502 年）冬，阳虎始败，九年始奔。十年，孔子已相君于会，中间为时无几。安得为宰二年始为司空，由司空乃为司寇乎？

　　此或有两种可能：

　　一是孔子兼任司空与司寇。《礼记·王制第五》曰：

　　　　大国三卿，皆命于天子，下大夫五人，上士二十七人。[1]

　　孔颖达疏：

　　　　三卿者，依周制而言，谓立司徒兼冢宰之事，立司马兼宗伯之事，立司空兼司寇之事。[2]

　　鲁国官制可参见《左传·昭公四年》的一段叙述：

　　　　公使杜泄葬叔孙。竖牛赂叔仲昭子与南遗，使恶杜泄于季孙而去之。杜泄将以路葬，且尽卿礼。南遗谓季孙曰："叔孙未乘路，葬焉用之？且冢卿无路，介卿以葬，不亦左乎？"季孙曰："然。"使杜泄舍路。

———————————

　　[1]　[清]孙希旦撰，沈啸寰、王星贤点校：《礼记集解》（全 3 册），北京：中华书局，1989 年版，第 320 页。

　　[2]　[清]孙希旦撰，沈啸寰、王星贤点校：《礼记集解》（全 3 册），北京：中华书局，1989 年版，第 321 页。

不可,曰:"夫子受命于朝,而聘于王。王思旧勋而赐之路。复命而致之君,君不敢逆王命而复赐之,使三官书之。吾子为司徒,实书名。夫子为司马,与工正书服。孟孙为司空,以书勋。今死而弗以,同弃君命也。书在公府而弗以,是废三官也。若命服,生弗敢服,死又不以,将焉用之?"乃使以葬。①

此处仅提及"司徒"、"司马"、"司空"。则所谓孔子"由司空为大司寇"当有"司空兼司寇之事"之可能。《说苑》载一则战国故事,或可证三官可兼司寇:

> 孔子见季康子,康子未说,孔子又见之,宰予曰:"吾闻之夫子曰:'王公不聘不动。'今吾子之见司寇也少数矣。"孔子曰:"鲁国以众相陵,以兵相暴之日久矣,而有司不治,聘我者孰大乎于是?"鲁人闻之曰:"圣人将治,何以不先自为刑罚乎?"自是之后,国无争者。②

季康子为鲁三官之一,宰予称他为司寇。

二是孔子只担任了司寇一职,未任司空。

依据马骕《绎史》之说,诸侯三卿,曰司徒、司马、司空,鲁则三桓世为之。其司寇不在三卿之数,臧孙尝为之矣。……由司空为司寇,是由卿而大夫,进退无据。……疑孔子为司空非实。

原因在于春秋后期鲁国三官为三桓把持。春秋后期,鲁秉国政者为三桓,即季孙、叔孙、孟孙三氏。如《左传·昭公五年》曰:

> 五年春,王正月,舍中军,卑公室也。毁中军于施氏,成诸臧氏。初作中军,三分公室而各有其一。季氏尽征之,叔孙氏臣其子弟,孟氏取其半焉。及其舍之也,四分公室,季氏择二,二子各一。③

季孙、叔孙、孟孙三氏担任鲁国最重要职位,即三官。如《左传·昭公

---

① 杨伯峻编著:《春秋左传注》(全4册),北京:中华书局,1990年版,第1259页。
② 〔汉〕刘向撰,向宗鲁校证:《说苑校证》,北京:中华书局,1987年版,第328页。
③ 杨伯峻编著:《春秋左传注》(全4册),北京:中华书局,1990年版,第1261页。

四年》曰:

> 公使杜泄葬叔孙。竖牛赂叔仲昭子与南遗,使恶杜泄于季孙而去
> 之。杜泄将以路葬,且尽卿礼。南遗谓季孙曰:"叔孙未乘路,葬焉用
> 之? 且冢卿无路,介卿以葬,不亦左乎?"季孙曰:"然。"使杜泄舍路。
> 不可,曰:"夫子受命于朝,而聘于王。王思旧勋而赐之路。复命而致
> 之君,君不敢逆王命而复赐之,使三官书之。吾子为司徒,实书名。夫
> 子为司马,与工正书服。孟孙为司空,以书勋。今死而弗以,同弃君命
> 也。书在公府而弗以,是废三官也。若命服,生弗敢服,死又不以,将
> 焉用之?"乃使以葬。①

即昭公四年(公元前 538 年)时,以季孙为司徒,叔孙为司马,孟孙为司
空。三桓在此之前、之后担任的官职虽在《左传》以及其他文献中没有具体
记载,但鲁公族一般世袭为卿,且把持住最重要职位。以定公十二年堕三
都一事观之:三都之宰各控制三都以凌三家,三桓能以举国之力堕之,可见
三桓依然是鲁国最庞大的公族。因此三桓在此期间一直把持鲁国三官职
位,应无误。

由上述文献判断,孔子当未担任鲁国司空之职。《孔子世家》所述恐据
战国传说,非实也。

(2)孔子为司寇应在定公十年:

鲁国司寇不在三官之内,职位的重要性明显低于三官。《左传·文公
十八年》曰:

> 莒纪公生大子仆,又生季佗,爱季佗而黜仆,且多行无礼于国。仆
> 因国人以弑纪公,以其宝玉来奔,纳诸宣公。公命与之邑,曰:"今日必
> 授。"季文子使司寇出诸竟,曰:"今日必达。"②

"季文子使司寇出诸竟"的记载,说明鲁国司寇位在正卿之下。《左传》

---

① 杨伯峻编著:《春秋左传注》(全 4 册),北京:中华书局,1990 年版,第 1259 页。
② 杨伯峻编著:《春秋左传注》(全 4 册),北京:中华书局,1990 年版,第 633 页。

中最早明确记载的鲁司寇是臧武仲,在《左传·襄公二十一年》:

> 邾庶其以漆、闾丘来奔。季武子以公姑姊妻之,皆有赐于其从者。
> 于是鲁多盗。季孙谓臧武仲曰:"子盍诘盗?"武仲曰:"不可诘也,纥又
> 不能。"季孙曰:"我有四封,而诘其盗,何故不可? 子为司寇,将盗是务
> 去,若之何不能?"武仲曰:"子召外盗而大礼焉,何以止吾盗? 子为正
> 卿,而来外盗;使纥去之,将何以能? 庶其窃邑于邾以来,子以姬氏妻
> 之,而与之邑,其从者皆有赐焉。若大盗礼焉以君之姑姊与其大邑,其
> 次皂牧舆马,其小者衣裳剑带,是赏盗也。赏而去之,其或难焉。纥也
> 闻之,在上位者,洒濯其心,一以待人,轨度其信,可明征也,而后可以
> 治人。夫上之所为,民之归也。上所不为而民或为之,是以加刑罚焉,
> 而莫敢不惩。若上之所为而民亦为之,乃其所也,又可禁乎?《夏书》
> 曰:'念兹在兹,释兹在兹,名言兹在兹,允出兹在兹,惟帝念功。'将谓
> 由己壹也。信由己壹,而后功可念也。"①

可见臧氏亦是鲁国重要公族之一,但非正卿,实力与三桓差距较大。
一说臧氏世为鲁司寇,此说多以《左传·宣公十八年》为据:

> 冬,公薨。季文子言于朝曰:"使我杀適立庶以失大援者,仲也
> 夫。"臧宣叔怒曰:"当其时不能治也,后之人何罪? 子欲去之,许请去
> 之。"遂逐东门氏。②

杜注谓臧孙许(臧宣叔)"时为司寇,主行刑"。但杨伯峻以为杜注不知
别有据,抑推测之辞。鲁国公族多世卿世禄,臧武仲世袭其父司寇一职也
有可能,但其他文献并未有明确的"臧氏世为司寇"的证据。

《说苑》、《荀子》、《韩诗外传》虽载孔子为司寇一事,而未录其年月,唯
《史记》年份详细。江永《孔子年谱》定在定公十年(公元前 500 年),暂从
之。杨伯峻《左传注》引全祖望《经史问答》,谓夹谷之相,正孔丘为卿之证。

① 杨伯峻编著:《春秋左传注》(全 4 册),北京:中华书局,1990 年版,第 1056—1057 页。
② 杨伯峻编著:《春秋左传注》(全 4 册),北京:中华书局,1990 年版,第 778 页。

春秋时，所重莫如相，凡相其君而行者，非卿不出。鲁十二公之中，自僖而下，其相君者皆三家，皆卿也。鲁之卿，非公族不得任。而是时以阳虎诸人之乱，孔丘遂由庶姓俨然得充其使，是破格而用之者也。

（3）大司寇与司寇：

除《史记·孔子世家》外，皆称孔子为"司寇"，而非"大司寇"。

司寇为主刑之官，《左传·庄公二十年》所记可证：

> 冬，王子颓享五大夫，乐及遍舞。郑伯闻之，见虢叔，曰："寡人闻之，哀乐失时，殃咎必至。今王子颓歌舞不倦，乐祸也。夫司寇行戮，君为之不举，而况敢乐祸乎！奸王之位，祸孰大焉？临祸忘忧，忧必及之。盍纳王乎？"虢公曰："寡人之愿也。"[1]

周初即设司寇一职，武王克商后分封诸侯，苏忿生封温，为司寇。《左传·成公十一年》曰：

> 晋郤至与周争鄇田，王命刘康公、单襄公讼诸晋。郤至曰："温，吾故也，故不敢失。"刘子、单子曰："昔周克商，使诸侯抚封，苏忿生以温为司寇，与檀伯达封于河。苏氏即狄，又不能于狄而奔卫。襄王劳文公而赐之温，狐氏、阳氏先处之，而后及子。若治其故，则王官之邑也，子安得之？"晋侯使郤至勿敢争。[2]

《左传·定公四年》载子鱼与苌弘言曰：

> 武王之母弟八人，周公为大宰，康叔为司寇，聃季为司空。[3]

据《左传》，春秋时代宋国六卿，均有司寇，卫、晋、齐、鲁、郑亦有司寇。宋国春秋时，有"大司寇"、"少司寇"，《左传·成公十五年》曰：

① 杨伯峻编著：《春秋左传注》（全4册），北京：中华书局，1990年版，第214—215页。
② 杨伯峻编著：《春秋左传注》（全4册），北京：中华书局，1990年版，第854页。
③ 杨伯峻编著：《春秋左传注》（全4册），北京：中华书局，1990年版，第1541页。

　　秋八月,葬宋共公。于是华元为右师,鱼石为左师,荡泽为司马,华喜为司徒,公孙师为司城,向为人为大司寇,鳞朱为少司寇,向带为大宰,鱼府为少宰。①

《周礼·秋官》曰:

　　惟王建国,辨方正位,体国经野,设官分职,以为民极。乃立秋官司寇,使帅其属而掌邦禁,以佐王刑邦国。刑官之属,大司寇卿一人。小司寇中大夫二人。②

《春秋繁露·五行相生》篇曰:

　　北方者水,执法,司寇也,司寇尚礼,君臣有位,长幼有序,朝廷有爵,乡党以齿,升降揖让,般伏拜谒,折旋中矩,立而磬折,拱则抱鼓,执衡而藏,至清廉平,赂遗不受,请谒不听,据法听讼,无有所阿,孔子是也;为鲁司寇,断狱屯屯,与众共之,不敢自专,是死者不恨,生者不怨,百工维时以成器械,器械既成,以给司农。③

《汉书·刑法志》:

　　昔周之法,建三典以刑邦国,诘四方:一曰,刑新邦用轻典;二曰,刑平邦用中典;三曰,刑乱邦用重典。④

颜师古注曰:"自此以上,大司寇所职也。"⑤

2. 关于齐鲁夹谷之会:

夹谷之会,江永、崔述皆以左氏为信,而以为《春秋穀梁传》、《史记》皆

---

①　杨伯峻编著:《春秋左传注》(全4册),北京:中华书局,1990年版,第874页。
②　杨天宇撰:《周礼译注》,上海:上海古籍出版社,2004年版,第494—495页。
③　董仲舒撰,凌曙注:《春秋繁露》,中华书局,1975年版,第463—465页。
④　[汉]班固撰:《汉书》(全12册),北京:中华书局,1962年版,第1091页。
⑤　[汉]班固撰:《汉书》(全12册),北京:中华书局,1962年版,第1092页。

有后儒伪造之嫌，从之。

【杂录】

孔子为鲁司寇的其他记载。

《淮南子·氾论》：孔子诛少正卯而鲁国之邪塞，子产诛邓析而郑国之奸禁，以近谕远，以小知大也。[①]

《说苑·至公》：孔子为鲁司寇，听狱必师断，敦敦然皆立，然后君子进曰："某子以为何若，某子以为云云。"又曰："某子以为何若，某子曰云云。"辨矣。然后君子几当从某子云云乎，以君子之知，岂必待某子之云云，然后知所以断狱哉？君子之敬让也，文辞有可与人共之者，君子不独有也。[②]

《荀子·儒效》：秦昭王问孙卿子曰："儒无益于人之国？"卿子曰："儒者法先王，隆礼义，谨乎臣子而致贵其上者也。……仲尼将为司寇，沈犹氏不敢朝饮其羊，公慎氏出其妻，慎溃氏逾境而徙，鲁之粥牛马者不豫贾，必蚤正以待之也。居于阙党，阙党之子弟，罔不分，有亲者取多，孝弟以化之也。儒者在本朝则美政，在下位则美俗。儒之为人下如是矣。"[③]

《荀子·宥坐》：孔子为鲁摄相，朝七日而诛少正卯。门人进问曰："夫少正卯，鲁之闻人也。夫子为政而始诛之，得无失乎？"孔子曰："居，吾语女其故。人有恶者五，而盗窃不与焉。一曰心达而险，二曰行辟而坚，三曰言伪而辨，四曰记丑而博，五曰顺非而泽。此五者，有一于人，则不得免于君子之诛。而少正卯兼有之；故居处足以聚徒成群，言谈足以饰邪营众，强足以反是独立，此小人之桀雄也，不可不诛也。是以汤诛尹谐，文王诛潘止，周公诛管叔，太公诛华仕，管仲诛付里乙，子产诛邓析、史付。此七子者皆异世同心，不可不诛也。《诗》曰：'忧心悄悄，愠于群小。'小人成群，斯足忧矣。"[④]

《荀子·宥坐》：孔子为鲁司寇，有父子讼者，孔子拘之，三月不别。其父请止，孔子舍之。李孙闻之，不说，曰："是老也欺予，语予曰：'为国家必以孝。'今杀一人以戮不孝，又舍之。"冉子以告。孔子慨然叹曰："呜呼！上失之，下杀之，其可乎！不教其民而听其狱，杀不辜也。三军大败，不可斩

①　何宁撰：《淮南子集释》，北京：中华书局，1998 年版，第 975—976 页。

②　[汉]刘向撰，向宗鲁校证：《说苑校证》，北京：中华书局，1987 年版，第 362 页。

③　梁启雄：《荀子简释》，北京：中华书局，1983 年版，第 80—81 页。

④　梁启雄：《荀子简释》，北京：中华书局，1983 年版，第 386—387 页。

也；狱犴不治，不可刑也；罪不在民故也。嫚令谨诛，贼也；今生也有时，敛也无时，暴也；不教而责成功，虐也；已此三者，然后刑可即也。《书》曰：'义刑义杀，勿庸以即，予维曰：未有顺事。'言先教也。故先王既陈之以道，上先服之；若不可，尚贤以綦之；若不可，废不能以单之，綦三年而百姓往矣，邪民不从，然后俟之以刑，则民知罪矣。《诗》曰：'尹氏大师，维周之氐；秉国之均，四方是维；天子是庳，卑民不迷。'是以威厉而不试，刑错而不用。此之谓也。今之世则不然。乱其教，繁其刑，其民迷惑而堕焉，则从而制之，是以刑弥繁而邪不胜。三尺之岸而虚车不能登也，百仞之山任负车登焉，何则？陵迟故也。数仞之墙，而民不逾也，百仞之山，而竖子冯而游焉，陵迟故也。今夫世之陵迟亦久矣，而能使民勿逾乎！《诗》曰：'周道如砥，其直如矢，君子所履，小人所视。眷焉顾之，潸焉出涕。'岂不哀哉！"①

《韩诗外传》卷三：传曰：鲁有父子讼者，康子欲杀。孔子曰："未可杀也。夫民父不知父子讼久矣，是则上失其道。上有道，是人亡矣。"讼者闻之，请无讼。康子曰："治民以孝，杀一不义，以僇不孝，不亦可乎？"孔子曰："否。不教而听其狱，杀不辜也；三军大败，不可诛也；狱谳不治，不可刑也。上陈之教，而先服之，则百姓从风矣；邪行不从，然后俟之以刑，则民知罪矣。夫一仞之墙，民不能逾，百仞之山，童子登游焉，凌迟故也。今其仁义之陵迟久矣，能谓民无逾乎！诗曰：'俾民不迷。'昔之君子道其百姓不使迷，是以威厉而刑措不用也。故形其仁义，谨其教道，使民目晰焉而见之，使民耳晰焉而闻之，使民心晰焉而知之，则道不迷，而民志不惑矣。诗曰：'示我显德行。'故道义不易，民不由也；礼乐不明，民不见也。诗曰：'周道如砥，其直如矢。'言其易也。'君子所履，小人所视。'言其明也。'睠焉顾之，潸焉出涕。'哀其不闻礼教而就刑诛也。夫散其本教，而施之刑辟，犹决其牢，而发以毒矢也，不亦哀乎！故曰：未可杀也。昔者、先王使民以礼，譬之如御也，刑者，鞭策也，今犹无辔衔而鞭策以御也，欲马之进，则策其后，欲马之退，则策其前，御者以劳，而马亦多伤矣。今犹此也，上忧劳而民多罹刑。诗曰：'人而无礼，胡不遄死！'为上无礼，则不免乎患；为下无礼，则不免乎刑；上下无礼，胡不遄死！"康子避席再拜曰："仆虽不敏，请承此语矣。"孔子退朝，门人子路难曰："父子讼，道邪？"孔子曰："非也。"子路曰：

---

①　梁启雄：《荀子简释》，北京：中华书局，1983 年版，第 463—465 页。

"然则夫子胡为君子而免之也？"曰："不戒责成，害也；慢令致期，暴也；不教而诛、贼也。君子为政，避此三者。且诗曰：'载色载笑，匪怒伊教。'"[①]

《韩诗外传》卷八：孔子为鲁司寇，命之曰："宋公之子弗甫有孙鲁孔丘，命尔为司寇。"孔子曰："弗甫敦及厥辟，将不堪。"公曰："不妄。"[②]

* 公元前 **499** 年，鲁定公十一年，孔子五十四岁。
* 《荀子·宥坐篇》：孔子观于鲁桓公之庙，有欹器焉。孔子问于守庙者曰："此为何器？"守庙者曰："此盖为宥坐之器。"孔子曰："吾闻宥坐之器者，虚则欹，中则正，满则覆。"孔子顾谓弟子曰："注水焉。"弟子挹水而注之，中而正，满而覆，虚而欹。孔子喟然而叹曰："吁！恶有满而不覆者哉！"子路曰："敢问持满有道乎？"孔子曰："聪明圣知，守之以愚；功被天下，守之以让；勇力抚世，守之以怯；富有四海，守之以谦。此所谓挹而损之之道也。"[③]此时鲁桓公庙存，孔子为司寇，子路为季氏宰，有"满则覆"的忧患意识。

【文献记载】

孔子于鲁桓公庙观欹器一事，当发生于鲁定公十一年（公元前 499 年）前后，因为有子路随行。鲁桓公庙焚毁于鲁哀公三年（公元前 492 年），孔子周游在陈，本年此庙犹存；周游返鲁后，已无鲁桓公庙。如若孔子尚未达到政治生涯顶峰，是很难预感到"满则覆"的政治危机的。还原研究，应是深入到精神深处的还原。文献也有记孔子于周庙观欹器者，但孔子适周问礼时，无子路随行，因而不可能发生孔子与子路谈论"持满之道"。

《韩诗外传》卷三：孔子观于周庙，有欹器焉。孔子问于守庙者曰："此谓何器也？"对曰："此盖为宥座之器。"孔子曰："闻宥座器满则覆，虚则欹，中则正。有之乎？"对曰："然。"孔子使子路取水试之，满则覆，中则正，虚则欹。孔子喟然而叹曰："呜呼！恶有满而不覆者哉！"子路曰："敢问持满有道乎？"孔子曰："持满之道，抑而损之。"子路曰："损之有道乎？"孔子曰："德

---

① ［汉］韩婴撰，许维遹校释：《韩诗外传集释》，北京：中华书局，1980 年版，第 105－108 页。

② ［汉］韩婴撰，许维遹校释：《韩诗外传集释》，北京：中华书局，1980 年版，第 285 页。

③ ［清］王先谦撰，沈啸寰、王星贤点校：《荀子校释》（全 2 册），北京：中华书局，1988 年版，第 520 页。

行宽裕者,守之以恭;土地广大者,守之以俭;禄位尊盛者,守之以卑;人众兵强者,守之以畏;聪明睿智者,守之以愚;博闻强记者,守之以浅。夫是之谓抑而损之。"《诗》曰:"汤降不迟,圣敬日跻。"①

《说苑·敬慎篇》:孔子观于周庙,而有欹器焉。孔子问守庙者曰:"此为何器?"对曰:"盖为右坐之器。"孔子曰,"吾闻右坐之器,满则覆,虚则欹,中则正。有之乎?"对曰:"然。"孔子使子路取水而试之,满则覆,中则正,虚则欹。孔子喟然叹曰:"呜呼! 恶有满而不覆者哉?"子路曰:"敢问持满有道乎?"孔子曰:"持满之道,挹而损之。"子路曰:"损之有道乎?"孔子曰:"高而能下,满而能虚,富而能俭,贵而能卑,智而能愚,勇而能怯,辨而能讷,博而能浅,明而能暗:是谓损而不极,能行此道,唯至德者及之。"《易》曰:"不损而益之,故损;自损而终,故益。"②

《孔子家语·三恕篇》:孔子观于鲁桓公之庙,有欹器焉。夫子问于守庙者曰:"此谓何器?"对曰:"此盖为宥坐之器。"孔子曰:"吾闻宥坐之器,虚则欹,中则正,满则覆。明君以为至诚,故常置于坐侧。"顾谓弟子曰:"试注水焉。"乃注之,水中则正,满则覆。夫子喟然叹曰:"呜呼! 夫物恶有满而不覆哉?"子路进曰:"敢问持满有道乎?"子曰:"聪明睿智,守之以愚;功被天下,守之以让;勇力振世,守之以怯;富有四海,守之以谦。此所谓损之又损之之道也。"③

【时事考异】

此年《春秋》记曰:

> 十有一年春,宋公之弟辰及仲佗、石𬨎、公子地自陈入于萧以叛。
> 夏四月。
> 秋,宋乐大心自曹入于萧。
> 冬,及郑平。叔还如郑莅盟。④

《春秋》"夏四月"之后有缺文。而《左传》的记载更加简略,几乎是对

---

① [汉]韩婴撰,许维遹校释:《韩诗外传集释》,北京:中华书局,1980年版,第114—115页。
② [汉]刘向撰,向宗鲁校证:《说苑校证》,北京:中华书局,1987年版,第242—243页。
③ 王国轩、王秀梅译注:《孔子家语》,北京:中华书局,2011年版,第100页。
④ 杨伯峻编著:《春秋左传注》(全4册),北京:中华书局,1990年版,第1583页。

《春秋》的重复：

> 　　十一年春，宋公母弟辰暨仲佗、石䵣、公子地入于萧以叛。秋，乐
> 大心从之，大为宋患，宠向䵣故也。
> 　　冬，及郑平，始叛晋也。①

　　〔按：鲁定公十一年（公元前499年），即宋景公头曼十八年（公元前499
年），嬖臣桓䵣与公子地为马而争。公子地、公子辰据萧（今安徽萧县西北）
而叛。乐大心从之，大为宋患。此桓䵣，即七年后，宋景公二十五年"孔子
过宋，宋司马桓䵣恶之，欲杀孔子，孔子微服去"的司马宠臣。宋景公三十
年（公元前487年）灭曹，那时孔子在周游列国途中。

　　又按：孔子弟子有司马牛，乃桓䵣之弟。《史记·仲尼弟子列传》云：
"司马耕，字子牛。牛多言而躁。问仁于孔子，孔子曰：'仁者，其言也讱。'
曰：'其言也讱，斯可谓之仁乎？'子曰：'为之难，言之得无讱乎？'问君子，子
曰：'君子不忧不惧。'曰：'不忧不惧，斯可谓之君子乎？'曰：'内省不疚，夫
何忧何惧？'"②《孔子家语·七十二弟子解》记载："司马耕，宋人，字子牛。
牛为人性躁，好言语。见兄桓䵣行恶，牛常忧之。"③司马牛在《论语·颜渊
篇》中有三章记述：（一）司马牛问仁。子曰："仁者，其言也讱。"曰："其言也
讱，斯谓之仁已乎？"子曰："为之难，言之得无讱乎？"（二）司马牛问君子。
子曰："君子不忧不惧。"曰："不忧不惧，斯谓之君子已乎？"子曰："内省不
疚，夫何忧何惧？"（三）司马牛忧曰："人皆有兄弟（郑玄曰：牛兄桓䵣行恶，
死丧无日，我为无兄弟），我独亡。"子夏曰："商闻之矣：死生有命，富贵在
天。君子敬而无失，与人恭而有礼。四海之内，皆兄弟也。君子何患乎无
兄弟也？"④〕

　　《史记·十二诸侯年表·曹表》曰："国人有梦众君子立社宫，谋亡曹，
振铎请待公孙强，许之。"⑤这一条记载本于《左传·哀公七年》之倒叙，未

---

① 　杨伯峻编著：《春秋左传注》（全4册），北京：中华书局，1990年版，第1584页。
② 　〔汉〕司马迁撰：《史记》（全10册），北京：中华书局，1959年版，第2214页。
③ 　王国轩、王秀梅译注：《孔子家语》，北京：中华书局，2011年版，第437页。
④ 　〔宋〕朱熹撰：《四书章句集注》，北京：中华书局，1983年版，第133—134页。
⑤ 　〔汉〕司马迁撰：《史记》（全10册），北京：中华书局，1959年版，第669页。

言梦在何时：

> 初，曹人或梦众君子立于社宫，而谋亡曹，曹叔振铎请待公孙强，许之。旦而求之曹，无之。戒其子曰："我死，尔闻公孙强为政，必去之。"及曹伯阳即位，好田弋。曹鄙人公孙强好弋，获白雁，献之，且言田弋之说，说之。因访政事，大说之。有宠，使为司城以听政。梦者之子乃行。强言霸说于曹伯，曹伯从之，乃背晋而奸宋。宋人伐之，晋人不救。
>
> （八年春，宋公伐曹，……执曹伯及司城强以归，杀之。）①

这是曹国（建都陶丘，今山东定陶县西南）的亡国之梦。曹叔振铎，乃周武王之弟。武王已克殷，封振铎于曹。凡二十四世，至伯阳而宋灭曹。太史公不知依据何种文献，将此梦系于此年。郑樵《通志略·氏族略》云：曹氏：叔振铎，文王子而武王弟也。武王克商，封之于陶邱，今广济军定陶是也。振铎后十四世桓公二十五年，鲁隐公之元年也。至二十四世伯阳立，为宋景公所灭，时鲁哀公八年也。初，国人有梦众君子立于社宫，谋亡曹，曹叔振铎止之，请待公孙勋，许之。梦者求之曹，无此人，而戒其子曰："我亡，尔闻公孙勋为政，必去曹，无罹祸。"及伯阳即位，好田弋之事。六年，曹野人公孙勋亦好田弋，获白雁而献之，且言弋之说，因访政事，伯阳说之，使为司城以听政。梦者之子乃亡去。十四年，公孙勋说曹伯背晋奸宋。十五年，为宋景公所灭。子孙以国为氏。②

- 公元前 **498** 年，鲁定公十二年，孔子五十五岁。鲁听孔子主张堕三都。堕郈，堕费，又堕成，弗克。孔子堕三都之主张遂陷停顿。季桓子受齐女乐，三日不朝，孔子有去鲁意。
- 子路为季氏宰，施行堕三都之策。公伯寮以堕三都之事谮子路于季孙，子服景伯告孔子，且欲言于季孙而置公伯寮于罪。《论语·宪问》记载：公伯寮诉子路于季孙。子服景伯以告，曰："夫子固有惑志于公伯寮，吾力

①　杨伯峻编著：《春秋左传注》（全 4 册），北京：中华书局，1990 年版，第 1644－1646 页。
②　［宋］郑樵撰，王树民点校《通志二十略》（全 2 册），北京：中华书局，1995 年版，第 45 页。

犹能肆诸市朝。"子曰："道之将行也与？命也。道之将废也与？命也。公伯寮其如命何！"①

• 将堕费，公山不狃帅费人以叛而被挫败，费宰出现空缺。《论语·雍也》：季氏使闵子骞为费宰。闵子骞曰："善为我辞焉。如有复我者，则吾必在汶上矣！"②

• 十二月冬至日，鲁郊祭天，不致膰俎于大夫。孔子遂去鲁，开始周游列国。子路、子贡等弟子从游。

• 《春秋》记之曰："十有一月，丙寅，朔，日有食之。"③

• 《论语·微子》：齐人归女乐，季桓子受之，三日不朝，孔子行。④

• 《论语·宪问》：公伯寮诉子路于季孙。子服景伯以告，曰："夫子固有惑志于公伯寮，吾力犹能肆诸市朝。"子曰："道之将行也与？命也。道之将废也与？命也。公伯寮其如命何！"⑤

【文献记载】

《春秋·定公十二年》：

> 叔孙州仇帅师堕郈。季孙斯，仲孙何忌，帅师堕费。十有一月，丙寅，朔，日有食之。十有二月，公围成，公至自围成。⑥

《左传·定公十二年》：

> 仲由为季氏宰，将堕三都，于是叔孙氏堕郈。季氏将堕费，公山不狃、叔孙辄帅费人以袭鲁。公与三子入于季氏之宫，登武子之台。费人攻之，弗克。入及公侧，仲尼命申句须、乐欣下，伐之，费人北。国人追之，败诸姑蔑。二子奔齐，遂堕费。将堕成，公敛处父谓孟孙："堕成，齐人必至于北门。且成，孟氏之保障也。无成，是无孟氏也。子伪

---

① ［宋］朱熹撰：《四书章句集注》，北京：中华书局，1983年版，第158页。
② ［宋］朱熹撰：《四书章句集注》，北京：中华书局，1983年版，第86页。
③ 杨伯峻编著：《春秋左传注》（全4册），北京：中华书局，1990年版，第1585页。
④ ［宋］朱熹撰：《四书章句集注》，北京：中华书局，1983年版，第183页。
⑤ ［宋］朱熹撰：《四书章句集注》，北京：中华书局，1983年版，第158页。
⑥ 杨伯峻编著：《春秋左传注》（全4册），北京：中华书局，1990年版，第1585页。

不知,我将不坠。"冬十二月,公围成,弗克。①

《春秋公羊传·定公十二年》:

　　叔孙州仇帅师堕郈。……季孙斯、仲孙何忌帅师堕费。曷为帅师堕郈,帅师堕费?孔子行乎季孙,三月不违,曰:"家不藏甲,邑无百雉之城。"于是帅师堕郈,帅师堕费。(何休解诂:郈,叔孙氏所食邑。费,季氏所食邑。二大夫宰吏数叛,患之,以问孔子,孔子曰:"陪臣执国命,采长数叛者,坐邑有城池之固,家有甲兵之藏故也。"季氏说其言而堕之。故君子时然后言,人不厌其言。书者,善定公任大圣,复古制,弱臣势也。不书去甲者,举堕城为重。)雉者何?五板而堵,五堵而雉,百雉而城。……十有二月,公围成。公至自围成。②

《春秋穀梁传·定公十二年》:

　　叔孙州仇帅师堕郈。堕,犹取也。……季孙斯、仲孙何忌帅师堕费。……十有二月,公围成。非国言围。围成,大公也。公至自围成。何以致?危之也。何危尔?边乎齐也。③

《孔子家语·相鲁》:

　　孔子言于定公曰:"家不藏甲,邑无百雉之城,古之制也。今三家过制,请皆损之。"乃使季氏宰仲由堕三都。叔孙不得意于季氏,因费宰公山弗扰,率费人以袭鲁。孔子以公与季孙、叔孙、孟孙入于季氏之宫,登武子之台。费人攻之,及台侧,孔子命申句须、乐颀勒士众,下伐之。费人北。遂堕三都之城,强公室,弱私家,尊君卑臣,政化大行。④

　　① 杨伯峻编著:《春秋左传注》(全4册),北京:中华书局,1990年版,第1586—1587页。
　　② [清]阮元校刻:《十三经注疏》(全2册),北京:中华书局,1980年版,第2149页。
　　③ 李学勤主编:《十三经注疏·春秋穀梁传注疏》,北京:北京大学出版社,1999年版,第578—581页。
　　④ 王国轩、王秀梅译注:《孔子家语》,北京:中华书局,2011年版,第11—12页。

《史记·十二诸侯年表·鲁表》：

（定公十二年）：齐来归女乐，季桓子受之，孔子行。①

《史记·十二诸侯年表·齐表》：

（景公五十年）：遗鲁女乐。②

《史记·鲁周公世家》：

（定公）十二年，使仲由毁三桓城，收其甲兵。孟孙不肯堕，伐之，不克而止。季桓子受齐女乐，孔子去。③

《史记·孔子世家》：

定公十三年夏，孔子言于定公曰："臣无藏甲，大夫毋百雉之城。"使仲由为季氏宰，将堕三都，于是叔孙氏堕郈。季氏将堕费，公山不狃、叔孙辄帅费人以袭鲁。公与三子入于季氏之宫，登武子之台。费人攻之，弗克。入及公侧，仲尼命申句须、乐欣下，伐之，费人北。国人追之，败诸姑蔑。二子奔齐，遂堕费。将堕成，公敛处父谓孟孙："堕成，齐人必至于北门。且成，孟氏之保障也。无成，是无孟氏也。子伪不知，我将不坠。"冬十二月，公围成，弗克。

定公十四年，孔子年五十六，由大司寇行摄相事，有喜色。门人曰："闻君子祸至不惧，福至不喜。"孔子曰："有是言也。不曰'乐其以贵下人'乎？"于是诛鲁大夫乱政者少正卯。与闻国政三月，粥羔豚者弗饰贾；男女行者别于涂；涂不拾遗；四方之客至乎邑者不求有司，皆予之以归。

齐人闻而惧，曰："孔子为政必霸，霸则吾地近焉，我之为先并矣。

---

① ［汉］司马迁撰：《史记》（全10册），北京：中华书局，1959年版，第669—670页。
② ［汉］司马迁撰：《史记》（全10册），北京：中华书局，1959年版，第669页。
③ ［汉］司马迁撰：《史记》（全10册），北京：中华书局，1959年版，第1544页。

盍致地焉?"黎锄曰:"请先尝沮之;沮之而不可则致地,庸迟乎!"于是
选齐国中女子好者八十人,皆衣文衣而舞康乐,文马三十驷,遗鲁君。
陈女乐文马于鲁城南高门外,季桓子微服往观再三,将受,乃语鲁君为
周道游,往观终日,怠于政事。子路曰:"夫子可以行矣。"孔子曰:"鲁
今且郊,如致膰乎大夫,则吾犹可以止。"①

宋郭茂倩编《乐府诗集》卷五十八《琴曲歌辞二》引《琴操》曰:

　　《龟山操》,孔子所作也。季桓子受齐女乐,孔子欲谏不得,退而望
　　鲁龟山,作此曲,以喻季氏,若龟山之蔽鲁也。②

【考证】

　　孔子堕三都,《左传》和《史记·鲁世家》均为定公十二年(公元前498
年),《史记·孔子世家》为定公十三年。据《左传·定公十二年》可知,冬十
二月,孔子并没有攻克成,第二年春天孔子去鲁适卫。

　　齐人归女乐,据《十二诸侯年表》与《鲁世家》,时在鲁定公十二年冬,与
围成事先后同时,钱穆先生谓季桓子不欲再理会围成之事,而姑借女乐之
来作逃避姿态,正得其情。《十二诸侯年表》与《鲁世家》谓季桓子受齐女乐
后孔子行,当以季氏受女乐、不朝政为孔子去鲁诱因而言。《孔子世家》记
于鲁定公十四年后,当以有"子路曰:'夫子可以行矣。'孔子曰:'鲁今且郊,
如致膰乎大夫,则吾犹可以止。'"之事,遂欲并记女乐、春郊之事为孔子去
鲁之诱因,行文所需,不得为时间之准。

　　《孔子世家》的叙事与《鲁世家》、《十二诸侯年表》均不同,或另有所据,
非仅止于《左传》一类文献。

　　孔子去鲁的具体时间:

　　前人一般将孔子去鲁系于鲁定公十三年(公元前497)年。如梁涛《孔
子行年考》曰:"孔子离开鲁国的时间,有不同的记载:《孔子世家》说在定公
十四年,《十二诸侯年表》及《鲁世家》则定在定公十二年,《卫世家》在卫灵

---

①　[汉]司马迁撰:《史记》(全10册),北京:中华书局,1959年版,第1916—1918页。
②　[宋]郭茂倩编:《乐府诗集》,《四部丛刊》影印汲古阁本,卷58。

公三十八年,则当定公十三年。十四年之说不可信,孔子于定公十二年夏堕三都失败,随后离开鲁国,不会迟到十四年。《孟子》说'膰肉不至,不税冕而行',可知孔子去鲁是在郊祭之后。春秋时郊祭在寅月,为周正之三月,则孔子去鲁当在定公十三年春。"

但鲁郊祭天在周历正月冬至日,即夏历十一月,公历十二月二十二日前后。

《礼记正义》曰:

> 郑以周郊日以至,自是鲁礼,故注《郊特牲》云:"周衰礼废,儒者见周礼尽在鲁,因推鲁礼以言周事。"郑必知是鲁礼非周郊者,以宣三年正月郊牛之口伤,是鲁郊用日至之月。①

《春秋·宣公三年》:

> 三年,春王正月,郊牛之口伤,改卜牛。牛死,乃不郊。②

《成公七年》:

> 七年,春王正月,鼷鼠食郊牛角,改卜牛。③

《定公十五年》:

> 十有五年,春王正月,邾子来朝。鼷鼠食郊牛,牛死,改卜牛。④

《春秋》之记载确然可考,均在王正月,即夏历十一月也。鲁郊之后,孔子去鲁,故时间应在公元前 498 年 12 月末。

关于"女乐"之事,刘光蒉《孔子周游列国说》曰:"孔子周游,为避祸,非

---

① [清]阮元校刻:《十三经注疏》(全 2 册),北京:中华书局,1980 年版,第 1444 页。
② 杨伯峻编著:《春秋左传注》(全 4 册),北京:中华书局,1990 年版,第 667 页。
③ 杨伯峻编著:《春秋左传注》(全 4 册),北京:中华书局,1990 年版,第 831 页。
④ 杨伯峻编著:《春秋左传注》(全 4 册),北京:中华书局,1990 年版,第 1598 页。

为行道。陈氏于齐,犹季氏之于鲁。孔子用于季氏,抑私家,强公室,齐鲁近而相亲,鲁治,齐必效之,陈之谋篡齐急,故忌孔子之用鲁,为女乐以馈之,所以间孔子。"其论甚为得理。

【杂录】

《孟子·告子下》:孔子为鲁司寇,不用,从而祭,膰肉不至,不税冕而行。不知者以为为肉也,其知者以为为无礼也,乃孔子则欲以微罪行,不欲为苟去,君子之所为,众人固不识也。[①]

《孟子·万章下》:孔子之去齐,接淅而行;去鲁,曰:"迟迟吾行也。"[②]

《孟子·尽心下》:孟子曰:"孔子之去鲁,曰:'迟迟吾行也。'去父母国之道也。去齐,接淅而行,去他国之道也。"[③](按:孔子去鲁,始宿于屯。屯在鲁都东南,须迂回绕道到他曾经任邑宰的中都方向,转向西北才能进入卫都帝丘,即今河南濮阳县西南颛顼古城。因而称其"迟迟吾行"。大概在屯地思考去路时,才有《论语·子路篇》孔子曰"鲁、卫之政,兄弟也"的想法。)

《韩非子·外储说右上》:季孙相鲁,子路为郈令。鲁以五月起众为长沟,当此之为,子路以其私秩粟为浆饭,要作沟者于五父之衢而餐之。孔子闻之,使子贡往覆其饭,击毁其器,曰:"鲁君有民,子奚为乃餐之?"子路怫然怒,攘肱而入请曰:"夫子疾由之为仁义乎?所学于夫子者仁义也,仁义者,与天下共其所有而同其利者也。今以由之秩粟而餐民,不可何也?"孔子曰:"由之野也!吾以女知之,女徒未及也,女故如是之不知礼也!女之餐之,为爱之也。夫礼,天子爱天下,诸侯爱境内,大夫爱官职,士爱其家,过其所爱曰侵。今鲁君有民而子擅爱之,是子侵也,不亦诬乎!"言未卒,而季孙使者至,让曰:"肥也起民而使之,先生使弟子令徒役而餐之,将夺肥之民耶?"孔子驾而去鲁。[④](按:此则材料问题很大。季孙肥,即季康子,乃季孙斯桓子之子,于鲁哀公四年,即公元前491年执政。从此时开始,为季氏宰者是冉有,子路无在季康子手下为郈令的生平记载。材料所记可能是季桓子执政之时,子路为季氏宰,堕三都,首堕叔孙氏之郈以后的事也未可

---

① 　[宋]朱熹撰:《四书章句集注》,北京:中华书局,1983年版,第343页。

② 　[宋]朱熹撰:《四书章句集注》,北京:中华书局,1983年版,第314页。

③ 　[宋]朱熹撰:《四书章句集注》,北京:中华书局,1983年版,第367—368页。

④ 　[清]王先慎撰,钟哲校点:《韩非子集解》,北京:中华书局,1998年版,第314—315页。

知。姑置于本年之杂录。)

《韩诗外传》卷一:鲁公甫文伯死,其母不哭也。季孙闻之,曰:"公甫文伯之母,贞女也。子死不哭,必有方矣。"使人问焉。对曰:"昔是子也,吾使之事仲尼,仲尼去鲁,送之,不出鲁郊,赠之,不与家珍。病,不见士之视者。死,不见士之流泪者。死之日,宫女缞绖而从者十人。此不足于士,而有余于妇人也。吾是以不哭也。"诗曰:"乃如之人兮,德音无良。"①

扬雄《反离骚》:昔仲尼之去鲁兮,斐斐迟迟而周迈。②

• 公元前 497 年,鲁定公十三年,孔子五十六岁。孔子在卫,主于颜浊邹家,卫禄之如鲁。十月之后,去之,过匡,匡人以为阳虎,困之。后反卫。

•《论语·子路》:子适卫,冉有仆。子曰:"庶矣哉!"冉有曰:"既庶矣,又何加焉?"曰:"富之。"曰:"既富矣,又何加焉?"曰:"教之。"③

•《论语·子罕》:子畏于匡,曰:"文王既没,文不在兹乎? 天之将丧斯文也,后死者不得与于斯文也;天之未丧斯文也,匡人其如予何?"④(匡乃春秋卫邑,在今河南长垣县西南,西可通郑,东可通宋。)

•《论语·先进》:子畏于匡,颜渊后。子曰:"吾以女为死矣。"曰:"子在,回何敢死?"⑤

【文献记载】

《史记·十二诸侯年表·卫表》:灵公三十八年:孔子来,禄之如鲁。⑥

《史记·卫康叔世家》:(卫灵公)三十八年,孔子去鲁适卫。后有隙,孔子去。后复来。⑦

《史记·孔子世家》:孔子遂适卫,主于子路妻兄颜浊邹家。卫灵公问孔子:"居鲁得禄几何?"对曰:"奉粟六万。"卫人亦致粟六万。居顷之,或谮孔子于卫灵公。灵公使公孙余假一出一入。孔子恐获罪焉,居十月,去卫。

将适陈,过匡,颜刻为仆,以其策指之曰:"昔吾入此,由彼缺也。"匡人

---

① [汉]韩婴撰,许维遹校释:《韩诗外传集释》,北京:中华书局,1980 年版,第 18—19 页。
② [汉]班固撰:《汉书》(全 12 册),北京:中华书局,1962 年版,第 3521 页。
③ [宋]朱熹撰:《四书章句集注》,北京:中华书局,1983 年版,第 143 页。
④ [宋]朱熹撰:《四书章句集注》,北京:中华书局,1983 年版,第 110 页。
⑤ [宋]朱熹撰:《四书章句集注》,北京:中华书局,1983 年版,第 128 页。
⑥ [汉]司马迁撰:《史记》(全 10 册),北京:中华书局,1959 年版,第 670 页。
⑦ [汉]司马迁撰:《史记》(全 10 册),北京:中华书局,1959 年版,第 1598 页。

闻之，以为鲁之阳虎。阳虎尝暴匡人，匡人于是遂止孔子。孔子状类阳虎，拘焉五日。颜渊后，子曰："吾以汝为死矣。"颜渊曰："子在，回何敢死！"匡人拘孔子益急，弟子惧。孔子曰："文王既没，文不在兹乎？天之将丧斯文也，后死者不得与于斯文也。天之未丧斯文也，匡人其如予何！"孔子使从者为宁武子臣于卫，然后得去。①

《孟子·万章上》：万章问曰："或谓孔子于卫主痈疽，于齐主侍人瘠环，有诸乎？"孟子曰："否。然也。好事者为之也。于卫主颜雠由。弥子之妻与子路之妻，兄弟也。弥子谓子路曰：'孔子主我，卫卿可得也。'子路以告，孔子曰：'有命。'孔子进以礼，退以义，得之不得曰有命。而主痈疽与侍人瘠环，是无义无命也。（赵岐注：颜雠由，卫贤大夫，孔子以为主。弥子，弥子瑕也，因子路欲为孔子主，孔子知弥子幸于灵公，不以正道，故不纳之，而归于命也。孔子进以礼，退以义，必曰有天命也。若主此二人，是为无义无命者也。）孔子不悦于鲁、卫，遭宋桓司马，将要而杀之，微服而过宋。是时孔子当厄，主司城贞子，为陈侯周臣。（赵岐注：孔子以道不合，不见悦鲁、卫之君而去适诸侯，遭宋桓魋之故，乃变更微服而过宋。司城贞子，宋卿也，虽非大贤，亦无谄恶之罪，故谥为贞子。陈侯周，陈怀公子也，为楚所灭，故无谥，但曰陈侯周。是时孔子遭厄难，不暇择大贤臣，而主贞子，为陈侯周臣也。于卫、齐无厄难，何为主痈疽、瘠环者也？）吾闻观近臣，以其所为主。观远臣，以其所主。若孔子主痈疽与侍人瘠环，何以为孔子？"②

〔按：对于颜浊邹，《孟子》谓之颜雠由，后世或将之与《吕氏春秋》之颜涿聚等同。清朱彝尊《曝书亭集》卷五十六《孔子弟子考》云："《吕览》（《吕氏春秋·孟夏纪·尊师》）云：'颜涿聚，梁父之大盗也。学于孔子，为天下名士，以终其寿。'而《史记·孔子世家》称：'弟子三千，身通六艺者七十有二人。'如颜浊邹之徒，受业者甚众，则虽不在七十子之列，然不可谓非孔氏之徒矣。"③〕

【考证】

孔子在上年年底适卫，居十月去，过匡、蒲均稍稍受阻，后又返卫，《史记·孔子世家》称留蒲月余，故返卫应在此年年底。

---

①　［汉］司马迁撰：《史记》（全10册），北京：中华书局，1959年版，第1919页。

②　［宋］朱熹撰：《四书章句集注》，北京：中华书局，1983年版，第311—312页。

③　［清］朱彝尊著，王利民校：《曝书亭全集》，长春：吉林文史出版社，2009年版，第664页。

【时事考异】

孔子适卫之岁,卫国并不消停。卫灵公乘晋政局不稳,联齐侵晋,又遣师伐曹;对内贪婪,又宠信南子与政,是无暇、也无心改良政治的。

《春秋》定公:十有三年春,齐侯、卫侯次于垂葭。夏,……卫公孟彄帅师伐曹。①

同年《左传》:十三年春,齐侯、卫侯次于垂葭,实郹氏。使师伐晋,将济河。诸大夫皆曰"不可",邴意兹曰:"可。锐师伐河内,传必数日而后及绛。绛不三月,不能出河,则我既济水矣。"乃伐河内。……

初,卫公叔文子朝而请享灵公。退,见史鰌而告之。史鰌曰:"子必祸矣! 子富而君贪,其及子乎!"文子曰:"然。吾不先告子,是吾罪也。君既许我矣,其若之何?"史鰌曰:"无害。子臣,可以免。富而能臣,必免于难。上下同之。戍(文子之子)也骄,其亡乎! 富而不骄者鲜,吾唯子之见。骄而不亡者,未之有也。戍必与焉。"及文子卒,卫侯始恶于公叔戍,以其富也。公叔戍又将去夫人(南子)之党,夫人诉之曰:"戍将为乱。"②

此年晋事也颇可注意,晋六卿争斗加剧,晋侯已无法控制局面。《春秋》载曰:

> 晋赵鞅入于晋阳以叛。冬,晋荀寅、士吉射,入于朝歌以叛,晋赵鞅归于晋。③

《左传》载之如下:

> 晋赵鞅谓邯郸午曰:"归我卫贡五百家,吾舍诸晋阳。"午许诺。归,告其父兄,父兄皆曰:"不可。卫是以为邯郸,而置诸晋阳,绝卫之道也。不如侵齐而谋之。"乃如之,而归之于晋阳。赵孟怒,召午,而囚诸晋阳。使其从者说剑而入,涉宾不可。乃使告邯郸人曰:"吾私有讨于午也,二三子唯所欲立。"遂杀午。赵稷、涉宾以邯郸叛。夏六月,上军司马籍秦围邯郸。邯郸午,荀寅之甥也;荀寅,范吉射之姻也,而相

---

① 杨伯峻编著:《春秋左传注》(全4册),北京:中华书局,1990年版,第1587—1588页。
② 杨伯峻编著:《春秋左传注》(全4册),北京:中华书局,1990年版,第1587—1592页。
③ 杨伯峻编著:《春秋左传注》(全4册),北京:中华书局,1990年版,第1588页。

与睦。故不与围邯郸,将作乱。董安于闻之,告赵孟,曰:"先备诸?"赵孟曰:"晋国有命,始祸者死,为后可也。"安于曰:"与其害于民,宁我独死,请以我说。"赵孟不可。秋七月,范氏、中行氏伐赵氏之宫,赵鞅奔晋阳。晋人围之。范皋夷无宠于范吉射,而欲为乱于范氏。梁婴父嬖于知文子,文子欲以为卿。韩简子与中行文子相恶,魏襄子亦与范昭子相恶。故五子谋,将逐荀寅而以梁婴父代之,逐范吉射而以范皋夷代之。荀跞言于晋侯曰:"君命大臣,始祸者死,载书在河。今三臣始祸,而独逐鞅,刑已不钧矣。请皆逐之。"

冬十一月,荀跞、韩不信、魏曼多奉公以伐范氏、中行氏,弗克。二子将伐公,齐高强曰:"三折肱知为良医。唯伐君为不可,民弗与也。我以伐君在此矣。三家未睦,可尽克也。克之,君将谁与?若先伐君,是使睦也。"弗听,遂伐公。国人助公,二子败,从而伐之。丁未,荀寅、士吉射奔朝歌。①

据《左传》,晋范氏、中行氏伐赵氏,赵鞅逃奔晋阳,知、韩、魏三家劫持晋侯以伐范、中行二家,二家逃奔朝歌,韩、魏请君命召回赵鞅。并无《春秋》所谓"赵鞅入于晋阳以叛"之事。可见,《春秋》《左传》所述,立场似有不同,《左传》更倾向于赵、韩、魏三家。而《史记·十二诸侯年表·晋表》载曰:"赵鞅伐范、中行。"②不知何据,《晋世家》则曰:

　　（晋定公）十五年,赵鞅使邯郸大夫午,不信,欲杀午,午与中行寅、范吉射亲攻赵鞅,鞅走保晋阳。定公围晋阳。荀栎、韩不信、魏侈与范、中行为仇,乃移兵伐范、中行。范、中行反,晋君击之,败范、中行。范、中行走朝歌,保之。韩、魏为赵鞅谢晋君,乃赦赵鞅,复位。③

【杂录】

《史记正义》引《琴操》云:孔子到匡郭外,颜渊(《史记》本文作颜刻)举策指匡穿垣曰:"往与阳货正从此入。"匡人闻其言,告君曰:"往者阳货今复

①　杨伯峻编著:《春秋左传注》(全4册),北京:中华书局,1990年版,第1589—1591页。
②　[汉]司马迁撰:《史记》(全10册),北京:中华书局,1959年版,第670页。
③　[汉]司马迁撰:《史记》(全10册),北京:中华书局,1959年版,第1685页。

来。"乃率众围孔子数日,乃和琴而歌,音曲甚哀,有暴风击军士僵仆,于是匡人乃知孔子圣人,自解也。①

《孟子·万章下》:孔子有见行可之仕,有际可之仕,有公养之仕;于季桓子,见行可之仕也;于卫灵公,际可之仕也;于卫孝公,公养之仕也。②

定县竹书《儒家者言》:之匡,间(简)子欲杀阳虎。孔子似之,□□孔子□舍。子路怒,奋戟欲下。子止之曰:"何〈仁义之不意□□〉?《诗》《书》不习、礼乐不休,则是丘之罪;阳虎如为阳虎,则是非丘□。"(按:竹书文字近于《韩诗外传》卷六、《说苑·杂言》、《孔子家语·困誓》,可考知当时竹简流传方式。)

《庄子·秋水》:孔子游于匡,宋人围之数匝,而弦歌不惙。子路入见,曰:"何夫子之娱也?"孔子曰:"来! 吾语女。我讳穷久矣,而不免,命也;求通久矣,而不得,时也。当尧、舜而天下无穷人,非知得也;当桀、纣而天下无通人,非知失也;时势适然。夫水行不避蛟龙者,渔父之勇也;陆行不避兕虎者,猎夫之勇也;白刃交于前,视死若生者,烈士之勇也;知穷之有命,知通之有时,临大难而不惧者,圣人之勇也。由处矣,吾命有所制矣。"无及何,将甲者进,辞曰:"以为阳虎也,故围之。今非也,请辞而退。"③

《荀子·赋》:比干见刳,孔子拘匡。④

《韩非子·难言》:子胥善谋而吴戮之,仲尼善说而匡围之,管夷吾实贤而鲁囚之。⑤

《韩诗外传》卷六:孔子行,简子将杀阳虎,孔子似之,带甲以围孔子舍,子路愠怒,奋戟将下,孔子止之,曰:"由。何仁义之寡裕也! 夫诗书之不习,礼乐之不讲,是丘之罪也。若吾非阳虎,而以我为阳虎,则非丘之罪也,命也! 歌予和若。"子路歌,孔子和之,三终而围罢。诗曰:"来游来歌。"以陈盛德之和而无为也。⑥

《说苑·杂言》:孔子之宋,匡简子将杀阳虎,孔子似之。甲士以围孔子之舍,子路怒,奋戟将下斗。孔子止之,曰:"何仁义之不免俗也? 夫诗、书

① [汉]司马迁撰:《史记》(全10册),北京:中华书局,1959年版,第1919—1920页。
② [宋]朱熹撰:《四书章句集注》,北京:中华书局,1983年版,第320页。
③ [清]王先谦撰,沈啸寰点校:《庄子集解》,北京:中华书局,1987年版,第145—146页。
④ [清]王先谦撰:《荀子集解》(全2册),北京:中华书局,1988年版,第482页。
⑤ [清]王先慎撰,钟哲校点:《韩非子集解》,北京:中华书局,1998年版,第22页。
⑥ [汉]韩婴撰,许维遹校释:《韩诗外传集释》,北京:中华书局,1980年版,第226—227页。

之不习,礼、乐之不脩也,是丘之过也。若似阳虎,则非丘之罪也,命也夫。由,歌予和汝。"子路歌,孔子和之,三终而甲罢。①

《孔子家语·困誓》:孔子之宋,匡人简子以甲士围之。子路怒,奋戟将与战。孔子止之曰:"恶有修仁义而不免世俗之恶者乎? 夫诗书之不讲,礼乐之不习,是丘之过也,若以述先王,好古法而为咎者,则非丘之罪也。命之夫。歌,予和汝。"子路弹琴而歌,孔子和之,曲三终,匡人解甲而罢。孔子曰:"不观高崖,何以知颠坠之患;不临深泉,何以知没溺之患;不观巨海,何以知风波之患? 失之者其在此乎? 不在此三者之或也士慎此三者,则无累于身矣。"②

•公元前496年,鲁定公十四年,孔子五十七岁。孔子在卫。

•《论语·子罕》:子贡曰:"有美玉于斯,韫椟而藏诸? 求善贾而沽诸?"子曰:"沽之哉! 沽之哉! 我待贾者也。"③

【文献记载】

孔子这次"反乎卫,主蘧伯玉家"。相关记载有《孔子家语·曲礼子贡问》:

孔子在卫,司徒敬子卒,夫子吊焉。主人不哀,夫子哭不尽声而退。璩伯玉请曰:"卫鄙俗,不习丧礼。烦吾子辱相焉。"孔子许之。掘中霤而浴,毁灶而缀足,袭于床。及葬,毁宗而躐行,出于大门。及墓,男子西面,妇人东面,既封而归。殷道也,孔子行之。子游问曰:"君子行礼,不求变俗,夫子变之矣。"孔子曰:"非此之谓也。丧事则从其质而已矣。"④

【考证】

《孔子世家》于畏匡之后,接"去即过蒲"(蒲为春秋卫邑,即今河南长垣县,地邻于匡。后来子路曾任其邑宰),其后自"月余,反乎卫,主蘧伯玉家"始至"孔子迁于蔡三岁",这中间的文字表面看起来错简严重。举一例即可

---

① [汉]刘向撰,向宗鲁校证:《说苑校证》,北京:中华书局,1987年版,第424页。
② 王国轩、王秀梅译注:《孔子家语》,北京:中华书局,2011年版,第281—282页。
③ [宋]朱熹撰:《四书章句集注》,北京:中华书局,1983年版,第113页。
④ 王国轩、王秀梅译注:《孔子家语》,北京:中华书局,2011年版,第504页。

见。《孔子世家》讲完孔子见南子的故事后，曰：

> 于是丑之，去卫，过曹。是岁，鲁定公卒。孔子去曹适宋……孔子适郑……孔子遂直陈……孔子居陈三岁……孔子去陈……过蒲……孔子遂适卫……卫灵公闻孔子来……灵公老……孔子行……将西见赵简子……反乎卫，入主蘧伯玉家。①

鲁定公卒于周敬王二十五年，即公元前495年，若按《孔子世家》的叙事，孔子在鲁定公卒后三年又见到了卫灵公。但是，据《卫世家》及《十二诸侯年表》，卫灵公卒于周敬王二十七年，即公元前493年。这与《孔子世家》所述顺序明显不符，这么看来，孔子不可能在鲁定公卒后三年见到卫灵公，更不可能在卫国不见用而去，西赴赵，再还归见卫灵公。故古今学者多认为《孔子世家》错讹甚多，或太史公疏漏，或后人窜乱，辨之详者莫过崔述《考信录》、钱穆《先秦诸子系年考辨》。如钱穆先生认为《世家》两叙过蒲，实为一事，考其年月，则云："考之左传，定公十四年春，卫侯逐公叔戍与其党，故赵阳奔宋，戍来奔。《世家》公叔氏畔，殆指此。孔子以定公十三年春去鲁适卫，居十月而去，过匡过蒲，适遭公叔氏之畔，核其年月，正复相当。"②另，《世家·集解》徐广曰："长垣县有匡城，蒲乡。"《正义》："《括地志》故蒲城在滑州匡城县北十五里，匡城本汉长垣县。"③匡、蒲近在一处。钱穆据此以及《论语》惟及匡事，绝不言蒲，认为匡蒲之难，盖本一事。

然孔子乃司马迁仰慕之人，《史记》的史学精神也上承孔子《春秋》，其记事往往将孔子生平作为标志事件来处理，故太史公撰作《孔子世家》不可能不用心。《史记》中记事矛盾之处甚多，也不可能全为后人窜乱。汉人著述，若存前代材料，则述而不作，故《史记》中的矛盾之处，还应首先从材料来源的不同上分析，不可用现代之著作观念待之。

如果我们再细细审读《孔子世家》，会发现这篇文献也基本遵循了汉以前其他篇世家的体例，在本世家的叙事过程中，提到同年或同时发生的其他地方的大事件。如共和行政、秦始列为诸侯、齐桓公始霸、楚庄王杀夏征

---

①　［汉］司马迁撰：《史记》（全10册），北京：中华书局，1959年版，第1919—1926页。
②　钱穆：《先秦诸子系年考辨》，上海：上海书店，1992年版，第27—28页。
③　［汉］司马迁撰：《史记》（全10册），北京：中华书局，1959年版，第1921页。

舒、孔子相鲁等等。《孔子世家》在孔子周游列国时，也标出了一些事件。如孔子"去卫过曹"后有"是岁，鲁定公卒"；孔子至陈，"主于司城贞子家"后，曰"岁余，吴王夫差伐陈……赵鞅伐朝歌……蔡迁于吴，吴败越王勾践会稽"等等历史编年坐标。虽然此类标记事件不多，但也足以据之考索。

《孔子世家》记鲁定公十三年（公元前497年）堕三都，十四年摄相事，年底离开鲁国适卫，十五年居卫十月去卫，月余反。居卫月余，又去卫，过曹，适宋，适郑，至陈。哀公二年（公元前492年），吴王夫差伐陈，赵鞅伐朝歌，蔡迁于吴，吴败越。哀公三年，卫灵公卒，蔡迁州来。四年夏，鲁桓、僖庙灾。秋，季桓子卒，季康子即位，召冉求。五年，孔子自陈迁于蔡，蔡昭公被杀，齐景公卒。六年，孔子如叶，吴伐陈，楚救陈军于城父，孔子困于陈蔡之间，由楚返卫。这一段记事，除了哀公六年所记事之外，定公十三年至哀公五年的大多数事件都向后推了一年，如据《左传》，堕三都在定公十二年，夫差败越在哀公元年，卫灵公卒在哀公二年，桓、僖庙灾在哀公三年，蔡昭公被杀在哀公四年。这种一年的年代差也是《史记》中常见的现象，尤其是在诸侯《世家》和《十二诸侯年表》之间颇为常见。这说明此种差异多半是《史记》不同史料来源之间的差异，而非作史者的问题。另外，上述标记事件之间的年代关系并没有错乱，那么，《孔子世家》所记在整体上还是可靠的。问题出在以下几个地方：

1.《孔子世家》记载孔子过宋在定公十五年（公元前495年）或哀公元年（公元前493年），然《宋微子世家》记载宋景公二十五年（鲁哀公三年）孔子过宋，《十二诸侯年表》同。

2. 孔子第一次适陈后，《世家》曰"孔子居陈三岁"，这里的记载有问题，若是如此，则孔子在哀公三年之后又离开陈，见到了卫灵公，而灵公已于哀公二年卒。

3.《孔子世家》"佛肸为中牟宰"一章至于哀公二年前后，但赵简子攻范、中行氏，伐中牟在哀公五年。

4.《陈杞世家》称孔子于陈愍公六年（公元前496年）至陈，《年表》同，此年乃鲁定公十四年，又称愍公十三年孔子在陈，前后有八年之久，故司马贞《史记索隐》曰："孔子以鲁定公十四年适陈，当愍公之六年，上文说是。

此十三年,孔子仍在陈,凡经八年,何其久也?"[1]

前人多认为各《世家》、《年表》与《孔子世家》中,有讹误者。但是,除了"居陈三岁"一句和"佛肸为中牟宰"一章、孔子过宋部分属明显错简外,鲁定公十四年孔子至陈未载录之外,《孔子世家》并无太多讹误,一两年的差异,恐主要是史源方面已有不同,这对于有不同历法的诸侯国而言,也属正常。将春秋战国列国诸侯各有系统的纪年材料,进行编年学的比对和年表排列,是太史公的一大创举,创举者难免会遗留某些创举前的材料痕迹。这就是创举的伟大和艰难并存。故本年谱还是以《孔子世家》为准,仅对几处明显措置进行了改动,赴陈系于鲁定公十五年,过宋系于鲁哀公二年,与《陈世家》、《宋世家》所记均差一年,应属原始材料之误差,应在可接受的范围之内。以下是《史记》除《孔子世家》外,与孔子周游列国直接相关的几段记载:

> 《管蔡世家》:(蔡昭侯)二十六年,孔子如蔡。楚昭王伐蔡,蔡恐,告急于吴。吴为蔡远,约迁以自近,易以相救;昭侯私许,不与大夫计。吴人来救蔡,因迁蔡于州来。[2](哀公二年)

> 《陈杞世家》:愍公六年,孔子适陈。吴王夫差伐陈,取三邑而去。十三年,吴复来伐陈,陈告急楚,楚昭王来救,军于城父,吴师去。是年,楚昭王卒于城父。时孔子在陈。[3]

> 《卫康叔世家》:(卫灵公)三十八年,孔子来,禄之如鲁。后有隙,孔子去。后复来。……(卫出公)八年,齐鲍子弑其君悼公。孔子自陈入卫。九年,孔文子问兵于仲尼,仲尼不对。其后鲁迎仲尼,仲尼反鲁。[4]

> 《宋微子世家》:(宋景公)二十五年,孔子过宋,宋司马桓魋恶之,欲杀孔子,孔子微服去。[5](哀公三年)

---

① [汉]司马迁撰:《史记》(全10册),北京:中华书局,1959年版,第1583页。
② [汉]司马迁撰:《史记》(全10册),北京:中华书局,1959年版,第1569页。
③ [汉]司马迁撰:《史记》(全10册),北京:中华书局,1959年版,第1583页。
④ [汉]司马迁撰:《史记》(全10册),北京:中华书局,1959年版,第1598—1599页。
⑤ [汉]司马迁撰:《史记》(全10册),北京:中华书局,1959年版,第1630页。

【时事考异】

此年最可注意者,乃是卫公叔戍来奔于鲁。《左传》载曰:

> (定公十三年)初,卫公叔文子朝而请享灵公。退,见史鳅而告之。史鳅曰:"子必祸矣。子富而君贪,其及子乎!"文子口:"然。吾不先告子,是吾罪也。君既许我矣,其若之何?"史鳅曰:"无害。子臣,可以免。富而能臣,必免于难,上下同之。戍也骄,其亡乎。富而不骄者鲜,吾唯子之见。骄而不亡者,未之有也。戍必与焉。"及文子卒,卫侯始恶于公叔戍,以其富也。公叔戍又将去夫人之党,夫人诉之曰:"戍将为乱。"①
>
> 十四年春,卫侯逐公叔戍与其党,故赵阳奔宋,戍来奔。②

这就是卫的"公叔戍之乱"。钱穆先生《先秦诸子系年》"孔子畏匡乃过蒲一事之误传与阳虎无涉辨"一条据《左传》此段记载,断定孔子"过蒲,会公叔氏以蒲畔,蒲人止孔子"一事发生于鲁定公十四年(公元前496年)。但是我们必须注意到,此年的公叔氏之乱乃是卫灵公驱逐了公叔戍,并非公叔戍据蒲为畔。他据蒲定是在逃亡之后,故《孔子世家》所记并无大误。

卫太子蒯聩谋杀南子,事败,逃奔宋。此后太子蒯聩逃亡于外,卫君辄与其父对峙十几年,事由此启。《史记·十二诸侯年表·卫表》:

> (卫灵公三十九年,即鲁定公十四年,公元前496年)太子蒯聩出奔。③

《春秋·定公十四年》:

> 卫世子蒯聩出奔宋。④

---

① 杨伯峻编著:《春秋左传注》(全4册),北京:中华书局,1990年版,第1591-1592页。
② 杨伯峻编著:《春秋左传注》(全4册),北京:中华书局,1990年版,第1594页。
③ [汉]司马迁撰:《史记》(全10册),北京:中华书局,1959年版,第670页。
④ 杨伯峻编著:《春秋左传注》(全4册),北京:中华书局,1990年版,第1594页。

《左传·定公十四年》记卫太子蒯聩谋杀南子失败事：

　　卫侯为夫人南子召宋朝（按：宋公子朝，美姿容，曾与南子通），会
于洮。大子蒯聩献盂于齐，过宋野。野人歌之曰："既定尔娄猪，盍归
吾艾豭。"（按：宋野人讽刺卫国以母猪勾引宋国年轻漂亮的公猪）大子羞
之，谓戏阳速曰："从我而朝少君（南子），少君见我，我顾，乃杀之。"速曰：
"诺。"乃朝夫人。夫人见大子，大子三顾，速不进。夫人见其色，啼而走，
曰："蒯聩将杀余。"公执其手以登台。大子奔宋。尽逐其党，故公孟彄出
奔郑，自郑奔齐。大子告人曰："戏阳速祸余。"戏阳速告人曰："大子则祸
余。大子无道，使余杀其母。余不许，将戕于余；若杀夫人，将以余说。
余是故许而弗为，以纾余死。谚曰：'民保于信。'吾以信义也。"①

　　《史记·十二诸侯年表·郑表》："子产卒。"②《孔子世家》有孔子适郑、
独立东门如丧家狗一段。《郑世家》记："声公五年（公元前 496 年），郑相子
产卒，郑人皆哭泣，悲之如亡亲戚。子产者，郑成公少子也。（按：此说误。
子产为郑穆公之孙，公子发之子，谥号为成子。成公也是穆公之孙，襄公之
子，但年纪远长于子产。）为人仁爱人，事君忠厚。孔子尝过郑，与子产如兄
弟云。及闻子产死，孔子为泣曰：'古之遗爱也！'"③钱穆先生详考子产之
卒在鲁昭公二十年（公元前 522 年），距此二十九年（应是二十六年），孔子
适郑、兄事子产实无其事，《郑世家》乃因《孔子世家》而误，《年表》又因《郑
世家》而误，误中生误，遂有此年"子产卒"之记载。
　　此年与孔子行迹有关者，尚有吴伐越之事。越败之，伤阖闾指，吴子阖
闾卒。《史记·十二诸侯年表·吴表》："伐越，败我，伤阖闾指，以死。"④
《左传·定公十四年》详载之：

　　吴伐越。越子句践御之，陈于檇李。句践患吴之整也，使死士再
禽焉，不动。使罪人三行，属剑于颈，而辞曰："二君有治，臣奸旗鼓，不

---

① 杨伯峻编著：《春秋左传注》（全 4 册），北京：中华书局，1990 年版，第 1597—1598 页。
② ［汉］司马迁撰：《史记》（全 10 册），北京：中华书局，1959 年版，第 670 页。
③ ［汉］司马迁撰：《史记》（全 10 册），北京：中华书局，1959 年版，第 1775 页。
④ ［汉］司马迁撰：《史记》（全 10 册），北京：中华书局，1959 年版，第 670—671 页。

敏于君之行前,不敢逃刑,敢归死。"遂自到也。师属之目,越子因而伐之,大败之。灵姑浮以戈击阖庐,阖庐伤将指,取其一屦。还,卒于陉,去樵李七里。夫差使人立于庭,苟出入,必谓己曰:"夫差!而忘越王之杀而父乎?"则对曰:"唯,不敢忘!"三年,乃报越。①

　　•公元前 **495** 年,鲁定公十五年,孔子五十八岁。夏五月,鲁定公薨。孔子因弥子瑕见卫灵公夫人南子,欲得用之,不能。灵公与夫人同车,宦者雍渠参乘,使孔子为次乘,孔子丑之,去卫,适郑,至陈,主于司城贞子家。

　　•邾隐公朝鲁,子贡观焉,曰:"以礼观之,二君者皆有死亡焉。"夏,五月,鲁定公薨,孔子曰:"赐不幸言而中,是使赐多言者也。"

　　•《春秋》记曰:"八月庚辰朔,日有食之。"②

　　•《论语·雍也》:子见南子,子路不说。夫子矢之曰:"予所否者,天厌之!天厌之!"③

　　•《论语·子罕》:子曰:"吾未见好德如好色者也。"④

　　•《论语·卫灵公》:子曰:由(子路),知德者鲜矣。……子曰:"已矣乎!吾未见好德如好色者也。"⑤

　　•《论语·阳货》:子曰:"唯女子与小人为难养也,近之则不孙,远之则怨。"⑥(上述《论语》与子见南子公案相关者有五章,散落于各篇。)

　　【文献记载】

　　《史记·孔子世家》:灵公夫人有南子者,使人谓孔子曰:"四方之君子不辱欲与寡君为兄弟者,必见寡小君。寡小君愿见。"孔子辞谢,不得已而见之。夫人在绤帷中。孔子入门,北面稽首。夫人自帷中再拜,环佩玉声璆然。孔子曰:"吾乡为弗见,见之礼答焉。"子路不说。孔子矢之曰:"予所不者,天厌之!天厌之!"居卫月余,灵公与夫人同车,宦者雍渠参乘,出,使孔子为次乘,招摇市过之。孔子曰:"吾未见好德如好色者也。"于是丑之,去卫。⑦

① 杨伯峻编著《春秋左传注》(全 4 册),北京:中华书局,1990 年版,第 1595－1596 页。
② 杨伯峻编著《春秋左传注》(全 4 册),北京:中华书局,1990 年版,第 1600 页。
③ [宋]朱熹撰:《四书章句集注》,北京:中华书局,1983 年版,第 91 页。
④ [宋]朱熹撰:《四书章句集注》,北京:中华书局,1983 年版,第 114 页。
⑤ [宋]朱熹撰:《四书章句集注》,北京:中华书局,1983 年版,第 162－164 页。
⑥ [宋]朱熹撰:《四书章句集注》,北京:中华书局,1983 年版,第 161 页。
⑦ [汉]司马迁撰:《史记》(全 10 册),北京:中华书局,1959 年版,第 1920－1921 页。

《左传·定公十五年》：十五年春，邾隐公来朝。子贡观焉。邾子执玉高，其容仰。公受玉卑，其容俯。子贡曰："以礼观之，二君者，皆有死亡焉。夫礼，死生存亡之体也。将左右周旋，进退俯仰，于是乎取之；朝祀丧戎，于是乎观之。今正月相朝，而皆不度，心已亡矣。嘉事不体，何以能久？高仰，骄也；卑俯，替也。骄近乱，替近疾。君为主，其先亡乎！"……夏五月壬申，公薨。仲尼曰："赐不幸言而中，是使赐多言者也。"①（又见《孔子家语·辨物》）

（按：从此则材料可知，孔子离鲁周游十四年间，依然若断若续地保持着与故邦鲁国的联系，而此间的关键联系人是子贡，后期又增加了出任季氏宰的冉有。）

【考证】

孔子见南子之后去卫，其原因尚有许多疑问。据先秦两汉文献记载，此时卫的宠臣是雍渠和弥子瑕，《孟子》、《吕氏春秋》、《淮南子》、《盐铁论》等文献都记载了孔子因弥子瑕见南子的事情：

《孟子·万章上》：

> 孟子曰："……弥子之妻与子路之妻，兄弟也。弥子谓子路曰：'孔子主我，卫卿可得也。'子路以告。孔子曰：'有命。'孔子进以礼，退以义，得之不得曰'有命'。"②

《吕氏春秋·贵因》：

> 孔子道弥子瑕见厘夫人，因也。③

《淮南子·泰族》：

> 孔子欲行王道，东西南北七十说而无所偶，故因卫夫人、弥子瑕而欲通其道。④

---

① 杨伯峻编著：《春秋左传注》（全4册），北京：中华书局，1990年版，第1600—1601页。
② ［宋］朱熹撰：《四书章句集注》，北京：中华书局，1983年版，第311页。
③ 许维遹撰，梁运华整理：《吕氏春秋集释》（全2册），北京：中华书局，2009年版，第389页。
④ 何宁撰：《淮南子集释》，北京：中华书局，1998年版，第1409页。

《盐铁论·论儒》：

> 孔子适卫，因嬖臣弥子瑕以见卫夫人，子路不悦。子瑕，佞臣也，夫子因之，非正也。男女不交，孔子见南子，非礼也。礼义由孔氏出，且贬道以求容，恶在其释事而退也？①

《法言》：

> 或问："圣人有诎乎？"曰："有。"曰："焉诎乎？"曰："仲尼于南子，所不欲见也；阳虎，所不欲敬也。见所不见，敬所不敬，不诎如何？"曰："卫灵公问陈，则何以不诎？"曰："诎身，将以信道也。如诎道而信身，虽天下不为也。"②

《孟子》中的文献时代较早，此书不似其他战国古书，甚少后人杂入内容。万章随口问孟子有关孔子处卫之事，可见孔子在卫时曾与卫之佞臣有所交

---

① 汪荣宝撰，陈仲夫点校：《法言义疏》（全 2 册），北京：中华书局，1987 年版，第 249 页。

② 汪荣宝《法言义疏》辨之曰："孔丛子儒服云：'平原君问子高曰："吾闻子之先君亲见卫夫人南子，信有之乎？"答曰："昔先君在卫，卫君用军旅焉，拒而不答。问不已，摄驾而去。卫君请见，犹不能终，何夫人之能觌乎？古者大飨，夫人与焉。于时礼仪虽废，犹有行之者，意卫君夫人飨夫子，则夫子亦弗获已矣。"'孔丛子此说，乃因坊记有'阳侯杀缪侯而窃其夫人，故大飨废夫人之礼'之语而傅会之，而不知其悖于礼乃愈甚也。毛氏奇龄四书改错云：'诸侯大飨，夫人出行裸献，礼同姓诸侯有之，异姓则否。故礼正义谓："王飨诸侯，及诸侯自相飨，同姓则后夫人亲献，异姓则使人摄献。"自缪侯、阳侯以同姓而遭此变，凡后同姓亦摄献。然则因大飨而见夫人，惟同姓诸侯有。然孔子鲁之大夫，卫君夫人安得以待同姓诸侯之礼待之？纵卫君夫人有其事，孔子安得受之？'钱氏坫论语后录乃谓：'此孔丛子之说，必有所据。'可谓无识。论语刘疏则云：'南子虽淫乱，然有知人之明，故于蘧伯玉、孔子皆特致敬。其请见孔子，非无欲用孔子之意。子路亦疑夫子此见为将诎身行道，而于心不说。正犹公山弗扰、佛肸召，子欲往，子路皆不说之比。非因南子淫乱而有此疑也。'其说似为近是。而谓南子有欲用孔子之意，而孔子见之，则亦害于理。盖孔子之自蒲反卫，主蘧伯玉家，未尝无仕卫之志。孔子言灵公无道，'而仲叔圉治宾客，祝鮀治宗庙，王孙贾治军旅。夫如是，奚其丧'，则犹足用为善。鲁为孔子父母之邦，卫则鲁兄弟之国，不得志于鲁，犹思行其道于卫。孔子之去鲁即适卫，去卫未几而复反者以此。是时卫俗仕于其国有见其小君之礼，世家所云'四方之君子欲与寡君为兄弟者，必见寡小君'，明南子之见异邦之臣，不自孔子始。孔子既欲仕卫，则依其国俗行之。犹鲁人猎较，孔子亦猎较之意。故于南子之请虽辞谢，而犹终应之者，以行道之利天下大，见小君之为非礼小也。若吕氏春秋贵因云：'孔子道弥子瑕见厘（"灵"之音转）夫人，因也。'淮南子泰族云：'孔子欲行王道，东、西、南、北七十说而无所偶，故因卫夫人、弥子瑕而欲通其道。'盐铁论论儒云：'孔子适卫，因嬖臣弥子瑕以见卫夫人。'此乃秦、汉间流俗相传之陋说，不足置辨也。"

通,乃战国中期人之共识。《吕氏春秋》乃战国晚期吕不韦汇集士人而作,《盐铁论》乃贤良文学问对桑弘羊,其问题亦必为当时学者所共识,故孔子因弥子瑕见南子当为事实。但《孔子世家》对弥子瑕却绝口不提,并采用了《孟子》中主于颜雠由家的说法,且为颜浊邹加上了"子路妻兄"的身份,将真正子路妻兄"弥子瑕"隐去了。由此联系到《孔子世家》所附"太史公曰":

> 余读孔氏书,想见其为人。适鲁,观仲尼庙堂车服礼器,诸生以时习礼其家,余祇回留之不能去云。①

同时,司马迁又曾问学于孔安国,故太史公作此篇,当依据了直接来自于孔府的材料。这类材料隐去了弥子瑕也是极为正常的事情。

由此我们可以推想,在孔子至卫一年多后,卫灵公并未重视孔子,于是孔子通过子路妻兄弥子瑕,去见灵公夫人南子,以期借二人之力获得卫君的任用。但是,孔子对南子和弥子瑕并不认同,应该是刻意保持了距离,招致南子、弥子瑕的不满,故有使其次乘之事,孔子不得已离开卫国。《论语·阳货篇》"子曰:唯女子与小人为难养也,近之则不孙,远之则怨"一句,恐就是在这种境况下夫子的喟叹。对于此说,本人杨义《回到本来的孔子》(《光明日报》2011 年 9 月 26 日),《孔子的力量》(澳门《南国人文学刊》2011年第 2 期),论之甚详,可资参看。这也是为何孔子返卫后没有继续主颜浊邹家,而是至蘧伯玉家的原因。

关于孔子第一次至陈,《史记·十二诸侯年表·陈表》载曰:

> (陈愍公六年,即鲁定公十四年,公元前 496 年)孔子来。②

《史记·陈杞世家》:

> 愍公六年,孔子适陈。吴王夫差伐陈,取三邑而去。③

---

① [汉]司马迁撰:《史记》(全 10 册),北京:中华书局,1959 年版,第 1947 页。
② [汉]司马迁撰:《史记》(全 10 册),北京:中华书局,1959 年版,第 670 页。
③ [汉]司马迁撰:《史记》(全 10 册),北京:中华书局,1959 年版,第 1583 页。

孔子至陈之年,《十二诸侯年表》与《陈杞世家》记载一致,有《孔子世家》所记以资对比:

> 孔子遂至陈,主于司城贞子家。岁余,吴王夫差伐陈,取三邑而去。[①]

相同的是,《陈世家》与《孔子世家》都以吴伐陈、取三邑而去作为孔子至陈的标志事件。但是,《孔子世家》多了"主于司城贞子家"、"岁余"两处文字。二者对吴伐陈的记载相同,明显依据统一的史源文献。由于多出的两处属于文本中的"细节",因此,《孔子世家》所载应该更近于其史源。因为《十二诸侯年表·陈表》也记载,愍公八年,"吴伐我"。这已经是孔子适陈"岁余"了。另外,《孔子世家》在吴伐陈之后又标记了"赵鞅伐朝歌;楚围蔡,蔡迁于吴;吴败越王勾践会稽"三个同年事件,其中赵鞅伐朝歌,是前一二年延续下来的晋六卿之争;楚围蔡,蔡迁于吴,以及吴败越王勾践会稽,《左传》都记载在鲁哀公元年(公元前494年)。鲁哀公元年秋八月,"吴侵陈"。如果这离孔子入陈已经"岁余",又是陈愍公六年、即鲁定公十四年(公元前496年),则应在该年的冬季,或竟是岁杪了。

孔子由卫至陈,应有两条主要的线路可选,一条是经曹至宋,由宋至陈,这是东面的路;一条是由卫至郑,由郑至陈,这是西面的路。即曹、宋应在一条路上,而郑在另一条路上,二者距离很远,不可能同时经过曹、宋和郑。故《孔子世家》所记录孔子至陈的路线——过曹、适宋、适郑、至陈是不太可能的。《宋世家》、《十二诸侯年表》也都记录了宋景公二十五年、即鲁哀公二年(公元前492年)孔子过宋,故孔子走曹、宋这条路乃是在哀公二年孔子第二次赴陈之时,乃是先过曹,后过宋。

《春秋》记载鲁定公十五年(公元前495年)八月朔日食,查《夏商周时期的天象和月相》,知此年7月22日中午12点左右,曲阜可见一次明显的日偏食。此处记载亦可证《春秋》用周历。

【时事考异】

《史记·十二诸侯年表·楚表》:

---

① [汉]司马迁撰:《史记》(全10册),北京:中华书局,1959年版,第1922页。

（楚昭王二十一年）灭胡。以吴败，我倍之。①

《左传·定公十五年》有载：

> 吴之入楚也，胡子尽俘楚邑之近胡者。楚既定，胡子豹又不事楚，曰："存亡有命，事楚何为？多取费焉。"二月，楚灭胡。②

此年，郑伐宋。《史记·十二诸侯年表·宋表》曰："（宋景公二十二年）郑伐我。"③《史记·十二诸侯年表·郑表》则云："（郑声公六年）伐宋。"④《左传·定公十五年》有载，甚简略："郑罕达败宋师于老丘。"⑤

【杂录】

《孔子家语·七十二弟子解》：颜刻，字子骄，少孔子五十岁。（按：此岁数恐有误，因为孔子五十八岁见南子，此时才八岁的小孩岂能为仆？）孔子适卫，子骄为仆。卫灵公与夫人南子同车出，而令宦者雍梁参乘，使孔子为次，游过市。孔子耻之。颜刻曰："夫子何耻之？"孔子曰："《诗》云：'觏尔新婚，以慰我心。'乃叹曰："吾未见好德如好色者也。"⑥

《论衡·问孔》：孔子见南子，子路不悦。子曰："予所鄙者，天厌之！天厌之！"南子，卫灵公夫人也，聘孔子，子路不说，谓孔子淫乱也。孔子解之曰："我所为鄙陋者，天厌杀我！"至诚自誓，不负子路也。⑦

• 公元前 494 年，鲁哀公元年，孔子五十九岁。八月，吴侵陈，孔子去陈返卫。过蒲，蒲人阻之，孔子与之盟而释，孔子返卫。

• 《论语·宪问》：子击磬于卫。有荷蒉而过孔氏之门者，曰："有心哉！击磬乎！"既而曰："鄙哉！硁硁乎！莫己知也，斯己而已矣。深则厉，浅则

---

① ［汉］司马迁撰：《史记》（全 10 册），北京：中华书局，1959 年版，第 671 页。
② 杨伯峻编著：《春秋左传注》（全 4 册），北京：中华书局，1990 年版，第 1601 页。
③ ［汉］司马迁撰：《史记》（全 10 册），北京：中华书局，1959 年版，第 671 页。
④ ［汉］司马迁撰：《史记》（全 10 册），北京：中华书局，1959 年版，第 671 页。
⑤ 杨伯峻编著：《春秋左传注》（全 4 册），北京：中华书局，1990 年版，第 1601 页。
⑥ 王国轩、王秀梅译注：《孔子家语》，北京：中华书局，2011 年版，第 436 页。
⑦ 黄晖撰：《论衡校释》（全 4 册），北京：中华书局，1990 年版，第 410—411 页。

揭。"子曰:"果哉! 末之难矣。"①

【文献记载】

《史记·孔子世家》:有隼集于陈廷而死,楛矢贯之,石砮,矢长尺有咫。陈湣公使使问仲尼。仲尼曰:"隼来远矣,此肃慎之矢也。昔武王克商,通道九夷百蛮,使各以其方贿来贡,使无忘职业。于是肃慎贡楛矢石砮,长尺有咫。先王欲昭其令德,以肃慎矢分大姬,配虞胡公而封诸陈。分同姓以珍玉,展亲;分异姓以远方职,使无忘服。故分陈以肃慎矢。"试求之故府,果得之。

孔子居陈三岁,会晋楚争强,更伐陈。及吴侵陈,陈常被寇。孔子曰:"归与归与! 吾党之小子狂简,进取不忘其初。"于是孔子去陈。

过蒲,会公叔氏以蒲畔,蒲人止孔子。弟子有公良孺者,以私车五乘从孔子。其为人长贤,有勇力,谓曰:"吾昔从夫子遇难于匡,今又遇难于此,命也已。吾与夫子再罹难,宁斗而死。"斗甚疾。蒲人惧,谓孔子曰:"苟毋适卫,吾出子。"与之盟,出孔子东门。孔子遂适卫。子贡曰:"盟可负耶?"孔子曰:"要盟也,神不听。"

卫灵公闻孔子来,喜,郊迎。问曰:"蒲可伐乎?"对曰:"可。"灵公曰:"吾大夫以为不可。今蒲,卫之所以待晋楚也,以卫伐之,无乃不可乎?"孔子曰:"其男子有死之志,妇人有保西河之志。吾所伐者不过四五人。"灵公曰:"善。"然不伐蒲。②

【考证】

《孔子世家》记载孔子第一次居陈后,曰"岁余,吴王夫差伐陈,取三邑而去。赵鞅伐朝歌。楚围蔡,蔡迁于吴。吴败越王句践会稽"③,又曰"孔子居陈三岁,会晋楚争强,更伐陈。及吴侵陈,陈常被寇……于是孔子去陈"④,这些均可在《左传》找到相应的记载:

> 元年春,楚子围蔡,……蔡人男女以辨,使疆于江、汝之间而还。蔡于是乎请迁于吴。

---

① [宋]朱熹撰:《四书章句集注》,北京:中华书局,1983 年版,第 158—159 页。
② [汉]司马迁撰:《史记》(全 10 册),北京:中华书局,1959 年版,第 1922—1924 页。
③ [汉]司马迁撰:《史记》(全 10 册),北京:中华书局,1959 年版,第 1922 页。
④ [汉]司马迁撰:《史记》(全 10 册),北京:中华书局,1959 年版,第 1923 页。

吴王夫差败越于夫椒,报槜李也。遂入越。越子以甲楯五千,保于会稽。……三月,越及吴平。吴入越,不书,吴不告庆,越不告败也。

秋八月,吴侵陈,修旧怨也。

……

冬十一月,晋赵鞅伐朝歌。[①]

除了顺序不一样外,《孔子世家》标示的所有事件均见于《左传》,足见《世家》多以古本《左传》为据。此所谓"孔子居陈三岁",即陈愍公六年(公元前496年)冬,孔子适陈,为一岁;陈愍公七年居陈,为二岁;陈愍公八年秋八月,吴侵陈,孔子离开陈国,此为三岁。所谓"居陈三岁"是按虚岁计算;若按实际岁月,就是在陈"岁余"。这与《礼记·三年问》"三年之丧,二十五月而毕"的算法相似。二者算法不同,实际是一样的。孔子离陈返卫,是在吴侵陈的陈愍公八年秋八月,即鲁哀公元年(公元前494年)。因此,"卫灵公闻孔子来,喜,郊迎"。卫灵公是卒于半年后的鲁哀公二年四月,即公历的三月份。吴师入陈自东来,西面楚师,故孔子返卫就不可能走西线,而是由东线返回卫国。此时,公叔氏自鲁反蒲以畔,孔子正逢此事变。

吴伐会稽,得骨节专车之事,极可能是孔门后学为了展示"孔子四十而不惑"所附会,故《孔子世家》系于孔子四十二岁之后。但吴败越会稽在鲁哀公元年,且前一年子贡在鲁观邾隐公见鲁定公,故有的学者认为此年孔子在定公十五年(公元前495年)曾反鲁,此年亦在鲁,故有吴使问孔子之事[②]。然此事多属附会,未必可信,且古文献未有言孔子周游十四年中曾反鲁者,故孔子此年在鲁之说,实不可从。

此年孔子在陈,吴师入陈,若真有得骨之事,当是吴人入陈时,得问夫子也。

【杂录】

《国语·鲁语下》:仲尼在陈,有隼集于陈侯之庭而死,楛矢贯之,石砮,其长尺有咫。陈惠公使人以隼如仲尼之馆问之。仲尼曰:"隼之来也远矣!

---

① 杨伯峻编著:《春秋左传注》(全4册),北京:中华书局,1990年版,第1604—1609页。

② 梁涛《孔子行年考》曰:"邾(邹)隐公今年来朝,《左传》说'子贡观焉',可知子贡此时在鲁国。子贡为孔子得意门徒,所以可能是随孔子一起回到鲁国。这种猜测可以由下面一件事得到证实:鲁哀公元年,吴伐越,得骨节一枚,吴国派使者到鲁国询问孔子,说明孔子此时确在鲁国。"

此肃慎氏之矢也。昔武王克商，通道于九夷、百蛮，使各以其方贿来贡，使无忘职业。于是肃慎氏贡楛矢、石砮，其长尺咫。先王欲昭其令德之致远也，以示后人，使永监焉，故名其栝曰'肃慎氏之贡矢'，以分大姬，配虞胡公而封诸陈。古者，分同姓以珍玉，展亲也；分异姓以远方之职贡，使无忘服也。故分陈以肃慎氏之矢。君若使有司求诸故府，其司得也。"使求，得之金椟，如之。①

《国语·鲁语下》：吴伐越，堕会稽，获骨焉，节专车。吴子使来好聘，且问之于仲尼，曰："无以吾命。"宾发币于大夫，及仲尼，仲尼爵之。既彻俎而宴，客执骨而问曰："敢问骨何大？"仲尼曰："丘闻之：昔禹致群神于会稽之山，防风氏后至，禹杀而戮之，其骨节专车。此为大矣。"客问："敢问谁守为神？"仲尼曰："山川之灵，足以纪纲天下者，其守为神；社稷之守者，为公侯。皆属于王者。"客曰："防风何守也？"仲尼曰："汪芒氏之君也，守封、嵎之山者业也，为漆姓。在虞、夏、商为汪芒氏，于周为长狄，今为大人。"客曰："人长之极几何？"仲尼曰："僬侥氏长三尺，短之至也。长者不过十之，数之极也。"②

《说苑·辨物》：吴伐越，隳会稽，得骨专车，使使问孔子曰："骨何者最大？"孔子曰："禹致群臣会稽山，防风氏后至，禹杀而戮之，其骨节专车，此为大矣。"使者曰："谁为神？"孔子曰："山川之灵，足以纪纲天下者，其守为神。社稷为公侯，山川之祀为诸侯，皆属于王者。"曰："防风氏何守？"孔子曰："汪芒氏之君守封嵎之山者也，其神为厘姓，在虞夏为防风氏，商为汪芒氏，于周为长狄氏，今谓之大人。"使者曰："人长几何？"孔子曰："僬侥氏三尺，短之至也；长者不过十，数之极也。"使者曰："善哉！圣人也。"③

《孔子家语·辨物》：吴伐越，隳会稽，获巨骨一节，专车焉。吴子使来聘于鲁，且问之孔子，命使者曰："无以吾命也。"宾既将事，乃发币于大夫及孔子，孔子爵之，既彻俎而燕客，执骨而问曰："敢问骨何如为大？"孔子曰："丘闻之昔禹致群臣于会稽之山，防风后至，禹杀而戮之，其骨专车焉，此为大矣。"客曰："敢问谁守为神？"孔子曰："山川之灵，足以纪纲天下者，其守为神。诸侯社稷之守为公侯，山川之祀者为诸侯，皆属于王。"客曰："防风

---

① 徐元诰撰，王树民、沈长云点校：《国语集解》，北京：中华书局，2002年版，第204页。
② 徐元诰撰，王树民、沈长云点校：《国语集解》，北京：中华书局，2002年版，第202—203页。
③ ［汉］刘向撰，向宗鲁校证：《说苑校证》，北京：中华书局，1987年版，第461—463页。

何守?"孔子曰:"汪芒氏之君守封嵎山者,为添姓,在虞夏商为汪芒氏,于周为长瞿氏,今曰大人。"有客曰:"人长之极,几何?"孔子曰:"焦侥氏长三尺,短之至也,长者不过十,数之极也。"①(按:此处所用材料可能是与《国语》、《说苑》同源之简,而多了"吴子使来聘于鲁,且问之孔子",则应视为是孔府后人整理档案时所加,并未考虑到孔子此时尚在周游列国途中。《孔子家语》不乏此类整理时的痕迹,即所谓"历史文化地层叠压"也。)

孔子在陈,陈惠公宾之于上馆,时有隼集陈侯之庭而死,楛矢贯之石砮,其长尺有咫,惠公使人持隼如孔子馆而问焉。孔子曰:"隼之来远矣,此肃慎氏之矢,昔武王克商,通道于九夷百蛮,使各以其方贿来贡,而无忘职业,于是肃慎氏贡楛矢石砮,其长尺有咫。先王欲昭其令德之致远物也,以示后人,使永鉴焉,故铭其栝曰:'肃慎氏贡楛矢,以分大姬,配胡公而封诸陈。'古者分同姓以珍玉,所以展亲亲也,分异姓以远方之职贡,所以无忘服也,故分陈以肃慎氏贡焉。君若使有司求诸故府,其可得也,公使人求得之,金牍如之。"②

《孟子·尽心下》:万章问曰:"孔子在陈,曰:'盍归乎来!吾党之士狂简,进取不忘其初。'孔子在陈,何思鲁之狂士?"孟子曰:"孔子不得中道而与之,必也狂狷乎?狂者进取,狷者有所不为也。孔子岂不欲中道哉?不可必得,故思其次也。"③

• 公元前**493**年,鲁哀公二年,孔子六十岁。孔子不得用于卫,欲西见赵简子,至于河而闻赵简子杀窦鸣犊、舜华,于是孔子返卫。

• 卫灵公老(已经在位四十二年),不能用孔子。孔子遂学鼓琴于师襄子。

• 卫灵公问阵,孔子有去卫意。明日卫灵公与孔子语,色不在孔子,孔子过宋,如陈。夏,卫灵公卒。

• 孔子在鲁哀公十一年离卫归鲁之初,与季康子谈论卫国政治现状,《论语·宪问篇》记载:"子言卫灵公之无道也,康子曰:'夫如是,奚而不丧?'孔子曰:'仲叔圉治宾客,祝鮀治宗庙,王孙贾治军旅。夫如是,奚其

① 王国轩、王秀梅译注:《孔子家语》,北京:中华书局,2011年版,第206-207页。
② 王国轩、王秀梅译注:《孔子家语》,北京:中华书局,2011年版,第208-209页。
③ [宋]朱熹撰:《四书章句集注》,北京:中华书局,1983年版,第374页。

丧？'"①这时离卫灵公去世已经九年了。但是，孔子本年就有如此观察。

【文献记载】

《史记·孔子世家》：

灵公老，怠于政，不用孔子。孔子喟然叹曰："苟有用我者，期月而已，三年有成。"孔子行。

孔子击磬。有荷蒉而过门者，曰："有心哉，击磬乎！（《集解》引何晏曰："蒉，草器也。有心，谓契契然也。"）硁硁乎，莫己知也夫而已矣！"

孔子学鼓琴师襄子，十日不进。师襄子曰："可以益矣。"孔子曰："丘已习其曲矣，未得其数也。"有间，曰："已习其数，可以益矣。"孔子曰："丘未得其志也。"有间，曰："已习其志，可以益矣。"孔子曰："丘未得其为人也。"有间，曰："有所穆然深思焉，有所怡然高望而远志焉。"曰："丘得其为人，黯然而黑，几然而长，眼如望羊，如王四国，非文王其谁能为此也！"师襄子辟席再拜，曰："师盖云《文王操》也。"

孔子既不得用于卫，将西见赵简子。至于河而闻窦鸣犊、舜华之死也，临河而叹曰："美哉水，洋洋乎！丘之不济此，命也夫！"子贡趋而进曰："敢问何谓也？"孔子曰："窦鸣犊、舜华，晋国之贤大夫也。赵简子未得志之时，须此两人而后从政；及其已得志，杀之乃从政。丘闻之也：刳胎杀夭则麒麟不至郊，竭泽涸渔则蛟龙不合阴阳，覆巢毁卵则凤皇不翔。何则？君子讳伤其类也。夫鸟兽之于不义也，尚知辟之，而况乎丘哉！"乃还，息乎陬乡，作为《陬操》以哀之。而反乎卫，入主蘧伯玉家。

他日，灵公问兵陈。孔子曰："俎豆之事则尝闻之，军旅之事未之学也。"明日，与孔子语，见蜚雁，仰视之，色不在孔子。孔子遂行，复如陈。②

孔子去曹适宋，与弟子习礼大树下。宋司马桓魋欲杀孔子，拔其树。孔子去。弟子曰："可以速矣。"孔子曰："天生德于予，桓魋其如予何！"③

《史记·宋世家》：

---

①　[宋]朱熹撰：《四书章句集注》，北京：中华书局，1983年版，第154页。

②　[汉]司马迁撰：《史记》（全10册），北京：中华书局，1959年版，第1924－1926页。

③　[汉]司马迁撰：《史记》（全10册），北京：中华书局，1959年版，第1921页。

（宋景公）二十五年（按：鲁哀公三年），孔子过宋，宋司马桓魋恶
之，欲杀孔子，孔子微服去。①

《史记·十二诸侯年表·宋表》：

孔子过宋，桓魋恶之。②

《孟子·万章上》：

孔子悦于鲁、卫，遭宋桓司马将要而杀之，微服而过宋。是时孔子
当厄，主司城贞子，为陈侯周臣。③

【考证】

《阙里志》孔子二十九岁学琴于师襄，但《史记》列之于孔子由卫赴晋西见
赵简子之前，故知太史公或认为师襄是卫人或晋人。《通志·氏族略》引《风
俗通义》曰："师氏，师，乐人，瞽者之称，晋有师旷，鲁有师乙，郑有师悝、师
触、师蠲、师成，又师服，晋大夫也。汉有东海师中作雅琴师氏八篇。"④《汉
书·艺文志》载"《雅琴师氏》八篇"，班固注曰："名中，东海人，传言师旷后。"⑤

孔子学琴于师襄的故事，其故事结构多见于战国诸子篇什中，尤其是
《庄子》一类文献中，更是常见。师襄故事又见于《列子》，可证他是道家文
献中的人物，很可能带有虚拟性。清人赵翼《陔余丛考》卷四：太师挚等适
齐，适楚，适蔡，汉儒多有以挚等为殷末人者。班书《礼乐志》云：殷纣断弃
先祖之乐，乃作淫声，用变乱正声，以悦妇人。乐官师瞽抱其器而奔散，或
适诸侯，或入河海。颜师古即引师挚等以实之，且云齐、楚、蔡者，乃追记其
地，非谓当时已有此国名也。《古今人表》列挚、干、缭等，师古亦以为纣时
人。而董仲舒对策云：殷纣时贤者奔走逃亡，入于河海。师古又引方叔毁

① [汉]司马迁撰：《史记》（全10册），北京：中华书局，1959年版，第1630页。
② [汉]司马迁撰：《史记》（全10册），北京：中华书局，1959年版，第673页。
③ [宋]朱熹撰：《四书章句集注》，北京：中华书局，1983年版，第311页。
④ [宋]郑樵撰：《通志》，杭州：浙江古籍出版社，1988年版，第149页。
⑤ [汉]班固撰：《汉书》（全12册），北京：中华书局，1962年版，第1711页。

鼗等注之,并云《汉书》所引经文与近代诸儒家往往乖别,则以挚、干、缭、缺等为殷末人,固非无稽矣。然《史记·礼书》言:仲尼没后,受业之徒沉湮而不举,或适齐、楚,或入河海,则又即指挚、干等。且孔子尝学琴于师襄,又云"师挚之始",则八人中已有二人与孔子同时者,可知八人皆鲁乐官,而非殷人也。汉儒徒以《商本纪》有"纣时太师、少师抱乐器而奔"之语,遂以此八人为殷末,误矣。郑康成又以为周平王时人,更属无据。至其远适之由,注家皆以为周衰乐废,夫子正乐之后,诸伶人皆识乐之正,故散而他之。按《白虎通》云:王居中央,制御四方,旦食少阳之始也,昼食太阳之始也,哺食少阴之始也,暮食太阴之始也。诸侯三饭,卿大夫再饭,尊卑之差也。然则四饭乃天子之制。今鲁亦有四饭,则僭越已甚,诸人之去,其即以此,而不特以乐职之紊乱欤。①

故事中称师襄所奏乐为《文王操》,刘向《别录》曰:"君子因雅琴之适,故从容以致思焉。其道闭塞悲愁而作者名其曲曰操,言遇灾害不失其操也。"据此,乐曲名操之名,很可能是后儒对孔子困厄,弦歌不绝,不失其操的尊奉。

此年见赵简子、学琴师襄两事均提到了琴曲之名,分别是《文王操》、《陬操》,此两章当来自古《琴操》一类文献,东汉蔡邕《琴操》看来是渊源有自。

关于"孔子去曹适宋,与弟子习礼大树下。宋司马桓魋欲杀孔子,拔其树",可参看《左传》,以见桓魋在宋国恃宠专横,直至叛变。《左传》定公十年(公元前500年),"宋公子地(宋景公庶母弟)嬖蘧富猎,十一分其室,而以其五与之。公子地有白马四,公嬖向魋,魋欲之。(向魋,司马桓魋也。)公取而朱其(马)尾、鬣以与之(与魋也)。地怒,使其徒抶魋而夺之。魋惧,将走,公闭门而泣之,目尽肿。母弟辰曰:'子分室以与猎也,而独卑魋,亦有颇焉。子为君礼,不过出竟,君必止子。'公子地出奔陈,公弗止。辰为之请,弗听。辰曰:'是我迋吾兄也。吾以国人出,君谁与处。'冬,母弟辰暨仲佗、石彄出奔陈。"(杜预注:佗,仲几子;彄,褚师段子,皆宋卿。众之所望,故言国人。)②

_____

① [清]赵翼撰:《陔余丛考》(全3册),北京:中华书局,1963年版,第77—78页。
② 杨伯峻编著:《春秋左传注》(全4册),北京:中华书局,1990年版,第1582页。

《左传》哀公十三年（公元前 482 年）春，"宋向魋救其师（因上年九月，宋桓魋之兄向巢伐郑，取锡，杀元公之孙，遂围嵒。十二月，郑罕达救嵒。丙申，围宋师）。郑子腾使徇曰：'得桓魋者有赏。'魋也逃归，遂取宋师于嵒，获成讙、郜延（二人为宋大夫）。以六邑为虚"①。

《左传》哀公十四年，"宋桓魋之宠害于（宋景）公，公使夫人骤请享焉，而将讨之。未及，魋先谋公，请以鞌（桓魋采邑）易薄，公曰：'不可。薄，宗邑也。'乃益鞌七邑，而请享公焉。以日中为期，家备尽往。公知之，告皇野曰：'余长魋（从小把桓魋养育大）也，今将祸余，请即救。'司马子仲（即皇野）曰：'有臣不顺，神之所恶也，而况人乎？敢不承命。不得左师（即桓魋之兄向巢）不可，请以君命召之。'左师每食击钟。闻钟声，公曰：'夫子将食。'既食，又奏。公曰：'可矣。'以乘车往，曰：'迹人来告曰："逢泽有介麇焉。"公曰："虽魋未来，得左师，吾与之田，若何？"君惮告子。野曰："尝私焉。"君欲速，故以乘车逆子。'与之乘，至，公告之故（告桓魋将害景公，景公请之救），拜，不能起。司马曰：'君与之言。'公曰：'所难子者，上有天，下有先君。'对曰：'魋之不共，宋之祸也，敢不唯命是听。'司马请瑞（符节）焉，以命其徒攻桓氏。其父兄故臣曰：'不可。'其新臣曰：'从吾君之命。'遂攻之。子颀（桓魋弟）骋而告桓司马。（桓魋）司马欲入，子车（亦桓魋弟）止之，曰：'不能事君，而又伐国，民不与也，只取死焉。'向魋遂入于曹以叛。六月，使左师巢伐之。欲质大夫以入焉，不能。亦入于曹，取质。魋曰：'不可。既不能事君，又得罪于民，将若之何？'乃舍之。民遂叛之。向魋奔卫。向巢来奔，宋公使止之，曰：'寡人与子有言矣，不可以绝向氏之祀。'辞曰：'臣之罪大，尽灭桓氏可也。若以先臣之故，而使有后，君之惠也。若臣，则不可以入矣。'司马牛（亦桓魋弟）致其邑与珪焉，而适齐。向魋出于卫地，公文氏攻之，求夏后氏之璜焉。与之他玉，而奔齐，陈成子使为次卿。司马牛又致其邑焉，而适吴。吴人恶之，而反。赵简子召之，陈成子亦召之。卒于鲁郭门之外，阬氏葬诸丘舆"②。

桓魋五兄弟，手握兵权势凌宋君。司马牛为孔子弟子。《礼记·檀弓上》记述子游曰："昔者夫子居于宋，见桓司马自为石椁，三年而不成。夫子

①　杨伯峻编著：《春秋左传注》（全 4 册），北京：中华书局，1990 年版，第 1675－1676 页。
②　杨伯峻编著：《春秋左传注》（全 4 册），北京：中华书局，1990 年版，第 1686－1688 页。

曰：'若是其靡也。死不如速朽之愈也。'死之欲速朽，为桓司马言之也。"①

《孔子家语·曲礼子贡问》云："孔子在宋，见桓魋自为石椁，三年而不成，工匠皆病。夫子愀然曰：'若是其靡也，死不如速朽之愈。'冉子仆，曰：'礼，凶事不豫，此何谓也乎？'夫子曰：'既死而议谥，谥定而卜葬，既葬而立庙，皆臣子之事，非所豫属也，况自为之哉！'"②

【时事考异】

《史记·十二诸侯年表·蔡表》：

（蔡昭侯二十六年，公元前 493 年）畏楚，私召吴人，乞迁于州来，州来近吴。③

《史记》此处的记载，对蔡迁于州来的原因交代得很清楚，但《左传》中并无"私召吴人，乞迁于州来"之记载。孔子在此后不久至蔡，蔡之历史得以为我们后人所知，或是经孔子及其门人的记录而传承下来，而其较为详细的记录今已不见，仅从《年表》此条窥见一斑。

《史记》此年对卫事的记录与《左传》关系至为密切，《年表》记"灵公薨。蒯聩子辄立。晋纳太子蒯聩于戚"④。而《孔子世家》曰："六月，赵鞅内太子蒯聩于戚。阳虎使太子绖，八人衰绖，伪自卫迎者，哭而入，遂居焉。冬，蔡迁于州来。"⑤《春秋》无有蒯聩子辄立之事，《左传》记此事与《世家》高度一致："六月乙酉，晋赵鞅纳卫大子于戚。宵迷，阳虎曰：'右河而南，必至焉。'使大子绖，八人衰绖，伪自卫逆者。告于门，哭而入，遂居之。"⑥此亦可见《史记》春秋史源虽与今本《左传》关系至密，但并非完全相同。

【杂录】

河北定县汉墓竹书《儒家者言》：子曰："犊主、泽鸣，晋国之贤□。君子重伤□。"

《说苑·权谋》：赵简子曰："晋有泽鸣、犊犨，鲁有孔丘。吾杀三人，则

① ［清］阮元校刻：《十三经注疏》（全 2 册），北京：中华书局，1980 年版，第 1290 页。
② 王国轩、王秀梅译注：《孔子家语》，北京：中华书局，2011 年版，第 494－495 页。
③ ［汉］司马迁撰：《史记》（全 10 册），北京：中华书局，1959 年版，第 672 页。
④ ［汉］司马迁撰：《史记》（全 10 册），北京：中华书局，1959 年版，第 672 页。
⑤ ［汉］司马迁撰：《史记》（全 10 册），北京：中华书局，1959 年版，第 1927 页。
⑥ 杨伯峻编著：《春秋左传注》（全 4 册），北京：中华书局，1990 年版，第 1612 页。

天下可图也。"于是乃召泽鸣、犊犨，任之以政而杀之。使人聘孔子于鲁，孔子至河，临水而观曰："美哉水！洋洋乎，丘之不济于此，命也夫！"子路趋曰："敢问奚谓也？"孔子曰："夫泽鸣、犊犨，晋国之贤大夫也。赵简子之未得志也，与之同闻见。及其得志也，杀之而后从政。故丘闻之：刳胎焚夭，则麒麟不至；干泽而渔，蛟龙不游；覆巢毁卵，则凤凰不翔。丘闻之：君子重伤其类者也。"①

《孔子家语·困誓》：孔子自卫将入晋，至河，闻赵简子杀窦犨鸣犊，及舜华，乃临河而叹曰："美哉水，洋洋乎，丘之不济，此命也夫。"子贡趋而进曰："敢问何谓也？"孔子曰："窦犨鸣犊，舜华，晋之贤大夫也，赵简子未得志之时，须此二人而后从政，及其已得志也，而杀之。丘闻之刳胎杀夭，则麒麟不至其郊；竭泽而渔，则蛟龙不处其渊；覆巢破卵，则凰凰不翔其邑，何则？君子违伤其类者也。鸟兽之于不义，尚知避之，况于人乎。"遂还息于邹，作槃琴以哀之。②

《琴操》：《将归操》者，孔子之所作也。赵简子循执玉帛，以聘孔子。孔子将往，未至，渡狄水，闻赵杀其贤大夫窦鸣犊，喟然而叹之曰："夫赵之所以治者，鸣犊之力也。杀鸣犊而聘余，何丘之往也？夫燔林而田，则麒麟不至；覆巢破卵，则凤皇不翔。鸟兽尚恶伤类，而况君子哉？"于是援琴而鼓之云："翱翔于卫，复我旧居；从吾所好，其乐只且。"③

《庄子·山木》：孔子问于子桑雽曰：吾再逐于鲁，伐树于宋，削迹于卫，穷于商、周，围于陈、蔡之间。吾犯此数患，亲交益疏，徒友益散，何与？④

《韩诗外传》卷五：孔子学鼓琴于师襄子而不进。师襄子曰："夫子可以进矣！"孔子曰："丘已得其曲矣，未得其数也。"有间，曰："夫子可以进矣！"曰："丘已得其数矣，未得其意也。"有间，复曰："夫子可以进矣！"曰："丘已得其人矣，未得其类也。"有间，曰："邈然远望，洋洋乎！翼翼乎！必作此乐也，默然思，戚然而怅，以王天下，以朝诸侯者，其惟文王乎？"师襄子避席再拜曰："善！师以为文王之操也。"孔子持文王之声，知文王之为人。师襄子曰："敢问何以知其文王之操也？"孔子曰："然。夫仁者好伟，和者好粉，智

① ［汉］刘向撰，向宗鲁校证：《说苑校证》，北京：中华书局，1987 年版，第 313 页。
② 王国轩、王秀梅译注：《孔子家语》，北京：中华书局，2011 年版，第 277—278 页。
③ ［清］王先谦撰，沈啸寰点校：《庄子集解》，北京：中华书局，1987 年版，第 171 页。
④ ［汉］蔡邕撰：《琴操》，清平津馆丛书本，卷上《将归操》篇。

者好弹,有殷勤之意者好丽。丘是以知文王之操也。"①

《孔子家语·辨乐解》:孔子学琴于师襄子。襄子曰:"吾虽以击磬为官,然能于琴,今子于琴已习,可以益矣。"孔子曰:"丘未得其数也。"有间,曰:"已习其数,可以益矣。"孔子曰:"丘未得其志也。"有间,曰:"已习其志,可以益矣。"孔子曰:"丘未得其为人也。"有间,曰:"孔子有所谬然思焉,有所睪然高望而远眺。"曰:"丘迨得其为人矣,近黮而黑,顾然长,旷如望羊,奄有四方,非文王其孰能为此。"师襄子避席叶拱而对曰:"君子圣人也,其传曰文王操。"②

• 公元前 **492** 年,鲁哀公三年,孔子六十一岁。孔子在陈。夏,五月辛卯,鲁桓公、僖公庙火灾,孔子在陈闻之,曰:"其桓、僖乎?"

• 秋七月,季桓子卒。季康子即位,召冉求。冉求将行,孔子曰:"鲁人召求,非小用之,将大用之也。"是日,孔子叹曰:"归乎归乎!吾党之小子狂简,斐然成章,吾不知所以裁之。"子贡知孔子思归鲁,嘱冉求得用后请季氏招孔子归鲁。

• 《春秋》记之曰:"夏四月甲午,地震。"③

• 《论语·公冶长》:子在陈曰:"归与!归与!吾党之小子狂简,斐然成章,不知所以裁之。"④

【文献记载】

《史记·孔子世家》:夏,鲁桓、僖庙燔,南宫敬叔救火。孔子在陈,闻之,曰:"灾必于桓、僖庙乎?"已而果然。

秋,季桓子病,辇而见鲁城,喟然叹曰:"昔此国几兴矣,以吾获罪于孔子,故不兴也。"顾谓其嗣康子曰:"我即死,若必相鲁;相鲁,必召仲尼。"后数日,桓子卒,康子代立。已葬,欲召仲尼。公之鱼曰:"昔吾先君用之不终,终为诸侯笑。今又用之,不能终,是再为诸侯笑。"康子曰:"则谁召而可?"曰:"必召冉求。"于是使使召冉求。冉求将行,孔子曰:"鲁人召求,非小用之,将大用之也。"是日,孔子曰:"归乎归乎!吾党之小子狂简,斐然成章,吾不知所以裁

---

① [汉]韩婴撰,许维遹校释:《韩诗外传集释》,北京:中华书局,1980 年版,第 175—176 页。
② [三国魏]王肃注:《孔子家语》,上海:上海古籍出版社,1990 年版,第 88 页。
③ 杨伯峻编著:《春秋左传注》(全 4 册),北京:中华书局,1990 年版,第 1619 页。
④ [宋]朱熹撰:《四书章句集注》,北京:中华书局,1983 年版,第 81 页。

之。"子贡知孔子思归，送冉求，因诫曰"即用，以孔子为招"云。①

《左传·哀公三年》：夏，五月，辛卯，司铎火，火逾公宫，桓、僖灾。救火者皆曰"顾府"。南宫敬叔至，命周人出御书，俟于宫……孔子在陈，闻火，曰："其桓、僖乎？"②

《史记·十二诸侯年表·鲁表》：地震。③

【杂录】

《孔子家语·辨物》：孔子在陈，陈侯就之燕游焉。行路之人云："鲁司铎灾，及宗庙。"以告孔子。子曰："所及者其桓、僖之庙。"陈侯曰："何以知之？"子曰："礼，祖有功而宗有德，故不毁其庙焉。今桓、僖之亲尽矣，又功德不足以存其庙，而鲁不毁，是以天灾加之。"三日，鲁使至。问焉，则桓、僖也。陈侯谓子贡曰："吾乃今知圣人之可贵。"对曰："君之知之，可矣，未若专其道而行其化之善也。"④

《孟子·尽心下》：万章问曰："孔子在陈，曰：'盍归乎来！吾党之小子狂简，进取，不忘其初。'孔子在陈，何思鲁之狂士？"孟子曰："孔子'不得中道而与之，必也狂狷乎！狂者进取，狷者有所不为也'。孔子岂不欲中道哉？不可必得，故思其次也。"⑤

《孔子家语·曲礼子贡问》：季桓子丧，康子练而无衰。子游问于孔子曰："既服练服，可以除衰乎？"孔子曰："无衰衣不以见宾，何以除焉？"⑥

《孔子家语·曲礼夏问》：季桓子死，鲁大夫朝服而吊。子游问于孔子曰："礼乎？"夫子不答。他日又问，子曰："始死则矣，羔裘玄冠者易之而已，女何疑焉？"⑦（按：此二则，若是发生在陈，子游仅十六岁。孔子在周游列国途中接纳子游而言及丧服乎？恐是返鲁后，议论丧礼时的问答。）

《礼记·檀弓上》：夫子曰：始死，羔裘玄冠者易之而已。羔裘玄冠，夫子不以吊。⑧

①　[汉]司马迁撰：《史记》（全10册），北京：中华书局，1959年版，第1927页。
②　杨伯峻编著：《春秋左传注》（全4册），北京：中华书局，1990年版，第1620—1622页。
③　[汉]司马迁撰：《史记》（全10册），北京：中华书局，1959年版，第673页。
④　王国轩、王秀梅译注：《孔子家语》，北京：中华书局，2011年版，第213页。
⑤　[宋]朱熹撰：《四书章句集注》，北京：中华书局，1983年版，第374页。
⑥　王国轩、王秀梅译注：《孔子家语》，北京：中华书局，2011年版，第506页。
⑦　王国轩、王秀梅译注：《孔子家语》，北京：中华书局，2011年版，第543页。
⑧　[清]阮元校刻：《十三经注疏》（全2册），北京：中华书局，1980年版，第1291页。

• **公元前 491 年,鲁哀公四年,孔子六十二岁。孔子自陈迁于蔡。**

【文献记载】

《史记·孔子世家》:

> 冉求既去,明年,孔子自陈迁于蔡。蔡昭公将如吴,吴召之也。前昭公欺其臣迁州来,后将往,大夫惧复迁,公孙翩射杀昭公。楚侵蔡。秋,齐景公卒。[①]

〔按:细辨《史记》行文语气,孔子入蔡当在蔡昭公二十七年(鲁哀公三年,公元前 492 年)冬。次年春二月,蔡昭公被弑。再次年,鲁哀公五年(公元前 490 年)九月,齐景公卒。《史记》没有标示又过了一年。至此,也可以说孔子迁蔡三年了。采用的还是虚岁算法。〕

【考证】

郦道元《水经注》卷三十:《春秋》襄公二年,蔡昭侯自新蔡迁于州来,谓之下蔡也。[②](按:州来乃春秋国名,为吴、楚相争的淮上诸侯之地。在今安徽凤台县。)

清顾祖禹《读史方舆纪要》卷二十一:下蔡城,(寿州)州北三十里,古州来也。《左传》成七年,吴入州来。昭四年,楚然丹城州来,以备吴。十二年,楚子狩于州来。十三年,吴灭州来。十九年,楚城州来。二十三年,吴人伐州来。自是遂为吴地,季札始邑于延陵,后邑于此,故曰延州来季子。哀二年,蔡昭侯自新蔡迁于州来,谓之下蔡,盖为吴所迁也。[③]

孔子自陈迁于蔡之年,适值蔡国发生臣弑君之事,政局动荡。据《春秋》、《左传》,鲁哀公四年,即蔡昭侯二十八年(公元前 491 年),蔡侯被杀。

> 《春秋》:(哀公)四年春王二月庚戌,盗杀蔡侯申。[④]
>
> 《左传》:四年春,蔡昭侯将如吴,诸大夫恐其又迁也,承,公孙翩逐

① [汉]司马迁撰:《史记》(全 10 册),北京:中华书局,1959 年版,第 1928 页。

② 王国维校,袁英光、刘寅生整理标点:《水经注校》,上海:上海人民出版社,1984 年版,第 967 页。

③ [清]顾祖禹撰,贺次君、施和金点校:《读史方舆纪要》(全 12 册),北京:中华书局,2005 年版,第 1018 页。

④ 杨伯峻编著:《春秋左传注》(全 4 册),北京:中华书局,1990 年版,第 1624 页。

而射之，入于家人而卒。①

　　孔子迁蔡之年，蔡昭侯被杀，故在鲁哀公四年。《管蔡世家》记称蔡昭侯二十六年，孔子入蔡，恐是误据《孔子世家》"孔子迁于蔡三岁"而误。可见司马迁所见孔子迁蔡的原始材料中，确有记载孔子迁蔡三岁者，而非司马迁推演而来。

【时事考异】

《史记·十二诸侯年表·齐表》：

　　乞救范氏。②

《史记·十二诸侯年表·晋表》：

　　赵鞅拔邯郸、柏人，有之。③

此二事，《春秋》无文，《左传》俱有载：

　　秋七月，齐陈乞、弦施、卫宁跪救范氏。庚午，围五鹿。九月，赵鞅围邯郸。冬十一月，邯郸降。荀寅奔鲜虞，赵稷奔临。十二月，弦施逆之，遂堕临。国夏伐晋，取邢、任、栾、鄗、逆畤、阴人、盂、壶口。会鲜虞，纳荀寅于柏人。④

　　足见《十二诸侯年表》与《左传》之关系。孔子《春秋》对此二事不着笔墨，可窥孔子对齐之陈氏、晋之赵氏的态度。

　　·公元前 490 年，鲁哀公五年，孔子六十三岁。孔子自蔡如叶，见叶公，叶公问政，孔子曰："政在来远附迩。"
　　·自叶返蔡途中，孔子遇长沮、桀溺，子路遇荷蓧丈人。

① 杨伯峻编著：《春秋左传注》（全 4 册），北京：中华书局，1990 年版，第 1625 页。
② ［汉］司马迁撰：《史记》（全 10 册），北京：中华书局，1959 年版，第 673 页。
③ ［汉］司马迁撰：《史记》（全 10 册），北京：中华书局，1959 年版，第 673 页。
④ 杨伯峻编著：《春秋左传注》（全 4 册），北京：中华书局，1990 年版，第 1628 页。

• 晋佛肸来召,孔子欲往,不果,重返蔡。《论语·阳货》:"佛肸召,子欲往。子路曰:'昔者由也闻诸夫子曰:亲于其身为不善者,君子不入也。佛肸以中牟畔,子之往也,如之何?'子曰:'然,有是言也。不曰坚乎,磨而不磷;不曰白乎,涅而不缁。吾岂匏瓜也哉? 焉能系而不食?'"①

•《论语·述而》:叶公问孔子于子路,子路不对。子曰:"女奚不曰,其为人也,发愤忘食,乐以忘忧,不知老之将至云尔。"②

•《论语·子路》:叶公问政。子曰:"近者说,远者来。"③

•《论语·子路》:叶公语孔子曰:"吾党有直躬者,其父攘羊,而子证之。"孔子曰:"吾党之直者异于是,父为子隐,子为父隐。直在其中矣。"④

•《论语·微子》:长沮、桀溺耦而耕,孔子过之,使子路问津焉。长沮曰:"夫执舆者为谁?"子路曰:"为孔丘。"曰:"是鲁孔丘与?"曰:"是也。"曰:"是知津矣。"问于桀溺。桀溺曰:"子为谁?"曰:"为仲由。"曰:"是鲁孔丘之徒与?"对曰:"然。"曰:"滔滔者天下皆是也,而谁以易之? 且而与其从辟人之士也,岂若从辟世之士哉!"耰而不辍。子路行以告。夫子怃然曰:"鸟兽不可与同群,吾非斯人之徒与而谁与? 天下有道,丘不与易也。"⑤

•《论语·微子》:子路从而后,遇丈人,以杖荷蓧。子路问曰:"子见夫子乎?"丈人曰:"四体不勤,五谷不分,孰为夫子?"植其杖而芸。子路拱而立。止子路宿,杀鸡为黍而食之,见其二子焉。明日,子路行,以告。子曰:"隐者也。"使子路反见之。至,则行矣。⑥

【文献记载】

《史记·孔子世家》:明年,孔子自蔡如叶。叶公问政,孔子曰:"政在来远附迩。"他日,叶公问孔子于子路,子路不对。孔子闻之,曰:"由,尔何不对曰'其为人也,学道不倦,诲人不厌,发愤忘食,乐以忘忧,不知老之将至'云尔。"

去叶,反于蔡。长沮、桀溺耦而耕,孔子以为隐者,使子路问津焉。长沮曰:"彼执舆者为谁?"子路曰:"为孔丘。"曰:"是鲁孔丘与?"曰:"然。"曰:"是知津矣。"桀溺谓子路曰:"子为谁?"曰:"为仲由。"曰:"子,孔丘之徒

① [宋]朱熹撰:《四书章句集注》,北京:中华书局,1983年版,第177页。
② [宋]朱熹撰:《四书章句集注》,北京:中华书局,1983年版,第97—98页。
③ [宋]朱熹撰:《四书章句集注》,北京:中华书局,1983年版,第145页。
④ [宋]朱熹撰:《四书章句集注》,北京:中华书局,1983年版,第146页。
⑤ [宋]朱熹撰:《四书章句集注》,北京:中华书局,1983年版,第184页。
⑥ [宋]朱熹撰:《四书章句集注》,北京:中华书局,1983年版,第184—185页。

与？"曰："然。"桀溺曰："悠悠者天下皆是也，而谁以易之？且与其从辟人之士，岂若从辟世之士哉！"耰而不辍。子路以告孔子，孔子怃然，曰："鸟兽不可与同群。天下有道，丘不与易也。"

他日，子路行，遇荷蓧丈人，曰："子见夫子乎？"丈人曰："四体不勤，五谷不分，孰为夫子！"植其杖而芸。子路以告，孔子曰："隐者也。"复往，则亡。[1]

又：佛肸为中牟宰。赵简子攻范、中行，伐中牟。佛肸畔，使人召孔子。孔子欲往。子路曰："由闻诸夫子，其身亲为不善者，君子不入也。今佛肸亲以中牟畔，子欲往，如之何？"孔子曰："有是言也。不曰坚乎，磨而不磷；不曰白乎，涅而不淄。我岂匏瓜也哉？焉能系而不食？"[2]

刘向《新序·义勇》则是从三晋赵氏的角度记述的文字：佛肸以中牟叛，置鼎于庭，致士大夫曰："与我者，受邑；不吾与者，烹。"大夫皆从之，至于田卑，曰："义死不避斧钺之罪，义穷不受轩冕之服。无义而生，不仁而富，不如烹。"褰衣将就鼎，佛肸脱屦而生之。赵氏闻其叛也，攻而取之。闻田卑不肯与也，求而赏之。田卑曰："不可也。一人举而万夫俯首，智者不为也。赏一人以惭万夫，义者不取也。我受赏，使中牟之人怀耻，不义。"辞赏徙处，曰："以行临人，不道，吾去矣。"遂南之楚。[3]

【考证】

钱穆先生《孔子至蔡乃负函之蔡非州来之蔡》一文，认为《孔子世家》所谓"孔子迁于蔡三岁"当为蔡迁于州来三岁之误，且孔子"去叶，反于蔡"，叶、蔡均指负函，实为一地[4]。钱先生所据乃为《左传·哀公四年》的记载：

夏，楚人既克夷虎，（杜注：夷虎，蛮夷叛楚者。）乃谋北方。左司马

---

① ［汉］司马迁撰：《史记》（全10册），北京：中华书局，1959年版，第1928－1929页。

② ［汉］司马迁撰：《史记》（全10册），北京：中华书局，1959年版，第1924页。

③ ［汉］刘向编著，石光瑛校释，陈新整理：《新序校释》（全2册），北京：中华书局，2001年版，第1029－1033页。

④ 梁涛《孔子行年考》曰："叶公子高，楚大夫，姓沈，名诸梁，字子高。叶为其封邑，故又称叶公。其活动《左传》有记载：哀公四年，叶公诸梁等人'致蔡于负函'，即在负函安抚故蔡的遗民。楚国于哀公元年伐蔡，迁其于江、汝之间。后蔡侯与吴人勾结，于哀公二年迁于州来，并杀不愿迁移的大夫，结果引起内乱，蔡侯本人也被杀，所以叶公诸梁前来安抚。哀公十六年，楚有白公之乱，诸梁自蔡入楚，攻白公，平之，其后老于叶。从《左传》的记载来看，叶公本人似在负函而不是在叶，故崔述认为孔子自陈适蔡，是指故蔡，而不是迁于州来之蔡；孔子见叶公，与其问答，当亦在负函而不在叶（《厄于陈蔡之间》《考信录》卷三）。司马迁见与叶公问答，误以为孔子曾往叶，遂说'孔子自陈如叶'，其实孔子并没有到叶，而是到负函，即今河南信阳市境内。"

贩、申公寿馀、叶公诸梁致蔡于负函，致方城之外于缯关。①

　　然蔡被楚灵王灭而至楚平王复立，蔡平侯迁于新蔡（今河南新蔡县），离叶颇近。郦道元《水经注》曰：

> 醴水又屈而东南流，迳叶县故城北，《春秋》昭公十五年，许迁于叶者也。楚盛周衰，控霸南土，欲争强中国，多筑列城于北方，以逼华夏，故号此城为万城，或作方字。唐勒《奏土论》曰：我是楚也，世霸南土，自越以至叶，垂弘境万里，故号曰万城也。余按《春秋》，屈完之在召陵，对齐侯曰：楚国方城以为城。杜预曰：方城，山名也。在叶南。未详孰是。楚惠王以封诸梁子高，号曰叶公城。即子高之故邑也。②

故知叶城又称方城。杨守敬《水经注疏》注叶县曰：

> 汉县属南阳郡，后汉、魏、晋因。《地形志》，后魏天平初，属南安，在郦氏后，在今叶县南三十里。③

《水经注》又载之曰：

> 淮水又北迳下蔡县故城东，本州来之城也。吴季札始封延陵，后邑州来，故曰延州来矣。《春秋》哀公二年，蔡昭侯自新蔡迁于州来，谓之下蔡也。淮之东岸又有一城，即下蔡新城也。二城对据，翼带淮渍。淮水东迳八公山北，山上有老子庙。淮水历潘城南，置潘溪戍，戍东侧潘溪，吐川纳淮，更相引注。④

《水经注疏》曰：

　① 杨伯峻编著：《春秋左传注》（全 4 册），北京：中华书局，1990 年版，第 1626 页。
　② 王国维校，袁英光、刘寅生整理标点：《水经注校》，上海：上海人民出版社，1984 年版，第676 页。
　③ 杨守敬、熊会贞撰：《水经注注疏》，南京：江苏古籍出版社，1989 年版，第 1770 页。
　④ ［北魏］郦道元著，陈桥驿校证：《水经注校证》，北京：中华书局，2007 年版，第 708 页。

　　张聪咸《左传杜注辨证》襄三十一年《传》,延州来季子,《注》,延州来,季札邑。昭二十七年《传》使延州来(季子),《注》,季子本封延陵,后复封州来。其《土地名》又云,延州来阙。此三说皆参错不合。按《礼·檀弓下》,延陵季子适齐,郑《注》,季子让国,居延陵,因号焉。《春秋传》谓延陵,延州来。《正义》,《春秋传》谓延陵延州来,即此《经》,延陵即《左传》延州来,明是一也。检《传》言延州来季子凡三见,不云延陵。《礼·檀弓》、《公羊》、《史记·吴世家》、《汉书·地理志》皆云延陵,不云延州来,盖州来为吴语之发声也。陵、来又双声。郦道元《水经注》以下蔡之州来城为延州来,殊谬。据《汉志》延陵在会稽毗陵,《晋志》毗陵郡有延陵县;《汉志》故州来国在沛郡下蔡,《晋志》淮南郡有钟离县,故州来邑,风马牛不相及。《史记·索隐》、《元和志》皆沿郦氏之误。[1]

　　故知蔡昭侯迁州来(今安徽凤台县),就与楚之叶相距其远,起码在六百里以外了。这是为了远离楚国,而依靠吴国的及时庇护。哀公四年,楚"致蔡于负函,致方城之外于缯关",负函、缯关无考,但因此时蔡与叶亦同时搬迁,故负函与缯关亦当相距不远。这似乎暗示,蔡昭侯只是搬迁了首都,而蔡国百姓还有不少留在原地。这也就是为何蔡国大夫恐蔡昭侯"又迁",而将他刺杀的原因所在。如果孔子不拘泥蔡国新都州来,则出入叶、蔡也算就近,但这就可能在沿途接触到许多被蔡昭侯遗弃的难民、逸民和隐士了。他们对于"滔滔者天下皆是"的国家政治烂局,已经失去改造变易的希望,而当起"避世之士"。《论语》为如此人群留下身影,也是眼光独具的。

【杂录】

　　《墨子·耕柱》:叶公子高问政于仲尼曰:"善为政者若之何?"仲尼对曰:"善为政者,远者近之,而旧者新之。"子墨子闻之曰:"叶公子高未得其问也,仲尼亦未得其所以对也。叶公子高岂不知善为政者之远者近也,而旧者新是哉?问所以为之若之何也。不以人之所不智告人,以所智告之,

---

① [清]张聪咸撰:《左传杜注辨证》,清《聚学轩丛书》本,卷5。

故叶公子高未得其问也,仲尼亦未得其所以对也。"①

《韩非子·难三》:叶公子高问政于仲尼,仲尼曰:"政在悦近而来远。"②

《孔子家语》:叶公问政于夫子,夫子曰:"政在悦近而远来。"③

《说苑·政理》:子贡曰:"叶公问政于夫子,夫子曰:'政在附近来远。'鲁哀公问政于夫子,夫子曰:'政在于谕臣。'齐景公问政于夫子,夫子曰:'政在于节用。'三君问政于夫子,夫子应之不同,然则政有异乎?"孔子曰:"夫荆之地广而都狭,民有离志焉,故曰在于附近而来远。哀公有臣三人,内比周公以惑其君,外障诸侯宾客以蔽其明,故曰政在谕臣。齐景公奢于台榭,淫于苑囿,五官之乐不解,一旦而赐人百乘之家者三,故曰政在于节用,此三者政也,诗不云乎:'乱离斯瘼,爰其适归。'此伤离散以为乱者也;'匪其止共,惟王之邛',此伤奸臣蔽主以为乱者也;'相乱蔑资,鲁莫惠我师',此伤奢侈不节以为乱者也,察此三者之所欲,政其同乎哉!"④

《庄子·人间世》:叶公子高将使于齐,问于仲尼曰:"王使诸梁也甚重。齐之待使者,盖将甚敬而不急。匹夫犹未可动也,而况诸侯乎! 吾甚栗之。子尝语诸梁也曰:'凡事若小若大,寡不道以欢成。事若不成,则必有人道之患;事若成,则必有阴阳之患。若成若不成而后无患者,唯有德者能之。'吾食也执粗而不臧,爨无欲清之人。今吾朝受命而夕饮冰,我其内热与?吾未之乎事之情,而既有阴阳之患矣。事若不成,必有人道之患。是两也,为人臣者不足以任之,子其有以语我来!"仲尼曰:"天下有大戒二:其一命也,其一义也。子之爱亲,命也,不可解于心;臣之事君,义也,无适而非君也,无所逃于天地之间。是之谓大戒,是以夫事其亲者,不择地而安之,忠之盛也;自事其心者,哀乐不易施乎前,知其不可奈何而安之若命,德之至也。为人臣子者,固有所不得已。行事之情而忘其身,何暇至于悦生而恶死? 夫子其行可矣。丘请复以所闻:凡交近则必相靡以信,远则必忠之以言,言必或传之。夫传两喜而两怒之言,天下之难者也。夫两喜必多溢美之言,两怒必多溢恶之言。凡溢之类妄,妄则其信之也莫,莫则传言者殃。故法言曰:'传其常情,无传其溢言,则几乎全。'且以巧斗力者,始乎阳,常

---

①　孙诒让撰,孙启治点校:《墨子间诂》(全2册),北京:中华书局,2001年版,第431页。

②　[清]王先慎撰,钟哲点校:《韩非子集解》,北京:中华书局,1998年版,第373页。

③　王国轩、王秀梅译注:《孔子家语》,北京:中华书局,2011年版,第168页。

④　[汉]刘向撰,向宗鲁校证:《说苑校证》,北京:中华书局,1987年版,第154-155页。

卒乎阴，泰至则多奇巧；以礼饮酒者，始乎治，常卒乎乱，泰至则多奇乐。凡事亦然，始乎谅，常卒乎鄙，其作始也简，其将毕也必巨。言者，风波也；行者，实丧也。夫风波易以动，实丧易以危。故忿设无由巧言偏辞。兽死不择音，气息茀然，于是并生心厉。克核太至，则必有不肖之心应之，而不知其然也。苟为不知其然也，孰知其所终？故法言曰："无迁令，无劝成。过度益也。"迁令、劝成，殆事。美成在久，恶成不及改，可不慎与！且夫乘物以游心，托不得已以养中，至矣！何作为报也？莫若为政命，此其难者。"①

・公元前 489 年，鲁哀公六年，孔子六十四岁。

・吴伐陈，楚救之，军于城父。孔子为避兵乱，由蔡返陈，时值吴伐陈，绝粮于陈、蔡之间。

・《论语・卫灵公》：在陈绝粮，从者病，莫能兴。子路愠见曰："君子亦有穷乎？"子曰："君子固穷，小人穷斯滥矣。"②

・《论语・子罕篇》：子曰：岁寒然后知松柏之后凋也。③ 此乃是孔子厄于陈蔡时，激励弟子气节意志之言。（按：《吕氏春秋・孝行览・慎人》记厄于陈蔡时，孔子对子路、子贡所云"大寒既至，霜雪既降，吾是以知松柏之茂也"，应是此语之原初记述。《庄子・让王》也有类似的记述。孔子向弟子强调气节，最要紧者不在布衣授徒、任鲁司寇、晚年归鲁整理六经之岁月，而在周游列国，尤其厄于陈蔡的艰危关头"孔子知弟子有愠心"之时。）

・楚昭王欲迎孔子赴城父，不能用。孔子返陈。七月，楚昭王卒于城父。其时陈蔡一带，局面动荡紊乱，清华大学藏战国竹简《系年》第十九章云："（楚）昭王即世，献惠王立十又一年，蔡昭侯申惧，自归吴。吴洩庸以师逆蔡昭侯，居于州来，是下蔡。楚人焉县蔡。"（《清华大学藏战国竹简》第二册，第 148 页）鉴于吴楚陈蔡之势，孔子由陈返卫。

・此岁，楚昭王有疾，卜曰河为崇，大夫请祭，楚昭王弗许。吴伐陈，楚昭王救陈，吴人去而卒于师。孔子评曰："楚昭王知大道矣。其不失国也，宜哉！《夏书》曰：'惟彼陶唐，帅彼天常，有此冀方。今失其行，乱其纪纲，乃灭而亡。'又曰：'允出兹在兹。'由己率常，可矣。"

① 　［清］王先谦撰，沈啸寰点校：《庄子集解》，北京：中华书局，1987 年版，第 37—40 页。
② 　［宋］朱熹撰：《四书章句集注》，北京：中华书局，1983 年版，第 161 页。
③ 　［宋］朱熹撰：《四书章句集注》，北京：中华书局，1983 年版，第 115 页。

·孔子在楚见接舆。《论语·微子》：楚狂接舆歌而过孔子曰："凤兮！凤兮！何德之衰？往者不可谏，来者犹可追。已而，已而！今之从政者殆而！"孔子下，欲与之言。趋而辟之，不得与之言。①

【文献记载】

《史记·孔子世家》：

孔子迁于蔡三岁，吴伐陈。楚救陈，军于城父。闻孔子在陈蔡之间，楚使人聘孔子。孔子将往拜礼，陈蔡大夫谋曰："孔子贤者，所刺讥皆中诸侯之疾。今者久留陈蔡之间，诸大夫所设行皆非仲尼之意。今楚，大国也，来聘孔子。孔子用于楚，则陈蔡用事大夫危矣。"于是乃相与发徒役围孔子于野。不得行，绝粮。从者病，莫能兴。孔子讲诵弦歌不衰。子路愠见曰："君子亦有穷乎？"孔子曰："君子固穷，小人穷斯滥矣。"

子贡色作。孔子曰："赐，尔以予为多学而识之者与？"曰："然。非与？"孔子曰："非也。予一以贯之。"

孔子知弟子有愠心，乃召子路而问曰："《诗》云'匪兕匪虎，率彼旷野'，吾道非邪？吾何为于此？"子路曰："意者吾未仁邪？人之不我信也。意者吾未知邪？人之不我行也。"孔子曰："有是乎！由，譬使仁者而必信，安有伯夷、叔齐？使知者而必行，安有王子比干？"

子路出，子贡入见。孔子曰："赐，《诗》云'匪兕匪虎，率彼旷野'，吾道非邪？吾何为于此？"子贡曰："夫子之道至大也，故天下莫能容夫子。夫子盖少贬焉？"孔子曰："赐，良农能稼而不能为穑，良工能巧而不能为顺。君子能修其道，纲而纪之，统而理之，而不能为容。今尔不修尔道而求为容。赐，而志不远矣！"

子贡出，颜回入见。孔子曰："回，《诗》云'匪兕匪虎，率彼旷野'，吾道非邪？吾何为于此？"颜回曰："夫子之道至大，故天下莫能容。虽然，夫子推而行之，不容何病，不容然后见君子！夫道之不修也，是吾丑也。夫道既已大修而不用，是有国者之丑也。不容何病，不容然后见君子！"孔子欣然而笑曰："有是哉颜氏之子！使尔多财，吾为尔宰。"

①　[宋]朱熹撰：《四书章句集注》，北京：中华书局，1983 年版，第 183—184 页。

于是使子贡至楚。楚昭王兴师迎孔子,然后得免。

昭王将以书社地七百里封孔子。楚令尹子西曰:"王之使使诸侯有如子贡者乎?"曰:"无有。""王之辅相有如颜回者乎?"曰:"无有。""王之将率有如子路者乎?"曰:"无有。""王之官尹有如宰予者乎?"曰:"无有。""且楚之祖封于周,号为子男五十里。今孔丘述三五之法,明周召之业,王若用之,则楚安得世世堂堂方数千里乎?夫文王在丰,武王在镐,百里之君卒王天下。今孔丘得据土壤,贤弟子为佐,非楚之福也。"昭王乃止。其秋,楚昭王卒于城父。

楚狂接舆歌而过孔子曰:"凤兮!凤兮!何德之衰?往者不可谏兮,来者犹可追也!已而,已而!今之从政者殆而!"孔子下,欲与之言。趋而去,弗得与之言。

于是孔子自楚反乎卫。是岁也,孔子年六十三,而鲁哀公六年也。[1]

《史记·陈世家》:

(愍公)十三年,吴复来伐陈,陈告急楚,楚昭王来救,军于城父,吴师去。是年,楚昭王卒于城父。时孔子在陈。[2]

《左传·哀公六年》:

秋七月,楚子在城父,将救陈。卜战,不吉;卜退,不吉。王曰:"然则死也。再败楚师,不如死;弃盟、逃雠,亦不如死。死一也。其死雠乎!"命公子申为王,不可;则命公子结,亦不可;则命公子启,五辞而后许。将战,王有疾。庚寅,昭王攻大冥,卒于城父。……初,昭王有疾,卜曰:"河为祟。"王弗祭。大夫请祭诸郊。王曰:"三代命祀,祭不越望。江、汉、睢、漳,楚之望也。祸福之至,不是过也。不谷虽不德,河非所获罪也。"遂弗祭。孔子曰:"楚昭王知大道矣。其不失国也,宜

---

[1] [汉]司马迁撰:《史记》(全10册),北京:中华书局,1959年版,第1930—1933页。

[2] [汉]司马迁撰:《史记》(全10册),北京:中华书局,1959年版,第1583页。

哉!《夏书》曰:'惟彼陶唐,帅彼天常,有此冀方。今失其行,乱其纪纲,乃灭而亡。'又曰:'允出兹在兹。'由己率常,可矣。"①

【考证】

《孔子世家》记孔子困于陈蔡时,"吴伐陈。楚救陈,军于城父",据《左传》,事在鲁哀公六年(公元前489年)。困于陈蔡之因,《孔子世家》谓陈蔡大夫闻楚使人聘孔子,恐不利于陈蔡,遂发徒役围孔子于野。钱穆先生《孔子在陈绝粮考》力辨楚昭王招孔子为伪,并郑玄、孔安国注《论语》"在陈绝粮"章,认为此章乃"言孔子之厄于陈,以兵乱而乏食也"。

《史记》所云,或根据七十子后学之材料,如源自孔府档案的《孔子家语·在厄》就有同类记述:

> 楚昭王聘孔子,孔子往拜礼焉,路出于陈、蔡。陈、蔡大夫相与谋曰:"孔子圣贤,其所刺讥,皆中诸侯之病。若用于楚,则陈、蔡危矣。"遂使徒兵距孔子。
>
> 孔子不得行,绝粮七日,外无所通,藜羹不充,从者皆病。孔子愈慷慨讲诵,弦歌不衰。乃召子路而问焉,曰:"《诗》云:匪兕匪虎,率彼旷野。吾道非乎奚为至于此?"子路愠,作色而对曰:"君子无所困。意者夫子未仁与?人之弗吾信也。意者夫子未智与?人之弗吾行也。且由也昔者闻诸夫子:为善者,天报之以福;为不善者,天报之以祸。今夫子积德怀义,行之久矣,奚居之穷也?"子曰:"由未之识也。吾语汝。汝以仁者为必信也,则伯夷、叔齐不饿死首阳;汝以智者为必用也,则王子比干不见剖心;汝以忠者为必报也,则关龙逢不见刑;汝以谏者为必听也,则伍子胥不见杀。(按:此说有误,《左传·哀公十一年》记载伍子胥见杀,不可能在鲁哀公六年就讲此话。当是七十子后学在孔子身后回忆出误。因此《史记》对此言不予采录。)夫遇不遇者,时也。贤不肖者,才也。君子博学深谋,而不遇时者众矣,何独丘哉!且芝兰生于深林,不以无人而不芳。君子修道立德,不谓穷困而改节。为之者,人也;生死者,命也。是以晋重耳之有霸心,生于曹、卫。越王

①　杨伯峻编著:《春秋左传注》(全4册),北京:中华书局,1990年版,第1634—1636页。

勾践之有霸心（按：此话也嫌讲得过早），生于会稽。故居下而无忧者，则思不远。处身而常逸者，则志不广。庸知其终始乎？"子路出。

召子贡，告如子路。子贡曰："夫子之道至大，故天下莫能容夫子，夫子盍少贬焉？"子曰："赐，良农能稼，不必能穑；良工能巧，不能为顺；君子能修其道，纲而纪之，不必其能容。今不修其道，而求其容，赐，尔志不广矣，思不远矣。"子贡出。

颜回入，问亦如之。颜回曰："夫子之道至大，天下莫能容。虽然，夫子推而行之，世不我用，有国者之丑也。夫子何病焉？不容，然后见君子。"孔子欣然叹曰："有是哉，颜氏之子！使尔多财，吾为尔宰。"①

这条材料也见于《荀子·宥坐》、《韩诗外传》卷七及《说苑·杂言》，还有战国秦汉其他诸子书也不乏片段引述者，可知是七十子后学忆述，而流布各处，也进入朝廷秘府之杂简。相互间异文之多，表明口传转抄的年代已久，各家观点存在差异，体例也多不同。

楚昭王招聘孔子之事确实有夸大成分，且《陈世家》明言楚昭王卒时，孔子在陈，故楚昭王以书社之地七百里而封孔子云云，多半属夸饰附会之辞。齐景公欲封孔子以尼谿之田，晏婴不可；楚昭王欲封孔子以书社之地，子西不可，似乎已经成了孔门后学不甘寂寞的夸耀。对于曾子也有类似的夸饰之辞。但《史记》的记载，也是有竹简参照的。刘向《说苑·杂言》云：

楚昭王召孔子，将使执政，而封以书社七百。子西谓楚王曰："王之臣用兵有如子路者乎？使诸侯有如宰予者乎？长管五官有如子贡者乎？昔文王处酆，武王处镐，酆、镐之间，百乘之地，伐上杀主，立为天子，世皆曰圣王。今以孔子之贤，而有书社七百里之地，而三子佐之，非楚之利也。"楚王遂止。夫善恶之难分也，圣人独见疑，而况于贤者乎？是以贤圣罕合，谄谀常兴也。故有千岁之乱，而无百岁之治。

① 王国轩、王秀梅译注：《孔子家语》，北京：中华书局，2011年版，第255—257页。

孔子之见疑,岂不痛哉!①

但楚昭王欲迎孔子,则亦非空穴来风。《左传·僖公二十三年》曰:

> 秋,楚成得臣帅师伐陈,讨其贰于宋也,遂取焦、夷,城顿而还。②

杜预注曰:

> 焦,今谯县也。夷,一名城父,今谯郡城父县。二地皆陈邑。③

《昭公九年》:

> 二月,庚申,楚公子弃疾迁许于夷,实城父。取州来淮北之田以益之。伍举授许男田,然丹迁城父人于陈,以夷濮西田益之。④

可知城父近于陈,鲁哀公六年(公元前 489 年)春,楚王屯兵于城父,七月卒于城父。孔子有可能在这段期间短暂赴城父见过楚昭王,或与楚昭王有过联系,故有后来的传说。如《孔丛子·记义篇》云:

> 孔子使宰予使于楚,楚昭王以安车象饰,因宰予以遗孔子焉。宰予曰:"夫子无以此为也。"王曰"何故?"对曰:"臣自侍卫夫子已来,窃见其言不离道,动不遗仁,贵义尚清,素好俭,妻不服彩,妾不衣帛,车器不雕,马不食粟。若夫观物之丽靡,窈妙之浮音,夫子过之弗听也。故臣知夫子之不用车也。"⑤

楚昭王与孔子有关系的记载,还见于《韩诗外传》卷三:

① [汉]刘向撰,向宗鲁校证:《说苑校证》,北京:中华书局,1987 年版,第 419—420 页。
② 杨伯峻编著:《春秋左传注》(全 4 册),北京:中华书局,1990 年版,第 402 页。
③ [清]阮元校刻:《十三经注疏》(全 2 册),北京:中华书局,1980 年版,第 1814 页。
④ 杨伯峻编著:《春秋左传注》(全 4 册),北京:中华书局,1990 年版,第 1307 页。
⑤ 傅亚庶撰:《孔丛子校释》(《新编诸子集成续编》),北京:中华书局,2011 年版,第 52—53 页。

楚庄王（按：应为昭王）寝疾，卜之，曰："河为祟。"大夫曰："请用牲。"庄王曰："止。古者圣王制祭不过望。濉、漳、江、汉，楚之望也。寡人虽不德，河非所获罪也。"遂不祭，三日而疾有瘳。孔子闻之，曰："楚庄（昭）王之霸，其有方矣。制节守职，反身不贰，其霸不亦宜乎！"《诗》曰："嗟嗟保介。"庄王之谓也。[①]

这条材料也见于《说苑·君道》：

楚昭王有疾，卜之曰："河为祟。"大夫请用三牲焉。王曰："止，古者先王割地制土，祭不过望。江、汉、睢、漳，楚之望也，祸福之至，不是过也。不谷虽不德，河非所获罪也。"遂不祭焉。仲尼闻之，曰："昭王可谓知天道矣，其不失国，宜哉！"[②]

《左传·哀公六年》对此也有记载：

初，昭王有疾。卜曰："河为祟。"王弗祭。大夫请祭诸郊，王曰："三代命祀，祭不越望。江、汉、睢、漳，楚之望也。祸福之至，不是过也。不谷虽不德，河非所获罪也。"遂弗祭。孔子曰："楚昭王知大道矣。其不失国也，宜哉！《夏书》曰：'惟彼陶唐，帅彼天常，有此冀方。今失其行，乱其纪纲，乃灭而亡。'又曰：'允出兹在兹。'由己率常，可矣。"[③]

比较《韩诗外传》、《说苑》中同一记载，可知《左传》作者是得见七十子忆述之竹简的。《史记·楚世家》也载此事，则是取材于《左传》。《史记》材料，是讲究出处的。后人未明原委，不应轻率否定。

鲁哀公六年（公元前489年）七月，楚昭王卒时孔子在陈，则孔子离开陈返卫是在七月之后，也就是公历这年的六月份之后。楚昭王卒于城父，对于吴、楚对峙来说便有许多未知数，陈之命运则不可预知，故孔子离陈

① ［汉］韩婴撰，许维遹校释：《韩诗外传集释》，北京：中华书局，1980年版，第90－91页。
② ［汉］刘向撰，向宗鲁校证：《说苑校证》，北京：中华书局，1987年版，第23页。
③ 杨伯峻编著：《春秋左传注》（全4册），北京：中华书局，1990年版，第1636页。

返卫。

【时事考异】

《史记·十二诸侯年表·齐表》：

> 田乞诈立阳生，杀孺子。[1]

《年表》所记"田乞诈立阳生，杀孺子"之事，《春秋》记"齐阳生入于齐，齐陈乞弑其君荼"，《左传》则对其"诈立"之始末、细节，均有完整记录。

《史记·十二诸侯年表·楚表》：

> （楚昭王二十七年）救陈，王死城父。[2]

《年表》记楚国"救陈，王死城父"之事，《春秋》无载，《左传》记之甚详，且有孔子相关评论。

【杂录】

困厄是对生命、信仰、意志和团队精神的严峻考验。困厄刺激着人们的记忆和文章。尤其是其中的饥饿体验。故本年的杂录文章极多：

《墨子·非儒下》：孔某穷于蔡、陈之间，藜羹不糁，十日，子路为享豚，孔某不问肉之所由来而食；号人衣，以酤酒，孔某不问酒之所由来而饮。哀公迎孔某，席不端弗坐，割不正弗食，子路进请曰："何其与陈、蔡反也？"孔某曰："来！吾语女，曩与女为苟生，今与女为苟义。"夫饥约则不辞妄取以活身，赢饱伪行以自饰，污邪诈伪，孰大于此！[3]

《孟子·尽心下》：孟子曰：君子之厄于陈蔡之间，无上下之交也。[4]

《庄子·山木》：孔子围于陈、蔡之间，七日不火食。大公任往吊之，曰："子几死乎？"曰："然。""子恶死乎？"曰："然。"任曰："予尝言不死之道。……"孔子曰："善哉！"辞其交游，去其弟子，逃于大泽，衣裘褐，食杼

---

① [汉]司马迁撰：《史记》（全10册），北京：中华书局，1959年版，第674页。

② [汉]司马迁撰：《史记》（全10册），北京：中华书局，1959年版，第674页。

③ 孙诒让撰，孙启治点校：《墨子间诂》，北京：中华书局，2001年版，第203－205页。

④ [宋]朱熹撰：《四书章句集注》，北京：中华书局，1983年版，第368页。

栗，入兽不乱群，入鸟不乱行。鸟兽不恶，而况人乎！①

《庄子·山木》：孔子穷于陈、蔡之间，七日不火食。左据槁木，右击槁枝，而歌猋氏之风，有其具而无其数，有其声而无宫角，木声与人声，犁然有当于人之心。颜回端拱还目而窥之，仲尼恐其广己而造大也，爱己而造哀也，曰："无受天损易，无受人益难，无始而非卒也，人与天一也。"②

《庄子·让王》：孔子穷于陈、蔡之间，七日不火食，藜羹不糁，颜色甚惫，而弦歌于室。颜回择菜，子路、子贡相与言曰："夫子再逐于鲁，削迹于卫，伐树于宋，穷于商、周，围于陈、蔡，杀夫子者无罪，藉夫子者无禁。弦歌鼓琴，未尝绝音，君子之无耻也若此乎？"颜回无以应，入告孔子。孔子退琴喟然而叹曰："由与赐，细人也。召而来，吾语之。"子路、子贡入。子路曰："如此者可谓穷矣！"孔子曰："是何言也？君子通于道之谓通，穷于道之谓穷。今丘抱仁义之道以遭乱世之患，其何穷之为？故内省而不穷于道，临难而不失其德。天寒既至，霜雪既降，吾是以知松柏之茂也。陈、蔡之隘，于丘其幸乎？"孔子削然反琴而弦歌，子路抗然执干而舞。③

《庄子·山木》：孔子问于子桑雽曰："吾再逐于鲁，伐树于宋，削迹于卫，穷于商、周，围于陈、蔡之间。吾犯此数患，亲交益疏，徒友益散，何与？"④

郭店竹简《穷达以时》：有天有人，天人有分。察天人之分，而知所行矣。有其人，无其世，虽贤弗行矣。苟有其世，何难之有哉。舜耕于鬲山，陶拍于河浒，立而为天子，遇尧也。邵繇衣胎盖，帽绖冢巾，释板筑而佐天子，遇武丁也。吕望为臧棘津，战监门棘地，行年七十而屠牛于朝歌，举而为大子师，遇周文也。管夷吾拘囚弃缚，释桎梏而为诸侯相，遇齐桓也。百里奚馈五羊，为伯牧牛，释板桎而为朝卿，遇秦穆。孙叔敖三斥恒思少司马，出而为令尹，遇楚庄也。初洎醢，后名扬，非其德加。子胥前多功，后戮死，非其智衰也。骥扼张山，骐塞于邵棘，非亡体壮也。穷四海，至千里，遇造父故也。遇不遇，天也。动非为达也，故穷而不怨，学非为名也，故莫之知而不怜。芷兰生于幽谷，非以无人嗅而不芳。无著根于宝山石，不为

①　[清]王先谦撰，沈啸寰点校：《庄子集解》，北京：中华书局，1987年版，第170—171页。
②　[清]王先谦撰，沈啸寰点校：《庄子集解》，北京：中华书局，1987年版，第172—173页。
③　[清]王先谦撰，沈啸寰点校：《庄子集解》，北京：中华书局，1987年版，第257页。
④　[清]王先谦撰，沈啸寰点校：《庄子集解》，北京：中华书局，1987年版，第171页。

□□□□,善否己也,穷达以时;德行一也,誉毁在旁;圣之弆母,缁白不釐;穷达以时,幽明不再。故君子敦于反己。①

《荀子·宥坐》:孔子南适楚,阨于陈蔡之间,七日不火食,藜羹不糁,弟子皆有饥色。子路进问之曰:'由闻之:为善者天报之以福,为不善者天报之以祸,今夫子累德积义怀美,行之日久矣,奚居之隐也?'孔子曰:'由不识,吾语女。女以知者为必用邪? 王子比干不见剖心乎! 女以忠者为必用邪? 关龙逢不见刑乎! 女以谏者为必用邪? 吴子胥不磔姑苏东门外乎! 夫遇不遇者,时也;贤不肖者,材也;君子博学深谋不遇时者多矣! 由是观之,不遇世者众矣! 何独丘也哉?"②

《吕氏春秋·任数》:孔子穷乎陈、蔡之间,藜羹不糁,七日不尝粒,昼寝。颜回索米,得而爨之,几熟,孔子望见颜回攫其甑中而食之。孔子佯为不见之。选间,食熟,谒孔子而进食。孔子起曰:"今者梦见先君,飨而后馈。"颜回对曰:"不可。向者煤实入甑中,弃食不祥,回攫而饭之。"孔子叹曰:"所信者目也,而目犹不可信;所恃者心也,而心犹不足恃。弟子记之,知人固不易矣。"故知非难也,所以知人难也。③

《孔子家语·在厄》:楚昭王聘孔子,孔子往礼拜焉。路出于陈蔡,陈蔡大夫相与谋……遂使徒兵距孔子,不得行,绝粮七日"④云云,前已引述。《孔子家语·困誓》:"孔子遭厄于陈蔡之间,绝粮七日,弟子馁病,孔子弦歌。子路入见曰:'夫子之歌,礼乎?'孔子弗应,曲终而曰:'由来,吾语汝:吾子好乐,为无骄也;小人好乐,为无慑也。其谁之子,不我知而从我者乎!'子路说,援戚而舞,三终而出。明日免于厄,子贡执辔曰:'二三子从夫子而遭此难也,其弗忘矣。'孔子曰:'善恶何也? 夫陈蔡之间,丘之幸也,二三子从丘者皆幸也。吾闻之,君上不困不成王,烈士不困行不彰。庸知其非激愤厉志之始,于是乎在。'"⑤又见《韩诗外传》卷七、《说苑·杂言》、《吕氏春秋·孝行览第二·慎人》、《新语·本行》,《外传》文近《家语·在厄》,

---

① 湖北省荆门市博物馆编:《郭店楚墓竹简》,北京:文物出版社,1998 年版,第 145 页。
② [清]王先谦撰,沈啸寰、王星贤点校:《荀子校释》(全 2 册),北京:中华书局,1988 年版,第 526—527 页。
③ 许维遹撰,梁运华整理:《吕氏春秋集释》(全 2 册),北京:中华书局,2009 年版,第 447—448 页。
④ 王国轩、王秀梅译注:《孔子家语》,北京:中华书局,2011 年版,第 255 页。
⑤ 王国轩、王秀梅译注:《孔子家语》,北京:中华书局,2011 年版,第 280 页。

《吕氏春秋》文近《庄子·让王》。《说苑》有文二,一近《家语·在厄》,一近《家语·困誓》。《新语》文较简略。

《孔子家语·正论解》云:"楚昭王有疾,卜曰:'河神为祟。'王弗祭,大夫请祭诸郊。王曰:'三代命祀,祭不越望。江、汉、沮、漳,楚之望也。祸福之至,不是过乎?不谷虽不德,河非所获罪也。'遂不祭。孔子曰:'楚昭王知大道矣,其不失国也宜哉!《夏书》曰:"维彼陶唐,率彼天常,在此冀方。今失厥道,乱其纪纲,乃灭而亡。"又曰:"允出兹在兹。"由己率常,可矣。'"①这一条几同于《左传》哀公六年的记载,是《孔子家语》抄袭《左传》,还是《孔子家语》保持着七十子忆述的原始材料,《左传》作者得见七十子原始忆述?

《孔子家语·记义》前面已有片段引述其在《孔丛子·记义》中重出者,兹引《孔丛子》该材料全文:"孔子使宰予使于楚,楚昭王以安车象饰,因宰予以遗孔子焉。宰予曰:'夫子无以此为也。'王曰:'何故?'对曰:'臣以其用思(其)所在观之,有以知其然。'王曰:'言之。'宰予对曰:'自臣侍从夫子以来,窃见其言不离道,动不违仁。贵义尚德,清素好俭。仕而有禄,不以为积。不合则去,退无吝心。妻不服彩,妾不衣帛,车器不雕,马不食粟。道行则乐其治,不行则乐其身。此所以为夫子也。若夫观目之丽靡,窈窕之淫音,夫子过之弗之视,遇之弗之听也。故臣知夫子之无用此车也。'王曰:'然则夫子何欲而可?'对曰:'方今天下道德寝息,其志欲兴而行之,天下诚有欲治之君能行其道,则夫子虽徒步以朝,固犹为之,何必远辱君之重贶乎?'王曰:'乃今而后知孔子之德也大矣。'宰予归,以告孔子。孔子曰:'二三子以予之言何如?'子贡对曰:'未尽夫子之美也。夫子德高则配天,深则配海。若予之言,行事之实也。'夫子曰:'夫言贵实。使人信之,舍实何称乎?是赐之华不若予之实也。'"②

《孔丛子·记问》:楚王使使奉金璧聘夫子、宰予,冉有曰:"夫子之道至是行矣。"遂请见。问夫子曰:"太公勤身苦志,八十而遇文王,孰与许由之贤?"夫子曰:"许由独善其身者也,太公兼利天下者也。然今世无文王之君也,虽有太公,孰能识之?"乃歌曰:"大道隐兮礼为基,贤人窜兮将待时,天

① 王国轩、王秀梅译注:《孔子家语》,北京:中华书局,2011年版,第478页。
② 傅亚庶撰:《孔丛子校释》(《新编诸子集成续编》),北京:中华书局,2011年版,第52—53页。

下如一欲何之?"①

《庄子·人间世》:孔子适楚,楚狂接舆游其门曰:"凤兮凤兮,何如德之衰也! 来世不可待,往世不可追也。天下有道,圣人成焉;天下无道,圣人生焉! 方今之时,仅免刑焉! 福轻乎羽,莫之知载;祸重乎地,莫之知避。已乎,已乎! 临人以德。殆乎,殆乎! 画地而趋,迷阳迷阳,无伤吾行。吾行郤曲,无伤吾足。"②

• 公元前 **488** 年,鲁哀公七年,孔子六十五岁。孔子在卫,时为卫出公七年。孔子弟子多仕于卫,卫君欲得孔子为政。子路曰:"卫君待子而为政,子将奚先?"孔子曰:"必也正名乎!"

• 夏,吴与鲁会缯,征百牢,季康子使子贡往,然后得已。即史载"大宰嚭召季康子,康子使子贡辞"是也。这才发生了《论语·子罕篇》所记述:"太宰问于子贡:'夫子圣者与? 何其多能也?'子贡曰:'固天纵之将圣,又多能也。'子闻之,曰:'太宰知我乎! 吾少也贱,故多能鄙事。君子多乎哉? 不多也。'"③(由于大宰嚭在后世被视为"亡国奸臣",声名狼藉,故出现《论语》邢昺、朱熹之注均引"孔氏曰:大宰,官名。或吴或宋,未可知也",使这次太宰、子贡问答,成为悬案。)

• 《论语·子路》:子曰:"鲁卫之政,兄弟也。"④

• 《论语·述而》:冉有曰:"夫子为卫君乎?"子贡曰:"诺,吾将问之。"入曰:"伯夷、叔齐何人也?"曰:"古之贤人也。"曰:"怨乎?"曰:"求仁而得仁,又何怨?"出,曰:"夫子不为也。"⑤(按:此乃子贡曲折地试探孔子留卫或归鲁的心理秘密。)

• 《论语·子路》:子路曰:"卫君待子而为政,子将奚先?"子曰:"必也正名乎!"子路曰:"有是哉,子之迂也! 奚其正?"子曰:"野哉由也! 君子于其所不知,盖阙如也。名不正,则言不顺;言不顺,则事不成;事不成,则礼乐不兴;礼乐不兴,则刑罚不中;刑罚不中,则民无所措手足。故君子名之

---

① 傅亚庶撰:《孔丛子校释》(《新编诸子集成续编》),北京:中华书局,2011 年版,第 96—97 页。
② [清]王先谦撰,沈啸寰点校:《庄子集解》,北京:中华书局,1987 年版,第 44 页。
③ [宋]朱熹撰:《四书章句集注》,北京:中华书局,1983 年版,第 110 页。
④ [宋]朱熹撰:《四书章句集注》,北京:中华书局,1983 年版,第 143 页。
⑤ [宋]朱熹撰:《四书章句集注》,北京:中华书局,1983 年版,第 96 页。

必可言也,言之必可行也。君子于其言,无所苟而已矣。"①

【文献记载】

《史记·孔子世家》:

> 其明年,吴与鲁会缯,征百牢。太宰嚭召季康子。康子使子贡往,然后得已。

> 孔子曰:"鲁卫之政,兄弟也。"是时,卫君辄父不得立,在外,诸侯数以为让。而孔子弟子多仕于卫,卫君欲得孔子为政。子路曰:"卫君待子而为政,子将奚先?"孔子曰:"必也正名乎!"子路曰:"有是哉,子之迂也! 何其正也?"孔子曰:"野哉由也! 夫名不正则言不顺,言不顺则事不成,事不成则礼乐不兴,礼乐不兴则刑罚不中,刑罚不中则民无所错手足矣。夫君子为之必可名,言之必可行。君子于其言,无所苟而已矣。"②

(按:太史公的立场,是称扬伍子胥而抨击太宰嚭的,因而也不述太宰问子贡"夫子圣者与"。史家立场影响文献取舍,于此可见一斑。)

《史记·十二诸侯年表·鲁表》:

> 公会吴王于缯。吴征百牢,季康子使子贡谢之。③

《左传·哀公七年》:

> 夏,公会吴于鄫。吴来征百牢,子服景伯对曰:"先王未之有也。"吴人曰:"宋百牢我,鲁不可以后宋。且鲁牢晋大夫过十,吴王百牢,不亦可乎?"景伯曰:"晋范鞅贪而弃礼,以大国惧敝邑,故敝邑十一牢之。君若以礼命于诸侯,则有数矣。若亦弃礼,则有淫者矣。周之王也,制礼,上物不过十二,以为天之大数也。今弃周礼,而曰必百牢,亦唯执事。"吴人弗听。景伯曰:"吴将亡矣! 弃天而背本。不与,必弃疾于

---

① [宋]朱熹撰:《四书章句集注》,北京:中华书局,1983年版,第141—142页。
② [汉]司马迁撰:《史记》(全10册),北京:中华书局,1959年版,第1933—1934页。
③ [汉]司马迁撰:《史记》(全10册),北京:中华书局,1959年版,第675页。

我。"乃与之。

大宰嚭召季康子,康子使子贡辞。大宰嚭曰:"国君道长,而大夫不出门,此何礼也?"对曰:"岂以为礼?畏大国也。大国不以礼命于诸侯,苟不以礼,岂可量也?寡君既共命焉,其老岂敢弃其国?大伯端委以治周礼,仲雍嗣之,断发文身,赢以为饰,岂礼也哉?有由然也。"反自鄓,以吴为无能为也。①

【考证】

《说苑·善说篇》:

子贡见太宰嚭。太宰嚭问曰:"孔子何如?"对曰:"臣不足以知之。"太宰曰:"子不知,何以事之?"对曰:"惟不知,故事之。夫子其犹大山林也,百姓各足其材焉。"太宰嚭曰:"子增夫子乎?"对曰:"夫子不可增也。赐其犹一累壤也,以一累壤增大山,不益其高,且为不知。"太宰嚭曰:"然则子有所酌也。"对曰:"天下有大樽,而子独不酌焉,不识谁之罪也。"②

从这则记载,可知吴太宰嚭曾与子贡谈论孔子圣否,因而《论语·子罕篇》"太宰问于子贡曰:'夫子圣者与?'"云云,是同一次对答的不同角度的忆述。因此这桩悬案,应该回归事实。联想到《左传·定公十五年》"邾隐公来朝,子贡观焉"的记述,可知子贡是孔子周游列国期间,与鲁国保存联系的关键人物,也是鲁国与迅速崛起的吴国处理关系的有用人物。

子贡为鲁疏通吴国之后,可能与时任季氏宰之冉有一道赴卫,拜见初从陈入卫之孔子一行。冉有、子贡二贤有意筹划孔子归鲁,子贡在冉有应聘为季氏宰时,即有此意,如鲁哀公三年子贡知孔子思归,送冉求赴任季氏宰,因诫曰:"即用,以孔子为招。"时隔四年,旧事重提,遂有《论语·述而篇》冉有问:"夫子为卫君乎?"何晏注《论语·述而》引郑玄曰:"卫君者,谓辄也。卫灵公逐太子蒯聩,公薨而立孙辄。后晋赵鞅纳蒯聩于戚,卫石曼

---

① 杨伯峻编著《春秋左传注》(全4册),北京:中华书局,1990年版,第1640—1641页。
② [汉]刘向撰,向宗鲁校证《说苑校证》,北京:中华书局,1987年版,第287页。

姑帅师围之,故问其意助辄不乎?……父子争国,恶行。孔子以伯夷、叔齐为贤且仁,故知不助卫君明矣。"①唐刘知幾《史通·外篇·申左》云:"《论语》冉有曰:'夫子为卫君乎?'子贡曰:'夫子不为也。'何则?父子争国,枭獍为曹,礼法不容,名教同嫉。"②孔子由周游列国归鲁,与子贡、冉有的筹划有深刻关系。

又:孔子与子路辨论之"正名说",阐述了儒学重要思想方法,影响极其深远。《史记·礼书》是从这一思想方法产生的历史背景立论的,其中云:"周衰,礼废乐坏,大小相踰,管仲之家,兼备三归。循法守正者见侮于世,奢溢僭差者谓之显荣。自子夏,门人之高弟也,犹云'出见纷华盛丽而说,入闻夫子之道而乐,二者心战,未能自决',而况中庸以下,渐渍于失教,被服于成俗乎?孔子曰'必也正名',于卫所居不合。仲尼没后,受业之徒沉湮而不举,或适齐、楚,或入河海,岂不痛哉!"

"正名说"是一个总原则,对其具体运用,西汉韩婴《韩诗外传》卷五记载:

> 孔子侍坐于季孙,季孙之宰通曰:"君使人假马,其与之乎?"孔子曰:"吾闻君取于臣谓之'取',不曰'假'。"季孙悟,告宰通曰:"今以往,君有取,谓之'取',无曰'假'。"孔子曰:"正假马之言,而君臣之义定矣。"《论语》曰:"必也正名乎!"《诗》曰:"君子无易由言。"名正也。③

(按:这种措辞思维方式,运用到《春秋》,就是"春秋笔法"。)
同一事,刘向《新序》卷五又记载:

> 孔子侍坐于季孙,季孙之宰通曰:"君使人假马,其与之乎?"孔子曰:"吾闻取于臣谓之'取',不曰'假'。"季孙悟,告宰曰:"自今以来,君有取谓之'取',无曰'假'。"故孔子正假马之名,而君臣之义定矣。《论

① [清]阮元校刻:《十三经注疏》(全2册),北京:中华书局,1980年版,第2482页。
② [唐]刘知幾撰,赵吕甫校注:《史通新校注》,重庆:重庆出版社,1990年版,第846页。
③ [汉]韩婴撰,许维遹校释:《韩诗外传集释》,北京:中华书局,1980年版,第200—201页。

语》曰:"必也正名。"《诗》曰:"无易由言,无曰苟矣。"可不慎乎!①

儒家"正名说",相当深刻地影响了战国及后世思潮。战国《尹文子·大道上》云:

> 大道无形,称器有名。名也者,正形者也。形正由名,则名不可差。故仲尼云"必也正名乎! 名不正,则言不顺"也。大道不称,众有必名。生于不称,则群形自得其方圆。名生于方圆,则众名得其所称也。大道治者,则名、法、儒、墨自废。以名、法、儒、墨治者,则不得离道。②

唐修《晋书·隐逸列传》著录鲁胜《墨辨·叙》云:

> 名者所以别同异,明是非,道义之门,政化之准绳也。孔子曰:"必也正名,名不正则事不成。"墨子著书,作《辨经》以立名本,惠施、公孙龙祖述其学,以正刑名显于世。孟子非墨子,其辨言正辞则与墨同。荀卿、庄周等皆非毁名家,而不能易其论也。③

对于儒家"正名说"与战国名家思潮之关系,《汉书·艺文志》如此交待:

> 名家者流,盖出于礼官。古者名位不同,礼亦异数。孔子曰:"必也正名乎! 名不正则言不顺,言不顺则事不成。"此其所长也。及警者为之,则苟钩钜析乱而已。④

【时事考异】
《史记·十二诸侯年表·鲁表》曰:"公会吴王于缯。吴征百牢,季康子

---

① [汉]刘向编著,石光瑛校释,陈新整理:《新序校释》(全2册),北京:中华书局,2001年版,第720—721页。
② [春秋战国]尹文撰:《尹文子》,《四部丛刊》影明覆宋本,《大道上》篇。
③ [唐]房玄龄等撰:《晋书》(全10册),北京:中华书局,1974年版,第2433—2434页。
④ [汉]班固撰:《汉书》(全12册),北京:中华书局,1962年版,第1737页。

使子贡谢之。"①此事《春秋》无载，《左传》记之甚详。《春秋》不录孔子及其弟子，恰说明此书与孔子关系至密，乃夫子亲著也。

【杂录】

《春秋繁露》：名生于真，非其真弗以为名。名者，圣人之所以真物也，名之为言真也。故凡百讥有黮黮者，各反其真，则黮黮者还昭昭耳。欲审曲直，莫如引绳；欲审是非，莫如引名；名之审于是非也，犹绳之审于曲直也。诘其名实，观其离合，则是非之情不可以相谰已。今世暗于性，言之者不同，胡不试反性之名？性之名，非生与？如其生之自然之资，谓之性。性者，质也，诘性之质于善之名，能中之与？既不能中矣，而尚谓之质善，何哉？性之名不得离质，离质如毛，则非性已，不可不察也。春秋辨物之理，以正其名，名物如其真，不失秋毫之末，故名贲石，则后其五，言退鹢，则先其六。圣人之谨于正名如此，君子于其言，无所苟而已，五石六鹢之辞是也。②（按：此章所论，与孔子与子路对话有相通之处，故录之。）

- **公元前 487 年**，鲁哀公八年，孔子六十六岁。孔子在卫。
- 吴伐鲁，鲁大夫微虎欲宵攻吴王舍，私令其徒三百人三踊于帐幕之外，孔子弟子有若与焉。

【文献记载】

《左传·哀公八年》：

> 三月，吴伐我，子泄率，故道险，从武城。初，武城人或有因于吴竟田焉，拘鄫人之沤菅者，曰："何故使吾水滋？"及吴帅至，拘者道之，以伐武城，克之。王犯尝为之宰，澹台子羽之父好焉。国人惧，懿子（孟孙氏）谓景伯："若之何？"对曰："吴师来，斯与之战，何患焉？且召之而至，又何求焉？"吴师克东阳而进，舍于五梧，明日，舍于蚕室。公宾庚、公甲叔子与战于夷，获叔子与析朱鉏。献于王，王曰："此同车，必使能，国未可望也。"明日，舍于庚宗，遂次于泗上。微虎欲宵攻王舍，私属徒七百人，三踊于幕庭，卒三百人，有若与焉。及稷门之内。或谓季

---

① ［汉］司马迁撰：《史记》（全 10 册），北京：中华书局，1959 年版，第 675 页。

② 苏舆撰，钟哲点校：《春秋繁露义证》，北京：中华书局，1992 年版，第 290－293 页。

孙曰："不足以害吴,而多杀国士,不如已也。"乃止之。吴子闻之,一夕三迁。①

(按:此记载涉及武城、鄪,以及澹台子羽之父,及有若。均为研究《论语》者应注意的地名、人名,可知《左传》材料来源闪烁着七十子之忆述者焦虑的眼光。若从《史记》有若"少孔子四十三岁",则此年为二十三岁;若从《孔子家语》有若"少孔子三十六岁",则此年三十岁。《左传》没有特别交待有若"年弱",如鲁哀公十一年对樊迟的交待,似以《孔子家语》之说为宜。)

【时事考异】

《史记·十二诸侯年表·鲁表》:

(鲁哀公八年)吴为邾伐我,至城下,盟而去。齐取我三邑。②

《史记·十二诸侯年表·齐表》:

(齐悼公二年)伐鲁,取三邑。③

《史记·十二诸侯年表·吴表》:

(吴王夫差九年)伐鲁。④

《年表》所记"吴为邾伐我,至城下,盟而去",《春秋》仅记"吴伐我"⑤,《左传》则对吴为邾伐鲁之因、城下之盟等细节皆有记录,《十二诸侯年表》明显依据早期《左传》。

《史记·十二诸侯年表·宋表》:

---

① 杨伯峻编著:《春秋左传注》(全4册),北京:中华书局,1990年版,第1648—1649页。
② [汉]司马迁撰:《史记》(全10册),北京:中华书局,1959年版,第675—676页。
③ [汉]司马迁撰:《史记》(全10册),北京:中华书局,1959年版,第675页。
④ [汉]司马迁撰:《史记》(全10册),北京:中华书局,1959年版,第675页。
⑤ 杨伯峻编著:《春秋左传注》(全4册),北京:中华书局,1990年版,第1646页。

（宋景公头曼三十年）曹倍我，我灭之。①

《史记·十二诸侯年表·曹表》：

（曹伯阳十五年）宋灭曹，虏伯阳。②

宋灭曹之事，《春秋》仅记"春，王正月，宋公入曹，以曹伯阳归"③，《年表》谓曹倍宋为宋灭曹之因，需待《左传》而明："（鲁哀公）八年春，宋公伐曹，将还，褚师子肥殿。曹人诟之，不行，师待之。公闻之，怒，命反之，遂灭曹。执曹伯及司城强以归，杀之。"④

此年《史记·十二诸侯年表》所载最可注意者乃是《楚表》的记载："子西召建子胜于吴，为白公。"⑤关于这条记载的史料来源，于今本《左传·哀公十六年》云：

> 楚大子建之遇谗也，自城父奔宋。又辟华氏之乱于郑，郑人甚善之。又适晋，与晋人谋袭郑，乃求复焉。郑人复之如初。晋人使谍于子木，请行而期焉。子木暴虐于其私邑，邑人诉之。郑人省之，得晋谍焉。遂杀子木。其子曰胜，在吴。子西欲召之，叶公曰："吾闻胜也诈而乱，无乃害乎？"子西曰："吾闻胜也信而勇，不为不利，舍诸边竟，使卫藩焉。"叶公曰："周仁之谓信，率义之谓勇。吾闻胜也好复言，而求死士，殆有私乎？复言，非信也。期死，非勇也。子必悔之。"弗从。召之使处吴竟，为白公。请伐郑，子西曰："楚未节也。不然，吾不忘也。"他日，又请，许之。未起师，晋人伐郑，楚救之，与之盟。胜怒，曰："郑人在此，仇不远矣。"⑥

今本《左传》并未标示子西召白公胜的具体时间，而采取编年体史书时

---

① ［汉］司马迁撰：《史记》（全10册），北京：中华书局，1959年版，第675页。
② ［汉］司马迁撰：《史记》（全10册），北京：中华书局，1959年版，第675页。
③ 杨伯峻编著：《春秋左传注》（全4册），北京：中华书局，1990年版，第1646页。
④ 杨伯峻编著：《春秋左传注》（全4册），北京：中华书局，1990年版，第1646页。
⑤ ［汉］司马迁撰：《史记》（全10册），北京：中华书局，1959年版，第675—676页。
⑥ 杨伯峻编著：《春秋左传注》（全4册），北京：中华书局，1990年版，第1700—1701页。

间折叠、系于事态高潮之鲁哀公十六年的记述方式；《史记》定白公胜初立之年为鲁哀公八年，或有其他史料为据。此时孔子已经离开楚、叶两年，而且与孔子有交往的叶公是坚决反对起用白公胜的，因此墨子将孔子与白公胜之乱相联系，是毫无事实根据的。《墨子·非儒下》借晏子对齐景公之言云：“孔某之荆，知白公之谋，而奉之以石乞，君身几灭，而白公僇。”①孙诒让《墨子间诂》卷九引苏曰：“此诬罔之辞，殊不足辨。唯白公之乱，在景公卒后十二年，而晏子之卒更在景公之先，又安能预知后事，而先与景公言之？”②况且《史记·齐太公世家》云，齐景公四十八年（公元前 500 年），“是岁，晏婴卒”。而白公胜初立于鲁哀公八年（公元前 487 年），此时晏婴已死 13 年，齐景公也已死 4 年，他们又如何能够谈论“白公之谋”？

・公元前 **486** 年，鲁哀公九年，孔子六十七岁。孔子在卫。

・《论语·述而》：子疾病，子路请祷。子曰：“有诸？”子路对曰：“有之。《诔》曰：‘祷尔于上下神祇。’”子曰：“丘之祷久矣。”③

【时事考异】

《史记·十二诸侯年表·楚表》：

（楚惠王三年）伐陈，陈与吴故。④

《史记·十二诸侯年表·陈表》：

（陈愍公十六年）倍楚，与吴成。⑤

《春秋》仅记“（鲁哀公九年）夏，楚人伐陈”，未及陈倍楚与吴成之事，《左传》则曰：“夏，楚人伐陈，陈即吴故也。”

《史记·十二诸侯年表·宋表》：

① ［战国］墨翟撰：《墨子》，上海：上海古籍出版社，1989 年版，第 74 页。
② 孙诒让撰，孙启治点校：《墨子间诂》，北京：中华书局，2001 年版，第 298 页。
③ ［宋］朱熹撰：《四书章句集注》，北京：中华书局，1983 年版，第 101 页。
④ ［汉］司马迁撰：《史记》（全 10 册），北京：中华书局，1959 年版，第 676 页。
⑤ ［汉］司马迁撰：《史记》（全 10 册），北京：中华书局，1959 年版，第 676 页。

（宋景公头曼三十一年）郑围我,败之于雍丘。①

《史记·十二诸侯年表·郑表》:

（郑声公十五年）围宋,败我师雍丘,伐我。②

《春秋·哀公九年》记"宋皇瑗帅师取郑师于雍丘。秋,宋公伐郑"③,未及郑围宋之事。《左传》则记之颇详:

郑武子滕之嬖许瑕求邑,无以与之。请外取,许之。故围宋雍丘。宋皇瑗围郑师,每日迁舍,垒合。郑师哭。子姚救之,大败。二月甲戌,宋取郑师于雍丘,使有能者无死,以郑张与郑罗归。④

王充《论衡·感虚篇》:

孔子疾病,子路请祷。孔子曰:"有诸?"子路曰:"有之。《诔》曰:祷尔于上下神祇。"孔子曰:"丘之祷,久矣。"圣人修身正行,素祷之日久,天地鬼神知其无罪,故曰祷久矣。《易》曰:"大人与天地合其德,与日月合其明,与四时合其叙,与鬼神合其吉凶。"此言圣人与天地、鬼神同德行也。⑤

宋王应麟《困学纪闻》卷七:

《太平御览》引《庄子》曰:"孔子病,子贡出卜。孔子曰:'子待也,吾坐席不敢先,居处若齐,食饮若祭,吾卜之久矣。'"子路请祷,可以

---

① ［汉］司马迁撰:《史记》(全10册),北京:中华书局,1959年版,第676页。
② ［汉］司马迁撰:《史记》(全10册),北京:中华书局,1959年版,第676页。
③ 杨伯峻编著:《春秋左传注》(全4册),北京:中华书局,1990年版,第1651页。
④ 杨伯峻编著:《春秋左传注》(全4册),北京:中华书局,1990年版,第1652页。
⑤ 黄晖撰:《论衡校释》(全4册),北京:中华书局,1990年版,第247－248页。

参观。①

(按：今本《庄子》无此言。王应麟以为出自《庄子》逸篇。)

· 公元前 485 年，鲁哀公十年，孔子六十八岁。孔子在卫。

【文献记载】

孔子一行数次出入卫国，卫国成了孔子一行可以驻足、但难有大作为的地方。因而忆述材料不少，难以一一分疏系年。本年谱已将部分材料，按其可能的年份，分散著录。兹录二三条如下，以备参考：

《孔子家语·颜回篇》：孔子在卫，昧旦晨兴，颜回侍侧，闻哭者之声甚哀。子曰："回，汝知此何所哭乎？"对曰："回以此哭声非但为死者而已，又有生离别者也。"子曰："何以知之？"对曰："回闻桓山之鸟生四子焉，羽翼既成，将分于四海，其母悲鸣而送之，哀声有似于此，谓其往而不返也。回窃以音类知之。"孔子使人问哭者，果曰："父死家贫，卖子以葬，与子长决。"子曰："回也，善于识音矣！"②(此则也见于《说苑·辨物篇》，文字颇有出入。)

《孔子家语·曲礼子贡问》：孔子在卫，卫之人有送葬者，而夫子观之，曰："善哉！为葬乎，足以为法也。小子识之。"子贡问曰："夫子何善尔？"曰："其往也如慕，其返也如疑。"子贡曰："岂若速返而虞哉？"子曰："此情之至者也。小子识之。我未之能也。"③

后面一条，也见于《礼记·檀弓上》，可见是七十子原初忆述之材料：

孔子在卫，有送葬者，而夫子观之，曰："善哉！为丧乎，足以为法矣。小子识之。"子贡曰："夫子何善尔也？"曰："其往也如慕，其反也如疑。"子贡曰："岂若速反而虞乎？"子曰："小子识之，我未之能行也。"④

【考证】

《史记·十二诸侯年表·卫表》本年记载："孔子自陈来。"⑤孔子早在

---

① ［宋］王应麟、［清］翁元圻等注，乐保群、田松青、吕宗力校点：《困学纪闻》(全 3 册)，上海：上海古籍出版社，2008 年版，第 942 页。

② 王国轩、王秀梅译注：《孔子家语》，北京：中华书局，2011 年版，第 233 页。

③ 王国轩、王秀梅译注：《孔子家语》，北京：中华书局，2011 年版，第 511 页。

④ ［清］孙希旦撰，沈啸寰、王星贤点校：《礼记集解》(全 3 册)，北京：中华书局，1989 年版，第 194—195 页。

⑤ ［汉］司马迁撰：《史记》(全 10 册)，北京：中华书局，1959 年版，第 676 页。

鲁哀公六年已自陈返卫，《年表》误。

【时事考异】

《史记·十二诸侯年表·齐表》："（齐悼公四年，即鲁哀公十年，公元前485 年）吴、鲁伐我。鲍子杀悼公，齐人立其子壬为简公。"①《年表》、《齐世家》、《卫世家》均谓鲍子杀悼公，此事《春秋》无文。据《左传》则鲍子已于哀公八年为齐悼公所杀，如《左传·哀公八年》云："鲍牧又谓群公子曰：'使女有马千乘乎？'公子愬之。公谓鲍子：'或譖子，子姑居于潞以察之。若有之，则分室以行。若无之，则反子之所。'出门，使以三分之一行。半道，使以二乘。及潞，麇之以入，遂杀之。"②《春秋·哀公十年》仅记"葬齐悼公"③，同年《左传》仅记"齐人弑悼公"④，未言弑之者何人。

《史记·十二诸侯年表·吴表》：

（吴王夫差十一年）与鲁伐齐救陈。诛伍员。⑤

《年表》所记吴"与鲁伐齐救陈。诛伍员"之事，《春秋·哀公十年》记"吴救陈"⑥，《春秋·哀公十一年》记"五月，公会吴伐齐"⑦，则救陈、伐齐为二事，且未及诛伍员事。《左传》亦记救陈、伐齐为二事，《年表》恐误，或另有所据。《左传·哀公十一年》记载诛伍员之事甚详，但已是次年之事：

吴将伐齐，越子率其众以朝焉，王及列士，皆有馈赂。吴人皆喜，惟子胥惧，曰："是豢吴也夫！"谏曰："越在我，心腹之疾也。壤地同，而有欲于我。夫其柔服，求济其欲也，不如早从事焉。得志于齐，犹获石田也，无所用之。越不为沼，吴其泯矣，使医除疾，而曰'必遗类焉'者，未之有也。《盘庚之诰》曰：'其有颠越不共，则劓殄无遗育，无俾易种于兹邑。'是商所以兴也。今君易之，将以求大，不亦难乎！"弗听，使于

---

① ［汉］司马迁撰：《史记》（全10 册），北京：中华书局，1959 年版，第 676—677 页。
② 杨伯峻编著：《春秋左传注》（全4 册），北京：中华书局，1990 年版，第 1651 页。
③ 杨伯峻编著：《春秋左传注》（全4 册），北京：中华书局，1990 年版，第 1655 页。
④ 杨伯峻编著：《春秋左传注》（全4 册），北京：中华书局，1990 年版，第 1656 页。
⑤ ［汉］司马迁撰：《史记》（全10 册），北京：中华书局，1959 年版，第 676—677 页。
⑥ 杨伯峻编著：《春秋左传注》（全4 册），北京：中华书局，1990 年版，第 1655 页。
⑦ 杨伯峻编著：《春秋左传注》（全4 册），北京：中华书局，1990 年版，第 1657 页。

齐,属其子于鲍氏,为王孙氏。反役,王闻之,使赐之属镂以死。将死,曰:"树吾墓槚,槚可材也。吴其亡乎! 三年,其始弱矣。盈必毁,天之道也。"①

・公元前 484 年,鲁哀公十一年,孔子六十九岁。

・孔文子将攻卫大叔,访于孔子,孔子曰:"胡簋之事,则尝学之矣;甲兵之事,未之闻也。"退,命驾而行,曰:"鸟则择木,木岂能择鸟?"

・弟子冉有为季氏将师,与齐战于郎(今山东兖州市西北,鲁近郊之邑),克之。郎之战,孟之反(左传作"孟之侧")后入以为殿。《论语・雍也》记录孔子谈论此事,曰:"孟之反不伐,奔而殿。将入门,策其马,曰:'非敢后也,马不进也。'"公为与其嬖僮汪锜乘,死于郎之战。孔子评曰:"能执干戈以卫社稷,可无殇也。"冉有帅师用矛于齐师,故能入其军,孔子评曰:"义也。"既战,季孙谓冉有曰:"子之于战,学之乎,性达之乎?"对曰:"学之。"季孙曰:"从事孔子,恶乎学?"冉有曰:"即学之孔子也。夫孔子者,大圣,无不该,文武并用兼通。求也适闻其战法,犹未之详也。"季孙悦。樊迟以告孔子。孔子曰:"季孙于是乎可谓悦人之有能矣。"

・季康子以冉有言召孔子,孔子归鲁。自其去鲁适卫,先后凡十四年而重返鲁。返鲁初期,鲁哀公、季康子频繁问政于孔子。

・季孙欲以田赋,使冉有访诸孔子。孔子曰:"丘不识也。"三发问,卒曰:"子为国老,待子而行,若之何子之不言也?"孔子不对,而私于冉有曰:"君子之行也,度于礼:施取其厚,事举其中,敛从其薄。如是,则以丘亦足矣。若不度于礼,而贪冒无厌,则虽以田赋,将又不足。且子季孙若欲行而法,则周公之典在;若欲苟而行,又何访焉?"

・孔鲤卒,年五十岁。

・《论语・为政》:"季康子问:'使民敬、忠以勤,如之何?'子曰:'临之以庄,则敬;孝慈,则忠;举善而教不能,则勤。'"②

・《论语・为政》:"哀公问曰:'何为则民服?'孔子对曰:'举直错诸枉,则民服;举枉错诸直,则民不服。'"③

---

① 杨伯峻编著:《春秋左传注》(全 4 册),北京:中华书局,1990 年版,第 1664—1665 页。

② [宋]朱熹撰:《四书章句集注》,北京:中华书局,1983 年版,第 58 页。

③ [宋]朱熹撰:《四书章句集注》,北京:中华书局,1983 年版,第 58 页。

　•《论语•颜渊》："季康子患盗,问于孔子。孔子对曰:'苟子之不欲,虽赏之不窃。'"①

　•《论语•颜渊》："季康子问政于孔子,孔子对曰:'政者,正也,子帅以正,孰敢不正?'"②

　•《论语•颜渊》："季康子问政于孔子曰:'如杀无道,以就有道,何如?'孔子对曰:'子为政,焉用杀? 子欲善而民善矣。君子之德风,小人之德草。草上之风,必偃。'"③

【文献记载】

《史记•鲁周公世家》:

　　十一年,齐伐鲁,季氏用冉有有功,思孔子,孔子自卫归鲁。④

《史记•孔子世家》:

　　冉有为季氏将师,与齐战于郎,克之。季康子曰:"子之于军旅,学之乎? 性之乎?"冉有曰:"学之于孔子。"季康子曰:"孔子何如人哉?"对曰:"用之有名;播之百姓,质诸鬼神而无憾。求之至于此道,虽累千社,夫子不利也。"康子曰:"我欲召之,可乎?"对曰:"欲召之,则毋以小人固之,则可矣。"而卫孔文子将攻太叔,问策于仲尼。仲尼辞不知,退而命载而行,曰:"鸟能择木,木岂能择鸟乎!"文子固止。会季康子逐公华、公宾、公林,以币迎孔子,孔子归鲁。

　　孔子之去鲁凡十四岁而反乎鲁。

　　鲁哀公问政,对曰:"政在选臣。"季康子问政,曰:"举直错诸枉,则枉者直。"康子患盗,孔子曰:"苟子之不欲,虽赏之不窃。"然鲁终不能用孔子,孔子亦不求仕。⑤

————————

①　[宋]朱熹撰:《四书章句集注》,北京:中华书局,1983 年版,第 137 页。
②　[宋]朱熹撰:《四书章句集注》,北京:中华书局,1983 年版,第 137 页。
③　[宋]朱熹撰:《四书章句集注》,北京:中华书局,1983 年版,第 138 页。
④　[汉]司马迁撰:《史记》(全 10 册),北京:中华书局,1959 年版,第 1545 页。
⑤　[汉]司马迁撰:《史记》(全 10 册),北京:中华书局,1959 年版,第 1934—1935 页。

《史记·十二诸侯年表·鲁表》：

（鲁哀公十一年）齐伐我。冉有言，故迎孔子，孔子归。[①]

《史记·十二诸侯年表·卫表》：

（卫出公辄九年）孔子归鲁。[②]

《左传·哀公十一年》：

十一年春，齐为鄎故，国书、高无丕帅师伐我，及清。季孙谓其宰冉求曰："齐师在清，必鲁故也。若之何？"求曰："一子守，二子从公御诸竟。"季孙曰："不能。"求曰："居封疆之间。"季孙告二子，二子不可。求曰："若不可，则君无出。一子帅师，背城而战。不属者，非鲁人也。鲁之群室，众于齐之兵车。一室敌车，优矣。子何患焉？二子之不欲战也宜，政在季氏。当子之身，齐人伐鲁而不能战，子之耻也。大不列于诸侯矣。"季孙使从于朝，俟于党氏之沟。武叔呼而问战焉，对曰："君子有远虑，小人何知？"懿子强问之，对曰："小人虑材而言，量力而共者也。"武叔曰："是谓我不成丈夫也。"退而蒐乘，孟孺子泄帅右师，颜羽御，邴泄为右。冉求帅左师，管周父御，樊迟为右。季孙曰："须也弱。"有子曰："就用命焉。"季氏之甲七千，冉有以武城人三百为己徒卒。老幼守宫，次于雩门之外。五日，右师从之。公叔务人见保者而泣，曰："事充政重，上不能谋，士不能死，何以治民？吾既言之矣，敢不勉乎！"

师及齐师战于郊，齐师自稷曲，师不逾沟。樊迟曰："非不能也，不信子也。请三刻而逾之。"如之，众从之。师入齐军，右师奔，齐人从之，陈瓘、陈庄涉泗。孟之侧后入以为殿，抽矢策其马，曰："马不进也。"林不狃之伍曰："走乎？"不狃曰："谁不如？"曰："然则止乎？"不狃

---

① ［汉］司马迁撰：《史记》（全10册），北京：中华书局，1959年版，第677－678页。
② ［汉］司马迁撰：《史记》（全10册），北京：中华书局，1959年版，第677页。

曰:"恶贤?"徐步而死。师获甲首八十,齐人不能师。宵,谍曰:"齐人遁。"冉有请从之三,季孙弗许。孟孺子语人曰:"我不如颜羽,而贤于邴泄。子羽锐敏,我不欲战而能默。泄曰:'驱之。'"公为与其嬖僮汪锜乘,皆死,皆殡。孔子曰:"能执干戈以卫社稷,可无殇也。"冉有用矛于齐师,故能入其军。孔子曰:"义也。"①

《礼记·檀弓下》:

战于郎,公叔禺人遇负杖入保者息,曰:"使之虽病也,任之虽重也,君子不能为谋也,士弗能死也。不可! 我则既言矣。"与其邻童汪踦往,皆死焉。鲁人欲勿殇童汪踦,问于仲尼。仲尼曰:"能执干戈以卫社稷,虽欲勿殇也,不亦可乎!"②

《孔子家语·曲礼子贡问》:

齐师侵鲁,公叔务人遇人入保,负杖而息。务人泣曰:"使之虽病,任之虽重,君子弗能谋,士弗能死,不可也。我则既言之矣,敢不勉乎!"与其邻嬖童汪锜乘,往奔敌,死焉,皆殡。鲁人欲勿殇童汪锜,问于孔子。子曰:"能执干戈以卫社稷,可无殇乎!"③

孔文子:

〔按:孔文子,即孔圉,卫大夫。卫灵公二十九年(公元前506年),率师随晋伐鲜虞,四十一年会同齐、鲁、鲜虞攻晋赵鞅,占取棘蒲(今河北赵县)。问军旅于孔子,被拒绝。其子孔悝事卫出公,曾掌国政。《论语·公冶长篇》载:"子贡问曰:'孔文子何以谓之文也?'子曰:'敏而好学,不耻下问,是以谓之文也。'"④〕

---

① 杨伯峻编著《春秋左传注》(全4册),北京:中华书局,1990年版,第1657—1661页。
② 〔清〕孙希旦撰,沈啸寰、王星贤点校《礼记集解》(全3册),北京:中华书局,1989年版,第282页。
③ 王国轩、王秀梅译注《孔子家语》,北京:中华书局,2011年版,第507页。
④ 〔宋〕朱熹撰《四书章句集注》,北京:中华书局,1983年版,第79页。

《左传·哀公十一年》：

　　冬，卫大叔疾出奔宋。初，疾娶于宋子朝，其娣嬖。子朝出，孔文子使疾出其妻，而妻之。疾使侍人诱其初妻之娣，置于犁，而为之一宫，如二妻。文子怒，欲攻之，仲尼止之。遂夺其妻。或淫于外州，外州人夺之轩以献。耻是二者，故出。……孔文子之将攻大叔也，访于仲尼。仲尼曰："胡簋之事，则尝学之矣；甲兵之事，未之闻也。"退，命驾而行，曰："鸟则择木，木岂能择鸟？"文子遽止之曰："圉岂敢度其私，访卫国之难也。"将止，鲁人以币召之，乃归。①

《史记·卫康叔世家》：

　　九年，孔文子问兵于仲尼，仲尼不对。其后鲁迎仲尼，仲尼反鲁。②

《孔子家语·正论解》：

　　卫孔文子使太叔疾出其妻，而以其女妻之。疾诱其初妻之娣，为之立宫，与文子女，如二妻之礼。文子怒，将攻之。孔子舍璩伯玉之家，文子就而访焉。孔子曰："簠簋之事，则尝闻学之矣。兵甲之事，未之闻也。"退而命驾而行，曰："鸟则择木，木岂能择鸟乎？"文子遽自止之，曰："圉也岂敢度其私哉！亦防卫国之难也。"将止，会季康子问冉求之战。冉求既对之，又曰："夫子播之百姓，质诸鬼神而无憾，用之则有名。"康子言于哀公，以币迎孔子，曰："人之于冉求，信之矣，将大用之。"③

田赋：

《左传·哀公十一年》：

①　杨伯峻编著：《春秋左传注》（全4册），北京：中华书局，1990年版，第1665—1667页。
②　［汉］司马迁撰：《史记》（全10册），北京：中华书局，1959年版，第1599页。
③　王国轩、王秀梅译注：《孔子家语》，北京：中华书局，2011年版，第479—480页。

季孙欲以田赋,使冉有访诸仲尼。仲尼曰:"丘不识也。"三发,卒曰:"子为国老,待子而行,若之何子之不言也?"仲尼不对,而私于冉有曰:"君子之行也,度于礼:施取其厚,事举其中,敛从其薄。如是,则以丘亦足矣。若不度于礼,而贪冒无厌,则虽以田赋,将又不足。且子季孙若欲行而法,则周公之典在;若欲苟而行,又何访焉?"弗听。①

《国语·鲁语下》:

季康子欲以田赋,使冉有访诸仲尼。仲尼不对,私于冉有曰:"求来! 女不闻乎? 先王制土,籍田以力,而砥其远迩;赋里以入,而量其有无;任力以夫,而议其老幼。于是乎有鳏、寡、孤、疾,有军旅之出则征之,无则已。其岁,收田一井,出稯禾、秉刍、缶米,不是过也。先王以为足。若子季孙欲其法也,则有周公之籍矣;若欲犯法,则苟而赋,又何访焉!"②

又见《孔子家语·正论解》,文辞有异。
孔鲤:
《史记·孔子世家》:

孔子生鲤,字伯鱼。伯鱼年五十,先孔子死。③

《孔子家语·本姓解》:

(孔子)至十九,娶于宋之亓官氏,一岁而生伯鱼。鱼之生也,鲁昭公以鲤鱼赐孔子。荣君之贶,故因以名曰鲤,而字伯鱼。鱼年五十,先孔子卒。④

---

① 杨伯峻编著:《春秋左传注》(全4册),北京:中华书局,1990年版,第1667—1668页。
② 徐元诰撰,王树民、沈长云点校:《国语集解》,北京:中华书局,2002年版,第206—207页。
③ [汉]司马迁撰:《史记》(全10册),北京:中华书局,1959年版,第1946页。
④ 王国轩、王秀梅译注:《孔子家语》,北京:中华书局,2011年版,第445页。

郑晓如《阙里述闻》卷二《孔子世家考下》：

> 伯鱼前妻无德。孔子责伯鱼曰："女为《周南》、《召南》矣乎？人而不为《周南》、《召南》，其犹正墙面而立也与！"伯鱼闻教，益修其身。妻不可化，乃出之。后妻贤，生子伋。未几，伯鱼卒，守节抚孤。

【考证】

孔子对郎之战非常关注和了解。《论语·雍也》：子曰："孟之反不伐，奔而殿。将入门，策其马，曰：'非敢后也，马不进也。'"①《左传·哀公十一年》亦载此事："右师奔，齐人从之，陈瓘、陈庄，涉泗，孟之侧后入，以为殿，抽矢策其马曰：'马不进也。'"②郑良树先生以此为孔子讲《春秋》之证。恐应解释为《左传》作者得见七十子记述材料。

【杂录】

《琴操》：《猗兰操》者，孔子所作也。孔子历聘诸侯，诸侯莫能任。自卫反鲁，过隐谷之中，见芗兰独茂，喟然叹曰："夫兰当为王者香，今乃独茂，与众草为伍，譬犹贤者不逢时，与鄙夫为伦也。"乃止车援琴鼓之云："习习谷风，以阴以雨。之子于归，远送于野。何彼苍天，不得其所。逍遥九州，无所定处。世人暗蔽，不知贤者。年纪逝迈，一身将老。"自伤不逢时，托辞于芗兰云。③

- 公元前 483 年，鲁哀公十二年，孔子七十岁。
- 季氏此年用田赋，冉有助之，孔子怒斥冉有"非吾徒也，小子鸣鼓而攻之可也"。
- 昭夫人孟子卒。孔子与吊，适季氏。季氏不绋，放绖而拜。
- 《论语·先进篇》："子路、曾皙、冉有、公西华侍坐。子曰：'以吾一日长乎尔，毋吾以也。居则曰："不吾知也！"如或知尔，则何以哉？'……（曾点）曰：'莫春者，春服既成，冠者五六人，童子六七人，浴乎沂，风乎舞雩，咏

---

① ［宋］朱熹撰：《四书章句集注》，北京：中华书局，1983 年版，第 88 页。
② 杨伯峻编著：《春秋左传注》（全 4 册），北京：中华书局，1990 年版，第 1660 页。
③ ［汉］蔡邕撰：《琴操》，清平津馆丛书本，卷上《猗兰操》篇。

而归。'夫子喟然叹曰:'吾与点也!'"①细察行文脉相,推知此事发生的时间,很可能在本年上半年。此时,孔子才可能自称老不堪用,却坦然启发诸弟子"各言其志"。子路到卫国当蒲邑大夫已经有点谱,但觉得蒲邑过小,急于有"千乘之国"施展抱负;曾点已过知天命之年,更愿意"上下与天地同流"。系于其他年份,均不能安,譬如孔子早期设帐,不可能有如此阔达的议论,也不能自称老;当鲁国司空、司寇时,进入政务操作,不会有海阔天空地言志的闲心;周游列国,风尘仆仆,不会有这份清闲;返鲁再过二三年后,季康子、鲁哀公冷落孔子,孔子怒斥冉有为季氏敛财,再来侍坐论道,气氛就可能多了几份焦虑,几份苍凉了。

• 子路赴卫当蒲邑大夫,向孔子辞行。《论语·子路篇》首章记载:"子路问政。子曰:'先之劳之。'请益。曰:'无倦。'"②《说苑·政理篇》记载:"子路治蒲,见于孔子曰:'由愿受教。'孔子曰:'蒲多壮士,又难治也。然吾语汝:恭以敬,可以摄勇;宽以正,可以容众;恭以洁,可以亲上。'"③

• 冬十二月,螽。季孙问诸仲尼,仲尼曰:"丘闻之,火伏而后蛰者毕。今火犹西流,司历过也。"

• 孔子此年开始系统整理《诗》、《书》、礼、乐,并开始依据鲁史官所记及自己搜集的材料,撰述《春秋》,同时兼及讲述《易》理。

• 鲁哀公对孔子已经减弱了问政的热情,转而问上古礼乐。鲁哀公问:"《书》称夔曰:'於予击石拊石,百兽率舞,庶尹允谐。'何谓也?"孔子对曰:"此言善政之化乎物也。古之帝王功成作乐,其功善者其乐和,乐和则天地犹且应之,况百兽乎? 夔为帝舜乐正,实能以乐尽治理之情。"公曰:"然则,政之大本莫尚夔乎?"孔子曰:"夫乐所以歌其成功,非政之本也。众官之长,既咸熙熙,然后乐乃和焉。"公曰:"吾闻夔一足,有异于人,信乎?"孔子曰:"昔重黎举夔而进,又欲求人而佐焉。舜曰:'夫乐,天地之精也,唯圣人为能和六律,均五音,知乐之本,以通八风。夔能若此,一而足矣。'故曰,一足非一足也。"公曰:"善。"(《孔丛子·论书篇》)

• 《论语·为政篇》子曰:"吾十有五而志于学,三十而立,四十而不惑,

---

① [宋]朱熹撰:《四书章句集注》,北京:中华书局,1983年版,第129—130页。
② [宋]朱熹撰:《四书章句集注》,北京:中华书局,1983年版,第141页。
③ [汉]刘向撰,向宗鲁校证:《说苑校证》,北京:中华书局,1987年版,第163页。

五十而知天命,六十而耳顺,七十而从心所欲不逾矩。"①

　•《论语·八佾》:子语鲁大师乐。曰:"乐其可知也:始作,翕如也;从之,纯如也,皦如也,绎如也,以成。"②

　•《论语·子路》:冉子退朝。子曰:"何晏也?"对曰:"有政。"子曰:"其事也。如有政,虽不吾以,吾其与闻之。"③孔子为国老,与闻朝政。头一二年,哀公、季氏对之咨询甚勤,因道不合,逐渐冷落,孔子始有此语。

　•《论语·先进》:季氏富于周公,而求也为之聚敛而附益之。子曰:"非吾徒也,小子鸣鼓而攻之可也!"④

　•《论语·子罕》:子曰:"吾自卫反鲁,然后乐正,雅颂各得其所。"⑤

【文献记载】

《春秋·哀公十二年》:

　　十二年春,用田赋。⑥

《左传·哀公十二年》:

　　十二年春,王正月,用田赋。⑦

《论语·先进》:

　　季氏富于周公,而求也为之聚敛而附益之。子曰:"非吾徒也,小子鸣鼓而攻之可也!"⑧

《孟子·离娄上》:

① [宋]朱熹撰:《四书章句集注》,北京:中华书局,1983年版,第54页。
② [宋]朱熹撰:《四书章句集注》,北京:中华书局,1983年版,第68页。
③ [宋]朱熹撰:《四书章句集注》,北京:中华书局,1983年版,第144页。
④ [宋]朱熹撰:《四书章句集注》,北京:中华书局,1983年版,第126页。
⑤ [宋]朱熹撰:《四书章句集注》,北京:中华书局,1983年版,第113页。
⑥ 杨伯峻编著:《春秋左传注》(全4册),北京:中华书局,1990年版,第1669页。
⑦ 杨伯峻编著:《春秋左传注》(全4册),北京:中华书局,1990年版,第1670页。
⑧ [宋]朱熹撰:《四书章句集注》,北京:中华书局,1983年版,第126页。

孟子曰：求也为季氏宰，无能改于其德，而赋粟倍他日。孔子曰："求，非我徒也，小子鸣鼓而攻之，可也。"由此观之，君不行仁政而富之，皆弃于孔子者也。①

《左传·哀公十二年》：

夏五月，昭夫人孟子卒。昭公娶于吴，故不书姓。死不赴，故不称夫人。不反哭，故言不葬小君。孔子与吊，适季氏。季氏不绖，放绖而拜。②

《公羊传·哀公十二年》：

夏五月甲辰，孟子卒。孟子者何？昭公之夫人也。其称孟子何？讳娶同姓，盖吴女也。③

《穀梁传·哀公十二年》：

夏，五月甲辰，孟子卒。孟子者何也？昭公夫人也。其不言夫人何也？讳取同姓也。公会吴于橐皋。④

《论语·述而》：

陈司败问："昭公知礼乎？"孔子曰："知礼。"孔子退，揖巫马期而进之，曰："吾闻君子不党，君子亦党乎？君取于吴，为同姓，谓之吴孟子。君而知礼，孰不知礼？"巫马期以告。子曰："丘也幸，苟有过，人必

①　［宋］朱熹撰：《四书章句集注》，北京：中华书局，1983 年版，第 283 页。
②　杨伯峻编著：《春秋左传注》（全 4 册），北京：中华书局，1990 年版，第 1670 页。
③　李学勤主编：《十三经注疏·春秋公羊传注疏》，北京：北京大学出版社，1999 年版，第 612 页。
④　李学勤主编：《十三经注疏·春秋穀梁传注疏》，北京：北京大学出版社，1999 年版，第 334 页。

知之。"①

此条为《史记·仲尼弟子列传》收录:陈司败问孔子曰:"鲁昭公知礼乎?"孔子曰"知礼。"退而揖巫马旗曰:"吾闻君子不党,君子亦党乎? 鲁君娶吴女为夫人,命之为孟子。孟子姓姬,讳称同姓,故谓之孟子。鲁君而知礼,孰不知礼?"施以告孔子,孔子曰:"丘也幸,苟有过,人必知之。臣不可言君亲之恶,为讳者,礼也。"②

《礼记·坊记》:

> 子云:取妻不取同姓,以厚别也。故买妾不知其姓,则卜之。以此坊民。《鲁春秋》犹去夫人之姓曰吴,其死曰孟子卒。③

《左传·哀公十二年》:

> 冬十二月,螽。季孙问诸仲尼,仲尼曰:"丘闻之,火伏而后蛰者毕。今火犹西流,司历过也。"④

《史记·孔子世家》:

> 孔子之时,周室微而礼乐废,《诗》、《书》缺。追迹三代之礼,序《书传》,上纪唐虞之际,下至秦缪,编次其事。曰:"夏礼吾能言之,杞不足征也。殷礼吾能言之,宋不足征也。足,则吾能征之矣。"观殷夏所损益,曰:"后虽百世可知也,以一文一质。周监二代,郁郁乎文哉! 吾从周。"
>
> 孔子语鲁大师:"乐其可知也。始作翕如,纵之纯如,皦如,绎如也,以成。""吾自卫反鲁,然后乐正,雅颂各得其所。"

---

① ［宋］朱熹撰:《四书章句集注》,北京:中华书局,1983 年版,第 100 页。

② ［汉］司马迁撰:《史记》(全 10 册),北京:中华书局,1959 年版,第 2218 页。

③ ［清］孙希旦撰,沈啸寰、王星贤点校:《礼记集解》(全 3 册),北京:中华书局,1989 年版,第 1294 页。

④ 杨伯峻编著:《春秋左传注》(全 4 册),北京:中华书局,1990 年版,第 1673 页。

古者《诗》三千余篇,及至孔子,去其重,取可施于礼义,上采契、后稷,中述殷周之盛,至幽厉之缺,始于衽席,故曰:"《关雎》之乱以为《风》始,《鹿鸣》为《小雅》始,《文王》为《大雅》始,《清庙》为《颂》始。"三百五篇孔子皆弦歌之,以求合《韶》、《武》、《雅》、《颂》之音。礼乐自此可得而述,以备王道,成六艺。

孔子晚而喜《易》,序《彖》、《系》、《象》、《说卦》、《文言》。读《易》,韦编三绝,曰:"假我数年,若是,我于《易》则彬彬矣。"①

《史记·田敬仲完世家》:

盖孔子晚而喜《易》。《易》之为术,幽明远矣,非通人达才孰能注意焉!②

《史记·儒林列传》:

故孔子闵王路废而邪道兴,于是论次《诗》、《书》,修起礼乐。适齐闻韶,三月不知肉味。自卫返鲁,然后乐正,雅颂各得其所。③

【考证】

"同姓不婚"是周朝的礼法。鲁为周公之后,吴为太伯之后,均是姬姓,因改为"吴孟子"。《论语·述而》中陈司败问"昭公知礼乎",对改称"吴孟子"的缘由也有记载。

按《春秋左传注》杨伯峻注:"孟子又非哀公生母,哀公又无实权,国政全由季氏,而昭公又以季氏之故,晚年寄居于外,实皆季氏敌视昭公之故而为此也。"④

孔丘尝为昭公臣,且哀公嫡母死,孔丘自必与吊。季氏不绖者,不行丧夫人之礼。孔丘去绖而答拜。据杜注、孔疏,以为季氏不行丧礼,孔丘从主

①　[汉]司马迁撰:《史记》(全10册),北京:中华书局,1959年版,第1935—1937页。
②　[汉]司马迁撰:《史记》(全10册),北京:中华书局,1959年版,第1903页。
③　[汉]司马迁撰:《史记》(全10册),北京:中华书局,1959年版,第3115页。
④　杨伯峻编著:《春秋左传注》(全4册),北京:中华书局,1990年版,第1670页。

人,故亦去其绖。古代丧礼,主人拜,宾不答拜。季氏既不行丧礼,孔丘亦拜。郑玄因云:"放绖而拜,以讥季氏。"

孔子整理《诗》、《书》问题:

《论语·子罕》记夫子自道,曰自卫返鲁,然后乐正,雅颂各得其所。知孔子开始系统整理《诗》、《书》是在鲁哀公十一年(公元前484年)返鲁之后,哀公十一年重回故里的孔子,忙于应对哀公、康子问政,恐怕还没有时间顾及于此,故本年谱将此重要文化事业系于哀公十二年。

就目前所见古文献分析,孔子校勘、厘定《诗》三百的异文,大概参考了十几种卷帙不一、文字有异的古版本,即所谓"古者《诗》三千余篇,及至孔子,去其重";并且调整了《诗》三百各卷的顺序。据《左传》记襄公二十九年(公元前544年)季札观乐,鲁太师处《诗》的顺序是:《周南》、《召南》、《邶》、《鄘》、《卫》、《王》、《郑》、《齐》、《豳》、《秦》、《魏》、《唐》、《陈》、《郐》、《曹》、《小雅》、《大雅》、《颂》。而今本《诗》各卷的顺序则是:《周南》、《召南》、《邶》、《鄘》、《卫》、《王》、《郑》、《齐》、《魏》、《唐》、《秦》、《陈》、《郐》、《曹》、《豳》、《小雅》、《大雅》、《颂》,即孔子改变了《豳》和《秦》的位置。

就上博简《孔子诗论》分析,孔子对《诗》的解释与今本《毛诗》的解释虽然相异,也有潜在的相近之处,即西汉经学继承了孔子《诗》学的主要精神而强调政治教化。而检索《左传》中春秋人物的赋《诗》和引《诗》,与《毛诗》的解释颇有契合,故孔子《诗》学也呼应着两周《诗》学的部分精神。《孔子诗论》中一些简文,则更重情、志、民性,比《毛诗序》更带原初面貌和直接性。

孔子藉《诗》、《书》以恢复周之礼乐,实际乃是周代礼乐文明中的某些具有超越性价值的理念和典仪。他"追迹三代之礼,序《书传》,上纪唐虞之际,下至秦缪,编次其事",乃遴选古代档案文献中的具有超越性价值的文献,编次以为百篇《书》,秦汉以后仅存不到三分之一,但据《史记》、《汉书》等文献记载,百篇《书序》在汉代有流传,太史公所谓"序《书传》"以及《殷本纪》、《周本纪》中的许多文字,应是本于《书序》。东汉王充《论衡·佚文篇》云:"孝武皇帝封弟为鲁恭王。恭王坏孔子宅以为宫,得佚《尚书》百篇,《礼》三百,《春秋》三十篇,《论语》二十一篇。"[1]在整理传述孔壁书中,孔安

---

① 黄晖撰:《论衡校释》(全4册),北京:中华书局,1990年版,第860—861页。

国成了古文家之祖。《史记·儒林列传》云:"孔氏有古文尚书,而安国以今文读之,因以起其家《逸书》得十余篇,盖《尚书》滋多于是矣。"①《汉书·儒林传》进一步梳理源流云:"孔氏有古文《尚书》,孔安国以今文字读之,因以起其家逸《书》,得十余篇,盖《尚书》兹多于是矣。遭巫蛊,未立于学官。安国为谏大夫,授都尉朝,而司马迁亦从安国问故。迁书载《尧典》、《禹贡》、《洪范》、《微子》、《金縢》诸篇,多古文说。"②

《孔子世家》叙及孔子对三代之礼的描述,运用的是"文"、"质"相救观念,亦颇值得注意。这一观念在西汉文献(当然也包括《史记》)中最为常见,乃是《春秋》学,尤其是《公羊春秋》的重要观念。《春秋繁露·十指》篇总结《春秋》"大略之要有十指",其中之一是"承周文而反之质"。《说苑》卷十九命名为《修文》,卷二十则是《反质》。文质相救在当时成为一种描述历史变迁的理论,这种理论其实又是从礼学发展出来的。《礼记·表记》引述孔子曰:"虞、夏之质,殷、周之文,至矣。虞、夏之文不胜其质,殷、周之质不胜其文。"郑玄注曰:"言王者相变,质文各有所多。"文质的变迁,既是历史变迁,也是礼仪制度的变迁。而三统说、五行说与文质相救说有明显的承继关系,三统、五行均是战国时代成熟的思想,那么文质相救说很可能确如《世家》所言,乃孔子之总结。

至于删《诗》、习《易》等公案,前人谈论甚多。如陆德明《释文》称《鲁论语》读"易"为"亦",则此句变成了"加我数年,五十以学,亦可以无大过矣",则《论语》没有言及《易》,似乎孔子与《易》杳不相关。陆氏特指《鲁论语》,则《古论语》、《齐论语》,当作"易"字。上古典籍转抄过程夹杂着口传,同音异记,在所难免,但通用字变专门语难,专门语变通用字易,因此"易"字较之"亦"字,具有更大的原本性。《史记》明确记载"假我数年,若是,我于《易》则彬彬矣",可见司马迁得见《古论语》,至少在他的阅读范围内,《论语》还是作"易"。而且太史公明确记载"孔子晚而喜《易》,序《彖》、《系》、《象》、《说卦》、《文言》。读《易》,韦编三绝",他去过孔子故里,寻访过相关故事,且问学于孔安国,故孔子与《易》之关系,本无可怀疑,前人于此问题,实在不该花去如此多的心思。此问题本书在内编、外编中多所论列。马王

---

① [汉]司马迁撰:《史记》(全10册),北京:中华书局,1959年版,第3125页。

② [汉]班固撰:《汉书》(全12册),北京:中华书局,1962年版,第3607页。

堆帛书《要》记载了孔子和子贡讨论《易》学："夫子老而好《易》，居则在席，行则在囊。"至于孔子传《易》源流，最初乃孔子对二三子口授传述，包括子夏、商瞿、子贡、曾子都曾问《易》、论《易》，在辗转传承中，于战国辑录为"十翼"。所以保留了一些直接称"子曰"的文字。

《史记·仲尼弟子列传》曰：

> 商瞿，鲁人，字子木。少孔子二十九岁。孔子传《易》于瞿，瞿传楚人馯臂子弘，弘传江东人矫子庸疵，疵传燕人周子家竖，竖传淳于人光子乘羽，羽传齐人田子庄何，何传东武人王子中同，同传菑川人杨何。何元朔中以治《易》为汉中大夫。①

《汉书·儒林传》曰：

> 自鲁商瞿子木受《易》孔子，以授鲁桥庇子庸。子庸授江东馯臂子弓。子弓授燕周丑子家。子家授东武孙虞子乘。子乘授齐田何子装。及秦禁学，《易》为筮卜之书，独不禁，故传受者不绝。汉兴，田何以齐田徙杜陵，号杜田生。②

孔门《易》学再传于楚人馯臂子弘（弓），由楚再外传至燕、齐，汉之《易》，乃齐之《易》也。今本《易传》确有楚地痕迹，高亨《周易大传今注》云：

> 《彖传》多有韵语，《象传》中之爻象传皆是韵语。我对此曾加以研究，知其韵字多超越先秦时期北方诗歌如《易经》卦爻辞及《诗经》等之藩篱，而与南方诗歌如《楚辞》中之屈宋赋及《老》、《庄》书中之韵语之界畔相合。先秦时期，尚无韵书，作者行文押韵，皆根据其方言读法，出于自然，非由矫作，然则《彖传》、《象传》之作者必皆是南方人。③

而田何则有田齐王氏血统。"汉兴，田何以齐田徙杜陵，号杜田生"，由

---

① ［汉］司马迁撰：《史记》（全10册），北京：中华书局，1959年版，第2211页。

② ［汉］班固撰：《汉书》（全12册），北京：中华书局，1962年版，第3597页。

③ 高亨著：《周易大传今注》，济南：齐鲁书社，1979年版，第7页。

此记载知田何属战国田齐王族之后。《汉书·地理志》曰:"汉兴,立都长安,徙齐诸田,楚昭、屈、景及诸功臣家于长陵。后世世徙吏二千石、高訾富人及豪桀并兼之家于诸陵。盖亦以强干弱支,非独为奉山园也。"①又据《汉书·高帝纪》载汉五年(公元前 202 年)"后九月,徙诸侯子关中",六年(公元前 201 年)"十一月,徙齐、楚大族昭氏、屈氏、景氏、怀氏、田氏五姓关中,与利田宅",知田何徙关中乃在高帝五年后九月或六年十一月。那么,田何之学乃是战国时代齐国之《易》学也。

子路为蒲邑宰问题:

《礼记·檀弓》:子路去鲁。谓颜渊曰:"何以赠我?"曰:"吾闻之也,去国,则哭于墓而后行;反其国不哭,展墓而入。"谓子路曰:"何以处我?"子路曰:"吾闻之也,过墓则式,过祀则下。"②(按:子路与卫国颇有因缘,孔子周游自卫返鲁后,子路离鲁赴卫谋职,为蒲邑宰,与颜回告别。此后子路往返于鲁、卫,故颜回讲了"去国",又讲"返国"。此则材料系于本年为妥。而且从《论语·先进篇》"子路、曾皙、冉有、公西华侍坐"章来看,子路其时尚未赴蒲邑之任,而且觉得邑小,于是放言治理"千乘之国"。)

《孔子家语·致思》:子路为蒲宰,为水备,与其民修沟渎。以民之劳烦苦也,人与之一箪食、一壶浆。孔子闻之,使子贡止之。子路忿然不悦,往见孔子曰:"由也以暴雨将至,恐有水灾,故与民修沟洫以备之。而民多匮饿,是以箪食壶浆而与之。夫子使赐止之,是夫子止由之行仁也。夫子以仁教而禁其行,由不受也。"孔子曰:"汝以民为饿也,何不白于君,发仓廪以赈之而私以尔食馈之,是汝明君之无惠而见己之德美矣。汝速已则可,不已,则汝之见罪必矣。"③

《孔子家语·辨政》:子路治蒲三年,孔子过之,入其境,曰:"善哉!由也恭敬以信矣。"入其邑,曰:"善哉!由也忠信以宽矣。"至庭,曰:"善哉!由也明察以断矣。"子贡执辔而问曰:"夫了未见由之政,而三称其善,其善可得闻乎?"孔子曰:"吾见其政矣。入其境,田畴尽易,草莱甚辟,沟洫深治,此其恭敬以信,故其民尽力也。入其邑,墙屋完固,树木甚茂,此其忠信

①　[汉]班固撰:《汉书》(全 12 册),北京:中华书局,1962 年版,第 1642 页。
②　[清]孙希旦撰,沈啸寰、王星贤点校:《礼记集解》(全 3 册),北京:中华书局,1989 年版,第 283 页。
③　王国轩、王秀梅译注:《孔子家语》,北京:中华书局,2011 年版,第 80 页。

以宽,故其民不偷也。至其庭,庭其清闲,诸下用命,此其言明察以断,故其政不扰也。以此观之,虽三称其善,庸尽其美乎!"①《韩诗外传》卷六也载此事。(按:"子路治蒲三年,孔子过之,入其境",因而子路治蒲的始年,应是本年,孔子才可能三年后过访。因为三年后闰十二月子路死于卫之乱。)

• 公元前 **482** 年,鲁哀公十三年,孔子七十一岁。

•《礼记·杂记下》载:"恤由之丧,哀公使孺悲之孔子,学士丧礼。《士丧礼》于是乎书。"②《论语·阳货篇》又载:"孺悲欲见孔子,孔子辞以疾。将命者出户,取瑟而歌,使之闻之。"③从这两则材料的矛盾之处,可以发现本来哀公亲自问政,如今将孔子当礼学专家而非政治家对待,便派遣孺悲问礼于孔子。这折射了对孔子参政的冷落,时间应在两年前哀公向孔子频繁问政之后,故系于本年。

• 此年季氏旅于泰山,孔子怒冉有不救。

•《论语·八佾》:季氏旅于泰山。子谓冉有曰:"女弗能救与?"对曰:"不能。"子曰:"呜呼!曾谓泰山不如林放乎?"④

•《论语·季氏》:季氏将伐颛臾。冉有、季路见于孔子曰:"季氏将有事于颛臾。"孔子曰:"求!无乃尔是过与?夫颛臾,昔者先王以为东蒙主,且在邦域之中矣,是社稷之臣也。何以伐为?"冉有曰:"夫子欲之,吾二臣者皆不欲也。"孔子曰:"求!周任有言曰:'陈力就列,不能者止。'危而不持,颠而不扶,则将焉用彼相矣?且尔言过矣,虎兕出于柙,龟玉毁于椟中,是谁之过与?"冉有曰:"今夫颛臾,固而近于费。今不取,后世必为子孙忧。"孔子曰:"求!君子疾夫舍曰欲之而必为之辞。丘也闻有国有家者,不患寡而患不均,不患贫而患不安。盖均无贫,和无寡,安无倾。夫如是,故远人不服,则修文德以来之。既来之,则安之。今由与求也,相夫子,远人不服,而不能来也;邦分崩离析,而不能守也;而谋动干戈于邦内。吾恐季孙之忧,不在颛臾,而在萧墙之内也。"⑤

---

① 王国轩、王秀梅译注:《孔子家语》,北京:中华书局,2011 年版,第 179 页。

② [清]孙希旦撰,沈啸寰、王星贤点校:《礼记集解》(全 3 册),北京:中华书局,1989 年版,第 1115 页。

③ [宋]朱熹撰:《四书章句集注》,北京:中华书局,1983 年版,第 180 页。

④ [宋]朱熹撰:《四书章句集注》,北京:中华书局,1983 年版,第 62 页。

⑤ [宋]朱熹撰:《四书章句集注》,北京:中华书局,1983 年版,第 169—170 页。

（按：孔子没有与季氏直接对话，当是季氏绕过孔子与闻朝政的程序。孔子只好与先后当过季氏宰的子路、冉有谈话，而谈话中直接指责的是冉有，因为他是现职的季氏宰，负有直接责任。冉有大概觉得此事比"季氏旅于泰山"更重大，不敢单独向老师面陈，又不能不面陈，只好拉上老资格的子路作陪。准情度理，以系于本年为宜。而到了鲁悼公时期，季氏衰落到只有费作为立足点，甚至被称为"费君"。而本来作为鲁之附庸的东夷小国颛臾，在今山东平邑县东南三十里之固城，地邻于费。看来季氏将伐颛臾，是一种未雨绸缪的流产了的策划。）

【文献记载】

《汉书·郊祀志》：

> 后二世，至敬王时，晋人杀苌弘。是时，季氏专鲁，旅于泰山，仲尼讥之。[1]

马融《论语注》：

> 旅，祭名也。礼，诸侯祭山川在其封内者。今陪臣祭泰山，非礼也。冉有，弟子冉求，时仕于季氏。救，犹止也。[2]

包咸《论语注》：

> 神不享非礼。林放尚知问礼，泰山之神反不如林放邪？欲诬而祭之。[3]

邢昺《论语注疏》：

> 云："旅，祭名"者，《周礼·太宗伯职》云："国有大故，明旅上帝及四望。"郑注云："故，谓凶裁。旅，陈也，陈其祭事以祈焉，礼不如祀之

---

[1]　［汉］班固撰：《汉书》（全12册），北京：中华书局，1962年版，第1199页。
[2]　李学勤主编：《十三经注疏·论语注疏》，北京：北京大学出版社，1999年版，第31页。
[3]　李学勤主编：《十三经注疏·论语注疏》，北京：北京大学出版社，1999年版，第31页。

备也。"故知"旅,祭名"也。云"礼,诸侯祭山川在其封内者",《王制》云"诸侯祭名山大川之在其地者"是也。云"今陪臣祭泰山,非礼也"者,陪,重也。诸侯既为天子之臣,故谓诸侯之臣为陪臣。泰山在鲁封内,故鲁得祭之。今季氏亦祭,故云非礼。①

【考证】

《论语·八佾篇》所载显示,此时冉有已经是季氏宰,"子谓冉有",则孔子已经返鲁。言泰山不如林放,《八佾篇》又载:"林放问礼之本。子曰:'大哉问！礼,与其奢也,宁俭;丧,与其易也,宁戚。"②郑玄《论语注》曰:"林放,鲁人。"③古文献未载林放何时问礼,其问礼当在讥讽季氏旅泰山之前,所以孔子对其关心礼之本,印象颇深,姑系于此年。

- 公元前 **481** 年,鲁哀公十四年,孔子七十二岁。春,鲁哀公西狩获麟,以为不祥。仲尼观之,曰:"吾道穷矣！"
- 此年孔子修毕《春秋》,定其限起自鲁隐公元年,终于鲁哀公十四年。《孟子·滕文公下》云:"世衰道微,邪说暴行有作,臣弑其君者有之,子弑其父者有之。孔子惧,作《春秋》。《春秋》,天子之事也。是故孔子曰:'知我者其惟《春秋》乎！罪我者其惟《春秋》乎！'"④隐公元年,五星聚于箕;哀公十四年,西狩获麟。
- 《论语·述而》:子曰:"述而不作,信而好古,窃比于我老彭。"⑤老彭,乃商朝初年的贤大夫。《大戴礼记·虞戴德》记载孔子对鲁哀公曰:"昔商老彭及仲傀,政之教大夫,官之教士,技之教庶人。扬则抑,抑则扬,缀以德行,不任以言,庶人以言,犹以夏后氏之衬怀袍褐也,行不越境。"⑥这是孔子三年前对鲁哀公说的话。至本年成《春秋》,"笔则笔,削则削,子夏之徒不能赞一辞",自认为是殷人的孔子,才借殷初贤人的故事,昵称"我老彭",以说明作《春秋》的旨趣方法。故《述而》首章,应系于本年。以往每有

① 李学勤主编:《十三经注疏·论语注疏》,北京:北京大学出版社,1999年版,第31页。
② [清]阮元校刻:《十三经注疏》(全2册),北京:中华书局,1980年版,第2466页。
③ [清]阮元校刻:《十三经注疏》(全2册),北京:中华书局,1980年版,第2466页。
④ [宋]朱熹撰:《四书章句集注》,北京:中华书局,1983年版,第272页。
⑤ [宋]朱熹撰:《四书章句集注》,北京:中华书局,1983年版,第93页。
⑥ [清]王聘珍撰,王文锦点校:《大戴礼记解诂》,北京:中华书局,1983年版,第178页。

把老彭分拆为老聃、彭祖者,误,不可取。

•六月五日甲午,齐陈恒弑其君壬于舒州。孔丘三日斋,而请伐齐三。公曰:"鲁为齐弱久矣,子之伐之,将若之何?"对曰:"陈恒弑其君,民之不与者半。以鲁之众加齐之半,可克也。"公曰:"子告季孙。"孔子辞,退而告人曰:"吾以从大夫之后也,故不敢不言。"

•颜回卒,年四十二岁。《论语·先进》记载:孔子曰:"噫,天丧予! 天丧予!"①又载:颜回之父颜路请子之车以为之椁。子曰:"才不才,亦各言其子也。鲤也死,有棺而无椁。吾不徒行以为之椁。以吾从大夫之后,不可徒行也。"②又载:门人欲厚葬颜回。子曰:"不可。"门人厚葬之,子曰:"回也视予犹父也,予不得视犹子也。非我也,夫二三子也。"③

•《论语·子罕》:子曰:"凤鸟不至,河不出图,吾已矣夫!"④

•《论语·先进》:颜渊死,子哭之恸。从者曰:"子恸矣!"曰:"有恸乎?非夫人之为恸而谁为?"⑤

•《论语·雍也》:哀公问:"弟子孰为好学?"孔子对曰:"有颜回者好学,不迁怒,不贰过,不幸短命死矣。今也则亡,未闻好学者也。"⑥

•《宪问》:陈成子弑简公。孔子沐浴而朝,告于哀公曰:"陈恒弑其君,请讨之。"公曰:"告夫三子!"孔子曰:"以吾从大夫之后,不敢不告也。君曰'告夫三子'者!"之三子告,不可。孔子曰:"以吾从大夫之后,不敢不告也。"⑦

•《礼记·礼运》:昔者仲尼与于蜡宾,事毕,出游于观之上,喟然而叹。仲尼之叹,盖叹鲁也。言偃在侧曰:"君子何叹?"孔子曰:"大道之行也,与三代之英,丘未之逮也,而有志焉。大道之行也,天下为公。选贤与能,讲信修睦。故人不独亲其亲,不独子其子,使老有所终,壮有所用,幼有所长,矜寡孤独废疾者,皆有所养。男有分,女有归。货,恶其弃于地也,不必藏于己。力,恶其不出于身也,不必为己。是故,谋闭而不兴,盗窃乱贼而不

---

① 〔宋〕朱熹撰:《四书章句集注》,北京:中华书局,1983 年版,第 125 页。
② 〔宋〕朱熹撰:《四书章句集注》,北京:中华书局,1983 年版,第 124 页。
③ 〔宋〕朱熹撰:《四书章句集注》,北京:中华书局,1983 年版,第 125 页。
④ 〔宋〕朱熹撰:《四书章句集注》,北京:中华书局,1983 年版,第 111 页。
⑤ 〔宋〕朱熹撰:《四书章句集注》,北京:中华书局,1983 年版,第 125 页。
⑥ 〔宋〕朱熹撰:《四书章句集注》,北京:中华书局,1983 年版,第 84 页。
⑦ 〔宋〕朱熹撰:《四书章句集注》,北京:中华书局,1983 年版,第 154—155 页。

作,故外户而不闭。是谓大同。今大道既隐,天下为家,各亲其亲,各子其子,货力为己,大人世及以为礼,城郭沟池以为固,礼义以为纪。以正君臣,以笃父子,以睦兄弟,以和夫妇,以设制度,以立田里,以贤勇知,以功为己。故谋用是作,而兵由此起。禹、汤、文、武、成王、周公,由此其选也。此六君子者,未有不谨于礼者也。以著其义,以考其信,著有过,刑仁讲让,示民有常。如有不由此者,在执者去,众以为殃。是谓小康。"①

（按:孔子参加年终蜡祭,祭百神毕而叹鲁,申述"大道之行也,天下为公"的历史理想通则。孔子唯有学《易》传《易》,又修完《春秋》之后,才可能出现如此"从心所欲不逾矩"的精神境界,总览古今,融贯天人。"西狩获麟"产生的精神震撼,使之发出永远启迪人之心灵的"天问"。子游"少孔子四十五岁",聆听这番感慨时二十七岁,开头以"昔者"二字引出全文,已是多年后的忆述。）

【文献记载】

1. 西狩获麟与《礼运》

《春秋》:十有四年春,西狩获麟。②

《左传·哀公十四年》:十四年春,西狩于大野,叔孙氏之车子鉏商获麟,以为不祥,以赐虞人。仲尼观之,曰:"麟也。"然后取之。③

《公羊传·哀公十四年》:十有四年春,西狩获麟。何以书? 记异也。何异尔? 非中国之兽也。然则孰狩之? 薪采者也。薪采者则微者也,曷为以狩言之? 大之也。曷为大之? 为获麟大之也。曷为为获麟大之? 麟者,仁兽也。有王者则至,无王者则不至。有以告者曰:"有麇而角者。"孔子曰:"孰为来哉! 孰为来哉!"反袂拭面,涕沾袍。

……

西狩获麟,孔子曰:"吾道穷矣。"《春秋》何以始乎隐? 祖之所逮闻也,所见异辞,所闻异辞,所传闻异辞。何以终乎哀十四年? 曰:"备矣!"君子曷为为《春秋》? 拨乱世,反诸正,莫近诸《春秋》。则未知其为是与? 其诸君子乐道尧、舜之道与? 末不亦乐乎尧、舜之知君子也? 制《春秋》之义,以

①　[清]阮元校刻:《十三经注疏》(全 2 册),北京:中华书局,1980 年版,第 1413—1414 页。
②　杨伯峻编著:《春秋左传注》(全 4 册),北京:中华书局,1990 年版,第 1680 页。
③　杨伯峻编著:《春秋左传注》(全 4 册),北京:中华书局,1990 年版,第 1682 页。

侯后圣，以君子之为，亦有乐乎此也。①

《穀梁传·哀公十四年》：十有四年春，西狩获麟。引取之也。狩地不地，不狩也。非狩而曰狩，大获麟，故大其适也。其不言来，不外麟于中国也。其不言有，不使麟不恒于中国也。

《史记·孔子世家》：鲁哀公十四年春，狩大野。叔孙氏车子鉏商获兽，以为不祥。仲尼视之，曰："麟也。"取之。曰："河不出图，雒不出书，吾已矣夫！"颜渊死，孔子曰："天丧予！"及西狩见麟，曰："吾道穷矣！"喟然叹曰："莫知我夫！"子贡曰："何为莫知子？"子曰："不怨天，不尤人，下学而上达，知我者其天乎！"

子曰："弗乎弗乎，君子病没世而名不称焉。吾道不行矣，吾何以自见于后世哉？"乃因史记作春秋，上至隐公，下讫哀公十四年，十二公。据鲁，亲周，故殷，运之三代。约其文辞而指博。故吴楚之君自称王，而春秋贬之曰"子"；践土之会实召周天子，而春秋讳之曰"天王狩于河阳"：推此类以绳当世。贬损之义，后有王者举而开之。春秋之义行，则天下乱臣贼子惧焉。②

《史记·儒林列传》：西狩获麟，曰"吾道穷矣"。故因史记作春秋，以当王法，其辞微而指博，后世学者多录焉。③

《孔子家语·辨物》：叔孙氏之车士曰子鉏商，采薪于大野，获麟焉，折其前左足，载以归，叔孙以为不祥，弃之于郭外。使人告孔子曰："有麕而角者，何也？"孔子观之，曰："麟也。胡为来哉？胡为来哉？"反袂拭面，涕泣沾衿。叔孙闻之，然后取之。子贡问曰："夫子何泣尔？"孔子曰："麟之至，为明王也，出非其时而害，吾是以伤焉。"④

《说苑·贵德》：是以孔子历七十二君，冀道之一行而得施其德，使民生于全育，烝庶安土，万物熙熙，各乐其终，卒不遇，故睹麟而泣，哀道不行，德泽不洽，于是退作春秋，明素王之道，以示后人，恩施其惠，未尝辍忘，是以百王尊之，志士法焉，诵其文章，传今不绝，德及之也。⑤

---

① 李学勤主编：《十三经注疏·春秋公羊传注疏》，北京：北京大学出版社，1999 年版，第618－628 页。

② ［汉］司马迁撰：《史记》（全 10 册），北京：中华书局，1959 年版，第 1942－1943 页。

③ ［汉］司马迁撰：《史记》（全 10 册），北京：中华书局，1959 年版，第 3115 页。

④ 王国轩、王秀梅译注：《孔子家语》，北京：中华书局，2011 年版，第 218 页。

⑤ ［汉］刘向撰，向宗鲁校证：《说苑校证》，北京：中华书局，1987 年版，第 95－96 页。

《孔丛子·记问》:叔孙氏之车子曰鉏商,樵于野而获兽焉。众莫之识,以为不祥,弃之五父之衢。冉有告夫子曰:"今何在?吾将观焉。"遂往,谓其御高柴曰:"若求之言,其必麟乎!"到视之,果信。言偃问曰:"飞者宗凤,走者宗麟,为其难至也。敢问今见其,其谁应之?"子曰:"天子布德,将致太平,则麟、凤、龟、龙先为之祥,今宗周将灭,天下无主,孰为来哉?"遂泣曰:"予之于人,犹麟之于兽也,麟出而死,吾道穷矣。"乃歌曰:"唐虞世兮麟凤游,今非其时吾何求?麟兮麟兮我心忧!"①

(按:这里与《礼运》篇一样,又是言偃问,孔子答。"唐虞世兮麟凤游"的超越现实的意识,与《礼运》式的"天问",有其一脉相通之处。)

《孔子家语·礼运》:孔子为鲁司寇,与于蜡。既宾事毕,乃出游于观之上,喟然而叹。言偃侍,曰:"夫子何叹也?"孔子曰:"昔大道之行,与三代之英,吾未之逮也,而有记焉。大道之行,天下为公,选贤与能,讲信修睦。故人不独亲其亲,不独子其子。老有所终,壮有所用,矜寡孤疾皆有所养。货恶其弃于地,不必藏于己;力恶其不出于身,不必为人。是以奸谋闭而不兴,盗窃乱贼不作,故外户不闭。谓之大同。今大道既隐,天下为家,各亲其亲,各子其子。货则为己,力则为人。大人世及以为常,城郭沟池以为固。禹、汤、文、武、成王、周公由此而选,未有不谨于礼。礼之所兴,与天地并。如有不由礼而在位者,则以为殃。"②

〔按:此文与《礼记·礼运》相比勘,有两个重要差异:(一)将《礼记》没有明示的时间,改动为"孔子为鲁司寇,与于蜡"。汉人整理先秦文献,增加些许文字交待时间、地点、背景,是常见的惯例,即所谓"辨章学术,考镜源流"。这对于后人读懂先秦古籍,提供了方便,但增添之处常常掺杂着汉人的理解,甚至误判。比如这里把孔子的"礼运"之言,定位为鲁司寇时期,固然由于孔府人士将孔子相鲁看作家族至高荣耀。同时也感到孔子为布衣时,不可能参加鲁国蜡祭;周游列国途中也失去参加蜡祭的可能。因而有了如此的时间定位。其不知,孔子身居要职时,首先要处理三桓僭越,及堕三都一类要务,没有离开现实大谈超越性、批判性很强的大同小康的心理契机;其次,孔子为鲁司寇在鲁定公十年(公元前 500 年),五十三岁。"少

---

① 傅亚庶撰:《孔丛子校释》(《新编诸子集成续编》),北京:中华书局,2011 年版,第 97 页。
② 王国轩、王秀梅译注:《孔子家语》,北京:中华书局,2011 年版,第 361－363 页。

孔子四十五岁"的子游才八岁,恐怕还没有进入孔门,更无从设想孔子与这么一个小孩交谈如此深邃的大道了。(二)这里对禹、汤、文、武、成王、周公"此六君子者,未有不谨于礼者也。以著其义,以考其信,著有过,刑仁讲让,示民有常",进行改动,删除"是谓小康"的说法,以便更符合以礼治国的司寇身份。但是没有大同、小康的比较,这段话的理想主义也就大为减色。〕

2. 孔子请伐齐

《左传·哀公十四年》:甲午,齐陈恒弑其君壬于舒州。孔丘三日齐(斋),而请伐齐三。公曰:"鲁为齐弱久矣,子之伐之,将若之何?"对曰:"陈恒弑其君,民之不与者半。以鲁之众加齐之半,可克也。"公曰:"子告季孙。"孔子辞,退而告人曰:"吾以从大夫之后也,故不敢不言。"[1]

《史记·鲁周公世家》:十四年,齐田常弑其君简公于徐州。孔子请伐之,哀公不听。[2]

《孔子家语·正论解》:齐陈恒弑其简公,孔子闻之,三日沐浴而适朝,告于哀公曰:"陈恒弑其君,请伐之。"公弗许。三请,公曰:"鲁为齐弱久矣,子之伐也,将若之何?"对曰:"陈恒弑其君,民之不与者半。以鲁之众,加齐之半,可克也。"公曰:"子告季氏。"孔子辞,退而告人曰:"以吾从大夫之后,吾不敢不告也。"[3]

3. 颜回卒

《公羊传·哀公十四年》:颜渊死,子曰:"噫!天丧予。"

《史记·孔子世家》:颜渊死,孔子曰:"天丧予!"[4]

《史记·仲尼弟子列传》:颜回者,鲁人也,字子渊。少孔子三十岁。回年二十九,发尽白,早死。孔子哭之恸,曰:"自吾有回,门人益亲。"鲁哀公问:"弟子孰为好学?"孔子对曰:"有颜回者好学,不迁怒,不贰过。不幸短命死矣,今也则亡。"[5]

《礼记·檀弓》:颜渊之丧,馈祥肉,孔子出受之,入弹琴,而后食之。[6]

---

[1]　杨伯峻编著:《春秋左传注》(全4册),北京:中华书局,1990年版,第1689页。
[2]　[汉]司马迁撰:《史记》(全10册),北京:中华书局,1959年版,第1545页。
[3]　王国轩、王秀梅译注:《孔子家语》,北京:中华书局,2011年版,第481页。
[4]　[汉]司马迁撰:《史记》(全10册),北京:中华书局,1959年版,第1942页。
[5]　[汉]司马迁撰:《史记》(全10册),北京:中华书局,1959年版,第2187-2188页。
[6]　[清]阮元校刻:《十三经注疏》(全2册),北京:中华书局,1980年版,第1283页。

《孔子家语·七十二弟子解》:颜回,鲁人,字子渊,年二十九而发白,三十一早死。孔子曰:"自吾有回,门人日益亲。"回之德行著名,孔子称其仁焉。①

《孔子家语·曲礼子夏问》:颜回死,鲁定公吊焉,使人访于孔子。孔子对曰:"凡在封内,皆臣子也。礼,君吊其臣,升自东阶,向尸而哭,其恩赐之,施不有也。"计也又竹器也。②

【考证】

1. 西狩获麟

《公羊传》、《榖梁传》皆终《春秋》于此年。杜预注以为"绝笔于获麟之一句,所感而作,故所以为终也"。关于获麟与《春秋》终笔的关系,历史上的讨论实在是汗牛充栋,但主流观念相对集中于"祥瑞"之说上。战国秦汉学者认为麟乃王者之应,春秋末纪,天下纲纪大乱,王者之迹熄,故不当有麟而现,故孔子曰:"孰为来哉!孰为来哉!"反袂拭面,涕沾袍,且悲叹"吾道穷矣"。正因麟乃王者之应,故西汉儒生又生出麟乃孔子当素王之应,且造作谶纬之书,云孔子预言了刘氏之王。王利器《风俗通义校注》引证颇精要,录之如下:

> 杜预《春秋左氏传序》:"说者以为仲尼自卫反鲁,修春秋,立素王,丘明为素臣。"《正义》曰:"麟是帝王之瑞,故有素王之说。言孔子自以身为素王,故作《春秋》,立素王之法;丘明自以身为素臣,故为素王作左氏之传。汉、魏诸儒,皆为此说。董仲舒《对策》云:'孔子作《春秋》,先正王而系以万事,是素王之文焉。'贾逵《春秋序》云:'孔子览史记,就是非之说,立素王之法。'郑玄《六艺论》云:'孔子既西狩获麟,自号素王,为后世受命之君,制明王之法。'卢钦《公羊序》云:'孔子自因鲁史记而修《春秋》,制素王之道。'是先儒皆言孔子立素王也。《孔子家语》称齐太史子余叹美孔子言曰:'天其素王之乎!'素,空也,言无位而空王之也。彼子余美孔子之深,原上天之意,故为此言耳,非是孔子自号为素王,先儒盖因此而谬,遂言《春秋》立素王之法,左丘明述仲尼之

---

① 王国轩、王秀梅译注:《孔子家语》,北京:中华书局,2011 年版,第 424 页。
② 王国轩、王秀梅译注:《孔子家语》,北京:中华书局,2011 年版,第 550 页。

道,故复以为素臣。其言丘明为素臣,未知谁所说也。"(《困学纪闻》八袭用《正义》此文)今案《淮南·主术》篇:"专行教道,以成素王。"《论衡·超奇》篇:"孔子作春秋以示王意,然则孔子之《春秋》,素王之业也;诸子之传书,素相之事也。"又《定贤》篇:"孔子不王,素王之业,在于《春秋》。"《太史公自序》:"壶遂曰:'孔子作《春秋》,垂空文以断礼义,当一王之法。'"《史记·儒林传》:"因史记作《春秋》,以当王法,其辞微而旨博。"《文选》曹摅《思友人诗》注引《论语崇爵谶》:"子夏共撰仲尼微言,以当素王。"①

素王之义本于祥瑞之说,是西汉《春秋》学的新产物,并逐步神秘化,因此也遭到了古今许多学者的批评,如王充《论衡·指瑞》篇曰:

> 《春秋》曰:"西狩获死麟,人以示孔子。孔子曰:'孰为来哉?孰为来哉?'反袂拭面,泣涕沾襟。"儒者说之,以为天以麟命孔子,孔子不王之圣也。夫麟为圣王来,孔子自以不王,而时王鲁君无感麟之德,怪其来而不知所为,故曰:"孰为来哉?孰为来哉?"知其不为治平而至,为己道穷而来,望绝心感,故涕泣沾襟。以孔子言"孰为来哉",知麟为圣王来也。曰:前孔子之时,世儒已传此说。孔子闻此说,而希见其物也,见麟之至,怪所为来。实者,麟至无所为来,常有之物也,行迈鲁泽之中,而鲁国见其物,遭获之也。孔子见麟之获,获而又死,则自比于麟,自谓道绝不复行,将为小人所媒获也。故孔子见麟而自泣者,据其见得而死也,非据其本所为来也。然则麟之至也,自与兽会聚也,其死,人杀之也。使麟有知,为圣王来,时无圣王,何为来乎?思虑深,避害远,何故为鲁所获杀乎?夫以时无圣王而麟至,知不为圣王来也;为鲁所获杀,知其避害不能远也。圣兽不能自免于难,圣人亦不能自免于祸。祸难之事,圣者所不能避,而云凤麟思虑深,避害远,妄也。②

由此,后世学者也逐渐否定了《春秋》与孔子的关系,径将《春秋》视为

---

① ［汉］应劭撰,王利器校注:《风俗通义校注》(全2册):北京,中华书局,1981年版,第317—318页。

② 黄晖撰:《论衡校释》(全4册),北京:中华书局,1990年版,第744—746页。

鲁史。至于"微言大义"云云，更是少有学者信从了。但是，如果我们仔细分析《春秋》，尤其是其所记灾异，还是很难直接否定《春秋》的某种深层用意。如《春秋》记日食三十六次①，且僖公十五年（公元前645年）日食不存在，襄公二十年（公元前553年）日食曲阜不可见，并非真实记录，且《公羊》、《穀梁》、《左传》均是如此记录，错简可能性极低。另外值得注意的是《春秋》每记一次日食，就有一国国君的崩卒，三十六日食，三十六君被弑，从本年谱所录日食亦可见这一点。故《汉书·天文志》曰：

> 夫天运三十岁一小变，百年中变，五百年大变，三大变一纪，三纪而大备，此其大数也。春秋二百四十二年间，日食三十六，彗星三见，夜常星不见，夜中星陨如雨者各一。当是时，祸乱辄应，周室微弱，上下交怨，杀君三十六，亡国五十二，诸侯奔走不得保其社稷者不可胜数。②

日食与弑君数的相同，及日食发生日与某君被弑的"预示关系"，均说明《春秋》记日食有着某种特殊用意。战国秦汉学者也多次论及于此，如《汉书》卷三十六所载刘向奏议曰：

> 《易》曰："观乎天文，以察时变。"昔孔子对鲁哀公，并言夏桀、殷纣暴虐天下，故历失则摄提失方，孟陬无纪，此皆易姓之变也。……观孔子之言，考暴秦之异，天命信可畏也。及项籍之败，亦孛大角。汉之入秦，五星聚于东井，得天下之象也。孝惠时，有雨血，日食于冲，灭光星见之异。孝昭时，有泰山卧石自立，上林僵柳复起，大星如月西行，众星随之，此为特异。孝宣兴起之表，天狗夹汉而西，久阴不雨者二十余日，昌邑不终之异也。皆著于《汉纪》。观秦、汉之易世，览惠、昭之无后，察昌邑之不终，视孝宣之绍起，天之去就，岂不昭昭然哉！③

---

① 《汉书·五行志》：凡春秋十二公，二百四十二年，日食三十六。《穀梁》以为朔二十六，晦七，夜二，二日一。《公羊》以为朔二十七，二日七，晦二。《左氏》以为朔十六，二日十八，晦一，不书日者二。

② ［汉］班固撰：《汉书》（全12册），北京：中华书局，1962年版，第1300—1301页。

③ ［汉］班固撰：《汉书》（全12册），北京：中华书局，1962年版，第1964页。

　　古人将自然现象与人事现象相互关联的"非逻辑的连续性"思考方式，并不是从西汉或战国才开始的，《周易》中象与事的关联，《诗经》中"比兴"的运用都隐含了这种思考方式，所以不可贸然否定它。在今天看起来非理性的思考方式，在当时却是一种先验的理性，从古文献的记载不难看出这一点。再如《春秋》为何开始于隐公元年？这很可能也与自然现象相关，这一年 11 月中旬，五星聚于箕。这在古人可是一个大事件，美国汉学家班大为对武王克商年代的研究就向我们展示了五星相聚对历史事件的重要影响。汉代学者谈到刘邦王天下的合理性、合法性时，亦反复言及汉元年五星聚于东井，如《史记·张耳传》载曰：

　　　　田荣欲树党于赵以反楚，乃遣兵从陈余。陈余因悉三县兵袭常山王张耳，张耳败走，念诸侯无可归者，曰："汉王与我有旧故，而项羽又强，立我，我欲之楚。"甘公曰："汉王之入关，五星聚东井，东井者，秦公也。先至必霸，楚虽强，后必属汉。"故耳走汉。①

《宋书·天文志》引古《星传》曰：

　　　　四星若合，是谓太阳，其国兵丧并起，君子忧，小人流。五星若合，是谓易行。有德受庆，攻立王者，奄有四方；无德受罚，离其国家，灭其宗庙。②

沈约云：

　　　　今案遗文所存，五星聚者有三：周、汉以王，齐以霸。（自注）周将伐殷，五星聚房。齐桓将霸，五星聚箕。汉高入秦，五星聚东井。③

　　故隐公元年（公元前 722 年）五星聚于箕的天象，被认为是齐桓公将霸的"预示"，诸侯称霸，则王者之迹熄，《春秋》作也。这正如文王受命也是受

---

①　［汉］司马迁撰：《史记》（全 10 册），北京：中华书局，1959 年版，第 2581 页。
②　［梁］沈约撰：《宋书》（全 8 册），北京：中华书局，1974 年版，第 735 页。
③　［梁］沈约撰：《宋书》（全 8 册），北京：中华书局，1974 年版，第 735—736 页。

到了五星相聚的"天命预示"一样。故而,《春秋》之作,确有某种"大义"在,不可武断否定之。再加上散布于《春秋》字里行间的褒贬避讳,材料的剪裁取舍所隐含的礼的价值观,因此也不可武断否定这部著作与孔子的关系。《孟子》之所谓"是故孔子曰:'知我者其惟《春秋》乎! 罪我者其惟《春秋》乎!'"并非虚言。由此看,司马迁的话还是有道理的,《汉书·儒林传》曰:

> (孔子)叙《书》则断《尧典》,称《乐》则法《韶舞》,论《诗》则首《周南》,缀周之礼,因鲁《春秋》,举十二公行事,绳之以文武之道,成一王法,至获麟而止。①

也因这种历史哲学的影响,《史记》、《汉书》均设十二本纪,明确其与《春秋》史观的精神联系。

2. 颜回卒

颜渊本年卒,时年三十二岁,对此年岁也多争议。颜渊之死,《公羊传》、《史记·孔子世家》所载明确,在哀公十四年春西狩获麟前后。夫子是时已泣麟矣,而颜渊、子路先后俱死,因连呼丧予祝予,而有道穷之叹。颜渊、子路之卒与获麟时间接近,古书记载亦可证。如《春秋繁露·随本消息》:

> 颜渊死,子曰:"天丧予。"子路死,子曰:"天祝予。"西狩获麟,曰:"吾道穷,吾道穷。"三年,身随而卒。②

《论语》载,孔子谓颜渊"不幸短命死矣"。《尚书·洪范》:"六极:一曰凶、短、折。"孔安国曰:短未六十,折未三十也。钱穆以为,孔传虽伪,自是古训。故年四十二而卒,亦可谓"短命"。且,若颜子少孔子四十岁,孔子五十五岁去鲁,颜子尚在学龄,十五即从也。此虽非必不可有之事,而似以少三十为尤近情理。故钱穆先生认为颜回卒时,年四十二。钱先生的考证似显牵强。古说颜回十八岁卒,尤不可信。黄晖《论衡校释》综众说,而平议

---

① [汉]班固撰:《汉书》(全12册),北京:中华书局,1962年版,第3589页。
② 苏舆撰,钟哲点校:《春秋繁露义证》,北京:中华书局,1992年版,第137页。

之曰：

　　《淮南·精神训》高注云："颜渊十八而卒。"此云年十八登太山，据《书虚》篇谓颜渊登太山即发白齿落而死，是亦谓年十八而卒也。俗说与高同。《后汉·郎颛传》，颛上书荐黄琼、李固曰："颜子十八，天下归仁。"是汉时多有此说。仲任谓年三十，未知何据。《列子·力命》篇云："颜渊之才，不出众人之下，而寿四八。"是谓颜子三十二而卒也。《家语·弟子解》同。（今本误作"三十一"。《史记弟子传索隐》、《公羊哀十四年疏》引，并作"三十二"。《论语·雍也》篇、《先进》篇邢疏并云"三十二而卒"，即本《家语》也。）《三国志·吴志·孙登传》，登年三十三卒，临终上疏曰："颜回夭折，臣过其寿。"然则颜子之寿，汉、魏人俱谓其在三十上下，非王肃私说也。《四书考异》云："颜子之死，在哀公十四年，实后伯鱼死二年，时当四十一岁。"江永《孔子年谱》谓"哀公十三年，孔子七十一岁，颜子卒"。是颜渊四十岁。《拜经日记》云："颜子之死，必与获麟、子路死、夫子卒相先后。"并力驳王肃之非。张惟骧《疑年录汇编》："颜子三十二岁，生周景王二十四年庚辰，卒敬王三十年辛亥。"①

清徐鼒《读书杂释》卷十又曰：

　　按王肃伪《家语》云"颜渊少孔子三十岁。二十九岁而发白，三十一岁早死"，盖据《史记》而妄增之。阎百诗、毛西河、江慎修诸儒，据颜渊从夫子事迹考之，谓颜渊卒当孔子七十一岁，非六十一岁。古二、三、三字易混，"二十九岁而发白"，当是三十九岁而发白。"三十一岁早死"，当是三十一岁早死。此语可谓破千古之惑，不独二、三、三字体易混，且汉《石经》三十字作"卅"，四十字作"卌"，唐以前经典多用之，安知非廿、卅、卌之讹邪。②

---

①　黄晖撰：《论衡校释》（全 4 册），北京：中华书局，1990 年版，第 1081 页。
②　［清］徐鼒著，阎振益、锺夏点校：《读书杂释》，北京：中华书局，1997 年版，第 165－166 页。

故称颜回卒时三十二岁，应是古文中，三字作三横，四字作四横，形近而生混淆所致。颜回卒于四十二岁，与子贡、仲弓、冉有是同辈弟子，已是孔门中坚。

- 公元前 **480** 年，鲁哀公十五年，孔子七十三岁。
- 孔子由子贡陪同，到卫国蒲邑看望子路。《韩诗外传》卷六载："子路治蒲三年，孔子过之。入境而善之曰：'由，恭敬以信矣。'入邑曰：'善哉！由，忠信以宽矣。'至庭曰：'善哉！由，明察以断矣。'子贡执辔而问曰：'夫子未见由，而三称善。可得闻乎？'孔子曰：'入其境，田畴草莱甚辟，此恭敬以信，故民尽力。入其邑，墉屋甚尊，树木甚茂，此忠信以宽，其民不偷。入其庭甚闲，此明察以断，故民不扰也。'"①
- 《论语·子罕》：子疾病，子路使门人为臣。病间，曰："久矣哉，由之行诈也。无臣而为有臣。吾谁欺？欺天乎？且予与其死于臣之手也，无宁死于二三子之手乎？且予纵不得大葬，予死于道路乎？"②（"为臣"，即成立治丧组织。从只有子路操持，而且孔子说"予死于道路乎"，可知此事应发生在孔子到子路蒲邑之时。）
- 《春秋》哀公十五年：秋八月，大雩。（按：《公羊传》桓公五年云：大雩者何，旱祭也。何休解诂：祭言大雩，大旱可知也。君亲之南郊，以六事谢过，……使童男女各八人，舞而呼雩，故谓之雩。）竹书云：鲁邦大旱，哀公谓孔子："子不为我图之？"孔子答曰："邦大旱，毋乃失诸刑与德乎？"反对瘗埋珪璧币帛向山川神灵求雨，并与子贡议论及"币帛于山川，毋乃不可。夫山，石以为肤，木以为民，如天不雨，石将焦，木将死，其欲雨，或甚于我，何必恃乎名乎？夫川，水以为肤，鱼以为民，如天不雨，水将涸，鱼将死，其欲雨，或甚于我，何必恃乎名乎？"③
- 《左传》哀公十五年：秋，齐陈瓘（陈恒兄，字子玉）如楚。过卫，仲由见之，曰："天或者以陈氏为斧斤，既斫丧公室，而他人有之，不可知也；其使终飨之，亦不可知也。若善鲁以待时，不亦可乎！何必恶焉？"子玉曰："然，

① ［汉］韩婴撰，许维遹校释：《韩诗外传集释》，北京：中华书局，1980 年版，第 205－206 页。
② ［宋］朱熹撰：《四书章句集注》，北京：中华书局，1983 年版，第 112 页。
③ 马承源主编：《上海博物馆藏战国楚竹书》（二），上海：上海古籍出版社，2002 年版，第 204－210 页。

吾受命矣,子使告我弟。"①

· 孔子闻卫乱,曰:"柴也其来,由也死矣。"子路在卫蒙难。时在鲁哀公十五年闰十二月。

·《论语·公冶长》:子贡问曰:"孔文子何以谓之文也?"子曰:"敏而好学,不耻下问,是以谓之文也。"②

【文献记载】

《左传·哀公十五年》:

卫孔圉取大子蒯聩之姊,生悝。孔氏之竖浑良夫长而美,孔文子卒,通于内。大子在戚,孔姬使之焉。大子与之言曰:"苟使我入获国,服冕乘轩,三死无与。"与之盟,为请于伯姬。

闰月(闰十二月),良夫与大子入,舍于孔氏之外圃。昏,二人蒙衣而乘,寺人罗御,如孔氏。孔氏之老栾宁问之,称姻妾以告。遂入,适伯姬氏。既食,孔伯姬杖戈而先,大子与五人介,舆猳从之。迫孔悝于厕,强盟之,遂劫以登台。栾宁将饮酒,炙未熟,闻乱,使告季子。(按:子路也,时为卫大夫孔悝之邑宰。)召获驾乘车,行爵食炙,奉卫侯辄来奔。

季子将入,遇子羔将出,曰:"门已闭矣。"季子曰:"吾姑至焉。"子羔曰:"弗及,不践其难。"季子曰:"食焉,不辟其难。"子羔遂出。子路入,及门,公孙敢门焉,曰:"无入为也。"季子曰:"是公孙,求利焉而逃其难。由不然,利其禄,必救其患。"有使者出,乃入。曰:"大子焉用孔悝?虽杀之,必或继之。"且曰:"大子无勇,若燔台,半,必舍孔叔。"大子闻之,惧,下石乞、盂黡敌子路。以戈击之,断缨。子路曰:"君子死,冠不免。"结缨而死。孔子闻卫乱,曰:"柴也其来,由也死矣。"③

《公羊传·哀公十四年》:

<hr>

① 杨伯峻编著:《春秋左传注》(全4册),北京:中华书局,1990年版,第1692—1693页。

② [宋]朱熹撰:《四书章句集注》,北京:中华书局,1983年版,第79页。

③ 杨伯峻编著:《春秋左传注》(全4册),北京:中华书局,1990年版,第1694—1696页。

子路死,子曰:"噫!天祝予。"①

《史记·仲尼弟子列传》:

仲由字子路,卞(春秋鲁邑,今山东泗水县东四十二里卞桥)人也。少孔子九岁。子路为蒲(春秋卫邑,今河南长垣县)大夫,辞孔子。孔子曰:"蒲多壮士,又难治。然吾语汝:恭以敬,可以执勇;宽以正,可以比众;恭正以静,可以报上。"

初,卫灵公有宠姬曰南子。灵公太子蒉聩得过南子,惧诛出奔。及灵公卒而夫人欲立公子郢。郢不肯,曰:"亡人太子之子辄在。"于是卫立辄为君,是为出公。出公立十二年,其父蒉聩居外,不得入。子路为卫大夫孔悝之邑宰。蒉聩乃与孔悝作乱,谋入孔悝家,遂与其徒袭攻出公。出公奔鲁,而蒉聩入立,是为庄公。方孔悝作乱,子路在外,闻之而驰往。遇子羔出卫城门,谓子路曰:"出公去矣,而门已闭,子可还矣,毋空受其祸。"子路曰:"食其食者不避其难。"子羔卒去。有使者入城,城门开,子路随而入。造蒉聩,蒉聩与孔悝登台。子路曰:"君焉用孔悝?请得而杀之。"蒉聩弗听。于是子路欲燔台,蒉聩惧,乃下石乞、壶黡攻子路,击断子路之缨。子路曰:"君子死而冠不免。"遂结缨而死。

孔子闻卫乱,曰:"嗟乎,由死矣!"已而果死。故孔子曰:"自吾得由,恶言不闻于耳。"②

《史记·卫康叔世家》:

(卫出公)十二年,初,孔圉文子取太子蒯聩之姊,生悝。孔氏之竖浑良夫美好,孔文子卒,良夫通于悝母。太子在宿,悝母使良夫于太子。太子与良夫言曰:"苟能入我国,报子以乘轩,免子三死,毋所与。"与之盟,许以悝母为妻。闰月,良夫与太子入,舍孔氏之外圃。昏,二

---

① 李学勤主编:《十三经注疏·春秋公羊传注疏》,北京:北京大学出版社,1999年版,第624页。

② [汉]司马迁撰:《史记》(全10册),北京:中华书局,1959年版,第2191—2194页。

人蒙衣而乘，宦者罗御，如孔氏。孔氏之老栾宁问之，称姻妾以告。遂入，适伯姬氏。既食，悝母杖戈而先，太子与五人介，舆猳从之。伯姬劫悝于厕，强盟之，遂劫以登台。栾宁将饮酒，炙未熟，闻乱，使告仲由。召护驾乘车，行爵食炙，奉出公辄奔鲁。

仲由将入，遇子羔将出，曰：“门已闭矣。”子路曰：“吾姑至矣。”子羔曰：“不及，莫践其难。”子路曰：“食焉不辟其难。”子羔遂出。子路入，及门，公孙敢阖门，曰：“毋入为也。”子路曰：“是公孙也。求利而逃其难。由不然，利其禄，必救其患。”有使者出，子路乃得入。曰：“太子焉用孔悝。虽杀之，必或继之。”且曰：“太子无勇。若燔台，必舍孔叔。”太子闻之，惧，下石乞、孟黡敌子路，以戈击之，割缨。子路曰：“君子死，冠不免。”结缨而死。孔子闻卫乱，曰：“嗟乎！柴也其来乎，由也其死矣。”孔悝竟立太子蒯聩，是为庄公。①

《说苑·政理》：

子路治蒲，见于孔子曰：“由愿受教。”孔子曰：“蒲多壮士，又难治也。然吾语汝，恭以敬，可以摄勇；宽以正，可以容众；恭以洁，可以亲上。”②

《韩诗外传》卷六：

子路治蒲三年，孔子过之。入境而善之曰：“由，恭敬以信矣。”入邑曰：“善哉！由，忠信以宽矣。”至庭曰：“善哉！由，明察以断矣。”子贡执辔而问曰：“夫子未见由，而三称善。可得闻乎？”孔子曰：“入其境，田畴草莱甚辟，此恭敬以信，故民尽力。入其邑，墉屋甚尊，树木甚茂，此忠信以宽，其民不偷。入其庭甚闲，此明察以断，故民不扰也。”《诗》曰：“夙兴夜寐，洒扫庭内。”③

①　［汉］司马迁撰：《史记》（全10册），北京：中华书局，1959年版，第1599—1601页。

②　［汉］刘向撰，向宗鲁校证：《说苑校证》，北京：中华书局，1987年版，第163页。

③　［汉］韩婴撰，许维遹校释：《韩诗外传集释》，北京：中华书局，1980年版，第205—206页。

《孔子家语·曲礼子夏问》：

> 子路与子羔仕于卫，卫有蒯聩之难。孔子在鲁，闻之曰："柴也其来，由也死矣。"既而卫使至，曰："子路死焉。"夫子哭之于中庭，有人吊者，而夫子拜之，已哭，进使者而问故，使者曰："醢之矣。"遂令左右皆覆醢，曰："吾何忍食此。"①

《礼记·檀弓上》：

> 孔子哭子路于中庭，有人吊者，而夫子拜之。既哭，进使者而问故。使者曰："醢之矣。"遂命覆醢。②

【考证】

子路卒于此年，时年六十四岁。《史记·仲尼弟子列传》载，"子路为蒲大夫"；又卫出公十二年，即鲁哀公十四年，"子路为卫大夫孔悝之邑宰"。钱穆认为，蒲本甯氏邑，后归公叔氏。疑公叔畔后，乃归孔氏。则此年子路辞孔子，为蒲大夫，即孔氏邑宰，逢卫乱而卒。

孔圉（孔文子）卒于此年稍前。《孔子家语·正论解》：卫孔文子使太叔疾出其妻，而以其女妻之。疾诱其初妻之娣，为之立宫，与文子女，如二妻之礼。文子怒，将攻之。孔子舍璩伯玉之家，文子就而访焉。孔子曰："簠簋之事，则尝闻学之矣。兵甲之事，未之闻也。"退而命驾而行，曰："鸟则择木，木岂能择鸟乎？"文子遽自止之，曰："圉也岂敢度其私哉！亦防卫国之难也。"③

刘向《列女传》卷七《孽嬖传》：卫二乱女者，南子及卫伯姬也。南子者，宋女，卫灵公之夫人，通于宋子朝，太子蒯聩知而恶之，南子谗太子于灵公曰："太子欲杀我。"灵公大怒蒯聩，蒯聩奔宋。灵公薨，蒯聩之子辄立，是为出公。卫伯姬者，蒯聩之姊也，孔文子之妻，孔悝之母也。悝相出公。文子卒，姬与孔氏之竖浑良夫淫。姬使良夫于蒯聩，蒯聩曰："子苟能内我于国，

---

① 王国轩、王秀梅译注：《孔子家语》，北京：中华书局，2011年版，第542页。
② ［清］阮元校刻：《十三经注疏》（全2册），北京：中华书局，1980年版，第1275页。
③ 王国轩、王秀梅译注：《孔子家语》，北京：中华书局，2011年版，第479页。

报子以乘轩,免子三死。"与盟,许以姬为良夫妻。良夫喜,以告姬,姬大悦,良夫乃与蒯聩入舍孔氏之圃。昏时二人蒙衣而乘,遂入至姬所。已食,姬杖戈先太子与五介胄之士,迫其子悝于厕,强盟之。出公奔鲁,子路死之,蒯聩遂立,是为庄公。杀夫人南子,又杀浑良夫。庄公以戎州之乱,又出奔,四年而出公复入。将入,大夫杀孔悝之母而迎公。二女为乱五世,至悼公而后定。诗云:"相鼠有皮,人而无仪。人而无仪,不死何为",此之谓也。①

故可知,孔文子乃孔悝之父,大概在此前不久亡故,本谱权将《论语》孔子与子贡的对话列于此年。

【时事考异】

《史记·卫康叔世家》亦载子路之死,文字与《左传》基本一致。但时间在哀公十四年闰月,而非十五年。在这一点上与《公羊传》时间一致。

• **公元前 479 年,鲁哀公十六年,夏四月己丑,孔子卒。葬于鲁城北之泗水之上。**

• **此年卫孔悝出奔宋。楚国发生白公胜之乱。**

【文献记载】

《春秋·哀公十六年》:

> 夏四月己丑,孔丘卒。②

《左传·哀公十六年》:

> 夏四月己丑,孔丘卒。公诔之曰:"旻天不吊,不憖遗一老。俾屏余一人以在位,茕茕余在疚。呜呼哀哉!尼父。无自律。"子赣曰:"君其不没于鲁乎!夫子之言曰:'礼失则昏,名失则愆。'失志为昏,失所为愆。生不能用,死而诔之,非礼也。称一人,非名也。君两失之。"③

---

① 张涛撰:《列女传译注》,济南:山东大学出版社,1990 年版,第 288 页。
② 杨伯峻编著:《春秋左传注》(全 4 册),北京:中华书局,1990 年版,第 1697 页。
③ 杨伯峻编著:《春秋左传注》(全 4 册),北京:中华书局,1990 年版,第 1698 页。

《史记·孔子世家》：

　　明岁，子路死于卫。孔子病，子贡请见。孔子方负杖逍遥于门，曰："赐，汝来何其晚也？"孔子因叹，歌曰："太山坏乎！梁柱摧乎！哲人萎乎！"因以涕下。谓子贡曰："天下无道久矣，莫能宗予。夏人殡于东阶，周人于西阶，殷人两柱间。昨暮予梦坐奠两柱之间，予始殷人也。"后七日卒。

　　孔子年七十三，以鲁哀公十六年四月己丑卒。

　　孔子葬鲁城北泗上，弟子皆服三年。三年心丧毕，相诀而去，则哭，各复尽哀；或复留。唯子赣庐于冢上，凡六年，然后去。弟子及鲁人往从冢而家者百有余室，因命曰孔里。鲁世世相传以岁时奉祠孔子冢，而诸儒亦讲礼乡饮大射于孔子冢。孔子冢大一顷。故所居堂弟子内，后世因庙藏孔子衣冠琴车书，至于汉二百余年不绝。高皇帝过鲁，以太牢祠焉。诸侯卿相至，常先谒然后从政。[1]

《孔子家语·终记解》：

　　孔子蚤晨作，负手曳杖，逍遥于门，而歌曰："泰山其颓乎！梁木其坏乎！哲人其萎乎！"既歌而入，当户而坐。

　　子贡闻之，曰："泰山其颓，则吾将安仰？梁木其坏，吾将安杖？哲人其萎，吾将安放？夫子殆将病也。"遂趋而入。

　　夫子叹而言曰："赐，汝来何迟？予畴昔梦坐奠于两楹之间。夏后氏殡于东阶之上，则犹在阼。殷人殡于两楹之间，则与宾主夹之。周人殡于西阶之上，则犹宾之。而丘也即殷人。夫明王不兴，则天下其孰能宗余？余逮将死。"遂寝病，七日而终，时年七十二矣。

　　哀公诔曰："昊天不吊，不慭遗一老，俾屏余一人以在位，茕茕余在疚。于乎哀哉！尼父，无自律。"子贡曰："公其不没于鲁乎？夫子有言曰：'礼失则昏，名失则愆。'失志为昏，失所为愆。生不能用，死而诔之，非礼也。称一人，非名，君两失之矣。"

---

　① 　[汉]司马迁撰：《史记》（全10册），北京：中华书局，1959年版，第1944—1946页。

　　既卒,门人所以服夫子者,子贡曰:"昔夫子之丧颜回也,若丧其子而无服,丧子路亦然,今请丧夫子如丧父而无服。"于是弟子皆吊服而加麻,出有所之,则由绖。子夏曰:"入宜绖可居,出则不绖。"子游曰:"吾闻诸夫子丧朋友,居则绖,出则否,丧所尊虽绖,而出可也。"

　　孔子之丧,公西掌殡葬焉,唅以疏米三具,袭衣十有一称,加朝服一,冠章甫之冠,佩象环,径五寸而组绶,桐棺四寸,柏棺五寸,饬庙置翣,设披周也,设崇殷也,绸练设旐夏也。兼用三王礼,所以尊师且备古也。葬于鲁城北泗水上,藏入地,不及泉而封,为偃斧之形,高四尺,树松柏为志焉。弟子皆家于墓,行心丧之礼。

　　既葬,有自燕来观者,舍于子夏氏,子贡谓之曰:"吾亦人之葬圣人,非圣人之葬人,子奚观焉? 昔夫子言曰:见吾封若夏屋者,见若斧矣,从若斧者也。马鬣封之谓也。今徒一日三斩板而以封,尚行夫子之志而已,何观乎哉?"二三子三年丧毕,或留或去,惟子贡庐于墓六年。自后群弟子及鲁人处于墓如家者百有余家,因名其居曰孔里焉。[1]

(《礼记·檀弓上》部分与之相同。)
《史记·周本纪》:

　　(厨敬王)四十一年,楚灭陈。孔子卒。[2]

《史记·秦本纪》:

　　孔子以悼公十二年卒。[3]

《史记·鲁周公世家》:

　　(鲁哀公)十六年,孔子卒。[4]

①　王国轩、王秀梅译注:《孔子家语》,北京:中华书局,2011年版,第449—454页。
②　[汉]司马迁撰:《史记》(全10册),北京:中华书局,1959年版,第157页。
③　[汉]司马迁撰:《史记》(全10册),北京:中华书局,1959年版,第198页。
④　[汉]司马迁撰:《史记》(全10册),北京:中华书局,1959年版,第1545页。

《史记·燕召公世家》：

（燕献公）十四年，孔子卒。①

《史记·陈杞世家》：

（陈愍公）二十四年，楚惠王复国，以兵北伐，杀陈湣公，遂灭陈而有之。是岁，孔子卒。②

《史记·卫康叔世家》：

（卫庄公）二年，鲁孔丘卒。③

《史记·晋世家》：

（晋定公）三十三年，孔子卒。④

《史记·郑世家》：

（郑声公）二十二年，楚惠王灭陈。孔子卒。⑤

《白虎通义》：

《檀弓》曰："孔子卒，所以受鲁君之墙玉葬鲁城北。"⑥

---

① ［汉］司马迁撰：《史记》（全 10 册），北京：中华书局，1959 年版，第 1553 页。
② ［汉］司马迁撰：《史记》（全 10 册），北京：中华书局，1959 年版，第 1583 页。
③ ［汉］司马迁撰：《史记》（全 10 册），北京：中华书局，1959 年版，第 1602 页。
④ ［汉］司马迁撰：《史记》（全 10 册），北京：中华书局，1959 年版，第 1685 页。
⑤ ［汉］司马迁撰：《史记》（全 10 册），北京：中华书局，1959 年版，第 1775 页。
⑥ ［清］陈立撰，吴则虞点校：《白虎通义疏证》（全 2 册），北京：中华书局，1994 年版，第 558—559 页。

【考证】

孔子卒于此年，时年七十四岁。杜预《春秋左传集解》曰："仲尼既告老去位，犹书'卒'者，鲁之君臣，宗其圣德，殊而异之。鲁襄二十二年生，至今七十三也。四月十八日，乙丑，无己丑。己丑，五月十二日。日月必有误。"①

与《公羊》、《穀梁》经止于哀公十四年（公元前481年）不同，《春秋》左氏经文止于哀公十六年，传文至哀公二十七年止，杜预解之：

> 孔子作《春秋》，终于"获麟"之一句，《公羊》、《穀梁》经是也。弟子欲记圣师之卒，故采《鲁史记》以续夫子之经，而终于此。丘明因随而作传，终于哀公。从此已下，无复经矣。②

汉人多言孔子七十三岁，但若按出生后第二年为二岁算，则孔子七十四岁。钱大昕《十驾斋养新录》卷二《孔子生年月日》条云：

> 考贾逵注《左传》，于襄公二十一年云："此年仲尼生。"又昭二十四年，服虔《注》引贾逵说云："仲尼时年三十五。"是汉儒皆以孔子生在襄廿一也。……自襄廿一年至哀十六年实七十四算，而贾云年"七十三"者，古人以周岁始增年也。《史记》谓生于襄廿二年、年七十三，则以相距之岁计之。③

据钱穆先生《先秦诸子系年考辨·孔子卒年考》，《左传·襄公三十一年》疏有云："公羊传于二十一年下云，十有一月庚子孔子生。穀梁传于二十一年十月之下云，庚子孔子生。二十一年，贾逵经注经云：此言孔子生，哀十六年夏四月己丑卒，七十三年。"④钱穆以为，此谓是岁距前七十三年，非谓孔子七十三岁。古人亦持此见，司马贞《史记索隐》曰：

---

① ［清］阮元校刻：《十三经注疏》（全2册），北京：中华书局，1980年版，第2177页。
② ［清］阮元校刻：《十三经注疏》（全2册），北京：中华书局，1980年版，第2177页。
③ ［清］钱大昕撰：《十驾斋养新录》，南京：江苏古籍出版社，2000年版，第43页。
④ ［清］阮元校刻：《十三经注疏》（全2册），北京：中华书局，1980年版，第2016页。

若孔子以鲁襄二十一年生,至哀十六年为七十三;若襄二十二年生,则孔子年七十二。①

孔子卒后四百年,司马迁为之作《孔子世家》云:

太史公曰:《诗》有之:"高山仰止,景行行止。"虽不能至,然心乡往之。余读孔氏书,想见其为人。适鲁,观仲尼庙堂车服礼器,诸生以时习礼其家,余祗回留之不能去云。天下君王至于贤人众矣,当时则荣,没则已焉。孔子布衣,传十余世,学者宗之。自天子王侯,中国言"六艺"者折中于夫子,可谓至圣矣!②

---

① [汉]司马迁撰:《史记》(全 10 册),北京:中华书局,1959 年版,第 1945 页。
② [汉]司马迁撰:《史记》(全 10 册),北京:中华书局,1959 年版,第 1947 页。

年谱后编:《论语》编纂、流布、定型编年

• 公元前478年,鲁哀公十七年。孔子弟子见于记载者,有本年《左传》:公会齐侯,盟于蒙,孟武伯相。齐侯稽首,公拜。齐人怒,武伯曰:"非天子,寡君无所稽首。"武伯问于高柴曰:"诸侯盟,谁执牛耳?"季羔曰:"鄫衍之役,吴公子姑曹;发阳之役,卫石魋。"武伯曰:"然则彘(孟武伯之名)也。"①

• 众弟子为孔子守心丧三年期间(公元前479—前477年),搜集、回忆、记录夫子往日之言行,进行《论语》最初的编纂、结集。

•《论语》最初的编纂者,郑玄《论语序》云:《论语》乃"仲弓、子游、子夏等撰"。晋傅玄《傅子》云:"昔仲尼既殁,仲弓之徒,追论夫子之言,谓之《论语》。其后邹之君子孟子舆,拟其体著七篇,谓之《孟子》。"两汉之际《论语崇爵谶》云:"子夏等六十四人,共撰仲尼微言。"

【文献记载】

《汉书·艺文志》:《论语》者,孔子应答弟子、时人及弟子相与言而接闻于夫子之语也。当时弟子各有所记,夫子既卒,门人相与辑而论纂,故谓之《论语》。②

陆德明《经典释文》:夫子既终,微言已绝,弟子恐离居已后各生异见,而圣言永灭,故相与论撰,因时贤及古明王之语,合成一法,谓之《论语》。③

【考证】

《汉书·艺文志》将《论语》编纂时间,系于"夫子既卒";《经典释文》则系于"夫子既终",即鲁哀公十六年(公元前479年)四月孔子卒后不久。孔子丧期必有祭祀,祭祀之日,必有斋戒。《礼记·祭义》云:"齐(斋)之日,思其居处,思其笑语,思其志意,思其所乐,思其所嗜。齐(斋)三日,乃见其所为齐(斋)者。祭之日,入室,僾然必有见乎其位。周旋出户,肃然必有闻乎

---

① 杨伯峻编著:《春秋左传注》(全4册),北京:中华书局,1990年版,第1698页。

② 〔汉〕班固撰:《汉书》(全12册),北京:中华书局,1962年版,第1717页。

③ 〔唐〕陆德明撰,黄焯断句:《经典释文》,北京:中华书局,1983年版,第15页。

其容声。出户而听,忾然必有闻乎其叹息之声。"①斋戒极尽虔诚,于是产生幻觉,子弟复睹夫子音容笑貌,这是追思忆述孔子与弟子门人言行的极好心理契机。至于祭祀,也须达到"祭如在"的虔诚。祭祀追思,始于孔子卒年鲁哀公十六年;汇总材料的重要时段,则应是鲁哀公十七年,故系于本年。

仲弓何许人也? 清人汪中《荀卿子通论》说:"《史记》载孟子受业于子思之门人,于荀卿则未详焉。今考其书始于《劝学》,终于《尧问》,篇次实仿《论语》。《六艺论》云:《论语》,子夏、仲弓合撰。《风俗通》云:穀梁为子夏门人。而《非相》、《非十二子》、《儒效》三篇,每以仲尼、子弓并称。子弓之为仲弓,犹子路之为季路。知荀卿之学,实出于子夏、仲弓也。"②钱穆《先秦诸子系年》在汪中之外,又提供了一些考辨:"荀子书屡称仲尼、子弓,杨倞注(见《非相》)子弓盖仲弓也。元吴莱亦主其说。俞樾曰:'仲弓称子弓,犹季路称子路。子路、子弓,其字也。曰季曰仲,至五十而加以伯仲也。'今按,后世常兼称孔、颜,荀卿独举仲尼、子弓,盖子弓之于颜回,其德业在伯仲之间,其年辈亦略相当,孔门前辈有颜回、子弓,犹后辈之有游、夏。子曰:'雍也可使南面。'则孔子之称许仲弓,故其至也。"

汪中、俞樾、钱穆指认《荀子》称仲弓为"子弓",其三篇之文字如下:

一、《非相篇》:

帝尧长,帝舜短;文王长,周公短;仲尼长,子弓短。③

二、《非十二子篇》:

案饰其辞而祗敬之,曰此真先君子之言也,子思唱之,孟轲和之,世俗之沟犹瞀儒嚾嚾然不知其所非也,遂受而传之,以为仲尼、子游为兹厚于后世,是则子思、孟轲之罪也。……圣人之不得势者也,仲尼、

---

① [清]孙希旦撰,沈啸寰、王星贤点校:《礼记集解》(全3册),北京:中华书局,1989年版,第1208—1209页。

② [清]王先谦撰,沈啸寰、王星贤点校:《荀子校释》(全2册),北京:中华书局,1988年版,第22页。

③ [清]王先谦:《荀子集解》(《诸子集成》二),北京:中华书局,1954年版,第46页。

子弓是也。……上则法禹、舜之制,下则法仲尼、子弓之义。①

三、《儒效篇》:

　　　　非大儒莫之能立,仲尼、子弓是也。②

从荀子称许孔子、仲弓为圣人,可以感受到,身居德行科的仲弓,在孔子身后,有取代颜回的势头。因而他在《论语》篇章政治学中留下意味深长的踪影。这是通向汉儒的学术脉络。

黄宗羲《宋元学案》卷七十五《絜斋学案》引袁甫《经筵讲义》:

　　　　臣观夫子答仲弓问仁,与答颜子之意,一也。说者但知夫子告颜子以克己复礼,而不知告仲弓者,亦克己复礼,而初无异旨也。……然则,勿施不欲,即克之谓;大祭大宾,即复礼之谓;而邦家无怨,即所谓天下归仁。夫子之告仲弓,即其告颜子之旨也。回、雍皆在德行之科,足以传夫子之道,故雍也请事斯语,亦奋然承当,与颜渊一同。③

【杂录】

《礼记·檀弓上》:孔子之丧,门人疑所服。子贡曰:"昔者夫子之丧颜渊,若丧子而无服,丧子路亦然。请丧夫子,若丧父而无服。"

孔子之丧,公西赤为志焉,饰棺墙、置翣、设披,周也。设崇,殷也。绸练、设旐,夏也。……孔子之丧,二三子皆绖(绖,在头上或腰间结麻带)而出,群居则绖,出则否。④

《礼记·檀弓上》:孔子之丧,有自燕来观者,舍于子夏氏。子夏曰:"圣人之葬人与? 人之葬圣人也。子何观焉? 昔者夫子言之曰:'吾见封之若

---

①　[清]王先谦撰,沈啸寰、王星贤点校:《荀子集解》(全 2 册),北京:中华书局,1988 年版,第 94—97 页。

②　[清]王先谦撰,沈啸寰、王星贤点校:《荀子校释》(全 2 册),北京:中华书局,1988 年版,第 138 页。

③　[清]黄宗羲原著、全祖望补修,陈金声、梁运华点校:《宋元学案》(全 4 册),北京:中华书局,1986 年版,第 2533 页。

④　[清]阮元校刻:《十三经注疏》(全 2 册),北京:中华书局,1980 年版,第 1284—1285 页。

堂者矣,见若坊者矣,见若覆夏屋者矣,见若斧者矣。从若斧者焉,马鬣封之谓也。'一日而三斩板,而已封,尚行夫子之志乎哉!"①

《孔子家语·终记解》:(夫子)既卒,门人疑所以服夫子者。子贡曰:"昔夫子之丧颜回也,若丧其子,而无服。丧子路亦然。今请丧夫子如丧父,而无服。"于是弟子皆吊服而加麻。出有所之,则由绖。子夏曰:"入宜绖可也,出则不绖。"子游曰:"吾闻诸夫子,丧朋友,居则绖,出则否。丧所尊,虽绖而出,可也。"

孔子之丧,公西掌殡葬焉。唅以疏米三具,袭衣十有一称,加朝服一,冠章甫之冠,珮象环,径五寸而綥组绶。桐棺四寸,柏椁五寸。饬棺墙,置翣,设披,周也。设崇,殷也;绸练,设旐,夏也。兼用三王礼,所以尊师,且备古也。葬于鲁城北泗水上,藏入地。不及泉。而封为偃斧之形,高四尺,树松柏为志焉。弟子皆家于墓,行心丧之礼。

既葬,有自燕来观者,舍于子夏氏。子夏谓之曰:"吾亦人之葬圣人,非圣人之葬人。子奚观焉?昔夫子言曰:'吾见封若夏屋者,见若斧矣。从若斧者也。'马鬣封之谓也。今徒一日三斩板而以封,尚行夫子之志而已。何观乎哉?"二三子三年丧毕,或留或去,惟子贡庐于墓六年。自后群弟子及鲁人处墓如家者,百有余家,因名其居曰孔里焉。②

• 公元前 477 年,鲁哀公十八年。夏五月,孔子弟子守丧毕(《礼记·三年问》云:"三年之丧,二十五月而毕。"),各自散去,孔门思想与学术更广泛地传播至诸侯列国。

•《孟子·滕文公上》:昔者,孔子没,三年之外,门人治任将归,入揖于子贡,相向而哭,皆失声,然后归。子贡反,筑室于场,独居三年,然后归。他日,子夏、子张、子游以有若似圣人,欲以所事孔子事之,强曾子。曾子曰:"不可。江、汉以濯之,秋阳以暴之,皓皓乎不可尚已!"③

•《史记·仲尼弟子列传》也佐证了这一点:有若,少孔子四十三岁(应是三十六岁)。有若曰:"礼之用,和为贵,先王之道斯为美。小大由之,有所不行;知和而和,不以礼节之,亦不可行也。""信近于义,言可复也;恭近

① 〔清〕阮元校刻:《十三经注疏》(全 2 册),北京:中华书局,1980 年版,第 1292 页。
② 王国轩、王秀梅译注:《孔子家语》,北京:中华书局,2011 年版,第 452—454 页。
③ 〔宋〕朱熹撰:《四书章句集注》,北京:中华书局,1983 年版,第 260—261 页。

于礼,远耻辱也;因不失其亲,亦可宗也。"孔子既没,弟子思慕,有若状似孔子,弟子相与共立为师,师之如夫子时也。他日,弟子进问曰:"昔夫子当行,使弟子持雨具,已而果雨。弟子问曰:'夫子何以知之?'夫子曰:'诗不云乎?"月离于毕,俾滂沱矣。"昨暮月不宿毕乎?'他日,月宿毕,竟不雨。商瞿年长无子,其母为取室。孔子使之齐,瞿母请之。孔子曰:'无忧,瞿年四十后当有五丈夫子。'已而果然。问夫子何以知此?"有若默然无以应。弟子起曰:"有子避之,此非子之座也!"[①]

　　•在有若主事的二三年间,对于仲弓、子游、子夏编纂的《论语》初稿,进行再修订,此时子张发挥了很大的作用,才大体形成日后《论语》的篇章学面貌。

　　【考证】

　　《礼记·檀弓下》:

　　　　子张问曰:"《书》云:高宗三年不言,言乃讙。有诸?"仲尼曰:"胡为其不然也? 古者天子崩,王世子听于冢宰三年。"[②]

　　《礼记·檀弓上》记孔子"殆将死"所说:"丘也,殷人也。"[③]西汉伏生《尚书大传》卷二,则从殷人服丧制度上作出解说:"《书》曰:高宗谅暗,三年不言。何谓谅暗也? 传曰:高宗居倚庐,三年不言,百官总己,以听于冢宰,而莫之违,此之谓谅暗。子张曰:'何谓也?'孔子曰:'古者,君薨,王世子听于冢宰,三年不敢服先王之服,履先王之位,而听焉。'以民臣之义则不可一日无君矣。不可一日无君,犹不可一日无天也。以孝子之隐乎? 则孝子三年弗居矣。故曰:义者,彼也。隐者,此也。远彼而近此,则孝子之道备矣。"[④]

　　众弟子为孔子守心孝三年(即25月)之后,孔门应该重新开启,处理公共事务,这是按照孔子承传的殷礼所必然如此。提出孔门重新开启的,就是这位向孔子请教"高宗三年不言,言乃讙"的子张。他们此时推举有若,显然是为了主持儒门事务,而非只是充当祭祀时的"尸"。推有若为"尸"的

---

①　[汉]司马迁撰:《史记》(全10册),北京:中华书局,1959年版,第2216页。
②　[清]阮元校刻:《十三经注疏》(全2册),北京:中华书局,1980年版,第1305页。
③　[清]阮元校刻:《十三经注疏》(全2册),北京:中华书局,1980年版,第1283页。
④　[西汉]伏生撰:《尚书大传》,《四部丛刊》影清刻左海文集本,卷2。

说法，显然不符合《孟子·滕文公上》所说的推举有若"欲以所事孔子事之"，以及《史记·仲尼弟子列传》所说"弟子相与共立为师，师之如夫子时也"。而且也不符合儒家礼制，如《仪礼·士虞礼》云："祝迎尸。"①郑玄注："尸，主也。孝子之祭，不见亲之形象，心无所系，立尸而主意焉。"②《礼记·祭统》又云："夫祭之道，孙为王父尸。"③祭祀时的"尸"，以子思为合适。而此时要重开儒门，必须找一个中年俊才。为何选中有若呢？

《礼记·檀弓上》：

> 有子问于曾子曰："问丧于夫子乎？"曰："闻之矣，丧欲速贫，死欲速朽。"有子曰："是非君子之言也。"曾子曰："参也闻诸夫子也。"有子又曰："是非君子之言也。"曾子曰："参也与子游闻之。"有子曰："然，然则夫子有为言之也。"曾子以斯言告于子游。子游曰："甚哉！有子之言似夫子也。昔者夫子居于宋，见桓司马自为石椁，三年而不成。夫子曰：'若是其靡也，死不如速朽之愈也。'死之欲速朽，为桓司马言之也。南宫敬叔反，必载宝而朝。夫子曰：'若是其货也，丧不如速贫之愈也。'丧之欲速贫，为敬叔言之也。"曾子以子游之言告于有子，有子曰："然，吾固曰，非夫子之言也。"曾子曰："子何以知之？"有子曰："夫子制于中都，四寸之棺，五寸椁，以斯知不欲速朽也。昔者夫子失鲁司寇，将之荆，盖先之以子夏，又申之以冉有，以斯知不欲速贫也。"④

（按：子游称许"有子之言似夫子也"，与《孟子·滕文公上》"子夏、子张、子游以有若似圣人"，《史记·仲尼弟子列传》推举之言"有若状似孔子"极其相似，而且更进一步。可见这次推举活动，是子张按照孔子遵从的殷制提出，子游推举具体人选有若，得到一批少壮派弟子的赞同。子张、子游后来是儿女亲家，此时关系必已非常密切。曾子虽然反对有若出任，但其时他还不满三十岁，曾门还没有发展到可以左右整个儒门的程度。此时，有若（或其门人）、子张、子游、子夏开始了《论语》的第二轮编纂。至于此轮

①　[清]阮元校刻：《十三经注疏》（全2册），北京：中华书局，1980年版，第1168页。
②　[清]阮元校刻：《十三经注疏》（全2册），北京：中华书局，1980年版，第1168页。
③　[清]阮元校刻：《十三经注疏》（全2册），北京：中华书局，1980年版，第1605页。
④　[清]阮元校刻：《十三经注疏》（全2册），北京：中华书局，1980年版，第1290页。

编纂对《论语》篇章结构的影响,可参看本书内编。)

【杂录】

《孟子·公孙丑上》:子贡、子游、子张,皆得圣人之一体。①

何晏《论语集解叙》皇侃为"义疏"云:《古论》……分《尧曰》后'子张问于孔子曰,如何斯可以从政矣',又别题为一篇也。一是"子张曰士见危致命"为一篇,又一是"子张问孔子从政"为一篇,故凡《论》中有两《子张》篇也。

《礼记·檀弓上》:子张病,召申祥而语之曰:"君子曰终,小人曰死;吾今日其庶几乎?"郑玄注:"申祥,子张子,欲使执丧成己志也。"②

《檀弓上》:曾子谈论"申祥之哭言思",郑玄又注:"说者云,言思,子游之子,申祥妻之昆弟。"③

宋人王应麟《困学纪闻》卷五说:"曾子之子:元,申。子张之子:申祥。子游之子:言思。皆见《檀弓》。"④清人阎若璩按:"言思为申祥妻之昆弟,则子张与子游,儿女姻家也。"⑤

宋代邓名世《古今姓氏书辨证》卷九说:"颛孙:《风俗通》陈公子颛孙,仕鲁,因氏焉。其孙颛孙师,字子张,为孔子弟子,生申祥,娶子游之女。"⑥

清人朱彝尊《曝书亭集》卷五十六:盖孔门自子夏兼通六艺而外,若子木之受《易》,子开之习《书》,子舆之述《孝经》,子贡之问《乐》,有若、仲弓、闵子骞、言游之撰《论语》,而传《士丧礼》者,实孺悲之功也。⑦

• 公元前 474 年,鲁哀公二十一年。子贡庐于冢上守心孝满六年,然后去。三年前众同门揖别子贡,相向而哭,皆失声,未被收入《论语》的材料,可能交由子贡保管;子贡守心孝时间最长,对夫子忆述材料必多,在他离开墓庐时,最好办法是将这些材料交归孔府,作为档案庋藏。

---

① 〔宋〕朱熹撰:《四书章句集注》,北京:中华书局,1983 年版,第 233 页。
② 〔清〕阮元校刻:《十三经注疏》(全 2 册),北京:中华书局,1980 年版,第 1281 页。
③ 〔清〕阮元校刻:《十三经注疏》(全 2 册),北京:中华书局,1980 年版,第 1282 页。
④ 〔宋〕王应麟、〔清〕翁元圻等注,乐保群、田松青、吕宗力校点:《困学纪闻》(全 3 册),上海:上海古籍出版社,2008 年版,第 606 页。
⑤ 〔宋〕王应麟、〔清〕翁元圻等注,乐保群、田松青、吕宗力校点:《困学纪闻》(全 3 册),上海:上海古籍出版社,2008 年版,第 606 页。
⑥ 〔宋〕邓名世撰,王力平点校:《古今姓氏书辨证》,南昌:江西人民出版社,2006 年版,第 139 页。
⑦ 〔清〕朱彝尊撰:《曝书亭集》,文渊阁《四库全书》本,卷 56 "鲁孺子悲"篇。

【文献记载】

《左传》至鲁哀公二十六年,已经可见子贡活动于各国之痕迹:

《左传·哀公二十六年》:

> 卫出公自城鉏使以弓问子赣,且曰:"吾其入乎?"子赣稽首受弓,对曰:"臣不识也。"私于使者曰:"昔(卫)成公孙于陈,宁武子、孙庄子为宛濮之盟而君入。献公孙于齐,子鲜、子展为夷仪之盟而君入。今君再在孙矣(流亡于鲁,又流亡于宋),内不闻献之亲,外不闻成之卿,则赐不识所由入也。《诗》曰:'无竞惟人,四方其顺之。'若得其人,四方以为主,而国于何有?"①

《左传》:(哀公)二十七年春,越子使后庸来聘,且言邾田,封于骀上。二月,盟于平阳,三子(季康子、叔孙文子、孟武伯)皆从。康子病之,言及子赣,曰:"若在此,吾不及此夫!"武伯曰:"然。何不召?"曰:"固将召之。"文子曰:"他日请念。"夏四月己亥,季康子卒。公吊焉,降礼。②

此外,诸文献上有如下有关子贡后期活动之记载。《史记·仲尼弟子列传》:

> 子贡好废举(买贱卖贵),与时转货赀。喜扬人之美,不能匿人之过。常相鲁、卫,家累千金,卒终于齐。……孔子卒,原宪亡在草泽中。子贡相卫,而结驷连骑,排藜藿入穷阎,过谢原宪。宪摄敝衣冠见子贡。子贡耻之,曰:"夫子岂病乎?"原宪曰:"吾闻之,无财者谓之贫,学道而不能行者谓之病。若宪,贫也,非病也。"子贡惭,不怿而去,终身耻其言之过也。③

《史记·货殖列传》:

> 子贡既学于仲尼,退而仕于卫,废著鬻财于曹、鲁之间,七十子之

---

① 杨伯峻编著:《春秋左传注》(全4册),北京:中华书局,1990年版,第1731—1732页。
② 杨伯峻编著:《春秋左传注》(全4册),北京:中华书局,1990年版,第1732—1733页。
③ [汉]司马迁撰:《史记》(全10册),北京:中华书局,1959年版,第2201—2208页。

徒，赐最为饶益。原宪不厌糟糠，匿于穷巷。子贡结驷连骑，束帛之币以聘享诸侯，所至，国君无不分庭与之抗礼。夫使孔子名布扬于天下者，子贡先后之也。此所谓得势而益彰者乎？[①]

西汉韩婴《韩诗外传》卷一：

原宪居鲁，环堵之室，茨以蒿莱。蓬户瓮牖，桷桑而为枢。上漏下湿，匡坐而弦歌。子贡乘肥马，衣轻裘，中绀而表素，轩不容巷，而往见之。原宪楮冠黎杖而应门。正冠则缨绝，振襟则肘见和，纳履则踵决。子贡曰：“嘻。先生何病也。”原宪仰而应之曰：“宪闻之，无财之谓贫，学而不能行之谓病。宪贫也，非病也。若夫希世而行，比周而友，学以为人，教以为己。仁义之匿，车马之饰，衣裘之丽：宪不忍为之也。”子贡逡巡，面有惭色，不辞而去。原宪乃徐步曳杖，歌《商颂》而反。声沦于天地，如出金石。天子不得而臣也，诸侯不得而友也。故养身者忘家，养志者忘身。身且不爱，孰能忝之。《诗》曰：“我心匪石，不可转也。我心匪席，不可卷也。”[②]

刘向《新序·节士》：

原宪居鲁，环堵之室，茨以生蒿，蓬户瓮牖，揉桑以为枢，上漏下湿，匡坐而弦歌。子贡闻之，乘肥马，衣轻裘，中绀而表素，轩车不容巷，往见原宪。原宪冠华冠，杖藜杖而应门。正冠则缨绝，衽襟则肘见，纳履则踵决。子贡曰：“嘻！先生何病也。”原宪仰而应之曰：“宪闻之：无财之谓贫，学而不能行谓之病。宪，贫也，非病也。若夫希世而行，比周而交，学以为人，教以为己，仁义之慝，舆马之饰，宪不忍为也。”子贡逡巡，面有愧色，不辞而去。原宪曳杖拖履，行歌《商颂》而反，如出金石。天子不得而臣也，诸侯不得而友也。故养志者忘身，身且不爱，孰能累之。《诗》曰“我心匪石，不可转也。我心匪席，不可卷

①　[汉]司马迁撰：《史记》（全10册），北京：中华书局，1959年版，第3258页。

②　[汉]韩婴撰，许维遹校释：《韩诗外传集释》，北京：中华书局，1980年版，第11—12页。

也",此之谓也。①

《庄子·让王》：

> 原宪居鲁,环堵之室,茨以生草。蓬户不完,桑以为枢,而瓮牖二室,褐以为塞。上漏下湿,匡坐而弦。子贡乘大马,中绀而表素,轩车不容巷,往见原宪。原宪华冠继履,杖藜而应门。子贡曰:"嘻! 先生何病!"原宪应之曰:"宪闻之,无财谓之贫,学而不能行谓之病。今宪,贫也,非病也。"子贡逡巡而有愧色。原宪笑曰:"夫希世而行,比周而友,学以为人,教以为己,仁义之慝,舆马之饰,宪不忍为也。"②

《列子·杨朱篇》：

> 杨朱曰:"原宪窭于鲁,子贡殖于卫。原宪之窭损生,子贡之殖累身。"③

《史记·儒林列传》：

> 自孔子卒后,七十子之徒散游诸侯,大者为师傅卿相,小者友教士大夫,或隐而不见。故子路居卫,子张居陈,澹台子羽居楚,子夏居西河,子贡终于齐。如田子方、段干木、吴起、禽滑釐之属,皆受业于子夏之伦,为王者师。是时独魏文侯好学。④

赵岐《孟子题辞》：

> 七十子之畴,会集夫子所言,以为《论语》。⑤

---

① [汉]刘向编著,石光瑛校释,陈新整理:《新序校释》(全 2 册),北京:中华书局,2001 年版,第 918—924 页。
② 王先谦撰:《庄子集解》(《诸子集成》三),北京:中华书局,1954 年版,第 191 页。
③ 杨伯峻撰:《列子集释》,北京:中华书局,1979 年版,第 222 页。
④ [汉]司马迁撰:《史记》(全 10 册),北京:中华书局,1959 年版,第 3116 页。
⑤ [清]阮元校刻:《十三经注疏》(全 2 册),北京:中华书局,1980 年版,第 2662 页。

《韩非子·显学》:

> 自孔子之死也,有子张之儒,有子思之儒,有颜氏之儒,有孟氏之儒,有漆雕氏之儒,有仲良氏之儒,有孙氏之儒,有乐正氏之儒。[①]

【考证】

子贡作为颜回、子路故去后,与孔子最为接近的弟子,在孔子丧礼中发挥了牵头作用。《礼记·檀弓》、《史记·孔子世家》、《孔子家语》等文献记载孔子卒前,负杖逍遥于门,子贡入见,孔子曰:"赐,汝来何迟?"足见师徒情谊之亲密。孔子卒后,鲁哀公为诔,站出来批评哀公"生不能用,死而诔之,非礼也"的,也是子贡。孔子葬礼的主领,亦是子贡。《礼记·檀弓》载曰:

> 孔子之丧,门人疑所服。子贡曰:"昔者夫子之丧颜渊,若丧子而无服,丧子路亦然。请丧夫子,若丧父而无服。"[②]

由此不难感受到,子贡是孔子卒后群弟子之首,因此弟子们相与论纂夫子之言行时,子贡应是首倡者。但是,《论语·阳货篇》第十七章"子曰:巧言令色,鲜矣仁",被提前到《论语》首篇《学而》第三章,似乎在隐射着"子贡利口巧舌,孔子常黜其辨"。《论语》中子贡条目虽多,但批评者恐占十之六七。子贡虽然列入十哲,但属于言语科,而且排在宰予之后。比起德行科之仲弓,位置未免低了一等,更没有"雍也可使南面"这类的高级赞颂之辞。只要对《论语》的篇章进行深度生命分析,就会赞同仲弓是《论语》最初编纂中掌握话语权之人。也就是说,子贡在孔子丧礼中是领头人;仲弓则是《论语》最初编纂中的领头人。

子贡之外,子游、子夏亦在众弟子守丧期间,扮演着重要的角色,《孔子家语》录有《檀弓》中孔子丧,弟子所服一章的完整内容:

---

① [清]王先慎撰,钟哲点校:《韩非子集解》,北京:中华书局,1998年版,第456页。
② [清]阮元校刻:《十三经注疏》(全2册),北京:中华书局,1980年版,第1284页。

　　子贡曰:"昔夫子之丧颜回也,若丧其子而无服,丧子路亦然,今请丧夫子如丧父而无服。"于是弟子皆吊服而加麻,出有所之,则由绖。子夏曰:"入宜绖可也,出则不绖。"子游曰:"吾闻诸夫子,丧朋友,居则绖,出则否,丧所尊虽绖,而出可也。"孔子之丧,公西掌殡葬焉,唅以疏米三贝,袭衣十有一称,加朝服一,冠章甫之冠,佩象环,径五小而组绶,桐棺四寸,柏棺五寸。饬庙置翣,设披,周也。设崇,殷也。绸练,设旐,夏也。①

此章内容与《檀弓》多章互见,如:

　　孔子之丧,公西赤为志焉。饰棺墙,置翣,设披,周也。设崇,殷也。绸练,设旐,夏也。②
　　孔子之丧,二三子皆绖而出,群居则绖,出则否。③

可见《孔子家语》这一章渊源有自,是比较可信的早期文献。从中可见群弟子中,子游、子夏亦是重要的人物,如《檀弓》另一重要记载:

　　孔子之丧,有自燕来观者,舍于子夏氏。子夏曰:"圣人之葬人与?人之葬圣人也。子何观焉?昔者夫子言之曰:'吾见封之若堂者矣,见若坊者矣,见若覆夏屋者矣,见若斧者矣。从若斧者焉,马鬣封之谓也。'今一日而三斩板而已封,尚行夫子之志乎哉!"④

外来观孔子葬礼者,由子夏接待,可见子夏亦是孔门弟子中的几个领袖之一。《论语》的第一次编纂有子游、子夏的参与主持,也是情理之中。

　　•自鲁哀公十八年众弟子结束守心孝后陆续分散,其后三十余年间(公元前477—前440年),弟子陆续凋零。《礼记·檀弓下》:子张死,曾子

①　王国轩、王秀梅译注:《孔子家语》,北京:中华书局,2011年版,第452—453页。
②　[清]阮元校刻:《十三经注疏》(全2册),北京:中华书局,1980年版,第1284页。
③　[清]阮元校刻:《十三经注疏》(全2册),北京:中华书局,1980年版,第1284页。
④　[清]阮元校刻:《十三经注疏》(全2册),北京:中华书局,1980年版,第1292页。

有母之丧,齐衰而往哭之。或曰:"齐衰不以吊。"曾子曰:"我吊也与哉!"①可见曾子与子张关系不薄。

　•《礼记·檀弓下》:有若之丧,悼公吊焉,子游摈,由左。②(《言氏旧谱》:子游卒年六十四岁,在鲁悼公二十五年,公元前442年。)可见子游与有若关系颇深。

　•《礼记·檀弓上》:子夏丧其子而丧其明。曾子吊之曰:"吾闻之也,朋友丧明则哭之。"曾子哭,子夏亦哭,曰:"天乎!予之无罪也。"曾子怒曰:"商,女何无罪也?吾与女事夫子于洙泗之间,退而老于西河之上,使西河之民,疑女于夫子,尔罪一也;丧尔亲,使民未有闻焉,尔罪二也;丧尔子,丧尔明,尔罪三也。而曰女何无罪与!"子夏投其杖而拜曰:"吾过矣!吾过矣!吾离群而索居,亦已久矣。"③郑玄注:"群,谓同门朋友也;索,犹散也。"④按曾子年岁计算,此事当发生在魏文侯斯即位(公元前445年)十年前后,即公元前436年左右,其时曾子六十九岁,子夏七十一岁,已是魏文侯师,因而魏文侯得以向曾子请教《孝经》。《史记·六国年表》以韩、魏、赵三家为诸侯作为元年,于魏文侯十八年记录"文侯受经子夏,过段干木之间常式",此在公元前407年,子夏已经百岁,并不可信。或是将即位为元年,十八年为公元前428年,其时子夏八十二岁,也许比较靠谱。

　•公元前432年,鲁悼公三十五年。《曾子年谱》:曾子卒年七十三岁,即在此年。《论语·泰伯》篇云:"曾子有疾,召门弟子曰:'启予足!启予手!《诗》云:战战兢兢,如临深渊,如履薄冰。而今而后,吾知免夫!小子!'"⑤又云:"曾子有疾,孟敬子问之。曾子言曰:'鸟之将死,其鸣也哀;人之将死,其言也善。君子所贵乎道者三:动容貌,斯远暴慢矣;正颜色,斯近信矣;出辞气,斯远鄙倍矣。笾豆之事,则有司存。'"⑥《论语》所载材料,以此二章年代最晚,可以推断,曾门弟子在曾子于公元前432年死后,曾经进行第三轮修改补充或编纂。

　•《礼记·祭义》:曾子曰:"夫孝,置之而塞乎天地,溥之而横乎四海,

①　[清]阮元校刻:《十三经注疏》(全2册),北京:中华书局,1980年版,第1300页。
②　[清]阮元校刻:《十三经注疏》(全2册),北京:中华书局,1980年版,第1300页。
③　[清]阮元校刻:《十三经注疏》(全2册),北京:中华书局,1980年版,第1282页。
④　[清]阮元校刻:《十三经注疏》(全2册),北京:中华书局,1980年版,第1282页。
⑤　[清]阮元校刻:《十三经注疏》(全2册),北京:中华书局,1980年版,第2486页。
⑥　[清]阮元校刻:《十三经注疏》(全2册),北京:中华书局,1980年版,第2486页。

施诸后世而无朝夕,推而放诸东海而准,推而放诸西海而准,推而放诸南海而准,推而放诸北海而准。《诗》云:自西自东自南自北,无思不服。此之谓也。"①乐正子春曰:"吾闻诸曾子,曾子闻诸夫子曰:天之所生,地之所养,无人为大。父母全而生之,子全而归之,可谓孝矣。不亏其体,不辱其身,可谓全矣。"②

• 《礼记·檀弓上》:"曾子寝疾,病。乐正子春坐于床下,曾元、曾申坐于足,童子隅坐而执烛。童子曰:'华而睆,大夫之簟与?'子春曰:'止!'曾子闻之,瞿然曰:'呼!'曰:'华而睆,大夫之簟与?'曾子曰:'然,斯季孙之赐也,我未之能易也。元,起易簟。'曾元曰:'夫子之病革矣,不可以变,幸而至于旦,请敬易之。'曾子曰:'尔之爱我也不如彼。君子之爱人也以德,细人之爱人也以姑息。吾何求哉?吾得正而毙焉斯已矣。'举扶而易之。反席未安而没。"③

【文献记载】

曾子晚年,曾回到鲁之边邑南武城居住,那是其祖居地。《孟子·离娄下》云:"曾子居武城,有越寇。或曰:'寇至,盍去诸?'曰:'无寓人于我室,毁伤其薪木。'寇退,则曰:'修我墙屋,我将反。'寇退,曾子反。左右曰:'待先生如此其忠且敬也,寇至,则先去以为民望。寇退则反,殆于不可。'沈犹行曰:'是非汝所知也。昔沈犹有负刍之祸,从先生者七十人,未有与焉。'"④

南武城毗邻郳。刘向《说苑·尊贤篇》云:"鲁人攻郳,曾子辞于郳君曰:'请出。寇罢而后复来,请姑毋使狗豕入吾舍。'郳君曰:'寡人之于先生也,人无不闻。今鲁人攻我,而先生去我,我胡守先生之舍?'鲁人果攻郳而数之罪十,而曾子之所争者九。鲁师罢,郳君复修曾子舍而后迎之。"⑤

楚惠王五十七年(公元前 432 年)卒,子简王仲立。《史记·六国年

① [清]孙希旦撰,沈啸寰、王星贤点校:《礼记集解》(全 3 册),北京:中华书局,1989 年版,第 1227 页。

② [清]孙希旦撰,沈啸寰、王星贤点校:《礼记集解》(全 3 册),北京:中华书局,1989 年版,第 1228 页。

③ [清]阮元校刻:《十三经注疏》(全 2 册),北京:中华书局,1980 年版,第 1277 页。

④ [宋]朱熹撰:《四书章句集注》,北京:中华书局,1983 年版,第 300 页。

⑤ [汉]刘向撰,向宗鲁校证:《说苑校证》,北京:中华书局,1987 年版,第 199 页。

表》："楚简王元年（公元前 431 年），灭莒。"①莒在今山东莒县一带，地邻齐、
鲁。《论语·子路篇》云："子夏为莒父宰，问政。子曰：'无欲速，无见小利。
欲速则不达，见小利，则大事不成。'"②莒父与莒国相邻，春秋时鲁邑。清
顾祖禹《读史方舆纪要》卷三十五云："废莒县，今州治。古莒国。周武王封
少昊后嬴兹舆于此。《左传》：成九年，楚子重自陈伐莒，莒溃。《史记》：楚
简王元年，北伐灭莒。是也。后属齐。战国时，乐毅破齐，莒城不下。"③又
引《地志》云："春秋时莒有三：一为齐东境之莒邑。《左传》：昭三年，齐侯田
于莒。十年，陈桓子尽致诸公，而请老于莒，是也。一为周境内邑。昭二十
六年，阴忌奔莒以叛，是也。一为鲁之莒父邑。定十四年，城莒父及霄。又
子夏为莒父宰。楚考烈王八年，迁鲁于莒，而取其地，是也。"④曾子逝世
时，楚国扩张，鲁国衰落。

【考证】

唐柳宗元《论语辨》：

> 或问曰："儒者称《论语》孔子弟子所记，信乎？"曰：未然也。孔子
> 弟子，曾参最少，少孔子四十六岁。曾子老而死。是书记曾子之死，则
> 去孔子也远矣。曾子之死，孔子弟子略无存者矣。吾意曾子弟子之为
> 之也。何哉？且是书载弟子必以字，独曾子、有子不然。由是言之，弟
> 子之号之也。然则，有子何以称子？曰：孔子之殁也，诸弟子以有子为
> 似夫子，立而师之。其后不能对诸子之问，乃叱避而退，则固尝有师之
> 号矣。今所记独曾子最后死，余是以知之，盖乐正子春、子思之徒，与
> 为之尔。或曰：孔子弟子尝杂记其言，然而卒成其书者，曾氏之徒也。⑤

朱熹《四书章句集注·读论语孟子法》引程子曰："《论语》之书，成于有

---

①　［汉］司马迁撰：《史记》（全 10 册），北京：中华书局，1959 年版，第 702 页。

②　［宋］朱熹撰：《四书章句集注》，北京：中华书局，1983 年版，第 145 页。

③　［清］顾祖禹撰，贺次君、施和金点校：《读史方舆纪要》（全 12 册），北京：中华书局，2005 年
版，第 1653 页。

④　［清］顾祖禹撰，贺次君、施和金点校：《读史方舆纪要》（全 12 册），北京：中华书局，2005 年
版，第 1653 页。

⑤　［唐］柳宗元：《柳河东集》（上、下册），上海：上海人民出版社，1974 年版，第 68－69 页。

子、曾子之门人,故其书独二子以'子'称。"①此说大抵沿袭柳宗元的称谓
论证,但也没有辨析有子、曾子之门人,是同时编纂,或是先后编纂。

宋叶真《爱日斋丛钞》(说郛本)云:

> 古人贵字。《礼记·檀弓》:"幼名,冠字,五十以伯仲。"孔氏曰:
> "人始生三月而加名,故云幼名。年二十,有为人父之道,同等不可复
> 呼其名,故冠而加字。年至五十,耆艾转尊,又舍其二十之字,直以伯
> 仲别之。"……鹤山魏氏尤主此说,其《记常熟县学》有曰:"昔柳宗元谓
> 《论语》所载弟子必以字,惟曾子、有子不字,遂谓是书出于曾门,盖以
> 字轻而子重也。始亦谓然,及考诸孔门之训,则字为至贵。盖字与子,
> 皆得兼称。如门人之于孔子,进而称子不敢字,退而称仲尼不言子。
> 其次亦有既子且氏,如闵子骞等不一二人,或子,或字者,又数人。然
> 渊、弓至游、夏,最号为高弟,字而不得子也。有子、曾子,子而不得字
> 也。就二者而论,则字为尊。盖子虽有师道之称,然系于氏者,不过男
> 子之美称耳。故《孝经》字仲尼而子曾子,《礼运》字仲尼而名言偃"。②

这里依然仅据称谓分析,而缺乏其他维度的综合辨证,因而所得判断
颇有似是而非者。《四书章句集注·论语集注》引胡氏曰:"自'吾道一贯'
至此('子曰:君子欲讷于言而敏于行')十章,疑皆曾子门人所记也。"③此
说也有所见。

由此又引出宋王应麟《困学纪闻》卷七之议论:

> 或问:《论语》首篇之次章,即述有子之言,而有子、曾子,独以子称
> 何也?曰:程子谓此书成于有子、曾子之门人也。曰:柳子谓孔子之
> 没,诸弟子以有子为似夫子,立而师之,其后不能对诸子之问,乃叱避
> 而退,则固有常师之号,是以称子。其说非与?曰:非也。此太史公采
> 杂说之谬,宋子京、苏子由辨之矣。《孟子》谓子夏、子张、子游,以有若

---

① [宋]朱熹撰:《四书章句集注》,北京:中华书局,1983年版,第43页。
② [宋]叶真撰:《爱日斋丛钞》(《丛书集成初编》),上海:商务印书馆,1936年版,第13—19
页。
③ [宋]朱熹撰:《四书章句集注》,北京:中华书局,1983年版,第74页。

似圣人，欲以所事孔子事之。朱子云，盖其言行气象有似之者，如《檀弓》所记，子游谓有若之言似夫子之类是也，岂谓貌之似哉！曰：有子不列于四科，其人品何如？曰：宰我、子贡、有若，智足以知圣人。此《孟子》之言也。盖在言语之科，宰我、子贡之流亚也。曰：有子之言可得闻与？曰：盍彻之对，出类拔萃之语，见于《论》、《孟》，而《论语》首篇所载，凡三章，曰孝弟，曰礼，曰信恭，尤其精要之言也。其论晏子焉知礼，则《檀弓》述之矣。《荀子》云，有子恶卧而焠掌，可以见其苦学。曰：朱子谓有子重厚和易，其然与？曰：吴伐鲁，微虎欲宵攻王舍，有若与焉，可谓勇于为义矣，非但重厚和易而已也。曰：有子、曾子并称，然斯道之传唯曾子得之。子思、孟子之学，曾子之学也，而有子之学无传焉，何欤？曰：曾子守约而力行，有子知之而已，智足以知圣人，而未能力行也。《家语》称其强识好古道，其视以曾得之者，有间矣。曰：学者学有子可乎？曰：孝弟务本，此入道之门，积德之基，学圣人之学莫先焉，未能服行斯言，而欲凌高厉空造一贯忠恕之域，吾见其自大而无得也。学曾子者，当自有子孝弟之言始。曰：《檀弓》记有子之言，皆可信乎？曰：王无咎尝辨之矣，若语子游欲去丧之踊，孺子𪏮之丧，哀公欲设拨以问若，若对以为可，皆非也。唯《论语》所载为是。①

　　关于曾子的卒年，有不同的意见，或谓卒于鲁悼公三十二年，公元前435年。〔熊赐履《学统·正统》卷三，康熙二十四年（1685年）下学堂刻本。〕钱穆《先秦诸子系年·孔子弟子考》，按《阙里文献考》"曾子年七十而卒"，考曾子生卒年为公元前505年至公元前436年。并批评《颜氏家训·勉学》篇"曾子七十乃学，名闻天下；荀卿五十，始来游学，犹为硕儒"，认为"七十"为"十七"之讹，"曾子年十七，乃孔子自楚返卫之岁，岂曾子是时始从孔子于卫乎？"将曾参入孔门的时间定为孔子离楚适卫之时。或谓曾子卒于公元前432年。冯云《曾子书》（清《圣门十六子书》本），考曾子生卒年为公元前505年至公元前432年。李天植《曾志》〔明万历二十三年（1595年）武城刊本〕，考曾子生卒年为公元前505年至公元前433年。清代曾氏族人多年编修之《武城曾氏重修族谱》载:"曾参,字子舆,生于周敬王丙申年(公元前 505 年)冬十月十二日。性至孝。师事孔子,得一贯之传。行年七十,道愈该洽多著书,得其传者惟子思。于周考王丙午年(公元前 435 年)卒,葬山东济宁州嘉祥县南四十里,武山西南距武城旧居五里元寨山之麓。"

• 公元前 **428** 年,魏文侯斯十八年,即鲁元公元年,子夏为文侯师,授经西河。子夏此年八十岁,其实子夏退居西河授经,当在为孔子守心孝三年,又与子张、子游一起推举有若出来支撑儒门,不久二三子矛盾呈露之时。至此,他已在西河授经四十余年。

• 从公元前 **484** 年,即《论语》第二轮编纂完工之后,至公元前 **428** 年期间,《诗》、《书》、《春秋》、《周易》最早期之序、传已经初见模样,包括今本《毛诗序》、《书序》、《公羊传》、《穀梁传》、《易传》等古文献的早期口传和记录已经开始。孔子及弟子讲论周礼的篇章也被大量转抄,《礼古经》五十六卷、《记》百三十一篇的原初简文,也积少成多地出现,衍化成汉代大小戴《礼记》的早期形态。其中不少材料,与子夏西河授经关系密切。

【文献记载】

《史记·魏世家》:文侯受子夏经艺,客段干木,过其闾,未尝不轼也。秦尝欲伐魏,或曰:"魏君贤人是礼,国人称仁,上下和合,未可图也。"文侯由此得誉于诸侯。①

《吕氏春秋·开春论·察贤》:魏文侯师卜子夏,友田子方,礼段干木,国治身逸。②

【考证】

《史记·六国年表》(魏文侯)十八年,"文侯受经子夏。过段干木之闾,常式"③。(按:《史记》将此事系于魏文侯称侯之十八年,即公元前 407 年,子夏 101 岁,殆不可取信。)

钱穆《先秦诸子系年》三八《子夏居西河教授为魏文侯师考》云:

---

① 〔汉〕司马迁撰:《史记》(全 10 册),北京:中华书局,1959 年版,第 1839 页。

② 许维遹撰,梁运华整理:《吕氏春秋集释》(全 2 册),北京:中华书局,2009 年版,第 586 页。

③ 〔汉〕司马迁撰:《史记》(全 10 册),北京:中华书局,1959 年版,第 709 页。

　　《史记·孔子弟子列传》："孔子既没，子夏居西河教授，为魏文侯师。"洪迈《容斋续笔》云："按《史记》，子夏少孔子四十四岁。孔子卒时，子夏年二十八矣。魏始为侯，去孔子卒时七十五年。文侯为大夫二十二年而为侯，又六年而卒。姑以始侯之岁计之，则子夏已百三岁矣。方为诸侯师，岂其然乎？"

　　今按魏文初立，实周贞定王二十三年（公元前445年），去孔子之卒三十三年。子夏年六十三也。（孔子卒，子夏年二十九。）为文侯师，自是后人追述之语，何必定计魏文始侯以往哉？《年表》载文侯受经子夏，过段干木之闾常式，在十八年（公元前407年），此亦有故。《世家》先一年（公元前408年）伐中山，使子击守之。子击逢文侯之师田子方于朝歌，引车避，下谒，田子方不为礼，云云。《韩诗外传》亦载其事而稍异。盖为先秦旧说，二子各采所闻也。史公于前一年书田子方事，因于下一年载子夏、段干木，亦连类而及，非谓必于是年文侯始受经式闾也。《志疑》云："受经式闾之事，《世家》书于二十五年，《年表》在十八年，不同。盖元不可以年定。"其说是矣。

　　顾谓《世家》书于二十五年，则亦误读《史记》，（《志疑》又谓《世家》载卜相事于二十五年，亦同误。）不可不辨。《史记》于魏文侯元年以下，分年纪事，至二十五年，子击生子罃句而止，以下文侯受子夏经艺云云一长节，乃总叙文侯早年尊贤礼士得誉诸侯之事，非谓其事统在二十五年也。此下自二十六年（公元前398年）虢山崩，雍河，以下至三十八年文侯卒，又为逐年纪事之文。此本甚为明白，而不惮详辨者，缘昔人读书，于此等处每易误。如《孔子世家》叙适周见老子，本不定在何年，而郦道元注《水经》，指为孔子十七年适周，实由误读《史》文，见其前为孔子年十七，鲁大夫孟厘子病且死云云也。而史公此文，亦由误读《左传》，乃以为孔子年十七而孟厘子卒焉。

　　余意文侯贤者，其初即位，子夏年已六十二。方孔子之未死，子夏固已显名，至是则岿然大师矣。文侯师子夏，虽不可以年定，而其在早岁可知。余又考魏文二十二年始称侯，子夏若尚存，年八十四。寿考及此，固可有之。①

---

① 钱穆：《先秦诸子系年考辨》，上海：上海书店，1992年版，第114—115页。

按：西汉诸儒所传早期经学解释，均称传自子夏，如《毛传》《公羊传》、《穀梁传》等，丧服等礼学文献，据称也是传自子夏。如陆玑《毛诗草木鸟兽虫鱼疏》所记录的较为可信的《毛诗》传授路线是："孔子删诗，授卜商，商为之序，以授鲁人曾中，中授魏人李克……"董仲舒《春秋繁露·俞序》提及早期《春秋》说，也频引了夏之言，如：

> 卫子夏言："有国家者，不可不学《春秋》；不学《春秋》，则无以见前后旁侧之危，则不知国之大柄，君之重任也。故或胁穷失国，揜杀于位，一朝至尔，苟能述春秋之法，致行其道，岂徒除祸哉！乃尧舜之德也。"……子夏言："春秋重人，诸讥皆本此，或奢侈使人愤怨，或暴虐贼害人，终皆祸及身。"①

《春秋繁露·俞序》论及子夏说，《春秋》多言及其讥刺之义，与《公羊》、《穀梁》一致。《韩非子·外储说右上》载："子夏曰：'《春秋》之记臣杀君，子杀父者，以十数矣，皆非一日之积也，有渐而以至矣。'"②《管子·法法》篇称："故《春秋》之记，臣有弑其君，子有弑其父者矣。"《说苑·复恩》篇亦有子夏曰："《春秋》者，记君不君，臣不臣，父不父，子不子者也；此非一日之事也，有渐以至焉。"③验于《韩非子》、《管子》、《说苑》，这则子夏《春秋》说应是可信的。《史记自序》有"太史公曰：余闻董生曰……故曰臣弑君，子弑父，非一旦一夕之故也，其渐久矣。故有国者不可以不知《春秋》……为人臣者不可以不知《春秋》"④云云，与上述子夏说《春秋》正合，而《俞序》中称"有国者不可以不学《春秋》"之论出自子夏，知司马迁转述董生之语概本于子夏《春秋传》。由此看来，《公羊传》源出子夏《春秋传》当非附会。《公》、《穀》同源，则《穀梁传》也应出于子夏说《春秋》。

子夏是孔子弟子中对今传五经影响最大的人物，东汉徐防曾言："臣闻《诗》、《书》、《礼》、《乐》，定自孔子；发明章句，始于子夏。"⑤子夏晚年居魏，

---

① 苏舆撰，钟哲点校：《春秋繁露义证》，北京：中华书局，1992年版，第160—163页。

② ［清］王先慎撰：《韩非子集解》（《诸子集成》五），北京：中华书局，1954年版，第234页。

③ ［汉］刘向撰，向宗鲁校证：《说苑校证》，北京：中华书局，1987年版，第141—142页。

④ ［汉］司马迁撰：《史记》（全10册），北京：中华书局，1959年版，第3297—3298页。

⑤ ［宋］洪迈：《容斋随笔》（全2册），上海：上海古籍出版社，1978年版，第390页。

弟子三百人，曾申亦往学之，那么古本《论语》也可能有传承自西河者。定州汉墓竹书《论语》，或与之有渊源关系。

・公元前 405 年，鲁穆公三年。子思曾为鲁穆公师，此后一二年，子思辞世。

・《汉书・艺文志》儒家类：《子思》二十三篇（名伋，孔子孙，为鲁缪公师）。

・经过子思及其他曾门弟子第三次编纂之后，《论语》在儒门传承，开始被引述。子思所作《礼记・坊记》，在上古文献中第一次提到《论语》书名，援引《论语》中孔子的话“三年无改于父之道，可谓孝矣”之后，又引述：“高宗云：三年其惟不言，言乃讙。”这些话均与《论语》早期编纂的动机甚有关系。

・曾子弟子乐正子春等人在曾子卒后，还整理曾子遗稿成《孝经》及《曾子》，这与曾门补编《论语》时间相前后。

【文献记载】

《史记・仲尼弟子列传》：

> 曾参，……孔子以为能通孝道，故授之业。作《孝经》。死于鲁。[1]

宋晁公武《郡斋读书志》卷三《唐明皇注孝经》提要：

> 右汉初颜芝之子真献于朝，千八百七十二字。唐玄宗注。序称取王肃、刘邵、虞翻、韦昭、刘炫、陆澄六家说，约孔、郑旧义为之。何休称：“子曰：吾志在《春秋》，行在《孝经》。”信斯言也，则《孝经》乃孔子自著者也。今其首章云：“仲尼居，曾子侍。”则非孔子所著明矣。详其文义，当是曾子弟子所为书也。柳宗元谓：“《论语》载弟子必以字，独曾参不然，盖曾子之徒乐正子春、子思相与为之耳。”余于《孝经》亦云。[2]

---

[1] ［汉］司马迁撰：《史记》（全 10 册），北京：中华书局，1959 年版，第 2205 页。

[2] ［宋］晁公武撰，孙猛校证：《郡斋读书志校证》，上海：上海古籍出版社，1990 年版，第 125 页。

清魏源《古微堂外集》卷一《曾子章句序》云：

> 以《曾子》十篇并《孝经》次《大学》之后何也？此亦曾子门人记曾子之书，宜与孔子之《论语》、孟子之《七篇》、子思之《中庸》并列于四子书者也。

清朱彝尊《曝书亭集》卷五十七所录曾子弟子：

> 鲁孔伋子思。宋崇宁初，赠沂水侯。咸淳中，加赠沂国公。孔鲋曰："子思受业于曾子。"韩子曰："子思之学，盖出曾子。"（按：班氏《古今人表》，子思居第二等。）
>
> 乐正子春。郑康成曰："曾子弟子。"
>
> 鲁檀弓。陆德明曰："檀弓，鲁人，善于礼。"胡寅曰："檀弓，曾子门人，纂修《论语》。"
>
> 沈犹行。赵岐曰："曾子弟子。"（按：《广韵》注："沈，直深切，汉复姓。鲁有沈犹氏，常朝饮其羊。不当从上声读。"）
>
> 阳肤。包咸曰："阳肤，曾子弟子。"
>
> 公明高。赵岐曰："公明高，曾子弟子。"
>
> 公明宣。刘向曰："公明宣，学于曾子。"（疑公明高、公明宣为一人，宣、高形近也。）
>
> 单居离。《大戴礼记》注曰："单居离，曾子弟子。"
>
> 公明仪。孔颖达曰："子张之丧，公明仪为志焉。公明仪是其弟子，仪又为曾子弟子。故《祭义》云：公明仪问于曾子曰：夫子可以为孝乎？"是也。
>
> 子襄。赵岐曰："曾子弟子。"①

《汉书·艺文志》：《子思》二十三篇（名伋，孔子孙，为鲁缪公师）。②
《孟子·万章下》：缪公之于子思也，亟问，亟馈鼎肉。子思不悦。于卒

---

① ［清］朱彝尊撰：《曝书亭集》，《四部丛刊》景清康熙本，第57"考二"《孔子门人考》篇。
② ［汉］班固撰：《汉书》（全12册），北京：中华书局，1962年版，第1724页。

也,摽使者出诸大门之外,北面稽首再拜而不受,曰:"今而后,知君之犬马畜伋。"①

同章又云:缪公亟见于子思,曰:"古千乘之国以友士,何如?"子思不悦,曰:"古之人有言曰:事之云乎?岂曰友之云乎?"②

《孟子·告子下》:鲁缪公之时,公仪子为政,子柳、子思为臣,鲁之削也滋甚。③

【考证】

《史记·孔子世家》:孔子生鲤,字伯鱼。伯鱼年五十,先孔子死。伯鱼生伋,字子思,年六十二。尝困于宋。子思作《中庸》。④

伯鱼的出生年为公元前 532 年,即周景王十三年,鲁昭公十年。其卒年为公元前 483 年,即周敬王三十七年,鲁哀公十二年。

钱穆《先秦诸子系年考辨》五八《子思生年考》:

《孔子世家》云:"伯鱼年五十,先孔子卒。伯鱼生伋,字子思,年六十二,尝困于宋,作《中庸》。"子思生年无考。伯鱼之卒,在周敬王三十七年。(《考辨》第二六。)或谓遗腹生子思,则子思生,至迟亦在周敬王三十七八年也。《檀弓》:"子思之哭嫂也为位,妇人倡踊。"是子思有嫂也。子思既有嫂,则知其有兄矣。(袁枚《随园随笔》引宋白《续通典》,子思兄死,使其子白续伯父,未知何据。)伯鱼早卒,而子思有兄,则子思之生,不能甚前。或谓其亲受业于孔子,决不然矣。(《孔丛子》有孔子子思问答,不可信。又谓子思从孔子于郯,遇程子,又"孔子卒,子思为丧主,四方来观礼"。若子思年既长,尤非也。)相传伯鱼生一子子思,未为得实。而年寿亦可疑。孟子记鲁缪公尊礼子思。《汉艺文志》《子思》二十三篇,班氏云:"为鲁缪公师。"余考缪公元年,在周威烈王十一年,(详《考辨》第四十七。)去孔子之卒六十四年。若子思年六十二,无缘值鲁缪。或谓六十二,乃困于宋作《中庸》之岁,或谓六十二乃八十二之误。(此毛氏《四书賸言》载王草堂《复礼辨》,及孔继汾《阙里文献考》之说。)此皆无证。然《中庸》伪书出秦世,则前说尤不足信。(《孔丛》称,"子思年十六因于宋,作《中庸》。"益荒诞。)孟子称:"子思居于卫,有齐寇,或曰盍去之? 子思曰:如伋去,君谁与守?"卫、齐之事,不审在何年。《年表》缪公元年,(实已鲁缪公之九年,详《考辨》第四十七。)齐伐卫,取毋丘,以前则无考。然孟子口:"子思臣也,微也。"观鲁缪之敬重子思,知子思居卫当在中年壮岁。大抵子思先曾事卫,归老于鲁,乃当缪公世也。(《孔丛》:"子思居卫,鲁缪公卒。"其误不待辨。)卒年亦难定。若以寿八十二计,则最晚不出缪公十四年,乃在周威王末年,其年世与墨子正相当。《孔丛子》:"子思游齐,陈庄伯与登泰山。"陈庄伯即田庄子,其卒当鲁缪公之五年。惟《孔丛》不足据,子思果游齐与否,其游齐而见庄子,当在何时,今亦无可详定也。(《通鉴》据《孔丛》,书子思言苟变于卫侯,在周安王二十五年,去孔子卒百二年,此决误。《孔丛》旧注谓卫敬公,亦未详所据。何孟春《馀冬序录》论其事云:"子思居卫,必是卫悼、敬、昭公时,昭公时卫属于晋韩赵魏氏,贤者已自难安其国。怀亹慎秃皆弑君贼,卫非父母国也,子思忍复面其人,为之谋而不去耶? 孟子曰:缪公亟见于子思,曰:古千乘之国以友士,何如? 子思不悦。又曰:缪公之于子思,亟问,亟馈鼎肉,子思不悦。又曰:缪公无人乎子思之侧,则不能安子思。缪公之尊礼子思如此,子思之自尊如此,子思是时年登期颐,于父母国有贤君焉,公仪休为相,泄柳、申祥为臣,而子思顾不老焉,而适乱国,与逆贼语邪? 子思居于卫,有齐寇,子思不去,孟子曰:子思臣也,微也。必子思少壮从仕时事。子思言苟变于卫,果有是事,必在悼、敬、昭公时,而记者误耳。"《孔丛》又云"田子方遗子思狐白裘",二人年正相当,然事不足信。崔述已辨之。)①

按:钱氏考证思路颇有可取,但年份有不少龃龉之处。鲁缪公元年为周考烈王十九年,即公元前 407 年。离孔子去世之鲁哀公十六年,公元前479 年,实际是七十二年。如果子思不是活了六十二岁,而是八十二岁,那么他在孔子卒时,已经十岁。作为孔鲤之少子而不是"遗腹子",生于鲁哀

---

① 钱穆:《先秦诸子系年考辨》,上海:上海书店,1992 年版,第 159－160 页。

公七年，公元前488年。十岁左右的早慧儿童已是孺子可教，因而在子思的著述中每称"子曰"、"仲尼曰"，回忆语气多含"宠孙述爷"的意味。假如子思在孔子卒时仅二岁，撰述《坊记》《表记》《缁衣》《中庸》，就不可能采取一口一个"子曰"的述学方式，因为他不应对七十子及其后学谩言幼婴无记忆的话。只有子思其时已是少年，才能发生《孔丛子·记问》此事：

> 夫子闲居，喟然而叹。子思再拜请曰："意子孙不修，将忝祖乎？羡尧、舜之道，恨不及乎？"夫子曰："尔孺子，安知吾志？"子思对曰："伋于进膳，亟闻夫子之教：其父析薪，其子弗克负荷，是谓不肖。伋每思之，所以大恐而不懈也。"夫子忻然笑曰："然乎，吾无忧矣。世不废业，其克昌乎！"[①]

所谓"伋于进膳，亟闻夫子之教"，乃是日常耳濡目染，并不违背《论语·季氏篇》"君子之远其子"，《孟子》"古者易子而教之"的规矩。

子思为鲁穆公师，《孟子·公孙丑下》、《韩非子·难三》、《礼记·檀弓》、《说苑·难言》、《论衡·非韩》、《孔丛子》、《汉书·艺文志》等战国秦汉典籍均有记载，也是言之凿凿。如《孟子·公孙丑下》：昔者鲁缪公无人乎子思之侧，则不能安子思。泄柳、申详无人乎缪公之侧，则不能安其身。子为长者虑，而不及子思。子绝长者乎，长者绝子乎？[②]

又《孟子·告子下》：曰："鲁缪公之时，公仪子为政，子柳、子思为臣，鲁之削也滋甚。若是乎贤者之无益于国也？"曰："虞不用百里奚而亡，秦缪公用之而霸。不用贤则亡，削何可得欤？"[③]

如此论定子思生卒年，方可贯通《礼记》或《子思子》中的材料，以及为鲁缪公师的记述。自然应该对这些材料发生和传布的原委进行深入的考察，但也不必过分疑神疑鬼，总觉得古人存心作伪。对于已成碎片的上古材料，大可不必将其再捣成粉末，而应如考古学修复古陶罐那样，根据残片的形态、纹饰、弧度、断口，尽量进行复原。

---

① 傅亚庶撰：《孔丛子校释》(《新编诸子集成续编》)，北京：中华书局，2011年版，第95页。
② ［宋］朱熹撰：《四书章句集注》，北京：中华书局，1983年版，第248—249页。
③ ［宋］朱熹撰：《四书章句集注》，北京：中华书局，1983年版，第342页。

• 战国中晚期,《论语》与"六经"的传播,出现多地域、多学派群体的现象。其最著者孟轲,邹人,孟子约生于周烈王四年(公元前 372 年),卒于周赧王二十六年(公元前 289 年)。幼承"孟母三迁"之教,长而受业子思之门人,"乃所愿,则学孔子也",形成影响深远的思孟学派,于儒门被奉为"亚圣"。游历魏、鲁、滕、宋、齐诸国,主张性善说,提倡仁政、王道,以杨、墨为异端而大加抨击。游事梁惠王、齐宣王,"后车数十乘,从者数百人,以传食于诸侯"。晚年退而与万章之徒序《诗》、《书》,述仲尼之意,作《孟子》七篇。《孟子》书引孔子之言,或据《论语》,泰半为流传在邹鲁、齐稷下的散杂之简。

• 儒门出现派别。《韩非子·显学》:世之显学,儒、墨也。儒之所至,孔丘也。墨之所至,墨翟也。自孔子之死也,有子张之儒,有子思之儒,有颜氏之儒,有孟氏之儒,有漆雕氏之儒,有仲良氏之儒,有孙氏之儒,有乐正氏之儒。自墨子之死也,有相里氏之墨,有相夫氏之墨,有邓陵氏之墨。故孔、墨之后,儒分为八,墨离为三,取舍相反不同,而皆自谓真孔、墨。孔、墨不可复生,将谁使定后世之学乎?孔子、墨子俱道尧、舜,而取舍不同,皆自谓真尧、舜。尧、舜不复生,将谁使定儒、墨之诚乎?①

• 晋陶潜《圣贤群辅录》:夫子没后,散于天下,设于中国,成百氏之源,为纲纪之儒。居环堵之室,荜门圭窦,瓮牖绳枢,并日而食,以道自居者,有道之儒,子思氏之所行也。衣冠中动作顺,大让如慢,小让如伪者,子张氏之所行也。颜氏传《诗》为道,为讽谏之儒;孟氏传《书》为道,为疏通致远之儒;漆雕氏传《礼》为道,为恭俭庄敬之儒;仲梁氏传《乐》为道,以和阴阳,为移风易俗之儒;乐正氏传《春秋》为道,为属辞比事之儒;公孙氏传《易》为道,为洁净精微之儒。②

• 《诗》、《书》、《礼》、《乐》、《易》、《春秋》六经系统开始形成。《庄子·天下篇》:以天为宗,以德为本,以道为门,兆于变化,谓之圣人。以仁为恩,以义为理,以礼为行,以乐为和,薰然慈仁,谓之君子。……其在于《诗》、《书》、《礼》、《乐》者,邹鲁之士、搢绅先生多能明之。《诗》以道志,《书》以道事,《礼》以道行,《乐》以道和,《易》以道阴阳,《春秋》以道名分。其数散于

---

①　[清]王先慎撰,钟哲点校:《韩非子集解》,北京:中华书局,1998 年版,第 456—457 页。
②　[晋]陶潜撰:《笺注陶渊明集》,《四部丛刊》影宋巾箱本,卷 10。

天下而设于中国者，百家之学时或称而道之。

【文献记载】

《史记·孟子荀卿列传》：孟轲，邹人也。受业子思之门人。道既通，游事齐宣王，宣王不能用。适梁，梁惠王不果所言，则见以为迂远而阔于事情。当是之时，秦用商君，富国强兵。楚、魏用吴起，战胜弱敌。齐威王、宣王用孙子、田忌之徒，而诸侯东面朝齐。天下方务于合从连衡，以攻伐为贤，而孟轲乃述唐、虞、三代之德，是以所如者不合。退而与万章之徒序《诗》、《书》，述仲尼之意，作《孟子》七篇。①

【考证】

先秦文献引述《论语》最多的是《孟子》，有八处。顾炎武《日知录》卷七"《孟子》引《论语》"云：

> 《孟子》书引孔子之言凡二十有九，其载于《论语》者八。又多大同而小异，然则夫子之言其不传于后者多矣。故曰："仲尼没而微言绝。"②

《孟子》中大多数的孔子言行不见于今本《论语》，说明其时有关孔子言行的记载非常丰富。孟子受业于子思之门人，且"私淑"于孔子，从其引文情况可知，孟子所见的七十子材料不限于经过编纂转录之《论语》，还见到为数更多的分头传抄的竹简。孟子对其真实性价值，采取一视同仁的态度。甚至对于孔子身后曾子、子思及其他七十子活动的材料也甚感兴趣。

即使是见于今本《论语》的孔子言行，《孟子》的引述也与今本个同，并非是"小异"，或是流传中出现异词，或是七十子后学各有异记，孟子择其适合自己雄辩术者用之。那时候不见得他已将《论语》视为"经"，由于有许多七十子原初忆述的比对，可能还将之视为"传"，在儒门道统的坚定立场下，遣词行文折射着战国纵横雄辩的风气。如《公孙丑上》：

> 昔者子贡问于孔子曰："夫子圣矣乎？"孔子曰："圣则吾不能，我学

---

① ［汉］司马迁撰：《史记》（全10册），北京：中华书局，1959年版，第2343页。

② ［清］顾炎武著，［清］黄汝成集释，秦克诚点校：《日知录集释》，长沙：岳麓书社，1994年版，第263页。

不厌而教不倦也。"子贡曰:"学不厌,智也;教不倦,仁也。仁且智,夫
子既圣矣!"①

《论语·述而》作:

> 子曰:"若圣与仁,则吾岂敢? 抑为之不厌,诲人不倦,则可谓云尔
> 已矣。"公西华曰:"正唯弟子不能学也。"②

《吕氏春秋·尊师》则引作:

> 子贡问孔子曰:"后世将何以称夫子?"孔子曰:"吾何足以称哉?
> 勿已者,则好学而不厌,好教而不倦,其惟此邪!"③

翟灏《孟子考异》据此云:"《论语》'为之不厌,诲人不倦',是向公西华
言之,此向子贡言之。《日知录》谓孟子书所引孔子之言,其载于《论语》者,
'我学不厌,而教不倦',一也。今据《吕氏春秋》,则此实别一时语。"④可能
对于孔子此言,公西华、子贡均有原始忆述,《论语》取舍时倾于公西华,而
孟子不一定欣赏公西华的唯唯诺诺,而引子贡的借题发挥为同调。

又如《滕文公下》:

> 孟子曰:"阳货欲见孔子而恶无礼,大夫有赐于士,不得受于其家,
> 则往拜其门。阳货瞰孔子之亡也,而馈孔子蒸豚;孔子亦瞰其亡也,而
> 往拜之。当是时,阳货先,岂得不见? 曾子曰:'胁肩谄笑,病于夏畦。'
> 子路曰:'未同而言,观其色赧赧然,非由之所知也。'"⑤

《论语·阳货》作:

---

①　[宋]朱熹撰:《四书章句集注》,北京:中华书局,1983年版,第233页。
②　[宋]朱熹撰:《四书章句集注》,北京:中华书局,1983年版,第101页。
③　许维遹撰,梁运华整理:《吕氏春秋集释》(全2册),北京:中华书局,2009年版,第96页。
④　[清]焦循撰,沈文倬点校:《孟子正义》,中华书局,1987年版,第214页。
⑤　[宋]朱熹撰:《四书章句集注》,北京:中华书局,1983年版,第270页。

> 阳货欲见孔子,孔子不见,馈孔子豚。孔子时其亡也,而往拜之,遇诸涂。①

相较而言,孟子见到更多的七十子原初忆述,就不局限于《论语》编纂过程中趋于简练者,而喜欢在综合多种材料的基础上,重现历史现场的戏剧性。

再如《离娄上》:

> 孟子曰:"求也为季氏宰,无能改于其德,而赋粟倍他日。孔子曰:'求非我徒也,小子鸣鼓而攻之可也。'……"②

《论语·先进》作:

> 季氏富于周公,而求也为之聚敛而附益之。子曰:"非吾徒也,小子鸣鼓而攻之可也。"③

孟子引文,并不缩手缩脚,而是使之切合自己口吻,然后行云流水地融进自己借题发挥的争论之中:"由此观之,君不行仁政而富之,皆弃于孔子者也,况于为之强战。争地以战,杀人盈野。争城以战,杀人盈城,此所谓率土地而食人肉,罪不容于死。故善战者服上刑,连诸侯者次之,辟草莱、任土地者次之。"④这是一种思想大家的引文方式。

另一种值得注意的现象是,除了《孟子》外,西汉之前古文献彙集与《论语》材料似乎是两个轨道上的车,少有交叉,关系过于"淡薄"。《礼记》、《韩诗外传》、《说苑》、《孔子家语》等都大量载录孔子的言行。有趣的是这些文献与《论语》的重合率非常低,而这些文献之间的重合率则很高。鉴于存在与《论语》同源的独立而散杂的简群,可以认为西汉之前的古书基本未引《论语》。这说明《论语》与上述文献的主体出现于同一时期,且在较早时期

---

① ［宋］朱熹撰:《四书章句集注》,北京:中华书局,1983 年版,第 175 页。
② ［宋］朱熹撰:《四书章句集注》,北京:中华书局,1983 年版,第 283 页。
③ ［宋］朱熹撰:《四书章句集注》,北京:中华书局,1983 年版,第 126 页。
④ ［宋］朱熹撰:《四书章句集注》,北京:中华书局,1983 年版,第 283 页。

就已独立成为一类文献,故为上述文献所不引。《论语》很少见于董仲舒以前文献,恰说明其他简群与孔子有关之记载产生时代与《论语》接近,或是《论语》最初编纂中刊落的七十子忆述材料,二者因此罕见交叉。

由此我们知道,孟子时代之前是《论语》各章及各类孔子故事大量出现,并分化的时期,即学术史上所谓的"七十子"及其后学的时期,这是中国学术史、思想史上极为关键的一个阶段,《春秋》三传、古《礼记》开始形成于这个时期,《诗》、《书》、《易》作为士人之学的早期传布也已开始。

• 公元前 432 年至公元前 249 年,即曾子卒到鲁亡国之间,在鲁国以孔府和曾门为中心,形成了恪守礼乐文化的知识群体。《论语》三家,《鲁论语》者,鲁人所传;《齐论语》者,齐人所传;《古论语》,出自孔壁,孔府所藏。许慎《说文解字叙》:壁中书者,鲁恭王坏孔子宅,而得《礼记》、《尚书》、《春秋》、《论语》、《孝经》。早期师门传授,当始于战国时期。

• 在齐国,齐威王(公元前 356—前 320 年在位)、齐宣王(公元前 319—前 301 年在位)时期稷下学宫兴盛一时。稷下学术盛于黄老,杂有儒法、阴阳、神仙方术。而前期有孟子,至齐襄王(公元前 283—265 年在位)时期则有荀子,七十子再传、数传后学入齐者不在少数。鲁顷公二十四年(公元前 249 年),楚灭鲁,鲁儒赴齐者增多。于是有《齐论语》者,齐人所传。齐《论语》多出《问王》、《知道》二篇,凡二十二篇。

• 荀况(约公元前 313—前 238 年),有弟子韩非、李斯和汉初传授《诗经》的浮丘伯。《史记·孟子荀卿列传》:"荀卿,赵人。年五十始来游学于齐。……齐襄王时,而荀卿最为老师。齐尚修列大夫之缺,而荀卿三为祭酒焉。齐人或谗荀卿,荀卿乃适楚,而春申君以为兰陵令。春申君死而荀卿废,因家兰陵。李斯尝为弟子,已而相秦。荀卿嫉浊世之政,亡国乱君相属,不遂大道而营于巫祝,信禨祥,鄙儒小拘,如庄周等又猾稽乱俗,于是推儒、墨、道德之行事兴坏,序列著数万言而卒。因葬兰陵。"[1]清人汪中《荀卿通论》谓:《荀子》书,始于《劝学》,终于《尧问》,篇次实仿《论语》。《六艺论》云:《论语》子夏、仲弓合撰。《风俗通》云:穀梁为子夏门人。而《非相》、《非十二子》、《儒效》诸篇,每以仲尼、子弓并称。子弓之为仲弓,亦犹子路

---

① [汉]司马迁撰:《史记》(全 10 册),北京:中华书局,1959 年版,第 2348 页。

之为季路。知荀子之学,实出子夏、仲弓也。《宥坐》、《子道》、《法行》、《哀公》、《尧问》五篇,杂记孔子及诸弟子言行,盖据其平日闻于师友者,亦由渊源所渐,传习有素也。(按:《荀子》篇序仿效《论语》,行文却大量采用《论语》外的杂简,这是一个值得体味的问题。)

•公元前256年,秦昭襄王五十一年,秦灭周,取九鼎宝器。此前秦孝公六年(公元前356年),任用商鞅变法,实行编户什伍连坐,奖励耕战,焚毁《诗》、《书》。将礼乐、诗书、修善、孝弟、诚信、贞廉、仁义、非兵、羞战,归入"六虱"之列。在铁腕务实中,使国力大振。秦惠文王更元九年(公元前316年)司马错率兵取蜀。其后,秦命李冰为蜀郡守,修建都江堰,使蜀中平原成为"水旱从人"、"不知饥馑"的"天府之国",为秦统一中国积累雄厚的经济实力。此地原名灌县,夏禹治水"导江"处。《史记•河渠书》云:"于蜀,蜀守冰凿离碓,辟沫水之害,穿二江成都之中。此渠皆可行舟,有余则用溉浸,百姓飨其利。至于所过,往往引其水益用溉田畴之渠,以万亿计,然莫足数也。"[①]《汉书•沟洫志》云:"蜀守李冰凿离堆,避沫水之害,穿二江成都中。此渠皆可行舟,有余则用溉,百姓飨其利。"[②]应劭《风俗通义》云:"秦昭王遣李冰为蜀郡太守,开成都两江,溉田万顷。"[③]晋常璩《华阳国志》卷三云:"周灭后,秦孝文王以李冰为蜀守。冰能知天文地理,谓汶山为天彭门。乃至湔氏县,见两山对如阙,因号天彭阙。"[④]可见东方之学更重精神,关注礼乐;西方之学更重实效,关注耕战。

【文献记载】

《史记•田敬仲完世家》:"(齐宣王九年)与魏襄王会徐州,诸侯相王也。"[⑤]《魏世家》:"襄王元年,与诸侯会徐州,相王也。追尊父惠王为王。"[⑥]〔按:《史记》记年有误,据《竹书纪年》,会徐州相王,应是齐威王二十三年、魏惠王后元元年(公元前334年),齐、魏是当时强国,相互承认称王。〕

惠施促成此事,为魏国相,疑庄子谋其相位,然庄周、惠施不失友情,此后常在大梁辩学。这是与齐稷下同时的另一种声音。《庄子•秋水篇》云:

---

① 〔汉〕司马迁撰:《史记》(全10册),北京:中华书局,1959年版,第1407页。
② 〔汉〕班固撰:《汉书》(全12册),北京:中华书局,1962年版,第1677页。
③ 〔清〕朱象贤撰:《印典》,清文渊阁《四库全书》本,卷7。
④ 〔晋〕常璩撰:《华阳国志》,《四部丛刊》影明钞本,卷第三《蜀志》。
⑤ 〔汉〕司马迁撰:《史记》(全10册),北京:中华书局,1959年版,第1894页。
⑥ 〔汉〕司马迁撰:《史记》(全10册),北京:中华书局,1959年版,第1848页。

惠子相梁,庄子往见之。或谓惠子曰:"庄子来,欲代子相。"于是惠子恐,搜于国中三日三夜。庄子往见之,曰:"南方有鸟,其名曰鹓雏,子知之乎? 夫鹓雏,发于南海而飞于北海,非梧桐不止,非练实不食,非醴泉不饮。于是鸱得腐鼠,鹓雏过之,仰而视之曰:'吓!'今子欲以子之梁国而吓我邪?"①

《史记·田敬仲完世家》:

宣王喜文学游说之士,自如驺衍、淳于髡、田骈、接予、慎到、环渊之徒七十六人,皆赐列第,为上大夫,不治而议论。是以齐稷下学士复盛,且数百千人。②

《史记·孟子荀卿列传》:

自驺衍与齐之稷下先生,如淳于髡、慎到、环渊、接子、田骈、驺奭之徒,各著书言治乱之事,以干世主,岂可胜道哉! ……慎到,赵人。田骈、接子,齐人。环渊,楚人。皆学黄老道德之术,因发明序其指意。……荀卿,赵人。年五十始来游学于齐。……田骈之属皆已死,齐襄王时,而荀卿最为老师。齐尚修列大夫之缺,而荀卿三为祭酒焉。③

何晏《论语集解叙》:

《齐论》有《问王》、《知道》,多于《鲁论》二篇,《古论》亦无此二篇。④

(按:《问王》,即《问玉》,即《礼记·聘义》载有"子贡问君子贵玉贱珉",亦见《荀子·法行篇》,《孔子家语》也有《问玉篇》。《荀子·法行篇》云:

---

① 〔清〕王先谦撰,沈啸寰点校:《庄子集解》,北京:中华书局,1987年版,第148页。
② 〔汉〕司马迁撰:《史记》(全10册),北京:中华书局,1959年版,第1895页。
③ 〔汉〕司马迁撰:《史记》(全10册),北京:中华书局,1959年版,第2346—2348页。
④ 〔清〕严可均辑:《全三国文》,北京:商务印书馆,1999年版,第411页。

子贡问于孔子曰："君子之所以贵玉而贱珉者，何也？为夫玉之少而珉之多邪？"孔子曰："恶。赐，是何言也，夫君子岂多而贱之，少而贵之哉！夫玉者，君子比德焉。温润而泽，仁也；栗而理，知也；坚刚而不屈，义也；廉而不刿，行也；折而不挠，勇也；瑕适并见，情也；扣之，其声清扬而远闻，其止辍然，辞也。故虽有珉之雕雕，不若玉之章章。《诗》曰：'言念君子，温其如玉'，此之谓也。"①

这是子贡忆述、子贡后学所传之简书。与《史记·仲尼弟子列传》所云，子贡"常相鲁卫，家累千金，卒终于齐"，其弟子后学散落于齐有关。荀子在齐襄王时期为稷下祭酒，得见此简书而采录焉。）

【杂录】

《新序》卷二：

昔者邹忌以鼓琴见齐宣王，宣王善之。邹忌曰："夫琴者所以象政也。"遂为王言琴之象政状，及霸王之事。宣王大悦，与语三日，遂拜以为相。齐有稷下先生，喜议政事。邹忌既为齐相，稷下先生淳于髡之属七十二人，皆轻忌，以谓设以辞，邹忌不能及。乃相与俱往见邹忌。

淳于髡之徒礼倨，邹忌之礼卑。淳于髡等曰："狐白之裘，补之以弊羊皮，何如？"邹忌曰："敬诺，请不敢杂贤以不肖。"淳于髡曰："方内而员钲，何如？"邹忌曰："敬诺，请谨门内，不敢留宾客。"淳于髡等曰："三人共牧一羊，羊不得食，人亦不得息，何如？"邹忌曰："敬诺，减吏省员，使无扰民也。"淳于髡等三称，邹忌三知之，如应响。淳于髡等辞屈而去。②

西汉桓宽《盐铁论》卷二：

御史曰："文学祖述仲尼，称诵其德，以为自古及今，未之有也。然孔子修道鲁、卫之间，教化洙、泗之上，弟子不为变，当世不为治，鲁国

---

① ［清］王先谦撰：《荀子集解》（《诸子集成》二），北京：中华书局，1954年版，第351—352页。
② ［汉］刘向编著，石光瑛校释，陈新整理：《新序校释》（全2册），北京：中华书局，2001年版，第201—209页。

之削滋甚。齐宣王褒儒尊学,孟轲、淳于髡之徒,受上大夫之禄,不任职而论国事,盖齐稷下先生千有余人。当此之时,非一公孙弘也。弱燕攻齐,长驱至临淄,湣王遁逃,死于莒而不能救。王建禽于秦,与之俱虏而不能存。若此,儒者之安国尊君,未始有效也。"[①]

- 公元前 213 年,秦始皇三十四年,定挟书律,下令焚书,"史官非秦记皆烧之。非博士官所职,天下有藏《诗》、《书》、百家语者,皆诣守、尉杂烧之。有敢偶语《诗》、《书》,弃市。以古非今者族。吏见知不举,与同罪。令下三十日不烧,黥为城旦。所不去者,医药、卜筮、种树之书。若欲有学法令,以吏为师";次年又因侯生、卢生讥讪事觉,坑诸生犯禁者四百六十余人于咸阳。

- 《史记·儒林列传》:"及高皇帝诛项籍,举兵围鲁,鲁中诸儒尚讲诵习礼乐,弦歌之音不绝,岂非圣人之遗化,好礼乐之国哉?……夫齐鲁之间于文学,自古以来,其天性也。"[②]《隋书·经籍志》:"汉氏诛除秦、项,未及下车,先命叔孙通草绵蕝之仪,救击柱之弊。其后张苍治律历,陆贾撰《新语》,曹参荐盖公言黄老,惠帝除挟书之律,儒者始以其业行于民间。犹以去圣既远,经籍散逸,简札错乱,传说纰缪,遂使《书》分为二,《诗》分为三,《论语》有齐、鲁之殊,《春秋》有数家之传。其余互有踳驳,不可胜言。"[③]

- 公元前 168 年,汉文帝前元十二年,以户口比例设置三老、孝悌、力田常员,用以教化天下。文帝以三老为众民之师,《论语》、《孝经》开始成为教化读本。

- 此年前后,文帝博士中开始有《论语》博士。后罢传记博士,独立五经而已。

【文献记载】

《史记·老子韩非列传》:韩非者,韩之诸公子也。喜刑名法术之学,而其归本于黄老。非为人口吃,不能道说,而善著书。与李斯俱事荀卿,斯自以为不如非。

非见韩之削弱,数以书谏韩王,韩王不能用。于是韩非疾治国不务修

①　[汉]桓宽撰,王利器校注:《盐铁论校注》(全 2 册),北京:中华书局,1992 年版,第 149 页。
②　[汉]司马迁撰:《史记》(全 10 册),北京:中华书局,1959 年版,第 3117 页。
③　[唐]魏征、令狐德棻撰:《隋书》(全 6 册),北京:中华书局,1973 年版,第 905 页。

明其法制,执势以御其臣下,富国强兵而以求人任贤,反举浮淫之蠹而加之于功实之上。以为儒者用文乱法,而侠者以武犯禁。宽则宠名誉之人,急则用介胄之士。今者所养非所用,所用非所养,悲廉直不容于邪枉之臣,观往者得失之变,故作《孤愤》、《五蠹》、内外《储》、《说林》、《说难》,十余万言。

……人或传其书至秦。秦王见《孤愤》、《五蠹》之书,曰:"嗟乎,寡人得见此人与之游,死不恨矣!"李斯曰:"此韩非之所著书也。"秦因急攻韩。韩王始不用非,及急,乃遣非使秦。秦王悦之,未信用。李斯、姚贾害之,毁之曰:"韩非,韩之诸公子也。今王欲并诸侯,非终为韩不为秦,此人之情也。今王不用,久留而归之,此自遗患也,不如以过法诛之。"秦王以为然,下吏治非。李斯使人遗非药,使自杀。韩非欲自陈,不得见。秦王后悔之,使人赦之,非已死矣。①

〔按:秦王政取用商鞅、韩非之学为国家意识形态,与鲁之儒学、齐之黄老术,鼎足而三。秦汉思潮就在这三股重要思潮之间,推移更迭,拒斥融合。

又按:秦汉之际直至汉初,儒者潜入民间。秦博士伏胜授《尚书》于齐鲁,高堂伯教《礼》于鲁,盖公传黄老术于齐。王国维曰:"以后世之制明之,《小学》诸书者,汉小学之科目。《论语》、《孝经》者,汉中学之科目,而六艺则大学之科目也。"(《观堂集林·汉魏博士考》)即是说,汉初,《论语》、《孝经》流行于民间中等教育层面。〕

宋郑樵《通志略·选举略第二》:汉高帝以叔孙通为奉常,诸弟子共定礼仪者,咸为选首。其后亦未遑庠序之事。至孝文时,颇登用文学之士,然帝本好刑名之言。及孝景不任儒学,窦太后又好黄老术,故诸博士具官待问,未有进者。武帝立后,窦太后崩,田蚡为丞相,黜黄老刑名百家之言,延儒者百数,乃因旧博士置弟子五十人,太常择年十八以上仪状端正者,补博士弟子。昭帝举贤良、文学,增博士弟子员数满百人。至成帝时,刘向请兴辟雍,设庠序,帝下公卿议,会向病卒。成帝末,增弟子员三千人,岁余如故。及王莽为宰衡,欲耀众庶,遂兴辟雍,增元士之子,得受业如弟子甲、乙之科。②

---

①　[汉]司马迁撰:《史记》(全10册),北京:中华书局,1959年版,第2146-2155页。

②　[宋]郑樵撰,王树民点校:《通志二十略》(全2册),北京:中华书局,1995年版,第1319-1320页。

【考证】

《汉书·孝文本纪》记录文帝即位之情势，及文帝初年的政治事件，隐约可见文帝初为天子，确实如其诏书所言，战战兢兢，如履薄冰。原因在于，此时的天下，尚未摆脱战国气息，尚未确立大一统的观念；且西汉初年军功阶层，尤其是陈平、周勃等人势力强大，"公卿皆武力有功之臣"，官吏中充塞着战将、策士、刀笔吏，因而凡有足够实力者，都有翻转政局的可能。因此，文帝的执政对于稳定汉家天下的功劳不可小觑。其中，文帝最重要的政策之一，就是推行文教政策，使文化力量上升以达到与武功力量的平衡。体现这一政策最完全的文献，就是文帝十二年（公元前168年）诏：

> 孝悌，天下之大顺也。力田，为生之本也。三老，众民之师也。廉吏，民之表也。朕甚嘉此二三大夫之行。今万家之县，云无应令，岂实人情？是吏举贤之道未备也。其遣谒者劳赐三老、孝者帛人五匹，悌者、力田二匹，廉吏二百石以上率百石者三匹。及问民所便安，而以户口率置三老、孝悌、力田常员，令各率其意以道民焉。[①]

文帝诏称，天子很赏识"孝悌"、"力田"和"三老"，因此当年起，各地"以户口率置三老、孝悌、力田常员"，由此地方上的政治体系也比较健全了。清人赵翼《廿二史劄记》卷二云："三老、孝悌、力田，皆乡官名。"[②]俞正燮《癸巳类稿》卷十一云："《汉书·武帝纪》'元狩五年诏云：谕三老以孝弟为民师，举独行之君子，征诣行在所，亦以三老孝弟与征举之事。'孝弟、力田者，汉高后置，不在少吏也。《司马相如传》云：'让三老、孝弟以不教训之罪。'《韩延寿传》云：'骨肉争讼，使贤长吏、啬夫、三老、孝弟受其耻，啬夫三老，自系待罪，是有师责。'三老或兼孝弟，《文帝纪》十二年诏云：'三老，众民之师也。'《续汉志》云：'乡有孝子顺孙，贞女义妇，让财救患，及学士为民法式者，三老扁表其门。'若后官为旌表。自魏晋来，言少吏者，以教化为称首，则亦聊举为文辞而已。"[③]文帝健全地方政治体系的直接目的在于"各率其意以道民"，也即在地方社区推行教化。联系《续汉书·百官志》对三

---

① ［汉］班固撰：《汉书》（全12册），北京：中华书局，1962年版，第124页。

② ［清］赵翼著，王树民校证：《廿二史劄记校证》，北京：中华书局，1984年版，第45页。

③ ［清］俞正燮撰，涂小马等校点：《癸巳类稿》，沈阳：辽宁教育出版社，2001年版，第373页。

老职责的记载以及文帝所称的"三老，众民之师也"的推重之语，可以认为最为基层的乡里教育的主要负责人是三老。据东汉光和三年《赵宽碑》记载赵宽西归乡里后，被尊为三老，"教诲后生，百有余人，皆成后艾"。亦可证明三老在当时的职责之一便是教育后生。

另外，据赵岐《孟子题辞》：

> 孝文皇帝欲广游学之路，《论语》、《孝经》、《孟子》、《尔雅》皆置博士。①

文帝时尚延续秦政，博士有七十多人，主要职能是议政咨询。但是文帝广游学之路，令通习《论语》、《孝经》、《孟子》、《尔雅》者为博士，说明了文帝对《论语》等古书的推重。这些博士乃是"传记博士"，并非"五经博士"，如清人赵翼《陔余丛考》卷五云："古人著书，凡发明义理，记载故事，皆谓之'传'。《孟子》曰：'于传有之。'谓古书也。左、公、穀作《春秋传》，所以传《春秋》之旨也。伏生弟子作《尚书大传》，孔安国作《尚书传》，所以传《尚书》之义也。《大学》分经、传，《韩非子》亦分经、传，皆所以传经之意也。故孔颖达云：'大率秦、汉之际，解者多名为传。'又汉世称《论语》、《孝经》并谓之传。汉武谓东方朔云：'传曰：时然后言，人不厌其言。'东平王与其太师策书云：'传曰：陈力就列，不能者止。'成帝赐翟方进书云：'传曰：高而不危，所以长守贵也。'是汉时所谓传，凡古书及说经皆名之，非专以叙一人之事也。其专以之叙事而人各一传，则自史迁始，而班史以后皆因之。"②由于国家政策的一时推扬，《论语》、《孝经》后来成为汉代中学教育的主要教材，大约始于此年。三老所教诲后生的知识中，就应该包括了《论语》。

但汉初，意识形态和社会文化思潮，尚处在过渡和变动的时期。《史记·儒林列传》云："故汉兴，然后诸儒始得修其经艺，讲习大射乡饮之礼。叔孙通作汉礼仪，因为太常，诸生弟子共定者，咸为选首，于是喟然叹兴于学。然尚有干戈，平定四海，亦未暇遑庠序之事也。孝惠、吕后时，公卿皆武力有功之臣。孝文时颇征用，然孝文帝本好刑名之言。及至孝景，不任

---

① ［清］严可均辑：《全后汉文》，北京：商务印书馆，1999 年版，第 638 页。
② ［清］赵翼撰：《陔余丛考》（全 3 册），北京：中华书局，1963 年版，第 85—86 页。

儒者,而窦太后又好黄老之术,故诸博士具官待问,未有进者。"①

【杂录】

顾炎武《日知录》卷八:汉文帝诏置三老、孝弟、力田常员,令各率其意,以道民焉。夫三老之卑,而使之得率其意,此文、景之治所以至于移风易俗,黎民醇厚,而上拟于成、康之盛也。②

苏轼《上清储祥宫碑》:道家者流,本出于黄帝、老子。其道以清净无为为宗,以虚明应物为用,以慈俭不争为行,合于《周易》"何思何虑"、《论语》"仁者静寿"之说,如是而已。……汉兴,盖公治黄、老,而曹参师其言,以谓治道贵清静,而民自定。以此为政,天下歌之曰:"萧何为法,颥若画一。曹参代之,守而勿失。载其清静,民以宁壹。"其后文景之治,大率依本黄、老,清心省事,薄敛缓狱,不言兵而天下富。③

《史记·曹相国世家》:(曹)参为汉相国,出入三年。……百姓歌之曰:"萧何为法,颥若画一。曹参代之,守而勿失。载其清净,民以宁一。"④

· 公元前143年,汉景帝后元元年,鲁恭王刘馀坏孔子老宅,发现了孔壁古文,其中有古文《论语》,经孔安国整理,流传开来。此乃《论语》史上大事,《论语》之名,此后被广为接受。

· 《汉书·儒林传》:"孔氏有古文《尚书》,孔安国以今文字读之,因以起其家逸《书》,得十余篇,盖《尚书》兹多于是矣。遭巫蛊,未立于学官。安国为谏大夫,授都尉朝,而司马迁亦从安国问故。迁书载《尧典》、《禹贡》、《洪范》、《微子》、《金滕》诸篇,多古文说。"⑤

· 《史记·孔子世家》引《论语》资料四十五则,《仲尼弟子列传》所引也达四十则之多,从其首列"四科十哲"来看,司马迁是得见《论语》的,而且采用的《古论语》,如《仲尼弟子列传》结尾:"太史公曰:学者多称七十子之徒,誉者或过其实,毁者或损其真,钧之未睹厥容貌,则论言弟子籍,出孔氏古

———————————

　① [汉]司马迁撰:《史记》(全10册),北京:中华书局,1959年版,第3117页。

　② [清]顾炎武著,[清]黄汝成集释,秦克诚点校:《日知录集释》,长沙:岳麓书社,1994年版,第294页。

　③ 孔凡礼点校:《苏轼文集》(全6册),北京:中华书局,1986年版,第503页。

　④ [汉]司马迁撰:《史记》(全10册),北京:中华书局,1959年版,第2031页。

　⑤ [汉]班固撰:《汉书》(全12册),北京:中华书局,1962年版,第3607页。

文近是。余以弟子名姓文字悉取《论语》弟子问并次为篇,疑者阙焉。"①

【文献记载】:

桓谭《新论》曰:

> 《易》一曰《连山》,二曰《归藏》,三曰《周易》。《连山》八万言,《归藏》四千三百言。《连山》藏于兰台,《归藏》藏于太卜。《古文尚书》旧有四十五卷,为十八篇。《古帙礼记》有五十六卷。《古论语》二十一卷,与齐鲁文异六百四十余字。《古孝经》一卷二十章,千八百七十二字,今异者四百余字。嘉论之林薮,文义之渊海也。②

在西汉景帝、武帝之际,景帝之二子河间献王刘德、鲁恭王刘馀,一有意、一无意的儒学古文献之搜集和发现,是儒学发展史上的重要事件。

《汉书·景十三王传》曰:

> 河间献王德以孝景前二年(公元前155年)立,修学好古,实事求是。从民得善书,必为好写与之,留其真,加金帛赐以招之。繇是四方道术之人不远千里,或有先祖旧书,多奉以奏献王者,故得书多,与汉朝等。是时,淮南王安亦好书,所招致率多浮辨。献王所得书皆古文先秦旧书,《周官》、《尚书》、《礼》、《礼记》、《孟子》、《老子》之属,皆经传说记,七十子之徒所论。其学举六艺,立《毛氏诗》、《左氏春秋》博士。修礼乐,被服儒术,造次必于儒者。山东诸儒多从而游。③

〔按:对于现代中国思想方法影响极深的"实事求是"一词,始见于《汉书》此传。河间献王刘德,乃汉景帝长子。汉高祖分巨鹿郡置河间郡,文帝二年改为国,后国除。景帝二年改为河间国,治所在乐成县(今献县东南),辖境相当于今河北青县、南皮县以西,河间市、深州市以东,任丘市以南,武强县、阜城县以北地区。《说苑·建本》记载:"河间献王曰:管子称仓廪实,知礼节;衣食足,知荣辱。夫谷者,国家所以昌炽,士女所以姣好,礼义所以

---

① 〔汉〕司马迁撰:《史记》(全10册),北京:中华书局,1959年版,第2226页。

② 〔汉〕桓谭撰:《新论》,上海:上海人民出版社,1976年版,第35页。

③ 〔汉〕班固撰:《汉书》(全12册),北京:中华书局,1962年版,第2410页。

行,而人心所以安也。《尚书》五福,以富为始;子贡问为政,孔子曰:'富之。既富,乃教之也。'此治国之本也。"①河间献王所得古文先秦书、经传说记、七十子之徒所论中,未列《论语》。而其所言,引述《管子》,子贡问政于孔子之言,近于《论语·子路篇》"子适卫,冉有仆"章,但冉有已换成子贡,可见他没有检阅《论语》,而是采用《论语》外的七十子之徒的杂简。董仲舒《春秋繁露·五行对》记载:"河间献王问温城董君曰:'《孝经》曰:夫孝,天之经,地之义。何谓也?'"②对于《孝经》,他是相当熟悉的,随手以《三才章》之语发问。〕

《汉书·艺文志》:

> 武帝末,鲁共王坏孔子宅,欲以广其宫,而得《古文尚书》及《礼记》、《论语》、《孝经》凡数十篇,皆古字也。共王往入其宅,闻鼓琴瑟钟磬之音,于是惧,乃止不坏。孔安国者,孔子后也,悉得其书,以考二十九篇,得多十六篇。安国献之。遭巫蛊事,未列于学官。……《论语》古二十一篇(出孔子壁中,两《子张》)。③

《汉书·刘歆传》载歆《移让太常博士书》:

> 及鲁恭王坏孔子宅,欲以为宫,而得古文于坏壁之中,《逸礼》有三十九,《书》十六篇。天汉之后,孔安国献之,遭巫蛊仓卒之难,未及施行。④

【考证】

孔壁古文一事虽有学者怀疑为伪托,但《汉书》记载凿凿,不容轻易否定。清代唐晏《两汉三国学案》卷四,转录《汉书·艺文志》的记载曰:

> 武帝末,鲁共王坏孔子宅,欲以广其宫,而得《古文尚书》及《礼

① 〔汉〕刘向撰,向宗鲁校证:《说苑校证》,北京:中华书局,1987年版,第73页。
② 苏舆撰,钟哲点校:《春秋繁露义证》,北京:中华书局,1992年版,第314—315页。
③ 〔汉〕班固撰:《汉书》(全12册),北京:中华书局,1962年版,第1706页。
④ 〔汉〕班固撰:《汉书》(全12册),北京:中华书局,1962年版,第1969页。

记》、《论语》、《孝经》凡数十篇，皆古字也。共王往入其宅，闻鼓琴瑟钟磬之音，于是惧，乃止不坏。孔安国者，孔子后也，悉得其书，以考二十九篇，得多十六篇。安国献之。遭巫蛊事，未列于学官。[①]

这则记载历代转录者甚多，但它有个明显的问题，即鲁恭王不可能活到武帝末，据《汉书·景十三王传》记载，鲁恭王刘馀于景帝前元二年立为淮阳王，吴楚反破后，于前元三年（公元前154年）徙王鲁，二十八年薨。卒于汉武帝元朔元年（公元前128年）[②]。因此"武帝末"应是"景帝末"之误。

孔安国是孔子后人，受学于鲁申公，孔壁古文出现后，孔安国以今文释读之，由此得以流传。《汉书·儒林传》曰：

孔氏有古文《尚书》，孔安国以今文字读之，因以起其家逸《书》，得十余篇，盖《尚书》兹多于是矣。遭巫蛊，未立于学官。安国为谏大夫，授都尉朝，而司马迁亦从安国问。故迁书载《尧典》、《禹贡》、《洪范》、《微子》、《金縢》诸篇，多古文说。[③]

《尚书》孔安国以今文读，则《论语》当亦复如此。孔安国整理为二十一篇，其篇次不与《鲁论语》、《齐论语》相同：

鲁共王时，尝欲以孔子宅为宫，坏，得古文《论语》。《齐论》有《问王》、《知道》，多于《鲁论》二篇。《古论》亦无此二篇，分《尧曰》下章"子张问"以为　篇，有两《子张》，凡二十　一篇，篇次不与齐、鲁《论》同。[④]（何晏《论语集解序》）

可见孔壁古文《论语》已经有篇名和篇次了，证之定州汉简《论语》，亦是如此。可知，《论语》在战国时期已经形成了固定的篇名、篇次和章数了。

《隋书·经籍志》又称《古论》"章句烦省，与《鲁论》不异，唯分《子张》为

---

①　[清]唐晏撰：《两汉三国学案》卷四，北京：中华书局，1986年版，第204页。
②　据《汉书·诸侯王表》，其子鲁安王刘光汉武帝元朔元年嗣位，因此，父卒子嗣位在同一年。
③　[汉]班固撰：《汉书》（全12册），北京：中华书局，1962年版，第3607页。
④　[清]严可均辑：《全三国文》，北京：商务印书馆，1999年版，第411页。

二篇,故有二十一篇"①,似《鲁论》跟《古论》除了篇次不同外,差异很小。《古论语》、《齐论语》与《鲁论语》的文字差异还有数斑可窥。桓谭《新论》曰:

> 《古论语》二十一卷,与《齐》、《鲁》文异六百四十余字。②

《古论语》篇次约略可见,皇侃《论语集解义疏序》曰:

> 《古论》分《尧曰》下章"子张问"更为一篇,合二十一篇。篇次以《乡党》为第二篇,《雍也》为第三篇,内倒错不可具说。……《齐论》题目与《鲁论》大体不殊,而长有《问王》、《知道》二篇,合二十二篇,篇内亦微有异。③

王充《论衡·正说》篇讲到了《论语》书名的来历:

> 说论者,皆知说文解语而已,不知《论语》本几何篇;但[知]周以八寸为尺,不知《论语》所独一尺之意。夫《论语》者,弟子共纪孔子之言行,敕记之时甚多,数十百篇,以八寸为尺,纪之约省,怀持之便也。以其遗非经,传文纪识恐忘,故但以八寸尺,不二尺四寸也④。汉兴失亡。至武帝发取孔子壁中古文,得二十一篇,齐、鲁二,河间九篇,三十篇。至昭帝女读二十一篇。宣帝下太常博士,时尚称书难晓,名之曰传;后更隶写以传诵。初,孔子孙孔安国以教鲁人扶卿,官至荆州刺史⑤,始曰《论语》。今时称《论语》二十篇,又失齐、鲁、河间九篇。本三十篇,分布亡失;或二十一篇。[篇]目或多或少,文赞或是或误。说《论语》者,但知以剥解之问,以织微之难,不知存问本根篇数章目。温

---

① [唐]魏征、令狐德棻撰:《隋书》(全6册),北京:中华书局,1973年版,第939页。
② [汉]桓谭撰:《新论》,上海:上海人民出版社,1976年版,第35页。
③ [清]严可均辑:《全梁文》,北京:商务印书馆,1999年版,第724页。
④ 战国简多数每简二十五字上下,均不到二尺四寸。
⑤ 汉武帝元封五年(公元前106年)"初置刺史部十三州"。颜师古《汉书注》曰:"《汉旧仪》云初分十三州,假刺史印绶,有常治所。以秋分行郡,御史为驾四封乘传。到所部,郡国各遣一史迎之界上,所察六条。"

故知新,可以为师;今不知古,称师如何?①

王充所述多与传统文献记载不合,尤其是《论语》敕记之时多达数十百篇,汉初原本《论语》已经亡失,《论语》之名起于孔安国等语,更是事关《论语》流传之大局,王充《论衡》虽多有以意为之之谈,但也让人不可不重视之。

首先,《论语》原本有数十百篇之说虽无文献依据,却近于常理。故翟灏《四书考异·论语原始》曰:

> 王氏云,论语本数十百篇,殊觉骇听。然溯未辑论时言之,亦未可谓其夸诞。王此言,当时必更有本,今不可稽。

其次,《论语》汉初亡失,至武帝发取孔壁古文始传于天下,昭帝女读之、宣帝时难晓、孔安国教扶卿始名《论语》等说,则不可信。

《论语》汉初情形虽无记载,但目前所知较早使用《论语》书名的是《礼记·坊记》②,《坊记》又见《子思子》。韩婴是汉文帝时博士,景帝时任常山王刘舜太傅。其《韩诗外传》三引"《论语》曰",卷二"楚狂接舆躬耕以食"章引《论语》曰:"色斯举矣,翔而后集。"卷五:

> 孔子侍坐于季孙。季孙之宰通曰:"君使人假马,其与之乎?"孔子曰:"吾闻君取于臣,谓之取,不曰假。"季孙悟,告宰通曰:"今以往,君有取,谓之取,无曰假。"孔子正假马之言,而君臣之义定矣。《论语》曰:"必也正名乎!"《诗》曰:"君子无易由言。"③

卷六"天下之辨"章引《论语》曰:"君子于其言,无所苟而已矣。"三处引用均无后人插入痕迹。韩婴主要活动于文帝、景帝和武帝初年,其年纪要长于孔安国。与韩婴同时,《汉书·董仲舒传》载董仲舒元光元年(公元前

---

① 黄晖撰:《论衡校释》(全4册),北京:中华书局,1990年版,第1135-1139页。
② 《礼记·坊记》:论语曰:"三年无改于父之道,可谓孝矣。"
③ [汉]韩婴撰,许维遹校释:《韩诗外传集释》,北京:中华书局,1980年版,第200-201页。此章亦见《新序·杂事五》。

134 年）举贤良对策曰：

> 臣闻《论语》曰："有始有卒者，其唯圣人虖！"①

董仲舒对策中，还引用"故孔子曰：导之以政，齐之以刑，民免而无耻"；"孔子曰：《韶》尽美矣，又尽善矣"；"孔子曰：《武》尽美矣，未尽善也"；"孔子曰：奢则不逊，俭则固"。这些孔子之言，分别见于《论语·为政篇》、《八佾篇》、《述而篇》。尤其值得注意者，董仲舒《春秋繁露·执贽》云："玉有似君子。子曰：'人而不曰如之何？如之何者，吾末如之何也矣。'故匿病者，不得良医，羞问者，圣人去之，以为远功而近有灾，是则不有。玉至清而不蔽其恶，内有瑕秽，必见之于外，故君子不隐其短，不知则问，不能则学，取之玉也。君子比之玉，玉润而不污，是仁而至清洁也。廉而不杀，是义而不害也。坚而砥，过而不濡，视之如庸，展之如石，状如石，搔而不可从绕，洁白如素而不受污，玉类备者，故公侯以为贽。"②这些引述发挥，显然来自"子贡向孔子问玉"，如《礼记·聘义》、《荀子·法行》之所载，但更可能来自《齐论语》多出的《问王》（即《问玉》）、《知道》之篇。因此至迟在汉武帝初年，《论语》已经被视作权威文献或经典了。其书名为孔安国始创之说，并不可信。但应该是到景、武之际，"论语"一名才逐渐被广为使用，则是事实。

• 公元前 140 年，建元元年十月，汉武帝诏令推举贤良方正直言极谏之人，董仲舒三次对策。其《天人三策》、《春秋繁露》引《论语》，可参于今本《论语》者，及于十九篇五十三章，以《八佾》、《颜渊》、《子路》、《卫灵公》四篇引用最多。

• 公元前 136 年，建元五年，汉武帝设立"五经博士"，《论语》在中等教育中的重要性得以提高。《论语》开始在汉帝国的宫廷、官僚、儒林中确立权威地位，在教育体系中扮演重要角色，并向民间社会广泛地传播。

• 同年五月，笃信黄老术的太皇太后窦氏崩。如《汉书·儒林传》云：

---

① ［汉］班固撰：《汉书》（全 12 册），北京：中华书局，1962 年版，第 2514 页。
② 苏舆撰，钟哲点校：《春秋繁露义证》，北京：中华书局，1992 年版，第 420—421 页。

"及窦太后崩,武安君田蚡为丞相,黜黄老、刑名百家之言,延文学儒者以百数,而公孙弘以治《春秋》为丞相,封侯,天下学士靡然乡风矣。"①此与立五经博士发生在同年春夏间,是儒学发展的一个转掟点。

【文献记载】

据《汉书·武帝纪》:雄才大略的汉武帝于建元元年(公元前 140 年)冬十月,举贤良方正直言极谏之士,治申商、韩非、苏秦张仪之言,乱国政,请皆罢。及董仲舒上《天人三策》,推明孔氏,尊六经以黜百家。……(建元)五年(公元前 136 年)春,罢三铢钱,行半两钱。置五经博士。……五月丁亥,太皇太后崩。……(元朔五年,公元前 124 年)夏六月,诏曰:"盖闻导民以礼,风之以乐。今礼坏乐崩,朕甚闵焉。故详延天下方闻之士,咸荐诸朝。其令礼官劝学,讲议洽闻,举遗兴礼,以为天下先。太常其议予博士弟子,崇乡党之化,以厉贤材焉。"丞相(公孙)弘请为博士置弟子员(太学生),创立太学,开中国国立大学之纪元。武帝时弟子员五十人,昭帝时增至百人,宣帝时二百人,元帝时千人,成帝时三千余人。可见西汉太学发展之大概。

《汉书·百官公卿表》:博士,秦官,掌通古今,秩比六百石,员多至数十人。武帝建元五年初置五经博士,宣帝黄龙元年稍增员十二人。②

《汉书·儒林传》赞曰:自武帝立五经博士,开弟子员,设科射策,劝以官禄。迄于元始,百有余年,传业者浸盛,支叶蕃滋,一经说至百余万言,大师众至千余人,盖禄利之路然也。初,《书》唯有欧阳,《礼》后,《易》杨,《春秋》公羊而已。至孝宣世,复立大小夏侯《尚书》,大小戴《礼》,施、孟、梁丘《易》,《谷梁春秋》。至元帝世,复立《京氏易》,平帝时,又立《左氏春秋》、《毛诗》、逸《礼》、古文《尚书》,所以罔罗遗失,兼而存之,是在其中矣。③

唐欧阳询《艺文类聚》卷四十六《职官部》引应劭《汉官仪》曰:博士,秦官也,博者,通博古今,士者,辨于然否。孝武建元五年,初置五经博士,太常差次有聪明威重者一人为祭酒,总领纲纪。④

《后汉书·朱浮传》注引《汉官仪》之《初置五经博士举状(武帝建元五

---

①　[汉]班固撰:《汉书》(全 12 册),北京:中华书局,1962 年版,第 3593 页。
②　[汉]班固撰:《汉书》(全 12 册),北京:中华书局,1962 年版,第 726 页。
③　[汉]班固撰:《汉书》(全 12 册),北京:中华书局,1962 年版,第 3620—3621 页。
④　[唐]欧阳询撰:《艺文类聚》,清文渊阁《四库全书》本,卷 46 职官部二。

年，公元前 136 年）》：生事爱敬，丧没如礼，通《易》、《尚书》、《孝经》、《论语》，兼综载籍，穷微阐奥，隐居乐道，不求闻达，身无金痍痼疾，世六属不与妖恶交通。王侯赏赐，行应四科，经任博士。下言某官某甲保举。①

　　唐杜佑《通典》卷二十七《职官九》：国子博士：班固云，按六国时，往往有博士，掌通古今。（又曰：博士，秦官，汉因之。）汉博士多至数十人，冠两梁。（文帝时，博士朝服玄端，章甫冠。）武帝建元五年，初置五经博士。宣帝、成帝之代，五经家法稍增，置博士一人。博士选有三科，高第为尚书，次为刺史，其不通政事，以久次补诸侯太傅。于时孔光为博士，数使录冤狱，行风俗，以高第为尚书。（叔孙通为博士，初制汉礼。又贾谊年二十余，文帝召为博士，年最少。每有诏议下，诸老生未能言，谊尽为对之，人人各如其意。又元鼎中，徐偃为博士，使行风俗。偃矫制，使胶东、鲁国鼓铸盐铁。还奏事，张汤劾偃以矫制，法至死。偃以春秋之义，"大夫出疆，有可以安社稷、利万人，专之可也"，汤不能诎。又公孙弘、董仲舒、朱云、匡衡、疏广、韦贤、张禹并为博士。）后汉博士凡十四人，（易：施、孟、梁丘、京氏。尚书：欧阳、大小夏侯。诗：齐、鲁、韩氏。礼：大小戴。春秋：严、颜，各一博士。华峤汉书曰："初，欲立左氏传博士，范升以为左氏浅末，不宜立。陈元闻之，乃诣阙上疏争之，更相辨对，凡十余上，帝卒立左氏学。"）掌以五经教子弟，国有疑事，掌承问对。旧时从议郎为博士，其通叡异艺，入平尚书，出部刺史、诸侯守相，久次转谏议大夫，中兴高第为侍中，小郡若都尉。博士限年五十。（其督邮板状曰："生事爱敬，丧没如礼。理《易》、《尚书》、《孝经》、《论语》，兼崇载籍，穷微阐奥，师事某官，经明受谢。见授门徒尚五十人以上，正席谢生，三郡三人，隐居乐道，不求闻达。身无金痍痼疾，三十六属，不与妖恶交通。王侯赏赐，行应四科，经任博士。"下言某官某甲保举。顺帝讳保，故称守。）安帝以博士多非其人，诏命三公、将军、中二千石举博士各一人，务得经明行高，卓尔茂异。是时群僚承风，凡所旌贡，绰有余裕。后旋复故，遂用陵迟。初，平帝元始四年，改博士为博士师，后汉兼而存之，并择儒者。②（桓荣、鲁恭、戴凭等并为博士。）

　　① ［宋］范晔撰，［唐］李贤等注：《后汉书》（全 12 册），北京：中华书局，1965 年版，第 1145 页。
　　② ［唐］杜佑撰，王文锦、谢方等点校：《通典》，北京：中华书局，1988 年版，第 765－766 页。

【考证】

汉代教育选举体系的完备是一个渐进的过程。首先，汉代政府的官办教育主要是以《五经》为主的经学教育。虽然经过了秦始皇的"焚书"和"坑术士"，先秦时代的列国"官学"还是为《五经》教育在两汉时代的发展提供了宝贵的文献记忆和积累，也为其提供了掌握这些文献的少量知识分子。《史记·秦始皇本纪》记载李斯上书请求焚书称：

> 臣请史官非秦记皆烧之。非博士官所职，天下敢有藏《诗》、《书》、百家语者，悉诣守、尉杂烧之。有敢偶语诗书者弃市。以古非今者族。吏见知不举者与同罪。令下三十日不烧，黥为城旦。所不去者，医药、卜筮、种树之书。若欲有学法令，以吏为师。①

在李斯的建议中，被焚的书籍为秦国以外的史书，和"非博士官所职"的《诗》、《书》、百家语"，也即李斯所说的"私学"，那么"官学"是什么呢？也就是说"博士官所职"是什么呢？根据李斯奏章的语境分析，我们可以知道"博士官所职"正是"《诗》、《书》、百家语"。从秦有七十博士的员额来看，这种制度已经相当的成熟②，因此它应开始于先秦时代。

于此，不妨梳理一下中国早期博士的文献：（一）文献记载，最早的博士见于鲁国。《史记·循吏列传》载："公仪休者，鲁博士也，以高弟为鲁相。奉法循理，无所变更，百官自正。使食禄者不得与下民争利，受大者不得取小。"③《艺文类聚》卷四十六《职官部》引《典略》曰："公仪休者，鲁博士也，为鲁相，无所变更，百官自正，使食禄者，不得与下争利。"④此公仪休乃是鲁穆公（公元前407—前377年在位）时人。《盐铁论·相刺》云："鲁缪公之时，公仪为相，子思、子原为之卿。"⑤《孔丛子·公仪篇》则有另一种记载："鲁人有公仪僭者，砥节砺行，乐道好古，恬于荣利，不事诸侯，子思与之友。

---

① ［汉］司马迁撰：《史记》（全10册），北京：中华书局，1959年版，第255页。

② 见王国维《观堂集林·汉魏博士考》，石家庄：河北教育出版社，2001年版，第104页。钱穆撰：《两汉经学今古文评议》，北京：商务印书馆，2001年版，192—194页。

③ ［汉］司马迁撰：《史记》（全10册），北京：中华书局，1959年版，第3101页。

④ ［唐］欧阳询撰：《艺文类聚》，清文渊阁《四库全书》本，卷47职官部三。

⑤ ［汉］桓宽撰，王利器校注：《盐铁论校注》（全2册），北京：中华书局，1992年版，第254页。

穆公因子思欲以为相。"①对于这位公仪僭,宋咸注曰:"数本皆作'潜'。详其行,已疑为公仪休之昆弟。"②冢田虎却说:"'僭'本亦作'潜'。穆公时公仪休为相,有循吏之称,疑潜即休之名字。而此未为相之时与?将异人与?"③后世辑录的《子思子》外篇《胡母豹第五》则径将公仪僭当作公仪休:"鲁人有公仪休者,砥节励行,乐道好古,恬于荣利,不事诸侯。子思与之友。"④子思在鲁穆公即位初年,年岁已逾八十,因而公仪休为博士也就只能在鲁元公末年或鲁穆公初年,即公元前407年前后。

（二）中国博士记载,最早见于鲁,其次见于齐,再次见于魏。《说苑·尊贤篇》记载:"十三年,诸侯举兵以伐齐。齐王闻之,惕然而恐,召其群臣大夫,告曰:'有智为寡人用之。'于是博士淳于髡仰天大笑而不应。王复问之,又大笑不应。三问,三笑不应。王艴然作色不悦曰:'先生以寡人语为戏乎?'对曰:'臣非敢以大王语为戏也。臣笑臣邻之祠田也,以一奁饭,一壶酒,三鲋鱼,祝曰:蟹堁者宜禾,洿邪者百车,传之后世,洋洋有余。臣笑其赐鬼薄而请之厚也。'于是王乃立淳于髡为上卿,赐之千金,革车百乘,与平诸侯之事。诸侯闻之,立罢其兵,休其士卒,遂不敢攻齐。此非淳于髡之力乎?"⑤这条材料带有小说叙事语气,却也符合淳于髡的滑稽口吻。"博士淳于髡"五字是不作雕饰而说出的,淳于髡是齐威王时的稷下先生。但此"十三年"是周王的十三年,或齐王的十三年,没有交待。这则记载可以与《史记·滑稽列传》相参:"威王八年(公元前349年),楚大发兵加齐。齐王使淳于髡之赵请救兵,赍金百斤,车马十驷。淳于髡仰天大笑,冠缨索绝。王曰:'先生少之乎?'髡曰:'何敢!'王曰:'笑岂有说乎?'髡曰:'今者臣从东方来,见道傍有穰田者,操一豚蹄,酒一盂,而祝曰:瓯窭满篝,汙邪满车,五谷蕃熟,穰穰满家。臣见其所持者狭而所欲者奢,故笑之。'于是齐威王乃益赍黄金千镒,白璧十双,车马百驷。髡辞而行,至赵。赵王与之精兵十万,革车千乘。楚闻之,夜引兵而去。"⑥齐威王在位时间是公元前356

---

① 傅亚庶撰:《孔丛子校释》(《新编诸子集成续编》),北京:中华书局,2011年版,第163页。
② 傅亚庶撰:《孔丛子校释》(《新编诸子集成续编》),北京:中华书局,2011年版,第165页。
③ 傅亚庶撰:《孔丛子校释》(《新编诸子集成续编》),北京:中华书局,2011年版,第165-166页。
④ [宋]汪晫撰:《曾子子思子全书》,清文渊阁《四库全书》本,外篇《胡母豹第五》。
⑤ [汉]刘向撰,向宗鲁校证:《说苑校证》,北京:中华书局,1987年版,第201-202页。
⑥ [汉]司马迁撰:《史记》(全10册),北京:中华书局,1959年版,第3198页。

年至公元前 321 年。因此淳于髡的博士，起码比公仪休晚半个世纪。

于此之后，曾有一位疑似博士。《战国策·赵策》载："郑同北见赵王。赵王曰：'子，南方之传士也，何以教之？'郑同曰：'臣南方草鄙之人也，何足问？虽然，王致之于前，安敢不对乎？臣少之时，亲尝教以兵。'"①其中"南方之传士"，有的版本作"南方之博士"，注曰："博士，辨博之士。补曰：秦官有博士。或战国儒士有此称。"②郑同北见赵王之事，列于《赵策》魏公子无忌夺晋鄙以救赵击秦之后，应晚于后者发生的魏安厘王二十年（公元前 257 年），即晚于淳于髡九十余年。而且郑同开口即言兵，并非儒门博士，注家鲍彪已注意到，"孔、孟皆以兵为讳。今舍俎豆之事，仁义之说，而专谈兵，此益多之论也"，即是战国游说之士的腔调。

（三）《汉书·贾邹枚路传》记载："贾山，颍川人也。祖父祛，故魏王时博士弟子也。山受学祛，所言涉猎书记，不能为醇儒。尝给事颍阴侯为骑。孝文时，言治乱之道，借秦为谕，名曰《至言》。"③康有为《孔子改制考》卷二十云："《汉书》：贾山之祖为魏文侯博士。"这种解释大谬不然。贾山是汉文帝（公元前 179—前 157 年在位）时人，而魏文侯在位时间为公元前 445 年至公元前 396 年。贾山祖父贾祛根本不可能与之相隔二百几十年，而且还能指教贾山。《汉书》明明说，贾祛是"魏王时博士"，魏文侯根本没有称王。那么是哪位魏王呢？只能是亡国国王魏景湣王（公元前 242—前 225 年在位），这算到汉文帝时，已经五十年了，正好是祖孙相差的岁数。这距离淳于髡的时代已是百年以上。孔子七世孙孔斌（子慎）尝为魏相，八世孙孔鲋（子鱼）也是在魏亡之后，为陈涉博士。从文献提供的线索可知，战国时期的博士，始见于鲁，再见于齐稷下，然后见于承传西河授经遗风的魏，除了樱卜文风较杂之外，都是儒风盛行之地。只留下三位博士的记载，那是因为他们本人在政治生活上有作为，或其后人受到关注，因而被记录下来了，实际出现过的博士数量应该远不止此数。

（四）秦始皇二十六年（公元前 221 年）统一天下，其后《史记·秦始皇本纪》载：（三十四年，公元前 213 年）"始皇置酒咸阳宫，博士七十人前为寿。……博士齐人淳于越进曰：'臣闻殷周之王千馀岁，封子弟功臣，自为

---

① ［汉］刘向辑录：《战国策》（全 3 册），上海：上海古籍出版社，1985 年版，第 712 页。
② ［汉］刘向辑录：《战国策》（全 3 册），上海：上海古籍出版社，1985 年版，第 713 页。
③ ［汉］班固撰：《汉书》（全 12 册），北京：中华书局，1962 年版，第 2327 页。

枝辅。今陛下有海内，而子弟为匹夫，卒有田常、六卿之臣，无辅拂，何以相救哉？事不师古而能长久者，非所闻也。今青臣又面谀以重陛下之过，非忠臣。'始皇下其议。"①这就引发了焚书灾难。博士淳于越是齐人，是稷下学风之遗。当然，秦博士还有叔孙通、伏胜一类儒生。

可见，"《诗》、《书》、百家语"博士作为"诸侯并征，厚招游学"的产物，至少已在战国时期绵延近二百年。首先，作为贵族教育的文本，诗书有明显的使用的阶层性，当时的博士官所掌诗书多是为贵族服务的②。所谓"天下敢有藏《诗》、《书》、百家语者"，其中不少会是秦灭六国之后，流落于民间的那些六国的博士官和士人。这些人在战国的战乱中，被迫流亡民间，却正好使贵族化的文化有了在民间传播的可能。秦朝末年又经过战乱之后，秦的博士官也被迫流落于民间，使得贵族化的《诗》、《书》有了第二次接触平民文化的可能，所以在西汉时还能看到秦博士伏生、叔孙通等。西汉经学文化主要也是这批人重建的。但此时的所谓贵族文化实际上已是民间文化了，汉帝国的创始人本来就是平民一族，汉初的文化名人也几乎全部来自于民间社会，例如河间献王的工作也是从民间社会去搜寻古文化的余痕，这便使得原先贵族化的文化失去了其依附的主体，变得愈加平民化了，由此也就为经学教育深入民间提供了合理性的前提。

其次，汉承秦制，博士官制度依然存在，文帝时已经达到了秦国的水平，博士官员额据史书记载为七十多人。但此时沿袭前代的制度，博士官除了进行一些私学性质的教授外，主要还是履行议政咨询的职责③，国家并没有形成以博士官为主导的教育体系。东方朔《答客难》云："今子大夫修先王之术，慕圣人之义，讽诵《诗》、《书》、百家之言，……以事圣帝。"④可见"《诗》、《书》、百家之言"到汉武帝时仍是知识分子观念中的知识主体，与前代的承袭关系是较为明显的。也正是在汉武帝的时代，国家教育制度发生了变化，《史记·儒林列传》记载武帝时期公孙弘向武帝提出建议："古者

①　［汉］司马迁撰：《史记》（全10册），北京：中华书局，1959年版，第254页。
②　徐复观《中国经学史的基础·先汉经学之形成》，见《徐复观论经学史二种》，上海书店出版社2002年版。
③　见上书之《博士性格的演变》。具体如《秦始皇本纪》记载秦始皇二十八年始皇帝"至湘山祠，逢大风，几不得渡。上问博士曰：'湘君神？'博士对曰：'闻之，尧女，舜之妻，而葬此'"，可知，博士官的主要职能之一是提供知识咨询。
④　［汉］班固撰：《汉书》（全12册），北京：中华书局，1962年版，第2864页。

政教未洽，不备其礼，请因旧官而兴焉。为博士官置弟子五十人，复其身。"①从这时起政府开始为博士设立弟子，并免除了他们的徭役。另外，在博士弟子之外还有乡里推荐的"好文学，敬长上，肃政教，顺乡里，出入不悖所闻"的人才，"得受业如弟子"。真正的全国性的经学教育始于此时，即公元前124年（元朔五年）。武帝立五经博士，开弟子员，设科射策。讫于元始，一经说至百余万言，大师众至千余人（《汉书·儒林传赞》）。

除了从全国各地选择普通的"民"作为博士弟子或准博士弟子外，公孙弘所谓"臣谨案诏书律令下者，明天人分际，通古今之义，文章尔雅，训辞深厚，恩施甚美。小吏浅闻，不能究宣，无以明布喻下"，正突出了设立博士弟子和准博士弟子的原因，即由于各级小吏的文化水平极为有限，导致了帝国中央发布的很多诏书律令很难真正的下传到帝国统治的最基层，武帝元朔元年诏书所言"今或至阖郡而不荐一人，是化下不究，而积行之君子雍于上闻也"②。所以推行博士弟子教育的目的，其实是提高帝国各级官吏的文化水平，以使帝国的权力有效地深入全国各个角落。但正是由于"以文学礼仪为官"的政策的实行，促进了地方上对文学礼仪的重视，加之武帝令"天下郡国皆立学校官"，由此全国各级的教育制度和体系也健全起来。

再次，国家也非常重视其意识形态对民间社区的渗透，手段就是在地方上推行文教政策，这在客观上健全了民间教育的体系。文帝十二年诏称，天子很赏识"孝悌"、"力田"和"三老"③，因此当年起，各地"以户口率置三老孝悌力田常员"，由此地方上的政治体系也比较健全了。文帝健全地方政治体系的直接目的在于"各率其意以道民"，也即在地方社区推行教化。联系《续汉书·百官志》对三老职责的记载以及文帝所称的"三老，众民之师也"的推重之语，可以认为最为基层的乡里教育的主要负责人是三老。据东汉光和三年（180年）《赵宽碑》记载，赵宽西归乡里后，被尊为三老，"教诲后生，百有余人，皆成后艾"。亦可证明三老在当时的职责之一便是教育后生。

故尔，自汉武帝时期设立博士弟子，各郡国建立学校官之后，承袭文帝以来的以户口比率所常设的三老制度，汉帝国的教化系统已经能够从中央

---

① ［汉］司马迁撰：《史记》（全10册），北京：中华书局，1959年版，第3119页。
② ［汉］班固撰：《汉书》（全12册），北京：中华书局，1962年版，第166页。
③ ［汉］班固撰：《汉书》（全12册），北京：中华书局，1962年版，第124页。

的太学逐级过渡到地方的三老,知识的流通渠道已经较为畅通了。五经教育的知识在健全的教育制度的保障下,通过各级学校可以到达较为底层的民间社会。《论语》、《孝经》作为《五经》之中学,亦被视作经典,并广泛进入民间社会。

正如上文所述,至迟在汉武帝初年,《论语》已经被视作经典了。

董仲舒之后,史籍文献中《论语》的引据逐渐增多。《盐铁论·论儒》篇载御史曰:

> 《论语》:"亲于其身为不善者,君子不入也。"有是言而行不足从也。季氏为无道,逐其君,夺其政,而冉求、仲由臣焉。礼:"男女不授受,不交爵。"孔子适卫,因嬖臣弥子瑕以见卫夫人,子路不说。子瑕,佞臣也,夫子因之,非正也。男女不交,孔子见南子,非礼也。礼义由孔氏,且贬道以求容,恶在其释事而退也?①

《盐铁论·未通篇》文学亦引《论语》曰:"百姓足,君孰与不足乎?"《汉书·昭帝纪》载始元五年(公元前82年)六月《诏》曰:

> 朕以眇身获保宗庙,战战栗栗,夙兴夜寐,修古帝王之事,通《保傅传》、《孝经》、《论语》、《尚书》,未云有明。其令三辅太常举贤良各二人,郡国文学高第各一人。赐中二千石以下至吏民爵各有差。②

《汉书·宣帝纪》载霍光曰:

> 《礼》曰:"人道亲亲故尊祖,尊祖故敬宗。"太宗无嗣,择支子孙贤者为嗣。孝武皇帝曾孙病已,武帝时有诏掖庭养视,至今年十八,师受《诗》、《论语》、《孝经》,躬行节俭,慈仁爱人,可以嗣孝昭皇帝后,奉承祖宗庙,子万姓。臣昧死以闻。③

---

① [汉]桓宽撰,王利器校注:《盐铁论校注》(全2册),北京:中华书局,1992年版,第151页。
② [汉]班固撰:《汉书》(全12册),北京:中华书局,1962年版,第223页。
③ [汉]班固撰:《汉书》(全12册),北京:中华书局,1962年版,第238页。

《汉书·平帝纪》载：

> 征天下通知逸经、古记、天文、历算、钟律、小学、史篇、方术、《本草》及以《五经》、《论语》、《孝经》、《尔雅》教授者，在所为驾一封轺传，遣诣京师。至者数千人。①

可见至迟在汉武帝时代，《论语》已大抵完成了经典化的过程，成为士人引据、学子日常阅读，甚至嗣君培养的书籍。

于此不妨以统计法，比较一下记述五帝到西汉前期的《史记》与记述西汉一代的《汉书》，看《论语》书名在二者的使用情形。《史记》中，《论语》书名只有二见：（一）《仲尼弟子列传》："太史公曰：学者多称七十子之徒，誉者或过其实，毁者或损其真，钧之未睹厥容貌，则论言弟子籍，出孔氏古文近是。余以弟子名姓文字悉取《论语》弟子问并次为篇，疑者阙焉。"②（二）《张丞相列传》："韦丞相玄成者，即前韦丞相子也。代父，后失列侯。其人少时好读书，明于《诗》、《论语》。为吏至卫尉，徙为太子太傅。"③

《汉书》情形发生本质性变化，可见《论语》书名者，有二十一卷三十五处。除了前述《昭帝纪》、《宣帝纪》、《平帝纪》之外，《律历志》、《食货志》、《郊祀志》、《艺文志》均有引述。人物传中，《隽疏于薛平彭传》记载，疏广及其兄之子疏受，同时为太子太傅、少傅，"皇太子年十二，通《论语》、《孝经》"。《王贡两龚鲍传》记载："（王）吉兼通《五经》，能为驺氏《春秋》，以《诗》、《论语》教授，好梁丘贺说《易》，令子骏受焉。骏以孝廉为郎。左曹陈咸荐骏贤父子，经明行修，宜显以厉俗。"④《匡张孔马传》匡衡上疏曰："臣闻《六经》者，圣人所以统天地之心，著善恶之归，明吉凶之分，通人道之正，使不悖于其本性者也。……及《论语》、《孝经》，圣人言行之要，宜究其意。"⑤《扬雄传》记载：扬雄"撰（书）以为十三卷，象《论语》，号曰《法言》"；"以为经莫大于《易》，故作《太玄》；传莫大于《论语》，作《法言》"⑥。连班固

---

① ［汉］班固撰：《汉书》（全12册），北京：中华书局，1962年版，第359页。
② ［汉］司马迁撰：《史记》（全10册），北京：中华书局，1959年版，第2226页。
③ ［汉］司马迁撰：《史记》（全10册），北京：中华书局，1959年版，第2688页。
④ ［汉］班固撰：《汉书》（全12册），北京：中华书局，1962年版，第3066页。
⑤ ［汉］班固撰：《汉书》（全12册），北京：中华书局，1962年版，第3343页。
⑥ ［汉］班固撰：《汉书》（全12册），北京：中华书局，1962年版，第3580页。

本人也在《叙传》中讲述伯祖父"(班)伯少受《诗》于师丹。大将军王凤荐伯宜劝学,召见晏昵殿,容貌甚丽,诵说有法,拜为中常侍。时,上(成帝)方乡学,郑宽中、张禹朝夕入说《尚书》、《论语》于金华殿中,诏伯受焉。"①这里暂不述及作为《论语》名师重镇的夏侯胜、萧望之、张禹,即已可以看出,汉武以降,宫廷、官僚、儒林均将《论语》作为儒学的至为重要的入门书或敲门砖。如《汉书·儒林传》赞曰:"自武帝立五经博士,开弟子员,设科射策,劝以官禄,迄于元始,百有余年,传业者浸盛,支叶蕃滋,一经说至百余万言,大师众至千余人,盖禄利之路然也。"②

《资治通鉴》卷二十五记载,汉宣帝元康三年(公元前63年),"皇太子年十二,通《论语》、《孝经》。太傅疏广谓少傅受曰:'吾闻知足不辱,知止不殆。今仕宦至二千石,官成名立,如此不去,惧有后悔。'即日,父子俱移病,上疏乞骸骨。上皆许之,加赐黄金二十斤,皇太子赠以五十斤。公卿故人设祖道供张东都门外,送者车数百两。道路观者皆曰:'贤哉二大夫!'或叹息为之下泣。"③值得注意的是"知足不辱,知止不殆,可以长久",乃《老子》四十四章之语,教育皇太子通《论语》、《孝经》而功成身退的堂堂太傅、少傅,引老子言作为自己的行为原则,可见当时人的思想相当开放,没有将儒学当成唯一的教条,汉初的黄老之风犹有遗韵。

除教育制度的健全使知识的流通渠道得以完善,从而使《五经》、《论语》等文献与知识在两汉社会大量传播具备必要的条件外,汉帝国官员的遴选原则也从公孙弘的建议开始确定下来。这个原则的基本内容就是要选用文人为官,这是儒学知识传播体系的最重要的动力机制。从此,汉代官员的组成中,文官儒吏的比重逐渐加大。武帝之后,随着《五经》教育的推进,高级官员的选任逐渐进入知识人的范围④。东汉之后,官员的主体更主要是《五经》出身的士人了。《后汉书·左周黄列传》记载阳嘉元年,针对太学新成,增补员额的情况,左雄上书汉顺帝曰:

① [汉]班固撰:《汉书》(全12册),北京:中华书局,1962年版,第4198页。
② [汉]班固撰:《汉书》(全12册),北京:中华书局,1962年版,第3620页。
③ [宋]司马光编著,[元]胡三省音注:《资治通鉴》(全20册),北京:中华书局,1956年版,第833页。
④ 李开元《汉帝国的建立与刘邦集团——军功受益阶层研究》(三联出版社2000年版)第二章《汉初军功受益阶层之兴衰与社会阶层之变动》一章对此问题有令人信服的论述。

　　郡国孝廉，古之贡士，出则宰民，宣协风教。……请自今孝廉年不满四十，不得察举，皆先诣公府，诸生试家法，文吏课笺奏。①

　　可见到这时，几乎所有上下层管理的任用，都出自经学诸生，至少应精通文墨。任用文官的政策从根本上促进了五经教育的发展。而察举孝廉之制，对于《论语》在民间教育中的地位的提升来说，是极为重要的推手。

【杂录】

　　《续汉书·百官表》曰：建武初，置五经博士，太常差次有聪明威重者一人为祭酒，总领纲纪。②

　　《三辅旧事》曰：汉太学在长安门东书社门，立五经博士员弟子万余人。学中有市有狱。光武东迁，学乃废。③

　　•公元前 51 年，汉宣帝甘露三年，宣帝诏诸儒辨经于石渠阁，西汉经学文本异同得以辨析，太学所学文本得以确定。

　　•博士弟子由汉武帝元朔五年（公元前 124 年）置五十人、昭帝时百人，到宣帝末倍增，元帝时千人，成帝时竟增至三千人。有所谓公卿、大夫、士、吏，彬彬多文学之士矣。

　　•《论语》亦在辨经之列，但在此年之前，出现了最初的《论语》经师，如韦贤、王吉、萧望之等。清人皮锡瑞《经学历史》云："汉人以《乐经》亡，但立《诗》、《书》、《易》、《礼》、《春秋》五经博士，后增《论语》为六，又增《孝经》为七。"

　　•公元前 26 年，汉成帝河平三年，光禄大夫刘向校中秘书。每一书已，即条其篇目，撮其指意，录而奏之，"汉之典文于斯为盛"。刘向著录齐、鲁、古《论语》三家。

【考证】

　　《汉书·宣帝纪》甘露三年（公元前 51 年）："诏诸儒讲五经同异，太子太傅萧望之等平奏其议，上亲称制临决焉。乃立梁丘《易》、大小夏侯《尚

①　［宋］范晔撰，［唐］李贤等注：《后汉书》（全 12 册），北京：中华书局，1965 年版，第 3020 页。
②　［宋］孙逢吉撰：《职官分纪》，清文渊阁《四库全书》本，卷 21。
③　［宋］李昉等撰：《太平御览》，《四部丛刊》三编影宋本，卷 534"礼仪部十三"。

书》、穀梁《春秋》博士。"①这是经学史上重要的时刻,《论语》亦在辨经之列,因它与《春秋》学一样,也存在齐、鲁之别。《汉书·艺文志》载"《议奏》十八篇"②,班固自注曰:"石渠论。"③故知《论语》亦是石渠论辨对象之一。

《汉志》又载:

> 《论语》古二十　篇(出孔子壁中,两《子张》)。《齐》二十二篇(多《问王》、《知道》)。《鲁》二十篇。《传》十九篇。《齐说》二十九篇。《鲁夏侯说》二十一篇。《鲁安昌侯说》二十一篇。《鲁王骏说》二十篇。《燕传说》三卷。④

《汉志》与刘向校书有密切联系。《汉书·成帝纪》河平三年(公元前26年),"光禄大夫刘向校中秘书。谒者陈农使,使求遗书于天下"⑤。《资治通鉴》卷三十记载,河平三年,"上(汉成帝)以中秘书颇散亡,使谒者陈农求遗书于天下。诏光禄大夫刘向校经传、诸子、诗赋,步兵校尉任宏校兵书,太史令尹咸校数术,侍医李柱国校方技。每一书已,向辄条其篇目,撮其指意,录而奏之"⑥。《隋书》卷四十九《牛弘传》云:"汉兴,改秦之弊,敦尚儒术,建藏书之策,置校书之官,屋壁山岩,往往间出。外有太常、太史之藏,内有延阁、秘书之府。至孝成之世,亡逸尚多,遣谒者陈农求遗书于天下,诏刘向父子雠校篇籍。汉之典文,于斯为盛。"⑦刘向校书,每校一书,辄撰一录,阐明学术源流、校书情形等,总而汇之,为《别录》。刘歆删裁《别录》为《七略》,班固依据《七略》而作《汉书·艺文志》。那么,《汉志》中的《齐论》、《鲁论》代表了《论语》的何种形态呢?

从现存《别录》佚文及相关古文献版本信息来看,刘向校书前后古书的形态和流传样式发生了重要的变化,《别录》记录的是刘向雠校后的"善本"

---

①　[汉]班固撰:《汉书》(全12册),北京:中华书局,1962年版,第272页。

②　[汉]班固撰:《汉书》(全12册),北京:中华书局,1962年版,第1716页。

③　[汉]班固撰:《汉书》(全12册),北京:中华书局,1962年版,第1716页。

④　[汉]班固撰:《汉书》(全12册),北京:中华书局,1962年版,第1716页。

⑤　[汉]班固撰:《汉书》(全12册),北京:中华书局,1962年版,第310页。

⑥　[宋]司马光编著,[元]胡三省音注:《资治通鉴》(全20册),北京:中华书局,1956年版,第976页。

⑦　[唐]魏征、令狐德棻撰:《隋书》(全6册),北京:中华书局,1973年版,第1298页。

形式，因此《汉书·艺文志》所载也是刘向整理后的古书面貌，与西汉之前的文献形态之间，存在太多差异。可以说，《汉书·艺文志》书目背后隐藏着文献变迁问题。

兹将可以佐证上述论断的《别录》佚文罗列如下：

> 《战国策书录》：护左都水使者光禄大夫臣向言：所校中《战国策》书，中书余卷，错乱相糅莒。又有国别者八篇，少不足。臣向因国别者，略以时次之，分别不以序者以相补，除复重，得三十三篇。本字多误脱为半字，以"赵"为"肖"，以"齐"为"立"，如此字者多。中书本号，或曰《国策》，或曰《国事》，或曰《短长》，或曰《事语》，或曰《长书》，或曰《修书》。臣向以为战国时，游士辅所用之国，为之策谋，宜为《战国策》。其事继春秋以后，讫楚、汉之起，二百四十五年间之事，皆定以杀青，书可缮写。①

> 《管子书录》：护左都水使者光禄大夫臣向言：所校雠中管子书三百八十九篇，大中大夫卜圭书二十七篇，臣富、参书四十一篇，射声校尉立书十一篇，太史书九十六篇，凡中外书五百六十四篇。以校，除复重四百八十四篇，定著八十六篇，杀青而书，可缮写也。②

> 《晏子书录》：护左都水使者光禄大夫臣向言：所校中书《晏子》十一篇，臣向谨与长社尉臣参校雠。太史书五篇，臣向书一篇，参书十三篇，凡中外书三十篇，为八百三十八章。除复重二十二篇六百三十八章，定著八篇二百一十五章。外书无有三十六章，中书无有七十一章，中外皆有以相定。……其书六篇，皆忠谏其君。文章可观，义理可法，皆合六经之义。又有复重，文辞颇异，不敢遗失，复列以为一篇。又有颇不合经术，似非晏子言，疑后世辨士所为者，故亦不敢失，复以为一篇。凡八篇。其六篇可常置旁御观。③

> 《列子书录》：护左都水使者光禄大夫臣向言：所校中书列子五篇，

---

① ［汉］刘向、刘歆撰，［清］姚振宗辑录，邓骏捷校补：《七略别录佚文七略佚文》，澳门：澳门大学出版社，2007年版，第28页。

② ［汉］刘向、刘歆撰，［清］姚振宗辑录，邓骏捷校补：《七略别录佚文七略佚文》，澳门：澳门大学出版社，2007年版，第43页。

③ ［汉］刘向、刘歆撰，［清］姚振宗辑录，邓骏捷校补：《七略别录佚文七略佚文》，澳门：澳门大学出版社，2007年版，第34—35页。

臣向谨与长社尉臣参校雠太常书三篇,太史书四篇,臣向书六篇,臣参书二篇,内外书凡二十篇。以校,除复重十二篇,定著八篇。中书多,外书少。章乱布在诸篇中。或字误以"尽"为"进",以"贤"为"形",如此者众。及在新书有栈,校雠从中书,已定皆以杀青,书可缮写。[①]

《孙卿子书录》:护左都水使者光禄大夫臣向言:所校雠中孙卿书凡三百二十二篇,以相校,除复重二百九十篇,定著三十二篇,皆已定,以杀青简,书可缮写。[②]

《老子书录》曰:雠校中《老子》书二篇,太史书一篇,臣向书二篇,凡中外书五篇,一百四十二章。除复重三篇六十二章,定著八十一章。《上经》第一,三十七章;《下经》第二,四十四章。[③]

《邓析子书录》:中邓析书四篇,臣叙书一篇,凡中外书五篇。以相校,除复重,为一篇,皆定杀,而书可缮写也。[④]

《说苑书录》:护左都水使者光禄大夫臣向言:所校中书说苑杂事,及臣向书、民间书,诬校雠,事类众多,章句相溷,或上下谬乱,难分别次序。除去与《新序》复重者,其余者浅薄,不中义理,别集以为百家。后令以类相从,一一条别篇目,更以造新事,十万言以上,凡二十篇,七百八十四章,号曰《新苑》,皆可观。[⑤]

《山海经书录》:侍中奉车都尉光禄大夫臣秀领校秘书言:校秘书、太常属、臣望所校山海经凡三十二篇。今定为一十八篇。已定。[⑥]

细读这些透漏刘向校书细节的《别录》佚文,不难发现,刘向所校中书、太史书、大臣书、民间书等与其校定本之间的变化。质言之,刘向的定本是

①　[汉]刘向、刘歆撰,[清]姚振宗辑录,邓骏捷校补:《七略别录佚文七略佚文》,澳门:澳门大学出版社,2007年版,第46页。
②　[汉]刘向、刘歆撰,[清]姚振宗辑录,邓骏捷校补:《七略别录佚文七略佚文》,澳门:澳门大学出版社,2007年版,第37—38页。
③　[宋]谢守灏撰:《混元圣纪》,《道藏》洞神部谱录类,卷3引《七略》。
④　[汉]刘向、刘歆撰,[清]姚振宗辑录,邓骏捷校补:《七略别录佚文七略佚文》,澳门:澳门大学出版社,2007年版,第52页。
⑤　[汉]刘向、刘歆撰,[清]姚振宗辑录,邓骏捷校补:《七略别录佚文七略佚文》,澳门:澳门大学出版社,2007年版,第41页。
⑥　[汉]刘向、刘歆撰,[清]姚振宗辑录,邓骏捷校补:《七略别录佚文七略佚文》,澳门:澳门大学出版社,2007年版,第65页。

综合各本的"善本",它与之前各本均不能画上等号。同一古书,中书、太史书、大臣书、民间书等各本也不相同,它们之间互有异同,各本篇目、章节多寡也相差悬殊,但这正是刘向校书之前古籍流传的基本形式。这些都足以反映战国秦汉书籍制度,存在着记录、口传、转抄、结集的过程性、多元性,口传之讹是同音异字,转抄之弊是形近而讹。其中如《孙卿子书录》所谓"所校雠中孙卿书凡三百二十二篇,以相校,除复重二百九十篇,定著三十二篇",大体十取其一,从中可以窥见"古者《诗》三千余篇,及至孔子,去其重",删定为《诗三百篇》的书籍整理奥秘。《汉书·艺文志》所载乃是刘向定本的形式,因此《汉志》所载书目并非刘向校书前古书的一般形态。

多数古书在刘向校书之前都没有固定的传本。如"管子书",刘向整理时收录的篇目总数是五百六十四篇,包括中书三百八十九篇,太中大夫卜圭书二十七篇,臣富参书四十一篇,射声校尉立书十一篇,太史书九十六篇。刘向将这五百多篇相互参校,删除重复,定著八十六篇。实际上,总数五百六十四篇"管子书",包含的篇数只有八十六,与这八十六篇重复的有四百多篇。中书、卜圭书、富参书、立书、太史书互有异同,传本尚不固定。

当然,对于书的组成单位篇而言,同一篇的不同传本也会有不同。在刘向校书时,《管子》书总共有五百六十四篇,重复的有四百八十四篇,如果篇是固定的,则定本应是八十篇,但刘向最后的定本却是八十六篇。刘向的书录是上呈给汉成帝的报告,不至于算错。所以,刘向在删除重复时,还分出了一部分章节,组成了定本《管子》中新的六篇。可见刘向校书时某些书的篇,还没有最后固定。同样的情况也出现在《晏子》书中,其外篇第七、第八就是刘向新整理而成篇。

刘向校书之前的文献流传,没有固定的书,有的还没有固定的篇,那么,《汉书·艺文志》相对于这些不固定的书、不固定的篇而言,是何种性质的目录?

首先《汉书·艺文志》和它们是不对等的。还是以《管子》为例,中书、大臣书、太史书之间是互补互校的关系,这三部分《管子》都不能与《汉书·艺文志》中的《管子》划上完全的等号。如刘向校书之前太史处有《管子》九十六篇,但这个九十六篇却未必有整理后的八十六篇完整,即校书之前流传的《管子》书与《汉书·艺文志》的著录不对等。

其次,《汉书·艺文志》的著录是刘向综合整理后的书名篇目。《管子》

在之前有很多种类的篇章组,如"乘马"、"轻重"、"九府"等,有的类如"九府"民间还没有,这许多类经过刘向整理后,被命名为"管子书"。又如《鬼谷子》编入《苏子》"、"《新语》编入《陆贾书》"、"《六韬》编入《太公书》"等①,都与《管子》情况类似,即《苏子》中包括有《鬼谷子》一组,《陆贾书》包括有《新语》一组,《太公书》中包括有《六韬》一组。

所以《汉书·艺文志》相对于它之前的文献来说,更像是一个"类目",而不是"书目"。或者说,刘向校书使得多数古文献从类型文献过渡到了单种古书。

从另一角度而言,刘向校书之前,古书多数属"开放性"文献。篇名相同的某篇《晏子》书,在不同地域、不同时段、不同拥有者之间不完全相同。即使拥有者手中的一篇,也并非是"闭合"的,拥有者还可能采择或撰述相关的内容,增加进去,甚至还有删除某一两章的可能。刘向校书之后,多数古书属"闭合性"文献,其篇、章数均已确定,我们今天看到的古书在卷帙、章序、内容上与刘向校本区别极小。宋版周秦汉古书有的还附有刘向的《书录》,如《荀子》、《说苑》等。故知今天流传的周秦汉古书乃是以刘向校本为祖本,即使像《庄子》这种因郭象注本而散佚十数篇的文献,其保存下来的部分,还是刘向整理之本。

《汉志》所载的《齐论》、《鲁论》是刘向校订后的本子,因此其篇数、篇次、分章、文字等也应是刘向所定。刘向之前,各家本子是否有不同?答案是肯定的。《汉书·张禹传》曰:"鲁扶卿及夏侯胜、王阳、萧望之、韦玄成皆说《论语》,篇第或异。禹先事王阳,后从庸生,采获所安,最后出而尊贵。"②扶卿、夏侯胜、萧望之、韦玄成均传《鲁论》,仅王阳一人传《齐论》,故"篇第或异"不仅仅指王阳与《鲁论》诸人,也当包括《鲁论》诸师之间。扶卿、夏侯胜、萧望之、韦贤师承各不相同,所传《鲁论》容有异同。

联系刘向校书情况,我们可以说《齐论语》二十二篇是刘向在综合各种不同《齐论语》传本基础上的定本,《鲁论语》亦然。《汉志》所载《齐论》、《鲁论》在刘向之后,是两个不同的《论语》版本,刘向之前,则是两种不同的《论语》版本类型,它们各自代表了一类文献。

---

① 详参余嘉锡撰:《古书通例》,上海:上海古籍出版社,1985年版。
② [汉]班固撰:《汉书》(全12册),北京:中华书局,1962年版,第3352页。

附1:《齐论语》问题:

一

《汉书·艺文志》如此谈论其所著录群书,与刘向、刘歆父子典校中秘文献之关系:"至成帝时,以书颇散亡,使谒者陈农求遗书于天下。诏光禄大夫刘向校经传、诸子、诗赋,步兵校尉任宏校兵书,太史令尹咸校数术(师古曰:占卜之书),侍医李柱国校方技(师古曰:医药之书也)。每一书已,向辄条其篇目,撮其指意,录而奏之。会向卒,哀帝复使向子侍中奉车都尉歆卒父业。歆于是总群书而奏其《七略》,故有《辑略》(师古曰:辑,与集同,谓诸书之总要),有《六艺略》(六艺,六经也),有《诸子略》,有《诗赋略》,有《兵书略》,有《数术略》,有《方技略》。今删其要,以备篇籍(师古曰:删去浮冗,取其指要也)。其每所条奏及篇数,有与总凡不同者,转写脱误,年代久远,无以详知)。"①因此考察《论语》文献源流,还须从《汉书·艺文志》下手。

《汉书·艺文志》曰:"《论语》者,孔子应答弟子时人及弟子相与言而接闻于夫子之语也。当时弟子各有所记。夫子既卒,门人相与辑而论纂,故谓之《论语》。"②文献可见的《论语》传授始自西汉。当时有《齐论》、《鲁论》、《古论》三种传本,均见于《汉书·艺文志》的记载。终两汉之世,三种传本的《论语》都有流传,《汉志》已有交待:"汉兴,有齐、鲁之说。传《齐论》者,昌邑中尉王吉、少府宋畸、御史大夫贡禹、尚书令五鹿充宗、胶东庸生,唯王阳名家。传《鲁论语》者,常山都尉龚奋、长信少府夏侯胜、丞相韦贤、鲁扶卿、前将军萧望之、安昌侯张禹,皆名家。张氏最后而行于世。"③对三家《论语》篇章状况,何晏《论语集解序》所言最为详细,也比较可靠。或许是何氏得见刘向《别录》、刘歆《七略》,不受《汉志》"删去浮冗,取其指要"之限制,又能兼及后汉承传源流的缘故:

　　汉中垒校尉刘向言:《鲁论语》二十篇,皆孔子弟子记诸善言也,太子太傅萧望之、丞相韦贤及子玄成等传之;《齐论语》二十二篇,其二十篇中,章句颇多于《鲁论》,琅邪王卿及胶东庸生、昌邑中尉王吉皆以教授,故有《鲁论》有《齐论》。鲁共王时尝欲以孔子宅为宫,坏,得古文

---

①　[汉]班固撰:《汉书》(全12册),北京:中华书局,1962年版,第1701—1703页。

②　[汉]班固撰:《汉书》(全12册),北京:中华书局,1962年版,第1717页。

③　[汉]班固撰:《汉书》(全12册),北京:中华书局,1962年版,第1717页。

《论语》。《齐论》有《问王》、《知道》，多于《鲁论》二篇。《古论》亦无此二篇，分《尧曰》下章"子张问"以为一篇，有两《子张》，凡二十一篇，篇次不与齐、鲁《论》同。安昌侯张禹本受《鲁论》，兼讲《齐说》，善者从之，号曰《张侯论》，为世所贵，包氏、周氏章句出焉。《古论》唯博士孔安国为之训解，而世不传。至顺帝时，南郡太守马融亦为之训说。汉末大司农郑玄就《鲁论》篇章，考之《齐》、《古》，为之注。近故司空陈群、太常王肃、博士周生烈，皆为义说。[①]

《隋书·经籍志》又称《古论》"章句烦省，与《鲁论》不异，唯分《子张》为二篇，故有二十一篇"[②]，即《鲁论》跟《古论》除了篇次不同外，差异很小。因此，《论语》的传本实际上有两个大的系统：《齐论》和《鲁论》。今传《论语》是以《张侯论》为基础的《鲁论语》。其实，《张侯论》虽然在《论语》原本方面属于《鲁论》，但在传、说方面是兼收《齐说》的。张禹本人的《论语》之学，也习自《齐论语》大师。《汉书·张禹传》曰：

> 及禹壮，至长安学，从沛郡施雠受《易》，琅邪王阳、胶东庸生问《论语》，既皆明习，有徒众，举为郡文学。甘露中，诸儒荐禹，有诏太子太傅萧望之问。禹对《易》及《论语》大义，望之善焉，奏禹经学精习，有师法，可试事。奏寝，罢归故官。久之，试为博士。初元中，立皇太子，而博士郑宽中以《尚书》授太子，荐言禹善《论语》。诏令禹授太子《论语》，由是迁光禄大夫。……河平四年代王商为丞相，封安昌侯。……初，禹为师，以上难数对己问经，为《论语章句》献之。始，鲁扶卿及夏侯胜、王阳、萧望之、韦玄成皆说《论语》，篇第或异。禹先事王阳，后从庸生，采获所安，最后出而尊贵。诸儒为之语曰："欲为《论》，念张文。"由是学者多从张氏，余家浸微。[③]

王阳即王吉，他和胶东庸生都是传习《齐论语》的大师。而太子太傅萧望之所传为《鲁论语》，如《汉书》本传所云："望之，好学，治《齐诗》，事

① ［清］阮元校刻：《十三经注疏》(全2册)，北京：中华书局，1980年版，第2454—2455页。
② ［唐］魏征、令狐德棻撰：《隋书》(全6册)，北京：中华书局，1973年版，第939页。
③ ［汉］班固撰：《汉书》(全12册)，北京：中华书局，1962年版，第3347—3352页。

同县后仓且十年。以令诣太常受业,复事同学博士白奇,又从夏侯胜问《论语》、《礼服》。京师诸儒称述焉。……为太傅,以《论语》、《礼服》授皇太子。"①可见张禹的《论语》学,在传、说、训、义方面是兼收齐、鲁的②。但是,《齐论》在何晏《论语集解》之后,就亡佚了,这一情况《隋书·经籍志》有记载:

> 汉末,郑玄以《张侯论》为本,参考《齐论》、古《论》而为之注。魏司空陈群、太常王肃、博士周生烈,皆为义说。吏部尚书何晏,又为集解。是后诸儒多为之注,《齐论》遂亡。③

郑玄、何晏的注本是魏晋至唐代最为流行的《论语》本,它们都是以《鲁论语》为基础的。即使其中采纳了某些《齐说》,今天也是无从考究的。不过从上述文献的记载中我们还是能够发现《齐论语》的几个重要特征:

(1)较之《鲁论》,《齐论》多《问王》、《知道》二篇。

(2)《齐论》"二十篇中,章句颇多于《鲁论》"。

(3)《齐论》篇章次第与《鲁论》不同。

因《齐论语》魏晋以后已经亡佚,所以历代学者如朱熹、王应麟、顾宪成、朱彝尊、段玉裁、刘宝楠等都有针对《齐论语》的研究,或据《论语》原文,或据郑玄《论语注》、许慎《说文解字》等文献,提出自己对《齐论语》存佚的推测。马国翰也据《汉书·王吉传》、《贡禹传》、《春秋繁露》、《经典释文》、《礼记正义》等书辑有《齐论语》一卷。因陈东先生《历代学者关于〈齐论语〉的探讨》④一文论述颇详,本文就不再赘述了。但是,也正如陈文所言,《齐论语》的面貌"依然是难解之谜"。

先秦两汉文献之间重出互见现象非常常见,那么从其他古文献中能否发现《齐论语》的一点遗文呢?

---

① [汉]班固撰:《汉书》(全12册),北京:中华书局,1962年版,第3271—3282页。

② 《经典释文叙录》云:"安昌侯张禹受《鲁论》于夏侯建,又从庸生、王吉受《齐论》。"吴承仕《经典释文叙录疏证》据皇侃《论语义疏·发题》认为《经典释文叙录》本于刘向《别录》:"晚有安昌侯张禹,就建学《鲁论》,兼讲《齐》说,择善而从,号曰《张侯论》,为世所贵。"参看:吴承仕《经典释文叙录疏证》(秦青点校),中华书局,1984年版。

③ [唐]魏征、令狐德棻撰:《隋书》(全6册),北京:中华书局,1973年版,第939页。

④ 《齐鲁学刊》,2003年第2期。

二

西汉刘向所编的《说苑》中就有三章文献，其特点符合《齐论语》的特征。

《韩诗外传》、《新序》、《说苑》、《列女传》是几部特点相近且成书于西汉的儒家文献，其内容特点是以汇录战国秦汉时代流传的经传说记为主。《韩诗外传》自不必说，刘向三书所集内容也几乎全在《张侯论》成书之前①。其中，《说苑》一书汇集与孔子有关的言语、故事最为丰富。《说苑》的宋元诸善本皆附有刘向《说苑叙录》：

> 所校中书说苑杂事，及臣向书、民间书，诬校雠，事类众多，章句相涉，或上下谬乱，难分别次序。除去与《新序》复重者，其余者浅薄，不中义理，别集以为百家。后令以类相从，一一条别篇目，更以造新事，十万言上，凡二十篇，七百八十四章，号曰《新苑》，皆可观。②

因有这一可信的材料，学术界也逐渐公认此书非刘向自著，而是编校，其所据乃中秘杂简。如严灵峰先生云：

> 依《说苑叙录》全文，可以断定：现行《说苑》乃刘向所校雠，并分类加工篇目。可以说是"编校"而非"自著"。③

故而，如果说《说苑》中集录的孔子言语或故事是流传于西汉的战国秦汉材料，应不致大错④。

同时，对于《齐论语》而言，我们当然不能指认它仅是王吉、庸生等儒生的原创学问，毕竟西汉诸儒还是继承了战国以来的学术传统。本书已经一

---

① 《张侯论》的成书，《汉书·张禹传》有记载："初，禹为师，以上难数对己问经，为《论语章句》献之。"（中华书局点校本，第3352页）上即汉成帝，《论语章句》所释之《论语》即以《鲁论》为主，兼采《齐说》的《张侯论》。则《张侯论》成书在成帝时期，刘向三书也在成帝时期成书，因三书多为集录而非自撰，所以其中内容自然多在《张侯论》之前出现。

② [汉]刘向、刘歆撰，[清]姚振宗辑录，邓骏捷校补：《七略别录佚文·七略佚文》，澳门：澳门大学出版社，2007年版，第41页。

③ 严灵峰：《刘向说苑叙录研究》，《大陆杂志》56卷，第6期。

④ 有关《说苑》材料的性质问题，可参徐建委《〈说苑〉与早期〈诗〉学》（《国学研究》第二十一卷）一文。

再分析《齐论语》与"子贡问玉"的关系,又揭示子贡终于齐,与稷下祭酒荀子之书收录"子贡问玉"的内在联系。所以如果说《齐论语》是战国至西汉时在齐地流传的一种《论语》,也是合适的①。因此,在材料的年代范围上,《说苑》中的孔子言语、故事与《齐论语》是可以有所交叉的。

《说苑·修文》篇中的这三章分别是:

> 曾子有疾,孟仪往问之。曾子曰:"鸟之将死,必有悲声。君子集大辟,必有顺辞。礼有三仪,知之乎?"对曰:"不识也。"曾子曰:"坐,吾语汝。君子修礼以立志,则贪欲之心不来。君子思礼以修身,则怠惰慢易之节不至。君子修礼以仁义,则忿争暴乱之辞远。若夫置樽俎,列笾豆,此有司之事也,君子虽勿能可也。"②

其相对应的今本《论语》为:"曾子有疾,孟敬子问之。曾子言曰:'鸟之将死,其鸣也哀;人之将死,其言也善。君子所贵乎道者三:动容貌,斯远暴慢矣;正颜色,斯近信矣;出辞气,斯远鄙倍矣。笾豆之事,则有司存。'"③(见《泰伯》篇)

> 孔子曰:"可也,简。"简者,易野也。易野者,无礼文也。孔子见子桑伯子,子桑伯子不衣冠而处。弟子曰:"夫子何为见此人乎?"曰:"其质美而无文,吾欲说而文之。"孔子去,子桑伯子门人不说,曰:"何为见孔子乎!"曰:"其质美而文繁,吾欲说而去其文。"故曰文质修者谓之君子;有质而无文谓之易野。子桑伯子易野,欲同人道于牛马。故仲弓曰太简。上无明天子,下无贤方伯。天下为无道,臣弑其君,子弑其

---

① 皇侃《论语义疏》叙引刘向《别录》云:"鲁人所学,谓之《鲁论》;齐人所学,谓之《齐论》;孔壁所得,谓之《古论》。"另外,也有学者据《汉书·艺文志》所载《齐论》、《鲁论》的传习者多为武帝之后人,而推论《齐论》、《鲁论》皆是《古论》之后的传本。这一观点值得商榷,一来《汉书·艺文志》明确称"汉兴,有齐、鲁之说",则齐、鲁之分当在汉初;二来诸文献均未记载《齐论》、《鲁论》晚出,也未记载除孔安国外有何人传习过《古论》;三来"传《鲁论》者常山都尉龚奋",他生活的年代不会晚于武帝中期。据《汉书·诸侯王表》,常山王刘顺始封常山国,时间是汉景帝中五年三月丁巳,其子刘勃嗣位不久就因在服丧期间有奸,废徙房陵,时在汉武帝元鼎三年。那么《鲁论》的传习已在孔壁古文献发现之前了。所以《齐论》、《鲁论》的传习是从汉初就开始了,而不是等到武帝时期之后。

② [汉]刘向撰,向宗鲁校证:《说苑校证》,北京:中华书局,1987年版,第498页。

③ [清]阮元校刻:《十三经注疏》(全2册),北京:中华书局,1980年版,第2486页。

父，力能讨之，讨之可也。当孔子之时，上无明天子也。故言"雍也可
使南面"，南面者，天子也。雍之所以得称南面者，问子桑伯子于孔子，
孔子曰："可也，简。"仲弓曰："居敬而行简，以道民，不亦可乎？居简而
行简，无乃太简乎？"子曰："雍之言然！"仲弓通于化术，孔子明于王道，
而无以加仲弓之言。①

相对应的今本《论语》为："子曰：'雍也可使南面。'仲弓问子桑伯子，子
曰：'可也简。'仲弓曰：'居敬而行简，以临其民，不亦可乎？居简而行简，无
乃大简乎？'子曰：'雍之言然。'"②（见《雍也》篇）

孔子至齐郭门之外，遇一婴儿挈一壶相与俱行。其视精，其心正，
其行端。孔子谓御曰："趣驱之，趣驱之！韶乐方作。"孔子至彼闻韶，
三月不知肉味。故乐非独以自乐也，又以乐人；非独以自正也，又以正
人矣哉！于此乐者，不图为乐至于此。③

相对应的今本为："子在齐闻韶，三月不知肉味。曰：'不图为乐之至於
斯也！'"④（见《述而》篇）

这三章中，第一、三两章可以视为别本的《论语》，而第二章则可视为
《论语说》。

当然这三章早已为前贤所注意，如朱熹《论语集注》、刘宝楠《论语正
义》、程树德《论语集解》就都加以引述。不过，因为《说苑》自《汉书·艺文
志》始都是列入目录学中的儒家类，因此它一直被视作子书，也就是刘向的
著作，其汇录早期材料的特点和价值被很自然地忽略了。今天当我们因为
文献学研究的深入和出土文献的帮助，对《说苑》一书保存古文献的特点认
识逐渐清晰之后，是有必要重新审视与《论语》有直接关系的这三章古文献
了。极大可能是《论语》在编纂润色中，为突出孔子核心思想而删削芜杂；
而《说苑》诸书所收录的杂简，反而保存了许多原始信息，展示了比较丰富

---

① ［汉］刘向撰，向宗鲁校证：《说苑校证》，北京：中华书局，1987 年版，第 498－499 页。
② ［清］阮元校刻：《十三经注疏》（全 2 册），北京：中华书局，1980 年版，第 2477 页。
③ ［汉］刘向撰，向宗鲁校证：《说苑校证》，北京：中华书局，1987 年版，第 499 页。
④ ［宋］朱熹撰：《四书章句集注》，北京：中华书局，1983 年版，第 96 页。

的历史现场。只要对之采取辨析态度,是不无获益的。

三

先看"曾子有疾"和"孔子至齐郭门之外"这两章。

其一,就内容(或记载对象)而言,这两章与今本《论语》所记载的都是同一事件。"曾子有疾"章和今本《论语·泰伯篇》"曾子有疾"章都是记载曾子身患疾病,孟敬子(孟仪或公孟仪①)前去探望,曾子向他阐述君子所贵之三道(或三礼)这一事件。"孔子至齐郭门之外"章和今本《论语·述而篇》相对应的章节都记载了孔子在齐闻韶这一事件。所以,如果不以今本《论语》为规范的话,《说苑》两章也可以认为是两章早期《论语》资料。

其二,《说苑》两章与今本《论语》两章属于不同的传本系统。其文字差异很容易就可以看出来。简而言之,《说苑》本要较今本《论语》为详;今本《论语》较《说苑》本则更加洗练。"曾子"一章《说苑》本的"礼有三仪"与今本《论语》的三"道"也有一条不同,即"君子修礼以立志,则贪欲之心不来"和"正颜色,斯近信矣"是论述不同的礼或道的。但就文字而言,今本《论语》更像是经过润色和加工的。

其三,《说苑》本能够补充一些今本《论语》所缺少的内容。尤其是"孔子至齐郭门之外"章,给我们提供了孔子在齐闻韶的过程,形象而生动。

总之,仅就这两对记载而言,《说苑》本更像是七十子忆述之故事的原始形态,而今本《论语》则像是加工、精炼、润色过的形式。

联系上文所述,《说苑》本与今本《论语》记载内容相同,但文字上要繁于今本《论语》的特征也正是近于《齐论语》的特征。而这两章材料流传的年代,主要有两个系统的《论语》传本:《齐论语》和《鲁论语》,很明显它们不是与今本基本相同的《鲁论语》,当然也不是与《鲁论语》基本相同的《古论语》。如果非要为这两章作归类的话,它们应当属于可窥《齐论语》信息的传本系统。虽然它们未必全同于王吉、庸生传本,但至少它们信息保存形式上是与《齐论语》接近一步的。

还需要说明的是,《论语》的出现毕竟在战国早期,因此它在一定的传本范围内,章句文字在流传中是可以保持基本不变的,《孟子》、《礼记》、《史

---

① 定州汉墓竹简《儒家者言》(见《〈儒家者言〉释文》,《文物》1981年第8期)和阜阳双古堆汉简《说类杂事》(见胡平生《阜阳双古堆汉简与〈孔子家语〉》,《国学研究》第七卷)均作"公孟仪"。

记》等书所引《论语》与今本就没有太多不同。所以西汉齐、鲁两种体系的《论语》传本很可能是延续了战国以来的传统,战国时代鲁人所传的《论语》与今本《论语》就已经差不多了,而西汉的《齐论语》也应该与战国齐人传习的没有大的不同。所以,即使这两章的年代早于西汉,它们也很有可能存在着与西汉《齐论语》相对接近的战国《齐论语》的某些特征。

四

据《论语集解序》、《经典释文叙录》、《隋书·经籍志》,《齐论语》学中还有影响了《张侯论》的《齐说》。《说苑·修文》篇的"孔子曰可也简"章很可能就是一则《齐说》。

首先,从行文上看,这一章明显是一则《论语说》。它主要解释了《论语·雍也篇》前两章,尤其是"孔子曰可也简"和"雍也可使南面"两句。屈守元先生在《说苑校证》中即认为"此文盖其解说"①。

其次,这则解说与传世的汉魏古注皆有不同。

1."简",传世的汉魏《论语》古注都没有对这个字进行解释,因此刘宝楠《论语正义》就直接引用了《说苑》中的这一章,称"此即孔子所指为简之事"②。正如张甄陶《四书翼注》所论,"此章只重辨简,不重论敬……仲弓之所辨,夫子之所许,总为此简字"③。然而《鲁论》、《古论》学体系中孔安国的注释则是:"以其能简,故曰可也。"④即《鲁论》学者重点解释的是"可",而非"简"。汉时对此"简"字的解释只有《说苑》的这一章,其解释重点明显是与《鲁论》、《古论》不同的,因此它很可能属于《齐说》学术系统。

2.《说苑》这一章对"雍也可使南面"的解释更是与《鲁论》的解释不同。直接为《张侯论》作章句的包咸曰:"可使南面者,言任诸侯治。"⑤而《说苑》中的解释则是"当孔子之时,上无明天子也。故言'雍也可使南面',南面者,天子也"。"任诸侯治"和"天子"的差异虽然就"南面"意义而言,差别不大,皆为"南面任事"之释。但仲弓可以为"诸侯治"或"天子治"的解释却有很大的不同,当属于不同的解释体系。

---

① [汉]刘向撰,向宗鲁校证:《说苑校证》,北京:中华书局,1987年版,第499页。此书第十七篇至第二十篇原稿丢失,屈先生据向先生校本辑补,故有案语。
② [清]刘宝楠撰,高流水点校:《论语正义》,北京:中华书局,1990年版,第211页。
③ 程树德撰,程俊英、蒋见元点校:《论语集释》,北京:中华书局,1990年版,第364页。
④ [清]阮元校刻:《十三经注疏》(全2册),北京:中华书局,1980年版,第2477页。
⑤ [清]阮元校刻:《十三经注疏》(全2册),北京:中华书局,1980年版,第2477页。

3. 从皇侃《论语义疏》、邢昺《论语注疏》来看,《鲁论》和《古论》"子曰雍也"和"仲弓问子桑伯子"是分作两章的,何晏等人所汇集的包咸、周氏、马融、郑玄、王肃、陈群、周生烈等人的注也没有将这两章联系起来解释。但从《说苑》来看,这两章是连在一起的,也就是说《说苑》中的这则《论语说》所依据的传本与《鲁论》在章次编排上有所不同。《说苑》所据传本"子曰雍也"和"仲弓问子桑伯子"两则语录属于一章。

4. 就其内容而言,《说苑》的解释也非常合理,朱熹《论语集注》、刘宝楠《论语正义》就采用了它。刘氏据《说苑》称:"此节仲弓所言,为'可使南面'之证,足知当日弟子类记,不为无意。"①且《说苑》此章的解释,在文句上要明显繁于今传各种《鲁论》、《古论》注,这样一点也与《齐说》一致。

综上所述,《说苑》中的这则《论语说》与古籍记载的《齐说》特征非常接近,或者这就是一则《齐说》。

五

定州汉墓竹简《儒家者言》中,也有"曾子有疾"一章,而且还有另外三章与今本《论语·宪问》、《八佾》存在互见。但是据《〈儒家者言〉释文》,整理者是"将其中长度、编纶、字数和字体相同的简编在一起",那么"曾子有疾"及其他三章并不属于《论语》(定州汉墓竹简别有《论语》)一书。可见"曾子有疾"章在汉代亦编录于其他的书,并不仅在《论语》中,如它又见于阜阳双古堆汉墓简牍上,其所处文献亦非《论语》。本书内编已经考释定州汉墓竹书《论语》,它可能是未经朝廷秘府收集,因而也就不能归入"齐"、"鲁"、"古"三家《论语》之范围的另一种《论语》,是散落在地方的《赵论语》或《中山论语》。《儒家者言》的这条材料,应是未经《论语》编纂者修改润色的七十子忆述材料的散简传抄。不过,我们也可以换个角度,考察这条材料,及与之相近的《说苑》章节,与《齐论语》佚文的关系。

其一,孔子弟子"各有所记"的"孔子应答弟子时人及弟子相与言而接闻于夫子之语"并没有全部精编为《论语》,有一部分七十子原初忆述被转录进了《诗》、《书》、《礼》、《乐》、《易》、《春秋》等经典的传或记中,更有相当

---

① ［清］刘宝楠撰,高流水点校:《论语正义》,北京:中华书局,1990年版,第211页。

一部分结集为《孔子家语》①，另外还有一部分被各种子书所采用，尤其是《汉志》儒家类的书，如《孟子》、《荀子》、《贾子新书》、《说苑》等。这分载的四大部分孔子及其弟子的言行材料之间，重出互见是很常见的现象，如大、小戴《礼记》与《荀子》、《韩诗外传》与《说苑》之间都有大量的与孔子有关的互见材料，《说苑》和今本《论语》除了上述互见外，还有与《阳货》、《尧问》等篇互见的语录。所以早期《论语》材料出现于他书并不奇怪，因为它们都有一个共同的源头：七十子原初忆述。

其二，《论语》最终出现定本要在西汉元帝时代。《汉书·艺文志》对《论语》的成书是这样说的："《论语》者，孔子应答弟子时人及弟子相与言而接闻于夫子之语也。当时弟子各有所记。夫子既卒，门人相与辑而论纂，故谓之《论语》。"②根据何晏《论语集解序》，我们知道这段话出自刘向的《别录》，因此是很可靠的《论语》成书资料。据此，《论语》在最开始就是有不同忆述、汇总和传承的，最后再统一"辑而论纂"，所以其成书在战国早期是没有问题的。战国时代的《论语》，不同弟子所传承的传本之间，差异应该是随着传承时间而逐渐拉大。因而到了西汉时代，《论语》在不同学者手中的传本差异已经足以构成不同的版本，除了《齐论语》与《鲁论语》、《古论语》之间的不同外，同是齐、鲁《论》学者之间也有不同。如《汉书·张禹传》记载是"鲁扶卿及夏侯胜、王阳、萧望之、韦玄成皆说《论语》，篇第或异"，只有到了《张侯论》，《论语》传本才基本固定。而张禹的《张侯论》更是他"采获所安"的结果，其中的文字根据《鲁论语》，难免参考《齐论语》，作出轻微的改动和润色。

简单地回顾《论语》的成书，我们可以发现三个问题：一是《论语》在《张侯论》出现之前，各传本之间篇章有不同，文字有多寡之异；二是《张侯论》相比于原来的《论语》传本，文字可能有加工，但不会很多；三是《论语》存在与他书重出互见的材料。甚至可以说，在《张侯论》出现之前，不仅仅只有一部《鲁论语》，也不仅仅只有一部《齐论语》，与今本《论语》互见的材料非常有可能就是当时的某种传本形式，或本外所传。

所以，基于西汉之前文献互见情况极为常见，《论语》在当时也有多种

---

① 《汉书·艺文志》有《孔子家语》二十七卷。颜师古注曰："非今所有《家语》。"见：[汉]班固撰：《汉书》(全12册)，北京：中华书局，1962年版，第1716—1717页。

② [汉]班固撰：《汉书》(全12册)，北京：中华书局，1962年版，第1717页。

传本的情况,不能轻易认定"曾子有疾"这类战国秦汉文献与当时的《论语》内容无关。它们其实更可能联系着《论语》的另一种传本形态。因此在《说苑》这种以汇录古文献为主的西汉晚期书中,如果存在与今本《论语》互见但又有较大不同的材料,多半就是《齐论》或《齐说》,或另有传承了。

附2:西汉《论语》经师

《汉书·艺文志》云:

> 《论语》古二十一篇。《齐》二十二篇。《鲁》二十篇,《传》十九篇。《齐说》二十九篇。《鲁夏侯说》二十一篇。《鲁安昌侯说》二十一篇。《鲁王骏说》二十篇。《燕传说》三卷。《议奏》十八篇。《孔子家语》二十七卷。《孔子三朝》七篇。《孔子徒人图法》二卷。凡《论语》十二家,二百二十九篇。
>
> 《论语》者,孔子应答弟子时人及弟子相与言而接闻于夫子之语也。当时弟子各有所记。夫子既卒,门人相与辑而论篹,故谓之《论语》。汉兴,有齐、鲁之说。传《齐论》者,昌邑中尉王吉、少府宋畸、御史大夫贡禹、尚书令五鹿充宗、胶东庸生,唯王阳名家。传《鲁论语》者,常山都尉龚奋、长信少府夏侯胜、丞相韦贤、鲁扶卿、前将军萧望之、安昌侯张禹,皆名家。张氏最后而行于世。[1]

韦贤(公元前142—前61年),鲁邹人,其五世祖韦孟为楚元王傅,精通《诗》学。贤为人质朴少欲,笃志于学,通《礼》、《尚书》、《诗》、《论语》,以《诗》学教授弟子,世称"邹鲁大儒"。武帝末或昭帝初征为博士,三年给事中,进授时为太子的汉昭帝《诗》,迁光禄大夫,詹事。昭帝元凤五年(公元前76年)出任大鸿胪。宣帝本始二年(公元前72年)迁长信少府。宣帝本始三年六月甲辰,任丞相,封扶阳侯。任丞相五年,因年老不识吏事,以老病乞骸骨,地节三年(公元前67年)正月甲申,宣帝赐黄金百斤,归鲁。汉代丞相致仕自贤始。神爵元年(公元前61年),韦贤卒,时年八十二岁。

---

[1]　[汉]班固撰:《汉书》(全12册),北京:中华书局,1962年版,第1716—1717页。

夏侯胜(？—前59年)，字长公，东平人，精通《尚书》学，世称大夏侯《尚书》。胜少孤，好学，从夏侯始昌受《尚书》及《洪范五行传》，故其善说灾异。继而事同郡蒯卿，蒯卿乃是倪宽门人。又从欧阳氏问。故其为学精执，所问非一师，尤其善说礼服。《尚书》夏侯氏学之称始自夏侯胜，其师承主要有两个：夏侯始昌和蒯卿。夏侯始昌师伏生弟子张生，蒯卿师倪宽。《儒林传》称大小夏侯、欧阳《尚书》均出倪宽，可知夏侯建所习之学主要师承蒯卿。

宣帝初，霍光"以为群臣奏事东宫，太后省政，宜知经术，白令胜用《尚书》授太后"，胜迁长信少府，赐爵关内侯。但不久因"非议诏书"，毁议汉武帝而系狱。宣帝本始四年(公元前70年)，因关东四十九郡地震，大赦天下，胜"出为谏大夫、给事中"。不久，"胜复为长信少府，迁太子太傅。受诏撰《尚书》、《论语说》，赐黄金百斤。年九十卒官，赐冢茔，葬平陵。"弟子有周堪、孔霸，萧望之也从夏侯胜问《论语》、《礼服》。

王吉(？—前48年)，字子阳，琅邪皋虞人，少好学明经，以郡吏举孝廉为郎，补若卢右丞，迁云阳令。举贤良为昌邑中尉，而王好游猎，王吉谏之不听。汉宣帝时，王吉起家复为益州刺史，病去官，复征为博士谏大夫。王吉与贡禹友善，世称"王阳在位，贡公弹冠"。汉元帝初即位，遣使者征贡禹与吉。吉年老，道病卒，上悼之，复遣使者吊祠。王吉兼通五经，能为驺氏《春秋》，以《诗》、《论语》教授，是《齐论语》初传之大师。

宋畸，汉昭帝、宣帝时期人，传《齐论语》。据《汉书》记载，宋畸曾参与废黜昌邑王之事，并举荐黄霸，问对萧望之。

萧望之(公元前107—前47年)，字长倩，东海兰陵人，汉宣帝元康元年(公元前65年)徙家杜陵。家世以田为业，至萧望之开始有志于学，师事同县后苍近十年，治《齐诗》。后又奉命至太常博士处受业，师从同学博士白奇，问《论语》、《礼服》于夏侯胜。

汉昭帝元凤年间(公元前80—前75年)，丙吉举荐萧望之、王仲翁等数人，皆得昭帝的召见。因得罪霍光，三年间仅为小苑东门的看门郎官，而与他同时被举荐的王仲翁已官至光禄大夫，给事中。王仲翁谓望之曰："不肯录录,反抱关为?"望之曰:"各从其志。"汉宣帝地节三年(公元前67年),京师雨雹,望之上书,借言灾异,实陈霍氏家族专权之义,深得宣帝赏识,一年之内升迁,官至二千石。元康元年(公元前65年),萧望之出任少府。宣帝见其有宰相之才,"欲详试其政事",故于元康二年(公元前64年)外迁萧望之为左冯翊。神爵元年(公元前61年)萧望之出任大鸿胪,一年后,丞相魏相薨,御史大夫丙吉为丞相,萧望之则代丙吉为御史大夫。西汉御史大夫属于"备相",但因望之对年事已高的丞相丙吉无礼,左迁为太子太傅,以《论语》、《礼服》教授太子。宣帝崩,侍中乐陵侯史高、太子太傅望之、少傅周堪受遗诏辅政汉元帝。萧望之又荐刘向给事中,与侍中金敞并拾遗左右。四人与史高、宦官弘恭、石显在元帝初年有激烈的政治斗争,后被石显等构陷自杀。

萧望之是汉宣帝、汉元帝时期著名的儒生,拥有学术领袖的地位,影响很大。汉宣帝甘露三年(公元前51年)的石渠阁辨经会议,就主要由望之主持。他是汉代著名的《齐诗》、《鲁论语》学者,《汉书·艺文志》著录其有赋四篇。定州汉墓出土竹书《论语》,同墓出土的竹简中还有萧望之的奏议。

王骏(? —前15年),琅邪皋虞人,西汉著名儒生,王吉之子,传《邹氏春秋》、《齐论语》、《梁丘易》。骏以孝廉为郎,光禄勋匡衡亦举骏有专对才。迁谏大夫,使责淮阳宪王。迁赵内史。吉坐昌邑王被刑后,戒子孙毋为王国史,故骏道病,免官归。起家复为幽州刺史,迁司隶校尉,奏免丞相匡衡,河平元年(公元前28年)迁少府。阳朔四年(公元前21年),王骏迁为京兆尹。鸿嘉元年(公元前20年),王骏代薛宣为御史大夫,五年后病卒。《汉书·艺文志》《论语》类著录有《鲁王骏说》二十篇。

张禹(? —前5年),字子文,河内轵人。张禹年长后,至长安学,从沛郡施雠受《易》,琅邪王阳、胶东庸生问《论语》,皆明习,举为郡文学。汉宣帝甘露年间,诸儒荐禹,宣帝令萧望之问之,禹对《易》及《论语》大义,望之善焉,奏禹经学精习,有师法,可试事。不久,任为博士。汉元帝初元年间,张禹以《论语》授太子,迁光禄大夫。数岁,出为东平内史。汉成帝即位,赐爵关内侯,拜为诸吏光禄大夫,给事中,领尚书事。河平四年(公元前25

年)代王商为丞相,封安昌侯。鸿嘉元年(公元前 20 年)以老病乞骸骨,赐
安车驷马,黄金百斤,罢就第。禹虽家居,以特进为天子师,国家每有大政,
必与定议。汉哀帝建平二年(公元前 5 年)卒。张禹为汉成帝师,为成帝著
《论语章句》。张禹之前,鲁扶卿及夏侯胜、王吉、萧望之、韦玄成皆说《论
语》,篇第或异。禹先事王吉,后从庸生,采获所安,最后出而尊贵。《经典
释文序录》云:"《鲁论语》者,鲁人所传,即今所行篇次也。"又云:"安昌侯张
禹受《鲁论》于夏侯建,又从庸生、王吉受《齐论》,择善而从,号曰《张侯论》。
最后而行于世。"后世《论语》的传本主要就是《张侯论》。《汉书·艺文志》
《论语》类著录《鲁安昌侯说》二十一篇,《孝经》类著录《安昌侯说》一篇。
《论衡·正说篇》云:"至武帝发取孔子壁中,古文得二十一篇,《齐》、《鲁》
二,《河间》九篇:三十篇。"[1]《河间》九篇,似乎是三家《论语》之外的另一家
《论语》。西汉文帝二年(公元前 178 年)改河间郡而置河间国,治所在乐成
县(今河北献县东南)。张禹,河内轵人。轵县属河内郡,在今河南济源市
东南十二里轵城镇。古称河北为河内,河南为河外。《周礼·职方》:"河内
曰冀州。"张禹是否得见《河间论语》,也是一个值得思考的问题。

五鹿充宗,字孟君,生卒年无考,汉宣帝、元帝、成帝时期人。梁丘贺弟
子,习《梁丘易》、《齐论语》,善辨,汉元帝曾称赞道:"心辨善辞,可使四方,
少府五鹿充宗是也。"充宗为汉元帝时佞臣中书令石显友人,且元帝对其所
学与其辨才颇为赏识,故充宗贵幸当时,先为尚书令,建昭元年(公元前 38
年)迁为少府。元帝曾令充宗与各《易》学儒生辨论,因其显贵且善辨,皆称
疾不敢会。后被朱云折服。汉成帝竟宁元年(公元前 33 年),因石显失势
病卒,五鹿充宗左迁玄菟太守。其他无考。五鹿充宗是《梁丘易》的重要传
人,弟子张仲方、邓彭祖、衡咸皆为名家,故《梁丘易》有士孙、邓、衡之学。

龚奋,曾任常山都尉,其他无考。

扶卿,王充《论衡·正说篇》云"孔子孙孔安国以教鲁人扶卿,官至荆州

---

① 黄晖撰《论衡校释》(全 4 册),北京:中华书局,1990 年版,第 1136 页。

刺史,始曰《论语》"①。《汉书·艺文志》为扶卿传《鲁论语》,得孔安国之指教,是贯通《论语》古、齐二家之人。

清唐晏《两汉三国学案》卷十三云:

> 孔安国、孔腾、许慎——以上《古论语》派。
> 夏侯胜、夏侯建、萧望之、朱云、扶卿、龚奋、瑕丘江公、右师细君、韦贤、韦玄成、张禹、包咸、周氏——以上《鲁论》派。
> 王吉、贡禹、庸谭、宋畸、五鹿充宗、王卿——以上《齐论》派。
> 王尊、尹敏、范升、刘辅、贾逵、郑众、何休、马融、荀爽、盖氏、毛氏、周生烈、郑玄、谯周、麻达、王肃、武荣、李弰、虞翻、张昭、周燮·、马续、樊安、王弼、韦昭、程秉、孙邕、郑冲、曹羲、荀颉、何晏——以上不知宗派。②

· 公元前 46 年,汉元帝初元三年,夏四月丁巳,立皇太子。张禹出任太子少傅,授皇太子《论语》。

· 张禹取齐、鲁《论语》之长,以《鲁论语》为本,整理出新本《论语》及其章句,世称"张侯论",至此《论语》流传本得以成型,《张侯论》即今本《论语》之祖本。

· 《论衡·正说篇》云:"夫《论语》者,弟子共纪孔子之言行,敕记之时甚多,数十百篇,以八寸为尺,纪之约省,怀持之便也。……温故知新,可以为师。"③《论语》以简明语录,记孔学之精髓,成为士人便携式经典。蔡邕自江东得《论衡》,赞叹宝爱,使之流传中原。

· 公元 175 年,汉灵帝熹平四年春三月,诏诸儒正《五经》文字,刻石立于太学门外(《后汉书·灵帝纪》)。蔡邕书丹于碑,立于太学门外,于是后儒晚学,咸取正焉。据考证,熹平石经刻有五经(《易》、《书》、《诗》、《礼》、《春秋》)及二传(《公羊传》、《论语》)。

· 公元 190 年,汉献帝初平元年,郑玄在张禹以《鲁论语》为底本而以《齐论语》参校成《张侯论》的基础上,又着重以《古论语》校注《张侯论》,权

---

① 黄晖撰:《论衡校释》(全 4 册),北京:中华书局,1990 年版,第 1138 页。
② [清]唐晏著,吴东民点校:《两汉三国学案》,北京:中华书局,1986 年版,第 495－496 页。
③ 黄晖撰:《论衡校释》(全 4 册),北京:中华书局,1990 年版,第 1135 页。

衡三家,终成《论语》定本。从《论语》启动编纂到终成定本,经历了春秋战国秦汉六百六十九年。

【文献记载】

南朝梁皇侃《论语义疏叙》:

> 《论语通》曰:《论语》者,是孔子没后七十弟子之门徒,共所撰录也。……又此书遭焚烬,至汉时合璧所得,及口以传授,遂有三本,一曰《古论》,二曰《齐论》,三曰《鲁论》。……寻当昔撰录之时,岂有三本之别? 将是编简缺落,口传不同耳。故刘向《别录》云:鲁人所学,谓之《鲁论》;齐人所学,谓之《齐论》;合璧所得,谓之《古论》。而《古论》为孔安国所注,无其传学者,《齐论》为琅邪王卿等所学,《鲁论》为太子太傅夏侯胜及前将军萧望之、少傅夏侯建等所学,以此教授于侯王也。晚有安昌侯张禹就建学《鲁论》,兼讲齐说,择善而从之,号曰《张侯论》,为世所贵。

> 至汉顺帝时,有南郡太守、扶风马融字季长,建安中,大司农、北海郑玄字康成,又就《鲁论》篇章,考《齐》验《古》,为之注解。汉鸿胪卿、吴郡包咸字子良,又有周氏不悉其名,至魏司空、颍川陈群字长文,太常、东海王肃字子雍,博士、敦煌周生烈,皆为义说。魏末,吏部尚书、南阳何晏字平叔,因《鲁论》集季长等七家,又采《古论》孔注,又自下已意,即世所重者。今日所讲,即是《鲁论》,为张侯所学,何晏所集者也。晋太保、河东卫瓘字伯玉,晋中书令、兰陵缪播字宣则,晋广陵太守、高平栾肇字永初,晋黄门郎、颍川郭象字子玄,晋司徒、济阳蔡谟字道明,晋江夏太守、陈国袁宏字叔度,晋著作郎、济阳江淳字思俊,晋抚军长史、蔡系字子叔,晋中书郎、江夏李充字宏度,晋廷尉、太原孙绰字兴公,晋散骑常侍、陈留周瑰字道夷,晋中书令、颍阳范宁字武子,晋中书令、琅邪王珉字季瑛。右十三家为江熙字太和所集。侃今之讲,先通何集,若江集中诸人有可采者,亦附而申之。其又别有通儒解释,于何集无好者,亦引取为说,以示广闻也。然《论语》之书,包于五代二帝三王,自尧至周,凡一百四十人,而孔子弟子不在其数;孔子弟子有二十七人,见于《论语》也;而《古史考》则云

三十人,谓林放、澹台灭明、阳虎亦是弟子数也。①

《世说新语·文学篇》:

　　郑玄在马融门下,三年不得相见,高足弟子传授而已。尝算浑天不合,诸弟子莫能解。或言玄能者,融召令算,一转便决,众咸骇服。及玄业成辞归,既而融有"礼乐皆东"之叹。恐玄擅名而心忌焉。玄亦疑有追,乃坐桥下,在水上据屐。融果转式逐之,告左右曰:"玄在土下水上而据木,此必死矣。"遂罢追,玄竟以得免。

　　郑玄欲注《春秋传》,尚未成时,行与服子慎遇宿客舍,先未相识,服在外车上与人说己注《传》意,玄听之良久,多与己同。玄就车与语曰:"吾久欲注,尚未了。听君向言,多与我同。今当尽以所注与君。"遂为服氏注。

　　郑玄家奴婢皆读书。尝使一婢,不称旨,将挞之。方自陈说,玄怒,使人曳著泥中。须臾,复有一婢来,问曰:"胡为乎泥中?"答曰:"薄言往愬,逢彼之怒。"②(按:郑玄家婢女日常问答,随口引用《诗·卫风·式微》、《邶风·柏舟》之句。)

【考证】

《汉书·张禹传》曰:

　　张禹字子文,河内轵人也。至禹父徙家莲勺。禹为儿,数随家至市,喜观于卜相者前。久之,颇晓其别著布卦意,时从旁言。卜者爱之,又奇其面貌,谓禹父:"是儿多知,可令学经。"及禹壮,至长安学,从沛郡施雠受《易》,琅邪王阳、胶东庸生问《论语》,既皆明习,有徒众,举为郡文学。甘露中,诸儒荐禹,有诏太子太傅萧望之问。禹对《易》及《论语》大义,望之善焉,奏禹经学精习,有师法,可试事。奏寝,罢归故官。久之,试为博士。初元中,立皇太子,而博士郑宽中以《尚书》授太

　　① [清]严可均辑:《全梁文》,北京:商务印书馆,1999 年版,第 722－725 页。
　　② [南朝宋]刘义庆撰,徐震堮:《世说新语笺注》(全 2 册),北京:中华书局,1984 年版,第103－105 页。

子，荐言禹善《论语》。诏令禹授太子《论语》，由是迁光禄大夫。……
河平四年代王商为丞相，封安昌侯。……初，禹为师，以上难数对己问
经，为《论语章句》献之。始鲁扶卿及夏侯胜、王阳、萧望之、韦玄成皆
说《论语》，篇第或异。禹先事王阳，后从庸生，采获所安，最后出而尊
贵。诸儒为之语曰："欲为《论》，念张文。"由是学者多从张氏，余家
浸微。①

《汉书叙传》：

时上方乡学，郑宽中、张禹朝夕入说《尚书》、《论语》于金华殿中。②

《汉书·艺文志》：

汉兴，有齐、鲁之说。传《齐论》者，昌邑中尉王吉、少府宋畸、御史
大夫贡禹、尚书令五鹿充宗、胶东庸生，唯王阳名家。传《鲁论语》者，
常山都尉龚奋、长信少府夏侯胜、丞相韦贤、鲁扶卿、前将军萧望之、安
昌侯张禹，皆名家。张氏最后而行于世。③

何晏《论语集解序》：

安昌侯张禹本受《鲁论》，兼讲《齐说》，善者从之，号曰《张侯论》，
为世所贵。④

皇侃《论语集解义疏序》：

今日所讲，即是《鲁论》，为张侯所学，何晏所集者也。⑤

---

① ［汉］班固撰：《汉书》（全12册），北京：中华书局，1962年版，第3347—3352页。
② ［清］唐晏著，吴东民点校：《两汉三国学案》，北京：中华书局，1986年版，第161页。
③ ［汉］班固撰：《汉书》（全12册），北京：中华书局，1962年版，第1717页。
④ ［清］严可均辑：《全三国文》，北京：商务印书馆，1999年版，第411页。
⑤ ［清］严可均辑：《全梁文》，北京：商务印书馆，1999年版，第724页。

今传《论语》即是以何晏《论语集解》本为祖本,故知今日所传,确是《张侯论》。而《张侯论》因是为教授太子而作,需易于记诵,故张禹是以《鲁论语》为基础编纂而成。《汉书·艺文志》即将张禹的《论语说》归入《鲁论》一系。其实,《张侯论》虽属《鲁论》,但在传、说方面是兼收《齐说》的。张禹本人的《论语》之学,也习自《齐论语》大师。《汉书·张禹传》曰:

> 初,禹为师,以上难数对己问经,为《论语章句》献之。始鲁扶卿及夏侯胜、王阳、萧望之、韦玄成皆说《论语》,篇第或异。禹先事王阳,后从庸生,采获所安,最后出而尊贵。[①]

王阳即王吉,他和胶东庸生都是传习《齐论语》的大师。可见张禹的《论语》学,在传、说、训、义方面是兼收齐、鲁的[②]。但是,《齐论》在何晏《论语集解》之后,就亡佚了,这一情况《隋书·经籍志》有记载:

> 《论语》者,孔子弟子所录。孔子既叙六经,讲于洙、泗之上,门徒三千,达者七十。其与夫子应答,及私相讲肄,言合于道,或书之于绅,或事之无厌。仲尼既没,遂缉而论之,谓之《论语》。汉初,有齐、鲁之说。其齐人传者二十二篇,鲁人传者二十篇。齐则昌邑中尉王吉、少府宗畸、御史大夫贡禹、尚书令五鹿充宗、胶东庸生。鲁则常山都尉龚奋、长信少府夏侯胜、韦丞相节侯父子、鲁扶卿、前将军萧望之、安昌侯张禹,并名其学。张禹本授《鲁论》,晚讲《齐论》,后遂合而考之,删其烦惑。除去《齐论·问王》、《知道》二篇,从《鲁论》二十篇为定,号《张侯论》,当世重之。周氏、包氏为之章句,马融又为之训。又有古《论语》,与《古文尚书》同出,章句烦省,与《鲁论》不异,唯分《子张》为二篇,故有二十一篇。孔安国为之传。汉末,郑玄以《张侯论》为本,参考《齐论》、古《论》而为之注。魏司空陈群、太常王肃、博士周生烈,皆为

---

① [汉]班固撰:《汉书》(全12册),北京:中华书局,1962年版,第3352页。

② 《经典释文叙录》云:"安昌侯张禹受《鲁论》于夏侯建,又从庸生、王吉受《齐论》。"吴承仕《经典释文叙录疏证》据皇侃《论语义疏·发题》认为《经典释文叙录》本于刘向《别录》:"晚有安昌侯张禹,就建学《鲁论》,兼讲《齐》说,择善而从,号曰《张侯论》,为世所贵。"参看:吴承仕《经典释文叙录疏证》(秦青点校),北京:中华书局,1984年版。

义说。吏部尚书何晏又为集解。是后诸儒多为之注,《齐论》遂亡。古《论》先无师说,梁、陈之时,唯郑玄、何晏立于国学,而郑氏甚微。周、齐,郑学独立。至隋,何、郑并行,郑氏盛于人间。其《孔丛》、《家语》,并孔氏所传仲尼之旨。①

　　郑玄、何晏的注本是魏晋至唐代最为流行的《论语》传本,它们都是以《鲁论语》为基础的。即使其中采纳了某些《齐说》,今天也无从考究。

　　关于熹平石经,清人钱泳《履园丛话》如此勾勒其存废轨迹:"《熹平石经》,见于《后汉书·灵帝纪》,熹平四年议郎蔡邕与堂谿典、马日磾、张驯、韩说、单飏等奏求正定诸经,而刻至光和中。寻遭董卓之乱,焚烧洛阳宫府官舍,碑已残阙。后魏武定四年,由洛阳移至邺城。周大象元年,又从邺城移至洛阳。隋开皇六年,又从洛阳徙至长安。转移迁徙,碑益漫灭,故唐初已有十不存一之叹。洪氏《隶释》所载,不过九百七十又一字而已。"②皮锡瑞《经学历史》谓汉熹平石经之后,又有唐开成石经:"汉熹平刊《石经》之后,越五百余年,而有唐开成《石经》。此一代之盛举,群经之遗则也。惟唐不重经术,故以文宗右文之主,郑覃以经术位宰相,而所刊《石经》,不满人意,史臣以为名儒不窥。当时并无名儒,窥不窥无足论。而自熹平《石经》散亡之后,惟开成《石经》为完备。以视两宋刻本,尤为近古。虽校刊不尽善,岂无佳处足证今本之讹脱者。顾炎武考监本《仪礼》,脱误尤多,《士昏礼》脱'壻授绥'一节十四字,赖有长安《石经》可据以补。此开成《石经》有功经学之一证也。顾又考出唐《石经》误字甚伙,实不尽属开成原刻。一经乾符之修造,再经后梁之补刊,三经北宋之添注,四经尧惠之谬作。其中误字,未可尽咎唐人。精审而详究之,亦治经之一助也。"③汉熹平石经残余拓片,于近代犹存者,如范希曾《书目答问补正》卷一云:"《汉熹平石经残字集录》一卷,《补遗》一卷,民国十七年罗振玉石印双钩本。民国十一年洛阳汉太学遗址有汉熹平石经原石出见,存《论语·尧曰》篇残字十字又半,今存开封图书馆,有拓本。"④

① 　[唐]魏征、令狐德棻撰:《隋书》(全6册),北京:中华书局,1973年版,第939页。
② 　[清]钱泳撰:《履园丛话》,清道光刊本,卷9"碑帖"。
③ 　[清]皮锡瑞撰:《经学历史》,北京:中华书局,1959年版,第212—213页。
④ 　范希曾补正:《书目答问补正》,上海古籍出版社,1983年版,卷1"经部"。

　　关于郑玄，有所谓"北海郑玄（127—200 年），学之渊府"，"括囊大典，网罗众家，删裁繁芜，刊改漏失，自是学者略知所归"①。自来经师未有若郑君之盛者，实际上集汉代经学之大成，世称"郑学"。《后汉书·郑玄传》云："门生相与撰玄答诸弟子问《五经》，依《论语》作《郑志》八篇。凡玄所注《周易》、《尚书》、《毛诗》、《仪礼》、《礼记》、《论语》、《孝经》、《尚书大传》、《中候》、《乾象历》，又著《天文七政论》、《鲁礼禘祫义》、《六艺论》、《毛诗谱》、《驳许慎五经异义》、《答临孝存周礼难》，凡百余万言。"②所著《毛诗传笺》、《仪礼注》、《礼记注》、《周礼注》，收入《十三经注疏》；《周易注》、《论语注》、《六艺论》、《孝经注》、《驳许慎五经异义》则散残。

　　清皮锡瑞《经学历史》云："郑《论语注》行，而齐、鲁《论语》不行矣。……郑君杂糅今古，使颛门学尽亡。然颛门学既亡，又赖郑注得略考见。今古之学若无郑注，学者欲治汉学，更无从措手矣。此功过得失互见而不可概论者也。郑君徒党遍天下，即经学论，可谓小统一时代。传云'齐、鲁间宗之'。非但齐、鲁间宗之，传列郗虑等五人，《郑志》、《郑记》有赵商等十六人。《三国志·姜维传》云'好郑氏学'，不知其何所受。昭烈帝尝自言周旋郑康成间，盖郑君避地徐州，时昭烈为徐州牧，尝以师礼事之。然则，蜀汉君臣亦郑学支裔矣。"③可以说，汉世《论语》三家并存的历史，在张禹、郑玄手中终结，开始了《论语》定本流布的新历程。郑玄《论语序》佚文曰："《论语》，仲弓、子游、子夏等所撰定。《易》、《诗》、《书》、《乐》、《春秋》策长二尺四寸。《孝经》谦半之。《论语》八寸，三分居一，又谦焉。"④敦煌又有《论语郑氏注》，据王国维《书论语郑氏注残卷后》，"郑氏所据本，固为自《鲁论》出之《张侯论》，及以《古论》校之，则篇章虽仍鲁旧，而字句全从古文"⑤。

　　那么，郑玄是在何年以《古论语》校注《张侯论》呢？郑玄自述："遭党锢之事，逃难注《礼》。党锢事解，注《古文尚书》、《毛诗》、《论语》。为袁谭（按：时在建安五年，200 年）所逼，来至元城，乃注《周易》。"⑥（《唐会要》七

---

① ［宋］范晔撰，［唐］李贤等注：《后汉书》（全 12 册），北京：中华书局，1965 年版，第 1213 页。
② ［宋］范晔撰，［唐］李贤等注：《后汉书》（全 12 册），北京：中华书局，1965 年版，第 1212 页。
③ ［清］皮锡瑞撰：《经学历史》，北京：中华书局，1959 年版，第 149—151 页。
④ ［清］唐晏著，吴东民点校：《两汉三国学案》，北京：中华书局，1986 年版，第 511 页。
⑤ 王国维撰：《观堂集林》，石家庄：河北教育出版社，2001 年版，第 100—101 页。
⑥ ［清］严可均辑：《全后汉文》，北京：商务印书馆，1999 年版，第 851 页。

十七,《文苑英华》七百六十六引)《后汉书·郑玄传》也说:"玄自游学,十余年乃归乡里。家贫,客耕东莱,学徒相随已数百千人。及党事起,乃与同郡孙嵩等四十余人俱被禁锢,遂隐修经业,杜门不出。……灵帝末(按:189年),党禁解,大将军何进闻而辟之。……玄不受朝服,而以幅巾见。一宿逃去。时年六十,弟子河内赵商等自远方至者数千。"①也就是说,郑玄注《论语》,在六十岁以后,时为汉灵帝末年以后,董卓迁都长安前后,姑定于汉献帝初平元年,公元 190 年。此时离孔子"既卒"而弟子开始编纂《论语》,已经六百六十九年。

《论语》经过多次编纂,长期分头承传,形成汉代三家,又交融校注,终成定本。这个漫长的过程跨越了春秋战国秦汉之六百余年。其后,三国魏人何晏等集录汉代包咸、周氏、孔安国、马融、郑玄,魏时王肃、周生烈、陈群诸家之说,成《论语集注》。据日本最早之正史《日本书记》记载,在相当于中国西晋武帝太康六年(日本应神天皇十六年,285 年),百济五经博士王仁应邀渡海到日本,带去了有郑玄注解或何晏集解的《论语》十卷,这是儒学传入日本之初始。清末黄遵宪《日本杂事诗》卷一引日本《古语拾遗》曰:"上古之事,口耳相传耳。自王仁赍《论语》、《千文》来,人始识字。"②在何晏集注的基础上,南朝梁人皇侃吸取江熙《论语集解》所集十三家之说及其他"通儒解释",成《论语义疏》;至北宋邢昺奉诏修《论语正义》,"大抵翦皇氏之枝蔓,而稍傅以义理",因收入《十三经注疏》而影响甚广。直到朱熹《论语集注》出,并列入"四书"与五经并行,从而进入了《论语》影响整个士林以及国家意识形态的新阶段。

皮锡瑞《经学历史》云:"汉学至郑君而集大成,于是郑学行数百年。宋学至朱子而集大成,于是朱学行数百年。懿彼两贤,师法百祀。其魏然为一代大宗者,非特以学术之闳通,实由制行之高卓也。以经学论,郑学、朱学皆可谓小统一时代。"朱熹(1130—1200 年)《论语集注》作为《四书章句集注》之一种,影响极为深远。此前朱氏辑录诸家解说为《论语要义》,复取宋儒二程以下十二家之说为《论孟精义》,此后又剖析各家异同疑似成《论语或问》、《孟子或问》。在此基础上,采《论孟精义》之精华,辅以他家、尤其

① [宋]范晔撰,[唐]李贤等注:《后汉书》(全 12 册),北京:中华书局,1965 年版,第 1207—1208 页。

② 黄遵宪著:《黄遵宪全集》(第一编),北京:中华书局,2005 年版,第 26 页。

是宋诸家之说，考辨与义理并重，凸显道统及性理，成简明扼要、又旨趣深至之集注。因而宋元时期就有如此之说："《六经》，天地也；《四书》，行天之日月也。子朱子平生精力之所萃，而尧、舜、禹、汤、文、武、周、孔、颜、曾、思、孟之心所寄也。其书推之极天地万物之奥，而本之皆彝伦日用之懿也。合之尽于至大，而析之极于至细也。言若至近，而涵至永之味；事皆至实，而该至妙之理。学者非曲畅而旁通之，未易谓之知味也。非用力之久，而一旦豁然贯通焉，未易谓之穷理也。"①泊乎元仁宗皇庆二年（公元1313年），下诏以"四书五经"取士，诏曰："若稽三代以来，取士各有科目，要其本末，举人宜以德行为首，试艺则以经术为先，词章次之。……考试程式：蒙古、色目人，第一场经问五条，《大学》、《论语》、《孟子》、《中庸》内设问，用朱氏章句集注。其义理精明，文辞典雅者为中选。"②（《元史·选举志》）明清二代延续、发展了这种科举取义体制，遂使《论语》作为官方意识形态范本之一，左右着士人思想、知识构成和命运升沉近六百年。

自公元前479年孔子既卒，众弟子启动《论语》编纂，至公元1905年清廷废科举，《论语》在中国文化长流中，作为血脉绵延流淌了二千余年，蔚为人类文明史的一大奇观。这实在可以令人发出千古一叹："仲尼亟称于水，曰：水哉！水哉！"③子在川上曰："逝者如斯夫！不舍昼夜。"④

　　　　2013年4月12日四易其稿，最终改定。本年谱编写过程中，得到在澳门大学博士后流动站的中国人民大学徐建伟博士提供材料初稿的大力支持，尤其在古天文历法，及诸如孔子生年、周游列国系年、"《齐论语》与《说苑》关系"、"西汉《论语》经师"之类的材料与考辨，颇有辨析精微之处。但四易其稿成倍增加的材料、观点，及所构建的新思想框架，则应由全书著者承担责任。2014年4月又作第五次修订。

---

①　［元］胡炳文：《四书通序》。见黄宗羲撰：《宋元学案》，北京：中华书局，1986年版，第2987页。

②　［明］宋濂等撰：《元史》（全15册），北京：中华书局，1976年版，第2018页。

③　［宋］朱熹撰：《四书章句集注》，北京：中华书局，1983年版，第293页。

④　［宋］朱熹撰：《四书章句集注》，北京：中华书局，1983年版，第113页。

参考文献举要

［南朝梁］皇侃《论语义疏》，中华书局 1998 年版

［宋］朱熹集注《四书章句集注》，中华书局 1983 年版

［清］毛奇龄撰《四书賸言》，《皇清经解》本

［清］阮元校刻《十三经注疏》，中华书局 1980 年版

《诸子集成》（一至八册），中华书局 1954 年版

（上二种含魏何晏等注、宋邢昺疏《论语注疏》，清刘宝楠《论语正义》）

程树德集释《论语集释》，中华书局 1990 年版

杨伯峻译注《论语译注》，中华书局 2009 年版

河北省文物研究所定州汉墓竹简整理小组《定州汉墓竹简〈论语〉》，文物出版社 1977 年排印本

《〈儒家者言〉释文》，国家文物局古文献研究室、河北省博物馆、河北省文物研究所定县汉墓竹简整理组，《文物》1981 年第 8 期

［清］惠栋撰《周易述》，台北成文书局 1976 年版

［汉］伏生撰《尚书大传》，《皇清经解续编》本

［宋］蔡沈撰《书集传》，清户部刊于江南书局本

［清］阎若璩疏证《尚书古文疏证》，上海古籍出版社 2010 年版

陈梦家撰《尚书通论》，河北教育出版社 2002 年版

顾颉刚、刘起釪撰《尚书校释译论》，中华书局 2005 年版

［清］朱彬撰《礼记训纂》，浙江大学出版社 2010 年版

［清］王聘珍撰《大戴礼记解诂》，中华书局 1983 年版

［春秋］左丘明撰、杨伯峻注《春秋左传注》，中华书局 1990 年版

［清］焦循撰《孟子正义》，中华书局 1987 年版

［清］戴震撰《孟子字义疏证》，中华书局 1982 年版

［汉］许慎撰、［清］段玉裁注《说文解字注》，中华书局 1956 年版

［唐］陆德明撰《经典释文》，上海古籍出版社 1985 年版

［清］朱彝尊撰《经义考》，中华书局 1998 年版

［清］王引之撰《经义述闻》,《皇清经解》本

［清］皮锡瑞撰《经学通论》,中华书局 1954 年版

《经学历史》,中华书局 1954 年版

《国语》,上海古籍出版社 1988 年版

［汉］刘向辑《战国策》,上海古籍出版社 1998 年版

［汉］司马迁撰《史记》,中华书局 1959 年版

［汉］班固撰《汉书》,中华书局 1962 年版

［南朝宋］范晔撰《后汉书》,中华书局 1965 年版

［西晋］陈寿撰《三国志》,中华书局 1959 年版

［唐］房玄龄等撰《晋书》,中华书局 1974 年版

［唐］魏征等撰《隋书》,中华书局 1972 年版

［后晋］刘昫撰《旧唐书》,中华书局 1975 年版

［北宋］欧阳修撰《新唐书》,中华书局 1975 年版

赵尔巽、柯劭忞等撰《清史稿》,中华书局 1979 年版

［北宋］司马光编纂《资治通鉴》,中华书局 1956 年版

黄怀信等集注《逸周书汇校集注》,上海古籍出版社 2007 年版

［汉］宋衷注《世本》,清茆泮林辑本

王国维疏证《今本竹书纪年疏证》,辽宁教育出版社 1997 年版

［北魏］郦道元注、王国维校《水经注校》,上海人民出版社 1984 年版

［唐］刘知几撰、［清］浦起龙通释《史通通释》,上海古籍出版社 2009 年版

［唐］林宝撰《元和姓纂》,中华书局 1994 年版

［宋］郑樵撰《通志》,浙江古籍出版社 1988 年版

［宋］晁公武撰《郡斋读书志》,上海书店 1985 年版

［宋］陈振孙撰《直斋书录解题》,《丛书集成初编》本

《四库全书总目》,中华书局 1965 年版

［清］王鸣盛撰《十七史商榷》,《丛书集成》本

［清］赵翼撰《廿二史札记》,辽宁教育出版社 2000 年版

［清］唐晏撰《两汉三国学案》,中华书局 1986 年版

［清］黄宗羲撰《宋元学案》,中华书局 1986 年版

《明儒学案》,中华书局 1985 年版

[清]顾祖禹撰《读史方舆纪要》,中华书局 2005 年版

[清]王夫之撰《读通鉴论》,清同治《王船山先生遗书》刻本,中华书局 1975 年版

[清]章学诚撰《文史通义》,嘉业堂刊《章氏遗书》本

杨宽著《战国史料编年辑证》,上海人民出版社 2001 年版

于宝林编著《中华历史纪年总表》,社会科学文献出版社 2010 年版

史为乐主编《中国历史地名大辞典》,中国社会科学出版社 2005 年版

王国轩、王秀梅译注《孔子家语》,中华书局 2011 年版

[汉]孔鲋撰、傅亚庶校释《孔丛子校释》,中华书局 2011 年版

[汉]陆贾撰《新语》,《汉魏丛书》本

[汉]贾谊撰《新书》,《四部丛刊》本

[汉]韩婴撰、许维遹集释《韩诗外传集释》,中华书局 1980 年版

[汉]董仲舒撰《春秋繁露》,苏舆义证,钟哲点校,中华书局 1992 年版

[汉]桓宽撰《盐铁论》,上海书店 1986 年版

[汉]刘向编著、石光瑛校释《新序校释》,中华书局 2001 年版

刘向撰、向宗鲁校证《说苑校证》,中华书局 1987 年版

[汉]班固撰《白虎通义》,上海商务印书馆"国学基本丛书"本

[汉]应劭撰《风俗通义》,《龙溪精舍丛书》本

[汉]刘熙撰《释名》,中华书局 1985 年版

[晋]傅玄撰《傅子》,《丛书集成》本

[清]孙星衍辑《孔子集语》,上海古籍出版社 1989 年版

[清]俞樾《诸子平议》,上海书店 1988 年版

朱谦之校释《老子校释》,中华书局 1984 年版

李定生、徐慧君校释《文子校释》,上海古籍出版社 2004 年版

陈奇猷校注《韩非子新校注》,上海古籍出版社 2000 年版

《尸子》,清汪继培辑本

钱穆《先秦诸子系年》,九州出版社 2011 年版

郭沫若《十批判书》,东方出版社 1996 年版

庞朴《竹帛〈五行〉篇校注及研究》,台北万卷楼图书有限公司 2000

年版

［清］严可均辑《全上古三代秦汉三国六朝文》，中华书局1958年版。

逯钦立辑《先秦汉魏晋南北朝诗》，中华书局1983年版

［唐］徐坚撰《初学记》，中华书局1962年版

［宋］李昉等撰《太平御览》，《四部丛刊》三编影宋本

［南朝宋］刘义庆撰、余嘉锡笺疏《世说新语笺疏》，中华书局2011年版

［南朝梁］萧统编《文选》，中华书局1977年版

［南朝梁］刘勰撰、范文澜注《文心雕龙注》，人民文学出版社1958年版

［北齐］颜之推撰《颜氏家训》，《四部丛刊》影明刻本

［唐］柳宗元撰《柳河东集》，上海人民出版社1974年版

［宋］程颢、程颐撰《二程遗书》，清康熙刻本

［宋］洪迈撰《容斋随笔》，上海古籍出版社1978年版

［宋］朱熹撰《朱熹文集》，明嘉靖十一年（1532年）福州府学本

《朱子语类》，中华书局1986年版

［宋］王应麟撰《困学纪闻》，上海商务印书馆涵芬楼影印本

［元］马端临撰《文献通考》，浙江古籍出版社1988年版

［明］王阳明撰《王文成公全书》，明隆庆六年（1572年）刊本

［清］顾炎武撰《日知录集释》，岳麓书社1994年版

［清］屈大均撰《广东新语》，中华书局1985年版

［清］王士禛撰《池北偶谈》，中华书局1982年版

［清］朱彝尊撰《曝书亭集》，上海商务印书馆1919年影印康熙原刊本

［清］戴震撰《戴震文集》，中华书局1980年版

［清］赵翼撰《陔余丛考》，中华书局1963年版

［清］钱大昕撰《潜研堂集》，上海古籍出版社1989年版

［清］章学诚撰《校雠通义》，嘉业堂刊《章氏遗书》本

［清］崔述撰《崔东壁遗书》，上海古籍出版社1983年版

［清］王念孙撰《读书杂志》，清道光十二年（1832年）刻本

［清］江藩撰《汉学师承记》，《四部备要》本

［清］阮元撰《揅经室集》，中华书局1993年版

［清］俞正燮撰《癸巳类稿》，《续皇清经解》本

［清］李慈铭撰《越缦堂读书记》，辽宁教育出版社 2000 年版

［清］康有为撰《万木草堂口说》，中华书局 1987 版

［清］刘熙载撰《艺概》，上海古籍出版社 1978 年版

章太炎著《章太炎全集》，上海人民出版社 1982 年版

《国故论衡》，商务印书馆 2010 年版

梁启超撰《清代学术概论》，《梁启超论清学史二种》，复旦大学出版社 1985 年版

《饮冰室合集》，中华书局 1989 年版

王国维撰《观堂集林》，中华书局 1959 年版

《王国维文集》，中国文史出版社 1997 年版

鲁迅撰《鲁迅全集》，人民文学出版社 1981 年版

湖北省荆门市博物馆整理《郭店楚墓竹简》，文物出版社 1998 年版

马王堆帛书整理小组《马王堆汉墓帛书》，文物出版社 1974 年版

马承源主编《上海博物馆藏战国楚竹书》（一至九），上海古籍出版社 2001—2011 年版

清华大学出土文献研究与保护中心编，李学勤主编《清华大学藏战国竹简》（壹），上海文艺出版集团、中西书局 2010 年版

南阳文物研究所《南阳汉代画像砖》，文物出版社 1990 年版

《汉代画像石与画像砖》，蒋英炬、杨爱国编，文物出版社 2001 年版

［日］本田成之著、孙俍工译《中国经学史》，漓江出版社 2013 年版

［法］米歇尔·福柯《知识考古学》，三联书店 1998 年版

［法］埃德加·莫兰《方法：思想观念》，北京大学出版社 2002 年版

［德］伽达默尔《真理与方法》，上海译文出版社 1999 年版

后　记

　　本书正文完成并交付出版社之后，本人与两位博士后学者到美国哈佛大学、耶鲁大学和哥伦比亚大学进行短期的访学。世界著名学府，自有许多图书珍藏供我们参阅，游翔书海，其乐何如？也许是心里存着很深的情结吧，每到一家博物馆，都非常关注它是如何将出土的雕像、陶瓷的碎片，精心复原成令人精神震撼的文物宝器。因为我们从事的所谓"还原"，本质上是"反碎片化"，不是执意损坏残存的历史碎片，使之成为更深程度的碎片，甚至成为烟消云散的粉末，造成现代文明失根，或脱根；而是要以审慎的知识、智慧和科学手段去探究碎片的年代、原本的内在构成，及其残损的状况及原因，在获得充分根据的基础上，缀合碎片，重现原本，复活曾经存在过的尽可能完整的生命，为现代文明恢复其源远流长的根脉联系。

　　抱着如此态度走进波士顿美术博物馆的埃及馆，谛视迎面而立的一尊雄伟英俊的洁白大理石雕像，细加辨认，发现此像已断成三截，残存头部、胸部及有手掌平放其上的上腿部。但是考古修复专家根据其出土的地层，精细地考察其坐姿、表情、断口形态、肌肉纹理，甚至考虑人物的政治地位、当时的雕刻技术和宗教信仰等等因素，对之进行还原处理，填补上许多石膏和化学树脂，使之顿然英姿勃勃，散发着生命活力，形体又尽量完整地坐在椅墩之上，眼光略微俯视地向着人流微笑。此时的感受，称得上是一种纯洁的、幸福的沉思。面对雕像一旁的修复说明，我们会做何等感慨呢？是对考古修复专家呕心沥血的还原工作，油然而生由衷的钦佩；抑是后悔他们没有任其作为碎片，堆放在库房里，甚至任其埋在土里，原封不动，以示实证可靠呢？

　　哈佛大学人类学博物馆，我已经是第二次造访了。我对那里陈列的玛雅文化遗物，兴致极浓。细加观察，那些造型奇特、色彩斑斓的陶罐，实际上多是由十片、八片、一二十片各种形状的碎片，按照其形制、饰纹、弧度、断口细心组拼缀合而成。就连那根高达两丈的图腾柱，连续摞叠着七八个人头和熊头，也是断口续合、碎片粘接才复原成此一震撼人心之物。它似乎在讲述着一个族源故事：一个猎人坠入熊窟，与母熊配合，生下了一群印第安部落的祖先。复原了的古物，是会开口与今人对话，而共享智慧的。到纽约大都会博物馆也是第二次了。总是埃及馆当门。高石基上的高大法老像，尚属完整；但后面的两个大臣像，就残损不一了。由于二者的造型是对称的，此像缺半只胳膊，就按照彼像的模样补上；彼像身上类似马赛克的彩色贴片剥落，就按照此像同部位的样子黏贴；至于二像的腿脚存损互见，就互相借鉴，取全补缺，最后还故意留下一只残缺的脚不予补足。如此修复，就使二雕像基本呈现本来面目和风采，若有所思地看着熙熙攘攘的参观人流，熙熙攘攘的参观人流也若有所思地看着二雕像。文明的古今互看，是可以激发思想的火花的。返本还原研究，是否应该复原民族精神的图腾柱和巨人雕像，以一种生命的长啸，呼唤出生气勃勃的生命从沉厚的大地破缝而出？

图腾（totem）作为原始社会的"氏族标志和图徽"，源于印第安人的奥日贝土语，意谓"他的亲族"，以熊、狼、蛇、鹰之类为徽志。百余年前，严复于 1903 年译英国学者甄克思的《社会通诠》，首次将图腾一词引入中国，译者《自序》云："异哉，吾中国之社会也！夫天下之群，众矣。夷考进化之阶级，莫不始于图腾，继以宗法，而成于国家。方其为图腾也，其民渔猎。至于宗法，其民耕稼，而二者之间，其相嬗而转变者，以游牧最后由宗法以进于国家，而二者之间，其相受而蜕化者以封建。方其封建，民业大抵犹耕稼也。独至国家，而后兵农工商四者之民备具，而其群相生相养之事，乃极盛而大和，强立蕃衍而不可以克灭。此其为序之信，若天之四时，若人身之童少壮老，期有迟速，而不可或少紊者也。"①严复认定"古称闽为蛇种，以宗法之意，推为图腾"。此说实际上是以西方学理，激活中国古老的部族信仰，如许慎《说文解字》以门内蓄虫的字形，结合原始民俗，谓"闽，东南越，蛇种"②是也。

从波士顿到纽约的博物馆的古物修复中，可以得到的启示有四：一、历史遗物的还原是可能的，但方法是多种多样的，要根据遗物的类型，及其残存和缺失的情况，量体裁衣，灵活把握；二、历史遗物的还原的可能性是有

① 郑振铎编选：《晚清文选》（卷下），北京：中国社会科学出版社，2002 年版，第 294 页。

② ［汉］许慎撰：《说文解字（附检字）》，北京：中华书局，1963 年版，第 282 页。

限度的,百分之百的还原不要说几千年前材料缺失严重的人与事,就是一个钟头前发生的事情也难以做到,但不能以此为理由,放弃还原的追求;三、历史遗物的还原,是慎重而严谨的,还原修复中采用的新材料、新工艺必须保证不损害遗物的历史价值,包括文物的造型、材质、色泽诸方面,运用新材料、新工艺对遗物原样应遵循只修复不取代的原则。四、历史遗物的还原是非常必要的,如果没有还原,历史就可能只是碎片的堆积,一些博物馆也就不再成为走近古人的重要场所,这就严重地隔断了今人与历史的精神联系,更谈不上感知历史上的生命存在,展示历史曾经的现场,进行古今之间有深度生命感的精神对话了。根据我近年研究先秦诸子,尤其是作《论语还原》研究的体会,考古文物修复的这四项启示,是与诸子知识生成和生命遗迹的还原之原则一脉相通的。但凡有创造力的研究,都应致力于拼合碎片,修复历史,保存原始,疏通血脉,以致还原生命。还原是对历史的尊重,对历史遗存的珍惜,尽可能还原那些可以还原者,而对暂不可还原者付之阙如。绝不可以一句“历史不可还原”的轻松话,推卸追寻自身文化根脉的责任。

　　长期潜心研究的甘苦告诉我们,思想家和文化元典的意义及生命的还原,是一项远比出土陶器和雕像的复原更为错综复杂的工程。出土陶器、雕像的碎片往往堆积在相同的文化地层,而思想家和文化元典的相关材料,由于东周秦汉书籍流布的方式及简帛下葬的各有选择,往往散布于多种典籍和不同的古墓中,相互间的联系或近或远、或真或虚、若隐若现、似有似无,需要以极高明的智慧方能疏通其间的血脉和生命互释的关系。处在官方的或士人间的不同思潮和价值观的介入,使文献记载存废不一,真虚待辨;不同时期的职官、家族、礼制、风俗、信仰,都以不同方式规范着或影响着人物的行事形态、书籍的编纂义例和事件的历史现场。因而还原思路极忌单线式、直线式,而须编织起思维的天网,体察着影响的折光,捕捉到变异的曲线,综合多方信息,运用多维方法,博识又明断地直指研究客体的原本。从而探生命之自然,揭文化之必然,达意义之本然。

　　在此情形下,将《论语》作为孔子与七十子后学生命痕迹对待,或者说,致力于发现一部“活的《论语》”,无疑是一个千古难题,需要多学科、多维度、多方法的深度协同。以往学者在这方面做过努力,在一些维度上发表了许多具有启发性的见解。但是直至晚近,连《论语》的编纂过程,都众说纷杂,难有定谳。各种说法或偏于独断,陈陈相因;或支离破碎,"七宝楼台,拆碎不成片断"。因此,我们若要做一个对自身文明之根的明白人,真切深湛地连通和共享古今智慧,就必须郑重地面对发现一部"活的《论语》"这个千古难题。不是满足于模糊,也不应知难而退,而应该以《论语》"士不可以不弘毅"的精神,启动"以史解经"、"以礼解经"、"以生命解经"的思想方法,来疏通《论语》的发生学脉络,来激活《论语》本有的生命。

关于《论语》最初的编纂过程,这是全部问题的关键。何晏《论语集解叙》邢昺疏曰:"郑玄云:仲弓、子游、子夏等撰定。"[①]清人推崇汉学,尤重郑玄,也注意到郑玄《论语序》中的这一说法。刘宝楠《论语正义》附录《郑玄论语序逸文》:"仲弓、子游、子夏等所撰。"并谓引自唐陆德明《论语音义》[②]。唐晏《两汉三国学案》卷十也云:"郑玄《论语序》:《论语》,仲弓、子游、子夏等所撰定。"[③]但是并没有考证《论语》在仲弓、子游、子夏手中启动编纂,与《汉书·艺文志》所云"《论语》者,孔子应答弟子时人及弟子相与言而接闻于夫子之语也。当时弟子各有所记。夫子既卒,门人相与辑而论纂,故谓之《论语》"[④],有何关系。

因为两种说法,一出于郑玄,一出于班固采录刘歆《六艺略》的描述。清人重郑玄而贬刘歆,对其"伪造"古文经尤多抨击,阻碍了他们将二人之说综合参证的兴趣。文献碎片的缀合,在这里留下缺口。这也就无从对《论语》最初的启动进行编年学的定位,因为既然说在"夫子既卒"时"门人相与辑而论纂"而编《论语》,那就应该是众弟子庐墓守心孝三年,就开始《论语》编纂的进程。不然,就不能以"夫子既卒"来界定年份。

文献碎片的缀合,除了应弥合汉代今文经派与古文经派之裂缝外,还涉及弥合汉学与宋学的裂缝。还原的要义在于超越今文、古文,汉学、宋学的藩篱,在其各有所见之处,择善而从,唯真是求,楔入古人古事之原本。返本是创新的根基。那种固执于"老师的老师"的定见或成见的做法,乃是学术上的"一叶障目,不见泰山"。自从柳宗元《论语辨》发现《论语》"记曾子之死,则去孔子也远矣。曾子之死,孔子弟子略无存者矣。吾意曾子弟

---

①　[清]阮元校刻:《十三经注疏》(全2册),北京:中华书局,1980年版,第2454页。

②　[清]刘宝楠撰:《论语正义》(《诸子集成》一),北京:中华书局,1954年版,第431页。

③　[清]唐晏撰:《两汉三国学案》,北京:中华书局,1986年版,第511页。

④　[汉]班固撰:《汉书》(全12册),北京:中华书局,1962年版,第1717页。

子之为之也。何哉？且是书载弟子必以字，独曾子、有子不然”；因而是"孔子弟子尝杂记其言，然而卒成其书者，曾氏之徒也"[①]。宋儒顺着这条思路，认为《论语》之书，成于有子、曾子之门人，故其书独二子以子称"[②]。柳宗元及宋儒以称谓分析，窥见了《论语》成书的部分真实；但这与郑玄《论语序》的记载存在着裂缝。

关键在于如何处理这种裂缝，是从一而终，自我遮蔽，还是相互参证，进而揭示裂缝所蕴含的深层秘密，使文献碎片得以完善缀合？这就有必要将《论语》的编纂成书看作一个过程，存在着多次编纂，而非一锤定音。因为只讲"夫子既卒"时的最初编纂，不能解释《论语》最晚的材料是记曾子临终遗言，而且曾子、有子以"子"称之；而只讲曾子卒后的编纂，已经离孔子卒半个世纪，很难解释《论语》记子路、颜回材料最多，最有生气，因为他们先孔子而卒，没有私家弟子，靠他人弟子在五十年后追述，难以做到这一点；更何况"四科十哲"无曾子、也无有子，也是一个难以逾越的难题。这些难题、裂缝，其实是《论语》编纂过程中不同群体所留下的生命痕迹。

清人已经注意到"以礼解经"的重要性和有效性。遗憾的是，清儒并没有将"以礼解经"的方法，运用于《论语》的编纂过程。礼是儒门立身行事的准则，回到礼，就回到他们的生活习惯和心灵状态。既然汉人已经指认"夫子既卒"时启动《论语》最初的编纂，就应该从孔子丧礼上，考察弟子守心孝三年，有无启动编纂的时间余地和心理契机。孔子临终，自称"殷人"，其考究礼制，遵从据鲁、亲周、故殷之义，源头落在殷礼上。按照《孟子·滕文公上》所言"丧祭从先祖"，弟子应该按照殷礼对夫子进行丧祭。《尚书·太甲上》云："王徂桐宫居忧。"[③]太甲继位后，暴虐不理政事，伊尹在成汤墓前营筑桐宫，放太甲到桐宫居丧反省。如孔颖达疏曰："亦既不知朝政之事，惟行居丧之礼，居忧位，谓服治丧礼也。"[④]孔子弟子正是按照这种殷人礼制而庐墓守心孝的。

守心孝必有祭祀，如《礼记·曾子问》所载孔子曰："望墓而为坛，以时

① ［唐］柳宗元著：《柳河东集》（上、下册），上海：上海人民出版社，1974年版，第68—69页。
② ［宋］朱熹撰：《四书章句集注》，北京：中华书局，1983年版，第43页。
③ ［清］阮元校刻：《十三经注疏》（全2册），北京：中华书局，1980年版，第164页。
④ ［清］阮元校刻：《十三经注疏》（全2册），北京：中华书局，1980年版，第164页。

祭。"①顾炎武《日知录》卷十五认为："此古人祭墓之始。"②数十弟子一起在孔子墓前筑庐守心孝，按照一定仪轨鸣钟奏乐，其庄严肃穆的气氛，可以使众弟子沉浸于深深的追思之中。对于祭祀之前的斋戒及祭祀中的心理情态，《礼记·祭义》如此记述："斋之日，思其居处，思其笑语，思其志意，思其所乐，思其所嗜。斋三日，乃见其所为斋者。祭之日，入室，僾然必有见乎其位。周旋出户，肃然必有闻乎其容声。出户而听，忾然必有闻乎其叹息之声。"③这就是说，通过礼仪程序，不断地追思亡人的音容笑貌、志趣言行，达到了《论语·八佾篇》所说的"祭如在，祭神如神在"的精神效应。朱熹如此解释这种精神效应："此是弟子平时见孔子祭祖先及祭外神之时，致其孝敬以交鬼神也。孔子当祭祖先之时，孝心纯笃，虽死者已远，因时追思，若声容可接，得以竭尽其孝心以祀之也。祭外神，谓山林溪谷之神能兴云雨者，此孔子在官时也。虽神明若有若亡，圣人但尽其诚敬，俨然如神明之来格，得以与之接也。"④丧祭之时如神明来格，若声容可接，正是忆述夫子、辑录编纂《论语》的精神感通的极为难得的契机。启用以礼解经的方法重现历史现场，可以对郑玄及刘歆记述《论语》最初启动编纂的文献碎片加以缀合，从而在编年学上确认《论语》第一次编纂发生在孔子既卒，诸弟子庐墓守心孝的鲁哀公十六年至十八年（公元前479—前477年），而仲弓、子游、子夏主持和参与编纂。

《孟子·滕文公上》记述："昔者，孔子没，三年之外，门人治任将归，入揖于子贡，相向而哭，皆失声，然后归。子贡反，筑室于场，独居三年，然后归。他日，子夏、子张、子游以有若似圣人，欲以所事孔子事之，强曾子。曾子曰：'不可。江、汉以濯之，秋阳以暴之，皓皓乎不可尚已！'"⑤宋儒是推崇孟子的，但他们在主张"《论语》成于有子、曾子之门人"之时，并没有从丧礼角度对孟子此言进行深入分析。唯有从礼制角度，深入解读孟子此言，才能重现历史现场，通过缀合各种文献碎片，揭示《论语》第二次编纂的秘密。从这条材料中可以看出，在庐墓守心孝的日常事务上，子贡作为牵头

---

① ［清］阮元校刻：《十三经注疏》（全2册），北京：中华书局，1980年版，第1399页。

② ［清］顾炎武著，［清］黄汝成集释，秦克诚点校：《日知录集释》，长沙：岳麓书社，1994年版，第541页。

③ ［清］阮元校刻：《十三经注疏》（全2册），北京：中华书局，1980年版，第1592页。

④ ［宋］黎靖德编，王星贤点校：《朱子语类》（全8册），北京：中华书局，1986年版，第620页。

⑤ ［宋］朱熹撰：《四书章句集注》，北京：中华书局，1983年版，第260—261页。

人的位置相当突出，所以同门离散时相与泣别，那些没有收入《论语》的原始忆述夫子的材料，可能交给子贡保管。《礼记·三年问》云："三年之丧，二十五月而毕。"①鲁哀公十六年夏四月孔子卒，因而此事发生在鲁哀公十八年夏五月。子贡又庐墓守孝三年而离开时，应该将这些材料，以及自己六年守心孝的忆述一道，交由孔府庋藏，这才有后来源于孔府档案的《孔子家语》的出现。

但是，为何子夏、子张、子游又推举有若，"欲以所事孔子事之"？这就要从礼制上考量。《论语·宪问》记述："子张曰：'《书》云：高宗谅阴，三年不言。何谓也？'子曰：'何必高宗？古之人皆然。君薨，百官总己以听于冢宰，三年。'"②这条涉及殷人丧礼的材料，大概来自子张的回忆，也见于《礼记·檀弓下》："子张问曰：'《书》云：高宗三年不言，言乃讙。有诸？'仲尼曰：'胡为其不然也？古者天子崩，王世子听于冢宰三年。'"③丧礼三年期间，连国王也不问国政，这种制度始于殷人；孔子弟子按照殷礼为孔子守心孝，也是遵循三年不问政的制度。这种制度在七十子手中加以泛化，成为大家都遵守的制度，如《礼记·王制》云："父母之丧，三年不从政。"④守孝三年期满，自然就可以与闻政事，如《礼记·杂记下》所云："三年之丧，祥而从政。"⑤《左传》记载孔子弟子与闻政事，都在三年丧毕之后。即是说，庐墓守心孝三年之后，孔门按照殷礼必须重新开张办事，推举新的主持人。提议推举新人主持儒门之事，当是向孔子请教过此项殷礼的子张。

然而具体提议由有若出来主事的，应是子游。子游与有若相交甚深，《礼记·檀弓下》记载"有子与子游立，见孺子慕者，有子谓子游曰"云云。又载："有若之丧，悼公吊焉；子游摈，由左。"⑥据《言氏旧谱》记载，子游少孔子四十五岁，生于周敬王十四年（公元前506年），卒于周贞定王二十六年，即越王朱勾六年（公元前443年），享年六十四岁。有若于此之前去世，七十子中的少壮派还颇有几人存世，但唯有子游出席有若丧礼，充当傧相，可见其结交之深。

---

① ［清］阮元校刻：《十三经注疏》（全2册），北京：中华书局，1980年版，第1663页。
② ［清］阮元校刻：《十三经注疏》（全2册），北京：中华书局，1980年版，第2513页。
③ ［清］阮元校刻：《十三经注疏》（全2册），北京：中华书局，1980年版，第1305页。
④ ［清］阮元校刻：《十三经注疏》（全2册），北京：中华书局，1980年版，第1346页。
⑤ ［清］阮元校刻：《十三经注疏》（全2册），北京：中华书局，1980年版，第1563页。
⑥ ［清］阮元校刻：《十三经注疏》（全2册），北京：中华书局，1980年版，第1300－1304页。

　　《礼记·檀弓上》记载:"有子问于曾子曰:'闻丧于夫子乎?'曰:'闻之矣,丧欲速贫,死欲速朽。'有子曰:'是非君子之言也。'曾子曰:'参也闻诸夫子也。'有子又曰:'是非君子之言也。'曾子曰:'参也与子游闻之。'有子曰:'然,然则夫子有为言之也。'曾子以斯言告于子游。子游曰:'甚哉,有子之言似夫子也! 昔者夫子居于宋,见桓司马自为石椁,三年而不成。夫子曰:若是其靡也,死不如速朽之愈也。死之欲速朽,为桓司马言之也。南宫敬叔反,必载宝而朝。夫子曰:若是其货也,丧不如速贫之愈也。丧之欲速贫,为敬叔言之也。'曾子以子游之言告于有子,有子曰:'然,吾固曰,非夫子之言也。'曾子曰:'子何以知之?'有子曰:'夫子制于中都,四寸之棺,五寸椁,以斯知不欲速朽也。昔者夫子失鲁司寇,将之荆,盖先之以子夏,又申之以冉有,以斯知不欲速贫也。'"①从以"闻丧于夫子"为题,可知此事当发生在孔子丧礼结束,考虑进一步处置儒门之事的时候,此时子游感叹"甚哉,有子之言似夫子也",是有深意的,用语与《孟子·滕文公上》之"子夏、子张、子游以有若似圣人,欲以所事孔子事之"相似,甚至更进一步,并非相貌相似,而是言论相似。可见子游推举有若出来主持儒门的原因。

　　子游、子张后来是儿女亲家,此时虽然儿女尚小,二人却恐怕已是挚友。子张的儿子叫作申祥。《礼记·檀弓上》记载:"子张病,召申祥而语之曰:'君子曰终,小人曰死;吾今日其庶几乎?'"②郑玄注:"申祥,子张子,欲使执丧成己志也。"③《檀弓上》又载曾子谈论"申祥之哭言思",郑玄又注:"说者云,言思子游之子,申祥妻之昆弟。"④宋人王应麟《困学纪闻》卷五说:"曾子之子:元,申。子张之子:申祥。子游之子:言思。皆见《檀弓》。"⑤清人阎若璩按:"言思为申祥妻之昆弟,则子张与子游,儿女姻家也。"⑥因此在这次推举中,孟子虽然首列子夏,但他恐怕只是附从,从《论语·子张篇》看,子张与子夏见解存在着差异。不过,子张、子游联手,已是相当可观的一股力量。曾子当时只有

　　① 〔清〕阮元校刻:《十三经注疏》(全2册),北京:中华书局,1980年版,第1290页。
　　② 〔清〕阮元校刻:《十三经注疏》(全2册),北京:中华书局,1980年版,第1281页。
　　③ 〔清〕阮元校刻:《十三经注疏》(全2册),北京:中华书局,1980年版,第1281页。
　　④ 〔清〕阮元校刻:《十三经注疏》(全2册),北京:中华书局,1980年版,第1282页。
　　⑤ 〔宋〕王应麟,〔清〕翁元圻等注,乐保群、田松青、吕宗力校点:《困学纪闻》(全3册),上海:上海古籍出版社,2008年版,第606页。
　　⑥ 〔宋〕王应麟,〔清〕翁元圻等注,乐保群、田松青、吕宗力校点:《困学纪闻》(全3册),上海:上海古籍出版社,2008年版,第606页。

三十岁,即便反对,力量还不足以左右整个儒门。不过,曾子的反对意味着有若主事,基础并不牢靠,主事的时间大概很短;同时也说明有子、曾子弟子不可能在同一时间合作编纂《论语》,只能是有若主事时编纂过一次,几十年后曾子逝世后,曾门又编纂过一次。

《史记·仲尼弟子列传》也佐证了这一点:"孔子既没,弟子思慕,有若状似孔子,弟子相与共立为师,师之如夫子时也。他日,弟子进问曰:'昔夫子当行,使弟子持雨具,已而果雨。弟子问曰:"夫子何以知之?"夫子曰:"诗不云乎?月离于毕,俾滂沱矣。昨暮月不宿毕乎?"他日,月宿毕,竟不雨。商瞿年长无子,其母为取室。孔子使之齐,瞿母请之。孔子曰:"无忧,瞿年四十后当有五丈夫子。"已而果然。问夫子何以知此?'有若默然无以应。弟子起曰:'有子避之,此非子之座也!'"①太史公也用了"孔子既没"的说法,因而有若出来主事,只能在三年守心孝初毕的鲁哀公十八年(公元前477年),由于人事调整,原来的《论语》有必要进行第二次编纂,因而才有《论语》中的"有子曰"和《子张篇》。

在这个基础上,再来认同柳宗元《论语辨》中所说"今所记独曾子最后死,余是以知之,盖乐正子春、子思之徒,与为之尔。或曰:孔子弟子尝杂记其言,然而卒成其书者,曾氏之徒也"②,就可以确定《论语》第三次编纂,在曾子死(鲁悼公三十五年,公元前432年)后不久。此时七十子已经凋零殆尽,曾门在鲁地成为最有实力的儒门学派,由孔子之孙子思,及乐正子春等曾门弟子,对《论语》进行实质性的增补重修,最终形成孔学以颜、曾为圣徒的道统脉络和篇章模样。

应该看到,《论语》编纂始于"夫子既卒",儒门庄重地履行丧礼的时候。不了解这一点,就不了解儒门之为儒门的行事规矩,也不了解七十子居丧设祭、追思夫子的虔诚内心。《论语》称:"所重:民、食、丧、祭。"③《礼记·昏义》又云:"夫礼始于冠,本于昏,重于丧祭,尊于朝聘,和于射乡。此礼之大体也。"④朱熹认为:"经礼三百,只是冠、昏、丧、祭之类。"⑤《曾子问》一

---

① 　[汉]司马迁撰:《史记》(全10册),北京:中华书局,1959年版,第2215—2216页。
② 　[唐]柳宗元著:《柳河东集》(上、下册),上海:上海人民出版社,1974年版,第69页。
③ 　[清]阮元校刻:《十三经注疏》(全2册),北京:中华书局,1980年版,第2535页。
④ 　[清]阮元校刻:《十三经注疏》(全2册),北京:中华书局,1980年版,第1681页。
⑤ 　[宋]黎靖德编,王星贤点校:《朱子语类》(全8册),北京:中华书局,1986年版,第2243页。

篇都是问丧、祭变礼微细处。"①"冠昏礼易行,丧祭礼繁多。"②明儒蔡清《素言》也强调:"冠婚丧祭,家法之本也。"③儒门对丧祭之礼的高度重视,使人们若不"以礼解《论》",就难以走进《论语》启动编纂的历史现场,无从缀合相关的文献碎片,进而对其篇章字句的深层意义和内在生命进行有效地返本还原。

唯有启用"以礼解经"的途径,破解《论语》篇章的异变和裂缝,还原《论语》在春秋战国之际五十余年间的三次编纂的真实过程,才能超越单向、单线的思维方式,在缀合文献碎片中,揭示其中诸多千古之谜发生的原因。从而诠释清楚《论语》之称《论语》的本义;将二十篇中有六个弟子名字上篇名归于三次编纂的过程;将"四科十哲"重冉而无曾,归于第一次编纂;将《古论语》"篇次以《乡党》为第二篇,《雍也》为第三篇,内倒错不可具说"④,到后来《雍也篇》后延至《公冶长篇》之后,看作是第二次编纂所为;将太史公所见《古论语》中"子思问耻"改为"宪问耻",并删落"克伐怨欲不行焉"前面的"子思曰",看作孔子之孙孔伋(子思)参与第三次编纂,为避免同字的二"子思"发生混淆之所为。

以广为散布的文献碎片缀合,对一部元典及其编纂过程进行还原,不可陷入思维的单一性和直线性,而应对于生命存在的网络和曲线,作出比照、对接和贯通。自从柳宗元《论语辨》对此书编纂成书的探讨有所突破之后,后人多追从其称谓辨析法,对《论语》材料的来源和编纂成书进行探索。比如宋人洪迈《容斋三笔》卷十二云:"《论语》所记孔子与人语及门弟子,并对其人问答,皆斥其名,未有称字者,虽颜、冉高弟,亦曰'回',曰'雍'。唯至闵子,独云子骞,终此书无指名。昔贤谓《论语》出于曾子、有子之门人,予意亦出于闵氏。观所言闵子侍侧之辞,与冉有、子贡、子路不同,则可见矣。"⑤朱熹《论语集注》卷六总述《先进篇》,引胡氏曰:"此篇记闵子骞言行者四,而其一直称'闵子',疑闵氏门人所记也。"⑥

对闵损一称"闵子",三称"闵子骞",异于其他弟子,实在值得注意。但

①　[宋]黎靖德编,王星贤点校:《朱子语类》(全8册),北京:中华书局,1986年版,第2828页。
②　[宋]黎靖德编,王星贤点校:《朱子语类》(全8册),北京:中华书局,1986年版,第2313页。
③　[清]黄宗羲撰:《明儒学案》,北京:中华书局,1985年版,第1102页。
④　[清]严可均辑:《全梁文》,北京:商务印书馆,1999年版,第724页。
⑤　[宋]洪迈:《容斋随笔》(全2册),上海:上海古籍出版社,1978年版,第553页。
⑥　[宋]朱熹撰:《四书章句集注》,北京:中华书局,1983年版,第123页。

在没有其他文献材料加以印证的情形下，与其指认闵氏门人参与《论语》编纂，不如说《论语》启动编纂时，闵子骞已谢世，由其门人弟子提供资料，自然采取尊称，而又由于他德高望重，编纂者保留了原有称谓语气。清人朱彝尊《孔子弟子考》也考虑到闵子骞称谓之异，又云："有若、仲弓、闵子骞、言游之撰《论语》。"①这是集合已有的各种说法，足见其渊博；但并没有对这些说法进行认真比对，发现其间的裂缝，多维度作出生命分析，在材料堆叠中未能透视《论语》编纂的过程性。真所谓千古芒昧，难以昭知，推其事类，似是而非。碎片的堆积，并不等于生命还原，必须发千古之蒙，揭示言语变异的深处所隐藏的人物行为，点醒其沉睡的生命。

清末唐晏《两汉三国学案》又云："《论语》之为经，乃群经之锁钥，百代之权衡也。曾子之前，七十子学孔子而各得其性之所近，孔子既殁，乃各征集所闻以志弗谖。故二十篇不必出诸一人也，如《宪问》之出于原氏，《子张》之出于颛孙氏，尚可意会而知。"②这里采取共时性的考察，从材料来源而言，当然"二十篇不必出诸一人"，但并未考察《子张篇》乃第二次编纂时颛孙师（子张）所增，《宪问篇》在第三次编纂时子思有所改动，因而只凭印象作判断，难免粗疏草率。这里须要参合汉代《论语》齐、鲁、古三家的同异，甚至深入到篇章组合的结构内部，梳理其材料来源，才能窥见其间生命活动的痕迹。

唐晏并未采用其前辈阮元《论语解》的解说，阮氏云："弟子以有子之言似夫子，而欲师之，惟曾子不可强，其余皆服之矣。故《论语》次章即列有子之语，在曾子之前。案曾子不可强，非不服有子也，特以尊异孔子，不敢以事师之礼用之他人。观曾子但言孔子德不可尚，而于有子无微辞，则非不服有子可知。当时弟子惟有子、曾子称子，此必孔子弟子于孔子没后尊事二子如师，故通称子也。至闵子骞、冉有各一称子，此亦二子门人所记，而孔子弟子之于二子仍称字，故篇中于闵、冉称字称子错出也。"③在孔子没后一段时间，有子、曾子所处地位存在差异，笼统地认为"当时弟子惟有子、曾子称子，此必孔子弟子于孔子没后尊事二子如师"，是并未细考儒门各派在孔子身后五十年间的分化升沉的缘故；不可浮光掠影地看到"《论语》次章即列有子之语，在曾子之前"，就认为曾子"非不服有子可知"，那是将《论

①　[清]朱彝尊撰：《曝书亭集》，文渊阁《四库全书》本，卷56《孔子弟子考》。
②　[清]唐晏撰：《两汉三国学案》，北京：中华书局，1986年版，第495页。
③　[清]阮元撰：《揅经室一集》，北京：中华书局，1993年版，第43—44页。

语》不同时期编纂留下的痕迹,抽掉时间维度而混同言之的结果。又云"至闵子骞、冉有各一称子,此亦二子门人所记,而孔子弟子之于二子仍称字,故篇中于闵、冉称字称子错出也",则也是就字面意义而言,没有考虑到《论语》编纂过程中有一个讨论取舍润色的程序,如何措辞,这个程序起了关键作用。认真的态度,是要对具体而微的言语、章句,进行取样分析,敏锐地捕捉其字里行间蕴含着的忆述者、编纂者的行为,测试其间潜伏的生命能量,推进对文本进行知识考古的深度。

　　由于《论语》是春秋战国之际五十余年间多次编纂而成,如此激烈的社会文化思潮嬗变,就使得《论语》篇章之间存在着类乎考古学的"文化地层叠压"之现象。春秋末、战国初多次文化地层叠压,成了我们思考东周秦汉书籍制度的非固定性、而是过程性的一种描述模式。当时的书籍制度与宋元以后的刊本书籍制度存在着根本性的差异,一些书籍属于汇集多种文献碎片而以类相从的编纂方式,一些书籍是多次编纂而不同年代产生之篇章交错成编的方式,总之篇章材料在口传与转抄交叉中,形成文化地层叠压。比如《泰伯篇》二十一章,均不及有若、子张,与《论语》第二次编纂几无关联,因而其多数章节可能是仲弓、子游、子夏在鲁哀公十六年(公元前479年)启动编纂时取舍论定的。但其中插入共组成一个叙事单元的"曾子五章"(今本第三章至第八章),应该是曾门第三次编纂,在鲁悼公三十五年(公元前432年)曾子卒后补入的。这与前后的章节,时间差异在五十年左右。第三章云:"曾子有疾,召门弟子曰:'启予足! 启予手!《诗》云:战战兢兢,如临深渊,如履薄冰。而今而后,吾知免夫! 小子!'"[①]第四章云:"曾子有疾,孟敬子问之。曾子言曰:'鸟之将死,其鸣也哀;人之将死,其言也善。君子所贵乎道者三:动容貌,斯远暴慢矣;正颜色,斯近信矣;出辞气,斯远鄙倍矣。笾豆之事,则有司存。'"[②]这些话乃是曾子临终时对门人小子和鲁国大夫孟敬子所言。孟敬子即仲孙捷,用了他的谥号,可能是他卒后补入或改订所致。

　　不容忽视的是,同类材料又见于《说苑·敬慎篇》:"曾子有疾,曾元抱首,曾华抱足。曾子曰:'吾无颜氏之才,何以告汝? 虽无能,君子务益。夫

① 〔清〕阮元校刻:《十三经注疏》(全2册),北京:中华书局,1980年版,第2486页。
② 〔清〕阮元校刻:《十三经注疏》(全2册),北京:中华书局,1980年版,第2486页。

华多实少者,天也;言多行少者,人也。夫飞鸟以山为卑,而层巢其巅;鱼鳖以渊为浅,而穿穴其中。然所以得者,饵也。君子苟能无以利害身,则辱安从至乎!'官怠于宦成,病加于少愈,祸生于懈惰,孝衰于妻子:察此四者,慎终如始。《诗》曰:靡不有初,鲜克有终。"①

《说苑·修文篇》又载:"曾子有疾,孟仪往问之。曾子曰:'鸟之将死,必有悲声;君子集大辟,必有顺辞。礼有三仪,知之乎?'对曰:'不识也。'曾子曰:'坐,吾语汝。君子修礼以立志,则贪欲之心不来;君子思礼以修身,则怠惰慢易之节不至;君子修礼以仁义,则忿争暴乱之辞远。若夫置樽俎,列笾豆,此有司之事也,君子虽勿能可也。'"②这些材料大概是曾子卒后不久所记,在不同群体的反复传抄中产生辞句变异。《敬慎篇》此章是曾子临终对儿子所言,异于《论语·泰伯篇》第三章对门人小子所言,原初记述就出自不同人士之手。《修文篇》此章与《论语·泰伯篇》第四章内容相近,可能出自同一原始记述,一者在收入《论语》时作了润色,一者在曾子卒到刘向整理秘府藏简(汉成帝河平三年,公元前26年)的四百年间发生传闻异辞,或辞句变异。由此可知《论语》的每次编纂,并非有闻必录,而是严加取舍,选取精粹;也不是原封不动照录,而是经过精心润色,务求文字出彩。

《论语·泰伯篇》"曾子五章"中处于后三章中间位置的一章,记曾子曰:"可以托六尺之孤,可以寄百里之命,临大节而不可夺也——君子人与?君子人也。"③所谓"六尺之孤",按照出土文物战国1尺相当于22.5到23.1厘米计算,身高为一百三十多厘米。对于此句,宋邢昺疏曰:"郑玄注此云:'六尺之孤,年十五已下。'言'已下'者,正谓十四已下亦可寄托。"④如此岁数,如此托孤,在孔门属于不言自明,就是孔子在孔鲤死后,自己也垂垂老矣,于是将子思托孤给在鲁国非常殷实的曾子家族。曾氏家族的殷实程度可从《左传》记其祖辈为三桓家宰家臣,得到印证。这一章"曾子曰"所托之孤,并非襁褓之孤,而是"六尺之孤",这对于考定子思生年,也提供了一条可靠的参证材料。因而这条材料,很可能是曾门第三次编纂《论语》时子思所增,包含着对曾子的赞许和感激。

①　[汉]刘向撰,向宗鲁校证:《说苑校证》,北京:中华书局,1987年版,第246—247页。
②　[汉]刘向撰,向宗鲁校证:《说苑校证》,北京:中华书局,1987年版,第498页。
③　[清]阮元校刻:《十三经注疏》(全2册),北京:中华书局,1980年版,第2486—2487页。
④　[清]阮元校刻:《十三经注疏》(全2册),北京:中华书局,1980年版,第2487页。

朱熹如此谈论他的感觉:"孔门弟子,如子贡后来见识煞高,然终不及曾子。如一唯之传,此是大体。毕竟他(曾子)落脚下手立得定,壁立万仞。譬其言,如'彼以其富,我以吾仁','可以托六尺之孤','士不可以不弘毅'之类,故后来有子思、孟子,其传永。孟子气象尤可见。"①这就将曾子的君子气象,与子思、孟子的学术品格贯通起来。文化地层叠压的分析,使我们发现《论语》隐含着通向汉学与宋学的文化基因,由一部元典产生了激发不同学派的辐射效应。层层叠压的文化地层学的发掘,在还原元典的生命过程的同时,启示人们何以破获千古之疑。应该以高度的智慧,精覈谨严,千古取证,启动以史解经、以礼解经、以生命解经的综合方法,伸出两只强健的手,把握着既以科学态度拼合碎片,修复历史,又以人文灵性疏通血脉、还原生命的错综复杂性。

有必要反复强调,文化传统深厚的现代大国,存在着一种面对人类历史和当代世界的责无旁贷的思想文化使命,就是对自己的文化经典和文化伟人给出一个恰如其分的尽传精彩而又富有生命力的说法。在文化还原的意义上,这种说法不排除开放心胸,但首先要从自己做起,或者说求诸人不如求诸己。因为那是自己的母语文化,还原就是对自己的文化基因的还原,就是为了真正深刻地认识自己,尤其是自己的灵魂。这是天下公共之理,许多优势文化都是自己给自己的文化渊源一个如实、深刻、有生命力的说法,使自己有话说,有自己的价值、逻辑和话语,而与当代世界进行平等而深层次的对话。唯有如此,才能给人类文明贡献出原创性的高明智慧,才能无愧于自己作为人类的一个分子、一个族群。不固步自封,不矜世取宠,不随波逐流,不卑躬屈膝,"敬以立之,诚以明之,扩之达之,充之足之,日就月将,自强不息"②,从文化还原而自给说法中,升华出一种行健载厚的天地精神。因此,增强对自身文化根子的解释能力,乃是我们文化自觉的关键。

2014 年 4 月三度修改定稿

---

①　[宋]黎靖德编,王星贤点校:《朱子语类》(全 8 册),北京:中华书局,1986 年版,第 2354 页。

②　[宋]刘子翬撰:《屏山集》,文渊阁《四库全书》本,卷 1《圣传论十首·子思》。